“十三五”国家重点出版物出版规划项目
世界人口经济史

世界近代人口经济史

Population Economy History of Modern World

李仲生 著

中国人事出版社

图书在版编目（CIP）数据

世界近代人口经济史/李仲生著. —北京：中国人事出版社，2016
（世界人口经济史）
ISBN 978-7-5129-1086-7

Ⅰ.①世…　Ⅱ.①李…　Ⅲ.①人口经济学-经济思想史-世界-近代　Ⅳ.①C92-05

中国版本图书馆 CIP 数据核字（2016）第 235627 号

中国人事出版社出版发行
（北京市惠新东街 1 号　邮政编码：100029）
*
保定市中画美凯印刷有限公司印刷装订　　新华书店经销

787 毫米×1092 毫米　16 开本　21.75 印张　465 千字
2016 年 11 月第 1 版　　2016 年 11 月第 1 次印刷
定价：70.00 元

读者服务部电话：（010）64929211/64921644/84626437
营销部电话：（010）64961894
出版社网址：http://www.class.com.cn

前　言

本书所涉足的科学领域是新兴边缘学科人口经济学的分支——人口经济史，大致以16世纪初期到19世纪末期400年间的世界人口波动和经济发展的历史脉络为导线，注重于世界的人口增加对经济发展的影响，同时研究人口转变的经济因素，以及人口现象与经济现象的相互关系等，这是中国乃至世界上的第一部世界近代人口经济史，写法新颖，构思严谨，具有一定的开拓性和创新性，在一定程度上弥补了中国和世界在这一研究领域的空白，这使得本书具有较高的学术价值和前瞻性。

全书共分为15章，第1章和第2章分别从总论的视角来论述世界经济的形成与发展以及世界人口动态与分布问题。第3章和第4章则分别简述了欧洲的商业革命、西欧的经济扩张与工商业经济。第5章分析了早期欧美的农业革命的发展以及英国、美国、法国、德国的农业革命与劳动力转移问题。第6章和第7章主要探讨了欧美的早期工业革命和人口增长以及后发工业国的工业发展与劳动力问题。第8章至第12章则分别阐述了英国的人口增长、国际迁移与经济起飞，美国的人口增长、外来移民与经济发展，欧洲的人口经济发展以及德国、法国、意大利和俄国的人口经济问题，加拿大的人口增长、国际移民与经济发展以及日本的经济发展与人口增长。第13章至第15章则分别论述了亚洲、非洲和拉丁美洲的人口经济问题。

本书是系列丛书的第3部，其基本思路是用时期序列分析的方法以发达国家和发展中国家的人口与经济发展的历史脉络为主线，通过运用国内生产总值、人口、人均产值以及其他的动态人口经济指标，系统地分析各个时期比较有代表性国家的经济发展过程以及人口的数量、质量、转变、迁移、分布等方面对经济发展的影响等人口经济问题。就方法论而言，本书在阐述世界人口近代经济史时采用了从微观到宏观，从静态到动态的经济分析。本研究还使用多种方法对比较有代表性国家的人口经济问题进行综合分析。

本书的难点首先在于全面地把握研究世界各国有关人口和经济方面的资料和该国人口学家和经济学家所做的研究成果。其次是对迄今为止各国人口学家和经济学家在各个有关经济史和人口史研究领域中所发掘出来的各种数据和资料进行系统性的人口经济分析。

本书的创新之处主要是：利用经济发展过程中的人口转变、经济因素的人口迁移以及人口增长与经济发展等方面的资料对世界主要国家和地区的人口经济史进行分析，以求透过复杂的人口经济现象去深刻地揭示人口经济发展过程及其规律性，在一定程度上发展和完善了世界近代人口经济史和人口经济研究领域。

本书得到国家重点学科劳动经济学专项资金的出版资助，以及首都经济贸易大学冯喜良教授的大力支持，在此表示深深的感谢。在本书的审稿和出版过程中，中国人事出版社的张文春编审提供了帮助和支持，在此特致以最诚挚的谢意。

李仲生

2016 年 1 月 20 日于北京

目　　录

第1章　世界经济的形成与发展 …… 1
1.1　世界经济的萌芽 …… 1
1.2　世界市场的早期发展 …… 2
1.3　国际分工 …… 4
1.4　国际贸易 …… 6
1.5　银行与国际金融 …… 7
1.6　世界经济的初步形成 …… 11

第2章　世界人口动态与分布 …… 14
2.1　人口增长 …… 14
2.2　出生率 …… 16
2.3　死亡率 …… 19
2.4　平均预期寿命 …… 22
2.5　人口分布 …… 23
2.6　国际人口迁移 …… 25

第3章　欧洲的商业革命 …… 28
3.1　新航路的开辟与商业动机 …… 28
3.2　商业革命 …… 30
3.3　重商主义与商业战争 …… 31
3.4　货币、金融与银行制度 …… 34
3.5　价格革命 …… 36

第4章　西欧的经济扩张、工商业经济与人口增长 …… 39
4.1　葡萄牙的经济扩张与商业经济 …… 39
4.2　西班牙的经济扩张与商业经济 …… 40
4.3　荷兰的崛起与商业经济 …… 42
4.4　英国的经济扩张与工商业经济 …… 44

4.5 法国的经济扩张与工商业发展 …… 47
4.6 德意志的工商业经济 …… 49
4.7 商业经济下的人口增长 …… 52

第5章 早期农业革命与劳动力转移 …… 55
5.1 近代农业革命 …… 55
5.2 英国的农业革命与劳动力转移 …… 57
5.3 美国的农业革命与劳动力转移 …… 60
5.4 法国的农业革命、小农经济与农村人口 …… 64
5.5 德国的农业革命与劳动力转移 …… 67

第6章 早期工业革命、人口增长与城市化 …… 70
6.1 英国的工业革命与人口增长 …… 70
6.2 美国的工业革命与人口增长 …… 76
6.3 比利时的工业化与人口增长 …… 84
6.4 法国的工业化与人口变动 …… 86
6.5 德国的工业化与人口增长 …… 90
6.6 工业化与人口城市化 …… 95

第7章 后发工业国与劳动力 …… 100
7.1 瑞士的工业化 …… 100
7.2 意大利的工业化与外流劳工 …… 101
7.3 俄国的工业化与劳动力 …… 104
7.4 日本的工业化与劳动力供给 …… 108

第8章 英国的人口增长与经济起飞 …… 117
8.1 人口增长与国际迁移 …… 117
8.2 圈地运动与土地私有化 …… 120
8.3 农业发展 …… 122
8.4 对外贸易扩张 …… 123
8.5 自由贸易政策与金本位制度 …… 126
8.6 银行的发展与金融体系 …… 129
8.7 交通运输革命 …… 133
8.8 工业发展与世界工厂 …… 134
8.9 世界经济中心 …… 138
8.10 工业化时期的人口与经济起飞 …… 140

第 9 章　美国的人口增长、外国移民与经济发展 …… 144
9.1　殖民地时期的人口增长与国际移民 …… 144
9.2　独立后的人口动态、分布与城市化 …… 147
9.3　独立战争时期的美国经济 …… 155
9.4　领土的扩张与土地政策 …… 157
9.5　西部人口迁移 …… 161
9.6　对外贸易 …… 164
9.7　交通运输 …… 175
9.8　货币与银行 …… 185
9.9　劳动力与就业结构 …… 192
9.10　经济扩张与波动 …… 202
9.11　经济发展、劳动力供给与人口增长 …… 205

第 10 章　欧洲的人口经济发展 …… 214
10.1　早期的工业行会 …… 214
10.2　技术进步 …… 215
10.3　工业发展 …… 217
10.4　农业转变与农业人口的增减 …… 222
10.5　人口增长 …… 227
10.6　德国的人口经济 …… 229
10.7　法国的人口转变与经济发展 …… 231
10.8　意大利的人口与经济发展 …… 239
10.9　俄国的经济发展与人口增长 …… 241

第 11 章　加拿大的人口增长、国际移民与经济发展 …… 245
11.1　人口增长与国际移民 …… 245
11.2　人口动态与分布 …… 247
11.3　交通运输 …… 249
11.4　工业发展 …… 251
11.5　工业化与人口城市化 …… 252
11.6　农业发展与劳动力转移 …… 253
11.7　加拿大邦联的建立与经济 …… 255
11.8　19 世纪晚期的人口经济 …… 256

第 12 章　日本的经济发展与人口增长 …… 259
12.1　江户时期的经济发展与人口增长 …… 259

12.2 明治时期的人口动态与经济发展 …… 262
12.3 农业发展 …… 264
12.4 对外贸易 …… 266
12.5 财政 …… 270
12.6 货币与金融 …… 272
12.7 经济起飞与人口因素 …… 274

第 13 章 亚洲的经济发展与人口增长 …… 277
13.1 中国的人口增长与经济变动 …… 277
13.2 东亚殖民地时期的经济与人口增长 …… 282
13.3 印度的经济与人口变动 …… 285

第 14 章 非洲的奴隶贸易、人口减退与经济发展 …… 296
14.1 殖民地时期的奴隶贸易与经济发展 …… 296
14.2 人口分布与种族构成 …… 299
14.3 农业发展和人口减退 …… 301
14.4 采矿业和其他近代产业 …… 303

第 15 章 拉丁美洲的人口经济发展与国际移民 …… 306
15.1 殖民地时期的人口与经济发展 …… 306
15.2 农业发展与国际移民 …… 308
15.3 早期工业化与人口城市化 …… 310
15.4 经济畸形化的发展 …… 312
15.5 独立后对外经济发展与人口增长 …… 314
15.6 巴西的人口经济发展与海外移民 …… 316

参考文献 …… 322

第 1 章　世界经济的形成与发展

1.1　世界经济的萌芽

世界经济的萌芽产生于 14—15 世纪西欧封建制度向资本主义制度过渡时期。当时，西欧各国开始普遍地将封建地租从劳役地租、实物地租转变为货币地租，地租形式的演变推动了西欧农业生产的进步，促进了农业与手工业、商业的进一步分化，社会分化的深化推动了西欧社会生产力的提高和商品经济的发展。在这一时期，作为手工业和商业中心的城市开始兴起，这些城市大都建在教会或封建主的领地上。城市的兴起和发展，促进了一个专门从事商品交换的新的社会阶层——商人，他们在利益的驱动下，积极从事商品交换，不断扩大商品交换的种类和地域范围，最终不断地突破国家界限而形成国际贸易，同时也在西欧国家之间形成了一个区域性市场。[1]

15 世纪末到 16 世纪初期，新航路开辟后，国际贸易中心由地中海转向大西洋，国际贸易也随之扩大到世界各地，国际贸易在地域上的扩大和商品种类的增加，引起了西欧商业的巨大变化，促进了以分工为特征的工场手工业的发展。

从 16 世纪开始，西欧各国先后进入资本原始积累阶段。对农民土地的掠夺是资本原始积累的基础，如英国的“圈地运动”，法国和德国也发生了封建地主掠夺农民土地的风潮。在资本原始积累的过程中，资产阶级不仅依靠发行国债获得高额利息，而且还借此从国家获得了各种特权，如包税权、铸币权等。当时，在重商主义的政策下，各国对资本主义的手工工场实行了保护制度，所有这些因素增强了西欧国家的经济实力，为他们推行对外殖民扩张提供了可能。

这一时期，西欧的封建专制国家为了扩大财源，防止金银外流，借助于商人资本，大力推行重商主义政策，积极鼓励发展航海事业和对外贸易，这就促进了为出口而生产的国际分工的产生和发展。与此同时，西欧强权国家用武力侵占了亚洲、非洲、拉丁美洲广大地区后，对这些地区大力推行殖民主义政策，比如开发矿山、经营种植园等，同时发展以无偿体力劳动为基础的、为本国和国外市场提供产品的近代奴隶制度。这样，逐步建立起了以国际分工为特征的早期的资本主义专业化生产。当时盛行一时的“三角贸易”，就是宗主国与殖民地之间具体分工的表现形式。西方殖民者从西非贩运黑人劳动力，到西印度群岛生产并出口热带产品，由英国生产并出口工业品，如此往复循环。这种由欧洲奴隶贩子组织的国际分工和商品交换，从 17 世纪以后，逐渐扩大到整个美洲以及非洲和亚洲。美洲的金银、非洲的奴隶、亚洲的香料、欧洲的工业品纷纷卷入到国际商品的交换中。西欧各国的船队跨洲越洋，把原来只具有地域色彩的国际分工逐渐扩展到世界各地。

但是，这种以手工工场为物质基础的国际分工，只是宗主国与殖民地之间的一种带有强制性的特殊分工，是西欧各国进行资本原始积累的一种手段。这一时期的奴隶经济发展推动了各国之间的商品贸易往来，尤其是地理大发现以后，世界各地之间的经济联系得到了进一步加强，形成了环球的商业通道。但这种国际贸易的往来，各国的再生产过程并不起决定性的作用，对各国经济对海外市场的依赖程度也很有限。因此，这一时期出现的国际分工和世界市场标志着世界经济的萌芽。

1.2 世界市场的早期发展

世界市场的最初形成是和国际贸易的迅速发展密切相关的。16—18 世纪，在开辟新航路和发现美洲大陆的推动下，国际贸易发展起来。自从地理大发现后，欧洲不仅发展了跨洋贸易，即欧洲与美洲、欧洲与亚洲、欧洲与非洲之间的贸易，使对外贸易成为西欧海外扩张的重要组成部分，而且也促进了地中海、大西洋、北海以及波罗的海的沿岸贸易，使地区之间的贸易越来越活跃，在航线固定和贸易量不断增大的情况下，贸易关系也逐渐正常化，形成了早期的世界市场。跨洋贸易是这一时期最引人注目的贸易。大西洋沿岸地区是它的出发点。跨洋贸易有两条航线分别通往美洲和亚洲，形成大西洋和太平洋两大贸易圈。

大西洋贸易圈主要是欧洲和美洲的贸易。欧洲对美洲的政策是殖民化，开拓美洲殖民地是发生贸易的主要原因。欧洲人移民到美洲，使欧洲向美洲出口的商品种类增多。17 世纪下半叶至 18 世纪，迅速发展的北美殖民地对各类制成品的需求直接刺激了西欧各国工场手工业的发展，特别是英国纺织业的发展。在英国的对外贸易中，纺织品一直占有重要的地位。英国出口美洲和非洲殖民地的毛纺织品总价值分别从 1669—1701 年的 18.5 万英镑增至 1772—1774 年的 114.8 万英镑。[2]巨额出口反过来推动了英国纺织业的发展。

美洲的对外贸易最初是向欧洲各地提供咖啡、可可、茶叶、烟草、蔗糖、马铃薯等新植物，欧洲人的饮食习惯也大幅度改变，导致对这些消费品需求的增长，这就促使西班牙和葡萄牙在新征服的美洲广大地区大力种植这些经济作物。随后，美洲向欧洲输出黄金和白银。16 世纪中期，白银开始大量输出。黄金和白银主要是通过西班牙占有的中美洲矿山流入塞维利亚和加的斯，然后流入欧洲其他地区。巴西的黄金则通过里斯本输入欧洲。其他大宗的货物还有巴西的木材、糖、棉花，纽芬兰的鱼和北美洲的皮革等。

大西洋贸易圈的直接贸易往来还表现在各种形式的三角贸易中。其中，最典型的是 16 世纪开始的大西洋三角贸易，即以欧洲人贩奴活动为先导，在欧洲、美洲和非洲三洲之间进行的贸易活动。这些欧洲人从本国出发装载盐、布匹、朗姆酒等，在非洲换成奴隶沿着所谓的“中央航路”通过大西洋，在美洲换成糖、烟草和稻米等返航。在欧洲西部、非洲的几内亚湾附近、美洲西印度群岛之间，航线大致构成三角形状。在克里斯托弗·哥伦布首航成功 9 年之后的 1501 年，第一批非洲奴隶经由葡萄牙运到了伊斯帕尼奥拉岛，标志着三角贸易的开始。1518 年，欧洲人开始把奴隶从几内亚湾直接运送到西印度群岛，开始了非洲和美洲间的直接奴隶贸易。奴隶在殖民者的压迫下拼命劳作，促使种植园迅速发展，种植园园主获得了大量的糖、烟草、茶叶等原料，赚取了巨大的财富，奴隶贸易的需求也越来越大，与此同时，大西洋三角贸易的规模也迅速扩大。此时，运往非洲换取奴隶的货物主要是印度棉布、铜制器、铁条、锡盆锡罐、帽子、玻璃制品、火药、手枪以及烧酒等。对奴隶贸易的需求促使葡萄牙、西班牙以及英国、荷兰、法国等新兴资本主义国家在西非洲沿海建设了许多商站，贩卖奴隶、象牙、黄金和辣椒等。

在欧洲主导的大西洋贸易中，欧洲、非洲和美洲之间还产生了明确的劳动分工。这主要是荷兰在17世纪中叶创造的。欧洲人用布匹、金属产品、武器和其他工业品在西非换取奴隶，再穿过大西洋，把他们卖到西印度群岛和美洲大陆的种植园。种植园生产白糖、烟草、大米等农产品，这些产品被运到欧洲进行加工。同时，美洲的许多殖民地被迫从事农业生产，极为依赖欧洲工业品。这些分工带动了航海和金融业的发展，使大西洋三角贸易成为世界贸易的一个重要部分。

此外，在北美、英国和西印度群岛的三角贸易中，北美殖民地的粮食和木材被运到西印度群岛，西印度群岛的烟草和糖输入英国，英国的加工制品又输入到北美洲。18世纪，法国为发展其印度洋殖民地马斯克林群岛的种植园，在法国、东非或西非、马斯克林群岛间发展了三角贸易。当时，满载各类消费品的船只从法国起航，在东非或西非换取奴隶，然后将奴隶运抵马斯克林群岛，换取热带产品后运返法国，这一三角贸易也给法国带来巨大的利润。三角贸易是大西洋贸易体系的最重要的组成部分。除了三角贸易外，还存在多种直接贸易渠道，如欧洲和非洲之间的直接贸易、欧洲和美洲间的直接贸易以及美洲和非洲的直接贸易等。

太平洋贸易圈主要是欧洲和亚洲的贸易。这种贸易方式和欧洲与美洲的贸易是截然不同的。自中世纪以来葡萄牙人在通往东方远洋航运中占垄断地位后，荷兰、英国、法国等国家紧随其后开始在亚洲从事贸易，其中，荷兰人的贸易势力在17世纪达到顶峰，他们扩张到整个亚洲海域，从日本经由中国台湾到达东南亚各个贸易站，爪哇岛的巴达利亚是其亚洲的中心，并由此推进到印度、锡兰、波斯和阿拉伯等地。

欧洲和亚洲贸易的主要特征是，欧洲以进口为主，而且进口商品的种类也逐渐增多。在16世纪的贸易中，香料是最主要的进口货，到17世纪逐渐转向印度的纺织品，中国、孟加拉国和波斯的丝绸、茶叶和咖啡等。欧洲向亚洲出口的商品主要是武器、弹药和金银。新航路开辟后，随着进口量的增长，砂糖、咖啡、茶叶以及各种香料成为欧洲的大众商品。

在欧洲和亚洲各国早期的国际贸易中，印度对欧洲的贸易有巨大的顺差。这主要是因为印度有成本低廉的棉纺织品以及可供出口的铜，与此同时，印度也出口农作物，如稻米、豆类和植物油。由于顺差通过进口贵金属来平衡，因此印度从欧洲获得大量白银和少量的黄金。中国的瓷器和丝绸在当时世界上具有领先地位，是中国最大宗的向欧洲出口的产品，在中国与欧洲的贸易中，中国也长期保持着顺差，而这种顺差主要是通过欧洲人用白银来支付，这使中国的白银量不断增加。与东南亚特别是马来西亚和印度尼西亚的贸易是欧洲人在亚洲最大规模和影响最深远的贸易活动。欧洲人用印度的布匹和从美洲及日本换来的白银交换东南亚的胡椒、香木、松香、漆、珍珠和鹿皮等。由于东南亚的商品在欧洲受到青睐，而且利润很高，所以欧洲人多次试图控制和垄断当地的生产和贸易。后来荷兰人控制了东南亚贸易。荷兰东印度公司依靠暴力和严密监视有效地维持了垄断，东印度公司从细香料赚取的利润始终很高。

16世纪至18世纪，随着新航路的开辟，早期殖民掠夺的进行、大西洋的三角贸易以及太平洋贸易的迅速发展，使欧洲的资本主义工商业市场迅速发展壮大，不仅包括欧洲原有的区域性市场，而且把亚洲、美洲和非洲的沿海地区吸纳进来，贸易种类不断增多，进入国际市场的大宗贸易品从奢侈品扩展到日用消费品。这种贸易仍属于互通有无的性质，尚未建立在国际分工的基础上，与机器大工业出现以后的世界市场不同，交换的商品基本上还未成为各自在生产过程中的必要环节。尽管如此，欧洲与美洲、亚洲和非洲之间的贸易关系日益加强，世界市场已经初见端倪。

1.3 国际分工

国际分工是指世界上各国和地区之间经济上相互依赖的劳动分工，是国际贸易和各国区域经济联系的基础，它是通过一般社会分工突破民族国家疆界而形成的，是生产社会化向国际化发展的趋势。只有国际分工出现，各国国民经济被纳入国际分工体系之后，才能形成统一的世界经济。

14—15世纪，围绕地中海进行的东西方贸易，仅仅是个别的商业城市或者城市共和国，商品的种类只限于那些具有资源优势或那些生产成本差异很大的少数商品，如欧洲的呢绒、金属制品和东方的珠宝、香料、丝绸、瓷器等名贵物品。这些产品虽然有的是社会分工的产物，但仍然是各国由于地理、民族传统以及国民经济特点的差异而引起的地域分工，这种地域分工在地理大发现后有了发展。随着新航线的开辟和新大陆的开发，国际贸易的领域迅速扩大到世界各地。西欧各国借助商业资本大力推行重商主义[①]政策，保护为出口而生产的工场手工业发展。与此同时，在殖民地经营矿山和种植园，建立起以奴隶劳动为基础的面向宗主国市场的早期资本主义专业化生产。但是，这还不是真正

---

① 重商主义（Mercantilism）是16—17世纪封建主义解体之后西欧资本原始积累时期的一种经济理论或经济体系，该名称最初是由亚当·斯密在《国民财富的性质和原因的研究》（《国富论》）一书中提出来的。学术界代表人物是斯图尔特，政界的著名代表人物是法国路易十四的大臣让一巴普蒂斯特·柯尔贝尔，但重商主义有别于柯尔贝尔主义（Colbertism）。这一时期商业资本兴起，促使封建自然经济瓦解，各国国内市场统一，并通过对殖民地的掠夺和对外贸易的扩张积累了大量货币财富，推动了工场手工业发展，因而产生了代表商业资本利益和要求的重商主义经济思想。重商主义学派是现代早期经济学的主导学派，产生于15世纪，全盛于16—17世纪，瓦解于18世纪下半叶资产阶级古典经济学兴盛时期，是最早运用政治经济学方法研究国际问题的理论学派，其主张国内政府对经济的干预和控制。就在这一时期，许多现代资本主义制度建立。重商主义学派的发展经历了早期的重金主义和晚期的贸易差额论两个阶段。重商主义强调积累金银货币和对外贸易的重要性，把金银看作是财富的唯一形式，认为国家的繁荣依赖于资本（贵金属）的供应，贸易的全球规模是不可改变的，贵金属所代表的资本量可通过多出口少进口来增加，认为财富的真正源泉是对外贸易，要获取更多的金银财富只有通过出口，因此主张在国家的支持下发展对外贸易。

的国际分工，因为国际贸易商品还没有参与资本主义扩大再生产，尚未成为国际贸易必不可少的条件。[3]

18世纪60年代，英国发生的工业革命开创了国际分工的先河。由于机器的发明及其在生产上的应用，生产力空前提高，以机器大工业为特征的工业革命使社会分工迅速向国际领域扩展，把经济发展水平不同的国家纳入国际分工之中。大机器工业的出现，使生产率得到大幅度的提高，各类产品增长迅速。生产中，对原料、燃料的需求急剧增加，在仅由国内供应已经不能满足需求时，就必然要求国内的社会分工向国外延伸，开辟新的原料供应地。它们的产品，不仅供应本国市场，而且也大量销往国外。与此同时，国际贸易使商品日益大量地参与到资本主义扩大再生产过程中，原料取自世界市场，产品输往世界市场，世界市场成为必不可少的条件。于是，机器大工业把越来越多的国家吸引到国际分工中。19世纪中叶，英国一半以上的工业品要依靠海外市场销售，国内所消费的大部分原料又要依靠国外供应。这种情况在棉纺织业中表现尤为突出，当时英国生产的棉纺织品有80%销往海外，而所需棉花几乎全部靠国外进口。

这一时期，从欧洲输出的商品，主要是工业制成品，其中又以棉纺织品为大宗。这些产品主要输往落后国家和殖民地，廉价商品的输出，摧毁了落后国家传统的手工业生产。一方面，价廉质优的机器工业产品使外国消费者不得不购买，从而打开了商品的销售市场；另一方面，外国消费者要购买价廉质优的工业品，又不得不出卖自己生产的原料和初级产品，从而使这些国家变为工业国的原料供应地。而亚洲、非洲和拉丁美洲的落后国家和殖民地则主要出口农矿原料和初级产品，其中又以棉花和羊毛出口数量增长最快。这些原料主要出口到欧洲国家，特别是英国。如1771—1775年，英国平均每年进口棉花0.23万吨左右，到1869年猛增到55.5万吨。1801—1810年英国每年进口羊毛的价值不超过700英镑，而1869年增加到25 800英镑。英国消费的棉花3/4来自美国，此外是印度、埃及、巴西和西印度群岛等国家和地区。印度的黄麻、俄国的大麻和亚麻、中国的生丝、美洲的烟草等出口也有大幅度的增加，成为19世纪原料贸易中的大宗商品。19世纪中期以后，工业制成品、原料、食品等大宗商品在世界市场上的贸易大幅度增长。

此时国际分工的形式主要是垂直分工①，即由英国等先进国家出口制成品，销往落后国家和殖民地，而后者出口原料供应前者。这种垂直分工在19世纪中叶以后得到空前推广。这是因为工业国已经不再是英国一个国家，还包括欧洲和北美洲各国，还有亚洲的日本，而原料供应地也不再是少数殖民地，而是世界上所有落后地区。原材料供应所涉

① 所谓垂直分工，是指经济技术发展水平相差较大的经济体之间的分工。垂直分工是水平分工的对称。它分为两种。一种是指部分国家供给初级原料而另一部分国家供给制成品的分工形态，如发展中国家生产初级产品，发达国家生产工业制成品，这是不同国家在不同产业间的垂直分工。原来生产一种产品从原料到制成品，需经多次加工。经济越发达，分工越细密，产品越复杂，工业化程度越高，产品加工的次序就越多。加工又分为初步加工和深加工。只经过初加工的为初级产品，经过多次加工最后成为制成品。初级产品与制成品这两类产业的生产过程构成垂直联系，彼此互为市场。另一种是指同一产业内技术密集程度较高的产品与技术密集程度较低的产品之间的分工，或同一产品的生产过程中技术密集程度较高的工序与技术密集程度较低的工序之间的分工，这是相同产业内部因技术差距引起的分工。

及的范围也更广，有赞比亚和智利的铜，苏里南、牙买加和加纳的铝矾土，巴西的铁矿石，玻利维亚的锡，约旦和摩洛哥的磷，海湾各国的石油等。[4]

19 世纪中期以后，欧美发达国家开始在亚洲、非洲和拉丁美洲推行国际专业化生产。它们以廉价商品为基础、以自由贸易为旗帜，在破坏这些国家原有的前资本主义经济结构以后，逐渐把这些国家改造成依赖于国际分工的单一经济体。在自由贸易政策下，亚洲、非洲和拉丁美洲国家的落后经济日益被卷入国际分工中。而由机器大工业引起的国际分工，到 19 世纪中期，基本上形成了世界城市与世界农村相互依存的国际分工体系。这种分工体系以英国占支配地位为主要特征。19 世纪 60 年代以后，世界城市由英国扩展到欧洲大陆和美国，而世界农村则由于新地区的开发进一步扩大。

1.4 国际贸易

16 世纪至 18 世纪中叶，是西欧从封建生产方式向资本主义生产方式过渡的时期。在这一时期，城市手工业的发展推动了商品生产和交换进一步发展，这为国际贸易的扩大提供了物质基础。地理大发现和国际分工萌芽的产生，使国际贸易迅速扩张，并推动了资本主义生产方式的诞生。

地理大发现在资本主义经济发展史上是一个重大的事件。新大陆和新航线的发展，使西欧各国的商业版图迅速扩大，各大洲连接在一起初步形成了世界市场，国际贸易的规模急剧增加。西欧各国纷纷在海外建立了殖民地，并对殖民地开展了近乎掠夺式的贸易往来。为了争夺有利的贸易条件，西欧各国展开了激烈的竞争，最初是西班牙和葡萄牙成为海上霸主，16 世纪末叶到 17 世纪中叶，荷兰取而代之，随后英国控制了海上的贸易权。随着各国经济和政治实力的变化，国际贸易的中心逐渐转移到大西洋沿岸诸城市，如安特卫普、阿姆斯特丹、伦敦等。这一时期的国际商品除了传统的奢侈品外，工业原料和食品的比重开始增加。同时，贩卖黑奴也是西欧各国对外贸易的重要内容，据统计，1768 年各国船只所运输的黑奴达 9.7 万人，仅英国就有 200 多只商船从事黑奴贸易。[5]此外，随着商品流通的扩大，银行的货币和信用业务得到了相应的发展，为国际贸易提供了方便，从而促进了各国经济贸易的进一步扩大。

18 世纪后期到 19 世纪中叶是资本主义自由竞争时期。这一时期，英国、法国、德国以及美国等相继完成了产业革命，机器大工业取代工场手工业成为西方先进国家的生产基础。机器大工业迅速提高了劳动生产力水平，商业生产大幅度增加，一方面需要更广阔的销售市场，另一方面也需要更加稳固和大量的原料来源，这只有依靠国际贸易和世界市场才能得以实现。在产业革命迅速发展的情况下，交通运输和通信发生了变革，火车、轮船、电话和电报的应用，加强了世界各地的联系，这推动了国际分工体系的最终形成，建立在国际分工基础上，国际贸易量获得了空前的发展。在 1780—1820 年，世界贸易的平均增长率达到了 1.37%，随后继续呈上升趋势，直到 19 世纪 70 年代，世界贸易增长了十几倍，特别是 19 世纪 40 年代至 70 年代，世界贸易的增长快于世界工业的增长（见表 1—1）。

表1—1　　世界贸易和工业生产年均增长率　　%

期　间	世界贸易增长率	世界工业增长率	期　间	世界贸易增长率	世界工业增长率
1720—1780	1.10	1.5	1840—1860	4.84	3.5
1780—1820	1.37	2.6	1860—1870	5.53	2.9
1820—1840	2.81	2.9	1870—1900	3.24	3.7

资料来源：［日］宫崎犀一．近代国际经济［M］．北京：中国财政经济出版社，1990.

这一时期，国际贸易的商品结构发生很大变化，工业品比重有所上升，其中纺织品增长最快并占有重要的地位。粮食成为当时国际贸易的大宗商品，占当时国际贸易额的10%左右。这时贸易方式也有了进步，国际定期集市的作用下降，现场看货交易逐渐变为样品展览会交易和在商品交易所交易。当时国际贸易的商品结构以食品和原料为主，一系列食品和原料大量进入世界市场，逐渐形成了区域性和全球性的交易中心。由于品质、规格易于标准化，故能在商品交易中进行规范性操作，如谷物、棉花、有色金属等。有的虽然因为产地和收获季节不同，其品质、规格也参差不齐，如茶叶、羊毛等，但可以通过拍卖方式大量成交。1848年，美国芝加哥出现了第一个谷物交易所；1862年，伦敦成立了有色金属交易所；19世纪后半期，在纽约成立了棉花交易所。这些交易所集中反映了世界市场上该类商品供求关系的基本态势，其销售条件体现了长期贸易所形成的做法，因而其价格和成交条件具有广泛的代表性，在国际上被广泛接受，从而对各地的行市有着极大的影响，成为各地交易参照的标准和调整的依据。[6]

从19世纪70年代起，欧美发达国家相继发生了第二次科技革命，电力和电机的发明和应用导致工业国重工业比重逐步增加，并取代轻工业而居于主导地位。这一次科技革命在生产及其再生产中的应用，又推动了劳动生产率水平的发展，为国际贸易的进一步发展奠定了坚实的物质基础。这一时期，资本主义垄断基础上的生产力进步和国际分工的发展，促进了国际贸易的新变化，国际贸易的绝对量仍有很大增长，但增长的速度有所下降。1840—1870年，国际贸易增长了3.4倍，1870—1900年只增长了1.7倍，其年均增长率也降至3.24%。

这一时期，国际贸易在商品结构上，初级产品比重仍然占大部分，达到55%～60%。在初级产品中，橡胶、燃料、石油、有色金属及其他矿产品比重上升，而食品和农业原料比重下降，机械产品、金属制品和化学品比重上升。[7]这时国际贸易的组织形式也有了改进。随着贸易规模的扩大，原先由英国、荷兰和法国等国建立的政府特许海外公司的垄断地位丧失，很多有限责任的股份制公司参与到国际贸易中来，而且，这些公司日益专业化，成立了许多专门经营某一种商品的贸易企业。

1.5 银行与国际金融

随着欧洲工业革命的发展和世界市场的扩大，近代资本主义银行体系逐步确立起来。伦敦不仅成为世界贸易的中心，而且成为国际金融中心，国际信贷关系随之迅速扩大，特别是从19世纪中叶起，英国已经有相当数量的对外投资。

在16—17世纪，随着工业和国际贸易的发展，意大利、荷兰、英国、法国等国家兴起了私人银行。到18世纪下半期，私人银行有了进一步的发展，但由于资金有限，已经不能适应工业革命中资金融通的需要。进入19世纪后，它们逐步为股份制银行即通过发行股票集资创立的近代资本主义银行所代替。由于西欧各国工业起步有先后，发展进程有差异，近代银行体系的发展程度和情况也有差别。

在英国，股份银行替代私人银行的过程虽然也是逐步的，但发展比较迅速。在19世纪初期，唯一的一家股份银行是1694年由政府创立的英格兰银行。该银行除了重要的财政功能外，还在公司规章中被授予买卖金银和汇票，以及借款和发行可通用期票的权利。起先，加盖图章的纸币用于英格兰银行对财政部的支付，后来逐渐发行了普通的银行券，即附有持票人条款的为数量不一的存款发行的本票，以及为了给私人和政府贴现和贷款提供经费而发行的纸币。[8]18世纪时，为了保持英格兰银行的垄断地位，立法不允许建立其他股份制形式的银行。但是随着工业革命的深入，英国北部和中部的工业和城市有了迅速发展，资金相对薄弱的私人银行已经不能适应资金融通的需要。在这种情况下，英国议会在1826年通过了一项法案，允许在伦敦周围65英里（1英里≈1.61千米）以外的地区设立股份制银行，之后，在外郡城市中纷纷建立起来。到1833年年末，在英格兰有了近50家地方股份制银行，它们绝大部分可以发行银行券，经营与私人银行同样的业务。1833年，伦敦地区也获权设立股份制银行。到1844年，英格兰和威尔士的股份制银行，在伦敦除了英格兰银行外已有5家，而在地方已有100家。从19世纪40年代起，股份制银行开始在各地设立分支行，广泛吸收存款，开展各项银行业务。[9]

英国银行发展史上的一个重要标志是1844年通过的银行法案，它正式确立了英格兰银行的中央银行地位。法案规定，从此以后不允许英格兰银行之外的其他银行发行银行券。这样，就确定了英格兰银行为唯一发行银行券的银行，英格兰银行发行的银行券具有法定货币的地位。当时，英国的货币制度已在19世纪20年代由金银复本位制转为金本位制，银行券可以代替金币流通，但银行券的发行额要受银行持有金准备的限制。

1844年后，英国股份制银行的实力进一步增强。伦敦五家股份制银行的存款总额从1844年的800万英镑增至1857年的4 000万英镑，地方股份制银行取代私人银行的趋势继续发展，股份制银行设立分支行的模式更加普遍建立起来。支票这一信用工具的运用也不仅限于伦敦地区，在地方银行中也普遍运用起来。此外，打破了伦敦银行和地方银行的界限，出现了既在伦敦又在地方经营业务的股份制银行。到1884年，英国银行存款总额达到45 750万英镑，其中股份制银行的存款占2/3以上。私人银行的数目大幅减少，股份制银行的数目也增长有限，但分支行数量增加了两倍多。这时支票代替银行券成为主要的交易工具。到19世纪90年代，股份制银行出现了合并趋势，形成了以密德兰银行、威斯敏斯特银行、劳埃德银行、巴克莱银行和国民地方银行等“五大银行”为主的少数大银行，许多地方银行成了它们的分支行。[10]

英国的股份制银行一般都是商业银行或存款银行，主要是为工商业特别是为国际贸易融通短期资金的，一般不介入企业的创设。19世纪时，在英国出现了一批专门代理发行债券、股票，特别是代理外国政府、外国铁路公司发行债券业务的公司，而伦敦又拥有世界最大的发起人，参与企业的创立，一般不代表银行。因此，英国的短期资金的融通和长期资金的筹集有着传统的分工，避免了短期资金用作长期资本而丧失流动性的风险。

欧洲大陆的银行在18世纪下半期也都是私人银行。这些银行主要从事汇兑或向政府放款以获得利息，很少吸收存款，因而融通企业资金的能力有限。进入19世纪以后，法国、比利时、德国先后开展工业革命后都面临着资金匮乏的困难。为了解决工业资本筹措难的问题，比利时于1822年创立了比利时总公司，广泛吸收公众存款投资工业，但这家银行在1830年前只投资开采了一个石板矿和铅矿。1835年，它另创立了布鲁塞尔商业公司和工商企业国民公司，它们除了自有股金外，还发行长期债券，投资工商企业。这是比利时建立有利于工业发展的近代银行制度的开端。

1837年，法国银行家J. 拉斐德（J. Laffitte）创立工商总银行，这是一家经营短期信贷的存款银行，其宗旨在于吸收稳定的存款，适当用于长期的放贷。随后，以拉斐德的银行为模型的存款银行在全法国纷纷出现，但都规定除了国家授权开发的矿山和铁路外，不得向工业投资，因此，这些银行都属于从事短期信贷的股份制银行。

从19世纪初期到1848年，欧洲大陆的银行发展还不能适应工业发展的需求，银行和工业的关系还不协调，银行对工业投资怕担风险，而工业对银行的参与有疑虑。这一时期欧洲大陆主要着力于建设短期信用制度。

但从19世纪50年代起，随着工业革命的深入，欧洲大陆的银行主要转向为工业发展提供长期资金。在法国，1852年佩雷尔兄弟（Pereire brothers）创立巴黎信用银行就是这一转变的重要标志。这家银行除了经营存款、贴现等一般业务外，也为工业企业提供长期信用，即为企业经营股票、债券发行，在证券再出售前为企业提供投资等。在德国，第一个仿效巴黎信用银行模式的是1854年成立的达姆斯塔特银行。随后，欧洲大陆的其他国家也纷纷仿效。德国受信用银行创立的影响最深，在1854—1856年间成立了15家类似性质的银行。同一时期，瑞士、瑞典等国家也建立起类似银行。

进入19世纪70年代，存款银行已经遍布欧洲各国，并有上千分支银行。同时，出现了一种新的信用组织，即投资银行。它和兼营长短期信贷业务的“动产信用”型银行不同，其专门从事长期信贷业务，以自己的资本经营证券发行，并与存款银行建立密切联系，利用存款银行遍设的分支行，将其购入的股票、债券委托它们推销。法国第一家类似性质的银行是建立于1872年的巴黎荷兰银行。在其他国家的信用银行后来也转变为投资银行，如德国的德意志银行（1870年）、德雷斯顿银行（1872年）、德意志国民银行（1881年）等。从“动产信用”型的银行转向专营投资业务的投资银行，标志着短期信用业务和长期信用业务的分离。欧洲大陆的银行制度经过曲折的发展，逐渐健全起来。

在18世纪60年代到19世纪中后期，随着欧洲各国银行的迅速发展，国际金融制度在国际结算制度、国际金融市场和国际金融体系的建设方面都取得了进展。国际信贷关系也不断扩大起来。

这一时期，伴随着国际贸易的发展，多边结算制度出现了。国际结算制度一般分为双边国际结算制度和多边国际结算制度。在国际贸易的初级阶段，各国间的贸易主要是双边贸易。其特点是除了物物交换以外，对外贸易清算时必然伴随着贵金属货币的流动。

当时许多国家都奉行重商主义原则，将贵金属视为国家财富，因而对进口贸易都采取限制措施。双边贸易由于缺乏有效的支付手段而妨碍了贸易的发展。为了缓和支付手段对国际贸易的制约，“三角贸易”便发展起来。三角贸易的主要特点是：A国对B国的贸易逆差可以用A国对第三者C国的贸易顺差来抵偿，前提条件是B国对C国的贸易存在贸易逆差。这样，在三角贸易中就减少了贵金属的流动。但这种贸易模式受到贸易国家的数量限制，还受到贸易规模和贸易流向的限制。因此，多边贸易体系便发展起来。它能容许在不扩大金属货币国际流动的情况下，使更多的国家参与更大规模的国际贸易。[11]

英国是国际贸易支付体系的中心。当时，各国之间由于国际贸易发生的债权债务关系，大都通过伦敦的银行进行结算。世界各地区国际收支不平衡，通过在英国集中结算，可以得到一定的调剂或缓解，使国际商品和货币流通能够正常运转。除了英国以外，德国与东欧、中东和拉丁美洲等地区迅速扩大贸易关系，并成为这些地区的结算中心；而美国则在北美、拉丁美洲、远东等地区大力扩张对外贸易联系，逐渐形成了自己的辐射网，从而在结算中起着半中心的作用。

19世纪初期以后，随着工业革命在欧洲和北美洲的深入发展以及世界贸易和对外投资范围与数量的急剧增长，国际信贷关系也迅速扩大起来。国际信贷关系可分为短期信贷关系和长期信贷关系两个方面。国际短期信贷关系的扩大是和国际贸易的迅速发展直接联系的，它是为国际贸易业务融通资金的。由于19世纪初到70年代，英国的进出口贸易在世界贸易中占有绝大部分比重，加之英国从20年代起就确定了金本位制，英镑币值稳定，伦敦就成了国际短期信贷中心，而伦敦的一些大银行则成为融通国际贸易所需资金的重要来源。同时，由于英国工业革命发展迅速，资本积累充足，在19世纪，伦敦也是国际长期信贷中心。在拿破仑战争结束后的1815—1830年间，伦敦金融市场以发行债券形式借贷，主要是欧洲大陆一些国家的政府、南美独立战争期间的一些革命政府和美国的一些州政府。这些政府纷纷在伦敦金融市场通过发行债券、股票形式进行借贷。这些政府借款，有的用来资助工业发展，鼓励建立新的纺织工业；有的用于当地铁路修筑和矿山开采；有的用于城市公用事业投资。例如19世纪50年代，欧洲大陆一些城市公用事业和采矿业的建设资金很多来源于此。

至于对私人的借贷，最明显地表现在铁路建设上。19世纪40年代，英国掀起了铁路建设高潮，吸引了大量国内资本，这个热潮很快传到欧洲大陆。大陆上第一个从事铁路建设的国家是比利时，其国有铁路建筑所需资本相当一部分是在1836—1840年间通过伦敦发行债券取得的。法国第一条重要铁路也是用英国提供的资本修建的。

19世纪50年代，整个欧洲掀起了铁路建设高潮。英国资本和承包商不仅进入法国和比利时，而且也为瑞士、奥地利、西班牙、俄国、丹麦和北欧国家修筑铁路。这时，其他私人铁路公司的总部都设在伦敦，资本几乎全部是在伦敦金融市场筹集的。同时，英国的承包商和伦敦金融市场也为美国、加拿大、澳大利亚和巴西等国家的铁路提供资金。世界性的铁路建设热和英国的参与，大大促进了英国的钢铁和铁路器材的出口。

金本位制在主要国家的确立，使黄金成了唯一的金属货币，从而确立和巩固了其作为世界货币的地位。黄金成了国际商品交换的唯一价值尺度、主要的和最终的支付手段。

实行金本位制后，各国货币就有了统一的定值标准，即各国货币的含金量。由于各国货币的含金量是法定的、相对稳定的，这就为各国货币汇率的相对稳定提供了客观的基础。统一和相对稳定的世界货币，推动和促进了各国之间的经济往来。这一时期的国际贸易、国际资本流动和国际信用的增长都与此有一定的关系。[12]

1.6　世界经济的初步形成

从 19 世纪 70 年代开始的第二次科技革命促成了世界经济的最终形成。第二次科技革命是以电的发明和应用为主要标志、以内燃机和发电机为核心、以重化学工业为经济发展中心的科技革命。这次科技革命不仅推动了资本主义工业的迅速发展，为自由竞争资本主义过渡到垄断资本主义奠定了物质基础，同时也为世界经济的最终形成提供了强大的动力。

第二次科技革命发生在 19 世纪 70 年代到 20 世纪初期。早在 19 世纪 50—60 年代，主要资本主义国家在经济上就获得了迅速的发展。18 世纪后半期兴起的产业革命使资本主义国家的许多工业部门实现了机械化，工业生产有了巨大的发展，并且积累了相当规模的资本数量。各个资本主义国家相互之间的经济联系不仅更加密切，而且为了争夺世界市场的优势，相互之间展开了激烈的竞争，从而使各国掀起了发明创造的高潮，科技在生产中的应用和推广备受重视。

第二次科技革命的发生是以自然科学的进步为基础的。19 世纪中期，经典热力学形成了一个以热力学三大定律为基础的理论体系，电磁学的建立为电动机发明奠定了理论基础，电学、力学、化学与电子学等理论被应用于工程技术。科学的发展大大促进了生产技术的发展速度，丰富了技术革命的内容，是爆发第二次科技革命的前提条件。这次科技革命的主要特点是技术革命的重心由纺织、采掘业转移到重工业，并出现了一批新兴工业，如化学工业、汽车工业和石油工业等。由于第二次科技革命所带来的动力系统的革新，改变了企业内部的生产组织形式，使生产过程自动化成为可能。在这次科技革命中，德国和美国是最活跃的国家。德国在吸收英国等其他国家科学技术新成就的基础上，获得了许多重大的科学成就，而美国则最快、最普遍地在生产上推广应用一些欧洲国家发明的新技术。第二次科技革命使得世界技术中心从英国转向德国和美国。[13]

这次科技革命对社会生产力产生了巨大的推动作用，使生产规模空前扩大，特别是工业飞速发展，世界工业生产量在 1850—1870 年的 20 年中增长了 1 倍，在 1870—1900 年的 30 年中增长了 2.2 倍。这次科技革命导致了生产和资本的积累和集中，促进了垄断资本和金融寡头的产生，使国际分工日益深化。垄断使大垄断组织迅速聚敛起巨额资本，当大量资本在国内找不到有利可图的投资场所，并形成大量的过剩资本后，资本输出便迅速增长起来。各工业国的资本纷纷跨出国界，在世界范围内寻觅最佳的投资场所。资本输出开始成为这一时期的主要经济特征之一。[14]资本输出，从一方面看，深化了国际分工，形成以资本为媒介的国际分工，从而实现了世界范围的生产社会化和国际化，进一步加强了各国国民经济之间相互联系的紧密度。从另一方面看，生产力的发展也扩大了世界市场的内涵。资本输出同样使世界市场不仅包括国际商品市场，而且还包括国际资本市场。由于世界市场上两大国际流通领域——国际商品流通领域和国际资本流通领域的交织，使世界市场更加完善。

这次科技革命使交通运输和通信业发生了真正的革命，火车、轮船、电报得以普及和发展。世界船舶总吨位在1870—1910年间增加了1倍多，其中汽船吨位所占的比重从16%增至76%。铁路建筑的进展则更为迅速，1870—1913年间，世界铁路线长度增长了4倍。到1870年，94%以上的铁路分布在欧美两洲。到20世纪初，铁路在欧美国家已趋于饱和，开始大规模向落后国家普及，并在南美大陆、南亚次大陆以及远东地区形成建设铁路的高潮。由于铁路联系港口从沿海延伸到大陆腹地，因而使许多国家的大草原、大森林以及矿产资源得以开发和利用。而轮船又以海运把世界各地的铁路系统联结成一个跨洲的庞大的国际交通运输网。国际交通运输体系的建立，极大地促进了世界各国的生产、流通和消费。与此同时，电报的使用已遍及全球。1866—1874年，先后有4条横跨大西洋和印度洋，连接欧洲、北美、南美和亚洲的海底电报电缆铺设成功并投入运营。19世纪70年代，电话开始在欧美国家应用，1901年无线电波飞越大西洋并迅速普及。跨洲电报使电汇取代了汇票，便利了国际贸易和国际支付。通信革命使世界市场形成了迅捷的信息网络。显而易见，交通和通信的革命使越来越多不同经济发展水平的国家融入世界经济体系之中。[15]

这次科技革命产生了一系列新产品、新部门，带动了重工业部门的发展。工业产量首次超过农业，一些资本主义国家从农业国转变为工业国，经济不发达国家也开始发展自己的民族工业。发达工业国与初级产品生产国之间形成了垂直分工的国际分工体系，发达国家之间也形成了以不同部门为主的国际分工体系，国际分工进一步深化。

总之，在第二次科技革命的作用下，不仅使资本主义国家的社会生产力得到了迅速发展，生产组织形式和企业组织形式发生了重大的变化，而且也促进了社会生产力全球规模的发展。但是，这时的世界经济发展是在资本主义生产方式下进行的，已经渗透到一些正在发展中的国家与地区，控制了其生产领域、流通领域，并最终将整个世界都纳入到资本主义的生产方式体系中。随着国际分工的不断深化和世界市场的扩大，资本主义世界经济成为囊括全球的统一体系，这标志着世界经济于20世纪初期最终形成。

注释

［1］［7］［13］庄宗民. 世界经济学［M］. 北京：科学出版社，2003.

［2］［英］拉尔夫·戴维斯. 英格兰对外贸易：1700—1774［J］. 经济史评论，1962—1963（15）.

［3］［4］［6］［12］高德步，王珏. 世界经济史（第二版）［M］. 北京：中国人民大学出版社，2001.

［5］罗绍彦. 国际贸易地理［M］. 北京：清华大学出版社，1995.

［8］［英］H. J. 哈巴库克，M. M. 波斯坦. 剑桥欧洲经济史［M］. 北京：经济科学

出版社，2002.
[9] [10] [11] 宋则行，樊亢. 世界经济史 [M]. 北京：经济科学出版社，1998.
[14] 张曙霄，吴丹. 世界经济概论 [M]. 北京：经济科学出版社，2005.
[15] 池元吉. 世界经济概论 [M]. 北京：高等教育出版社，2003.

第 2 章　世界人口动态与分布

2.1　人口增长

世界人口在封建制经济发展的过程中，随着生产力的提高，有一定程度的增长，其人口增长的曲线呈现周期的波动性，但仍然比较缓慢。这种缓慢的人口增长不是由出生率变动造成的，其主要原因是封建经济制度下造成的高死亡率。人均寿命仅 30 岁，死亡率平均约在 30‰～40‰。进入近代，世界人口增长的速度明显加快，1650—1900 年世界人口规模经各国学者估算见表 2—1。

表 2—1　　近代世界人口规模　　单位：亿人

推测者	推测时间	1650	1700	1750	1800	1850	1900
亚·莫·卡尔·桑德斯	1936	5.45	—	7.28	9.06	11.71	16.08
W. 威尔科克斯	1940	4.70	—	6.94	9.19	10.91	15.07
南亮三郎	1972	—	—	7.28	9.06	11.71	16.08
麦克伊夫迪和琼斯	1978	—	6.10	—	9.00	—	16.25
W. 库尔斯	1980	5.53	6.41	7.31	9.06	13.25	16.03
布鲁克	1981	—	—	7.28	9.52	12.48	16.56
宋健	1985	5.53	—	7.26	9.19	13.25	16.17
刘铮	1986	—	—	7.91	9.78	12.62	16.50
刘洪康	1987	—	6.79	7.70	9.54	12.41	16.33

资料来源：[英] 亚·莫·卡尔·桑德斯. 人口问题 [M]. 北京：商务印书馆，1983；[日] 南亮三郎. 人口思想史 [M]. 东京：千仓书房，1963；[英] 麦克伊夫迪，琼斯. 世界人口历史图集 [M]. 北京：东方出版社，1978；[德] W. 库尔斯. 人口地理学导论 [M]. 重庆：重庆出版社，1987；[苏] 布鲁克. 世界人口——民族语人口手册 [M]. 乌鲁木齐：新疆人民出版社，1985；宋健，于景元. 人口控制论 [M]. 北京：科学出版社，1985；刘铮，邬沧萍，李宗正. 人口学辞典 [M]. 北京：人民出版社，1986；刘洪康，吴忠观. 人口手册 [M]. 成都：西南财经大学出版社，1988.

尽管各国学者对各个时期世界人口的估算有所不同，但所反映的世界人口增长趋势基本一致。世界人口自 1650 年以来，呈现持续上升的趋势，到 1700 年，世界人口从 5.45 亿人增至 6.41 亿人，进入 18 世纪中叶以后，世界人口增长继续加快，1800 年超过 9 亿人，到 1900 年进一步增长到 16.50 亿人。从世界人口各个时期的年平均增长速度看是有所起伏的（见表 2—2）。1700—1750 年人口年均增长有所下降，随后呈现上升趋势，1800—1850 年达到最高水平，19 世纪后半叶又呈现减退的趋势。尽管如此，这一时期的人口增长速度是以往历史上难以比拟的，特别是 1800—1850 年间的平均速度达到 0.64%，显示了人类历史的最高水平。

表 2—2 近代世界人口年平均增长速度

时期	人口/亿人		年平均增长速度/%	时期	人口/亿人		年平均增长速度/%
	期末	期初			期末	期初	
1650—1700	5.45	6.41	0.33	1800—1850	9.19	12.62	0.64
1700—1750	6.41	7.28	0.26	1850—1900	12.62	16.50	0.54
1750—1800	7.28	9.19	0.47				

资料来源：潘纪一，朱国宏. 世界人口通论［M］. 北京：中国人口出版社，1991.

这一时期，世界人口的增长在各大洲的差异是相当明显的，可以从表 2—3 看出端倪。北美洲的人口增长最快，拉丁美洲和大洋洲也显示了较高的增长，欧洲居中，亚洲和非洲的人口增长速度最低。但北美洲、拉丁美洲和大洋洲的人口增长主要来自欧洲的移民迁入及这些人口的增长，而不是当地的自然增长。因此，如果从人口的自然增长来看，欧洲无疑是最快的，考虑到欧洲人口的大量迁出，欧洲的实际自然增长更高。尽管如此，欧洲的年均人口增长率还是高于世界的平均水平。

表 2—3 近代世界人口及各大洲人口的推算 单位：万人

地区	推测者	1650	1750	1800	1850	1900
全世界	亚・莫・卡尔・桑德斯	54 500	72 800	90 600	117 100	160 800
	W. 威尔科克斯	47 000	69 400	91 900	109 100	157 100
	J. 杜兰德	—	79 100	97 800	126 200	165 000
亚洲	亚・莫・卡尔・桑德斯	32 700	47 500	59 700	74 100	91 500
	W. 威尔科克斯	25 700	43 700	59 500	65 600	85 700
	J. 杜兰德	—	49 800	63 000	80 100	92 500
非洲	亚・莫・卡尔・桑德斯	10 000	9 500	9 000	9 500	12 000
	W. 威尔科克斯	10 000	10 000	10 000	10 000	14 100
	J. 杜兰德	—	10 600	10 700	11 100	13 300
拉丁美洲	亚・莫・卡尔・桑德斯	1 200	1 100	1 900	3 300	6 300
	W. 威尔科克斯	700	1 000	2 300	3 300	6 300
	J. 杜兰德	—	1 600	2 400	3 800	7 400
北美洲	亚・莫・卡尔・桑德斯	100	100	600	2 600	8 100
	W. 威尔科克斯	100	100	600	2 600	8 100
	J. 杜兰德	—	200	700	2 600	8 200
欧洲	亚・莫・卡尔・桑德斯	10 300	14 400	19 200	27 400	42 300
	W. 威尔科克斯	10 300	14 400	19 300	27 400	42 300
	J. 杜兰德	—	16 700	20 800	28 400	43 000
大洋洲	亚・莫・卡尔・桑德斯	200	200	200	200	600
	W. 威尔科克斯	200	200	200	200	600
	J. 杜兰德	—	200	200	200	600

资料来源：［英］亚・莫・卡尔・桑德斯. 人口问题［M］. 北京：商务印书馆，1983；Durand J. D. *Historical Estimates of World Population*：*An Evaluation*. University of Pennsylvania，Philadelphia，1974.

实际上，从近代世界人口增长的动态来看，发达地区和发展中地区的人口增长已经出现不同的变化。欧洲、北美洲和大洋洲是经济发展较快、生产力水平较高的地区，伴随着资本主义的上升阶段，人口增长迅速。据估计，1700—1900 年，这些地区人口合计增长 2.86 倍。而同期亚洲、非洲、拉丁美洲的大部分地区处于殖民地或半殖民地半封建经济状态，生产力发展异常缓慢，导致人口增长缓慢，同期这些地区的人口仅增加了

1.34 倍。18 世纪后半期，亚洲、非洲和拉丁美洲人口占世界人口的比重为 74.6%，到 1900 年减少到 65.3%[1]，其下降的幅度是极其明显的。

近代以来，直到 1900 年，世界人口增长呈现波浪式上升趋势，并出现了以发达地区人口快速增长为主流的人口高潮。这次人口高潮的主要标志是早期农业革命和工业革命引发的“人口革命”，即由高出生、高死亡向高出生、低死亡的人口模式转变。伴随着经济和工业化的发展，一部分发达国家已经完成了人口转变过程，另一部分发达国家正在向人口转变过程过渡。而发展中地区则以死亡率下降为先导，出生率依然很高，开始进入人口转变的初期扩张阶段。

2.2 出生率

关于近代的出生率，根据最早的记录，西欧一部分国家的出生率远远低于人们的生理极限水平。例如，在 17 世纪 50 年代的英国，出生率仅为 27‰，这是工业革命前的最低水平，而人类的最大生物潜能估计约为 60.0‰，当时出生率连生理最大值的一半都不到，英国的总和生育率仅为 3.6。到了 18 世纪中期以后，瑞典、挪威等北欧国家的出生率基本上在 35.0‰以下，芬兰的出生率尽管大部分年份在 40‰以上，但也呈现逐渐下降的趋势，如图 2—1 所示。

但在 18 世纪末期，西欧的生育水平却很高。表 2—4 显示了当时西欧一些国家人们婚后的生育水平及其与哈特派标准对比的情况。从表中可以看出，西欧各国的生育率都低于哈特派的水平，而各国之间又存在不同程度的差异。英国的生育率最低，比利时和法国的生育率最高。1790 年前的英国，20～44 岁妇女的总和生育率为 7.6，而比利时和法国均为 9.1。西欧各国和哈特派在生育水平上的差异主要源于人口健康和营养以及社会习俗的差异，与个人的生育目标关系不大[2]。

表 2—4　　1790 年前欧洲已婚妇女的年均生育率

国家或群体	各年龄阶段生育率					总生育数量/20～44
	20～24	25～29	30～34	35～39	40～44	
哈特派	0.55	0.50	0.45	0.41	0.22	10.6
比利时	0.48	0.45	0.38	0.32	0.20	9.1
法国	0.48	0.45	0.40	0.32	0.16	9.1
德国	0.45	0.43	0.37	0.30	0.16	8.6
瑞士	0.45	0.38	0.34	0.22	0.16	7.8
斯堪的纳维亚半岛	0.43	0.39	0.32	0.26	0.14	7.7
英国	0.43	0.39	0.32	0.24	0.15	7.6

资料来源：[美] 格里高利·克拉克. 应该读点经济史——一部世界经济简史 [M]. 北京：中信出版社，2009.

不过，尽管欧洲国家明显没有采取节育措施，但工业革命前大多数西欧国家的人口出生率都比较低，如图 2—2 所示，仅为 30‰～40‰，并呈现了逐渐下降的趋势，而法国的出生率是最低的，绝大部分年份都在 20‰～30‰，已达到了出生率转换的水平。欧洲以外的地区（见图 2—3），除了智利显示 40‰以上的高水平外，拉丁美洲的特立尼达和多巴哥、牙买加，非洲的毛里求斯，亚洲的日本和斯里兰卡以及大洋洲的澳大利亚和新

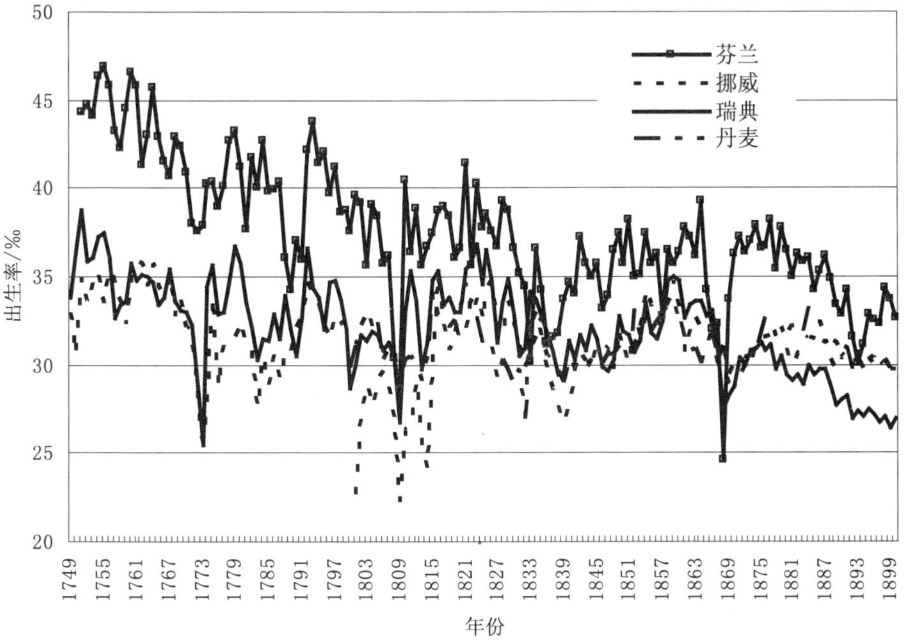

图 2—1 北欧各国的出生率

资料来源：[英] B.R. 米切尔. 帕尔格雷夫世界历史统计·欧洲卷（1790—1993）[M]. 北京：经济科学出版社，2002.

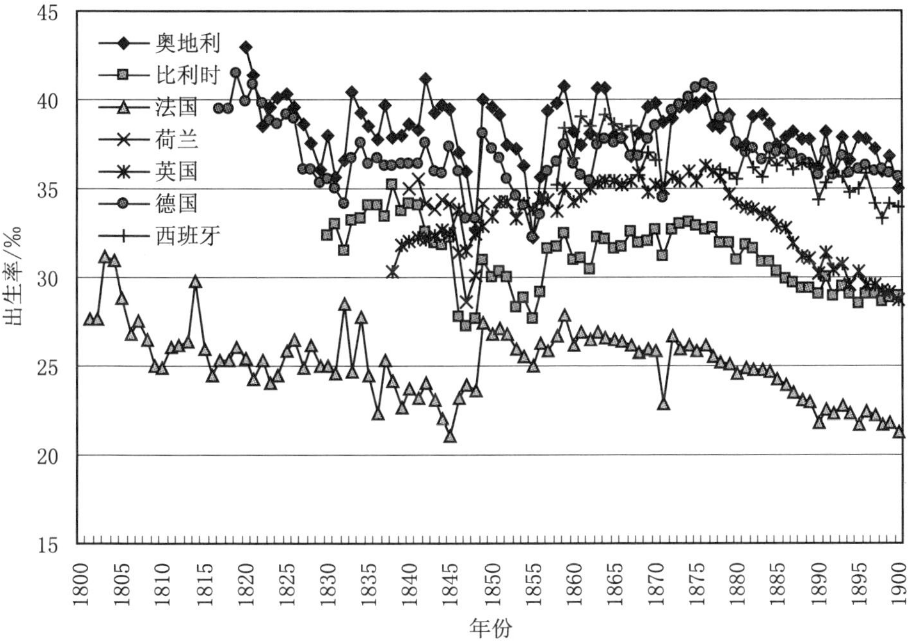

图 2—2 西欧部分国家的出生率

资料来源：[英] B.R. 米切尔. 帕尔格雷夫世界历史统计·欧洲卷（1790—1993）[M]. 北京：经济科学出版社，2002.

西兰等国家的出生率均比较低，特别是斯里兰卡的出生率，在19世纪前期甚至低于法国的出生率水平。而澳大利亚、特立尼达和多巴哥等国的出生率也呈现了下降的趋势。

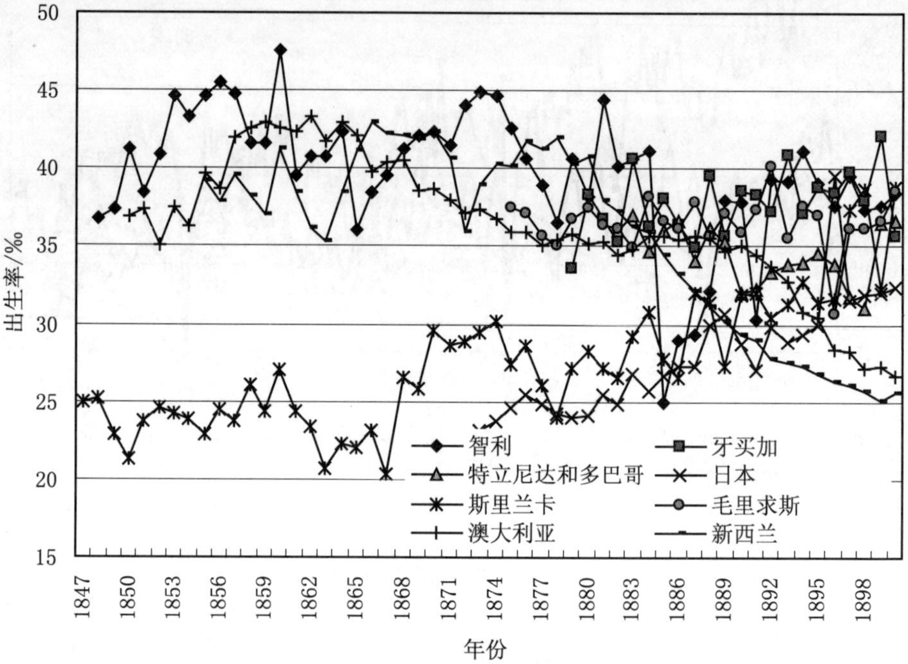

图2—3　欧洲以外部分国家的出生率

资料来源：［英］B.R.米切尔.帕尔格雷夫世界历史统计·亚洲、非洲和大洋洲卷（1790—1993）［M］.北京：经济科学出版社，2002；［英］B.R.米切尔.帕尔格雷夫世界历史统计·美洲卷（1790—1993）［M］.北京：经济科学出版社，2002.

表2—5则汇集西欧一些国家的总生殖率和净替代率，作为生育率的重要指标均显示了自1830年以来呈现不断下降的趋势。

表2—5　欧洲部分国家的总生殖率和净替代率

年份	瑞典		法国		英格兰和威尔士		挪威		美国	
	总生殖率	净替代率	总生殖率	净替代率	总生殖率	净替代率	总生殖率	净替代率	总生殖率	净替代率
1830	4.4	—	3.4	0.94	—	—	—	—	—	—
1840	4.4	—	3.4	0.97	4.7	1.42	—	—	—	5.0
1850	4.3	—	3.3	0.96	4.4	1.36	—	—	—	4.8
1860	4.0	—	3.1	0.92	3.9	1.22	—	—	—	4.4
1870	3.7	—	2.9	0.84	3.3	1.09	3.9	1.33	—	3.4
1880	3.2	1.10	2.6	0.81	2.8	0.96	3.4	1.21	—	3.1
1890	2.5	0.91	2.3	0.72	2.3	0.81	2.7	1.01	2.9	2.8
1900	1.9	0.71	2.3	0.73	1.9	0.71	2.3	0.91	2.4	2.4

注：净替代率是指由净人口再生产率比率折算而成的替代率。
资料来源：［英］H.J.哈巴库克，M.M.波斯坦.剑桥欧洲经济史［M］.北京：经济科学出版社，2002.

对19世纪出生率长期下降的一种可供选择的解释已被威廉·松德斯特伦（William Sundstrom）和戴维（Paul David）提出，这就是策略遗产模型。在这个模型中，父母通过许诺给予遗产来激励子女与父母间存在一个隐含协定，即子女将照顾父母晚年，作为回报，子女将得到一份家庭财富。不过，当高生产率的非农业部门的劳动力市场改善时，子女认为留在家庭农场是有机会成本的。子女往往因放弃机会，期望父母给予自己更多的补偿，其结果是子女留下来照顾年迈父母的概率下降。由于子女违约的风险增加，父母因养儿防老而赋予子女的价值下降。在这种情况下，理性的父母往往降低其生育率。具体的措施有减少性交次数、禁欲、使用避孕工具以及堕胎等。

托马斯·罗伯特·马尔萨斯（Thomas Robert Malthus，1766—1834）在《人口论》中指出，东方人生活的惨淡正是高出生率导致的。然而，研究表明（见表2—6），和工业革命前的西欧各国一样，中国和日本也抑制了人口出生率，总和生育率偏低。从表中可以看出，中国和日本各阶层已婚妇女的年均生育率都要低于西欧和北欧国家，中国和日本的总和生育率分别为5.0和5.2，而西欧和北欧的总和生育率为8.3。

表2—6　　欧洲以外的国家中各年龄层的婚后生育率

国家或群体	各年龄阶段生育率					总生育数量/20～44
	20～24	25～29	30～34	35～39	40～44	
哈特派	0.55	0.50	0.45	0.41	0.22	10.6
欧洲西北部	0.45	0.42	0.35	0.28	0.16	8.3
中国	0.24	0.25	0.22	0.18	0.10	5.0
日本	0.29	0.25	0.22	0.15	0.12	5.2

资料来源：［美］格里高利·克拉克. 应该读点经济史——一部世界经济简史［M］. 北京：中信出版社，2009.

中国和日本的生育模式表明，尽管这两个国家的妇女普遍结婚较早，但1800年前后这些妇女的总和生育率只有5.1左右，还不到人们生理极限的一半，这使得这些国家的生育水平明显低于欧洲的生育水平。导致出生率较低的另一个原因是中国较高的女婴死亡率。女婴高死亡率的结果，会使几乎所有成年妇女到婚育年龄时，一部分的男性无法找到伴侣，导致总体人均出生率下降。

从19世纪初期以来的出生率大体上可以看出，除了西欧的法国和亚洲的斯里兰卡较低外，欧洲和其他各洲的出生率大体上保持在30‰～40‰之间，且大部分国家有逐渐减退的趋势，尤其是19世纪70年代以后较为明显。在西欧和北欧，推迟结婚或者不结婚可能是降低出生率的主要原因。而在亚洲，婚后较低的生育水平可能部分在于其较差的营养状况，导致一部分妇女倾向较低的生育意愿。

2.3 死亡率

关于近代的死亡率，根据最早的记录，北欧各国的死亡率并没有多大差异，至少观察到死亡率数据的国家如此。18世纪基本上在30.0‰以下，进入19世纪以后，芬兰的死亡率尽管一部分年份在30‰以上，但也呈现出逐渐下降的趋势，而挪威、瑞典和丹麦的死亡率下降趋势是极其明显的，特别是1861年以后均持续降至20‰以下（见表2—7）。

表 2—7　　北欧国家的死亡率变化　　‰

期间	芬兰	挪威	瑞典	丹麦	期间	芬兰	挪威	瑞典	丹麦
1749—1750	—	27.6	27.5	—	1821—1830	25.0	18.9	23.6	21.9
1751—1760	30.1	24.2	27.2	—	1831—1840	28.3	20.2	22.8	23.2
1761—1770	30.4	27.6	27.6	—	1841—1850	23.4	18.1	18.6	18.5
1771—1780	24.9	26.2	28.9	—	1851—1860	28.7	17.1	21.7	20.6
1781—1790	29.8	25.3	28.9	—	1861—1870	32.2	18.0	18.2	19.8
1791—1800	26.6	22.2	25.3	—	1871—1880	22.1	17.1	18.3	19.4
1801—1810	31.9	25.2	28.2	23.9	1881—1890	21.1	17.1	17.0	18.5
1811—1820	26.5	21.2	25.9	22.0	1891—1900	20.0	16.3	16.4	17.5

注：各期间的年均死亡率根据资料计算。

资料来源：［英］B.R. 米切尔. 帕尔格雷夫世界历史统计·欧洲卷（1790—1993）［M］. 北京：经济科学出版社，2002.

从西欧各国的死亡率看，要高于北欧，但 19 世纪是一个死亡率不断下降的世纪，表 2—8 的死亡率也证实了这一点。英国在 19 世纪 80 年代死亡率已低于 20‰，比利时和荷兰则在 19 世纪 90 年代达到了这一水平，而法国和德国已接近这一目标。欧洲以外的国家中（见图 2—4），非洲的毛里求斯、拉丁美洲的特立尼达和多巴哥以及亚洲的日本和斯里兰卡在 19 世纪均显示了较高的死亡率，而令人意外的是大洋洲的澳大利亚和新西兰的死亡率均较低，特别是新西兰的死亡率在 19 世纪 80 年代中期以后达到了 10‰以下的死亡率转换水平。

表 2—8　　西欧部分国家的死亡率变化　　‰

年份	奥地利	比利时	法国	德国	荷兰	意大利	葡萄牙	西班牙	英国
1821—1830	28.6	—	22.5	25.5	—	—	—	—	—
1831—1840	32.6	25.9	24.8	27.8	—	—	—	—	—
1841—1850	33.3	24.4	23.2	26.8	26.2	—	—	—	22.4
1851—1860	31.5	22.6	23.7	26.4	25.6	—	—	—	22.2
1861—1870	31.5	23.8	23.6	26.9	25.4	30.9	—	30.6	22.5
1871—1880	33.2	21.8	22.5	26.1	22.9	29.5	23.2	—	20.8
1881—1890	30.0	20.3	22.0	24.4	20.5	27.0	22.4	31.1	18.9
1891—1900	26.6	18.2	20.6	21.3	17.2	22.9	22.2	29.0	17.7

资料来源：H.J. 哈巴库克，M.M. 波斯坦. 剑桥欧洲经济史［M］. 北京：经济科学出版社，2002；［英］B.R. 米切尔. 帕尔格雷夫世界历史统计·欧洲卷（1790—1993）［M］. 北京：经济科学出版社，2002.

近代以来，欧洲和亚洲的一些国家死亡率偏高，其原因可能与瘟疫的发生有一定的关系。自 17 世纪末以来，欧洲瘟疫发生的频率开始降低。欧洲最后一次大型瘟疫发生在 1657 年的意大利、17 世纪 60 年代的法国、1663 年的荷兰、1665 年的伦敦以及 17 世纪 70 年代的大洋洲和德国。但此后世界其他国家的瘟疫并没有消失，亚洲很多国家还存在一些区域性的传染病。至少从 1792 年起，中国湖南省就发现了瘟疫，到 19 世纪后期又传播到中国其他地区，并由此扩散到孟买，在 19 世纪 90 年代夺去了 600 万孟买人的生命。导致瘟疫产生的鼠疫杆菌似乎并没有随着时间的推移而减退。在 19 世纪的印度瘟疫中，有 60%～90%的受感染人群丧生。在 1721 年马赛爆发的瘟疫中，78%的受感染者死亡，而意大利 1657 年的瘟疫使受灾城市总人口的 44%丧生。[3]

从表 2—7、表 2—8 和图 2—4 可以清楚看到，在 19 世纪 80 年代以前除了大洋洲的澳大利亚和新西兰以外，世界一些国家死亡率的变化非常缓慢，这表明卫生和医疗的改

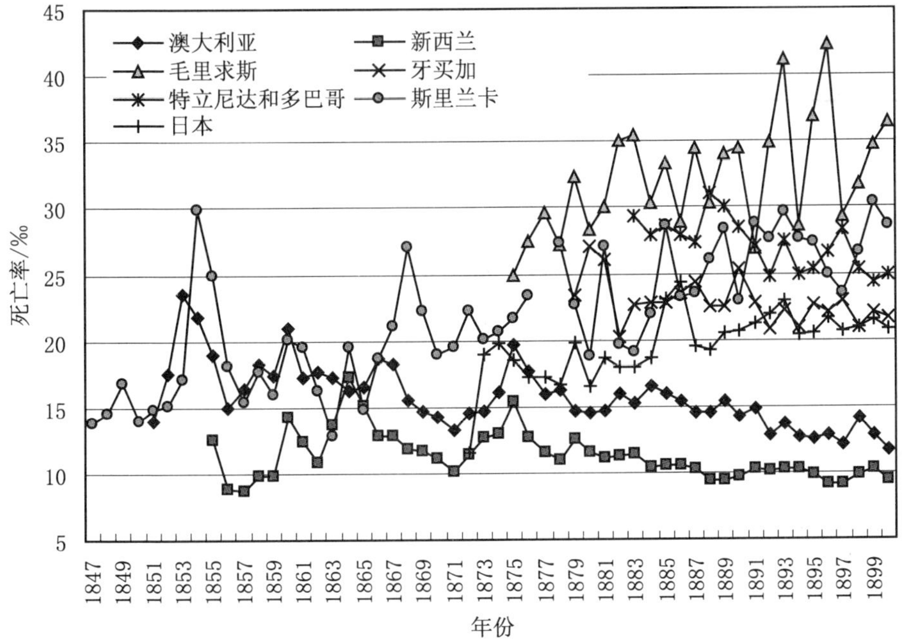

图2—4　欧洲以外部分国家的死亡率

资料来源：[英] B.R. 米切尔. 帕尔格雷夫世界历史统计·亚洲、非洲和大洋洲卷（1790—1993）[M]. 北京：经济科学出版社，2002；[英] B.R. 米切尔. 帕尔格雷夫世界历史统计·美洲卷（1790—1993）[M]. 北京：经济科学出版社，2002.

进对于生命预期的作用不过是抵消了日益增加的城市人口在环境方面所处的劣势。[4]此外，19世纪婴儿死亡率（见表2—9）很高，特别是奥地利和德国的婴儿死亡率始终高达200‰以上，而其他大部分国家的婴儿死亡率除了新西兰在100‰以下外，均在100‰～200‰之间，婴儿大量死亡也是死亡率较高的原因之一。

表2—9　　世界一部分国家的婴儿死亡率变化　　‰

国家	1801—1840	1841—1850	1851—1860	1861—1870	1871—1880	1881—1890	1891—1900
瑞典	179.5	153.5	146.7	139.4	130.0	110.5	91.9
奥地利	207.5	247.1	248.3	256.7	256.5	249.9	235.8
比利时	—	151.3	153.4	153.4	153.2	158.4	161.0
法国	—	158.9	172.5	179.9	172.3	166.0	164.3
德国	—	297.9	287.9	304.5	261.4	226.7	220.7
荷兰	—	182.8	197.1	199.7	204.3	178.1	158.2
意大利	—	—	—	226.8	215.1	195.1	176.4
挪威	—	115.1	103.5	110.1	104.1	97.7	97.0
丹麦	—	142.4	135.3	121.2	137.9	135.5	135.4
英国	—	—	154.0	153.1	154.1	148.8	141.8
澳大利亚	—	—	—	—	120.9	111.5	101.9
新西兰	—	—	—	99.8	100.4	87.3	83.7
毛里求斯	—	—	—	—	155.8	169.6	206.7
牙买加	—	—	—	—	180.0	164.1	162.6

资料来源：[英] B.R. 米切尔. 帕尔格雷夫世界历史统计·欧洲卷（1790—1993）[M]. 北京：经济科学出版社，2002；[英] B.R. 米切尔. 帕尔格雷夫世界历史统计·亚洲、非洲和大洋洲卷（1790—1993）[M]. 北京：经济科学出版社，2002；[英] B.R. 米切尔. 帕尔格雷夫世界历史统计·美洲卷（1790—1993）[M]. 北京：经济科学出版社，2002.

值得瞩目的是19世纪70年代以后，欧洲的死亡率开始呈现明显的下降趋势，其主要原因在于伤寒、天花、猩红热、霍乱以及结核病等传染病得到了控制。传染性疾病所导致的死亡率大幅度下降主要是由于个人卫生或公共卫生改进以及医疗技术进步的结果。事实上，在19世纪70年代，法国微生物学家路易斯·巴斯德（Louis Pasteur，1822—1895）和德国细菌学家罗伯特·科克（Robert Koch，1843—1910）通过对细菌学的研究，确立了特定细菌与特定疾病的联系，并为免疫学提供了一个合理的基础。正是靠杀菌剂和无菌技术的应用，使人口死亡率大幅度降低，否则死亡率可能仍会继续保持在较高的水平上。

2.4 平均预期寿命

人口的平均预期寿命通常与经济发展水平和医疗卫生水平密切相关，因而不同的社会经济条件，不同的时期，寿命的长短有着很大的差别。在工业革命以前，世界各国的死亡率始终保持较高的水平，人们出生时的预期寿命很低。据估计，英国在1540—1800年间的平均预期寿命仅为37岁，而在工业革命前的法国，人们出生时的预期寿命更低，在18世纪下半叶仅为28岁。[5]

较低的预期寿命使人们认为当时很少有人活过40岁，事实上，尽管当时平均预期寿命达到古稀之年的人比现在少得多，但工业革命前的许多国家也有很多老年人。17世纪英国立遗嘱的男性中，15%以上的人都是在70岁及以上的年龄去世的。据推算，人们20岁时的预期寿命和出生时的预期寿命相当，甚至更高。出生时的预期寿命很低是因为婴儿和儿童死亡率过高。表2—10列出了衡量部分国家或地区预期寿命的指标，即出生时预期寿命、20岁时预期寿命、婴儿死亡率和0～15岁儿童的死亡比例。在这些国家中，出生时的预期寿命为26～38岁。其中，工业革命前的英国预期寿命最高。在以农业经济为主导经济体系中的中国、法国、意大利和日本的预期寿命均较低。

表2—10　　农业经济中的预期寿命

国家或地区	出生时预期寿命/e_0	20岁时预期寿命/e_{20}	婴儿死亡率/%	0～15岁儿童的死亡比例/%
意大利（中世纪的皮斯托亚）	29	25	21	56
1550—1599年的英国	38	33	18	30
1650—1699年的英国	35	31	18	32
1750—1789年的法国	28	—	21	—
1750—1799年的英国	38	34	17	30
1300—1880年的中国（安徽）	28	33	—	—
1644—1739年的中国（北京）	26	30	—	—
1792—1867年的中国（辽宁）	26	35	—	—
1776—1815年的日本（农村）	33	37	25	50
1750—1799年的伦敦	23	—	30	—

资料来源：[美] 格里高利·克拉克. 应该读点经济史——一部世界经济简史 [M]. 北京：中信出版社，2009.

城镇人口的死亡率通常都比农村人口高很多，中世纪后期黑死病的爆发导致城市人口大量死亡就是其例证。事实上，早期的城镇往往人口密度高，拥挤而肮脏，因此像瘟疫、伤寒、痢疾和天花之类的传染病很容易快速传播。在18世纪晚期，伦敦可能是世界上最富有的城市，但伦敦人口出生时的预期寿命仅为 23 岁，比工业革命前大多数人口寿命都要低。从 1750 年到 1799 年，伦敦人已经不能自行繁衍，30%的婴儿不到 1 岁就夭折。[6]

在中国和日本，婴儿的死亡率相对于欧洲而言更高，而 20 岁人口的预期寿命和英国 18 世纪后半期的水平大致相当，甚至更高。这两个国家的死亡率模式与英国不同，成人死亡率相对较低。

然而，人类的平均预期寿命还是在不断提高，人类预期寿命的第一次飞跃发生在 1700 年至 1900 年，人类的平均预期寿命从 30 岁提高到 45 岁。从欧洲各国的平均预期寿命来看，19 世纪 70 年代以后也呈现出不断上升的趋势（见表 2—11）。人口平均预期寿命是衡量一个国家经济发展水平及医疗卫生服务水平的重要指标。公元前欧洲人的平均预期寿命仅 20 岁左右，以后持续缓慢地延长，1850 年左右达到 40 岁，即在漫长的近 2000 年的历史中终于延长了一倍。这种极其缓慢的增长速度，显然与古代社会生产力发展的缓慢有关。19 世纪是一个转折点，随着工业化革命和社会生产力的提高，经济迅速发展，人口的平均预期寿命迅速上升。显而易见，发达地区由于工业化的结果，经济发展较为迅速，人口预期寿命的提高比发展中地区更快。

表 2—11 欧洲部分国家人口出生时的预期寿命

国家	1875		1895		1905	
	男子	妇女	男子	妇女	男子	妇女
奥地利	31	34	37	39	39	41
芬兰	—	—	43	46	45	48
德国	36	38	41	44	45	48
意大利	35	36	43	43	44	45
瑞士	41	43	46	49	—	—
澳大利亚	51	55	55	59	59	63
新西兰	55	58	58	61	64	68

资料来源：[英] H.J. 哈巴库克，M.M. 波斯坦. 剑桥欧洲经济史 [M]. 北京：经济科学出版社，2002.

人类平均预期寿命的大幅度提高，可能与被称为“寿命革命”的两次转折密切相关。第一次发生在 18 世纪末期，1796 年英国人琴纳（Edward Jenner，1749—1822）发明了用牛痘预防天花的方法。这种“免疫”的方法，使人体对某些传染病产生抵抗力。该方法发明后，人类平均预期寿命一跃达到 40 岁。第二次发生在 19 世纪末 20 世纪初，1881 年法国微生物学家路易斯·巴斯德（Louis Pasteur，1822—1895）发明了预防炭疽病的疫苗，1885 年预防狂犬病的疫苗也研制成功。进入 20 世纪以后，英国细菌学家亚历山大·弗莱明（Alexander Fleming，1881—1955）在 1928 年首先发现了世界上第一种抗生素——青霉素，这是第一种能够治疗人类疾病的抗生素。随着医疗科学的进步，特别是青霉素、链霉素等抗生素药物的广泛使用，使人口死亡率大幅度降低，并使大部分国家的平均预期寿命大幅度提高。

2.5 人口分布

世界人口分布是不平衡的，自 17 世纪中期以来到 19 世纪末，世界人口增长了 2 倍，人口增长的差异导致了人口分布的变化。在这一时期，世界各大洲人口分布的变化（见表2—12），分别是由亚·莫·卡尔·桑德斯、W. 威尔科克斯和J. 杜兰德估算的。

从表2—12可以看出，尽管亚·莫·卡尔·桑德斯等三人的估算值不同，但反映人口分布的趋势是基本相同的。人口规模最大的亚洲人口比重经历了先升后降的过程，尤其是1850年以后是很显著的。非洲的人口比重在同期也明显下降，这主要是由于贩卖黑奴的“三角贸易”造成的。而其他各大洲的人口比重均呈现上升的趋势，特别是北美洲的上升趋势极其迅速。这主要与欧洲人大量移居美国和加拿大密切相关。

表2—12 近代世界人口的洲际分布

地区	推测者	1650	1750	1800	1850	1900
亚洲	亚·莫·卡尔·桑德斯	60.00	65.25	65.89	63.27	56.90
	W. 威尔科克斯	54.68	62.97	64.74	60.13	54.55
	J. 杜兰德	—	62.96	64.42	63.47	56.06
非洲	亚·莫·卡尔·桑德斯	18.35	13.05	9.93	8.11	7.46
	W. 威尔科克斯	21.38	14.41	10.98	9.17	8.98
	J. 杜兰德	—	13.40	10.94	8.90	8.06
拉丁美洲	亚·莫·卡尔·桑德斯	2.20	1.51	2.10	2.82	3.92
	W. 威尔科克斯	1.49	1.44	2.50	3.02	4.01
	J. 杜兰德	—	2.02	2.45	3.01	4.48
北美洲	亚·莫·卡尔·桑德斯	0.18	0.14	0.66	2.22	5.03
	W. 威尔科克斯	0.21	0.14	0.65	2.38	5.16
	J. 杜兰德	—	0.25	0.72	2.06	4.97
欧洲	亚·莫·卡尔·桑德斯	18.89	19.78	21.19	23.39	26.31
	W. 威尔科克斯	21.91	20.74	21.00	25.11	26.93
	J. 杜兰德	—	21.11	21.27	22.50	26.06
大洋洲	亚·莫·卡尔·桑德斯	0.37	0.27	0.22	0.17	0.37
	W. 威尔科克斯	0.43	0.29	0.22	0.18	0.38
	J. 杜兰德	—	0.25	0.20	0.16	0.36

资料来源：亚·莫·卡尔·桑德斯. 人口问题［M］. 北京：商务印书馆，1983；Durand J. D. *Historical Estimates of World Population：An Evaluation*. University of Pennsylvania，Philadelphia，1974.

从世界人口分布的变化过程来看，人口最多的是亚洲、欧洲和非洲三个“旧大陆”，根据亚·莫·卡尔·桑德斯估计，这三洲的人口总和在1650年占世界总人口的87.24%，随后出现逐渐上升的趋势，到1900年升至90.67%，而北美洲、拉丁美洲和大洋洲三个“新大陆”的人口占世界人口的比重仅为9.33%。长期以来，“旧大陆”以亚洲人口所占比重最大，其次是欧洲和非洲，而“新大陆”在1650年至1850年间，以拉丁美洲人口所占比重为最大，随后被北美洲超过，大洋洲的人口占世界人口的比重则始终未超过0.5%。这种分布格局在近代历史的进程中变化不大。

世界人口分布还表现在各大洲之间人口的分布相当悬殊。亚洲约占地球陆地总面积的29.4%，但人口在1900年占世界人口总数的56.9%，欧洲约占地球陆地总面积的6.8%，其人口在同期占世界人口总数的26.3%。非洲、北美洲和拉丁美洲约占世界陆地面积的一半，而人口在1900年尚不到世界总人口的1/10。大洋洲更是地广人稀。

世界人口的垂直分布也不平衡，一般随海拔升高，人口分布比重降低，人口密度减少，55%以上的人口居住在海拔200米以下、不足陆地面积28%的低平地区。由于各国经济发展有向沿海地区集中的倾向，大量的人口也向沿海地带集中。到19世纪末期，各大洲中距海岸200千米以内临海地区的人口比重，已显著超过了其面积所占的比重，并且沿海地区人口增长的趋势还在继续发展。

2.6 国际人口迁移

15世纪末，随着克里斯托弗·哥伦布（Cristoforo Colombo，1451—1506）发现美洲新大陆，世界人口迁移的规模开始扩大。当时的国际移民大都是西班牙和葡萄牙人，迁移的流向主要是在亚洲和非洲的殖民地。后来，荷兰、英国、法国等也先后向国外移民，参与殖民地的争夺，迁入地也扩大到美洲和大洋洲。

在16—18世纪，欧洲移民是国际移民中最主要的组成部分，在相当时期内，欧洲的移民占国际移民总数的3/4。这使欧洲人口的国际迁移成为世界人口国际迁移的主要形式，但总的来看，迁移的规模不大，迁移的流向相对集中，主要是从英格兰、苏格兰、爱尔兰、德国和法国向美洲的迁移，其他方向的流量较小。从迁入地看，到1760年，欧洲人口迁至美国的有160万人，到1775年进一步增至260万人。这一时期欧洲的移民规模与当时的人口经济状况有关。19世纪以前，工业化尚未迅速发展起来，人口增长尽管较快，但人口压力不大，因而欧洲人口向外迁移的规模受到一定程度的限制。

进入19世纪以后，欧洲人口国际迁移经历了波折起伏的过程，如图2—5所示，1850年前后达到第一次高潮之后，进入低谷，到1870年前后达到第二次高潮，经过短暂的低谷之后，到1886—1890年期间达到第三次高潮，规模是第二次高潮的2倍，随后到1900年呈现下降趋势。根据移民来源国的统计，最初两次高潮的国际移民主要来自英格兰、苏格兰、爱尔兰、斯堪的纳维亚、比利时和荷兰等西欧和北欧国家，到了19世纪晚期，国际移民的欧洲国家主要是德国、意大利以及东欧、南欧国家。

从欧洲国际移民的规模看（见图2—6），19世纪主要以英国、德国、挪威、瑞典、法国、比利时和荷兰等西欧和北欧国家为主，这些“老移民”国家到1890年以前，平均每年的移民达到数十万人，而意大利、西班牙、葡萄牙、巴尔干等南欧和东欧国家的移民规模则相对较小，这些“新移民”国家在1880年以前，平均每年外迁人数仅为数万人。1880年以后，这种格局逐渐被打破，1890—1899年，“新移民”国家每年的迁出人口达到40.3万人，而同期“老移民”国家仅为20.6万人，“新移民”国家后来居上，逐渐成为欧洲国际移民的主流。

非洲人口的国际迁移是与被称为“奴隶贸易”的活动密切相关的。它开始于发现美洲新大陆之后。15世纪末，随着哥伦布发现美洲新大陆，欧洲与美洲之间开辟了新航线。当时商业在发展，贸易在扩大，从世界范围来看，欧洲和亚洲商业贸易发达，但对于西欧、北欧的国家来说，亚洲无疑是千里之遥，而美洲、非洲则近得多。于是，1510年以后，葡萄牙、西班牙、英国、法国等国开始殖民扩张。它们在美洲创建种植园，开发金银矿，由于需要大量的廉价劳动力，在利润的驱使下，这些国家开始大量贩卖奴隶。

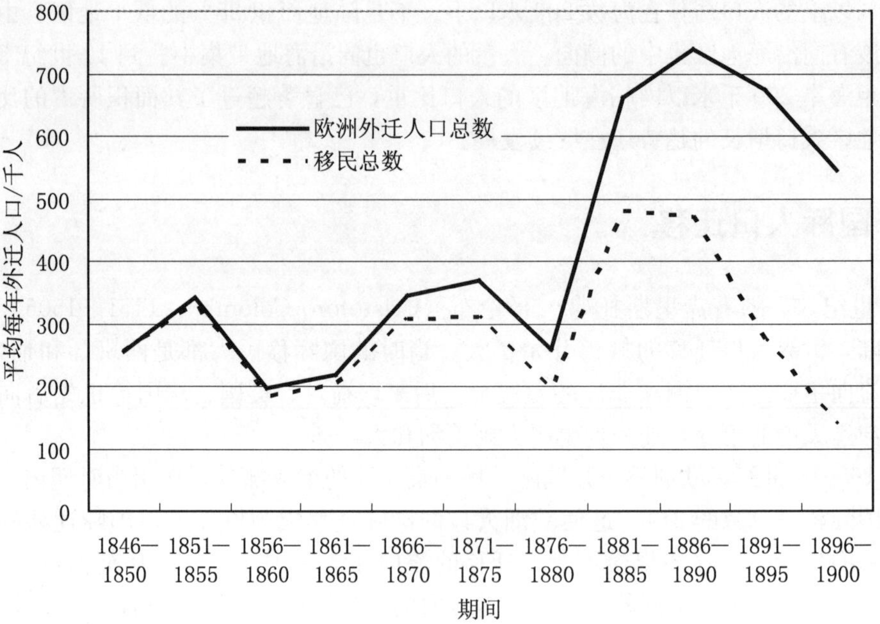

图 2—5　欧洲的国际迁移人口（1846—1900 年）

资料来源：［苏］乌尔拉尼斯. 世界各国人口手册［M］. 成都：四川人民出版社，1982.

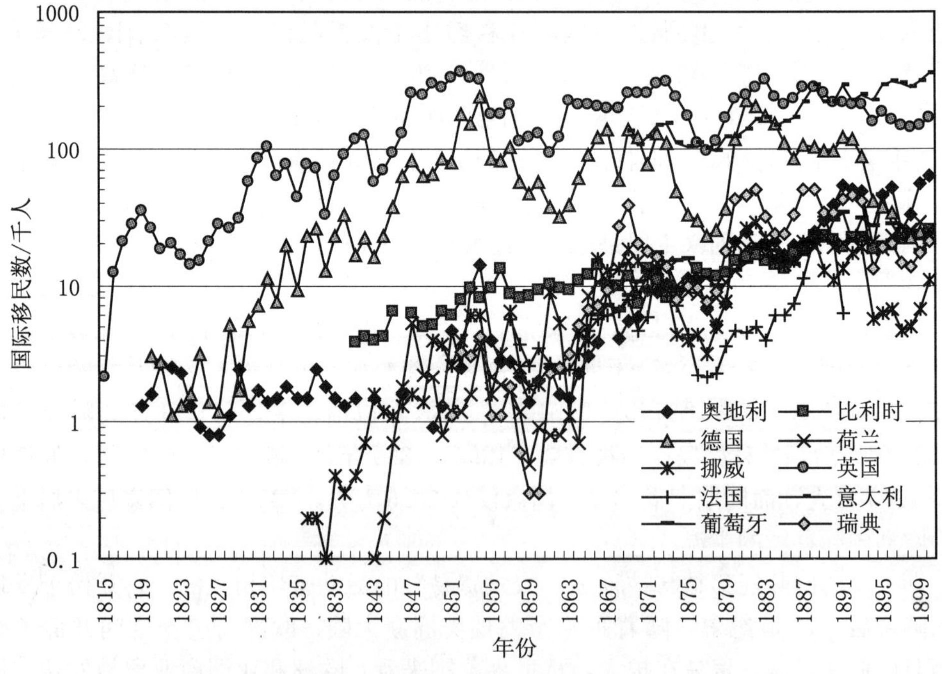

图 2—6　欧洲部分国家国际移民的变化（1815—1900 年）

资料来源：［英］B. R. 米切尔. 帕尔格雷夫世界历史统计·欧洲卷（1790—1993）［M］. 北京：经济科学出版社，2002.

第一批非洲黑奴被贩卖到北美洲是在1619年，此后以奴隶贸易为特征的非洲人口国际迁移一直延续，17世纪和18世纪达到鼎盛时期，直到1891年布鲁塞尔国际会议通过禁止奴隶贸易的总决议书后，奴隶贸易才告终止。

据美国黑人历史学家威廉·爱德华·伯格哈特·杜波依斯（William Edward Burghardt Du Bois，1868—1963）的估计，非洲人口被贩运出去的数量很大，16世纪为90万人，17世纪为275万人，18世纪为700万人，19世纪为400万人，四个世纪合计约1 500万人。宾乔一葛尼尔的估计更高，他在《人口地理学》一书中估计，非洲在这一时期仅迁往美洲的人口就超过2 000万人，而迁至西亚和南亚的有1 000万～1 500万人。英国的科林·迈科伊夫迪（Colin Mcevedy）和理查德·琼斯（Richard Jones）在《世界人口历史图集》一书中估计，在1550—1850年的300年中，从非洲迁至美洲的人口约有950万人，其中，迁到加勒比海各岛400万人，巴西350万人，美国和墨西哥各50万人。虽然有不同的估计，但可以看到，自15世纪中期以来到19世纪后半期，被贩卖的非洲人口规模是极其巨大的。

非洲除了一部分人口作为奴隶被贩卖到美洲外，在西方殖民者侵入非洲后，为了掠夺非洲的自然资源，开垦种植园、开发矿藏，迫使非洲人在非洲大陆不同区域间迁移，导致非洲的国际迁移现象相当频繁。

在19世纪，亚洲外迁的移民主要是中国、印度和日本。估计中国有数百万人迁移到印度尼西亚、新加坡、菲律宾等东南亚各国，印度也有数百万人迁到马来西亚、缅甸、斯里兰卡等国。1833年后，英国在印度废除奴隶制，有一部分印度人迁移到西印度群岛以及南非、毛里求斯等地。

近代以来，随着新航线的开辟，国际人口迁移的目的地主要是尚待开发的“处女地”。随着商贸的扩大和欧洲国家资本积累的需要，全球国际性的人口迁移进入高潮期。该时期人口迁移的主要特点是：从宗主国向殖民地和附属地迁移，如英国向美国、加拿大、印度、澳大利亚等地迁移人口；从较发达地区向不发达地区及新开发区移民，如欧洲国家向拉丁美洲各国移居人口；从旧大陆向新大陆迁移人口，即亚洲、非洲和欧洲人口向北美洲、拉丁美洲、大洋洲迁移。这种国际迁移的动机基本上具有经济的性质，一部分是具有个人意愿的迁移，如欧洲人向美洲的迁移，为了获取更高的经济效益；另一部分是强制性的、非自愿的迁移，如非洲人向美洲的迁移，欧洲殖民者对利润的追逐是该时期人口迁移的主要驱动力。在该期间，最具代表性的国际人口迁移是“黑三角贸易”。

注释

[1] 潘纪一，朱国宏. 世界人口通论［M］. 北京：中国人口出版社，1991.

[2]［3］［5］［6］［美］格里高利·克拉克. 应该读点经济史——一部世界经济简史［M］. 北京：中信出版社，2009.

[4]［英］H. J. 哈巴库克，M. M. 波斯坦. 剑桥欧洲经济史［M］. 北京：经济科学出版社，2002.

第 3 章　欧洲的商业革命

3.1　新航路的开辟与商业动机

新航路的开辟是 15 世纪世界经济史上一个重要的事件，欧洲航海者通过一系列大规模航海活动，发现了美洲新大陆，开辟了从欧洲绕过非洲南端到亚洲的新航路。自此，海道大通，世界市场的形成渐显端倪，人类的经济活动开始从分散发展向相互影响、紧密联系的整体合作的方向发展。

新航路的开辟可以说是多种因素交织在一起促成的，但从动机来看主要是经济原因。欧洲和东方国家，如中国、印度及东南亚诸国的贸易一直是欧洲获得洲际商品的主要源泉。在新航线开辟前，欧洲与东方国家的贸易通道主要有三条：一条为北路，从地中海北岸东行到君士坦丁堡，再越过土耳其，沿黑海、里海，经伊朗、阿富汗，横穿亚洲大陆到中国；另一条为中路，从地中海东岸叙利亚一带经两河流域到波斯湾，再越过阿拉伯海到达印度；再一条为南路，自地中海南岸经埃及下红海，经印度洋达到印度。但从 15 世纪中叶起，土耳其奥斯曼帝国占据东西方交通要道——君士坦丁堡及东地中海和黑海周围广大地区，对过往商人横征暴敛，加之频繁的战争和海盗活动，从而阻碍西欧与亚洲陆上贸易的北路通道；而由东方经由波斯湾、两河流域到地中海和经由红海、埃及到地中海的两条海上商路又完全为阿拉伯人所操纵，欧洲商人的利益得不到保障。因此，欧洲商人为了摆脱贸易危机，迫切需要开辟一条通往东方的新航路。

对黄金的追求是新航路开辟的另一个经济动因。14—15 世纪，随着西欧商品经济的发展和农奴制的瓦解，一方面商品流通量不断增加，相应地要求货币流通量的有效供应，而货币成为普通的交换手段，黄金作为货币的职能越来越重要。一股黄金热席卷着整个西欧。自从马可·波罗（Marco Polo，约 1254—1324）所著《马可·波罗游记》在欧洲流行后，书中描写的“香料盈野，黄金遍地”的东方，对欧洲人是一种极大的诱惑，正是这种“黄金渴望”驱使欧洲的商人和航海家从事冒险航行。另一方面，由于当时欧洲的商品对于中国人、印度人毫无吸引力，导致了欧洲人只得用大量的金银来换取香料和丝绸。长期的入不敷出，导致欧洲人对于获取银、宝石或者直接获取香料等资源显得十分感兴趣。至此，那些出产这些珍贵资源的地区，便成为欧洲人猎取的目标。

西欧的探险活动得到了科学技术和航海技术的有力支持。由于西方各国在生产技术方面已有很大进步，指南针也已从中国传到了欧洲，航海术的提高、观象仪和风向仪的使用、多桅快速帆船的出现，以及“地圆学说”的发展等，都为远洋航海提供了物质条件。西班牙和葡萄牙是当时欧洲最强盛的封建中央集权制国家，以其有利的地理位置，逐渐成为探索新航路的主要组织者。

在西欧新航路开辟的过程中，最积极的参加者是大西洋沿岸的一些国家，其中葡萄牙首先发起了大规模的航海探险活动。15 世纪早期，航海家亨利王子（Henry，全名唐·阿方索·恩里克，葡萄牙亲王，1394—1460）提倡航海事业，为取得黄金、象牙和奴隶，组织了多次非洲西岸的探险活动，先后发现了马德拉岛、佛得角群岛，并从直布罗陀沿非洲西海岸到达几内亚湾。1473 年，葡萄牙人驶过赤道，后到达刚果河口。到 1487 年，巴尔托洛梅乌·迪亚士（Bartholmeu Dias，约 1450—1500）率领的探险队到达非洲南端的好望角，为开辟通往东方的新航路创造了重要条件。1497 年，以瓦斯科·达·伽马[①]（Vasco da Gama，约 1460—1524）为首的船队沿迪亚士航线继续向前，经非洲东岸的莫桑比克、肯尼亚，于 1498 年到达印度西南部的卡利卡特，开辟了从大西洋绕非洲南端到印度的航线，从而打破了阿拉伯人控制印度洋航路的局面，实现了欧洲人多年的梦想。

图 3—1　哥伦布首航旗舰圣玛利亚号仿制品

在葡萄牙人探寻新航路的同时，西班牙人也极力从事海外扩张。由于葡萄牙控制了沿非洲西海岸南行的通道，使稍晚开始探险的西班牙人不得不沿着另一个方向，即向西越过大西洋去进行探索。在西班牙国王的大力支持下，1492 年，克里斯托弗·哥伦布（Cristoforo Colombo，1451—1506）率领船队从帕洛斯港出发，经加那利群岛后向西航行，先后到达巴哈马群岛和古巴、海地等岛。以后又三次出航，先后发现了多米尼加、波多黎各、牙买加、特立尼达等岛屿，以及由洪都拉斯到巴拿马的海岸（见图 3—1）。这片大陆很长时间一直被认为是印度。后来，意大利探险家亚美利哥·韦斯普奇（Americ Vespvck，1454—1512）到达美洲，才认识到这是一个新大陆。在人们认识到大西洋西岸的陆地并非亚洲而是一个新大陆后，西班牙探险者继续西行。1513 年，西班牙探险家巴尔鲍亚越过巴拿马地峡，看到了西南面的大海，他把这片海域称为“南海”（今太平洋）。1519 年，葡萄牙航海家斐迪南·麦哲伦（Ferdinand Magellan，1480—1521）在西班牙国王查理一世（Charles I，1516—1556）的支持下，率领船队从巴罗斯港出发，横渡大西洋，沿巴西东海岸南下，绕过南美大陆南端与火地岛之间的海峡（即后来所称的麦哲伦海峡）进入太平洋。1521 年，船队到达菲律宾群岛，麦哲伦在

① 瓦斯科·达·伽马（约公元 1460—1524 年）是开辟西欧直达印度海路的葡萄牙航海家，早期殖民主义者。1497 年奉葡萄牙国王之命，率领舰队从里斯本出发，踏上了探索通往印度的航程，绕过好望角，第二年到达莫桑比克。后得到阿拉伯领航员帮助，终于到达印度西南部重镇卡利库特，并满载交换来的宝石、香料而归。1503 年、1524 年又两次远航印度，最后死于葡萄牙驻印度总督任上。他开辟的航路，促进了欧、亚商业关系的发展。

与当地土著人的冲突中被杀。其后，麦哲伦的同伴继续航行，终于到达了“香料群岛”（今马鲁古群岛）中的哈马黑拉岛。之后，满载香料又经小巽他群岛，穿过印度洋，绕过好望角，循非洲西海岸北行，于1522年回到西班牙。

欧洲其他的一些国家，如荷兰、英国、法国和丹麦等也紧随其后，积极开展新航路的探索活动。从16世纪到17世纪，欧洲国家又陆续开辟了一系列新航线。1522年，麦哲伦完成人类历史上第一次环球航行。这次全球航行的完成，开辟了东西方海上交通的新航路。在西班牙和葡萄牙进行海外探险的同时，西欧通往各地的新航道，在世界各地发现了大片前所未知的土地。

新航路的开辟意味着世界市场和贸易规模的迅速扩大，扩大了人类经济活动的范围，促进了世界市场的形成，世界贸易中心从地中海转移到了大西洋，葡萄牙的里斯本、西班牙的塞维利亚和尼德兰的安特卫普成为中心贸易城市。而经济活动的迅速扩大导致世界经济史上最大的一次商业冲动，对利润的追求成为商业活动的原动力，商业出现革命性的变化，带动了欧洲的商业经济，使欧洲面临着一个更加广阔的市场。贸易中心的转移，加速了资本原始积累和资本主义生产关系的发展，同时加快了欧洲封建制经济的解体。

3.2 商业革命

欧洲商业虽然在中世纪晚期已经有了显著的发展，但是商业革命的条件却是15世纪以后才具备的，其中最重要的因素是新航路开辟后西欧商业经济领域产生的重大变革。其表现为世界市场开始形成，流通商品种类的增多，商业贸易中心由地中海沿岸转移到大西洋沿岸。这加速了资本的原始积累，促进了封建生产方式向资本主义生产方式过渡，对欧洲经济产生了巨大的影响，催生了商业革命。

14—15世纪新航路的开辟，对欧洲经济和世界经济都产生了巨大影响，主要表现为：世界市场的拓展、商品种类的增多、商业贸易中心的转移、商业强国的崛起和价格革命。新航路开辟后，世界各地的联系更加紧密，欧洲商业也发生重大变革，主要表现为欧洲资本的流通范围和海外贸易的地域急剧扩大，进出口商品的种类、数量和贸易额迅速增加，出现了欧美、欧亚的跨洋贸易和全球性的经济关系，世界市场逐渐形成。如美洲以种植业为主，生产大量的砂糖、咖啡、烟草及棉花，并销往欧洲等地，其所必需的日用品如粮食、布匹等却需从欧洲进口，同时种植园的发展对劳动力的需求增大，三角贸易因此繁荣起来。亚洲的茶叶、丝绸、瓷器和香料等奢侈品也出现在全球各地。在洲际贸易中，处于中心地位的是西欧，其通过控制商业和航运业大发横财，这种世界经济体系的形成带有强烈的不平等因素。世界市场的拓展使互补性商品出现在各国市场上，引起了广泛的商品交流。

特别值得注意的是，美洲特产传播到欧亚大陆。美洲许多农产品是欧洲、亚洲和非洲所没有的。如玉米，新航路开辟后很快传到中国西南部、非洲及东南欧。马铃薯、烟草、可可等美洲特产，也传到亚洲、欧洲和非洲。而非洲所产的咖啡则传到欧美各国，成为人们生活中的必需品。

新航路的开辟和新大陆的发现，不仅开辟了东西方贸易新的通道，还使得欧洲商人的贸易活动从最初的地中海地区进而扩展到大西洋沿岸乃至世界各地。海外贸易的扩大及商品种类和数量的增加还使得商业经营日趋大众化。在贸易市场上普通的日常用品逐渐增多，代替了原来高级奢侈品的重要地位。在进口贸易方面，也开始从过去专为封建贵族服务转向广大居民的一般消费。国内外贸易的迅速发展，促使商人纷纷组织起新型的贸易公司。这些公司大都经济实力雄厚，采用资本主义经营模式，完全不同于中世纪的封建商人公会，不再具有浓厚的行会传统和平均主义的特性。

新航路的开辟使得欧洲的贸易格局发生了很大的变化，世界贸易中心从地中海沿岸转移到大西洋沿岸，意大利的商业地位开始衰落，威尼斯、热那亚等地的商业中心地位先是被里斯本、塞维尔等城市取代，继而伦敦、阿姆斯特丹更是后来居上，成为新的海上贸易中心。伴随商业贸易中心的转移，新的商业强国开始崛起：大西洋沿岸的国家西班牙、荷兰、英国和法国成为四大商业强国，但它们之间存在着激烈的贸易竞争。

荷兰经济发展的特点在于商业超过工业，而且是对外贸易超过国内贸易。荷兰以新航路开辟带来的欧洲商业革命为契机，把发展世界贸易作为基本国策，积极创造发展世界贸易的条件。荷兰拥有世界上一流的造船技术，并不断进行技术革新。17世纪的荷兰执世界贸易之牛耳，获得“海上马车夫”的称号。荷兰当时拥有发达的毛织业、丝绸业、造船业、捕鱼业，在世界市场形成的过程中，荷兰以其庞大的船队航行于大西洋、太平洋、印度洋以及地中海和波罗的海、北海，利用世界各地的价格差进行转口贸易，成为商业强国。但荷兰缺少自然资源和工业基础作为其海外扩张的后盾，且只重视发展航运业，忽视工业的发展，这一特点使荷兰在西欧的经济地位被英国取而代之。

英国在商业革命中表现突出，“英国实现中央集权制政府比较早，它是第一个成功地在全国范围内建立统一市场的国家；在这个统一的市场中，地方性的贸易限制相对来说是极少的。虽然还比较缺乏充分的定量证明，但是根据大多数报道，英国的商业革命比荷兰以外的任何其他国家都更加彻底”。[1]商业革命使英国进出口贸易在1698—1775年增长了500%～600%，其中，对殖民地的贸易从15%增加到33%，使伯明翰成为重要的铁器制造工业中心。[2]商业革命也提供了工业革命所需要的大量资本。

新航路开辟的另一个经济成果便是“价格革命”。新航路开辟后，美洲的白银首先流入西班牙，再从西班牙流向热那亚，最后流向欧洲其他地区，甚至流入奥斯曼帝国。由于白银供给数量的增加，西欧货币充足，从而使金银价格下降，货币贬值，物价上升，投机活跃。价格革命搅乱了传统的经济关系，依赖固定地租收入的地主经济地位下降，商业资产阶级却大发横财，加速了封建制度的衰落和资本主义的兴起，促进了商品经济的发展。这场“商业革命”是极其缓慢和持久的，因为它早在15世纪就已经开始，一直持续到19世纪早期，直到机器工业超过商业为止。

3.3 重商主义与商业战争

新兴的国家和商业资本为了获取货币的共同目的，使西欧各国迅速结成联盟。这种联盟反映在当时西欧各国所实施的经济政策和信奉的经济学说上，这些经济上的政策和学说被称为重商主义[①]（Mercantilism）。重商主义是资本主义兴起时在欧洲最受欢迎的经济思想。它建立在这样的信念上：一国的国力基于通过贸易的顺差——出口额大于进口额——所能获得的财富。它是封建主义解体之后的16—17世纪西欧资本原始积累时期的一种经济理论或经济体系，是反映资本原始积累时期商业资产阶级利益的经济理论和政策体系。随着商业的兴起，尤其是对外贸易在经济中的作用越来越大，近代新兴的西欧国家开始奉行重商主义的经济政策和基本观点，引起了经济观念的变化。重商主义的发展经历了早期重商主义和晚期重商主义两个阶段。早期重商主义产生于15—16世纪中叶，以货币差额论为中心即重金主义，强调少买。该时期代表人物是英国的威廉·斯塔福（W. Stafford，1554—1612）和意大利的乔万尼·保泰罗（Giovanni Botero，1540—1607）。早期重商主义者主张采取行政手段，禁止货币输出，反对商品输入，以储藏尽量多的货币。一些国家还要求外国人来本国进行交易时，必须将其销售货物的全部款项用于购买本国货物或在本国花费掉。16世纪下半叶到17世纪是重商主义的第二阶段，即晚期重商主义，其中心思想是贸易差额论，强调多卖，代表人物为英国的托马斯·曼（Thomas Mun，1571—1641）、法国的让·巴普蒂斯特·柯尔贝尔（Jean-Baptiste Colbero，1619—1683）。他们认为对外贸易必须做到商品的输出总值大于输入总值，以增加货币流入量。16世纪下半叶，西欧各国力图通过实施奖励出口限制进口，即奖出限入的政策措施，保证对外贸易出超，以达到金银流入的目的。因此，重商主义者主张在国家的支持下发展对外贸易，加速原始资本积累。

在经济政策上，西班牙、葡萄牙、英国等西欧国家根据早期重商主义者的主张，颁布了各种法令，禁止货币输出国外。西班牙和葡萄牙政府直接控制贵金属的交易，它们认识到积累金银货币和对外贸易的重要性，认为国家的繁荣依赖于贵金属的供应。同时，政府还规定外国商人必须将出售所得的全部货币用于购买当地的商品。英王爱德华四世（Edward Ⅳ，1442—1483）于1478年把输出金银定为大罪。英国出口商运到规定的外国市场上的货物是羊毛、皮革、铁、锡以及其他普通产品，他们从外国换取的必须是各种必需品。这些国家的晚期重商主义者为了保证在国际贸易中保持较大的“顺差”，实行关税保护和鼓励本国工场手工业发展的政策。

---

① 重商主义（Mercantilism）是16—17世纪封建主义解体之后西欧资本原始积累时期的一种经济理论或经济体系，该名称最初是由亚当·斯密在《国民财富的性质和原因的研究》（《国富论》）一书中提出来的。学术界代表人物是斯图尔特，政界的著名代表人物是法国路易十四的大臣让—巴普蒂斯特·柯尔贝尔，但重商主义有别于柯尔贝尔主义（Colbertism）。这一时期商业资本兴起，促使封建自然经济瓦解，各国国内市场统一，并通过对殖民地的掠夺和对外贸易的扩张积累了大量货币财富，推动了工场手工业发展，因而产生了代表商业资本利益和要求的重商主义经济思想。重商主义学派是现代早期经济学的主导学派，产生于15世纪，全盛于16—17世纪，瓦解于18世纪下半叶资产阶级古典经济学兴盛时期，是最早运用政治经济学方法研究国际问题的理论学派。其主张国内政府对经济的干预和控制，就在这一时期许多现代资本主义制度建立。重商主义学派的发展经历了早期的重金主义和晚期的贸易差额论两个阶段。重商主义强调积累金银货币和对外贸易的重要性，把金银看作是财富的唯一形式，认为国家的繁荣依赖于资本（贵金属）的供应，贸易的全球规模是不可改变的，贵金属所代表的资本量可通过多出口少进口来增加，认为财富的真正源泉是对外贸易，要获取更多的金银财富只有通过出超，因此主张在国家的支持下发展对外贸易。

法国柯尔贝尔在当政期间推行了一系列重商主义政策，其经济观点及政策主要是：改革税收制度，将实物税改为货币税；发展对外贸易，鼓励本国商品出口，减少外国商品进口；实行保护关税政策，扩大商品出口，提供低利率贷款，扶植本国工场手工业，促进工业发展，禁止原料输出，对外国进口商品课以重税；建立特许贸易公司，促进海外贸易发展；实行殖民扩张政策，争夺世界市场和殖民地等。柯尔贝尔作为当时法国的经济决策人、重商主义的实践家，被称为柯尔贝尔主义，使法国的重商主义成为欧洲其他各国重商主义的典范。

在推行重商主义政策时，各国的侧重点不同。西班牙和葡萄牙最重视控制黄金的贸易。英国的重商主义政策最明显地表现在对外经济扩张上，为此，政府进行了商业战争和颁布了一系列航海法规。法国则重视工场手工业的发展。而法国当时的富裕与强大是与法国拥有众多的人口密切相关的。相比欧洲各国，法国的人口居欧洲第一位，所以柯尔贝尔倾向法国人口继续增加。在柯尔贝尔看来，人口众多既有利于发展工场手工业，又可以促进法国对外经济贸易的发展，使更多的硬通货通过贸易顺差源源不断流入法国，从而不断增强国家的经济实力。

崇尚重商主义的另一个结果是商业成为战争的主要原因。重商主义时代，人们普遍认为，贸易的全球规模是不可改变的，国际市场是有限的，贸易就是常年的战争，只有在贸易中占垄断地位，才能保证在国际贸易中获取最大的商业利益。因此，各国政府都致力于如何利用本国的条件在国际贸易中保持较大的顺差，也就是说出口额必须较大幅度地超过进口额，从而保证金银多进少出。商业原因引起的国际冲突表现为海上霸权和海外殖民地的争夺。

葡萄牙和西班牙在克里斯托弗·哥伦布发现美洲新大陆后，为了争夺海外殖民地发生冲突，不仅使两国国王头痛不已，就连教皇也被牵扯进来。1493年，经过罗马教皇亚历山大六世的调停，葡萄牙国王约翰二世与西班牙国王费迪南德，就瓜分海外殖民地一事进行磋商。在经过长时间的讨价还价之后，教皇做出仲裁：在大西洋中部亚速尔群岛和佛得角群岛以西100里格（陆地及海洋的古老测量单位，1里格相当于约5.556千米）的地方（即西经50度），划出一条连接南、北极的分界线。分界线以西属于西班牙人的势力范围，以东属于葡萄牙人的势力范围。根据这条分界线，美洲及太平洋各岛属西班牙，而亚洲、非洲则归葡萄牙。这就是著名的“教皇子午线”。一年之后，葡萄牙国王约翰二世强烈要求重划分界线。经过谈判，1494年，葡萄牙和西班牙两国签订了《托德西利亚斯条约》，将分界线再向西移270里格，这样巴西就被划入葡萄牙的势力范围。这条由教皇担保、葡萄牙和西班牙两国同意的分界线，开启了近代欧洲列强瓜分世界、划分势力范围的先河。后来西班牙的势力渐强，建立了一支强大的海上军事力量——“无敌舰队”，在1580年攻陷了里斯本，兼并了葡萄牙及其属地，成为16世纪末最大的殖民国家。西班牙因为对殖民地的掠夺和经济扩张而繁荣一时，大量的金银、珍宝、香料和劳动力源源不断地流向这个国家。

荷兰独立后凭借其特殊的地理位置很快从商业革命中得到好处，开始了海外经济扩张。1588年，荷兰联合英国击败西班牙的“无敌舰队”，成为海外商业扩张和掠夺的主角。17世纪中叶，它所占有的殖民地超过欧洲任何一个国家。荷兰还建立了世界上最大的商业公司——著名的荷兰东印度公司，垄断了东方的香料和大量的东方出口产品。荷兰凭借其雄厚的商业资本控制着海外殖民地，荷兰的商业扩张势力已经凌驾于西班牙之上，成为17世纪最强盛的国家。

18世纪初期，英国获得了海上贸易和殖民霸权。早在1650年，英国就通过对葡萄牙战争，取得了在葡属殖民地的贸易特权。17世纪中叶以后，英国人与荷兰人的矛盾逐渐加深，两国之间有遍布全球的冲突点——北大西洋的渔业、东方的商站、美洲的殖民地以及非洲和西印度群岛的奴隶贸易。这些争端促成1652年至1674年接连三次的英荷战争，英国夺取了荷属北美新尼德兰殖民地，并成功排挤了荷兰在印度的势力。17世纪末叶以后，英国与法国频繁冲突，威廉三世（William Ⅲ，1650—1702）的继位使英国和荷兰联合反对法国。1689年，开始了几乎拖延一个世纪直到1763年英国大获全胜为止的接连四次的英法战争，使法国丧失了绝大部分的法属殖民地，而英国则得到加拿大及附近土地，以及小安德烈斯群岛和塞内加尔的一部分。通过1757年的普拉西战役，英国占领了孟加拉。17世纪中叶到18世纪，英国通过一系列因商业冲突引起的战争击败了强大的荷兰和法国，殖民地不仅是英国原始资本积累的直接源泉，而且逐渐变成英国的原料供应地和产品的销售地，促进了英国商业经济的迅速发展，从而使其成为当时世界上经济实力最强大的国家。

3.4 货币、金融与银行制度

16世纪至18世纪，随着工商业和对外贸易的发展，需要更多的货币投入流通，通过海外经济扩张，作为货币材料的金银源源不断地大量流入欧洲，部分解决了货币流入的需要。另外，城市和乡村工业通过专业化的生产刺激了内部和外部需求。横跨大陆的贸易以及大西洋贸易的扩张，为欧洲内部的商品销售开辟了广阔的前景。连接供给和需求的市场形成了这一时期经济发展的动力。这一切促进了货币、金融和银行制度的发展。

交易需要货币，开始时，交换的媒介基本上已经固定在金、银、铜等贵金属上。当时，西欧的货币制度是金银复本位制，金铸币和银铸币同时流通。这些有形货币的供给量相对于日益扩大的经济规模是缺乏弹性的。近代初期，欧洲的货币存量并不大，但16世纪有了显著增长。一个来源是欧洲本土所产的金银，如提洛尔和萨克森的银矿，在匈牙利则有金矿。但更重要的来源是从非洲和美洲运进的金银。在17世纪，欧洲仅从莫桑比克每年可得到黄金1吨。但这与美洲运到欧洲的黄金相比是微小的。1500—1650年，仅官方运达西班牙的黄金就达到181吨，更多的黄金是由走私、海盗抢劫或直接贸易得来的。但是，从美洲运到欧洲的主要贵金属还是白银。在17世纪末，葡萄牙所属巴西发现了丰富的沙金矿，从此新的黄金又源源不断从美洲流入欧洲，一直到18世纪后期。欧洲由此增加的金属货币相当可观。

欧洲货币量的增长推动了贸易的发展，但货币量的增加仍然没有解决硬币缺乏的困难。磨损和收藏损失一部分货币量，与东方贸易的逆差使欧洲流失更多的货币量。在16世纪和17世纪，欧洲与东印度和近东两个地区的贸易是逆差，这项逆差大部分是由现金，特别是用白银结清的。16 世纪 80 年代，葡萄牙人每年至少运送 100 万西班牙达克的白银到远东，17 世纪，英国和荷兰也开始把西班牙的白银运往东方。1601—1624 年，英国东印度公司向远东输出的银币超过 75 万英镑，大约相当于 250 万达克。到 17 世纪后期，该公司的金银输出量急剧上升，仅 1700—1701 年这一财政年度就输出了 70 万英镑。荷兰东印度公司的金银输出量也是有增无减。

17 世纪 20 年代，欧洲采银业全面萧条，同时来自美洲的白银量急剧下降，此时欧洲的贵金属存量也减少了，一直到 1700 年以后巴西的黄金输入才有所改观。这种周期性的货币短缺促使人们设法改变进行商品交易时对黄金和白银的依赖。16—17 世纪，很多国家采用铜币，但铜只适合铸成小额货币，如果进行大笔交易，还必须寻找新的信用工具。这样，引起了各种信用工具和手段的创新，尽量减少用现金交易。使用信用工具进行借贷的原来只是少数专门职业者，主要是意大利人和犹太人使用汇票。汇票是一种具有法律约束力的书面承诺，它为跨地域贸易提供了便捷的结算方式。不同地方的贸易可以不依赖现金的现实流动，只进行银行与银行之间的转账。此外，汇票常被用作贷款。接着，汇票变为可能转让的信用工具。自 16 世纪 70 年代起，汇票在安特卫普已经十分流行，并在流通的基础上，改善了对本票持有人的法律保护和金融保护。在意大利，除了少数几个商业中心外，在 16 世纪后期已普遍流行，与此同时，汇票的使用也开始渗透到北欧的交易网络中。从 17 世纪初期开始，背书在安特卫普发展很快，此外，其贴现和期货交易也逐渐发展起来。在英国，这种汇票的发展一直到 17 世纪中叶才得以实现。值得注目的是，汇票的发展使银行和银行之间的支付体系得以初步建立。

随着金融技术的提高，另一种对支付体系的建立做出贡献的信用工具是支票。这种信用制度最早见于意大利，在 14 世纪中期已开始出现，到 16 世纪 70 年代以后，意大利人已普遍使用。后来，支票作为一种信用工具，由意大利传播到西欧各国。英国在 16 世纪 70 年代才开始出现最初的支票。然而，在西欧其他国家，银行业的复兴并未推动这种转让方式，其主要原因是商业银行总是面临破产的危险，银行的信用得不到保证。只有信誉最好的阿姆斯特丹银行开出的票据才是完全可以转让的，可以像货币一样流通。

清算制度是在私人银行和信用工具发展的基础上由一般的票据交换发展而来的，最早的票据交换在定期集市上进行。票据交换最初出现在 12 世纪 90 年代的香槟集市上，随后逐渐出现在安特卫普、法兰克福以及意大利北部城市的商业集市上。这种清算业务，在一些集市上往往被少数商人银行家所垄断。16 世纪以后，国际集市在西欧的经济地位很快发生了变化，逐渐失去了它的重要性，越来越多的商人在一些主要的商业中心建立了办事处和货栈，可以常年进行贸易交易，他们不再需要将其贸易活动限制在集市期间内。这样，国际集市几乎完全丧失了它的商业重要性。

全年商品批发贸易的发展使商人迫切需要大型的正规银行，以便商人安全地存入资金并随时提取。这样，由国家政府尝试创办的“公共银行”应运而生，银行由政府当局予以保证和监督其存放款业务。第一个属于这种类型的公立银行是 1587 年由威尼斯参议院批准设立的里阿尔托银行。这个银行的主要职能是接受和支付存款，为存款户进行转账，为顾客开具汇票。这种类型的银行很快在意大利的其他城市中经政府批准后建立起来。这些银行主要经营存取款、账户之间的转账、将应付汇票汇入客户的贷方等业务。它们都很快变成重要的信用交易中心，并垄断所在地区的票据清算业务。

真正成为世界贸易结算中心的是阿姆斯特丹汇兑银行，它于1606年经市政当局批准，1609年正式开始营业。这家银行的业务与威尼斯的里阿尔托银行相似，有接受存款、转账、开具汇票的业务等。此外，这家银行还有权兑换货币、买进金银和外国铸币、铸造法定货币等。这样，这家银行就已初步具有中央银行的性质。随后，以阿姆斯特丹汇兑银行为模式的类似银行迅速在汉堡、米德尔堡、鹿特丹、斯德哥尔摩等地建立起来，但各银行的权利和信用无法与阿姆斯特丹汇兑银行相比。在1660—1710年，阿姆斯特丹汇兑银行成为世界上第一个多边支付体系的中心，它的汇票是万能的通行券，几乎在世界各地都能兑现。当然，这与荷兰当时的商业地位以及它与世界各地具有广泛的贸易是分不开的。

同样，16世纪英国的商业繁荣为伦敦金融市场的发展逐渐奠定了基础，英国的票据交换业务获得了发展。17世纪初期，伦敦的金融市场包含活跃的商业票据市场以及可以满足非商业信贷要求的一系列工具，而且还包含着范围更广泛的由其支配的金融证券。1640—1642年金匠银行兴起，1694年英格兰银行建立。随后，英格兰银行作为近代中央银行的鼻祖逐渐取代了阿姆斯特丹汇兑银行在国际结算中的地位，成为新的国际金融中心（见图3—2）。在英格兰银行建立后，许多欧洲国家也相继建立了中央银行，如法国法兰西银行、德国普鲁士银行、荷兰国家银行、奥地利国家银行、俄罗斯银行、比利时国民银行、丹麦国家银行等。这些银行已经具备了中央银行的基本职能，如货币的垄断发行、代理国库、作为普通商业银行的最后贷款人以及充当票据结算中心的职能等，但还不完全具备中央银行以及作为国家宏观经济调控机构的职能。

图3—2 英格兰银行

3.5 价格革命

新航路开辟后，引起的另一个经济后果是“价格革命”①。金银，特别是白银源源不断从美洲流入西班牙，再通过西班牙流入欧洲。金银存量的增加使欧洲货币存量的供应

① 新航路开辟引发了16世纪欧洲的“价格革命”。西欧国家进行海外探险的最初目的之一就是要寻找更多的黄金和白银。地理大发现之后，大量低价的黄金、白银源源不断流入欧洲，引起货币贬值，物价飞涨。这次通货膨胀涉及了工业和农业的各种商品，尤其是农产品价格的上涨幅度前所未有，在时间上持续了一个多世纪，所以在经济史上被称为“价格革命”。

量大幅度上升，在16世纪至少增加了3倍，其结果使欧洲在这一时期经历了持续不断的、规模空前的通货膨胀。价格绝对水平的提高和工资落后于其他价格的巨大差距，使这次价格上涨被称为“价格革命”，并席卷了整个欧洲。

价格革命大约在1470年至1480年开始。它最初的迹象出现在意大利和德意志的南部。佛罗伦萨的谷物价格大约在1472年开始上涨。德国西部城市维尔茨堡、慕尼黑和奥格斯堡的物价大约同时开始上涨。在英格兰和法国，物价大约从1480年开始上涨。西班牙、葡萄牙和东欧一些地区的价格革命来得稍晚，物价上涨的趋势持续了一个很长的时期，席卷了整个欧洲，16世纪末的价格总水平比16世纪初期高出3～4倍。同期，西班牙的物价上涨了大约4倍，其他欧洲国家虽然没有达到这个程度，但它们传统的经济关系也受到了严重的冲击。这种物价上涨的趋势一直持续到1650年左右。但是通货膨胀率比较温和。从1490年到1650年，价格平均每年增长1%左右。但这一增长率是中世纪的两倍，而且持续了很长时间。[3]当然，价格因地区和商品种类的差异而上涨的幅度不同。在安达卢西亚，价格上涨的速度和幅度比偏僻落后的俄国要高得多，因为那里的港口是美洲金银唯一合法的贸易中心。食品价格，尤其是谷类、面粉和面包价格上涨得比其他普通商品高。总体来看，欧洲工资水平的上升大大落后于商品价格的上升，结果是实际工资的水平显著下降。[4]

在价格革命初期，工资和食品、住房几乎同步增长。但到了价格革命后期，货币工资明显落后于物价水平的增长，因而导致实际工资水平缓慢下降。据估计，16世纪实际工资下降了50%。[5]Y. S. 布伦纳对英国的研究表明，如果1550年时食品价格指数和工资指数都是100，那么到1600年时，食品价格指数为244，熟练工人和非熟练工人的工资指数分别为160和114，而价格指数为316。到了1650年，食品价格指数为316，熟练工人和非熟练工人的工资指数则分别为226和171。[6]显而易见，在17世纪，实际工资持续下降是明显的。最脆弱的是那些技艺不高又没有资本的人。

价格革命对欧洲的经济结构产生了巨大的影响。价格革命中受到严重损害的主要是封建地主和城乡的雇佣工人。在农村，按传统方式收取定额货币地租的封建地主，因货币贬值导致实际收入减少；而西欧许多国家为保护雇主的利益，多次颁布限制提高工资的法令，致使城乡雇佣工人工资的增长幅度赶不上物价上涨的幅度。相反，获利最大的是商品生产的经营者，即手工工场主、资本主义农场主，还有缴纳定额货币地租的富裕佃农等。他们既能够更廉价地购买劳动力，又有大量产品待价而沽，使他们的经济实力大大加强。到17世纪中叶，英国、法国以及西欧的许多国家都形成了富有的按资本主义生产方式经营的大农场主阶层。工业品价格上涨虽然不及农产品价格上涨的幅度大，但由于实际工资下降、产品销路的扩大，商人和手工工场主成了新兴的经济贵族。而雇佣工人和一部分贫苦农民在价格上涨的过程中则降低了生活水平。这样，价格革命加速了社会分化，新兴农场主和工商业者的壮大、旧式封建贵族的衰落以及城乡劳动者进一步贫困，导致贫富差距的扩大和封建制经济的衰落。另外，价格革命的结果使其价格体系逐渐从自然经济向商品经济转变。因此，在英国、法国等一些国内经济体系能够较顺利地进行资本主义改造的国家中，正是由于价格的增长，带动了生产、贸易和消费的活跃以及信贷货币的发展，这又进一步推动了价格的持续上涨，而价格革命加速了封建制度的解体，从而促进了资本主义的兴起和商品经济的发展。

注释

[1] [美] 曼库尔·奥尔森. 国家兴衰探源：经济增长、滞胀与社会僵化 [M]. 北京：商务印书馆，2001.

[2] [美] L. S. 斯塔夫里阿诺斯. 全球通史：1500 年以后的世界 [M]. 上海：上海社会科学出版社，1999.

[3] 沈汉. 资本主义史 [M]. 北京：人民出版社，2009.

[4] [美] 龙多·卡梅伦，拉里·尼尔. 世界经济简史——从旧石器时代到 20 世纪末 [M]. 上海：上海译文出版社，2009.

[5] [法] 米歇尔·博德. 资本主义史 [M]. 北京：东方出版社，1986.

[6] Brenner Y. S. *The Inflation of Price in England* 1551—1650. Economic History Review 15，1962.

第 4 章　西欧的经济扩张、工商业经济与人口增长

4.1　葡萄牙的经济扩张与商业经济

葡萄牙的经济扩张是从 15 世纪末期开始的。1497 年，瓦斯科·达·伽马成功航抵印度，开创了葡萄牙海外商业贸易的新局面（见图 4—1）。直通印度的航路开辟后，地中海沿岸的贸易中心西移至葡萄牙和西班牙，葡萄牙开始从事大规模的香料贸易。1503 年，瓦斯科·达·伽马满载着从印度西南海岸掠夺来的大量价值昂贵的香料、丝绸、宝石等归航，其所得纯利竟超过第二次航行总费用的 60 倍以上。随后，葡萄牙的香料贸易量迅速增长，从 1501 年的 22.4 万英镑上升到 1503—1506 年期间的年平均 230 万英镑。[1] 1530 年以后的香料贸易量增长更加迅速，1538 年为 2.5 万公担（1 公担相当于 100 千克），价值约 200 万佛罗林（荷兰盾）。

图 4—1　瓦斯科·达·伽马航海

另外，葡萄牙人依靠强大的海上力量，大规模向世界各地扩张。1500 年，葡萄牙人发现并占领了南美洲的巴西。1509 年，葡萄牙人在印度洋打败阿拉伯人，封锁了红海航路，终结了阿拉伯人对印度洋、红海、地中海的控制权。自此，葡萄牙人完全掌握了印度洋的海上霸权和国际贸易。此后，葡萄牙人继续向西太平洋扩张。1511 年占领马六甲，打开通往西太平洋的贸易通道，随后又占领并控制了科伦坡、爪哇、印度尼西亚等香料产地。葡萄牙人基本上垄断了印度洋和西太平洋的海上贸易，成为当时的海上贸易第一强国。到 16 世纪 30—40 年代，葡萄牙的经济扩张达到顶点，成为西欧对外经济扩张势力最为强大的国家，其殖民地遍布非洲、巴西以及环大西洋、印度洋航线的岛屿，甚至整个印度洋都在它的控制之下。与此同时，葡萄牙人还把商业势力扩大到中国和日本等国，并持续到 1639 年。他们把欧洲的商品运到澳门，然后装上丝绸制品和从广州购买的瓷器运往日本的长崎出售赚得白银，在返回澳门时把白银兑换成黄金取得一部分利润。葡萄牙人还在澳门与马尼拉之间从事丝绸贸易，把美索不达米亚的马匹和阿拉伯半

岛的铜进口到印度，再将印度的鹰、孔雀运到中国和日本。葡萄牙人还从印度和中东贩运鸦片到中国出售，牟取暴利。葡萄牙人的对外贸易扩张使里斯本成为世界贸易的中心，成为欧洲与印度之间整个贸易的中介。

17 世纪初期以后，葡萄牙与印度和东方的贸易日趋衰落，转而加强在巴西的经济扩张，商业贸易联系迅速加强。葡萄牙在巴西采取了贸易垄断制度，对巴西木、黄金、金刚石等一些最能牟利的产品实行垄断和专营，这种贸易垄断制度尽管实际上没有太大的成效，但强化了葡萄牙与巴西的贸易联系。17 世纪末，葡萄牙在巴西的贸易可以与葡萄牙在其他国家的整个贸易相匹敌。垄断贸易给葡萄牙带来巨额收益。从 16 世纪初期到 19 世纪的整个殖民地时期，葡萄牙至少从巴西获得了 6 亿美元的黄金和 3 亿美元的金刚石，而这一数字还不到从巴西出口蔗糖所获商业利润的 1/10。[2]巴西的许多财富就这样通过贸易垄断制度转移到葡萄牙。

显而易见，通过殖民地进行贸易垄断是葡萄牙对外经济扩张的主要方式，并从东方贸易和奴隶贸易中获取了巨额财富。但是，葡萄牙当时还处于封建制经济体制之下，国内工商业基础薄弱。从东方运到里斯本的商品要由尼德兰商人转手运销全欧洲。葡萄牙的封建君主和贵族耗费了大量的财富，在国外购买高级消费品，使大部分从海外获得的财富流入外国商人和手工业工场主手里。1580 年，葡萄牙被西班牙合并，从此葡萄牙的商业经济开始逐渐衰落。

4.2 西班牙的经济扩张与商业经济

西班牙的经济扩张也是从 15 世纪末期开始的。自从克里斯托弗·哥伦布发现新大陆之后，西班牙开始不断对外经济扩张，15 世纪末侵占了爱斯班诺尔和委内瑞拉，16 世纪 10—30 年代，又征服了古巴、墨西哥、秘鲁。接着，又相继征服了阿根廷、巴拉圭、乌拉圭、智利和哥伦比亚等地。到 16 世纪中期，西班牙不仅控制了加勒比海，占据了西印度群岛，还控制了除巴西和圭亚那之外的中美洲，形成了一个庞大的殖民体系。同葡萄牙在东方的收获相比，西班牙在美洲大陆上的掠夺更加直接，除了用武力掠夺美洲现有的金银财富外，还使用奴隶开采金银矿。据估计，1521 年到 1544 年间，西班牙平均每年从拉丁美洲运回黄金 2 900 千克、白银 3.07 万千克。1545 年到 1560 年间这一数字激增为黄金 5 500 千克、白银 24.6 万千克。到 16 世纪末，世界金银总产量中有 83%被西班牙占有。此时的西班牙在经济上比葡萄牙还要强大得多。此外，西班牙人强迫印第安人从事奴隶劳动，开垦土地种植甘蔗。以后又从非洲运入大量的黑人奴隶经营种植园，开发矿藏。西班牙人还从美洲运走大批的糖、棉花和烟草等。廉价的印第安劳动力、黑人奴隶和兴旺发达的种植园经济，更是为西班牙带来数不尽的财富。对海上贸易的控制使西班牙人往往能获得 300%的高额利润。西班牙为了垄断对美洲的贸易，花费 1 000 万金币打造无敌舰队成为西班牙维持海权的重要力量，确立了海上的霸权地位（见图 4—2）。至此，西班牙人已经建立了欧洲历史上第一个海上殖民、贸易帝国。

西班牙正是靠着在美洲获得的大量金银和对亚洲的贸易，在 16 世纪上半期成为欧洲的经济中心。1516年，西班牙国王查理五世（Charles V，1519—1556）加冕为神圣罗马帝国皇帝，领有奥地利、尼德兰（荷兰等低地国家）等领土。1559年后，西班牙夺取了意大利的米兰公国，兼并了葡萄牙本土及其所属殖民地。到了16世纪80年代，西班牙的领地包括了欧洲的大部分、美洲的大部分、非洲和亚洲的一部分，建立了世界上最早的、幅员辽阔的殖民大帝国。

图4—2 15—16世纪的西班牙大帆船队

另一方面，西班牙来自垄断贸易的商业利润曾在16世纪一度推动了国内工业的发展。如16世纪中叶，托莱多地区有3 000多家丝织手工业作坊，雇用人数从1525年的1万人发展到5万人，塞维利亚有手工作坊和手工工场6 000家，纺织工人达到13万人。造船业也很发达，商船的总量居欧洲第二位。然而，西班牙工业发展的良好势头不长，步入17世纪后开始迅速衰弱。

西班牙的强盛维持了一个世纪左右，随后开始衰落。人口减少是西班牙经济衰退的主要原因。从16世纪后期起，西班牙人口开始减退，1590年西班牙的人口为840万人，到1717年下降到760万人。这个时期欧洲其他地区的人口也出现了减退，但西班牙的衰退要比其他地区早得多，持续的时间也比其他国家要长。流行病的蔓延造成人口减少。在1596年至1600年发生的流行病先后冲击了西班牙和安塔卢西亚的北部和中部。鼠疫伴随着歉收，粮食短缺袭来，对城市造成灾难性的打击。这一时期，鼠疫的流行共造成50多万人死亡。进入17世纪以后，鼠疫更加猖獗，1647年到1652年的鼠疫则主要袭击了西班牙和安塔卢西亚的东部。瓦伦西亚在鼠疫中死亡3万人，马拉加死亡4万人，塞维利亚及周围的乡村共死亡60万人。在卡斯蒂尔，一个世纪左右，黑死病爆发了4次。其中最严重的是1648—1656年的那次黑死病，1648年发生于安塔卢西亚，先后传播到穆尔西亚、瓦伦西亚、加泰罗尼亚和阿拉贡，以后又传到法国、萨丁和那不勒斯，一直持续到1656年。在这次疫病的打击下，西班牙有50多万人死亡。而1682—1683年歉收造成的饥馑削弱了西班牙人的抵抗力，加剧并延长了人口危机。17世纪的疫病使西班牙至少损失了125万人。[3]

17世纪中期以后，西班牙国内外贸易出现曲折。西班牙国内关卡林立，阻碍了商品的自由流通。在卡斯蒂尔、巴斯克地区、那瓦里、阿拉贡各省和安塔卢西亚之间存在着税卡，通常征税10%的王家税卡和领主的税卡同时存在，阻碍了货物的转运。当时，通过海路把货物输入外国，运费比在西班牙转运的货物要便宜得多。[4]西班牙出口商品的品种限于羊毛、葡萄酒、橄榄油和铁等。它进口的商品有毛织品、亚麻织品、金属制品、纸和谷物等。为了防卫需要，西班牙要支付大宗对外支出，进出口贸易出现出超。西班牙只有通过出口金、银来解决进出口不平衡的问题。此外，由于西班牙与美洲贸易中保存了垄断专卖制度，使它无法向美洲市场提供更多的商品。1640年以后，西班牙的商品输入额几乎是输出额的2倍。这种进出口贸易的不平衡加剧了西班牙商业经济的衰退。

西班牙的经济扩张是封建主义联合资本主义的扩张，注重掠夺而不是发展商业，工业基础薄弱。在西班牙的商业扩张中，国家是最大的商人。从事商业活动的大多数是国家公务人员，小商人难以涉足商业。而西班牙所属拉美殖民地，贸易垄断制度早在16世纪中叶就已经崩溃，一方面是因为这一时期的走私贸易极为猖獗，另一方面因西班牙只关心贵金属，工业基础极为薄弱，无力向殖民地提供工业制成品。在菲利普二世（Felipe II，1527—1598）统治时期，殖民地进口产品中的90%来自西班牙以外的国家，到了17世纪这种状况毫无改观。此外，西班牙从殖民掠夺中获得的巨额财富并没有被转化为资本，而是被国王、贵族等阶层所挥霍，用大量的财富购买英法等国生产的奢侈品，使大部分从海外获得的财富流入英法等国，西班牙的海上霸权开始衰落下去。到了17世纪，其霸权地位逐渐被荷兰所取代。

4.3 荷兰的崛起与商业经济

荷兰是由尼德兰北部诸省建立的国家，在13—15世纪就是经济比较发达的先进地区，当时长期处于封建割据状态。新航路开辟后，世界航路的改变有利于这一地区的发展。尼德兰在16世纪时尚处在西班牙哈布斯堡王朝的统治之下，当时尼德兰的对外贸易已有相当的发展，但是尼德兰的出口额尚未超过进口额。它在外贸中遭到其他国家的挑战。从16世纪60年代开始，尼德兰北部发生了独立革命，这是世界历史上最早的一次资产阶级革命。到16世纪70年代，北方诸省先后宣布独立，并在1581年成立荷兰联省共和国。此后，荷兰的航运、海外贸易和殖民扩张迅速发展。

荷兰的经济扩张活动开始于16世纪末期。1595年，荷兰派遣了由科尔涅里斯·豪特曼（Cornelis de Houtman）率领的第一支远征东方船队，沿着葡萄牙人的路线，越过非洲南端的好望角和马达加斯加岛，到达印度后再继续东进至印度尼西亚的爪哇等地，并在爪哇等地以特别低廉的价格收购了大量香料后返航。随后，荷兰掀起了东方贸易热。1598年，荷兰又派出拥有8艘船的舰队再次远航印度尼西亚，运回大批香料。此后，在17世纪初期，荷兰商人纷纷组织船队前往印度尼西亚和印度（见图4—3）。1602年，荷兰组织联合东印度公司（Dutch East India Company），全权负责在东方的殖民事业，该公司得到荷兰官方全力支

图4—3 荷兰商船“阿姆斯特丹号”模型

持，被授予贸易垄断、征兵、造币、任免官员、建立据点等一系列权力。1605 年在安波那岛建立起第一个在东方的据点，随即在暹罗、苏拉特等地设立了商行。1619 年，荷兰人占领印尼雅加达，并将雅加达改名巴达维亚，从此巴达维亚成为荷兰在亚洲的殖民统治中心，荷兰对华贸易也主要通过巴达维亚来进行，通过招揽中国商船前来进行贸易，使之成为东西方贸易的重要基地。

1641 年又从葡萄牙手中夺取马六甲，1656 年强占锡兰。荷兰的经济扩张从 17 世纪 40 年代起，就已经扩展到日本以及中国的台湾。到 17 世纪中叶，又开始伸向印度西海岸，占领了印度的马拉巴尔海岸和科罗曼德尔海岸。至此，葡萄牙在东方的殖民地绝大部分都已被荷兰夺取，荷兰建立起一个以摩鹿加群岛和巽他群岛为中心的荷属领地，并且在印度、印度支那和日本都设立了贸易商站。

在与东方的贸易中，荷兰拓展了对利凡特地区的贸易，在 17 世纪最初 10 年，荷兰的商船开到了东地中海，在君士坦丁堡和利凡特的阿勒颇开展商业活动。当时，荷兰在利凡特的贸易主要是进口贸易，荷兰商人用实物交换丝、棉花、木材、无核葡萄干和各种外国商品，出口商品主要是谷物和羊毛制品。

除了亚洲之外，荷兰还把经济扩张到美洲和非洲地区。荷兰从 17 世纪 20 年代起，就不断地从西班牙手中夺取西印度群岛和中、南美洲的殖民地，同时还积极开拓北美洲，并获得了中南美洲的贸易和殖民特权。1614 年占领了哈得孙河口，后来修建了新阿姆斯特丹城。1621 年成立了荷兰西印度公司，并于 1624 年一度侵占了巴西。在非洲，1648 年荷兰侵占了好望角，并在非洲南端建立了航海基地。

16 世纪后期，荷兰开辟了与俄罗斯的贸易关系。1578 年，一家安特卫普商号已在俄罗斯建立了贸易商站。16 世纪 90 年代，荷兰已经取代英国成为与莫斯科公国进行贸易的主要国家。到 1604 年，运抵莫斯科公国的胡椒有 70%来自荷兰，此外，运抵的还有大批呢绒。到 1609 年，荷兰在对俄国贸易中已取得优势。在 1631 年至 1635 年，荷兰每年开往阿尔汉格尔的商船增加到 200 艘以上。到 1650 年，荷兰的对俄贸易领先于欧洲各国。[5]

16 世纪末期，荷兰和汉萨同盟运谷物的船只大批来到地中海海域。北欧人在地中海地区的商业地位上升。从波罗的海运来的谷物是 16 世纪末到 17 世纪中叶地中海贸易中占主导地位的商品。荷兰在对地中海地区的谷物贸易中，占据了半个世纪以上的优势。在 16 世纪 90 年代初，荷兰每年有 200～300 艘运谷物的船只到地中海地区，此时荷兰在地中海贸易中的影响还很有限。从 1609 年开始，荷兰从波罗的海绕过伊比利亚半岛的西班牙和葡萄牙的商业航行发展起来。荷兰在这条航线上直航的船只 1608 年为 19 艘，以后逐渐上升，到 1611 年达到 135 艘。在 17 世纪最初的 20 年，荷兰对波罗的海地区呢绒产品出口有很大发展。1600 年，荷兰对该地出口的呢绒为 5 390 件，随后，对该地的出口量不断增加，1620 年增至 26 009 件。[6]到 1620 年，荷兰的外贸活动达到了高峰。在荷兰的商业扩张中，本国工业的发展起了重要的支持作用。

17 世纪，荷兰的商业经济繁荣，这在某种程度上是由于其地理位置颇为有利。斯海尔德河、马斯河和莱茵河这些大河的入海口皆在荷兰境内，为荷兰提供了西朝英国和大西洋的优良港口。此外，荷兰背靠巨大的德国内地，面傍欧洲两条古老的商船航线——一条为北南方向，从卑尔根到直布罗陀；另一条为东西方向，从芬兰湾到英国的交通枢纽。荷兰人修建了多条运河，构成了当时欧洲最发达的水上交通网。这些优势使得荷兰具备了成为欧洲新的商品集散地的可能。沿这些航线运送的基本贸易商品有：比斯开的鲱鱼和盐，地中海地区的酒，英国和佛兰德的布匹，瑞典的铜和铁，以及波罗的海地区的谷物、亚麻、大麻、木材和木制品。

荷兰人是通过从事这些商品的运输促进了贸易的发展。其商船队的崛起主要依靠当地沿海渔业以及较后兴起的鲱鱼水产业。荷兰人充分地利用这些新的资源，他们发明了保存、腌制和烟熏的新方法，并向欧洲各地出口他们的捕获物，以换取谷物、木材和盐。作为回报，他们向伊比利亚国家供应波罗的海的谷物和海军补给品。

殖民地的掠夺性贸易和本土的商业贸易为荷兰提供了大量的资本原始积累，促进了荷兰的经济繁荣。1648 年，荷兰就已达到了商业繁荣的顶点。它的渔业、海运业和工场手工业，都超过欧洲其他国家。商业也很发达，1650 年，荷兰东印度公司已经拥有 15 000 个分支机构，贸易额占到全世界总贸易额的一半左右。当时的资本主义是商业资本占优势的时代，工业资本还处在初期阶段，即工场手工业时期。这时的荷兰从事对外贸易的商业资本远比工业资本占优势。它的最大产业是商业，并拥有强大的商船队，当时荷兰的商船数目超过欧洲所有国家商船数目总和，被誉为“海上马车夫”。它不但垄断了东印度贸易，还独占了欧洲西南部与东北部之间的商业往来。阿姆斯特丹是当时的世界贸易中心。这一时期荷兰工场手工业的发展也是依靠其商业霸权而取得的。

但是，随着时代的发展，商业资本的优势必然被产业资本所替代，工业资本时代的到来，使靠商业资本建立起经济优势和海上霸权的荷兰逐渐衰退。17 世纪后半期，在对英国、法国的数次作战失败后，荷兰的商业经济和殖民势力大为衰退。到 18 世纪，英国替代荷兰成为西欧商业经济最发达的国家。

4.4 英国的经济扩张与工商业经济

14—15 世纪英国在经济上还没有脱离落后的状态。英国向发达地区出售原料，并从这些国家购买制成品，主要出口的是呢绒产品，这是英国唯一的出口工业产品。除了呢绒外，所有其他的出口物品都是农业、渔业和矿业的直接产品。英国当时是重要的羊毛产地，向低地国家和意大利输出大宗羊毛。随后，英国出现了一系列有利于发展资本主义的条件。15 世纪，英国较早地消灭了奴隶制；进入 16 世纪后，大规模的圈地运动为资本主义的发展准备了必要的资本财富、劳动者和国内市场；英国专制王朝执行重商主义的经济政策，也鼓励了工商业的发展。从 16 世纪中期开始，英国的手工业和商业都获得较大的发展，特别是海上势力出现了明显的增长趋势。1545 年，英国拥有排水量在百吨以上的舰船仅有 35 艘，到 1588 年已经增加到 183 艘。海上军事力量的加强，使英国有可能向海外进行经济扩张。

16 世纪末期，由伦敦商人组织的远征队，多次前往印度，在那里获得了巨大的利润。为此，英国在 1600 年专门成立了东印度公司（British East India Company），作为控制印度的重要工具，通过不平等的贸易把印度的粮食和工业原料源源不断地运回英国，从中获得了丰厚的利润。1639 年，东印度公司侵占了马德拉斯，在这里建立了管辖区。与此同时，英国还侵入非洲，在西非海岸的冈比亚等地区相继建立了一批商站。到 17 世纪初，在北美和西印度群岛也占据了第一批殖民地。

从 16 世纪末开始的海外经济扩张，为英国积累了巨额资本，开拓了国外市场。到 17 世纪上半期，资产阶级和新兴贵族的经济力量日益壮大，终于在 1642—1648 年爆发了资产阶级革命。资产阶级政权建立后，推行了重商主义的经济政策，促进了资本主义工业的更大发展。在英国，逐渐建立和发展了毛纺织、采矿、冶金、造纸、玻璃等工业部门。特别是毛纺织业逐渐成为英国最主要的产业。

西欧各国自从海外扩张以来就开始了商业战争，竭力争夺海外贸易和殖民地的垄断权。但由于英国在这方面起步较晚，它的海上势力还不如荷兰。这时荷兰正处于商业扩张的全盛时期，拥有海上霸权，西班牙和葡萄牙虽然已经衰落，但仍占有广大的殖民地。17 世纪中期以后，各国间因商业扩张引起的争夺更加激烈，英国为了扩大海上贸易和殖民地的特权，与其他西欧国家展开了一系列的争夺，先后击败了葡萄牙、西班牙和荷兰以及法国等强大的竞争对手，取得了全面胜利，从而在 18 世纪赢得海上贸易和殖民霸权。

英国于 1600 年建立的东印度公司，在英国的经济扩张中起了重要作用。在公司成立的最初 150 年间，它对印度的掠夺主要是垄断贸易。这时英国还处在工场手工业时期，能够提供给印度的商品很有限，主要是垄断印度出产的香料、棉织品和丝织品，以供应欧洲市场。东印度公司得到伊丽莎白女王的特许，每年可以运出 3 万英镑的白银、黄金和外国货币，以购进印度的产品。为了进行这种有利的贸易，到 18 世纪中叶，公司在印度设立了 150 家商馆和 15 家大型代理商行。这些商馆和商行通过印度商人和高利贷者，以预付款的方式迫使印度手工业者为他们生产订货，再以低价收购。东印度公司还在印度大量收购香料和其他贵重物产以及农副产品，往往只付给 1/4 的价款，而运到欧洲销售时，价格却十分昂贵。在 1600—1708 年间，从垄断贸易中获取厚利的公司股本竟增加了 50 倍。公司每年的利润率高达 200％～300％。

在北美殖民地，英国最初是与印第安人进行掠夺性毛皮贸易，赚得大量财富。随后，英国通过扩张把北美大片土地宣布为英王财产，一部分赏赐给英国贵族地主，形成了领主的大土地所有制。英国商人组织的公司在北美北部建立大种植园。最早是种植供出售的烟草、大米和蓝靛，以后又种植棉花，为英国提供粮食和原料。初期使用的劳动力大都是由他们支付旅费从英国横渡大洋而来的贫苦移民以及当地的土著居民，随着种植园的发展，劳动力严重不足，后来又从非洲的掠夺中找到廉价的劳动力来源——黑人奴隶。使用奴隶劳动要比使用农业工人便宜得多，奴隶贸易逐渐兴旺起来。

在非洲殖民地，英国主要从事奴隶贸易。1562 年，英国探险家和商人约翰·霍金斯（John Hawkins，1532—1595）率领一支船队出海，开始了他的第一次奴隶贸易航行，到达几内亚海岸以后，很容易地捕获了 300 名黑人。带着这些黑人，其船队穿过大西洋，前往西印度群岛的小西班牙岛卖给西班牙人，换取当地大量的兽皮、生姜、糖和珠宝后满载而归。这是英国最早的“三角贸易”。霍金斯作为英国奴隶贸易的创始人，开创了以西非黑奴供给美洲大陆的贸易。1588年，英国成立经营奴隶贸易的公司“皇家非洲开发者贸易公司”。17世纪中叶以后，在英属北美殖民地和英属牙买加岛、百慕大群岛、巴巴多斯群岛等地的种植园里，普遍采用黑奴代替白人契约工，奴隶贸易规模迅速扩大起来。1713年，英国对西班牙战争的胜利，取得向西属殖民地贩运黑奴的垄断权。到18世纪中叶，英国商人又组成了“非洲贸易公司”，与“皇家非洲开发者贸易公司”相竞争，于是奴隶贸易激增。1760年，从英国港口开往非洲的船只为146艘，贩运了3.6万名奴隶。从1680年起的100年里，仅是运往英属北美殖民地的奴隶就达到200万人以上。在这个时期，以三角贸易著称的欧洲、非洲、美洲三大洲之间的贸易，就是以奴隶贸易为主的。

16世纪到17世纪，英国经济从总体上看仍然属于农业经济而非工业经济，16世纪，资本主义在英国工商业中已经开始发展。在矿业中，冶铁业的土法热铁吹炼炉逐渐被鼓风高炉取代，许多矿山和制造业企业的规模也有所扩大。到了17世纪，英国继续发展了采矿、冶金和化学工业。在整个17世纪中，从中世纪就已开始的呢绒制造业仍是英国的主要工业和最宝贵的输出品来源。在新工业中，采煤业的发展极其惊人。煤这时已广泛地用作燃料并使用于需要高温的工业，如制糖业。煤炭的产量从1550年的20万吨左右增长到17世纪90年代年产300万吨。这一发展包括了采矿设备和排水机械的改进，这些改进促进了后来蒸汽机的发明。水力也比以前得到更广泛的利用，水击锤已使用于锻工厂。当时显著发展的其他工业还有硝石、玻璃、纸和明矾等。

在整个16世纪中，从中世纪就已开始的呢绒制造业仍是英国的主要工业和最宝贵的输出品来源。当时英国工业经济的发展主要表现在呢布业的昌盛，呢布业成为英国的民族工业，英国呢布的主要产品是宽幅的绒面呢和轻柔细巧的克瑟密呢，均是欧洲市场上质地优良的畅销商品。英国呢布业生产地区主要集中在英格兰西部、东盎格利亚和约克郡这三个地区。在呢布业部门中，出现了大呢布商使用雇佣劳动力、采用资本主义经营方式的集中的手工工场。随着呢布业生产规模的扩大，呢布产量不断增加。随着“新呢布”制造技术的引进，使呢布质量明显提高。“新呢布”的特点在于轻柔薄软、色彩鲜艳，从而大大增强了英国呢布在国外市场上的竞争力。16世纪中叶以后，制皂业、酿酒业和造船业等工业部门都获得了前所未有的发展。此外，又兴起了一系列的新兴工业，如制糖业、造纸业、玻璃制造业等。在这些新兴的工业部门中，大多数都是集中的手工工场，生产集中，规模较大。

这一时期，在新航路开辟的刺激下，英国的商品经济得到迅速发展。商业在工农业发展的基础上渐趋兴盛。英国各个阶层都直接或间接地从事商品生产或贸易活动。农场主和自由农民都参加了商品交易，大牧场主经营牧场，出售羊毛，个体农民则以家庭呢布业作为商品生产的手段。在诺里奇、布里斯托尔、约克、安普敦、考文垂、曼彻斯特等地都设立了定期的专门进行呢布交易的市场，而伦敦的布拉维尔厅则变成了呢布交易中心。整个英国形成了以伦敦为中心的互相依赖的统一的市场。在国内商品经济发展的基础上，英国商人的势力稳步增长。伦敦商人在国内商人中占据压倒性的优势。到15世纪末叶，伦敦已经形成了12个大商人公会，包括绸缎丝绒商、食品杂货商、呢布商、鱼商、毛皮商、呢布成衣商、酒类贩卖商、铸铁商、服饰杂货商、金饰商、盐商及绒毛商。

在亨利八世（HenryⅧ，1491—1547）统治时期，英国的对外贸易有了一定的发展。伦敦、布里斯托尔、皮尔顿、霍尔等二十余城市的商人前往欧洲大陆各地展开商业活动。英国商人将羊毛、小麦、皮革、兽衣、啤酒等贩运到欧洲大陆市场。他们进口的商品主要有葡萄酒、明矾、丝绸服装、黄金、有边礼帽等。到了16世纪中叶，外国商人被允许在伦敦居留。[7]这时"冒险商业公司"的活动发展到鼎盛时期。卢迪维科·圭恰迪尼指出："大量的呢绒从英格兰输往尼德兰，有时各种呢绒商品一年可出口20万件，以适中的价格计算，共值500万克朗。由英国人运来的各种商品每年价值达1 200万克朗，给两个国家都带来巨大的利润。"[8]16世纪中期以后，各个海外贸易公司在英国纷纷建立，如莫斯科公司、土耳其公司、摩洛哥公司和几内亚公司，推动了英国的海外贸易。

在16世纪中叶，伦敦进口商品种类繁多，但商品出口总量不大，主要有亚麻、粗呢布、粗斜纹布、葡萄酒、油类、水果、铁、糖、金属制品等。从伦敦进口商品的分类看，工业制成品在1559年到1560年占进口商品总值的43.0%，1622年下降到42.4%；食品在1559年到1560年占进口总值的29.98%，1622年增加到42.4%；半制成品和原材料在1559年到1560年占进口商品总值的27.2%，1622年占25.97%。[9]

到了17世纪，奢侈品在伦敦进口商品中占有相当大的比重，呢绒、铁和锡及东印度、西印度群岛的产品，构成了英国出口的主要内容，其中尤以呢绒享有盛名。在英国出口产品中，呢绒及制品占有相当大的比重。英国的对外贸易直到17世纪初期规模并不大，到了17世纪后期才有较大的发展。据记载，1677年复辟之后，聚集在伦敦王家交易所的商人有3 000多人，其中2/3投身海外贸易。汇集在布里斯托尔、埃克塞特、霍尔、纽卡斯尔和伊普斯威奇湾的英国商人还不在其列。[10]但到了17世纪后期，英国的对外贸易有了较快的增长。

从世界贸易来看，1647—1672年，荷兰的海上贸易达到了顶点，在世界贸易中取得了优势地位。英国在英荷战争中取得了胜利，但此时，英国尚未取代荷兰占据商业上的优势。直到1672年以后，英国在世界贸易中才超过荷兰，取得优势地位。[11]当时英国贸易的迅速发展是和不断进行的商业扩张密切相关的，特别是17世纪中期以后，由于对外不断进行经济扩张，并取得了对葡萄牙、西班牙和荷兰等一系列商业战争的胜利，在某种程度上促进了英国商业经济的迅速发展。

4.5　法国的经济扩张与工商业发展

法国在中世纪晚期，工商业发展水平不高。绝对主义王权时期，法国国王亨利四世（HenryⅣ，1553—1610）为重振王权，节约开支，减轻财政负担，减低赋税，招募流散人口，加之物价稳定，农业生产迅速恢复，城市也随之复兴和扩大。在此基础上，亨利四世采取奖励工商业政策，实行保护关税，禁止羊毛、蚕丝等原料出口，资助对外贸易商人，法国又重新获得在内战时期失去的地中海东岸、西亚和比利牛斯半岛的商业地位。

随后，政府推行了发展对外贸易、鼓励本国商品出口、实行保护关税、扶植本国工场手工业、促进工业发展等一系列经济政策。在政府的重商主义政策的扶助下，出现了一批规模较大的工商业企业，它们雇用了一定数量的工人，使法国的工商业有了一定的发展。

从16世纪起，法国资本主义生产关系开始萌芽和发展。新航路的开辟使法国对外贸易的重点从地中海转到大西洋。1605年，法国在新斯科舍建立起皇家港口，揭开了对外经济扩张的序幕。数年后，法国探险家山姆·德·尚普兰（Samuel de Champlain，1567—1635）建立起魁北克城，使它成为以皮毛贸易为主的殖民地，称为新法兰西。其后，法国更把其势力扩展至圣劳伦斯河河谷一带。随着势力的扩展，法国把这些新的疆土作为贸易之用。据统计，法国在17世纪上半叶陆续建立起22个贸易公司，对加拿大、西印度群岛、圭亚那、非洲西海岸、马达加斯加等地展开商业活动。这一时期，法国的殖民地扩张不只在新大陆进行，更在其他地方发展。如1624年，法国就在西非的塞内加尔海岸建立第一个贸易站。此外，法国东印度公司也在东方建立起贸易商站，如孟加拉的金德讷格尔、印度的本地治里等。随后，法国首相阿尔芒·让·迪普莱西·德·黎塞留（Armand Jean du Plessis de Richelieu，1585—1642）执政期间（1624—1642）实行重商主义经济政策，促进工商业发展，增值财富，借以巩固专制制度。在法国商人和手工工场主对外进行殖民地贸易中，黎塞留政府保护新成立的贸易公司，鼓励航海和殖民。

17世纪后半期，路易十四在位期间（1643—1715），随着法国重商主义的进一步推行，海外扩张进一步加速，1643年，法国的军用帆船仅20艘，到1677年已经增加到270艘。法国通过一系列的武力征服，先后占领了北美、中南美、西非和印度东海岸的大量殖民地，1660年以后，又相继侵占加拿大、西印度的富裕群岛、非洲的马达加斯加以及从绿洲到好望角的大片地带和印度的部分地区，使法国的海外经济扩张达到了极盛时期。

在法国对外经济扩张的过程中，为了加强对外经济贸易，法国在1664年正式建立了西印度公司（French Company of the West Indies）。该公司在北美拥有很大的势力，主要贸易是获取加拿大的珍贵毛皮，并将毛皮运往欧洲高价出售。1664年，法国还建立了东印度公司（French Company of the East Indies），以扩大海外贸易，向东方进行商业扩张。该公司获得了垄断好望角与印度之间的全部贸易特权。东印度公司成立后，在马达加斯加和印度东海岸的本地治里建立了商业据点，积极开展对东方的贸易活动。这一时期，法国为了对外经济扩张，还建立了近东公司、几内亚公司等。这些公司在法国政府的支持下专门从事对殖民地的贸易，一直在法国的对外贸易中占有重要的地位。法国通常是以自己生产的各种奢侈品换取殖民地的香料和农副产品。

法国还是将某些植物引入欧洲的先行者。卡蒂尔在1535年发现了在加拿大种植的大豆，并把种子带回了法国，而英国人最早是从法国得到的，并从此称为“法国豆”。菊芋是17世纪早期坎普林和莱恩卡波特从加拿大带回来的。那时欧洲缺少一种美味的根茎作物，仅仅由于这一原因，它在法国成为一种流行的作物。在18世纪，菊芋在法国很可能比马铃薯的种植更为广泛。1718年，法国人从墨卡把咖啡引种到波旁，由此而得名“波旁品种”，后来在全世界传播非常广泛。[12]

16世纪到17世纪，法国工商业经济发展较快。在矿业中，先后在南锡、雅利普堡、巴黎、里昂以及格勒诺布尔等地兴建了一批铸造厂和冶炼厂，许多制造业企业的规模也有所扩大。1685年，阿尔萨斯地区的冶金工业家迪特里希买下了雅热塔尔炼铁厂。一个世纪后，迪特里希家族在该地区已拥有炼铁厂、高炉、薄板厂和轧钢厂等6家工厂，生产15万担铸铁和2.4万担钢铁。法国银行家费勒尔成功创建了一个专门生产铁丝和金属板的托拉斯。1748—1763年间，该托拉斯兼并了阿尔萨斯和弗朗什－孔泰地区的许多工厂，仅1756—1759年便提供了1 200万千克的生铁。此外，由伊尼亚斯－弗郎索瓦·德·万代尔创建的工厂成为现代化工厂的前身。[13]

法国的毛纺织业比较发达。柯尔贝尔在担任财政大臣期间，鼓励生产各种毛麻纺织品，如花锦缎、提花织物、机织割绒地毯等毛麻混纺产品。在绝对主义时期，法国的丝织业有很大发展。在17世纪中叶以前，法国的丝线制作技术一直由意大利人垄断，到柯尔贝尔时期，制作丝线的机器引入靠近里昂的纳维尔和维里厄。1667年以后，里昂的丝织业十分繁盛，每年需要进口50万磅生丝。到1685年，里昂丝织业共有18 000台织机在运转。在里昂、圣夏蒙、圣艾蒂安建立了生产波洛尼亚式绉绸的工场，共设置了2 000台织绸机以及生产精致的供法国需要的绉绸。这些工场向法国提供了大量原来不得不从外国进口的产品。[14]

18世纪下半叶，法国逐渐取消了对工业的禁令和特权，在工业领域进行自由主义改革，这是法国工业得以较快速度发展的原因。从1759年开始，准许生产印花布和廉价的棉布。在此以前，花布的生产一直被视为对丝绸工场和毛纺织工场不利而遭到禁止。1760年，建立了位于儒伊地区的奥尔康普夫工场，大大促进了花布工业的发展。随后，在维瓦雷地区和奥伯纳斯建立了一批拈丝工场，米卢兹的凯克兰和多尔雷斯的工场以及造纸厂相继建立。[15]

在路易十四统治时期，法国的商业也有了一定的发展。1673年，法国政府为了彻底改变其商业状况，制定了《商法典》，规定了银行家、经纪人的活动，公司组织和合伙的规章，对信贷、利润的取得，债务、财产让渡以及破产等的指导意见。随后，又推行了税收制度改革，将实物税改为货币税；减少外国商品进口；实行保护关税政策，扩大商品出口，提供低利率贷款，禁止原料输出，对外国进口商品课以重税；建立特许贸易公司，促进海外贸易发展等。在这种背景下，法国的商业规模不断扩大，经营各种商品的种类也不断增多。特别是在17世纪中期以后，随着海外扩张的加速，法国的对外贸易活动迅速发展。西印度公司和东印度公司的建立，加强了法国与大西洋三角贸易和太平洋贸易的活动，推动了法国对外贸易的发展。

4.6　德意志的工商业经济

德意志的工商业在十四五世纪开始迅速发展，特别是1450年以后，领主制削弱，欧洲通过向海外扩张，获得了劳动力和市场资源，德意志的生产卷入了为欧洲市场而生产的体系，加入了国际交换。德意志在商品生产中使用了雇佣劳动力，并出现了一些城市同盟，其中最重要的是汉萨同盟、莱茵城市同盟和士瓦本同盟，逐渐步入繁荣期，在15世纪和16世纪，其贸易的范围不断扩展，规模不断增加，达到全盛，一度成为欧洲商业中心之一。

在德意志，汉萨同盟推动着商业贸易的发展和繁荣。汉萨同盟最初是共享特权的商业联盟，1356年，它成为德意志北部沿海城市为保护其贸易利益而结成的商业同盟。1368年，汉萨同盟作为一个整体，通过《施特拉尔松和约》获得了大量的特权和优惠权。汉萨同盟的商业贸易在14—15世纪全面繁荣。除毛皮外，汉萨同盟的贸易货物主要是相对廉价和笨重的商品，但这些商品的总价值不低。14世纪70年代，从汉萨同盟主要城市输出的应纳税货物的价值达300万吕贝克马克。[16]汉萨同盟在15世纪末开始衰落，但德意志商人在北海和波罗的海一带的贸易中仍然发挥着作用。16世纪初，德意志银行业的几个著名家族，如雅各布·富格尔（Jakob Fugger Ⅱ，1459—1525）及其家族和维尔泽家族，不但参与西班牙和葡萄牙的海外商业活动，还在匈牙利、古巴和圣多明哥等地开采铜矿。

在德意志南部，以纽伦堡、法兰克福、乌尔姆等城市为中心的商业贸易，推动了商业的发展。15世纪，德国境内有3 000个大小城市都是运转站，“它们不仅是热那亚所说的‘陆路货’和‘海路货’的装卸港，有时还是内河船舶与大车的集散中心”。14世纪中期到15世纪，法兰克福的集市非常繁荣，汇集了自卢万、布鲁塞尔、梅林斯等地的布匹，纽伦堡的武器，布莱斯劳的染料，意大利的玻璃制品和丝绸等各类商品。纽伦堡是著名的商业中心，其商品向东可运至布鲁日和法国北部，向南可分别运至热那亚、威尼斯、佛罗伦萨和拜占庭，向北可运至汉萨城市，乌尔姆的亚麻布商品在德国诸城市中最为优良，其生产的各类金属品在1431年以后可“进入德国的任何定期市场”。[17]奥格斯堡早在14世纪就与威尼斯建立了商业联系，一直到16世纪始终是意大利丝织品、印度香料和其他东方商品的集散中心。

德意志南部的贸易主要面向威尼斯、米兰等意大利城市。据统计，威尼斯和德国商人每年的商品贸易额为100万杜卡，而德国和威尼斯商品贸易的通行税收入每年为2万杜卡。[18]由此可见，德国与意大利之间的贸易规模是巨大的。

在15世纪商业发展的过程中，大量的资本积累起来，为经济持续发展提供了必要的条件。金融业和工商业的结合成为德意志经济发展的有利条件。商业信贷的主要资源在早期来自城市商人，他们把资金借给欧洲急需资金的君主、王公和不发达国家，资本主义性质的金融活动主要表现在银行业。15世纪，德国开始建立银行，它接受公共和私人的储蓄、贷款，并从事兑换业务。1402年，在法兰克福出现的交易所可以算是第一家德国银行，1504年前后，在巴塞尔和斯特拉斯堡建立了国有银行。汉堡在1619年建立了第一家银行。[19]当时的贸易集市能进行结算和支付的业务。在15世纪，有40家以上的商号每年参加法兰克福市集。市集期间开展临时性的交易所业务。

从15世纪初起，德意志的手工业和采矿业迅速发展，推动着工商业经济的兴盛和繁荣。在手工业部门中最重要的是纺织业。奥格斯堡的麻织品和毛织品、乌尔姆的亚麻制品和棉纺织品以及纽伦堡的亚麻制品，都闻名一时。15世纪时，乌尔姆每年能产亚麻布和大麻布2万～6万匹，其新增的棉纺织业发展极其迅速，当时，它和奥格斯堡雇用了

6 000 名工人，年生产粗斜纹布 35 万匹。纽伦堡的织工占整个城区的 1/4，在那里集中了与纺织业有关的各个行业。纺织业染料的生产是一个辅助性生产行业。菘兰和茜草是两种染料。德国从欧洲进口这两种染料，自己也生产和出口。

16 世纪初，德国形成了新的亚麻工业中心，主要集中在莱茵兰、威斯特伐利亚、萨克森和西里西亚。许多商业资本家从北德意志和纽伦堡迁来这里，通过与地方行会签订集体协定来控制生产。棉纺织业在 15 世纪已经渗入德国南部城市。奥格斯堡粗斜纹布的产量增长很快，1600 年以后的 10 年间，年产量达到 41 万件。[20]

其他各类手工业也迅速发展。在德意志，纽伦堡的手工业非常发达，16 世纪时，包括英格兰的密德兰地区、亚琛、列日和科隆以东地区在内的所有欧洲其他地区的工业，都比不上纽伦堡。纽伦堡的武器制造技术在欧洲是无与伦比的，欧洲各地需求很大。1600 年前后，纽伦堡有 75 家以上手工业工场。约自 1550 年起，德国老的工业没落，新的工业兴起。1573 年，奥格斯堡建立了糖厂，1592 年建立了锦缎纺织厂。1593 年，纽伦堡建立起了肥皂制造厂，造纸工业也迅速发展，到 1600 年开工的造纸厂有 200～220 家。[21]

采矿业是德意志最重要的工业部门。14 世纪时，德意志虽然有些地方的矿业采矿还很发达，但这一时期总的来看矿源已趋向衰弱。因为当时的开采技术比较原始，只能开采矿床的表层。15 世纪后期，由于技术的进步和资本雄厚的大商人转向采矿业，德国矿业进入第二次繁荣期，技术进步主要表现在“帆链式”抽水机和绞盘的发明与使用。大商人转向采矿业则主要是通过购入采矿业股票渗透其资本。15 世纪 70 年代之后，矿业股票充分发展起来。在资本投入和先进技术的推动下，德意志的矿业产量迅速增加。1490—1500 年，德意志哈尔茨南部的格拉施特和施雷克贝格白银产量达到 24 834 莱茵兰佛罗林。从 1543 年到 1560 年，德国白银年产量从 31 500 千克上升到 53 200 千克，而在欧洲其他地区仅从 10 000 千克上升到 11 500 千克。[22]

15 世纪到 16 世纪，市场对金属、金属制品和纺织品的需求，促进了生产的发展。在 16 世纪，奥格斯堡在辛戈德河下游有 38 座磨坊，水力发动机给铁业和其他制造业提供了动力。1415 年，德国拉丝工厂技术有了十分重要的改进，它使金属丝的产量增加了 3 倍。15 世纪末发展起来的粗斜纹布工业使用了纺毛线机器，在一些地方由水力发动机提供动力。15 世纪后期，纽伦堡、奥格斯堡、法兰克福、莱比锡和科隆等城市都有铜业，它们生产紫铜和黄铜器皿。16 世纪初期以后，在土里根森林地区，一系列由冶炼者和纽伦堡商人办的合伙制企业发展起来，它们冶炼粗铜矿石，并生产紫铜和银。

在经历了较长时期的繁荣后，16 世纪末期，德意志的工商业开始衰弱，新航路开辟后，贸易中心的转移进一步打击了德意志的商业。南德意志的主要贸易伙伴是法兰克福。新航路开辟后，法兰克福作为威尼斯贩运香料等商品的重要内地集散地的作用降低，也影响了德意志的传统商品在欧洲的销售量，1601 年，驶进伦敦港的 714 艘船只中，英国船只为 207 艘，荷兰为 360 艘，而德国的船只只有 40 艘。[23]由此可见，德意志的商业已呈现衰弱迹象。德意志的工矿业也因新航路的开辟而招致严重打击。新航路开辟为西欧国家带来的广阔的海外销售市场，促进了西欧工矿业的迅速发展。而德意志的各类手工业、冶金业和白银等矿产业的产品，逐渐失去了欧洲市场。另外，加上内部战争连绵不断等不利因素，德意志在16世纪至18世纪欧洲大变革时代迅速衰弱，成为欧洲世界经济体系的半外围地区，与此同时，伴随着德国工商业衰退，使其成为西北欧工业品的销售市场和初级工业品的产地。

4.7 商业经济下的人口增长

如前所述，欧洲商业在中世纪晚期已经有了较发达的商业化现象。商业化是经济各个部门参与市场买卖的互动过程，其直接动力来源于日益扩大的市场需求，这种需求来自人口增长的压力。值得注目的是新航路开辟后，流通商品种类的增多，加速了商业经济发展的进程。而人口增长又促进了商业的发展，对商业革命的兴起是一个不可忽视的因素。

在中世纪晚期，尽管欧洲的各个经济部门已经呈现商业化现象，但由于数次发生黑死病，大多数国家的人口都呈现了下降的趋势，这主要是由于当时的医学科学技术还不够发达引起的，凶猛的流行病抑制了人口增长的速度。

欧洲人口的长期增长是在1450年以后开始的。1500年以后（见表4—1），所有国家的人口都呈现增长的趋势。在16世纪，人口增长最快的国家是荷兰、英国和瑞士，人口增长率均显示为0.5%以上的水平，其次是瑞典、芬兰、德国和挪威等国家。欧洲的人口增长也比较迅速，从1500年的8 772万左右增加到1600年的1.11亿人。

表4—1　　欧洲各国人口

国家	人口/千人			年均复合人口增长率/%	
	1500	1600	1700	1500—1600	1600—1700
奥地利	2 000	2 500	2 500	0.25	0
比利时	1 400	1 600	2 000	0.14	0.25
丹麦	600	650	700	0.08	0.08
芬兰	300	400	400	0.33	0
法国	15 000	18 500	21 471	0.23	0.16
德国	12 000	16 000	15 000	0.33	−0.000 6
意大利	10 500	13 100	13 300	0.25	0.02
荷兰	950	1 500	1 900	0.58	0.27
挪威	300	400	500	0.33	0.25
瑞典	550	760	1 260	0.38	0.66
瑞士	650	1 000	1 200	0.54	0.20
英国	3 942	6 170	8 565	0.57	0.39
葡萄牙	1 000	1 100	2 000	0.10	0.82
西班牙	6 800	8 240	8 770	0.21	0.06
其他	1 276	1 858	1 894	0.46	0.02
西欧合计	57 268	73 778	81 460	0.29	0.10
东欧	13 500	16 950	18 800	0.26	0.11
俄国	16 950	20 700	26 500	0.22	0.28
欧洲合计	87 718	111 428	126 760	0.27	0.14

注：年均复合人口增长率是笔者根据数据计算。

资料来源：［英］安格斯·麦迪森. 世界经济千年史［M］. 北京：北京大学出版社，2003.

17世纪初期以后，欧洲的人口数量继续呈现上升的趋势。从人口规模看，俄国和法国人口最多，在1700年分别为2 650万人和2 147万人（见图4—4），其次是德国和意大利，均超过了1 000万人。从人口增长速度看，欧洲各国发生了较大的变化，在17世纪，人口增长最快的国家为葡萄牙和瑞典，人口增长率分别为0.82%和0.66%，英国和荷兰紧随其后，奥地利和芬兰处于零增长的状态，而德国则出现略有下降的趋势。尽管如此，欧洲人口增长较为明显，从1600年的1.14亿人增至1700年的12.68亿人，这一世纪的平均人口增长率为0.14%。

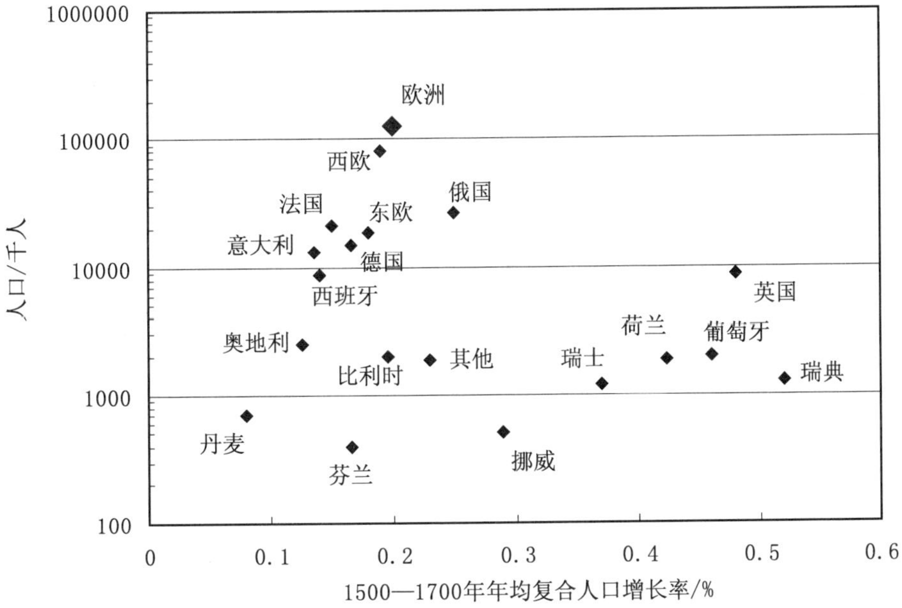

图4—4　欧洲各国的人口规模和人口增长率

注：1500—1700年的年均复合人口增长率是笔者根据数据计算。

资料来源：根据表4—1的资料作图。

这一时期，伴随着人口增长和商业经济的迅速发展，人口的流动性也大幅度提高，尤其是大西洋沿岸发展起来从事远距离贸易的地区和港口的人口增长很快。新君主国的首都也都发展成为大城市。[24]两个半世纪以来，城市的人口发展达到了一个新的规模。伦敦从5万人增加到17世纪初期的20万人，到1665年又增至50万人。巴黎、那不勒斯、威尼斯和米兰在近代前叶都已发展成为超过10万人的大城市。到了1700年，巴黎成为人口最多的城市之一，人口规模超过了40万人，那不勒斯和阿姆斯特丹的人口在20万～40万人之间。而罗马、威尼斯、米兰、马德里、里斯本、维也纳、塞维利亚与巴勒莫的人口则在10万～20万人之间。[25]佛罗伦萨、博洛尼亚、科尔多瓦、格拉纳达和根特等十几个大城市的人口也达到5万人或5万人以上。到18世纪初期，城市仍在继续扩展，大城市的人口规模明显增大。人口的迅速增长和城市人口规模的扩大进一步加快了欧洲商业经济发展的进程。

注释

[1][美] L. S. 斯塔夫里阿诺斯. 全球通史：1500年以后的世界 [M]. 上海：上海社会科学出版社，1999.

[2][英] 约瑟夫·库利舍尔. 欧洲近代经济史 [M]. 北京：北京大学出版社，1990.

[3] [4] John Lynch. *The Hispanic World in Crisis and Change*，1598—1700. Blackwell，1992.

[5] [6] Jonathan I. Israel. *Dutch Primacy in World Trade*，1588—1720. Oxford，Clarendon，1989.

[7][8] Bourne H. R. Fox. *English Merchants*. London：Chatto and Windus，1986.

[9] Clay C. G. A. *Economic Expansion and Social Change*：*England* 1500—1700. Cambridge U. P.，1984.

[10] Lipson E. *The Economic History of England*. London，1931.

[11] Israel Jonathan I. *Dutch Primacy in World Trade* 1585—1740. Oxford，Clarendon，1989.

[12][英] M. M. 波斯坦，D. C. 科尔曼，P. M. 马赛尼斯. 剑桥欧洲经济史 [M]. 北京：经济科学出版社，2003.

[13][14][15][法] 雷吉娜·佩尔努. 法国资产阶级史 [M]. 上海：上海译文出版社，1991.

[16][25][意] 卡洛·M. 奇波拉. 欧洲经济史 [M]. 北京：商务印书馆，1988.

[17][法] 费尔南·布罗代尔. 15至18世纪的物质文明、经济和资本主义 [M]. 北京：生活·读书·新知三联书店，2002；[美] 詹姆斯·W. 汤普逊. 中世纪晚期经济社会史 [M]. 北京：商务印书馆，1996.

[18][美] 詹姆斯·W. 汤普逊. 中世纪晚期经济社会史 [M]. 北京：商务印书馆，1996.

[19] Scrbner Bob，etc. *Germany A New Social and Economic History*. Vol. 2，1630—1800. Arnold，1996.

[20] Sheilagh Ogilvie，etc. *Germany A New Social and Economic History*. Vol. 1，1450—1630. Arnold，1996.

[21] [德] 马克思·维贝尔. 世界经济通史 [M]. 上海：上海译文出版社，1981；[德] 马克思·布劳巴赫. 德意志史 [M]. 北京：商务印书馆，1998.

[22][德] 马克思·布劳巴赫. 德意志史 [M]. 北京：商务印书馆，1998.

[23][美] 德尼斯·海. 14、15世纪欧洲 [M]. 纽约：1996.

[24][英] E. E. 里奇，C. H. 威尔逊. 剑桥欧洲经济史 [M]. 北京：经济科学出版社，2003.

第5章 早期农业革命与劳动力转移

近代以来，欧洲和北美洲随着资本主义经济的萌芽和封建经济体制的解体，相继发生了农业革命，农业生产增长明显加快，农业劳动生产率也稳步提高，直接为工业革命铺平了道路。同时也使英国、美国、德国以及加拿大等西方国家摆脱了传统社会周期性生存危机的困扰，孕育了近代乡村工业，为乡村劳动力人口流动和城市发展提供了动力，这些国家在由传统农业经济向近代工业革命的转型中扮演了重要的角色。

5.1 近代农业革命

近代农业革命最直接的表现是农业技术的创新提高了农业生产力。从中世纪到18世纪，欧洲的耕作制度不断改进。随着农业的发展，逐渐消灭休耕地，代之以作物连续轮种。欧洲的传统农业为了避免耗竭地力，一般采取2年轮作制（一年耕作、一年休耕）和3年轮作制（两年耕作、一年休耕）。通过农业改革，逐渐推广了4年或周期更长的作物轮作制度，有时为6年到12年的轮作周期，通过种植不同的作物以恢复地力。[1]后来，农民在长期的耕作中，发现不同的作物从土壤不同的深度吸取不同的养分。例如，著名的诺福克轮种制分为两种类型。一种是四茬轮种，即分别种植苜蓿、小麦、萝卜和大麦，不让任何耕地休闲。苜蓿可以给小麦准备较好的土壤，而小麦种植后的土壤又对萝卜有利，萝卜可以为大麦准备好土壤，大麦又可为苜蓿准备好土壤基础。这种轮种法是英国的杰斯洛·图尔（Jethro Tull，1674—1740）最先倡导的，用条播、中耕等方法来试种植蔓菁，并在其土质最为肥沃的部分耕地上，采用了分区种植小麦、蔓菁、大麦、苜蓿的四圃轮栽式农法。轮栽式农法因废除了休闲，扩大了种植面积，加以豆科牧草的固氮作用，使地力不断增进。另一种是六茬轮种，种大麦、小麦、芜菁、燕麦及三叶草等。轮种作物的芜菁是牲口的饲料，牲口的增多扩大了肥料的来源，可以增加施肥。这样通过采用诺福克轮种制的方法最终导致休耕地的消灭。

农业革命还表现在农业技术创新引起的新作物的推广和选种育种。轮种制本身就意味着增加作物的品种。当时欧洲大部分地区种植的新品种，主要有芜菁、苜蓿、荞麦、玉米、卷心菜和马铃薯等。早期起重要作用的是芜菁和苜蓿，它们扩大了饲料来源；后期主要是玉米和马铃薯，这两种作物产量高、耐旱耐寒，适合在欧洲各地种植。当时每英亩（1英亩＝0.004047平方千米）的土地上的马铃薯产量是小麦的10.5倍。马铃薯较高的产量弥补了较低的含热量值。1750年的欧洲，马铃薯还没有普及，但到18世纪末期，它已经成为人们的日常食品之一。在某些地方，马铃薯不仅取代了谷物，还取代了豆类、豌豆和胡萝卜。1630年以后，玉米成为意大利人的主要食品，随着玉米种植业的扩大，玉米的种植在葡萄牙和西班牙也已经普及。水稻和荞麦的引进也很成功。水稻在17世纪下半叶的意大利北部地区开始大规模种植。与此同时，在低地国家及德意志西部，荞麦的种植也有较快的发展。此外，这个时期，农民们也开始选择种子和牲畜育种和配种。经过长期努力，牲畜重量和奶产量迅速增长。[2]

农具的改进也是使农业生产力提高的一个重要因素。在16世纪的农业扩张阶段，农业的发明和试验都很活跃，首先出现的是犁的改进。在16世纪的布拉班特和佛兰德斯，单轮犁取代了带支脚的犁。带有凹面犁铧的铸铁犁的出现，在农业耕作上效率高，这种犁几乎不需要牵引力，却可以将地表的土壤完全反过来加以粉碎。与此同时，在农业耕作中除了使用牛外，还开始使用马。17世纪使用牛每天可耕地0.4公顷（1公顷=10000平方米），使用马可耕种0.5～0.6公顷，再加上犁的改进，每天可耕种0.8公顷。而且许多新型的播种设备出现了。英国发明家杰斯洛·图尔等人对播种机的发明起了重要作用。这种播种机主要用于谷物、蔬菜、牧草等小粒种子的播种作业。作业时，由行走轮带动排种轮旋转，种子由种子箱内的种子杯按要求的播种量排入输种管，并经开沟器落入开好的沟槽内，然后由覆土镇压装置将种子覆盖压实。畜力脱粒机在16世纪时已在意大利广为使用，到18世纪则传入瑞典、尼德兰北部、法国南部和奥地利等地。荷兰人从中国引进了脱粒设备，后很快传入欧洲并有效地提高了谷物和谷壳的分离水平。此外，由于使用长柄镰刀代替短把镰刀，使用马力锄等，农具的改进大大提高了农业劳动生产率，增加了农作物的产量。

近代农业制度的变革最早是从荷兰开始的。12—13世纪，农奴制在佛兰德斯和布拉邦特的大部分地区已不存在。随着市场的兴起，领主的封建权力普遍地被削弱，他们的领地被分割。到16世纪后半期，农民持有中小地产者已大量存在。从16世纪下半叶到18世纪上半叶，荷兰人不断地用排水疏干的办法围海造田，使农用土地进一步扩大。同时，市场的发展导致了地区的专业化，耕作制度采用了新的作物轮种制，休耕地被用来种植过冬家畜用的粗饲料作物。荷兰成为新式农业方法的先驱。这样，荷兰的土地关系和农业经营方式都发生了变化，成为当时农业生产力最发达的国家。

近代真正的农业革命发生在英国。从17世纪后期到18世纪末，英国的农业和畜牧业技术有了迅速发展，施肥、排水、轮种等耕作技术有了新的发明，引入了饲料作物，如苜蓿、萝卜、荞麦、玉米、胡萝卜等，以及粮食作物马铃薯，大幅度提高了农田单位产量。杰斯洛·图尔在观察了外国的农业技术之后，通过试验，提出了集约耕作的概念，推荐了深耙、深耕、不断轮种的耕作方法，使得地力不耗竭而且能连续获得好收成，推动了农牧业的发展。英国的韦斯顿爵士（Sir Richard Weston，1591—1652）在《论布拉班特及弗兰德的农业》（A Discourse of husbandrie used in Brabant and Flanders，1645）中指出，对布拉班特的低湿土地，经改良后播种苜蓿，连续收割五年，地力却不贫瘠而有所提高，随即在连种了3～4年的小麦之后，再加种一茬黑麦，其产量仍都高于平均水平而相当可观。[3]这种谷物与牧草交替轮作的“轮换式农法”（alternation hasbandry）在英国得到认可，并在许多地区开始实行。汤森勋爵（Lord Charles Townshend，1674—1738）提出了加强排水，用灰泥土和肥料改良土壤的办法。英国早期的家畜改良和育种学家贝克韦尔（Beikeweier，1725—1795）则通过进行家畜改良和育种工作，改良了当地的长角牛成为肉用牛，同时又改良长粗毛的莱斯特羊，使之能产质高量多的羊肉。在家畜的改良中，应用科学的育种方法，选择良种母畜，进行同质选配，又采用杂交和近亲繁育，这些方法均促进了当时的英国畜牧生产。在农业革命过程中，尤其是通过圈地运动，大量开垦和利用了荒地和公有地，提高了英国的谷物产量。

德意志西部和法国北部在16世纪出现了类似荷兰的进步，主要表现在先进农业工具的使用，更加严格的作物和牲畜良种精选以及推广新的轮作制等。在这些地区，由于商品货币关系的发展和战争的破坏，加快了封建农奴制的解体，封建贵族的不少权力和特权被削弱。到16世纪末，领主自营地已经大大减少，许多领地实际已转归农民持有，强制的劳役实际也不存在，而被缴纳少量的贡赋所代替。16—18世纪，这一地区逐渐形成了农民对小土地的持有，土地关系的变化促进了这一地区农业生产力的提高。[4]

直到18世纪，西班牙、意大利、俄国、德意志东部地区，封建土地关系仍然占据着统治地位，由于国家、领主和教会的各种苛捐杂税，使农民无法提高农业生产力，农业生产基本上处于停滞状态。它们的农业革命比英国晚了将近100年。[5]

近代农业革命最重要的表现是农业体制的变革，包括作物轮作和土地轮换制、农具的改进和发明、沼泽地排水与造田、肥料的广泛使用、生产新技术、新作物的种植等，这些农业改革到了18世纪逐渐趋向成熟化。农业革命的结果，促进了工业革命的发生，为工业发展提供了基本的生活资料和生产资料的物质要素。随着土地所有权关系的变革、耕作方法的改进、协作规模的扩大、生产资料的集中以及劳动强度的提高，使原来的农业劳动者进行劳动的生产范围日益缩小，一部分农民从农业部门游离出来向工业部门转移。而且，农业革命还带来农业生产关系和生产力的革命性变化，为工业革命和工业发展提供了消费品、原料和广阔的国内市场，促进了工业革命史无前例的发展。农业革命是紧接而来的工业革命的前奏曲。

5.2 英国的农业革命与劳动力转移

近代的农业革命发生在英国。从16世纪起，随着封建农奴制的解体和资本主义经济的萌芽，英国开始进行世界范围的国际贸易。为适应国内外市场对羊毛和谷物日益增长的需要，英国的商人和封建地主用暴力和欺诈的手段大量圈占自耕农的份地和公用土地，改成大农场和大牧场，出租给农场主经营。这时英国的农业开始发生巨大的变化。16世纪英国的牧场日益变成地区性专业化活动的场所。英国不断扩大的海外市场使其对羊毛的需求量激增，羊毛价格不断上涨，养羊成为有利可图的事业，于是开始了圈地运动①。

---

① 真正大规模的圈地运动是15世纪末和16世纪初期开始的。从15世纪末到16世纪末期，随着封建农奴制的解体，一些贵族和商人开始扩大圈地，改耕地为牧场。据英国官方的调查结果，整个16世纪共有51.6万亩土地受到圈地法令的影响。从1688年政变到1760年，英国的圈地运动虽然比16世纪突出，但由于人口增长缓慢、农业丰收、粮价很低，圈地运动进展缓慢。1760—1820年是英国圈地运动的高峰期。这个时期共圈占土地700多万亩，占英国3个半世纪全部圈地面积的85%以上。1821—1876年，圈地运动进入后期。1820年以后，大规模的圈地运动已基本结束，田地所剩无几，公地只在一些荒凉的山区存在。

17世纪初期以后，英国经过圈地运动，确立了土地私有制和大租佃的经营方式。在确定了私有产权的土地上，人们精耕细作，勤施肥料，推广新技术，使英国农村的经济效益不断提高。

农业制度的变革使英国农业于17世纪到18世纪在技术和生产方面出现了重大的转折。在整个17世纪，英国谷物的出口数量很少，1700年之后，谷物和面粉的出口大幅度稳定上升，人均消费量也有所增加，而农业劳动力的比重却减少了。与此同时，1700—1750年的50年里，英国其他农业品或牲畜产品的出口量并未下降，羊毛制品还在显著增加，这表明谷物出口并不是以农产品出口为代价的[6]。英国农业劳动生产率的提升使农民可以提供更多的农牧业剩余产品，供养更多的人口。由此证明，1700—1750年英国发生了农业革命。

18世纪开始，英国农业发展的最大障碍是历史上遗留下来的共同耕作制度。因此，农场主通过议会制定了一系列的私人法案，并如前所述，展开了大规模的圈地运动。与圈地运动几乎同步进行的是农业改良的成功和农业技术的进步。在国王乔治一世（George Ⅰ，1660—1727）的亲自治理和鼓励下，农业改革迅速发展，农业人才辈出。

杰斯洛·图尔采用和推行勤耕疏植条播法，改变了过去因浅耕而地力枯竭的表土，也改变了以往疏密不均、深浅不等的撒播法，既节约了种子，又发挥了地力，连年获得了丰收。图尔特别注意谷类和块根植物的选种。他在种植芜菁方面特别成功，使芜菁大面积丰收且价格低廉，解决了过去难以解决的牲畜过冬的饲料问题，使畜牧业迅速发展起来。图尔在1730年开始实验一架播种机，到18世纪末期，这种机器已日趋完善。

在耕作方法方面，轮耕法即诺福克四茬轮种得到普遍推广。每四年轮种小麦、大麦、氮气植物和萝卜。其中萝卜是16世纪初从荷兰引进的一种花园蔬菜，农民起初只在宅后菜园种植，在农业革命时期逐渐成为大规模种植的农作物。种植萝卜的优势主要是控制野草生长，并提供牲畜的饲料。农民也可以在贫瘠的土地上种植萝卜，增加收益。这种新作物的种植产生了一种良性循环的农业效应：减少休耕土地又增加了牲畜饲料生产，充足的饲料可以饲养更多的牲畜，同时又生产更多的肥料，肥料的增加又提高了土壤的肥沃，可以提高粮食产量。更重要的是一种新的轮作制应运而生，豆子与大麦夹种，萝卜种在两季粮食之间，休耕地被充分利用起来。小麦、萝卜、大麦和豆子连续轮种，这就是广大的农业基本生产者通过长期探索和实践而发明的诺福克轮作制。第一年种小麦，第二年种萝卜，第三年种大麦，收完大麦种三叶草、黑麦芽，第四年收割三叶草和黑麦。萝卜用以喂牲口。饲料通过牲口转化为大量的粪肥，不仅肥了牲口，而且提高了地力，增加了谷物产量。

此外，新作物的引进和畜牧改良也是引人注目的。在农业革命中，一系列新作物涌现出来，如三叶草、马铃薯、苜蓿、漂浮水草等。17世纪，英格兰人从荷兰引进了良种牛，并与本地牛相结合，培育出较为优良的牛种。牧草的种植及管理方法由粗放型转变为精耕细作型，尤其是灌水牧场的发明，使英国农民饲养的牲畜显著增多，畜牧业与种植业之间开始形成良性循环，这使得英国畜牧业发生了翻天覆地的变化。17世纪的农场主已经注意到畜牧业的生产技术改革。譬如在1680年白金汉郡北部的富尔纳地产上，农场主对草地施用肥料，包括栏肥、城镇的人粪、河泥灰、石灰和钾碱。这说明，农场主开始注意从提高草的质量和产量的角度来提高畜牧业的生产和培育畜牧良种。

总之，英国农业革命在 17 世纪以后取得渐进发展，到 19 世纪中后期获得了成功。这一时期，英国的土地生产率和农业劳动生产率得以提高，英国率先摆脱了传统社会周期性生存危机的困扰。通过近代的农业革命，英国提高了土地利用率，不仅大片土地免于休耕，而且进一步开垦荒地，使耕地面积不断增加。而且，通过引进新的农作物和实行轮种，土地集中发展到大农场，农作物生产和畜牧业混合体制发展到了顶点。

在农业革命发展的过程中，农村剩余劳动力的转移是农业劳动力在农业、工业和第三产业之间的重新分配。这种变化的基础，是经济发展水平和劳动生产率的提高，特别是同农业劳动生产率的提高密切相关。英国资本主义发展较早，是最先面临农村剩余劳动力转移的国家。圈地运动开始后，随着大农场的建立，农村产业结构的调整和农业生产技术的进步，增加了农业产量，使农村产生大量剩余劳动力。

在英国农村劳动力转移的早期，农村爆发的圈地运动，推动了农业变革，造成了大量农民离开土地，颠沛流离，成为流民、失业者和贫民。根据对 24 个郡的调查和统计，1485—1517 年，共圈地 101 293 英亩，毁房屋 1 745 间，有 6 931 人被逐出家园。[7]16 世纪 70 年代到 17 世纪初期的圈地运动虽然不再大规模变耕地为牧场，但大量公地和荒地被圈占，使大量自耕农等小土地所有者被迫迁移。不过，在圈地运动开始的最初 200 多年里，英国圈地运动受到法律制裁，规模不大，农村剩余劳动力向城市转移的速度较慢。统计资料表明，在 18 世纪中叶以前，农业是英国经济的基础，英国需要大量农业劳动力。1688 年，农业收入约占英格兰和威尔士国民收入的 40%，农业劳动力约占全国就业人数的 40%。[8]

17 世纪资产阶级革命后，英国议会取消了对圈地的限制，通过了 4 000 多项圈地法案，加速了圈地运动的进行。同时，圈地运动引起的农业革命和农业的快速发展使农村劳动力需求大为减少，加快了农村剩余劳动力向城市转移的速度。

产业革命开始后，英国进入了农村剩余劳动力转移的第二个时期，开始了真正的农村剩余劳动力的转移。但在产业革命早期，在英国农村剩余劳动力向非农业部门的转移过程中，一部分失地农民并没有成为工人，有的经商，做流动小贩，有的从事家庭服务，有的打短工或依靠亲友的资助，而不愿意到工厂工作。但在产业革命中后期，随着工业化的迅速发展，工业部门需要大量的劳动力，而农业生产率的迅速提高，产生了更多的农村剩余劳动力，从而导致农村剩余劳动力转移的速度加快。据统计，1751—1780 年，离开土地的农民每 10 年增加 2.5 万人，而 1781—1790 年间上升到 7.8 万人；而到了 1811—1820 年，又增长到 21.4 万人，在 1821—1830 年间，又上升到 26.7 万人。这种转移速度，使农村就业人口迅速减少[9]。

这一时期，促使农村剩余劳动力转移的主要原因是：由于工业化的进展和生产规模的不断扩大，工厂的劳动力需求增大，容纳了大量农村剩余劳动力，而非农业部门的发展，特别是第三产业的兴起，拓宽了农业剩余劳动力的就业领域；随着英国殖民地的不断扩大，英国主要致力于发展工业，把食品和农业原料的生产转移到殖民地，吸引了大量英国农村剩余劳动力移居殖民地，1846—1850 年英国每年平均向殖民地移民 19.9 万人，到 1886—1890 年则高达 21.5 万人。此外，英国政府以各种方式培训农村剩余劳动力，努力创造就业机会，为他们工作创造条件。

19 世纪中期以后，英国的农业劳动力转移有所减速。如图 5—1 所示，1861—1871 年，农业劳动力由 194.2 万人减少到 176.9 万人，减少了 17.3 万人；1871 年以后，农业劳动力继续呈现逐渐递减的趋势，到 1891 年更减少到 150.2 万人，仅仅 30 年减少了 40 万人。农业劳动力转移一方面反映了农业经营的艰苦和农业工人收入的恶化，而离农转移的推力，使一部分农业劳动力移居国外，另一部分农业劳动力向国内的工业和第三产业移动。

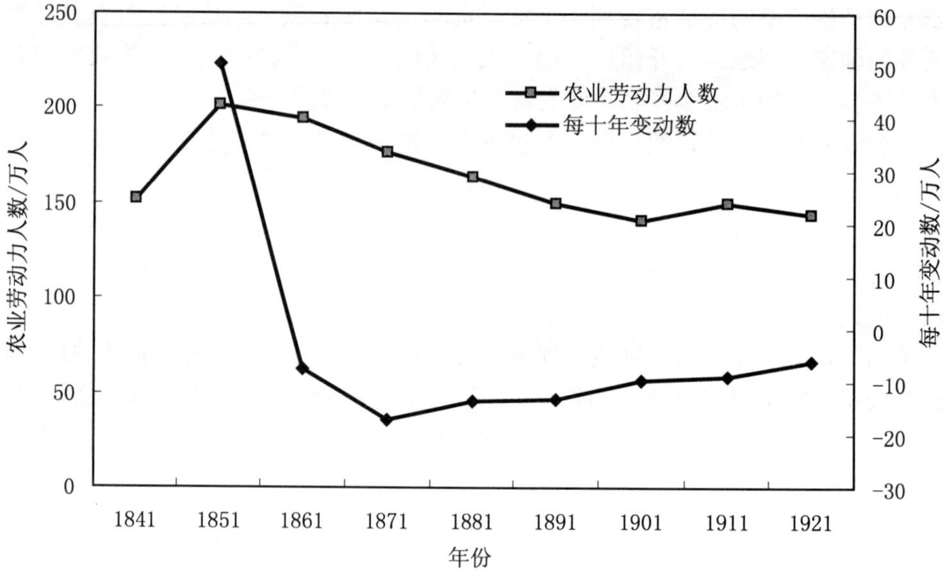

图 5—1　英国农业劳动力变化（1841—1921 年）

资料来源：B. R. Mitchell. *With the Collaboration of Phyllis Deane Abstract of British Historical Statistics*. Cambridge University Press，1962.

从总体上看，英国农业革命发生后，农业发展迅速，这主要与农业劳动生产率的提高密切相关。在英国实现农村剩余劳动力转移的过程中，其方式比较独特，采取了许多措施，其中包括完善农村剩余劳动力转移的法律，向海外移民，为失地农民创造就业机会，以及制定一系列促进农村剩余劳动力转移的政策等。尽管在实施的过程中遇到很多困难，并且其解决农村剩余劳动力转移的方法是建立在广大失地农民、失业者和贫民痛苦基础上的，但英国较好地解决了农村剩余劳动力向非农产业和第三产业转移的问题，开创了解决农村剩余劳动力难题的独特道路，引人注目。

5.3　美国的农业革命与劳动力转移

近代农业革命最重要的表现是农业体制的变革。美国农业革命早在独立战争后即已开始。美国由于农业生产迅速发展的需要，陆续发明并采用了一系列新型农机具，以提高劳动生产率。自19世纪初期开始使用畜力机械，耘田机、播种机、刈草机、收割机（见图5—2）、脱谷机等相继问世。19世纪30年代起，铁犁迅速代替木犁被普遍采用，到19世纪40年代，美国已推广使用新式农具和农业机械，开始农业半机械化和机械化。当时使用的20匹马力牵引的康拜因机，把收割、捡净、装袋等各个工序连接在一起，提高了农作物收割的质量和速度。到19世纪50年代，马拉农具已经普遍使用。与此同时，美国农业革命还表现在农业技术创新引起的新作物的推广和牲畜品种的改良、灌溉农业的出现以及化肥和农药的使用等，陆续到来的国际移民，不断引进新的农作物，带来了欧洲的农业技术，此外，农业生产的专业化和地区分工也已经形成。这一时期，随着农业革命的进行，美国进入了农业时代，使美国农业比世界任何国家都更早地摆脱传统的农业模式，其农业发展是极其迅速的。

美国发展农业的另一个因素是其得天独厚的自然条件，土地肥沃，地广人稀，山少平原多，气候适宜，雨量充足且分布较均匀。这些独特的因素对美国的农业发展是有利的。在历史上，农业不仅是美国迅速实现工业化的前提，而且为国民经济的发展提供了坚实的基础。

图5—2 美国发明的联合收割机（1833年）

在殖民地时期，美国是一个农业国，居民有90%以上是从事农业的。当时的美国南方，由于资金充足，农业劳动力众多，具备了大规模发展农业的条件，因此成为美国农业的中心。1785年，美国政府公布关于出售土地的《土地令》，规定分地段、每地段按640英亩分割出售，使从事农业的移民有自己的土地，刺激了农民的生产积极性。据美国在1790年实施的第一次人口调查，总人口为373万人，其中有95%的劳动力从事农业生产。但由于许多贫困农民无力购买土地，自行占地进行垦殖，在这种情况下，政府又于1841年颁布《垦地权条例》，对于自行占地垦殖的农民，予以优惠价格优先购买其所占用土地的权利，从而促进了农业的发展。所以19世纪上半叶，美国农业出现了快速增长的势头，不但耕种面积不断扩大，而且农业产量也大幅度增加，从1800年到1850年农业总产值增长了近四倍，随后农业总产值进一步加快，到南北战争前的1860年，其农业产值高达22亿美元（见表5—1），比1850年增长了近一倍。1860年美国的粮食产量为3 096万吨，平均每人拥有近1吨的粮食产量。1839—1866年，美国玉米产量从3.78亿蒲式耳增加到7.31亿蒲式耳，小麦产量从8 500万蒲式耳增加到1.7亿蒲式耳，燕麦产量从1.23亿蒲式耳增加到2.32亿蒲式耳。1860年棉花产量达到38.41亿吨，成为美国最主要的输出品。

这一时期，美国农业的迅速发展是和领土的扩张和农业劳动力大幅度增加密切相关的。美国摆脱英国的殖民主义统治后，不断向西进行殖民扩张。通过掠夺印第安人的大片土地，把国界从阿巴拉契亚山扩展到太平洋沿岸，国土面积从1776年宣布独立时的36.9万平方英里扩充到1853年的302.6万平方英里，为农业发展提供了得天独厚的自然资源。而美国领土不断地扩大吸引了大批外国移民，仅1790—1860年到美国的外国移民就达500多万人，使美国人口迅速增加，虽然农村人口所占的比重呈现下降趋势，但其绝对数的增长仍然是相当快的。1800年，美国农村人口为498.6万人，占总人口的比重为93.9%。以后随着农业人口向非农产业和城市转移，到1860年，农村人口占总人口的比重下降到80.2%，但农村人口则猛增到2 500万人。这对于地广人稀、劳动力不足的美国来说，显然是农业经济发展最有利的因素。

表5—1　　近代美国的农业发展与劳动力（1860—1900年）

指标	1860	1870	1880	1890	1900
农业总产值/10亿美元	2.2	2.6	3.9	4.6	5.8
小麦/千吨	4 708	6 913	13 362	12 220	16 302
大麦/千吨	348	631	980	1 524	2 112
燕麦/千吨	2 511	3 890	6 067	8 840	13 717
玉米/千吨	21 311	28 576	43 360	41 912	67 617
农业就业人数/万人	626	691	871	1 017	1 092
农业就业占总就业比例/%	59.4	53.5	50.1	42.8	37.5
农场数/百万个	2.0	2.7	4.0	4.6	5.7
农业耕地面积/百万英亩	407	408	536	623	839
每个农业劳动力的产值/美元	332	362	439	456	526

注：农业总产值和每个农业劳动力的产值均以1910—1914年的不变美元价格计算的小麦，表中1860年的小麦、大麦、燕麦和玉米为1859年的数字。

资料来源：United States Department of Commerce. *Historical Statistics of the United States: Colonial Times to 1957*. Washington: Government Printing Office, 1969；［英］B.R. 米切尔. 帕尔格雷夫世界历史统计·美洲卷（1790—1993）［M］. 北京：经济科学出版社，2002.

1865年以后，美国农业在国家进行工业化和城市化期间也发生了一些变革，特别是伴随着农业革命的进展，农业机械化的速度加快了，到20世纪初期完成了农业机械化过程。其中尤其以装倒刺铁丝网、自动双线收割扎束机、挤奶器和汽油拖拉机等最为引人注目。1858年，C.W. 马希和W.W. 马希发明双人打包机即“马希收割机”。这种收割机，利用环状的护床把粮食送到一块台板上，再由两个人把它们捆扎起来，提高工作效率一倍。到1865年，美国全国已拥有收割机25万台，为内战前夕的一倍半。1878年，约翰·阿普耳比发明一种双排收割扎束机即盘绕扎谷机，它同时具有刈割谷物和捆扎的功能，其速度超过了效率较低的铁线扎谷机，使收获的速度提高了8倍。与收割机的发明和改进同时出现的是犁地和耕作机器的不断改良，单座两轮犁，各种类型双轮舂耙，具有多种功能的综合播种机，以及从国外引进的兼有犁地和播种功能的双铧犁。[10]此外，还有掘地机、中耕机、割草机、马拉耙、割捆机、脱粒机、马铃薯种植机、磨石机、饲料切割机等一系列农业机械。这样，美国农业从翻耕、播种、施肥、中耕、收割、打谷到袋装的每一道环节都实现了机械化和半机械化。但是，这一时期，美国农业的半机械化和机械化主要是建立在以畜力为动力的基础上的。以蒸汽作为动力的拖拉机，虽然在19世纪末开始使用，然而，由于它比较笨重和庞大，因而不易推广，在内燃机的创制和石油的开发并应用于农业之后才使这种类型的拖拉机比较迅速地得到推广使用。[11]

这一时期，在继续进行区域种植专业化的过程中，主要谷物地带已延伸到西部边远地区。不过，农业领域的某些主要趋势还是19世纪早期所建立起来的格局的继续。在美国绝大多数地区，家庭农场仍然是美国农业生产的基本单位，并且不断扩大，1860—1910年间，美国的农场数从200多万个增长到640万个，农业就业人数从626万人增加到1 159万人。同一时期内，农业耕地总面积从4.07亿英亩增长到8.79亿英亩，改良土地面积则扩大了3倍多。农业总产值也从1860年的22亿美元增长到1900年的58亿美元，1910年进一步增至80亿美元。这些数字是按1910—1914年的不变美元价格计算的，可以说代表了农业生产实际数量的变化。美国成为当时世界上农业最发达的国家。

在美国主要传统农作物中，玉米占有重要地位，约占美国谷物总产值的一半左右。1859年，玉米产量为8.38亿蒲式耳，1879年增加到17.55亿蒲式耳，1900年又增至26.62亿蒲式耳。美国的玉米产区，主要从俄亥俄到艾奥瓦的中部各州。1870年，伊利诺伊、艾奥瓦、俄亥俄、印第安纳和密苏里五州的玉米产量占全国的一半左右。这些地区的玉米除了一小部分作为食物外，大部分用作饲料。因此，玉米产区也是畜牧业比较发达的地区。

小麦是美国最主要的食品作物，其产量仅次于玉米。1859年，小麦产量为1.73亿蒲式耳，1879年增加到4.59亿蒲式耳，1900年增至5.99亿蒲式耳。美国小麦产量远远超过世界其他国家，因此成为世界上最主要的小麦出产国和最大的小麦供应国。1860年，美国小麦主要产于密西西比河东部。南北战争后，小麦产地逐步向西部扩展。

南北战争后，棉花依然是南部地区的主要作物。1869年棉花产量为300万包，1879年已达到580万包，超过了南北战争前的最高水平。19世纪80年代以后，棉花产量迅速增长，从1889年的740万包增加到1909年的1 060万包。到1899年，全国棉花总产值达3.24亿美元，约占全国农产品总值的11%。

农业增长的主要原因是农业革命的变化导致农业劳动力数量的增加，农业耕地面积的扩大，农业机械化的推广和农业生产效率的提高等。1865年起美国各地都广泛采用了拖挂式撒肥机，1870年前后玉米种植机得到广泛应用，1880年左右发明了翻耕播种联合机，1879年以后广泛应用收割机机械，1910年前后汽油拖拉机开始投入生产，标志着农业机械化的真正开始。而提高农业劳动生产效率，一方面是靠技术革新，通过使用农业机械，利用新的良种，并在较低程度上靠土壤改良技术；另一方面是通过对新开垦的土地实行轮作。从1860年到1900年，农业耕地总面积增加了一倍多，而农业劳动力和每个农业劳动力的农业产值则分别上升了72.0%和58.0%（见表5—1）。在影响农业总产值显著增长的这些因素中，显而易见，追加的土地和农业劳动力的作用，比运用技术革新提高劳动生产率所起的作用要重要得多。

农业革命的变化还表现在农业区域专业化的实施，有利于农业生产的高速发展。多种经营农业区，包括新英格兰、大西洋沿岸的中部各州及五大湖区，这些主要是工业和城镇比较发达的地区，其自然条件适于多种经营即混合农业耕作。因此，为了满足东部各城市对乳和乳制品的需求，重点发展乳用养畜业，同时发展烟草业、蔬菜种植业、新鲜水果业、家禽饲养业和花卉种植业等。此外，“少数富于小麦生长的地区仍然继续进行农作物生产的专业化”。[12]美国农业经营日益发展成为地区专业化，有利于发挥各地区之间的潜在优势，提高劳动生产率，使农产品成本大大降低，同时，极大地促进了农业生产的集约化和机械化，其结果使整个农业生产力得到提高。

畜牧业与农业并肩发展是美国农业经济的一个重要特点。美国不仅拥有广阔肥沃的天然牧场，而且盛产玉米饲料，从而促进了畜牧业的发展。在 1860—1920 年间，牛从 2 500 万头增至 6 664 万头，猪从 3 300 万头增至 5 935 万头，马和骡从 740 万匹增加到 2 520 万匹。畜牧业的发展使美国的肉食加工工业非常发达，1900 年在美国部门工业中居第二位。

从 19 世纪末到第一次世界大战期间，美国农业出现了无可比拟的繁荣。这一时期，新移民和投入农业生产的土地逐渐减少，而玉米和棉花等主要农作物的产量都趋向稳定。与此同时，由于受欧洲南部和东部大量移民的影响，城市人口增加。农产品的价格相对说来比农民必须购买的工业产品的价格上升更快，换句话说，农产品与工业品的比价有利于农民，这种情况并不多见。若以 1899 年农产品与工业品的比价为 100 来计算，则 1905 年的比价提高到 133，1910 年进一步上升到 189。这种有利于农民的比价，使农民的实际收入大幅度提高，加速了农业经济的发展，农业总产值从 1899 年的 30 亿美元上升到 1914 年的 60 亿美元。此外，美国继续保持农产品的外销，这也是促进农业经济繁荣的一个重要因素。

南北战争以后，随着农业的迅速发展，农业劳动力开始较大规模流动，其主要特征是，获得自由的一部分黑人在农村易地流动，另一部分由农村进入城市，其流动范围主要集中在内战时的南北界线以南的地区。1870 年约有 15 万人离开故土迁移到南方，到 1880 年上升为 20 万人。而在 1880—1890 年，流向北方的仅为 3.7 万人。由此可见，向南方地区流动是当时的主要趋势。1890 年以后到第一次世界大战期间，在美国出现了南部黑人农业人口转移的高潮。全国实现工业化以后，农业劳动力依然集中在南部各州，因此，南方成为工业人口的来源地。然而，这次的劳动力转移与 19 世纪 70 年代和 80 年代的大迁移相比，农民不但脱离土地，而且转向北部大西洋沿岸和中西部的工业城市，形成全国范围内的远距离迁移潮流。南部农村黑人劳动力大规模移动的主要原因是工业化的结果。19 世纪末，美国工业已进入了垄断阶段，许多大型联合企业、托拉斯集中在北方和中西部的工业城市，对各类劳动力又有大量需求，促使大量黑人劳动力由农业部门向工业部门转移。

5.4 法国的农业革命、小农经济与农村人口

法国的近代农业革命表现在农艺、现代农业技术和机械化在农业中的应用。19 世纪，法国在改良土壤、施肥方面取得较快的进展，最早改良土壤是通过增加自然化肥的施放、在土壤中施加泥灰石和石灰等方法，增加地力和肥力，减少土壤中的酸性，增加钙的氧化物，从而促进农作物产量的提高。19 世纪 70 年代以后，磷钾化肥在农业中开

始使用，到了19世纪晚期，化肥的使用在法国农业已经普及化。这一时期，在法国实施了农业区域专业化，出现了专门种植某类作物的地区。如在一些教会区，为了提供圣餐仪式所用的葡萄酒，在其范围内专门种植大量的葡萄。还有一些地区专门生产奶制品等。这些多是为了与其他地区进行商品交换以获取比较优势。但每个地区的侧重点都有不同。人们在生产过程中还慢慢发明了一些新的农业生产工具，如水磨等。农业革命最显著地体现在机械在农业中的推广上，农业的机械化在法兰西第二帝国时期开始起步。出现最早和发展最快的是脱粒机，在19世纪50年代开始推广，几乎遍及法国。从19世纪60年代开始，法国生产各种农业机械，到20世纪30年代已具有内燃机、拖拉机、割捆机、脱粒机等农业机械的生产能力，但由于农业生产规模等因素的影响，农业机械的使用并不普遍。

法国在1789—1794年的大革命时期废除了封建土地所有制，基本上解决了农民的土地问题①，在法国形成了广泛的小农阶层，逐渐建立起小土地所有制，使法国成为一个小农制的国家。大革命后，保护农业的做法得到延续，农村的小农经济普遍建立，而且长期存在着。拿破仑时期，保证了农民能够自由地利用他们刚得到的土地，使自由农民的小土地所有制获得了很大发展。法国政府的关税保护政策也保护了小农经济。1815—1845年，按浮动税率课税保护谷物增长。1875—1895年出现了梅林关税，在高关税壁垒的保护下，法国的农业几乎没有受到来自国外的竞争，在过时的农业生产方式中，小农经济制度逐渐趋向僵化。

另外，随着人口的增长以及继承制（继承人根据这种继承制共分地产）出现，农民的土地也日益分成更小的地块，出现了不少新的小农户。所以，直到19世纪中叶，法国的小农经营不仅在农业中占绝对优势，而且在数量上也有所增加。1789年，法国土地占有者约400万人，1825年升至600万人，1850年进一步增至700万～750万人。随后由于资本主义生产关系的发展，开始出现了相反的土地所有权集中的过程，土地所有者的人数有所减少，到1892年农户已经减少到57万户。尽管如此，法国小农保有地仍大量存在，1892年共有346.7万处。在100英亩到250英亩这一类较大的保有地中，主要仍是用手播和用手工制干草。面积在250英亩以上的保有地中，每个土地单位平均不到1架收割机[13]。

法国的人口在19世纪上半叶增长很少，大部分集中在农村。但由于工业化的发展，从19世纪中期起，农村人口在总人口中所占比重逐渐减少，由1846年的75.6%减少到1886年的64.1%，1906年进一步减少到57.9%。农民为保持原有的土地不分散，不愿多生子女，使农村的出生率日趋下降。一部分农业人口的外流，使一些地区农业劳动力日趋紧张，致使有些肥沃的田地因劳动力短缺而减产。这些都削弱了农村的生产力。

---

① 雅各宾派专政时期，由于雅各宾派代表了城乡贫民利益，他们对农民土地问题给予了关注，于1793年发布了三个法令。6月3日的第一个法令规定，将没收的逃亡地主的土地分小块出售，地价分10年摊付，很多农民因此购得了一些土地。6月10日的第二个法令规定，把领主近200年从农村公社占去的土地完全还给当地农民，按人口进行分配。7月17日的第三个法令规定，无条件取消一切封建义务，并要求封建文件契约持有者在三个月内将文件契约交出焚毁。这样法国的封建土地制度被废除，大多数农民得到了土地。

小农经济的广泛存在对法国的工业化产生了不利的影响。小农经济阻碍了农村剩余劳动力的转移。由于大多数居住在农村的人口有土地作为私有财产，小土地所有制将农民束缚在小块土地上，从而限制了农村自由劳动力的流动，法国在19世纪末没有出现过农村劳动力大规模向城市工业转移的现象。到19世纪末，法国大量的农村人口依然存在，这不利于资本主义工业生产的发展。此外，小农经济是自给自足的经济，农民消费品中大部分由自己生产，造成了狭小的国内市场，阻碍了农业的发展，特别是农业生产技术落后影响了农业生产发展的速度。

不过，大革命后，在小农经济广泛存在的同时，农业中资本主义关系的成长也是一个重要的趋势。农村中出现了资本主义农场经营，在小农分化过程中，一部分贫困的农民丧失了土地成为农村的无产者，而少数农民富裕起来，购置土地，创办起资本主义农场。同时，在大革命中掠夺了大量土地的资产阶级也逐渐开始了资本主义农场经营。到1862年，法国已有15万户占地40～100公顷的大农场，共占有全部耕地的40%，雇用的农民达90多万人，逐渐在农业经营中上升为占绝对优势的主导力量。在法国经营大农业的除了贵族和资产阶级外，还有源于贵族的包税人、高利贷者和粮食批发商等，这些人把商业资本运用于农业生产领域，逐步建立了一种资本主义性质的农业生产关系。从横向比较分析看，到19世纪末期，法国农业中的土地集中程度和资本化经营水平略高于德国容克地主的大地产，例如“在1892年法国拥有40公顷以上面积的农业经济占整个土地面积的45%，德国在1895年拥有50公顷以上面积的农业经济仅占整个土地面积的1/3”[14]。即使从农业资本主义化的原始起点来进行比较分析，法国农业中的资本主义因素也毫不逊色于同期的英国。在1789年法国大革命爆发前，资产阶级已经拥有的地产占到了全部耕地的30%，再加上法国大革命期间从出售国有土地中购得的地产，法国资产阶级的地产规模甚至比英国还略占优势，而英国资产阶级在19世纪初期通过议会式“圈地运动”所获得的地产只有600万英亩，仅占全部耕地（3 200万英亩）的18.75%。[15]

法国的资本主义农场使用机器和化肥，采用新的耕作技术和方法，在一定程度上促进了农业生产力的提高，使农作物的产量不断增长。据莱维·勒博耶的计算，在1815—1840年间，法国农业生产率以平均每年1.7%的速度递增，在1840—1865年间为2.62%，农业生产总值由1812年的30亿法郎增长到1870年的75亿法郎，这种增长速度在法国农业的历史上是前所未有的。

然而在19世纪60年代中期以后，法国农业出现衰退现象，在1865—1900年间，法国农业生产率平均每年仅为0.26%。这种衰退主要是由于农户经营的土地面积逐渐减少而引起的。根据人口调查的结果，在1862—1892年间，法国平均每个农户经营规模由12.5公顷减少到11公顷。其次是农产品价格下降。如果以1880年的价格指数为100计算，到1894年的农产品价格相当于82。在第二帝国统治时期，1公担小麦的价格超过30法郎，到1882年以后跌至21法郎以下，到1895年又跌到18.2法郎。马铃薯价格的下滑情况也基本一样。让·西罗尔编制出以9年为一期的农业产量、价格和收入平均指数。1873—1894年价格下降37%，产量下降11%，收入下降20%。[16]值得注目的是，在法国农业衰退的过程中，尽管农业革命带来了更为灵活的轮作，休耕地有所减少，但法国农业人口占全国人口的比重不断减少，从1876年的67.6%减少到1896年的60.9%，1911年进一步减至55.9%。[17]一部分农业人口向非农部门转移，农业人口的大量外流导致一些地区农业劳动力不足，削弱了农村的生产力，从而对法国小农经济产生不利的影响。

5.5 德国的农业革命与劳动力转移

德国的农业革命起步较晚，大约是在18世纪末到19世纪初期开始的。德国的农业革命主要表现为机械化在农业中的应用和现代农业技术方面。德国工业的发展为农业的技术改造提供了便利条件。工业革命初期，农业机械主要依靠进口。19世纪70年代以后，随着本国机器制造业的发展，扩大了农业机械的供应。使用蒸汽拖拉机、播种机、收割机和打谷机的农场数急速增加。在资本主义生产关系发展的过程中，德国的农业也进行了技术改造。轮作制逐渐取代了传统的三圃制。钾盐、磷酸盐、硫酸铵等化肥在农业中开始使用，到了19世纪中期已经普及化。

19世纪初期，德国还是一个以农业生产为主导产业的经济落后国家，农业处于自然经济状态。这一时期的农业总产值占到工农业总产值的70%以上。在当时的欧洲，以农业为基础的德国经济，远远落后于英国和法国。但在此后的100多年中，德国农业由落后、振兴到实现现代化的速度比其他资本主义国家快，尤其是传统的农业得到改造，粗放型经营模式向集约型经营模式转变的过程是极其迅速的。

德国传统农业改造起步于封建农业体制的改革，农业中资本主义的“普鲁士的道路”的胜利和农奴制的瓦解，为农业发展创造了有利的条件。1807年，普鲁士政府颁布了《关于放宽土地占有条件和自由使用地产以及农村居民人身隶属关系的敕令》，规定从1810年圣马丁节起，废除农民对地主的人身依附关系，允许农民享有自由支配自己财产、自由选择职业的权利；无论是贵族、市民还是农民，都可以自由划分、抵押、买卖土地。法令还许可地主把拿破仑战争时期“无主”的农民土地占为已有，规定地主只要给予农民一定的代价，便可占有农民原来的份地，把小块土地整合成大地产。但在1811年，普鲁士政府又颁布了《关于调整地主与农民之间关系的敕令》，提出了有利于地主的赎买方式，赎买的条件苛刻，农民要向地主缴付相当于常年地租的25倍的赎金，才能摆脱封建义务成为自己份地的所有者。这一敕令的出台，阻止了德国可能采用法国式的快速、简单的解决方式，并最终决定了普鲁士对渐进式方案的选择，从而加重了农民的负担，使农民人身解放的进程又延缓了半个世纪。1816—1848年，普鲁士有35万农民通过赎买解除了封建义务，成为份地的所有者。在农民赎买解除封建义务的过程中，有资格和有能力赎买解除封建义务的只是少数富裕的大农户，在普鲁士仍有3/4以上的小农户没有这种能力。

这种封建农业体制的改革在1848年资产阶级革命以后加快了速度。1850年，普鲁士政府颁布了新的《调整法》。在《调整法》中虽然取消了赎买人的财产限制，降低了赎金，但仍要赎买，规定在地主土地占有制的基础上，无偿取消农民的一些义务，并准许不仅是富裕农民，一般农民也能用相当于年货币地租的高额高价赎买主要的封建义务，即各种强制劳役和地租。赎买的办法是交纳赎金或出让相当于赎金的一部分土地。在这样的政策下，农奴制被废除，1850—1860 年间普鲁士每年赎回封建义务的农民数，比 1816—1848 年间增加了 9 倍。同时，多数农民失去土地或只有很小部分的土地，成为雇农。在 19 世纪 60 年代初期，占德国 71.4%的小农户只占有耕地总面积的 9%，而占农户总数 28.6%的容克地主（有骑士封号的贵族庄园主）和富农却拥有耕地总面积的 91%。经过半个世纪的赎买过程，一些容克地主不仅利用改革获取巨额赎金，还强占了更多的土地，实现了土地与资本的结合，建立了大农场并从事农产品的加工工业，还有一些容克地主把庄园经济纳入了市场经济的轨道，以适应资本主义的生产方式。

德国农业资产阶级资本原始积累的过程，也是资本积累的过程，这就构成了德国农业资本主义生产方式的开端。德国农业资本主义的产生和发展促进了农业的发展。在容克农场中，农场主开始按资产阶级经营方式经营农场，越来越多地使用农业机械。据统计，1882 年，德国的蒸汽打谷机和蒸汽拖拉机分别为 7.6 万台和 836 台，到 1907 年分别增至 48.9 万台和 2 995 台。在农业发展的过程中，农业轮作制逐渐取代了传统的三圃制。由于采取灌溉和排水措施，使耕地面积迅速增加。从 1880 年到 1912 年，主要农作物播种面积增加了 170 万公顷。[18]农场主还大量使用钾盐、磷酸盐、硫酸铵等化肥，从破产农民中挑选身体素质更强的劳动力作为雇农，使劳动生产率有了明显提高。在 19 世纪中期，德国的马铃薯和甜菜的产量均居世界第一位，马、牛、绵羊和生猪的存栏数也比 19 世纪初期增加了 1～3 倍。在容克地主的农场或庄园中，农业开始实现初步的产业化经营。随着耕地面积的增加和经营规模的扩大，极大提高了农业产量。到 20 世纪初第一次世界大战前夕，同 19 世纪中期相比，德国各种麦类的年产量提高了 60%～93%。1871 年至 1914 年，德国的农业产量大约增加了 1 倍。

19 世纪中叶，德国 70%以上的人口从事农业，而到 1882 年，仅有 42%的人口从事农业，1907 年进一步下降到 28.5%。这种转移速度，使农村就业人口迅速减少。这一时期，促使农村劳动力转移的主要原因是：德国的工业化提供了足够的、廉价的劳动力资源，同时也为低效的农业劳动力的转移提供了就业机会，使大量的农业劳动力涌入钢铁、煤炭业等劳动密集型产业。由于农村劳动力的转移，使农村人口增长呈现下降趋势。1880—1910 年间，德国农村人口的年平均增长率为－0.1%。应该强调的是，德国工业化拉动了市场对钢铁、煤炭等产业的巨大需求，随着生产规模的不断扩大，创造了大量的就业岗位，而农村劳动力的转移在一定程度上促进了工业化的发展。另外，德国铁路业的发展限制了大城市的发展规模，减少了大城市居住的人口，但没有限制工业人口的增长，反而加速了农业人口向工业、服务业转移，特别是服务业的兴起，加速了农业劳动力的转移。

德国农村在 19 世纪的变革，为后来传统农业的改造奠定了坚实的基础。尽管农业人口和农业剩余劳动力急剧减少，土地快速集中，劳动生产率有所提高，农业生产有较大程度的增长，但从总体上来看，德国的农业与英国、法国等发达国家相比还很落后，与德国同期高速发展的工业相比，其发展速度也是缓慢的。直至 1913 年，德国所需的 1/3 的小麦、大部分肉和鱼类，以及其他许多农产品都需要从国外进口。

注释

[1] [5] [6] [意] 卡诺 · M. 奇波拉. 欧洲经济史 [M]. 北京：商务印书馆，1989.
[2] [4] 王珏. 世界经济通史——经济现代化进程 [M]. 北京：高等教育出版社，2005.
[3] 董恺忱. 诺弗克农法评析 [J]. 东亚与西欧农法比较研究，2008 (3).
[7] 陈曦文. 英国 16 世纪经济变革与政策研究 [M]. 北京：首都师范大学出版社，2002.
[8] [英] P. 迪恩，W. A. 科尔. 英国的经济发展，1688—1957 [M]. 伦敦：剑桥大学出版社，1964.
[9] [英] J. 萨维尔. 英格兰和威尔士农村人口减少，1851—1914 [M]. 伦敦：伦敦大学出版社，1957.
[10] [12] [美] H. N. 沙伊贝，等. 近百年美国经济史 [M]. 北京：中国社会科学出版社，1983.
[11] 洪征嗣. 论南北战争后美国农业迅速发展的原因 [J]. 湖南师范大学社会科学学报，1995 (2).
[13] [17] [18] [英] J. H. 克拉潘. 1815—1914 年法国和德国的经济发展 [M]. 北京：商务印书馆，1965.
[14] [苏] 列宁. 列宁全集 [M]. 北京：人民出版社，1990.
[15] 金重远. 法国大革命和土地问题的解决 [J]. 史学集刊，1988 (4).
[16] [法] 弗朗索瓦 · 卡龙. 现代法国经济史 [M]. 北京：商务印书馆，1991.

第6章　早期工业革命、人口增长与城市化

6.1　英国的工业革命与人口增长

18世纪中期以后，英国发生了工业革命，确立了资本主义生产方式，随着人口的迅速增长，刺激了经济发展。英国从18世纪中叶开始工业化过程，随着纺织、冶金、采矿等工业的发展以及对外贸易的扩大，英国出现了经济迅速发展的局面，国民生产总值以年平均2.0%的速度递增。经济随着工厂、矿山、铁路的兴建而发展，工业化使英国扩大了人口的扶养能力，从而刺激了人口增长。事实上，从英国的人口出生率和死亡率变化可以得到证实。一方面，英国的人口出生率开始呈现上升趋势；另一方面，死亡率在18世纪中叶以后逐渐下降。这种持续的高出生率和低死亡率状况持续到19世纪20年代(见图6—1)，随后，死亡率呈现了若干年上升趋势，但出生率到19世纪中叶始终保持在35.0‰的高水平，使英国的人口有了一个高增长时期。

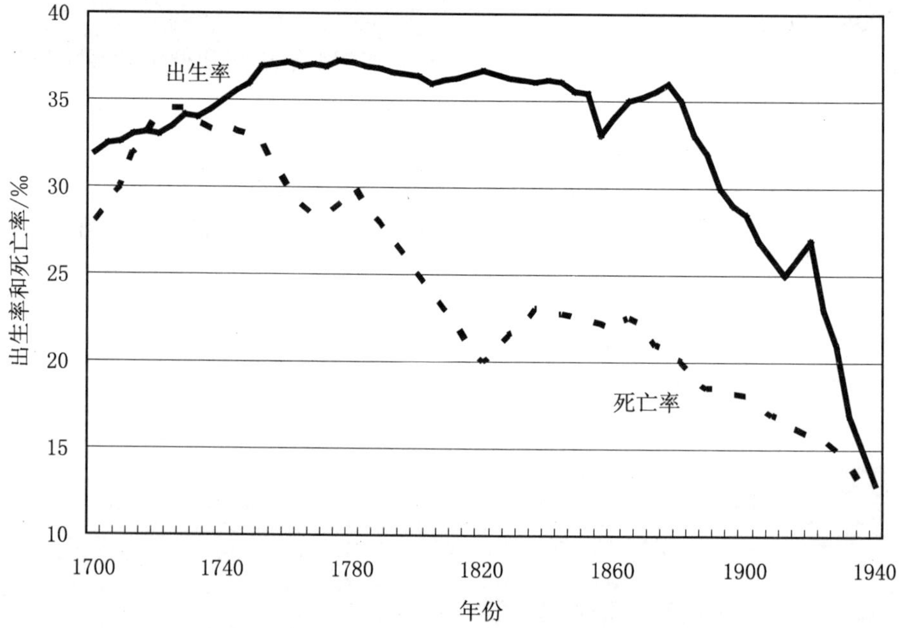

图6—1　英格兰、威尔士的人口出生率和死亡率

资料来源：[日] 南亮三郎. 世界人口と発展途上国 [M]. 東京：千倉書房，1973.

英国的工业革命是从棉纺织工业开始的（见图6—2）。机器发明首先出现在棉纺织部门是有特殊原因的。棉纺织业在英国是一个新兴的工业部门，需求量大、利润多，原

料来源充足、便宜，投资少、周转快，容易进行技术革命。另外，18世纪初英国严格禁止由印度、中国和波斯输入棉布，使国内棉布价格大幅度上涨，刺激了英国棉纺织工业的技术革新。

棉纺织技术革新是从工具开始的。1733年，机械师约翰·凯伊（John Kay，1704—约1764）发明飞梭，这个简单的装置借助于一条特制的绳索带动织梭，织工拉动绳索使其来回飞越梭道。这是一种半自动的织布机，与原来手掷梭子方法相比较，效率提高一倍，不仅节约了劳动力，而且提高劳动生产率一倍多，棉纱的生产开始供不应求。1735年，英国工程师约翰·怀特（John Wyatt，1700—1766）发明了一台安装自动纺筒和翼型纺锤的卷轴纺车，这项发明成为由手工业纺纱向机器纺纱技术过渡的重大突破。在此之后，各种纺纱机在此基础上不断改进并发展。1764年，英国技师詹姆士·哈格里夫斯（1720—1778）发明了珍妮纺纱机，又称多轴纺纱机。一人摇动纺纱机，可同时带动8枚纺锭，后经过改进，纺锭增加到16枚、80枚、130枚。珍妮纺纱机的发明是棉纺织技术的一个巨大飞跃，使棉纱的产量迅速提高，引起了纺织业的一系列革新，并且带来了巨大的社会影响。因为棉纱生产成本的减少，也就使布匹的价格随之降低，从而使布匹的需求量增大，这样就需要更多的织布工人。这使男工代替女工成为主要劳动力，使纺织业逐渐成为家庭主业。由于织工工资跟着棉布需求量的增长而提高，就使得原来兼营农业的织工逐渐抛弃农业，成为专靠工资收入的工薪阶层。同时，珍妮机的使用排挤了旧式纺车，使那些买不起珍妮机原来从事家庭手工业的纺工也放弃农业，到拥有珍妮机的人那里去工作，从而成为雇佣工人。

图6—2　1800年的英国纺织厂

珍妮纺纱机虽然大大提高了棉纱产量，但纺出的纱不结实，细而易断。由于珍妮机带动的纱锭日益增多，需要手工来摇转纺轮，造成人在操作中极为费力，越来越难以胜任，需要在纺纱机的质量和动力方面加以改进。1769年，理查·阿克莱特（R. Arkwright，1732—1823）发明了水力纺纱机（见图6—3）。这种纺纱机用水力推动，机器上安装着许多辊轴，旋转很快，能带动几十枚纱锭，纺出的纱线坚韧结实，其技术创新不仅在于可以纺出纬线，同时可以纺出经线。不久，水力纺纱机应用于生产，能够生产纯棉织品，质量优于以麻作经线的织品，并经得起漂白和印染。但这种纺纱机体积较大、结构复杂，必须安装在有水流落差的地方，不适合家庭生产，有一定局限性。因此，它不能像旧式纺车或珍妮机那样安装在家庭内，而必须建立厂房，集中工人进行生产，这样，就为工厂制度的确立奠定了基础。1771年，理查·阿克莱特在英国建立了第一家棉纺厂，成为最早使用机器生产的工厂主。水力纺纱机纺出的纱线虽然结实但是很粗糙，因此，还需要继续进行技术革新，以提高棉纱的质量。

图 6—3　理查·阿克莱特的水力纺纱机仿制品

1779 年，英国织工 S. 克朗普顿（S. Crompron，1753—1827）发明了一种性能更为优良的纺纱机，称为走锭精纺机，又称为“骡机”。这种利用水力推动的纺纱机，综合珍妮纺纱机与水力纺纱机的优点，纺出来的棉纱既结实又精细。其一次可以带动 300～400 枚纱锭，而且生产效率很高。自从走锭精纺机发明与广泛应用以后，集中从事生产的纺纱工厂迅速增加。

棉纱产量的大幅度增加，把织布抛到了后面，于是，纺与织之间又出现新的脱节现象。在这种情况下，迫切需要改良织布机。1785 年，牧师埃德门特·卡特莱特（E. Cartwright，1743—1823）发明了用水力推动的织布机。但是，这种机器非常呆笨，销路不广。1787 年，卡特莱特将发明的织布机用马作动力，两年后改为蒸汽，使织布基本上实现机械化，提高效率 10 倍。后来，经过拉德克利夫、霍洛克斯等人的改进，这种织布机日益完善，逐渐推广应用。

此后，R. 罗伯特（R. Robert）、J. 纳恩罗普等人先后发明了织布机、旋转运动装置和自动纺纱机，使英国成功地实现了以动力为基础的机器纺纱。机器的发明和使用使棉纺织工业迅速发展，1801—1803 年，产值为 1 100 万英镑，比 1770 年增长了 22 倍，占国民总收入的 5%。1812 年，棉纺织工业产值进一步增至 2 300 万英镑，在国民总收入中占 7%～8%。在经济起飞之后，棉纺织工业在 20 年内成为最重要的工业。

纺织工业中的机械化，引起了新兴工业部门机器制造业的发展。蒸汽机①发明之前，机器大都是木制的，靠手工业完成。18 世纪 70 年代，机器多由手工工厂制造，机器制造业尚未摆脱手工业的范畴。1869 年，詹姆士·瓦特（James Watt，1736—1819）制成世界上第一台蒸汽机（见图 6—4），但这种蒸汽机仍无法克服纽可门蒸汽机只作往返运

① 瓦特“发明”蒸汽机，被视为英国产业革命中发生的近代“第一次技术革命”的标志。实际上，瓦特只是蒸汽机的完善者，他改善了蒸汽机并使之更适于实际应用。在瓦特之前，英国工程师赛维利就于 1698 年造出了一台蒸汽机。1705 年，英国铁匠纽可门设计制造了更为优越的纽可门蒸汽机。纽可门蒸汽机于 1712 年开始推广使用。但是，纽可门蒸汽机将汽缸和冷凝器合在一起，而且封闭不严，蒸汽进入汽缸时造成空气混入，也影响汽缸内部真空度的提高。瓦特的真正功绩在于消除了纽可门蒸汽机的这些重大缺陷，他在 1764 年利用为大学修理演示用的纽可门蒸汽机开始研制蒸汽机。但是，最初制造的蒸汽机到处漏气。瓦特后来发明了蒸汽“冷凝器”，使汽缸与冷却蒸汽分离，解决了因汽缸冷却造成的蒸汽浪费问题。1769 年，瓦特发表了关于制造蒸汽机的第一个专利，其效率比纽可门蒸汽机大大提高，耗煤量减少了 75%。纽可门蒸汽机的活塞运动，一部分靠蒸汽推动，另一部分靠外界的大气压力推动。而瓦特蒸汽机则采用密封汽缸，活塞的运动完全靠蒸汽的推力，所以，人们称它为世界上第一台蒸汽机。

动的缺点，不能使蒸汽机变成能带动各种工作机的原动机。1781年，瓦特研制出一套齿轮联动装置，可以将活塞的往返直线运动转变为轮轴的旋转运动。1782年，瓦特经多次实验后制成复动式蒸汽机，这种蒸汽机功率大而应用广，并于1785年运用于纺织业作为动力使用，以后又被应用到冶金工业以及火车轮船上，为各方面所普遍使用。由于他的努力，使蒸汽机成为一种万能的动力机械。瓦特蒸汽机的问世，解决了工业发展中的动力问题，使机械化生产冲破自然条件的限制，是人类社会进入机械化时代的标志，从而大大加速了工业革命的进程。蒸汽机的广泛利用，导致了发明和使用机器的热潮，促使英国工业革命开展起来。英国到处建立起大型工厂，人类社会由此进入了蒸汽时代（见图6—5）。

图6—4 瓦特发明的蒸汽机

图6—5 英国18世纪蒸汽机工厂仿制品

随着蒸汽机技术的不断完善，它成为车辆、船舶等交通工具上通用便利的动力机器，促成了以铁路建设为代表的交通运输业的繁荣。19世纪初期以后，人们开始研究用蒸汽机作为牵引动力。1814年，英国工程师史蒂芬孙（George Stephenson，1781—1848）研制出的世界上第一台蒸汽机车试运行成功（见图6—6）。1825年，英国建成世界上第一条铁路，史蒂芬孙的火车头拖着一长列客车和货车前进，时速达25千米。此举开拓了陆地交通运输的新纪元，人类进入了所谓“铁路时代”。铁路运输的优越性使英国迅速掀起一股铁路建筑热潮。

图6—6 史蒂芬孙研制的世界上第一台蒸汽机车

1836—1837年是英国修建铁路的第一个高潮期。这期间涌现出为数不少的承揽修建铁路的公司从事架桥、开路、挖掘隧道、筑路等工程建设。19世纪40年代中期，英国出现了第二次修建铁路的热潮。到1850年，英国的铁路为6 625英里，1860年增至9 070英里，占欧洲各国的首位[1]。这一时期，欧洲大陆也相继开始大力兴建铁路。

蒸汽机发明之后，木制的机器不能承受蒸汽机动力的震动，机器改为铁制。1775

年，英国工程师约翰·威尔金森（John Wiltkinson，1729—1808）发明了世界上第一台真正的镗床。这种镗床是一种能够精密地加工大炮的钻孔机，它是一种空心圆筒形镗杆，两端都安装在轴承上。1798年，英国机械师亨利·莫兹利（Henry Maudslay，1771—1831）对约翰·威尔金森设计的车床模型进行改进，制造出车床，它可以迅速、准确地加工直线、平面、圆柱形、圆锥形等多种几何形状的部件，使车床真正成为机器制造业自身的工作机。这一发明成为机器制造业发展史上的一个重要里程碑。随着机器制造业的发展，到19世纪前半期，英国已经能够制造各种车床、铣床、水平平面刨床、钻床以及蒸汽锤等工作母机。这一时期还发明了许多精密的检测手段，如测量平面的平规、可量出万分之一英寸误差的螺纹量规，还设计了多种精密车床，使机器加工技术多样化、专门化和规格化。

19世纪20年代，英国建立机器制造业，出现了蒸汽机、纺织机和蒸汽机车等机器制造工厂。1825年英国废除了禁止机器出口的禁令，从此英国输出的机器不断增加，机器制造业已成为出口的主要工业部门之一。19世纪中叶，机器已成批生产，英国机器制造业作为大工业部门基本上形成。当时，英国著名的博尔顿和瓦特工厂、夏尔伯·罗伯特和赛伊工厂等已享有世界盛誉。英国制造的蒸汽机、各种工作母机和火车头等质量优良，畅销世界各地，在国际市场上占有垄断地位，并直接影响着欧洲和美国工作母机的制造业，英国成为“世界工厂”。

由于机器制造业的发展和铁路大规模修建，采矿业成为重要的工业部门之一。采矿业技术革新起步较晚。18世纪末到19世纪初，在采矿业中先后发明了钻探机、空压机、硬煤粉碎机、通风机等（见图6—7）。1813年，英国开始采用蒸汽凿井机。1815年，英国化学家汉弗莱·戴维（Humphry Davy，1778—1829）发明了安全灯。在19世纪40年代，英国人凯特和法宾安先后发明了不同类型的钻探机，钻探深度达200余米。采矿业中机器的发明和应用，促进了矿石开采量的增长，其中，煤炭产量增长速度尤为明显，由1800年的1 100万吨增长到1870年的11 000万吨，仅70年就增加了10倍，采煤业成为采矿业中最重要的部门之一。采煤业的迅速发展促进了英国的工业革命，它为工业、农业、交通运输业的机械化提供了充足的燃料和能源。

图6—7　英国工业革命时期的一座煤矿

随着机器制造业的发展，冶金业也成为重要的工业部门之一。由于机器的不断改进，钢铁取代木材，成为制造机器的主要材料，因此对钢的需求量越来越大，对铁的需求质量也越来越高。冶金业的技术进步主要表现在冶炼技术革新、铸造加工和机器发明等方面。在冶炼技术方面，1709年，阿伯拉罕·达比（Abraham Darby，1677—1717）用焦煤冶炼生铁获得成功，但炼铁的质量不高，该方法未能广泛流传。1735年，其子A. 达比（A. Darby，1711—1763）改善了制造焦炭的方法，并加大水力鼓风机，把生石灰和其他催化剂与矿石混合起来，避免金属在熔化时变质，结果用焦炭炼出了熟铁。这项发明成为冶金业的一项重大成果，为英国冶金业的发展发挥了不可估量的作用。

1783年，亨利·科特（H. Cort）发明了用反射炉的搅拌炼钢法，产量比旧法炼钢增加15倍。同时轧钢技术开始出现，1788年科特发明了用蒸汽机驱动的轧钢机，开始大量生产钢板、型钢和钢轨。在铸造加工和机器发明方面，为提高铁的产量，扩大了高炉的容量，改进鼓风系统。18世纪50年代，离心鼓风机得到广泛传播。18世纪80年代和90年代又先后出现了金属拉长、切削、加工的机器以及许多较为复杂的专用机器。冶金技术的发明使生铁的产量不断增长。1780年，英国只有生铁4万吨，1869年增至553万吨，这一时期，英国生铁的产量增长137倍。1780年，英国的生铁产量略低于法国，但在1848年，英国的生铁产量比世界其他各国的总和还要多。1870年前后，英国还出现了许多日产450～550吨生铁的高炉。英国钢的产量增长也很快，是当时世界上钢产量最多的国家，1870年大约为24万吨，占世界钢总产量的43%。由于冶炼工艺的限制，钢产量不高，价格昂贵，其用途局限于工具和仪表。1880年，英国钢的产量增长到130万吨。19世纪下半叶，由于钢铁冶炼技术的提高，英国的钢得以大量生产且质量大幅度提高，因而逐渐代替熟铁，作为机械制造、铁路建设、房屋桥梁建筑等方面的新材料而风行全英国。从钢铁工业的产值占国民生产总值的比重看，1760年钢铁工业的产值只占国民生产总值的1%～2%，1805年上升到5.9%。19世纪20—40年代，钢铁工业的产值占国民生产总值的比重一直在3%～4%之间徘徊，但从19世纪50年代起迅速上升，1851年达到6.2%，1871年又增至11.6%，钢铁工业的发展如日中天，在制造业中居第二位，仅次于棉纺织工业。

1840年前后，英国大机器生产已基本取代工场手工业，用机器制造机器的机器制造业也建立起来，工业革命基本完成，英国成为世界上第一个工业国家。机器的广泛使用，改变了工业的技术面貌，大大提高了劳动生产率。工业革命造成的生产力大发展，使英国出现了空前的繁荣。由于工业革命和人口的高速增长，使英国成为世界上工业最发达的国家，它的领先地位一直保持到19世纪70年代，英国的工业生产总值一直居世界首位，并享有“世界工厂”的美称。正如英国经济学家福林（Flin）在《工业革命起源》一书中指出的，20世纪以前，英国的工业增长与人口增长之间存在因果关系，没有人口增长，轻纺织工业、铁路、钢铁等方面的发展是不可能的。英国在工业革命初期的1750年仅有人口604万人，其人口规模比欧洲的一些大国少得多。但从18世纪80年代以后，英国的人口急速增长。英格兰人口在18世纪上半叶仅增长8.3%，而1841—1891年增长率为11%～14%。[2]苏格兰人口的增长速度比英格兰稍低。而爱尔兰的人口增长率在1831—1841年仅及英格兰人口增长率的40%。自19世纪40年代以后，大量爱尔兰人因移居到英国工业区和北美洲而引起人口锐减。从19世纪上半叶，英国每十年人口净增长率为总人口的13%～17%。1821年英国人口为1 200万人，1871年增至2 271万人。随后，英国的人口增长速度依然很快，从1870年到1879年间人口年平均增长率为1.4%，1891年到1900年间平均递增为1.2%，再次创造了高人口增长率。由此可见，英国工业革命出现的高速度发展，决定和需要人口的持续高速度增长。因为当时的生产技术水平偏低，加上人口偏少，要迅速发展资本主义经济，满足世界市场的需求，增加人口和劳动力的数量成为促进工业发展的重要因素。

6.2 美国的工业革命与人口增长

美国开始工业化进程较晚，但其人口迅速增长加速了工业化的发展。17 世纪初，英国移民来到美国时，美国的印第安人不到 40 万人。但随着欧洲移民的流入，人口迅速增长，1780—1790 年人口增长了 41.0%，年平均增长率为 3.5%，达到了世界各国人口史上未曾有过的高速度。从 18 世纪末到 19 世纪初，美国开始了工业化建设。

美国在工业化初期，它的经济结构以传统的农业为主导部门，90%以上的就业人口从事农业，生产英国以及欧洲所需要的粮食和其他农产品。绝大部分工业处于手工业生产阶段，大多数制造品依赖从英国进口。因此，美国在国际市场上，工业产品的进口大于出口，国际收支存在大量逆差。1807 年的“禁运法案”和 1812—1814 年的英美战争，是美国工业化开始的契机。在这一时期，由于海外贸易的限制，工业品依靠本国制造，于是制造棉毛纺织品、铁器、五金器具及其他日用品的工厂在全国各地建立起来。

美国的工业革命首先开始于纺织工业。1790 年，塞缪尔·斯莱特（Samuel Slater，1768—1835）仿造英国人的设计，制成了珍妮型新式纺纱机，揭开了美国工业革命的序幕。工业化之所以始于纺织业，是因为美国已掌握从英国开发的新技术，这些新技术能使劳动生产率大幅度提高。1793 年，美国发明家埃里·惠特尼（Eli Whitney，1765—1825）发明了轧棉机，即金属钩齿穿过条板，并使之缠在棉花纤维之中，最后把棉花纤维剥离出来。这种轧棉机使清理棉花的工效提高了近 100 倍。1813 年，波士顿商人弗朗西斯·卡伯特·洛厄尔（Francis C. Lowell）发明并在机械师保罗·穆迪（Paul Moody）的帮助下制造出动力织布机。这种织布机的制造以及英国织布机制造技术的引进，使得这一工业扩大了生产规模，并实现专业化和本土化。1813 年建立的洛厄尔波士顿制造公司，首先利用这些机会日益增强棉纺织业的功能专业化，这种功能专业化对棉纺织业的发展至关重要。

棉纺织工业最初的成功来自那些可以用新的动力织布机织造出来的粗布的生产。这些原料使它们可以大规模生产。棉纺织企业的相对高效率提高了同海外企业的竞争能力。至此，美国棉织业的技术革命大体完成。新英格兰地区成为最早的棉纺织业基地。18 世纪末期，塞缪尔·斯莱特及其同事携带制造纺纱机的技术移民到美国建立第一个水力纺织厂以后，纺织业的生产迅速发展。据保罗·A. 戴维（Paul A. David）的估算，1833—1839 年间，棉纺织业的劳动生产率以年平均 6.67%的速度增长（见表 6—1）。这一增加主要是在当时技术水平下通过改变要素比例，即每劳动力的平均资本和原材料增加，使劳动生产率平均每年提高了 4.07%。技术进步率也很高。技术进步率在此等于劳动力质量的提高、机械技术的改进以及组织和效率上的改进之总和。而年平均 2.60%的技术进步率与第二次世界大战以来现代工业所取得的生产率增长率基本相等。对于 2.60%的技术进步率，戴维把其中的2.02%归因为组织和效率上的改进——具体形式就是在经营纺织工厂时积累了经验，由此在组织和效率上取得的改进，而剩下的0.58%归因为劳动力质量的提高和机械技术的改进。总的生产率的增长率在1855—1859年间则明显呈现下降趋势。尽管如此，纺织业发展较快，到1860年，棉纺织业实际开工的纱锭为523.6万枚，棉花消费量达84.5万包，棉纺织业已成为美国最大的制造工业。

表6—1　　棉纺织业中劳动生产率增长的来源　　%

生产率变化的来源	1833—1839年		1855—1859年	
	平均每年增长率	各要素在生产率增长中所占的份额	平均每年增长率	各要素在生产率增长中所占的份额
每单位劳动力的平均资本的增加	0.74	11.0	0.43	13.0
每单位劳动力的平均原材料的增加	3.33	50.0	1.60	50.0
劳动力质量的改进	0.33	5.0	0.33	10.0
机械技术的改进	0.25	4.0	0.30	9.0
组织和效率上的改进	2.02	30.0	0.54	17.0
总计	6.67	100.0	3.20	100.0

资料来源：David Paul A. *Learning by Doing and Tariff Protection*：*A Reconsideration of the Case of the Ante—Bellum United States Cotton Textile Industry*. Journal of Economic History 30，1970.

毛纺织业的发展模式与棉纺织业类似，它同样发生了专业化和本地化，主要区别是毛纺织业的技术发展更晚。毛纺机械工业开始是以毛纺公司附属物的身份出现的，随着市场规模的扩大，这些附属公司逐渐分离出来成为专业化的设备生产商。少数大企业逐步主宰了织布机的制造和纺纱等机械的生产活动。像棉纺织业一样，毛纺织业在新英格兰地区高度集中，而且这里的毛纺企业的规模也远比其他地区大。它们的市场是全国性的，而且比其他地区的企业更富有效率。

工业化初期，炼铁业是工业发展的主要部门。从劳动密集型的手工业生产到大机器生产的转变，是以铁做的机器为基础的。用铁做的蒸汽发动机为采煤业的水泵提供了动力来源，铁轨则使铁路成为一种实用的运输工具。在南北战争前30年里，铁产量的年平均增长率为6.0%。美国的冶铁工业没有随着棉纺织工业的扩张而采用英国的最新生产技术。相反，美国冶铁业继续用焦炭而不是用煤来熔化铁，这种冶铁技术的使用一直持续到19世纪40年代才停止。其结果，从1820年到1860年，冶铁工业的全要素生产率以年平均1.1%～1.4%的速度增长，明显低于棉纺织工业的增长速度。但这一时期，美国相继引进热风炉等先进技术，对整个炼铁体系生产效率的提高起着更有效的作用。热风炉和辊轧厂在设计上的改进使炼钢厂的规模扩大，从而在劳动力和原料的使用上更加展现出经济节约的优点。由于规模的扩大，基础较好，资源丰富，冶铁工业发展很快。对于这一时期的生产所做的统计表明，炼铁业作为一个发展中的工业部门，在内战前的50年内，按人口平均计算，生铁的总产值增长了5倍，和那个时代其他经济部门的总产值的增长趋势相比是相当高的。到1860年，美国的生铁产量达到83.4万吨，居世界第三位。但美国的生铁质量较差，只能用于制造农具、铁管等。1844年，美国才引进搅炼铁法技术，开始生产精炼铁，但其产量远远不能满足需要。随着冶铁方法的改进，1845年以后，美国开始大规模地轧制国产重型铁轨，轧铁技术进一步提高。由于轧铁需要量不断扩大，轧铁工厂的数量不断增加，产量也大幅度上升。19 世纪 50 年代，生产铁轨的工厂逐渐发展为综合性的轧铁工厂，除了生产铁轨外，还生产铁丝、铁条和条铁。

美国炼钢业的发展比较早。1725—1728 年间，在康涅狄格建立了第一家炼钢厂，到 1750 年左右，在宾夕法尼亚、新泽西等地建立了 6 家炼钢厂，但钢产量很低，1810 年钢产量只有 917 吨，1830 年增至 1 600 吨。19 世纪 50 年代末期，英国人亨利·贝西默（Henry Bessemer，1813—1898）发明新的炼钢法开始在美国炼钢业推广，钢的产量和质量都有所提高。随着冶铁和炼钢技术的不断改进，美国的钢铁工业进入迅速发展时期。产量飞速上升，新的钢铁基地不断涌现，到 1860 年，美国已形成了 10 个主要钢铁基地，从大西洋沿岸地区一直分布到新开发的中西部。

19 世纪初期，美国的蒸汽机、机车等主要机器，完全依赖于从英国进口。美国是英国机器出口的主要市场，但美国善于仿制和改进，迅速建立了本国的机器工业。在 1815 年以前，绝大部分机器都是定制的。随着机器需要量增加，机器生产出现专业化。在大量使用机器的工业部门，产生了最早的专门生产机器的公司，1814 年创建了沃尔瑟姆工厂。1828 年，里士满港口公司正式成立，成为美国第一个生产蒸汽动力机和其他设备的机器制造公司。1838 年，美国又新建了摩根大型机器制造厂。到 19 世纪 30 年代，有些工厂内部的机器生产部门自动和工厂脱离，成为独立的公司。随后出现了为各种产品生产标准部件的铣床。1848—1852 年间，美国著名发明家 F. W. 豪和 E. K. 鲁特对模铣床的结构进行了重大创新，使其性能大幅度提高。在机器生产专业化的过程中，机器制造业中作为工作母机的机床工业实际上起着创造核心的作用，因为先进的机床工业可以带动各种工业前进。机床制造要求精确，产品标准化，所制各种零件可以替换，这种制造方式可以减少装配和校对的工序。美国的农业机器是世界上效率最高的，19 世纪 30 年代还出现了研制收割机、割草机等新式农业机械的高潮。1855 年，美国已拥有 1 万台当时世界上高质量的收割机。这一时期，食品加工业一直是产值很高的产业。采掘业也随着金属冶炼和金属加工工业的发展而发展起来，尤其是采煤业发展很快，1860 年产量达到 18.2 万吨，居世界第二位。

美国机器制造业的一个重要特点是与“标准化”生产方法紧密地联系在一起。用标准化方法生产的机器部件和零件规格一致，可以互相替换。在装配机器时，装配工人可以随意从同类部件或零件中取出相应的部分组装机器，从而节省了时间，提高了工效。19 世纪 40 年代到 50 年代，机床和量具的改进，使标准化生产方法迅速地推广。1848 年，这种方法在沃尔瑟姆的钟表厂开始使用。1850—1851 年，缝纫机制造厂也按标准化生产方法进行大规模的生产。不久后，标准化生产方法推广到许多轻重工业部门。

在南北战争爆发前的数十年里，制造业的全要素生产率增长较快，年平均增长速度为 1.8%～2.2%。全要素生产率的增长是导致美国工业中劳动生产率增长的最主要因素。在各工业部门中，增长尤其迅速的是造纸业、纺织业和木工工业，这些工业的年平均增长速度在 1820—1860 年间均在 2.7%～4.5%之间（见表 6—2）。这些工业也是技术进步显著和机械化的工业。

表6—2 所选制造业的全要素生产率的年平均增长率（1820—1860） %

工　业	1820—1832	1820—1850	1850—1860	1820—1860
靴子/鞋子	—	1.3～1.6	2.0～3.0	1.4～2.0
四轮马车/马具	−0.7	1.9～2.1	1.3～1.5	1.7～1.9
棉纺织业	5.2	1.8～3.0	2.0～3.8	2.3～2.9
家具/木工业	2.2	2.4～2.9	2.4～2.9	2.7～2.8
玻璃业	7.7	3.3	−1.0	2.2
帽业	2.4	2.0～2.5	2.3～2.7	2.1～2.5
冶铁业	—	0.7～0.8	2.9～3.6	1.4～1.4
酒业	—	0.4～1.6	0.5～3.5	1.2～1.2
面粉/谷粉厂	—	−0.6～0.2	0.6～2.8	0.2～0.3
造纸业	3.6	5.0～5.4	−0.4～3.3	3.9～4.5
皮革业	1.2	1.2～2.4	−2.7～0.8	0.7～1.1
烟草业	—	−0.3～0.8	3.1～8.9	1.4～2.0
毛纺织业	3.2	1.0～2.0	3.8～6.4	2.4～2.5
加权平均	[3.3]	[1.6]～2.1	[2.4]～2.4	[1.8]～2.2

资料来源：Sokoloff Kennerth L. *Productivity Growth in Manufacturing during Early Industrialization: Evidence from the American Northeast*, 1820—1860. In National Bureau of Economic Research, *Long-term Factor in American Economic Growth*, Studies in Income and Wealth, vol. 51, ed. Stanley Engerman and Robert Gallman. Chicago: University of Chicago Press, 1986.

南北战争后到第一次世界大战是美国工业化迅速发展的时期。19世纪下半叶，随着新炼钢法、电力技术、内燃机技术等新技术和新发明的不断涌现，为美国工业化提供了良好的机会。这一时期，美国依靠大量引进欧洲新技术并完成了一系列重大发明，发展起钢铁、电力、汽车等一系列新工业。但就各工业部门的规模而言，食品制造和有关产品、纺织、钢铁、木材和木材制品四大工业部门在工厂数目、产值和职工人数上远远超过了其他工业部门。到1914年，食品制造和加工工业，包括肉类、鱼类和蔬菜制品一直是美国最大的工业部门。1914年，食品工业的生产总值为48亿美元，超过第二大工业部门——纺织业14亿美元。其中占比重最大的是肉类加工、面粉和食糖。19世纪60年代以后，随着城市数量和规模的扩大，城市人口的迅速增加，刺激了这些食品加工制作的规模，同时扩大了商品市场上对肉类和其他食品的需求。此外，国外市场对美国肉类和其他加工食品需求的增加，也扩大了食品加工工业产品的市场。19世纪70年代，冷冻技术的广泛使用，使美国大西部发达的畜牧业与东部和中部的肉类加工业连接起来，促进了肉类加工业的发展。到1914年，芝加哥是美国最大的罐头加工中心，此外还有奥马哈城、苏城、圣路易斯城等城市也成为肉类加工中心。面粉加工业则通过采用“精加工”磨面机、复合磨面机等新技术，使用大型磨床，采用带引力传送装置的装配技术，用机器把面粉装入有高标的面袋里销售，从而扩大了面粉产量。除了肉类加工和面粉加工业外，食糖、鱼类加工、蔬菜和水果罐头、面包等其他食品加工业也得到很大的发展。

次于食品工业部门的是纺织工业。南北战争后，纺织工业继续扩大，其拥有纱锭由1867年的800万枚增加到1913年的3 100万枚；使用的原棉1860年为84万包，1880年为150万包，1914年为588万包。在这一时期，技术方面有很多改进，纺织机曾三度更新换代，出现了环形纺织机、诺思罗皮自动织机等。同时还使用蒸汽为动力，大幅度节省了劳动力，使纺织工人的劳动生产率得到显著提高。美国的棉纺织业本来集中在新英格兰各州，南北战争后，由于南方能就近供应棉花，提供廉价劳动力和良好的水动力，使许多制造商采用新机器并投资新工厂，因此，南方开始形成新的纺织中心。到 1900 年，美国大约有 2.3 万家纺织厂，全年生产总值高达 34 亿美元，就业工人总数约 150 万人。在世界市场上，美国纺织品的消费额仅次于英国，居世界第二位。

毛纺织业在南北战争以后也获得了巨大的发展。高速脱毛机、自动纱锭、诺思罗皮自动织机等先进技术开始应用到毛纺织业，促进了毛纺织业生产率的提高。羊毛纺织业的发展趋势由粗纺迅速发展到精纺毛织品生产。像棉纺织业一样，毛纺织工业不仅高度集中在新英格兰地区，而且这里的毛纺企业规模也比其他地区大。它们的市场是全国性的，而且明显比南部和西部的企业更有效率。在毛纺织业中发展最快的是地毯的生产。南北战争后，随着地毯技术的不断创新，美国逐渐成为世界上最大的毛毯生产国，其生产质量也是世界一流的。

对美国工业生产的增长来说具有重大意义的是钢铁及其制品的生产。美国生铁产量在 1860 年还不足 100 万吨，仅相当于英国生铁产量的 21.5%，随后由于炼铁技术的改进，特别是用煤来熔化铁的技术普及，使炼铁部门迅速扩大的同时，美国生铁产量不断增加，在 19 世纪 80 年代超过英国居世界首位，到 1900 年约占世界生铁总产量的 1/3。1913 年美国的生铁产量达到 3 146.3 万吨，比英国和德国的生铁产量总和还多。钢产量也呈现大幅度上升趋势。钢的产量从 1867 年的不到 2 万吨猛增到 1890 年的 434.5 万吨，同年美国钢产量占世界的 35%，超过英国居世界第一位；1900 年突破了 1 000 万吨大关，1913 年进一步增至 3 130 万吨。丰富的自然资源，运输系统的改进以及生产过程本身的改革，都有助于钢产量的上升。而大规模炼焦工序的改进以及西默一凯利炼钢炉的使用，大大提高了钢产量和炼钢速度，从而降低了炼钢成本。到 19 世纪 70 年代，美国的钢铁制品开始进入世界市场。到 1914 年，美国有 587 家钢铁工厂，钢铁的总产值在 12 亿美元以上。此外，还有 1.7 万家工厂生产精制铁、钢制品、金属器具等。美国钢铁工业部门生产大量粗铁，并拥有将其加工为各种成品的巨大能力，对提高美国人生活水平和刺激工业发展起了重大作用。

这一时期，机车制造业发展也比较迅速。南北战争结束后，随着美国铁路事业的发展，对机车需求增加，美国的机车生产一直是稳步增长的。在 1873 年以前，鲍德温机车厂出产了 500 台机车。19 世纪 70 年代以后，针对重型机车的大量需求，机车制造工业逐步扩大了重型机车的生产，与此同时加大了蒸汽发动机的马力，使机车运载能力不断提高。

电力工业是第二次技术革命中兴起的新产业，电力属于二次能源，由煤炭、石油、天然气、水力等一次能源转化而成。靠电力的发动可以使各种机器运转，还可以起照明的作用。在这方面，美国一开始就走在世界前列。美国人本杰明·富兰克林（Benjamin Franklin，1706—1790）是电学研究的先驱，他设计了美国最早的一种“电起重器”，后来又发明了避雷针。1879 年，美国发明家托马斯·阿尔瓦·爱迪生（Thomas Alva Edison，1847—1931）制造了第一只实用的白炽电灯泡，从而发明了电灯（见图 6—8）。这标志着电力革命时代的开端。电灯的发明导致了输电、配电、直流变交流、高压变低压等一

图6—8　爱迪生发明的电灯

系列技术与设备的发明和改进。但是，由于爱迪生的直流供电法电压太低，电力不能输送到一英里以外，所以美国许多发明家都致力于研究交流电输送法。后来美国实业家乔治·威斯汀豪斯（George Westinghouse，1846—1914）解决了用交流电远程输电的实际应用，这就意味着解决了电力工业发展的关键问题。在电力技术发明中，具有重大影响的还有电话的应用。1876年，亚历山大·格拉汉姆·贝尔（Alexander Graham Bell，1847—1922）发明了世界上第一部电话机，电话网从此开始建立起来。1890年贝尔获得电话专利以后，又成立了贝尔电话公司，电话逐渐成为简便的通信工具。1882年，美国在纽约市珍珠街建立了第一座火力发电站，这是当时世界上第一座较正规的大电厂。随后美国各地还建立起多个小电站。到19世纪90年代，大小电站遍地开花，为城市、街道、工矿企业、商店和家庭提供电力。从此，电力开始广泛地应用于工业。随着电力的逐步推广，对电的需求量增加，于是出现了一些规模较大的电力公司。1892年，美国成立了世界上最大的通用电气公司，在电机制造方面处于领先地位。随着电力工业的发展，电气制造业也迅速发展起来，并较早建立起电气工业。美国的电气产品一开始就在国际市场上有很强的竞争力，并成为美国的重要出口工业产品。

19世纪末20世纪初期，汽车工业逐步实现了简单设计和起码的批量生产，作为一个重要的产业出现。但当时所产的汽车因为价格昂贵，导致购买力低下。在汽车工业初建阶段，企业竞争激烈。为了生存，各厂家加紧对汽车的技术改造，促使汽车制造业日趋成熟。经过改进，将发动机从汽车的下部转移到汽车的前部，使其结构与造型更加合理。而售价降低，促进了汽车工业的发展，在这方面，亨利·福特（Henry Ford，1863—1947）起了很大的作用（见图6—9）。福特于1903年创办福特汽车公司，1908年生产T型小轿车，车身轻便，成本较低，使小汽车销量迅速增加，世界汽车工业革命就此开始。而威廉·C.杜兰特（William Crapo Durant，1861—1947）于1908年创办通用汽车公司，资本雄厚，产量超过前者。这两家美国最大的汽车公司在国内占有举足轻重的地位。尽管当时汽车工业产值与其他产业的规模

图6—9　亨利·福特

相比很小，但发展迅速。1900 年，美国生产汽车仅为 4 100 辆，1910 年增至 18.7 万辆，1916 年又增至 150 万辆。此后汽车产量增加更为迅速，在世界上长期处于领先地位。

在所有工业部门中，木材和木材制品工业也出现了迅速的发展。1869 年，美国被砍伐的木材主要集中在东北各州，约占全国木材出产量 35.7%，五大湖各州占全国木材出产量 28.2%。1879 年以后，这两个地区依然出产全国 60%左右的木材。从木材生产量看，美国木材产量在 1880—1915 年间，从 1 800 万板英尺增至 3 700 万板英尺，其中约有半数产于南部各州。到 1914 年，木材和木材制品的生产总值超过 15 亿美元。

这一时期，推动美国工业发展的重要因素是交通运输业的扩展。一个国家只有巨大的、高效率的交通运输系统才能促进工业的发展，因为工业化的实质就是原料和成品的交换。交通运输之所以在美国举足轻重，是因为美国是一个领土辽阔的国家，自然资源分散各地。1865 年以后，美国铁路的总长度大幅度增长，五大湖上的航运业也有巨大发展。国内交通运输业的扩展和高效率的远洋航运，使大规模的国内市场和国际市场联系起来。

工业生产率的提高在很大程度上还归因于能源的扩大。南北战争前，美国已经利用了蒸汽机动力和水力；南北战争后，又使用了石油。到 1914 年，大量的石油用于工业。同时，烧煤的蒸汽机也有所改进，使一定量的煤能提供较多的动力。此外，蒸汽动力和水力都被利用来发电。而电力的发展首先用于照明，到 19 世纪 80 年代，电灯照明已在美国普及，不久，又发现工厂能够利用电能来提供动力和控制机器，从而提高了效率。电力的迅速发展加速了工业化的进行。

丰富的自然资源也是促进美国工业发展的一个主要因素。美国的煤和石油可以说是得天独厚。煤之所以特别重要，在于它是蒸汽机动力的源泉；而石油则可以提炼汽油，对内燃机的发展至关重要。美国的煤产量在 1860 年仅为 1 450 万吨，从 19 世纪 70 年代以后，随着制造业和运输业的迅速发展，对煤的需求激增，产量迅速增长。煤的产量在 1880 年为 7 100 万吨，到 1900 年增至 2.69 亿吨，其产量占世界总产量的 32%，跃居世界第一位。这些煤的绝大部分供国内使用，运输出口的只占 5%～6%。19 世纪 60 年代以前，蕴藏在地下的石油开采量很少，但到了 1900 年，石油产量已达到 6 360 万桶，到 1914 年增至 2.658 亿桶。美国工业中使用的总马力数是衡量其工业发展的一个重要标志。据统计，美国整个工业部门使用的功率在 1870 年仅有 230 万马力，但到 1900 年已增至 1 130 万马力，其中，非动物能源已占总动力的 73.2%。

资本对于美国的工业发展也是极其重要的。尽管得不到完全可靠的统计资料，但可以说，储蓄和对生产设备的投资在 19 世纪一直都在增加。1869 年以后的估计数字是比较可靠的。这些数字资料的统计表明，按当年价格计算的资本积累总额，在 1869—1881 年间约为 240 亿美元，1882—1910 年进一步增至 600 亿美元左右。当然，资本积累总额中只有一部分用于发展工业。1879—1919 年间投入工业的资本，按当年价格计算，从 27 亿美元增至 400 亿美元左右。用固定购买力（1929 年价格）的美元表示，这个数额从 48 亿美元增至 460 亿美元。另据 1900 年普查报告，投入工业的资本在 10 年内增加了 50%。尽管这个时期资本积累的数字还不够精确，但资本积累的增长速度之快是显而易见的，这也是促使工业发展的一个重要因素。

丰富的劳动力对于促进美国工业发展也是不容忽视的。从表6—3可以看出，在这个时期，美国整个制造业的就业人数从186万人增加到667万人，而且每个地区都有增长，特别是大西洋中部各州和大湖区的增长幅度很大，而其他各区的制造业就业人口的绝对数也有较大程度的增长。南北战争后制造业就业人口的迅速增加，对当时美国工业的迅速发展具有重大的意义，日益发展的工业不但有了充足的廉价劳动力，而且刺激了产品的消费，促进了生产规模的扩大。

在工业化的过程中，美国的人口增长是极其迅速的。1800年美国人口仅为530万人，远远不足以推动其不断扩大的领土内的工农业生产发展。为此，美国政府针对国内劳动力不足的问题采取了鼓励移民大量入境的政策。到1860年，美国人口增至3 144万人。在移民人口中，青壮年劳动力人口最多，为美国的经济发展提供了大量廉价的劳动力资源。1860年，美国的工业和农业经济活动人口增加到1 040万人，工业跃居世界第二位。但在工农业净产值总和中，农业净产值高达62.5%，农业人口占全国总人口的83.9%，仍未摆脱农业国的状态。1865年以后，随着工业化的迅速发展，工矿企业、运输业和服务行业雇用的工人数量越来越大，提供了充足的劳动力供给。在1860—1910年这半个世纪，工人总数从1 050万人增至3 770万人，而从事农业的劳动力则比较少。

表6—3　　美国制造业就业人口数　　单位：千人

地区	1869	1879	1889	1899	1904
新英格兰地区	498.1	617.4	727.8	837.9	927.4
大西洋中部各州	735.6	1 067.7	1 369.1	1 663.1	1 919.6
大湖区	341.7	487.5	788.7	1 003.5	1 156.9
东南部	157.8	192.3	315.0	511.8	668.0
平原地区	89.2	113.3	212.5	239.8	278.9
西南部	6.9	11.1	23.7	34.8	50.3
山区	3.2	7.8	17.5	31.6	36.0
远西地区	28.6	43.1	83.8	107.8	152.0
合计	1 861.2	2 540.0	3 538.4	4 430.3	5 189.2

资料来源：[英] H.J. 哈巴库克，M.M. 波斯坦. 剑桥欧洲经济史 [M]. 北京：经济科学出版社，2002.

另外，南北战争后，随着工业化的迅速发展，外国移民也迅速增长。1862年，美国政府颁布《宅地法》，鼓励外国移民大量入境。1861—1914年又有外国移民2 710万人移入。随着外国移民的迁入和人口自然增长，刺激了工业化的进展。据统计，1859—1909年这50年间，美国加工工业产值增加约10倍，资本增加约17倍。到19世纪80—90年代，美国在汽车、钢铁、煤炭、机器制造等行业的生产量均占世界首位。1894年，美国制造业产值为英国的两倍，此后，随着工业劳动人口的迅速增加，加速了工业的发展，使美国工业总产值长期保持世界第一位。南北战争后的几十年间，美国工业的空前繁荣，是以空前大规模的铁路建设为中心带动起来的。铁路建设促进了广大西部地区的开发和移民，促进了国内市场的形成，推动了重工业的飞速发展。可以说，美国从18世纪末到19世纪初开始的工业化到19世纪末完成，在很大程度上得益于欧洲移民的大量涌入，得益于美国人口的迅速增长。

6.3 比利时的工业化与人口增长

在欧洲大陆各国中，比利时是第一个开始工业化的国家。18世纪中期以后，比利时在低地国家的政治变革中逐渐形成相对独立的经济联盟。由于拥有古老的工业传统，海峡对岸的英国发生的工业革命很快影响到比利时工业。在工业化的初期，英国的技术革命刺激了比利时人用机器进行生产的欲望，他们热衷于从国外引进先进工业技术。

18世纪80年代，法国巴黎的皮埃尔兄弟（the Brothers Pereire）来到比利时。1791年，他们在比利时安装了第一台瓦特蒸汽机，到1814年他们共制造了18台蒸汽机，不仅将它们应用于开采煤矿，还用于纺织业和炼铁业。英国技工威廉·科克里尔（William Cockerill，1759—1832）经过瑞典来到韦尔维埃，1799年，他开店制造纺织工业设备。在比利时佛兰德，纺织业迅速兴起，其机械装备是科克里尔制造的。

比利时的工业革命最先是从纺织业开始的。1798年，比利时企业家利芬·鲍文斯（Lievin Bauwens）率先引进克朗普顿纺织机和蒸汽机，并于1801年在根特组装了这些机器，建立了比利时第一家纺织工厂，比利时现代的棉纺织业从此拉开了序幕。随后引进飞梭，使产量迅速提高。1820年，根特引进了第一台英国动力机，引发了动力机的生产高潮。蒸汽机的使用越来越普及。1825年，自动打纱机、自动分纱机、卷纱机投入使用。大功率的纺织机同时普及，使里特的棉纺织产量迅速提高（见表6—4）。

表6—4　　里特棉纺织业的发展

产品	1807	1810—1812	1826	1830	1838
纺锭	78 022	115 000	150 000	300 000	283 000
织机/台	500	3 600	—	2 200	2 900
纱线产量/千千克	320	693	1 700	2 700	4 600

资料来源：Joel Mokyr. *Industrialization in the Low Countries*，1795—1850. New Haven & London Yale University press，1976.

比利时毛纺织业的中心——韦尔维埃，从18世纪后期开始了集中生产的过程，至1794年，韦尔维埃控制了全国50%的产量。当地的一些资本家在韦尔维埃毛纺织业的技术变革中，起到重要的作用。剪毛机、起绒机、漂洗机从引进发展到当地制造，蒸汽机的引进，在使用过程中对这些毛纺织机械的进一步改进，极大地提高了生产率水平，使毛纺织业迅速发展，并面向国外市场生产。从1833—1850年间，出口增长了近75%，年增长率达到3.6%。在比利时的纺织工业、采矿业以及冶金业中，取得一定成就的大都是有一定传统的家族。

威廉·科克里尔于1802年在吕蒂希开办了一家纺织机械厂，其子约翰·科克里尔（John Cockerill）继承父业后，开始制造蒸汽机，并和几位英国机械师合伙创办了制造蒸汽机的工厂。1820年又仿照英国建立了搅炼炉，用于生产钢铁。1823年建立了比利时第一座焦炭炼铁高炉。他的公司很快发展成一个包括机械厂、矿山、炼焦厂和轧钢厂的大型工业联合企业。1835年又建立了欧洲大陆的第一家机床厂。1850年前后，约翰·科克里尔的企业成为欧洲低地国家中规模最大的企业，甚至有可能是欧洲大陆最大的。其他家族公司也纷纷效仿，杜邦家族、斯皮塔埃尔家族都建立了强有力的工业集团。

1830年，比利时从荷兰独立后，工业化进一步加快。比利时交通运输业的发展也很迅速，建立了比较密集的铁路网。1834年，比利时颁布了《铁路法》，将铁路列为国家企业。1835年，布鲁塞尔—梅歇尔间铁路开通，一年后延长至安特卫普，到1870年通车里程已达3 000千米，比利时成为欧洲各国中通车密度最大的国家。尽管比利时国土面积不大，但到19世纪中叶工业革命已完成，其机器能与英国竞争，比利时已成为欧洲大陆工业发展最充分的国家，拥有较高的工业技术水平和商贸能力，工业原材料大部分依靠进口，产成品则大部分出口。

这样，比利时建立了以纺织业、机器制造业、冶金业和交通运输业为主的工业体系。这一过程在1830年以前开始，进行得非常迅速，到1870年，大多数比利时人已居住在城市。随着比利时工业体系的建立，其工业化在19世纪中期发展达到顶峰，成为在整个欧洲范围内仅次于英国的国家。

在比利时工业化迅速发展的19世纪中期，其出生率始终保持在32.0‰左右，死亡率则保持在23.0‰左右。持续的高出生率和中死亡率状况一直持续到19世纪末期（见图6—10），使比利时的人口迎来了稳定的增长期。1835年到1870年，比利时人口从460万人增加到506万人，增加了10%。随后，比利时的出生率有所下降，但到19世纪初期仍保持在28‰左右的水平，而死亡率则下降到16‰左右。随着比利时的人口从高出生中死亡的模式向高出生低死亡模式的转变，人口增长的速度明显加快，到1914年达到766万人，仅44年增长了51.4%。可以说，人口的稳定增长在一定程度上促进了比利时工业的发展。

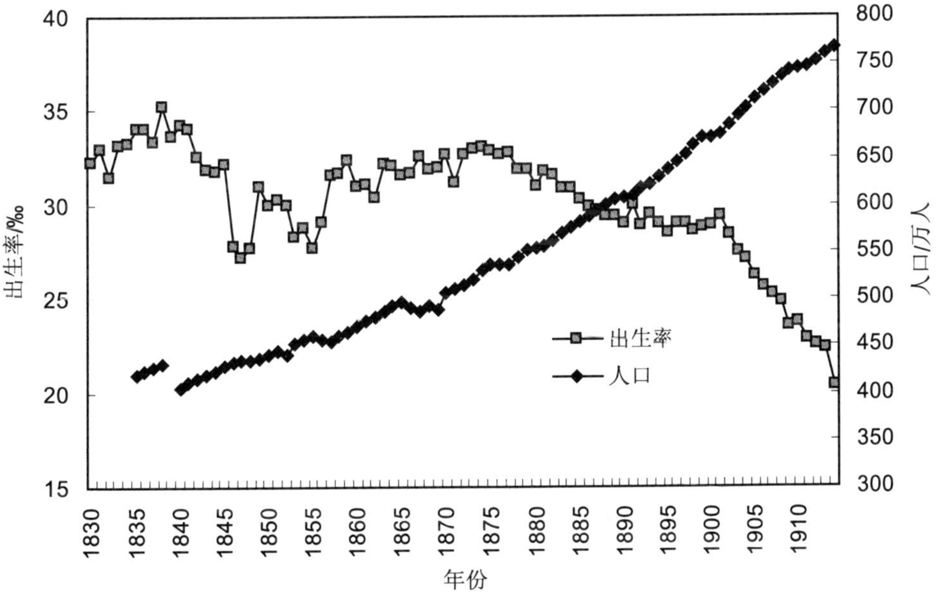

图6—10 比利时的出生率与人口变化

资料来源：[英] B.R. 米切尔. 帕尔格雷夫世界历史统计·欧洲卷（1790—1993）[M]. 北京：经济科学出版社，2002.

6.4 法国的工业化与人口变动

法国作为近代资本主义先进国家之一，工业化建设相对较早，大约是从 18 世纪 60 年代开始的。法国位于西欧中心地带，自然资源富饶，矿产中铁的资源非常丰富，可满足开发工业的需要，人口在 18 世纪末期达到 2 600 万人，仅次于俄国，位居欧洲第二位。1760 年到 1790 年，是法国工业化发展较为迅速的时期。法国从英国引进新机器，利用了英国的新技术使法国工业出现发展的局面。特别是在纺织工业方面，法国高效地模仿英国模式，掌握了纺纱机、走锭精纺机、水力纺织机等技术。1790 年前后，法国已经有几家巨大的纺纱厂，每家都拥有大约 1 万枚纱锭。这一时期人口增长迅速，其人口规模为英国的两倍多，人口的增长在一定程度上促进了工业化，使法国和英国之间的差距缩小。

从 18 世纪末期到 19 世纪初期是法国大工业奠定基础的阶段。这一时期，法国政府推行了一系列扶助、鼓励工商业的经济政策。为了进一步指导工商业的发展，1801 年法国成立了“奖励民族工业协会”，1810 年建立了“工厂和作坊管理委员会”，1811 年设立了工商部。这些部门的设立推动了工业生产的发展。这一时期，一些工业品成倍增长，特别是毛纺织品增产了近 3 倍。工业中机器的使用显著增多，还出现了一些规模很大的企业。例如棉纺织业中的利夏－勒诺亚厂，在 1810 年雇用工人近 1.3 万名，并拥有棉花种植场。

1815 年以后，法国恢复了和英国的经济联系，大量的技术设备、技术人才流入法国棉纺织业。随着工业生产的发展和资本的迅速扩大，使法国资本主义工业的发展逐渐趋向成熟。机械化和动力化发展很快，机器生产逐步代替手工业劳动，蒸汽机的使用日趋广泛。1830 年有 625 台蒸汽机，到 1848 年约有 5 200 台，总功率达 60 000 马力。但是，因为法国已安置了大量的水力发动机，所以法国使用蒸汽机的普及率总的来说是缓慢的。蒸汽机真正在法国取得优势，是在 1850 年以后。

这个时期法国各个工业部门中，纺织工业是发展最快、采用机器最广泛的部门。19 世纪 20 年代，除原有诺曼底棉纺织业得到发展外，还出现诺尔省和阿尔萨斯两个新中心。19 世纪 30 年代，工厂制在棉纺业已占优势。毛纺织业中心在鲁贝，而里昂已是丝织工业中心。1848 年革命以前，工厂制度在纺织业的各部门普遍推广，到 1852 年，纺织工业共有工厂企业 1 438 家，蒸汽机 1 179 台，动力达 16 494 马力，所采用的蒸汽机和马力为法国各工业部门的第一位。纺织业的发展也很快，1846 年，棉纺织业有织布机 3.1 万台，在很多企业中，纺纱、织布与漂染结合在一起。在棉纺织业中，工厂和家庭工业同时并存，在 1830 年，家庭纺织工人为 8 万人，工厂纺织工人有 5.5 万人，随后工厂工人不断增加，家庭纺织工人不断减少，到 1850 年，家庭纺织工人所剩不多。其他纺织业也有所发展，毛纺织业原来基础雄厚，这时也得到进一步发展。丝织业是法国传统的工业部门，从 19 世纪 20 年代起开始采用机器。1835 年以后，较大型的丝织厂开始建立。法国的丝织机器比英国还要精良，丝织品独步欧洲，产品供不应求。

在重工业方面，法国的铁矿蕴藏量丰富，但这些铁矿石含磷量高，再加上铁的分布很分散，运输不便，因而受到限制。19世纪20年代，法国建立几个焦炭冶铁厂，改进冶铁技术。在发展焦炭冶铁的同时，木炭冶铁也在发展，随着冶铁技术的提高，生铁业迅速发展，生铁的产量由1828年的22万吨增至1848年的40万吨。炼铁初时使用木材，改用焦炭的过程比较缓慢，1847年有高炉623座，多半是小高炉。1850年，法国用木材炼的铁还大大超过用煤炭生产的铁，到19世纪50年代末，法国的冶铁业仍居世界第二位。炼钢也已开始，从英国传入的搅炼炉在1847年已有456座。1858年，法国开始采用贝塞麦炼钢法①，取得实效。这种方法使法国在钢铁企业改组，提高了产量，法国钢铁业出现资本和生产的高度集中，并雇用大量的工人。1865年，法国工程师比埃尔·埃米尔·马丁（1824—1915）在吸收德国科学家卡尔·威廉·西门子（Carl Wilhelm Siemens，1823—1883）和卡尔·海因里希·冯·西门子（Carl Heinrich von Siemens）两兄弟的研究成果的基础上，又发明了装有蓄热室的平炉炼钢法。19世纪70年代末，托马斯一吉尔托莱斯法解决了从生铁中脱磷的问题，使洛林地区含磷铁矿得到利用，从而大大推进了法国钢铁工业的发展。1851—1870年，生铁产量由44万吨增至118万吨，钢轨由近3万吨增至17万吨以上。1850—1869年钢产量从28万吨增至101万吨。1850—1870年，蒸汽机从6.7万马力增至33.6万马力。20年内工业总产值增长两倍。

随着法国工业的迅速发展，对燃料的需要日益增多。煤产量增长很快，1815年的采掘量为88万吨，到1847年增至514万吨。煤的消费在1830—1848年增加了4倍，绝大部分用于工业生产。由于法国缺乏煤炭资源，所产的煤不够本国工业应用，每年需进口25％～45％的煤炭。煤炭资源的缺乏，以及进口煤炭较高的价格，使法国冶金业的发展受到局限，法国长期使用木材作为冶金业的燃料，使法国冶金业相对落后。1850年后，法国的冶金业发生了变化，法国冶金业的集中和合并进程很快。许多中小厂矿合并为大公司，出现了垄断。这些垄断性企业为冶金业生产的发展提供了必要的资金，促进了法国冶金业的发展。

交通运输方面获得了很大发展。法国很早就开始修建铁路。1823年，法国建造了第一条从圣太田至安德雷齐奥的铁路，长20多千米，以运煤为主。此后的10多年只修建了一些从煤矿到河流、运河或连接工业城镇的铁路。直到1837年，法国才有了从巴黎到圣日耳曼的客运列车。法国大规模修建铁路是七月王朝将近结束的时候。1842年，法国制定《铁道法》，并准备在全国修建九大干线，以后按照这个计划进行。铁路建设由国家负责征用土地、承担地面建设和车站建设，征用土地的资金由国家和特许公司各出一部分，而由特许公司负责承担铁轨和车辆的修造，国家加以监督。铁路投资利益由国家保证，但规定满40年后全部资产归国家所有，后在1851—1852年又延长到90年。政府和私人的合作加快了铁路网的建设，法国1848年通车的铁路只有1 800千米，到1870年增至17 924千米，22年中增长了近9倍。在法国的铁路建设中，英国的资本和技术起了巨大作用。法国五大铁路公司的资本约有一半来自英国，英国还提供大量钢轨和其他材料，

① 贝塞麦炼钢法的发明，也引起法国的技术革命。贝塞麦炼钢法是美国人凯利最先发明的大规模炼钢法，后来英国人贝塞麦爵士在1856年也发明了同样的方法。这种炼钢的方法，可以消除用焦炭炼钢所含的杂质。法国对此非常感兴趣，这促使法国改用煤炭来炼优质钢铁。

以及提供技术指导。

从1815年到19世纪60年代，法国工业发展较快，产业革命基本上已经完成。在19世纪上半期，法国与英国并称为两个资本主义工业的先进国，但与英国相比，它的差距是显而易见的。法国小农经济发达，农业比重大，农业人口多，尽管农产品价值低而工业品价值高，但工业总产值和农业总产值基本上不相上下，农业资本主义化的程度低。而且这一时期人口大量滞留农村的状况变化不大，农村人口比重下降缓慢，农村人口占总人口的比重1851年为75%，1872年为69%。就工业结构而言，冶金钢铁等工业虽有很大发展，但纺织业等轻工业比重工业发达。在60年代末期，纺织业、服装业及化妆品工业等的年生产总值约为15亿法郎，而全部采矿业和冶金业的年生产总值仅为5.6亿法郎。机械化动力的程度不高，蒸汽机的数目不充足，机器的功率也不大，影响了法国工业化的进程。另外，虽然工业中出现了一些千人以上的大企业，但中小企业仍占绝对优势。1868年，法国有各类业主133.4万人，而工人为289.8万人，平均每个业主只雇用工人2.2名。

1871年普法战争的失败，不仅使法国丧失了阿尔萨斯和洛林，而且还要支付大量战争赔款。赔款所造成的资金短缺越来越严重，影响了法国工业的发展。法国工业在1868年起曾出现高涨，但不久为普法战争所打断，以后又发生国内战争，使许多工业部门陷入停顿，1873年下半年又开始陷入危机，同年棉纺织业产量减少了40%，1874年，煤的生产下降很多，铁的生产也大幅度倒退。萧条影响了整个工业生产，有些工业部门一直到1878—1879年才恢复。经过10多年的恢复和重建，到19世纪80年代初期，大部分的工业已达到普法战争前的水平，有些工业还有所增长，如煤产量增长较快，从1871年的1 325万吨增长到1884年的2 002万吨，同期铁的产量也有显著的增长。

1885年到1913年是法国工业重新增长的时期，在这期间最后完成了工业革命的过程。法国产业界因为感到来自其他工业国家的激烈竞争，要求政府改变以往的对外经济贸易政策。1892年，法国政府制定《梅利奈税则》，明确地恢复了保护关税政策，对于进口工业品的税率大大提高，即使对最惠国也只提供最低税额的保证。1892年以后，法国对本国生产效率较低的货物进口继续提高税率。在这种高关税的保护下，为法国工业品保证了本国的市场。在这时期，法国资本主义工业有了较大的发展，特别是20世纪初期，生产增长比较迅速。

总体来说，各个工业部门都有不同程度的进展。法国铁矿资源丰富，虽然富有铁矿资源的洛林大部分已划给德国，但法国留下的部分很有价值，使法国的钢铁工业得到大大发展。法国新办的钢铁厂规模较大，在20世纪初期的十年发展特别迅速，生铁产量由1900年的250万吨增至1910年的430万吨，同期熟铁与钢的产量由190万吨增至310万吨。发达的主要原因是采用了新的冶炼方法，生产规模的扩大，运用纵的联合方式，使产量大幅度增加。

在重工业方面，机器制造业发展与钢铁工业相比较慢。法国冶铁炼钢的成本较高，对机器制造业不免带来较大影响。这一时期，法国的机械化程度低，许多机件不是用机器制造，而是用手工制造，这样使机器制造业的发展落后于英国和德国等其他工业国家，而大部分纺织机械和农业机器需要从外国输入。法国的造船业此时进展缓慢，原因是不少钢材需从外国进口，国家要征收进口税，因而法国造船业无法与英国竞争。尽管法国的机器制造业不够发达，但汽车制造业是例外。汽车自1894年由德国传入法国后，1895年法国开始自行制造，不久法国成为世界上重要的汽车生产国。在1913年，法国汽车制造业工人有3.5万人，年产量为4.5万辆，这在当时已经是很大的数目。

在纺织工业中，丝绸的生产依然占有首要地位。1880年，法国的丝绸产品比其他所有欧洲国家的总和还多。丝绸大半用手工织造，用的是手织机，主要是依靠手工艺，产品别致，畅销国外市场。生产主要采用家庭作坊制。到19世纪最后20年，动力织机逐渐代替了手织机，工厂制度代替了家庭作坊，促进了丝绸业的发展。棉纺织业不如丝绸业发达，法国的棉纺织业规模不大，机械化程度也较低，在1885年，1/3的织布机是手织机，1890年以后有1/5的针织品仍由工人手工制造，产品未做到标准化。而毛纺织业的机械化程度还不如棉纺织业，但可以在欧洲立足。在短毛织品方面，法国所产的法兰绒显然超过英国产品，有些精制的呢绒因质量高而畅销海外。

另外，在法国工业化的过程中，人口问题直接影响着工业革命的进程。人口增长时，法国工业化进程就比较迅速，人口减少时，法国的工业化进程就较为缓慢。18世纪下半叶，法国人口增长迅速，到大革命前，人口已达到2 500万人，与18世纪初期的1 800万人相比增加了40%左右。1801年实施的第一次正式的人口普查显示，法国人口为2 700万人。这一时期，法国的工业开始发展。在19世纪上半叶，法国人口增长进一步加快，在法德战争前夕，法国人口已达3 800万人。但19世纪中叶以后，由于出生率下降，1861—1870年间平均增长率仅为0.3%。在1870年，法国与德国的人口大致相当，但由于法国的出生率降低，使人口增长率下降，两国之间的差距迅速增大，到1913年，德国的人口接近6 500万人，而法国的人口只有3 900万人左右，不仅人口增长缓慢，而且40岁以下青壮年人口和少年儿童人口所占比重逐渐减少，导致人口结构老化，法国人口增长停滞成为一个长期的趋势。这一时期法国工业也处于缓慢发展的阶段。法国人口的这种变化，反映了法国工业化进展的情况。

总的来看，从1815年开始，法国的工业已经有了很大发展。直到19世纪中叶，法国在很大程度上仍然是一个资本主义先进国家，它的工业化水平在1870年居世界第二位。普法战争后到第一次世界大战爆发前，虽然法国工业化仍在继续推进，但与其他发达国家相比还是落后了。法国工业的发展速度相对缓慢，其主要原因是法国产业结构相对陈旧，传统工业长期占优势地位，工业企业中中小企业占优势，影响了先进技术和管理方式的采用，导致劳动生产率不高，阻碍了法国工业化的进程；资金作为借贷资本输出到国外，造成了对国内工业投资的不足；产业革命所必需的重要原料如煤、铁、棉花等严重缺乏，需要从国外进口；法国农业中小农经济长期占据优势，这影响了雇佣劳动力的来源，限制了国内市场的扩大。此外，在工业化的过程中，法国人口增长缓慢，人口再生产变成萎缩型，人口年平均增长率不足0.4%，这些都影响了法国工业生产的顺利发展，到1913年，法国的工业产值在世界工业中所占比重由1870年的10.0%降至6.0%，并长期停留在世界第四位的水平。

6.5 德国的工业化与人口增长

德国是一个后起的资本主义国家，德国的工业化大致从19世纪30年代开始，晚于法国和美国，可以说，它是所有早期工业国中起步最晚的。与工业革命早期的其他资本主义国家一样，德国的工业革命也是从纺织工业开始的（见图6—11）。纺织工业作为先导产业发展很快。以普鲁士为例，1831年时，它已拥有25.2万台麻布织机、2.2万台毛织机和2.5万台棉织机。到1846年，棉纺织业已有313家纺织厂和75万枚机械纺锭，绝大部分的企业还是小型化的。棉纺织生产主要是在萨克森发展起来的。由于适应生产更精美呢绒的需要，毛纺织厂和作坊的发展很快。然而，在毛纺织工厂和作坊中，毛纺织生产是以手工织机为主。同时，纺织机械化也没有广泛运用到编织业上。织布机的数量尽管在上升，但1846年的普鲁士也只有3.8%的织布机是机械化的。在呢绒工业方面，正经历着从手工工场向小型工厂的过渡，直到1850年也只达到50%的机械化。亚麻工业则更为落后，几乎没有机械化。由此可见，在这一时期的德国纺织工业中，手工生产仍占主导地位。

图6—11 德国工业革命

采矿业和冶金业由于采用新的技术设备而有较大发展。丰富的煤炭资源和铁矿资源，为采矿业和冶金业提供了生机。在19世纪以前，德国的煤炭资源和铁矿资源很少得到利用，其冶金业生产一直采用木炭熔矿和手工操作的古老方式。随后，焦煤取代木炭成为冶金业的燃料。到1847年，在普鲁士的227个熔铁炉中，已有32个使用煤炭进行冶铁。1815年以后，鲁尔煤田开始得到有效开采，由于煤的采掘主要采用深井开采的方式，因而对蒸汽机的需求也不断上升，1840年，在普鲁士的采矿业中已有174台，到1849年上升到332台。随着埃森合并进鲁尔区内，焦化生产在这里发展起来。鲁尔区和萨尔区成为采煤业和冶金业的中心。到19世纪40年代，德国的一些矿井已开始用机械采煤。对煤炭的需求使煤产量增长较快。1815年到1834年，煤的生产增长了50%，1849年又比1834年上升了110%，就业者的数量到1848年增长了3倍。在同一时期，德国的冶金工业也得到较大发展。1824年，德国的冶金工业中开始采用搅拌法炼铁新技术，1833年以后，在萨尔区、萨克森等的冶金厂都改用了炼铁法新技术，使德国铁产量得到提高。1823年，德国的生铁产量仅4万吨，到1850年达到21万吨。因而，采矿业和冶金业成为德国工业化初期的主导部门。

这一时期产业的活跃，导致19世纪30年代和40年代的德国工业出现了一个周期性高潮。1820年，德国工厂的产值为0.9亿英镑，1840年增至1.5亿英镑。1844年德国纺织品与生铁的产量大约比1836年高50%。随着产业结构的改变，工业生产迅速发展，使德国广大地区，特别是莱茵河流域出现了一大批工业中心。在此期间，机械制造业也开始发展起来。工业革命初期，德国的机械大都依靠从英国、法国进口，铁路机车几乎全部是英国制造。到40年代，情况发生了骤变。1851年，德国有机车1 084台，其中大部分已是德国工厂生产的产品。1826年，普鲁士的厂矿仅有蒸汽机58台，1847年已增至1 000台，总功力达到21 000马力，而交通运输业的发展最引人注目。

关税同盟建立之后，德国致力于修筑铁路。1835年，德国的第一条铁路开始通车，1840年起开始修建连接全国主要城市的几条干线，出于经济利益的考虑，各邦政府对铁路建设的资助已逐渐增多，19世纪40年代中期，全德已建成20条铁路。1843年建成了科隆至亚琛的铁路，1846年建成柏林至汉堡的铁路，1847年建成科隆至明登的铁路。南部的铁路建设也顺利进行，1840年建成慕尼黑至奥格斯堡的铁路，1844年又建成尼恩贝格至班贝格的铁路。到1848年，修建铁路长度为2 500千米，居欧洲第二位。到1850年，德国修建的铁路已上升到5 859千米，其中将近2 000千米是国营铁路。从短期来看，铁路建设最重要的影响是产生出对机器、铁轨、铁、煤的巨大需求，这有力地推动了德国工业化的扩张。从中、长期看，这场交通革命最重要的经济效果是运输量的极大增长，运输价格大幅度下降，提高了劳动力的灵活性和流动性。在技术方面，主要引进英国的机车，但在1839年德国制造了第一台铁路机车，开始发展机器制造业。在工业革命初期，出现最早的是融资集股式企业，1825年德国有股份公司16个，到19世纪40年代末期，股份公司增加了8倍，股份资本增长了近20倍。

然而，在工业革命的初期，就德国大部分地区来说，手工业和工场手工业仍然是资本主义生产的主要构成部分，工厂生产所占的比重不大，整个德国的工业水平明显滞后于英国和法国，从事工业劳动的人口不足30%，工业产值占工农业产值的比重也很低。

19世纪50年代到60年代的20年间，德国的工业发展出现了高潮，工业生产增长了1倍，年平均增长率为3.5%。煤产量从690万吨增至3 400万吨，增长3.9倍；生铁产量从21万吨增至126万吨，增长5倍。蒸汽机的使用日益普遍，铁路运输越来越发达。工业产值占国民生产总值的比重由21.0%提高到28.0%。在此期间，普鲁士创办了295家股份公司，资本额共达24亿马克。德国的产业主要靠本国资本发展起来，同时，荷兰、英国、法国和比利时等外国资本源源不断流入莱茵工业区。德国克服了资本原始积累的不足，工业化进程迅速加快。1848年后的德国，在20年中取得的经济成果比以前一个世纪还要多。

最早采用机器的纺织工业在19世纪50年代到60年代在原有的基础上迅速发展，机械化的进程很快。原棉消费量从1.7万吨上升到6.4万吨，纱锭数由94万个上升到151.9万个。机械织布业发展也很快，机械织布机由1843年的5 018台增至1861年的15 258台。手工织布机则比以前大幅度减少。原棉的加工量大幅度增加，在1850—1869年间增加了2倍。毛纺织工业发展也很迅速，其机械化程度在1861年超过50%。丝纺织业增产较快，输入生丝由1842—1846年间的12 262公担增加到1860—1864年间的20 619公担。在麻纺织工业方面，虽然手工业仍保持优势，但工业化也有很大进展。德国的纺织工业首次发明和使用了矿物质染料，因成本低廉，使它的纺织品在国际市场上有很强的竞争力。

在这个时期，重工业的迅猛发展比轻工业部门的纺织工业突出，采矿、冶金与机器制造业得到全面发展。从19世纪50年代起，随着蒸汽机的普遍使用，大幅度提高了采煤业的劳动生产率，使德国的煤产量在1850—1870年由550万吨增至2 600万吨，仅次于英国居世界第二位。由于输入了先进的贝塞麦炼钢法和托马斯炼铁法，德国生铁产量在1850—1870年间从22.5万吨增加到140万吨，钢由0.59万吨增加到17万吨。机械工业也获得了迅猛发展，金属加工业增长了4倍。手工工场变成使用机器的工厂也迅速增加，到1871年，已有60%的企业是拥有50～400名工人的中型企业，53%的工人在这种规模的工厂就业。在化学工业方面，由于苯环的发现和有机化学的发展，一批新型化学工厂建立起来，这些新型的化工厂为纺织业开发了大量重要的化工产品。这一时期，生产资料生产的增长幅度超过了消费资料生产的增长。工业化的加速使德国迅速摆脱了落后的状态，跨入先进的资本主义国家的行列。1870年，德国的工业生产占世界的13.2%，超过法国，居资本主义国家第三位。这时，工业革命在德国的先进地区已基本完成。

1871年德国统一，政府制定了全国的货币制度和商业法规，统一经营管理交通运输业，形成了统一市场，促进了德国工业的发展。同年，德国凭借普法战争的胜利，从法国获得50亿金法郎的战争赔款，为德国工业的快速发展提供了新的资金来源，德国再次掀起了创办企业的高潮。据统计，在1871—1874年间，德国新创设的股份公司有857个，修建的铁路、工厂和矿场比过去25年加起来还多。

在德国工业革命进行的过程中，内燃机的创制和使用是第二次工业革命时期应用技术上的一个重大突破。早在1864年，德国机械工程师尼考罗斯·奥古斯特·奥托（Nikolaus August Otto，1832—1891）就与德国工业家E. 朗根合作组成一家公司，制造和出售他的第一种煤气机。这是一种老式的自由活塞式发动机，立式单缸，结构比较复杂，振动很大，但效率较高。1876年，奥托制成四冲程往复活塞式单缸卧式内燃机，使用煤气为燃料，运转十分成功。19世纪80年代中期，德国发明家卡尔·本茨（Karl Benz，1884—1929）提出了轻内燃发动机的设计，这种发动机以汽油为燃料，他于1879年制造出第一台单缸煤气发动机。1893年，本茨研制成功性能比较先进的“维克托得亚”牌汽车。它采用本茨专利的三升发动机，方向盘安装在汽车中部。本茨在1894年开发生产了便宜的“自行车”。由于是世界上第一种批量生产的机动车，因而给奔驰带来了较高的利润。后来，奔驰又对前期生产的“维克托得亚”牌汽车进行了改进，将车厢座位设计成面对面的18个，它因此成为世界上第一辆公共汽车。1892年，德国工程师鲁道夫·狄塞尔（Rudolf Diesel，1858—1913）研发出一台实用的柴油动力压燃式发动机。这种发动机功率大、油耗低，可使用劣质燃油，因它可以使用柴油作燃料，又名柴油机。内燃机的发明，解决了交通工具的发动机问题，引起了交通运输领域的革命性变革。

在19世纪80年代初期，德国初步完成了工业革命，开始了突飞猛进的工业化进程，其增长速度大大超过了法国和英国。据统计，1870年到1913年，德国工业生产增长4.6倍，年平均增长率为4.0%。而法国增长了1.9倍，英国只增长了1.3倍。同期，电力、煤气和自来水工业增长180.8倍，金属品生产增长12.3倍。在此期间，煤产量从3 400万吨增至27 734万吨，生铁从126万吨增至1 676万吨，钢从13万吨增至1 761万吨。能源及冶金业的发展，推动了整个工业的振兴，使德国工业进入了一个跳跃式发展时期。德国不仅在钢铁、机器制造、采煤、造船等传统工业领域迅速发展，而且电气、化学工业等新技术基础上发展起来的新兴产业也迅猛发展。

钢铁工业是德国最重要的工业，在这一时期发展最快，成为工业经济的主导部门。德国的钢铁工业主要分布在鲁尔区和萨尔区等地，这些地方不但钢铁业发达，也是军火工业、机器制造工业等的集中地，是著名的德国重工业基地。在1880年，电炉炼钢法发明后，德国钢铁业劳动生产效率大大提高。在1875—1913年间，生铁和钢的产量从203万吨增加到1 439万吨。钢铁生产迅速发展，很快超过欧洲其他工业国家。工业经济的成功还体现在电气工业和化学工业等新兴发展的工业部门（见表6—5）。

表6—5　德国工业的产出和劳动生产率的增长率（1870—1913年）　%

工业部门	工业产出的增长率	劳动生产率的增长率	工业部门	工业产出的增长率	劳动生产率的增长率
采石业	3.7	1.2	纺织工业	2.7	2.1
金属生产	5.7	6.3	制衣与皮革制品	2.5	1.6
冶铁	5.9	—	食品和饮料	2.7	0.9
炼钢	2.4	—	煤气、水、电业	9.7	3.6
金属加工业	5.3	2.2	所有工业和手工业的平均值	3.7	1.6
化学工业	6.2	2.3			

资料来源：Alan S. Milward and S. B. Saul. *The Development of the Economies of Continental Europe*，1850—1914. Cambridge，MA，1977；［美］龙多·卡梅伦·拉里·尼尔. 世界经济简史——从旧石器时代到20世纪末［M］. 上海：上海译文出版社，2009.

在电气工业方面，1866年，德国工程学家维尔纳·冯·西门子（Werner von Siemens，1816—1892）提出了发电机的工作原理，并由西门子公司的一名工程师完成了人类历史上第一台发电机的研发。同年，西门子还发明了第一台直流电动机。西门子研发的这些技术往往马上被产品化投入市场。19世纪70年代，实际可用的发电机问世，它由蒸汽或水力带动，能把机械能变为电能。这一时期，能把电能转化为机械能的电动机也被发明，电力开始用于带动机器，成为补充和取代蒸汽动力的新能源。电力是一种优良而价廉的新能源。它的广泛应用，推动了德国电力工业化的进程。19世纪80年代，以维尔纳·冯·西门子等为代表的企业家利用电灯和电话等普及的契机，率先开始大规模发展电气工业，从而使德国在这一领域处于优势地位。电气工业企业的业务主要集中在发电机和电动机制造、建设电气工厂、安装电力照明系统等。到1896年，德国电气公司已有39家股份公司，并逐步形成西门子、通用电气公司等七大巨头。德国在19世纪末和20世纪初期，以发电、配电为主要内容的电力工业和制造发电机、变压器等电气设备的工业迅速发展。到1907年，西门子公司和通用电气公司雇用了14.2万人，产量占世界电气产品的50%。由于照明、邮电通信、工业生产等领域广泛采用电力，使德国的电气工业在19世纪末达到世界第一位。20世纪初期，随着电站的增多和电力网的扩大，在照明、电信和工业生产等领域，都逐渐采用了电力，实现了工业的电气化。

化学工业是德国异军突起的又一支柱产业。尽管英国工业革命中棉纺织工业最先对苏打和硫酸的需求导致英国最先建立起现代化学工业，但德国利用化学的最新成就在这一领域中取得了巨大的优势地位。仅 1870—1874 年间，德国就成立了 42 家化学公司。1880 年，德国生产的合成染料占当时世界总产量的 50%。19 世纪末 20 世纪初期，德国的硫酸、碱等基本化学品的产量已居世界第一位，到 1907 年，德国的化学工业已雇用 27 万工人，其染料产量占世界工业染料的 90%。而德国新兴的燃料工业还带动了纺织工业、制药工业、油漆工业和合成橡胶工业的发展。同时，光学工业中的优质产品主要产自德国。这一时期，德国生产的医药、染料、摄影用品等驰名世界。到 1913 年，德国工业总产值在世界工业总产值中的比重由 13.2%上升到 15.7%，居欧洲第一位。到第一次世界大战前夕，德国已在最新技术的基础上建立起较完整的工业体系。1895—1913 年，德国生产资料生产增加了 6.5 倍，消费品生产上升了 2.4 倍。

在德国工业化迅速发展的 19 世纪中后期，德国的出生率保持在 37.0‰左右。由于持续的高出生率和下降的死亡率状况持续到 19 世纪末期（见图 6—12），使德国人口迎来了稳定的高增长时期。由于人口的增加，劳动力供应充足，而工业劳动力需求的增大又刺激了劳动力供给的增长和工业化的迅速发展。1870 年到 1913 年，德国人口从 4 100 万人增加到 6 700 万人，增加了约 63%。在这些人口中，1871 年农村人口占 60%，城市人口占 40%；到 1910 年，农村人口占总人口的比重仅占 40%，城市人口占 60%。在城市人口中，就业人口的增长超过了人口的增长，特别是工业劳动力增长很快，大约为一般人口增长率的 4 倍。就业的增加又主要是妇女就业人口的增加，妇女的就业率从 43.0%上升到 46.0%。

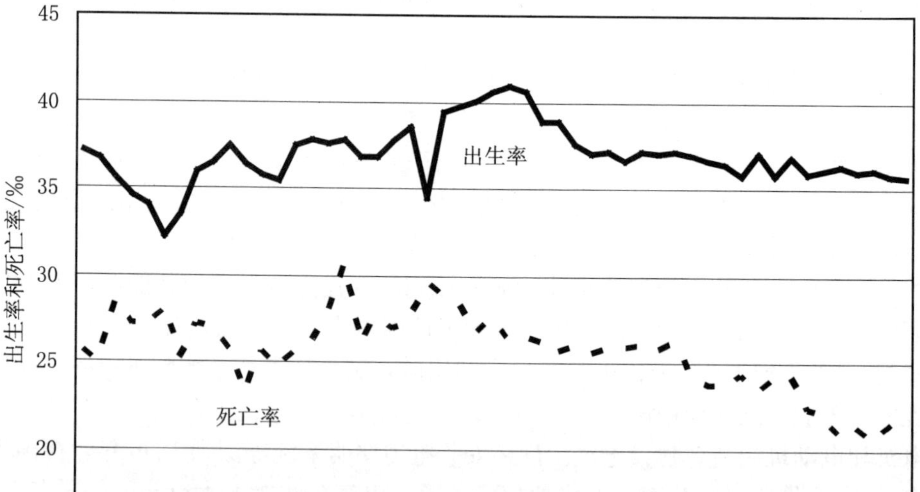

图 6—12　德国的出生率和死亡率

资料来源：[英] B.R. 米切尔. 帕尔格雷夫世界历史统计·欧洲卷（1790—1993）[M]. 北京：经济科学出版社，2002.

20世纪初期，德国实现了资本主义的工业化，随着人口的增加，工业劳动力的迅速增长加速了这一进程。到第一次世界大战前夕的1913年，在采矿业、工业和手工业的1 172万就业人口中，从事重工业工作的劳动力为596.1万人，占50.9%，从事轻工业工作的劳动力为575.9万人，占49.1%。在这个阶段，从产业结构看，德国轻工业的重要地位已被重工业所取代，建立起比较完整的工业体系。值得注目的是，德国的工业化具有明显的本国特色，根据德国的国情和所处的国际环境，采取正确的经济发展战略来实行工业化。从工业革命一开始，德国就拥有比英国更有效的新式机械。此外，德国政府还通过建立运河网与铁路网，提供关税保护和津贴，抓住后发优势以重工业为突破口，以及制定出能培养训练有素的科学家与技师队伍的教育培训体系，为完成以电气化为核心的第二次工业革命奠定了基础，终于使德国工业快速发展，完成了德国的工业化历史使命。到1914年，德国在钢铁、化学和电力工业方面超过了欧洲其他国家，其采煤与纺织工业紧随英国之后，工业生产规模超过英国，跃居世界第二位，成为一个以重工业为主导的资本主义工业强国。

6.6 工业化与人口城市化

伴随着工业化而出现的是人口城市化①（Urbanization）。一般来说，伴随着经济增长，经济结构也发生巨大变化，其主要表现是产品的来源从农业活动转向非农业生产活动，即工业化过程。由于工业提供了更多的就业机会和高水平的工资，因此，吸引了大量农村劳动力，来自农村的人口成为城市发展的源泉。同时，人口城市化还具有消费市场这样有利于工业生产的条件，因而促进了城市附近的工业集聚，这样在近代社会，工业化的发展促进了人口城市化的成长，而人口城市化又加速了工业的集聚，从而形成了积极的循环过程。

人口城市化是城市人口的集聚和增长所形成的城市人口占总人口比例增长的过程，它是现代人口动态分布中最普遍的一种现象。人口城市化往往同工业化密切相关。随着农业人口向工业和其他非农产业人口转变，农村人口呈现向城市人口转化的倾向。尽管英国各地区的经济条件不同，但生产力的发展改变了人口布局，工业化引起人口城市化

---

① 发达国家的历史经验表明，在工业化的上升时期，人口城市化率与工业化率的变动方向是一致的，而且人口城市化率明显高于工业化率。只是到20世纪70年代以后，发达国家的第三产业迅速发展起来，其产值占国民生产总值的比重逐渐提高，而工业产值比重相应有所下降，出现了人口城市化率继续上升、工业化率下降的不一致情况。但从人口城市化与经济发展水平的关系上看，则两者的变化方向始终是一致的。人均国民生产总值越高，人口城市化水平也就越高。而人口城市化是城市人口的集聚和增长所形成的城市人口占总人口比例增长的过程，它是现代人口动态分布中最普遍的一种现象。人口城市化如上所述往往同工业化密切相关。随着农业人口向工业和其他非农产业人口转变，农村人口呈现向城市人口转化的倾向。尽管各国的经济条件不同，但生产力的发展改变了人口布局，工业化引起人口城市化，特别是在发达国家，这种倾向是显而易见的。人口城市化更严格地说，是指居住在乡村地区的农业人口转变为居住在城镇地区的非农业人口的过程，这个变动过程，不但包括人口通过迁移向城市集聚、由居住在乡村变为居住在城市的过程，而且还包括非农人口集聚的居民点由乡村转变为城镇从而使其居民转变为城镇人口的过程。一般来说，人口城市化作为特定的社会经济发展过程，它的发展水平取决于与其相应的国民经济发展水平，特别是近代经济市场化和工业化所推进的经济结构向现代型转变的程度。

的倾向是显而易见的。

人口城市化迅速发展阶段是在19世纪开始工业革命之后。资本主义工业化从英国开始，逐步向法国、德国和美国等国家推进，后来欧洲的大部分国家也走上工业化道路，加速了人口城市化的进程。自18世纪末到19世纪末，发达国家相继出现一批规模巨大的城市。最早实现工业革命的英国，人口城市化最为迅速。19世纪初，英国有106个城市，它们的居住人口均在5 000人以上，而英国的城市化率[①]仅为20.0%，其中大城市只有伦敦，它容纳了英国总人口的10.0%左右。随后，伴随着英国工业化的迅速发展，就业机会增多。在“向外吸引劳动力”的政策支持下，英国外来移民也逐渐增多，他们大量涌向城市，促进了英国城市化。刚开始，英国大城市吸引的外来移民主要是爱尔兰人。到了1850年，城市化程度提高，来自德国、瑞士、法国、希腊的欧洲人才大量涌入英国的城市，这些人带来了先进的科学技术和熟练的工作经验，带动了英国的城市化。另外，英国本土工业的发展改变了英国人口的布局，大批人口向工业区集中。西北部大工商业城市的兴起，吸引了大量人口，出现了新的人口中心。1801—1831年，伯明翰、曼彻斯特、利物浦等大城市的人口增加了两倍多。到19世纪中叶，由于工业化的迅速发展，引起了城市人口的急剧增加，英国的城市数从19世纪初期的106个增加到265个，主要的大城市发展见表6—6。

表6—6　英国主要大城市人口的增长　单位：万人

城市	1801	1821	1851	1880	1900
大伦敦	111.7	160.0	263.5	477.0	658.6
伯明翰	7.1	10.2	23.3	43.7	52.3
曼彻斯特	7.5	12.6	30.3	46.2	50.5
利物浦	8.2	13.8	37.6	55.3	70.4
格拉斯哥	7.7	14.7	34.3	58.7	77.6
利兹	5.3	8.4	17.2	30.9	42.9
谢菲尔德	4.6	6.5	13.5	28.5	40.9

资料来源：C. P. Hill. *British economic and social history*，1700—1975. Edward Arnold，1977；[英] K. J. 巴顿. 城市经济学 [M]. 北京：商务印书馆，1984；[英] B. R. 米切尔. 帕尔格雷夫世界历史统计·欧洲卷（1790—1993）[M]. 北京：经济科学出版社，2002.

伦敦则超过北京成为世界第一大城市（见表6—7），人口增至232万人。由于工业生产日益集中在城市工厂中进行，使城乡和工农业人口的比重发生了重大变化。1851年英国人口普查数据显示，城市人口占总人口的比重已升至52%，英国成为世界上城市人口比重第一个超过农村人口的国家，到19世纪末，其城市化比重进一步升至75.0%左右，1910年进一步增至78.9%，从而成为高度城市化的国家。其他西欧国家也经历了相类似的过程。法国1801年城市化比重为20.5%，1851年上升到25.5%，到1901年增至

① 人口城市化率是指某一时点上某地区以城市或城镇人口占总人口的比率来反映城市化的水平。其公式为：$U=\frac{P_u}{P_t}\times 100\%$。式中，$U$为人口城市化水平，$P_u$为该地区城市人口数，$P_t$为该地区总人口数。在计算和使用人口城市化指标时，要注意区分城市和农村的区域划分。目前，世界各国城乡划分标准差异很大，当比较两个国家的人口城市化水平时，一般来说首先要确定城乡划分口径是否一致。

40.1%。法国的最大城市巴黎到1875年已成为世界第二大城市。德国1881年城市人口比重为41.4%，到1901年上升到54.3%，超过农村人口比重。

表6—7 近代世界的大城市人口 单位：千人

年份	第一位		第二位		第三位	
	城市（国家）	人口	城市（国家）	人口	城市（国家）	人口
1800	北京（中国）	1 100	伦敦（英国）	861	广东（中国）	800
1825	北京（中国）	1 350	伦敦（英国）	1 335	广东（中国）	900
1850	伦敦（英国）	2 320	北京（中国）	1 648	巴黎（法国）	1 314
1875	伦敦（英国）	4 241	巴黎（法国）	2 250	纽约（美国）	1 900
1900	伦敦（英国）	6 480	纽约（美国）	4 242	巴黎（法国）	3 300

资料来源：T. Chandler and G. Fox. 3000 *Years of Urban Growth*. New York，1974.

同英国一样，美国的城市化进程也很快，城市数量不断增加。1790年，人口超过2 500人的城市有24个，1820年增至61个，到1860年增加到392个。从城市人口规模看，1820年人口超过5万的城市有3个，到1860年增至16个，其中纽约市人口规模最大，达到81.4万人，成为美国第一大城市。而费城在1810年以前是美国第一大城市，随后被纽约超过，但到1860年，人口规模仍达到56.6万人，为美国第二大城市。

这一时期的人口城市化大致可分为两个阶段。1790—1820年美国经历了第二次独立战争，而美国经济发展主要目标是争取经济独立和进行战后经济恢复建设，因而人口城市化发展比较缓慢，城市人口从20.2万人增至69.3万人，平均每十年增长率仅为51.6%，城市化水平维持在5.1%～7.3%。而1820年以后的40年，美国城市人口增长很快，从69.3万人增加到621.7万人，每十年的平均增长率高达73.5%，大幅度超过了同期美国人口的平均增长率。这说明美国人口城市化增长主要取决于国内和国外的移民，而不是人口的自然增长。

南北战争后，随着第二次工业革命的全面展开，美国逐步实现了工业化和城市化，人口城市化水平不断提高，1880年美国城市人口达到1 413万人，城市化水平达到28.2%。随后城市人口迅速增长，从1890年的2 210.6万人增至1920年的5 414.8万人，同期城市化水平从35.1%上升到51.2%，城市人口首次超过了农村人口，从而实现了美国人口城市化的转变（见表6—8）。

表6—8 美国人口城市化水平

年份	人口总数/千人	城市人口/千人	城市化水平/%	年份	人口总数/千人	城市人口/千人	城市化水平/%
1790	3 929	202	5.1	1870	39 818	9 902	25.7
1800	5 308	322	6.1	1880	50 516	14 130	28.2
1820	9 638	693	7.2	1890	62 948	22 106	35.1
1830	12 866	1 127	8.8	1900	75 995	30 160	39.7
1840	17 069	1 845	10.8	1910	91 972	41 999	45.7
1850	23 192	3 544	15.3	1920	105 711	54 148	51.2
1860	31 443	6 217	19.8	1930	122 775	68 955	56.2

资料来源：［英］B. R. 米切尔. 帕尔格雷夫世界历史统计·美洲卷（1790—1993）［M］. 北京：经济科学出版社，2002；United States Bureau of the Census. *Historical Statistics of the United States: Colonial Times to* 1970. Washington D. C.，1975；Glenn Porter. *Encyclopedia of American Economic History*. New York，1980.

伴随着工业化的推进，美国的城市数量和规模也有所增加。1880 年，人口超过 2 500 人的城市达到 939 个，到 1920 年增至 2 727 个，增长了近两倍。从城市人口规模看，1880 年人口超过 2.5 万人的城市由 77 个增至 1920 年的 287 个。按照大城市的标准，同期人口超过 5 万人的城市从 35 个增至 144 个，增长了近三倍。另外，1910 年以后，美国还出现了大都会地区（Metropolitan Area），主要是指人口超过 20 万人的中心城市及其周围影响地区。1910 年，这种大都会地区为 25 个，总人口达到 2 800 万人，占全国城市人口的 51.6%。[3]由此可见，美国人口自南北战争后越来越集中于城市，特别是大城市。

法国也是世界上最早开始城市化的国家之一，早在 19 世纪初期，城市人口占总人口的比重已达 10%，当时巴黎和塞纳、下塞纳、纪龙德以及地中海沿岸的人口城市化发展较快，10 个人口相对多的省聚集了全国城市人口的 1/4。但总体而言，法国由于大量存在的小农经济影响了城市的发展，到 19 世纪上半叶，大城市不多，1821 年只有巴黎、里昂、马赛的人口超过 10 万人。到了下半叶，1851—1881 年，巴黎和 10 万人以上的城市人口从 150 万人增加到 430 万人。

19 世纪法国城市人口的增长主要不在城市本身。一般来说，城市人口出生率低于农村，而且死亡率较高。如第二帝国时期，波尔多出生 89 442 人，死亡 97 759 人，人口自然增长率为负数，但该城市人口仍呈现增长趋势，其原因是外来移民的流入填补了人口的“赤字”。而法国各地的工业发展也在一定程度上吸引了大量外来人口，城市因此得到了较快的发展。城市的发展除了得益于国内的人口流动外，还要归于外国劳动力的到来，如勒阿弗尔、马赛、布洛涅等地因葡萄牙人的流入而增加了人口。进入 20 世纪以后，法国的人口城市化进程开始加快，1931 年，城市人口占总人口的比重增加到 51.2%，城市人口首次超过农村人口，法国也完成了人口城市化的转变。

显而易见，人口城市化的发展主要取决于工业化的进展，特别是发达国家的工业化与人口城市化密切相关。以英国为例，工业革命几乎与人口城市化同步发展，工业化迅速地改变了人们的生产方式和生活模式，使产品不断增加，劳动生产率日益提高。随着工业的发展，生产专门化程度提高，社会分工越来越细，使企业间协作更趋紧密化。为了更大程度地获取利润，企业以联系便利、运费低廉等要求来降低成本、增加赢利，这无形中促进了城市的发展。此外，在工业革命中，科学技术不断发展，产品出现了多层次的深加工，具有系列化、多样化、规模化等特征；特别是主导产品带动了前后关联企业的发展，更使得同类或相关工业集中在一起，形成了新的工业城市，原有的城市规模也跟着日益扩大。这样，工业作为城市经济增长的主导部门，为城市提供了就业机会和高水平的工资，吸引了农村人口向非农人口转化并集聚和居住在城市，其居住方式和生活方式逐步脱离农村而转向城市，农村人口迁移成为人口城市化发展的源泉。随着城市人口的增长，城市的消费市场和劳动力市场促进了城市附近的工业集聚，从而吸引了更多的农村剩余劳动力和资本，工业化的发展促进了人口城市化的集中，并形成各种规模和不同类型的城市体系，形成了良性循环过程。

注释

［1］［英］H. J. 哈巴库克，M. M. 波斯坦. 剑桥欧洲经济史［M］. 北京：经济科学出版社，2002.

［2］［英］道布罗夫. 英国经济地理［M］. 北京：商务印书馆，1959.

［3］韩启明. 建设美国——美国工业革命时期经济社会变迁及其启示［M］. 北京：中国经济出版社，2004.

第 7 章　后发工业国与劳动力

7.1　瑞士的工业化

德国是最后一个早期工业化国家，而瑞士也是较早开始工业化的国家，它是第一个晚期工业化国家，在英国工业革命之后，很快就自行走上了技术革命的道路。到 19 世纪上半期，瑞士已经进行了一次工业革命。但瑞士的经济结构还属于前工业化时代。在 1850 年时，超过 57%的劳动力还在从事基础农业生产，只有不足 4%的劳动力在工业部门工作。绝大多数的产业工人是在无机器设备的家庭和小作坊里作业的。

瑞士的棉纺织业是比较发达的，18 世纪时棉纺织业举足轻重，其规模仅次于英格兰，但瑞士的棉纺织业采取了手工操作的工艺以及非全日制工作。19 世纪初，瑞士的棉纺织业在与更为先进的英国的工业竞争中处于劣势。但到了 19 世纪 30—40 年代，瑞士是欧洲市场乃至世界市场上英国棉纺织工业最主要的竞争对手。在工业革命期间，英国吸收了世界棉花产量的 58%左右，而瑞士则吸收了 23%。尽管瑞士人口稀少，但从劳动力的角度看，棉纺织业是瑞士的主要工业，它在 1780 年共雇用工人 15 万人。后来，在英国纺织品的强大压力下，瑞士转而生产品质精良的精纺织品，放弃大部分纺纱生产，转而进口英国棉纱，以便发展和扩大织布生产和织物的出口。19 世纪 20 年代以后，随着纺织机等的使用，促进了棉纺织业的生产，1827 年，瑞士的棉纺工业地区共拥有 40 万枚机械化纺纱锭，1857 年增至 135 万枚。机械化的发展使瑞士在 1830 年以后不再从英国进口棉纱。纺织工业的革命使瑞士在世界市场上确立了自己的地位。尽管丝织业相对于棉纺织业更为传统，但它对于 19 世纪瑞士的工业经济增长做出了更大的贡献，无论在出口方面还是在就业方面丝织业都高于棉纺织业。丝织业也在进行技术现代化，并实现了机械化，因为这些工厂的机器日夜运转，提高了劳动生产率，使丝织业生产与棉纺织业相比更有效率。瑞士的毛麻织造业规模很小，但将生产重点放在高质量产品上，显而易见，纺织品以及相关产品在这一世纪主导了瑞士工业产品的出口。

瑞士的机器制造业发展也比较快。瑞士人汉斯·卡斯佩尔·埃舍尔发现纺织业迅速发展，纺织机需求量很大，他在 1805 年于苏黎世创建了著名的埃舍尔—维斯纺织厂，成为瑞士第一家机械厂。这家机械厂不仅制造纺织机，还制造压力机、造纸机、机床等。另一家有名的机械厂是祖尔莱尔兄弟公司，它生产当时较先进的阀门配气式蒸汽机。机器制造业的发展使机械化的过程逐步扩大。纺织工业方面的织布、刺绣和花边生产普遍实现了机械化。

钟表业是瑞士最著名的产业，1800 年世界钟表的总产量达到 2 500 万只，其中瑞士钟表占了产量的 2/3，超越了英国而领先于世界。随着机械化的迅速发展，钟表业也从手工工场生产过渡到工厂生产。钟表业的另外一大特点是实行了精细的劳动分工。为了工业发展的需要，开发了一些专门的机器设备，尤其是研发了可以生产标准化、可互换零件的机器，但最终装配成件的工序仍然是使用手工操作。而熟练的手艺、精工制作以及提供多样化的功能及设计款式，是瑞士钟表闻名于世的原因。18世纪末期，瑞士制表匠爱博哈姆·罗伊斯·布瑞古特（Abraham-Louis Breguet，1747—1823）发明了“陀飞轮”（tourbilon），此机械装置可以补偿钟表在处于不同水平位置时所产生的误差，使钟表走时更为准确。在20世纪初期时，瑞士引进了表匠皮尔·法德瑞克·尹寇德（Pierre Frederic Ingold）等人发明的新技术，可快速和精确生产带齿轮的夹板和主夹板，并发明了可替换的内部零件，为钟表生产的规模化和标准化铺平了道路。到20世纪初，瑞士已经是世界钟表业的领头羊。

随着工业化进程的延伸，化学工业也发展起来。1859年，在发现人造染料之后，巴塞尔的两家小型工厂开始将其投入生产，紧接着又有两家工厂加入了这一领域。后来发现人造染料在成批生产标准产品的能力上与德国相比处于明显的劣势，于是这些工厂开始专门生产一些蕴含异域风味、售价高昂的化工产品，并很快占据了世界性的垄断地位。在19世纪末，它们将90%以上的产品销往国外。在20世纪早期，化学工业雇用的工人不足1万名，但其出口量占瑞士出口额的5%。从全球范围看，它的产出总量已经仅次于德国排在世界第二位。

在瑞士工业化的进程中，对外贸易起着举足轻重的作用。18世纪，瑞士手工工场生产的钟表满足了欧洲乃至世界总需求的90%。19世纪初期，像沙特尔这样仅有5.5万人左右居民的州就有5 000人从事钟表制造，每年大约出口3.5万只金表和8.5万只银表。瑞士的工业以出口服务为基础，为了获得廉价的原料和推销产品，瑞士的各个州都把自由贸易作为经济活动的重点。在19世纪初期拿破仑的大陆封锁期间，瑞士利用合法贸易和走私英国货物两种手段在欧洲大陆市场上取代英国的地位。大陆的封锁和瑞士制造商广泛的贸易关系网为瑞士各种工业开辟了新的原料供应来源和出口产品的市场。

总体来看，瑞士的工业化过程不同于英国。从纺织工业过渡到机械工业和化学工业似乎是一种自然而然形成的过程。在瑞士的工业化过程中没有引起任何严重的社会经济问题，农村中大部分人从事棉纺织业、丝织业和钟表业。城市没有出现日益扩大的现象，财富主要分散在广大中产阶级手中。因此，瑞士的工业化是世界上进行得最轻快的工业革命。

7.2 意大利的工业化与外流劳工

意大利工业化起步较晚。当欧美主要资本主义国家在19世纪70年代已完成工业革命时，意大利刚刚成为一个独立的国家。当然，在统一的国家建立以前，北方的一些地区和部门受到英国和法国等发达国家工业化的影响，开始推行工业革命。意大利统一以后，借助于统一的国内市场和欧洲发达国家的技术积累，逐渐完成了工业革命，并加快了工业化的进程。

同西欧其他国家一样，意大利的工业革命也是首先从纺织部门开始的。19世纪，意大利纺织工业开始引进机器。1808 年，米勒兄弟在皮德蒙特的印特拉建立了全国第一家机器棉纱厂。1816 年，彼得·兰伯滕季将蒸汽动力用于纺纱生产。到 1848 年，在皮德蒙特和伦巴第约有 60 家棉纺厂，总共约 20 万枚纱锭，平均每个工厂拥有纱锭数为 3 000～3 500 枚。意大利的纺织品生产，主要集中在设备先进的较大的工厂中。全国实现统一后，纺织部门用机器代替手工业劳动的步伐加快。特别是棉纺织业采用机器的步伐格外迅速。北方水力充足，原料来源运输便利，所以棉纺织业主要集中在伦巴第、皮德蒙特和威尼斯地区。1900 年，伦巴第地区的棉纱纱锭数占全国的 44%，织布机数占全国的 55%，而皮德蒙特则分别占 28%和 25%。由于机器的普及，棉纺织业发展很快。棉纺织业的纱锭数从 1860—1861 年的 40 万～45 万枚增加到 1898 年的 191 万枚，1914 年进一步上升到 462 万枚。在 20 世纪初期，意大利棉纺织业的纱锭数增长率是世界上最高的。棉纺织业从水力发电的新能源获得很大的好处。织布机也从 1876 年的 2.6 万台增加到 1912 年的 11.5 万台，其中有 8.5 万台为机械织布机。在棉织品的对外贸易方面，1861 年出口的棉纱仅有 100 吨，1913 年增至 14 600 吨；同期，棉布出口由 300 吨增至 49 400 吨。棉织品在全国纺织品生产中的比重在 19 世纪初期仅占 4%，麻织品为 18%，到 19 世纪末，棉织品基本上取代了麻织品。

毛织品也大多集中在伦巴第、皮德蒙特和威尼斯地区。托斯卡纳地区的佛罗伦萨、普拉托也是传统的毛纺中心。随着机器生产的发展和对投资的需求增加，毛纺织业发展较快。但同棉纺织业相比，毛纺织业采用机器生产的进程比较缓慢。直到 20 世纪初，织布机的一半和纱锭的 1/3 仍然使用手工操作，但到 1913 年，大部分采用机器生产。1894—1914 年，精纺毛织品纱锭由 25.1 万个增至 45.0 万个。20 世纪初期，意大利的毛纺织品不仅满足了国内市场，而且还有少量出口。

纺织工业在意大利近代工业发展中发挥了重要作用。到 20 世纪初期，纺织工业仍然是意大利最重要的工业部门之一，作为纺织部门基础的棉纺织工业已经达到了高度成熟阶段。纺织工业比任何其他工业部门都拥有更多的资金和设备。但由于纺织工业的出发点高于其他工业部门，所以这一时期纺织工业的增长率较低。但引人注目的是第一次世界大战以前的各年中，纺织工业出口额约占意大利出口总额的 40%。纺织工业仍然是制造业部门中为工人提供就业机会的主要场所，根据 1911 年人口普查资料，从事纺织工业的劳动力约占制造业部门全部劳动力的 1/3。即使到 1913 年，纺织工业的附加价值占各制造业总产值的 20%。纺织工业发展迅速的主要原因是：完全占有了国内市场，作为出口工业的特点日益突出，无论是纺织部分还是织物部分的机械化和电气化迅速普及。

意大利的铁路建设也开始较早。早在 1839 年，意大利境内就开始了铁路建设。第一条铁路从那不勒斯通往波尔蒂齐，全长只有 7 千米。1840 年修通了米兰至蒙扎的铁路，同年又建成了帕多瓦至麦斯特列的铁路。意大利实现国家统一后，进一步掀起了铁路修筑高潮。这对于集中生产、扩大市场、促进银行投资和股份公司的发展是极其重要的，从而推进了工业化的进程。意大利统一时，全国营运的铁路已达 1 623 千米，正在建设的也有 1 442 千米。统一后的意大利对铁路建设投入了巨大财力。从 1861 年到第一次世界大战前夕，意大利政府建设铁路支出共计 126 亿里拉，相当于 1900 年的整个国民收人。到1896年，全国铁路总长已达16 053千米。铁路的增加既反映了意大利工业水平的提高和技术的进步，又促进了工业化的进一步发展。

在工业化初期，意大利的其他工业部门变化较小。钢铁工业是实现工业化的基础部门，但意大利的矿产资源贫乏，在一定程度上影响了钢铁工业的发展。意大利的铁矿主要分布在西海岸的厄尔巴岛上，但储量不大。1861年全国铁矿产量只有8.3万吨，1914年也只有70多万吨。在这种铁矿资源匮乏的情况下，及时采用新技术是发展钢铁工业的关键。1856年，使炼钢成本大大降低的贝塞麦炼钢法问世，1860年意大利引进了这项技术；19世纪70年代，意大利又引进了马丁炉炼钢①。马丁炉不仅改进了炼钢工艺，而且可以利用废铁作为炼钢原料生产钢，这为意大利这个铁矿贫乏的国家发展钢铁工业提供了便利的条件，1860—1880年，意大利的钢铁产量增加了3倍。1884年以后，意大利许多钢铁厂都引进了新技术和电炉炼钢法，促进了钢铁工业的发展。1880—1914年，意大利的钢铁产量又增加了近7倍，其中1894—1914年生铁产量由1.0万吨增加到38.5万吨，钢产量从5.5万吨增至91.1万吨。尽管意大利的钢铁工业与英国、美国等发达工业国家相比发展较为迟缓，但从国家统一到第一次世界大战之前的飞速发展却是显而易见的。

机械工业是直接推动工业化进程的重要部门。19世纪上半叶，意大利机械工业发展缓慢，只限于在车间为铁路或军队组装产品，没有为其他工业制造相应的机器。但国家统一以后，机械工业也有了新的发展。这个时期的机械工业主要是制造蒸汽机、火车头、机床和纺织机械等。1890年，安萨尔公司年产火车头已达50多台。布莱达公司1886年成立，它开始生产火车头、蒸汽锅炉、重型设备、建筑机械等。机械工业为其他工业部门提供了技术装备，从而促进了其他工业部门的发展。

电力工业的兴起，对于意大利这样一个能源短缺、水力资源较为丰富的国家来说是极其重要的。电力发明以后，意大利很快把它引进到本国。1883年，米兰著名的斯卡拉大剧院和比菲饭店首先采用了点灯照明。1885年，意大利在蒂沃里建成水力发电站，成为欧洲最早利用水力发电的国家之一。意大利发电量增长很快。1881—1900年平均每年发电600万度，1901—1910年上升到15.0亿度，到1913年全国发电量已达到51.5亿度，其中一半是水力电能。1898年，电力开始用于纺织工业。由于电力的广泛应用，为其他工业部门提供了便利的条件。

到19世纪上半期，意大利虽然开始了工业革命，但明显滞后，主要是外来的民族压迫和封建割据严重阻碍了意大利的正常发展。当主要资本主义国家相继完成工业革命的时候，意大利还在为实现民族独立和国家统一而战。到19世纪末期，经过半个世纪漫长且缓慢的发展，意大利经济终于和国际相接轨，成为新兴的第二批工业革命国家。从20世纪初期到第一次世界大战，是意大利产业革命的全盛时期，这一阶段改变了意大利的经济结构，缩短了与其他工业国家的差距，使之跻身于欧洲工业化国家的行列。

---

① 意大利选择马丁炉炼钢的原因是复杂的。意大利的铁矿资源不足，在这种情况下，意大利采用效率低的马丁炉炼钢而没有采用英国式的托马斯炼钢法。托马斯炼钢法速度快，生产的钢铁质量高，但采用托马斯炼钢法要求更快的速度和更高的技术，并且炉渣多，不适宜生产片状的钢铁。而马丁炉可以利用废铁作为原料生产出生铁和钢。马丁炉需要的技术含量不高，容易更换，在生产中更容易控制，更适合意大利钢铁工业的生产。

在这一工业化时期，对意大利做出重要贡献的是向国外移民。19 世纪 70 年代开始的慢性农业危机使农村存在大量剩余劳动力。这些劳动力中一部分背井离乡，到外国谋生。1869—1875 年，从意大利向国外移民的规模平均每年为 12.3 万人，1887—1900 年进一步增至 26.9 万人（见图 7—1）。19 世纪末以后，意大利向国外移民的规模剧增。在 1900—1910 年间，平均每年为 60 万人，其中约有 2/3 的劳工在外国定居或加入了驻在国国籍。这些意大利劳工主要分布在德国、法国、英国、荷兰、西班牙等欧洲发达国家，以及美国、加拿大、巴西、委内瑞拉等美洲国家。大部分外流劳工把其部分收入寄回国内，或者在回国时带回其在国外的储蓄。对 1901—1913 年的计算表明，在这一时期有 102.3 亿里拉贸易赤字的情况下，无形资产的收入高达 122.9 亿里拉，其中一半以上来自国外侨民的汇款。侨民的积蓄成为对工业化做出贡献的一种独特的意大利形式。

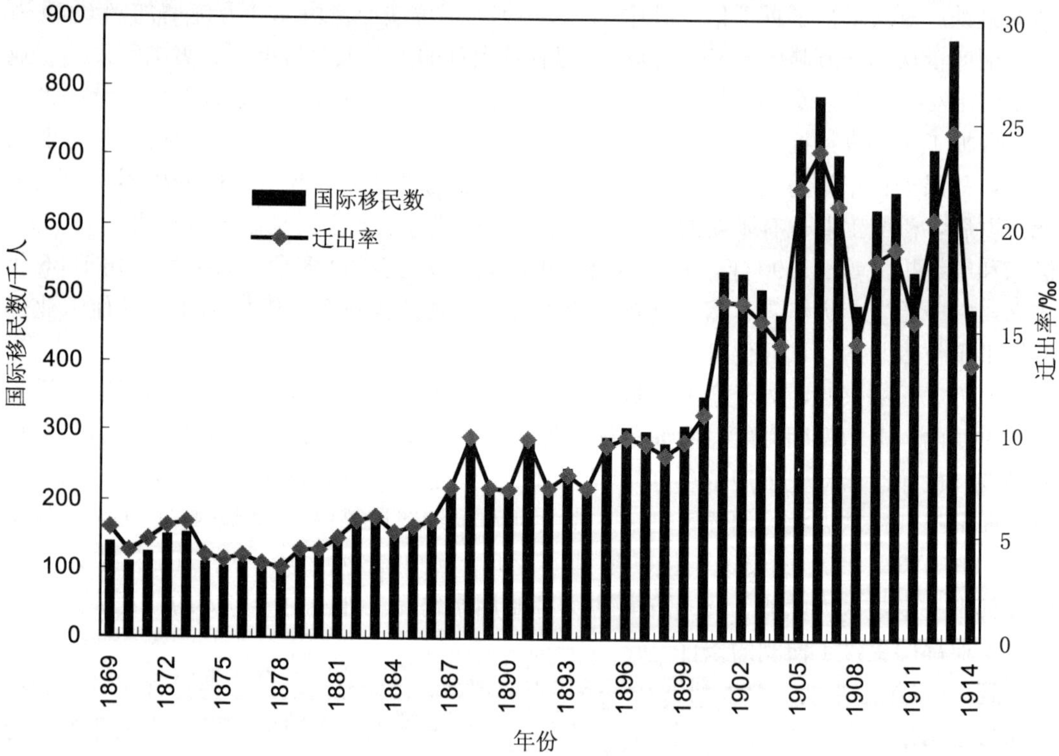

图 7—1　意大利向国外移民的变化

资料来源：［英］B. R. 米切尔. 帕尔格雷夫世界历史统计·欧洲卷（1790—1993）［M］. 北京：经济科学出版社，2002.

7.3　俄国的工业化与劳动力

20 世纪初期的俄国在所有欧洲国家中，不仅领土面积最大，而且劳动力人口也最多。从工业总量来看，俄国正在崛起，其工业总量仅次于美国、德国、英国和法国等早期工业化国家而居世界第五位。在拥有庞大的纺织业的同时，煤炭、生铁和钢材等重工业也开始发展起来。尽管工业总量的数字庞大，但人均工业总产值偏低，甚至远低于像奥地利这样工业不发达的国家。而且，农业在国民经济中仍占有很高的比例，超过了工业的比例，有超过2/3的劳动力从事农业生产，俄国的工业生产与欧洲大部分国家相比是滞后的。

俄国的“工业化”是指从手工制造转变为利用机械和机械动力制造为主的变化过程。19世纪上半叶是俄国工业化的准备阶段，当时俄国工场手工业有一定程度的发展，机器开始出现在个别部门。这一时期，由于农奴制开始解体，法令允许农奴在工业部门工作，政府还实行保护关税、兴办专门工业学院等一系列有利的政策，导致俄国工场手工业迅速发展。1804—1860年，俄国手工工场由2.4万个增至15.4万个，从事手工业的劳动者从9.5万人增加到56.5万人。特别是资本主义类型的手工工场开始发展起来。

像英国、美国等其他早期工业化的国家一样，俄国的棉纺织业也充当了工业革命的先导。从19世纪50年代起，棉纺织业等主要部门明显开始从手工工场向机器生产过渡。棉纺织业生产借助于使用机器技术、生产集中和采用自由雇佣劳动，比其他工业部门有着明显优势，这一先进部门迅速发展起来，其发展速度远远快于其他工业部门。最早的机器生产出现在棉纺织业中，1793年，什利雪里堡的印花布工厂安装了第一台纺纱机。1798年，第一个使用蒸汽动力的亚历山大洛夫纺织工厂建立。19世纪30年代到40年代出现了一批私人棉纺厂。棉纺织业的纱锭数在1843年以后显著增长，由35万锭增加到1861年的200万锭。彼得堡棉纱工业发展最为迅速，这里多数棉纱厂实行股份化，利润高。动力织布机由1850年的1 300台增至1859年的9.6万台。到1861年，棉纺织业雇用了15.2万人，是雇用工人最多的工业部门，排在第二位的是毛纺织业，大约雇用了12万人。到1866年，俄国已有42个机器棉纺织工厂，雇用了20.1万工人。俄国的棉纺织业成为工业革命的领头羊。从1846年起，随着棉纺织业的发展，棉纱的进口量迅速下降，到19世纪50年代，俄国棉纺织企业已经主要使用本国生产的棉纱。

冶金业在这一时期也有所发展。在1830年就开始从事黄金开采的乌拉尔地区是主要的生铁和铜矿冶炼区，超过100家重要工厂建在这里，此外还有许多关联的附属工厂。到19世纪中期，发展中的国内工业和军工生产对金属的需求猛增，使国内金属供不应求，在这种情况下，政府先后在1850年、1857年和1859年制定了一系列措施来降低关税，使进口金属量直线上升。大量进口金属加剧了国内市场的竞争，使许多企业增大对冶金技术现代化的投入。19世纪50年代，随着搅拌法炼铁技术的广泛应用，俄国的生铁生产量有所增加，到1860年，其产量达到33.5万吨，但远远落后于英国、美国和法国。至于熟铁的生产量排在世界第八位，落在奥地利后面。

从19世纪60年代到80年代，俄国的工业化进程有所进展，工业生产的主流是资本主义生产方式普遍取代封建生产方式。俄国资本主义工厂呈现跳跃式发展，这一过程使大批手工工场倒闭，大工业生产集中趋势加强。资本主义大机器工业的兴起成为俄国工业发展的主流。就各工业部门来看，纺织业发展比较迅速。据计算，动力织机的数量从

1861年的1.1万台增加到1890年的8.7万台。1866—1879年是这一行业发展进步最快的阶段，彼得堡和莫斯科的大型棉纺厂开始推广机器织布，经济效益十分可观。同期手工织布机和手工织品分别减少了1/3和53%。但手工织布生产仍有一定活力，手工织布机较多分布在中部和伏尔加河地区。

交通运输业在这一时期也迅速发展起来。1861—1880年，俄国铁路增加13倍，达到2.1万俄里，形成以莫斯科为中心的铁路网，将莫斯科、彼得堡工业中心与俄国广大地区联合起来。19世纪70年代，铁路沿线一批新兴工业中心、工业重镇发展起来，便利的交通使铁路沿线的工业迅速发展。俄国的铁路运输成为促进生产的最重要部门之一，铁路经营水平直接影响到国民经济的发展，铁路建设成为俄国工业革命的推进器。

相对于其他产业较为迅速的发展，煤炭工业的发展是有限的。1860年俄国的煤炭产量不足30万吨，1875年上升到166万吨，1887年增至443万吨。其中波兰的多姆布罗瓦盆地的煤炭产量1887年达到近200万吨，基本上与顿涅茨煤田早期的产量相同。尽管煤炭的总产量上升较快，但仍不能满足国内市场的需求，因为从1886年到1890年，俄国25%的煤炭需求不得不依靠进口来解决。

然而，并不是所有部门都获得发展。19世纪60年代初期，俄国生产下降波及大部分轻重工业部门，金属加工的萎缩，冶金和燃料工业处于极低水平，生铁产量仅占世界的4%。俄国冶金业在19世纪60—70年代发展也比较缓慢，而1870—1875年的俄国铁路热时期生铁产量也很少。19世纪80年代初期的经济衰退加速了工业结构转变的步伐，使装备较差和资金短缺的工厂不断消失，家庭工业逐渐衰落，减弱了俄国工业迅速发展的势头。与此同时，经济危机和萧条使大批小手工业和中小企业破产，从而加速了生产集中和大机器工业的发展，即使在1890年以前，大企业的逐渐增加也是十分明显的。据确切资料显示，在71个工业部门中，1866—1890年间，雇佣工人数超过1 000人的大企业从42个增加到92个，雇佣工人数在500～900人之间的企业从90个增加到140个，雇佣工人数在100～499人之间的企业从512个增加到712个。另据统计，在伊凡诺沃的奥波拉斯特，从1868年到1882年，集中在企业里的纺织工人数量从1.6万人增加到4.4万人，而家庭作坊里的工人数量由5万人下降到1.3万人，显而易见，这些家庭作坊里流出的剩余劳动力大部分流向生产集中的大中型企业。

在俄国工业化的过程中，随着工业的发展，劳动力结构也发生了较大变化。1865—1890年间，在制造业各部门的劳动力中，除了毛纺织加工业外，均有所增长，增加最多的是制陶业和水泥行业，其次是棉纺织业和化学工业，分别增长了2.8倍和1.8倍。19世纪70年代后期的繁荣导致了劳动力的增长。这一时期，采矿业和冶金业的劳动力增长也较为迅速。在1865年，采矿业和冶金业大约有20万工人，到1887年增至近40万人。石油工业的工人数量从1883年的1 300人增加到1891年25 200人。

19世纪90年代是俄国资本主义工业发展的重要阶段，经过工业的迅速发展，到20世纪初期，资本主义大机器生产完全排挤了手工业，以钢铁、煤炭、石油为主的重工业已经建立。这一时期俄国工业的发展，不论在速度上还是规模上都增长很快，1890—1900年，工业生产总值由15亿卢布左右增加到30亿卢布左右，工人从142.5万人增加到237.3万人。就绝对生产额看，纺织业仍占优势。1887—1897年，纺织业产值由4.63亿卢布增至9.64亿卢布。这一时期的特点是重工业得到迅速增长，矿业、金属制品工业和化学工业产值增长率均明显高于全部工业产值增长率，特别是石油产量和钢产量引人注目，分别增长了20倍和5倍。

冶金工业的发展也很迅速。19世纪80年代末和90年代，由于采用资本主义生产方式，并引进大量外国资本和先进技术，俄国南部的冶金中心迅速发展起来，到1902年，提供了俄国生铁产量的53.1%。这样俄国的生铁产量大幅度提高，从1887年到1900年，由3 610万普特（1普特≈16.38千克）增加到1.768亿普特（见表7—1），增加了3.9倍。钢产量增长也很快，1890—1900年间从2 310万普特增加到1.35亿普特。冶金工业的迅速发展刺激了劳动力的增长，据统计，1882—1900年间增长了12倍。劳动力在1896年后3年间增长很快，超过2倍。

表7—1　　工业产品生产量的发展　　单位：百万普特

指标	1887	1890	1900	1908	1913
生铁	36.1	54.8	176.8	171.1	283.0
煤炭	276.2	366.5	986.4	1608.5	2 215.0
熟铁和钢	35.5	48.3	163.0	147.5	246.5
石油	155.0	226.0	631.1	528.5	561.3
棉花	11.5	8.3	16.0	21.2	25.9
糖	25.9	24.6	48.5	76.7	75.4

资料来源：［英］H.J.哈巴库克，M.M.波斯坦．剑桥欧洲经济史［M］．北京：经济科学出版社，2002.

大量外国资本的输入，也推动了这一时期工业的高涨。俄国有丰富的自然资源、充足的廉价劳动力，但缺乏资本。19世纪90年代，随着欧美资本主义发展和俄国国内投资环境的不断改善，外国资本大规模涌入俄国。1883—1900年间，俄国产生了191个新的外国股份公司，拥有总资本6.34亿法郎。在俄国股份企业中起作用的外国资本总额，1890年为2.15亿卢布，1900年为9.11亿卢布。[1]这一时期，外国资本主要流向工业，尤其是重工业。1890—1900年，外国股份公司的固定资本在矿业中由7 010万卢布增加到4亿卢布，在金属工业中由1 400万卢布增加到1亿卢布，在化学工业中由640万卢布增加到2 930万卢布。在引进外国资本的同时，还引进了外国先进技术。在这一时期的工业和铁路投资中，有25%以上是用于进口技术设备的。这样就使俄国工业技术水平迅速提高。与此同时，俄国还采取了引进人力资本的形式，大批外国工程师和技术工人移入俄国，带来了先进的技术和企业管理经验。

在19世纪90年代工业迅速发展以后，俄国经历了一个长时间的停滞期，直到1909年才结束（见图7—2）。俄国工业，尤其是冶金工业受到1901—1903年严重经济危机的冲击。其主要原因是由于工厂设备投资过度，导致其生产能力大大超过了消费潜力。尽管如此，当生铁、熟铁、钢和石油的产量严重下跌时，棉纱和棉布的产量有所上升。随后，投资停滞，大量企业的临时和最终永久性关闭，以及由此带来的工业集中等，都是危机的结果。1904—1906年工业生产有所增长。在1906—1907年经济再次获得一定程度的发展时，1907—1908年的新萧条又打击了许多工业部门。冶金产品、棉纺织品和精炼油生产的不景气接连而来，煤炭、熟铁和钢产量也大幅度下跌，整个国家的工业化进程进入停滞不前的状态。直到1909年，俄国工业生产才有所回升，到1913年，俄国的生铁、熟铁、钢、煤炭、石油和棉花的产量都有较大幅度的增长。从产业结构上看，第一次世界大战以前，俄国工业虽有一定程度的发展，但基本上还是一个农业国，在工农业总产值中，农业占57.9%，工业占42.1%。此时俄国的工业劳动生产率仅为美国的10%，工业发展是明显滞后的。

图7—2　俄国的工业化

这一时期，由于俄国工业经历了长时间的停滞期，影响了劳动力增长的速度。在采矿业和冶金业，劳动力从1900年的50.6万人增长到1914年的64.7万人，增长率为27.9%。这些数据表明，劳动力增长明显低于1890—1900年期间的速度。事实上劳动力增长主要集中在这一时期最后的5年间，这与1914年前工业的较快增长有关，当时正值因日俄战争失败和1905年革命而延续了将近十年的工业衰退和经济萧条。

7.4　日本的工业化与劳动力供给

明治维新以后，随着殖产兴业政策的实施和生产技术的改进，日本逐步具备了工业革命的条件，从19世纪80年代起，出现了以民间资本为主导的工业革命的高潮，使日本的工业生产较快发展。在日本工业革命的进程中，部门经济工业化的起点是1886—1890年出现的第一次产业高潮，它是以传统的纺织工业为重点展开的。19世纪90年代中期以后，加快了轻工业革命完成的进程，也拉动了钢铁工业、机械制造业为重点的重工业化的序幕，这些部门产值大、就业人数多，其生产变化影响着许多部门的产销与就业，对日本工业化的发展具有重要的作用。

纺织工业是日本历史最悠久的工业部门。生丝和棉纺织品的生产和输出，在日本工业经济中长期占有重要地位。生丝是日本工业发展的基础，早在江户时代，许多藩已拥有各具特色的高级丝绸、丝织品产地。在明治维新以后，由于幕府与诸藩的奖励，各地养蚕与制丝业迅速兴起，生丝的工厂化有了显著增加。由于向工厂化体系的快速转变，使日本一跃成为世界蚕丝生产国之一。到了幕府末期的19世纪中期，开港通商，贸易的对外开放使日本制造的丝绸获得了巨大的海外市场，它对原始积累和产业的形成起了重大作用。生丝曾是日本的主要输出品，绝大部分输向美国。当时日本通过生丝的出口换取棉花等原料进口，加工成棉织品以及丝织品出口，换回铁与其他化学工业原料等。19世纪70年代的明治政府通过示范工厂引入西方技术来鼓励生丝生产的现代化。1870年，由法国输入机械设备并聘请技师。1872年在群马县福冈建立了福冈模范制丝工厂，成为制丝业发展的先驱，特别有影响的是富丘的缫丝，其模仿了法国缫丝技术。1875年，日本在引进意大利、法国等欧洲先进技术的同时，还开发了独创的缫丝机器“诹访式缫丝机”。[2]这种传统技术与近代技术的结合使生丝业生产力得到提高，除了技术改良外，由于对女工的技术训练，使制丝业迅速普及，到1896年，日本有了4 367家机械缫丝厂。至此，日本的蚕丝生产有了脱胎换骨的变化。从传统的手工丝到质量更佳的机械丝，这是日本近代工业化的成果，到1928年，蚕丝制造厂达到7.6万处，同年生丝产值为8.3亿日元，再加上粗丝、碎丝，实际产值超过8.5亿日元，占世界生丝总额的70%，成为名副其实的世界蚕丝国。[3]

棉纺织工业在江户时代作为农村的手工业已广泛存在。后来，利用水车作为纺纱机的动力，使棉纺织工业发展较快，并成为日本产业革命的核心。19世纪80年代，机器纺织代替了手工业，蒸汽机代替了水车。这是纺织工业的第一次变革。1876年建立了千住呢绒厂，这是日本毛纺织厂的开端。随后，为了设立样板纺织工厂，明治政府在1878年向英国订购了2套2千锭走锭纺织机，创办了官营爱知纺织所、广岛纺织所。次年，又向英国订购了10套同样的设备。然而，日本当时的工厂大都规模过小，加上原料棉花品质的差异，不适合进口纺织设备，高品质棉线生产极其困难。而纺织工业的迅速发展是从1883年大阪纺织厂的投产开始的。大阪纺织厂为了发挥规模经济效益，一开始就设立了超过1万锭规模的大工厂。为了最大限度地使用工厂设备，机器24小时全天运转，并引进了当时刚刚发明的电灯，使棉线在大量生产上获得成功。从纱锭数来看，明治二十年（1887年）仅为7.7万锭，到明治二十三年（1890年）增至35.8万锭，大正二年（1912年）又增至217.7万锭。正是在明治时期奠定了纺织工业发展的基础，使日本在第一次世界大战后得到迅速发展。

造船工业是日本工业发展历史最悠久的部门之一，它也是推动日本工业化的动力。日本近代造船工业始于幕府末年（19世纪50年代），当时德川幕府在国际国内紧迫的形势下，利用英国、荷兰以及德国的造船技术发展新型造船业，在浦贺、石川岛、长崎和横须贺等地相继建立新型造船厂，这是日本现代造船厂的开端。明治维新以后，造船厂全部收归官营。1880年以后，除了横须贺海军工厂外，又转为私人资本。19世纪末20世纪初，在神户、尼崎等地建立新厂。这些新造船厂积极引进技术、投资设备等。不久，三菱长崎造船所、川崎造船所脱颖而出。三菱长崎造船所到1910年左右已经有能力建造1万吨规模的船舶。1896年，川崎造船所被改组为股份公司，通过引进干船坞等新的造船技术不断扩大规模。这样大约经过半个多世纪，日本建立起真正的现代造船业。在20世纪初期十年，日本政府一方面大量建造舰船向英国、法国、美国等国出口，另一方面扩大船队发展海运业。在第一次世界大战期间得到迅速发展，1913—1918年，能造出千吨以上船只的船厂由6座增加到45座，船舶下水量由6.5万总吨增加到45万总吨，而在1919年时又增至61万总吨，仅次于英国和美国居世界第三位。

化学工业也是历史比较悠久的工业部门之一。日本的化学工业发展始于明治初期，1872年大阪造币局建立铅室法硫酸工厂，是日本基础化学工业的开端；1880年建立的制碱工厂，也是以现代技术装备的工厂，成为经济发展所需无机化学工业的基础部门。其后，开始建立别子铜矿精炼厂以及人造化肥等工业。利用精炼厂的废气建立了塔式法硫酸工厂，兴起了过磷酸肥料工业。其他如肥皂、碘、涂料等工业也相继建立。到19世纪末期，日本化学工业虽然有所发展，但仍属于初建时期。在全部工业中，1899年化学工业产值仅占工业总产值的6.1%。

日本化学工业高速发展是在第一次世界大战期间和战后。战争爆发后，欧洲化学品输入断绝，由于国内市场急需，特别是向中国和印度市场扩张，在日本政府的大力扶持下，日本的化学工业得到飞速发展。合成染料、纯碱、医药品等工业相继建立，到了20世纪30年代已略具规模，生产技术在若干领域接近国际水平，有的甚至已经超过欧美国家。当时酸、碱、化肥、电石等化工产品自给自足，人造丝、硫黄、石灰氮、磷肥等均达到世界先进水平，至于化学纤维的产量，1936年超过了德国和意大利而跃居世界首位。日本的化学工业1939年达到战前最高水平。

钢铁工业是日本工业部门中最重要的部门之一，也是汽车制造业、造船工业以及建筑业等发展的基础。江户初期，日本以砂铁和木炭为原料，进行小规模风箱炼铁生产。在产业革命时期，钢铁作为工业的基础需求大增，日本传统的手工式生铁制造技术已无法满足需求。19世纪50年代，西方的近代高炉炼铁技术传入日本，1857年釜石制铁所开业，通过实验近代炼铁法的成功，使近代制铁业开始有一定规模的生产。明治维新初期，日本政府曾引进西方技术进行钢铁生产，但由于质量和成本无法与国外进口货竞争，不得不中途放弃。此后，1882年海军省兵器局在东京驻地开始了熔炉炼钢，1890年大阪炮兵工厂开始小型酸性平炉炼钢，但这些在兵工厂进行的钢铁生产仍处于先行试验的阶段，基本上没有生产能力。真正实现从洗矿到炼钢一条龙生产始于1896年，在甲午战争赔款的资金支持下，由官营八幡制铁所开始的。八幡制铁所全面采用德国的生产技术和设备，并以从中国大冶及朝鲜进口的铁矿石为原料进行生产，于1901年生产了第一炉铁。其后，八幡制铁所不断扩张，迅速发展为生铁、炼钢、轧钢连贯作业的大型企业。到1910年，八幡制铁所的产量已达到年产生铁12.7万吨、钢材15.3万吨的规模，均占日本钢铁产量的一半以上。[4]此外，日本民间的炼钢业在日俄战争后开始兴起。神户制钢所、住友制钢所、日本制钢所、日本钢管等就是当时的一些著名企业。但这些钢铁企业都是从国外进口生铁用以钢铁生产的平炉炼钢企业。[5]这样，至第一次世界大战爆发前，日本已经“确立了钢铁业的基础，特别是军用钢铁已基本上建立了自给体制”。[6]

昭和初期以后，日本加快了钢铁工业发展，1929年，官营八幡制铁所的钢铁产量，生铁占全日本产量的63%，粗钢占58%，钢材占46%，而当时民间钢铁企业尚处于小规模生产阶段。日本政府对日本钢铁业的早期发展起了一定的推动作用。从20世纪30年代起，为适应向外扩张，日本进一步加大了钢铁产业发展的力度，钢铁生产迅速发展，1942年生铁产量达到442万吨，创历史最高水平，1943年钢产量达到历史最高点782万吨，占世界钢总产量的4.7%，次于美国、德国、苏联和法国，居世界第五位（见图7—3）。

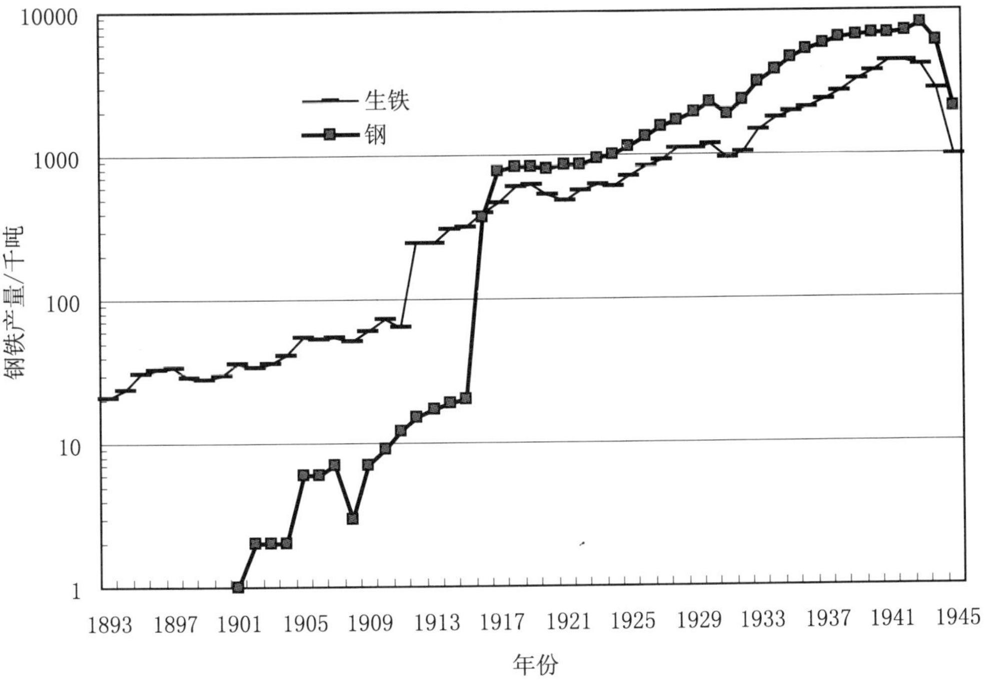

图7—3　日本战前的钢铁产量

资料来源：［英］B.R. 米切尔. 帕尔格雷夫世界历史统计・亚洲、非洲和大洋洲卷（1790—1993）［M］. 北京：经济科学出版社，2002.

电力工业是日本的重要工业部门之一。明治十九年（1886年）日本开始发展电力工业后，随着电力技术的进步与用电范围的扩大，逐步得到发展，到1897年，除了东京外，大阪、京都、横滨、名古屋以及神户等主要城市都有了经营电气的企业，当时电力工业供应的对象主要是城市的照明。20世纪初期以后，随着工业革命的加速，工业对电力的需求增加，刺激了电力行业的发展，到1907年，发电能力达到11.5万千瓦。当时的发电设备主要从美国进口，建设的发电站主要是燃煤型火电站。1907—1925年期间，日本电力工业发展较快，电气企业从116家增加到738家，发电能力增长到276.8万千瓦。以后，随着日本经济的发展和国民经济军事化的需要，以及国家对电力工业的改组，电力工业获得迅速发展。20世纪30年代，日本经历了"昭和经济大恐慌"，此后又经历了第二次世界大战，电力工业受到创伤，尽管如此，战争后期装机容量已超过1 000万千瓦。

机械工业是日本工业的重要产业部门之一。日本机械工业分为一般机械、电气机械、精密机械和运输机械四个部门。日本的机械产业的发展起步于明治时期，当时的机械产业水平十分薄弱，缺乏国际竞争力。到了19世纪中期，随着纺织、钢铁和海运业的发展，日本的机械产业也获得一定程度的发展，在制造业中的比重逐渐上升。[7]但这个时期日本在很大程度上都要依赖外国技术和进口机械。1878年，东京首先设立了电信机器制作所，到1887年，又先后建立了田中制作所、三吉电机制作所和冲电气公司等，主要生产发电机、通信设备等产品。进入20世纪以后，日本的机械工业产品主要用于满足军需，引领机械工业发展的是东京、大阪的炮兵工厂，横须贺的海军工厂等军工厂。而运输机械方面，新桥和神户的铁道工厂、民营山阳铁道兵库工厂、日本铁道大宫工厂等，它们承担着引进技术、进口替代的任务。因此，一般机械工业仍然不够发达，到 1943 年有 300 多个小机床厂，年产机床 6 万～7 万台，产品质量较差，企业所需的特殊设备和高质量的机床均依赖进口。[8]

在电气机械领域，到 1909 年，电气机械的生产高度集中。第一次世界大战期间，由于军事工业的需要，东京的电气机械制造业日益扩大，阪神等地区的电气机械工业也有所发展。第一次世界大战结束后，军需市场缩小，阪神地区的工业电机生产开始发展民用电器、照相器具、通信设备等，名古屋则生产变压器和配电盘，北九州利用煤炭开拓资金建立安川电机厂生产各种发电机。在大正到昭和前期，民用电器在电气机械制造业中占有一定的地位。日本最早的家电产品是 1916 年生产的电风扇，1922 年成为最早的出口家电，主要出口亚洲。随后又开始生产电熨斗、收音机等民用电器。

日本精密机械领域在 20 世纪初期还处于萌芽阶段，当时虽然有一些仪器仪表和光学仪器制造企业，但大都规模过小，基础薄弱。20 世纪 20 年代从德国引进光学技术后，开始制造照相机。第二次世界大战期间，日本政府出于战争的需要，颁布了“工业整备令”，各光学仪器厂转入军工生产，如岛津、横河、北辰等电机制作所纷纷由生产民用产品转为生产军工产品[9]，在一定程度上影响了精密机械工业的发展。

日本是一个比德国更典型的“后起工业化国家”，也是 19 世纪最后一个工业化国家①，这是最令人意外的。1853 年开始，美国、英国、俄国、荷兰、法国等西方列强陆续侵入亚洲各国，并先后与日本政府签订一系列不平等条约，使日本面临着沦为半殖民地的危险。1868 年，日本爆发了倒幕运动，建立以明治天皇为首的政府。经过明治维新，日本政府统一全国政权，废除封建等级制度和行会制度，模仿欧美社会经济制度，输入科学技术，发展资本主义工商业，迅速走上了通过工业化实现经济发展的道路。日本的工业革命就是在这样的历史条件下进行的。

明治维新以后，日本政府在接收幕府和各藩经营的主要军事工厂和矿山的基础上，通过积极引进发达资本主义国家的先进工业技术，购买大量的机器设备，建立了一些装备西方机器的棉纺织厂，兴建了一批缫丝厂、毛纺厂、酿造厂、机械厂和化工厂，开始了工业化的进程，在工业和科技实力方面逐步缩小同欧美发达国家的差距。进入 19 世纪 80 年代以后，明治维新各项重要改革陆续完成，以明治政府廉价地向私人转让官营模范工厂为契机，出现了私人创办和经营近代企业的高潮，产业革命进入了迅速展开的新阶段。1884—1893 年的 10 年间，工业公司的资本增加了 14.5 倍。1893 年，拥有 10 个工人以上的工厂已达 3 019 家，其中使用机械动力的 675 家，职工 38 万人，产业革命已逐

① 所谓“工业化”，就广义而言，是指工矿业、建筑业、交通业、通信业和公共事业等整体的发展。之所以包括建筑业等各项产业，是因为这些产业的生产活动与制造业相似，以及这些产业的发展对制造业的发展是不可缺少的主要条件。如从狭义的工业化定义来看，是指制造业的发展，制造业是工业化的核心，但工业化并非只指制造业在量的方面的发展，更包括它在质的方面的变化。而所谓质的变化，则指现代工厂制度的普及和重工业及化学工业化。

渐扩展到一切主要工业部门，其重点也从过去以官营军事工厂为中心的重工业转移到以私营纺织业为中心的轻工业。与此同时，日本政府在明治时期大力推行“殖产兴业”“富国强兵”政策，通过交通、通信等社会间接资本的积累和公司制度的引进，创造了资本主义经济发展的环境，随着产业革命的进行，促进了初期工业化的发展。

日本的初期工业化首先是从食品、纺织等轻工业部门实现大规模机械生产开始的。从1877年到1900年，食品、纺织业对制造业增长的相对贡献程度（见表7—2）分别为40.3%和34.9%，两者合计为75.2%，也就是说在19世纪后期日本的工业增长中，有3/4是依赖于轻工业的发展。这种发展与英国相同（英国是以纤维工业为中心而开始其产业革命的）。[10]其中，作为工业化主导产业的纺织业，通过引进欧美发达国家的先进技术而逐渐成长为近代化的产业。

这一时期，在日本初期工业化进行的过程中，受益最大的行业是生丝生产，从1868年到19世纪90年代初，生丝产量和出口量增加了4倍，这是第一个经历了技术革命的古老制造业，19世纪70年代和80年代建立了大量动力驱动的缫丝厂。与此同时，政府开办了生产制服用毛料厂，以及一些私人开办的水泥厂、玻璃厂、啤酒厂、造纸厂等，但重工业规模很小。19世纪90年代中期铁产量很少，为数不多的造船厂仅生产一些沿海岸航行的船只。采矿业发展也比较缓慢，1885—1894年，煤炭平均年生产量仅为250万吨。

表7—2　　近现代日本制造业各行业的增长率和贡献程度

行业	制造业实际生产的各行业增长率/%			各行业对制造业增长的相对贡献程度/%		
	1878—1900	1901—1920	1921—1938	1877—1900	1900—1920	1920—1938
纺织	6.93	5.88	5.59	34.9	28.9	21.6
食品	3.64	3.13	2.16	40.3	21.6	6.8
金属	3.98	14.82	10.23	1.5	11.3	17.5
机械	11.36	14.01	9.40	4.0	19.4	23.6
化学	3.98	5.39	10.31	7.5	8.9	20.3
窑业	4.23	7.30	7.51	1.2	2.5	2.8
木材木制品	3.89	2.53	7.26	2.5	1.4	2.8
其他	3.13	4.33	5.01	8.1	6.0	4.6
轻工业	4.51	4.25	4.01	75.2	50.5	28.4
重化学工业	4.93	9.92	9.83	13.0	39.6	61.4
全制造业	4.38	5.41	6.53	100.0	100.0	100.0

注：轻工业为纺织业和食品业的合计，重化学工业为金属工业、机械工业和化学工业的合计。
资料来源：［日］南亮进. 日本的经济发展［M］. 东京：东洋经济新报社，1992.

1894年，日本未经宣战发动了甲午战争，迫使清政府与之订立了不平等的《马关条约》。这次战争使日本成为资本主义国家的转折点，也是日本工业革命进入完成阶段的转折点。战争中的巨额军事开支，使资本家得到大批军事订货，积累了巨额资本。战后日本靠从中国索取的巨额赔款大规模扩建铁路网，极大地推动了私人资本的发展。同时，战争也使日本夺占了部分中国市场，扩大了日本商品的销路。因此，日本以甲午战争为起点，再次出现了投资热，工业、交通运输业以及金融贸易，都获得了大发展。到1898年，纱锭突破了100万支，机器纺纱占了绝对优势，1900年机器缫丝也占了生丝总产量的51.7%，日本进入了世界纺织工业发达国家的行列。在军事工业带动下，重工业也开始改变面貌。1897年开始动工兴建的最大钢铁厂——八幡制铁所，于1901年投产，使日本迈出了钢铁自给的第一步。

1894—1895年中日甲午战争以后，日本的工业发展速度加快。1895年后的增长速度可用主导产业产出的增长来度量，生丝产量在1909—1913年间增长了3倍。在更新的工业中，棉纺工业在这一时期上升为日本最大的工厂工业。毛纺和精纺工业在这一时期发展也比较快，到1913年，整个纺织业，包括生丝生产成为日本最为重要的制造业。据政府统计，约3/5的人在5名及以上的工人纺织厂中工作。可以说，日本工业高度专业化于纺织业，棉织品和丝织品约占纺织业产出的90%。在重工业方面，日本的生铁有所发展，到1913年达到25万吨，钢产量也大致相当。当然，钢铁的产量不能满足迅速增长的国内需求，而且钢的种类很少。机械工业也有发展，1895年，船舶工业成功建造了一艘千吨级的蒸汽轮船。在后来的20年中，在政府的帮助下，船舶工业扩大了生产能力，并在第一次世界大战前夕使日本商用蒸汽轮船年下水量达到5万吨。采矿业也取得长足进展。煤产量从1895年的500万吨左右增长到1913年的2 100万吨，而且古老的采铜业也有了发展。这一时期的其他大规模工业有水泥、造纸、橡胶、玻璃和精炼糖。这些产业大多数同重工业一样是在政府推动下发展起来的。值得注意的是，在日本初期工业化的过程中，高效率运输系统是伴随着采矿业和制造业发展起来的。1872年，日本政府通过向国外借贷兴建了第一条铁路，到1895年时，已经兴建了2 000英里铁路。1906年，政府实行了干线铁路国有化，并推出了发展计划。到1913年，日本铁路总长为7 000英里，并拥有良好的铁路通信服务。政府还通过津贴和其他特权来推动海上商业运输的发展，19世纪末，日本海上运输公司开始为海外国家提供服务，到1913年已拥有150万吨蒸汽船。运输业的发展刺激了工业化发展的进程。

第一次世界大战爆发时，日本工业化已经走在亚洲各国的前面，但仍落后于西方发达国家。据估计，日本的制造业只占世界制造业产出的1.2%，比印度稍高。第一次世界大战期间，日本工业生产力得到巨大发展。棉纺织业发展很快，纱锭从1913年的2 400万锭上升到1920年的3 800万锭，其他纺织业特别是毛纺织业的产量也有了大幅度提高。在重工业中，钢铁的产量增长了近一倍，煤炭产出增加了50%。在1914—1918年期间，发电量也从50万千瓦上升到120万千瓦。

与此同时，日本工业开始向大城市为中心的工业地区聚集，到1920年前后，在国家垄断资本主义直接控制下，京滨、阪神、中京、北九州四大工业地带逐步形成。这是以现代工业为基础，既有资源型的重工业和化学工业又有日用消费品生产的轻工业，具有多种不同类型工业，以高度聚集为特征的综合性工业地区。由于工业化的进一步发展，使日本工业迅速增长，特别是制造业的增长率逐步上升，1901—1920年为5.41%。

20世纪20年代，日本经历了严重的金融危机，1923年的关东大地震所造成的破坏也阻碍了它的发展进程。尽管如此，日本的工业发展依然继续，到1929年，日本已成为世界上主要的制成品生产国，同年日本的工业总产值大约为1913年的3倍，在世界制造业中所占比重也增加了一倍多，但纺织业仍占主导地位。根据1930年的调查，从制造业的就业状况看，纺织业就业人口占就业总人口的50%以上，超过了金属、工程、船舶制造、化工等行业就业人口的总和。棉纺织行业发展很快，到1929年，纺锭数量达到6 650万锭，为1920年的1.8倍，随着工艺技术的提高，棉纱的质量也有了改变。到1929年，以手动织布机为主导的家庭生产已大规模减少，专业化织布厂已经采用了宽幅和窄幅动力织布机。棉纺公司大规模地进入织布业，加快了布料生产的发展。毛纺和精纺工业规模扩大，变得更加多样化。金属工业也取得较大进展，到20年代末期，日本成品钢产量已达到200万吨。20年代，煤和其他采矿业相对滞后，但电力工业发展迅速，到1930年，发电量已达到440万千瓦，为1913年的8.8倍。此外，日本的汽车、电力设备和纺织机械的生产在这一时期也有了很大的发展。

20世纪30年代，日本工业处于新的发展时期，纺织业在工业中的地位大幅度下降，但这并不意味着纺织业的衰退，棉纺织业在继续扩张，棉纺织业部门的生产能力继续增长，高质量棉织品在市场上所占比重也不断上升。最惊人的发展是人造纤维产业，其产量从1929年到1937年增加了10倍。金属工业、机械工业和化学工业也发生了巨大变化。1929年，这三个部门的就业人数合计占工厂总就业人数的25%，1937年增至43%。从产量看，在金属工业中，生铁和钢在1929—1937年期间增长了1倍。在机械工业中，不仅产量增加，而且产品种类不断扩大。

显而易见，20世纪初期以后，日本加快了工业化的进程。由于工业的持续发展，使日本的制造业迅速增长，在1921—1938年期间，制造业的增长率进一步增至6.53%。据国际联盟估计，日本在世界制造业中的比重从1926—1929年的2.5%上升到1936—1938年的3.5%。制造业加快增长的直接原因是重工业和化学工业的发展。在1901—1938年间，金属工业、机械工业和化学工业的增长率都大幅度上升，其相对贡献度也由19世纪末的13.0%增长为1920—1938年的61.4%。与此同时，轻工业的增长率有所下降，这主要是食品工业的衰退所致，而纺织工业的增长率在1901—1920年比其他制造业高，即使在1921—1938年也保持较高的水平。这样，制造业的发展从以纺织业为中心的轻工业转向以重化学工业为中心，这意味着日本开始了“重工业和化学工业化”的过程。在此值得注意的是，主导产业的替换在日本是相当迅速的，即轻工业发展到极限时，重工业和化学工业开始加速发展，换句话说，主导产业的快速替换加速了日本的工业化。

在日本工业化进行的过程中，非基础产业就业人口作为劳动力供给的重要指标，其增长速度往往同工业增长率密切相关。从日本非基础产业就业人口供给量的增长率来看，在工业化进行的过程中开始逐渐上升（见图7—4），特别是在19世纪90年代以后增长很快。这一时期，随着工业经济的迅速发展，使非基础产业就业人口，特别是工业劳动力的供给量迅速增长。劳动力的供给能力大于有限增长的劳动需求，形成了以超过供给为主要特征的劳动力供求关系，在一定程度上刺激了日本工业经济的增长。与此同时，伴随着工业的迅速发展，使日本的产业结构和就业结构发生巨大变化，工业劳动力就业比重迅速增长，从1880年的5.6%上升到1920年的20.5%，同期，工业总产值所占比重也从9.0%上升到26.7%，这在一定程度上显示了工业化的进展。

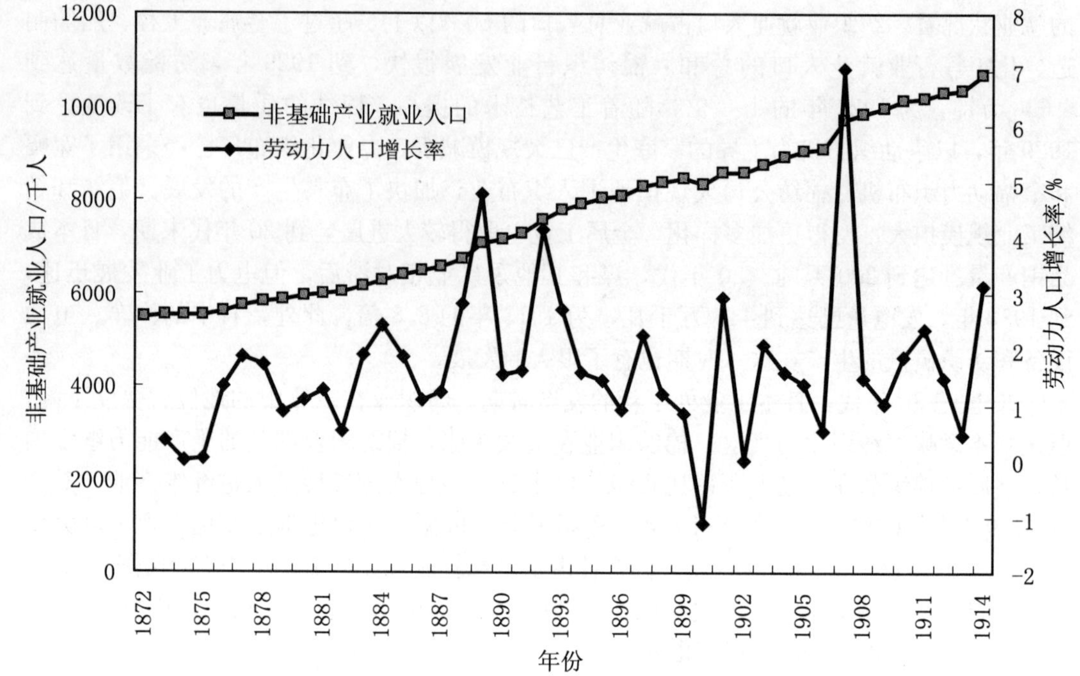

图 7—4 日本非基础产业就业人口及劳动力人口增长率（1872—1914 年）

注：非基础产业就业人口是指第二产业和第三产业的就业人口，在日本的统计中，1872—1905 年间的就业人口分为基础产业就业人口（即第一产业就业人口）和非基础产业就业人口。

资料来源：［日］日本人口问题研究所. 人口统计资料集［M］. 东京：厚生统计协会，1989.

注释

［1］［苏］梁士琴科. 苏联国民经济史［M］. 北京：人民出版社，1954.

［2］［5］［日］滨野洁，井奥成彦，中村宗悦，岸田真，永江雅和，牛岛利明. 日本经济史 1600—2000［M］. 南京：南京大学出版社，2010.

［3］［9］满颖之. 日本经济地理［M］. 北京：科学出版社，1984.

［4］杨栋梁. 日本近现代经济史［M］. 北京：世界知识出版社，2010.

［6］［日］三和良一. 概説日本経済史（近現代）［M］. 東京：東京大学出版会，2002.

［7］丁敏. 日本产业结构研究［M］. 北京：世界知识出版社，2006.

［8］满颖之. 日本经济地理［M］. 北京：科学出版社，1984；［日］滨野洁，井奥成彦，中村宗悦，岸田真，永江雅和，牛岛利明. 日本经济史 1600—2000［M］. 南京：南京大学出版社，2010.

［10］［日］南亮進. 日本の経済発展［M］. 東京：東洋経済新報社，1992.

第 8 章　英国的人口增长与经济起飞

8.1　人口增长与国际迁移

英国人口在 16 世纪初期大约为 230 万人。从 1525 年到 1541 年是英格兰人口迅速增长时期，1541 年人口达到 277 万人。随后，人口增长的势头有所减缓，但在整个 16 世纪除 50 年代末期出现短期的逆转外，人口一直保持稳定的增长。到 1680 年，英国人口达到 490 万人。这一时期，英国的人口增长速度虽然缓慢，但与法国、荷兰和意大利等其他西欧国家相比仍然是最快的，英国人口增长了 64%，法国和意大利则分别增长了 29% 和 9%。英国人口增长的速度超出西欧平均人口增长速度近三倍。这表明在这一时期，英国在农业、手工业和商业方面都超过其他西欧国家，而经济增长的速度刺激了人口相应增长的水平。

18 世纪初期，英国人口增长呈现停滞趋势，基本上徘徊在 580 万～600 万人之间。这个时期出现的减退现象基本上是 18 世纪 10—20 年代的死亡高峰造成的，死亡率平均每年高达 33‰～37‰。造成死亡高峰的主要原因是医疗技术低下以及疾病和瘟疫的蔓延等。而这个时期由于较高的出生率才使人口没有绝对减少，维持停滞状态。

18 世纪上半期，英国农业开始进行技术革命，诺福克式的轮作制开始推广，农业工具的发展，土壤的改良等，使农业产量不断提高，为人口的增长提供了必要的条件。加上医学卫生事业的进步，婴儿死亡率的大幅度下降，使英国的人口迅速增长。英格兰和威尔士的人口，1730 年为 579.6 万人，1750 年为 646.7 万人，1780 年增长到 795.3 万人，1811 年进一步增至 1 016.4 万人（见表 8—1），仅 81 年，英国人口增长了 75.4%。这种增长速度在英国人口史上是空前的。

表 8—1　　1700—1901 年英格兰和威尔士人口

年份	人口/万人	人口增长率/‰	年份	人口/万人	人口增长率/‰
1700	547.5	—	1811	1 016.4	14.3
1710	524.0	−4.9	1821	1 200.0	18.1
1720	556.5	6.2	1831	1 389.7	15.8
1730	579.6	4.1	1841	1 590.9	14.5
1740	606.4	4.6	1851	1 792.8	12.7
1750	646.7	4.1	1861	2 006.6	11.9
1760	673.6	6.6	1871	2 271.2	13.2
1770	742.8	10.3	1881	2 597.4	14.4
1780	795.3	7.1	1891	2 900.2	11.7
1790	867.5	9.1	1901	3 252.7	11.7
1801	889.2	2.5			

资料来源：［英］马歇尔. 经济学原理［M］. 北京：商务印书馆，1983.

这个时期，英国人口的出生率和死亡率都发生了显著变化。据统计，18 世纪初期，英国的出生率为 32.0‰，1790 年上升到 37.0‰左右，1810—1829 年平均每年为 39.6‰。天花的攻克、产科术的改良，以及医院、药房和医科学校的普遍建立，都有助于生命的保全。死亡率在 18 世纪 10—20 年代平均高达 33.0‰～37.0‰，1740 年开始下降，1780 年下落到 28.6‰，1820 年再下降到 21.1‰。虽然此后 10 年间稍有上升，但始终没有再接近 18 世纪中叶的水平。

在这一时期，由于经济和人口同时起飞，出现了两种不同的人口理论。阿瑟·扬格认为经济的繁荣和人口增长应是一致的，而人口增长应超过经济增长，他反对以前认为英国人口减少的流行说法。他还进一步论证了“工作产生人口”和“工作越多人口也越多”的观点。他的这种学说在生产技术和机械化程度不高的情况下是正确的。但人口增长应超过经济的增长的论点是偏激的，是完全代表新兴工业资产阶级利益的人口经济理论。而托马斯·罗伯特·马尔萨斯（Thomas Robert Malthus）则在他的《人口论》初版中，推出了以收获递减规律为基础的人口原理。他认为财富是按算数级数增长、人口是按几何级数增长的，力图证明贫困是工业化迅速发展的结果和人口突然增加的结果。他提出的收获递减规律作为食物增长必然落后于人口增长的论点是以生产力水平不变为前提的，而事实上工业革命所建立的机械化大生产是以生产力不断发展为条件的。他的收获递减规律不适合于说明宏观的人口经济过程，但他的人口控制论对后来英国的人口发展具有重要的影响。

19 世纪 20 年代以后，随着工业革命进一步发展，英国人口在起飞高峰过后仍出现持续长期增长。英格兰和威尔士的人口在 1821 年为 1 210.6 万，1871 年上升到 2 278.9 万，1901 年进一步增至 3 261.2 万人。如果把苏格兰和爱尔兰加在一起，整个联合王国的人口增长，1821 年为 2 100.7 万，1871 年为 3 155.6 万，1901 年为 4 153.8 万。另外，爱尔兰的人口在 19 世纪 40 年代以前持续增长，但由于 1846—1847 年马铃薯遭灾而发生了严重的饥荒，以此为契机，大量的居民流出，到 19 世纪末人口的绝对数持续减少，人口的年平均增长率在－2.28％～－0.51％之间，因此，整个英国的人口年平均增长率在 19 世纪 40 年代以后的大部分期间都在 1.0 以下（见表 8—2）。这个时期，英国人口的死亡率基本上在 22.0‰左右浮动，而出生率则维持在 33.0‰～36.0‰的高水平。

英国是世界上向外移民历史最久、数量最大的国家之一，而这种移民对世界人口发展史的影响是巨大的。根据统计，从 1815 年到 1875 年，有 828 万人离开英国迁往欧洲他国，此期间内虽然也有一些人回到英国，但据 1855—1875 年的统计，回国人数大约只相当于出国人数的 1/6。随后的国际移民统计资料比较完备，从英国的移民规模看，1879—1893 年，英国向国外移民总数为 237.0 万人，平均每年为 15.8 万人，主要迁往美国、加拿大和澳大利亚等国家。从 19 世纪末到 20 世纪初期，英国向国外移民的趋势依然比较明显（见图 8—1）。

表 8—2　　19 世纪英国人口增长

年份	人口/千人				期　间	人口年平均增长率/%			
	英格兰、威尔士	苏格兰	爱尔兰	联合王国		英格兰、威尔士	苏格兰	爱尔兰	联合王国
1801	9 061	1 625	5 216	15 902	1801—1811	1.31	1.16	1.34	1.31
1811	10 322	1 824	5 956	18 103	1811—1821	1.61	1.42	1.34	1.50
1821	12 106	2 100	6 802	21 007	1821—1831	1.45	1.23	1.34	1.40
1831	13 994	2 374	7 767	24 135	1831—1841	1.30	1.00	0.54	1.03
1841	15 929	2 622	8 200	26 751	1841—1851	1.22	1.00	−2.28	0.24
1851	17 983	2 896	6 514	27 393	1851—1861	1.13	0.58	−1.17	0.56
1861	20 119	3 069	5 788	28 977	1861—1871	1.25	0.94	−0.70	0.86
1871	22 789	2 269	5 398	31 556	1871—1881	1.35	1.06	−0.48	1.02
1881	26 046	3 743	5 146	34 934	1881—1891	1.11	0.76	−0.94	0.79
1891	29 086	4 036	4 680	37 802	1891—1901	1.15	1.05	−0.51	0.95
1901	32 612	4 479	4 447	41 538					

注：这里的联合王国指的是英格兰、威尔士、苏格兰和爱尔兰四地区的总和，即英国。

资料来源：B. R. Mitchell and P. Deane. *Abstract of British Historical Statistics*. Cambridge，1962；P. Deane and W. A. Coal. *British Economic Growth* 1688—1959. Cambridge，1967.

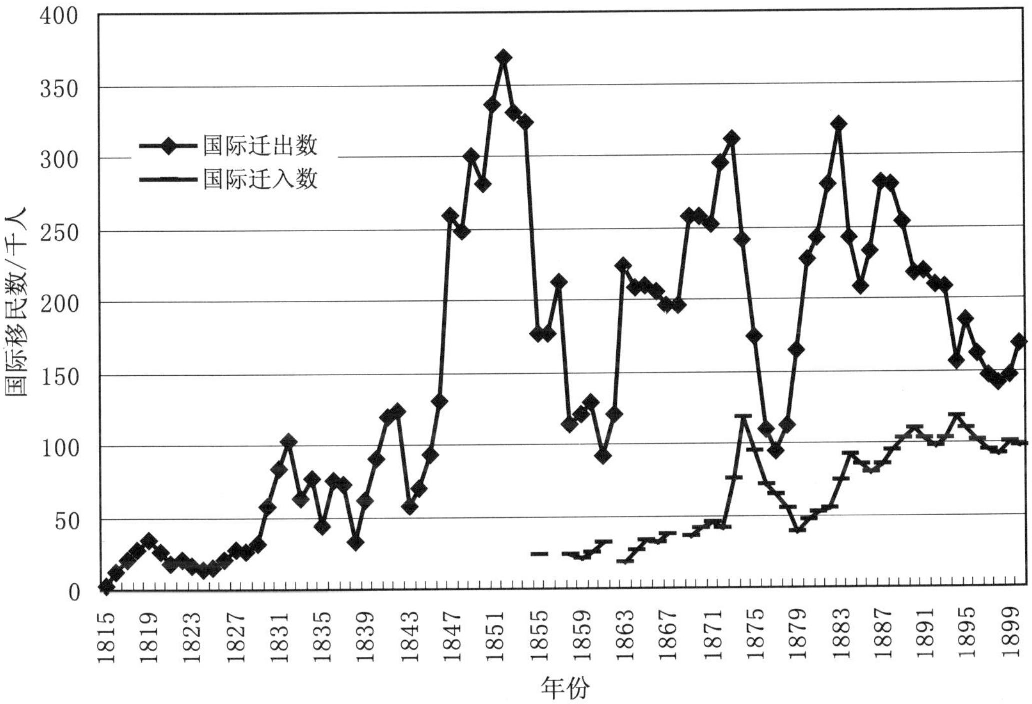

图 8—1　英国的国际移民数

资料来源：[英] B. R. 米切尔. 帕尔格雷夫世界历史统计·欧洲卷（1790—1993）[M]. 北京：经济科学出版社，2002.

英国人口在经济活动上最大的特点是农业人口比重很低，而且下降很快。早在 16—17 世纪，英国就是一个典型的农业国，农业人口占全国总人口的 90%左右。经济比较发达的地区农村人口比例略低，例如东部的诺福克、萨福克两郡农村人口为 70%～80%。

虽然农业中全部或部分靠农业营生的人口仍占大多数，但由于农村工业在全国各地不同程度地广泛散布，使农村经济由比较单纯的农牧业经营向农业、工业和商业多种经营的方向转变，与此同时，农业人口和农业劳动力比重逐渐减少。根据格雷戈里·金（Gregory Kin）估计，1688 年，农业劳动力占整个劳动力的 60%～80%；到 1821 年，其农业劳动力比重减少到 28.4%，而工商业劳动力比重急剧上升。这反映了农业革命和工业革命的开展进入高峰。随后，作为世界上第一个实现工业化的国家，自 1851 年农业劳动力达到 202 万，占在职经济活动人口的 21.5%以后，农业劳动力的相对比重持续下降，1901 年减少到 8.7%。显然，英国农业劳动力的这种大幅度减退同英国把本国作为“世界工厂”，依赖从殖民地和落后地区输入农产品的经济政策是分不开的。

8.2 圈地运动与土地私有化

15 世纪末叶以后，确立土地私有产权的时机成熟。市场的扩大，地区间、国家间贸易的不断发展，尤其是毛纺织业的兴起引起羊毛价格的上涨，增加了创新土地专属私有权的收益，从而使英国从原来的羊毛出口国转变为织物制造国和羊毛进口国。与此同时，新增的人口也对土地提出了新的要求。这些变化造成了强大的推动力，要求重新调整土地制度。圈地运动①促成了英国土地私有产权的确立。

英国资本主义土地所有权的建立是伴随着圈地运动进行的。英国圈地运动是从 13 世纪开始的。1235 年，亨利三世（Henry Ⅲ，1207—1272）颁布了麦尔顿圈地法，规定允许领主圈占土地，标志着英国圈地的正式开始。当时领主圈地是为了使耕地连成一片，使分散的经营成为集中统一的经营，以便从事农业技术的改良，或者将牧场扩大，或者建立私人猎场等。直到 14 世纪，在各郡圈地的领主还很少，圈地规模不大。

15 世纪 70 年代以后，圈地又迅速兴起，遍及英格兰各郡，中部地区尤为盛行。圈地运动将所有权模糊不清的公有地、份地界定为私有地。养羊业的发展是这次圈地的直接原因。

当时，英国农家几乎都有养羊的传统。这时羊毛已成为最重要的出口商品，羊毛贸易是英国商业资本最初和最重要的投资部门。15 世纪中叶，由于受弗兰德斯羊毛价格上涨的刺激，尤其是 16 世纪后英国以农村为基础的毛纺织业兴旺发达起来，羊毛价格不断上涨，远远超过了谷物，使养羊比种植谷物要有利，养殖业成为获利丰厚的事业，因此，大批耕地被围圈起来改成牧场，雇用自由劳动者进行放牧。

同时，分散的条田制耕作方法已经不能满足人口革命带来的人口迅速增长对农产品的需求，圈地已经是势在必行。进入 16 世纪以后，英国人口有了较快的增长。人口

① 所谓“圈地运动”（Endosure），是指西欧的公有农地和牧地转变为现代模式的围以篱笆的小园田和联合农场的过程。从 13 世纪到 19 世纪中叶，英国圈地运动持续时间长达 6 个多世纪。从圈地运动开始到 17 世纪末、18 世纪初为早期圈地运动，18 世纪到 19 世纪中期为晚期圈地运动，整个运动的最高潮在 1793—1815 年拿破仑战争时期。1845 年以后，圈地运动已近尾声。1876 年公布的禁止非法圈地的法案虽只应用于公有地，但圈地作为“运动”业已结束。欧洲大陆的圈地运动主要发生在 18—19 世纪。德国、法国、俄国和丹麦的圈地运动主要是通过政府法令施行的。捷克和波兰在 1918 年以后也出现过圈地运动。

的迅速增长给土地造成压力，而分散的条田制经营方式比较落后，更重视共同合作，收割时各自收割自己条田的产品。这样，人们不关心耕地和牧场的土壤改良，土地利用率不高。圈地以后，土地连成片，有利于耕作和灌溉，使农牧产品的数量得到较大幅度的增加。

从15世纪末开始的圈地运动大致经历了两个时期。从圈地运动开始到17世纪末、18世纪初为早期圈地运动，18世纪到19世纪中期为晚期圈地运动，整个运动的最高潮在1793—1815年拿破仑战争时期。早期圈地运动是从与市场联系最密切的东南部农村开始的。地主贵族最初圈占森林、荒地、牧场、沼泽等公有地，后来圈占小佃农的租地和公簿持有农定期的、终身的乃至世袭的份地。在宗教改革中，国王把没收的教会领地赐给亲信宠臣，或卖给乡绅、土地投机家、市民、商人和工场主。他们变成新贵族，也大规模地圈占农民土地。根据1630年和1631年的调查报告，莱斯特郡在两年内圈地10万英亩，约占该郡土地的2%。大部分圈占地变成牧场。主要的圈占者是乡绅，1485—1550年，他们在莱斯特郡圈地的面积占圈地总面积的60%。大批农民被迫出卖土地，或远走他乡。

圈地运动引起了16世纪上半期大规模的农民反圈地起义。在农民起义的打击下，圈地运动有所收敛。都铎王朝与早期斯图亚特王朝考虑到兵源、财政和社会治安诸因素，基本上采取反圈地政策。1489年，亨利七世（Henry Ⅶ，1457—1509）下令禁止圈占20英亩以上的农庄。1515年，亨利八世（Henry Ⅷ，1491—1547）限令在一年之内将改为牧场的耕地复原。但这些法令并没有产生实际效果。到了16世纪末17世纪初，由于国内工业和对外贸易的发展，城市人口迅速增加，除了需要更多的羊毛外，对粮食、肉类和奶制品的需求也大大增加，圈地运动又加剧起来。1593年议会废除反圈地法令，引起圈地狂潮，大量耕地改为牧场。1597年虽因连续四年歉收而恢复反圈地法令，但在都铎王朝最后一次议会（1601年）中，剥削阶级的舆论已倾向于最后废除反圈地法令。1607年中部各郡反圈地起义又迫使统治阶级继续采取反圈地措施。1640年资产阶级革命爆发后，剥削阶级已不再反对圈地。从1688年起，大地主掌权的政府逐渐改变政策，公开支持圈地。随着圈地运动的发展，独立小农随之逐渐减少，大租佃农场和牧场逐渐增多。早期圈地运动规模小、数量少，对农民的影响程度不大，未造成农民与土地的分离，大多数农民仍占有土地。

18世纪开始，圈地变成由社会法令批准的“合法”行动。从18世纪30年代到19世纪30年代，议会总共通过了4 044个圈地法令，其中以19世纪初期到1820年最多，20年间通过的圈地法令为1 659个。按照法令规定，申请圈地须得到本牧区4/5土地持有者的同意后才能向议会提出。但是所谓的4/5，实际上并不是按照实际户数而是以同意者的土地占该区土地总面积的比重计算。因此，圈地经常是只凭少数的几个大领主和乡绅的意志来决定，持有小块份地的农民往往是受害者。取得议会圈地许可后，主持人就把被圈的彼此交错间杂的条田集中起来，在土地持有者之间重新分配，而独立小农分到的土地一般是最差的，而且往往被迫廉价出卖，被圈的土地绝大部分集中在少数大地主手中，有的租给大租佃农场主经营，有的变为大牧场，甚至成为贵族的狩猎场。仅“1801

年到1831年农村居民被夺走350多万英亩公有地，农村居民却未得到过一文钱的补偿”。通过此种“私有化”，大量农民的财产权——土地使用权被强行剥夺，农民同自己的生存资料分离，失去生存保障，被迫成为劳动力市场上的无产者，靠出卖自身劳动力才能生存，即只有“自由”地服从雇佣劳动制度和接受资产阶级剥削才能生存。资本主义生产关系所必需的能被雇用的劳动力，在圈地运动中大量产生了。另据统计，1760—1844年共圈地631万英亩，比早期的圈地规模增加了近13倍。随着圈地运动的进行，公用地和世袭地的份地都变成了私有土地。19世纪中叶，圈地运动结束，英国土地私有制确立。

8.3 农业发展

近代英国农业发展的转折点是和17世纪的资产阶级革命密切相关的。这场革命摧毁了封建土地所有制，确立了资产阶级和土地贵族的大土地私有制，这种大土地私有制成为资本主义农业发展的基础。

英国的资产阶级革命是从1640年开始的，经历了漫长曲折的发展过程。而土地始终是其中的中心问题，是通过一系列立法来解决的。1640—1649年，“长期国会”先后颁布了没收大主教及保皇党人土地和国王领地的法令，以及拍卖大主教和主教土地的法令。随后到17世纪50年代，又先后实行了一系列拍卖土地的措施，到1654年，这些被拍卖的土地的53.73%为伦敦资产阶级所占有。1657年，克伦威尔政府实行新宪法——《最恭敬的请愿书》，确认从革命开始以来所颁布的一切土地法令，从而确立了资产阶级和新贵族大地产者垄断土地的制度。

1688年，威廉三世（William Ⅲ，1650—1702）推翻了斯图亚特王朝，确立了君主立宪制度。这标志着资产阶级革命结束，也宣告了英国新的历史时期的开始。在君主立宪制度的保护下，英国的资产阶级和土地贵族一方面进一步巩固已经建立起来的近代私产即大土地占有制，另一方面大规模圈地，剥夺农民的生产资料，发展大农场。据统计，1696年英国的耕地面积约900万英亩，草场、牧场1 200万英亩，大小贵族和农场主占其中的1/2～2/3，而各类自耕农只占1/3～1/2。这种“土地所有的垄断是资本主义生产方式的历史前提，而且是它的基础”。[1]

威廉三世在1689年推行土地税，实行粮食出口补助金，加紧资本的原始积累，奖励农业资本主义的发展，使农业生产率大幅度提高，谷物产量也有了明显增加。统计数字表明，17世纪末每英亩产量比17世纪初（1612年）每英亩的产量（8蒲式耳）提高了1倍，使英国扩大了粮食出口。1697—1705年，其小麦输出额为1 160万夸脱。[2]

17世纪的农业土地革命即“土地所有权关系的革命”和原始积累的加强，是农业近代化的基础。尽管17世纪的农业土地革命牺牲了自耕农的利益，但它所建立的大土地私有制毕竟提高了农业生产率，在一定程度上促进了农业生产。正如马克思所说：“一方面使农业合理化，从而第一次使农业有可能按社会的方式经营，另一方面，把土地所有权弄成荒谬的东西——这是资本主义生产的巨大功劳。”[3]

18世纪初期，英国的农业革命迅速发展，在农业中采用新法轮种，大量种植苜蓿和芜菁，既改良了土壤、提高了粮食产量，又解决了家畜饲料不足的问题，加速了畜牧业的改良与发展。随着英国资产阶级的兴起，英国农业中的资本主义生产方式于18世纪后期开始普及，与此同时，圈地运动达到高峰，主要集中在英格兰的中部东米德兰和英格兰的东部与东北部的谷物种植区，促进了农业的发展。

18世纪末到19世纪上半期，随着工业化和城市化的蓬勃发展，人口的迅速增长，既需要供应大量的粮食和副食品，又需要大量的原料，这样刺激了农业和畜牧业同时发展。到19世纪50年代，英国农耕和畜牧的面积大致各占一半，农业和畜牧业都获得飞速发展。当时英国的农业和畜牧业被认为是欧洲最先进的模式。这一时期既是工业化的起飞，也是农业现代化迅速发展的高潮。农业现代化所产生的剩余劳动、资金和广阔的市场加速了工业化的发展，而工业化给农业现代化提供了机器和资金又加快了农业发展。从投资比例的变化可以看出农业现代化和工业化的同步关系。1791—1800年农业投资为340万英镑，为总投资的6%，1801—1810年增至512万英镑，占投资总额的16%，1811—1820年农业投资占投资总额的比重虽然略有下降，但农业投资为574万英镑。从1791—1820年，农业投资增长了68.8%。

但是，从19世纪20年代起，英国农业开始下滑。主要原因是英国政府并未真正触及封建土地关系。到19世纪70年代，全国农业用地的70%仍被地主所占有。由于地租较高，租赁条件苛刻，在一定程度上影响了农业的发展。此外，产业革命后，工商业蓬勃发展，吸引了大量农业必需资金和劳动力。同时，建设工厂和铁路等占用了大量农用地，对农业影响很大。从19世纪70年代起，谷物种植总面积从1874年的943.1万英亩降至1887年的814.6万英亩。与此同时，美国、加拿大、阿根廷的大量廉价谷物进入英国市场，使19世纪80年代和90年代的英国小麦价格比19世纪70年代初期跌落1/2。为此，英国谷物付出了巨大代价。1913年英国谷物种植总面积比1870年减少了25.6%。这样，在19世纪70年代初期，在英国3 300万人口中，国内生产的粮食能供应2 600万人，粮食自给率为79%。但到第一次世界大战前，人口增至4 500万人，而英国生产的粮食仅能供应2 600万人，粮食自给率为36%。

8.4 对外贸易扩张

尽管英国具有悠久的商业传统，但真正打破中世纪封闭状态的事件还是地理大发现和国际航路的转移。保尔·芒图在《十八世纪英国产业革命》一书中指出："我们的商业是全世界最大的，大不列颠的确是各国中最适合商业的国家，这是由于它的岛国位置，同样也是由于它的政体的自由和优越性所致。"新大陆和新航线的发现，极大地刺激了英国商人从事海外贸易的热情。英国先后组织了莫斯科公司、波罗的海公司以及后来的东印度公司等。这些公司开拓了殖民地贸易，拉动了整个大不列颠进入世界市场的进程。英国政府也大力帮助这些公司开拓海外贸易。早在1650年，英国就通过对葡萄牙的战争，取得了在葡属殖民地的贸易特权。1651年，英国发布了第一个航海令，规定欧洲货物只能由英国或英国殖民地的船只运达。1660 年又颁布了第二个航海法令，特别规定船长和至少 3/4 的船员必须是英国人。1652—1674 年英国和荷兰发生了三次战争，英国获得了荷属北美新尼德兰殖民地。18 世纪中叶英国与法国频繁冲突，在 1756—1763 年的“七年战争”中英国获胜，夺取了加拿大及附近的土地以及小安德列斯群岛和塞内加尔的一部分。殖民地不仅是英国原始积累的直接来源，而且逐渐成为英国的原料供应地和产品销售地。

所以，这一期间英国的对外贸易有了迅速的发展，尤其是 18 世纪后半期更为显著。1701 年英格兰和威尔士的进口额为 579 万镑，到 1751 年增加到 794 万镑，同期出口额由 624 万镑增加到 1 242 万镑，分别增长了 37%和 99%。而到 1791 年，进口额增加到 1 769 万镑，出口额增加到 2 143 万镑，分别比 1751 年增长了 122%和 73%。从整个大不列颠情况看，1772 年进口额为 1 451 万镑、出口额为 1 772 万镑，到 1802 年分别增长到 3 144 万镑和 4 612 万镑，分别增长了 117%和 160%。[4]另据统计，1700 年，离开英国港口的商船只有 31.7 万吨，1751 年增长到 66.1 万吨，到 1800 年进一步增长到 192.4 万吨，增长了 5 倍以上。1697—1714 年间，英格兰和威尔士的出口每年增长 2.8%，而 1783—1802 年间达到 5.9%。尽管很难说究竟是工业变革和生产发展导致了对外贸易的扩张，还是对外贸易的扩大导致了工业的起飞，但两方面的相关关系是显而易见的。工业革命正是发生在对外贸易迅速扩大的背景之下（见表 8—3）。

表 8—3　大不列颠的对外贸易结构　%

年代	出口结构			进口结构		
	制造品	原料	食物	制造品	原料	食物
1700	80.8	8.2	11.0	28.4	45.0	26.6
1750	75.4	16.8	7.8	14.4	54.5	31.1
1801	88.0	5.1	6.9	4.9	56.5	38.6
1831	91.1	5.5	3.4	2.2	70.4	27.4
1851	81.1	13.3	5.6	4.9	58.2	36.9

资料来源：N. F. R. Crafts. *British Economic Growth During the Industrial Revolution*. Clarendon Press，1985.

然而，更重要的是，这次商业扩张与过去的贸易扩大具有不同的性质和不同的影响。一方面，大量新的廉价的商品进入市场，商品经济的规模空前扩大；另一方面，这种大规模的商品贸易已经突破了中世纪贸易的狭小范围，进入大众消费领域。从英国的出口商品构成来看，最大宗的出口为棉纺织品和毛织品。1820 年，4/5 的英国棉纺织品输往欧洲和北美洲。虽然英国也向亚洲输出很多棉纺织品，但它却带回来价值几乎相等的、质量更好的棉纺织品。至于毛织品及毛线的输出，其历史基本上和棉纺织品相似，但细节有很大不同。因为在生产普通毛织品中，老式设备从来不像在生产棉纺织品中那样不适用，因此连一个很落后的地区也能把自己的羊毛造成有其自身某种天然风格的坚实材料。所以，英国毛织品的输出从来不像它的棉纺织品输出那样，在世界产量中占有很大的份额。但英国毛料在式样方面长期以来一直领导着世界潮流，而且英国最善于制作男装的上等毛料。

值得注意的是，英国的贸易统计资料显示，1846 年以后，服装的输出额增长特别显著。其原因是，马铃薯的歉收、黄金热和1848年的危机，使英国移民大量涌到一些新国家里，这些移民都愿意买家乡的衣服，而且其中有许多人出得起高价。英国服装由此而开始大量输出，而且几乎完全输往它的殖民地。它的一大部分殖民地贸易一直是由食品、服饰等构成，因为这些移民喜欢老家的式样。

工业革命以后，1801—1850年间，根据官方估计的出口总额和再出口总额从5 400万英镑增加到8 300万英镑（见表8—4、图8—2）。1850年，英国在世界贸易总额中的比重达到22%，由于贸易是双方的商品交换关系，一国对外贸易额不可能超过50%，这就意味着世界将近一半的商品额是英国同世界各国工业革命的积极推进，英国对外贸易的增长比工业的增长更快。1821—1873年，英国人均商品出口总额年增长率为4.3%，是同期人均收入增长率1.57%的3倍左右，对外贸易被誉为经济增长中的“发动机”。1850—1870年，棉纺织品的出口价值从2 886万英镑增加到7 142万英镑，增长了1.5倍，铁和钢的出口价值从540万英镑增加到2 350万英镑，增长了3.4倍，煤和焦炭的出口价值从130万英镑增加到560万英镑，各种机器的出口价值从100万英镑增加到530万英镑。1870年，英国在世界贸易总额中的比重上升为25%，几乎相当于法国、德国和美国的总和。[5]

表8—4 英国的对外贸易（1796—1900） 单位：百万英镑

年份	进出口总额	进口总额	国内出口总额	再出口总额	年份	进出口总额	进口总额	国内出口总额	再出口总额
1796	79	40	30	9	1850	186	103	71	12
1801	123	69	41	13	1855	261	144	96	21
1805	109	61	38	10	1860	276	211	36	29
1810	150	89	48	13	1865	490	271	166	53
1816	140	71	52	17	1870	547	303	200	44
1820	104	56	38	10	1875	655	374	223	58
1825	97	51	38	8	1880	697	411	223	63
1830	109	56	47	6	1885	642	371	213	58
1835	128	68	51	9	1890	750	421	264	65
1840	152	91	51	10	1895	703	417	226	60
1845	157	88	60	9	1900	877	523	291	63

资料来源：[英] B. R. 米切尔. 帕尔格雷夫世界历史统计·欧洲卷（1790—1993）[M]. 北京：经济科学出版社，2002.

1872年以后，相反的力量导致了物价的下降。所以，虽然输入总额仍急剧增加，但其货币价值却徘徊在1872年的水平达18年之久，到1890年达到与1872年比肩的水平。但随后由于物价下跌而下降，直到1900年又达到了1872年的水平。另据统计，在1876—1885年这十年中，英国工业产品的出口额大约占世界出口总额的38%，即使到1899年有所下降，仍占世界工业国家总出口额的33%，是当时西欧、加拿大、美国、日本和印度的总和。[6]英国这一优势地位在世界经济史上是独特的，只有美国在20世纪中叶才达到这一水平。

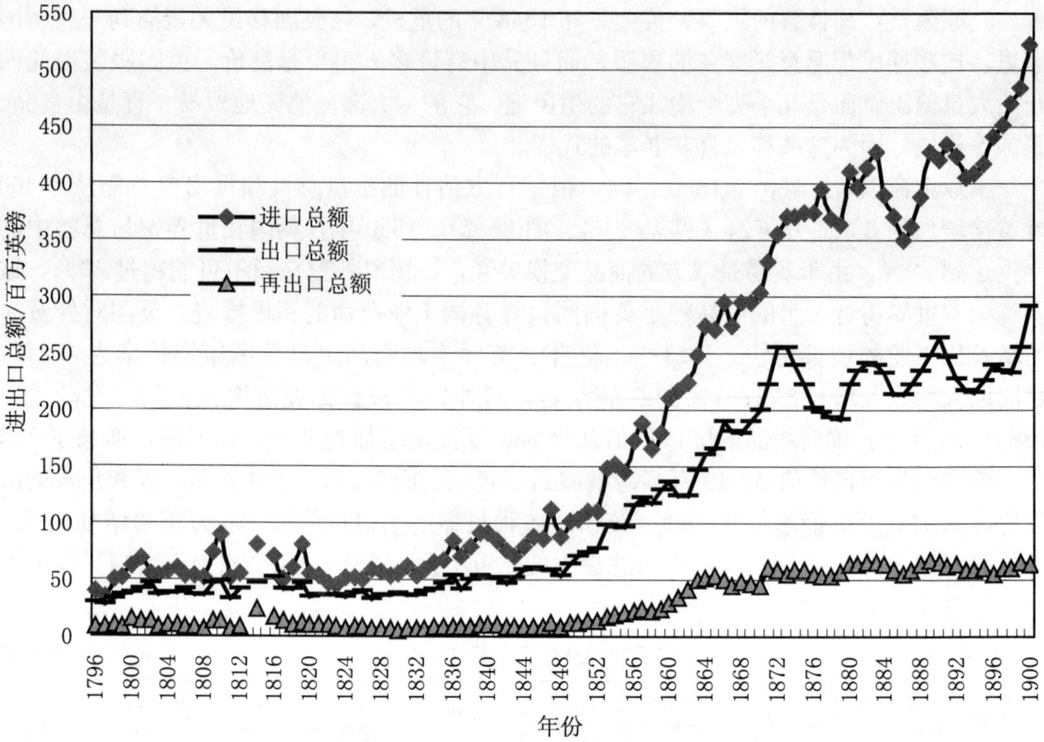

图 8—2　1796—1900 年的英国对外贸易

资料来源：［英］B.R. 米切尔. 帕尔格雷夫世界历史统计・欧洲卷（1790—1993）［M］. 北京：经济科学出版社，2002.

8.5　自由贸易政策与金本位制度

英国是最早实行自由贸易政策的国家，它最先完成产业革命，是 19 世纪最强大的工业国家，1850 年工业产量占世界 30％。同时英国又是最大的殖民帝国，版图占地球陆地面积的 1/4，殖民地面积超过本土 10 倍。英国成为世界工厂，商品销向全世界，原料、食品购自全世界。这就决定了英国必须冲破国内保护贸易的限制，积极推行自由贸易政策。从 19 世纪初开始，在工业革命中迅速成长起来的工业资产阶级，同土地贵族、金融贵族和大垄断商人进行了近半个世纪的斗争，最终废除了贸易保护主义，确立了自由贸易政策。

1811 年和 1833 年，英国废除了东印度公司对印度和中国的贸易垄断权。19 世纪 20 年代，英国与各主要国家订立了互惠关税协定，把工业品的进口税率降低到平均 30％的水平，取消了丝织品进口的禁令，降低了生丝、羊毛、煤等原料的进口税率，废止了包括机器在内的所有输出品的限制。与此同时，还取消了原来构成英国财政制度主要基础并严重束缚国内贸易的许多消费税。关税税则的改革调整为英国转向自由贸易做好了准备。

1815 年，英国政府为了保护土地贵族的利益，正式通过了《谷物法》，规定对谷物的进口实行限制或禁止，以保证谷物的价格水平，避免外国竞争。这一政策人为地提高了谷物的价格，使土地贵族获得垄断地位，却提高了资本家必须支付的工资成本。因此，工业资产阶级强烈反对《谷物法》。1836年以后的农业连续歉收和工业萧条之后，第一个反谷物法协会在伦敦成立，但更大的运动却发生在曼彻斯特、兰开夏等工业中心。后来，英国部分工厂主和知识分子以曼彻斯特商会为中心展开了反谷物法运动。1839年年初，在曼彻斯特召开了各地反谷物法代表大会。同年5月，在伦敦成立了全国性的反谷物法同盟，总部设在曼彻斯特。反谷物法同盟掀起了一场声势浩大的宣传运动，宣称进口外国的谷物可以通过增加纺织品和其他货物的出口得到补偿。

19世纪40年代，自由贸易取得决定性的胜利。1842年，罗伯特·皮尔首相废除了英国制成品的特别出口税，并降低了海关税则上不少于750个税目的进口税，并再次开征所得税以弥补预期的收入损失。1845年，皮尔取消了520种关税，并废除其余原料进口税。1845年的英格兰歉收和爱尔兰的马铃薯病虫害，为废除《谷物法》提供了良好的机会。当时，马铃薯是许多英国人尤其是爱尔兰人的主食。马铃薯的歉收使数千人因饥饿而死。在这种背景下，皮尔在辉格党的支持下，使废除谷物法的法令于1846年得以通过，《谷物法》被废除了。玉米的进口税立即完全废除。小麦、燕麦、大麦、黑麦的税率大为降低，取代了1842年调节制规定的税率。从1849年开始，将按固定不变的名义上每夸特1先令的税率征税。黄油、乳酪、鸦片和腌鱼的税率减少一半，其余各种粮食自由输入。代表重商主义的《航海条例》也是自由贸易的主要障碍。1849年，《航海条例》受到限制，只适用于联合王国的沿海贸易。到1851年，该法令被彻底废止。这使航运业务像谷物一样，向所有国家开放。此后，“工业生产上的每一个障碍都被毫不容情地扫除。关税率和整个税收制度实行了根本的改革”[7]。

19世纪50—60年代，格莱斯顿首相执行了坚定的自由贸易政策。1852年，国会以468票对53票正式通过自由贸易原则。同年，免除关税货物达123种，减税133种，1853年进一步削减关税，1854年又使蔗糖关税均等化。以后15年，除茶、酒、可可外，其余关税一律免除。1860年，格莱斯顿实行了英国对外贸易完全自由化的第一个预算。在这一年里，税目削减到48个，废除其余大部分食品关税，所有来自英国领地进口品享受的优惠税率也被废除了。只有蔗糖和糖果进口税依然是重要的财政收入来源。后来的预算又免除了木材关税，1869年取消谷物进口的注册费，1875年免除了蔗糖进口税。1860年以后，只有少数商品保留着进口税，像白兰地、葡萄酒、烟草、咖啡、茶叶和胡椒等。直到19世纪末，没有通过任何保护关税提案。这样，英国成为执行自由贸易政策的国家。

1860年，英法双方的代表经过谈判，签订了《英法条约》。英国方面参加谈判的是反谷物法同盟的代表人物柯布敦，法国代表是舍瓦利埃，所以1860年年初在伦敦达成的贸易协定被人们称之为《柯布敦—舍瓦利埃条约》。根据该条约，英国同意废除所有制成品的关税，把对白兰地征收的关税降低到殖民地产品的水平，并将降低葡萄酒的进口税。这使法国获利最大。法国方面虽然不是给予自由贸易，但是一切进口禁止都废除了，对关税也进行了限制。法国降低英国煤炭、焦炭、条铁、生铁、钢、机器、工具、纱线、大麻及亚麻制品的关税，在1864年10月1日达到商品价值的30%，以后不超过25%，征收关税的商品减少到总数的30%，关税平均约为15%。

1860年的条约也有效地把欧洲大部分地区变为低关税集团的一部分，条约的作用远远超出英法贸易体制。它开启了一系列以自由贸易精神进行的关税条约谈判。已经完成了自由贸易计划而不能再提供关税减让的英国，又与比利时、意大利、德意志等许多国家订立了带有自由贸易的通商条约，相互提供最惠国待遇，放弃贸易歧视，这意味着英国自由贸易政策在国际上的胜利。

虽然19世纪70年代末欧洲又开始掀起了保护关税的新狂热，但占欧洲向海外出口1/2和进口1/3的英国与占世界人口1/4的英帝国大部分地区仍然坚持自由贸易原则。自由贸易政策的确立，使英国价格低廉的机器工业品在国际市场上充分发挥竞争优势，为大宗工业品的输出和大宗原料、粮食的输入打开了大门，促进了英国对外贸易的飞速发展。

在实施自由贸易的年代里，英国羊毛、棉花、亚麻等轻工业主要原料的进口大幅度增加。1840年，英国为国内消费进口了454.5万公担棉花、4 842.1万磅亚麻和大麻。1870年，进口棉花增加到983.6万公担，羊毛增至17 100万磅，亚麻和大麻增至5900万磅。英国工业品的出口也随之扩大了。[8]由于《航海条例》的取消，运输费降低，以及其他国家的关税减让，大幅度降低了英国工业品的价格，增强了其竞争能力。英国的机床、机车等重工业产品越来越畅销。到1870年，英国的贸易总额竟达到5.5亿英镑。由此可以想象英国贸易的活动能力和财富的积累是巨大的。[9]

英国实行金本位并不是人们设计的结果，而是经济发展的必然。1717年，艾萨克·牛顿（Isaac Newton，1643—1727）将金价定为3英镑17先令10.5便士，这被认为是金本位制度的开端。这个价格一直延续到1931年，其中从1797—1819年和1914—1925年曾经中断过。

英国从法律上正式实行金本位制是1816年利物浦伯爵（Robert Banks Jenkinson）成为联合王国首相以后的事情了。1774年的货币重铸取消了银作为通货的地位。1816年6月22日，在利物浦的主持下，英国议会通过法案，规定英国铸币法允许铸造金索洛林，这是一种价值20先令的金块。金索洛林的黄金含量与黄金铸价固定一致，银币只是黄金的法定辅币，而且由于规定只能进行2英镑的法偿支付而进一步受到限制。1819年恢复了因为英法战争而停止的银行券自由兑换黄金的业务，当时一项国会立法许可英格兰银行恢复此业务以尽快进行现金支付。1821年的法案又允许以金币进行现金支付，而且取消了把金币熔化成金块的法律限制，宣布金银锭可以自由交换。

1844年的《银行法》具体规定英格兰银行发行部所应保持的黄金储备，但允许银子储备占总额的1/3。这意味着英国在法律上实现了完全的金本位体制，具备了金本位体制的特点：①法律规定货币的含金量；②含有一定成色、重量的黄金货币为本位币，可在市场上流通，流通中的其他货币可以随时兑换成黄金；③居民可以自由铸造和熔化黄金；④对黄金的输出和输入没有任何限制。1844年的《银行法》限制了银行券发行，但对汇票或银行存款却没有限制，因此汇票和银行存款在英格兰大量增加。英镑汇票用于世界范围的贸易或成为外国的紧密替代货币，而英镑利率则由伦敦操纵，所以金本位制实质上就是英镑本位制。[10]

尽管英国的金本位制广受争议，但是在国际金本位制下，金币可以自由铸造或熔化，使金币数量能够自发地满足流通中的需要。金币可自由兑换，保证了黄金与其他金属铸币和银行券之间比价的稳定，黄金可自由输出输入，从而保证了国际金融市场的统一。金本位制作为一种比较稳定的固定汇率体系，促进了当时国际汇率的稳定、国际贸易的发展和国际资本流动。

8.6　银行的发展与金融体系

8.6.1　银行的创立与发展

现代银行体制的建立和日趋完善是由16世纪的英国首先开始的。当时，英国正值资本主义上升时期，疯狂的资本原始积累和工场手工业的广泛发展急需大量的资金，这一切大大地激发了最初的银行业，伦敦“金匠业”的发达便是一个显著的例证。经过一段时期的演变，金匠业务逐渐形成了所谓的“金匠原理”，实现了人类货币金融史上的一次重大飞跃——货币经营业和货币贷放业的最初结合，使最初形态的银行在英国出现了。

在英国银行发展的过程中，英国诞生了世界上最早的私人股份制商品银行——英格兰银行，具有特别重要的意义。1694年，英王威廉三世（William Ⅲ，1650—1702）以政府力量协助英国商人自行组织建立了英格兰银行。当时英国为了筹集英法战争的费用，由本来是政府债权人的金匠集合的120万英镑作为股本向社会募集。成立之初即取得不超过资本总额的钞票发行权，主要目的是为政府垫款。这一计划的主要特点是通过股份公司的形式筹措资金，然后贷给政府，同时在政府的授权下发行可兑换银行券，以供贷放和流通。该计划道出了现代西方银行体制的最根本秘密。它不但满足了英国财政需要，开创了银行大规模贷款给政府的先例，而且也满足了新兴资产阶级实行低利政策以促进资本主义经济的发展和以强大的金融力量给英国高利贷者以致命打击的愿望。因此，英格兰银行的建立可以说从此开创了近代股份制商业银行的新纪元。但是，当时的英格兰银行尚未完全做到发券业务与存贷业务在机构上的分离。起初，该行只是向政府贷款、接受政府存款、发行银行券、代理国库，但不久它便承担了多项业务：接受存款、进行金银贸易、发行货币、处理税收、为政府转移海外财富等。它发行的纸币建立在完全可以兑换的基础上，这使它发行的纸币逐步稳定地支配了伦敦市场。[11]

英格兰银行的主要业务是和政府的往来，在每次特许状展期时，政府总是要索取更优厚的条件，而英格兰银行也给予更多的贷款。当政府开始以财政部债券作抵押以取得短期贷款时，主要是通过英格兰银行办理的。不过，英格兰银行还没能垄断与政府的业务，其他银行也可以给政府贷款。但是，英国政府官员发现与英格兰银行往来是很便利的。所以，1750年以后，英格兰银行开始向中央银行发展。

从18世纪中叶到19世纪初，在英格兰银行不断发展壮大的同时，英国其他一些私立银行也开始迅速蓬勃发展。1775年，一般私立银行有150家，1790年增加到350家。1826年西欧金融业的银行立法进一步扩大了英格兰银行券的发行区域和发行额，同时也强化了非伦敦地方发券小银行的资本基础，在地方也形成了资本雄厚的发券银行。1833

年，英格兰银行券获得了合法货币的资格，同时，其他一些私立银行则开始转向存款业务，第一次出现了发券业务与存贷业务在机构上的分离。1844年，英国国会通过《银行特许条例》，即《皮尔条例》，该条例首次以法律的形式确立了英格兰银行独占货币发行权的地位，形成了现代中央银行制度的基础，迈出了其成为中央银行的决定性一步。《皮尔条例》的主要内容是：规定英格兰银行的银行券发行业务与其他业务绝对分离；规定禁止新的发券银行的设立；规定以国债为担保发行不超过1 400万英镑的银行券，超过这一限额必须有十足的金银作保证；规定英格兰银行券为英格兰、威尔士地区的合法货币。《皮尔条例》加速了英格兰银行和英国货币发行的垄断，也加速了存款银行的建立和发展，造成了发券银行与存款银行的分离和分立。

进入18世纪以后，伦敦银行业已形成以英格兰银行为中心、各私营银行不断发展壮大的局面，私营银行在数量和功能专业化程度方面都取得了显著发展。私营银行从1725年的24家左右增加到1776年有大约51家。这些银行持有大量的现金储备，为其委托人投资股票或政府的有价证券，并受托管理富有人士的个人财富，也发放抵押贷款或投资私人债券。

与此同时，18世纪在伦敦以外的英格兰和威尔士地区的银行逐步发展起来。这些非伦敦地区的银行被称为乡村银行。乡村银行最普遍的职能是接受他人钱币的实业家和资金传送者，多数职业的合伙人将其视为自身主业或者当地企业融资运营资本的工具。随着银行业务的不断扩大，非银行业务被分离、出售或放弃，乡村银行逐渐成为专业化的金融机构。1750年以后，乡村银行发展速度加快，到1798年已有312家，到1810年有执照的银行达到783家，加上未注册的银行，总数超过800家。尽管这些银行大多数规模小又没有分支网络，但通过合约与伦敦的银行有各种业务联系，克服了单一银行体系的多种明显不利之处。

19世纪20年代以后，股份制银行也迅速发展起来。1826年《银行法案》允许在伦敦65英里外的地区成立私营股份制银行。这些股份制银行接受存款、发行银行券，并提供短期商业信贷。1826年到1844年的《银行法案》通过之前，英格兰和威尔士有大量股份制银行成立，其中72家发行银行券。到1844年，伦敦已有21家股份制银行，并有52家分行，而地方股份制银行已经有1 052个分行。1862年，英国议会通过《公司法案》，对原来的股份公司法律进行修正，英国股份制银行的发展进入新阶段。股份制银行的成长带来了英国银行体系在19世纪后半期空前的银行业集中进程，经过并购浪潮的洗礼，英国的银行机构数量大幅度减少，到1900年减少到98家。

1872年，英格兰银行开始对其他银行负起在困难时提供资金支持即“最后贷款人”的责任，确立了“银行的银行”地位。由此，英格兰银行转变为“发行的银行、银行的银行、政府的银行”，成为世界上第一个真正意义上的中央银行。随着伦敦成为世界金融中心，应实际需要，英格兰银行形成了有伸缩性的再贴现政策和公开市场活动等调节措施，成为近代中央银行理论和业务的样板及基础。这时，由于英格兰银行已经确立了其中央银行的地位，其他一些地方私人股份制商业银行为了适应时代的需要，逐渐放弃了在竞争中处于劣势的银行券发行权，而是全力发展更为有利和更有前途的存款业务。这一时期，出现了伦敦贴现所。随着银行券发行业务为英格兰银行独占化，地方私立银行和伦敦私立银行发券业务的分立以及贴现银行的建立，逐渐形成了英国通货的三级弹性供给制度。这种英国式的银行体制，使银行体系各成员得到充分的发展，又彼此联系，强化了整个银行体系。到19世纪末，英国银行体制逐渐趋于完善，并为英国金融与经济的进一步发展奠定了雄厚的基础。

8.6.2　金融体系与证券交易所的兴起

17世纪以后，英国深受新航路开辟及由此发生的“商业革命”的影响，贸易迅速发展，新兴资产阶级的经济力量愈益增长。其时恰逢英国历史上的“重商主义”时期，通过特许贸易、创建殖民地、关税倾斜甚至发动商战经济政策，英国开拓了庞大的世界市场。这为英国近代金融体系的初步形成奠定了坚实的制度基础，也顺应了建立新的适应经济发展要求的资本主义金融体制的内在要求。1688年光荣革命①之后到工业革命开始之前，英国初步形成了一个由国债制度、银行体系和证券市场三者构成的近代金融体系。

在17世纪中后期，由于战争、宫廷开支等巨大耗费，英国政府遂将国债制度作为其缓解危机的主要手段。在此期间，英国财政部与国有化英格兰银行的建立，国债发行数额、国债利率以及国债发行相关保障体系的创制与日趋完善，使得国债制度日臻成熟。特别是1689年的《权力法案》标志着以议会为主体的立宪制度的确立，使政府的信用从国王个人的信用转变为整个国家的信用，国债的发行也逐渐有了牢靠坚实的国家保障，国债利率不断下降可以说是英国政府信用不断增强的标志。

英国的国债分为短期和长期两种。1688年以后直到工业革命前夕，有一个此消彼长的过程。开始一直是短期国债占绝对优势，直到1713年后，长期国债开始迅速上升，到1730年，长期国债占总债务的比重已经达到90%以上。

英国的短期国债主要由符木和短期国库券构成。此外，还有海军票、陆军券等形式。符木是一种榛木签，上面刻有财政部收取或赊欠数额的标记，再把木签对分，由财政部和债权人各执一半。兑现时，两半符木必须相吻合，然后一起焚毁。1661年王朝复辟时，符木获准利息，并附有一份财政部的付款凭证，表示财政部应给予优先支付。财政部的付款凭证是真正有价值的重要文件，它是用羊皮纸书写并有财政部高级官员的亲笔签名，并且这些凭证通常可以背书转让。进入18世纪初期以后，随着政府信用的加强，符木这种形式越来越少使用，到1751年被完全取消。

英国的短期国债的另一种主要形式是短期国库券的发行。为了配合1696年的“硬币大重铸”，财政部发行了短期国库券以应付硬币重铸时市场上的流通需要。那时，票面金额小于20英镑的英格兰银行券尚未发行。财政部于1696年发行了总计15.9万英镑面额为10英镑的短期国库券，主要用于市场流通。1697年，政府又发行高达150万英镑的短期国库券以筹集军费。这些债券可以背书转让，而且利息很高。以后的短期国库券的发行，英格兰银行起了重要作用。1707年，财政部被授权以应收税款及政府的其他支付义

① 光荣革命（Glorious Revolution）是指1688年，英国资产阶级和新贵族发动的推翻詹姆斯二世的统治、防止天主教复辟的非暴力政变。这场革命未有流血，因此历史学家将其称之为“光荣革命”。君主立宪制政体即起源于这次光荣革命。

务和英格兰银行的准备金为担保发行120万短期国库券，英格兰银行每年为这笔短期国库券的流通与兑换补贴4.5%。这些国库券在财政部发行时是无息的，利息由英格兰银行自由支配，于是，英格兰银行在这一点上控制了财政部并使得短期国库券安全地在市场上流通。短期国库券由此信誉良好，政府发行越来越多，清偿负担也越来越重。在1793年以后，政府每年需要拿出45%左右的岁入用于支付国债的本息。

短期借款虽然速度快且筹集数额大，但高成本及短期还本付息的压力带来的弊端使政府考虑采用长期借款的方式。长期国债的主要特征是每年支付利息而不须归还本金，利息支付持续很长时间，但利率低于短期国债。对政府而言，大大减轻了偿还本金的负担，而且借款利率较低，成本也就降低了，每年的利息支付负担并不很重。对债权人来讲，由于政府信誉良好，这样利息就有保障。最重要的是，长期国债的发行有英格兰银行作付款保障，并且当时的伦敦股票市场已经很快发展起来，国债券可以在市场中自由转让。由此可见，长期国债是一种政府与债权人双方都乐于接受的方式，这使得它在英国发展很快，利率也不断降低。国债制度满足了英国政府的财政需求，促进了英国国内的经济稳定和对外扩张，特别是长期国债的发行对英国经济发展发挥了非常积极的作用。

如前所述，英国国债之所以能够迅速建立并发展起来，一个非常重要的原因是国债具有流动性。在伦敦股票交易所内，国债券可以自由转让，随时变现，并有升值的潜力。此外，公司的股票债券在交易所大受欢迎也使公司愿意借钱给政府换取发行股票的特权。股票交易所不仅为公司筹集大量现金，而且对国家财政贡献巨大。例如，南海公司股票价格暴涨令公司大发横财，也让将国债转化为公司股票的政府大获其利。

交易所是由中世纪的商品交易会发展起来的，是交易会的最高阶段。大商人以及许多中间人聚集在交易所，并在那里洽谈商品交易、汇兑、海事保险等业务。交易所是一个货币市场、金融市场和证券市场。17世纪初成立的著名的阿姆斯特丹证券交易所使其成为17世纪欧洲乃至整个世界的金融中心。

17世纪30年代以后，伦敦的证券与股票交易已经发展起来。1669年，托马斯·格雷欣在伦敦市中心创建了伦敦交易所，后称“皇家交易所”。早期的皇家交易所的投机主要集中在商品货物上。在1688年英国“光荣革命”之前，伦敦证券市场发展缓慢、规模很小，交易零星而且无组织。除了少量的国库票据和海军票据交易，股份公司股票和债券交易也非常有限。随着现代政府财政体系的逐步建立与发展，英国政府借款的机会与债务的规模大大增加。英国的公债在1697年时为1 450万英镑，以后每经历一次战争(与西班牙、奥地利的战争以及七年战争)，公债就稳定增加一大块，到1720年时，英国国债超过5 000万英镑，政府债务持有人数量达到4万左右，而且政府证券也有相当大的二级市场换手率，逐步形成了规模比较庞大的政府债券市场。

伦敦证券交易所作为世界上历史最悠久的证券交易所，其前身为17世纪末伦敦交易节的露天市场，当时进行交易的主要是政府债券。1773年，露天市场迁入司威丁街市内，并更名为伦敦证券交易所，沿用至今。至1802年，英国政府正式批准成立了伦敦证券交易所，随后，各地也相继出现了一些交易所。

18世纪60年代，在英国兴起了产业革命，并陆续波及欧洲大陆的其他国家。到了

19世纪，产业革命在世界范围内基本完成。欧美各国为了确立其产业资本优势，竞相在伦敦证券交易所发行债券。在英国国内也掀起了创立股份公司的高潮，伦敦证券交易所通过与各地方交易所的合并，不断地扩大其规模，英国证券市场的股票交易和债券交易都有了相当的发展规模。19世纪上半期，英国证券市场继续成长，市场中国债的比重逐步缩小，外国证券增加，公司证券的比重较大幅度提高，在伦敦之外的地方性证券交易所也发展起来。

8.7 交通运输革命

这一时期，英国也出现了交通运输的革命，即运输工具和运输方式的突破性进展，它是从解决煤炭运输开始的。航运业的发展是解决煤炭运输的最初办法。航运业在英国的发展分为内河航运和海航运两类。当时，英国的内陆交通很不发达，仍采用原始的兽力驮运，河道淤塞严重。17世纪下半叶和18世纪上半叶先后疏通了斯托尔河、阿冯河、默西河以及桑基河等。在技术革命时，由于对煤炭需要量的激增，英国开始兴建运河。1761年，沃尔斯利运河竣工，这是英国第一条现代意义的运河，它的开通不仅解决了曼彻斯特运煤的问题，而且使英国从此开始了兴建内河运输网的热潮。1777年，大干线运河竣工后，将利物浦、赫尔、布里斯托尔三个港口城市连接起来，在英格兰境内形成了一个以伯明翰为中心的运河水系。英国通过泰晤士河、塞文河、亨伯河和默西河使各大港连接起来，运河穿过奔宁山脉，使伦敦和密特兰地区及北部地区直接相连。英国可通航河道从1600—1660年间的685英里增加到1700年的大约960英里，经过改造，到1724年，大约有1 160英里长度的英格兰河流适合于航运。河流的改造为英国工业的发展开拓了前景。18世纪80年代，英国出现了规模空前的兴修运河热，用了不足30年的时间，在英格兰境内建成了四通八达的内河航运网。19世纪40年代初期，英格兰已经修建人工河道3 960英里，运河网已经形成。到1858年，英国可通航的内河水道已经达到4 250英里。

除了水路交通外，海上运输是英国交通运输的主要组成部分。英国是一个岛国，四周濒海，具有许多的天然良港，这是自然赋予的优势。

英国的海上运输发展较早，1629年已拥有排水量百吨以上的大船350艘。1760—1780年，商船队吨位达到190万吨。19世纪40—50年代，英国掀起建设海运运输网的高潮。1860年时，英国造船业使用进口的木料制造帆船。自从蒸汽机应用于帆船，英国开始用铁来制造轮船。但这项技术发展较慢，到19世纪60年代，造船业仍以生产木船为主。这种情况到了19世纪末发生了变化，这时英国建立了世界上最大的蒸汽机船队。

海上运输可以分为两个部分，即沿海运输和海外运输。沿海运输主要是沿着本国海岸线的航行，而海外运输主要是为海外贸易而跨洋越海的航行。在17世纪中期以前，尽管英国开辟了新的海外市场，但海上运输仍局限于沿海运输，大部分业务集中于86个港口和1/4的小港，大量的贸易集中于伦敦。沿海运输的物品主要是羊毛、谷物、奶酪、煤、铅和木材等。[12]

陆路交通的革命首先表现为公路和铁路的兴起。筑路工程师梅特卡夫、特尔福格等发明的新筑路方法，使公路质量大为提高，用新方法修筑的公路，大大提高了速度。19世纪30年代，长途旅行所需要的时间缩短到18世纪80年代的1/3甚至1/5。收费公路风行一时。

不过，陆路交通的革命中最重要的是铁路的修建。最初的铁路也是为解决煤炭运输问题，所以，第一条铁路实际上是建在矿区的木轨道上，货车用马来牵引。以后，木轨道上包上铁皮，又改为使用铸铁和钢。1814年，乔治·史蒂芬孙发明了第一台实用机车。1825年，英国建成世界第一条铁路，由史蒂芬孙指挥修建，全长27千米，列车由12节货车和22节客车组成，能载乘客450名，时速18千米。1830年9月15日，48千米长的利物浦—曼彻斯特铁路线通车，客货两用，很快就成为兰开夏棉纺织原料和成品运输的交通动脉。利物浦—曼彻斯特铁路堪称第一条真正的现代化铁路，使人们看到了铁路交通发展的前景和给经营带来的好处。此后，英国两度掀起修建铁路的高潮。

1836—1837年是英国修建铁路的第一个高潮期。这期间涌现出为数不少的承揽修建铁路生意的公司，从事架桥、开路、挖掘隧道、筑路等工程。仅在英国，“就有576家公司获得了总长度8 731英里铁路的修筑权”[13]。铁路事业迅速发展起来。这次高潮结束后，据统计，至1843年，大不列颠已有1 952英里的铁路通车。然而，这些铁路集中在英格兰，威尔士还没有铁路，苏格兰依然交通阻塞。专门委员会于1840—1841年向财政部呈递报告书，呼吁解决苏格兰和威尔士的铁路交通问题。19世纪40年代中期，英国出现了第二次修建铁路高潮。到1850年，英国的铁路为6 625英里，1860年为9 070英里，占欧洲的首位。[14]英国铁路网在19世纪50年代形成，伦敦自那时起成了铁路网的最大枢纽。

英国交通运输的发展构成了“三位一体”式的交通运输网络。在17世纪到19世纪，英国进行了成功的道路改革、铁路的修建和河流的改造，运河时代的到来，使英国内陆交通运输更上一层楼，以“交通运输革命”来形容也并不为过。交通运输的革命造就了持久、深刻的影响。它不仅为原材料、燃料、制成品、劳动力的运输提供了更为廉价、快捷、便利的方式，而且交通运输业还带动了其他相关性的产业。据统计，每建设1英里的铁路，铁轨、机车、车辆和道岔就需要金属制品5 000多普特。从19世纪70年代起，在钢取代了熟铁制造路轨后，引起炼钢业大发展，世界各国钢产量从1870年的50万吨猛增到1900年的2 800万吨。更值得关注的是，运输业的经济效益远远超过了提供运输的意义，它连接了城市和农村，打破了农村的封闭状态，增加了无法估计的社会效益。而交通运输的改造和完善对于英国的经济起飞具有重大的促进作用。

8.8 工业发展与世界工厂

英国在自由资本主义阶段是工业最发达的国家，其工业生产长期居世界之首。但在19世纪最后30年和20世纪初，英国由于工业结构畸形，轻纺织业占很大比重，加上大量的中小企业长期为陈旧技术所拖累，高科技含量的新技术难以在工业生产中推广应用，使得英国在传统的基本工业方面失去优势，影响了工业部门的全面发展。特别是新兴工业部门的建立和发展，明显落后于美国、德国和法国等其他工业国。例如，1912 年英国汽车产量只相当于美国的 5.2%。在 1880—1913 年间，英国工业平均每年递增 2.1%，同期美国工业的平均增长率为 4.8%，德国为 3.9%。19 世纪末，英国工业产值被美国超过，退居世界第二位。尽管如此，英国在造船业和对外投资兴建铁路方面仍然保持世界领先地位，在纺织业、采煤业、钢铁和机械工业方面仍然具有很强的竞争能力。

英国造船业发展很早。早在 16 世纪初期，大型船只的建造主要集中在港口城市伦敦及附近的一些小型港口，南安普敦、波士顿、赫尔和纽卡斯尔是其中较为重要的地方。自 1550 年以来，海外的扩张，捕鲸以及纽芬兰渔场的开辟，沿岸各港口间煤炭运输的兴起等，都促进了商用船舶的建造。到 1630 年，英格兰商船的吨位总数已从 5 万吨增长到 11.5 万吨，并且拥有了 300～400 艘运煤船，其中超过 200 吨位的船舶达 145 艘。到 17 世纪 80 年代，英格兰商船的吨位总数达到 34 万吨。随后，造船业出现了某种停滞，到了 18 世纪中期以后，商船数目才再一次快速增长。1751 年，英国商船的总吨位达到了 42.1 万吨。到 1760 年，首次出现了准确的统计结果；大不列颠共有船只 7 081 艘，总吨位 48.7 万吨。其中，在每七艘船中就有一艘属于苏格兰。[15]

1680 年以后，至少有 1/4 的英国商船在英格兰以外的地方建造，其中绝大部分建造于荷兰。无论是船壳还是桅杆，荷兰的平底快船都优于英格兰的商船，并且成本较低。英国的造船者也开始模仿并最终发展了荷兰的设计，并由此掀起了建造 400 吨位及更大船舶的历史。18 世纪中期，美洲殖民地的造船业也迅速发展起来。19 世纪 40 年代到 50 年代，英国掀起建设海运运输网的高潮。1860 年，英国商船队吨位达到 465.9 万吨，但由于造船技术发展较为缓慢，造船业基本上以生产木制船为主。19 世纪 70 年代以后，随着蒸汽机的迅速发展，英国开始用铁来制造轮船，到 19 世纪末，英国建立了世界上最大的蒸汽机船队，1913 年，英国下水商船总吨位占世界的 58%。在造船业兴盛的同时，英国还投入大量资金发展航运业配套设施，沿海岸修建灯塔、灯船，扩建港口、堤岸等。

纺织工业是英国最古老的工业部门。传统上，纺织工业多集中在考文垂这样的老工业城市。然而，从中世纪开始，部分生产和加工过程已转入农村。在西部地区，尤其是南卡斯特伍德主要生产双幅黑色面料、粗绒布及其他低档产品。粗绒布也产自于约克郡的西区，在利兹附近则更为集中。著名的肯德尔绿色粗呢出产于威斯特摩兰德。移民到英格兰的佛兰德等地生根，并使它们发展成为新兴的纺织工业中心。在诺利奇出产的“棉毛交织衬里布”是通过精细的绒线织造的，有些还加入了丝线和棉线。16 世纪下半叶，当传统的毛织品出口开始下降时，这些新品种纺织品的出口则稳步上升。[16]

英国纺织工业的另外一个分支是使用棉花和亚麻的混合物生产诸如粗而坚固的棉布、斜纹布和有色亚麻织带等产品。它在 16 世纪逐渐成长起来，但与毛纺织业相比要年轻得多。

从 18 世纪初期开始，棉纺织品的生产在斯派特菲尔德和兰开夏郡蓬勃兴起。粗纺的花格布及未染印的白布是其主导产品。

18 世纪后半叶以后，随着英国工业革命的迅速发展，主要工业部门的产品产量大幅度增长。在棉纺织工业中，英国在世界上已经处于垄断地位，1810—1812 年，英国棉纺织业机纺锭数为 506.7 万枚，德国为 27.5 万～30 万枚，法国为 104 万枚，美国仅为 9 万～12.2 万枚。19 世纪 20 年代初，英国拥有的纱锭枚数比法国多 3～4 倍，比德国多 10 倍以上。[17]1820 年至 1830 年，英国纺纱技术完成了革新，而织布技术革新则于 1830 年至 1845 年完成。由于技术的进步，导致产量增加，使每部织机平均每年织布量持续上升，从 1819—1821 年的 335 磅上升到 1829—1831 年的 470 磅和 1844—1846 年的 1 234 磅，而价格迅速下降，使棉纺织品得到普及。1821—1861 年，英国国内消费量由 6 089 万磅增至 36 454 万磅。这种消费需求的扩大促进了生产和就业的增长。例如，1817 年棉纺织业就业人员为 11.1 万，到 1861 年达到 45.2 万人。随后，纺织工业因基础深厚，长期处于领先地位，成为最重要的出口工业。英国所产的棉纱、棉布有 80%以上用于出口。在 19 世纪下半叶约占出口总额的 1/4，以此来交换本国所需要的粮食与原料。1870 年英国出口的棉布在 30 亿码以上，到 1900 年进一步增至 60 亿码以上，英国为世界上所有的人平均每年供应棉布 3 码多。英国棉纺织业中心依然是兰开夏。英国在纺织工业方面积累了长期经验，劳动效率高，兼有专业的商人承包外销。在第一次世界大战以前，其产值、从业人数、出口值等均在国内各工业部门中以及在世界纺织工业生产与出口中占据第一位。

煤炭工业是英国最古老的工业部门之一，英国煤炭资源丰富，硬煤总储量达 1 700 亿吨，其中已探明储量 450 亿吨。英国的煤田是欧洲大陆厚煤层的延续，多为中厚煤层，其大部分煤质较好且埋藏较浅，容易开采。在煤炭生产的应用方面，英国拥有巨大优势。在 19 世纪 20 年代初期，英国采煤量已超过 1 400 万吨，到 1850 年，英国采煤量已超过 5 000 万吨，同年法国、美国和德国采煤量的总和仅为英国采煤量的 1/3 左右。1850 年英国的采煤量占世界的 60.2%，1870 年英国的采煤量仍占世界的 51.5%。随后到 1890 年，英国依然是世界上最大的煤炭生产国（见表 8—5）。在 1870—1874 年间，英国平均每年采煤 1.207 亿吨，到 1895—1899 年间，英国平均每年采煤上升到 2.019 亿吨。第一次世界大战前，采煤量达到最高峰，1913 年采煤 2.92 亿吨，其中有 1/3 供出口。

表 8—5　　英国与主要发达国家的采煤量　　单位：百万吨

年份	英国	德国	法国	美国	加拿大	奥地利	比利时	西班牙	俄国
1815	22.3	—	0.9	0.2	—	—	—	—	—
1830	30.5	1.8	1.9	0.6	—	0.2	—	—	—
1840	42.6	3.9	3.0	1.2	—	0.5	3.9	0.02	—
1850	62.5	6.8	4.4	7.6	—	0.9	5.8	0.06	—
1860	87.9	18.4	8.3	18.2	0.3	3.2	9.6	0.3	0.3
1870	115.0	34.0	13.3	36.7	0.7	7.3	13.7	0.6	0.7
1880	149.0	59.1	19.4	72.0	1.3	14.3	16.9	0.8	3.3
1890	185.0	89.2	26.1	143.1	2.8	23.2	20.4	1.2	6.0
1900	229.0	136.2	33.4	244.6	5.2	32.5	23.5	2.6	16.2
1910	269.0	222.5	38.4	355.0	11.7	38.9	25.5	4.0	25.4
1913	292.0	277.2	40.8	517.0	12.4	43.9	24.4	4.3	36.0

资料来源：[英] B.R. 米切尔. 帕尔格雷夫世界历史统计·欧洲卷（1790—1993）[M]. 北京：经济科学出版社，2002；[英] B.R. 米切尔. 帕尔格雷夫世界历史统计·美洲卷（1790—1993）[M]. 北京：经济科学出版社，2002.

在兴建铁路方面，英国在 19 世纪 30 年代和 40 年代出现了热潮。到 1860 年，英国的铁路为 9 070 英里，居欧洲首位。19 世纪最后 20 年，英国铁路增长势头有所减弱，本国饱和后，开始积极对外投资修筑铁路，先后在印度、埃及、南非、澳大利亚、土耳其和加拿大等国修建了很多铁路线。从 1890 年到 1911 年，仅在印度就建成 1.6 万千米铁路。交通运输业的发展为原材料、燃料、制成品、劳动力的运输提供了廉价而便利的方式，带动了关联性产业的发展。

冶金业也是英国重要的工业部门之一。1790 年，英国的生铁产量为 9 万吨，1830 年上升到 68 万吨，1850 年猛增到 225 万吨，超过同年法国、美国和德国产量总和的近 1 倍，到 1870 年又增至近 606 万吨。生铁产量方面的绝对优势一直保持到 19 世纪 80 年代中叶（见表 8—6）。

表 8—6　　英国与主要发达国家的生铁产量　　单位：千吨

年份	英国	德国	法国	美国	瑞典	比利时	奥地利	俄国
1790	90	—	—	—	—	—	—	128
1830	680	110	266	168	—	—	—	187
1840	1 400	190	348	291	125	95	—	189
1850	2 250	210	406	572	142	145	155	228
1860	3 888	529	898	835	228	320	225	298
1870	6 059	1 261	1 178	1 692	300	565	279	359
1880	7 873	2 468	1 725	3 896	406	608	320	449
1885	7 534	3 268	1 631	4 110	465	713	499	528
1890	8 031	4 100	1 962	9 350	456	788	666	928
1895	7 827	4 770	2 004	9 598	463	829	779	1 455
1900	9 104	7 550	2 714	14 001	526	1 019	1 000	2 927

资料来源：[英] B. R. 米切尔. 帕尔格雷夫世界历史统计·欧洲卷（1790—1993）[M]. 北京：经济科学出版社，2002；[英] B. R. 米切尔. 帕尔格雷夫世界历史统计·美洲卷（1790—1993）[M]. 北京：经济科学出版社，2002.

原钢的增长速度也很快。19 世纪 70 年代，英国的钢铁业在世界上曾处于绝对优势，原钢产量约占世界的一半，在 1870—1877 年间，英国每年产钢 50 万吨。此后，熔炉的容积因炉床扩大而增加，使每炉的产量稳步上升，从 1885—1890 年的 27 200 吨上升到 1895—1900 年的 33 800 吨和 1905—1910 年的 43 300 吨。到 1900 年，英国的钢产量高达 498 万吨（见表 8—7），尽管原钢产量已经低于美国和德国，但仍保持世界先进水平。

从整个 19 世纪来看，英国一直保持世界工业和贸易霸主的地位。19 世纪中叶，英国随着工业革命的完成和机器大工业的普遍建立，发达的纺织业、采矿业、钢铁业、机器制造业和海运业的确立，英国成为名副其实的“世界工厂”。在 19 世纪前 70 年里，仅占世界人口 2%左右的英国，一直占世界工业生产的 1/3～1/2（见表 8—8）和世界贸易的 1/5～1/4，拥有其他国家无可比拟的优势。

表 8—7　　英国与主要发达国家的原钢产量　　单位：千吨

年份	英国	德国	法国	美国	意大利	瑞典	比利时	西班牙	俄国
1871	334	143	80	74	—	9	—	43	7
1875	719	318	239	396	—	19	54	25	13
1880	1 316	690	389	1 267	3	37	132	49	307
1885	1 917	1 203	554	1 739	3	77	155	53	193
1890	3 636	2 135	683	4 346	108	168	221	137	378
1895	3 312	3 891	876	6 213	50	197	408	105	879
1900	4 980	6 461	1 565	10 352	109	300	731	199	2 216
1905	5 905	9 669	2 255	20 345	270	368	1 227	247	2 266
1910	6 476	13 100	3 413	26 514	732	472	1 892	261	3 314
1913	7 787	17 609	4 687	31 803	934	591	2 403	242	4 918

资料来源：[英] B. R. 米切尔. 帕尔格雷夫世界历史统计·欧洲卷（1790—1993）[M]. 北京：经济科学出版社，2002；[英] B. R. 米切尔. 帕尔格雷夫世界历史统计·美洲卷（1790—1993）[M]. 北京：经济科学出版社，2002.

表 8—8　　主要国家在世界工业中的比重　　%

年份	英国	美国	德国	法国	俄国
1820	50	10	—	15～20	1
1840	45	11	12	—	—
1850	39	15	15	—	—
1860	36	17	6	12	4
1870	32	23	13	10	4
1880	28	28	13	9	3
1900	18	31	16	7	6
1913	14	36	16	6	6

注：主要国家在世界工业中的比重为德国经济史学家库钦斯基的估计数。

资料来源：[日] 宫崎犀一，奥村茂次，森田桐郎. 近代国际经济要览 [M]. 北京：中国财政经济出版社，1990.

英国作为“世界工厂”的地位主要表现为其成为世界各国工业品的主要供给者，世界各国则在不同程度上成为英国的原料供应地。19 世纪上半期，英国有一半以上的工业品在国外市场上销售，而国内消费的大部分原料又依靠国外供应。英国不仅是世界各国工业消费品的主要供应者，而且也是生产资料的主要供应者。19 世纪上半期，英国的煤、铁、机器的输出不断增加。这一时期先后发生在美国和欧洲大陆的工业革命，都是在不同程度上靠英国输入的技术装备进行的。

从英国工业发展的历史进程看，英国在 19 世纪完成工业革命以后，机器大工业代替了手工工业的生产方式，大大提高了工业生产效率，开辟了新的工业生产门类。从国际范围来看是以英国在世界工业品的输出和先进技术的输出方面具有垄断地位而言的。具体表现为英国成为世界各国的工业品、先进技术与设备的主要供应者，而其他各国相对成为英国的原料产地和廉价商品推销地。可以说，英国是当时的世界工厂。

8.9　世界经济中心

英国是第一个完成了工业革命的国家。1733 年，约翰·凯伊（John Kay，1704—1764）发明纺织机飞梭和 1769 年詹姆士·瓦特（James Watt，1736—1819）发明蒸汽机，揭开了英国产业革命的序幕。到 19 世纪 40 年代，英国基本上完成了产业革命，英国不仅成为工业强国，而且成为世界工厂，在世界工业生产和世界贸易中取得垄断地位，一举成为世界经济中心。

1820 年英国工业生产总额占世界的 50%，以后虽因美国、法国和德国的兴起有所下降，但直到 19 世纪后半叶，英国仍处于世界工业、贸易、金融和海运中心的地位。1870 年，英国工业生产总额占世界的 32%，采煤量占世界的 51.5%，生铁产量占世界的 25%，这三种产品的产量几乎等于美国、法国和德国的总和。与它在世界贸易中的垄断地位相适应。1870 年，英国拥有的商船吨位也占世界第一位，超过荷兰、法国、美国、德国和俄国等国的商船吨位总和。英国靠强大的海运业从各国获得廉价的原料，控制着其他国家的贸易往来，取得了巨额“无形收入”。[18]

由于英国进出口贸易的发展，在伦敦为国际贸易提供服务的贴现行、商人银行和保险公司等各种机构及其他专业金融机构的数目开始增加。世界贸易越来越多地利用外国汇票提供的短期信贷来筹集资金。在这种情况下，英国资本市场的成长和英国对外贸易的扩大使伦敦作为国际商业和金融中心的重要性迅速增长，从 19 世纪初开始，伦敦作为欧洲以及世界金融中心的地位超过了阿姆斯特丹、汉堡和巴黎。许多外国银行都在伦敦建立分支机构。1870 年以后，分支行的数目迅速扩大。这些分支银行主要经营外汇业务，以此为契机，英国的伦敦成为名副其实的国际金融中心。

1870 年以后，在伦敦市场上英镑逐渐成为一种国际货币。在 19 世纪英国与世界其他地区的贸易往来中，国际收支账户一直保持顺差。英镑等同黄金，而且在某些方面甚至比黄金更优越，因为它更方便，因此主宰着世界贸易的英国进出口商宁愿使用英镑进行支付。而且英格兰银行具有几十年管理外汇储备和贴现操作的经验，外国金融机构和商人相信英镑自由兑换为黄金的能力。英镑的稳定性是无与伦比的。在英镑为国际市场所普遍认可的情况下，黄金在结算国际债务中只是扮演次要角色。绝大多数支付或者通过转移应付英镑的票据来进行。因此，英镑汇票不仅被用来为英国进出口融资，而且用于为世界其他大部分地区的进出口融资。整个世界都选择英镑作为国际支付手段。[19]

英国还向欧美各国和殖民地输出资本。1850 年，英国海外投资为 2 亿英镑，到 1970 年增加到 14 亿英镑。英国还推销世界各国的公债和有价证券。在伦敦出售的外国有价证券，“1860—1866 年间平均每年为 3 300 万英镑，到 1870—1874 年间平均每年超过了 6 000 万英镑，仅在 1867—1876 年十年内，英国投放到外国的有价证券上的资本，即有 5 亿英镑左右”。[20]

自 19 世纪初开始，英国又进一步对亚洲、非洲、拉丁美洲和大洋洲进行殖民侵略，殖民地面积 1820 年为 1 130 万平方千米，1850 年增至 2 000 万平方千米，到 1876 年达到 2 250 万平方千米，殖民地人口达到 2.519 亿。英国成为世界上最大的殖民帝国。

随着英国国际经济地位的提高，其对外经济政策也发生了重大变化。进入 19 世纪以后，英国开始降低关税，1846 年废除了《谷物法》，全面放弃了保护关税政策。1849 年，英国又废除了《航海条例》，取消了在海外运输中不利于自由贸易的规定。1853—1860 年，英国又实行了两次财政改革，除了 30 余项进口商品外，其余千余项目全部免除关税，英国成为世界上第一个实行自由贸易的国家。在免除进口商品关税的过程中，英国也放宽了出口限制，1825年废除了机器出口禁令，1851年在伦敦举办了世界上第一个工业博览会，向世界展示了英国大量的新产品和新技术。从此，英国向世界各国提供各种机器设备，承包许多国家的铁路建设，并借贷给各国政府和私人用来购置英国的机器和工业品。英国成为世界各国机器设备的供应者、先进技术的传播者，为世界经济的发展起了积极的推动作用。[21]

英国作为世界经济中心的地位一直维持到19世纪末。尽管从19世纪后半叶起，美国、德国和日本等后起发达国家在经济发展速度上已超过英国，英国在世界工业中的比重不断下降，并在工业生产总值和一些主要工业品产量上被美国和德国所超过，但其在世界金融、贸易、海运以及传统出口工业品生产方面，仍处于世界领先的地位，仍是世界金融中心、世界上最大的贸易国和世界最大的资本输出国。英国的世界经济中心地位维持了两个世纪之久，即从18世纪到19世纪。

8.10 工业化时期的人口与经济起飞

英国工业化时期的人口增长和经济发展是密切相关的。英国经济的迅速发展，需要大量劳动力，决定着人口发展的数量和速度，同时人口的发展也在不同程度上影响经济发展的速度。在原始积累末期和工业革命初期，英国的生产技术不够发达，为了满足日益广阔的国内和国际市场的需要，英国除了积极进行技术革命外，主要靠劳动力的数量来扩大生产。因此，劳动力的数量成为促进经济发展的重要因素，而人口规模的大小成为经济学家衡量一国贫富的标准之一。英国古典经济学派的创始人威廉·配第（William Petty）最先阐明人口和财富之间的内在关系。他从劳动价值论出发，提出了人的劳动是财富的源泉，人口和土地是财富生产的必要条件，而土地上的生产物是由人们的劳动创造出来的。他认为，一个国家的财富生产要求一定数量的人口。如果人口数量过少或不足，对一个国家来说是不利的，人口众多则是一个国家国力强盛的标志，人口增加对新兴的资本主义国家和资本主义经济发展是有利的。英国古典经济学派的集大成者亚当·斯密（Adam Smith）对人口与经济发展问题进行了论述。他认为人口增长既是经济发展的结果，又是经济发展的原因。他还认为人口的不断增长是一个国家经济繁荣的象征，因而将经济的迅速发展作为人口增长的条件。经济的迅速发展，扩大了对劳动力的需求，进而决定人口增长和工资水平。但是，当一个国家经济开始起步，人口增长就成为经济发展的主要因素。总之，在人口与经济发展的关系上，斯密强调了增加的人口通过分工来提高工资。开始是资本积累和投资的活跃带来人口增长，到了经济起飞阶段，新增人口通过分工形成经济发展的原因。

英国工业化时期经济发展与人口增长是密切相关的。在工业化开始以前，英国主要经济是农业和商业，由于农业劳动生产率低下，影响了人口增长速度，1695年至1765年的年平均人口增长率仅为0.3%，而这一时期英国的国民生产总值和人均产值分别只增长0.5%和0.19%（见表8—9）。这时的工业尚处于摇篮期，后来成为主导部门的纤维工业在当时还只不过是从属于农业的家庭工业。这样的产业基础是薄弱的，劳动生产率很低。工业化开始以后，随着经济和工业重心由南向西北转移，棉纺织业和冶金工业的迅速发展，人口的重心随之转移，人口也开始增长。棉纺织业中心曼彻斯特的人口由1750年的7.5万人增长到1801年的39.4万人，冶金工业中心伯明翰同期人口由7.1万人增长到35.1万人，仅仅半个世纪都增长了4～5倍。

表8—9　英国的人口与经济增长率

时　期	持续期间/年	每十年平均增长率/%		
		总产值	人　口	人均产值
1695—1715至1765—1785	70	5.0	3.0	1.9
1765—1785至1785—1805	20	16.1	9.3	6.2
1801—1811至1831—1841	30	32.1	15.4	14.5
1831—1841至1861—1871	30	23.8	12.2	10.3
1861—1871至1891—1901	30	38.6	12.4	23.3
1855—1864至1885—1894	30	35.4	12.5	20.4
1885—1894至1905—1914	20	23.8	11.1	13.4

注：英国是由英格兰、苏格兰、威尔士和北爱尔兰组成的联合王国，全称大不列颠及北爱尔兰联合王国；第一至第三行为英格兰、苏格兰和威尔士的统计资料，第四行至第七行为英国的统计资料，第六行起不包括北爱尔兰。

资料来源：Simon Kuznets. *Economic Growth of Nations*. Cambridge，Mass，1971.

英国的经济起飞刺激了人口的高速发展。英国的经济起飞，多数经济学家认为在18世纪80年代。T. S. 阿什顿（T. S. Ashton）认为，英国的经济起飞以1782年作为起点最为适宜，这一年之后，随着工业化的进行，各种工业产量突然增加。沃尔特·罗斯托认为，大不列颠（英格兰、威尔士、苏格兰三者在大不列颠岛上，这里是指这三个地区）的经济起飞在1783年后的20年。而英国人口增长的高峰时期恰恰是在经济起飞之后的1810年到1820年期间。根据E. A. 里格利（E. A. Wrigley）的统计，英国人口在19世纪最初的20年平均增长率为1.67%，而1821年达到最高点1.76%。

人口发展在一定程度上也对经济发展起反作用。在18世纪20—30年代，英国由于死亡率很高，不仅影响了人口增长，也影响了当时经济增长的速度。1715—1745年，英国的国民生产总值平均每年只增长0.3%。18世纪中叶以后，英国人口开始加速增长，1765—1785年平均每年增长0.9%。经过20～30年后，英国工业化开始有比较充足的劳动力，因此在18世纪80—90年代英国经济开始全面起飞。1785—1805年国民生产总值的实际平均增长率为1.6%。19世纪10—20年代人口增长的高峰，推动和影响了19世纪40—60年代经济的更大增长。1831—1861年，英国的国民生产总值每年平均增长2.38%。从全世界范围看，英国在1820—1870年间的国内生产总值年均复合增长率仅次于美国，居世界第二位（见表8—10）。

英国人均国内生产总值在1870年居世界最高。但是随着工业革命的完成，技术和机械化水平的提高，人口的持续高增长开始引发人口的相对过剩。而经济增长到19世纪70年代依然较快。在国际贸易方面，英国则遥遥领先欧美其他先进国家。早在1850年，英国所占世界贸易总额的比重高达46.0%，到1880年，英国仍然高居世界贸易中的第一大国。

表 8—10　　世界以及 20 个国家的人口经济增长（1820—1913）

国家	国内生产总值增长率/%		人均国内生产总值/1990 年国际美元			人口年均增长率/%	
	1820—1870	1870—1913	1820	1870	1913	1820—1870	1870—1913
奥地利	1.45	2.41	1 218	1 863	3 465	0.59	0.94
比利时	2.25	2.01	1 319	2 697	4 220	0.79	0.95
丹　麦	1.91	2.66	1 274	2 003	3 912	0.99	1.07
芬　兰	1.58	2.74	781	1 140	2 111	0.81	1.28
法　国	1.27	1.63	1 230	1 876	3 485	0.42	0.18
德　国	2.01	2.83	1 058	1 821	3 648	0.91	1.18
意大利	1.24	1.94	1 117	1 499	2 564	0.65	0.68
荷　兰	1.70	2.16	1 821	2 753	4 049	0.86	1.25
挪　威	1.70	2.12	1 104	1 432	2 501	1.17	0.80
瑞　典	1.62	2.17	1 198	1 664	3 096	0.96	0.70
瑞　士	1.85	2.43	1 280	2 202	4 266	0.75	0.87
英　国	2.05	1.90	1 707	3 191	4 921	0.79	0.87
葡萄牙	0.63	1.27	963	997	1 244	0.56	0.75
西班牙	1.09	1.68	1 063	1 376	2 255	0.57	0.52
俄　国	1.61	2.40	689	943	1 488	0.97	1.33
美　国	4.20	3.94	1 257	2 445	5 301	2.83	2.08
墨西哥	0.44	3.38	759	674	1 732	0.67	1.13
日　本	0.41	2.44	669	737	1 387	0.21	0.95
中　国	−0.37	0.56	600	530	552	−0.12	0.47
印　度	0.38	0.97	533	533	673	0.38	0.43
世　界	0.93	2.11	667	867	1 510	0.40	0.80

资料来源：［英］安格斯·麦迪森. 世界经济千年史［M］. 北京：北京大学出版社，2003.

总的来看，在英国工业化时期，出现了经济起飞和人口的快速增长，这表明经济和人口有着极其重要的关系。英国工业革命出现的经济起飞和高速度的发展，导致人口的高速度增长。因为在工业革命初期生产技术水平较低，要迅速发展资本主义经济增加资本利润，增加劳动力的数量是必要的条件，而英国人口的迅速发展，适应和加速了经济起飞和持续经济发展的进程。

注释

［1］［3］［7］［德］马克思，恩格斯. 马克思恩格斯全集［M］. 北京：人民出版社，1965.

［2］［英］阿·莱·莫尔顿. 人民的英国史［M］. 北京：三联书店，1962.

［4］B. B. Mitchell. *With the collaboration of Phyllic Deane*：*Abstract of British Historical Statistics*. Cambridge，1962.

［5］宋则行，樊亢. 世界经济史［M］. 北京：经济科学出版社，1998.

［6］［德］库钦斯基. 资本主义世界经济史研究［M］. 北京：三联书店，1955.

［8］刘宗绪. 世界经济史［M］. 北京：高等教育出版社，1997.

［9］［11］［19］高德布. 英国工业革命与工业化——制度变迁与劳动力转移［M］. 北京：中国人民大学出版社，2006.

［10］韩毅. 外国近现代经济史［M］. 北京：高等教育出版社，2010.

［12］张卫良. 工业革命前英国交通运输业的发展［J］. 杭州师范学院学报，2004（1）.

［13］［英］阿萨·勃里格斯. 英国社会史［M］. 北京：中国人民大学出版社，1991.

［14］［英］H. J. 哈巴库克，M. M. 波斯坦. 剑桥欧洲经济史［M］. 北京：经济科学出版社，2002.

［15］［16］［英］M. M. 波斯坦，D. C. 科尔曼·彼德·马塞厄斯. 剑桥欧洲经济史［M］. 北京：经济科学出版社，2002.

［17］［20］［苏］门德尔逊. 经济危机和周期的理论与历史［M］. 北京：三联书店，1975.

［18］［21］池元吉. 世界经济概论［M］. 北京：高等教育出版社，2003.

第 9 章　美国的人口增长、外国移民与经济发展

9.1　殖民地时期的人口增长与国际移民

美国人口在 15 世纪以前一直很少，到 1492 年，即在克里斯托弗·哥伦布（Cristoforo Colombo，1451—1506）发现美洲大陆的那一年，美国人口大约为 80 万，他们是印第安人和极少数因纽特人，占全美洲的 6%左右。从 17 世纪起，欧洲移民陆续来到美国东海岸，美国的人口开始迅速增长。来自欧洲的移民中，绝大多数是英格兰人，但中部地区也有一些荷兰人、瑞典人和德国人，南卡罗来纳和其他地方有一些法国人、西班牙人、意大利人和葡萄牙人。1680 年以后，大批移民来自德国、爱尔兰、苏格兰、瑞士和法国，英格兰则不再是移民的主要来源地。1700 年，美国殖民地的移民人口增至 25.1 万人。

进入 17 世纪中期以后，美国殖民地人口迅速增长，从 1650 年到 1770 年期间，美国殖民地各地区人口的年增长率，新英格兰地区为 2.7%，中部地区为 4.2%，而南部北方地区和南部南方地区则分别为 3.3%和 5.5%。这一时期，新英格兰地区的人口增长了 25 倍，南部北方地区增长了 50 倍，而中部殖民地则增长了 135 倍。由于各地区人口增长存在巨大差异，使各地区人口的分布结构发生了较大的变化（见图 9—1）。1650 年时，殖民地的人口主要集中在新英格兰地区和南部地区，而中部地区的人口仅占 8.5%。但到殖民地时期即将结束时，南部地区人口数量在殖民地总人口中的比例达到了 50%左右，而中部殖民地区的人口数量占总人口的比例则上升到 1/4，新英格兰地区的人口数量占总人口近 1/4。18 世纪中后期以后，美国殖民地人口继续保持迅速增长的趋势，到殖民地晚期的 1780 年，美国殖民地的人口（不包括印第安人）上升到 279.8 万人（见表 9—1）。

按人种划分来看，在整个殖民地期间，美国殖民地的白人增长很快，但不够均衡，在最初的 17 世纪 30 年代，白人主要分布在南部地区的弗吉尼亚和新英格兰地区，但到了 1760 年，白人则均衡地分布在新英格兰地区、中部殖民地以及南部地区（见表 9—2）。美国殖民地各地黑人的增长也是较快的，1650 年至 1780 年间，其年均增长率为 2.8%。17 世纪时，黑人人口还比较少，但到了 18 世纪则迅速增长，1700 年至 1780 年间，南部北方地区的年平均增长率为 4.3%，南方南部地区为 5.8%。黑人主要集中在南部地区，还有少量的黑人分布在中部殖民地和新英格兰地区。

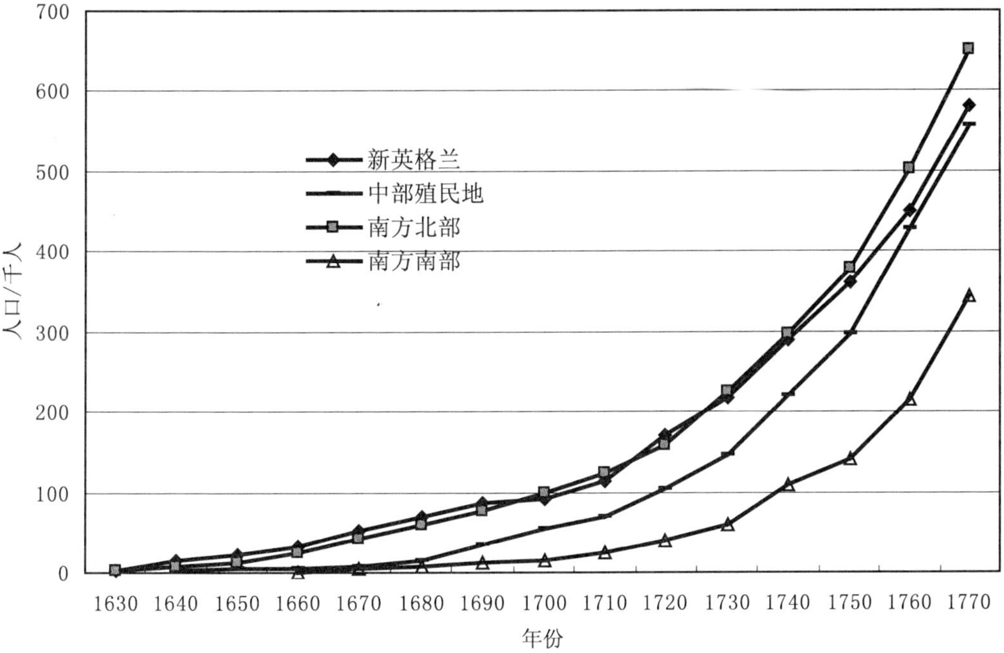

图 9—1 美国殖民地人口的地区分布

注：新英格兰地区包括缅因州、新罕布什尔州、佛蒙特州、马萨诸塞州、普利茅斯州、罗得岛州和康涅狄格州；中部殖民地包括纽约州、新泽西州、宾夕法尼亚州和特拉华州；南方北部包括马里兰州和弗吉尼亚州，南方南部包括北卡罗来纳州和南卡罗来纳州。

资料来源：John. J. McCusker and Russell R. Menard. *The Economy of British of British America*，1607—1789，Chapel Hill，NC：1985.

表 9—1 美国殖民地人口的地区分布估算（1630—1780） 单位：人

地区	殖民地	1630	1650	1680	1700	1720	1750	1760	1780
新英格兰殖民地	缅因	400	1 100	—	—	—	—	20 000	49 133
	新罕布什尔	500	1 305	2 047	4 958	9 375	27 505	39 093	87 802
	佛蒙特	—	—	—	—	—	—	—	—
	马萨诸塞	506	14 037	39 752	55 941	91 008	188 000	202 600	268 627
	普利茅斯	390	1 566	6 400	—	—	—	—	—
	罗得岛	—	785	3 017	5 894	11 680	33 226	45 471	52 946
	康涅狄格	—	4 139	17 246	25 970	58 830	111 280	142 470	206 701
	合计	1 796	22 932	68 462	92 763	170 893	360 011	449 634	665 209
中部殖民地	纽约	350	4 116	9 830	19 107	36 919	76 696	117 138	210 541
	新泽西	—	—	3 400	14 010	29 818	71 393	93 813	139 627
	宾夕法尼亚	—	—	680	17 950	30 962	119 666	183 703	327 305
	特拉华	—	185	1 005	2 470	5 385	28 704	33 250	45 385
	合计	350	4 301	14 915	53 537	103 084	296 459	427 904	722 858
南部殖民地	马里兰	—	4 504	17 904	29 604	66 133	141 073	162 267	247 959
	弗吉尼亚	2 500	18 731	43 596	58 560	87 757	236 681	339 726	538 004
	北卡罗来纳	—	—	5 430	10 720	21 270	72 981	110 442	270 133
	南卡罗来纳	—	—	1 200	6 260	18 328	74 000	94 074	180 000
	佐治亚	—	—	—	—	—	5 200	9 578	56 071

续表

地区	殖民地	1630	1650	1680	1700	1720	1750	1760	1780
南部殖民地	肯塔基	—	—	—	—	—	—	—	45 000
	田纳西	—	—	—	—	—	—	—	10 000
	佛罗里达	—	—	—	—	—	—	—	15 000
	合计	2 500	23 235	68 130	105 144	193 488	529 935	716 087	1 362 167
全国	白人	4 586	48 768	144 536	223 021	398 798	934 340	1 267 819	2 209 679
	黑人	60	1 600	6 971	28 373	68 667	252 068	325 806	587 905
	总计	4 646	50 368	151 507	251 394	467 465	1 186 408	1 593 625	2 797 584

资料来源：Millenial Edition. *Historical Statistics of the United States*. New York：Cambridge University Press，2006.

表 9—2　　殖民地时期美国白人人口的地区分布（1620—1780）　　单位：千人

年份	新英格兰地区	中部殖民地	南方北部地区	南方南部地区
1620	0.1	0	0.9	0
1640	13.5	1.7	8.0	0
1660	32.6	4.8	24.0	1.0
1680	68.0	13.4	56.6	6.2
1700	90.7	49.9	85.2	13.6
1710	112.5	63.4	101.3	18.8
1720	166.9	92.3	128.0	24.8
1730	211.2	135.3	171.4	34.0
1740	281.2	204.1	212.5	57.8
1750	349.0	275.7	227.2	82.4
1760	436.9	398.9	312.4	119.6
1770	565.7	521.0	398.2	189.4
1780	698.4	680.5	482.4	297.4

资料来源：John J. McCusker and Russell Russell Menard. *The Economy of British America*，1607—1789. Chapel Hill，NC，1985.

从人口增长的主要原因看，除了国际移民外，高出生率是一个主要的因素，在殖民地时期出生率每年在35‰～50‰之间浮动，比当时的欧洲高出1/3以上。而死亡率在殖民地早期尽管很高，但到了18世纪有所下降，年度死亡率是20‰～25‰，比欧洲低[1]。本杰明·富兰克林（Benjamin Franklin，1706—1790）认为，结婚比例高、初婚年龄小和一对夫妇生育子女较多是导致人口迅速增长的主要因素[2]。罗伯特·希克斯（Robert Higgs）和路易斯·斯泰特（Louis Stettler）的研究显示，在新英格兰地区，女性的结婚平均年龄是21岁，男性是24岁。这些平均年龄显然较低，但与当时的欧洲相比，殖民地婚姻的生育率高得多。妇女因分娩死亡的现象比较严重，而男人会再娶。正如罗伯特·希克斯和路易斯·斯泰特所阐述："一名男性在一生的婚姻中平均拥有七个孩子。"[3]显而易见，国际移民和自然增长是导致人口剧增的最基本因素。

国际移民在殖民地时期始终是美国人口增长的重要源流。英国和其他欧洲国家在美国的移民，在独立战争以前出现过三次移民高潮。第一次发生在17世纪上半叶，以英国移民流为主；第二次移民高潮出现在17世纪末18世纪初，多数移民来自英国，但德意志、爱尔兰和苏格兰的移民开始增多；第三次移民高潮出现在18世纪中叶以后，特别是1760年到1775年的移民规模远在此前的历次移民流之上。

相对移民而言，自然增长对美国人口变动有更重要的影响，只有实现自然增长，才能使殖民地的人口获得长存和发展。殖民地时期的美国地广人稀，劳动力是家庭的财富，一般倾向多生育，特别是偏好男孩。殖民地时期多数育龄妇女生育十分频繁。虽然有一些育龄妇女有意识避孕，或采用药物等方式中止妊娠，但对于出生率的影响微乎其微。

9.2 独立后的人口动态、分布与城市化

9.2.1 人口的增长及其构成

美国人口从17世纪起随着欧洲移民的大量迁移开始迅速增长。1790年，美国进行了第一次人口普查，总人口为392.9万人（见表9—3），加上印第安人，总数约460万人。到1820年，美国人口达到963.9万人，年平均人口增长率达到3.0%，19世纪30年代和40年代，美国人口继续保持快速增长的趋势，到1860年达到3 136.5万人。这主要源于美国人口自然增长率较高，即出生率很高、死亡率较低。据统计，1858年，白人的出生率为43‰，死亡率为23‰，自然增长率为20‰，而整个人口增长率则高达3.0%左右，这意味着美国人口20多年增长1倍。托马斯·罗伯特·马尔萨斯（Thomas Robert Malthus，1766—1834）对美国建国初期人口增长的原因做了全面的分析，他认为，美国的土地集聚了力量强大的人民。他们不但拥有和西班牙殖民地与葡萄牙殖民地一样充足的土地，还有更多的自由和平等，任何一个州都没有什一税，也几乎没有别的税收。由于好土地的价格极端低廉，农业成为资本投资的最佳选择，同时农业创造了大量有益健康的工作岗位，并提供了最有价值的社会产品。这些有益条件共同导致了人口史无前例的快速增长。[4]

表9—3 根据种族、年龄和性别划分的美国人口（1790—1900）

年份	人口总数/千人	人口增长率/%	白人/千人	黑人/千人	其他人/千人	城市人口/千人	年龄中位数/岁	性别比例
1790	3 929	—	3 172	757	—	202	—	103.8
1800	5 308	3.01	4 306	1 002	—	322	16.0	104.0
1810	7 240	3.10	5 862	1 378	—	525	16.0	104.0
1820	9 639	2.86	7 867	1 772	—	693	16.7	103.3
1830	12 866	2.89	10 537	2 329	—	1 127	17.2	103.1
1840	17 070	2.83	14 196	2 874	—	1 845	17.8	103.7
1850	23 192	3.06	19 553	3 639	—	3 544	18.9	104.3
1860	31 365	3.04	26 923	4 442	79	6 217	19.4	104.7
1870	38 469	2.36	33 589	4 880	89	9 902	20.2	102.2
1880	49 984	2.31	43 403	6 581	172	14 130	20.9	103.6
1890	62 590	2.27	55 101	7 489	358	22 106	22.0	105.0
1900	75 643	1.88	66 809	8 834	351	30 160	22.9	104.4

资料来源：United States Bureau of the Census. *Statistical Abstract of the United States*. Washington：Government Printing office，1992.

美国人口的剧增，除了人口自然增长因素外，更主要的原因是外国移民的大量涌入。这是因为领土扩张使美国占有了西部广阔的肥沃土地，构成对外国移民的强大吸引力；另外，美国政府一直奉行打开国门吸收各类外国移民的开明政策。因而整个19世纪出现

了世界历史上罕见的大规模向美国西部移民的运动，刺激了人口的迅速增长。

18世纪末的人口增长率由于欧洲移民的大量流入年平均在3%以上，在经历了快速增长后，到19世纪50年代人口增长开始有所放慢，但仍达到年平均近3%的快速增长，随后人口增长的速度逐渐下降，到90年代，人口的年平均增长率减少到2.0%以下，并呈现周期性的波动（见图9—2）。尽管如此，19世纪的美国人口增长还是强劲的。

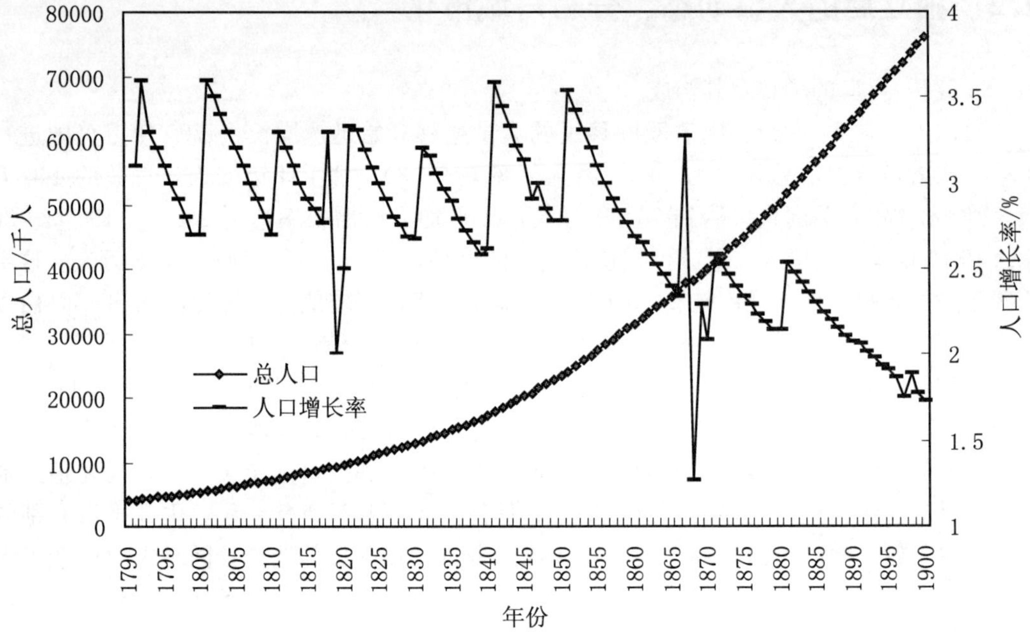

图9—2　美国人口增长的变化（1790—1900）

资料来源：［英］B.R.米切尔．帕尔格雷夫世界历史统计·美洲卷（1790—1993）［M］．北京：经济科学出版社，2002；［英］安格斯·麦迪森．世界经济千年史［M］．北京：北京大学出版社，2003．

美国人口增长的一个显著特点是自然增长在总体人口增长中扮演了重要的角色（见表9—4）。在1840年以前的数十年中，净移民在总人口增长中所占的比率基本上不到1/6或者1/7，但1840年以后，随着海外移民的大量涌入，净移民在总人口中所占的比重达到了1/4甚至1/3。显然，海外移民使劳动力人口在总人口中的比重变得更高，因为这些海外移民绝大部分处于有劳动能力的年龄段，尽管出生率有所下降，但外来移民的生育和他们的子孙对美国人口的增长起到了很大的促进作用。但是，出生人数大于死亡人数这一因素是美国独立以后到整个19世纪美国人口迅速增长的主要原因。[5]

表9—4　美国人口增长的状况（1790—1900）

年份	平均人口/千人	总增长率/‰	自然增长率/‰	净国际移民比率/%	净国际移民率占总增长率比率/%
1790—1800	4 520	30.08	26.49	3.59	11.9
1800—1810	6 132	31.04	26.85	4.19	13.5
1810—1820	8 276	28.62	24.70	3.92	13.7
1820—1830	11 031	28.88	26.93	1.95	6.8

续表

年份	平均人口/千人	总增长率/‰	自然增长率/‰	净国际移民比率/%	净国际移民率占总增长率比率/%
1830—1840	14 685	28.27	23.67	4.60	16.3
1840—1850	19 686	30.65	22.88	7.77	25.3
1850—1860	26 721	30.44	20.35	10.99	33.2
1860—1870	35 156	23.62	17.74	5.98	25.3
1870—1880	44 414	23.08	17.50	5.58	24.2
1880—1890	55 853	22.72	15.69	7.03	30.9
1890—1900	68 876	18.83	12.78	6.06	32.2

资料来源：United States Bureau of the Census. *Historical Statistics of the United States*. Washington ：Government Printing office，1975.

9.2.2　生育率和结婚率

美国以大家庭和早婚而闻名，因而在19世纪初期生育率很高。表9—5中的总和生育率显示，在1800年为7.04，意味着这一年每个妇女在生育年龄期间的平均生育次数超过7次，在美国内战前夕还达到5.21。尽管当时缺乏结婚率的数据，但估计女性的初婚年龄可能相对较小，大概是20岁以下。联邦人口普查直到1880年才开始关注有关婚姻的数据，直到1890年才出现婚姻方面的普查结果。但美国有几个州对婚姻关注较早，例如纽约州的7个郡县。① 通过1865年的调查得出了样本，女性的初婚年龄为23.8岁，男性大约为26.6岁。到45～54岁还未婚的人口比例，女性为7.4%，男性为5.9%，终身未婚的人数很少。显然，美国的结婚现象是很普遍的。

表9—5　　　　美国的生育率（1800—1900）

年份	出生率/‰		总和生育率/人次		儿童妇女比率/孩子数	
	白人	黑人	白人	黑人	白人	黑人
1800	55.0	—	7.04	—	1 342	—
1810	54.3	—	6.92	—	1 358	—
1820	52.8	—	6.73	—	1 295	1 191
1830	51.4	—	6.55	—	1 145	1 220
1840	48.3	—	6.14	—	1 085	1 154
1850	43.3	58.6	5.42	7.90	892	1 087
1860	41.4	55.0	5.21	7.58	905	1 072
1870	38.3	55.4	4.55	7.69	814	997
1880	35.2	51.9	4.24	7.26	780	1 090
1890	31.5	48.1	3.87	6.56	685	930
1900	30.1	44.4	3.56	5.61	666	845

注：总和生育率为每个妇女在生育年龄期间的生育总次数，儿童妇女比率为每千人年龄在15～44岁妇女所对应的0～4岁的孩子数。

资料来源：[美] 斯坦利·L. 恩格尔曼，罗伯特·高尔曼. 剑桥美国经济史：漫长的19世纪 [M]. 北京：中国人民大学出版社，2008.

1880年的美国人口普查第一次关注结婚状况，数据显示，此时女性初婚的平均年龄是23.0岁，男性为26.5岁。中年未婚人数所占比率相对较低，男性和女性都是7%。结婚年龄到1890年和1900年都呈现上升趋势。这时的美国女性初婚年龄与欧洲19世纪

① 纽约州被调查的这几个郡县分别是阿勒格尼、达奇斯、蒙哥马利、伦斯勒、斯托本、汤普金斯和沃伦。

60—70 年代相比还是较早的，女性第一次结婚的平均年龄在 1861 年的英格兰和威尔士是 25.4 岁，在 1871 年的德国是 26.3 岁，显然与西欧和北欧国家相比，美国女性呈现早婚的现象。在 19 世纪早期，美国的结婚年龄很低，但到 19 世纪末期之前一直处于缓慢上升的趋向。

与西欧和北欧各国相比，美国由于移民因素，加上人均占有的自然资源较丰富，出生率长期偏高，是典型的高生育率国家。19 世纪初期，出生率约为 55.0‰。这以前的出生率可能比这一数字略高，因为人类的最大生物潜能估计约为 60.0‰。在 19 世纪后半期以后，随着工业化的加速，出生率出现了逐渐下降的趋势，到 19 世纪 90 年代，出生率几乎减半，到 1900 年，全国出生率依然保持在 30.0‰以上。总和生育率同样也显示了下降的趋势，白人的总和生育率从 1810 年的 6.92 下降到 1870 年的 4.55，到 1900 年又进一步降至 3.56，而黑人的总和生育率则从 1850 年的 7.90 减退到 1900 年的 5.61（见表 9—5）。生育率的下降主要源于人们的生育观念发生了根本的变化，从多生多育转变为少生少育。其主要原因是父母供养孩子的经济负担有所增加，尤其是从农村迁移到城市的家庭增加了许多生活开支和教育费用。孩子越多的家庭经济负担越重，因而很多家庭选择了少生少育。

对 19 世纪出生率长期下降的一种可供选择的解释已被威廉·桑德斯特洛姆（William Sundstrom）和保罗·戴维（Paul David）提出，这就是策略遗产模型。在这个模型中，父母通过许诺给予遗产来激励子女与父母间存在一个隐含协定，即子女将照顾父母晚年，作为回报，子女将到一份家庭财富。不过，当高生产率的非农业部门的劳动力市场改善时，子女认为留在家庭农场是有机会成本的。子女往往因放弃机会期望父母给予自己更多的补偿。其结果是子女留下来照顾年迈父母的概率下降。由于子女违约的风险增加，父母因养儿防老而赋予子女的价值下降。在这种情况下，理性的父母往往降低其生育率。具体的措施有减少性交次数、禁欲、使用避孕工具以及堕胎等。[6]弗兰克·诺特斯坦针对 19 世纪美国生育率下降的状况指出：“在一个技术迅速发展的时期，新技术的需求旺盛，个人发展的新机会增加了，教育和保持对事务的理性变得越来越重要，这一切导致的结果是养育孩子的成本上升而孩子们将来带来经济贡献的可能性下降。下降的死亡率增加了所要赡养的家庭的规模并且减少了生育的诱因。”[7]美国学者亚伯拉罕·贾菲（Abraham J. Jaffe）探讨了 19 世纪美国出生率的下降问题，他认为其中起关键作用的是这一时期美国工业化特别是城市化的发展。[8]詹妮·伯恩·沃尔（Jenny Bourne Wahl）的调查得到了一个更具理论性的发现，在 19 世纪的发展过程中，父母们越来越多地从追求孩子的数量变成了追求孩子的质量。随着提高人口素质的成本的降低，父母们倾向于提高每个孩子的人力资本。

简而言之，美国生育率的变化情况比较特殊。发达国家于 19 世纪后期生育率开始下降，而美国从 19 世纪初期在广大农村的耕种地区已经开始了生育率的下降。在 1860 年以前，作为遗产留给子孙的质优价廉的土地消失了，这似乎给各州家庭规模的缩小提供了合理解释，至少农村地区是这样。但是，随着经济的不断发展，传统的社会经济变量的解释力更强了。这种变量包括提高的文化和教育水平、不断深化的城市化和工业化、妇女拥有更多的就业机会、由于实际工资和收入增加而上涨的时间价值等，这些因素成为主导性因素。特别需要指出的是，尽管19世纪美国的生育率在不断下降，但仍保持在一个较高的水平上，再加上大量海外移民的迁入，从而促进了美国人口在19世纪的持续增长。

9.2.3　死亡率

与19世纪的生育率转变相比，同时期的死亡率数据是极其缺乏的，到20世纪早期为止，大部分地区的死亡率统计数据不是缺乏就是不完全。直到20世纪30年代才有系统的全国范围的死亡登记，因而对死亡率的估计造成一定的困难。联邦人口普查收集了1850—1900年的死亡率信息，但是数据的不完全、偏差和调查面不平均影响了死亡率数据的质量，这样，人口学家和经济学家们对于整个19世纪死亡率的发展趋势和水平产生了分歧。

早期的死亡率转变假说是通过预测来进行的。据美国人口经济学家罗伯特·福格尔（Robert W. Fogel）的估计，1700年的死亡率大约为40.0‰，到了1800年以后呈现相对稳定的态势，在19世纪40年代和50年代有所上升，到1850年，当时的白人死亡率约为23.0‰。这种估计值意味着人口的自然增长率每年约为20.0‰，在美国内战后死亡率又开始下降。沃恩·汤普森（Warren S. Thompson，1887—1973）和P.K.威尔普顿（P.K. Whelpton）推断整个19世纪的死亡率都在下降，而且在大约1880年之后下降的速度加快。[9]安斯利·科尔（Ansley Coale）和莫利威·泽尔尼克（Melive Zelnik）认为，美国死亡率的改善从1850年到1900年呈现线性趋势，为了自圆其说，他们使用了雅各布森1850年马萨诸塞—马里兰生命表，并使用了根据六个欧洲国家的经验得出的模型化生命表体系。[10]而理查德·A.伊斯特林（Richard A. Easterlin）则认为，死亡率与人均收入和公共卫生之间都成负相关关系，和城市化成正相关关系，这就暗示了大约从1840年之后人均收入的提高对死亡率的影响，其影响超过了城市化所带来的负效应，与此同时，公共卫生在19世纪扮演的角色是微不足道的。预期寿命大约从1840年开始一直上升。[11]

美国内战后的死亡率状况通过一些数据可以了解得更多一些。1850年以后白人出生时的平均预期寿命和婴儿死亡率（见表9—6）从总体上看呈现下降的趋势，但期间有较大的波动，白人婴儿死亡率从19世纪60年代起开始大幅度下降，但到了70年代开始大幅度上升，到1880年达到214.8‰，随后不断下降，到1900年降至最低点110.8‰。白人预期寿命从19世纪50年代开始延长，但是到了70年代有所波动，1870—1880年白人预期寿命从45.2岁下降到40.5岁，随后又开始上升。从美国的死亡率趋势看，1870—1875年为21.8‰，到了1875—1880年开始明显上升，达到了23.8‰，随后美国的死亡率和白人婴儿死亡率一样开始逐渐减退。由此可见，1870—1880年美国人口死亡率出现了较大的波动，由原来的下降趋势变为上升的趋势。尽管这一时期人口死亡率发生过波动，但总体上还是保持了一个适中的下降水平。

表 9—6 美国的死亡率（1850—1900）

期间	死亡率/‰	年份	预期寿命/岁		婴儿死亡率/‰	
			白人	黑人	白人	黑人
1870—1875	21.8	1850	39.5	23.0	216.8	340.0
1875—1880	23.8	1860	43.6	—	181.3	—
1880—1885	21.0	1870	45.2	—	175.5	—
1885—1890	20.6	1880	40.5	—	214.8	—
1890—1895	19.5	1890	46.8	—	150.7	—
1895—1900	18.8	1900	51.8	41.8	110.8	170.3

资料来源：［美］斯坦利·L. 恩格尔曼，罗伯特·高尔曼. 剑桥美国经济史：漫长的19世纪［M］. 北京：中国人民大学出版社，2008；［美］马丁·费尔德斯坦. 转变中的美国经济［M］. 北京：商务印书馆，1990.

总的来看，美国死亡率的转变与出生率转变相比有所推迟，19世纪的死亡率没有随着出生率的下降而下降，相反，在美国内战前出现了增长。全国性的死亡率下降在19世纪80年代才开始，随后呈现了较为明显的减退趋势。在19世纪前期，城市卫生环境较差、经济发展趋缓，死亡率较高，而且城市越大，死亡率越高。在19世纪晚期，死亡率的下降主要源于传染性疾病和寄生虫导致死亡人数的下降，而城市公共卫生水平的提高和收入水平的上升也促进了死亡率的下降。到了19世纪末期，公共卫生的作用也很大，这时美国的饮食、住房和生活水平都得到明显提高，特别是随着病菌学技术①和治疗水平的提高，医疗卫生的作用在不断增大，对当时的死亡率下降起到了重要作用。

9.2.4 国际人口迁移

19世纪美国人口继续保持爆炸性增长的趋势，除了人口的自然增长率很高外，还与大规模的国际人口迁移密切相关。这一时期美国人口稀少，需要大批劳动力来发展经济，世界各地尤其是欧洲移民大量进入美国。据统计，1820年至1860年间，大约有500万移民来到美国，他们中的大多数来自西欧。而佩特·麦克莱兰（Peter McClelland）和理查德·泽克豪泽（Richard Zeckhauser）在《美国的国际人口迁移》一文中估计该时期的移民总数高达700万，实际的国际移民总数可能会更高。

显而易见，这一时期来自西欧的移民是非常活跃的。19世纪40年代、50年代和80年代出现了移民高潮（见图9—3）。例如，在1847年到1854年，每年都有超过10万的爱尔兰移民来到美国；而在1852年到1854年，每年都有15万以上的德国移民来到美国。移民的主要拉力因素是美国的高工资和低失业的经济效果。19世纪60年代到80年代，美国的移民主要来自英格兰、爱尔兰、德国和斯堪的纳维亚半岛等西欧和北欧国家。这些移民的数量在80年代达到高峰，以后开始大幅度减少。从19世纪80年代开始，来自中欧和南欧各国的移民日益增加，到19世纪90年代，来自中欧、俄国和意大利的移民规模超过了西欧。此外，随着美国经济的迅速发展，来自东欧和南欧的移民规模也较大，当时被称为“新移民”，成为日益引人注目的问题。

① 1881年，法国微生物学家路易斯·巴斯德（Louis Pasteur，1822—1895）发明了预防炭疽病的疫苗，1885年，预防被疯犬咬伤所引起的狂犬病的疫苗也研制成功。随着外国先进医疗技术的引进和美国医疗科学的进步，特别是抗生素药物的使用，使美国的人口死亡率明显降低。

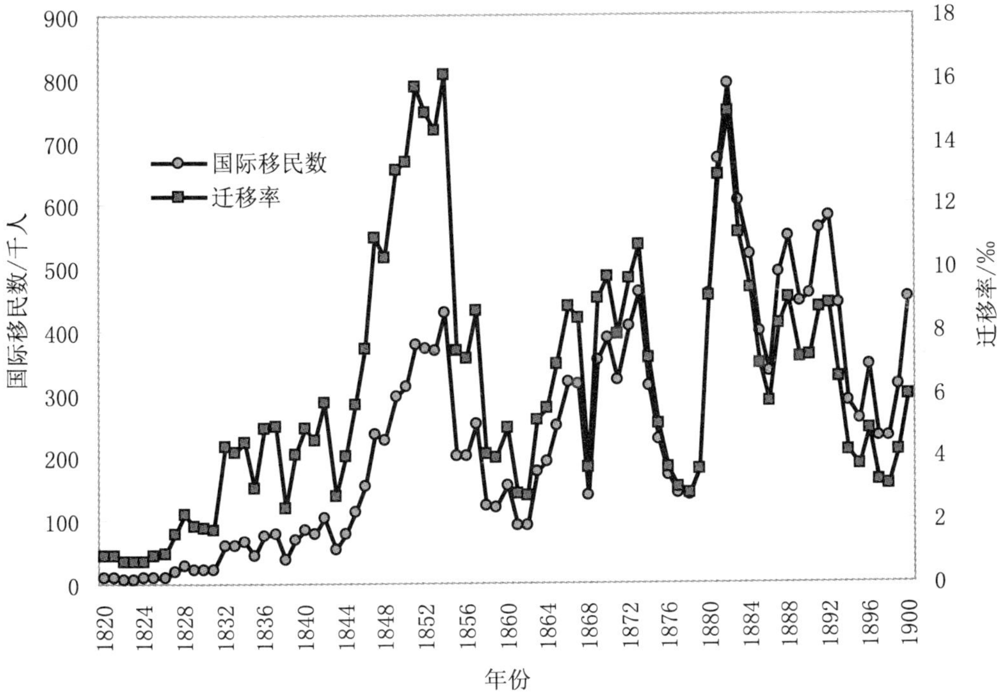

图9—3 美国国际移民的变化（1820—1900）

资料来源：［英］B. R. 米切尔. 帕尔格雷夫世界历史统计·美洲卷（1790—1993）［M］. 北京：经济科学出版社，2002.

当然，美国移民的波动是和经济的波动密切相关的，在美国经济繁荣时期迁入的外国移民增多，移民的高潮从1843年开始持续到1857年经济危机爆发，美国内战后经济上升时期（1865—1873年）以及19世纪80年代的经济高峰时期。与移民高潮的来临相类似，移民低谷是1837年、1857年和1873年的经济危机以及19世纪90年代的持续经济混乱时期。总之，美国移民潮的波动大体上和经济走势的长期波动同步。很重要的是外国移民使美国成为19世纪后半叶形成的全球性劳动力市场的组成部分。[12]

从移民数量上来看，美国的跨大西洋移民总量呈现长期上升的趋势。年平均移民量在19世纪20年代为每年大约1.4万人，到50年代增长到大约26万人，到80年代接近每年52.5万人（见表9—7），达到19世纪的最高点。特别值得注目的是，内战后至19世纪末移居美国的海外移民快速增长。从1861—1870年的231.5万人持续上升，到1881—1890年增至524.7万人，1861—1900年总计高达1 406.2万人，同期美国人口总数增长了4 455.1万人，新迁入的海外移民占人口总增长量的1/3左右。正因为如此，尽管美国的人口自然增长率有所下降，但大量海外移民的迁入促进了美国人口的持续增长。

国际移民在美国人口的发展过程中是很普遍的现象，特别是内战以后，海外移民增长很快，其主要原因是美国加大了对自由移民政策的宣传力度，将信息传播到世界更多的地方，因而这一时期的海外移民来自更多的国家和地区。海外移民最早来自西欧

表 9—7　按出生地登记的迁入美国的移民（1819—1900）　单位：千人

时期	总迁移人口	北欧和西欧	东欧和中欧	南欧	美国	亚洲	其他
1819—1820	8	8	—	—	—	—	—
1821—1830	143	96	—	3	12	—	—
1831—1840	599	490	—	5	33	—	—
1841—1850	1 713	1 592	1	5	62	—	—
1851—1860	2 598	2 431	2	20	75	41	—
1861—1870	2 315	2 032	12	21	167	65	—
1871—1880	2 812	2 070	126	75	404	124	12
1881—1890	5 247	3 779	627	331	427	68	15
1891—1900	3 688	1 643	1 211	704	39	71	4

资料来源：Conrad Taeuber and Irene B. Taeuber. *The Changing Population of the United States*. New York，1958.

和北欧地区，大约在 1890 年之后，又有来自中欧、东欧、南欧和亚洲地区的人，移民潮随着经济周期中经济的上升和美国就业机会的增多而上涨。这种移民流主要出自于经济的原因到美国寻求就业机会或创业，海外移民潮的形成提高了人口增长率，间接导致了出生率上升，移民作为积极的人口因素对美国的经济发展留下不可磨灭的影响。

9.2.5　人口再分布

建国初期，美国人口东部稠密、西部稀少，人口分布非常不均衡。19 世纪中期以后，随着领土的不断扩大，美国人口不断地向西迁移，从民族发祥地的东北部沿海地区向中西部、中央平原和南部平原以及太平洋沿岸地区扩散，人口密度在 1840 年至 1890 年从每平方千米不到 3 人增加了将近 2.5 倍[13]，从而使人口密度不合理的状况得到改善，人口分布状况也一再发生显著的变化。

美国人口分布重心不断西移，1790 年，该重心位于巴尔的摩以东 23 英里处。随后，新美国的人口沿东海岸，从缅因州到佐治亚州群集。只有一少部分人定居在中西部的俄亥俄河谷和坎伯兰河谷，并朝莫霍克河谷上方进入明尼苏达州、密苏里州和阿肯色州等地区。到 1900 年，美国人口已有不少连续地从东海岸挺进到西部，人口重心向正西移动了 530 英里，达到印第安纳州的哥伦布城附近，这反映了当时人口移动和殖民的总趋势。当然，这种渐进殖民模式并不是随机的。在使人口沿特定路线再分布上，交通运输条件起了重要作用。随着公路、铁路和运河的拓展，使人们能与老的殖民地区保持联系。于是，这些交通媒介使随后的人口迁移因沿途阻力小而通畅起来。

19 世纪美国人口高度集中在东北部地区的趋势是明显的（见表 9—8）。东北部的新英格兰、大西洋中部和东北中部三区，面积仅占全国的 11.5%，1860 年人口却占到 55.7%，这里是全国工业的核心。东南部的大西洋南部和东南中部两区面积合计占全国的 12.5%，人口也达到全国的 29.9%。而东部的山地和太平洋地区的面积约占全国的一半，但人口仅占 2.0%。南北纵贯中央的西北中部和西南中部两区，面积占全国的 26.4%，当时的经济以粗放农牧业为主，人口仅占全国的 12.5%。自 19 世纪后半期起，随着西部各州相继并入美国的版图以及欧洲移民的大规模涌入，人口不断向西迁移，东部各区的相对地位不断下降。新英格兰自然增长率最低，人口占全国比重下降幅度也很大。大西洋中部和大西洋南部的人口所占全国的比重也呈现明显下降趋势。

表 9—8 美国九大区域的人口分布

区域	人口/千人				人口占全国比重/%			
	1790	1830	1860	1890	1790	1830	1860	1890
新英格兰	1 009	1 955	3 135	4 701	25.7	15.2	10.0	7.5
大西洋中部	959	3 588	7 459	12 706	24.4	27.9	23.7	20.2
东北中部	—	1 470	6 927	13 478	—	11.4	22.0	21.4
西北中部	—	140	2 170	8 932	—	1.1	6.9	14.2
大西洋南部	1 852	3 646	5 365	8 858	47.1	28.3	17.1	14.1
东南中部	109	1 816	4 021	6 429	2.8	14.1	12.8	10.2
西南中部	—	246	1 748	4 741	—	1.9	5.6	7.5
山地	—	—	175	1 214	—	—	0.6	1.9
太平洋	—	—	444	1 920	—	—	1.4	3.0
总计	3 929	12 861	31 444	62 979	100.0	100.0	100.0	100.0

资料来源：United States Bureau of the Census. *U. S. Census of Population*，1970. Washington Government Printing office，1972.

自美国从英国统治下独立以来，这里的人口分布地点和人口构成都发生了显著的改变。过去美国未开发的土地广阔，人口密度差大，加上其他经济因素，吸引了大量移民，人口再分布活跃。美国人口不断向西挺进，先是在中西部而后又在西海岸殖民，从 1850 年到 1890 年的 40 年里，制造业中心向西移动了 225 英里，人口重心向西移动了 243 英里。这说明了这两种移动的密切关系[14]。正是这种人口重心的不断向西移动，逐渐改变了美国人口东稠西疏的布局，到 19 世纪末基本上实现了人口的合理分布。

9.3 独立战争时期的美国经济

美国独立战争①（American War of Independence，1775—1783）是英属北美十三个殖民地政治经济发展的产物。由于英国对殖民地的剥削严重阻碍了资本主义经济的发展，为了对抗英国的经济政策，导致了北美独立的抗争。美国独立战争始于 1775 年 4 月的莱克星顿枪声，1776 年 7 月 4 日大陆会议通过了《独立宣言》，宣告了美国的诞生。经过 1775—1783 年的独立战争，美国摆脱了英国的殖民地统治，实现了国家的独立，但战争对美国经济发展的负面影响是较大的。

战时的主要经济问题是生产和分配足够的商品和劳务以满足军用和民用的需要，这自然要涉及筹措战争经费，但中央政府不够坚强有力，没有得到各州的广泛支持，不能组织好战时经济，致使战争拖了八年之久。战争对美国生产的破坏不算大，而且战争主要在农村进行，对财产的破坏是有限的，给各州造成的经济损失也不完全相同。新英格兰在 1775 年以后除了沿海地区外，大多数地区未遭遇战争，经济损失较小。后来南方各州成为主战场，英国先后带走 5 万名黑奴，给南方的种植园经济带来较大的破坏。英国海军还经常掠夺美国的捕鲸船，使美国的捕鲸业逐渐衰落。

① 美国独立战争，是大英帝国和其北美十三州殖民地的革命者以及几个欧洲强国之间的一场战争。经过北美人民的艰苦抗争，终于在 1783 年迫使英国承认美国独立。独立战争结束了英国的殖民统治，实现了国家的独立，确立了比较民主的资产阶级民主体制，有利于资本主义的发展，对拉丁美洲和法国大革命起到了推动作用。

为了应付战争开支，大陆会议和各个州都发行了大量的纸币，它们通常与较为合理的筹款计划相联系。弗吉尼亚、北卡罗来纳和南卡罗来纳州发行的数额最大。在一些北部的州，一些商人开始信任州政府，并向地方政府当局而不是向大陆会议发放贷款；许多州也由此向这些商人发行很大数量的债券，用预期的税收收入支付其州政府债务。许多州的税收水平增加为战前的 2～6 倍。如康涅狄格、新泽西和纽约州，它们试图向邻近的军队提供供给并抑制通货膨胀率。与此同时，许多州对纸币的需求在不断增加。虽然殖民地政府已经发现处于严重的赤字，应该采取更加强硬的通货政策，但是在 1777 年后，许多新成立的州由于从这些政策中得到了大量的地方性利益，于是赞成通货膨胀政策，纷纷发行更多的纸币，制定法定货币的法律以及更高的农产品价格。与此同时，大陆会议时期的货币体制逐步崩溃，滥发纸币引起了通货膨胀，大陆币与硬币的兑换率，1777 年为 3∶1，到 1778 年，这个比率上升到 5∶1，1779 年春为 16∶1，1780 年为 77∶1，到 1781 年年中为 165.5∶1。[15] 1781 年，价格是战前的 135 倍。大陆会议为遏制通货膨胀所实行的价格控制也收效甚微。

在战争期间，英国人封锁了美国的各个沿海港口，并在西印度群岛地区对美国的船只进行抢夺，使得美国和外国商人在沿海一带的商品对外贸易受到了很大的打击，致使 1776 年和 1777 年下降到最低水平。尽管封锁严密，各殖民地仍然开展着对外贸易。美国同法国、荷兰和西班牙的贸易有较大的发展。在 1778 年年初，法国和美国签订贸易协定，成为美国最重要的贸易伙伴国，此后，西班牙与荷兰也与美国签订了贸易协定，使美国继续向欧洲市场运输切萨皮克地区的烟草、中大西洋地区的松脂制品及粮食产品。此外，西班牙还是美国私掠船俘获品的销售中心，西属古巴还同美国各州进行大宗贸易。

实际上，1779—1781 年美国战时的贸易依然比较活跃，在此期间，法国、荷兰、西班牙及其属地都积极进行对美贸易。虽然如此，美国各殖民地的贸易流量一直远远低于战前水平。英国的禁运增加了跨大西洋贸易的风险与成本，这其中包括更高的运费与保险费，从而导致战时制成品进口数量的降低。由于英国对北美南部地区烟草的需求量有所减少，烟草的产量大幅度下跌，仅相当于战前水平的 1/3 左右。美国失去了英国对蓝靛染料及松脂制品的加工补助，造船业也由于失去绳索、帆布以及该产业必需的特殊硬件而蒙受损失。而走私、劫掠巡航以及与海外伙伴进行的合法贸易还不足以弥补对英进出口的锐减。甚至沿海地区的贸易也由于缺少船只、海上封锁以及战时的高昂运费而缩减。英国占领的港口，如纽约，只有些少许的进口贸易，出口量则几乎为零。尽管如此，由于发展同欧洲大陆国家的贸易，缓和了美国商品的匮乏，支援了独立战争。战时，由于进口商品急剧减少，美国经济摆脱了对英国的依附，各州开始自力更生发展经济。

在农业生产方面，烟草生产在战时有所增长，由 1774 年的 1.018 亿磅增至 1790 年的 1.3 亿磅。当时，南部有半数以上的劳动力都从事烟草的生产。在北卡罗来纳州和南卡罗来纳州，大米的种植和出口仍然在继续，没有受到太大的干扰。[16] 战争和民用的需求促进了整个殖民地羊毛的生产，各州政府通过向指定的放牧者提供佣金的方式，帮助农民在更靠近军队与城市市场的地方放牧牛羊，并鼓励农民将羊毛制作成军毯和军服，对从事这种活动的人们提供州政府补助金。南方的棉花生产也有所发展，特别是马里兰州、弗吉尼亚州和南卡罗来纳州政府鼓励种植棉花的政策，促进了这些地区的棉花生产。

来美国参战的欧洲人把欧洲较先进的农业技术带入美国，也推动了美国农业的改良。

在独立战争期间，由于市场受战争的影响，商品匮乏，价格上涨，使许多投资者把过剩资本投入到制造业，因而工厂数目大幅度增长，高炉、冶炼厂及轧钢厂在新泽西、宾夕法尼亚、马里兰、特拉华和弗吉尼亚各州的农村随处可见，大大提高了战时经济运转的规模，生产出高质量的生铁、条形铁以及制成品。战时，由于报纸和其他印刷品增多，推动了造纸业的发展。战争促进了军火和其他军事物资的生产，从而发展了机械制造和冶金业。马萨诸塞、康涅狄格和罗得岛纷纷成立小型军械工厂。这一时期，纺织业也有所发展，在纺织品生产得以扩大的地方，将进行传统家庭劳动的妇女与独立战争广泛的需求联系起来，以促进纺织业的生产。基于家庭生产之上的新的生产和分配模式，为以后更多的资本密集型投资和工厂的建立铺平了道路。另外，独立战争期间，各州大力提倡更多地使用谷物制作啤酒和威士忌酒，从而减少了对进口酒以及西印度群岛朗姆酒的依赖。除此之外，各州还雇用熟练工人制造和维修了数以千计的驳船、桥梁、军营与货车。

总的来说，独立战争期间，美国所面临的最重要的经济困难是国际贸易的中断。由于美国面临着要维持一支军队开支的迫切要求，因此，大陆会议更注重国内的经济。战争带给这个新兴国家的经济困苦是显而易见的。大多数商品价格上涨且供应紧张。昂贵的价格与贸易的极度艰难促使一些投资者从商业转向制造业，但农业受到的经济冲击相对较小。在战争期间，美国经济摆脱了对英国的依赖，开始走向独立发展的道路，开创了美国经济发展的新纪元。

9.4　领土的扩张与土地政策

美国建国时的 13 个州都分布于东部沿海地区，向西以阿拉巴契亚山脉为界，此时，美国领土面积大约只有 80 万平方千米。从经济角度看，美国建国后的领土扩张并不强烈，但随着东部人口的增加和土地价格的不断上涨，人们对土地的需求越来越旺盛，而当时欧洲正处于战乱状态，英国、法国等欧洲列强无暇顾及美洲。美国利用这一契机开始在北美大陆迅速扩张，用购买和战争手段兼并了法国、西班牙、英国的殖民地和墨西哥的大片国土，而购买成为领土扩张最常用的方式。

19 世纪初，美国开始向密西西比河以西扩张（见图 9—4），1803 年，美国乘拿破仑·波拿巴（Napoléon Bonaparte，1769—1821）忙于应付欧洲战争之机，通过谈判从法国手中以 1 500 万美元的价格购买了 83 万平方英里的路易斯安那地区①，使美国的领土面积

① 1800 年，法国刚刚上台执政的拿破仑·波拿巴凭借自己强大的军事实力，从西班牙手中夺得北美路易斯安那地区。路易斯安那地区在密西西比河和落基山脉之间，北起加拿大，南到墨西哥湾，相当于现在美国中西部的 13 个州。强大法国的存在使刚刚独立不久的美国感到非常不安，因为拿破仑极有可能会盘算北边的加拿大，然后还会让美洲印第安土著骚扰美国边境。1802 年，当时的美国总统杰斐逊与法国谈判，希望以高价买到这一大片土地。谈判进行得很顺利，拿破仑竟以 8 000 万法郎的价格把如此大片的土地卖给美国。当时拿破仑考虑到，如果美国和英国结盟，与法国开战，英国必将进攻路易斯安那地区，与其让它落入宿敌英国之手，不如卖给美国，而且卖了这个地区，法国可解除后顾之忧，全力以赴控制欧洲。1803 年 4 月，美法签订和约，美国轻而易举地获得了 260 万平方千米左右的土地，每平方千米价格不到 5 美元。

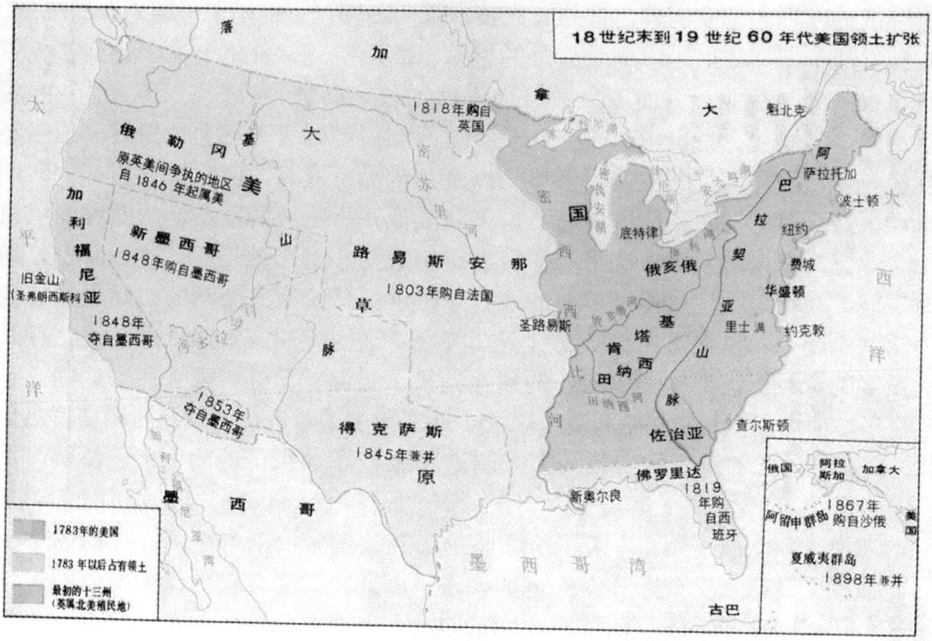

图 9—4　土地扩张

增加到近 172 万平方英里，版图几乎扩大了一倍。[17]这块土地南起墨西哥湾，北到加拿大，东临密西西比河，西至落基山脉，后来，美国在这块土地上建立了阿肯色、艾奥瓦、密苏里等 13 个州。从此，路易斯安那地区成为美国向佛罗里达、得克萨斯、新墨西哥、加利福尼亚、俄勒冈和阿拉斯加扩展的走廊。购买路易斯安那使美国获得了世界上最富饶的平原。1810 年，美国占领了佛罗里达西部直到珍珠河，两年以后又占据了佛罗里达东部直到珀迪多，但其过程并不顺利，直到 1819 年，西班牙政府才被迫同美国签订条约，以 500 万美元的价格将东佛罗里达卖给美国。除了 1842 年同英国调整缅因—加拿大边界和沿加拿大边界有某些小的变动外，佛罗里达的获得，解决了密西西比以东的边界问题。

路易斯安那和佛罗里达的扩张使美国尝到了甜头，接着美国继续扩张，1845 年，得克萨斯共和国成立 9 年以后被兼并，成为美国的第 28 个州，这一新的版图使美国增加了 39.1 万平方英里的土地。1846 年，美国又强迫英国签订一项条约，把美国北部北纬 49 度的国界线一直延伸到太平洋沿岸，使美国占领了俄勒冈地区。1846 年，美国挑起墨西哥战争①，

① 1841 年，美国陆续向加利福尼亚地区移民。这些移民以农业为生，成为墨西哥人在经济上的竞争对手，一直不受当地人欢迎。但是，美国人还是源源不断地进入加利福尼亚。为了得到这块土地，美国政府屡屡要出高价购买。不过，当时墨西哥断然拒绝了这一无礼的要求。于是，美国萌生了以武力满足领土欲望的念头。美国先在舆论造势，一会儿宣传英国企图来争夺这块土地，一会儿又宣传墨西哥正在秘密策划反美运动，目的就是要把美国民众引上战争之路。两国关系骤然紧张。同时，美国又开始了军事挑衅行为。1846 年，美国总统波尔克派军队进入两国边境有争议地区。墨方提出强烈抗议，却没有任何效果。同年 4 月，墨西哥军队与美军发生小规模冲突，打死 3 名美国人。这一事件给了美国开战的借口。5 月，美国正式向墨西哥宣战，派出 5 万军队从陆地和海上侵入墨西哥。墨西哥军队缺乏训练和先进的武器装备，很快就败下阵来，加利福尼亚、内华达等地区顺理成章地归并美国。

墨西哥军队被打败，其部分原因是美国的扩张主义倾向。1848年，美国与墨西哥签订条约，美国只象征性地支付1 500万美元就得到了包括加利福尼亚、内华达、新墨西哥地区在内的52.91万平方英里土地[18]，尽管一些地区似乎是不毛之地，但蕴藏着某些丰富的资源，后来美国在这块土地上建立了7个州。1853年，美国又以1 000万美元强购新墨西哥和亚利桑那的其他地区，面积为2.967万平方英里的一块土地。

因此，在建国后不到60年的时间里，美国通过购买、协议和战争将它的版图从密西西比河和东海岸之间的86.4万平方英里扩展到从大西洋到太平洋大约303万平方英里，比宣布独立时的版图增加7倍多。随着领土的扩张，产生了大量的国有土地，对于这些土地的处理成为政府面临的主要问题。为此，政府制定了一系列的土地政策，主要针对的是公共土地，在向西部大迁移中起了重要的作用。

1780年，国会通过了一项法令，授予政府出售和赠送西北国有土地的权力。该法令明确指出：各州转让给合众国的土地将按合众国的共同利益进行处理；在新领地建立的州将实行共和制，并将成为联邦的成员，享有和旧州一样的主权权利、自由和独立。这一法令为后来的西北土地政策奠定了基调。不久，美国政府颁布了在西部建州的程序和规定。1784年，由托马斯·杰斐逊（Thomas Jefferson 1743—1826）起草的《关于弗吉尼亚让出的西部土地组建方案》的土地法令，规定西部土地为美国全体国民所共有，把整个西部地区的土地划分为16个州，在居民人数达到两万时即可申请加入联邦，建立同东部各州完全平等的新州。虽然法令中关于建立16个州的建议尚未实施，但它规定的建州原则已被确认。该法令成为随后土地法令的基础。

1785年，政府又颁布对西部土地测量和出售的法令。同1784年的法令相比作了修正，西部土地被分为若干镇，采用一种矩形的勘定制度，每个镇区的土地分成边长6英里的正方形的土块，即36平方英里，每个镇区又分成36个地块，每区占地640英亩，其中有4个区归联邦政府支配，其中的一个区作为赞助公共教育之用地。被出售土地的采矿权仍然归联邦政府所有。土地购买者必须支付土地测量的费用，不能申请银行贷款。地块为出售的最小单位，每英亩不少于1美元。1785年的土地法令为后来的土地法设定了基本框架，也初步实现了美国式的土地分配制度，该法令对于当地的土地开发起了积极作用，但整块土地的规定超出了大部分拓荒者所拥有的财富，剥夺了小农购置土地的机会，迫使他们以高价从土地投机商手中购买土地，从而鼓励了土地投机。

两年后，联邦议会通过了西北土地法，这项法令以1784年土地法令为基础，具体规定了处理俄亥俄河流域以北土地的办法，规定了建立新州的程序和原则，并对各州与国有土地的关系作了明确的规定。新州不得干涉合众国国会对土地的优先处置权，也不能违反国会认为是保护真正购买者的土地使用权所必需的规章条例，不得对合众国的土地财产征税。这表明国会拥有对西部公共用地的全部销售、分配和征税权。虽然1787年法令关于土地销售的规定很少，但它对西北地区的政治制度作了详细的规定，这些制度是国有土地分配和开发中必不可少的组成部分，而美国政府关于在西部土地上建州的各项规定和程序，对西部开发和经济稳定发展起了积极的促进作用。1787年的美国土地法令的第三部分还对公民权利做出规定，特别是根据该法令人们可以向西部自由迁徙。因此，美国土地法令的颁布，也极大地促进了美国移民向西部迁移的热潮。

在 18 世纪 80 年代连续通过三个土地法令之后，美国公共土地的出售非常缓慢，政府希望通过出售公共土地增加收入，为此，1796 年，美国政府通过了联邦成立后的第一个土地法令，把土地价格提高到 2 美元，付清期改为一年以后，分 4 年付清。实际上，根据 1796 年的土地法只出售了少量的土地。然而，1796 年法令仍然没有取得预想的效果。主要是因为这一法令不仅没有缩小一次出售的土地面积，反而将每英亩的价格提高，这更加重了土地购买者特别是中小农户的经济负担。而每英亩土地最低售价 2 美元和一次最低出售量 640 英亩，意味着土地购买者必须在一年内准备支付 1 280 美元以及相应的利息，这对普通的移民来说是不可能的。后因该规定不能满足向西迁徙的大量农民对土地的需求，美国政府不断缩小购买土地的最低限额，降低国有土地的出售价格。

后来，有人主张对西部移民采取更慷慨的土地政策，并成功地改变了政府的土地政策。1798 年，威廉·亨利·哈里森（William Henry Harrison，1773—1841）支持西部选民关于划分成小片土地和实行赊购的要求。同年的土地法令，仍保持每英亩 2 美元的价格，但将最低购买量下降到 320 英亩，而且允许购买者在四年内偿还土地价款。1800 年土地法对美国国有土地的销售和开发产生了巨大影响，仅在该法令通过 1 年内就售出了 40 万英亩，1813 年达到 50.6 万英亩。该法案也成为推动西部人口迁移的一个重要因素。但该土地法令，特别是分期付款制度不可避免地刺激了土地投机。1800 年的赊购制度是 1815 年以后土地大投机的原因之一，而投机的泛滥到 1819 年经济大恐慌时达到了高潮。

1819 年，美国发生土地投机危机，国会于 1820 年通过了新的土地法令，废除了贷款销售土地的做法，从而保证了土地的销售，降低了土地价格和购买土地的最低数量限制，使每英亩土地的最低售价降至 1.25 美元，而一次出售的土地面积也减少到 80 英亩。到 19 世纪 20 年代，美国的土地销售在稳定中有所发展。全国的土地销售量从 1820 年的 78.2 万英亩上升到 1829 年的 124.4 万英亩。[19]这一时期，美国国会又通过了《救济法》，以延缓未付土地被没收的期限，使贫苦农民能够获得土地。1832 年，安德鲁·杰克逊（Andrew Jackson，1767—1845）政府时期，政府允许农民占有土地，即那些已经占有未经测量和同意出卖土地的农民，可以以最低售价购买他们已经耕种和改良了的土地，并逐步降低公共土地的价格，由每英亩 1.25 美元降到 0.5 美元进行拍卖。

从 19 世纪 30 年代初期开始，美国又通过了许多临时的优先购买法，最后促成了 1841 年《一般优先购买权法》的出台。这一法案保证了擅自占地者以每英亩最低 1.25 美元的价格获得最大 160 英亩的土地。没有人能够因出价高于这些定居者而获得土地，从而保证了这些擅自占地者能够以 200 美元的必要价格购买 1/4 分区。显而易见，该土地政策在保证公共领土为可持续收入来源的基础上已经提供了最大限度的自由。

在 19 世纪 50 年代，在出售土地的过程中，一些肥力较差、交通不便之处的土地很难出售，而土地管理部门又难以根据市场情况更改土地价格，因此低等级的土地价格问题开始引起关注。美国国会于 1854 年通过了《给予实际定居者和耕种者的公地分级和降价出售法案》，规定公共土地过了 10 年未能售出，就可以从每亩 1.25 美元降至 1 美元，未售出的时间越长价格越低，到了30年后还未售出的土地，其价格降至每英亩0.125美元，这是最低的土地价格。同时对于购买这类土地的人也进行了限制，规定购买者必须成为定居者，所购买的土地是为了自己使用，且并未从政府手中购买过320英亩土地，包括土地价格递减的土地。该法案的实施，促进了国有土地的销售。从1854年到内战前夕，分等级出售的土地达到2 200万英亩，约占当时全国土地销售量的一半左右。

但是，分等级法案还是阻挡不住免费分给移民耕地的要求，直到1860年，一部宅地法获得通过，但由于总统詹姆斯·布坎南（James Buchanan，1791—1868）担心其会促成脱离联邦的情况，从而将该法令禁止。两年之后，随着美国内战迅速蔓延，南部退出国会，1862年，亚伯拉罕·林肯（Abraham Lincoln，1809—1865）政府又颁布了新的宅地法，确定了无偿分配西部土地的原则。该法规定一家之主或任何年满21岁的公民，只要付10美元的费用，就有权取得160英亩的公共土地，耕种5年后，土地就归个人所有。还有一项重要的条款，规定没有满足五年期要求的移民者，也可以通过支付每英亩1.25美元的最低价格获得土地所有权。这个法令的颁布，满足了西部为数众多的小农长期以来希望无偿得到土地的要求，在较短时期内催生了一定数量的独立小农。

总之，这一时期美国土地政策的演变，为农民取得土地和进行农业开发提供了制度和政策保障，促进了美国西部的开发，也逐渐满足了移民的土地需求。1862年宅地法的制定是19世纪上半期美国土地政策修改和调整过程的延续，而随着美国领土的不断扩张和一系列土地政策的实施，促进了美国的经济发展，使美国能够快速发展成为一个农业大国。

9.5 西部人口迁移

在独立战争爆发前的殖民地时代，美国13个殖民地的居民就开始向西部移民，但这时的西部是指阿巴拉契亚山脉以西、密西西比河以东的老西北地区①和肯塔基河流域。18世纪中期，拓荒者们穿过阿巴拉契亚山脉，到1790年，有7万多人移入肯塔基，有3.5万人移入了田纳西。这些移民多半是南部内地原来从宾夕法尼亚进入的自耕农，或是被沿海地区更为富有的农场主所逐出的小农户。

自19世纪初期以后，拓荒者们加快了越过阿巴拉契亚山脉涌向西部的速度，来自东北各州的移居者如潮水般涌入中西部，俄亥俄州是第一个接收移民的州。从1800年到1820年，该州人口增长了3倍，这大部分是由于移民所致。同时中西部地区农场家庭的出生率远高于东部地区和非农业人口的出生率。后来的移民大多涌入北美五大湖区附近的各州。从那里开始，移民潮继续西进，到达了艾奥瓦、明尼苏达和堪萨斯等州。[20]在1810年，阿巴拉契亚以西的人口达到108万人（见表9—9），占美国总人口的1/7，10年以后增长为1/4。这些移民当中，既有南部的奴隶主，也有北部的土地投机商，但人数最多的还是一般的贫苦拓荒者——猎人、矿工、牧民和农民，而这些贫苦的拓荒者是为谋生来到西部的，他们成为西部地区早期移民的主体。

① 指美国建立时的13个殖民地西部边界以西的俄亥俄河流域的土地。

表 9—9 越过阿巴拉契亚山的各州人口 单位：千人

地区	1810	1850	1860	地区	1810	1850	1860
俄亥俄州	231	1 980	2 340	田纳西州	262	1 003	1 110
密歇根州	5	398	749	亚拉巴马州	9	772	964
印第安纳州	25	988	1 350	密西西比州	31	607	791
伊利诺伊州	12	852	1 712	路易斯安那州	77	518	708
明尼苏达州	—	6	172	阿肯色州	1	210	435
威斯康星州	—	305	776	密苏里州	20	682	1 182
艾奥瓦州	—	192	675	得克萨斯州	—	213	604
堪萨斯州	—	—	107	总计	1 080	9 708	14 831
肯塔基州	407	982	1 156	美国全体	7 224	23 261	31 513

注：不包括远西部和西部沿海地区。
资料来源：[美] 加里斯·M. 沃尔顿，休·罗考夫. 美国经济史 [M]. 北京：中国人民大学出版社，2011.

1812 年第二次独立战争①以后，拓荒者向西部移动的规模更加庞大，到达了印第安纳、伊利诺伊、路易斯安那、密西西比、亚拉巴马以及密苏里等州，19 世纪 30 年代，拓荒者又继续西进到阿肯色、密歇根、得克萨斯和威斯康星等州。而密西西比河以西的人口在 1840 年以前还极稀少，到 40 年代移民开始多起来，特别是 1848 年加利福尼亚发现金矿，对西部开发是一大推动力。1850 年以后，这个地区的移民和经济发展，在美国发展中居于重要地位。

随着移民潮的推进，越过阿巴拉契亚山脉的西部人口，到 1850 年又增长到 971 万人，占美国总人口的 41.7%，到 1860 年时，西部的人口又增长到 1 483 万人，几乎占全国人口的一半。南北战争前夕，人口重心在奇利科西、俄亥俄一带。

值得注目的是，在美国西进运动②的过程中，除了国内移民外，还有大量来自海外的国际移民。在西进运动的初期，渴望土地的人们从国外持续不断地涌入。从 1789 年到 1812 年，有近 25 万人从欧洲移居到美国。随着欧洲和平的到来，欧洲的移民人数迅速增加。人口迁移的流量从 19 世纪 30 年代的 50 万人增至 40 年代的 150 万人，到 50 年代进一步增长到 250 万人。新来的国际移民大都来自欧洲北部，以及德国人和爱尔兰人，还有很多移民是从英格兰、苏格兰、瑞士以及斯堪的纳维亚国家而来。在这些国际移民中，德国人比其他人更倾向直接抵达西部的土地。[21]这些国外移民的大量涌入，为美国西部开发提供了大量廉价的劳动力。

① 1812 年战争，又称美国第二次独立战争，是美国与英国之间发生于 1812—1815 年的战争，也是美国独立后第一次对外战争。美国正式向英国宣战，但是英国军队的 50%兵员是加拿大的民兵。与此同时，美洲印第安部落由于种种原因也卷入了战争。1812 年 6 月 18 日，美国向英国宣战。1812—1813 年，美国攻击英国北美殖民地加拿大各省。1813 年 10 月至 1814 年 3 月，英国在欧洲击败拿破仑·波拿巴，将更多的兵力增援北美战场。英国占领美国的缅因州，并且一度攻占美国首都华盛顿。但是英国陆军在美国南部的路易斯安那州战场、尚普兰湖战役、巴尔的摩战役、新奥尔良战役中多次遭到挫败，并且海军也遭受败局。1815 年双方停战，边界恢复原状。

② 独立战争之后，自 18 世纪末到 19 世纪末大约一个世纪的时期中，美国人在北美大陆由东向西不断扩展、移民和开发，形成了一个罕见的群众性移民开发运动，即“西进运动”。它是一种大规模的经济开发和社会迁移运动。美国的西部开发史，实际上就是美国人在荒原上建立国家的一部经济发展史。美国“西进运动”是一个领土扩张过程和人口西进过程。不论就其规模或就其影响而言，在整个世界近代历史上，西进运动都是绝无仅有的，它对美国经济和历史的发展都产生了巨大的影响，它也成为一种美国式的西部开发模式。

这一时期，在西部地区建立的移民结构是很复杂的，既包括跨越相邻州短途迁移的移民，也包括来自东部的移民，以及来自欧洲的移民。以伊利诺伊为例，1850年时，该州人口的4%来自新英格兰，13%来自中部各州，16%来自南部各州，13%来自西北部，13%来自欧洲，39%是本地人。它可以说是美国这个移民国家的缩影。[22]这些移民者往往很少在一个地方停留很长时间，而是继续西进开发新的土地，寻找新的机会。

向垦荒者敞开的西部土地对美国经济活动产生了深远的影响。当人们移居到西部时，他们选择了更肥沃的土地和更有利的农业环境，进行小麦、玉米等农作物生产。而来自东部各州和国外向西部迁移的绝对人口数量的不断增长，刺激了美国农业经济的发展。正如道格拉斯·C. 诺斯（Douglass Cecil North）所指出的，在很大程度上，这些垦荒者的急速增加都可以用西部特别的经济机会来加以解释。猪、玉米和小麦成为西北部的主要产品，而玉米和小麦的价格在1815年到1860年期间大体上都是很高的。人们来到新的土地正是为了追逐在这些地区生产大宗农产品所获得的利润。

19世纪后期，美国有着大量的国内移民，在向西部迁移的过程中，很多移民并不是在一个地方长期居留，而是不断向西迁移，寻找发展机会。美国东北部和中北部经济比较发达，常常是移民首先迁移的地方，一部分移民在停留地从事农业耕作，还有一部分人向第二产业和第三产业发展。这些移民一旦积累了一些资金并具备一定的条件后，往往向西迁移寻找更好的发展机会。他们在离开时会出售已开垦的土地，然后再继续向西部迁移。

内战结束后，绝大多数移民越过密西西比河，向落基山脉和太平洋沿岸进发，寻找新的机会。多数移民来到艾奥瓦、堪萨斯和密苏里。在19世纪70年代，约有35万移民到达堪萨斯，还有不少移民到达得克萨斯、艾奥瓦和科罗拉多。与此同时，伊利诺伊州迁走了近30万人，他们向更遥远的西部移居。[23]据统计，1860年威斯康星州各县的农场经营者到1870年仅有32%仍然继续留在原地，到1880年仅剩不到20%。威斯康星州的布鲁明格罗夫以及佛蒙特州切尔西的农场主们居住得较久。即使在这些地区，在1860—1880年仍有超过60%的农场主迁走了。[24]这些移民大多一直向西迁移。对于这种非常特殊的移民路线，理查德·斯特科尔（Richard Steckel）的解释是，这是由于农场主最大化其人力和物力资本价值的欲望所引起的。[25]

美国西部丰富的土地资源和优惠的土地政策是移民连续向西迁移的主要原因。在各项优惠的土地政策中，前述的《宅地法》是其中最重要的一部土地法。1873年，国会通过了《木材培育法》，规定任何人在自己的地产上种植40英亩树木并保持10年之后，就可以得到160英亩份地。1877年，国会通过了《荒地法》，规定移民只要在产权登记后3年内灌溉了土地，就可以每英亩25美分的价格购买640英亩土地。1878年，美国颁布了《木材石料法》，准许任何公民和已提出申请加入美国国籍的侨民，可按一英亩2.5美元的价格购买160英亩不宜种植而其主要价值在于木材和石料的地段，由于当时美国修建铁路大规模需求木材和石料，因此增加了对外来移民的吸引力。另外，国家还将一部分土地分给了退伍的联邦军人，到1907年为止，总共奖励退伍联邦军人多达6 824万英亩的西部土地[26]，从而促使大量退伍联邦军人家庭向西迁移。由于这种土地许可证可以转让，而且市场交易活跃，有些人也因购买了这种土地许可证而向西部移民。

此外，美国还继续向西扩张到与它本土不相毗连的地区。1867 年，美国以 720 万美元的代价从俄国购买了阿拉斯加和阿留申群岛，其面积等于美国原来的 13 个州的 2 倍；1894 年，美国在檀香山推翻夏威夷王国，1898 年美西战争爆发后，又兼并了夏威夷群岛。广大的西部土地并入美国，使美国成为幅员辽阔、自然资源丰富的国家，具有发展经济的极优越的自然条件。西部的开拓，带动了大规模铁路的建筑和大批移民的流入，使美国形成了广大的国内市场。铁路大通道的建设带来了人口的大规模迁移。从 1850—1880 年，加利福尼亚州的人口增长了近 8 倍，这主要是由于大量的劳动力人口的流入导致人口增长的速度加快。

通过移民递进式地向西部的迁移，到 1890 年时，美国完成了对西部领土的征购和私有化。“1868—1900 年间在整个西部地区分出的宅地为 68 万份，总面积达到 8 000 万英亩。其中仅 1867—1874 年间在远西部地区就有 16.8 万农户领得了 2 700 万英亩的宅地。”[27]另据统计，1863—1880 年，明尼苏达、内布拉斯加、达科他和堪萨斯 4 个州新建农场 24.2 万个，其中 56.5%是宅地农所建立的农场。在落基山区的 8 个州和领地内，到 1880 年共有农场 25 043 个，其中近一半是由宅地农建立的。加利福尼亚宅地农虽然不多，但从 1871 年起开始迅速增加，到 1881 年几乎每年增加 1 000～2 000 户，从 1876 年起，该州的宅地农人数为各州之冠。[28]

值得指出的是，美国在向西部不断扩张的同时，移民向西迁移的路线是有规律的，大部分移民是沿着同纬度向西递进式迁移的。迈克尔 · R. 海恩斯 (Michael R. Haines) 认为，19 世纪末，绝大多数州际移民沿着东—西轴线行进并一直到边境。例如，在 1850 年，许多在宾夕法尼亚出生但居住在别的地方的人中有 67%居住在俄亥俄州、印第安纳州或伊利诺伊州。在南哥伦比亚出生却在其他地方居住的人中，有 77%居住在佐治亚州、亚拉巴马州和田纳西州。许多理论可以解释人们沿着纬度移民的现象。近期研究发现，种子、家畜、劳动工具和农业技术上的不动产投资和人力资本投资，使得沿着气候带进行移民这种行为更为理性。[29]这也部分地解释了 19 世纪后期大多数移民更喜欢西部的原因，因为他们的人力资源和该地的气候更匹配。应该说，随着西部领土的不断扩张，移民沿着同纬度向西部迁移是非常理性的选择，这些移民容易适应新的生活环境和工作环境，并且原有的种子和家畜等，也容易适应新的气候条件。[30]

9.6 对外贸易

北美殖民地早期经济的持续发展在于从建立开始就成为宗主国的原料产地和产品消费市场，建立了以出口为导向的多样化经济，海外贸易的发展对北美殖民地的生存和繁荣起到了重要的作用，因此，殖民地与宗主国之间以及欧洲其他国家之间存在着活跃的贸易关系。从当时来看，殖民地必须发展海外贸易，以吸引欧洲投资和移民，才能形成持续发展。北方、中部和南部殖民地以各自的自然资源为依托，形成了各具特色的对外贸易模式。

南部殖民地包括马里兰、弗吉尼亚、北卡罗来纳、南卡罗来纳、佐治亚和殖民地后期并入的东、西佛罗里达。南部殖民地的贸易基本上是同英国的双边交易。1700年英国总进口量的3/4来自这一地区，并接受英国全部出口的一半左右。虽然18世纪初期以后这种百分比有所下降，但南部地区在英国殖民地贸易中仍占重要地位。南部殖民地的主要出口商品是弗吉尼亚和马里兰的烟草、南卡罗来纳的大米和蓝靛。早在1669年，南部地区就有1 500万磅切萨皮克烟草销往英国，其中800万磅用于再出口，这说明，切萨皮克烟草一开始就依赖海外市场。[31]后来在整个18世纪，切萨皮克烟草凭借价格和质量的优势占据德国、尼德兰和法国的市场。南卡罗来纳在17世纪90年代成功种植稻米并用于商业出口，出口的快速增长使稻米成为南部地区主要的出口商品，并成为英属北美的大宗出口商品之一。18世纪20年代，稻米居于南部出口的首位，到40年代末占到整个出口的60%。到殖民地中后期，稻米成为英属北美出口商品的第三位，仅次于烟草和小麦，占到出口总值的10%。[32]蓝靛也是南部出口的主要商品之一。18世纪40年代，南部地区的南卡罗来纳开始大量出口蓝靛，到1757年达到90万磅的最高值，到70年代维持在50万磅左右。独立战争前夕，佛罗里达也开始种植蓝靛，到1775年出口超过100万磅。[33]此时，蓝靛已成为南部地区主要出口商品。

北方殖民地以新英格兰地区为代表。在新英格兰殖民地建立的最初阶段，与当地印第安人的毛皮生意发挥了重要作用。据说荷兰商人每年要从新英格兰收购1万张到1.5万张海狸皮。[34]但大量的捕杀造成海狸数量不断下降，毛皮贸易越来越萧条。17世纪40年代，英国内战爆发，从英国来的海外移民逐渐减少，新英格兰地区的财富来源也在减少，这成为北方殖民地发展海外市场的直接原因。新英格兰地区没有可供出口的大宗商品，又要从英国进口大量的工业制成品，这就使北部殖民地一直处于贸易逆差。这种逆差早在1700年就达到18万英镑，1768年增至35.2万英镑，到1771年又达到135.8万英镑，几乎占整个殖民地对英赤字的50%。另据估计，在1700—1773年的累计赤字达到1 400万英镑。换句话说，新英格兰地区对英国贸易长期处于极其劣势的状态。新英格兰地区的出口贸易主要是渔业产品，大约占总出口量的一半左右，其次是森林产品，像桅杆、木板、甲板和轮船等。新英格兰的第二大贸易对象是西印度群岛，出口商品主要是北部的工业品、鱼干和中部的粮食，进口的主要商品是制造甜酒的糖蜜以及蔗糖、棉花、染料等。而对西印度群岛的出口贸易在一定程度上弥补了英格兰地区的贸易逆差。

造船和海运收入也是新英格兰地区减少贸易逆差的另一个途径。据估计，殖民地同英国贸易的3/4是由美国船舶装运的，其中，新英格兰地区的船占大多数。此外，新英格兰商人常常造船把货物装船运往英国，到达目的地后连货带船一并卖出。新英格兰商人还广泛地与其他美洲殖民地进行贸易。波士顿商人充当中间商人，买进殖民地的产品销往国外，再运来英国和外国的商品供应其他殖民地。

中部殖民地主要包括纽约、新泽西、宾夕法尼亚和特拉华，其对英国的商品贸易也存在逆差。中部殖民地的主要产品是面粉和粮食，在英国没有市场，直到18世纪60年代英国粮食歉收，才暂时降低了小麦的进口税。18 世纪 60 年代，宾夕法尼亚开始向英国出口铁，纽约出口铁和钾碱，但其数量同样不足以抵偿赤字。中部殖民地也发展了对西印度群岛的贸易。例如，纽约州把食品、马匹和木材运往西印度群岛，换回硬木、染料木、香料、食糖以及现金和汇票。据估计，糖酒、糖浆和食糖占从西印度群岛进口货物的 80%。[35]这些从西印度群岛进口的大部分货物，连同现金和汇票一并转向英国出口以换回英国货物。中部殖民地与西印度群岛的贸易余额从 1769 年的－8.3 万英镑增加到 1871 年的 6.8 万英镑，实现了盈余。此外，中部殖民地商人还与南欧有大宗的进出口业务，而且一直保持顺差。中部殖民地的贸易发展吸收了北部和南部殖民地的优点，既拥有像南部殖民地那样出口海外贸易的国际市场，又拥有像北部殖民地那样多样化的本地消费市场，参与同其他殖民地的商业活动，并通过对外贸易和提供对外运输服务赚取大量利润，从而促进了该地区的海外贸易发展。

从建国后到南北战争前的时期，美国的对外经济贸易正处于发展阶段，虽然实现了大宗农产品的生产经营专业化，但其出口依赖于世界不断增加的对新大陆自然资源的需求，而进口反映了美国日益增长的高消费能力。因此，这一时期美国的对外贸易实际上反映了美国农业财富盈余与英国等欧洲国家工业盈余之间的交换。

这一时期，美国的对外贸易（见表 9—10）有较大增长，对外贸易总额从 4 300 万美元增加到 6.88 亿美元，其中进口额从 2 300 万美元增加到 3.54 亿美元，出口额从 2 000 万美元增加到 3.33 亿美元，使美国对外贸易在世界贸易中的比重不断上升，1820 年为 6.5%，到 1860 年进一步增至 9.7%，与法国并驾齐驱，并列世界第二位。[36]

表 9—10　　美国对外进出口贸易

年份	进出口		出口和转口			进口			盈余/百万美元
	总值/百万美元	占世界比重/%	总值/百万美元	商品出口/百万美元	转口/百万美元	总值/百万美元	直接消费/百万美元	仓库/百万美元	
1790	43	—	20	0	0	23	0	0	－3
1800	162	5.3	71	32	39	91	0	0	－20
1810	152	—	66	42	24	85	0	0	－19
1820	144	6.5	70	52	18	74	0	0	－4
1830	135	5.8	72	59	13	63	50	13	9
1840	222	7.2	124	112	12	98	86	12	26
1850	318	7.8	144	135	9	174	164	9	－30
1860	688	9.7	333	316	17	354	336	18	－21

资料来源：U.S. Bureau of the Census. *Historical Statistics of the United States: Colonial Times to 1970*. Washington: Government Printing office，1975；［美］斯坦利·L. 恩格尔曼，罗伯特·高尔曼. 剑桥美国经济史：漫长的 19 世纪［M］. 北京：中国人民大学出版社，2008.

1790—1860 年每年的进出口额（见图 9—5），表明进出口额各年都有较大的变动，有些变动可以从价格变化得到解释，但大多数变动是重大经济事件的反映。1808 年对外贸易急剧下降，出现在英法战争期间，是因为 1807 年 12 月通过的禁运法令，使美国商品出口和转口贸易总额不及 1807 年的 1/4，进口贸易也大幅度减退。这项政策给美国商人带来的财务损失迫使国会在 1809 年通过“不来往”法令，开辟了美国对英国、法国以外的其他国家的贸易。

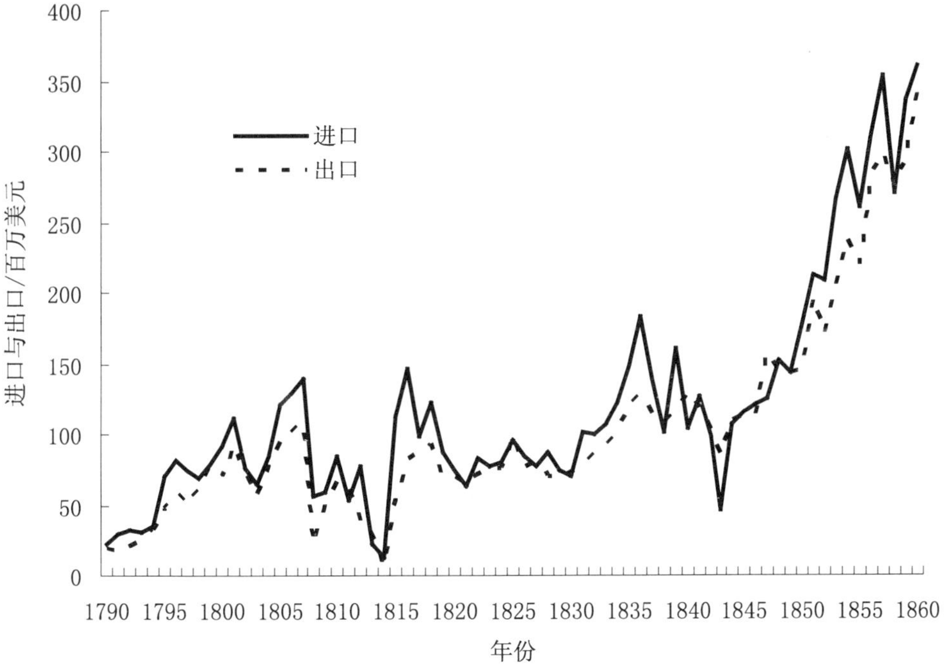

图9—5　美国的进出口总值

资料来源：［英］B.R. 米切尔. 帕尔格雷夫世界历史统计·美洲卷（1790—1993）［M］. 北京：经济科学出版社，2002.

1812年的第二次独立战争造成进出口的急剧下降，1815年战争结束以后，美国的对外贸易突然上升。1819年经济危机、1837年经济衰退、1843年经济恐慌和1857年经济不景气，都导致对外贸易的减少，但总体上呈现上升趋势，特别是1845年以后美国的对外贸易增长是极其显著的。

对外贸易的不平衡如图9—5所示，在1790—1860年期间，美国对外贸易在大多数年份为逆差，只有5年出口等于或大于进口，逆差总额超过了20亿美元。美国弥补贸易逆差的主要途径是增加商品的转口以及通过运输或向外国船主出售船舶来补偿。此外，有时美国商人纯粹是中间人，再出口的商品有棉花、毛织品、亚麻布制品、果酒以及雪茄烟等。

弥补商品贸易逆差的一个重要方法是利用贷款的形式来筹集进口资金。在这个阶段的初期，英国出口商人以赊销的形式贷给美国进口商人大量的短期贷款。但是到了19世纪30年代，大多数美国商人发现向英国银行借款用作进口资金是有利的。外国投资者购买美国证券，也提供资金。第一和第二美国银行的大部分资本是从国外得来的。弥补商品贸易逆差的另一个重要方法是出口硬币。加利福尼亚发现金矿以后，美国有了比较充足的硬币。在19世纪50年代，黄金的出口连同其他交易的收入，已经能够偿付美国应支付的款项。[37]

这一时期美国对外贸易商品结构显示其经济发展具有依附性。在进口商品中，制造品占大多数，1821年，美国进口商品大约有2/3是制造业产品，其余是食品和原料（见

表 9—11)。而 1820 年，出口商品中有 85%是原料和食品，只有 15%是制造品。在出口贸易中，制造业和非制造业的比例一直相当稳定，基本上保持在 15%左右的水平，而进口贸易则呈现了若干轻微下降的趋势，到 1860 年，进口贸易中制造业产品比重已下降到 60%以下，这说明美国国内制造业的地位有所加强。

表 9—11　　按经济分类的美国进出口商品结构　　单位：百万美元

年份	总值	原材料	粮食	加工食品	半制成品	制成品
进口						
1821	55	3	6	11	4	31
1830	63	5	7	10	5	36
1840	98	12	15	15	11	44
1850	174	13	18	21	26	95
1860	354	40	46	60	35	172
出口						
1820	52	31	2	10	5	3
1830	59	37	3	10	4	5
1840	112	76	5	16	5	11
1850	135	84	8	20	6	17
1860	316	217	12	39	13	36

资料来源：U. S. Bureau of the Census. *Historical Statistics of the United States*：*Colonial Times to* 1970. Washington：Government Printing office，1975.

美国出口的商品包括原棉、烟叶、小麦、面粉、棉制品、机器及零部件、木制品、原油、钢铁制品、机器以及铜制品等。其中原棉出口额最大，从 1802 年的 500 万美元增长到 1860 年的 1.92 亿美元，其次是烟草和小麦，这三种商品出口贸易占出口总额一直很高，1820 年和 1860 年均占出口总额的 70%以上（见图 9—6）。

美国在 19 世纪初期的出口商品的结构反映了美国的比较优势是以开采充足的自然资源为基础的，其重要部分由农产品构成（见表 9—12），但林业产品和海产品也很重要，在 1803—1810 年时还占总数的 19%。随着人口远离海洋，林地被清理出来开发农业，出口结构的巨大转变是包括资源产品在内的林业产品和海产品转向了农产品。在美国内战之前的半个世纪中，大约有 80%的美国出口商品是农产品。值得注意的是，在农业范围内，19 世纪上半叶经历了烟草出口的下滑，它作为殖民地时期重要的大宗商品逐步被棉花取代，而从 1830 年开始到美国内战，棉花占据了出口商品中的一半或更多的份额。

这一时期，美国对外贸易的地区结构也发生一定的变化。从出口商品的变化看，美国在建国初期主要面向欧洲出口，而且几乎所有不出口到欧洲的商品都被运到西印度群岛的欧洲殖民地（见表 9—13）。这些年的贸易模式反映了拿破仑战争和英国对欧洲的封锁效应，一些西印度群岛的贸易是伪装的，实质上是与欧洲进行贸易。到美国内战前，美国工业经济在不断增长，但美国一直集中增加向欧洲的出口。这一增长可能使美国在制造业方面比欧洲具有更强的竞争力。而在殖民地时期非常重要的西印度群岛市场的重要性在逐步下降，到 1860 年仅占出口总额的 7%，向墨西哥和中美洲的出口也下降了。

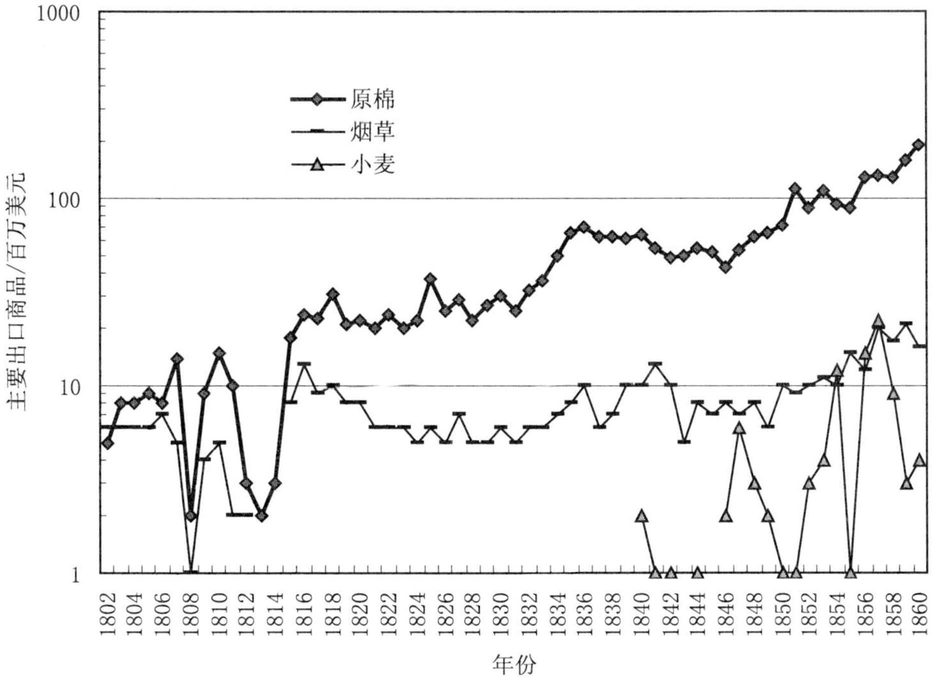

图 9—6 美国主要商品出口额

资料来源：[英] B. R. 米切尔. 帕尔格雷夫世界历史统计·美洲卷（1790—1993）[M]. 北京：经济科学出版社，2002.

表 9—12 美国的出口商品结构 %

时期	农业					林业	海产品	制造业	未分类
	合计	畜产品	蔬菜食品	烟草	棉花				
1803—1810	75.3	8.2	25.4	13.0	24.4	12.4	6.6	4.7	1.0
1811—1820	83.2	4.4	35.4	10.9	31.6	9.1	2.8	3.5	1.4
1821—1830	79.4	5.0	18.0	10.6	47.6	7.8	3.0	8.0	1.8
1831—1840	81.4	3.4	10.2	8.3	58.0	5.8	2.9	8.6	1.3
1841—1850	80.4	6.9	16.1	7.4	49.8	5.4	2.8	9.3	2.0
1851—1860	80.4	NA	NA	6.1	53.2	5.0	1.5	12.1	—

资料来源：U. S. Bureau of the Census. *Historical Statistics of the United States*：*Colonial Times to* 1970. Washington：Government Printing office，1975.

19 世纪上半叶，欧洲作为进口来源地和出口目的地的地位也很重要（见表 9—14）。然而欧洲占美国进口的比例在 1849 年以后有所下降，英国和法国的份额下降较为明显，尽管如此，英国长期以来一直是美国最大的贸易伙伴，而美国进口中德国的份额则有所上升。在其他地区，古巴、加拿大和亚洲作为进口来源地的重要性在增加。

总之，美国的政治独立，并不意味着经济的独立。提别是在建国初期，贸易的逆差、制造品的输入、原料的输出以及对外国投资的依赖，都表明殖民地经济的延续。第二次独立战争后，美国走上了独立发展经济的道路，但对欧洲特别是英国还带有一定的依附性。到了这一时期的后期，对外贸易重要性的下降和制造业的发展，标志着南北战争以后美国发展独立经济的开端。

表 9—13　按目的地划分的美国出口分布　%

时期	总和	欧洲			美洲	
		合计	英国	德国	合计	加拿大
1790—1798	100	62	21	16	38	NA
1799—1808	100	62	22	8	38	NA
1809—1818	100	69	28	3	31	NA
1819—1828	100	64	34	4	34	3
1829—1838	100	71	43	—	27	3
1839—1848	100	73	47	—	24	5
1849—1858	100	73	48	—	23	8
1860	100	75	51	4	21	7

资料来源：［美］斯坦利·L. 恩格尔曼，罗伯特·高尔曼. 剑桥美国经济史：漫长的 19 世纪［M］. 北京：中国人民大学出版社，2008.

表 9—14　按进口来源地划分的美国总进口中的地区分布　%

时期	总和	欧洲				美洲				亚洲
		合计	英国	法国	德国	合计	加拿大	古巴	巴西	总和
1795—1801	100	52	35	2	5	38	0	NA	NA	9
1821—1828	100	63	40	10	3	26	<1	9	2	11
1829—1838	100	64	37	15	3	22	1	8	4	8
1839—1848	100	67	38	19	3	25	1	8	5	8
1849—1858	100	66	42	14	5	26	4	8	6	7
1860	100	61	39	12	5	29	7	9	6	8

资料来源：［美］斯坦利·L. 恩格尔曼，罗伯特·高尔曼. 剑桥美国经济史：漫长的 19 世纪［M］. 北京：中国人民大学出版社，2008.

南北战争后，美国充分利用第二次工业革命的机会迅速发展工商业，使美国的对外贸易迅速发展。1860—1900 年，美国对外贸易总额从 8.76 亿美元增加到 28.64 亿美元（见表 9—15），出口和进口都显著增长。美国对外贸易占世界对外贸易的比重也基本上呈现上升的趋势。这一增长也反映了美国人口的增长，从 1860 年占世界人口的 2.5%到 1900 年的 4.7%左右（见表 9—16）。

表 9—15　美国对外贸易　单位：百万美元

年份	商品和服务出口				商品和服务进口				
	总额	商品	运输	旅行	总额	商品	运输	对美投资	其他交易
1860	438	401	35	2	438	376	17	20	25
1870	507	473	27	3	608	475	22	80	9
1880	963	929	25	7	848	694	28	79	13
1890	960	921	23	15	1 109	866	35	125	15
1900	1 685	1 623	17	8	1 179	869	53	137	0
1910	2 160	1 995	19	38	2 114	1 609	68	172	0

资料来源：U. S Bureau of the Census. *Historical Statistics of the United States*：*Colonial Times to* 1970. Washington：Government Printing office，1975.

在 19 世纪后期，美国出口和进口贸易额都远高于美国人口的比重，特别是出口贸易的份额更加明显，也高于美国在世界经济中的比重。换句话说，美国比一般国家更具有出口导向型的特征。从美国对外贸易占世界对外贸易的比例来看，美国进口增长的速度

表 9—16　　美国对外贸易和人口在世界中的比重　　%

时期	制成品占世界贸易的比重		原料产品占世界贸易的比重		美国人口占世界人口比重
	出口	进口	出口	进口	
1876—1880	7.4	3.7	15.4	7.1	2.5 (1860)
1881—1885	9.6	3.8	16.0	8.5	3.6 (1880)
1886—1890	9.1	3.8	14.4	9.5	—
1891—1895	8.6	4.4	16.1	10.0	—
1896—1900	7.0	6.7	16.7	8.0	4.7 (1900)
1901—1905	7.0	7.7	16.0	8.9	—
1906—1910	7.2	7.8	14.7	9.6	5.1 (1910)
1913	6.4	9.3	14.2	10.0	—

资料来源：[美] 乔纳森·休斯，路易斯·P. 凯恩. 美国经济史 [M]. 北京：北京大学出版社，2011；[美] 斯坦利·L. 恩格尔曼，罗伯特·高尔曼. 剑桥美国经济史：漫长的19世纪 [M]. 北京：中国人民大学出版社，2008.

慢于本国出口的增长速度。显而易见，美国在19世纪后期的贸易趋势在世界市场的重要性不断增强，尤其是在出口方面。[38]贸易重要性不断增强在很大程度上反映了美国的人口和经济规模的上升，尤其是后者更为明显，因为美国的人均收入已超过世界其他地区。

这一时期与对外贸易扩展同样重要的是贸易差额的变化。可以看出，1866—1875年，美国的对外贸易经常出现逆差，1876—1894年大体上是顺差，而在1894年以后，商品的输出年年多于商品的输入，特别是1897年以后，出口激增，而进口相对增加不多，使美国对外贸易平均每年约有5亿美元的顺差（见图9—7）。这个顺差额，再加上

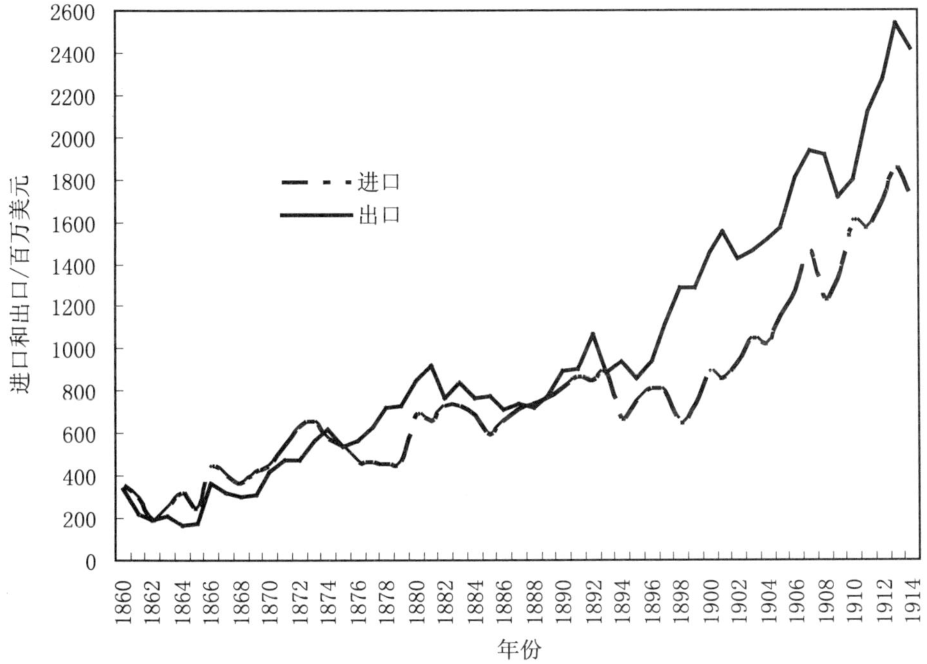

图 9—7　美国的对外贸易

资料来源：[英] B.R. 米切尔. 帕尔格雷夫世界历史统计·美洲卷（1790—1993）[M]. 北京：经济科学出版社，2002.

1897—1904年期间10亿美元以上的外国投资，使黄金有了净流入。除去外国投资，美国从1904年到第一次世界大战爆发为止的国际收支接近平衡。[39]

美国以不变美元表示的出口占国民生产总值的比重，表明美国在19世纪后半期比先前较少地依赖出口市场，对外贸易依存度不高。可以看出，出口占美国国民生产总值的比重在19世纪后半期至20世纪初期之间一直比较稳定，进口所占比重在同期内则呈缓慢下降趋势（见表9—17）。与其他资本主义国家同时期的数据相比，美国这两个数据的水平是较低的。这主要是因为美国国内资源丰富，国内原料市场与产品消费市场潜力巨大，经济完全可以自给自足。

表9—17　美国对外贸易在国民经济中的比重　%

时　期	出口占国民生产总值比重	进口占国民生产总值比重	时　期	出口占国民生产总值比重	进口占国民生产总值比重
1869—1872	6.2	7.9	1892—1896	6.6	5.7
1873—1876	6.9	7.5	1897—1901	7.4	4.3
1877—1881	8.2	5.8	1902—1906	6.2	4.4
1882—1886	6.6	5.9	1907—1911	5.8	4.4
1887—1891	6.3	6.2	1912—1913	5.8	4.3

注：进出口占国民生产总值比重的前五个时期的数字系根据西蒙·史密斯·库兹涅茨的统计，其余由美国人口普查局统计。

资料来源：U. S. Bureau of the Census. *Historical Statistics of the United States*: *Colonial Times to* 1970. Washington: Government Printing office，1975.

美国在19世纪中后期的出口商品结构反映了美国的比较优势是以开采充足的自然资源为基础的。出口的最大部分由农产品构成，林业产品也占有一定的比重。在出口的农业产品中，棉花的出口系数在19世纪50年代达到53.2%（见表9—18），随后棉花出口创汇在美国全部出口收入中的比重有所下降，80年代减少到28.9%。其主要原因是南北战争后的几年中出现了世界性的棉荒，原棉价格大大上升，使美国在棉花总产减产的情况下也能得到更多的外汇收入。南北战争以后到19世纪末，虽然棉花出口收入在美国全部商品出口收入中所占比重一直呈下降趋势，但棉花出口系数仍呈现较高的水平，直到第一次世界大战时仍占出口总值的1/4。这一时期，国外需求继续对美国初级产品生产部门提供增长拉力，但其作用有所减弱，其主要原因在于在农产品方面，19世纪70年代末期至90年代初期发生了世界性的农业危机，美国农产品在欧洲市场上的廉价竞争力引起了欧洲国家强烈的保护主义反应，使美国的农产品份额呈现逐渐减退的趋势。

表9—18　美国出口结构　%

时　期	农业占出口比重					林业占出口比重	海产品占出口比重	制造业占出口比重
	总和	畜产品	蔬莱食品	烟草	棉花			
1851—1860	80.4	—	—	6.1	53.2	5.0	1.5	12.1
1869—1878	81.5	13.1	16.6	4.9	40.2	4.0	—	15.8
1879—1888	78.0	14.1	30.9	2.7	28.9	3.4	—	13.7
1889—1898	72.5	16.8	27.6	2.5	24.6	3.9	—	16.2
1899—1908	59.7	14.4	20.0	2.0	23.2	4.8	—	23.3
1904—1913	52.9	11.5	14.4	2.0	25.5	5.3	—	27.3

资料来源：［美］斯坦利·L. 恩格尔曼，罗伯特·高尔曼. 剑桥美国经济史：漫长的19世纪［M］. 北京：中国人民大学出版社，2008.

制造业作为美国出口商品的来源，其重要性在内战后有所上升，特别是19世纪末以后，美国的制造业占出口的比重在不断上升。这是因为在这一时期美国国内制造业已趋于成熟，在技术水平上缩短了与英国等国的差距，在与出口初级产品的交换关系中，国内制造业的重要性在逐渐增加。但是，在这一时期，美国出口仍由农业占统治地位，直到20世纪初期才有所减弱，但农产品还是主要出口商品。

对大量商品的经济分类是观察贸易结构变化的另一个视角。在美国内战前，美国主要是原料和食品出口国，内战后的时期，美国出口体现了极为不同的趋势。原材料的份额呈现逐渐下降的趋势，到19世纪末期下降到30%左右，食品的出口取代了原材料，在19世纪后20年超过40%～45%，达到顶峰，而后在第一次世界大战前减少到25%左右。因而到20世纪初，原料和食品总值还保持出口的压倒性优势地位，在19世纪90年代达到75.9%（见表9—19），到20世纪10年代占出口总额的63.6%，剩下的是半成品和制成品，虽然所占份额较低，但呈现不断上升的趋势。当时属于美国制成品出口的重要项目是面粉、肉产品、木制品以及棉纺织品。这些产品都属于大量耗用原材料的产业。但制成品的出口与相应的未加工的原料出口相比颇显逊色。例如，直到19世纪最后30年，美国棉纺织品出口值尚不及美国原棉出口值的1/10。显而易见，这一时期美国出口商品在部门间的分布是极不平衡的。美国农产品或初级产品的出口系数远高于制成品的出口系数。

在进口方面，美国从建国开始就成为制成品进口国，有超过一半需要进口。南北战争后逐渐下降，到19世纪末减少到1/4左右。随着这些产品在出口中重要性的上升，它们在进口中的重要性在下降。到20世纪初，美国不再是一个从世界其他地区进口制成品的净进口国。出口中制造品份额在19世纪50年代超过15%，而后其比重有所上升，在1904—1913年已经超过进口中的制成品份额。[40]

表9—19　　按经济分类衡量的美国进出口结构　　%

时期	总和	原材料	天然食品	加工食品	半成品	制成品
出口						
1859—1868	100.0	41.3	14.0	23.8	5.3	15.7
1869—1878	100.0	44.1	15.2	20.0	4.7	15.9
1879—1888	100.0	34.2	20.9	25.0	4.8	15.1
1889—1898	100.0	32.9	17.1	25.9	7.0	17.1
1899—1908	100.0	29.2	12.7	21.7	11.9	24.6
1904—1913	100.0	32.3	7.7	16.8	14.8	28.3
进口						
1859—1868	100.0	13.0	13.9	17.7	13.1	42.3
1869—1878	100.0	15.7	15.5	21.4	12.8	34.6
1879—1888	100.0	20.6	15.4	18.5	14.5	30.9
1889—1898	100.0	24.7	17.7	17.0	13.9	26.7
1899—1908	100.0	33.0	12.4	13.0	16.6	25.0
1904—1913	100.0	34.6	11.9	11.8	17.7	24.1

资料来源：U. S. Bureau of the Census. *Historical Statistics of the United States*：*Colonial Times to* 1970. Washington：Government Printing office，1975.

虽然美国对外贸易结构发生了重大改变，但其贸易对象却没有显著变化。在19世纪后半叶，尽管美国的工业经济不断增长，但美国一直集中增加向欧洲的出口（见表9—20）。这一增长可能使美国在制造业方面比欧洲具有更强的竞争力，削弱了原材料和食品供应商的地位，但是其对欧洲市场的关注持续到19世纪80年代，只是到了19世纪90年代才开始发生转变。英国作为美国出口的目的地，在19世纪60年代占有的份额超过一半，一直持续到80年代，在1900年以后急速下跌。在19世纪晚期，原来英国的一些份额由德国所代替，随着美国出口转向世界欠发达地区，出口份额也流入西半球。

表9—20　　按目的地划分的美国出口分布　　%

时期	总和	向欧洲出口的比重			向美洲出口的比重	
		合计	英国	德国	合计	加拿大
1860	100	75	51	4	21	7
1869—1878	100	81	54	9	17	6
1879—1888	100	81	52	8	14	5
1889—1898	100	79	48	11	16	6
1899—1908	100	72	36	14	19	8
1904—1913	100	66	30	14	25	12

资料来源：[美] 斯坦利・L. 恩格尔曼，罗伯特・高尔曼. 剑桥美国经济史：漫长的19世纪 [M]. 北京：中国人民大学出版社，2008.

19世纪后半期，欧洲作为进口的主要来源地，对美国同样很重要。1860年欧洲占美国进口的份额为61%，随后呈现稳定下降的趋势，到第一次世界大战前减少到约1/2（见表9—21）。英国和法国的进口份额下降更快，而美国进口中的德国份额增长了一倍。其他国家和地区中，巴西、古巴和加拿大在进口份额占有一定的比重，其中，南美地区已经在对美国供应咖啡以及特定的主要原材料上获得了稳固的地位，亚洲国家则主要供应大部分的原材料，作为进口来源地的重要性在增加。

表9—21　　按进口来源地划分的美国总进口中的地区分布　　%

时期	总和	向欧洲进口的比重				向美洲进口的比重				向亚洲进口的比重
		合计	英国	法国	德国	合计	加拿大	古巴	巴西	
1860	100	61	39	12	5	29	7	9	6	8
1869—1878	100	54	33	9	7	35	6	13	7	10
1879—1888	100	55	26	11	9	32	6	9	7	11
1889—1898	100	52	21	9	12	33	5	7	10	11
1899—1908	100	51	17	9	11	30	5	6	7	16
1904—1913	100	50	17	8	11	32	6	7	7	15

资料来源：[美] 斯坦利・L. 恩格尔曼，罗伯特・高尔曼. 剑桥美国经济史：漫长的19世纪 [M]. 北京：中国人民大学出版社，2008.

总的来说，这些转变的根本原因是外国供给和需求的变化，这种变化来自其他国家人口和生产的增长，而美国供给和需求的变化来自美国生产的增长和结构的变化。这一时期内，美国对外贸易的最重要动向是对外贸易由逆差转变为顺差，美国开始向国外进行巨额投资。值得注意的是，这个时期美国对外贸易的顺差幸而为运费支出和利息支出等其他支出项目所抵消，这个不稳定的对外贸易差额直到第一次世界大战结束以后才有所改变。

9.7　交通运输

殖民地时期的北美大陆交通运输以水运为主，陆路运输发展缓慢。直到独立战争前夕，美国的道路建设还处于较为落后的水平。殖民地初期，绝大多数美洲移民因居乡村，远距离的交通运输很少，主要依靠马匹进行陆路运输，后来，欧洲的马车被引进美洲新大陆，成为当时的重要运输工具。随着殖民地的扩大和西进运动的推进，陆路交通运输开始有所发展，但进展不快，而且缺乏整体规划。直到18世纪中叶，驿道和重要道路才逐步完善，出现了一些新建的乡间道路，大城镇也修筑了一些可以与英国和欧洲国家相媲美的铺石路和半铺石路。[41]

当时，许多殖民地政府通过了一系列法案，开始建设道路，如在马里兰的乔治王子县，在当地政府的组织下，1700年到1739年间修建公共道路295英里，在随后的20年，公共道路又增加了近200英里[42]；在北卡罗来纳、康涅狄格和纽约州，议会都通过法案设专人负责修建与维护当地的道路，同时要求当地居民参与。[43]经过多年的建设，所有的殖民地基本上都建成若干条主干道，各殖民地之间都有道路连接。其中比较有名的是1677年动工修建的“英王大道”。这条大道最初只是在宾夕法尼亚境内连接纽卡斯尔和切斯特，后来又延伸到费城和新泽西的特伦顿，成为连接宾夕法尼亚、新泽西和纽约的重要通道。在18世纪，康涅狄格也建成了一个比较完整的道路交通网，将其境内重要的城镇，如哈特福德、波士顿以及普罗维登斯等连接起来。以费城为中心的“大车道”全长800英里，向西和南方向延伸，将许多城镇连在一起，南端一直抵达佐治亚境内。18世纪中期，弗吉尼亚也建成了一些道路。[44]1776年，三条改良公路铺上了阿巴拉契亚山脉，从而大大鼓舞了其他殖民地的公路建设。但总体看，陆路交通与殖民地经济的发展水平相比还是很落后的。到独立战争前夕，整个北美殖民地已经建成大约2 400英里的邮路，[45]但对于近百万平方英里的殖民地是远远不够的。

与陆路运输相比，水路运输则比较发达。在殖民地建立初期，绝大多数从欧洲来到美洲的移民主要定居在沿河或沿海地区。由于水路运输具有运输量大、费用低、安全系数高的特点，因而水路运输成为殖民地内部运输的最主要手段。随着殖民地不断向西拓展，人们开始在远离河流湖泊的地方定居，开始依靠陆路运输，直到19世纪铁路兴起，水运才开始衰落。[46]

在17世纪的大部分年代，美国殖民地之间的主要运输是水路运输。当时大部分海运船舶的长度都在100英尺（1英尺＝0.3048米）左右，宽20～30英尺，排水量在100～200吨之间，以风力为主要动力。到18世纪，随着船舶技术的不断进步，船舶也建造得越来越大且坚固。1713年，马萨诸塞殖民地的安德鲁·罗宾逊（Andrew Robinson）发明了一种带有三角帆的两桅杆帆船，行进速度比较快。

在海运方面，虽然船舶制造技术不断改进，但由于当时的船舶航行仍以风力为主要动力，航行速度慢，还受气候影响特别大。当时从欧洲大陆横穿大西洋到达美洲大陆一般多需6周以上，由于航行时间长，还要面临恶劣气候和环境的影响，当时的移民在航行的过程中死亡率很高，如1710年，从德国出发到纽约的3 000名移民中，有500名死于途中，这一死亡率在当时是很正常的。[47]到18世纪，虽然在海运方面航速没有明显提高，但海洋运输的生产率有了一定的提高。航运劳动生产率的提升很重要的因素是船舶装卸效率和货源组织效率的提高，从而减少了船舶在港口停泊的时间，相应地增加了船舶的使用效率。事实上，运输效率的提高还反映了北美殖民地本身的经济发展和对外贸易的繁荣，这也是当时北美殖民地运输效率提高的根本原因。[48]

独立战争后，美国的交通运输状况十分落后，运输条件低下，难以适应经济发展的要求，特别是西部人口的迁移，对改善交通运输系统的需求也急剧增长。为了促进工业革命的进一步发展，18世纪末期，美国开始了交通运输革命，收费公路、运河、铁路、蒸汽船和航运技术相继出现并迅速扩张。

建国初期，连接沿海各主要城市的道路非常简陋，因此交通技术的变革首先从陆路开始。

从18世纪90年代开始，由于商业活动兴起，全美掀起了改善公路运输的高潮，尤其注重修建收费公路，而道路系统的改进采取了私人建筑收费道路而不是公众投资修建道路的方式。修筑目的主要是连接新英格兰和中部、西大西洋各州的大城镇与农村定居点。到1830年，在北部各州大约修建了11 000英里的收费公路。到1830年，大部分公路已经建设完成。新英格兰甚至完成更早，1825年，新英格兰各州已经建立了相当完备的免费公路和收费公路体系；1830年，纽约州拥有长达4 500英里的收费公路，居各州收费公路里程之首；宾夕法尼亚州为2 500英里，居第二位（见表9—22）。[49]西部各州签署了筑路计划，很多计划也得到立法机关的批准，但到1860年以前，这些地区实际进行修路的并不多。

表9—22　　新英格兰和大西洋中部各州收费公路建设的里程和成本

地区	1810		1820		1830	
	里程/英里	成本/千美元	里程/英里	成本/千美元	里程/英里	成本/千美元
缅因州	35	35	35	35	35	35
新罕布什尔州	455	455	527	527	527	527
佛蒙特州	341	341	410	410	455	455
马萨诸塞州	767	1 851	843	1 966	964	2 086
罗得岛州	78	78	133	133	172	172
康涅狄格州	1 148	1 148	1 302	1 302	1 459	1 459
纽约州	1 100	2 000	4 000	8 000	4 500	9 000
新泽西州	200	600	500	1 000	550	1 100
宾夕法尼亚州	500	1 500	1 800	6 400	2 500	8 800
马里兰州	60	300	250	1 200	300	1 500
国家公路	—	—	130	1 561	200	2 689
合计	4 684	8 308	9 930	22 534	11 662	27 823

资料来源：[美] 斯坦利・L. 恩格尔曼，罗伯特・高尔曼. 剑桥美国经济史：漫长的19世纪 [M]. 北京：中国人民大学出版社，2008.

这些数据反映了早期相当完备的道路系统，它们从商业中心和政治中心向外辐射，比如波士顿、纽黑文、纽约、费城和巴尔的摩这些商业、政治中心。后来在大西洋中部各州的建设已经完成了向西延伸的主要干线，使更大的区域相互交织在一起。[50]这样，在铁路建成以前，收费公路在一定程度上改善了运输，曾是通往美国西部的主干道之一。

显而易见，收费公路的修建在一定程度上改变了西部交通落后的状况，对早期西部开发和工业发展起了一定作用。通行费给收费公路路面养护提供了资金，路面状况明显好转，运送重货时耗费的劳动力和资本等成本也下降了一半。[51]公路经过地区的土地所有者还享受到土地增值带来的收益。但是，收费公路的运输费用比较昂贵且不能广泛采用，当国内的注意力逐渐转向运河建设后，公路的修筑在19世纪30年代以后渐趋衰落。

水路是美国运输业发展的重点，在19世纪初期，尽管天然水路提供了一个庞大的交通设施网络，但许多丰富多产地区却仍然在地域上和经济上被分离开来，直到运河修建成功后，连接起内河和湖泊的水上交通网络才逐渐形成。

1812年战争时期的运输危机，使运河网成为最引人注目的问题。美国开始兴建运河的运动是从1817年纽约州议会批准伊利运河的建造开始的。在纽约州州长德威特·克林顿（DeWitt Clinton，1769—1828）的推动下，运河修筑工程于1818年动工，1819年部分通航。为了通过特洛伊西面标高上升500英尺的高地，需要建造82道船闸。经过艰苦的施工，于1825年全部完工，其航道长363英里，平均造价每英里2万美元，全部费用约为700万美元。伊利运河是当时最具代表性的运河，顶宽40英尺、底宽28英尺、水深4英尺，可供30吨吨位驳船行驶。伊利运河的建立，通过哈得孙河将北美五大湖的水运与纽约港连通，成为纽约州通航运河系统的主要水道，由伊利湖到纽约的货运，只需要从前1/10的费用，使当时比费城和波士顿小得多的纽约，迅速发展成为全国最大的港口和城市。

伊利运河带来的直接影响是纽约市的人口开始爆炸性地增长。1820年，纽约人口为12.4万人，到了1860年增至108万人。纽约作为一个港口城市，外贸也得到迅猛发展，1800年，美国的外来商品大约只有9%通过纽约港进入美国，到了1860年，这个比例跃升到62%。这使得以纽约为代表的商业重镇和西部传统的农业地域间直接的运输时间和成本大为缩减，再加上纽约天然良港的优势，打通了美国东西部，并借助于与世界相连的水上通道，使得美国农产品畅销世界。伊利运河的开凿对美国东部经济及纽约的发展，起了重大的促进作用。伊利运河对上中西部发展的影响也不次于它对纽约市发展的影响。伊利运河接通五大湖区后，使五大湖周围的布法罗、克利夫兰、底特律和芝加哥等城市因交通运输业和贸易的拉动作用，进入一个快速发展的时期。许多开拓者经运河蜂拥到西部，进入密歇根、俄亥俄、印第安纳、伊利诺伊，从那些地方通过运河运回农产品到纽约上市，回程则满载工业品和物资去西部。

伊利运河的成功以及由此带来的繁荣使东部其他各州也采取了类似的计划，陆续修建了很多把内地与出海口连接起来的运河，主要有宾夕法尼亚运河、切萨皮克—俄亥俄运河等。中西部也兴起了修建运河的热潮。1825年，俄亥俄州批准了修建俄亥俄—伊利运河和迈阿密—伊利运河。俄亥俄—伊利运河于1833年建成，此时，俄亥俄已经有了

400 英里以上可供航行的运河。1840 年，美国已拥有总长度为 3 326 英里的世界上最完整的运河系统，其中 70%的里程位于东部宾夕法尼亚州和纽约州以及中部的俄亥俄州。

1843 年—1860 年间，又出现第二波的运河投资浪潮，这一时期投资共达 6 600 万美元，其中几乎 2/3 的资金来自政府。原本应该有更多可能的投资，然而 1837 年和 1839 年的商业危机和 19 世纪 40 年代早期的经济萧条引起了金融混乱，有 9 个州不得不中止支付它们的债务。而宾夕法尼亚、马里兰、印第安纳和伊利诺伊的主要运河都未收回资本。尽管大多数的运河投资失败了，但它们在开拓西部方面支援了天然水道。

运河运输的衰落是多种因素造成的。修筑运河造价很高，例如宾夕法尼亚的干线每英里的平均成本超过 2.4 万美元。出售债券筹集资金，使这项建设每年要支付大笔利息。而且，运河的维修费用在一般情况下是很昂贵的，一旦遭受经常发生的洪水的破坏，其维修费用几乎等于重建。而遇到干旱之年航道要关闭，就会失去全部的收入。但伊利运河的运营是成功的，在伊利运河未完工以前，所收的通行费足以偿还利息，头九年内所收的通行费就超过了全部建设成本。到 1882 年取消通行费时，已用伊利运河的收入支付了几条运河支线的建设费用，并向国家上缴了大量税收。

交通运输革命的一个重要标志是汽船的开发。罗伯特·富尔顿①作为美国发明汽船的先驱，在 1806 年正式开始汽船的建造工程。经过一年多的紧张施工，一艘被命名为“克勒蒙号”的汽船终于建成。1807 年，“克勒蒙号”在哈得孙河上试船航行 150 英里，从纽约到达奥尔巴尼，耗时 32 小时。它不但稳性较好，而且速度较快，其航速要比一般帆船快 1/3。这是一艘以瓦特蒸汽机为主要动力，以螺旋桨为推进系统，采用铁板为造船材料的新汽船。随着这次处女航，从纽约到达奥尔巴尼的定期客运服务展开，汽船的可靠性得到证实，开创了美国航运史的新纪元。从此，美国交通运输业进入了“汽船时代”。汽船运输在东部各河流上被迅速采用，但是，作为一个行业，它的真正兴盛还是在西部地区，因为西部地区有以密西西比河为主干的美国最大的内河航运体系，此外还受到了移民浪潮的有力推动。到 1821 年，俄亥俄河各造船厂已建造了近 100 艘汽船，1840 年已达 536 艘，1846 年，在西部水域航行的汽船约有 1 200 艘，每年货运量在 1 000 万吨以上。[52] 1852 年，密西西比河流域进行的贸易价值约为 6.54 亿美元，大都是靠轮船进行的。

汽船的使用，大大改变了密西西比河上的航运业。西部的汽船不仅使逆流而上的商业成为可能，而且随着技术的进步，大大降低了费用，同时速度有了很大的提高。1822 年，汽船从路易斯维尔航行到新奥尔良，航程已由原来的 30 天缩短为 7 天，货物运费也

---

① 罗伯特·富尔顿（Robert Fulton，1765—1815）在巴黎发明了第一艘以瓦特蒸汽机为动力、以桨轮为推进方式的船，并于同年在塞纳河下水试航。这艘汽船在逆水航行时，其速度已超过在河岸上快步前进的行人。但是由于瓦特蒸汽机刚刚被引上船，因此使得它的推进系统还不够完善，航速和稳性方面都还不够理想。由于在法国试制的第一艘汽船未取得应有的成功，而富尔顿却已由于试制这条汽船而濒于破产。富尔顿回到美国之后，得到了美国另一发明家利文斯顿（1746—1813）的资助。这使得富尔顿得以继续进行汽船的研制工作。利文斯顿不仅是个出色的发明家，同时也是一名外交家与国务活动家。他看到富尔顿的研究具有重要的价值和远大的前途，因此在资金、材料、人力方面给予富尔顿极大的资助，使富尔顿能比较顺利地进行汽船的研究和制造工作。1806 年，富尔顿正式开始他的第二艘汽船的建造工程。经过一年多的紧张施工，一艘被命名为“克勒蒙号”的汽船终于建成了。

大幅度下降。1815年，大西洋沿岸每蒲式耳燕麦购价仅40美分，运到西部却要花费60美元，而1860年的运费已降到1815年的6%。1817—1855年，密西西比河上的汽船由17艘增加到700多艘，到19世纪30—50年代，密西西比河已“真正成为整个内陆平原的主动脉”。西部边远地区，汽船也呈现增长的趋势，1856—1860年，加利福尼亚汽船就从16艘增加到43艘。[53]虽然汽船的发明不是西部人口迁移的直接产物，但汽船业的兴盛却是向西迁移直接推动的结果。

19世纪早期的汽船发展拓宽了水利商业的重要性，特别是西部流域，直到后来蒸汽航运成为国内外所有水运的主要动力方式。西部流域早期汽船数量和吨位增加，行驶在西部河流上的汽船吨位到1819年已经超过了1万吨，到1860年时已增加到接近20万吨（见图9—8）。发展最快的时期是1834年后的20年，一直到19世纪80年代，西部河流的汽船航行才出现明显的下降。

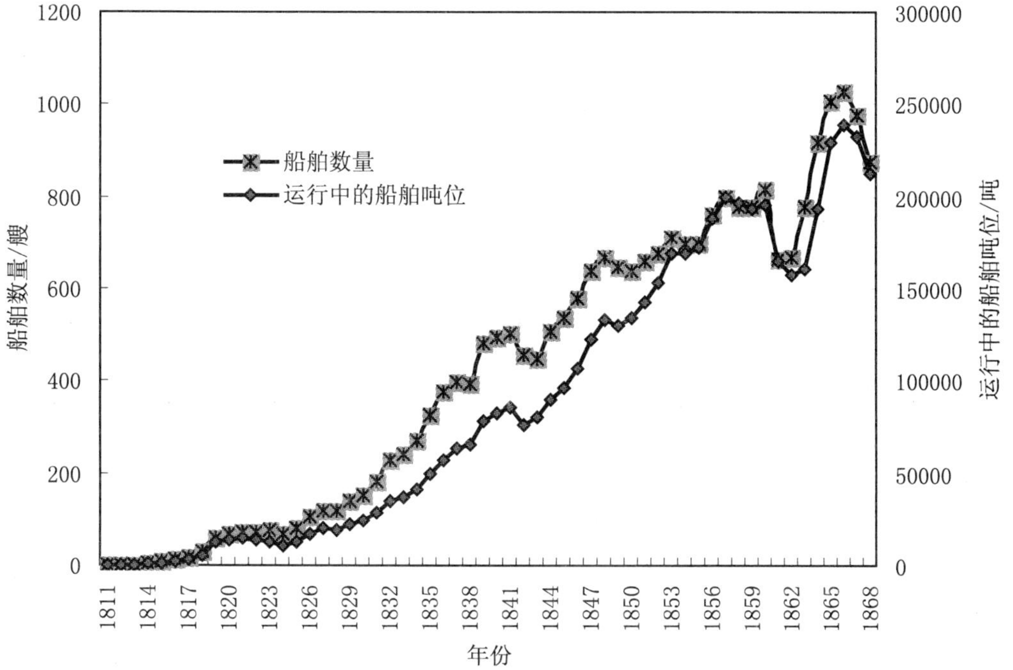

图9—8　西部河流运行中汽船每年的建造量和吨位

注：笔者根据资料作图。

资料来源：Erik F. Haites，James Mak and Gary M. Walton. *Western River transportation*：*The Era of Early Internal Development*，1810—1860. Baltimore：Johns Hopkins University Press，1975.

交通运输业最具革命性的是铁路建设，它比运河受地理、气候条件的限制更少，运输效率更高，对美国经济起飞产生了重大的影响。美国的铁路出现在19世纪20年代，虽然晚于欧洲，但发展相当快，到1860年，铁路里程已达到3万多英里，大部分在东北各州。此时铁路已成为全国最重要的交通运输形式。

早在19世纪20年代，美国开始关注英国和其他欧洲国家在工业、机械制造以及交通运输等领域的新发明。1829年，美国一家运河公司从英国进口了4台火车机车，进行了最早的火车运行试验，但都没有能够最终投入商业应用。

一般认为，美国第一条铁路是巴尔的摩到俄亥俄的一段长约 13 英里的铁路，其于 1828 年开工，两年后竣工。1830 年，美国第一条铁路巴尔的摩—俄亥俄铁路线正式通车。该铁路线在通车时并没有使用火车机车，而是使用马匹拉动几节车厢在轨道上跑，大约 1 年之后，才改为用蒸汽机车作为动力。巴尔的摩—俄亥俄铁路开始投入运营后，美国迎来了一个“铁路时代”。

另一条最早的铁路线是查尔斯顿通到洪堡的铁路。查尔斯顿位于美国南方的南卡罗来纳州，是南方棉花贸易的重要港口之一，为了吸引更多的棉花运往本州、本市，查尔斯顿居民通过集资在 1827 年组建了查尔斯顿—洪堡铁路公司。1829 年，政府颁发许可证，准许修建一条从查尔斯顿通到南卡罗来纳洪堡的铁路。这条铁路 1833 年开通时全长 136 英里，是当时美国，也是世界上最长的一条铁路线。[54]并在美国首次正式使用美国制造的能正常行驶的蒸汽机车“查尔斯顿良友”号。

伊利运河的开通也给波士顿带来了压力和动力。波士顿经过研究英国的火车技术后决定修建铁路。1830 年，波士顿商人组建了波士顿—洛厄尔铁路公司开始修建铁路，1834 年，从波士顿通往纺织工业中心洛厄尔的铁路线路完成并通车。次年，波士顿—普罗维登斯铁路线路和波士顿—沃尔切斯特线路几乎同时完成并通车。宾夕法尼亚早在 1828 年就开始兴建一条从费拉德尔菲亚经过兰卡斯特城到达哥伦比亚小镇的地方铁路。1834 年，费拉德尔菲亚—哥伦比亚线路全线通车，长度有百余英里。这条铁路线是美国第一家由州政府兴建、所有并经营的铁路线路。宾夕法尼亚州的铁路建设发展最快，到 1840 年，共建铁路路线 754 英里，居当时全美第一位。纽约州也意识到新的交通工具的优势，开始积极建设本州的铁路线路，1831 年，纽约州的第一条铁路莫霍克—哈德逊线路通车。这一线路从奥伯尼出发向西与伊利运河并行，仅有 17 英里，只能做客运。1833 年，纽约—哈林铁路线通车连接到纽约市中心曼哈顿区。到 1840 年，纽约州已经有 374 英里长度的铁路线路，仅次于宾夕法尼亚州。

19 世纪 30 年代，铁路里程迅速增加，这一方面取决于良好的经济形势和资本的相对充裕，另一方面是因为人们对此有很好的预期。到 1840 年，经过十年的发展，美国铁路线路的总长度从 1830 年的 23 英里增加到 3 328 英里，全国的铁路网络系统开始形成。一条轴线贯穿东西，这条线路的最初目的是连接巴尔的摩和俄亥俄。马萨诸塞州的西部铁路、纽约州的伊利铁路以及宾夕法尼亚两条辅助运河平行的铁路，共同构成了地区铁路网的一部分。第二条轴线纵贯南北，整合了与海岸线平行的铁路，并定位为客运交通路线。这些已经建成的铁路构成了逐渐成形的铁路网主体。[55]

19 世纪 40 年代，领土的巨大扩张和经济恢复刺激了铁路的建设。修建铁路的地点主要位于东部和新英格兰地区，这时的南部和西部经济也开始逐步复苏，这些地区吸引着资金的投入，特别是地方铁路的投资，各股东采取入股的形式，希望从所组成的共同体中获益。这种期望在修建波士顿至五大湖区 600 英里的替代铁路干线中表现最为明显，这条铁路线路使新英格兰在西部贸易中取得更大的成功。尽管这一时期修建的进度不快，但到了 1850 年，美国线路铁路的总里程数已经达到了 9 000 英里，其中 60%以上位于东北部新英格兰地区和大西洋中部各州，如纽约、宾夕法尼亚、新泽西和马里兰。纽约州的铁路线路长度达到1 361英里，超过宾夕法尼亚的1 240英里，跃居全国第一位。这一时期，东西向的铁路继续扩张，巴尔的摩至俄亥俄的铁路继续推进。宾夕法尼亚铁路开创了该州的铁路通往西部的先河。1845年，伊利铁路恢复重建，完成了通往伊利湖的200多英里的线路。

19世纪50年代，美国的铁路建设进入了迅猛发展的时期。在这十年中，铁路的总里程增长了2倍，达到3万多英里，相当于甚至超过世界上其他地区所有铁路线路长度的总和。1844年，美国人塞缪尔·莫里斯（Samuel Morse）发明了电报，1847年以后，电报实现了商业应用。到19世纪50年代，美国的铁路公司开始使用这一新的通信工具派送和调度火车运行。铁路公司是美国企业发展史上最早出现的大型现代企业，逐步实现了西进、长途联运和跨州运行等更为复杂的操作。电报的发明进一步促进了铁路的扩张和成长，铁路工业也为新兴的电报行业提供了最大的商业市场。[56]

这一时期，随着铁路网的西移，实现了乔治·华盛顿（George Washington，1732—1799）等人“到西部去”，把西部和东部连为一个整体的梦想，使得真正意义上的铁路运输和全国范围的旅行成为可能。1851年，纽约的伊利铁路公司完成了从纽约近郊至伊利湖畔，全长483英里的铁路路线，成为连接东部和西部的第一条主体铁路干线。1852年，巴尔的摩—俄亥俄铁路线也到达俄亥俄河岸的惠林。其他两条则分别是伊利铁路和宾夕法尼亚的铁路。这些铁路都是从东部沿海出发延伸到西部的终点站。这样，在19世纪50年代初期，美国已经有了至少4条自东向西连接东北部的工商业城市和中西部的农业地区以及新兴城市的主体铁路干线。

西部是新建铁路的主要地区。新建的铁路分支不仅连接海滨地区，更重要的是它们直接连接到主干线上。其中芝加哥修建的铁路最引人注目，有11条铁路线路，分别从东、南、西三个方向辐射出去或者延伸进来，加上分支和延长线，芝加哥铁路的总里程长度超过了4 000英里，成为美国中西部地区最重要的铁路交通中心。俄亥俄州在美国内战前已经拥有3 000英里的铁路；伊利诺伊州和印第安纳州分别拥有2 700英里和2 000多英里的线路，威斯康星州和艾奥瓦州则共有1 500英里的铁路。19世纪50年代，西部共修建了10 000英里的铁路，超过了50年代初期全美国的总水平。此时，美国在东部、中西部和南部之间修建了地区性的铁路网。

显而易见，铁路在19世纪40年代以后已经成为美国最重要的运输方式，到1860年，铁路运输负担了全国货运量的2/3。铁路在速度、灵活性及运输服务的连贯性上比运河具有明显优势，铁路竞争也使美国历史上以运河为主的运输时代终结，铁路取代运河的主导地位，在美国的经济起飞中占有重要的位置。铁路在连通美国国内市场、降低运输成本、扩大市场范围等方面都起到了不可忽视的作用。

1865以后工业化时期的标志之一是交通运输革命的继续和扩大以及通信事业的迅猛发展。这种革命给美国经济带来了公路、内河、运河和海洋的蒸汽航运以及蒸汽动力的火车等，其核心是铁路事业的巨大发展。全国铁路网总里程从1860年的3.1万英里扩充到1900年的19.3万英里，超过了当时欧洲铁路里程的总和，相当于当时世界铁路总长的1/3，到1915年仍继续保持持续增长的态势（见表9—23）。铁路建筑吸收了美国工业很大部分的生产能力，带动了各经济部门的加速运转，加快了美国经济发展的进程。美国经济学家沃尔特·罗斯托认为，美国向现代经济增长的起飞阶段，铁路是领先部门。铁路消费了铁、劳动力和燃料，衍生了其他创新，降低了运输成本，迅速发展成了拥有广阔资源的巨型企业。铁路统治了那个时代，在1860年前开始的趋势一直持续到那个世纪的结束。而美国经济史学家根据约瑟夫·阿洛伊斯·熊彼特（Joseph Alois Schumpeter，1883—1950）的"创新理论"，认为19世纪末的铁路建设是当时经济发展中最重大的经济革新和原动力，铁路创造了一种新的经济模式和企业活动。这些看法可以说是颇为精辟的。

表9—23　　正在运行的干线铁路轨道

年　份	英里数/千英里	每五年的铁轨增长率/%	年　份	英里数/千英里	每五年的铁轨增长率/%
1860	30.6	—	1890	166.7	29.9
1865	35.1	14.7	1895	180.7	8.4
1870	52.9	50.7	1900	193.3	7.0
1875	74.1	40.0	1905	218.1	12.8
1880	93.3	25.9	1910	240.3	10.2
1885	128.3	37.5	1915	253.8	5.6

资料来源：［美］乔纳森·休斯，路易斯·P. 凯恩. 美国经济史［M］. 北京：北京大学出版社，2011；［美］加里·M. 沃尔顿，休·罗考夫. 美国经济史［M］. 北京：中国人民大学出版社，2011.

19世纪后半期是铁路发展最迅速的时期。南北战争刚结束时，美国的绝大部分铁路都修在北方，总长度大约3.7万英里。在密西西比河以西至太平洋沿岸的广阔西部地区，只有加利福尼亚和得克萨斯有不到340英里的铁路线路。铁路网极不完整，缺乏复线和中间枢纽站。19世纪60年代后期以后，铁路建设日新月异，先后出现了三次高潮（见表9—24）。1868—1873年的第一次高潮，发生在南北战争以后。联邦政府的土地赠予，对这一时期的铁路发展起了重要作用。1869年，自东向西和自西向东修筑的两条大动脉——中央太平洋铁路和联合太平洋铁路在犹他州接轨，标志着第一条横贯北美大陆的铁路正式建成，把西海岸与东海岸连接起来。此后不久，大北铁路、北太平洋铁路、生非铁路和南太平洋铁路陆续建成，构成了纵横交错的全国铁路网。联合太平洋铁路在运营的第一个十年收益率达11.6%。但是，大多数铁路的资本收益率很低，出现了投资泡沫，债券价值被高估。许多铁路无法偿还债务，加上1873年的经济危机，铁路建设的速度开始下降。经济危机过后，铁路的建设又很快复苏。1879—1883年出现了铁路建设的第二次高潮，5年中每年平均建设8 000英里铁路。到1880年，美国已建成铁路达9.3万英里，而当时整个欧洲铁路的总长度才近11万英里。1886—1892年的第三次铁路建设高潮中，又修建了近4.7万英里的铁路，其中包括一条横贯美洲大陆的大动脉。到1893年，铁路的建设高潮基本上结束了。到19世纪90年代后期，美国又修建了五条横贯大陆的铁路干线，其中密西西比河以西的铁路网发展速度最快。在1898年以后，随着经济的繁荣，铁路又开始了新的建设时期。此后的12年中，平均每年新建铁路里程5 000英里。1915年又增加到25.4万英里，相当于当时世界铁路总长度的一半。

表 9—24 美国各地区的铁路建设里程 单位：英里

地区	1868—1873	1879—1883	1886—1892
新英格兰	1 376	358	605
中部各州	3 833	2 873	2 557
中北部	3 847	7 539	6 839
西北部	3 749	9 036	9 396
南大西洋	1 937	2 881	6 639
海湾地区	2 041	2 323	4 409
西南部	5 709	10 343	11 754
太平洋地区	2 097	4 200	4 619
总计	24 589	39 553	46 818

资料来源：[美] 斯坦利·L. 恩格尔曼，罗伯特·高尔曼. 剑桥美国经济史：漫长的19世纪 [M]. 北京：中国人民大学出版社，2008.

这一时期，美国铁路投资迅速增长。1860—1910年，流入铁路的总投资介于91亿至159亿美元之间。[57]19世纪70年代和80年代，铁路投资极其活跃，20年内实际上翻了4倍（见表9—25），期间每年的平均增长率都超过7%。私人投资是主要资金来源，总投资中约60%为美国国内投资。这些投资是在对铁路收益的极好预期的推动下，主要通过迅速发展的资本市场，以债券和股票的形式实现的。联邦政府提供了价值4亿美元的土地赠予，并组织中央太平洋铁路公司从太平洋沿岸向东修筑一条连接联邦太平洋铁路公司的铁路，并提供了6 500万美元的贷款。另外，联邦政府还给予南太平洋铁路和得克萨斯南太平洋铁路大规模的援助。州和地方政府也增加其对铁路的财政援助，即用现金购买铁路股票或直接发放津贴，也赠予铁路公司土地。从1865—1890年，包括赠予土地的价值在内，政府援助总数达到15亿～20亿美元，占这一时期铁路全部投资的10%～15%。外国投资者也给美国铁路建设提供资金。南北战争结束到1893年，流入美国的外国资金净额超过30亿美元。外国资金2/3采取债券的形式，1/3采取股票的形式。其中欧洲投资者占有重要地位，他们以购买铁路股票的形式提供了全部私人资本的1/4或者更多一些。[58]19世纪下半叶，美国铁路投资的规模之大、占资本构成的比例之高，可以说是空前绝后的。

表 9—25 美国铁路建设投资 单位：百万美元

时期	铁轨	机车	合计	时期	铁轨	机车	合计
1828—1838	85.3	4.0	89.3	1870—1879	1 677.7	332.7	2 010.4
1839—1848	158.5	13.7	172.2	1880—1889	3 413.4	681.1	4 094.5
1849—1858	854.3	72.6	926.9	1890—1899	1 755.8	742.8	2 498.6
1859—1869	793.1	126.8	919.9	1900—1909	3 023.4	1 922.4	4 945.8

资料来源：[美] 斯坦利·L. 恩格尔曼，罗伯特·高尔曼. 剑桥美国经济史：漫长的19世纪 [M]. 北京：中国人民大学出版社，2008.

铁路生产率在19世纪60年代以后增长迅速。1859—1910年，货运里程增加了近百倍，客运里程增加了16倍以上。到20世纪初，已有20多万英里铁路投入运营。这一时期，铁路建设方面发展迅速，但逐渐变慢的增长速度也出现在铁路生产力的进步方面。在1870—1910年40年间，铁路的总要素生产率翻了一番多。在其他的成熟部门和产业中，铁路经历了连续但逐渐变缓的提高（见表9—26）。[59]

表 9—26 铁路部门的增长率 %

年份	产出	劳动力	资本	燃料	总投入	总要素生产率
1870	6.57	13.5	16.6	5.4	13.9	47.3
1880	13.87	24.5	31.5	11.7	25.9	53.6
1890	32.82	44.1	61.9	28.7	49.3	66.6
1900	54.84	59.9	72.3	45.9	63.2	86.7
1910	100.00	100.00	100.0	100.00	100.00	100.00

资料来源：[美] 斯坦利·L. 恩格尔曼，罗伯特·高尔曼. 剑桥美国经济史：漫长的 19 世纪 [M]. 北京：中国人民大学出版社，2008.

铁路对推进西部移民和开发起了决定性的作用。铁路的修建往往走在移民的前头。它不仅促进了东部居民迅速向西迁移，推动了大平原和远西部的开发，而且大大改变了美国的交通局面。它把内陆运输与水上运输有机地结合起来，从而形成了一个完整的近代交通运输体系。与此同时，随着铁路运输效率的进一步提高，一些重要的城市成为连接铁路的枢纽，四通八达的铁路网把东部、南部和西部的经济联系起来，促进了国内统一市场的形成和经济的发展。那时候，美国的铁路运输十分繁忙，承担了全国 60%以上的客运和 80%的货运任务。19 世纪 90 年代后期，全国铁路网的最终形成，使美国铁路运输从此进入了黄金时代。

随着城市化和工业化的进展，另一种重要的革新是电气化铁路。它是一种高速又能大量运输的公共交通工具。1857 年，纽约铺设第一条高架电缆。1873 年，旧金山铺设高架电缆线路获得成功。19 世纪 80 年代，这种采用电气动力的公共运输线迅速代替了马车。随着 19 世纪 90 年代电力革命高潮的到来，电力取代蒸汽机成为城市内交通的主要动力。同时，电力也被应用到有轨电车和地下铁路。1888 年，弗兰克·吉·斯普拉格（Frank G. Sprague）在弗吉尼亚州的里士满市铺设了电动有轨电车线路，很快就开始赢利。1893 年，俄勒冈州另一条从波特兰到俄勒冈市的城际铁轨东区铁路也铺设成功。到 1901 年，已有 15 000 英里的城际铁路竣工，几乎全部坐落于城市。有轨电车以其高速、舒适和运载量大的特点，很快成为城市交通的主要工具，并开始快速扩张。为了解决地面交通拥挤的问题，美国还采取了修地下铁的办法。1898 年，波士顿建成一整套地铁工程系统，成为美国第一个拥有地铁的城市。1900 年，纽约地铁开始运营。

19 世纪末 20 世纪初，汽车工业的崛起为交通运输革命带来新的动力，到 1914 年，在美国登记注册的汽车达到 200 万辆。汽车的普及和大量的出现促进了公路建设。面对汽车工业的兴起，美国政府采取了一系列有效措施，由州和县政府承担公路的建设工作，颁发汽车牌照的权力和出售汽油的税收归州政府所有，刺激了各州政府修建公路的积极性。联邦政府的各项措施加快了公路的建设速度，极大地改善了陆路交通的状况。到 1913 年，州和地方政府的公路建设年投资已经高于 2 亿美元，并取得了不断增加的利润。

相对于铁路和公路等陆路运输的发展，水路运输在国内交通中的地位已明显下降。但个别地区也有例外，如五大湖运输业在货运量和货运营业额上都有所增加。五大湖地区的船舶吨位由 1865 年的 67.1 万吨上升到 1890 年的 100 万吨，到 1915 年更增加到近 300 万吨。由于五大湖地区的水运费用仅为铁路的 2/5 左右，因而这一地区的水路运输在

20世纪10年代中期以后仍呈现上升的趋势。19世纪80年代以后，美国大多数运河航线失修，只有纽约州的伊利运河在19世纪最后的10年在内河商运方面起着主要作用。[60]

19世纪后期，美国海上运输主要依靠租用外国船队来承担，只是沿海贸易保持由美国商船来承运。美国认为租用外国船舶的模式比自己维持一支庞大的商船队更为经济。美国从事对外贸易的商船吨位不断下降，1861年对外贸易商船吨位约为280万吨，到南北战争结束的1865年下降到140万吨，1890年下降到80万吨左右。[61]由本国船只运输美国进出口货物在进出口货物总量中的比重也逐渐下降。然而，美国的沿海贸易却有一定程度的发展。从1866年到第一次世界大战前夕，美国从事沿海运输的船舶吨位由270万吨增加到近700万吨。但总的来看，水上运输与陆路运输相比，其经济效益是微不足道的。

9.8　货币与银行

殖民地时期经济发展长期存在的问题之一是确立和维持一种可接受的货币。一般的商业需要货币，以方便商人和农民之间的交换，但当时最严重的经济问题之一是缺乏货币。这主要是因为，一方面殖民地不产金银，只能同拥有金属货币的地区，如西印度群岛进行贸易来换取金属货币；另一方面，由于殖民地同英国之间的贸易一直存在着逆差，集聚的金属货币不得不用于支付对英贸易差额，使殖民地金属货币持续紧张的状况进一步加剧。

由于金属货币不足，殖民地不得不采取物物交换的贸易形式。从印第安人的皮毛贸易到殖民地的货物贸易，几乎所有的贸易都采用物物交换的形式。但随着交易越来越多，殖民者逐渐改用“实物货币”制度，即用某种实物作为合法货币，以特定比价来还债和纳税。[62]

最早的一种实物货币形式是借用印第安人的贝壳串珠，这是一种用蚌壳磨成的黑白珠子。贝壳串珠在马萨诸塞作为用来清偿私人债务的法定货币一直流通到1661年。在弗吉尼亚和马里兰，烟草最初被确定为合法货币，成为主要的交换媒介。其他殖民地则使用其他形式的实物货币，如兽皮、羊毛、油脂、猪肉、母牛、玉米、大麦、小麦、豆类、糖、木材以及大麻等。[63]

殖民地真正坚挺的货币是金属货币。金属货币与实物货币一样，也属于商品货币。贵金属货币具有质地均匀、易于分割、经久耐磨、价格稳定等特点，但由于流通费用较高、不便携带，无法适应大宗交易的需要，且数量有限、供给缺乏弹性，不能满足商品流通对货币量的需要。而殖民地由于不产金银，金属货币供给短缺，在市场上流通的主要金属货币是西班牙、葡萄牙、荷兰、德国、瑞典甚至阿拉伯的货币。例如，南卡罗来纳在1701年使用9种银币和4种金币作为合法货币。其中，西班牙银元是殖民地最通用的金属货币。

由于金属货币供给的不足，各殖民地相继发行信用货币充作交易媒介。信用货币是由借贷行为产生的具有一定流动性的信用凭证。殖民地时期，商业信用凭证是货币的主要补充，特别是英国汇票，几乎和金属货币一样流通，并被人们普遍接受。因为这一时期的银行大多是发行银行，并不存在存款业务，因此银行所发行的是票据或支付凭证，也被称为“银行券”。银行券可作为纸币流通。银行券最早可以追溯到1681年，当时马萨诸塞一家银行发行银行票据或支付凭证当作纸币流通。

除了商业信用凭证和银行信用凭证外，殖民地最主要的是政府的信用货币。1690年，马萨诸塞发行了第一批政府保证的信用券，为开赴法属加拿大的远征军提供军费。1712年，大多数的新英格兰殖民地政府都群起效仿。信用券通常作为一种政府支出的融资方式，殖民地居民在商业活动和税款支付中都能使用。然而，信用券使用的日益增多导致了发行量的增加，很快就超过了消费的步伐，造成物价上涨、通货膨胀，从而降低了其价值。

殖民地时期，北美银行业还不够发达，还主要停留在货币的兑换和经营业务方面，现代银行业还没有真正建立起来。公共土地银行（Public Land Bank）也是美国商业银行的一种早期形式。殖民地政府在18世纪初期建立这种银行作为另一个印制纸币的机构，在公民提供不动产抵押时签发信用证。与政府信用券大体一样，公共土地银行的信用证也被当作支付税款和其他公共应付款的支付方式，并且也都只是在当地发行和使用。

美国商业银行的第三种早期形式就是所谓的“饼干桶”银行（Cracker－barrel Bank）。这种形式与殖民地政府没有关系，不是专门的、正规的银行，而是那些从事海外贸易的成功商人向他们的顾客提供信贷，为本社区内的居民提供债权债务管理。他们在簿记上提供长期信贷，在顾客间转移债权债务，出借自有资本和他人资本。也就是说，他们经营着当地金融业务，使借款者能够使用本来不能迅速筹集到的资本。虽然比较简单和原始，但当时殖民地的居民的确能够在政府和非政府交易中大量使用这种形式的信用货币。尽管没有得到完善的监督，也没有受到良好的管理，但毕竟填补了殖民地社会的一个空缺，唯一的监管则来自使用这种银行的殖民地居民。

殖民地政府的信用券和“饼干桶”信用最终都是不稳定的。殖民信用券的过多发行和不当管理造成信用货币贬值和通货膨胀，降低了其价值。而信用货币币值和通货膨胀致使英国议会通过现金法，并命令暂停使用北美当地的信用货币。到1751年，规定当地政府“不得再发行信用券货币”，并禁止把这些信用货币作为法定货币来清偿私人债务。这一行为在北美殖民地引起了广泛的争论。此后不久，到1773年，英国国会允许殖民地在公共付款中支付税款和为其他公共应付款目的而发行货币，但不可用于私人支付。

健康的货币制度对于一个国家的经济发展至关重要。殖民地时期的美国由于金银缺乏，一直存在货币短缺问题，曾采用过物物交换的形式。在《独立宣言》发表以前，美国就已经使用纸钞，但最初的纸钞因手工雕刻铜版容易磨损而需要不断修版，所以无法保持成品的一致性，结果使伪钞到处泛滥，于是这些纸钞票很快被废弃。到了1764年，英国当局在对北美殖民地货币采取多年限制后，终于下达一项对殖民地发行货币的禁令。后来，由于对英独立战争，北美殖民地资金消耗很大，大量的金银被英国作为税收征收，导致美国国内资金缺乏。

独立战争以后，制定宪法的人认识到需要有一个健全的货币制度，通货制度的管理权不应由各州而应由联邦掌握。宪法体现了这种思想，否定各州发行信用票据的权力，并赋予国会铸造货币和规定货币价值的权力。然而，长期以来联邦政府未能建立一个成功的金属货币制度，州银行钞票形式的纸币仍是美国最主要的交换媒介。

由于硬币一直是各种货币中最坚挺、最稳定的交易手段，英国、法国等欧洲国家在18世纪后期都实行了金银复本位货币制度。亚历山大·汉密尔顿（Alexander Hamilton，1757—1804）当选美国第一任财政部长之后，于1792年确立了金银复本位制度，按照当年颁布的铸币法案，金元的含金量为24.75格令，银元的含银量为371.25格令。金银的比价是1∶15。但是，由于金银存量受到金银开采的影响，1800年白银对黄金的比价下跌，市场上的比率变为16∶1，这意味着出口黄金和进口白银是有利可图的。

加利福尼亚金矿的发现进一步加速了黄金驱逐白银的过程。1848—1849年，加利福尼亚淘金热使黄金产量大增，1850年，加利福尼亚生产了3 600万美元，几乎等于前十年整个世界黄金的年平均产量，1851年的黄金产量更达到5 600万美元。再加上在澳大利亚也发现了黄金，世界硬币有了额外的供给。随着黄金供给的增加，金银铸造比率与世界市场中金银的相对比价之间的差距进一步扩大。结果，白银最终从流通中消失，金币变得越来越多，美国货币制度最终由金银复本位制变成金本位制。

虽然19世纪40年代以后，美国的黄金存量大幅度提高，硬币供给问题得到缓解，但仍然无法满足美国经济日益发展的需要，信用货币成为解决这一问题的关键，美国政府和各州银行发行了政府债券和银行债券。

政府债券是指以政府信用为支撑而流通的信用凭证。大陆币是美国最早发行的信用货币。它是独立战争期间，美国为了筹措战争费用经大陆会议批准发行的一种信用货币，可兑换西班牙银元。1775年6月22日，首次批准发行了总价值为200万美元的纸币。到1780年，共印制发行了37次大陆币，总额近1.91亿美元。[64]但是由于不久便出现了伪钞，因此导致它的实用价值很小，该券于1781年被银行发行的银行券所取代。大陆会议还发行了大量的战争债券。这些债券以国家信用作担保，债权人必须以黄金、白银、英镑等国际通货认购，而政府则用大陆币或大陆币票据偿还本金并支付利息。独立战争以后，联邦政府于1791年继续发行债券。

这一时期使用的货币有三种来源：美国政府、美国各银行和各州银行。联邦政府第一次发行纸币是1812年战时财政赤字的副产品。1812年6月，总统授权发行500万美元的票据，票面额不低于100美元，为期1年，年息为5%。这些票据尽管面额大，却被人们接受并作为货币流通。第一次发行票据的成功，带来以后几次发行面额低到20美元的票据。到第二次独立战争结束时，未兑现的票据总额达1 800万美元，其中的一部分用发行债券收回，其余额作为税金收回，到1817年，这种票据在流通中消失。[65]

1837年，由于商业不景气，很多银行破产以及联邦出现赤字和通货不足，财政部再次求助于发行短期借款。此项借款也是以一年付息的国库券形式发行，共发行1 000万美元。1838—1843年期间又连续五年发行纸币，但由于每次发行新纸币都是用于赎回旧纸币，所以纸币流通总额从未超过1 000万美元，直到1843年年末。到1843年年末，这些纸币基本上都收回了。最后一次发行纸币是在1857年的经济不景气时期。亚伯拉罕·林肯（Abraham Lincoln，1809—1865）执政时期这种纸币还有一部分流通。

虽然人们愿意接受国库券，但它并不是一种令人满意的可长期持续的通货。在这个时期的大部分年代里，它对于通货不足没有起到缓和的作用。而美国银行钞票在解决通货不足方面起了更重要的作用。

建立第一美国银行应归功于亚历山大·汉密尔顿。他在《国家银行的报告》中主张建立一个国家银行来满足国家信用上的需要，并提出以银行钞票的形式发行纸币，类似于英格兰银行。1784年，亚历山大·汉密尔顿已经帮助建立了一个私人银行，即纽约银行。但是，他感到有必要由联邦政府出资建立一个大银行，以促进私人商业和便利政府金融交易。作为财政部长，他向国会提出意见。1791年，国会创立了第一美国银行，这是第一个为政府履行中央银行功能的银行，持有有效期为20年的特许证。该银行的初始资本是1 000万美元，1/5由政府支付，剩余部分由私人部门提供，所以银行实际上是由私人控制和管理。这一结构部分实现了亚历山大·汉密尔顿最坚持的目标：把新生的共和国财富与最富有的商人财富联合起来。该银行能够在全美国设立分支机构。

政府出资由从该银行借来的资金支付，公众出资的1/4以货币形式支付，3/4以政府股票的形式支付。第一美国银行因此提升了政府的信用。该银行充当联邦的受托人，接受政府部门和私人的存款。它可以给联邦政府、各州和个人放款，也可以发行银行钞票作为纸币流通，还可以购买汇票并且以黄金交易，但是当贷款无力偿还时，它只能以作为担保物的真实财产进行交易。由于银行信誉良好，发行的钞票或支付凭证能够顺利发展。银行通常在流通中发行300万至500万美元的钞票，形成通货制度的一个稳定因素。银行迅速成为政府贷款的来源，并且当政府遇到偿付困难时，出售它的股票，最后一次出售是在1802年。第一美国银行关于退回州立银行的银行券采用现金偿付的政策确保了不合格业务的消除。虽然银行履行自己的职责是成功的，但国会没有重新发给特许证，而是在1811年被解散。

美国第一银行的成功，使各州银行感到了压力。州立银行感到它们的货币发行受到限制，第一美国银行吸收政府最大比例的存款对它们是不公平的，并且第一美国银行在地方贷款上参与竞争对它们也是不公平的。民主共和党对这一设置也不赞同。这些势力的结合使第一美国银行在期满后得不到另一个特许证。

在扫除了国家银行的约束之后，银行数量增长迅速。根据戴维斯·里奇·杜威(Davis Rich Dewey）的估计，1811年到1816年，上市银行从117家增加到232家。这些银行是由州政府批准成立的。各州银行发行的钞票急速增多。1812年英美战争期间，许多州立银行发现很难用钞票兑换硬币。黄金和白银奇缺，其主要原因是大量的金银流到欧洲，而人们又争相储藏金银。由于钞票不能赎回，银行被迫停付硬币。1812年战争债务以及1814年暂停货币兑换之后，随之而来的是严重的通货膨胀，使人们广泛支持联邦银行管理恢复硬币支付的工作。

出于这些原因，国会在1816年创立了第二美国银行。该银行的营业执照同第一美国银行一样也是为期20年，初始资本是3 500万美元，其中1/5由联邦政府提供。该银行可以自行建立分支机构并发行银行券，银行券可以用硬币赎回，并可用于交税，其面额在5美元以上。银行券的最大发行额受限于银行资本。由公众认购的3/4股份由联邦债券支付。

第二美国银行于1817年开业，随后硬币支付重新开始，在经历了初期的经营不善后走向繁荣。1823年，费城银行家尼古拉斯·比德尔（Nicholas Biddle，1780—1844）被任命为第二美国银行行长，其有意识地尝试采取一些对银行体系进行监管的措施。首先，第二美国银行成为各州银行的最后借款人，州银行不需要将它们的储蓄存在第二美国银行，但当州立银行出现危机时，会求助于第二美国银行，并向其借取特别款项来履行其义务。当其他银行没有能力或者不愿意借贷的时候，第二美国银行也会向处于困难中的企业贷款。第二美国银行还形成了一项政策，即定期向州银行兑现。通过将各州银行票据兑换为货币的方式，该行使各州银行稳健地发行货币。第二美国银行不仅形成了全国范围内统一价值的货币，而且还消除了各州货币流通时要被收取的名义折扣率。到了19世纪20年代，美国的纸币处于一种令人满意的状态。[66]事实上，它已经成为一家中央银行。

然而，由于尼古拉斯·比德尔和安德鲁·杰克逊总统（Andrew Jackson，1767—1845）发生政治争论，导致该银行垮台。这次争论反映出一种经济利益的冲突。杰克逊总统对一切银行的不信任和反对金融垄断，得到了各州银行的支持，而尼古拉斯·比德尔代表东部沿海地区比较保守的金融势力，对各州银行的自由信贷政策不满，并利用第二美国银行作为限制信贷的工具。1832年，尼古拉斯·比德尔为了加强该银行的实力，在特许证满期4年之前向国会提出发给新特许证的议案，而杰克逊否决了这一议案。1836年，第二美国银行宣告解散，标志着这个时期联邦银行活动的终止。此后，各州特许成立的银行成为信贷的唯一来源。美国银行业进入了自由时代。

1837年以后到内战前，各州都实行了自由银行制度，即可以自由进入银行业，但这时的自由银行制度是有一定规制的。尽管当时只要满足法律规定，任何银行都可以合并，而不需要获得特殊的立法许可证，但却可以进行阶段性的硬币支付停止，有最低准入资本的要求，而且还要服从管制，包括遵守州银行委员会的法令。同时还普遍禁止州际间的分支银行业务以及州内部分支机构的建立。此时，州银行数量增多，1837年，州银行只有788家，到1860年增加到1 562家，拥有资产约10亿美元。在流通中的纸币也有所增加，州银行供应了这个时期流通中的大部分通货。由于自由银行制度，进入限制取消，各州银行之间的经济竞争加剧，垄断利润不复存在，银行成本大幅度下降，借方可以更低的利率借款，信贷增加，投资便利，从而促进了经济更有效率的发展。

进入19世纪40年代，一些反对联邦政府涉足银行业的人们开始站到赞同一方，寻求银行管理和银行稳定问题的解决方案。1846年，建立起几经周折的独立财政制度，扩大了财政部的权力，允许财政部建立一系列的二级国库，除了监督国家货币体系外，还要独立开展银行业务，启动美国银行业回归国有。但独立财政法案并未带来金融的稳定。各州银行一直自行发行货币，到50年代，有上千种纸币在流通。1857年，美国再度爆发金融恐慌，使银行制度又经受了一次严重的挫折，包括纽约、俄亥俄和印第安纳等在内的许多州，都采取了合并和共同保险以降低各家银行的资金紧张状况。1861 年，有 1 562 家银行根据 30 种不同州的法令开业，发行了超过上万种的货币。为了保证银行业的稳定，又能充分发挥地区银行和私人银行的灵活性，美国开始建立双重银行体系。不过，这种银行体系是在内战之后才逐渐形成并走向完善。

南北战争前夕，州特许银行达到 1 500 多家，而且每家银行都有权发行银行钞票。据统计，这一时期各州特许银行发行的钞票有 7 000 多种。这些钞票样式不同，质量低劣，式样繁多，面值也大打折扣，而且兑换金银等法币也很困难。货币与银行体系的混乱阻碍了贸易和资金的自由流动，增加了交易成本。整顿货币系统，建立统一的自由流通的法定货币势在必行，因此这一时期美国金融业最重要的改革是统一货币，实行金本位制。

从流通中的货币构成来看，南北战争以后主要包括金银币、金银凭证、绿背纸币、国民银行券、辅币和州银行券等货币。黄金主要用于国际交易中的货币支付，相当于外汇。因此，美国海关税和财政部所有债务的本金和利息都需要以黄金支付。由于内战时期美国纸币贬值，黄金价格被低估，人们开始收藏黄金或将黄金运往海外，于是在 19 世纪 60 年代出现流通中黄金大幅度减少的现象。后来随着实行金本位的呼声不断高涨以及 1875 年《恢复硬币支付法案》的通过，纸币价值回升，流通中的黄金数量才开始增加（见表 9—27）。

表 9—27

流通中的各种货币

单位：百万美元

年份	美元纸币	国家银行券	金币	黄金券	银币	银元券	辅助银币
1865	378.9	146.1	148.5	—	—	—	8.7
1870	325.0	288.6	81.1	32.1	—	—	9.0
1875	349.7	340.5	64.4	17.5	—	—	22.1
1880	327.9	337.4	225.7	7.9	20.1	5.8	48.5
1885	331.2	308.6	341.7	126.7	39.1	10.2	60.2
1890	334.6	181.6	374.3	130.8	56.3	297.6	58.2
1895	319.1	207.0	479.6	48.4	52.0	319.6	46.2
1900	317.7	300.1	610.8	200.7	65.9	408.4	46.2
1905	334.8	683.7	590.9	802.8	72.4	478.6	135.6
1914	337.8	715.2	611.5	1 026.1	70.3	478.6	160.0

资料来源：U. S. Bureau of the Census. *Historical Statistics of the United States: Colonial Times to* 1970. Washington: Government Printing office, 1975.

绿背纸币①是内战期间为了提供战争经费所发行的一种新的不兑换纸币。它作为第一期法定货币在 1862 年发行 1.5 亿美元，其中 5 000 万美元替代了未清偿即期票据。1862 年和 1863 年又发行了两次绿背纸币，合计 3 亿美元。战争结束后，绿背纸币的黄金价值

① 南北战争期间，联邦政府发行了大量不可兑赎硬币的绿背纸币。战后，共和党政府企图撤销绿背纸币，并恢复了纸币与黄金的兑赎机制。但是，随着自给自足农业经济向农业商品经济的转变，美国农场主由硬币主义转向通货膨胀主义，由自由放任主义转向政府干预主义。农民也反对撤销绿背纸币，反对恢复硬币支付，为此发起了绿背纸币运动。该运动是要求联邦政府控制和增加货币信贷供给，以实现抑制通货膨胀、减轻债务负担的一场广泛性农民运动。它不仅是 19 世纪 60 年代末和整个 70 年代美国政治和经济生活中一件举足轻重的大事，而且对 19 世纪后期的白银运动、美国联邦储备体系的形成，以及战后福利国家的货币政策取向都产生了深远影响。

成为汇率，即1美元的黄金兑换1美元的绿背纸币，这一比率使得美国的出口变得昂贵，进口变得便宜，这导致了黄金的流失。为此，美国在1875年通过了《恢复硬币支付法案》，绿背纸币的黄金价值有所下降，大约为89美分，美国对英国的价格比率比1862年的水平上升了27%。到1878年，绿背纸币的黄金价值接近1美元，美国对英国的价格比率大约与1862年持平，实现了硬币支付的恢复。[67]

国家银行券是这一时期新成立的国家银行体系中国家银行所发行的一种负债。它在1864年首次发行，到1865年发行了1.46亿美元。1865年对州特许银行新发行的银行券开征10%的联邦税，使国家银行券的优势凸显，国家银行券的发行数量也显著增加，1866年发行余额增加到3亿美元，1874年平稳增长到3.4亿美元。[68]随后国家银行券的发行量有所减少，直到20世纪初期以后才有所改观。国家银行券与绿背纸币相比并不属于法定货币，不能作为国家银行的法定准备金。但实际上，公众总体上认为这两者之间没有实质性差别，甚至大部分州特许银行都允许其作为法定准备金使用。

从南北战争到19世纪末是美国经济高速增长的时期，也是美国统一货币、建立现代货币和银行制度的时期，绿背纸币和国家银行券的发行和流通，结束了美国历史上自由银行券的时代，美元的核心地位得到确立。从货币总量上看，美国货币从1861年的4.88亿美元增加到1900年的23.66亿美元，年平均增加9.62%。其中内战期间增长最快，平均每年增长35.46%。由于此次货币的迅猛增长主要来自战时的军事需要，战争结束后货币总量开始下降，增长的速度也开始放缓。直到1879年开始，美国货币总量再次出现长达20年之久的持续上升期，而且年增长率保持在6.14%左右。这时的美国实际上已经成为一个金本位国家。1900年，国会通过《金本位法》，正式宣布美国采用金本位制，纸币发行额或银行存款额必须是黄金储蓄额的某个法定倍数。

内战的另一个重要经济成果是美国银行业发生的根本性变化。联邦政府创立了一个全新的、部分储备的国家银行体系，结束了联邦政府与银行之间长期的割裂状态，而且使两个制度逐渐形成永久合作共生的关系，从而推动了美国的国民银行体系和联邦储备体系的建立与发展。

在自由银行制度下，州银行的数量急剧增加，所发行的银行券和存款经常出现波动，银行系统的发展受到严重阻碍。联邦政府的权力也因为第一和第二美国银行的失败以及自由银行制度和独立财政制度的盛行而出现了显著的削弱。为了改变这种情况，当时任财政部长的萨蒙·P. 蔡斯（Salmon P. Chase）向国会提出建立国民银行制度的建议。1863年，国会通过了《国民银行法》，正式建立了国民银行体系。该法规定，国民银行由联邦政府发放营业执照，并授权国民银行以联邦证券为担保发行银行券。除创立国家货币之外，《国民银行法》还确立了银行的国家许可权，推行了统一的银行标准，同时适用于州银行和联邦银行。统一银行管理体制的创立和国家货币的推出，共同方便了内战债券的发行。国家许可体系是州银行体系的补充，并不取代州银行体系。各州的银行规定一般较联邦规则宽松，这就吸引了不少银行家经营州银行。由于州银行开始为储户开设支票账户，而这种账户又免征上述10%的税款，因而受到欢迎，州银行得以生存下来。

尽管1863年《国民银行法》创立了一种新型的银行，但它没有取消州特许的旧的组织机构。为了使得国民银行看起来比州银行更健全，严厉的法定储备要求被强制执行，并且在国家银行的存量上采用双边流动性。1864年又对《国民银行法》进行了修订。1865年，国会通过法案对州特许银行新发行的银行券征收10%的死亡税收，挤压了州特许银行的利润空间，迫使它们加入国民银行体系，国民银行出现了迅猛的发展。到1865年，国民银行已经增至1 294家，银行资产也从最初的1 680万美元增加到11.27亿美元。与此相比，州特许银行出现了大幅度下滑，从1863年的1 466家减少到1865年的349家。此后，国民银行无论在增长速度还是增长幅度上都开始放缓，而州银行自19世纪70年代又迅速恢复了（见表9—28）。

20世纪初期以后，国民银行又开始迅速发展起来，州银行的数量也大幅度增加。到1914年，州银行体系的总资产略高于国民银行体系。州银行的数量比国民银行多1.6倍，但其平均规模不足国家银行的一半。

表9—28　国民银行与州银行

年份	总量		国民银行		州银行		国民银行资产占总资产的比重/%
	数量/个	资产/百万美元	数量/个	资产/百万美元	数量/个	资产/百万美元	
1860	1 562	1 000	—	—	—	—	—
1863	1 532	1 209	66	17	1 466	1 192	1.4
1864	1 556	973	467	252	1 089	721	25.9
1865	1 643	1 358	1 294	1 127	349	231	83.0
1870	1 937	1 781	1 612	1 566	325	215	87.9
1880	3 355	3 400	2 076	2 036	1 279	1 364	59.9
1890	8 201	6 358	3 484	3 062	4 717	3 296	48.2
1900	12 427	9 059	3 731	4 944	8 696	4 115	54.6
1910	24 514	19 324	7 138	9 892	17 376	9 432	51.2
1914	27 236	23 156	7 518	11 477	19 718	11 679	49.6

资料来源：U. S. Bureau of the Census. *Historical Statistics of the United States*：*Colonial Times to* 1970. Washington：Government Printing office，1975.

国民银行制度明显优于内战前占主导地位的自由银行体制，使全国性银行的银行数量大幅度增加。最初，似乎国民银行体系将消灭各州立法机关的银行特许业务，但是，实际上存在两种银行体系并存的局面，使得银行体系更加复杂化，国民银行和州银行共同造就美国特色的银行双轨制体系，即国民银行和非国民银行并存的体系。国民银行由联邦政府颁发许可、实施监管，而州特许银行和私营银行则由州政府负责颁发许可和实行监督。

9.9　劳动力与就业结构

9.9.1　劳动力规模

美国经济在19世纪增长迅速，其主要归功于劳动力、自然资源和资本这三个生产投入要素，而不是技术的进步，其中劳动力供给对19世纪的经济增长做出了最大贡献。从

表9—29中可以看出，从建国后到19世纪末，随着人口的快速增长，美国的劳动力规模在不断扩大。据统计，在1800年，美国大约有171.2万劳动力，占人口总数的32.3%，到1860年，劳动力已经增至1 129万人，占总人口的35.9%。这一时期，美国的劳动力增长率平均每年大约为3.1%。尤其是19世纪40年代和50年代，由于大量海外移民的迁入，美国的劳动力呈现跳跃式的增长，迅速扩大了美国劳动力的规模。

表9—29 美国劳动力及人口

年份	劳动力/千人	人口/千人	劳动参与率/%	期 间	劳动力纯增数/千人	劳动力每十年增长率/%
1800	1 712	5 308	32.3			
1810	2 337	7 240	32.3	1801—1810	625	36.5
1820	3 150	9 638	32.7	1811—1820	813	34.8
1830	4 272	12 866	33.2	1821—1830	1 122	35.6
1840	5 778	17 069	33.9	1831—1840	1 506	35.3
1850	8 192	23 192	35.3	1841—1850	2 414	41.8
1860	11 290	31 443	35.9	1851—1860	3 098	37.8
1870	12 809	38 558	33.2	1861—1870	1 519	13.5
1880	17 392	50 156	34.7	1871—1880	4 583	35.8
1890	23 547	62 948	37.4	1881—1890	6 155	35.4
1900	29 073	75 995	38.3	1891—1900	6 156	26.1

资料来源：U. S. Bureau of the Census. *Historical Statistics of the United States*：*Colonial Times to* 1970. Washington：Government Printing office，1975.

这一时期美国劳动力规模扩大的主要原因是：美国的生育率始终处于较高的水平，为劳动力规模的扩大打下了基础，同时，总和生育率下降的趋势有所放缓，使处于工作年龄的成年人口比例增加；大多数海外移民比较年轻，且男性多于女性，劳动参与率很高；儿童和女性是当时劳动力的重要组成部分，尤其是黑人儿童和女性的劳动参与率很高，从而扩大了当时的劳动力规模。[69]

从内战到19世纪末，正值美国工业化迅速发展的时期，由于工业化对劳动力需求的增加，美国的劳动力规模进一步扩大，特别是19世纪70年代以后，劳动力增长速度加快，到1900年，劳动力总量增长到2 907.3万人，劳动力占总人口的比重增长到38.3%，达到了建国以后的最高水平。

这一时期，劳动力规模的扩大与女工和童工数量的增加以及外来劳动力的增加是密切相关的。在19世纪下半叶，很多婚后女性走出家门，从事更多行业的工作。在贸易与运输业中工作的白人妇女在这一领域中十年间增长了一倍，从1890年的22.5万人增加到50万人。[70]随着妇女在家不必工作的传统观念在逐渐改变，女工人数在不断增加。与此同时，童工人数的增加也是惊人的。美国人口调查局的资料显示：1890—1900年，年龄在10～14岁之间的童工人数在1890年为工人总数的21.38%，到1900年为21.66%。[71]显而易见，女工和童工数量的增加成为劳动力规模扩大的一个重要因素。此外，美国劳动力规模扩大的另一个原因是外来劳动力的增加，特别是19世纪中期以后外来劳动力已经成为美国劳动力的重要来源。值得一提的是，外来劳动力中的大部分是男性青壮年。据统计，1870—1910年，男性青壮年约占美国新增劳动力的1/5[72]，从而促进了劳动力规模的扩大。其结果，美国充足的劳动力供给基本上满足了美国经济发展的需求，并促进了工业化的发展。

9.9.2　劳动参与率

19 世纪，劳动力增长率长期呈现下降趋势，特别是南北战争时期及以后的若干年尤其明显，但总劳动参与率（见图 9—9）大体上呈现上升的趋势。这一时期，总劳动参与率增长了 6%。美国内战前的总劳动参与率增长主要发生在 19 世纪 40 年代。内战后的增长是从 1870 年开始的，在 1880 年以后增长最快。

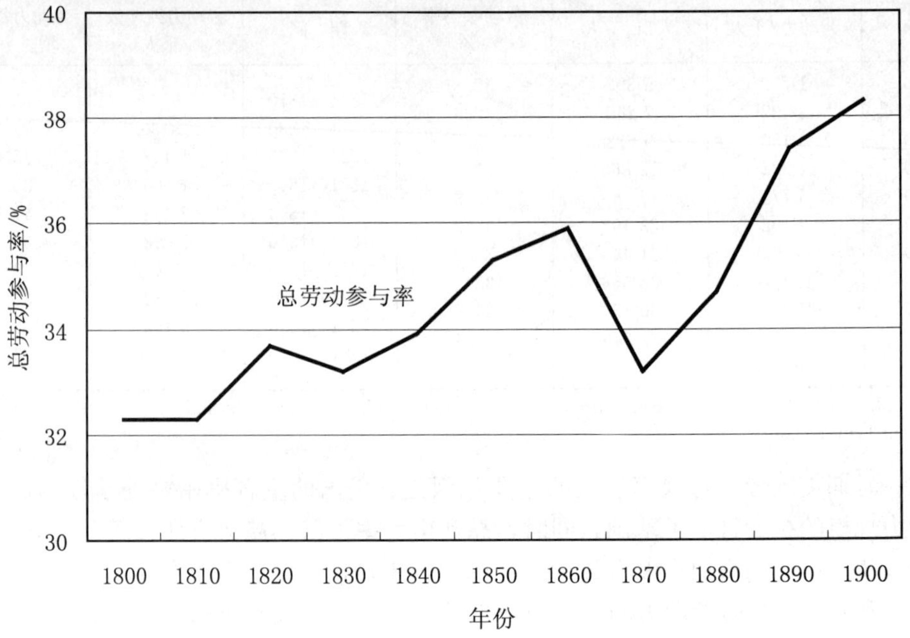

图 9—9　美国的总劳动参与率（1800—1900 年）

资料来源：U. S. Bureau of the Census. *Historical Statistics of the United States*：*Colonial Times to* 1970. Washington：Government Printing office，1975.

从总劳动参与率的变化可以看出，移民周期影响了 19 世纪的总劳动参与率。与 19 世纪 30 年代相比，40 年代到达美国的移民数量急速上升，到 60 年代，因为内战移民数量大幅度下降，总劳动参与率也出现了先升后降的波动局面。1880 年以后，主要源于南欧和东欧的移民潮到达美国，使美国的总劳动参与率呈现大幅度增长的态势。值得注意的是，移民情况和美国的经济周期以及总劳动参与率有着十分密切的关系，当美国经济低迷时，移民率和总劳动参与率下降。当美国经济周期到达高涨阶段，美国的移民高潮就出现了，总劳动参与率也有所提高。

不同人口群体的劳动参与率变化的信息在 19 世纪后期比较丰富。对于 15 岁及以上的男性来说，劳动参与情况很普遍，劳动参与率将近 90%。年龄在 10～14 岁的儿童劳动参与率较低，只有 18%左右，儿童劳动参与率较低的一个原因是就学率的提高。对于 16 岁及以上的女性来说，劳动参与率在 19 世纪初大约为 8%。[73]到 19 世纪中叶，女性劳动参与率已经攀升到 11%，这反映出经济发展在市场经济中为年轻女性创造了就业机会。

这些就业机会主要表现为工厂就业岗位的涌现。

从1880年的人口普查数据可以看出19世纪下半叶中期的劳动参与率的详细情况。从不同群体的样本中得出的劳动参与率数据见表9—30。成年人的劳动参与率基本达到90%以上，即使65岁以上年龄的劳动参与率也达到82.6%，可以说老年人的劳动力参与率是很高的。与成年男性相比，成年女性的劳动参与率很低，但黑人女性劳动参与状况要比白人女性普遍得多。这种种族差别的产生主要是由于成年黑人男性的经济地位较低，为了维持生活，黑人女性不得不参与工作，还有部分差别是源于奴隶制影响的延续。

表9—30 1880年的劳动力及劳动参与率

成年人年龄	男性		女性		儿童及年轻人年龄	男性		女性	
	人数/千人	劳动参与率/%	人数/千人	劳动参与率/%		人数/千人	劳动参与率/%	人数/千人	劳动参与率/%
20～24	2 568	90.5	2 382	24.0	10	670	14.5	566	7.2
25～34	3 708	96.3	3 430	14.5	11	525	20.0	529	5.7
35～44	2 670	96.8	2 712	11.2	12	593	30.2	576	9.6
45～54	1 969	96.6	1 850	11.6	13	547	33.6	504	10.3
55～59	659	95.6	1 594	11.1	14	542	43.4	510	14.3
60～64	564	90.3	474	8.7	15～19	2 391	68.7	2 486	26.6
65～74	645	82.6	595	5.5	白人	4 503	43.1	4 400	13.1
>75	263	58.2	282	4.6	黑人	765	65.5	771	43.7
白人	11 360	93.2	10 685	10.5	本土人	4 949	45.9	4 877	16.7
黑人	1 686	96.1	1 639	37.8	外国人	319	53.6	294	32.7
本土人	10 058	93.5	9 891	14.2	未婚者	5 246	46.2	4 896	18.1
外国人	2 998	93.9	2 433	14.0	已婚者	22	95.5	275	10.2
未婚者	4 579	88.6	4 141	31.2	在校	2 830	24.7	2 606	5.2
已婚者	8 467	96.2	8 183	5.5	农村人	3 956	48.5	3 749	15.4
农村人	8 900	93.7	8 230	10.9	城市人	1 312	39.9	1 422	23.5
城市人	4 056	93.3	4 094	20.7					

注：成年人的年龄为20岁及以上，儿童及年轻人的年龄为10～19岁。

资料来源：[美]斯坦利·L. 恩格尔曼，罗伯特·高尔曼. 剑桥美国经济史：漫长的19世纪[M]. 北京：中国人民大学出版社，2008.

在儿童和年轻人当中，劳动参与率是年龄、性别、种族的函数。15岁以下儿童的劳动参与率尽管不高，但比现在的要高，反映出当时缺乏有效的童工立法，而且正规学校教育水平也比较低。大量的男性在15岁左右时参加了工作，其劳动参与率要比女性高得多，黑人儿童的参与率比白人儿童高。男性在城市中的劳动参与率比农村略低，而女性则相反，城市的劳动参与率明显高于农村，从总体上看，性别带来的差异所导致的城乡地理上的差别对劳动参与率影响不大。[74]

9.9.3 工资水平

在任何国家，劳动力报酬都是个基本的经济统计数据。根据生活费用而调整的名义工资的长期增长，是衡量生活水平提高的一个重要指标。由于在19世纪美国没有进行过全国范围内的收入调查，因而不能构建一个独立的19世纪实际工资总指数，但通过一些资料可以证明19世纪的实际工资是不断提高的，还可以证明构成职业阶层的各个不同工作群体都经历了实际工资的长期增长过程。

在美国建国以后到内战前的期间，实际工资指数变化呈现波浪式上升的趋势，特别是1830年以后伊利运河的工资册记录所提供的资料印证了这种增长趋势是十分明显的(见图9—10)。根据伊利运河的工资册记录的估测，在1828—1860年修建运河期间，普通劳工的实际工资每年上升1.4%，木工每年上升1.6%。对于1830年之前的这段时期，费城建筑业中普通劳工和技术工人的日工资信息补充了伊利运河在这一时期资料的不足。在1800年到1830年期间，普通劳工的工资每年上升1.6%，技术工人的工资每年上升1.8%。[75]

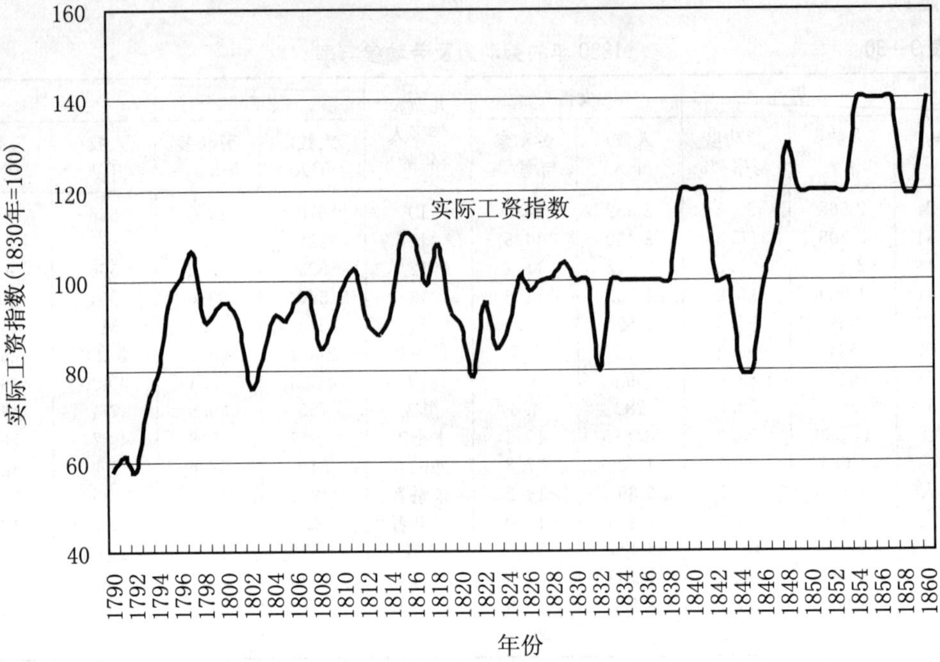

图9—10　实际工资指数（1790—1860）

注：1790—1830年为费城地区手工业者的平均工资，1831—1860年为伊利运河日工资率。

资料来源：[英] B.R. 米切尔. 帕尔格雷夫世界历史统计·美洲卷（1790—1993）[M]. 北京：经济科学出版社，2002.

罗伯特·马尔戈（Robert Margo）对于南北战争之前工资状况的研究表明，实际工资在1820—1850年间以几乎相同的速度增长，但在19世纪50年代有所下降。[76]马尔戈指出，在1820年到南北战争之前的时期，“工资结构中白领工人的比例增长多了，也存在实际工资的停滞时期，与这个年代相联系的是一股移民的浪潮和对贫困救济的日益依赖，而这部分地是由不熟练工人的实际工资下跌所引起的”。[77]他所研究的所有群体的实际工资就整个时期来说都是上升的（见表9—31）。从表中可以看出，实际工资在整体上是上升的，在19世纪50年代是下降的。表中还显示了职业间的工资差异。职员的工资增长幅度最大。从地区来看，也存在地区性的工资差别，值得注意的是中西部地区的工匠的实际工资在整个时期基本上没有变化。

表9—31 实际工资指数（1821—1860）

劳动力构成	时期	东北部	中西部	南大西洋	南中部
一般劳动	1821—1830	73.4	85.0	85.8	79.6
	1831—1840	77.2	90.7	76.1	82.0
	1841—1850	116.5	114.8	101.8	104.9
	1851—1860	100.0	100.0	100.0	100.0
工匠	1821—1830	75.0	104.2	97.8	85.9
	1831—1840	80.4	99.0	98.9	91.3
	1841—1850	107.1	104.0	122.1	114.8
	1851—1860	100.0	100.0	100.0	100.0
职员	1821—1830	66.4	85.3	78.5	72.7
	1831—1840	70.5	76.3	83.5	80.6
	1841—1850	106.6	124.7	126.8	120.3
	1851—1860	100.0	100.0	100.0	100.0

资料来源：Robert Margo. *Wages & labor Markets in the United States*，1820—1860. Chicago：University of Chicago Press，2000.

根据资料计算出来的实际工资的长期增长率（见表9—32）。就普通劳工的实际增长率，东北部最高，其次是南大西洋地区和中南部地区。工匠的实际工资增长率比较低，尤其是中西部和南大西洋各州。职员作为这个时期的主要白领职业，其实际工资增长率比普通劳工和工匠更高。各个地区之间实际工资增长的差别也很明显。

表9—32 1821—1860年的实际工资增长率 %

地区	普通劳工的实际工资增长率	工匠的实际工资增长率	职员的实际工资增长率
东北部	1.28	1.18	1.57
中西部	0.71	0.07	0.87
南大西洋	0.97	0.24	1.12
中南部	0.85	0.66	1.44

资料来源：Robert Margo. *Wages & labor Markets in the United States*，1820—1860. Chicago：University of Chicago Press，2000.

加里·M. 沃尔顿（Gary M. Waltin）和休·罗考夫（Hugh Rockoff）对制造业中男工工资的研究也有独到之处。他们在论述南北战争之前工资状况时指出，尽管在战前时期女性收入相对于男性收入上升，但在1820—1860年间，在新英格兰和大西洋中部各州的制造业企业里工作的成年男性，其平均工资也有显著增加。这些工人的年平均工资收入为：1820年267美元，1832年上升到292美元，1850年为341美元，到1860年时则达到360美元。[78]他们还指出，考虑到这一时期消费价格有所波动，需要用消费价格指数来调整货币工资，这就显示出具有不变购买力的工资变化。按照地理区域、城市化水平和企业规模列出的成年男子的实际工资指数见表9—33。就所有工人总和实际工资来看，1820—1860年间，实际增长在60%～90%之间，平均年增长率为1.2%～1.6%之间。其中，1820—1832年是实际工资增长最快的时期，范围在每年2.2%～3.7%，依地方和公司规模的不同而不同。1832—1850年间，增长的速度减缓至1.1%～1.5%，而到了19世纪50年代，制造业的实际工资几乎没有增加。[79]

南北战争时期，实际工资经历了一个急速下降的过程（见图9—11），在1860—1864

表 9—33　　东北部地区制造业中成年男子的实际工资指数

分地区、城市化水平和企业规模	制造业中成年男性的实际工资指数/加权平均值				年均增长率/%
	1820	1832	1850	1860	1820—1860
中大西洋地区	100	122～143	159～188	157～188	1.2～1.6
农村	90	118～139	131～166	166～199	1.6～2.1
城市	111	150～176	165～209	154～185	0.8～1.3
主要城市	115	—	171～217	151～180	0.7～1.2
小型	81	93～108	129～163	140～168	1.4～1.9
中型	106	128～151	142～180	163～195	1.1～1.6
大型	110	123～144	171～216	159～190	0.9～1.2
新英格兰	101	131～154	149～188	164～197	1.3～1.7
农村	95	133～156	143～181	156～187	1.3～1.8
城市	110	130～153	150～190	165～198	1.2～1.5
主要城市	122	170～200	154～195	182～218	1.0～1.5
小型	90	125～147	159～201	172～206	1.7～2.2
中型	99	127～149	152～193	163～195	1.3～1.8
大型	110	133～157	146～185	164～196	1.0～1.5
总计	101	128～150	155～197	159～191	1.2～1.6

注：加权平均值是指按照每个组别的雇员数量进行加权的；城市的公司是指那些坐落在有1万人及以上人口的城市的公司，大城市则要求人口达到2.5万人及以上；小型公司的员工有1～5人，中型公司有6～15人，大型公司有16人及以上。

资料来源：Kenneth L. Sokoloff and Georgia C. Villaflor. *The Manufacturing Workers during the Early Industrialization*：*The American Northeast* 1820—1860. in *Strategic Factors in Nineteenth Century American Economic History*：*A Volume to Honor Robert*，W. Fogel，eds. Claudia Goldin and Hugh Rockoff. Chicago：University of Chicago press，1992.

图 9—11　1860—1900 年的实际工资

资料来源：U. S. Bureau of the Census. *Historical Statistics of the United States*：*Colonial Times to* 1970. Washington：Government Printing office，1975.

年间下降了 28%，后来在 1866—1872 年间开始反弹。19 世纪 70 年代早期的世界性经济危机使美国工人的实际工资在整个 70 年代几乎都在下降。到 80 年代以后，除了在 1892 年到 1898 年出现过停滞以外，工人的实际工资一直在上升。因此，这一时期尽管出现了停滞和下降，工人的实际工资还是处于上升趋势。实际工资对时间趋势的回归得出的年平均增长率估计值为 1.1%左右。而农业工人的日工资资料则显示了他们的工资增长率偏低，大约为每年 0.9%。[80]

显而易见，从长期看，19 世纪的实际工资是上升的，价格的上升导致名义工资水平发生了几乎同样的增长。从短期来看，宏观经济的波动使实际工资的增加出现了明显的不同，当价格上升时，实际工资下降；当价格下降时，实际工资上升。因为价格在内战前按正周期变化，所以实际工资按反周期变化。美国内战后经济的发展使得宏观经济和工资动态变化之间的关系更进一步变化。19 世纪 90 年代晚期的物价上涨打断了持续的通货紧缩，造成工资的滞后。到 19 世纪末，工资对于名义和实际冲击的敏感度，从绝对值或相对值来看都比美国内战前有所减退。

9.9.4　劳动时间

劳动时间是指在社会平均的劳动熟练程度和劳动强度下，劳动者从事有报酬的社会劳动所花费的时间。19 世纪的美国劳动时间大多与制造业相关。制造业周劳动时间的一个时间序列如图 9—12 所示。制造业劳动时间的普遍趋势是下降的。在 19 世纪 30 年代早期，周平均劳动时间为 68.1 小时，随后周劳动时间开始下降，到内战前夕下降到 64 小时。内战结束后，周劳动时间进一步减少，但下降速度趋缓。到 19 世纪末期，平均劳动时间降至 59.1 小时。

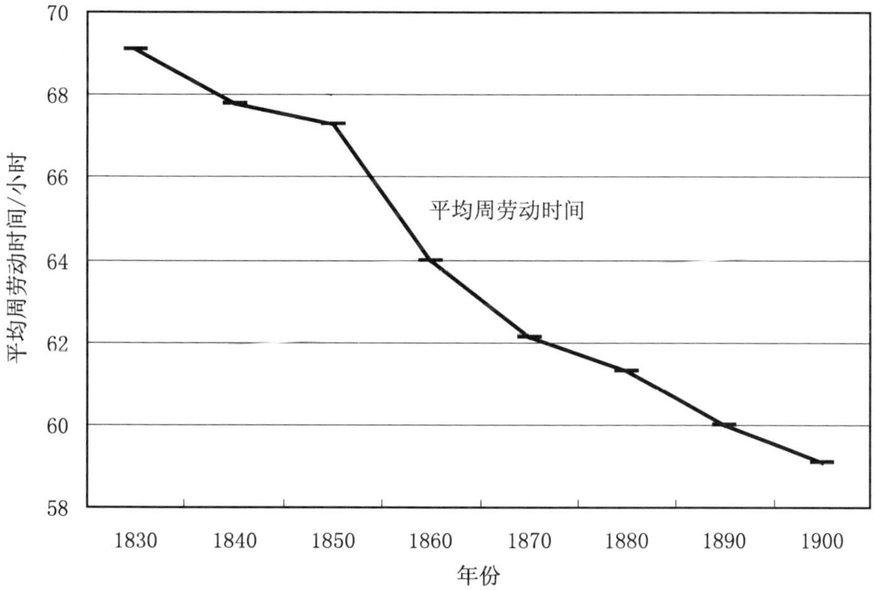

图 9—12　制造业平均周工作小时

资料来源：[美] 斯坦利·L. 恩格尔曼，罗伯特·高尔曼. 剑桥美国经济史：漫长的 19 世纪 [M]. 北京：中国人民大学出版社，2008.

周劳动时间下降的直接原因是日劳动时间的缩减。在19世纪早期，工厂的劳动时间是难以置信的漫长，日12小时工作制被认为是合理的，制造业的工人每天要劳动14～16个小时，但工资却很低。1832年的《麦克莱恩报告》最早对劳动时间进行了估算，认为当时的制造业日劳动时间为11小时20分钟。日劳动时间在内战前夕下降到10小时30分钟左右，在1880年变为10小时多一点。在1880年，食品业、造纸业和化学工业的日劳动时间最长，建筑业的日劳动时间最短。虽然劳动时间在南部地区和在夏天一般会更长一些，但由于人造照明设备在东北部尤其是城市得到企业的广泛应用，这就使劳动时间的地理差别和季节性差别很小。[81]

在解释周劳动时间的下降时，经济学家们强调隶属工会的工人和政府这两个方面所起的作用。事实上，每次政府和工会提出缩减周劳动时间时，资本家都坚决抵制，只有通过工人罢工和政府实施法令才使他们做出妥协。当费城、波士顿和纽约的工人要求10小时日劳动时间时，工会基本上在19世纪20年代末到30年代初开始推行缩短工时的活动。在1837年的经济危机时期以及危机的动荡期，缩短工时的活动有所减弱，但是到了19世纪40年代又重新高涨，并催生了在新罕布什尔州（1847）和宾夕法尼亚州（1848）的第一部“最长工作时间法”。马丁·范布伦（Martin Van Buren，1782—1862）总统领导的联邦政府在1840年为体力劳动者建立了日10小时工作制，并规定不得因此减少工资①。

南北战争之后，隶属工会的工人又要求把日劳动时间从10小时缩短到8小时。在工人运动的强大压力下，美国国会在1884年通过了一项解决方案，以立法的形式规定从1886年5月1日开始执行每日8小时工作制。但此后，工人们仍然被强迫每天工作10小时、12小时，甚至更长的时间，这使得该项立法名存实亡，而各地的州政府也没有积极的应对措施。1884年10月，美国和加拿大的8个国际性和全国性工人团体，在美国芝加哥举行了一个集会，决定于1886年5月1日举行总罢工②，迫使资本家实施日8小时工作制。以此为契机，美国从1890年开始正式推行日8小时工作制。

然而，美国很多行业并没有实行这一工作制。在1890年，制造业平均每天的劳动时间是10小时，技术工人则平均每天工作9小时。但是，工人每日的工时有很大的不同。例如，在东南地区的纺织厂，每天劳动12～14个小时的情况仍然很常见。1903年，钢铁工厂的标准工作日仍然是12个小时，并且有许多工厂每周工作7天。工人们之所以接

① 美国工人阶级在当时严重的经济危机下，生活十分艰难。他们每天要工作13～16小时，而且工资很低。工人常常因负债而坐牢。为此，工人们不断举行示威游行，纷纷组织起来罢工，争取10小时工作制，要求改善生活条件。马丁·范布伦在全国劳工运动的强大压力下，于1840年3月同意实行10小时工作制，并规定不得因此减少工资。

② 1877年，美国历史上第一次全国罢工开始了。工人阶级走向街头游行示威，向政府提出改善劳动与生活条件，要求缩短工时，实行8小时工作制。罢工不久，队伍日渐扩大，工会会员人数激增，各地工人也纷纷参加罢工运动。1886年5月1日，以美国芝加哥为中心，在美国举行了约25万人参加的大规模罢工和示威游行，示威者要求改善劳动条件，实行8小时工作制。此项活动由非政府国际工人联合会组织，活动的中心在芝加哥。5月3日，芝加哥政府出动警察进行镇压，开枪打死两人，事态扩大。5月4日，罢工工人在干草市场广场举行抗议活动，由于不明身份者向警察投掷炸弹，最终警察开枪，先后共有4位工人、7位警察死亡，史称“干草市场暴乱”。在随后的宣判中，有8位无政府主义者以谋杀罪被起诉，4位无政府主义者被绞死，1位在牢中自杀。为纪念这次伟大的工人运动及抗议随后的宣判，在世界范围内举行了工人的抗议活动。这些活动成为“五一国际劳动节”的前身。

受延长劳动日，是由于如果把计日工资改为计时工资，则使实际收入下降。[82]在造纸厂和酿酒厂仍然实施日12小时工作制，每周工作7天。[83]

美国联邦政府自以立法的形式通过了8小时工作制后，8个州的立法机构也对此做出了回应，通过了把劳动时间限制在8小时的法律。到1896年，13个州通过了最长工作时间的法律。显而易见，工会和政府在劳动时间的缩短方面起到了很大的作用，而且在很大程度上，19世纪周劳动时间的减少是竞争性劳动力市场背景下劳资双方讨价还价的结果。美国推行8小时工作制一直持续到20世纪10年代中期。第一次世界大战以后，劳动时间的发展趋势是在8小时工作制的基础上逐渐缩短。

9.9.5 劳动力结构

建国初期，美国是一个典型的农业国，农业劳动力占总劳动力的绝对多数，农业也是美国最主要的经济部门。但随后美国的劳动力结构发生了变化，其最主要特征是劳动力从农业中转移出来，农业劳动力所占总劳动力比重在逐渐减少，非农业劳动力占总劳动力比重在逐渐增多。在1800年，将近3/4的劳动力从事农业生产，到1860年，农业劳动力的比重下降了18.6%，仅占总劳动力比重的55.8%（见表9—34），而非农业劳动力所占比重则呈现不断上升的趋势，同年的比重达到了44.2%。

表9—34 劳动力分布（1800—1860）

年份	总计	从业人员/千人					构成/%				
		农业	非农业	制造业	服务业	其他	农业	非农业	制造业	服务业	其他
1800	1 712	1 274	438	—	—	—	74.4	25.6	—	—	—
1810	2 337	1 690	647	—	—	—	72.3	27.7	—	—	—
1820	3 150	2 249	901	—	—	—	71.4	28.6	—	—	—
1830	4 272	2 982	1 290	—	—	—	69.8	30.2	—	—	—
1840	5 778	3 882	1 896	513	1 037	346	67.2	32.8	8.9	17.9	6.0
1850	8 192	4 889	3 303	1 145	1 616	543	59.7	40.3	14.0	19.7	6.6
1860	11 290	6 299	4 991	1 632	2 632	727	55.8	44.2	14.5	23.3	6.4

资料来源：Stanly Lebergott. *Manpower in Economic Growth: The American Record Since* 1800. New York: McGraw—Hill, 1964; Thomas Weiss. *U. S. Labor Force Estimates and Economic Growth*. in R. Gallman and J. Wallis, eds. *American Economic Growth and Standards of Living Before the Givil War*. Chicago: University of Chicago Press, 1992.

经济学家通过技术进步和农业产品需求的性质来解释农业劳动力转移。技术进步提高了农业和非农业工作的生产力。而农产品需求相对而言缺乏价格弹性和收入弹性，相反，非农产品的需求富于弹性。与其他产业部门相比，农业中劳动力的边际产品价值随着农业生产率的提高而下降，为了恢复农业经济的均衡，劳动力从农业中转移。[84]这些劳动力在内战以前主要流向制造业和服务业，1840—1860年期间，制造业和服务业劳动力所占比重分别增长了5.6%和5.4%。

南北战争以后到19世纪末是美国实现从农业国向工业国转变的时期。这一时期的农业技术改造得益于工业化，又限于当时的工业生产水平，农业使用的机械主要是以畜力为动力的改良农具。这一时期，由于农具的改良在一定程度上提高了农业劳动生产率，同期农业总产值增长了1.72倍，农业劳动力继续从农业中转移出来，到1900年时，只有36.1%的劳动力在农业部门工作。同年，在非农业部门中，从事制造业的工人所占比重最多，达到了非农业部门总劳动力的36.0%。其次是零售和批发贸易业与运输、通信和公用事业产业，约占 1/3。商务服务业，金融、保险和房地产业，以及政府部门提供的就业占 20.7%，随后是建筑业和采矿业（见表 9—35）。

表 9—35　　1900 年产业中非农业劳动力的分布　　%

产　业	劳动力构成比重	产　业	劳动力构成比重
采矿业	4.2	零售和批发贸易	16.5
建筑业	7.6	金融、保险和房地产	2.0
制造业	36.0	商务服务	11.5
运输、通信和公用事业	15.0	政府	7.2

资料来源：U. S. Bureau of the Census. *Historical Statistics of the United States*：*Colonial Times to* 1970. Washington：Government Printing office，1975.

在非农劳动力日益增加的情况下，非农劳动力的构成出现了新的划分，特别是对工厂员工进行了细致的划分，出现了白领与蓝领。从表 9－36 可以看出 1900 年的职业分布状况。有 41.7%的男性从事农业。在从事非农职业的男性中，有 17.6%从事白领工作，主要是管理人员和职员以及销售人员。此外，还有 37.7%的人从事蓝领工作，包括熟练工人、半熟练工人和不熟练工人。也就是说，到 19 世纪末，美国男性白领、蓝领劳动力已占全国总劳动力的一半以上。与男性相比，女性从事农业的劳动力比重很低。在从事非农职业的女性中，在专业技术人员、半熟练工人和服务业中所占的比重要明显高于男性劳动力，由此可以看出女性在这些行业占有重要的地位。

表 9—36　　1900 年的职业分布　　%

职业类型		占总劳动力比重		占非农劳动力比重		总体占总劳动力比重
		男性	女性	男性	女性	
白领	专业技术人员	3.4	8.2	5.8	10.1	4.3
	管理人员	6.8	1.4	11.7	1.7	5.8
	职员/销售人员	7.4	8.3	12.7	10.2	7.5
蓝领	熟练工人	12.6	1.4	21.6	1.7	10.5
	半熟练工人	10.4	23.8	17.8	29.3	12.9
	不熟练工人	14.7	2.6	25.2	3.2	12.6
服务业		3.1	28.7	5.3	35.4	9.0
农业	农民	23.0	5.8	—	—	19.8
	农场工人	18.7	13.1	—	—	17.6

资料来源：U. S. Bureau of the Census. *Historical Statistics of the United States*：*Colonial Times to* 1970. Washington：Government Printing office，1975.

9.10　经济扩张与波动

独立战争后到南北战争之间，美国经济取得重大进展，但增长不够稳定。1815 年以前的 25 年，欧洲的多次战争对美国剩余产品的需求量增大，使美国工商业出现了高涨，刺激了经济发展。但这一时期最严重的不景气是在 1808 年，美国国会宣布了对远洋航行实行封港，企图迫使英国、法国尊重美国在公海上的中立权。尽管如此，总的来看，美国的经济增长还是比较顺利的。

1812年战争以后，经济发展状况尚好，只有制造业因为英国商品向美国市场销售而受到损失。国家银行发行大量的钞票并且采取了强力的信用政策，掀起了购买土地投机的浪潮，直到1819年经济恐慌才停止。信用膨胀政策的实施和土地投机伴随着大量的贸易逆差是造成经济萧条的主要原因。1821年以后，经济有所好转。当美国经济刚刚开始良性循环时，英国爆发了经济危机。由于美国与英国之间的国际贸易联系密切，而且在经济上的依赖性较大，英国的这次经济危机导致美国物价水平下降、企业倒闭现象增加、失业人数增加以及经济的衰退。经济不景气期间，美国的出口额降低22%，进口额下降12%。

在经历了短暂的经济衰退后，美国的产业革命的发展带动了经济的快速增长，其中交通运输业的高涨起了重要的推动作用。1825年伊利运河开通后获得的巨大营运成功促进了运河开凿高潮的到来。1830年以后，铁路建设也相继进入高潮。19世纪30年代前期出现了经济繁荣。国外对美国棉花的巨大需求使美国经济活跃起来。这一时期的经济繁荣也受到国家用大量开支修筑公路、运河等国内发展措施的刺激。

在安德鲁·杰克逊执政时期，已经意识到西部土地投机无法控制，1836年颁布了著名的“金银公告”，要求购买土地必须使用金银等硬币，以制止国有土地购买中出现的投机活动。这一举措导致西部一些州的银行发生挤兑而陷入倒闭，一些工商企业也随之破产，进一步加深了1837年的经济恐慌。这一年，英国因对美国的出口锐减2/3和部分大量贷款给美国进口商的大银行出现债务危机而率先爆发经济危机。而英国的经济萧条又致使美国的出口下降12%，最终导致已经失去平衡的美国经济陷于衰退。此后数年，美国一直处于物价下跌、生产萎靡和商业不振之中。[85]

进入19世纪40年代以后，美国经济增长速度加快。此次经济的扩张始于1843年，同样是交通运输业繁荣的结果。在高涨阶段，美国的煤、铁和机器制造等重工业发展比较迅速，特别是铁路建设和运河修筑高潮的到来推动了美国经济的高速扩张，而这次扩张主要依赖国内市场的扩大。但到1847年，美国又有一个轻微的衰退。

1848年到1857年，美国经济又经历了新一轮的高涨。铁路扩张和对外贸易的兴旺是这次经济繁荣的主要推动力量。进入19世纪50年代，世界铁路高潮的中心由英国转移到美国。国外的铁路投资也助长了经济扩张。随着经济的高涨，大量的投资逐渐演变成企业的不断增多和金融投机。同时，美国对外贸易的商品结构仍主要以农产品的出口和工业品进口为主。1856年秋，法国和英国爆发了金融危机，并波及美国。1857年的美国金融危机是在俄亥俄人寿保险和信托公司纽约分公司破产，在8月停止支付硬币之后突然发生的。这个公司的破产所引起的清算资产的压力，使许多小银行相继破产，股票和债券的价格猛跌，到10月中旬达到顶点，整个银行系统陷入瘫痪，仅纽约63家银行中就有62家停止了支付，贴现率超过了60%，由此形成了全面的恐慌。

尽管独立战争以后有这些剧烈的经济变动，发生过数次经济衰退与金融危机，但总的经济发展趋势仍是上升的。其结果是，1860年的美国经济规模与独立战争以前相比已大为改善。

在南北战争结束后，美国的经济增长是不平稳的多次金融危机、工业危机以及长时期的经济萧条，打断了这个时期的经济发展总趋势，经济波动较为剧烈。1873年的经济衰退、1893年的经济危机和1907年的经济萧条，都曾使美国经济处于商业循环的最低点，而且随之而来的是持续的经济萧条，经济反弹缓慢。

1860年，美国经济开始新的周期性高涨，内战期间并没有中断增长的趋势。1865年以后，美国经历了一次轻微的内战后的经济衰退，这次衰退是同内战的经济后果和通货膨胀的影响交织在一起的。1866年5月，英国的金融和经济危机波及美国，引发了美国金融市场的恐慌并导致经济的衰退，这次危机波及新兴的石油工业、冶金业和机器制造业等主要工业部门，但煤炭和生铁生产的下降因铁路建设高潮的到来很快反弹，其产量在1866年和1867年都达到历史最高水平，轻工业部门的生产则在煤炭、冶金和铁路建设进入复苏阶段后才开始减产。经济衰退也波及农业，主要表现为棉花需求的大幅度下降，1868年棉花的需求量比1867年下降了23%，但很快出现了复苏，到1869年，农业生产开始丰收，农产品交易兴旺。1868年商品出口超过进口，随后，对外贸易一直呈现顺差的趋势。衰退的不平衡减弱了经济萎缩的程度。1869年夏出现过短暂的经济萧条，但数月后工商业又复苏起来，其后到1872年一直保持繁荣的局面。

这次的经济繁荣被1873年的经济危机所打断。随之而来的是美国经济史上的一个极其漫长的时期。1872年，美国铁路建设速度减缓，铁路股票的行市出现下降趋势，经济景气开始逆转。随着欧洲各国停止对美国的资本输出以及美国纽约银行对铁路公司和工业企业贷款的停止，美国在1873年陷入严重的危机之中。危机期间，美国生铁产量减少了27%，船舶制造业的产量下降了60%，机车制造下降了37%，石油产量减少了20%，纺织品产量缩减了近20%，进出口分别下降了10%和36%，工商业企业倒闭4.7万家，损失金额超过10亿美元。[86]经济危机从1873年10月开始，一直到1879年3月降到谷底，持续了近5年半。这是内战结束之后最不景气的年代之一，直到1879年春，经济情况才有所好转。

这次经济危机可以被认为是一次银行业普遍发生恐慌所造成的金融危机。1873年以前利用巨额银行信贷大规模进行铁路建设，引起投机。事实上，银行滥放贷款助长了19世纪70年代初期工商业的过度膨胀。例如，当时设在费城和纽约的美国第一流银行杰伊·库克公司曾对北方太平洋铁路公司进行大量的短期信贷，指望铁路公司把债券售给外国投资者，期望落空后，该银行的广大储户因害怕蒙受损失而纷纷提取存款，由此导致该银行被迫停止营业。[87]以美国为主要震源的世界经济危机就此全面展开。经济危机最初以交易所混乱和金融危机的形式表现出来，但遭受打击最严重的是重工业。随之引起了产出下降和失业率提高。

1879年，物价开始上涨，工商业也开始活跃起来，经济开始出现了强劲的反弹。1879年和1880年，国外农业歉收，美国向国外输出大量农产品，农产品价格显著回升。1881年美国对外贸易出口总额打破了历史纪录，高达9.21亿美元。在19世纪80年代初，工业和农业生产都有发展。在这次周期中，美国铁路建设的兴旺再一次成为带动经济增长的主要因素。从1879年到1882年，美国新增铁路达5.27万千米，相当于1880—1883年全世界新增铁路9.7万千米的54.3%。仅在1882年，美国新建的铁路就达到1.86万千米。[88]美国的总资本投资形成由1877—1881年的年均37亿美元增长到1882—1886年的年均45亿美元，总投资增长了21.6%，美国的国民生产总值也由1877—1881

年的年均161亿美元增长到1882—1886年的年均207亿美元，扩大了28.6%。[89]这一周期，工农业生产都有所发展。然而，1883年开始出现短期的周期性经济衰退，工商业的不景气一直持续到1885年。在危机期间，机车的生产量下降了64.9%，生铁产量、钢产量和石油产量也呈现了显著的下降趋势。此外，进口和出口贸易分别缩减了22.0%和13.4%，商品价格锐减。

在1886年至1892年间，除1890年受欧洲金融和经济危机的影响在股票市场上发生过短暂的金融危机外，美国经济呈现繁荣景象。工业发展迅速，对外贸易状况良好，欧洲巨额资本流入美国，投资于铁路、畜牧业和其他工商业。总之，到1893年之前，总的经济状况良好，就业人数和工农业产品与日俱增。

1893年2月，美国再次爆发了剧烈的交易所危机，纽约证券交易所的股票行情出现了急剧下降的趋势。爆发这次经济危机的一个直接原因是外国投资者纷纷抛售美国证券，抢购黄金，从而使美国国库库存黄金降低到公认的传统最低储备额，即1亿美元以下。在银行紧缩信贷和外资、黄金大量外流的打击下，美国经济再次陷入衰退，国民生产总值从1892年的143亿美元缩减为1893年的138亿美元和1894年的126亿美元，分别下降了3.5%和11.9%，直到1897年才恢复到1892年的水平。[90]1893年1月至8月，美国工业股票的平均市价下跌了近50%，当年就导致600多家银行和信用机构破产，约有1.5万多家工商业企业倒闭，其负债总额为3.46亿美元，创下了美国的历史记录。在经济危机的打击下，从1894—1895年，美国的钢产量、生铁产量、路轨和机车产量分别下降了18%、28%、47%和70%；铁路建设也减少了60%，并有资本额达到11亿美元的94条铁路被拍卖。轻工业也遭到强烈的冲击，棉纺织厂的大批设备被闲置起来，主要商品价格大幅度下跌。与此同时，主要商品的价格也大幅度下跌，金属和金属制品价格指数下降了44%，纺织品价格下降了26%。[91]

这一周期的衰退表面上似乎是由金融危机引起的，但还有其他一些根本因素。农业连续几年一蹶不振，农民的购买力较低。工业品价格也在不断下降，影响了工业生产，从而减少了工人的购买力，在一定程度上抑制了工业经济的发展。随后到1897年，美国经济经历了1893—1897年的周期性的萧条，引起了产出下降和失业率上升。

1897年，经济情况开始好转。国民经济复苏后，出现了数年的经济繁荣。进入20世纪头十年，美国经济的运行中出现了1903—1904年和1907—1909年的两次短暂衰退。1903—1904年的经济衰退对美国的影响较小，仅在1904年出现了经济增长的停滞。然而，在经历了一个短暂的高涨后，美国又陷入了1907—1909年的衰退。此次世界性的经济危机首先从美国的金融危机开始，1907年先后出现了两次交易危机和货币危机，导致超过300家信贷机构的破产和30多家铁路公司的倒闭，并随即引发了全面的经济衰退。1910年以后，美国经济又出现了强劲的反弹，一直到第一次世界大战爆发前都保持了持续的较快增长的趋势。

9.11 经济发展、劳动力供给与人口增长

独立战争前夕的美国经济经历的是外延式增长，这在很大程度上是由于快速增长的

人口和实际上无限的土地供给共同推动的结果。17 世纪初，英国人移民来到美国时，美国的印第安人不到 40 万人。但随着欧洲移民的流入，人口迅速增长，到 18 世纪 40 年代突破了 100 万人，并在独立战争前夕达到 250 万人，年平均增长率为 3.5%，达到了世界各国人口史上未曾见过的高速度。可以说，人口的迅速增长刺激了美国经济的发展。

1790 年后，由于美国对外贸易在拿破仑战争中十分兴旺，美国经济发展很快，1793—1800 年间的经济增长率达到 4.4%（见表 9—37）。接着托马斯·杰弗逊总统决定中止与交战各国的商业贸易往来，由此导致美国从世界贸易中退出，影响了经济发展的速度，1807 年以后人均收入急速下降。罗伯特·马丁（Robert Martin）在《美国 1799—1838 年的国民收入》一书中分析了美国当时经济减退的趋势，他认为美国的人均收入在将近 30 年的时间里一直在下降，直到一个持续快速增长阶段开始之前才于 19 世纪 20 年代末达到最低点。马文·汤（Marvin Towne）和韦恩·拉斯马森（Wayne Rasmussen）则在《19 世纪的农业生产和投资》一文中指出，地理的迅速扩张影响了农业生产率的提高，从而使经济中主要部门的人均收入下降。当然，经济是在人口迅速增长造成的压力下外延增长的。

表 9—37　　美国的国民生产总值及增长率（1774—1859）

年份	国民生产总值/百万美元			时期	年平均短期经济增长率/%（按 1860 年价格）
	当前价格	价格指数/1860=100	1860 年价格		
1774	144	97	149	1774—1793	3.1
1793	317	119	266	1793—1800	4.4
1800	544	151	360	1800—1807	4.5
1807	680	139	517	1807—1810	1.9
1810	765	148	765	1810—1820	4.0
1820	1 079	141	1 107	1820—1830	3.8
1830	1 229	111	1 610	1830 至 1834—1843	4.2
1834—1843	1 803	112	2 003	1834—1843 至 1839—1848	4.5
1839—1848	1 951	97.4	2 628	1839—1848 至 1844—1853	5.6
1844—1853	2 649	100.8	3 397	1844—1853 至 1849—1858	5.3
1849—1858	3 474	102.3	4 226	1849—1858 至 1859	4.1
1859	—	—	5 547		

资料来源：［美］斯坦利·L. 恩格尔曼，罗伯特·高尔曼. 剑桥美国经济史：漫长的 19 世纪［M］. 北京：中国人民大学出版社，2008.

美国经济的转折点出现在 19 世纪 20 年代到 30 年代，其标志是经济增长的加速。这一加速是美国经济学家沃尔特·罗斯托（Walter Rostow）所说的“进入自我持续增长阶段所需要的起飞”。罗斯托把美国经济“起飞”归因为 19 世纪 40 年代铁路网的扩张。罗斯托认为，铁路部门对投入品的需求以及铁路运输服务对消费者的影响，使得铁路成为刺激经济增长的先导部门。铁路这一高效主导部门的发展以及高国民储蓄率的出现，随后刺激了其他产业的发展，直到增长本身成为经济中的普遍现象为止。

沃尔特·罗斯托的经济“起飞”学说对许多国家出现的迅速增长作了解释。根据罗斯托的推算，各国经济的起飞期见表 9—38。19 世纪开始起飞的国家，20 世纪除俄国外均已成为经济发达的国家。但是，在经济增长的过程中，国与国之间的这种急速增长有很大差别。作为世界上第一个经历现代经济增长的国家，英国在“起飞”阶段的增长率较低，1780年到1880年平均每年增长率仅为1.3%。其他国家“起飞”阶段的增长率一般与“起飞”时期正相关。而美国在1834年以后的国内生产总值的年平均增长率约为4.2%，其增长率是很高的，特别是南北战争前的数十年，其年均增长率高达5.0%左右，但由于人口增长过快，欧洲大量移民流入美国，从而影响了人均产值的增长速度。从美国人均国民生产总值的变化来看，1774年到19世纪30年代，人均国民生产总值年均增长率不到1%（见表9—39）。之后，在1834年到1859年期间有所上升，达到1.8%（见表9—40）。人均国民生产总值增长率的加速是与工业革命的进程息息相关的。

表9—38　　各国的经济起飞期

国　家	起飞期	国　家	起飞期
英　国	1783—1802	瑞　典	1868—1890
法　国	1830—1860	日　本	1878—1900
比利时	1833—1860	俄　国	1890—1914
美　国	1843—1860	加拿大	1896—1914
德　国	1850—1873	土耳其	1937—

资料来源：Rostow Walter. *The Stages of Economic Growth*. Cambridge，England：Cambriade University Press，1960；Cipolla，C. M. *The Economic History of World Population*. Penguin Books，7th ed. Baltimore，1978.

表9—39　　美国的人均国民生产总值及增长率（1774—1859）

年　份	人均实际国民生产总值/1860年价格	时　期	人均国民生产总值的短期年平均增长率/%
1774	63.3	1774—1793	−0.2
1793	61.4	1793—1800	1.5
1800	68.0	1800—1807	1.1
1807	73.6	1807—1810	−0.9
1810	71.6	1810—1820	1.1
1820	79.5	1820—1830	0.8
1830	85.8	1830至1834—1843	1.3
1834—1843	96.5	1834—1843至1839—1848	1.2
1839—1848	102.4	1839—1848至1844—1853	2.5
1844—1853	116.1	1844—1853至1849—1858	2.0
1849—1858	127.9	1849—1858至1859	1.2
1859	135.9		

资料来源：斯坦利·L. 恩格尔曼，罗伯特·高尔曼. 剑桥美国经济史：漫长的19世纪［M］. 北京：中国人民大学出版社，2008.

表9—40　　美国人口经济的长期增长

时　期	持续期间/年	十年平均增长率/%		
		总产值	人　口	人均产值
1800—1840	40	52.3	34.1	13.5
1834—1843至1859	20.5	60.2	35.4	18.3

资料来源：Simon Kuznets. *Economic Growth of Nations*. Cambridge，Mass，1971.

在19世纪上半叶，经济增长的主要原因可归结为劳动力供给的扩张，根据爱德华·富尔顿·丹尼森（Edward Fulton Denison）的估计，约为49%。而资本和劳动生产率的增长对经济增长的贡献分别为26%和15%。尽管被耕作的土地面积迅速扩大，但在19世纪上半叶，美国经济增长中只有10%归因为土地。这一时期，劳动力供给的扩张是与美国的移民政策密切相关的。美国开始工业化进程较晚，但其人口迅速增长加速了工业化的发展。18世纪末，随着欧洲移民的流入，人口迅速增长，1780年到1790年人口增长了41.0%，18世纪末到19世纪初，美国开始了工业化建设。但到1800年，美国人口仅为530万人，远远不足以推动其不断扩大的领土内的工农业生产发展。为此，美国政府针对国内劳动力不足的问题采取了鼓励移民大量入境的政策。到1860年，美国人口增至3 144万人，其中工业和农业经济活动人口增加到1 040万人。在移民人口中，青壮年劳动力人口最多，为美国的经济发展提供了大量廉价的劳动力资源。

从1865年南北战争结束到第一次世界大战，是美国经济迅速发展的时期。南北战争前的经济增长趋势仍在继续，实际国民生产总值增长了近9倍（见表9—41）。经济的增长主要是由于经济结构的改革，也就是说是由于经济基本组织的改革和各种类型的生产相互作用的结果。同期内，美国的人口从3 300万增长到9 200万，人口的快速增长在一定程度上刺激了经济发展。但国民生产总值和按人口平均的收入都不是稳步增长的。数次经济萧条打断了这个时期经济发展的总体趋势。1873年危机、1893年危机和1907年危机，使美国经济经历了周期性波动增长。尽管如此，这一时期美国经济还是维持了平均4.0%的增长率。

从经济发展水平来看，南北战争以后，美国经济增长的高速度使美国得以在较短的时期内赶超第一个工业国家英国，美国经济在世界上已处于显著地位。据安格斯·麦迪森（Angus Maddison，1926—2010）提供的统计数据，1870年美国的国民生产总值在世界经济中所占比重为8.9%，经济总量居世界第四位；到1913年，经济实力迅速上升，其所占比重高达19.1%（见表9—42），超过中国、德国、俄国和英国等国家，一跃而为世界头号经济大国。

表9—41　近代美国人口经济的增长

年　份	国民生产总值/10亿美元		人口平均数/千人	人口平均增长率/%	按人口平均值/美元
	当前价格	1929年价格			
1860—1864	4.6	6.5	33 853	2.7	192
1865—1869	6.9	7.5	37 376	2.1	201
1869—1873	7.9	9.1	40 974	1.9	223
1872—1876	8.4	11.2	44 032	1.5	254
1877—1881	9.3	16.1	49 265	2.4	327
1882—1886	11.2	20.7	55 379	2.5	374
1887—1891	12.6	24.0	61 781	2.3	388
1892—1896	13.6	29.6	68 275	2.1	434
1897—1901	17.3	37.1	74 820	1.9	496
1902—1906	24.2	46.8	82 247	2.0	569
1907—1911	32.5	55.0	90 496	2.0	608
1912—1916	41.2	62.5	98 836	1.8	632

注：国民生产总值为以各年度为中心的五年平均数；1860—1869年的平均数字根据B. R. 米切尔的数据计算，1869—1893年的平均数字根据库兹涅茨的数据计算；1892—1916年的平均数字则根据美国商务部的数据计算。

资料来源：United States Department of Commerce. *Historical Statistics of the United States：Colonial Times to* 1957. Washington：Government Printing Office，1969；［英］B. R. 米切尔. 帕尔格雷夫世界历史统计·美洲卷（1790—1993）[M]. 北京：经济科学出版社，2002.

表 9—42 世界主要国家的经济与人口

国家	国内生产总值/百万1990年国际元		国内生产总值占世界经济总量的比重/%		经济增长率/%	人口/千人		人口年均增长率/%
	1870	1913	1870	1913	1870—1913	1870	1913	1870—1913
美国	98 374	517 383	8.9	19.1	3.94	40 241	97 606	2.08
中国	189 740	241 344	17.2	8.9	0.56	358 000	437 000	0.47
德国	71 429	237 332	6.5	8.8	2.83	39 321	65 058	1.18
俄国	83 646	232 351	7.6	8.6	2.40	88 672	156 192	1.33
英国	100 179	224 618	9.1	8.3	1.90	31 393	45 649	0.87
印度	134 882	204 241	12.2	7.6	0.97	203 000	303 700	0.43
法国	72 100	144 489	6.5	5.3	1.63	38 440	41 463	0.18
意大利	41 848	95 487	3.8	3.5	1.94	27 888	37 248	0.68
日本	25 393	71 653	2.3	2.6	2.44	34 437	51 672	0.95
西班牙	22 295	45 686	2.0	1.7	1.68	16 021	20 263	0.52
比利时	13 746	32 347	1.2	1.2	2.01	5 096	7 666	0.95
墨西哥	6 214	25 921	0.6	1.0	3.38	9 129	14 970	1.13
荷兰	9 952	24 955	0.9	0.9	2.16	3 615	6 164	1.25

资料来源：［英］安格斯·麦迪森. 世界经济千年史［M］. 北京：北京大学出版社，2003；［英］B.R. 米切尔. 帕尔格雷夫世界历史统计·欧洲卷（1790—1993），帕尔格雷夫世界历史统计·美洲卷（1790—1993），帕尔格雷夫世界历史统计·亚洲、非洲和大洋洲卷（1790—1993）［M］. 北京：经济科学出版社，2002；日本总务厅统计局. 统计年鉴（2000年版）［M］. 东京：东洋经济新报社，2001.

这一时期，美国的经济增长比任何一个欧洲国家都快速和长久，与世界上主要国家的经济增长相比也是最快的。例如，1870年到1913年间，英国的年均增长率只有1.9%，德国为2.83%，法国为1.63%。正是由于美国与英国、德国、法国等主要发达国家增长率差异的影响，使美国与这些发达国家的经济差距拉大，到1913年，美国的名义国民生产总值是英国的2.3倍、德国的2.2倍和法国的3.6倍。到第一次世界大战之前，美国已成为世界上最大的产品和服务提供国。

南北战争以后，伴随着经济发展，人均实际国民生产总值的增长也比较快，特别是1869—1878年至1874—1883年间达到了3.3%（见表9—43）。随后，人均收入增长有所减退，但仍能保持在1.0%以上的水平。到1913年，美国的人均实际国内生产总值居于世界主要国家的第一位（见表9—44）。从人均实际国内生产总值的增长率来看，美国在1870—1913年间超过了欧洲所有的国家，仅低于同期墨西哥的水平，居世界上主要国家的第二位。而这一时期美国工业化迅速发展，显而易见，人均国内生产总值增长率的增长是与工业现代化的进程息息相关的。

总体来看，19世纪60年代以后的半个世纪内，经济增长的主要原因是和人口增长密切相关的。美国人口的迅速增加，既供应了充足的劳动力，又提供了巨大的消费市场，从而加速了国民经济的持续增长。1860年以后到1914年间，美国人口从约3 150万增长到9 200万。尽管增长的绝对数量很大，但其人口增长率不及南北战争前。在1800—1860年间，人口平均年增长率为3.2%～3.6%，而在1860—1890年间，人口平均年增长率下降到2.5%，1890—1910年进一步减少到2.0%左右。

在1860—1910年期间，大约有2 300万移民迁入美国，其中大多数移民来自欧洲。移民的大部分来自北欧和中欧，特别是英格兰、爱尔兰和德国。这一时期，大约有384万

表 9—43　　近代美国人均国民生产总值的变化

时期	人均国民生产总值（1860 年价格）/美元	时期	人均国民生产总值增长率（1860 年价格）/%
1859	135.9	1849—1858 至 1859	1.2
1869	142.0	1859—1869	0.5
1869—1878	152.4	1869 至 1869—1878	1.6
1874—1883	178.9	1869—1878 至 1874—1883	3.3
1879—1888	200.7	1874—1883 至 1879—1888	2.3
1884—1893	211.3	1879—1888 至 1884—1893	1.0
1889—1898	216.7	1884—1893 至 1889—1898	0.5
1894—1903	236.6	1889—1898 至 1894—1903	1.8
1899—1908	269.1	1894—1903 至 1899—1908	2.6
1909	287.0	1899—1908 至 1909	1.2

注：国民生产总值为以各年度为中心的五年平均数；1860—1869 年的平均数字根据 B. R. 米切尔的数据计算，1869—1893 年的平均数字根据库兹涅茨的数据计算；1892—1916 年的平均数字则根据美国商务部的数据计算。

资料来源：United States Department of Commerce. *Historical Statistics of the United States：Colonial Times to* 1957. Washington：Government Printing Office，1969；［英］B. R. 米切尔. 帕尔格雷夫世界历史统计・美洲卷（1790—1993）［M］. 北京：经济科学出版社，2002.

表 9—44　　世界 20 个国家的人均国内生产总值

国家	人均国内生产总值/1990 年国际元		人均国内生产总值增长率/%	国家	人均国内生产总值/1990 年国际元		人均国内生产总值增长率/%
	1870	1913	1870—1913		1870	1913	1870—1913
美国	2 445	5 301	1.82	挪威	1 432	2 501	1.30
英国	3 191	4 921	1.01	瑞典	1 664	3 096	1.46
德国	1 821	3 648	1.63	瑞士	2 202	4 266	1.55
法国	1 876	3 485	1.45	葡萄牙	997	1 244	0.52
奥地利	1 863	3 465	1.45	西班牙	1 376	2 255	1.15
比利时	2 687	4 220	1.05	俄罗斯	943	1 488	1.06
丹麦	2 003	3 912	1.57	墨西哥	674	1 732	2.22
芬兰	1 140	2 111	1.44	日本	737	1 387	1.48
意大利	1 499	2 564	1.26	中国	530	552	0.10
荷兰	2 753	4 049	0.90	印度	533	673	0.54

资料来源：［英］安格斯・麦迪森. 世界经济千年史［M］. 北京：北京大学出版社，2003.

德国人、234 万英格兰人和 227 万爱尔兰人移居美国。1900 年到 1914 年，美国的移民进一步增加，当时美国接纳了移民 1 350 万人，这批移民主要来自东欧和南欧。19 世纪后期，移民对美国经济增长的贡献是巨大的，为美国提供了大量劳动力。据统计，外国移民中男子多为年富力强者，“新移民”中有 85%是 14～44 岁年龄段的青壮年，他们大都从事艰苦而收入较少的劳动。外来移民还带来了先进的技术，这就形成一种自然的技术引进，推动了美国生产技术的革新和生产力的提高。还应该看到，外来移民促进了美国西部地区的开发。19 世纪后期，美国大平原和落基山地带的开发主要依靠移民。在 19 世纪最后 30 年，经过移民的开拓，美国西部建立了广阔的农业区和放牧区，并帮助开发了大量丰富的自然资源。此外，外来移民还促进了国内市场的不断扩大，从而推动了美国经济的迅速发展。

日益增加的美国人口，提供了充足的劳动力供给。在 1860—1910 年这半个世纪，工人总数从 1 050 万增至 3 770 万。随着工业化的迅速发展，工矿企业、运输业和服务行业雇用的工人数量越来越大，而从事农业的劳动力则比较少。另外，1870年后公共教育事业的发展①和人力资本投资的增加提高了劳动力质量，使劳动生产率不断提高。这一时期，劳动力人口的迅速增长和劳动力素质的提高加速了美国经济的发展，到1913年，美国工业生产总值相当于英国、法国、德国和日本4国的总和，占世界工业总产量的1/3以上，商业和农业也迅猛发展，加速了世界经济发展的不平衡。

注释

［1］Robert Paul Thomas and Terry Anderson. *White, Population, Labor Force and Extensive Growth of the New England Economy in the Seventeenth Century*. JEH, September，1973.

［2］［美］杰克·格林. 从定居到社会［M］. 纽约：1966.

［3］Robert Higgs and Louis Stettler. *Colonial New England Demography：A Sampling Appoach*. William and May Quarterly，April 1970.

［4］［5］［7］［13］［20］［24］［26］［29］［38］［40］［50］［55］［57］［64］［67］［73］［74］［75］［80］［81］［84］［美］斯坦利·L. 恩格尔曼，罗伯特·高尔曼. 剑桥美国经济史：漫长的19世纪［M］. 北京：中国人民大学出版社，2008.

［6］William A. Sundstrom and Paul A. David. *Old-Age Security Motives，Labor Markets，and Farm Family Fertility in Antebellum America*. Explorations in Economic History 25，1988.

［8］Abraham J. Jaffe. *Urbanization and Fertility*. American Journal of Sociology，Vol. 48，1942.

［9］Warren S. Thompson and P. K. Whelpton. *Population Trends in the United States*. New York，1933.

［10］Ansley J. Coale and Melvin Zelnik. *New Estimates of Fertility and Population in the United States，A Study of Annual White Births from* 1855 *to* 1960 *and of Completeness of Enumeration in the Censuses form* 1880 *to* 1960. Princeton，1963.

［11］Richard A. Easterlin. *Population issues in American economic history：A Survey and Critique*. in Robert Gallman，ed. *Recent Developments in the Study of Business and Economic History：Essays in Honor of Herman E. Krooss*. Greenwich，1977.

［12］Timothy J. Hatton and Jeffrey G. Williamson. *The Age of Mass Migration：Causes and Economic Impact*. New York，1998.

---

① 1870年后公共教育事业的发展也是提高劳动力质量的重要因素。在1860年以后的半个世纪内，中小学在校生总数从570万增至1 800万；5～17岁在校学生在人口总数中所占的比重，从57.0%增至75.0%，而且许多中学毕业生进入了大学。在1870—1916年，取得大学学士学位以上的人数从9 300人增至49 800人。在这个时期，技术学校和工艺学校激增。根据1862年莫里尔法设立的农学院和工学院，是为美国农业机械化和国家工业化培养人才的另一项措施。到1916年，美国在初等教育和中等教育上所负担的经费开支比1870年增长了7倍左右。可以肯定，这种教育对人的投资是在技术日益发展的时代里提供高素质劳动力的重要因素之一，对刺激经济增长具有重要的作用。

［14］［16］［54］［美］福克纳. 美国经济史［M］. 北京：商务印书馆，1964.

［15］［美］罗伯特·普恩. 美国经济史［M］. 芝加哥：德莱登出版社，1982.

［17］U. S. Department of Commerce. *Historical Statistics of the United States*：*Colonial Times to* 1970，Washington：Government Printing office，1970.

［18］［35］［39］［49］［53］［60］［61］［65］［87］［美］吉尔伯特·菲特，吉姆·里斯. 美国经济史［M］. 沈阳：辽宁人民出版社，1981.

［19］Benjamin Horace Hibbard. *A History of the Public Land Policies*. New York：The Macmillan Company，1924.

［21］［59］［63］［66］［79］［83］［美］加里斯·M. 沃尔顿，休·罗考夫. 美国经济史［M］. 北京：中国人民大学出版社，2011.

［22］田方，陈一筠. 国外人口迁移［M］. 北京：知识出版社，1986.

［23］［58］［82］［美］H. N. 沙伊贝，H. G. 瓦特，H. U. 福克纳. 近百年美国经济史［M］. 北京：中国社会科学出版社，1983.

［25］Richard Steckel. *The Economic Foundations of East-West Migration During the Nineteenth Century*. Exploration in Economic History 20，1983.

［27］张友伦. 农业革命［M］. 天津：天津人民出版社，1983.

［28］何顺果. 美国历史十五讲［M］. 北京：北京大学出版社，2007.

［30］［41］［47］［62］［69］韩毅，等. 美国经济史（17—19 世纪）［M］. 北京：社会科学文献出版社，2011.

［31］Herbert S. Klein. *The Atlantic Slace Trade*. Cambridge University Press，1999.

［32］［33］Mccusker，J. John and R. Russell. Menard. *The Economy of British America*，1607—1789. North Carolina：North Carolina University Press，1985.

［34］William B. Weeden. *Economy and Social History of New England* 1620—1789. Riverside Press，1890.

［36］韩毅，张兵. 美国赶超经济史［M］. 北京：经济科学出版社，2006.

［37］［日］宫崎犀一，等. 近代国际经济要览［M］. 北京：中央财经出版社，1990.

［42］Allan Kulikoff. *Tobacco and Slaves*：*The Development of Southern Culture*，1680—1800. Chapel Hill：The University of North Carolina，1986.

［43］Michael Kammen. *Colonial New York*：*A History*. New York：Oxford University Press，1975.

［44］李剑鸣. 美国通史（第一卷）·美国的奠基时代（1585—1775）［M］. 北京：人民出版社，2002.

［45］Donald L. Kemmerer & C. Clyde Jones. *The American Economic History*. New York，McGraw-Hill，1959.

［46］张友伦. 美国西进运动探要［M］. 北京：人民出版社，2005.

［48］［51］［72］［美］杰里米·阿塔克，彼得·帕塞尔. 新美国经济史：从殖民地到 1940 年［M］. 北京：中国社会科学出版社，2000.

[52] [美] 宾宁. 美国经济生活史 [M]. 上海：上海商务印书馆，1947.

[56] 韩启明. 建设美国：美国工业革命时期经济社会变迁及其启示 [M]. 北京：中国经济出版社，2004.

[68] [美] 米尔顿·弗里德曼，安娜·施瓦茨. 美国货币史：1867—1960 [M]. 北京：北京大学出版社，2009.

[70] Edward Prince Hutchinson. *Immigrants and Their Children*，1850—1950. New York：John Wiley and Sons，1956.

[71] Hugh D. Hindman. *Child Labor：an American History*. New York：M. E. Sharpe，2002.

[76] [77] Robert Margo. *Wages & labor Markets in the United States*，1820—1860. Chicago：University of Chicago Press，2000.

[78] Kenneth L. Sokoloff and Georgia C. Villaflor. *The Manufacturing Workers during the Early Industrialization：The American Northeast* 1820—1860. in *Strategic Factors in Nineteenth Century American Economic History：A Volume to Honor Robert*，W. Fogel，eds. Claudia Goldin and Hugh Rockoff. Chicago：University of Chicago press，1992.

[85] 彭斯达. 美国经济周期研究——历史趋势及中美经济周期的协动性 [M]. 武汉：武汉大学出版社，2009.

[86] [91] 陈宝森，郑为民，薛敬孝，蔡述理. 美国经济周期研究 [M]. 北京：商务印书馆，1993.

[88] 宋则行，樊亢. 世界经济史 [M]. 北京：经济科学出版社，1993.

[89] United States Department of Commerce. *Historical Statistics of the United States：Colonial Times to* 1957. Washington：Government Printing Office，1969.

[90] U. S. Bureau of the Census. *Historical Statistics of the United States：From Colonial Times to the Present*. New York：Basic Books Publisher Inc，1965.

第 10 章　欧洲的人口经济发展

10.1　早期的工业行会

行会是依照职业类型而专业化的手艺工人的一种组织。它是通过对内实行劳动章程、对外实行垄断这两项任务而发挥作用的。[1]在欧洲，许多工业的发展直接受到了其组织结构的影响。许多产品是在由师傅、他们的家庭、熟练工人、学徒组织起来的小手工业行会中生产出来的。绝大多数的行会集中在城市中，其生产组织严密。行会发展成员一般不会突破城市界限。大多数城市以外的矿山和矿主都没有组织行会。但是在列日，由于矿山位于城市之中，有 10 个制铁行会。

在英格兰，伦敦的行会或“公司”在 16 世纪和 17 世纪还是兴旺的，并拥有强大的力量，它引导了城市的政策走向，并为城市管理者提供物质基础。尽管如此，随着商业经济的发展和商人资本的转移，行会出现了合并的趋势。1574 年，北安普敦的 7 家行会合并为 1 家。在此一年后，其余的行会合并成 4 家大“公司”，而每个公司都包含了多种行业。1622 年，在诺里奇，全城的贸易活动被组织在 12 家“大公司”之内。这些合并起来的公司不能再像过去专业化的行会那样，严格控制技术和生产的标准。到了 18 世纪，由于国会削弱了学徒制度，一度强大的行会和公司制度只剩下了一些残余，这进一步推动了后来的英国工业革命。

在法国，产业组织经历了不寻常的过程。皇室在 1581 年、1597 年和 1763 年先后三次颁布法令，试图促进行会的社会化。让·巴普蒂斯特·柯尔贝尔（Jean Baptiste Colbero，1619—1683）的政策是，要在省属城镇和较开放的农村中建立起类似于过去只存在于巴黎的“公司”。这样，所有的手工业者都会成为行会成员。但在一些城镇中，一半以上的手工业者仍然在没有组织的情况下各自工作。随着政府日益陷入债务重围，政府对行会的兴趣又恢复了。这当然是由于财政方面的因素起了决定性的作用。另外，法国行会的力量随着场外生产的建立而被削弱。[2]

在西班牙，天主教会的领主们重组了加泰罗尼亚和瓦伦西亚的行会，并创立了卡斯蒂利亚的行会。16 世纪，一大批新的行会蓬勃兴起，其中绝大多数出现在后半叶。在布尔戈斯，1509—1589 年间有 10 家行会获得批准；在托莱多，行会拥有 6 项特权。最初，行会的行为与西班牙的经济发展是相适应的。然而，衰退的发生给行会的生存带来困难。由于行会拒绝变化，1678 年，卡拉坦德的国会要求完全废止行会。但在许多地方，行会仍旧十分兴旺。在马德里，最大的 5 个行会就出现在 17 世纪，促进了城市的发展。在整个 18 世纪，西班牙行会的数目仍然在增加，但它们无一例外地带有保护主义和保守主义的印记。[3]

在中欧，尤其是在德国，中世纪时期行会的根基更深，稳定性更强。这是因为在许多城市中都有较高的政治自由度。进入17世纪和18世纪以后，在一些由于产品细分所形成的新兴行业以及对奢侈品的需求所形成的行业中仍然组织行会，在其他行业中则不再出现。在行会影响日益扩大的同时，这一影响也开始受到皇室法令的限制。政府为了保护“自由技师”，行会受到压制。18世纪，由于政府管理的低效和政策的迟滞，行会还是能够得以生存。最后，当行会被扫除以后，其作用开始由国家的直接控制来代替。

早在中世纪，在意大利的各个主要工业中心，产业组织就已经牢固地建立起来，16世纪初期以后，地方统治者利用权力开始压制行会的权限，限制它们的垄断，降低它们在国家中的地位。尽管如此，行会为了保护它们的权力而进行顽强的斗争，一些工艺也得到一定的进展。在罗马，人口增长带来经济复苏，同时也造成了对现有行会与新产生的行会的区别对待。16世纪，罗马建立了23个行会，17世纪为24个，18世纪上半叶则减少到13个。当新的行业形成新的行会时，旧的行会便开始衰退，它们的行会也被迫开始合并。

俄罗斯的手工业组织与西欧和中欧相比有本质的区别。这里几乎没有政府的管制，在城市中，可以自由地从事手工业生产。许多技师都是在没有任何伙伴的情况下独立工作。除了金匠和银匠外，学徒一般为5年，但并未要求他们能够制造出杰作。通常，学徒在1～2年内便离开了师傅。在城市中，特别是莫斯科，每一个行会内部的组织结构也存在很大的区别，不仅在面包师内部、皮革工人内部如此，甚至在圣像印刷者内部也是如此。只是到了彼得大帝时期，作为沙皇西化计划的一项内容，才开始进行建立完全形式行会的尝试。[4]

10.2 技术进步

16世纪和17世纪期间，冶金技术并没有取得多少引人注目的新进展。但是，商业化的发展、资本主义企业的兴起以及印刷业的发展促进了技术成果的传播。最早的有关冶金工艺的采矿和冶炼的描述，随后被乔治斯·埃格瑞考拉（Georgius Agricola，1494—1561）在1556年出版的《冶金学》所超越。拉扎勒斯·厄柯尔（Lazarus Ercker）在1574年撰写的《冶金》中描述了金属矿产与矿物的基本形态，是对埃格瑞考拉著作的一个重要补充。然而实际上，在斯克鲁克1738年出版《冶金》手册之前，冶炼领域中实质性的技术进步并不多。[5]

在采矿及矿石运输过程中，机械的引进是最有意义的进步。闪烁炉的运用增加了，出现于15世纪末的采矿用的巷道和竖井，此刻也有了较大的改进。起重机和升降机被用来提升矿石和水，人们已开始运用水作为动力来推动抽水机。大约在1550年前后，在约阿希姆斯泰勒尔和斯瓦茨等地，以水为动力的抽水机得到了广泛的应用，竖井的开凿也创下了886米的纪录。对采矿竖井、起重机、通风设备及其他水力装置的需求加快了矿山的机械化过程。

1550年，汉斯·罗宾塞格（Hans Lobsinger）发明了木制风箱，由于它能够使大型熔炼炉的温度在较短的时间内迅速上升，因而很快地就取代了传统的皮制鼓风设施。水轮机也被用于冲压设备、水磨及金属拉伸。

煤炭在冶金领域中的运用不仅促进了冶金工业的发展，同时也促进了煤炭行业的发展。1612 年和 1613 年，西蒙·斯特蒂温特（Simon Surtervant）和约翰·罗韦左（John Rovenzon）设计了以煤炭为燃料的熔炼炉，但他们的发明被实践证明是不成功的。在玻璃制造业中，煤炭成功地取代了木材。到 17 世纪末，在冶炼铅矿以及后来的锡矿的发射炉中才开始用焦炭取代木炭。1709 年，在萨罗普郡的布鲁塞利，焦炭被首次成功地运用于冶铁，这一冶炼方法一直使用到 18 世纪末期。

18 世纪 30 年代以后，纺织行业出现了一系列创新。为了清洗过的羊毛易于梳理，约翰·凯伊（John Kay，1704—约 1764）在 1733 年发明了整理羊毛的机器。1748 年，丹尼尔·伯恩（Daniel Bourn）为一种以旋转方式工作的梳毛机申请了专利。这种机器带有一个圆筒，筒外覆盖着毛刷，它既可以人工驱动，也可以用水力驱动。此后所有的滚筒式梳毛机都是以伯恩的设计为蓝本的。

在纺纱环节，经线方面仍然在使用纱锭，而此时更为先进的纺机已开始使用。

飞轮的发明大约在 1480 年。16 世纪，飞轮与踏板装置被结合在一起。1524 年，格莱肯敦·柏伯尔（Glockendon Bible）详尽阐述了脚踏板的工作原理。朱根（Jurgen）于 1530 年进行了某些改进之后，由踏板驱动的飞轮便传遍了整个欧洲。在约翰·瓦特（John Wyatt，1700—1766）的协助下，刘易斯·保罗（Lewis Paul）以一个“使用多组转滚的滚压系统”获得了专利。1741 年，保罗的机器在伯明翰投入使用，当时是用两头驴来驱动，1743 年以后改用水力驱动。

在织布环节，老式的织机正让位于正在兴起的框架织机和脚踏织机。最初在东方用于织造丝绸的推拉式织布机传播到法国后，法国人加兰特·布兰克（Galantier Blacho）和英格兰人约瑟夫·梅森（Joseph Mason）都对其进行了改造。织布工柯兰德·丹根（Clande Dangon）于 17 世纪初发明了杠杆推拉织机，这一改进将编织宽度从 800 线提高到 2 400 线。1725 年，巴塞尔·布韦森（Basile Bouchon）发明了不需要人工的自动推拉织机。

自中世纪以来一直沿用的脚踏漂洗法也被机器洗涤所替代。1607 年，第一架漂洗设施出现在意大利。18 世纪初，德国和法国使用水轮驱动，在荷兰则用风车，其他地方一般用畜力或人力。

18 世纪初期，漂白大麻和亚麻制品的各种先进技术在荷兰都得以运用。整个生产过程，从浸湿、洗涤到烘干，大约需要半年时间。在酸解过程中，以往使用的是乳酪中的乳酸，从 1756 年开始以稀释以后的硫酸所替代。这一发明将漂白的过程缩短了一半。

其他一些技术创新也促进了欧洲纺织工业的发展。佛罗伦萨的工人于 16 世纪和 17 世纪期间完善了彩缎和锦缎的织造工艺。在英格兰，威廉·李（William Lee）设计了第一架框架编织机。但由于手工编织者的强烈反对，机器编织在整个 17 世纪的发展是极其缓慢的。在英格兰 1660 年王政复辟以后，纺织业迅速发展，而机器的使用在其中发挥了重要的作用。技术进步不再受国界的限制。通过国际移民、抄袭或者二者兼而有之，发明和创新被广泛地传播和使用。[6]

10.3 工业发展

10.3.1 工业生产

16世纪到18世纪上半叶，在欧洲经济中农业仍然占主导地位，但以手工劳动为基础的工业在西欧各个地区已经有所发展。地理大发现后的海外殖民扩张，西欧人口的增长和大城市的发展，以及居民消费结构的变化，使人们对工业品的需求迅速增长，与此同时，西欧工业的地区分布有了显著的变化。以17世纪末的情况来看，这时的瑞典已成为主要产铁国之一。法国的工业已有很大增长。法国的丝织品在欧洲占支配地位。它的亚麻产品也占领了西班牙殖民地的市场。法国的玻璃器具开始代替威尼斯货。在造纸和印刷业方面，法国也有很大进展，是当时最大的两三个纸张和书籍供应者之一。

但至17世纪末，工业取得显著成就的是荷兰和英国。造船业是荷兰古老而又最具竞争力的行业。1500—1700年，荷兰船舶的吨位增加了10倍，在后期超过了50万吨，相当于英国商船队的3倍，比所有欧洲船队的总吨位还多。荷兰的造船业不仅满足本国发展的需要，还承接西班牙、英国、法国和意大利等其他国家的需要。荷兰造船业的规模是空前的，而且因此带动许多相关分行业，如木材加工业、小冶金业、船帆与缆索制造业、船锚浇铸业的发展。毛纺织业的发展也很引人注目。莱顿成为欧洲最大的毛纺织业中心，年产大约10万匹布。哈勒姆在亚麻织业中占支配地位，未整染的亚麻织物从德意志、弗兰德尔和法国北部运到这里和本城及其周围乡村自产的亚麻织品一起漂白。后来荷兰的纺织业在遇到英国产品的竞争时，转而生产制造精美品和奢侈品。另外，荷兰还发展了一些新兴行业，像印刷业、陶瓷业、精密仪器制造业以及地图绘制业等，虽然发展较晚，但很快就赢得了国际声誉。[7]

从16世纪后期以后，特别是17世纪，英国的各类工业也得到很大的发展。英国的毛纺织业在中世纪后期就开始兴起。最初，英国出口的毛纺织品几乎全是运往大陆的未整染的呢绒。在16世纪上半叶每年出口5万～15万匹，17世纪上半叶达到25万匹。这一时期，毛纺织业在英国经济中始终占重要地位。到17世纪末，毛纺织品的产值已经达到700万英镑。英国的呢绒产品的质量与过去相比也有了明显的区别，传统的梳毛织品已不在国外而在国内整染了，更重要的是出现了呢绒新品种，细呢织品花样繁多。毛纺织业的有关税收也成了王室成员收入的主要来源。

英国纺织工业的另外一个分支是使用棉花和亚麻的混合物生产诸如粗而坚固的棉布、斜纹布和有色亚麻织带等产品。它在16世纪逐渐成长起来，但与毛纺织业相比要年轻得多。

与毛纺织业一样，这一进程开始也是以农村为立足点的。最初，它出现在兰开夏郡、波士顿和曼彻斯特周围，以及多塞特和德比郡等的部分地区。布商们从在伦敦的土耳其商人那里购买棉花。这种新兴的生产在很多情况下是通过场外生产制度进行的。18世纪中期，亚麻行业在苏格兰和爱尔兰的农村中也得到了充分的发展，并最终生产出了能够与欧洲大陆产品相媲美的高质量的产品。在苏格兰，成立于1727年的“制造商委托理事会”极大地促进了当地亚麻业的发展。大量的纱线出口到爱尔兰和英格兰。苏格兰粗亚麻布的生产主要是为了适应农场的需要。艾尔弗和格拉斯哥成为主要的生产中心。[8]

采矿业由于煤炭作为一种新能源的出现和采煤业的兴起而兴旺。煤炭早在罗马不列颠时代就已经被用作燃料，但只是在16世纪后半期才被广泛应用。17世纪，煤已经被视为主要能源的一部分。酿酒、漂洗、制盐等工艺开始大量以煤炭代替木炭作燃料。因此，煤被称为“制造业的灵魂”。煤炭生产在16世纪初到17世纪中期从20万吨增至300万吨。它不但解决了燃料缺乏的困难，而且引起了沿海贸易和采煤所需要的工具和设备生产的增长。铁矿开采和冶金业在16世纪和17世纪初期也有很大发展。在查理一世(Charles I，1600—1649)即位时，于1625年在英国建立了第一座鼓风炉，随后近一个世纪，已建成100个这样的鼓风炉，估计年产25 000吨生铁。随着生铁产量的增长，金属加工业适应采矿、建筑、造船、兵器制造等新的需要，也有所发展。

在传统部门迅速扩张的同时，出现了玻璃制造业新部门。它的产品繁多，有窗户、饮器、眼镜等。英国从16世纪后期开始大量生产玻璃制品，但是在质量上不能与意大利、洛林和波西米亚这些地区的产品相竞争，直到新技术的采用。1615年达到可以替代进口的水平，普通的玻璃器皿才占领了国际市场。到17世纪末，玻璃产量约为10万箱，即1万吨。此外，这个时期新发展的新兴工业还有明矾、硝石、肥皂等的制造业。

从16世纪后期开始的法国、荷兰和英国的工业兴起，对欧洲其他地区，特别是老工业区产生了深远的影响。这些在北方兴起的竞争者迅猛地进入制造品市场，使那些老工业地区面临前所未有的挑战而逐步趋于衰落。

西班牙受国外工业的冲击最大。从16世纪后期起，西班牙的制造业不论在国内或者殖民地市场都失去了立足地，而变成了法国、荷兰、英国的转运口。在16世纪前期取得一定成就的工业生产，如铁矿开采和冶炼、造船业、毛纺织业、制陶业以及兵器业等，16世纪后期在西班牙工业中不再占有重要地位。荷兰造的船舶、英国的精纺毛织品和玻璃器皿以及法国与意大利的丝绸逐渐取代了西班牙产品。而用于换取这些产品的则是西班牙提供的原毛、橄榄油和铁等一些初级产品。[9]

意大利、德国等有过辉煌工业历史的国家在竞争对手的排挤下也失去了原有的优势。这些国家的一些毛纺织业中心在17世纪不同程度地出现长期衰退的趋势，它们为荷兰和英国的毛纺织业所代替。荷兰的造船业排挤了意大利的造船业，弗兰德尔、巴伐利亚、伦巴第等著名的铸炮中心为英国和瑞典的同行所替代，米兰和威尼斯的丝织业为里昂与图尔的同行所排挤。这些国家和地区的工业被荷兰和英国远远地抛在后面。

当然，旧的工业国家在自然资源和工艺技术上仍占有优势。那些为满足日益富裕的国际顾客需求的奢侈品制造行业开始兴起。17世纪，西属低地国家的挂毯制造业还很兴旺，纽伦堡仍然是制造玩具、首饰、珠宝与时钟的中心。意大利在造纸业方面由于对产品质量的重视，使其在不断扩大的市场中仍保持相当大的份额。意大利的丝织工生产的图案精致、刺绣华丽的织物仍在世界上享有盛誉。弗兰德尔的亚麻纺织品因做工精美而大量流入英国。波西米亚的亚麻纺织业和印花棉布工业是在三十年战争后随着国家的兴起而复兴的。

10.3.2 工业部门的发展

欧洲的近代工业部门主要包括采矿和冶金业、木材和煤炭业、玻璃制造业、纺织业、造船业和食品业等部门。其中采矿和冶金业是欧洲最早发展的工业部门之一。16世纪，在西班牙，以苏姆罗斯托为中心的维茨凯亚地区，铁矿的开采有了较快的发展。有一部分铁出口到了法国和英格兰，还有一部分则留在国内被制成了造船用的巴斯克钢。17世纪初期以后，在西班牙北部，私人冶金工业逐渐趋于集中。从1711—1735年，西班牙每年出口到英格兰的铁为1 500图拉达斯，从1729—1735年，则上升到了1 770图拉达斯。随着来自瑞典和俄罗斯的具有优势的竞争对手的加入，西班牙的生产和出口均出现了下降。

在法国，冶金工业主要集中在杜法因、弗兰克孔德和洛林。在17世纪后半叶，圣艾提恩和弗莱兹的冶金工业取得了很大进展。造船业和兵器制造业也都刺激了冶铁工业的发展。在靠近列日主教辖区的萨姆布和默兹河之间发现了铁矿，在豪艾奥克斯河谷和弗兰西蒙特的侯爵封地有丰富的木材资源，这些有利条件促使当地农民开始从事采矿和冶铁工作。到1740年，大约有1 000名铁匠在列日公国工作。[10]

在德国，技术进步和日益扩大的市场极大地刺激了采矿业的发展。许多地方都生产铁，随之而来的是各类铁制品工业的兴起。在萨尔流域，直到18世纪，铁矿的开采一直是在表层进行的。冶铁工业的最初萌芽出现在胡恩拉克和杜伦的艾弗尔地区。在莱茵河右岸，齐根和迪伦堡是重要的工业中心。1563年，齐根的冶铁工业发展到了最高峰，铸造厂的数目一度达到32家。德国南部最重要的铁产地是上巴列丁奈特的阿姆堡和萨尔兹巴赫。全德国铁的年产量为30万吨，其中有10万吨产自这一地区。工业的发展已经达到相当先进的水平，其中采矿的深度已经达到100～200米。15世纪时，该地区已建成200座铸造厂。到16世纪时，其数量有所减少，但这里仍是重要的冶铁中心。实际上，冶铁业是近代德国经济繁荣的主要源泉。16世纪上半叶，欧洲铁的总产量为6万～10万吨，其中德国的产量占据大多数。

在奥地利，冶铁业在16世纪也有了相当的增长。在以卡林西亚的哈登堡为中心的地方集中了大量铁厂，它们无论是在生产规模还是在技术水平上都有巨大的优势。斯泰伦从布雷西亚那里引进了它的发明。各式各样的铁制品在多种锻造工具的帮助下被制造出来，包括软铁、钢、铁条、盘子和铁丝。

黄金的开采最初集中在西里西亚的瑞肯斯坦因和哈尔茨，随着开采量的锐减，黄金的开采转移到卡林西亚，尤其是靠近奥伯维拉奇的地方。原先的那些金矿则划分成较小的生产单位，每个生产单位由农民、市民和贵族通过参股所构成。到16世纪中期，这种局面被打破。一些较大的资本家进入了采矿业，加强了对黄金的开采。但过量的开采使资源很快枯竭。直到1745年在乌拉尔山脉发现金矿之前，欧洲金矿的开采几乎完全停止。

铜和银的开采主要集中在哈尔茨的戈斯拉尔、萨克森和波西米亚等地。其中曼斯菲尔德的矿山具有重要的经济价值，在1521—1537年间，其产量达到了最高峰。在厄尔土地区还有一座重要的银矿，1470年以后，其产量有了较快增长。重要的矿业中心是施尼堡、安娜堡和布克赫尔茨。16 世纪末，萨克森的矿业生产出现了暂时的萧条，然而不久生产就出现了恢复，并于 1533 年达到了顶峰。位于圣安娜和玛利的矿山也于 1560 年之前达到了最高产量；1577 年以后，生产开始逐渐萎缩。[11]

纺织业则是欧洲传统的工业部门之一。如前所述，英国的纺织业在 16 世纪上半叶以后发展很快。与此同时，尼德兰南部地区的纺织工业也比较发达，主要集中在佛兰德斯、海瑙尔特、布拉班特和默兹河谷地。在纽瓦科克和伊珀尔地区，纺织工业的势头一直保持到 18 世纪。

棉纺和混合纺织业的出现，避免了传统的纺织中心胡德斯库特的衰败，在布鲁日地区，这一行业得到了进一步发展。亚麻制品业则保持了稳步的增长。在整个 17 世纪，南尼德兰的亚麻生产完全依赖于北尼德兰的漂白厂，尤其在哈罗姆更加如此。1700 年，一座庞大的漂白工厂建立于安特卫普城外的鲍格豪特，另外一些类似的工厂也陆续建立起来。尼德兰的东部也出产亚麻，亚麻布则生产于凯姆彭、迪温特和苏特芬，有部分产品则通过迪温特向外出口。在芬洛和马斯特里赫，亚麻生产与原有的织布工业结合在一起，其产品则出口德意志南部和威斯特伐利亚。在泽兰和荷兰，利用进口自英格兰、苏格兰及西班牙的羊毛为原料，纺织工业发展成为一个重要的出口部门。

法国的纺织工业主要分布在广大农村。与英国相比，法国的纺织工业要落后得多。16 世纪纺织工业的扩张有一个明显的特征，各类地区性的纺织企业不断建立。普瓦图、皮卡、奥尔良周围、贝里就是这样的区域性生产中心。纺织业中的一个新的分支塞特瑞开始繁荣起来，16 世纪时发展到顶峰。最终，卢维斯、色当和埃尔伯弗都发展成为纺织工业的中心。亚麻和帆布制品的生产则主要集中在布列塔尼、诺曼底和下缅因。

德国传统的毛纺织中心集中在莱茵河下游地区的亚琛、杜伦、曼斯特菲尔和科隆。与列日主教领地同步，其毛纺织业也是 18 世纪上半叶发展起来的。最初的织布业在蒙斯卡罗，随后扩展到广大农村。另外一个纺织中心从莱茵河中游一直延伸到黑森。巴伐利亚的纺织工业中心是慕尼黑。而布伦瑞克、斯特达和洛兹的科特布斯都是著名的布业中心。在这里，由尼德兰的移民带来的织布新技术，以及织造花边、地毯、丝绸的刺绣及织袜工艺发展迅速。

亚麻的纺织在威斯特伐利亚、下萨克森、斯瓦比亚及德国东部地区均取得了可观的进展。其原料来自于靠近德国北部沿海的狭长地带，那里同时也产出大麻。在亚麻的生产过程中，决定其质量高低的是漂白工序。与其他许多最终工序一样，德国通过出产大批量的粗制亚麻制品而有效地获得了相关技术。在德国，对有关必需技术的开发一直没有停止。1719 年，以米尔斯的温道夫为蓝本，在拉文斯堡建立了一家亚麻漂白工厂。漂白工人也被允许在荷兰和爱尔兰工作，以便学习有关漂白的技术。

瑞士的纺织工业比较发达。中世纪末期，瑞士亚麻的生产集中在圣加仑地区，其产品在瑞士全境及康士坦茨湖地区享有盛誉。这样，通过其产品，圣加仑可以控制其狭小领土以外的亚麻生产。农村中的纺织业逐渐成长起来，到 18 世纪初，其重要性超过了圣加仑。与此同时，其他的生产中心如何瑞索、特林根和罗夏也日益壮大，每座城市都有自己的特色产品，并都具备劳动力价格低廉的优势。进入 18 世纪，格拉罗斯州、威尔登堡的兰德沃春、瓦陶和哥斯特发展成为重要的棉纺织业中心。与此同时，企业家也在这里出现了。到 18 世纪中期，纺织工业已成为瑞士最为重要的工业部门。

意大利的纺织工业发展极为广泛。然而，进入 17 世纪以后出现了普遍性的衰退。在威尼斯，17 世纪初毛纺织业的年产量达 28 000 匹，到 1700 年则下降到 2 000 匹。1600 年前后，在米兰拥有 60～70 家毛纺厂，年产量为 15 000 匹，到 1640 年，其产量下降到 3 000 匹，到 1709 年，进一步减少到 1 000 匹。1600 年，科摩的 60 家工厂的年产量为 8 000～10 000 匹。进入 18 世纪以后，这里的生产完全停止了。在佛罗伦萨，16 世纪末拥有 120 家工厂，年产量为 14 000 匹；到 1627 年，工厂的数目下降到了 62 家，年产量不足 8 000 匹，并且下降的趋势完全没有停止。当然，这一时期纺织业也扩散到了其他地区，特雷维索、帕多瓦等地区的产量还有了一定的增长。

在威尼斯，由行会控制的毛纺织业生产仍然持续下降，到 18 世纪中期，其年产量只有 2 000 匹。与之相对应，由金泰利于 1727 年设立的棉纺织厂到 1763 年时雇用人数已达 1 000 人。18 世纪初，帕多瓦的拉尼拉行会通过场外生产制度来组织棉纺织生产，其产量超过了 3 000 匹，但随后其产量有所下降。少数企业也生产长袜、手套和其他轻便服饰。在莫斯科，鼎盛时期约有 80 000 人就业于纺织工业领域，进入 18 世纪以后则人数不断下降。

丝绸的生产很早便在热那亚共和国发展起来。到 16 世纪末，那里已经拥有纺机 18 000 台。到 17 世纪初，这一数字下降到 3 000 台，到 1675 年时只剩下 2 500 台。1635 年，帕维亚拥有 25 家丝绸纺织工厂，到 1700 年只剩下 10 家。在科摩，直到 18 世纪仍然有 30 台左右的纺机在平稳地进行生产。而丝绸工业的生产在皮埃蒙特、伦巴第和威尼托出现了引人注目的增长。

欧洲的玻璃制造业也是比较发达的，最著名的威尼斯的玻璃工业主要集中在姆莱努岛上，根据 1604 年的记载，当时有 173 个家庭从事这一行业。其产品种类十分丰富，从瓶子、贵重的花瓶、镜子到门窗用的玻璃应有尽有。尽管政府出于技术保密的考虑试图保护以后的地位，然而自 1550 年以后，威尼斯的玻璃制造工艺还是传播到了西欧、中欧和北欧的广大地区。[12]

据估计，法国的玻璃工厂有 2 000 多家，但绝大多数是昙花一现。第一块大幅的透明玻璃出自诺曼底。诺曼底的玻璃制造商卢卡斯·纳胡（Lucas de Nehou）于 17 世纪下半叶发明了这一方法。在列日主教辖区的低地国家，玻璃制造业得到了充分的发展。在德国，玻璃制造业主要集中在图林根州、黑森和哈尔茨等地区。作为重要的玻璃工业中心之一的东巴伐利亚山区，16 世纪时已有 10 家玻璃厂，进入 17 世纪只新增加了 5 家，到 18 世纪上半叶，另外四家新工厂建立起来。波西米亚逐渐发展成为玻璃制造业的中心，甚至意大利也在模仿波西米亚的水晶玻璃工艺。1744 年，弗瑞斯莱本（Freyesleben）在埃尔兰根建立了制镜厂，它同时也生产波西米亚玻璃。许多商人都将玻璃列入奢侈品中。正因为如此，法国在靠近巴黎的地方建立了圣戈拜恩玻璃厂，彼得大帝（彼得·阿列克谢耶维奇·罗曼诺夫，ПётрАлексеевич Романовы，1672—1725）也在俄罗斯建立了玻璃厂。[13]

10.4 农业转变与农业人口的增减

10.4.1 农业转变

· 18世纪末期以前，欧洲绝大多数地方的种植业多以谷物为主。16世纪和17世纪，在西欧和中欧地区，荞麦的种植日趋普遍。在南欧，引进了水稻和玉米的种植。然而，这并没有改变单一种植的传统，许多地方的人们仍然保持着这种做法。直到马铃薯大量种植后，单一谷物种植的传统才开始发生了变化。

这一时期，欧洲的农业生产状况同各个地区土地关系的演变和工商业发达程度有密切的关系。一般来说，农民对持有土地的经营有较大的独立性，工商业比较发达的地区，农业生产无论在生产结构和耕作技术上都有显著进步，如尼德兰、英格兰和法国北部地区等。

在尼德兰，作为欧洲农业最发达的地区，农业的进步表现在许多方面。从16世纪中叶到18世纪上半期，不断地用排水疏干的方法围海造田，使种植面积不断扩大，这与这一时期尼德兰北部工商业的发展和资本积累的增长是分不开的。排水疏干工程需要大量投资，尼德兰资产者在这方面起了重要的作用。在种植作物品种方面多样化，除了种植一定的谷物外，尼德兰的大蒜和亚麻种植日趋增长，这和它的麻纺织业的发展有密切关系。另外，还引进了茜草、菘蓝等染料作物的种植，这标志着纺织业发展对染料需要的增长。此外，尼德兰在耕作制度上也有创新，把饲草和豆类纳入轮作周期中，这对于维持土壤肥力起了重要作用。如在弗里斯兰，自16世纪中期起，就实行四圃轮作；第一年和第三年种豆类，第二年种植小麦和大麦，第四年种植大麦或燕麦。凡是实行四圃至六圃轮作的地区都广泛结合种植豆类。以后随着畜牧业的发展，在尼德兰各地区都实行了谷物与饲草轮种，既保证了牲畜的饲料，也提高了谷物产量。[14]

在英格兰，16—18世纪是它的土地关系和经营方式从小农持有逐步向大租佃农场经营转变的时期。这种生产关系使农场生产适于市场需要，有利于种植方法、耕作技术的改进和经济收益的提高。在这一时期，在英格兰有大量资本用于改进农田设施，如兴修灌溉河渠、建筑牛棚等；从美洲引进新的农作物，如羽扇豆、三叶草等；此外，还学习尼德兰的先进工作经验。灌溉牧地，把饲草引进轮作制中，在16世纪已是经常出现的现象。广泛结合种植豆类的四圃、六圃或更多圃的轮作制也开始实施，耕种的农作物也多样化起来。到了17世纪，轮作制已成为被普遍接受的耕作方法，最广泛采用的是10年或12年的轮作制，并且根据土壤类型的不同有不同的种植方式。如在黏土地上，两年小麦或裸麦，接着一年大麦，三年燕麦，一年豆类，然后最少三年种草等。[15]1650年以后，轮种饲草变得广泛起来，被称为“诺福克制度”的轮作法开始确立，它是在位于安特卫普与根特之间的土地上种植的。在那里，英国人理查德·韦斯顿（Richard Weston）爵士确立了如下制度：亚麻收割以后立即种植芜菁，到下一年4月开始种植燕麦，随后种植苜蓿；当燕麦收获以后，苜蓿刚好发芽，这样土地可以作牧场，直到圣诞节。在此之后，苜蓿可以种植4～5年。从不同时期的标准判断，在如此贫瘠的土地上的收益率的确是相当高的。[16]在诺福克制度中，小麦和大麦等谷物是与作饲料用的芜菁和苜蓿轮流播种的。但这种诺福克制度直到17世纪末也未形成高潮。这种轮作法有两种变异形式，其一是四轮制，即小麦、芜菁、大麦和三叶草轮种；其二是六轮制，即小麦、大麦或燕麦、芜菁、燕麦或大麦、三叶草和冬小麦轮种。诺福克制度的成功不仅因为它的轮作方法，还因为它和圈地形式以及用泥炭作肥料的进步相结合，到18世纪后半期被广泛采用。

至于苏格兰及其以北的地区，农业生产比较落后，主要从事森林砍伐和放牧。苏格兰的农作物主要是大麦，但在轮作中也种植一些豆类，在耕作方法上一般采用内田制和外田制。内田通常占可耕地的1/3，一年种大麦，两年种燕麦，以后豆类纳入轮作；外田则在有收益时种燕麦，以后作为牧地。外田之外的荒地，往往通过开荒后种植几年燕麦。苏格兰的农业生产在这一时期虽有改进，但不及英格兰。

在法国，农业生产状况因地区不同而有差异。在法国北部，与尼德兰有类似之处，即牲畜饲养和饲草种植日益重要。但适宜于种植谷物的地区仍然主要种植谷物，只有适宜于牲畜饲养的地区，才转向饲草种植。例如巴黎地区因土壤适于种植谷物，仍按传统主要种植谷物。但在诺曼底和布列塔尼等地区，具有天然牧场，在那里牲畜饲养成为农民的主要活动。尽管在谷物价格上升时期，谷物种植也有一定的增加，但法国中部和西北部更注重牲畜饲养，它们是巴黎所需要的肉类和奶产品的供应地，这些适宜于饲养牲畜地区的轮作方法，从传统的三圃制或二圃制逐渐转向复杂的轮作制，将豆类和饲草引入轮作。而法国西南部，16世纪时广泛种植葡萄，到18世纪这种发展趋势加快。葡萄种植的兴旺，主要是出口增长引起的。波尔多是出口葡萄酒的主要口岸。法国的优质葡萄酒除了供给荷兰外，还远销到北欧国家。法国西南部种植的谷物是多样的，但农业技术改进不大，农民仍习惯于传统的两年轮作制，17世纪后期才在轮作中引入新作物，这是由饲养牲畜的需要间接促成的。

西班牙和葡萄牙的农业也有所进展。这两个国家在16世纪初期以后主要种植小麦和裸麦等谷物，以及橄榄和葡萄等经济作物，其产品如橄榄油和葡萄酒大部分出口北欧各国。但谷物种植在17世纪由于这两个国家经济恶化的影响，收成下降。得到部分补偿是因为广泛种植了玉米，这是16世纪末从美洲引进的新谷物，它给传统的三圃制带来了新因素，使休耕地大幅度减少。到17世纪末，休耕地都种植了玉米，但正常的轮作中引入玉米使土地贫瘠，并没有挽回西班牙和葡萄牙谷物种植的颓势。

意大利在16世纪和17世纪早期主要种植谷物，小麦是主要农作物，与燕麦、谷子、豆类轮种。但到了17世纪，随着意大利经济状况的恶化，耕地面积逐渐减少，牧地、林地面积扩大。这种衰退现象在意大利中部尤其显著。平原地带的农业在16世纪时有一定的改进，但到了17世纪和18世纪早期，这些地带的农业状况也逐渐恶化，很多原来开垦的土地因为未种植农作物而撂荒。

在德国，其西北部主要种植谷物。在16世纪和17世纪初，在谷物价格上升的刺激下大量土地被开垦来种植谷物，并有大量粮食出口，但耕作方法上仍然是传统的包括有一年休耕的定期轮作。三十年战争中①，这一地区遭到破坏，由于农村人口减少，许多土地被撂荒。但在三十年战争后，休耕地减少，轮作方法有所改进。为了适应牲畜增长的需要，引入了燕麦和饲草轮作的两圃制。到18世纪初期，向育肥牛和奶牛业过渡时，轮作周期变为11年，如在霍尔斯坦，一年休耕接着一年大麦、一年裸麦、两年燕麦，接着第七年到第十一年种植饲草。此外，凡是土地适宜的地，都种植大麻和亚麻。18世纪时还扩大了油菜籽的种植。至于德国，在16世纪和17世纪，耕作方法上没有什么改进，仍然继续使用传统的三圃制，其中一年休耕。这种耕作方法则适用于以种植谷物为主的农业。

16—18世纪期间，欧洲各地农业发展水平并不是均衡的。欧洲各地分布小范围的集约化农业：从佛兰德斯、荷兰、弗里斯兰、莱茵河西部地、波河流域到艾塞克斯及伦敦地区。德国部分地区的集约化农业在17世纪10年代末期开始的三十年战争中遭受了严重的打击，而英格兰、荷兰的部分省份以及18世纪德国北部，集约化耕作方式的地位则有了显著的提高。

17世纪和18世纪，在欧洲较早实行集约化农业的地方，虽然实现了生产扩张，但农业生产率的提高是有限的。这一时期，存在多种耕作制度：临时性的耕作，在苏格兰、爱尔兰、瑞典等地方仍然使用；连续不断的裸麦种植，如东尼德兰和德国西部；二步轮作，如法国南部和英格兰等地；三步轮作，其中两年休耕，如在安大路西亚；各地普遍使用自由的三步轮作，其中一年休耕，不实行限制，农民可以自由选择种植何种作物；各地普遍使用管制的三步轮作，其中一年休耕，实行限制，例如规定必须种植的谷物种类；四步、五步、六步或更多步的轮作，通常同时种植豆类作物，存在于英格兰、尼德兰和阿尔萨斯；谷物的轮作，包括饲料谷物在内，如在登博施的梅杰瑞及其他地区。[17]

从农作物种植模式来看，在16世纪后半期，大米种植得到较大程度的推广。1700年前后，大米生产已获得实质性的突破。波河平原在几个世纪的时间里已发展成为一个重要的大米种植区，其大米高产程度超过任何一个亚洲国家。西班牙地中海沿岸的狭长地区，其大米种植同样高产。

发现美洲大陆以后，欧洲农作物种植模式取得了两个惊人的突破，即引进了马铃薯和玉米。在欧洲，马铃薯最初出现在西班牙，进而传到意大利。在16世纪，马铃薯成了这两个国家有经济意义的粮食作物。随后，爱尔兰也引进了马铃薯，到17世纪末期，爱尔兰成为欧洲第一个把马铃薯当作主要粮食作物的国家。继大不列颠群岛之后，马铃薯在西欧和中欧的大部分地区也成了一种主要粮食作物。19世纪前半期，马铃薯推广到斯堪的纳维亚半岛国家，推动了这些国家的开荒造田和人口增长。在欧洲大陆其他许多地

① 三十年战争（1618—1648）是由神圣罗马帝国的内战演变而成的全欧洲参与的一次大规模国际战争。这场战争是欧洲各国争夺利益、树立霸权以及宗教纠纷戏剧化的产物，战争以波西米亚人民反抗奥国哈布斯堡皇室统治为肇始，最后以哈布斯堡皇室战败并签订《威斯特伐利亚和约》而告结束。这场战争使日耳曼各邦国大约被消灭了60%的人口，波美拉尼亚被消灭了65%的人口，西里西亚被消灭了1/4的人口，其中男性更有将近一半死亡，十分惨烈。

方也引进了马铃薯，从而改变了粮食产量极为有限的状况。

然而，马铃薯作为廉价食物只维持了较短的一段时间。虽然世界大部分的马铃薯都在欧洲种植，但马铃薯越来越多地被用作动物饲料或工业原材料。随着西欧国家人们生活水平的提高，以及工业中心越来越多地从国外进口食品，马铃薯的消费趋于下降。19世纪的后几十年，德国和法国的马铃薯已经不占主导地位。

由于气候原因，在农业集约化方面，玉米并没有像马铃薯那样扮演重要的角色。夏天气温足够并适合大规模种植玉米的地区主要有两个，即南欧和多瑙河盆地。玉米早在16世纪初期就被引进西班牙，并成为17世纪南欧重要的粮食作物。这种农作物为南欧和欧洲东南部许多地区的原始集约农业做出了相当大的贡献。葡萄牙西北部成了重要的玉米产地，西班牙和意大利的许多地区也是玉米集中的种植区。19世纪下半期，多瑙河沿岸的平原也成了世界重要的玉米产地之一。[18]

除了马铃薯和玉米，随着新大陆的发现以及同其他洲联系的加强，给欧洲农业带来数量更多的新作物，烟草就是其中之一。在那些种植业已经变得相当重要的地区，特别是南欧的烟草种植，使其农业向集约耕作方向迈出了一大步。不同地区的不同优势就是根据土壤和气候条件生产本地区最有优势的产品。

在16世纪，甜菜被看作是一种蔬菜，因为当时人们主要吃这种作物的叶子，经过缓慢的演变过程，它逐渐演变成根部很粗的甜菜，在17世纪，甜菜的菜叶则越来越多地被当作有用的饲料作物。除了甜菜根，另外两种植物即洋白菜和油菜，也逐渐发展成为根粗的植物，即大头菜和芜菁甘蓝。

对于作物耕种来说，所有这些根用作物都扮演着类似的角色。它们有助于集约耕作土地，能更有效地控制杂草以及更广泛地使用化肥。品种繁多的种子更容易适应不同的土质。这些根用作物的特点早在17世纪就开始对欧洲低地国家的农业生产产生重要的影响。这些新耕作方法的大规模扩张源于它们在英格兰的采用，特别是18世纪中期诺福克轮作制的扩散和这些技术进一步向其他国家的推广。近代作物轮作式耕作法不论是18世纪的老样式还是19世纪的较新样式，都是混合农业的基础。近代欧洲混合农业的成功很大程度上是依靠对土地持续的高密度的劳动投入。劳动密集型生产方式在农业经济上获得了成功。

10.4.2　农业人口的增减

在欧洲，从事和依靠农业的人口绝对数量的变化是由于人口自然增长与其他产业对农村增加人口的吸收率和海外移民等因素相互作用的结果。17世纪，欧洲大陆基本上仍然是农业社会，农业人口占绝大多数。到了18世纪，尽管城市发展很快，但由于规模很小，只能吸收农村人口增长的一小部分。到了19世纪初期，欧洲人口的变化趋势仍然以农村人口增长为特征，然而，从以农村人口为主到以城市工业人口为主的大部分变化开始于19世纪中叶，英国是较早完成转变的唯一国家。

在法国，尽管没有向海外大量移民，但到了19世纪中叶，其人口增长速度逐渐缓慢下来，1846年，其农村人口占总人口的比重达到75.6%，随后，农村人口所占比重尽管有所下降，但从绝对数量上说，一直到19世纪末都相当稳定。

法国以外的西欧国家，整个19世纪，其总人口的增长速度都比法国快得多。人口增加主要是城市人口增长和海外移民。虽然在19世纪初期，农业人口的绝对数量仍然在增长，但到19世纪中期以后，农业人口增长已经放慢，特别是农业人口占总人口的比重已经开始下降。在德意志帝国时期，其农业人口在1871年为1 870万人，到1895年减少到1 850万人，其所占总人口的比重同期由45.0%减退到35.5%。英国的农业人口增长一直持续到1850年，随后缓慢下降。比利时在1850年前转变为非农业国。斯堪的纳维亚半岛上的三个国家尽管在19世纪的绝大部分时期内农业人口的绝对数量持续增长，但在1900年前其非农业人口已经超过50%。从这个标准上判断，前奥地利帝国的相当一部分地区也属于西欧地区的范围内。1900年，整个奥地利帝国有超过50%的人口依靠农业。[19]

在东欧和巴尔干地区，19世纪的人口增长也很快。波兰共和国的人口由1810年的330万人增长到1910年的1 210万人，其中大部分是农村人口增长的结果。据罗马尼亚的不完全统计，这个古老的王国的人口由1861年的394万人增加到1900年的600万人(见图10—1)，40年内人口增长超过了50%。农业人口所占比重由同期的14.0%上升到19.0%。而塞尔维亚和保加利亚是两个典型的农业国，在它们摆脱了土耳其的统治后，人口增长也很迅速，塞尔维亚的人口从1861年的110万人增加到1900年的250万人，这一增长速度恐怕超过了任何一个欧洲国家。当然，这其中有一部分是来自黑山共和国、黑塞哥维那、波斯尼亚和克罗地亚等周边地区的移民。保加利亚的人口则从1881年的288万人增加到1900年的372万人。

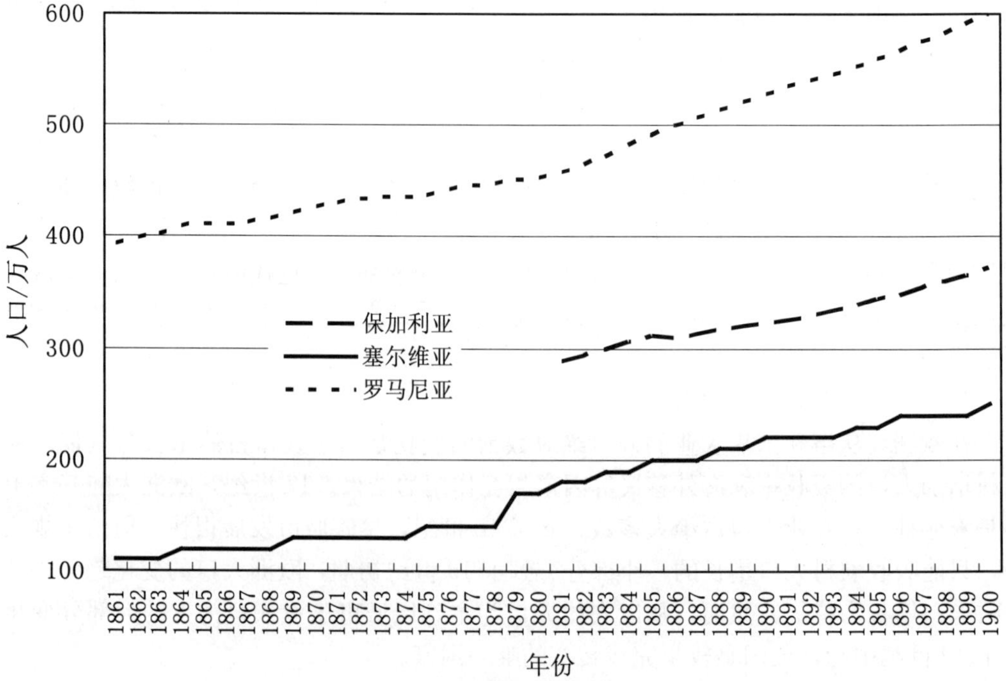

图10—1　东欧部分国家的人口增长

资料来源：[英] B. R. 米切尔. 帕尔格雷夫世界历史统计·欧洲卷（1790—1993）[M]. 北京：经济科学出版社，2002.

在南欧大部分国家，它们的中长期趋势一直没有明显的变化，相对慢的总人口增长和相对稳定的农业人口仅仅意味着有利于其他产业的缓慢转变。自19世纪中期以来，意大利的人口从1862年的2 429万人增长到1900年3 235万人，而农业人口占总人口的比重从70%降至40%。意大利、西班牙、葡萄牙三国的农业人口变化在水平和趋势上随着地区的不同而不同。例如，意大利北部和中部地区的变化趋势快，而南部的变化趋势则很慢。葡萄牙的北部在城市化和移民两个方面均处于全国中心的位置，而农村更多的南部地区仍然是农业居主导地位。

从以上的分析可以看出大部分欧洲国家近代农业人口数量的变化及其相应的重要性的一些主要特征，这大致可分为三个阶段：

第一阶段，农业人口持续增长。城市工业只雇用了一小部分劳动力，难以吸收所有增加的人口就业，而要做到这一点需要极高的工业增长率。在大部分西欧国家中，这一阶段在19世纪中期以前就已经结束；而大部分东欧国家，尤其是巴尔干国家，这一阶段一直持续到19世纪末期。在意大利，就整体而言，这一阶段在1850年以前就已经结束。在西班牙和葡萄牙，因为向海外大量移民，1900年以前其农业人口就停止增长。[20]

第二阶段，农业人口相对稳定。由于农村家庭平均规模的变化，19世纪中期以后，其他东欧国家到19世纪末还没有任何农业人口稳定的迹象。在南欧，意大利的中部和北部、伊比利亚半岛国家的部分地区早就具备这一阶段的特征。此外，希腊在结束外国难民的大量流入以后，也进入这一阶段。[21]

第三阶段，农业人口绝对量下降，但在19世纪并不明显。19世纪下半期，大不列颠的农业人口在绝对数量上没有明显减少，但其占总人口的比重却缓慢下降。爱尔兰由于向海外大量移民，其农业人口和总人口都急剧减少。伊比利亚半岛国家曾一度由于移民国外而导致农业人口绝对数量减少，但后来情况发生了变化，农业人口再度攀升。进入20世纪初期以后，西欧国家的农业人口开始明显减退，这种趋势在法国发展很快。德国、奥地利以及斯堪的纳维亚半岛国家，大批居住在农村的人离开故乡的土地去从事其他工作，这其中有许多是新增加的人口，也有许多是以前积累下来的剩余劳动力。

10.5 人口增长

18世纪初期到19世纪末期，特别是该时期临近结束时，欧洲的特征不仅是经济发生了巨大的变化，而且人口也出现了空前增长。据估计，欧洲的人口在1700年约为1.1亿人，到1750年增长到1.2亿至1.4亿，随后，人口增长率迅速提高，到1800年上升到1.8亿至1.9亿，人口在18世纪下半叶大致增长了34%。进入19世纪以后，整个欧洲的人口增长继续加速，通常都认为，欧洲人口从1800年的1.87亿增加到1850年的2.66亿人，到1900年达到了4.01亿人。从人口增长的速度看，1800年到1850年上升到43%，1850年至1900年上升到50%。年度增长率则从19世纪上半叶的0.71%上升到下半叶的0.82%。

从欧洲各国的人口增长来看，除了当时实际上不是独立国家的爱尔兰的人口没有增加，各国人口都在增加（见表10—1）。同时，欧洲各国的人口增长速度也是不同的。英国、俄国、丹麦和芬兰的人口增长最为迅速，挪威、瑞典、比利时、荷兰和德国的人口也增加了一倍多，意大利增加了近一倍，而法国人口增长的速度明显缓慢，仅增加了45%。

表10—1　　欧洲人口数量估计　　单位：百万

国　家	1800	1820	1830	1840	1850	1860	1870	1880	1890	1900
丹麦	0.90	1.10	1.21	1.29	1.42	1.61	1.79	1.98	2.18	2.43
芬兰	0.83	1.17	1.35	1.44	1.63	1.74	1.75	2.05	2.39	2.67
挪威	0.89	0.97	1.12	1.24	1.39	1.60	1.73	1.92	2.00	2.23
瑞典	2.35	2.57	2.88	3.12	3.46	3.82	4.16	4.57	4.77	5.12
比利时	3.00	—	—	4.05	4.40	4.70	5.06	5.53	6.08	6.72
法国	26.90	30.25	32.37	34.08	35.63	36.51	36.87	37.45	38.38	38.90
荷兰	2.20	—	—	2.88	3.00	3.32	3.60	4.05	4.54	5.16
爱尔兰	5.22	6.71	7.66	8.16	6.88	5.82	5.42	5.20	4.72	4.47
英国	8.60	13.97	16.14	18.33	20.67	22.95	25.84	29.42	32.76	36.69
意大利	18.10	—	—	—	23.90	—	25.86	28.21	30.25	32.35
葡萄牙	3.10	—	—	—	4.20	—	—	4.60	5.05	5.42
西班牙	11.50	30.50	—	—	—	15.64	16.20	16.86	17.76	18.53
奥地利	—	26.10	34.08	16.65	17.49	18.74	20.32	21.90	23.63	25.79
德国	24.5	—	29.39	32.62	35.31	37.61	40.80	45.09	49.24	56.05
匈牙利	—	—	—	13.70	—	—	13.60	13.70	15.21	16.74
瑞士	1.80	—	—	—	2.40	—	—	2.84	2.95	3.30
俄国	35.50	48.60	56.10	62.40	68.50	74.10	84.50	99.70	117.8	132.9
保加利亚	—	—	—	—	—	—	—	2.80	3.23	3.72

注：英国的人口是指大不列颠、威尔士和苏格兰的合计。

资料来源：［英］B.R. 米切尔. 帕尔格雷夫世界历史统计 ·欧洲卷（1790—1993）［M］. 北京：经济科学出版社，2002.

森德巴格（Sundbarg）计算得出欧洲19世纪不同时期十年平均人口增长率（见表10—2）。这里的欧洲人口增长速度是按1909年时国家疆界所划分的区域来计算的。尽管这些表面数字无法反映不同的十年期中存在的一些人口增长波动，但还是显示了最后30年欧洲人口增长大幅度加速的现象。在这个时期的前半期和后半期，欧洲人口增长模式发生了很大变化，在前半期，西欧和北欧国家人口增长速度很快，但是，除了荷兰以外，这些国家的人口增长速度在19世纪末期有所放慢，而且被东欧和南欧的国家所超过。

表10—2　　19世纪欧洲国家十年期平均人口增长率　　‰

国　家	1801—1820	1821—1830	1831—1840	1841—1850	1851—1860	1861—1870	1871—1880	1881—1890	1891—1900
瑞　典	4.8	11.2	8.4	10.8	10.3	7.7	9.1	4.7	7.1
挪　威	5.1	14.7	9.7	10.7	14.0	7.9	10.0	4.1	11.3
丹　麦	8.3	9.3	7.2	9.8	12.3	10.4	9.6	9.4	11.5
芬　兰	7.4	13.2	5.3	12.5	6.5	1.2	15.4	13.2	11.1
英　国	13.0	13.7	10.4	2.5	5.5	8.3	10.2	7.8	9.6
荷　兰	5.5	9.6	9.3	6.7	7.2	8.4	11.7	11.8	12.7
比利时	7.7	7.2	8.0	7.4	6.2	7.4	9.5	9.5	9.9
德　国	5.2	11.2	7.5	7.7	6.4	7.8	10.3	8.9	13.2
奥匈帝国	5.3	9.8	5.3	3.6	6.8	7.5	4.4	0.1	9.6
瑞　士	4.6	9.0	6.0	7.4	4.4	6.3	6.5	3.9	11.4
法　国	5.5	6.2	4.6	4.4	2.4	2.8	2.0	2.2	1.6

续表

国　家	1801—1820	1821—1830	1831—1840	1841—1850	1851—1860	1861—1870	1871—1880	1881—1890	1891—1900
意大利	2.4	9.3	6.8	7.0	4.9	6.0	6.0	7.6	6.2
西班牙	4.2	6.2	5.1	3.5	7.8	5.1	3.7	3.8	4.9
葡萄牙	1.6	7.6	7.7	2.0	5.6	8.3	7.4	7.2	7.2
俄　国	9.6	10.8	8.3	7.7	8.0	11.7	13.6	13.9	13.5
巴尔干	4.2	3.3	6.3	6.3	5.2	6.2	4.6	11.0	10.5
欧　洲	6.5	9.4	7.1	5.8	6.2	7.7	8.3	9.0	9.9

注：英国的人口增长率是指大不列颠和爱尔兰。

资料来源：[英] H. J. 哈巴库克，M. M. 波斯坦. 剑桥欧洲经济史 [M]. 北京：经济科学出版社，2002.

这种不平衡的发展结果很自然地导致欧洲主要国家人口相对数的比重发生了深刻的变化。1800 年，英国只占欧洲总人口的 5.8%，1910 年这一比重提高到 9.2%。而法国，相应的比例从 19 世纪初期的 14.3%减少到 1900 年的 10.1%。英国人口到 1910 年第一次超过了法国的人口。而俄国自 19 世纪初期以来则始终保持欧洲第一人口大国的地位，德国则在 1860 年以后超过法国成为欧洲第二人口大国。

10.6　德国的人口经济

德意志经济在 16 世纪上半期已经有了相当程度的发展。这一时期，德意志在冶金、金银器皿制造、武器制造、造纸、印刷等行业中，生产技术有了进一步改进，手工工场大量增加。与国外市场有联系的商人将其资本渗入到农村家庭手工业中。汉萨同盟在 15 世纪末就已经衰落，但德意志商人在北海和波罗的海一带的贸易中仍然发挥着重要的作用，南部的一些城市仍然是从意大利运来的东方商品的周转地，这些城市还把商业活动扩展到比利牛斯半岛。

然而，自 16 世纪后半期开始，德意志经历了近百年的经济全面衰落的时期，造成其经济停滞的最主要原因是三十年战争。这场旷日持久的战争的主要战场在德意志境内。1648 年签署的《威斯特伐利亚和约》使德意志的大片领土被分割出去，并使其丧失了波罗的海的出海口，成为一个四周封闭的内陆国家，被排挤到世界贸易中心之外。这场战争所造成的经济损失是巨大的。战争使德意志丧失了 1/3 的人口，农业生产严重后退，直到 1760 年，巴伐利亚的耕地面积仍未达到 1616 年的水平。更为严重的是，三十年战争之后，德意志境内封建割据的势头加剧，整个德意志被分裂出 314 个邦和 1 415 个骑士庄园领地。[22]到 17 世纪末，在德意志领土上还保留着各自为政的 9 个选帝侯、62 个世俗贵族、36 个教会诸侯，还有约 100 个帝国骑士、50 个帝国城市和其他政治特殊地区的领主。政治上的分裂又一次延误了加速经济发展的历史机遇。

从 17 世纪末开始，德意志经济衰退的局面开始好转，农业和手工业逐渐摆脱三十年战争的影响，到 18 世纪后得到更为迅速的发展。资本主义经济关系的萌芽最初的源头在农村。由于城市工商业者想办法在农村以贱价收买农产品以获得原料，并促使农民为城市商人工作，这就出现了资本主义经济关系的萌芽，城市商人也逐渐成为包买商。到了 18 世纪时，包买商控制了工场手工业，在城市和农村之间，由包买商控制的工厂在德意志迅速扩展。这样包买商成为德国企业家的前身。18 世纪，在各地建立了一系列产业部门，如冶金、玻璃、采矿和纺织等。到了 18 世纪末，德意志也偶尔出现了使用机器的现象。

德国在 19 世纪以前由于英国的竞争和经济制度的落后等原因，经济发展总体上比较缓慢。但德国在 19 世纪 20 年代到 60 年代，由于高出生率的效果，人口增长较快，在一定程度上刺激了经济发展，国民生产总值的年平均增长率为 2.0%，与法国和意大利等其他主要发达国家相比，其增长率是较高的（见表 10—3）。

表 10—3　　德国人口经济的长期增长

时　期	持续期间/年	十年平均增长率/%		
		总产值	人　口	人均产值
1820—1870	50	20.1	11.8	10.9
1850—1859 至 1880—1889	30	26.7	8.9	16.4
1880—1889 至 1905—1913	24.5	32.9	13.5	17.0

资料来源：Simon Kuznets. *Economic Growth of Nations*. Cambridge，Mass，1971.

从 1850 年到 1880 年的 30 年间，德国经济发生了巨大变化（见表 10—4），尽管人口增长呈现下降趋势，但国民生产总值的年平均增长率上升到 2.7%。在此期间，德国经济的发展是与国家的统一密切相关的。军国主义的普鲁士在 1864 年战胜丹麦和 1866 年战胜奥地利之后，又在 1870—1871 年的普法战争中打败了法国，德国实现了统一大业，结束了长期以来的封建割据局面，为经济发展创造了安定的环境。另外，普法战争的胜利，使德国从法国获得了巨额的战争赔款，并夺取了法国的阿尔萨斯全省和洛林的一部分，从而加强了德国的经济实力，为德国经济的跳跃式发展提供了新的资金来源。

表 10—4　　德国的人口经济增长（1850—1900）

年份	国民收入/百万马克	人口/万	期间	名义国民收入增长率/%	人口增长率/%
1850	6 070	3 531	1850—1855	29.85	2.35
1855	7 882	3 614	1855—1860	22.18	4.07
1860	9 630	3 761	1860—1865	6.74	5.16
1865	10 279	3 955	1865—1870	25.26	3.16
1870	12 876	4 080	1870—1875	41.75	4.22
1875	18 252	4 252	1875—1880	−7.40	6.04
1880	16 902	4 509	1880—1885	10.82	3.59
1885	18 731	4 671	1885—1890	26.40	5.41
1890	23 676	4 924	1890—1895	6.67	5.61
1895	25 254	5 200	1895—1900	28.48	7.79
1900	32 448	5 605			

资料来源：［英］B.R. 米切尔. 帕尔格雷夫世界历史统计·欧洲卷（1790—1993）［M］. 北京：经济科学出版社，2002.

19 世纪末期到 20 世纪 10 年代初期，德国的出生率呈现下降趋势，但仍然保持在 30‰以上的水平，而这一时期又有大量人口移民国外，1881—1900 年是德国向海外移民的高潮，达 132.4 万人，1901—1910 年下降到 28 万人。由于出生率的下降和海外各国大量移民的影响，使人口增长率缩减，人口的缓慢增长对德国的经济发展带来一定程度的不利影响。尽管如此，德国在 1880 年到 1913 年期间，随着工业化的进展，经济发展较为迅速，国民生产总值的年平均增长率为3.3%，明显超过19世纪上半叶的经济发展速度。在对外经济贸易方面，1887—1913年，德国的进口贸易额从31.1亿马克上升到107.7亿马克，这使德国成为欧洲国家中最大的原料进口国。德国的进口已经逐渐转向世界原料产地，特别是美国和拉丁美洲。在出口方面，德国的出口贸易额从31.4亿马克上升到101.0亿马克。整个德国贸易占世界贸易总额的13%，仅次于英国的15%，居世界第二位。

10.7 法国的人口转变与经济发展

10.7.1 经济发展过程中的人口转变

经济持续发展过程中人口转变（demographic transition）学说①是在西欧20世纪初期人口经济发展的历史背景下形成的。这个时期，英国、法国和德国等西欧国家工业化、城市化发展迅速，在经济发展过程中，人口发展也发生了相应的变化。随着死亡率的持续下降，出生率也持续下降，在生产力和工业化迅速发展的同时，自然增长率迅速下降，然后稳定在较低的水平。这种发展过程被人口经济学家概括为人口转变理论。

人口转变理论最先是由法国人口经济学家阿德尔费·兰德里（Adolphe Landry）提出的。他在1909年发表的《人口的三种主要理论》一文中提出了人口转变的思想，根据法国和西欧的人口统计资料分析人口下降趋势对经济发展的影响，划分了与经济发展相适应的人口发展三个阶段，即原始阶段、中期阶段和现代阶段。随后在1934年出版的《人口革命》一书中，他最先系统地阐述了经济持续发展过程中的人口转变论，并进一步阐述了人口发展的三个阶段：原始阶段是生育无限制的时代，生产力发展水平很低，经济发展十分缓慢，人口数量与维持生存的必要生活资料密切相关，人口再生产基本上处于高出生率、高死亡率的状态；中期阶段是节育方法普及的时代，经济发展较快，生产力所提供的生活资料已不限于维持低生活水平，包括舒适品和奢侈品，生产和消费的方式已有变化，人们为了维持较高的生活水平往往晚婚甚至不结婚，从而降低生育率，并影响人口增长；现代阶段是人们自觉地限制家庭人口规模的时代，经济发展已达到很高的水平，人们的生活水平普遍提高，生育观改变，人口再生产处于低出生率、低死亡率

---

① 人口转变论是西方人口理论的重要组成部分。它是利用出生和死亡的状况及相互对比关系，联系经济发展把人口发展过程划分为若干阶段，形成理论模型，并相应地加以解释和论述。人口转变论主要是根据西方人口发展历史经验和实际资料论述的。它以西欧出生率和死亡率的历史资料为依据，对人口发展过程进行描述性分析，并由此推论人口发展的未来趋势。

人口转变论的创始人是法国人口经济学家阿德尔费·兰德里（Adolphe Landry），早在其1909年发表的《人口的三种主要理论》一文里，他就提出了人口转变的思想。随后1934年出版的《人口革命》一书中，他最先阐述了人口转变论。与此同时，沃恩·汤普森（Warren Thompson）从另外的角度考察了人口转变问题。他把世界各国的人口发展，按照出生率和死亡率发展水平，并联系经济发展和生活水平划分为三类地区，体现了人口发展的三个阶段。进一步完善人口转变论的是美国人口学家弗兰克·华莱士·诺特斯坦（Frank Wallace Notestein）和英国人口学家查利斯·布莱克（Charles Blacker）。其后陆续有许多人口学家和经济学家提出了人口转变理论模型，但他们的基本观点大同小异，都认为人口转变与经济发展过程密切相关，人口转变主要通过出生率和死亡率的变动与均衡来实现，人口转变的关键是出生率下降，而实现出生率下降的关键则是实现经济现代化。

的状态。兰德里把这三个发展阶段之间的人口转变，特别是向现代阶段的转变称为“人口革命”。但他提出的人口转变理论主要是依据法国的人口统计资料来说明法国人口出生率和人口增加率持续下降的现象，其三阶段论模型缺乏一般性，对经济发展过程中的出生率和死亡率转变的论述还未形成成熟的理论体系，但其学说奠定了人口转变三阶段模型的基础。

与此同时，美国社会学家、人口学家沃恩·汤普森（Warren Thompson）在 1929 年发表的著作《人口》中，从另外的角度考察了人口转变问题。他试图使西欧人口转变的经验模式适用于全世界，认为世界各国的人口发展，按照出生率和死亡率发展水平，并联系经济发展和生活水平，划分为三类地区，体现了人口发展的三个阶段。第一类是出生率和死亡率都保持在高水平上，具有高增长潜力的亚洲、非洲和南美洲的发展中国家，他们的死亡率开始下降，但出生率仍然未受到相应的限制，因此处于人口增长潜力最大的阶段；第二类是出生率和死亡率都在下降但死亡率下降速度快于出生率的国家，主要包括意大利、西班牙和中欧各国；第三类是出生率和死亡率都以较快的速度下降，而且出生率下降速度快于死亡率，人口增长率也相应下降的西欧各国，其出生率和死亡率都受到人为的控制，处于低出生率、低死亡率、低自然增长率阶段，人口增长率稳定在低水平甚至减退。汤普森的三阶段论模型与兰德里的人口转变模型相比，在方法论上有较大的突破和实用性，对后来的人口转变论的发展产生了一定的影响。

后来，美国人口经济学家弗兰克·华莱士·诺特斯坦（Frank Wallace Notestein）在 1945 年发表的《人口——长远观点》一文中，继汤普森之后把世界各国或地区按经济发展程度和人口发展状况归纳为三个类型来考察人口转变。他的理论模型如图 10—2 所示。

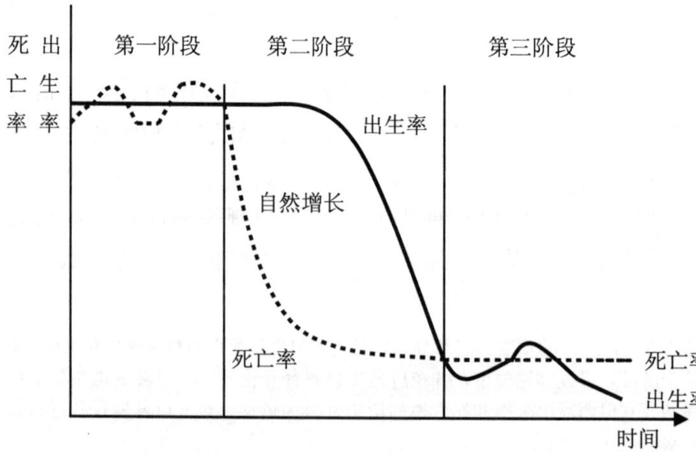

图 10—2　诺特斯坦三阶段人口转变模型

资料来源：[美] 弗兰克·华莱士·诺特斯坦. 人口——长远观点 [J]. 世界粮食，1945.

第一阶段是处于转变前期的具有高增长潜力的人口，其特征是死亡率高而多变，死亡率成为人口增长的主要因素，与此同时，出生率很高，未出现任何下降趋势；第二阶段是处于转变中的人口，出生率和死亡率都已开始下降，但出生率的下降滞后于死亡率，因此人口增长相对较快；第三阶段是处于早期下降的人口，出生率已经下降到更替水平

(replacement level)，甚至低于更替水平，死亡率也下降到很低水平，与出生率的减退趋势相比，死亡率相对比较稳定。诺特斯坦在1953年发表的《人口变动的经济问题》中，更强调经济发展与人口变动的关系。他认为，随着工业化、城市化、经济现代化的发展，促使出生率下降；医疗卫生条件的改善，促使死亡率下降并带动出生率下降。他还着重分析了由农业社会向工业社会过渡的人口转变，实际上把人口转变过程分成了四个阶段。[①] 他在其后发表的《人口增长与经济发展》一文中，更明确地从经济现代化的角度来分析人口转变，强调死亡率下降是经济现代化促进医学进步和提高生活水平的结果，发展中国家除了控制人口外，还必须发展生产，尽快实现经济现代化。

安斯利·J. 科尔（Ansley J. Coale）和埃德加·M. 胡佛（Edgar M. Hoover）1958年出版的《低收入国家的人口与经济增长》一书中，在概括发达国家的经验和分析印度和墨西哥等发展中国家实际资料的基础上，论述了农业低收入经济地区工业化和市场经济发展过程中的人口转变，实际上把人口转变过程划分为四个阶段。第一阶段，属于传统的农业低收入经济，出生率和死亡率均很高，出生率相对比较稳定，而死亡率随农业经济变动和传染病的爆发而上下波动，两者在高水平上达到均衡；第二阶段，随着农业经济、工业化和城市化的发展以及医学技术的进步，死亡率开始持续下降，出生率在死亡率下降后不久也开始缓慢下落，但人口自然增长处于逐渐上升趋势；第三阶段，经济进一步发展，出生率的下降速度最初滞后于死亡率的下降，其后紧跟死亡率的下降速度，尽管出生率的下降趋缓，但出生率和死亡率的变化有趋向于平衡的趋势；第四阶段，实现向工业高收入经济的转移，死亡率处于相对比较稳定的低水平上，出生率则在波动中重新与死亡率实现低水平的均衡。他们认为，如果出生率水平明显高于死亡率水平的话，人口迅速增长将影响国民经济的速度。显然，科尔和胡佛认为低收入经济地区应当控制人口增长。

美国经济学家查·金德伯格（C. P. Kindelberger）和B. 赫里克（Brace Herrick）在其《经济发展》一书中，也把同经济发展密切相关的人口转变过程划分为四个阶段。他们的理论模型如图10—3所示。

第一阶段，出生率和死亡率都很高，人口再生产大体上不受控制，死亡率随农业经济变动而变动很大；第二阶段，由于经济的发展、卫生支出的增加以及医学技术的进步，死亡率开始下降，与此同时，出生率继续保持在原有水平，使人口自然增长率呈现逐渐上升趋势；第三阶段，死亡率继续下降，但由于卫生支出的收益递减，死亡率下降的速度放慢，而出生率同样呈现下降趋势，反映了城市化和更有效的避孕技术的发展，人口自然增长率仍然保持在很高水平；第四阶段，随着经济的发展，出生率和死亡率达到均衡，人口自然增长率如同第一阶段一样又一次接近于零增长。

① 弗兰克·华莱士·诺特斯坦（Frank Wallace Notestein）实际上把人口转变过程分成了四个阶段：第一阶段是工业化以前阶段，出生率保持高水平，死亡率高但略有波动，人口自然增长率很低；第二阶段是工业化的初期阶段，出生率基本不变，而死亡率开始下降并逐渐加快，人口自然增长率逐渐上升；第三阶段是工业化进一步发展阶段，死亡率继续下降，出生率也开始下降，但滞后于死亡率的下降速度，这时人口自然增长率处于最高位；第四阶段是完全工业化阶段，出生率和死亡率都降到很低水平，出生率略有波动而趋于更替水平，人口自然增长率很低，甚至下降到负增长水平。他的这个理论模型比前面的三阶段理论模型更接近人口转变的历史实际。

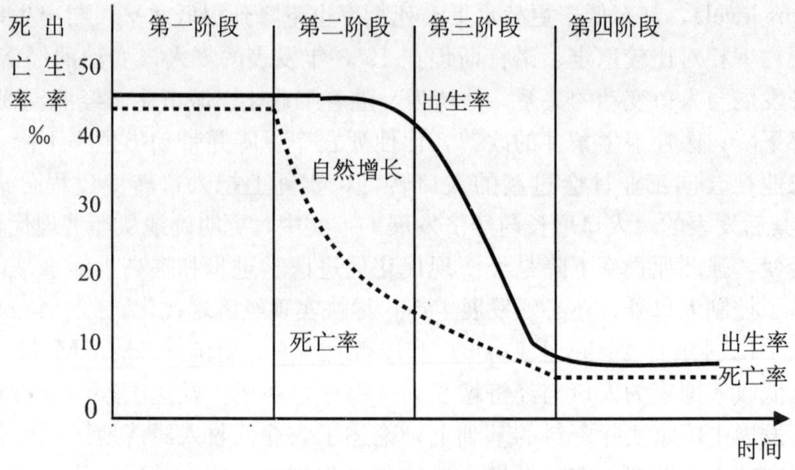

图 10—3　金德伯格—赫里克四阶段人口转变模型

资料来源：[美] 查·金德伯格，B. 赫里克. 经济发展 [M]. 上海：上海译文出版社，1986.

人口转变的五阶段论模型则是由英国人口经济学家查利斯·布莱克（Charles Blacker）在 1947 年最先提出来的。从人口转变理论的发展来看，按照布莱克的五阶段论，并引用哈维·莱本斯坦（Harvey Leibenstein）的模型图是能够观察到的。

布莱克把人口发展过程划分为五个阶段，即高位静止（high stationary）、初期扩张（early expanding）、后期扩张（late expanding）、低位静止（low stationary）和减退（diminishing）。他的人口转变模式可用曲线描述（见图 10—4）：高位静止（HS），出生率和死亡率在高水平上达到均衡，人口增长处于静止状态；初期扩张（EE）阶段，由于经济发展的某种刺激，死亡率逐渐下降，出生率依然维持在高水平上，于是人口增长逐渐加速，最终达到最高增长率；后期扩张（LE）阶段，由于经济进一步发展，死亡率继续下降，结果接近最低限度，出生率也开始下降，人口增长先扩张其后减速，不久人口和经济均处于停滞状态；低位静止（LS）阶段，出生率和死亡率在低水平上重新达到均衡，随着经济发展的减速，人口增长再次处于静止状态；减退（D）阶段，出生率继续下降并开始低于死亡率水平，人口增长处于绝对减少状态。这一过程中的减退阶段，只有德国、意大利、俄罗斯、保加利亚以及罗马尼亚等少数欧洲国家出现过这种现象，其幅度小，可以忽视。

汤普森和诺特斯坦的模式较为简单，将人口发展过程划分为三个阶段。将高位静止阶段和初期扩张的前期称为高增长潜在时期，出生率处于放任自流的状态；将初期扩张的后期和后期扩张的前期称为过渡阶段；将后期扩张的后期和低位静止的前期称为低增长潜在阶段，出生率处于被抑制状态。按照这种人口转变的划分，世界各国的人口发展模式是能够区别的。

在布莱克系统论述了人口转变论之后，有许多人口学家和经济学家根据西欧发达国家人口发展的历史经验和实际资料，对经济发展过程中人口增长类型的转变做了阶段性划分和描述，并形成了各自的人口转变理论模型。但他们的基本观点大同小异，在分析人口转变原因时，都承认生产力对人口发展的作用，认为人口发展过程与经济发展过程

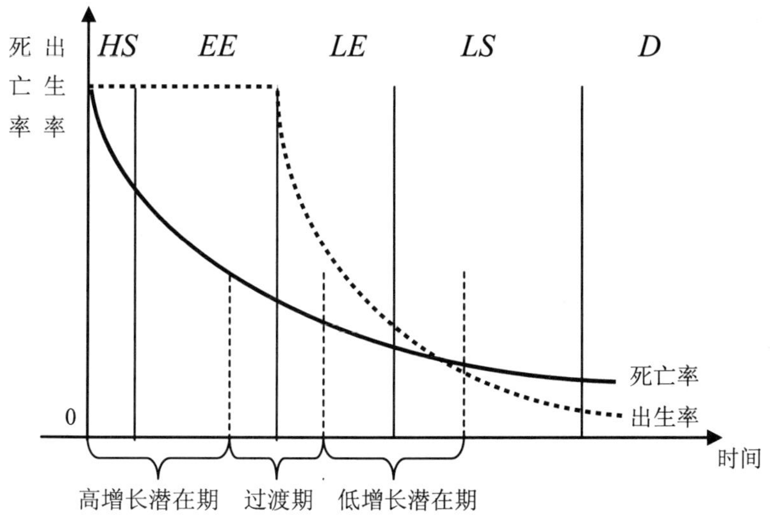

图 10—4　布莱克五阶段人口转变模型

资料来源：H. Leibenstein. *Economic Backwardness and Economic Growth*. New York，1957.

有密切联系，以出生率、死亡率、人口自然增长率或人口增长率为内容的人口再生产类型变动，说明出生率和死亡率由高位均衡经过变动靠拢非均衡到低位均衡的长期转变过程，人口转变的关键是出生率下降，而促进出生率下降的关键则是实现经济现代化。这种经验法对划分世界各国的人口发展模式是有科学价值的，已经得到了广泛的应用。但这种理论模型未能完全揭示人口发展变化与生产方式之间的内在关系，大多数人口经济学家没有把社会和教育等非经济因素对人口发展的影响作用摆到恰当的位置。尽管如此，人口转变论的基本观点对研究世界各国人口发展变化还是有一定的借鉴性和现实意义的。

10.7.2　法国的人口转变模式

法国的人口转变是从 18 世纪中期爆发的产业革命开始的。从人口转变过程来看，法国在中世纪及以前的漫长时间基本上处于高位静止（HS）阶段，出生率和死亡率都很高，人口增长极其缓慢；1650—1750 年间，法国的出生率和死亡率均在 30.0‰以上，人口年平均增长率为 3.0％左右。18 世纪中期以后，法国发生了产业革命，随着市场的扩大，手工制造业生产开始向机器大工业过渡，生产力得到前所未有的飞跃发展，给人口发展带来巨大的影响。首先是死亡率开始下降。因为经济起飞，机器生产大大提高了劳动生产率，工农业产品大幅度增加，加上国际贸易的发展，使人们的生活水平显著提高。同时，机器大工业的发展，带动了科学技术的发展，包括医疗卫生事业的进步，促使死亡率下降，婴儿死亡率也呈现下降趋势，而出生率变化不大，仍维持在高水平的状态①，人口发展模式由传统的高出生高死亡模式转变为高出生低死亡模式，形成了人口加速增

①　18 世纪中叶以后，法国发生了产业革命，手工制造业生产开始向机器大工业过渡，生产力得到迅速发展。大机器代替手工业初期，生产是从广延性工业开始的，生产力尚未发展到对劳动力的质量提出更高的要求，而只靠增加劳动力数量来发展生产，只要增加劳动力就能榨取更多的剩余价值。因此，大批女工和童工加入生产行列，降低了劳动力再生产费用，这就刺激了出生率持续保持在高水平上。

长的初期扩张（EE）阶段。

19 世纪初期以后，法国的出生率保持在 32‰左右，死亡率则在 27‰上下波动，于是人口自然增长率大致保持在 5‰左右。进入 19 世纪 20 年代中期以后，由于生活条件的提高和医疗卫生条件的改善，死亡率逐渐下降，但出生率依然保持很高的水平，于是人口增长率上升。19 世纪中叶以后，随着经济的持续发展、工业化的深入和生活水平的不断提高，法国的死亡率（除 1870—1871 年普法战争引起死亡率上升外）继续下降，而这时出生率也开始下降（见表 10—5）。随着工业化和人口城市化的迅速发展，人口发展模式进一步由高出生高死亡模式转变为低出生中死亡模式，1910 年左右进入后期扩张（LE）阶段，从而完成了人口转变（见图 10—5 和表 10—5）。目前，法国的出生率和自然增长率与世界各国比较是很低的，死亡率也较低。

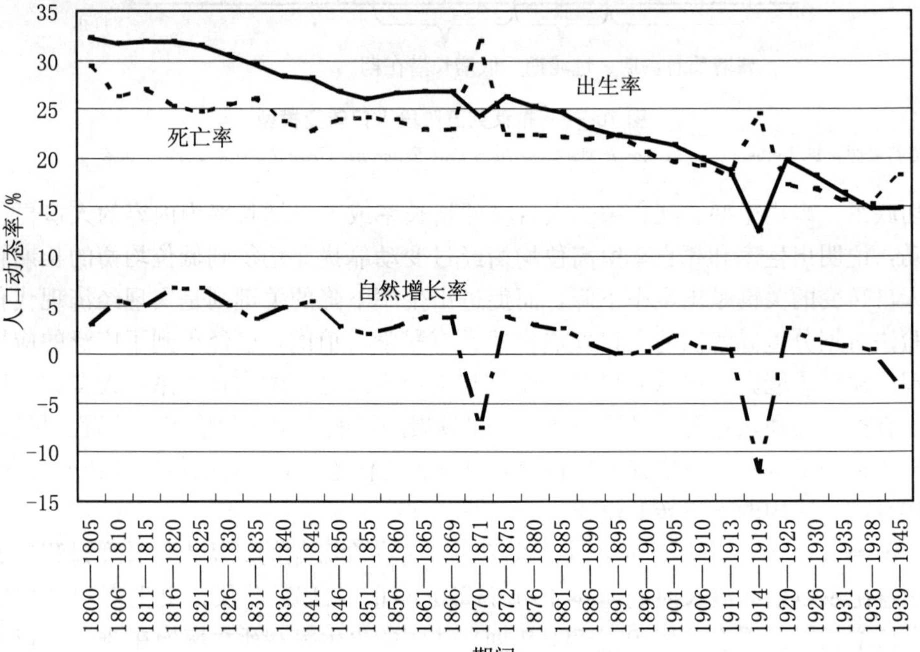

图 10—5　法国的人口自然变动

资料来源：王家宝. 法国人口与社会［M］. 北京：中国青年出版社，2005.

表 10—5　欧洲部分国家的出生率变化　‰

期间	法国	英国	德国	比利时	荷兰	芬兰	瑞典	丹麦	挪威
1841—1850	27.1	32.6	36.1	30.3	33.0	35.5	31.1	30.3	30.7
1851—1860	26.3	31.1	35.3	29.9	33.3	36.3	32.8	32.4	32.8
1861—1870	26.3	35.2	37.2	31.6	35.8	35.4	31.4	30.7	30.9
1871—1880	25.4	35.4	39.1	32.1	36.2	35.0	30.5	30.4	31.0
1881—1890	23.9	32.5	36.8	30.0	34.2	35.0	29.1	30.2	30.7
1891—1900	22.2	29.9	36.1	29.0	32.5	32.4	27.1	30.2	30.1
1901—1910	20.6	27.2	32.9	26.1	30.5	32.4	25.8	28.6	29.7

资料来源：［日］南亮三郎. 人口思想史［M］. 东京：千仓书房，1963；［英］B.R. 米切尔. 帕尔格雷夫世界历史统计·欧洲卷（1790—1993）［M］. 北京：经济科学出版社，2002.

法国人口转变的实现，是法国产业革命以及生产力发展引起的经济变动的必然结果，具体原因是：生产力水平提高很快，资本有机构成不断提高，不变资本大大超过可变资本，资本对劳动力需求相对过剩，导致出生率下降；由于科技进步对劳动力质量要求越来越高，使劳动力再生产费用增大，受教育训练时间延长，面对激烈的竞争机制，使婚龄和育龄普遍延长，造成出生率减退；工业化和城市化的提高、消费结构的改变、妇女受教育和就业机会的增大，促使出生率下降；医疗技术的进步，使死亡率状况明显改善和实现了有效的节育。显然，这些综合因素的结果使人口发展趋向现代人口再生产类型。

10.7.3 经济发展与人口变动

16世纪前期的法国，封建经济仍占统治地位。然而资本原始积累的过程已经开始，封建社会内部已经出现了资本主义萌芽。呢绒、印刷、玻璃、陶器等行业中开始形成资本主义手工工场。这一时期，对外贸易也很活跃。马赛是地中海沿岸最重要的商港之一，同西班牙、意大利、非洲以及西亚一带进行贸易。但与尼德兰、英国相比，法国经济发展还是缓慢的，小农经济占据主导地位，人口的90％仍从事农业。

路易十四（Louis ⅩⅣ，1638—1715）统治时期，厉行中央集权，加强国家机器。为了开辟税源，增加国家经济实力，在财政大臣让·巴蒂斯普特·柯尔贝尔（Jean Baptiste Colbero，1619—1683）的推动下，法国举办了大规模集中手工工场——“王家工场”，开凿运河，修建道路，取消一部分国内关卡，降低税率；大力奖励工业生产，补助地毯、丝绸和花边等工业。为促进海外贸易，建立了一支可供商业和军事需要的大舰队，设立专利特许公司等。这些举措推动了法国工场手工业的发展。到17世纪末期，法国已有手工工场将近200家。这时的手工业产品主要有丝织、毛织、麻织等纺织品，首饰、器皿、地毯、瓷器、精美家具等奢侈品。此外，印刷、造纸、制糖业等也比较发达。[23]

法国在18世纪为了加强对外扩张的经济实力，促进经济的发展，大力推行重商主义的经济政策，使工场手工业获得很大发展。到法国资产阶级大革命前夕，集中生产的手工工场已增至514家，生产的规模也有所扩大，在冶金和采煤部门中开始使用蒸汽动力。当时，法国整个工业水平在西欧大陆是最高的，法国工匠的精湛技艺在欧洲享有盛誉。同时，在重商主义政策的支配下，对外经济贸易也有了很大发展。1716—1789年，法国对外贸易额增长了4倍。输出的产品主要是奢侈品和农产品，输入则以棉花、皮革和木材等原料为主。这一时期，法国的人口增长较快，据估计，1715年和1789年，法国的人口增长率均为0.6％，就当时的增长速度而言是较高的。从18世纪初期到1789年，法国人口从1 800万人增至2 500万人，人口增长作为促进经济增长的因素，对法国的经济发展起到了重要作用。

然而，从18世纪末到19世纪10年代中期，法国经历了拿破仑专政的统治，对法国的资本主义经济发展造成了一定程度的影响。拿破仑政府执政时期，为了促进国内经济的发展，实施了严格的保护关税政策，对生产企业实行国家订货和津贴，并采用了奖励创造发明的措施；还改革了法国币制，颁布新货币条例，创办了法兰西银行。这些政策对法国的经济发展都起了促进作用。但是，拿破仑发动的对外侵略战争，使法国损失了100万人口，导致死亡率大幅度上升，对法国的人口发展起了负面影响。同时，战争的失败使法国支付了7亿法郎的赔款；在战争期间，对英国实行的封锁政策，也使法国的许多工业部门因原料来源断绝而陷入困境。

从19世纪20年代开始，法国恢复了和英国的经济联系，大量的技术设备、技术人才流入法国，工业化开始进行，机器生产逐步代替手工业劳动，蒸汽机的使用日趋广泛。从1830年到19世纪60年代，法国经济呈现出繁荣景象，纺织业的产量大幅度提高，重工业和交通运输业也开始发展起来，经济增长速度加快，国民生产总值的年平均增长率为2.6%（见表10—6），人口的年平均增长率为0.4%，1869年工业发展水平居世界第二，仅排在英国之后。但由于普法战争和大量海外移民的影响，使法国人口增长缓慢，影响了经济发展。1871年，法国在普法战争中失败，不得不支付大量战争赔款，使经济受到重创，人口大幅度减少，工农业发展速度放缓（见表10—7）。

表10—6　法国人口经济的长期增长

时　期	持续期间/年	十年平均增长率/%		
		总产值	人　口	人均产值
1831—1840至1861—1870	30	26.3	3.9	21.6
1861—1870至1891—1900	30	15.7	1.9	13.5
1896至1929	33	18.4	2.0	16.1

资料来源：Simon Kuznets. *Economic Growth of Nations*. Cambridge，Mass，1971.

普法战争以后，法国经济开始恢复，在工业方面，煤和钢铁等重工业发展较快，轻工业发展速度也有较显著的增长，促进了经济发展，19世纪最后30年，国民生产总值的年平均增长率为1.1%，人口的年平均增长率仅为0.2%，人均产值的年平均增长率为0.9%。法国在这一时期的对外经济贸易额是有增长的，进口额从1870年的29亿法郎增加到1913年的84亿法郎，同期出口额从28亿法郎增加到69亿法郎。但它与其他主要发达国家相比仍处于劣势，这一时期法国的进出口贸易在世界贸易中所占的比重从10%减少到8%，其对外贸易总额由世界第二位降到第四位，位居英国、德国和美国之后。

表10—7　法国的人口经济增长（1801—1900）

年份	国民生产总值/百万法郎	人口/万	期间	名义国民生产总值增长率/%	人口增长率/%
1801	—	2 750	1801—1815	—	6.83
1815	7 378	2 938	1815—1820	21.52	2.96
1820	8 966	3 025	1820—1830	27.39	7.01
1830	11 422	3 237	1830—1840	17.90	5.28
1840	13 466	3 408	1840—1850	6.04	4.54
1850	14 279	3 563	1850—1860	44.85	2.47
1860	20 684	3 651	1860—1870	15.83	0.99
1870	23 959	3 687	1870—1880	6.05	1.68
1880	25 409	3 749	1880—1890	13.84	2.37
1890	28 928	3 838	1890—1900	13.41	1.35
1900	32 806	3 890			

资料来源：［英］B.R. 米切尔. 帕尔格雷夫世界历史统计·欧洲卷（1790—1993）［M］. 北京：经济科学出版社，2002.

这一时期，在经济恢复的过程中，法国的出生率则呈现持续下降趋势，出生率由1872—1875年的26.2‰下降到1896—1900年的21.9‰，同期人口的自然增长率由3.8‰减少到0.3‰。绝对数则因为阿尔萨斯、洛林的丢失，由1870年的3 844万人减少到1872年的3 610万人，随后有所回升，1881年增至3 767万人，1901年进一步上升到3 897万人，恢复到1870年的水平。数十年间人口没有增加，对法国经济的恢复是不利的，由于工业劳动力不足，法国不得不招聘外国劳工。据统计，1851年的外国移民为37.9万人，1886年增至112.6万人，同期外国移民占法国总人口的比重由1%增至3%。需要指出的是，这一时期，外国人移居法国是一个循序渐进的过程，对法国经济发展起到了一定的促进作用。

10.8 意大利的人口与经济发展

在意大利实现统一以前，意大利经济经历了曲折的历程。早在中世纪，意大利曾出现过长期的商业和经济繁荣。在意大利的北方城市中，由于商业和手工业的发展，出现了资本主义生产关系的最初萌芽。14—15世纪，意大利地中海沿岸的一些城市，如威尼斯、热那亚、比萨、佛罗伦萨和米兰等，都已是欧洲与近东之间的贸易中心，商品经济发展较早，当时，意大利的造船业、丝织业和毛纺业已很发达，产品远销世界各地。

16世纪以后，欧洲的工业分布发生重大改变，意大利北部逐渐丧失了发达工业区的地位。另外，由于意大利国内分裂，长期处于封建割据，又加上自地理大发现后，引起了地中海贸易中心转移，从而使意大利商业中心的地位衰落。从那时起，意大利北方城市资本主义萌芽一度凋零，18世纪后半期经历了长期经济衰落的意大利经济才逐渐从严重的衰落中摆脱出来。到19世纪40年代，资本主义经济在意大利的发展出现了崭新的趋势，传统的丝织业遍及城乡，产品开始打入欧洲市场，意大利经济才真正得以发展。与此同时，意大利为资本主义生产发展提供了统一的国内市场，使它能够充分利用欧美各国的先进技术，建立起一些规模较大的工业部门。19世纪上半叶，由于高出生率的效果，意大利的人口增长也较快，从1820年的2 018万人增长到1850年的2 557万人，仅30年间增长了539万人，人口年平均增长率为0.9%。人口的增长对经济发展是有利的。

由于长期割据，1861年意大利在经济上面临着许多问题。原先各王国货币五花八门，税制混乱，政府债务情况差别很大。面对货币的这种混乱局面，国家决定把皮蒙特里拉作为全国货币，其他货币停止流通。1865年，意大利加入了法国、比利时、瑞士的拉丁货币同盟，里拉实行复本位制。1861年，意大利存在5个发行银行。在这些银行中，撒丁国民银行发展最快，1874年它拥有的资本超过了其他发行银行资本的总和，实际上发挥了中央银行的作用，对货币和银行制度的统一做出了贡献。

统一后的国家国库十分虚弱，政府不得不举债。1861—1865年间，国债高达26.6亿里拉，超过了统一时各王国的债务总和。为了确保财政收入，1861年和1862年，在意大利实行了皮蒙特的间接税制。1864年对消费税进行了整顿，确定了地方政府和中央政府在整个消费税中应得的份额。

1866 年爆发的第二次世界经济危机对意大利经济打击很大。在巴黎股票市场上，意大利政府的债券指数大幅度下降，从 1860 年的 80 点降到 1866 年的 43.9 点。股票投机风也随之而起。由于意大利政府债券在都灵股票市场上的售价高于巴黎股票市场，人们从都灵出售债券兑换黄金，然后到巴黎购买债券，如此循环往复。在这种混乱形势下，使意大利银行和金融系统处于困境之中。1866 年 5 月，政府颁布法令停止银行券兑换黄金，在全国强行流通不能兑换金银的纸币。1869 年，政府又限制纸币流通，规定其总量不得超过 7.5 亿里拉。由于金融危机的影响，对意大利的经济增长产生了不良的效果，1866—1869 年间的经济增长率低下。

进入 19 世纪 70 年代以后，意大利经济有了起色，1871—1879 年，国内生产总值的年平均增长率为 0.8%，随后增长较为迅速，1898—1913 年间的年平均增长率上升到 4.1%，明显高于 1871—1897 年间的水平。这一时期人均国内生产总值也有所增长，特别是 19 世纪末期以后的增长是显著的，1900—1913 年的平均增长率为 3.0%（见图 10—6）。

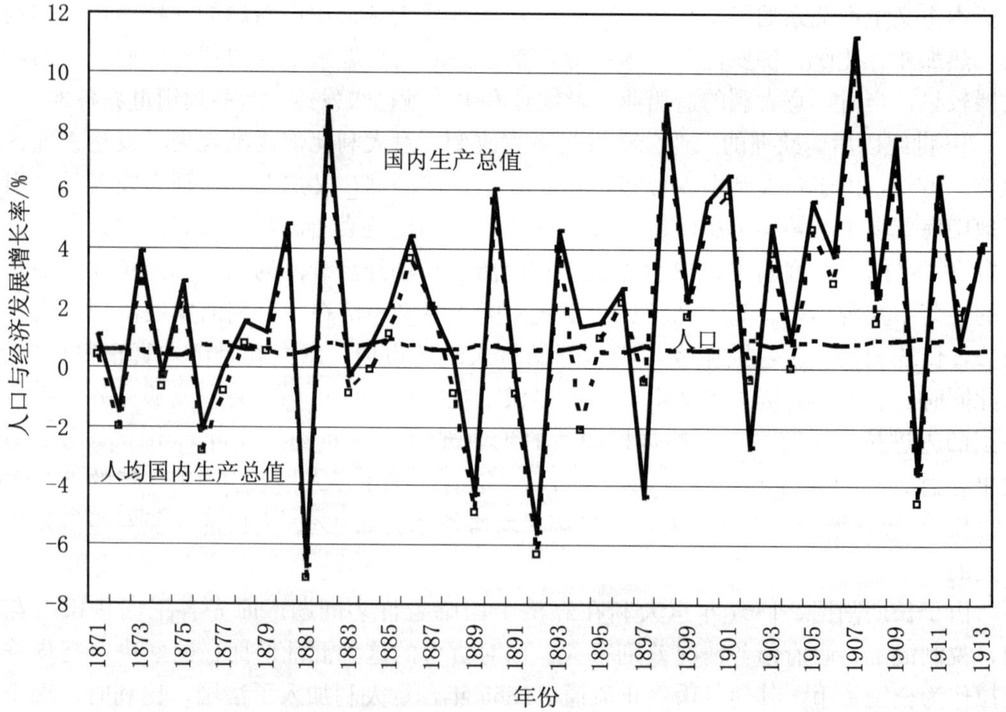

图 10—6　近代意大利的经济和人口增长率

注：1871—1913 年的国内生产总值增长率、人均国内生产总值增长率和人口增长率是根据安格斯·麦迪森《世界经济二百年回顾》有关资料算出的。

资料来源：[英] 安格斯·麦迪森. 世界经济二百年回顾 [M]. 北京：改革出版社，1997.

在经济发展的过程中，人口增长是较为显著的。1861 年国家统一时，意大利王国有人口 2 178 万人，加上陆续加入王国的拉齐奥、威内托等地区的人口，共计 2 576 万人。

在全国统一后的十年间，人口增长是建立在高出生率、高死亡率的基础上的。这个时期年均出生率高达 37.6‰，死亡率为 30.3‰，自然增长率为 7.3‰。1871 年以后，尽管死亡率较高，但由于高出生率的效果，人口增长较快。到 1913 年，意大利人口增至 3 753 万人，仅 42 年间增长了 947 万人。人口的适度增长在一定程度上促进了经济发展。

10.9　俄国的经济发展与人口增长

俄国经济在 16 世纪还比较滞后。当时，在莫斯科和诺夫哥罗德等大城市中，已经有 200 种以上的手工业。随着城市的发展，粮食日益成为重要商品。粮食不仅要满足国内城市的需要，一部分还输往国外。这就刺激了俄国的农业发展。封建主为了增加收入，大肆侵占劳动力。他们加强劳役地租，把农民固定在土地上，国家则采用法律形式将封建主强占的土地权利加以固定。因此，正当西欧各国由封建主义经济向资本主义经济过渡时，俄国却强化劳役地租，进一步强化了封建主义经济体制。

1613 年，米哈伊尔·费多罗维奇·罗曼诺夫（Пётр Алексеевич Романовы，1596—1645）被推举为沙皇，开始了罗曼诺夫王朝①在俄国的统治。罗曼诺夫王朝竭力保护小贵族的利益，土地迅速扩大的小贵族要求支配农村劳动力的权利。沙皇为了满足小贵族的要求，于 1646 年宣布延长地主对逃亡农民追捕权的期限为 10～15 年。同年，又进行新的户口登记，凡登入"人口调查簿"的人一律被固定在原地上。1649 年，沙皇阿列克谢·米哈伊诺维奇·罗曼诺夫（Алексей Михайлович Романовы）颁布的《会典》在法律上确立了农奴制度。土地是皇室、贵族、教会和国家的财产。在教会、贵族土地上的农奴称为私有农奴，在国家土地上的农奴称为国家农民，在皇室土地上的农奴称为宫廷农民。

17 世纪，俄国的工业有所发展，其主要形式是农民手工业和城市小手工业。18 世纪初期，沙皇彼得一世（原名为彼得·阿列克谢耶维奇·罗曼诺夫，Пётр Алексеевич Романовы，1672—1725）进行了经济改革，实行鼓励和扶植手工工场的政策。沙皇政府在 1821 年颁布法令，准许把农奴劳动应用于工业中，促进了手工业的较大发展。

19 世纪上半叶，俄国工业有了更快的发展。在 1804 年，雇工 16 名以上的手工工场已经有 1 200 家，1825—1828 年增至 1 800 家，19 世纪 50 年代后半期又增加到 2 800 家。1804 年，工人总数为 22 万人，到 50 年代后半期增加到 86 万人。在 1860 年，自由雇用工人人数占工人总数的 87%。在棉纺织业、麻织业、制革业中，资本主义手工工场已占绝对优势。[24]

在 19 世纪上半叶，俄国已开始出现了机器生产，并从 30 年代中期开始了由手工劳

① 罗曼诺夫王朝（1613—1917）是统治俄国的第二个也是最后一个王朝，它也是俄国历史上最强盛的王朝，俄国由东欧一个闭塞的小国扩展为世界范围的强国之一。由于彼得大帝的革新，俄国迅速发展成为东欧的强国，并在大北方战争中一举打败俄国的宿敌北方强国瑞典，夺取了芬兰大公国和波罗的海的出海口。彼得一世还打败奥斯曼土耳其帝国。彼得一世于 1721 年加冕为俄罗斯帝国皇帝。亚历山大一世统治时期，帝国的经济和政治达到顶峰。1856 年克里米亚战争结束之后，俄国的农奴制已经危在旦夕。1861 年，亚历山大二世决定采取措施，于是有了自上而下的"亚历山大二世改革"，通过改革，俄国开始真正走上了资本主义道路。1917 年，第一次世界大战即将结束时，由于资产阶级和无产阶级运动，末代皇帝尼古拉二世退位，罗曼诺夫王朝结束。

动向机器生产过渡。所以，俄国从19世纪30年代起，还在封建农奴经济体制下就开始了工业革命。这是俄国工业革命的一大特点。但俄国工业革命在开始阶段是通过引进外国先进技术进行的。从1824年到1860年，进口机器的费用增加了72倍。俄国自己的机器制造业直到19世纪50年代才开始有所发展。

随着工农业生产的发展，国内外贸易也有了显著增长。19世纪上半叶，国内集市由3 000个增加到4 300个，贸易总额每年平均达2.3亿卢布。19世纪前60年，俄国对外贸易增长了3倍。在农业中，生产技术和方法的改进也在缓慢进行。在少数地区已开始使用简单的农业机器。土地耕作也有了进步，少量耕地开始从落后的三圃制改为轮种制。经济作物的播种面积扩大了。

尽管俄国的生产率和资本主义生产关系有所发展，但仍然受占统治地位的封建农奴制度的束缚。1861年，沙皇亚历山大二世（Александр II Николаевич，1818—1881）正式签署了改革法令和关于废除农奴制度的特别宣言。其内容主要包括：农民有人身自由和一般公民权，地主不能买卖和交换农民；在全部土地归地主所有的前提下，农民可以使用一定数量的份地，但须缴纳赎金；农民因使用份地而须负担的义务；关于赎取份地的手续；设置管理改革后的农民由贵族控制的村社组织。

1861年农奴制的废除是俄国经济史上从封建生产方式过渡到资本主义生产方式的转折点。农奴制改革使2 000多万的农奴获得了人身自由，为这些农民以后成为自由雇佣劳动者创造了条件，也有利于形成自由的劳动力市场。农奴制的改革也推动了商品经济的进一步发展，促进了国内市场的扩大和农民经济的日益分化。随后，俄国资本主义经济逐渐占主导地位。

19世纪60年代中期以后，农业中资本主义生产关系的发展，促使农业技术和农业生产有了较大提高。1876—1894年，农业机器增加2.5倍以上。1864—1905年，粮食播种面积增加了近50%，粮食产量增加了1.6倍。在生产发展的基础上，专业化的农牧区开始形成。商品性农业有相当的发展，谷物输出在1861—1895年增加了4.5倍。

这一时期，国内贸易和对外贸易规模急剧扩大。1873—1890年，国内贸易额从24亿卢布增加到77.55亿卢布，而1900年又增加到110亿～120亿卢布。对外贸易额在19世纪60—90年代增加了2倍以上。19世纪末到第一次世界大战前，国内贸易增长了50%。1909—1913年，俄国对外贸易额比1904—1908年增加一半。食品和原料仍占出口商品的90%，工业品数量虽有所增长，但比重仅占出口商品的10%。[25]

与此同时，工业发展也比较迅速。1860—1900年，俄国的工业产量增加了6倍，而同期德国只增加了4倍，法国增长了1倍半，英国增长了1倍左右。1866—1890年，俄国欧洲部分100名以上工人的大工厂的生产额由2.010 7亿卢布增加到5.879 7亿卢布，几乎增加了2倍；工人由23万人增加到46万人。棉纺织品的产值，由1860年的5 000万卢布增加到1890年的2亿卢布。重工业的增长速度更快，1890年的煤产量比1860年增加19倍，钢产量增加了3倍。同时，还出现了一些新的工业部门，如石油工业、机器制造业等。然而，在工业生产的绝对量和技术水平上，俄国仍落后于西欧和美国。19世纪90年代初期，俄国工业中的劳动生产率比英国低1/3～1/2。进入20世纪以后，

1900—1903 年的世界经济危机波及俄国。危机过后，俄国的工业经历了较长的萧条时期，到 1909 年才开始新的高涨，整个工业生产有了很大增长，主要工业产品除了石油外都超过了经济危机前的最高水平[26]，到 1913 年，俄国工业已经占到世界工业生产的第五位，具有了中等经济发展水平。

在经济发展的过程中，俄国作为欧洲人口最多的国家，人口增长是极为显著的。1800 年，俄国的人口为 3 550 万人，到 1860 年增加到 7 410 万人，仅 60 年间增加了 1 倍以上。19 世纪 60 年代以后到 19 世纪末期，俄国的人口增长继续加速，由于高出生高死亡的效果，俄国人口自然变动的特点是出生率一般为 49.0‰，死亡率大约为 35.0‰，人口增长加快，占世界总人口的比重大幅度上升，到 1900 年，俄国总人口增至 1.329 亿人。人口的迅速增长在一定程度上促进了经济发展（见图 10—7 和表 10—8）。

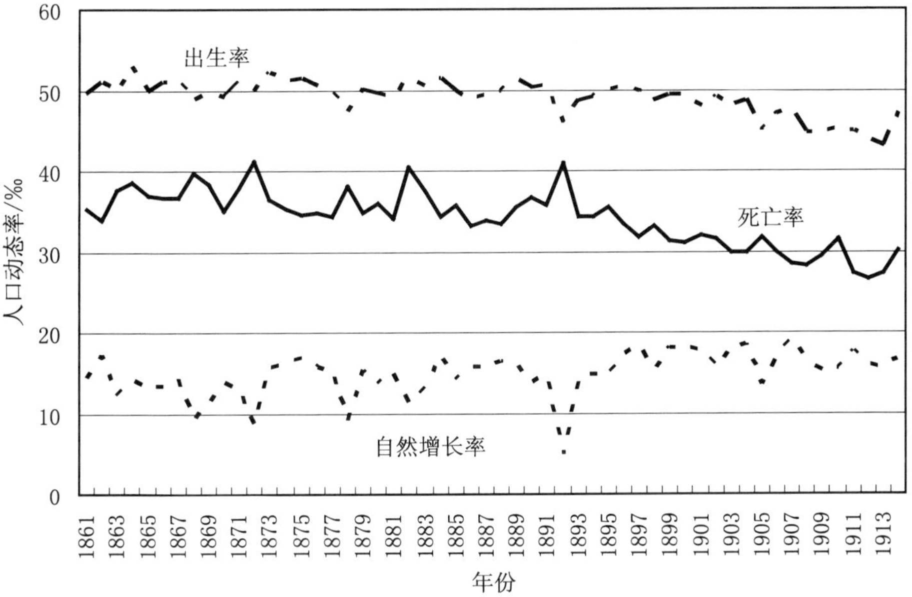

图 10—7　俄国的人口动态率（1861—1913）

注：自然增长率根据统计资料算出。

资料开源：[英] B. R. 米切尔. 帕尔格雷夫世界历史统计・欧洲卷（1790—1993）[M]. 北京：经济科学出版社，2002.

表 10—8　　俄国人口动态的变动（1861—1914）

年份	总人口/万人	出生率/‰	死亡率/‰	自然增长率/‰	结婚率/‰	移出数/千人	移入数/千人
1861	7 360	49.7	35.4	12:3	23.2	20.7	46.8
1870	8 450	49.2	35.0	14.2	20.8	20.7	34.9
1880	9 770	49.7	36.1	13.6	19.2	−1.2	62.7
1890	11 780	50.3	36.7	13.6	16.8	40.9	4.7
1900	13 290	49.3	31.1	18.2	17.8	32.4	11.6
1910	16 070	45.1	31.5	13.6	16.8	71.3	22.1
1914	17 510	47.0	30.2	16.8	—	54.0	7.5

资料来源：B. R. 米切尔. 帕尔格雷夫世界历史统计・欧洲卷（1790—1993）[M]. 北京：经济科学出版社，2002.

注释

[1]［德］马克思·韦伯．经济通史［M］．姚曾，译．上海：上海三联书店，2006.

[2]［3]［4]［5]［6]［英］M. M. 波斯坦，H. J. 哈巴库克．剑桥欧洲经济史［M］．北京：经济科学出版社，2002.

[7]［9]［14]［15] 宋则行，樊亢．世界经济史［M］．北京：经济科学出版社，1998.

[8]［16]［17]［英］M. M. 波斯坦，D. C. 科尔曼，彼德·马赛厄斯．剑桥欧洲经济史［M］．北京：经济科学出版社，2002.

[10]［11]［12]［13]［18]［19]［20]［21]［英］M. M. 波斯坦，D. C. 科尔曼，彼德·马赛厄斯．剑桥欧洲经济史［M］．北京：经济科学出版社，2002.

[22] 韩毅．外国近现代经济史［M］．北京：高等教育出版社，2010.

[23]［24]［26] 赵晓雷．外国经济史［M］．大连：东北财经大学出版社，2013.

[25]［苏］B. T. 琼图洛夫．苏联经济史［M］．长春：吉林大学出版社，1988.

第11章　加拿大的人口增长、国际移民与经济发展

11.1　人口增长与国际移民

加拿大在领土面积上是仅次于俄罗斯的大国，作为发达的移民型国家，它的早期人口增长主要源于欧洲的移民。17世纪，欧洲资本主义国家的殖民运动积极向北美扩展，1608年，法国在圣劳伦斯河畔率先建立了定居点，进行以开发皮毛贸易为中心的商业活动，开始了法国在北美的殖民，17世纪末大约达到1.5万人。随后，来自法国的移民减少，殖民地的发展主要依靠自身人口的自然增长。由于高出生率，新法兰西的人口依然增长很快，到1760年，总人口达到7万人。

在法国建立新法兰西殖民地的这一段时期里，英国人也进入加拿大。随后，法国移民越来越少，英国移民在人数上逐渐占有优势。到了1800年，加拿大的人口将近50万人，主要居住在圣劳伦斯河口沿岸地带及圣皮埃尔岛和密克隆岛，其中法裔占30%左右，英裔所占的比例更大。1828年，英国移民达到1.2万人，1832年增至6.6万人。19世纪30年代，由于霍乱流行等原因，英国移民曾一度减少，但40年代又出现新的高潮，移民中有英格兰人、威尔士人、苏格兰人和北爱尔兰人等。经过这次移民高潮，上下加拿大两省的人口对比发生了变化。1825年，上加拿大的人口估计为15.8万人，1850年增至84万人；同期，下加拿大的人口由47.9万人增长到84万人。到1852年，上加拿大的人口超过了下加拿大。在1/4世纪里，上加拿大人口增长了400%，下加拿大的人口仅增长了75%。

这些英国移民来到新地域以后，经过长期交往，互相融合，同时还通过婚姻、语言和文化不断吸收其他移民，逐渐形成一个人数众多的英语民族。在他们所吸收和同化的各国移民中，以荷兰人、德国人和斯堪的纳维亚人所占的比例较大，这些移民都有一半以上融合于英裔加拿大人之中。

19世纪60年代中期以后，由于加拿大经济发展缓慢，国际移民的速度开始减弱（见图11—1）。1867年，加拿大建国之初①，政府鼓励外国移民移居加拿大，1869年又

---

①　19世纪50年代，加拿大迎来一个新的经济繁荣期。1854年签订的美加互惠协议为加拿大开启了又一道经济大门。铁路的建设开始在加拿大迅速发展，便利的交通打破了各个地区互相隔绝的状态，奠定了联合统一的基础。19世纪60年代，随着互惠协议的结束和美加关系的紧张，加拿大开始谋求自身的团结统一。1864年，爱德华王子岛、纽芬兰、诺瓦·斯高莎和纽布朗斯威克及加拿大省在爱德华岛的夏洛特敦举行会议，初步讨论了成立英属加拿大联邦的建议。1867年7月1日，英属北美法令正式生效，由上加拿大、下加拿大和新斯科舍和新不伦瑞克联合成立了联邦制国家加拿大自治领。虽然它还没有取得完全的主权，仍在英帝国的体系之内，但它的成立标志着殖民地时代的结束，加拿大正式立国，为其资本主义发展奠定了基础。

颁布第一部移民法，促进了移民的进程。建国后最早的移民主要是来自英国、美国和北欧的一些富有的农场主和农业工人。最早的中国移民也在这个时期来到加拿大，由于历史的原因，早期的中国移民在加拿大受到歧视，移民的规模不大。19 世纪 80 年代初期，随着加拿大太平洋铁路向西部的修筑和逐渐延伸，移民随着铁路到来，在铁路沿线引起了短期的土地开垦。据统计，1882 年约有 2.5 万人移入大草原，1883 年约为 10 万人。1871—1891 年，马尼托巴的人口从 2.5 万人增至 15.3 万人，这一地区的大量荒地被开垦。但 1883—1886 年经济的萧条及西部的寒冷气候造成耕作较为困难，使移民迅速衰退。而美国经济相对繁荣，大部分到加拿大的移民又迁往美国，使它成为一个人口的净迁出国。1871—1891 年，加拿大净减少 30 万人口，到 1891 年，马尼托巴和西北地区的居民仅 25 万人。西部地区仍是荒芜的，不具备吸引移民的条件，加拿大人口仍然主要集中在东部老省区。

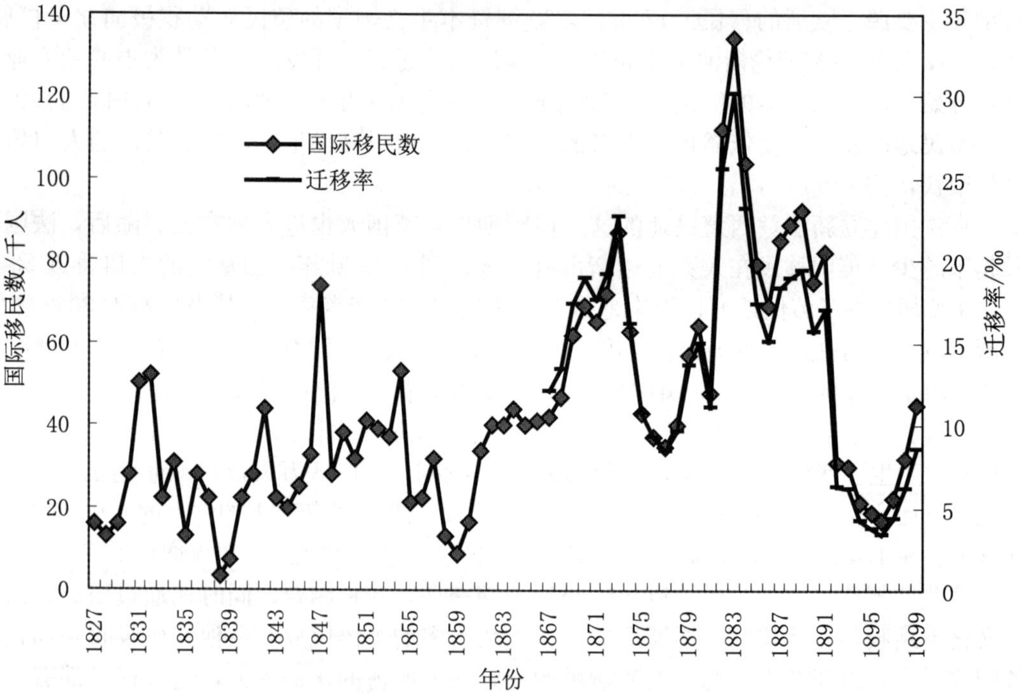

图 11—1　加拿大早期国际移民的变化（1827—1899 年）

资料来源：［英］B.R. 米切尔. 帕尔格雷夫世界历史统计·美洲卷（1790—1993）［M］. 北京：经济科学出版社，2002.

从 1899 年至第一次世界大战前的 1914 年，加拿大经历了其历史上最大的一次移民高潮，以 1902 年至 1911 年这十年表现更为明显。这一现象的出现是与加拿大的经济繁荣、美国边疆的“完结”和政府的鼓励移民政策息息相关的。这一时期加拿大国内的一些因素促使了移民潮的到来，除了自由移民政策外，交通运输条件的改善是一个重要因素，加拿大太平洋铁路早已建成通车，为移民进入西部提供了便利的交通条件。1896 年，加拿大政府为吸引移民进入加拿大，在国内外掀起了巨大的声势，使大量欧洲移民有组织地进入加拿大，对移民潮的发生起了很大的推动作用。

据统计，1899 年有 4.5 万人移居加拿大，1905 年为 14.1 万人，1910 年达到 28.7 万人，在第一次世界大战爆发前的 1913 年增至 40.1 万人。在移民的高峰期，即 20 世纪头十年的移民浪潮使加拿大人口增长近 140 万。1901 年，加拿大人口总数为 537.1 万人，1911 年增至 720.7 万人，10 年中人口增长了近 35%。并不是所有的移民都前往西部，也有许多移民定居繁荣的东部城镇或加入北部矿区，但大部分移民都到西部定居。这些人中有近 100 万定居草原地区和不列颠哥伦比亚。

移民地区的分布不平衡使加拿大人口分布发生变化。西部地区人口增长迅速。其中马尼托巴的人口从 1901 年的 25.5 万人增至 1911 年的 45.6 万人，增长率为 78.8%；萨斯喀彻温和艾伯塔两省是这一时期的移入中心，人口分别增长了 440%和 400%。这种情况与东部省区形成鲜明对照。同一时期，爱德华王子岛的人口不仅没有增长，反而有所下降，新斯科舍省人口增长幅度也比较慢。人口最为集中的魁北克省和安大略省的人口增长率分别为 21.5%和 15.6%。移民浪潮促使西部经济开发，促进了加拿大经济的发展。

新移民主要来自美国、英国和欧洲大陆。其中来自英国的约有 100 万人，来自美国的约有 75 万人，来自欧洲大陆的超过 50 万人。从美国中西部进入加拿大的移民，许多人原来就是加拿大移民的后裔，其祖辈、父辈当年为寻求机会离开加拿大迁往美国，但随着美国“自由土地”的消失，不得不重新转向加拿大。新移民大多数来自德国、俄国、波兰、乌克兰和意大利等欧洲国家。尤其是德国人很多，成为加拿大的第三大种族集团。在 20 世纪初，加拿大的人口结构发生了巨大变化。过去占主导地位的是英裔和法裔，其占全国总人口的比率从 1871 年的 92%下降到 1917 年的 83%。也就是说，少数民族居民在全国所占比重增长了 1 倍左右。这些人大多数集中于草原地区，使加拿大呈现出更为复杂的民族局面。

11.2　人口动态与分布

加拿大的人口在欧洲移民到达以前一直很少，16 世纪初期大约有 25 万人。1534 年，欧洲移民首次抵达加拿大东部海岸，不过移民的规模很小，到 1650 年，其人数均未超过数百人。17 世纪初，欧洲移民开始进入加拿大。在这个世纪，移民主要是以法国人为主，他们集中分布在圣劳伦斯河两岸。当 18 世纪中叶英国人进入加拿大后，法国移民开始减少。到 1800 年，加拿大的人口将近 50 万人，法裔仅占其中的 30%。这些数字大多是估算而来的。从 1851 年开始，加拿大开始进行第一次人口普查，其后的数据均是较为可靠的。自 19 世纪中期以来，以英国人为主的外来移民大量进入，加上较高的自然增长率，使加拿大的人口数持续上升，1901 年达到 537.1 万人（见表 11—1）。

加拿大人口的自然增长率在发达国家中一直比较高，这是由于移民多，人口年龄结构比较轻，出生率偏高，死亡率低。在移民的初期，加拿大人口出生率很高，从 17 世纪初期到 19 世纪初期一直保持在 50‰左右，有时高达 60‰。19 世纪后半期，经济发展相

表 11—1 加拿大的人口变动

年份	总人口/千人	人口增加率/%	期间	增加人口/千人	比前期增长/%	迁入人口/千人	迁出人口/千人	净迁入人口/千人
1851	2 436	—	1851—1861	793	32.6	352	170	182
1861	3 230	2.9	1861—1871	460	14.2	260	410	−150
1871	3 689	1.3	1871—1881	636	17.2	350	404	−54
1881	4 325	1.6	1881—1891	508	11.7	680	826	−146
1891	4 833	1.1	1891—1901	538	11.1	250	380	−130
1901	5 371	1.1	1901—1911	1 835	34.2	1 550	740	810
1911	7 207	3.0						

资料来源：［英］B.R. 米切尔. 帕尔格雷夫世界历史统计·美洲卷（1790—1993）［M］. 北京：经济科学出版社，2002；阎海琴. 世界人口［M］. 北京：社会科学文献出版社，2009.

对迟缓，人口大量外流，出生率逐渐下降，到 1900 年降至 30‰。加拿大人口死亡率的下降也比较快，早在 19 世纪 90 年代已下降到 16‰以下，这在发达国家中是偏低的。

加拿大位于北美洲北半部，东临大西洋，西濒太平洋，北靠北冰洋，隔北冰洋与俄国的北部地区相望。西北部与美国的阿拉斯加州接壤，南部同美国本土为邻。领土面积 998.467 万平方千米，几乎占北美洲的一半，是一个疆域辽阔、资源丰富的国家。加拿大最早的居民是印第安人和因纽特人，他们比欧洲人早数千年到北美大陆繁衍生息。据推测，他们大约是在新生代末期从亚洲大陆东北部经白令海峡进入美洲的。到 16 世纪欧洲人来到北美大陆时，估计在加拿大境内的居民有 25 万人左右。印第安人是主要的土著人种，分布很广。住在西北地区沿海、北极岛屿等地的是因纽特人，人数很少。

加拿大东海岸地带和圣劳伦斯河两岸是最早的移民开发区。17 世纪初，法国人和英国人先后来到加拿大，他们带来了当时欧洲的资本主义制度、资金、技术和劳动力。此后，欧洲移民不断向内地推进，19 世纪初期，由安大略、魁北克两省组成的核心区已经形成，而西部各省从 19 世纪后期才陆续开发。这一经济发展过程在人口分布上有显著的反映。纽芬兰、爱德华王子岛、新斯科舍和新不伦瑞克东部在总人口中的比重逐渐下降，从 1851 年的 25.0%降至 1901 年的 19.7%，安大略和魁北克两省人口在这一时期也呈现下降趋势，从 72.3%降至 65.7%，而西部草原区的马尼托巴、萨斯喀彻温、艾伯塔三省和远西区的不列颠哥伦比亚省在总人口的比重逐步上升。至于位居北方的育空、西北、纽纳沃特三地区，在总人口中的比重极小。

尽管自 19 世纪以来加拿大是世界上人口增长最快的国家之一，但加拿大地广人稀，1901 年全国人口为 537.1 万，人口密度平均每平方千米只有 0.5 人，且人口分布很不平衡，全国 90%的人口居住在同美国接壤的南部狭长地带，而广大的北部寒冷地区人迹稀少。如果从苏必利尔湖口的苏圣马里向东画一条直线到达魁北克城，则线南直至美国和加拿大边界的狭长地带，这一地域占国土总面积不足 3%，却集中了全国人口的 57%，区内坐落多伦多、蒙特利尔和首都渥太华 3 个大城市，平均密度达到每平方千米 67 人。加拿大另一个人口比较稠密区位于草原三省的南部，面积占全国的 6.2%，人口却占到 15%，平均密度达每平方千米 8 人。

总的来看，这种人口分布特征与加拿大的自然条件和经济开发的历史是十分密切的。南部的狭长地带，与北部比较，冬季严寒时期较短，夏季温暖，平原地区适于春小麦和牧草生长，从而吸引了大量外来移民；东部圣劳伦斯河下游谷地和五大湖区域是欧洲殖民者首先到达和经营的地区，经济和工业都很发达，人口稠密；而西部地区经济开发相对较晚，随着横贯加拿大大陆的“太平洋铁路”的修建，以及太平洋沿岸地区的经济开发，导致大量移民流入这一地域，人口相对集中，从而形成独特的人口分布特征。

11.3 交通运输

在19世纪，世界各地的交通运输改善都成为经济发展的中心环节，加拿大也不例外。加拿大国内拥有全世界可开发的最优良的自然交通系统。在加拿大范围内，几乎所有物品都可以水路运输。尽管如此，自然交通运输仍存在某些缺陷。尼亚加拉大瀑布阻断了安大略湖和上游各湖的连接。圣劳伦斯和渥太华在主要的河流线路上，许多急流阻碍了货物逆流而上。围绕急流的装有水闸的运河是最有力的证据。早在18世纪晚期，蒙特利尔初步尝试在急流周围修建了一条小型运河，而急流恰好位于城市上游。

加拿大意识到运河是改良交通运输的解决办法，开始修建拉钦运河和韦兰运河，前者是为了避开在蒙特利尔上游的圣劳伦斯的急流，后者是为了绕开尼亚加拉瀑布群。拉钦运河和韦兰运河是同时代修建的，拉钦运河完工仅比最先的韦兰运河晚了5年。由此可见，加拿大很早便预期到北美运河的大发展。在19世纪40年代，人们建成三条短运河来绕过圣劳伦斯的急流，同时扩建了拉钦运河和韦兰运河。到1848年，加拿大拥有一流的运河系统，使圣劳伦斯—大湖水域成为世界上最好的内陆水运体系，这些运河都是可航行轮船的运河。[1]

英国军方在1826年至1834年修建了一条由圣劳伦斯河上的金斯敦到渥太华河上的拜城的长距离运河。该运河拥有一些大型的建造坚固的水闸，却没有拖船路，显然是为了使它在开始时就能航行汽船，但它的商业价值有限，主要是作为从蒙特利尔向上加拿大运送军用物资的通道。加拿大还建造了一些小型运河：围绕着黎塞留河的急流建造的运河、围绕渥太华河急流的两组水闸、一条在格兰德河较低河区的运河。

加拿大在运河交通建设中投入的大量精力远远超过了经济需要。花费如此巨大的投资，部分原因是要求短运河能航行大型船只，另外也是因为长期热望利用圣劳伦斯水系运输美国中西部的产品。然而，圣劳伦斯水系的真正缺陷在于从魁北克出发穿越大西洋的水路，可使用这条航线的季节较短。加拿大的大部分运河投资可能也显得过早，当运河建成后，直到1848年以后才从对英国出口的小麦中获利。

加拿大在修建运河和蒸汽航海方面是比较先进的，但在铁路修建方面却发展缓慢。1936年，加拿大开始修建第一条铁路，这条铁路从圣劳伦斯河旁蒙特利尔对岸的拉普雷里到黎塞留河畔的圣让，该线从属于两河之间的水运系统，构成了一种水路联运的新模式，给蒙特利尔和纽约之间的客货运输提供了便利迅捷的交通线。由于条件有限，该线仅长23.2千米。与之相类似的还有1847年开通的蒙特利尔至拉钦的铁路，全长近12千米，也是服务于水运系统。

这样到1850年，只有54英里铁路处于运营中。铁路在随后的10年里迅速发展。为了增强竞争能力，加拿大开始在东部地区修筑铁路。1856 年，从多伦多到蒙特利尔的大干线铁路建成通车，并且与波特兰、纽约和波士顿联结起来。在西安大略地区也建成了一些铁路线，蒙特利尔附近的铁路尤其密集。到 1860 年，加拿大已经拥有了 1 800 英里的铁路线。

在 19 世纪 50 年代，加拿大还建设了其他一些由湖泊或河口反向延伸到内陆的线路。普雷斯科特—拜城线路连接了圣劳伦斯港和渥太华河上的重要的锯木业中心。1859 年，另一条与上述线路大致平行的铁路竣工。在更远的西部，布法罗和休伦湖之间从尼亚加拉边界到休伦湖的戈德里奇线路已经修建，而加拿大公司的中心在休伦湖地区。

加拿大铁路大干线是一项巨大的投资，这条铁路计划从魁北克城深入到美国，到达休伦湖南端的萨尼亚，并且平行于加拿大著名的水路系统。该项目在英国资本市场上靠大部分声誉良好的公司融资，实际上是加拿大的州铁路。正如计划的那样，它成为世界上最长的铁路。它没有采用能在开始带来收益的分段施工，而是立即同时开工，在每一个出口都可以到达圣劳伦斯河和大西洋，但这一项目完成后并没有运输货物。虽然开始修建时并不顺利，但最终它还是按步骤施工成为一条伟大的铁路。19 世纪 50 年代蒸汽机车的第一次传奇引发了一场铁路建设的大规模投资，到 50 年代末期，加拿大已经形成了一个庞大的铁路网。

1867 年，加拿大邦联自治领成立，加快了铁路修筑的步伐。1867 年的联邦宪法写入了政府提出的修建殖民地铁路方案。同年，运输部成立，领导和管理全国运输，加拿大铁路建设迈出了关键一步。第一阶段的第二次修路高潮也由此开始。

当时加拿大的西部地区——英属不列颠哥伦比亚地区还未归入加拿大版图。由于该地区横亘北美最大的山脉落基山脉，峰峦险阻，使其与加拿大东部地区的联系几乎隔绝，而与美国西北部的华盛顿州、蒙大拿州的交通却更为便捷。1869 年，美国修成贯穿北美大陆的太平洋铁路后，不列颠哥伦比亚地区加入美国的意愿更加强烈，提出除非加拿大在 10 年内建成一条铁路贯穿落基山，否则就脱离加拿大，加盟美国。①

1879 年，加拿大联邦之父约翰·亚历山大·麦克唐纳（John Alexander Macdonald，1815—1891）再次出任联邦总理。针对美国吞并西部的威胁，麦克唐纳总理认识到修建铁路的迫切性，他指出，在国家政策的各项方略中，太平洋铁路起着关键性的作用。麦克唐纳曾经预言：一旦铁路建成，我们才将变成真正统一的国家，既有共同利益，又有巨额省际贸易。铁路还是移民西部草原、促进东部发展的手段，它将保证国家的统一并促进它的发展进步，它是未来之车。1885 年，整个太平洋铁路全线贯通，比原计划预定的时间表提前了 5 年。同时，第一列在此线路上运行的火车用了 5 天的时间从蒙特利尔西至太平洋沿岸的温哥华，贯穿加拿大，全程 4 667 千米，成为加拿大的一大标志。除

① 美国的威胁使修建太平洋铁路提上了日程。整个美国在 19 世纪中期都“信奉天定命运要统治整个北美大陆”。1869 年，明尼苏达州议会甚至通过决议，要求兼并整个加拿大西部。美国铁路更是向北扩张的急先锋。靠近美加边界的北太平洋铁路早就蠢蠢欲动，力图染指加拿大西北地区。当时美国从俄罗斯手中购买到阿拉斯加之后，拼命向西部扩张，对加拿大西部地区构成了严重威胁。美国也在努力争取 BC 省加入合众国，并且开出了很多优厚的条件。迫于政治压力，麦克唐纳同意不列颠哥伦比亚地区的条件，决定效仿美国修建一条连接加拿大东西部的太平洋铁路。不列颠哥伦比亚地区随后成为第六个加入加拿大联邦的省份，这就是加拿大修建太平洋铁路的缘由。

了干线，加拿大政府还为太平洋铁路修筑了支线。例如，从干线以北修筑了从里贾纳到达萨斯卡吞和阿伯特，从卡尔加里到达埃德蒙顿的铁路线，支线的修建使移民可以在更广的领域活动。

此后，加拿大先后修筑了三条横贯大陆的铁路系统。它们分别是：太平洋铁路，麦克唐纳时期修建；北方铁路，劳里埃时期修建；大干线太平洋铁路，劳里埃时期修建。其中修建太平洋铁路成为加拿大的三项国策之一，也成为维护加拿大联邦统一的基石，在加拿大经济史上占有最重要的地位。

11.4　工业发展

从18世纪后期到19世纪初期，随着西欧资本主义向海外扩张，加拿大东部陆续兴办了一些资本主义工业企业。1840年，上加拿大、下加拿大的联合[2]，形成了巨大的统一市场，推动了加拿大工业的发展，一系列工业产品涌现出来。19世纪50年代和60年代是造船业的全盛时期。汽船很早就在河流湖泊上通行。早在19世纪20年代，加拿大已在制造蒸汽机和其他新增的资本品。在1855—1860年间，加拿大也在制造蒸汽机和铁轨。

由工厂生产的纺织品是工业革命的标志。加拿大在这一部门明显处于落后地位。加拿大首先建立了大量小型羊毛加工厂。在早期，加拿大就有很多当地的羊毛梳理、漂洗作坊，其中一些扩大成为纺线和织布厂。到19世纪40年代，羊毛加工作坊经历了一场大飞跃。这些工厂主要生产羊毛毯和羊毛制成的法兰绒，更高级的毛织品和精纺毛纱仍然从英国进口。棉纺织业缓慢出现，且发展不完善。新英格兰在移居的法裔加拿大人的帮助下扩张了棉纺织行业，但这种扩张并不显著。1844年开办了加拿大第一家棉花加工厂，随后在60年代早期，已经建成了一些传统的棉花加工厂。[3]这些加工厂在相当程度上是试验性的小型作坊，生产效率低下。

加拿大的另一种主导产业——木材加工业在19世纪中期以后发展迅速。在1850年，少量大型锯木厂生产了几乎一半的出口锯木。19世纪50年代，大型作坊数量迅速增加，特别是渥太华流域更是如此。拜城后来更名为渥太华，成为世界主要的锯木厂中心。它拥有巨大的水力资源，并恰好位于主要运输线上。到1860年，渥太华拥有一大批商业作坊，其中包括世界上独一无二的最大锯木厂。

农业机械制造对工业提供了有力的支持。在19世纪40年代，小型工厂出现了，生产风力碾磨机、脱粒机、改良耕犁和专利掘根机。到了60年代，又建立了一些生产农业机械的工厂，与此同时，加拿大国内市场上出现了一些相对大规模的农业机械制造者。加拿大基本上实现了农用机械制造的自给自足。

加拿大制造商依靠美国的技术，复制了美国的发展模式。人们用机器制造木家具、鞋楦以及其他各种产品。到了19世纪60年代，加拿大可以制造缝纫机，靴子和鞋子也可以用机器缝制。值得注意的是，加拿大制造业发展很快，在很大程度上借鉴了美国的先进技术。例如，艾布拉姆·格斯纳（Abram Gesner）搬到纽约建立了提炼厂，生产他新发明的“煤油”——一种从石油中提炼的高级照明剂，从而奠定了世界石油工业的基础。

在下加拿大，工业发展大量集中在蒙特利尔。到1850年，它是加拿大最大的城市，其随后的增长有助于它成为一个重要的多样化工业中心。蒙特利尔有铸造厂和发动机厂、机车厂和车辆厂，还有裁缝厂、成衣厂和鞋厂。同时，蒙特利尔的传统产业同样重要，它是全国磨面业的中心，并以啤酒厂和炼糖厂而闻名。[4]

到19世纪最后30年，英国和美国开始以较大规模向加拿大输入资本，在加拿大修建铁路，刺激了加拿大工业的发展。接着，它们又大量以直接投资方式在加拿大兴办了一些重要的工业企业，使加拿大工业获得了较为迅速的发展。这一时期，加拿大工业的年平均增长率为3.1%。到19世纪末期，工业生产在国民生产总值中的比重仍略低于农业生产，而在农业生产中，资本主义大农场当时很少，因而当时加拿大的资本主义经济还不太发达。

20世纪初到第一次世界大战前夕，加拿大工业发展较快，经济结构也有较大变化。20世纪最初十年，工业和农业生产都有较大增长，工业总产值的平均年增长率为8.6%，农业总产值的平均年增长率为6.0%。到1910年，工业总产值虽高于农业，但农业仍然是首要经济部门。在1911年，农村人口仍多于城市人口，从事农业生产的劳动力有93.4万，从事工业生产的劳动力仅43.5万。直到第一次世界大战前，加拿大工业还不发达，还没有改变作为一个农产品和工业原料生产国的格局，仍生产为数不多的几种大宗产品。采矿业主要开采有色金属，如铜、铅等，贵金属如黄金、白银等，以及非金属矿产石棉等。这一时期的冶炼工业、纺织工业和加工工业发展较快。

11.5 工业化与人口城市化

工业化的发展通常伴随着城市化的进程。同其他发达国家一样，伴随着工业化的发展，加拿大的城市化也比较迅速。1871年，城镇人口占总人口的比重已达22%，此后则不断扩大。1890年增至30%，到1920年，加拿大的城镇人口比重已达到50%。在两大工业区安大略省和魁北克省，城镇人口已超过了农村人口。蒙特利尔和多伦多是加拿大最著名的城市。

这一时期，蒙特利尔是加拿大最大的城市，它不仅是最大的港口，还是加拿大制造业、银行和铁路的中心，1911年蒙特利尔人口已达到49.1万人。同年，多伦多人口为38.2万人，是加拿大第二大城市。同一时期，太平洋沿岸的圣约翰和哈利法克斯随着加拿大的经济中心的转移和工业化的发展呈衰退趋势。西部的温尼伯、汉密尔顿、温哥华等城市的地位越来越重要。但总体而言，西部城市化的实现由于工业化进程比较缓慢明显低于东部的水平。

在1871年，大草原没有城市，这个地区的人口大约有7.3万人。20世纪初期以后，城市化进程加速。1911年出现了12个5 000人以上的城市，其中温尼伯的人口达到15万人，成为西部最大的城市。同年西部的人口超过130万人，城镇人口比重已达到35%。而且，大草原上城市的类型也基本上建立起来，温尼伯、温哥华、卡尔加里和埃德蒙顿成为西部显著的城市中心。这些城市在很大程度上依赖于资源基础，其城市化的速度与西部经济繁荣密切相关。而且城市的面积随着人口的增加而不断扩大。例如，温尼伯在 1873 年面积是 1 920 英亩，1913 年扩展到 14 861 英亩。埃德蒙顿在 1892 年仅是一个占地 2 162 英亩的镇，经过不断扩充，到 1917 年扩充到 26 290 英亩。西部城市的人口密度也远远低于东部，1900 年，埃德蒙顿、卡尔加里、萨斯卡通和里贾纳在加拿大 20 个最大城市中人口密度最低，其中埃德蒙顿人口密度仅为每英亩 0.15 人，而东部城市蒙特利尔每英亩为 8.2 人，多伦多为 14.7 人。根据 1900 年的统计，蒙特利尔人口为 26.8 万人，依然是加拿大的最大城市，多伦多是第二大城市，人口 21.9 万人，渥太华是第三大城市，人口 6.0 万人，汉密尔顿是第四大城市，为 5.3 万人，温尼伯是第五大城市，人口 4.2 万人。西部有两个城市跃居全国五大城市之列，说明随着农业和工业化的进展，西部城市在全国的地位上升很快。

加拿大作为高度城市化的国家是显而易见的。在加拿大全国城镇体系中，蒙特利尔和多伦多是加拿大的两座大城市。蒙特利尔是加拿大第一大城市，坐落在渥太华河和圣劳伦斯河交汇处。过去曾在很长时期内为加拿大的第一大城市，由于多年以来打下的基础，其工业产值长期居全国第一位。工业地位不容忽视，金融以及工商业也很发达。加拿大经济中心的多伦多是加拿大第二大城市，它作为安大略省的省会，位于加拿大心脏地区，接近美国东部工业发达地区，如底特律、匹兹堡和芝加哥等。电子工业、金融业及旅游业在多伦多经济中占有重要地位。这两个 20 万人以上大城市在当时加拿大全国城镇体系中的地位是非常突出的，但其仍然低于许多发展中国家的人口密度，这从一个侧面可以说明，加拿大是一个地广人稀的国家。

11.6 农业发展与劳动力转移

加拿大的农业是随着欧洲移民的涌入而逐渐发展起来的。从 17 世纪到 19 世纪上半期，欧洲移民除了在中部沿着圣劳伦斯河流域扩大耕种区外，还把农业扩展到东部大西洋省份。但农业发展是较为缓慢的，农业生产水平很低。然而，小麦在这一时期的农业中扮演了重要角色。这主要是由于小麦比大多数其他形式的农产品的劳动密集程度更高，除了未开垦的土地，早期农场主拥有最多的就是劳动力。种植小麦是依靠有限资本而收获的途径。在 19 世纪上半期，通过向英国出口的小麦造就了繁荣，小麦确定为上加拿大的大宗产品。因此，用于出口的小麦成为加拿大农业经济的支柱。

在 19 世纪下半期，随着向西部地区移民浪潮的兴起，大片土地迅速得到开发，谷物产量增长较快，特别是小麦产量直线增长，小麦在加拿大经济中占有其他产品无可比拟的主导地位，以致在长达 40 年的时间里加拿大经济被称为“小麦经济”。

从 19 世纪末期到 20 世纪 20 年代，是加拿大开发中西部草原区和农业大发展的时期。为了开发草原区，加拿大政府在 1872 年制定了《自治领土地法案》，规定每一个移民缴付少量登记费，即可申请占用面积达 160 亩的土地。3 年后缴足移民税，即可取得土地的所有权。《自治领土地法案》的实施促进了草原区的开垦。随后，东部人口的增长和土地不足的压力，以及英国和法国等欧洲国家工业的发展，造成对农产品日益增长的需求，都促成了西部的开发。1886年从蒙特利尔到温哥华铁路线的铺成，对大批欧洲移民进入西部起了重要作用，使草原人口迅速增长，新移民除了东部人口西部移动外，来自外国的移民也急速增长。从1901年到1921年，整个加拿大人口增长了0.6倍，而草原人口从42万人增至196万人。

在19世纪90年代以前，西部农业垦殖主要是在铁路沿线进行的，形成了一个狭长的拓殖地带，从农场数量和改良土壤数量看，其增长并不显著，加拿大农业仍然主要集中在东部。随着向西移民浪潮的迅速发展和农业技术的改进，草原区的大片土地被开垦，农场数量剧增，谷物产量成倍增长，这种土地开垦和农业发展速度是加拿大历史上前所未有的（见表11—2）。

表11—2　　加拿大各地区的农业增长（1881—1901）

地　区	农场数量/千个			改良土壤数量/千英亩		
	1881	1891	1901	1881	1891	1901
沿海省	106	112	105	3 731	4 222	3 394
魁北克	138	175	140	6 410	8 071	7 440
安大略	207	216	204	11 294	14 258	13 266
草原省	10	31	55	279	1 267	5 573
不列颠哥伦比亚	3	6	7	185	58	474

资料来源：J. L. Granatstein，etc. *Nation*：*Canada since Conferdertion*，PP. 69.

在1896年，共有14 000万英亩的土地可供开垦，其中60万英亩作为自由宅地开发，其余由私人所有者和个体企业家出售。自由宅地对欧美的移民具有很大吸引力。从1896年到1913年，超过100万的移民进入草原三省，占领的土地增加了7倍，小麦产量增长10倍[5]。自由宅地数量从1901年的456 943块激增至1910年的832 140块。1911年，大草原省份共占用土地5 750万英亩，其中约40%是经过改良的土壤。加拿大的小麦产量1901年为5 557万蒲式耳，1921年增至2.63亿蒲式耳。西部生产的小麦除了满足本国消费外，开始大量出口。从1901年开始，小麦成为全国产值最大的出口品。到1911年，小麦出口占加拿大总出口贸易的16%，1921年其所占比重已超过25%，收益高达3.11亿美元。① 加拿大由粮食进口国一跃成为主要的粮食出口国，每年出口的小麦和面粉占生产量的一半以上。

在这一时期，加拿大的农业技术也发生了变化。西部大草原垦殖时期，虽然人口增长迅速，但农业劳动力不足，促使了农业半机械化和机械化的发展。但第一次世界大战前，加拿大工业发展程度低，内燃机尚未推广应用，石油工业还不够发达，农业只能走以半机械化为主的道路。在20世纪20年代以前，农场普遍使用改良农具，收割机、捆扎机和打谷机大增，但牵引力主要是畜力，运输工具主要是四轮马车和马拉雪橇，马匹

① 19世纪30年代，加拿大经济出现危机，魁北克地区出现路易·巴皮诺（Louis Joseph Papineau）领导的法裔暴乱，安大略地区也发生了麦肯齐（Mackenzie）反对英国统治的叛乱，而且诺瓦·斯高莎省和加拿大省都相继出现民众骚乱。在这种情况下，英国政府不得不调整对加拿大的统治政策，1840年，上下加拿大被合并为一个“加拿大”。

的数量从 1871 年的 83 万头增至 345 万头。加拿大仍处于“马拉农具时代”。

在农业发展的过程中，加拿大出现了农村劳动力大规模转移的现象。由于服务业的发展，农业就业人口逐渐减少，到 1921 年，农业就业人口所占比重减少到 37%。值得注意的是，19 世纪 90 年代以后到 20 世纪初期，加拿大劳动力转移的速度是较快的，农业劳动力在加拿大各行业的总就业人口中所占比例虽然不大，但加拿大的农业却是世界上最发达的国家之一，其农业人口经济活动类型具有发达国家的典型特征。

11.7 加拿大邦联的建立与经济

加拿大于 16 世纪沦为法英殖民地，1756—1763 年，英国和法国爆发了“七年战争”，法国失败后，加拿大于 1763 年正式成为英属殖民地。1864 年，加拿大自治领地诞生，约翰·亚历山大·麦克唐纳出任第一届政府总理。在 1867 年，由三个英属北美殖民地——新斯科舍、新不伦瑞克、联合加拿大联合起来组成的新的邦联州成为加拿大的一个自治领。其他两个英属殖民地——纽芬兰和爱德华王子岛，在那时也倾向加入联合体。加拿大的政治家们自 1864 年开始讨论这一计划，最终依靠英国议会通过一项法案才得以实现。

然而，加拿大大部分是由法属下加拿大和英属上加拿大靠立法联盟组建而成，无法保证计划的实施，加拿大殖民地之间的政治僵局是对邦联计划的直接冲击。加拿大政治家竭尽全力寻找打破英国和法国僵局的办法。各沿海殖民地开始筹划一个立法联盟，并最终在 1864 年召开会议。加拿大较大殖民地的代表们制订了解决问题的计划。

首要的经济问题是更加广泛的市场需求。每个英属北美殖民地都是小规模的。人们已经尝试通过与美国互惠解决市场规模问题。但是美国退出了这一制度，并于 1866 年废除了《互惠条约》。至少作为次优选择，各英属北美殖民地应该合并成单一市场。然而，邦联背后的经济动因不仅在于此。在加拿大殖民地，一些人相信持续的经济繁荣与领土规模急速扩张有关。这些土地在英国法规的授权下，由哈德逊公司拥有和掌管。这片土地包括上千英里不适于居住的地区和一些西部的大片草原，这些地区可开发成新的农业边疆地区。因此，加拿大的政治家们开始思索，把这些地区的扩张当作解决加拿大经济问题的方法。

沿海殖民地的人们对邦联的主张缺乏热情，并没有投入到这场领土扩张的计划中去。由于他们热衷于商业和航运，所以更倾向于向大西洋发展。沿海地区的人们设想把沿新英格兰边界的地区改造成经济地区。通过这种方式，沿海地区的人们在加拿大邦联的棉纺织和金属产品制造业中找到新的增长点。这包括远离大西洋以及重新定位繁荣的航运和造船业，向北美大陆发展。[6]

1868 年，英国议会通过了《鲁珀特地方法案》，表示支持自治领与哈得逊公司进行协商，以便将公司的土地移交给自治领。1869 年 3 月，二者进行谈判并达成协议，麦克唐纳以 30 万英镑的价格购买了鲁珀特地区和西北地区的所有权。鲁珀特地区和西北地区有若干个印第安部落和红河居民区，在西部从事毛皮贸易的法国商人和印第安妇女的后代梅蒂人陆续到此定居。[7]

1870年，自治领获得原属英国哈得逊公司在西部、西北部的大片领土。1871年建立了马尼托巴省，这些土地是以地区形式管理的无人定居的草原的剩余地区。同年，不列颠哥伦比亚省加入联邦。在1873年，爱德华王子岛也加入邦联。到1873年，麦克唐纳政府以惊人的速度完成了加拿大自治领扩张与统一的任务，使加拿大从最初建国的四省扩展到了半个北美大陆。为巩固自治领、发展国内经济，麦克唐纳提出了3项国家经济政策：大力组织向西部移民，开发西部；修建横贯东西的加拿大太平洋铁路；实行保护关税。这三项政策为加拿大早期经济的繁荣奠定了基础。

加拿大邦联的经济计划是为了形成一个现存的英属北美殖民地的经济同盟，同时在西部草原上建设一个新的边疆殖民地，与国家旧有区域完全相连并提供经济发展的动力。这是一个双向计划，通过新的农业殖民地实现规模增长，同时在旧区域扶持工业发展。发展计划的中心议题是政府对新得到的领土上的自然资源尤其是土地的控制。运输是加拿大邦联计划的重要特征，而铁路是廉价的运输方式。邦联条例本身的设想反映了为发展新加拿大而制订的宏大经济计划。[8]

11.8　19世纪晚期的人口经济

19世纪晚期——从1867年邦联成立到19世纪末，加拿大的经济发展是比较顺利的，实际国民生产总值持续上升（见表11—3）。但是19世纪70年代的起伏是很大的，1872年的经济萧条降到最低点后逐渐上升，1874年达到了很高水平（见图11—2），随后有所波动，但1876年以后继续呈现上升的局面。实际上，1876年和1877年的实际收入仅略低于1870年的水平，总产值高出了13%。值得注意的是经济停滞绝大部分表现在农业上，而这个部门占加拿大40%的国民收入。与此相反，制造业、贸易和服务业的产出增加了16%。除了严重衰退的皮革制造业，所有制造业部门都出现了产出的增长。食品和饮料制造、运输设备取得了巨大的增长。出口额也在上升，特别是先进的木材部门一直维持着主要出口品的角色。总的来看，加拿大经济在1870年至1878年的进展是比较缓慢的，但是在经济发展的过程中，人口作为经济的重要变量，增长较为迅速，这一时期加拿大人口从367.5万人增加到412万人，仅8年期间增长了12.1%。

表11—3　　加拿大的人口经济

年份	名义国民生产总值/百万加元	实际国民生产总值/百万加元	实际国民生产总值增长率/%	人口/千人	人口增长率/%	人均国民生产总值/加元
1867	419	695	—	3 463	—	2 007
1870	458	747	—	3 675	1.68	2 032
1880	612	1 096	11.26	4 255	1.67	2 576
1890	815	1 408	2.47	4 779	1.06	2 946
1900	1 032	1 849	4.52	5 301	1.26	3 488
1910	2 138	3 087	1.84	6 988	2.77	4 418

资料来源：[英] B.R. 米切尔. 帕尔格雷夫世界历史统计·美洲卷（1790—1993）[M]. 北京：经济科学出版社，2002.

加拿大农业的衰退主要体现在规模大而重要的家畜部门。在美国内战和战后重建时期，加拿大向美国出口了大量易于饲养的牛和马。当得克萨斯草原的牛进入美国中西部后，这项贸易量随之大跌。加拿大的家畜生产迅速减退。虽然其他地区的种植业部门持续发展，但是不足以弥补其遭受的损失。乳业产出增长很快，但这一部门仍旧太小，难以对总体经济产生很大的影响。这一时期的加拿大经济停滞不是工业停滞，而是农业停滞，主要集中在农业部门中的一个大部门。[9]

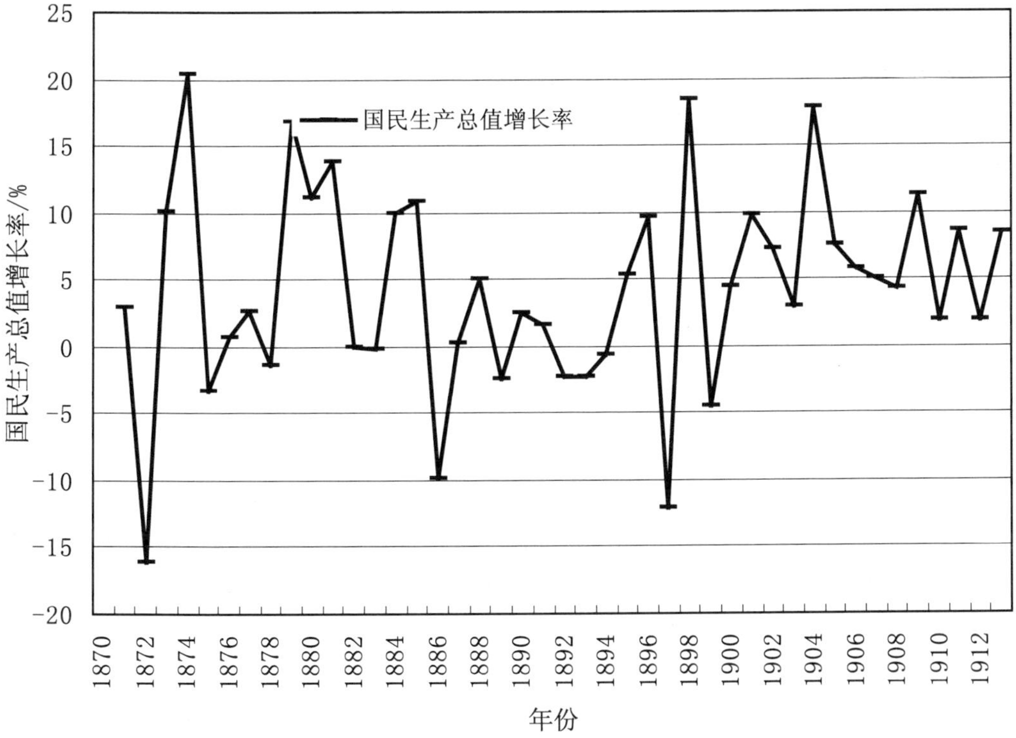

图 11—2 加拿大的经济增长率

注：加拿大的经济增长率根据历年的实际国民生产总值得出。

资料来源：[英] B.R. 米切尔. 帕尔格雷夫世界历史统计·美洲卷（1790—1993）[M]. 北京：经济科学出版社，2002.

到1879年，加拿大的实际国民生产总值超过了任何一年的水平。经济萧条结束了，经济在三年中快速增长。19世纪最后20年是比较有活力的时期，实际国民生产总值增长率尽管低于美国同时期的增长，但还是达到3.3%的水平（见表11—4）。这一扩张具有广泛的基础，所有经济部门的产出都在大幅度上升。木材和谷物出口迅速上升，以所占比例衡量，乳业出口增长尤为迅速。农业所有部门总产出都在上升，其中小麦和其他小粒谷类作物上升最快。制造业产出在这一时期也大量增长，部分是主导工业部门木材产业复苏的结果，但是钢铁产业、服务业、纺织业、食品和饮料工业也实现大幅度增长。

表 11—4　　加拿大人口经济的增长率

时期	实际国民生产总值增长率		人口增长率		人均实际国民生产总值增长率	
	加拿大	美国	加拿大	美国	加拿大	美国
1870—1880	2.6	5.6	1.6	2.3	1.0	3.3
1880—1890	3.2	3.5	1.2	2.3	2.0	1.2
1890—1900	3.4	4.2	1.0	1.9	2.4	2.3
1900—1910	5.9	4.3	2.8	2.0	3.1	2.3

资料来源：［美］斯坦利·L. 恩格尔曼，罗伯特·高尔曼. 剑桥美国经济史：20 世纪［M］. 北京：中国人民大学出版社，2008.

在经济持续发展的过程中，人口增加对经济发展的作用是显著的。在 1879—1900 年间，加拿大人口从 418.5 万人增长到 530.1 万人，期间的增长率达到 26.7%，年平均增长率达到 1.2%。值得注意的是，这一时期加拿大人口增长主要是依靠不断涌入的国际移民。移民加拿大的现象从 19 世纪 60 年代初期开始显现，到了 80 年代移民速度进一步加快，尽管 90 年代有所减弱，但迁入率仍保持在 6.35‰的水平。从国外移民的构成来看，英裔约占 57%，法裔约占 30.7%，德裔约占 5.8%，其余为欧洲其他地区、美洲和亚洲的移民。这些移民成为加拿大经济发展的一项重要资源，在一定程度上加速了加拿大经济发展的进程。

注释

［1］［3］［4］［6］［8］［9］［美］斯坦利·L. 恩格尔曼，罗伯特·高尔曼. 剑桥美国经济史：漫长的 19 世纪［M］. 北京：中国人民大学出版社，2008.

［2］R. Douglas Francis，Howard Palmer. *The Prairie West*：*Historical Readings*. Edmonton：Pica Press，1995.

［5］J. F. Conway. *The West*：*the History of a Region in Confederation*. Toronto：James Lorimer & Compary Publishers，1984.

［7］薛志娟. 麦克唐纳与加拿大联邦的巩固和扩大［J］. 辽宁行政学院学报，2013（7）.

第 12 章　日本的经济发展与人口增长

12.1　江户时期的经济发展与人口增长

在江户时代（Edo Period，1603—1867）前期，日本的农业经济依然占主导地位，属于一种封建的小农经济。16 世纪末，日本人口的 80%以上为农民。基本的生产关系为各藩领主直接控制广大农民，农民为领主耕种一块世袭土地，并交纳一定量的实物地租和贡米。这种被称为“本百姓”的自耕农，是德川幕府时代幕藩体制的主要经济基础。17 世纪中叶，幕府禁种经济作物，提倡节约，并通过改革币制、垄断专卖等形式压抑商品经济的发展。尽管如此，商品经济还是在农村出现了，农村的生产力由于生产工具的改造以及栽培技术的提高而获得了很大的发展，这为商品经济在农村的发展与城市的繁荣创造了条件。随着农业生产日益商品化，逐渐产生了农业特产区，如棉花生产集中在畿内和东海地区，养蚕集中于关东和东山地区，大豆盛产于本州东北地区。这样的地区性特色农业为农产品的商品化提供了契机。

农村经济作物的生产，促进了手工业的发展。从 17 世纪末开始，农村手工业成为手工业发展的显著特点。农产品的商品化，使农村向商品经济转化，上交给幕藩的租贡和农民的剩余品都向货币趋势发展。17 世纪后半期开始，各幕藩开始实行初期专卖制，并开始经营地方性特色手工业。一部分农民在商业活动中独立出来，成为新兴的阶层。经过商人的活动与幕藩的经营，各地手工业都形成了一定的规模，并富有各自的特色。与此同时，手工业内部的分工也开始出现。自 18 世纪中叶起，丝织业内部的分工加快，丝织品的生产分为养蚕、缫丝、织物三个部门。在棉纺织业内部，也有专业分工，如脱籽、弹花、纺纱、染色、织布等。商业性的农村手工业在全国发展起来。手工业的主要产地有：京都西阵、九州博多的丝织业，大阪附近的棉织业，越前、美浓的造纸业，池田、伊丹的酿酒业等。由于各产业的发达，交通的建设也如火如荼，形成了以江户为中心的呈放射状的交通要道。沿海岸到京都的东海道，经信浓到京都的中山道，通往甲州的甲州街道，去往奥州的奥州街道与通往日光的日光街道，被称为当时的“五街道”。由于运送大米与其他物资的商船的增加，航运事业也逐渐发达起来。

随着各产业的发达，城市也迅速发展起来，到 17 世纪末，全国城市多达 300 多个。其中江户、大阪和京都是全国最大的城市。江户不仅是幕府所在地，而且是日本经济文化的中心，据 1693 年的调查，江户的人口总数高达 100 多万，超过当时世界上最大的工商业城市伦敦，造就了任何国家无可比拟的庞大的消费人口，促进了日本经济的发展和国内市场的急速扩大。大阪为当时的商业中心，江户时代在这里形成了全国市场的中心，活跃在城市的町人与进出大阪的商人使大阪成为当时最具活力的城市，人口数也仅次于江户。另一个繁华的城市是京都，18 世纪初，城内外人口达到 36 万左右。

德川中期（1680—1716）以后商品经济得到了极大发展，全国形成了以大阪、江户、京都为中心的商品经济圈。江户作为全国最大的消费市场，每天都有来自全国各地的商船满载大米、酒类、盐、手工制品在江户港停泊。这些产品除了一部分是上交给幕府与藩主的租赋外，一半以上为进入江户流通市场的商品。以大米为例，送到江户的商品大米由米批发商卖给销售商，经“舂米屋”加工后直接送往市场销售。大阪是全国的米市场中心，1697 年开设了堂岛大米市场，1730 年堂岛米会所成立，下设“正米商内”与“帐合米商内”。每年有 100 万石以上来自畿内、九州、四国甚至东北的大米集中在被称为“藏屋敷”的仓库中，米商用购买的“米切手”兑换大米运往大阪堂岛大米市场进行销售。

江户前期，日本的人口增长是比较显著的，当时还没有全国性的调查数据，根据鬼头宏的推测，1600 年（庆长五年）的总人口为 1 500 万人[①]，到 1650 年（庆安三年）达到 1 750 万人，这一期间增长了 16.7%。17 世纪中叶以后，日本人口的增长速度加快，到 1721 年（享保六年）增至 3 128 万人（见表 12—1）。这一年由第八代将军德川吉宗（1684—1751）实施了全国人口普查。该调查按照全国的幕府领地、藩国领地分男女对人口进行了普查。1725 年以后，每六年进行一次普查，但普查对象是庶民人口，并不包括武士，而在一些领地，一定年龄以下的儿童也不在普查范围内，因此当时的人口普查精确度偏低（见表 12—2）。

表 12—1　　江户时代的人口经济指标

日期	石数/万石	实收石数/万石	人口/万人	耕地/万町
1600 年前后	1 851（1600）	1 937（1600）	1 500（1600）	207（1600）
1650 年前后	2 313（1645）	2 313（1645）	1 750（1650）	—
1700 年前后	2 580（1697）	3 063（1697）	3 128（1721）	—
1750 年前后	2 970（1717～1748）	—	3 101（1750）	297（1730）
1830 年前后	3 043（1830～1832）	3 976（1830）	3 248（1834）	—
1870 年前后	3 220（1867）	4 681（1867）	3 427（1871）	323（1873）

资料来源：[日] 速水融，宮本又郎．経済社会の成立——17—18 世紀（日本経済史Ⅰ）[M]．東京：岩波書店，1988；[日] 鬼頭宏．[図説] 人口で見る日本史：縄文時代から近未来社会まで [M]．东京：PHP 研究所，2007；[英] B.R. 米切尔．帕尔格雷夫世界历史统计·亚洲、非洲和大洋洲卷（1790—1993）[M]．北京：经济科学出版社，2002.

在德川幕府（Tokugawa Bakufu，1603—1867）末期的日本，全国各地都出现了相对独立的市场，资本主义生产方式的萌芽逐渐出现。19 世纪初，出现了由许多工人分工制造同一产品的手工工场。在农村，地主富农开设酿酒、酱油等手工作坊，雇用农民进行生产。也有的商人提供原材料和生产工具，如棉纱、织机等，组织劳动力生产商品。而在城市，手工工场的数量和规模都达到了相当程度。工场除了平织机之外，还拥有可

① 关于德川吉宗实施全国人口普查之前的人口变化情况，日本没有全国性调查数据。吉田东吾假定在近世初期保持近世中期“1 人＝1 石”这样的比率，从而认定当时日本的总人口为 1 800 万人。速水融根据九州地区的“人畜改账”，对这个比率重新进行计算得出 1 200 万人。另外，鬼头宏考虑到与中世纪末期人口推算的连续性，认为当时日本的总人口为 1 500 万人。在此采用了鬼头宏的中间值，假定日本总人口为 1 500 万人。

以织出复杂花纹的“高织机”。除了酿酒、丝织，其他行业也相继出现了手工工场。

表12—2　　江户时代的人口普查数据

年　份	江户幕府的全国人口调查					比拉本	鬼头宏
	总人口/千人	男子人口/千人	女子人口/千人	指数	年增减率/%	总人口/千人	总人口/千人
享保六年（1721）	26 065	—	—	100.0	—	30 497	31 279
享保十一年（1726）	26 549	—	—	101.9	3.7	31 104	—
享保十七年（1732）	26 922	14 407	12 515	103.3	2.3	31 499	—
延享元年（1744）	26 153	—	—	100.3	−2.4	30 599	—
宽延三年（1750）	25 918	13 819	12 099	99.4	−1.5	30 324	31 011
宝历六年（1756）	26 071	13 833	122 291	100.1	0.9	30 503	31 283
宝历十二年（1762）	25 921	13 785	12 136	99.5	−0.9	30 328	—
明和五年（1768）	26 252	—	—	100.7	2.1	30 714	—
安勇三年（1774）	25 990	—	—	99.7	−1.7	30 408	—
安勇九年（1780）	26 011	—	—	99.8	0.1	30 432	—
天明六年（1786）	25 086	13 231	11 856	96.2	−5.9	29 351	30 104
宽政四年（1792）	24 891	—	—	95.5	−1.3	29 123	29 870
宽政十年（1798）	25 471	13 361	12 111	97.7	3.9	29 801	30 565
文化元年（1804）	25 622	13 427	12 195	98.3	1.0	29 978	30 746
文政五年（1822）	26 602	13 894	12 708	102.3	2.1	31 124	31 914
文政十一年（1828）	27 201	14 161	13 040	104.4	3.8	31 826	32 626
天宝五年（1834）	27 064	14 053	13 010	103.8	−0.8	31 665	32 477
天宝十一年（1840）	25 918	13 559	12 559	—	—	—	31 102
弘化三年（1846）	26 908	13 584	13 054	103.2	−0.5	31 482	32 297

资料来源：［日］梅村又次，新保博，西川俊作，速水融．日本経済の発展［M］．東京：東洋経済新報社，1976.

在1853年开港之后，日本经济被纳入世界市场和世界资本主义体系，资本主义萌芽发生了巨大变化。在西方资本主义机器大工业产品的冲击下，日本许多产业都遭到严重破坏，如西方的棉织品涌入后，日本的小商业生产者受到重大打击。但也有一些行业如缫丝业和茶叶业由于出口量激增，发展迅速。在丝织业方面，由于生丝出口不断增长，刺激了缫丝业的迅速发展。茶叶的生产也是如此，大量的商人或做外贸致富的人，纷纷向缫丝、制茶等行业投资，手工工场不断增加。

江户后期，在经济发展的过程中，日本的人口增长比较缓慢。从1750年到1830年，日本人口基本上稳定在3 100万至3 250万之间，仅有微弱的增长，有时还有下降的情况。这一时期的人们为了缓解人口压力，往往采取一些限制生育的措施，出生率很低。随后，日本的人口增长有所加快，从1830年的3 248万人增至1871年的3 427万人，增长了5.5%。与江户前期相比，江户后期的人口增长速度明显放慢，但农业生产却顺利发展，不论从人均生产量还是从单位土地面积看，生产力都有所提高。

江户时期，日本经济发生了巨大的变化。江户时代前期，日本的农业经济依然占主导地位，还属于一种封建的小农经济，但农业人口增长较快。江户时代中期以后，日本经济逐渐发生了变化，人口增长的速度有所减退，由于城乡分工扩大，商品生产的流通、合作性日益加强。这种生产方式打破了藩与藩的界限，使商品生产的市场日益扩大。与此同时，随着全国统一市场的建立、生产力的提高、交通运输的发达以及商业的发展，促进了资本主义的孕育和手工业的发展。这些江户时代的经济遗产成为以后日本资本主义经济发展的先决条件。

12.2 明治时期的人口动态与经济发展

日本在18世纪上半期，经济发展停滞，人口没有新的增长。直到明治时代（Meiji Period，1868—1911）的明治维新[①]以后，资本主义开始蓬勃发展，人口才逐渐加速增长（见表12—3），由1871年（明治四年）的3 427万人增长到1888年（明治二十一年）的3 947万人，仅仅17年的时间增加了520万人口。其年平均自然增长率由19世纪70年代的5.8‰上升到90年代的8.9‰。而近代经济增长的过程实际上开始于19世纪80年代后期，其主要标志是民间企业开始迅速发展，制造业产值开始迅速增加。与欧洲主要发达资本主义国家相比，日本近代经济增长的特点是起点低，但开始之后的经济增长率最高。

表12—3　明治时期人口动态

年　份	总人口/千人	时　期	人口增长/千人	人口增长率/%	出生率/‰	死亡率/‰	自然增长率/‰
明治四年（1871）	34 269	1871—1875	1 276	3.8	22.0	17.2	4.8
明治八年（1875）	35 555	1875—1880	1 410	4.0	24.5	17.7	6.8
明治十三年（1880）	36 965	1880—1885	1 576	4.3	25.6	18.8	6.8
明治十八年（1885）	38 541	1885—1890	1 710	4.4	28.6	21.2	7.4
明治二十三年（1890）	40 251	1890—1895	1 741	4.3	29.0	21.3	7.4
明治二十八年（1895）	41 992	1895—1900	2 367	5.6	31.4	21.0	10.4
明治三十三年（1900）	44 359	1900—1905	2 679	6.0	32.5	21.0	11.5
明治三十八年（1905）	47 038	1905—1910	2 814	6.0	33.2	21.5	11.7
明治四十三年（1910）	49 852	1910—1915	3 644	7.3	34.6	20.8	13.8

注：各时期的人口增长、人口增长率、出生率、死亡率及自然增长率均根据统计资料计算而来。
资料来源：［英］B.R.米切尔.帕尔格雷夫世界历史统计·亚洲、非洲和大洋洲卷（1790—1993）［M］.北京：经济科学出版社，2002.

与欧洲人口变动的进程相比较而言，日本的人口增长速度较快。日本作为经济发达国家，自明治维新以后，随着工业化的进展和经济的增长，国民生活水平有所提高，公共卫生条件和医疗技术有所改善，从而导致死亡率下降。但日本国民倾向于传统的“多生贵子”，因而形成了高出生中死亡的局面（见图12—1），人口增长率由1872年的0.5%提高到1915年的1.4%，使日本人口到1911年突破5 000万人，这说明在明治时代的44年（1868—1911）中人口增长了1 500万人。人口增长速度的提高固然与出生率的上升有关，但更主要的是因为死亡率的下降。而人口的迅速增长加快了日本的经济发展。自19世纪80年代中期以后到20世纪初期，日本国内生产总值增长较快，经济增长

① 在明治维新之前，日本是一个落后的前近代封建制国家。明治新政府在1868年进行了一系列制度变革和体制改革。其主要措施是：移植近代股份公司制度，建立日本所谓“株式会社”；移植近代货币制度，建立金本位制；移植近代银行制度，兴办“国立银行”；移植近代保险制度。此外，还从欧洲移植和引进了公债制度，以及有关政治制度、教育制度等。正是以这一系列的制度和体制变革为基础，日本近现代资本主义经济才得以逐步形成和发展起来。

率在这一时期也高于其他发达国家，国内生产总值年平均增长率为 4.6%，人均产值年平均增长率为 3.4%（见表 12—4）。

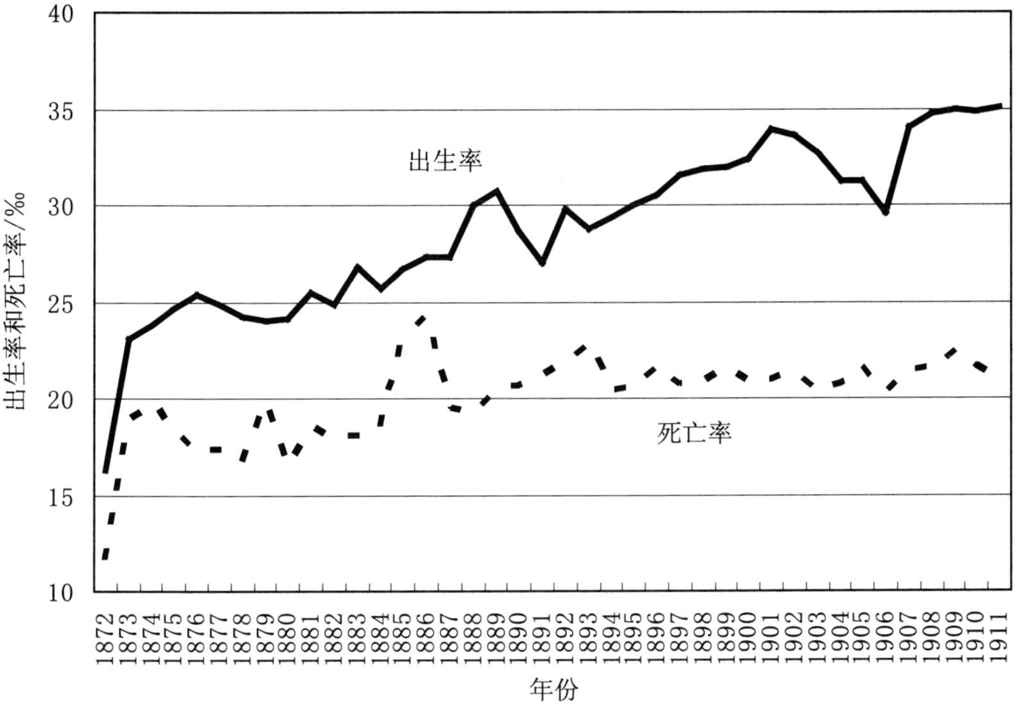

图 12—1　明治时期的出生率和死亡率

资料来源：[英] B.R. 米切尔. 帕尔格雷夫世界历史统计·亚洲、非洲和大洋洲卷（1790—1993）[M]. 北京：经济科学出版社，2002.

表 12—4　　明治后期主要人口经济指标

年份	国内生产总值			固定资本形成总额/百万日元	总人口/千人	人口增长率/%	人均国内生产总值/日元
	当前价格/百万日元	名义经济增长率/%	实际经济增长率/%				
明治十八年（1885）	806	—	—	57	38 541	0.6	21
明治二十三年（1890）	1 056	10.6	−2.9	153	40 251	0.9	26
明治二十八年（1895）	1 552	16.0	6.2	251	41 992	1.0	37
明治三十三年（1900）	2 414	4.3	−1.4	391	44 359	1.2	54
明治三十八年（1905）	3 084	1.8	−4.4	517	47 038	0.9	66
明治四十三年（1910）	3 925	3.8	6.5	689	49 852	1.4	79
明治四十四年（1911）	4 463	13.7	1.1	860	50 577	1.5	88

注：各年的名义经济增长率、实际经济增长率、人口增长率以及人均国内生产总值根据资料计算得出。

资料来源：[英] B.R. 米切尔. 帕尔格雷夫世界历史统计·亚洲、非洲和大洋洲卷（1790—1993）[M]. 北京：经济科学出版社，2002.

这一时期，日本经历了中日战争（1894—1895）和日俄战争（1904—1905）。在中日战争中日本共死亡 1.3 万人，这对于日本人口的影响可以说是极其微小的。但这场战争的胜利对日本经济的影响是巨大的。日本作为战胜国与中国签订了《马关条约》，获取了高达3.65亿日元的赔款，同时侵占了中国的澎湖列岛和台湾，这成为推动日本经济起飞的动力①，使日本经济以军事产业为中心得到迅速发展。然而，自19世纪90年代后半期开始出现的银行利率提高，使20世纪初期以后的日本经济陷入了恐慌状态，许多企业和银行相继倒闭、合并。

随后，日本经济状况刚刚呈现好转趋势，又爆发了日俄战争。在日俄战争中，日本动用兵力109万人，战争期间死亡人员多达20万人，战费高达17.2亿日元。日俄战争对日本的人口与经济的影响是巨大的。战争期间日本的出生率是34.0‰，到了1906年下降到33.1‰。此外，日本的战费和战后处理费当中有14亿日元是外债。由于要还本付息，使日本政府在财政上承受很大压力，1907年以后日本再次陷入经济萧条时期，这种经济不景气一直持续到明治末期。

12.3 农业发展

在江户时代前期，农业生产占整个日本经济的绝大部分，这一特征在90%的人口均为农民的江户初期尤其明显。农民根据身份制度的规定被系在土地上，不允许变更居住地和脱离农业，他们大多数耕种1公顷以下的土地。虽然后来农业人口占总人口的比率逐渐下降，但是农业生产的基本单位一直是小农家族式的，属于典型的自给自足的小农经济，这种生产方式成为江户时代农业生产的主力。[1]自给自足式农业的主要特点，是在有限的土地上种植种类有限的农作物。小农以米为年贡，因此在水田中全种稻米。农民还在田地里进行双重轮作，通常种植小麦和大麦。小农以自家消费为目的，在旱地上则种植黄豆、稷、荞麦、甘薯和芋等经济作物以及各种蔬菜。

农民在“自给自足”模式下，出卖农作物，从事交易，只是为了得到符合传统生活水准所需要的其他必需品。为此，他们尽可能回避市场，只在生存得到保证的先决条件下才为出售而生产。而这种买卖所得的收入，通常用于购买在农村不能生产的产品。例如，17世纪80年代，棉取代其他生纤维成为最常用的衣物原料。农民们开始购买二手棉织品、脱籽棉花，或从外地取得棉布。最初他们以自己的农作物跟外界换取所需品，

① 中日甲午战争以中国失败告终，日本作为战胜国在1895年与中国签订了《马关条约》，其主要内容是：割让台湾全岛及澎湖列岛；除对各国已开放的港口外，另对日本开放沙市、重庆、苏州、杭州为商埠；日本拥有宜昌至重庆，上海、苏州和杭州之间的内河航行权；日本臣民得在中国通商口岸城邑，任便从事各项工艺制造，又得将各项机器任便装运进口，只交所定的进口税；赔偿军费库平银二亿两，另加归还辽东半岛的报酬金三千万两，总共赔偿日本军费二亿三千万两平银。中日甲午战争后，由于日本扩大了领土和市场，并获得了巨额的军事赔款，日本的经济发展很快，其推动作用主要表现在：赔偿日本军费二亿三千万两平银，折合3.65亿日元（当时的日元），相当于当时清政府3年的财政收入，日本3～4年的财政收入；使日本银行资本赢利搭载，日本全国银行实缴资本的赢利率由战前1893年的47%增至战后1896年的64%；确立了机器大工业的生产体系，从战前1893年到1903年，使用动力机器的工厂由18%增加到45%；同期日本的公司总数增加2倍，实缴资本增加3倍，出口增加2倍；战后不久的1897年，日本政府投资1 920万日元成立的八幡制铁所于1901年正式投产，这个制铁所生产的生铁和钢材占日本全国生铁和钢材产量的比率分别为53%和83%，1913年进一步提高到73%和84%，它推动了日本重工业的发展，而这个制铁所使用的铁矿石和焦炭的大部分来源于中国的大冶铁矿和本溪湖煤矿。由此可见，这场侵略战争的胜利加速了日本资本积累的速度，对日本经济的影响是巨大的。

但后来逐渐以货币来付款。

一般来说，江户时代的农村是有组织性的，只要每年按规定缴纳贡米，就可以得到自治权。由于年贡是针对村落整体征收的，所以村官们负责把征收年贡的任务分派给村民。决定年贡的主要方法之一是根据过去3年或5年的平均产量来确定税额负担的“定免法”。通过这种方法，政府可以得到稳定的税收。从农民的角度看，定免法虽然使他们成为农作物产量不确定性风险的直接承担者，但如果多劳就可以把增加的部分归为己有，因而也激发了农民提高农作物产量的积极性。[2]

江户时代的农业生产经过了从农作物产量的增加到农业生产质量的提高。17世纪，耕种面积特别是水田面积有了飞跃式的扩大。这一时期，大名或有能力的农民在全国范围内开展了大规模的水利灌溉工程。这些工程使耕地面积迅速扩大，一些无人居住的平原湿地地带逐渐被开垦为水田，农业人口也迅速增长。17世纪末期以后，耕地面积的扩张得到抑制，而耕地的剧增导致农业劳动力不足，同时也引发了森林的破坏和水灾的频发等负面效果。从这个时期以后到近代，日本农业的特征已不再是耕地的外延式扩展，而是转为集中投入劳动力和技术的劳动密集型生产。[3]

江户时代除了耕地面积的扩大外，农业技术也发生了变化，提高了土地生产的效率，特别是鳁鱼粉、豆饼等化肥①的普及最为重要。这种肥料最初只局限在一部分地区，到了18世纪，由于内陆运输的发展而向地方市场扩大，才得到普及。在种子改良方面，优良品种增加并得到推广。例如，17世纪初期有177个稻种，到19世纪中期增加到2 363种。在农用工具改良方面，出现了适合不同土地耕作的各种锹镐、灌溉用的水车、脱粒用的千齿打谷器等工具。在耕作制度方面，不少地区实行了双季耕作，稻谷插秧方法也得到改良，从杂乱地进行插秧改为每隔一行等距离间种。此外还掌握了施用鲸油和石灰防治病虫害的技术。[4]

18世纪以后，耕地面积及农业人口都出现了相对稳定的局面，同时，农业生产力提高使大米的产量持续增长。增收的主要原因有双季稻的种植、品种的改良、肥料的投入、新式农具的使用以及农政管理方式上的改进等。江户中期以后，随着农业技术的革新和农业生产力的提高，农业生产出现了剩余，农民开始把大米或其他农作物拿到市场进行交易。最终形成了全国统一的农产品市场，经济作物在农业生产中所占的比率急剧增大，以销售获利为目的的农业逐渐发展起来。[5]

江户末期，农村的商品经济也获得了很大的发展，并且出现了经济作物的生产特定区域化的趋势，商品性经济作物除了桑、茶叶、竹、漆、红花、蓝靛和麻之外，棉花、烟草、油菜和大豆的种植也相当普遍。当时，畿内、东海地区的三河和濑户内海周边是棉花的主产区，而关东地区则以养蚕业的发达而著名。[6]

---

① 除了鳁鱼粉、豆饼外，其他重要的肥料还有动物粪便和人类粪便。荒草、从树兜长出的幼苗、灌木的叶子，都可用作护根，可直接投入稻田里。动物粪便要与剩余的草料、秋季的衰草、饲料、稻秆混合使用。农民用割下的草给水田施肥，在旱田上则施以这种粪便和饲料混成的农家肥。没有牲畜的村子就在院子里挖坑，倒入草、稻秆、糠壳、泔水和人类粪便。在混合物腐化后，便同动物粪便与饲料沤成的农家肥一样投入田地里。用粪便肥田可视为日本农业的一个标志。一般来说，一户普通人家的排出物是不够用来保持他们的农田肥力的。但城镇附近的农家可以用蔬菜，新年期间还可以用年糕，到町中换取粪便。粪肥施于稻田、麦田，更普遍的是菜地。

明治政府在1869年（明治二年）废除了身份制度，1871年开始允许农民贩卖稻谷，可任意耕种。1872年又公布了允许田地永久买卖，禁止实行农民身份制，以及允许农民经商。从1873年开始，明治政府又推行更大规模的地税改革，首先从农耕地入手，城市用地大体上与之并行，然后是山林原野。地税改革废除了封建制度下的领主土地所有制，建立了自耕农土地所有制。地税改革后，把土地和农民从封建制度的束缚下解放出来，允许农民自由迁移和选择职业，这样促使许多农民离开土地，迁移到城市寻求就业的机会。

地税改革解放了农业劳动力，也促进了农村商品经济的发展。地税改革后，耕地面积由1874年的4.1万町布增加到1890年的5万町布①，增长了22%。稻米单位面积产量在1878年到1900年间有较大幅度的增长。经济作物如棉花、蓝靛、甘薯、茶叶等生产也有很大扩展，农业技术和土地改良事业的不断发展，逐渐形成了很有特色的“明治耕作法”。农村商品经济的发展从农村各阶层的收入结构变化中也可见一斑，1890年至1912年间，一般地主的年收入增加了近3倍，自耕农收入增加了2.2倍，佃农收入则增加了2.3倍。[7]

明治初期，政府为了促进农业生产，从欧美大量引进农业机械，试图移植西欧的先进农业技术，推行“大农场经营方式”，但因水稻生产和耕作条件的限制，除北海道外均告失败，劳动力节约型、资本需求型的农业技术未得到普及。农村仍然依靠日本原有的农业技术进行生产，而农业实际生产额在1875—1878年间年平均增长率达到1.7%的高水平。1880年以后，明治政府转而推行“老农化经营方式”，在东京、札幌等地设立农业学校和试验站，将老农经验技术进行总结和改进后推广。“老农化”注重良种、肥料、耕作方式和水利灌溉系统的改进。1897年建立了“日本土地抵押银行”，1899年通过《耕地调整法》，要求各村农户参加“土地改善计划”。政府对“老农化”生产和土地改善计划提供贷款。1900年，政府在农民自发成立各种农业团体的基础上，建立了“日本农协”，通过“农协”向农户提供贷款和补贴。明治前期，由于农业税负下降和财政支持，农业投资增长率超过了产出增长率，深耕技术、品种改良和化肥运用得到普及，农业走出了停滞状态。1890—1910年，每町土地的收入由357日元增加到439日元，农业产出增长率由1.6%提高到2.0%，农业的增长带来了近代经济增长初期时农业生产效率的大幅度提高，使日本近代经济增长的起飞得以顺利进行。[8]

12.4 对外贸易

江户初期，德川幕府还鼓励各大名开展朱印船贸易，在17世纪初期，有葡萄牙、西班牙、英国、荷兰以及中国的船只在日本开展贸易。但是在1623年，英国在贸易上与荷兰发生争议，失败后退出了对日贸易。1624年，德川幕府为了禁止基督教在日本的传播，禁止西班牙船只进入日本。随后日本的对外贸易接近封闭式，为防止外部势力对日本的侵入，德川幕府推行锁国政策，严禁日本人与外国贸易，把外国商人和传教士驱逐出境，只允许同中国、朝鲜和荷兰等国通商。17世纪末以后，政府因担心金、银等贵金

① 1町步为9 917平方米。

属过度流往海外，逐渐进行贸易限制。尽管在田沼期（1767—1786）采取重商主义政策，推行过一时的贸易振兴政策，但从长期来看，日本的对外贸易总体上呈现逐渐减少的倾向。

18世纪末到19世纪中期，俄国、英国和美国等国对日本先后施压，迫使日本通商。1853年7月8日，美国东印度舰队司令佩里率舰队驶抵江户湾的浦贺，要求日本“开国”。在美国舰队武力威胁下，1854年，德川幕府被迫签订《日美和好条约》。条约规定，日本开放下田、箱馆两港作为美国来往船只的停泊港，并给予美国最惠国待遇等优惠。1858年（安政五年），日本又被迫与美国、荷兰、俄国、英国、法国分别签订通商条约，总称《安政条约》。由此，日本被迫放弃锁国政策，实行开国①。

日本实现开国后，对外贸易首先在神奈川、长崎、箱馆三地展开。不久后，神奈川被横滨所取代，横滨开港后，下田港被关闭。而兵库和新潟分别在1867年（庆应三年）和1868年（明治元年）开港。随后，日本对外贸易又在江户和大阪以外国人居留地为中心展开。从开国到1867年期间，日本的对外贸易额迅速上升。从贸易额的变化看（见表12—5），1860年（万延元年）到1865年（庆应元年），出口总额从471万美元增至1 849万美元，进口总额由166万美元增至1 514万美元。开港后到1867年期间，日本对外贸易输出量增加2.5倍，输入量却增加了13倍。值得注意的是，开港初期的日本对外贸易连年出现顺差，说明初期的贸易是以外国对日本原材料的掠夺为重点，而且进口的增长速度明显高于出口的增长速度，进出口的差额明显缩小，到1867年（庆应三年），日本已出现大量贸易逆差，日本民族工业的发展受到阻碍，成了欧美各国的商品倾销市场和原料供应地。大量西方质优价廉商品的涌入，沉重打击了日本国内产业。而生丝的大量出口，造成国内供应短缺，丝价暴涨，丝织业萎缩。

表12—5 “开港”后日本对外贸易（1860—1867） 单位：美元

年份	出口总额		进口总额	
	全国的出口总额	横滨的出口额	全国的进口总额	横滨的进口额
万延元年（1860）	4 713 788	3 954 299	1 658 871	945 714
文久元年（1861）	3 786 652	2 682 952	2 364 616	1 494 315
文久二年（1862）	7 918 196	6 305 128	4 214 768	3 074 231
文久三年（1863）	12 208 228	10 554 022	6 199 101	3 701 084
元治元年（1864）	10 572 223	8 997 484	8 102 288	5 553 594
庆应元年（1865）	18 490 331	17 467 728	15 144 271	13 153 024
庆应二年（1866）	16 616 564	14 100 000	15 770 949	11 735 000
庆应三年（1867）	12 123 675	9 708 907	21 673 319	14 908 785

资料来源：[日] 滨野洁，井奥成彦，中村宗悦，岸田真，永江雅和，牛岛利明. 日本经济史1600—2000 [M]. 南京：南京大学出版社，2010.

① 日本开国是指19世纪50年代中期，西方资本主义国家以武力强制日本放弃“锁国政策”，对外实行以建立国交和开港贸易为中心的开放政策。“开国”是对“锁国”而言。在17世纪中叶至19世纪中叶日本推行“锁国政策”期间，英国、美国、法国等国先后进行了资产阶级革命和产业革命，并挟其武力和商品向亚洲、非洲、拉丁美洲等地区侵略扩张，同时也把锋芒指向日本。从18世纪末起，俄、英、美等国不断向日本叩关，要求建交和开港通商，均遭拒绝。19世纪中叶，在美国的威胁下，日本被迫“开国”。德川幕府锁国政策破产和被迫“开国”，标志着资本主义世界市场的形成。在严重的民族危机下，日本广大人民和爱国志士展开了反对侵略、反对幕府统治的斗争，揭开了日本近代史序幕。

从各港口的进出口贸易看，横滨港发挥了最重要的作用。全国约 70%的进口货物和 80%的出口货物是从这里离港的。在开港的数年间，在出口商品中生丝占首位，为该时期出口额的 70%～80%，其次是茶叶、原棉、油和铜。进口产品中占主导地位的是棉织品和毛织物，其次是金属制品和药品。但棉毛织品在日本进口商品中的比例由于其他工业品的逐年增加而呈现下降的趋势。从交易对象国来看，最大的贸易对象国是英国，而不是最先迫使日本开国并签署通商条约的美国。这不仅是因为当时号称“世界工厂”的英国具有最强的经济实力，还在于 19 世纪 60 年代美国发生了南北战争，一时无暇顾及对外贸易。当时，英国对日本贸易一直占日本对外贸易额的一半以上，其他的主要对外贸易国则是美国、荷兰和法国。[9]

明治维新以后，日本加快了对外贸易的步伐。从明治时期的对外贸易变化来看（见图 12—2），1868 年（明治元年）到 1886 年（明治十九年），日本的进口总额和出口总额都有较明显的增长，从 1887 年（明治二十年）以后到 1911 年（明治末年），对外贸易额迅速上升，出口总额从 5 241 万日元增至 5.23 亿日元，进口总额从 4 430 万日元增至 5.81 亿日元，仅 24 年间，日本对外贸易输出量增加 9 倍，输入量增加了 12.1 倍。显而易见，明治时期的日本对外贸易继续连年出现逆差，在一定程度上影响了日本工业的发展。

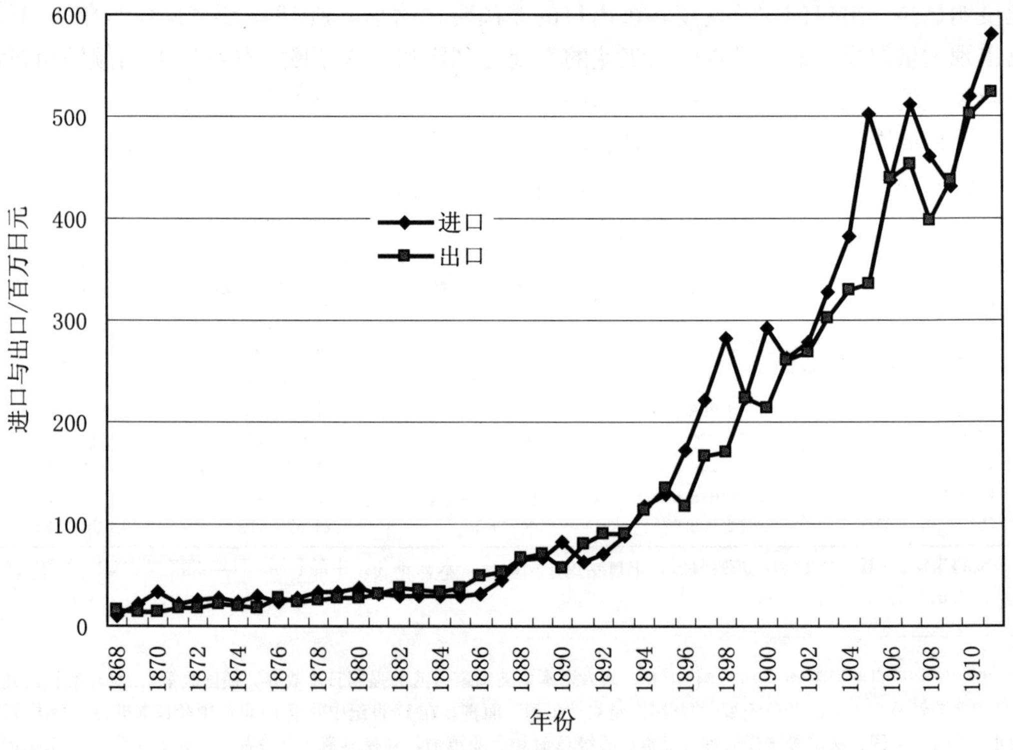

图 12—2 明治时期的日本对外贸易

资料来源：［英］B. R. 米切尔. 帕尔格雷夫世界历史统计·亚洲、非洲和大洋洲卷（1790—1993）［M］. 北京：经济科学出版社，2002.

明治初期，日本的贸易结构是“垂直型”的。即把以生丝为首的原始产品向欧美出口，再从这些国家进口衣服和机械成品。[10]到了明治后期，随着工业化的推进，日本的进出口结构从落后国的“进口产品、出口原料”型转变为先进国的“出口产品、进口原料”型。[11]

不过，对于欧美先进国来说，日本的出口产品以生丝、丝织品、棉线、棉织品等纺织品为主，重化工产品主要依靠欧美进口。因此，日本的贸易结构还是属于落后国型贸易结构（见表 12—6 和表 12—7）。[12]

表 12—6　日本进出口商品的产品类别　%

期　间	出口商品占总出口额的比重					
	初级产品	工业品				工业品以及其他的合计
		纤维	金属	机械	化学	
1885—1889	33.7	45.7	5.9	0.1	5.5	66.3
1890—1894	25.7	49.3	6.9	0.2	7.4	74.3
1895—1899	21.3	53.0	5.3	0.2	6.9	78.7
1900—1904	17.2	54.2	5.8	0.6	7.5	82.8
1905—1909	13.5	52.4	7.0	1.5	7.3	86.5
1910—1914	12.7	56.3	5.9	1.3	7.2	87.3
期　间	进口商品占总出口额的比重					
	初级产品	工业品				工业品以及其他的合计
		纤维	金属	机械	化学	
1885—1889	13.5	40.1	9.7	11.2	7.9	84.5
1890—1894	32.2	25.4	8.1	10.5	8.0	67.8
1895—1899	37.6	16.9	9.0	13.2	9.6	62.4
1900—1904	45.5	10.6	9.5	10.6	11.1	54.5
1905—1909	42.0	10.6	11.7	9.9	15.6	58.0
1910—1914	50.6	5.7	11.1	7.8	14.7	49.4

资料来源：［日］滨野洁，井奥成彦，中村宗悦，岸田真，永江雅和，牛岛利明．日本经济史 1600—2000［M］．南京：南京大学出版社，2010.

明治后期，贸易结构变得复杂。对欧美继续保持垂直型贸易，而对中国、韩国、印度等亚洲国家则开始出口棉纱、棉布衣料、针织品、钟表和玻璃制品等轻工业制品，进口生产这些产品所需的原材料。特别是印度棉花的进口成为日本棉纺织业的重要输入源。同时，日本也进口美国棉花。随着棉纱出口量和棉花进口量的增大，政府按照纺纱业的要求，修改了对外贸易政策，在 1894 年和 1896 年分别废除了棉花出口税和进口税。这些措施对于使用印度棉花的近代纺织厂来说是有利的，但却打击了使用国产棉花的传统棉织品生产者。[13]

表 12—7　进出口商品的地域类别　%

期　间	出口所占比重					
	亚洲	欧洲	北美洲	南美洲	非洲	大洋洲
1885—1889	23.2	33.0	40.4	0	—	0.9
1890—1894	28.9	29.3	39.6	0	—	1.2

续表

期 间	出口所占比重					
	亚洲	欧洲	北美洲	南美洲	非洲	大洋洲
1895—1899	39.2	25.6	33.2	0	0.1	1.6
1900—1904	43.2	23.7	30.8	0	0.1	1.9
1905—1909	44.6	21.1	31.7	0	0.1	2.0
1910—1914	42.8	21.3	32.4	0.2	0.3	2.5
期 间	进口所占比重					
	亚洲	欧洲	北美洲	南美洲	非洲	大洋洲
1885—1889	33.1	57.4	8.9	0	—	0.3
1890—1894	40.9	47.1	8.8	0	—	0.4
1895—1899	43.0	42.7	12.9	0	0.1	0.6
1900—1904	44.6	35.5	17.4	0	0.7	0.8
1905—1909	40.3	39.1	17.6	0.1	0.8	1.1
1910—1914	46.4	32.2	16.7	0.4	1.0	2.0

资料来源：[日] 滨野洁，井奥成彦，中村宗悦，岸田真，永江雅和，牛岛利明. 日本经济史 1600—2000 [M]. 南京：南京大学出版社，2010.

12.5 财政

江户时代的财政是分权制。幕府和各藩的财政是各自独立的。德川幕府时期，幕府即中央政府是国家的最高权力机构，垄断了其他一些藩所没有的特别收入。幕府的财政来源主要有：从天领得来的年贡收入；垄断矿山、对外贸易、货币铸造的收益；对江户、京都、大阪等主要城市的直辖，以及对工商业营业许可的批准、组成卡特尔的认可所征收的费用等。[14]

在江户时代，政府的财政收入来源基本上是大米，大米不仅可以用来转账，实际上还被运往全国各地。虽然对商业时而征税，但并没有取代大米作为主要税源的地位。其结果是农民和商人逐渐提高了收入、积累了财富，而幕府和藩则经常遭遇财政危机。为此，幕府采取了改铸货币、紧缩财政、增税、统制物价和行政改革等对策来应对。[15]

明治维新初期，由于政府征收实物税，因此政府财力依然以大米的收获数来计算，当时政府掌控的大米约 800 万石，仅相当于全国总产量的 1/4。当时的财政一直未能改变入不敷出的窘困状态，形势极其严峻。面对严重的财政困难，政府采取的主要措施是整顿货币市场，开始大量发行货币公债和由利公正财政时期大量发行的名为"太政官纸币"的不可兑换的纸钞[16]，预备发行 3 250 万两，实际发行 4 800 万两，向各藩、府县、商贾借出款额达 1 780 万两。明治政府企图用这种方法解决财政问题，但由于准备金缺乏，发行的只能是依法强制推行的法币，而非金银支撑的本币。这种办法导致急速的通货膨胀和纸币信用低下。1871 年，政府宣布发行新纸币日元，规定可以用此币与旧纸币和藩币进行兑换。1872 年，明治政府又颁布《国立银行条例》，发行可兑换银行券，以此来调节资金市场，但未收到预期效果。

井上馨财政时期（1871—1873），财政制度的改革仍在继续，运营的主要特点是实行严厉的紧缩政策。在整顿旧藩币、旧藩债的过程中，井上馨采取了严厉的措施。最初政府承认的旧藩债为 7 813 万日元，其中用现金偿还 400 万日元，分期付息的方式偿还 1 282 万日元，无息 50 年偿还 1 122 万日元，其他 5 009 万日元则被强行废除。在纸币政策上，通过“准备金”制度使正币准备金增值，并努力缩减纸币发行。井上馨财政的推行，实现了通货的统一和国家的统制，使居高不下的通货膨胀有所缓解。[17]

大限重信财政时期（1873—1881）一改井上馨的财政方针，推行了积极的财政政策，并实施地租改革，增加了政府的收入。1876 年，日本重新修订了《国立银行条例》，使银行券成为和政府纸币交换的纸币。同时，大限重信又颁布了《金禄公债证书发行条例》，公债发行总额达 17 400 万日元。到 1879 年，开业银行达到 153 个，资本金总额为 4 024 万日元。

但是，由于大力推行殖产兴业政策，导致财政支出迅速增加，使整个财政陷入赤字的状态。明治十年（1877）爆发了西南战争，政府为筹措军费而大量发行不兑现纸币，导致了严重的通货膨胀。通货膨胀又造成对外贸易入超和金银外流，使近代日本经济面临危机。明治十四年（1881），明治政府采取了“超紧缩、超均衡”的财政政策，取消不兑换纸币，发行兑换券，增加对烟酒等商品的征税，停止由国家经营工厂和矿山，大幅度削减财政支出。这是日本财政史上第一次出现的正式的政策。[18]

松方正义财政时期（1881—1885）制止了通货膨胀，带来了通货的稳定，使对外收支变为顺差。在财政状况好转后，松方正义开始着手建立金本位制度，整顿货币秩序，1884 年颁布了《可兑换银行券条例》，规定了所有不可兑换的纸币（“太政官纸币”“民部省札”）一律作废，拥有者限期兑换明治通宝，逾期作废。明治通宝正式成为唯一的流通货币，并导致建立了近代的财政、金融体系，但其也造成了负面影响。经过一系列的政策实施，市场中的货币量减少，货币价值相对上升，物价下跌，引起了通货紧缩[19]，特别是农产品价格下跌，使卷入商品经济的小农遭到沉重的打击。其后，明治政府又转向积极财政。

经过中日甲午战争（1894）和日俄战争（1904），日本走上扩充军备的道路，岁出规模不断扩大。1897 年，明治政府的一般会计岁出超过 2 亿日元，相当于 1894 年的 3 倍，财政状况恶化，不得不依靠发行大量的国债和向外国借款来获得财源。与此同时，政府又大力充实产业措施，如建立钢铁厂、改建铁路、扩充电信电话设施、设立特殊银行、修建治水工程等，明治政府的作用不断扩大。

由于工业化进程比英国、美国和德国等发达国家相对较慢，国际商品竞争力弱，明治末期的日本经常受到外汇不足的困扰。到了大正时期，以第一次世界大战为契机，日本逐步扩大了出口市场，国际收支转为顺差，外汇储备有所增加，财政状况呈现良好的状态。但好景不长，第一次世界大战结束后，大正政府又陷入财源困难的境地。1923 年又发生了关东大地震，地震后的复兴需求导致财政进一步膨胀，出现了大幅度的财政赤字。[20]为了应对面临的财政困境，克服赤字，大正政府采取了彻底的紧缩财政政策。

12.6 货币与金融

江户时代初期，通过货币的铸造，江户幕府开始推行金融政策。德川家康（1543—1616）作为江户时代日本最重要的改革家，将全国矿山收归幕府管辖，集中开采，进而设置了金座、银座、铜座，制定了统一的货币制度，即所谓“三货制度”。接着便开始发行了七种金币，包括大判（十两）、五两判、小判（二两）、二分金、一分金、两朱金、一朱金，以及形似海参和豆瓣状的银币。另外，还先后发行了庆长通宝和元和通宝钱币。[21]当时幕府官员荻原重秀（1658—1713）在货币改革方面崭露头角。荻原重秀作为日本宽松货币政策的鼻祖，由他执行的“元禄改铸”，是江户时代制定货币制度以来第一次大规模的货币制度改革，对日本经济“江户奇迹”① 产生了深远影响。

荻原重秀的货币改革是将市场上的一切货币都加以回收改铸，改变铸币中的品位或成色，在贵金属本位时代通过实行货币贬值，使同样数量的铸币带来更多的货币供应量。以当时市场上流通最广的小判为例，庆长小判改铸后，重量不变，金纯度却下降为57.37%。改铸结果使金币流通量增加了47%。荻原重秀认为，如果不考虑1%的改铸的花费，货币发行增加量就直接等于幕府岁入增加量。从1695年到1706年的10年间，改铸的金币的发行量达到1 393万两，因此幕府差额利益金也相当丰厚。同期对银的改铸中，庆长银的纯度也降低到64%，发行量增加25%。1695年至1706年间共改铸银币40万贯，幕府纯收入8万贯。其中，银币的超前增长反映了当时日本以银币作为主要结算工具的国内贸易的扩张以及经济总量扩张对货币的旺盛需求。但是，由于对银币的纯度下调程度太小，使金银比价发生混乱。荻原重秀于1706年再调银币纯度至50%，银价渐平。这次改铸，据新井白石估算，又使幕府增加了将近7万贯的收入。

元禄改铸总体上是成功的，但也出现了物价上涨。以改铸前后10年作对比，日本各地的米价上涨了30%～50%，年均涨幅3%左右。尽管物价上涨的部分原因是元禄大地震等自然灾害，甚至有幕僚偏执地说元禄改铸是导致大地震等自然灾害的原因，但还是迫使幕府一度恢复了改铸前的金银品位。

到了1736年，由于日本关西46藩收成锐减五成，出现了全国性的“享保饥馑”，并导致米价大幅上涨，引发了社会动乱。为恢复经济，幕府重新启动了货币改革，即第二次改铸，又称“元文改铸”。元文改铸后，小判的含金量由84.29%降至65.71%，银币的品位由80%大幅降至46%。值得一提的是，虽然元文改铸后的4年之内日本的米价上涨了50%之多，但在随后100年的时间里，日本的物价基本保持稳定。从供给学派的角度看，如果增加货币得以扩大生产能力及产量，则物价下降是顺理成章的结果。

---

① 与西欧14国近代依靠贸易扩张所带来的盈余增加货币进而增加财富的模式明显不同，近代海运薄弱、贸易并不发达的日本，则一直借助降低金银货币的成色来增加货币，由此实现了日本经济在江户时代的迅速崛起。据麦迪森在《世界经济千年史》提供的数据，日本当年的国民财富产出（GDP）1600年为96.2亿国际元（按1990年不变价值计算），到了1870年猛增到253.93亿国际元，累计增幅高达164%。这可以说是日本经济史上的“江户奇迹”。

元文改铸后，幕府还进行了第三次货币改革，即1818年的“文政改铸”，小判的含金量进一步降至56.41%，银币的含银量则降至36%。此后40年，金币的含金量基本稳定，但银币的品位继续下降，到1859年降至13%，显示三次改铸后的日本终于踏上了持续扩大货币发行量的不归路。

明治维新以后，日本的金融体系大致是按照美国市场模式构筑的。明治元年(1868)，政府颁布了《银目废止令》，先从形式上统一了全国货币。明治四年（1871）颁布《新币条例》，意在推进包括发行纸币在内的货币改革，这标志着日本近代金融体系建立的起点。明治五年（1872）和六年（1873），日本仿照当时的美国《国民银行法》制定了《国立银行条例》和《可兑换金币公债发行条例》，设立了东京第一国立银行等国立银行。1876年，《国立银行条例》被修改，开设条例明显放宽，1877—1879年出现了近150家国立银行。除了国立银行外，还出现了各种各样的金融机构，其中私立银行最为重要，其后数年银行数量迅速增多。

明治十五年（1882）通过《日本银行条例》，并创设具有中央银行职能的日本银行。1883年2月，明治政府颁布《日本银行条例》，对日本银行的性质、职责作了详尽的规定。同年，日本银行开业运作，并开始整顿全国货币金融市场。松方正义（1835—1924）修改了《国立银行条例》，对国立银行进行了治理，从根本上改变了滥发纸币的状况。1884年，政府公布了《兑换银行券条例》，消除了银币和纸币的差价。1885年，日本银行首次发行“可兑换日本银行券”，这标志着近代以来纸币的发行与管理已实现统一，从而确立了银行银本位制货币金融制度。

在不断完善国家中央银行体制的过程中，松方正义还亲手建立了与中央银行相辅的特殊银行。他在《财政议》中提出，在中央银行内部设立外国汇兑部，专门处理外贸出口方面的汇兑业务。当时是由横滨正金银行来处理外国汇兑的市场业务，日本银行则间接给予支持。1886年横滨正金银行进行业务改革时，政府还给予了财政援助。1887年颁布《横滨正金银行条例》，进一步明确了横滨正金银行的地位，同时明确了大藏大臣对银行的监督权，加强了中央政府对横滨正金银行的实际控制。[22]

松方正义还提出建立由政府控制的专业银行。成立专业银行的目的是避免全国金融阻塞，活跃资金的流通，建立由政府控制、具有全国规模的超大型储蓄银行，如日本劝业银行、北海道拓殖银行、日本兴业银行等。其中，日本劝业银行比较典型，该行由政府严格控制，在促进资本流通、推进殖产兴业方面发挥了重要作用，特别是在政府重点提倡的产业发展方面向有关产业和企业倾斜性地注入大笔资金。从19世纪90年代到20世纪初期，普通银行大量出现，同时国立银行也逐渐转变为普通银行。进入20世纪以后，日本曾一度出现金融危机，为了克服银行过多、货币市场混乱的局面，日本政府多次推进银行改革，鼓励银行合并，到明治末期，普通银行有所减少。

从明治维新到大正初期，日本整个金融业的特点是基本上按照市场原理展开自由竞争，利率有伸缩性，直接金融比较大，但在操作层面仍有诸多不规范之处，包括商业银行插手产业金融、日本银行提供股票担保等，导致金融体系不稳定，出现了不良债券、银行破产等问题，促使金融当局对金融活动进行干预和管制。另外，随着日本银行的创立、国立银行的整顿、横滨正金银行的改革，以及其后日本劝业银行、北海道拓殖银行和兴业银行等专门银行的建立，日本基本上形成了近代金融体系，从而为经济发展奠定了坚实的制度基础。

12.7 经济起飞与人口因素

自19世纪80年代后期以来，随着日本产业革命的迅速发展，日本经济开始起飞。在经济长期增长的过程中（见表12—8），日本明治后期的经济规模总量增长较快，平均经济增长率为2.63%，到了大正时期，经济规模总量进一步加快，平均经济增长率增至3.35%（见表12—9）。

表12—8　　日本近代主要人口经济指标（1887—1920）

年　份	国民生产总值/百万日元	总人口/千人	人均产值/日元	就业者/千人	就业者人均产值/日元
明治二十年（1887）	818	39 029	21	22 625	36
明治二十三年（1890）	1 056	40 251	26	22 583	47
明治三十三年（1900）	2 414	44 359	54	24 768	97
明治四十三年（1910）	3 925	49 852	79	26 169	150
大正二年（1913）	5 013	52 039	96	25 734	195
大正九年（1920）	15 896	55 963	284	26 965	593

资料来源：[英] B.R. 米切尔. 帕尔格雷夫世界历史统计·亚洲、非洲和大洋洲卷（1790—1993）[M]. 北京：经济科学出版社，2002.

表12—9　　日本近代人口经济增长（1889—1915）

期　间	年平均增长率/%		
	总产值	人　口	人均产值
明治二十二年至二十三年（1889—1890）	3.53	0.85	2.68
明治二十四年至二十八年（1891—1895）	3.12	0.92	2.19
明治二十九年至三十三年（1896—1900）	2.25	1.10	1.15
明治三十四年至三十八年（1901—1905）	1.84	1.18	0.66
明治三十九年至四十三年（1906—1910）	2.29	1.14	1.16
明治四十四年至大正四年（1911—1915）	3.35	1.36	1.99

资料来源：[日] 南亮進. 日本の経済発展 [M]. 東京：東洋経済新報社，1992.

日本经济的转折点出现在19世纪70年代末期，其标志是经济增长的加速。这一加速是美国经济学家沃尔特·罗斯托（Walter Rostow）所说的“进入自我持续增长阶段所需要的起飞”。罗斯托的经济“起飞”学说对许多国家出现的迅速增长作了解释。根据罗斯托的推算，各国经济的起飞期见表9—38，19世纪开始起飞的国家，在20世纪，除俄国外均已成为经济发达的国家。但是，在经济增长的过程中，国与国之间的这种急速增长有很大差别。作为世界上第一个经历现代经济增长的国家，英国在“起飞”阶段的增长率较低，1780年到1880年平均每年增长率仅为1.3%。其他国家“起飞”阶段的增长率一般与“起飞”时期正相关。而日本的经济起飞大约在19世纪70年代末到19世纪90年代末期，在1878年以后到1907年的国内生产总值的年平均增长率约为4.6%，与主要发达资本主义国家相比，其增长率是很高的，但由于人口增长较快，从而影响了人均产值的增长速度（见表12—10）。

表12—10　发达国家在初期成长阶段的经济增长率　%

国家	期间	年平均增长率		国家	期间	年平均增长率	
		总产值	人均产值			总产值	人均产值
英国	1860—1899	2.6	1.5	丹麦	1870—1909	3.1	2.0
法国	1840—1899	1.7	1.5	瑞典	1861—1890	2.5	1.8
德国	1860—1899	3.8	2.8	美国	1869—1908	4.3	2.2
意大利	1861—1900	3.3	2.6	加拿大	1870—1910	3.8	2.3
瑞士	1890—1929	2.6	1.9	日本	1878—1907	4.6	3.4

资料来源：Simon Kuznets. *Population*，*Income and Capital*. in L. H. Dupriez（ed）. Economic Progress. Louvain，1955.

人口变动对经济增长的影响，从劳动力的数量和质量来看都是不可低估的。首先观察劳动力的增加（见表12—11），在明治三十八年（1905）到大正十三年（1924）经济发展的19年间，劳动力从4 704万人增加到5 888万人，净增1 184万人，即每年平均有62.3万的新劳动力投入劳动力市场，就业人口的年增长率为1.3%。这一方面反映出旺盛的劳动力需求，同时也为国民经济的增长提供了有利的前提，使其成为促进经济增长的主要因素。

表12—11　国民生产总值、人口与劳动力

年份	国民生产总值/百万日元		人口/万人		就业人口/万人	
	当前价格	指数	总人口	指数	就业人口数	指数
明治三十八年（1905）	3 084	100.0	4 704	100.0	2 560	100.0
明治四十三年（1910）	3 925	127.2	4 985	106.0	2 620	102.3
大正二年（1913）	5 013	162.5	5 204	110.6	2 640	103.1
大正六年（1917）	8 592	278.6	5 474	116.4	2 660	103.9
大正八年（1919）	15 453	501.1	5 547	117.9	2 660	103.9
大正十三年（1924）	15 576	505.1	5 888	125.2	2 820	110.2

资料来源：[英] B. R. 米切尔. 帕尔格雷夫世界历史统计·亚洲、非洲和大洋洲卷（1790—1993）[M]. 北京：经济科学出版社，2002；[日] 南亮三郎，上田正夫. 日本の人口変動と経済発展 [M]. 東京：千倉書房，1975.

劳动力素质的提高也是不容忽视的。在整个江户时期，教育始终受到重视，全国各地有大量的幕府直辖学校、藩校、乡校、寺子屋和私塾。从这些学校的教育程度和教育水平上看，分为以普通教育为目标的学校和以专门的高等教育为目标的学校；从教育内容上看，分为儒学、国学、洋学、军事学、医学、经济学和武艺等多种的教育。除了武士子弟外，许多百姓的子弟也有上学读书的机会。到德川幕府末期，日本约有藩校219所，乡校数百所，寺子屋2万多所，私塾1 500所，寺子屋一般规模较小，但在大阪和江户也有学生数百的情况。私塾是一些学者在私宅设立的高等专门教育设施，入学者多为慕名而来。到明治元年，日本儿童的就学率达到28%，与当时世界上最发达的工业国英国的比率不相上下，其教育已达到较高的水平。[23]自明治维新后，日本继续大力发展教育事业，提出的主要措施是：普及初等教育，提高国民的文化知识水平；创办高等教育机构，培养各种高级管理人才；发展实业教育，掌握欧美发达国家的先进科学技术。通过这些措施日本培养了大量高素质的各种专门人才，有力地促进了日本资本主义经济的迅速发展。

注释

［1］［日］南亮進．日本の経済発展［M］．東京：東洋経済新報社，1992；［日］大野健一．从江户到平成：解密日本经济发展之路［M］．北京：中信出版社，2006．

［2］［3］［5］［10］［13］［16］［17］［日］大野健一．从江户到平成：解密日本经济发展之路［M］．北京：中信出版社，2006．

［4］［日］南亮進．日本の経済発展［M］．東京：東洋経済新報社，1992；伊文成，马家骏．明治维新史［M］．沈阳：辽宁教育出版社，1987；杨栋梁．日本近现代经济史［M］．北京：世界知识出版社，2010．

［6］［9］［11］［14］［19］杨栋梁．日本近现代经济史［M］．北京：世界知识出版社，2010．

［7］［日］西川俊作，阿部武司．日本経済史Ⅳ［M］．東京：岩波書店，1999．

［8］王德祥．明治维新以来日本的农业和农村政策［J］．现代日本经济，2008（2）；［日］南亮進．日本の経済発展［M］．東京：東洋経済新報社，1992．

［12］［15］［21］［22］［日］滨野洁，井奥成彦，中村宗悦，岸田真，永江雅和，牛岛利明．日本经济史 1600—2000［M］．南京：南京大学出版社，2010．

［18］［20］冯昭奎．日本经济（第二版）［M］．北京：高等教育出版社，2005．

［23］［日］南亮進．日本の経済発展［M］．東京：東洋経済新報社，1992．

第 13 章　亚洲的经济发展与人口增长

13.1　中国的人口增长与经济变动

13.1.1　封建制经济

中国近代的封建制经济是从清朝（1644—1911）开始的，到 19 世纪中叶已经形成了成熟的封建经济形态。清朝时期人口增长很快，到乾隆时期已达 3 亿人，相对需要粮食作物的产量更加提升。在这种人口压力下，清朝政府大力鼓励开垦荒地、移民边区及推广新作物以提高生产量。随着耕地面积的扩大，农业生产得到恢复和发展。由于清朝人口增长超过可耕地发展速度，如何维持庞大的人口规模就有赖于占城稻与一些新的粮食作物。占城稻在清朝时期发展成 30 日到 50 日即可收获的品种，使得每年两次收获甚至三次收获变成可能。此外，早熟稻耐旱，可在高原或山坡地种植。在清朝道光年间（1821—1850），稻米产量以及耕种面积都增加一倍。对一些从美洲引进的粮食作物也开发了许多原先不擅种植的地形，以提高粮食生产面积。例如，比较干旱的高原可种植玉米与甘薯，更加崎岖的山地则依靠马铃薯。到嘉庆年间（1796—1820），这些高原都种植玉米、甘薯以及马铃薯等新一代的粮食作物。

清朝的经济作物种植面积也逐渐扩大，促进了商品经济的活跃。棉花在清朝已是十分重要的经济作物，其产地遍及全国，其中江苏、浙江、河北、河南、湖北、山东等地都是著名的产棉区，甚至连农业发展较晚的奉天，也成了外输地区之一。在长江三角洲，棉花种植面积超过了水稻。产棉量以河北保定一带，长江中下游的松江、太仓与通州一带，以及上海等地最大。烟草在明代中期由吕宋传入中国，并得以迅速推广。在乾隆（1736—1795）之前，已形成福建、广东、江西、湖南、浙江、山东、奉天等几大著名产区，成为居棉花之后的第二大经济作物。种烟草获利很高，重要产地以陕南汉中、城固，山东兖州，湖南衡阳等地为主。蚕桑业以江浙地区的苏州、湖州、嘉兴、杭州和广东的广州最为发达，已成为当地农民的重要生产活动。此外，茶、甘蔗、油菜、大豆、芝麻、花生、蓝靛等经济作物也在平原丘陵山区得以广泛推广。

清朝的手工业在康熙（1667—1722）中期以后逐步得到恢复和发展。至乾隆年间，江宁、苏州等地的棉纺织业都很发达，主要集中在江南和华北地区。江南棉纺织区主要在松江、太仓、常州、苏州、江宁、通州、嘉兴等府州。松江、太仓两府的棉纺织业最为发达，技术最好，有“衣被天下”的美誉，而染色、踹布业则以芜湖、苏州为最先进。

当时江南的棉织业达到历史高峰。华北棉纺织区以河南、山东、直隶为最盛，是仅次于江南的棉纺织集中区。江宁、苏州、杭州、佛山、广州等地的丝织业也很发达。丝

图 13—1 景德镇瓷器

织技巧也有了新的提高，出产的重要提花品种有妆花纱、妆花缎、妆花绢等。瓷器制作技术改进，产量也大幅提升。例如，中国瓷都——江西景德镇瓷窑所烧造的御瓷，在雍正（1723—1735）六年（1728 年）时，一年之中生产十几万件御器（见图 13—1）。玻璃制造有较大的进步，清宫玻璃厂能生产透明玻璃和多达 15 种以上的单色不透明玻璃，造型也丰腴美观。这一时期，制茶业、榨油业、酿酒业、制糖业、造纸业、造船业、铁器制造业等手工业也有所发展。

清朝时期，商业也很发达，商品货币经济空前活跃。由于农业中商品性生产扩大，农产品越来越多地变为商品，出现许多专门化的经济作物地区，为手工业生产提供原料，或者直接供应消费者。一些经济作物如蔗糖行销国内外，茶叶于 18 世纪输出激增。粮食作物除大量供给城市居民食用外，还有小部分用于酿酒、油和豆制品加工等。这些产品自然都是为供应市场而生产的。此外，各地自然条件的不同、物产的差别，为商品交换创造了前提，一些地区性的市场由此形成。与此同时，金融业与贸易业发达，商人分成十大商帮。其中，晋商、徽商支配清朝的金融业，闽商、潮商掌握海外贸易，广州的行商与扬州的盐商都是最阔气的商人，而山西商人则掌控全国银号。

清朝的货币制度仍沿袭明制，大体上采用白银与铜钱并用的银铜双本位制，大数用银、小数用钱，银的地位更加重要。因海外贸易发达，白银大量从国外输入，康雍乾盛世流通的外国银元除西班牙银元外，还有葡萄牙银元、威尼斯银元、荷兰银元等。鸦片战争前，由于英国将大量鸦片销入中国，导致中国白银大量外流，需要更多的铜钱才能换取白银。由于白银是百姓纳税的固定货币，这带动了通货膨胀，经济严重恶化。为此，顺治帝（1644—1661）在 1651 年发行纸币，到 1843 年，咸丰帝（1851—1861）又发行大清宝钞与户部官票等纸币，以稳定清朝经济。随着金融业的发展，钱庄等金融事业也发展起来。如北京，自康熙至道光十年（1830）前开设的钱铺有 389 家。上海在乾隆四十年至嘉庆十年（1776—1796）共有钱庄 106 家。这些钱庄等金融组织已成为商业金融枢纽，对促进物资交流、扩大国内市场起了一定作用。

清朝的对外贸易在清初期规模较小。当时对于民间海外贸易实行海禁政策，对于外国来华贸易，仍沿袭明代的朝贡制度加以控制。最初与清朝发生朝贡关系的主要还是南洋和东南亚诸国，但有许多限制。对于西方殖民国家来华商船的限制很严，只许它们停泊澳门，与澳门商人进行贸易，到 1685 年才允许外商到前述口岸通商。清廷放宽海禁后，准许外商在指定口岸通商，逐步建立管理外商来华贸易的制度。浙江、福建与广东地区盛行海外贸易，这些地区的商人时常与日本、琉球、东南亚各国及葡萄牙、西班牙与荷兰等西欧各国展开贸易。到18世纪，还有英国、法国与美国等国家，其中英国几乎独占对华贸易。西欧各国与日俱增的需求是中国丝绸、茶叶与甘蔗，而中国对西欧产品的需求不大，使得中国对外贸易呈现大幅出超的情形。大量银元流入中国，货币流通量增加，刺激物价上涨，促进了商业经济的繁荣。在此期间，中国沿海以泉州、漳州、厦门、福州与广州先后崛起，成为贸易发达的地区。总之，清朝在对外贸易方面实行解禁后还是有所发展的。

13.1.2 早期工业的发展

中国最早的工业化努力可以说是从19世纪50年代开始的。西方资本主义入侵中国以后，以李鸿章（1823—1901）为代表的洋务派认为，西方资本主义国家之所以强大，根本原因是船坚炮利，中国落后的根本原因在于武器落后，所以要自强就必须发展兵器工业。

19世纪50—90年代，中国建立了第一批近代工业。1861年，曾国藩（1811—1872）创办安庆军械所，它是最早的军事工厂。1862年，李鸿章在上海创办第一个在技术上依靠英国人的洋炮局，1864年李鸿章又创办苏州洋炮局。此后，江南制造总局、金陵制造局、福州船政局、天津机器局等相继成立，这些军事工厂规模较大，作为中国第一批近代工业，主要是由国家投资兴建的军事工业或与军事相关的工业，普遍采用国外先进的技术，设备比较齐全，是中国近代工业创建时期的大型工厂。但是，工厂的管理采取的是在市场没有发育情况下的封建管理模式。经费由政府无偿调拨给指定的军事单位，企业的发展与它的经营情况无关。军用工业是非商品生产企业，与社会经济发展的联系不甚密切，但它促进了19世纪70年代民用工业的兴起。19世纪80年代后期，张之洞（1837—1909）试图在汉口附近建立重工业中心，他在那里开掘了铁矿和煤矿，兴建了炼钢炉和钢厂，还创建了湖北枪炮厂。

由于清政府财政状况的恶化和军事工业的局限性，洋务派官员看到只发展军事工业很难达到自强的目的，必须发展民用工业，实行先富而后强的战略。于是，自19世纪70年代中叶起，开始采用“官办”“官商合办”“官督商办”等方式创办民用工业。这些企业涉及采矿、冶炼、交通运输、纺织等行业，其中包括第一家轮船公司——轮船招商局（1872年开业），1880年动工的关内外铁路，1878年投产的第一家现代煤矿——基隆煤矿，1893年建成的第一家炼铁厂——汉阳铁厂，1890年开工的第一家近代棉纺织厂——上海机器织布局，1880年成立的第一家电报局——天津电报总局，以及后来的开平煤矿、漠河金矿、湖北织布局和纺纱官局等。但是由于外国商品的竞争和封建官僚过多的压制和干预，这些企业大多经营很差，经济效益不佳。[1]

中国的民营工业也出现在19世纪70年代，主要投资人有商人、地主和官僚，还有少数华侨。创办机器工业的则多是出身于手工业的作坊主和店主。大部分民营企业的规模都很小，不仅远远小于外资在中国的企业，而且也比官办军事工业的工厂小得多。这些民营工业的设备简陋，技术水平都很低下。1872—1894年，民营工厂总共达160多家，但不少中途夭折了；还有采矿业企业20家，其他主要集中在纺织、面粉、造纸、火柴、印刷、船舶修造和机器制造、采矿等部门。缫丝业是近代资本主义工业中的一个最重要部门。广东的缫丝业发展最为迅速，到19世纪90年代初期，广东的蒸汽缫丝厂已经发展到56家，大型工厂的雇工达到800多人。1882年，上海出现了第一家机器缫丝厂。由于受到外国缫丝厂的竞争，上海的缫丝业发展并不顺利。1887年，宁波出现机器轧花厂为出口棉花服务，1895年宁波出现纱厂。1894年和1895年，上海也建立了3家纱厂。19世纪70年代以后，广东佛山、天津、上海、重庆相继出现了一些火柴厂。自1866年至1890年，上海共开办了12家机器工厂，但是规模很小。有的机器工厂的业务是修理外商船只，有的生产缫丝机。[2]

甲午战争后，中国民营工业开始发展。1895—1913年，开办资本1万元以上的厂矿有500多家，这些资本主义工业绝大部分仍旧是轻工业，其中又以棉纺织业为主。随着棉纺织业的顺利发展，一个规模庞大的机械纺纱制造业稳步建立起来，到1900年，中国已经拥有57万支纱锭，1913年又增加到120万支纱锭。[3]面粉工业也有所发展。1903—1912年的9年间，全国设立了123家面粉厂。机器工厂发展较为迅速，仅上海在1894—1913年间就新建了86家机器工厂。此外，火柴、卷烟、水泥、矿冶等行业也取得了一定程度的发展。

这一时期中国整个资本主义工业发展情况可以从统计数据中看到一个大致轮廓（见表13—1）。1895—1898年是设厂运动的第一个高潮。这一高潮是在1895年以后，在新式企业利润的刺激以及社会舆论要求“设厂自救”的鼓励下出现的。1900年以后，由于外资和外货的竞争，使设厂出现低落现象。到1905年前后，由于日俄战争（1904）的关系，某些工业得到了一些发展的空隙，特别是抵制美货和收回利权运动的推动，从1904—1908年又出现了一个新的更大的高潮。但随后又开始回落，直到第一次世界大战。由此可见，这一时期中国资本主义工业的发展是波浪式的，但总的趋势是向前发展的。[4]

表13—1　中国设立的厂矿资本额及其指数（1895—1913）

年　度	资本/千元	指数/1895＝100	年　度	资本/千元	指数/1895＝100
1895	3 307	100.0	1905	8 138	246.1
1896	4 343	131.3	1906	22 901	692.5
1897	5 776	174.7	1907	14 058	425.1
1898	4 387	132.6	1908	16 122	487.5
1899	1 901	57.8	1909	6 638	200.7
1900	3 304	100.0	1910	7 398	223.7
1901	145	4.4	1911	2 087	63.1
1902	1 059	122.7	1912	2 104	63.6
1903	622	18.8	1913	3 049	92.2
1904	6 121	185.1			

资料来源：汪敬虞. 中国近代工业史资料（第2辑）[M]. 北京：科学出版社，1957.

13.1.3　人口增长与经济发展

在18世纪，中国作为世界人口最多的国家之一，人口增长很快，从乾隆六年（1741）的1.4亿上升到乾隆三十一年（1766）的2亿，到乾隆五十五年（1790）又突破了3亿，仅仅半个世纪人口倍增，人口增长速度高于欧洲。进入19世纪以后，由于西方发达国家入侵以及农民失去土地和手工业衰落等原因，使中国长期保持高出生高死亡的状态，人口增长缓慢。据英国经济学家安格斯·麦迪森的估计，在1820—1870年间，中国人口从3.81亿减少到3.58亿，年均人口增长率为－0.12%，1870年以后到第一次世界大战前的1913年间，人口有所增长，年均人口增长率达到0.47%，但这一时期与世界上主要国家比较，人口年均增长率是很低的，仅高于印度和法国（见表13—2）。

表13—2　　世界主要国家的人口增长（1700—1913）

国家	人口/千人				人口年均增长率/%		
	1700	1820	1870	1913	1700—1820	1820—1870	1870—1913
中国	138 000	381 000	358 000	437 000	0.41	−0.12	0.47
印度	165 000	175 000	203 000	303 700	0.05	0.32	0.43
俄国	26 550	54 765	88 672	156 192	0.37	0.97	1.33
美国	1 000	9 981	40 241	97 606	0.50	2.83	2.08
日本	27 000	31 000	34 437	51 672	0.22	0.21	0.95
德国	15 000	24 905	39 231	65 058	0.23	0.91	1.18
英国	8 565	21 226	31 393	45 649	0.53	0.79	0.87
意大利	13 300	20 176	27 888	37 248	0.20	0.65	0.68
法国	21 471	31 246	38 440	41 463	0.23	0.42	0.18
西班牙	8 770	12 201	16 021	20 263	0.18	0.57	0.52
墨西哥	4 500	6 857	9 129	14 970	−0.04	0.67	1.13

资料来源：［英］安格斯·麦迪森. 世界经济千年史［M］. 北京：北京大学出版社，2003；［英］B.R. 米切尔. 帕尔格雷夫世界历史统计·欧洲卷（1790—1993），帕尔格雷夫世界历史统计·美洲卷（1790—1993），帕尔格雷夫世界历史统计·亚洲、非洲和大洋洲卷（1790—1993）［M］. 北京：经济科学出版社，2002；［日］日本总务省统计局. 日本统计年鉴（2000年版）［M］. 东京：日本统计协会，2001.

从经济发展的水平来看，18世纪初期到19世纪，中国经济在世界上始终处于显著领先地位。据麦迪森提供的统计数据，1820年中国的国内生产总值在世界经济中所占比重高达32.9%，经济总量居世界第一位，到1870年大幅度下降，其所占比重为17.2%，尽管如此，中国经济规模仍处于世界领先地位（见表13—3）。

表13—3　　世界主要国家的经济规模（1700—1913）

国家	国内生产总值/百万1990年国际元				国内生产总值占世界经济总量的比重/%			
	1700	1820	1870	1913	1700	1820	1870	1913
中国	82 800	228 600	189 740	241 344	22.3	32.9	17.2	8.9
印度	90 750	111 417	134 882	204 241	24.4	16.0	12.2	7.6
美国	527	12 548	98 374	517 383	0.1	1.8	8.9	19.1
俄国	16 222	37 710	83 646	232 351	4.4	5.4	7.6	8.6
英国	10 709	36 232	100 179	224 618	2.9	5.2	9.1	8.3
德国	13 410	26 349	71 429	237 332	3.6	3.8	6.5	8.8
法国	21 180	38 434	72 100	144 489	5.7	5.5	6.5	5.3
意大利	14 630	22 535	41 848	95 487	3.9	3.2	3.8	3.5
日本	15 390	20 739	25 393	71 653	4.1	3.0	2.3	2.6
西班牙	7 893	12 975	22 295	45 686	2.2	1.9	2.0	1.7
荷兰	4 009	4 288	9 952	24 955	1.1	0.6	0.9	0.9
墨西哥	2 558	5 000	6 214	25 921	0.7	0.7	0.6	1.0
比利时	2 288	4 529	13 746	32 347	0.6	0.7	1.2	1.2

资料来源：［英］安格斯·麦迪森. 世界经济千年史［M］. 北京：北京大学出版社，2003.

另据美国保罗·肯尼迪（Paul Kennedy）提供的数据，1750年中国制造业产量在世界制造业总量中所占份额为32.8%，超过了整个欧洲，到1800年进一步增至33.3%（见表13—4）。按人口计算的工业化水平来看，中国的工业水平在1750年大致与德国、意大利以及整个欧洲的平均水平相当，仅落后于英国和法国，并列为世界第三位，1800年退至世界第八位，但仍处于世界先进水平。经济的发展，带来人口自然增长率的提高。在19世纪以前，中国由于长期大规模的战争造成人口大量减少，但人口自然增长率为9.0‰左右，仍高于英国、法国和德国等西欧国家的水平。

表13—4　　世界制造业产量的相对份额（1750—1900）

国　名	1750	1800	1830	1860	1880	1900
中　国	32.8	33.3	29.8	19.7	12.5	6.2
印　度	24.5	19.7	17.6	8.6	2.8	1.7
整个欧洲	23.2	28.1	34.2	53.2	61.3	62.0
英　国	1.9	4.3	9.5	19.9	22.9	18.5
法　国	4.0	4.2	5.2	7.9	7.8	6.8
德　国	2.9	3.5	3.5	4.9	8.5	13.2
意大利	2.4	2.5	2.3	2.5	2.5	2.5
俄　国	5.0	5.6	5.6	7.0	7.6	8.8
日　本	3.8	3.5	2.8	2.6	2.4	2.4
美　国	0.1	0.8	2.4	7.2	14.7	23.6

注：世界制造业总量为100。
资料来源：[美]保罗·肯尼迪.大国的兴衰[M].北京：国际文化出版公司，2006.

19世纪以后，中国的人口增长速度明显下降，影响了经济发展。从工业发展水平来看，到1860年，中国制造业在世界的地位已落在英国之后，1880年又被美国超过，到1900年，中国制造业产量在世界制造业总量中所占份额仅为6.2%，已沦为世界第六位。按人口计算的工业化水平来看，中国的工业水平在1830年仅相当于英国的24.0%，1880年只达到4.5%。从人均实际国内生产总值来看，1820年，中国只相当于当时经济最发达国家英国的37.8%，美国的42.7%。随后，中国的经济发展水平继续呈现下降的趋势，到1870年，中国的人均实际国内生产总值仅为英国的17.6%，美国的20.0%，印度的91.0%。自20世纪初期以来，中国的人口增长依然缓慢，提别是在20世纪10年代，由于经常出现流行病、荒年以及连年的国内战争，使人口增长出现波动，人口增长的不稳定性在一定程度上影响了经济发展的速度。

13.2　东亚殖民地时期的经济与人口增长

东亚各国拥有优越的农业自然条件，早在16世纪初期，农业经济已经比较发达，主要种植作物有稻谷、甘蔗等。在东亚的农作物生产中，稻谷一直占有重要的地位，这主要同东亚的自然条件密切相关，特别是印度尼西亚、马来西亚、菲律宾等国的气候特点是高温高湿，又分布着大面积的洪泛冲积平原，对种植稻谷有利，而当地人口稠密，广大农民有着长期的生产经验，也是重要的因素。这一时期东亚各国已经有了比较发达的采矿、伐木、造船、织布、酿造和金属制造等手工业，商品经济也有相当程度的发展。印度尼西亚、新加坡、马来西亚、菲律宾、泰国与中国和日本等国也都有广泛的贸易往来。

自16世纪西方殖民主义者入侵后，东亚农业生产片面发展，成为世界上经济作物的重要产地。在殖民地时期，东亚原先封建制或部落制的自然经济基础不同程度遭到破坏，农业中的商品经济开始成长。殖民主义者为了自己的经济利益，强制推行单一种植制度，在泰国形成了单一稻米经济，在马来西亚西部形成了单一橡胶经济，在印度尼西亚、菲律宾等国强迫种植欧美市场所需要的咖啡、香料、烟草、甘蔗、椰子等农作物，并在这些作物的生产上形成了传统，由此造成这些地区粮食生产严重不足，所需要的粮食要从暹罗等地进口。在东亚农业发展的过程中，世界市场的需求和殖民主义者的经济利益决定其生产的特点，包括各种农作物种类以及产地布局的基本因素，形成了单一化的生产结构和畸形的种植分布。

16世纪中叶，西方殖民者开始入侵东亚。1565年，菲律宾被西班牙占领。随后，西班牙把封建庄园制度移植到菲律宾，建立了大批封建庄园。17世纪初期以后，西班牙殖民者还垄断了菲律宾的对外贸易，并从中获取了巨额的利润，严重地阻碍了菲律宾的经济发展。18世纪末叶，西班牙殖民者开始在菲律宾开辟种植园，大量种植蔗糖、麻、咖啡、烟草和椰子等西欧市场所需要的经济作物，并建立了一批出口作物加工工厂。这样菲律宾的单一种植制的殖民地经济结构逐渐形成。19世纪初，西班牙殖民者采取了自由主义经济政策。1830年，西班牙对外开放了马尼拉商港，接着又开放了怡朗、宿务等港口，准许其他资本主义国家在菲律宾设立商馆。以后，菲律宾对西欧市场的出口开始迅速增长。另外，西欧各国的工业品也源源不断输入到菲律宾。对外经济贸易的发展刺激了菲律宾国内的经济发展。

17世纪初期到20世纪初期，马来西亚、新加坡和香港沦为英属殖民地，印度尼西亚被荷兰霸占，韩国和台湾先后被日本侵占。这一时期，泰国虽未丧失名义上的独立，但实际上仍是一个夹在英国和法国两大殖民势力范围之间的半殖民地。

18世纪末至19世纪40年代，英国先后占领了马来西亚的槟榔屿、马六甲和沙捞越，并在这些地区开矿山、建城市，开辟大批的胡椒、丁香、甘蔗种植园。由于英国资本主义的介入，这些地区的自然经济开始瓦解，农业中的商品生产也迅速发展起来。在未被占领的马来西亚内地九个土邦，尽管当时自然经济占主导地位，但商品经济也逐渐活跃，工商业也有了一定程度的发展。尤其是19世纪中叶，工矿业和胡椒、丁香、甘蔗等种植业发展较快。1874—1914年，英国又占领了马来西亚内地九个土邦和沙巴，至此，马来西亚全部沦为英国殖民地。从1870年开始，英国的资本不断流入马来西亚，这些投资遍及农业、工矿业、对外贸易、交通运输等方面，在一定程度上促进了马来西亚经济的发展。但英国倾销商品和掠夺原料，使马来西亚经济发生了变化，破坏了农民传统的家庭手工业。从20世纪初期起，橡胶、椰子、菠萝、茶等作物的种植规模不断扩大，出现了大量的资本主义种植园和经济作物区。这样进一步瓦解了这一地区的自然经济。

19世纪10年代末期，英国以租借的名义取得了新加坡港的经营权，不久新加坡沦为英国的殖民地。根据当时英国殖民政府的自由贸易政策，新加坡被辟为自由港。其主要政策是对大部分进出港口的货物免征关税，允许商人自由买卖，以此来吸引各国商船来新加坡进行自由贸易。开埠后不久，新加坡就和马来西亚、菲律宾等国产生了贸易联系。到了19世纪30年代，新加坡已成为中国、印度与欧洲对东亚邻国的交换中心和国际贸易商港。这一时期，菲律宾对西欧市场的出口贸易迅速增长。另外，西欧资本主义各国的工业产品也源源不断地输入到菲律宾。对外经济贸易的发展刺激了菲律宾国内商品生产的发展，与此同时，菲律宾的交通运输、通信设备等部门也有所发展。

19世纪中叶，一些在新加坡开设的英国大商行，利用当地的商人作为向马来西亚、印度尼西亚、泰国等邻近国家收集土特产和推销工业品的中介商，排斥荷兰等国的贸易竞争，逐步实行贸易垄断，影响了新加坡的经济发展。19世纪70年代以后，新加坡的转口贸易逐渐发展起来。贸易额从1878年的8 000多万元增至1911年的5.2亿元。20世纪初期，新加坡获得了大量可供加工和转口贸易原料，因而成为世界胶、锡的主要市场。随着贸易和工业的迅速发展，迁往新加坡的人数迅速增加。迁入人口总数从1871年的9万多人增至1911年的31万人。这一时期，新加坡的日常用品及食品加工工业也开始发展。农业方面，在橡胶试种成功之后，橡胶种植园也迅速发展起来。

这一时期，荷兰以东印度公司①名义在印度尼西亚进行殖民地开发，建立了有一定规模的以采矿业为主的殖民主义工业、商业、金融业和农业，构成殖民主义和封建主义经济结构。在19世纪30年代，荷兰殖民主义统治者在印度尼西亚开始推行“农作物实物税制度”，以增进贡品为理由，用强制性交纳作物或提供劳动服务的方法取代了土地税，并实行强迫种植制，规定爪哇农民种植欧洲市场所需要的农作物，如咖啡、甘蔗、烟草等，以推动这些农产品出口，换取超额出口赢利。1870年，在印度尼西亚人民反对强迫种植制的压力下，荷兰被迫放弃政府对印度尼西亚贸易的垄断，开始实行新殖民政策。随后，东印度政府实行“门户开放”政策，吸引外国私人投资，国际金融资本纷纷在印度尼西亚设立银行，从而繁荣了商业活动。随着外国资本的大量投入，在一定程度上促进了印度尼西亚经济的发展，同时人均收入有所增长，人口规模的增长也比较迅速（见表13—5）。20世纪初期，为了缓和矛盾，东印度政府实行“道义政策”，对印度尼西亚国民减赋减压，在工作条件等方面有所改善，并改进水利及一般的农耕条件。20世纪初，伴随着人口增长，殖民经济由人口密集的爪哇地区向拥有富足自然资源的苏门答腊岛拓展。这样随着经济的开放，印度尼西亚经济增长较快，在1870—1913年期间，年平均增长率为2.0%。

表13—5　　印度尼西亚分种族人口和实际收入增长（1700—1913）

年份	印度尼西亚人		中国人和其他亚洲人		欧洲人	
	人口/千人	人均收入/盾	人口/千人	人均收入/盾	人口/千人	人均收入/盾
1700	13 015	47	80	156	8	1 245
1820	17 829	49	90	193	8	2 339
1870	28 594	50	279	187	49	2 163
1913	49 066	64	739	240	129	3 389

注：人均收入按1928年印尼盾计算，欧洲人包括欧亚混血人。

资料来源：A. Maddison. *Dutch Income in and from Indonesia* 1700—1938. Modern Asian Studies，1989.

① 1602年，在荷兰国会的支持下成立了东印度公司，以便消除内部的竞争和集中资金人力。东印度公司形式上是商业组织，但它可征募军队、建筑炮台、发行货币、任命官吏，甚至代表荷兰国会和他国缔结条约，因而，它实质上是一个具有政权性质的殖民统治机构。

与此同时，在英国和法国两大殖民势力的侵略和不平等条约的束缚下，泰国经济也开始迅速殖民地化，成为粮食、原料的产地和外国工业品的倾销市场。19 世纪中叶，泰国已有较发达的手工业和各种作坊，如纺织业和所产的丝绸棉布不但能自给，还有一定数量的出口。19 世纪后半期以后，在低关税的情况下，由于外国商品大量进口，原有的手工业和作坊开始衰落。当时由于荷兰在印度尼西亚爪哇所生产的机制糖大量倾销，糖价暴跌，使泰国的糖厂从 1898 年起纷纷倒闭，国内的糖产量急速下降。到第二次世界大战前，每年需要进口 4 万吨糖，其他一些传统的家庭手工业如纺织业的产量也有所减退，所需要的纺织品也靠进口。

在东亚经济发展的过程中，18 世纪中后期，东亚作为世界人口最多的地区，人口增长速度大致与欧洲相同。但在 19 世纪 20 年代到 70 年代，由于殖民者入侵，亚洲各国以及农民失去土地和手工业衰落等原因，使东亚的人口增长速度明显下降，特别是中国由于持续的高出生高死亡的状态和长期大规模的战争造成人口大量减少（见表 13—6），但其人口自然增长率为 9.0‰左右，仍高于英国、法国和德国等西欧国家的水平。而这一时期，菲律宾、马来西亚、新加坡等国家和中国香港地区由于高出生和国际人口迁移的效果，人口增长较快。

表 13—6　东亚国家或地区的人口发展（1820—1913）　单位：千人

国家或地区	1820	1870	1913	国家或地区	1820	1870	1913
中国	381 000	358 000	437 000	中国台湾地区	2 000	2 345	3 469
印度尼西亚	17 927	28 922	49 934	马来西亚	287	800	3 084
菲律宾	2 176	5 063	9 384	中国香港地区	20	123	487
泰国	4 665	5 775	8 689	新加坡	30	84	323
韩国	13 820	14 347	16 070	东亚	421 925	415 459	528 580

资料来源：[英] 安格斯·麦迪森. 世界经济千年史 [M]. 北京：北京大学出版社，2003.

进入 19 世纪 70 年代以后，随着经济的发展，东亚人口增长开始加速，从 1870 的 4.15 亿人增至 1913 年的 5.29 亿人。其中，印度尼西亚、菲律宾、泰国、马来西亚、新加坡等国的人口大幅度增长，其增长的主要原因是外来移民的大量迁入，这在 19 世纪后半期至 20 世纪初期最为明显。这一时期内，印度尼西亚、菲律宾、马来西亚、新加坡等国得到大规模经济开发，而当地劳动力的数量及其劳动力素质均不能满足需求，外国移民正是在这种背景下大量迁入的。其外国移民主要来自中国，其次是印度等南亚各国。这一时期，尽管东亚的人口增长速度有所回升，但由于受人口的封建生产关系的束缚，加上西方殖民主义的侵略，东亚生产力发展缓慢，影响了东亚的经济发展。而这一时期的中国保持着持续的高出生高死亡的状态，人口增长缓慢，人口增长速度在东亚各国中是最低的。但从经济发展的水平来看，直到 19 世纪，中国经济在世界上仍处于显著领先地位。

13.3　印度的经济与人口变动

13.3.1　对外贸易

中世纪，印度生产的手工业品在世界上享有盛誉。达卡的平纹细布、孟加拉的印花布、贝拿勒斯的棉织品等，在当时广为外国商人所知。17世纪和18世纪时，葡萄牙、荷兰和英国等来自欧洲的商人以及阿拉伯商人等，从印度输出大宗商品，从而推动了印度对外贸易的迅速发展。

15世纪以前，印度从东南亚地区、远东地区、西亚地区和北非地区的商业贸易中获得了重要发展。印度的商船在东至马六甲海峡，西到红海和波斯湾的广大海域穿梭往来，世界各国的商业船只也不断来到印度。当时，中国的瓷器和丝绸、日本的铜、法国的呢绒、中东和非洲的马、非洲的香料、缅甸的象牙、锡兰的珍珠、中亚等地的葡萄干和枣等许多物品，大量输往印度。印度生产的精美棉织品和丝织品、蓝靛、香料、珠宝、粮食、药材等行销到印度尼西亚、菲律宾、非洲、近东地区以及西欧各国。随着对外商业贸易的发展，印度沿海地区逐渐形成了一批重要的港口，如孟加拉地区的吉大港和锁纳儿港，东海岸地区的尼加帕塔姆港，马拉巴尔海岸地区的古里港等。[5]

16—17世纪，随着西欧商人相继到来，并在印度沿海地区建立商业据点，逐步把印度商人从海上贸易中排挤出去，垄断了印度商品的输出，但是也促进了印度商品出口，特别是棉织品和丝织品生产的扩大。到了17世纪中叶，在孟加拉、古吉拉特、旁遮普等部分地区，已有数十万农户在从事棉织品的生产。

在莫卧儿王朝（Mughal Dynasty，1526—1857）统治时期的大部分时间里，印度与亚洲和欧洲各国有着大量的贸易。印度的商业繁荣，特别是对外贸易发展的典型代表是孟加拉。早在18世纪前半期，孟加拉内地对外贸易的数量就很大。印度商人、亚美尼亚商人及伊斯兰商人同印度其他地区进行频繁的贸易，同时，孟加拉还与土耳其、阿拉伯、波斯以及中国西藏等地进行着频繁的贸易。而这些对外贸易总是有利于孟加拉，孟加拉总是处于出超地位，且其出超价值必须以黄金结算。在1708—1756年之间，黄金几乎构成了孟加拉全部进口价值的3/4。

孟加拉地区最重要的出口商品是棉织品、丝织品、生丝、糖、黄麻及硝石等。细棉布特别是达卡细布，在世界各地需求量很大。孟加拉棉织品由许多欧洲公司大量贩运出口，并横越大陆到伊斯法罕，由海路到巴士拉、穆哈及吉达各地市区。孟加拉地区还是印度制糖工业的主要中心，早在18世纪中叶，这里就有大量商品出口。一直到1756年，孟加拉和马德拉斯、马拉巴尔海岸、孟买、信德、波斯湾等地进行着大量的糖贸易。当时有来自科罗曼德尔与马拉巴尔海岸、波斯湾、红海，甚至马尼拉、中国和非洲海岸等地的大量商品输入孟加拉。因此，直到英国殖民统治前夕，印度的孟加拉地区仍具有繁荣的对外贸易。[6]

1757年英国统治印度后，使印度的对英国贸易出现逆差。1767—1768年两年中，英国从印度输出总额达631.1万英镑，而英国输入印度的仅为62.4万英镑。随着英国对印度不平等贸易的持续，印度贸易从1813年以后从出口国变成进口国。从前英国禁止印度纺织品进入英国市场或对之课以重税，到这个时期，英国的棉纱和棉织品充斥了印度市场，1814—1835年，英国输入印度的棉纺织品从不到100万码增加到5 100万码以上。而1815—1832年，印度输出的棉货总值从130万英镑跌至不满10万英镑。这种不平等贸易，损害了印度手工业，使手工业者破产，也使英国工业产品顺利进入了印度市场。

19世纪中期以后，印度的外贸结构发生了变化。棉纱、棉线、棉布、丝绸、毛织品、钢铁、机器和金属制品等是印度主要进口商品。棉布进口量从1849年到1855年的6年内增加了1倍多。机器和金属制品的进口量也显著增加。1849—1858年，印度原棉出口从177.5万英镑增加到430.2万英镑，棉织品从69.1万英镑增加到80.9万英镑，生丝从71.4万英镑增加到76.7万英镑，丝织品从30.2万英镑下降到15.8万英镑，羊毛从5.6万英镑增加到38.7万英镑，谷物从85.9万英镑增加到379万英镑，黄麻从6.9万英镑增加到30.3万英镑。[7]由此可见，此期间显著增加的是棉花、羊毛、黄麻等几种工业原料输出，而谷物输出激增特别突出，但丝织品输出则显著下降。

在进口方面，输出印度的棉布在印度大起义①期间停留在500万英镑以下，到1859年增加到800万英镑，在以后10年内增加了1倍，丝绸进口额从20万英镑增加到60万英镑，毛织品进口额从30万英镑增加到80万英镑，排挤了印度丝织业和毛织业。19世纪80年代中期以后，棉织品进口额有所上升，丝织品进口额也从1898年的1 000万卢比增加到1 500万卢比，毛织品进口额增加了近一倍。

在出口方面，印度主要向英国输出原棉，从19世纪50年代的1 000万英镑增加到1862—1863年度的1 800万英镑，次年增加到3 500万英镑，1864—1865年又达到3 700万英镑。

美国内战结束后，美国和英国的棉花贸易恢复，印度原棉出口减少到1 200万英镑。而包括棉线和棉纱在内的棉纺织品出口则逐年增加，1858—1859年度棉纺织品出口81.36万英镑，到1876—1877年度达到193.52万英镑。同期，印度的大米、小麦及其他粮食出口从300万英镑增加到近800万英镑。在没有直接商业对等交换的条件下，印度被迫应付每年流向英国的大量财富，但是，印度不能用工业品应付这种需要，不得不用粮食供应来应付这种需要。粮食出口量大大超过在没有财富外流条件下的粮食出口。[8]

从进口贸易看，工业品进口占绝大部分。棉织品、丝织品、毛织品等原来完全自己生产的产品，在19世纪50年代末到70年代就占进口商品总额的50%以上。19世纪末到第一次世界大战前夕，在印度近代纺织业有所发展的情况下，这几项进口仍占进口总值的40%。特别是19世纪末以后，随着英国对印度资本输出的增长，机器、钢铁、铁路设备等进口也明显增加。在印度进口产品中，英国工业品占绝对优势。1874—1879年，英国出口印度总值平均占印度进口总值的82%。虽然20世纪初德国、美国、日本开始加

① 印度民族起义一般指1857年到1859年发生在北部和中部印度的反对英国统治的民族起义。这次起义终结了英国通过东印度公司管理印度的体制，使得印度置于英国直接统治之下，故此常被视为印度的第一次独立战争。这次起义之所以失败，一方面是因为就全国来说，封建王公和地主的绝大多数是站在英国殖民者一边，竭力阻止自己地区爆发起义，并从兵力、财力上支持英国统治者，使起义在范围上受到限制，英国殖民者有可能在一个地区被赶走而在另一个地区稳稳安身，并把未起义地区变成镇压起义的基地；另一方面，领导起义的封建主本身有很大阶级局限性，无力担当领导起义的重任。起义虽然以失败告终，但沉重地打击了英国殖民统治。1858年8月，英国议会通过法案，撤销东印度公司。同年年底，维多利亚女王发表宣言，保证排除种族歧视，维护信仰自由，尊重王公权益。这说明英国在对印度政策中增加了安抚怀柔的一面。

入印度市场，但英国所占份额在1909—1914年间平均仍达63%。[9]

从出口贸易看，农产品输出始终占绝大部分。除了19世纪80年代起鸦片输出开始缩减，蓝靛自19世纪末日趋下降，其他各类农产品原料都迅猛增长（见表13—7）。自19世纪80年代后，粮食出口超过鸦片占第一位，到1913—1914年度，粮食出口占全部出口总值的20%以上。黄麻和茶叶出口增加特别显著，这是英国资本在印度大办黄麻工业和茶叶种植园的结果。由于农产品原料和粮食大量出口，印度贸易出超额不断扩大，1868—1869年度为0.83亿卢比，1913—1914年度增长到3.38亿卢比。但这种出超现象意味着印度大量原料被英国掠夺。这一时期，印度对外贸易的总体趋势是输出品几乎完全是原料，而输入品主要是工业成品。印度输入品主要来自英国而输出品则运往其他国家，印度对外贸易由于受英国的影响，出现停滞的趋势，到了19世纪末才开始缓慢增长。

表13—7　　1813—1911年印度出口农产品价值　　单位：百万卢比

年代	蓝靛	鸦片	棉花	小麦	黄麻原料	黄麻制品
1813—1814	15.6	1.2	4.0	—	—	—
1830—1831	26.7	19.9	15.3	—	—	—
1850—1851	18.4	59.7	22.0	7.6	0.89	2.1
1870—1871	31.8	116.9	190.8	0.3	9.8	2.1
1890—1891	30.7	92.6	165.3	60.4	76.0	24.8
1910—1911	3.3	127.6	360.5	129.5	154.9	170.0

资料来源：范铁城. 东方的复兴——中印经济近代化对比观照［M］. 长沙：湖南出版社，1991.

13.3.2　税收体制与土地占有形式

莫卧儿王朝时期，印度存在特殊的村社制度，其土地制度尽管处在不断变化之中，但印度的土地制度的基本形式依然存在，其主要的土地占有形式，即直属国王的封建领地、贾吉达尔的非世袭领地和柴明达尔的世袭领地。国王领地主要在德里、亚格拉地区，贾吉达尔作为土地占有的基本形式，则分布在全国各地，是有条件的非世袭的军事采邑，以供养军队和战马、上缴军粮为条件，享有征收租税的权利。[10]但一般土地纳税的形式、税额、税率均由国家确定。这种控制严格的土地制度直接决定了封建经济的保守性。此外，在王朝边境地区，一些土著部落王公或部落首领还保有世袭的领地，这部分人被称为柴明达尔，他们以皇帝为宗主，定期纳贡。基层的纳贡单位是村社①。从17世纪开始，他们分布于全国各地，作为政府和农民之间的中间人向村社或农民征收田赋，以孟加拉地区最为典型。在17世纪，随着莫卧儿帝国逐渐走向衰落，贾吉达尔领地和柴明达尔领地逐渐趋于一致，众多的大小邦国各自独立，互相争夺，严重阻碍了印度经济的发展。

1793年，东印度公司首先在孟加拉、比哈尔、奥里萨地区建立了固定柴明达尔制。自18世纪初以来，柴明达尔是孟加拉世袭的包税人。1765年东印度公司直接掌管孟加

① 村社规模大小不等，有的上千户，有的仅几十户。村社的事务一般由村社自行处理，具有一定的自治权。村社大致分为两类，即共有制村社和分有制村社。前者的土地由村社共同占有，集体缴纳田赋，村社内部基本没有租佃关系。分有制村社是村社的主要形式，其土地由各农户占有，分别缴纳田赋，村长管理村社事务，村社内有租佃剥削关系。

拉的财政管理权后，经常以“公开拍卖”的方式把原来的包税区包给出价最高的税额人。这样，相当一批公司成为新的柴明达尔。根据这个制度的规定，包税区的土地被确认为柴明达尔的私有财产，柴明达尔向公司缴纳的田赋确定为柴明达尔实际地租收入的10/11，剩下的1/11归柴明达尔所有。由此确定的田赋以后固定不变。柴明达尔作为土地的私有主，不但可以自由买卖土地，而且还可以任意增加地租。柴明达尔要把田赋如数上缴公司并不能自己留下较大的份额，就只有加紧对农民的压榨。[11]然而，并不是所有的柴明达尔都能从这种体制得到好处，因为最初的估算是在农产品价格没有上涨时按高水平估算的。由于很多人不能从农民身上榨取足够的钱来支付他们的费用，所以就被迫把刚得到的土地管理权卖给来自城市的各类金融投机者。不断增加的当地城镇商人和货币借贷者发现，土地的回报相当丰厚，于是热衷于在柴明达尔抵押的基础上取消回赎抵押契约的权利。这样，占有超过孟加拉1/5土地的柴明达尔于1796—1797年间开始被迫出售土地财产，仅在永久性税收安排实施后的20年内，就有超过1/3的孟加拉土地财产由于欠租而被变卖。[12]

19世纪初，在马德拉斯北部较早并入东印度公司的地区也推行了固定柴明达尔制。但英国殖民者很快发现固定不变的货币田赋对己不利，于是用莱特瓦尔制来代替固定柴明达尔制。1820年，在马德拉斯南部开始实施莱特瓦尔制，即农民租佃制，并利用一切机会收回柴明达尔的土地和分块卖出的土地，并收回地权。根据这个制度的规定，村社农民直接置于公司控制之下，每个农民应缴纳的田赋额分别由公司直接确定。确认村社农民在按期缴纳田赋的条件下，对其耕地具有占有权，可以出卖、转让或出租。在这种制度下的农民保留了较多的权利，但他们的田赋负担比柴明达尔制下的农民更为沉重，农民必须向殖民当局缴纳全年收成1/3～2/3的地租，农民实际上成了英国殖民者的佃农。[13]

1822年，在北印度地区，由英国人创立的税收体制——马哈尔瓦尔制开始实施，它建立于所谓的“西北省”，也就是覆盖了现代的北方邦和中央邦部分地区的“西北省”。按照这个制度，耕种者个人不属于政府而属于一个村庄，耕地归农民占有而由村社统一纳税，通过村社人头课征，但公司税吏有权决定村社农民之间税额分配的比例。这种制度既有柴明达尔的因素，也有莱特瓦尔的因素。但这个制度由于税率过重，很快就行不通。在1843—1849年间，英国殖民者先后用武力兼并了西北边境的信德和旁遮普。在旁遮普征收田赋是通过所谓农村租佃进行的。[14]

1833年起，英国和印度当局又对非永久性地税制的地区实行税制改革。内容包括：降低税率，由占产出的80%以上降到50%～60%；按土地的质量来确定土地的等级和税额的多少；延长修订周期，将10年期限延长到30年；承认地主和农民自由支配土地的权利。由于税率减轻，促进了农民生产的积极性，农产品商品化的程度大幅度提高，粮食和经济作物的种植面积和种类增加更快，这就促使向市场提供的农产品数量大大增加。英国和印度政府还采取了许多破坏农村公社的特殊措施，如在孟买和马德拉斯地区取消村社集体纳税制度，农村社员资格在法律上不再构成对土地的所有权。

所有这些土地税制的改革，到了19世纪中期已成功地用更有法制保障的土地占有权体制代替了习惯性的土地占有体制。而在更有法制保障的土地占有权体制下，土地的权利得到明确的定义和记录，最重要的是，它可以通过法庭来实施。这种税制改革还改变了农村经济的性质，随着公社土地所有制的瓦解，私人土地所有制形式在逐步形成，使印度自给自足的封建经济逐渐瓦解，而农村和商品市场则越来越紧密地联系在一起。

13.3.3 早期的手工业

世界各国经济在 16 世纪至 17 世纪的一个显著特点是传统农业和手工业的直接结合。印度的这一特点更加突出，其农业与手工业的结合，不仅存在于家庭范围之内，而且还存在于村社范围内。在印度村社里，每个家庭既从事农作物种植又开展手工纺织活动，村社中还有各种专门从事制造的手工业者，如木匠、铁匠、泥瓦匠和裁缝等。这些手工业者世代相传，具有很高的技艺。这一时期的手工业十分发达，特别是印度纺织工用棉花和蚕丝织成的各种布帛，用羊毛织成的地毯和披肩，驰名世界，主要手工业生产的技术水平超过当时欧洲先进国家。手工业生产的主要形式是封建制经济的作坊和家庭手工业，大型官营作坊的优质产品主要为满足宫廷和贵族奢侈生活的需要，其次才供出口。

中世纪以来，印度最主要的手工业是棉纺织业，到 18 世纪中叶，纺织业一直非常发达。当时，印度有一半左右的妇女从农村集市上买得棉花，把经过加工后的棉纱卖给农村织户，织户又把布卖给行商小贩。这样出产的大宗布匹，由阿拉伯人、荷兰人和葡萄牙人输往国外，欧洲各国商人热衷于从事这项贸易活动。

当时，在印度农村地区的家庭中，男子往往从事农作物种植，妇女则在家中从事棉纺织活动，因此各类手纺车和手织机在印度盛行。一些主要出产棉区还形成独具特色的棉纺织中心，如北印度和北科罗曼德尔海岸地区就主要生产白细布，德干地区和孟加拉地区主要生产平纹细布，古吉拉特则主要生产丝棉纺织品等。其中，以孟加拉地区棉纺织品产量最高、品种最多。印度许多手工艺品也都非常有名，包括勒克瑙的擦光印花棉布，阿莫达巴德的围腰布、绸和薄纱围巾与丝绸，那格浦尔和穆希达巴德的镶边布等。除了一般棉织品外，克什米尔、阿姆利则和鲁迪亚那的披巾也很有名。17—18 世纪，仅孟加拉地区生产用于出口的棉织品、丝织品和混纺织品就有 95 种之多。[15]

印度的棉织业也很发达，其重要的民族工业是棉布的织造。这些棉布不仅可以满足印度国内贵族和商人的需要，而且还可以销售到欧洲和亚洲其他地区。棉织业的主要中心分布在全国各地，例如科罗曼德尔海岸的一些地方，古吉拉特的帕坎，坎德什的布尔汉普尔，联合省和比哈尔德的绍福儿、贝拿勒斯、巴特那等地，以及奥里萨和孟加拉的许多城市。在东孟加拉的查巴斯普尔和锁纳儿港，“所有人都靠纺织业为生，其产品的声誉和质量都极高”。[16]

在 17 世纪后期，纺织业的劳动组织也具有较高的水平。在孟加拉和迈索尔地区就出现了许多棉纺织手工工场，织机最少有 3～5 台，有的多则十几台。18 世纪中期，在孟加拉地区的一些地方，商人雇用工人经营缫丝工场，有的置锅三十几口，雇工达数十人。在旁遮普、克什米尔等地区的披肩工场，雇用的工人往往达到数百人。这些都说明，在印度封建经济内部，个别地方已经出现了资本主义生产关系的萌芽。

除了手工纺织业外，印度其他手工业不仅品种繁多，而且工艺先进。17—18世纪，随着劳动分工的扩大，印度不仅有发达的手工纺织业，而且其他手工业也品种繁多，如铁匠、首饰匠、制糖工、铜匠、雕刻师等。虽然最初主要为村社服务，制作简单农具和家庭用品，但是后来逐渐出现独立于村社之外的手工业者，他们生产的手工业品主要面向市场，主要为城镇居民服务，还有一些手工业者生产一些高档的手工业产品，除了满足本国官僚的需要外，主要销往国外，从而使印度手工业者数量庞大。

为了满足封建主和众多官僚对工业品不断扩大的需求，印度手工业者不仅要增加生产品种，扩大生产量，而且还要不断提高生产技术，从而促进了印度手工业工艺的改进。当时，印度一些手工业的技艺已经很精湛。印度的大理石工艺和石雕、珠宝，以及黄铜、紫铜和青铜制品，还有木雕等手工业都相当有名。正因为如此，工业委员会在评论中指出："当近代工业体系的诞生地欧洲还住着未开化的部落之时，印度已因其统治者的财富和其手工业者的精湛技艺而闻名于世。甚至到很久以后，当西方的商业冒险家开始在印度出现的时候，印度的工业发展无论如何也不亚于当时更先进的欧洲国家。"[17]

值得注意的是，他们在生产过程中已经不是简单地由一个家庭来生产，而是逐渐形成一种以雇佣劳动为基础的资本主义手工工场的生产组织形式。如，北印度和孟加拉地区的制糖厂，有的雇工多达五十余人；迈索尔地区的冶炼工场甚至有几道工序，个人部分工资用现金支付，部分工资用实物支付；采矿场雇用的工人少则数百人，多则数千人。在这些手工工场中，生产分工更加细化，工人技术逐渐提高，产品质量也不断改进，从而更能满足各类市场的需要。由此可见，在当时印度众多手工业生产活动中，在一定程度上具有资本主义生产性质的手工工场已经开始出现。

13.3.4 经济发展与人口变动

印度经济早在16世纪已相当发达，经济结构以农业经济为主，一些地区由于耕作方法和农具的改进，有了较多的剩余产品。农业中商品生产扩大，出现商品粮和棉花、生丝、蓝靛、烟草等经济作物的专业化产区，产品远销欧亚市场。16世纪初期，莫卧儿王朝统治时期（见图13—2），无论从农业种植的多样性、使用肥料的普遍性、土地轮作的复杂程度，还是从灌溉面积的扩大等方面来看，印度农业经济的发展水平比当时大多数欧洲国家水平高。古吉拉特的棉花，南印度的生丝和香料，闻名于世。纺织工用棉花和蚕丝织成的各种布匹，用羊毛织成的地毯，显示出印度手工业的发达。随着农业和手工业的发展，商品生产和商品交换逐渐产生并有所发展。在英国殖民统治以前，印度经济结构由自给自足的村社经济和商业与手工业结合的城镇经济组成。

从16世纪起，葡萄牙、荷兰、英国和法国的殖民者先后入侵印度。1600年成立的英国东印度公司、1602年建立的荷兰东印度公司和1604年建立的法国东印度公司等，后来成为掠夺印度的主要工具。随着英国和法国资本主义经济的不断发展，英国和法国殖民者争夺印度市场的斗争不断加剧，18世纪中叶，英国击败了法国，使印度逐步沦为英国的殖民地。英国殖民者不仅把印度作为其工业原材料的重要来源地，而且把印度作为其工业品的消费市场。因此在英殖民者统治时期，英国工业品源源不断地进入印度市场。输入印度的英国棉布从1824年的90万码增至1835年的5 100万码，同期，印度向英国输出的棉布从126万匹减少到30万匹。同时，英国的毛纺织品、铜器、玻璃、陶器等其他工业品也不断地输入印度市场。到1858年，输入印度的英国商品价值高达3 109万英镑，从而使印度成为英国工业品的主要海外市场。随着大量廉价的英国工业品涌入印度市场，曾经发达的印度手工业受到严重打击，特别是手工纺织业首当其冲。在英国机器大工业生产的工业品的冲击下，技术落后、生产规模较小的印度手工业者纷纷破产，因此造成印度手工业的逐渐衰落。

图13—2　印度莫卧儿王朝时代风貌

19世纪上半期，印度出现了第一批资本主义工业，1818年，印度在加尔各答建立了第一家棉纺织厂，1851年孟买也建立了棉纺织厂，1855年在加尔各答出现第一家麻纺厂，1874年在巴特卡建立了炼铁厂，1870年到1882年先后在加尔各答、勒克瑙和浦那建立了机器造纸厂。特别是19世纪后期，英国不断在印度采矿、造纸、纺织、制糖等重要工业领域进行投资，兴办现代企业，使印度工业发展较为迅速。到1875—1876年，印度棉纺织厂已增至47家，拥有9 100台织机和110万枚纱锭。其中孟买地区棉纱厂的开工纱锭数占全国的87.7%，织机数占94.5%。到1900年时，印度已有近300家工厂。其中，193家棉纺织厂拥有纱锭495万枚，雇佣工人约20万人；30家麻纺厂，雇佣工人11.4万人。煤炭产量也达到600万吨以上。标志着印度的民族工业获得重要的发展。

19世纪下半期，英国在印度的采矿等重要工业领域进行大规模的投资，特别是大规模的铁路建设，一方面控制了印度的经济命脉，使印度的工业化和市场化畸形发展；另一方面，伴随现代交通工具的发展，市场的交易费用进一步降低，市场主体——企业得到发展，印度的资本主义民族工业也获得了极大的发展。印度较早的近代产业是采矿业、棉纺织业和原料初加工业。

印度的采矿业主要是采煤业、石油开采业和锰矿开采业。19世纪早期，印度已经开始了露天采煤，但现代煤炭开采和冶金业是在东印度铁路修筑成功①，并可以接近孟加拉煤系以后才开始出现的。1843年，印度成立第一家英国资本的采煤公司。1860年，印度

① 早在19世纪40年代，印度就开始修筑铁路，1853年，第一条铁路开通，从此铁路建筑稳步发展。在1870年以后，一些铁路建成并直接由政府管理，政府得到了某些早期公司的产权。1900年以后，由30家管理机构控制着印度铁路，并接受政府的监督。到1900年，私人和公共企业共修筑了25 000英里的铁路，到1914年上升至35 000英里，1939年则为43 000英里。铁路系统的不断发展壮大直接导致某些工业企业的诞生，其中最为重要的是煤炭工业。

煤产量为 290 万吨，此后稳步增长，到 1900 年，煤炭产量增至 600 万吨，1913 年进一步增加到 1 600 万吨。这一时期，采煤业的机械化程度极低，主要是利用当地工人的廉价手工劳动来采掘。第一次世界大战期间，煤炭工业发展停滞。19 世纪 50 年代以后，印度一直从英国进口煤，直到 19 世纪 90 年代，印度还是煤炭净进口国，随后，煤炭才开始出口。英国资本开采石油是在 1885 年把缅甸并入印度以后开始的。1886 年成立了缅甸石油公司，1899 年成立阿萨姆石油公司。主要产区在缅甸，阿萨姆的产量较少。锰矿开采从 1892 年开始，到 20 世纪初期产量已居世界第一位，其产量在 1900 年为 12.7 万吨，1913 年激增至 81.5 万吨，几乎全部出口。

在原材料加工工业中，英国投资的最主要部门是黄麻工业。1855 年，英国人乔治·奥克兰德在加尔各答建立第一家使用近代技术的小型黄麻厂，开始纺织黄麻制品。1859 年，加尔各答的一家英国公司在该市的附近建立了另一家黄麻工厂，兼营纺织。此后不久，又有 3 家工厂建立，全部是英国人投资，到 1868 年已增至 5 家工厂，共拥有 950 台织机。印度的东孟加拉盛产黄麻，它一直是英国麻纺织工业中心敦迪的原料供应地。英国商人每年从这里输出大量的黄麻。1853 年以后，英国从印度进口黄麻原料，对印度黄麻需求大量增长。一些英国资本家看到，与其把印度原麻运到英国生产，不如在印度就地建厂制造产品，然后销往世界各地，这样可以降低成本，增加利润。由于麻纺织品在欧洲有广阔的市场，因此，在印度，英国人把黄麻工业作为兴办企业的重点。由英国人投资创办的黄麻工业是最早在印度立足的英国投资的大企业，它的出现标志着印度近代大工业的开端。

19 世纪 70 年代初期以后，黄麻工业迅速发展。1880 年，印度有黄麻工厂 22 家，纺锭 71 万枚，织机近 5 000 台，雇佣工人 2.7 万人。到 1900 年，黄麻工厂发展到 36 家，纺锭 32 万枚，织机 1.53 万台，雇佣工人增至 11.1 万人。1908 年，印度的黄麻制品的生产已超过英国麻纺中心——北爱尔兰的丹第，成为世界上最大的黄麻出口国。除了黄麻工业外，其他加工业还有丝织、造纸、棉花加工、榨油和制糖工业等。

印度的近代工业严重依赖英国资本，到 1910 年，在印度工业产业各部门中，黄麻工业占英国资本比例为 85.4%，即使在主要属于印度民族资本经营的棉纺织业中，英国资本也占了 13%，英国公司 1904 年的采煤量占到总产量的 82%。

在印度近代工业建立的过程中，民族工业也在缓慢发展。19 世纪后半期，印度的民族工业基本上是轻纺织业，而且主要是棉纺织业。19 世纪 50 年代起，帕西族买办商人首先在孟买投资于纺织工业。另一个棉纺织中心是古吉拉特，其投资者是本地的工业资本家。1851 年，C.N. 达瓦尔在孟买建立了第一家蒸汽动力轧花厂，到 1860 年增至 10 家。1861 年，苏拉特、坎普尔等地都兴办了近代棉纺工厂。1893—1894 年，印度棉纺织工厂已增至 142 家，织机 3.1 万台，纱锭 365 万枚，其中 78.1%集中在孟买地区。在 1900 年，印度拥有 500 万只纱锭，棉纺织工业产业工人达到 17 万人。印度成为世界上第四大棉纱生产国。那时动力织布机还刚刚开始发展，大部分纱线是手工生产的。1905 年，印度开展了抵制英国货运动，这在一定程度上刺激了印度民族工业的发展。

进入 20 世纪以后，原有的纺织工业等工业部门稳定增长，钢铁等新兴工业也在印度逐渐建立起来。随着英殖民者逐步将印度变成商品销售市场和原料市场，印度的市场条件得到改善。

印度是世界上主要的农业国之一，农业在印度经济发展中占有重要的地位。棉花是印度重要的农作物之一，主要向英国、日本出口。早在19世纪前期，印度棉花种植就发展起来，出口量较大，从1850年起，棉花代替鸦片，成为印度最大的出口物资。19世纪60年代前期，由于美国内战减少了对英国棉花的输出，使英国对印度棉花需求增加，其在英国棉花进口贸易额中所占比重从1860年的12.25%增加到1868年的41.69%。1868年，印度棉花输出总额的81%运往英国市场，印度成为英国棉花需求的主要供应者。出口增加刺激了棉花种植面积扩大。美国内战结束后，输往英国的美国棉花增多，输往英国的印度棉花减少，但印度很快又找到了日本市场。19世纪80年代，印度棉花开始替代生产不断减少的日本棉花。由于出口量增大，印度棉花种植面积不断扩大。英属印度棉花种植面积由1877—1878年度的900万英亩增加到1883—1884年度的1 400万英亩。

烟草也是印度重要的农作物之一，印度是仅次于美国居世界第二位的生产国。烟草种植始于19世纪后期，马德拉斯、比哈尔、孟买、孟加拉等地是主要种植区。开始时印度种植国内品种德西烟，后来由英美烟草公司印度子公司半岛烟草公司直接从美国引进弗吉尼亚烤烟。在公司的监督和控制下，19世纪末20世纪初开始种植弗吉尼亚烤烟。此外，主要农作物还有茶叶、黄麻和花生。

印度土地肥沃、雨量充足，年无霜期长，对于发展农业生产具有优越的自然地理条件。但印度农业生产对气候变化的依赖程度较高，加上水利失修，肥料缺乏，土壤因旱涝、碱性腐蚀而逐渐恶化，使印度农业生产力十分低下。此外，在农业方面为了满足英国经济发展的需要，英国殖民者在印度建立橡胶、茶叶、咖啡和棉花等农作物种植园，把大量从事农作物生产的农民变成农业工人。仅从1853年到1871年期间，印度的茶叶种植园从10个增加到295个，其他农作物的种植园也有不同程度的增加。种植园的增加和种植面积的不断扩大，减少了印度粮食产量，加剧了印度的粮食危机，使印度不断发生饥荒，仅1765年到1858年间就发生了12次。1860年以后到20世纪初期，饥荒程度进一步严重。据统计，这一时期农村发生了24次饥荒，因饥荒死去的人口达2 000万人以上。进入20世纪初期以后，印度的农业生产发展依然缓慢。

在经济发展的过程中，印度作为世界人口大国，早在16世纪中叶人口已超过1亿，人口增长的速度比较稳定①，大致与欧洲相同。在中世纪1 000年左右的时间里，由于中国的人口发展多次大起大落，人口增长速度极其缓慢，印度一度成为世界上人口最多的国家。直到17世纪末期，中国人口开始迅速增长，印度人口数退居世界第二位。在18世纪，由于殖民者入侵以及农民失去土地和手工业衰落等原因，使印度的人口增长速度明显下降，影响了印度的经济发展。19世纪印度的出生率一般为45.0‰～50.0‰，而死

① “1亿”是莫兰（Moreland）对印度16世纪晚期，也就是阿克巴（Akdar）统治时莫卧儿帝国稳定时期人口数的估计，他认为印度的人口数在1600年前的2000年里是停滞的，大体上保持在1亿人口的水平上，与当时的欧洲人口数大致相当。印度持续的人口增长大约从1600年开始，直到19世纪中叶其增长一直缓慢。

亡率为40.0‰～45.0‰，因而时常出现人口减少趋势。1820年，印度人口为1.75亿，1850年增至1.88亿。1867—1872年，印度进行了第一次人口普查，人口总数在1871年为2.07亿。总的看来，从1850年到1871年，印度人口年均增长率为0.2%，1871年到1890年上升到0.3%，人口增长速度相对缓慢。

进入20世纪以后，印度仍保持高出生率高死亡率的人口自然变动的状态，因而人口增长与阿根廷、墨西哥、加纳和菲律宾等发展中国家相比相对缓慢，其主要原因是在英国人入侵印度的背景下，经济增长缓慢，粮食匮乏，疾病流行。如，鼠疫猖獗，仅1904年到1905年间就致130万人死亡，1918年流感使1 500万人死亡。在这一期间，尽管印度经济有所发展，但由于殖民地经济的影响，其发展不得不继续依赖外国垄断资本，在一定程度上影响了其经济发展的速度。

注释

[1] [11] [13] 王珏. 世界经济通史——经济现代化进程 [M]. 北京：高等教育出版社，2005.

[2] 高德布，王珏. 世界经济史（第三版）[M]. 北京：中国人民大学出版社，2011；宋则行，樊亢. 世界经济史 [M]. 北京：经济科学出版社，1998.

[3] [英] M.M. 波斯坦，H.J. 哈巴库克. 剑桥欧洲经济史 [M]. 北京：经济科学出版社，2002.

[4] 孙健. 中国经济通史 [M]. 北京：中国人民大学出版社，2000.

[5] [6] [8] [9] [15] 文富德. 印度经济全球化研究 [M]. 成都：巴蜀书社，2008.

[7] [印] 罗梅什·杜特. 英属印度经济史 [M]. 北京：三联书店，1965.

[10] 韩毅. 外国近现代经济史 [M]. 北京：高等教育出版社，2010.

[12] [印] 迪帕克·拉尔. 印度均衡——公元前1500—公元2000年的印度 [M]. 北京：北京大学出版社，2008.

[14] [印] 迪帕克·拉尔. 印度均衡——公元前1500—公元2000年的印度 [M]. 北京：北京大学出版社，2008；王珏. 世界经济通史——经济现代化进程 [M]. 北京：高等教育出版社，2005.

[16] 马宗达，等. 高级印度史 [M]. 北京：商务印书馆，1986.

[17] [印] 鲁达尔·达特，等. 印度经济 [M]. 成都：四川大学出版社，1994.

第 14 章　非洲的奴隶贸易、人口减退与经济发展

14.1　殖民地时期的奴隶贸易与经济发展

非洲在 15 世纪中期开始被西欧各国殖民者入侵。1445 年，葡萄牙人首先来到西非海岸，西班牙、荷兰、英国、法国等国接踵而至。1482 年，葡萄牙人在加纳的埃尔米纳城建立了最早的奴隶贸易据点，不久，又在圣多美和普林西比岛进行殖民开发，建立和扩展甘蔗种植园。当时他们掳走的黑人不多，约有 1 000 人。在初期，殖民者主要掠夺黄金、象牙、香料。不久，在新发现的美洲兴起了金银采矿业和种植园农业，需要大量劳动力，殖民者开始在非洲进行奴隶贸易。1510 年以后，随着西班牙殖民地在美洲的建立，开始将奴隶运往美洲，但这个时期，奴隶贩卖的数量较少，主要来自西非洲沿海岸。16 世纪，葡萄牙人在该海岸贩卖奴隶的活动主要在两个地区，一个是上几内亚，即从佛得角群岛到塞拉利昂沿海。一些原在佛得角群岛定居的欧洲人陆续移居到上几内亚沿海，甚至沿冈比亚河而上，在这一带建立了许多小据点，从事贩卖奴隶和其他商业活动（见图 14—1）。另一个则是刚果河口及其以南地区。

图 14—1　奴隶贸易

多美岛在 16 世纪成为几内亚湾及刚果至安哥拉沿海的贩卖奴隶基地。1493 年，欧洲人开始在该岛定居。1499 年，欧洲殖民者建立了第一个甘蔗种植园，这里成为欧洲蔗糖的主要来源。1510 年，最早的一批非洲黑人，大约 250 人被带到西印度群岛的伊斯帕尼奥拉岛，这也是美洲实行黑人奴隶制的开端。从此，贩卖黑奴的规模就越来越大。1518 年，第一艘来自非洲的贩奴船到达西印度，开始了非洲与美洲之间直接的黑人奴隶贸易。16 世纪 20 年代起，圣多美和普林西比的葡萄牙商人深入圣萨尔瓦多内地，从事贩卖奴隶活动。从贝宁湾、刚果等地运来的黑人奴隶，一部分留在当地的种植园工作，另一部分被转运去美洲，16 世纪中叶成为非洲向美洲贩运黑人奴隶的主要转运站。圣多美岛在 1530—1560 年间达到繁荣的顶点，是葡萄牙主要的海外领地之一。奴隶和甘蔗是其两大财富。N. 迪尔认为，在整个黑人奴隶贸易期间，圣多美运进了 10

万名奴隶。1576 年，葡萄牙人在罗安达湾建立了圣米格尔堡作为基地，从此刚果河口以南的黑人奴隶可直接从这里贩卖到美洲，而不再经由圣多美岛转运。这里逐步发展成为安哥拉和刚果的奴隶贸易中心之一。到 16 世纪最后 25 年，从非洲直接向西印度诸岛及美洲大陆输出奴隶的南大西洋贸易体系已经确立起来（见图 14—2）。[1]

16 世纪是西班牙、葡萄牙在海上称霸的时代，奴隶贸易为他们带来了巨额的财富，因此欧洲其他国家也竞相插手。英国、荷兰和法国力图打破西班牙、葡萄牙的垄断。1588 年，西班牙“无敌舰队”被英国歼灭，西班牙、葡萄牙的海上优势一落千丈。荷兰乘机取而代之。荷兰从 16 世纪以来一直是葡萄牙与欧洲进行贸易的最大中间商，被称为“海上马车夫”。16 世纪末，荷兰夺取了葡萄牙在非洲的重要贸易据点和军事要地，紧接着，又成立了荷属几内亚公司、西印度公司、东印度公司等，夺取了非洲西海岸的贸易垄断权。到 17 世纪中叶，荷兰几乎垄断了海上的奴隶贸易。[2]

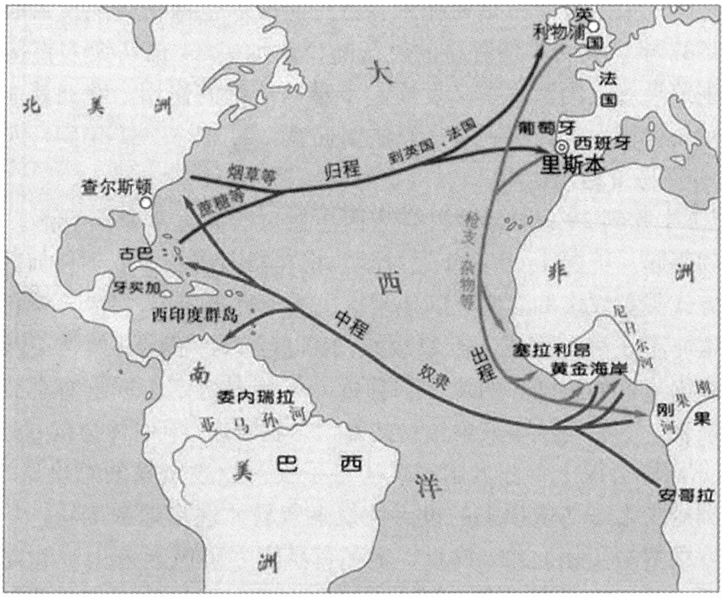

图 14—2　大西洋三角贸易

自 17 世纪中叶以后，荷兰在与葡萄牙、西班牙、英国、法国的奴隶贸易竞争中占据上风。但英国在 18 世纪初期以后的奴隶贸易竞争中逐渐成为最大的奴隶贩卖国。1713 年《乌勒支条约》签订后，奴隶贸易逐渐达到高潮，奴隶贸易体制逐渐形成。1807 年美国和英国禁止奴隶贸易以后，奴隶贸易进入走私阶段，但从非洲输出的奴隶数量依然很大。[3]17 世纪中叶至 18 世纪下半叶是大西洋奴隶贸易的高潮时期。此时奴隶贸易迅速发展，成为世界上规模最大、赚钱最多的行业，奴隶成为黑非洲可供输出的“单一作物”，奴隶贸易成为非洲、欧洲和美洲之间唯一的贸易活动。参加奴隶贩运的国家，除葡萄牙、西班牙和荷兰外，还有英国、法国、普鲁士、丹麦、瑞典以及美国、巴西等。他们不仅在西非海岸，还在非洲内地和东非海岸大量猎捕黑奴。到 18 世纪 80 年代中叶，从非洲输出的黑奴隶平均每年近 10 万人。[4]

欧洲殖民者把非洲、欧洲和美洲之间的贸易有机地串联起来，成为当时盛行的三角贸易。三角贸易由三个航程组成：第一个航程为从欧洲国家的港口到非洲西部大西洋沿岸地区，欧洲人以廉价的制成品，如酒、军火、棉织品以及各种装饰品等换取奴隶，或用各种不正当的手段获得奴隶；第二个航程是把奴隶从非洲运到美洲各地，同其交换矿产和农产品；最后一个航程是从美洲回到欧洲，把从美洲带来的工业原料和种植园农产品在欧洲市场出售。

三角贸易[①]的每个航程都可以使贩奴商人获得极大的利润，而以第二段航程利润最大。贩奴商人出航一次，一般可以获得100%～300%的利润，有的利润甚至高达10倍。奴隶贸易的扩大导致贩奴船的急剧增加，以英国的利物浦为例，1709年，这个城市只有一艘贩奴船按三角贸易的航程驶向非洲，1730年贩奴船增加到15艘，1771年增加到105艘，1792年已达132艘。18世纪，奴隶贸易每年给利物浦带来约30万英镑的纯收入。英国其他沿海城市，如伦敦、布里斯托尔、格拉斯哥等也都积极地投入贩卖黑人奴隶的贸易。1709—1787年，英国对外贸易的航行吨位增加了14倍，大多直接或间接与奴隶贸易有关。奴隶贸易对英国资本主义发展起了难以估量的作用。欧洲其他航运国家从奴隶贸易中也同样获得很大的经济利益，以法国而言，1716—1787年间，对外贸易增长达10倍，其中奴隶贸易占相当比重。

从18世纪下半叶到19世纪下半叶，大西洋奴隶贸易逐步走向衰落。18世纪末，欧洲废奴运动蓬勃兴起。英国于1807年通过了禁止在非洲或从非洲到任何其他地方的运输过程中以任何方式买卖奴隶的法案，其他国家也相继宣布禁令。[②] 为了有效地制止奴隶贸易，英国还派遣海军在海上巡逻，查禁贩奴。19世纪30年代开始，英国又分别同欧洲主要的贩卖奴隶国家，如法国、西班牙和葡萄牙等签署协定，规定对有载运奴隶嫌疑的船只可以拦截检查，以惩罚从事奴隶贸易的商人。在1885年柏林会议（1884—1885）和1890年布鲁塞尔国际会议上，西方国家又通过了反对奴隶贸易的总决议，这样，长达4个世纪的使非洲遭受无法估量损失的世界性奴隶贸易才逐步地被废止。尽管如此，追求暴利的欲望使奴隶贸易实际上并未终止，走私贸易随之猖獗起来。19世纪上半叶起，美国成为主要的贩卖黑奴的国家。在非洲东海岸和中非，阿拉伯人仍经营奴隶贸易，这时也特别活跃。贸易中心主要在桑给巴尔和奔巴岛一带。大批非洲黑人从那里被贩卖到红海、波斯湾沿海国家，并被长途贩运到西印度群岛和美洲大陆。与此同时，葡萄牙、荷兰、法国和美国等国的奴隶贩子，也到东海岸从事贩卖非洲黑人的贸易。19世纪50年代，非洲每年向古巴、巴西等地输出的奴隶达5万人以上。19世纪下半叶，奴隶贸易基

---

① 16世纪开始的“三角贸易”即奴隶贸易，欧洲奴隶贩子从本国出发装载盐、布匹、朗姆酒等，在非洲换成奴隶，沿着所谓的“中央航路”通过大西洋，在美洲换成糖、烟草和稻米等返航。在欧洲西部、非洲的几内亚湾附近、美洲西印度群岛之间，航线大致构成三角形状，由于被贩运的是黑色人种，故又称“黑三角贸易”。历时400年之久。

② 1807年，英国率先通过了禁止奴隶贸易的法案。随后，美国于1808年、瑞典于1813年、荷兰于1814年、法国于1818年、巴西于1825年都制定了类似的法令。葡萄牙在1815年、西班牙在1817年也分别颁布了一些法律，规定贩奴船只能在赤道以南的海上活动。19世纪80年代，美洲输入奴隶最多的古巴、巴西也宣布了禁止奴隶贸易和解放奴隶的法令。

本被刹住了，但并没有最后绝迹，零星的贩卖活动一直延续到 19 世纪末，即使在 20 世纪初，埃塞俄比亚的偏僻地区还存在奴隶制；奴隶买卖也时有出现，尤其是在阿拉伯半岛的一些国家中。[5]

奴隶贸易引起的各种直接损失和间接损失，使非洲从 15 世纪中期到 19 世纪中期的 400 年期间损失了 1 亿多人口，这使非洲丧失了大量劳动力，又破坏了生产力的发展，造成了非洲经济发展滞后。据一些学者研究的结果，400 年间，从非洲运抵美洲的黑人不下 1 500 万人。死于猎奴战争和贩运途中的黑人，约为此数的 5 倍。整个奴隶贸易使非洲丧失的 1 亿人口中，60%是运往美洲而损失的，由此使非洲成为人口发展最为缓慢的地区。早在 15 世纪末期，非洲人口达到 4 600 万，占世界人口的 11%。到 17 世纪中期，非洲人口大约增至 1 亿人，但由于殖民战争、奴隶贸易、饥荒和流行病的蔓延，使非洲人口逐渐减少，到 19 世纪初期，非洲人口减至 9 000 万人左右，这在人类历史上是前所未有的。奴隶贸易对非洲人口造成的损失在各地区之间是不平衡的。据统计，从塞内加尔到尼日利亚的西非沿岸各国损失最大，在 1500—1800 年间非洲贩出奴隶的总数中占 43%，从喀麦隆到安哥拉的中非各国占 34%。此外，苏丹、莫桑比克和坦桑尼亚等国的损失也较大。由于人口锐减，农村的田地荒芜，许多城镇、村落成为废墟，奴隶贸易使非洲损失了重要的经济发展资源——劳动力。

奴隶贸易还使非洲经济畸形发展。在大型奴隶买卖转运地区，许多人抛弃了传统的手工业和农业，积极投入奴隶贸易，使非洲农业和手工业发展停滞不前。一些手工业工艺，如织布工艺、编织工艺和珠宝首饰工艺等，或者失传，或者生产质量有所下降。农业的不振和手工业的萧条影响了非洲的经济发展。

19 世纪上半叶，由于美国南部、巴西、古巴等国种植园的兴起，美国的奴隶贩卖异军突起，所贩卖的奴隶主要来自西非和东非。奴隶贸易在 19 世纪 70 年代结束，其原因是奴隶制已经成为工业发展的主要阻力。另外，欧洲列强从奴隶贸易开始转向瓜分殖民地，以开辟广阔的原料产地和销售市场，对非洲的侵略迅速走向高潮。经济实力最强的英国和法国在殖民地的争夺中收益很大，英国的殖民地人口最多，经济相对发达，法国霸占的殖民地面积最大，葡萄牙、西班牙、比利时以及后期的德国和意大利也先后侵占了一些殖民地。到第一次世界大战前夕的 1913 年，非洲除了埃塞俄比亚和利比里亚外，全部沦落为殖民地。

14.2　人口分布与种族构成

非洲经历了漫长的殖民地统治时期，致使非洲许多地区生产力发展水平低下、生产方式落后，这种状况至今仍未发生根本变化。非洲的自然环境也有许多独特之处，它既有大片的多雨区，又有大片的干燥区，热带雨林约占非洲面积的 1/5，沙漠则占到 2/5。作为一个典型的热带大陆，非洲许多地区都有严重的地方疾病，全洲有一半居民生活在疟疾流行区，而传播锥虫病、对人危害极大的萃萃蝇分布范围也超过全洲的 1/3 以上。这些对非洲的人口分布产生重大影响。

一般来说，非洲的滨海地带、内陆高地和铁路沿线人口分布较为集中。大多数滨海地带，尤其是地中海、几内亚湾和西北非沿海地带人口比较密集。如阿尔及利亚沿海地带宽仅 120 千米，面积占全国 5%，却集中了 80%以上的人口和全部大中型城市。这是由于欧洲殖民者在殖民地时期多数从海上侵入，在沿海地带建立一些统治中心和据点，并发展了为掠夺服务的工业、农业和交通运输业，经济比较发达，从而集中了较多的人口，特别是城镇人口。在内陆高地，如东非高原、埃塞俄比亚中央高原、尼日利亚北部高原以及南非和津巴布韦的高草原地带，地势高亢，气候较暖和湿润，疾病较少，农牧业比较发达，也居住着较多的人口。

干燥地区的沿河地带和绿洲，以尼罗河、尼日尔河、塞内加尔河和奥伦治河最为典型，浇灌农业比较发达，人口也相应集中。在铁路沿线，殖民者为了掠夺非洲的资源，先后修筑了几万千米的铁路，沿线经济发展较快，人口也较密集。此外，在印度洋中的一些小岛，自然条件较好，人口比较稠密。

非洲人口分布的变化与经济因素的人口定期迁移是密切相关的，大致可分为三种情况，这种独特的迁移模式均与经济活动和生产方式直接相关，一般不受国境线的限制。第一种经济因素的人口定期迁移模式是迁移农业和游牧业造成农牧民在一定范围内做周期性的迁移，主要分布在热带草原与荒漠的交接地带，如索马里、毛里塔尼亚、苏丹、尼日尔等国，这些国家的迁移都造成了广泛的影响，与此相关的一些集散中心人口也呈现同样周期性的变化。如索马里的帕培拉在不同季节人口相差 1 倍。第二种经济因素的人口定期迁移模式是某些农业区在播种或收获期引起的大量季节性迁移，如苏丹的吉齐拉植棉区、加纳的可可区等。这种移动较为普遍，以西部非洲热带草原带的农民向南部沿海地带可可产区的移动规模为最大，它对于可可产区的发展起了促进作用。20 世纪初期以来，这种季节性移动呈现减少趋势，而人口向经济作物产区的永久性移动不断增多，因而扩大了地区间农业发展的不平衡。第三种经济因素的人口定期迁移模式是大采矿区吸引了为期数年的定期移民。典型的有赞比亚的铜矿区、南非的金矿区和津巴布韦的采矿区。[6]

非洲居民的种族构成非常复杂。非洲古代的居民主要是分布在撒哈拉以南的黑种人以及红海地区属于白种人的含米特人。后来亚洲和欧洲的外来民族不断迁入，对非洲居民的种族构成产生巨大影响。其中主要有：阿拉伯人自西亚迁入北非，马来西亚人自东亚迁入马达加斯加岛，以及来自葡萄牙、西班牙、荷兰、英国、法国、比利时、德国、意大利等欧洲殖民者的全面入侵。在这一历史迁移的过程中，非洲多数地区的居民经历了大规模的迁移和混合，并形成了新的人种——混血种人。

非洲是尼格罗人种的故乡。15 世纪中期以后，通过奴隶贸易，大批黑人被贩卖到美洲和欧洲，但目前全世界黑人人口中仍有 86%分布在非洲。由于奴隶贸易的兴起，使非洲黑人的数量不断下降，自 19 世纪 90 年代以后才有所恢复。非洲各国独立以后，黑人的数量迅速上升，到 21 世纪初期，黑人约占全洲总人数的 55%。黑人主要分布在撒哈拉沙漠和埃塞俄比亚以南的广大地区，主要语言是苏丹语系和班图语系，其中属苏丹语系的居民同其他种族混合较少，肤色黝黑。属于班图语系的居民同其他种族混合较多，肤色浅黑，主要分布在赤道以南的广大地区。

居住在非洲的白种人占非洲总人口的 26%，大部分是居住在北非①的阿拉伯人。阿拉伯人以埃及、利比亚等国最为集中，在两国人口中占 92%以上，马格里布三国以及苏丹也占 50%～80%，东非沿海也有少量分布。此外，在南部非洲②还有一部分欧洲移民及其后裔，其在非洲总人口中的比重不足 2%。在殖民地时期，来自葡萄牙、西班牙、荷兰、英国和法国等国的大批欧洲人移居非洲。

非洲其他居民基本上都属于种族上的混合类型，人数最多的是南支欧罗巴人种的含米特人同尼格罗人的混合类型，这些混血种人约占非洲总人口的 19%，主要分布在埃塞俄比亚高原、红海沿岸以及北非与撒哈拉沙漠以南非洲相联结的地带，如撒哈拉沙漠南缘、尼罗河上游地区、马达加斯加岛和科摩罗群岛、马斯克林群岛等。马达加斯加岛上的居民基本上是黄种人和黑种人的混合型，操马来—波利尼西亚语言，岛屿西部一侧受非洲黑人文化影响更明显些。中部非洲③和东部非洲④则以古代东南亚文化为主体，约占非洲总人口的 2%。居住在南非的开普“有色人”则是欧洲早期移民同当地霍屯人的混血人种，人数约 360 万。此外，非洲还居住着少数独特的人种类型，如居住在赤道密林里的俾格米人，分布在西南部卡拉哈里干草原的科伊科伊人以及萨恩人等。

14.3 农业发展和人口减退

非洲的农业发展比其他地区缓慢，在 16—18 世纪，农民采用各具特色的耕作体制，以家庭或大家庭为基本生产单位，使用锄头、砍刀和手犁等工具，生产出主要供自身消费用的玉米、小米、稻米、高粱、棉花、油棕及各种畜牧产品。但各地农业发展极不平衡。特别是在濒临大海的地区，盐碱地和沼泽地居多，不利于农业发展，农产品难以自给自足，因此沿海地区与内陆地区间的粮食贸易频繁往来。

---

① 北非位于撒哈拉沙漠的北侧，因地理位置与西亚和南欧相邻有密切关系，人们常把本区同西亚合称为中东和北非。全区总面积约为 830 万平方千米。西北部为阿特拉斯山地，东南部为苏丹草原的一部分，地中海和大西洋沿岸有狭窄的平原，其余地区大多为撒哈拉沙漠。本地域不少农矿产品在世界上占重要地位，原油占世界总产量的 5%，磷酸盐占 22%，棉花约占 5%，阿拉伯树胶占 80%以上，其他还有栓皮、油橄榄、柑橘、葡萄、椰枣以及无花果等。

② 南部非洲包括赞比亚以南的 13 个国家，总面积约 661 万平方千米。就人种结构而言，班图语系黑人占 85%，马来一波利尼西亚语系的马达加斯加人占 9%，欧洲白种人占 5%以上。本区域地形以南非高原为主体，高原中部地势低洼为卡拉哈迪盆地，周围隆起均为高原和山地。本区域所产金约占世界总产量的 70%，金刚石、铬矿石约占 30%，铜、钒、锂、铍、石棉的产量在世界上也占重要地位。

③ 中部非洲包括乍得等 9 个国家，面积约为 660 万平方千米。从人种结构看，班图语系黑人约占 80%，分布在南部，其余为苏丹语系黑人，分布在北部。本地域北部属撒哈拉沙漠，中部属苏丹草原，南部属刚果盆地，西南部属下几内亚高原。刚果盆地面积约 337 万平方千米，中心部分最低处海拔仅 200 米，四周的高原、山地一般在海拔 1 000 米以上，森林面积占非洲近半数。所产金刚石占世界总产量的 30%左右，锰矿石占 12%，铜、钴、铀、锡、镭等矿物产量都在世界上占重要地位。棕榈油、棕榈仁、天然橡胶、可可也占重要比重。

④ 东部非洲面积约 370 万平方千米。平均人口密度在非洲各大地域中是最高的。居民主要是班图语系黑人，分布在南部；其次是阿姆哈拉族、盖拉族和索马里人，分布在北部。北部是非洲屋脊埃塞俄比亚高原，南部是东非高原，印度洋沿岸有狭窄的平原，东非大裂谷纵贯东非高原中部和西部，平均高度显著超过非洲其他地域。本地域所产咖啡约占世界总产量的 14%，剑麻占 25%以上，丁香供应量占世界丁香供应量的 80%以上。

19世纪初期，欧洲殖民者开始侵入非洲内陆，在分割了撒哈拉以南非洲后，又大量掠夺土著部落的土地，并发展了单一作物的种植和出口，使非洲的农业趋向畸形化。在南非，主要种植烟草、棉花、甘蔗、果树等，并大宗输出羊毛、水果、烟草、花生等。在东非，主要发展了棉花、西沙尔麻、烟草等的生产和出口。在中非，主要生产天然橡胶、可可、咖啡、棉花、花生、烟草等。在西非，主要生产和输出可可、花生、棉花等。①

非洲经济作物[7]的发展开始于19世纪末期，当时是出于西方殖民者开辟原料产地的需要，为了使非洲成为热带经济作物的新的生产基地，殖民当局把掠夺的土地以各种形式分配给欧洲移民和欧洲公司，鼓励他们建立种植园或农场，从事经济作物生产。与此同时，殖民当局采取了各种支持和鼓励措施，致力于组织土著居民从事经济作物生产，并建立实验站和苗圃，提供优良种子和苗木，指导栽培技术，给予优惠贷款，提高收购价格等。在英属西非，殖民当局把种植出口经济作物作为农民拥有土地的必备条件。法属西非殖民当局则推行以行政制裁相威胁的“义务作物制”，如规定从1908年起，象牙海岸农民必须种植一定数量的可可树，否则便处以罚款和监禁。在这些积极措施和强制政策指导下，非洲的热带经济作物种植业开始发展起来。

到20世纪初期，非洲各地已初步形成以生产、出口单一经济作物为特征的畸形的殖民地经济结构的雏形。黄金海岸是当时世界上最大的可可生产地。1891年，黄金海岸首次出口可可80磅，到1913年已达5.1吨，占世界首位。尼日利亚种植经济作物比较发达，棉花与花生的种植主要集中在北部，并呈现专业化趋势，而油河地区是西非最大的棕榈产品产地。塞拉利昂也以种植棕榈产品为主，产量到1913年以前仅次于尼日利亚。花生则是塞内加尔输出的主要经济作物产品，从1880年到1900年期间，花生占该国出口贸易总值的比重由52%增至73%。法属几内亚主要输出橡胶，多哥则种植咖啡和可可。在喀麦隆，欧洲种植园主要出产可可、橡胶和棕榈等经济作物。

值得注意的是，在欧洲列强瓜分殖民地的过程中，非洲人口呈现不断下降的趋势，根据英国人口学家亚·莫·卡尔·桑德斯（A. M. Carr Saunders，1886—1957）的估计，非洲人口在1650年已经达到1亿人，随后呈现逐渐下降的趋势，1750年下降到9 500万，1800年进一步减少到9 000万人。人口的减退主要是由于奴隶贸易引起的。美国历史学家威廉·爱德华·伯格哈特·杜波依斯（William Edward Burghardt Du Bois，1868—1963）在1915年出版的《黑人》一书中引用了保罗·劳伦斯·邓巴（Paul Laurence Dunbar，1872—1906）② 的估计数字。邓巴认为，16—19世纪，总共约有1 500万

---

① 非洲的经济作物，特别是热带经济作物，在世界上占有重要地位，棉花、剑麻、花生、油棕、腰果、芝麻、咖啡、可可、甘蔗、烟叶、天然橡胶、丁香等的产量都很高。其中咖啡、花生各占世界总产量的25%左右，可可、丁香、棕榈油、棕榈仁的产量均占到50%～80%。乳香、没药、卡里特果、柯拉和阿尔法草等是非洲特有的经济作物。

② 有的学者对邓巴所估计数字的根据提出疑问。1969年，美国的柯廷教授在对奴隶贸易分阶段进行较细致的研究之后，做出了新的估计。他认为，1451—1870年，从非洲经大西洋运到美洲等地登陆的奴隶有956万余人，不包括猎捕奴隶时和沿途及海运过程中死亡的人数。有些学者认为这个数字偏低。1978年，联合国教科文组织在海地召开了非洲奴隶贸易讨论会，会上一些学者认为，10—19世纪，从非洲运往各地区的奴隶总数应在1 500万～3 000万人。

黑人被运往美洲。杜波依斯根据这个估计判断，16—19 世纪，至少有 1 000 万黑人被运到美洲，而每运到美洲 1 个黑人，至少会有 5 个黑人死于捕捉和陆海运送途中。这样，非洲丧失的黑人人口就要在 6 000 万人左右。再加上 7—19 世纪阿拉伯人的贩奴人数，杜波依斯认为，奴隶贸易使非洲丧失了至少 1 亿人。在 1885 年柏林会议和 1890 年布鲁塞尔国际会议上，西方国家通过了反对奴隶贸易的总决议，这样，长达 4 个世纪的使非洲遭受无法估量损失的世界性奴隶贸易才逐步地被废止。由于停止了奴隶贸易，非洲的人口开始有所回升，到 1900 年增至 1.1 亿人左右，占世界人口总数的比重为 6.8%。而埃及成为非洲人口最多的国家之一，它的人口由 1800 年的 350 万人增至 1900 年的1 000 万人左右，年平均增长率为 1.1%。这一时期，非洲基本上处于殖民地或半殖民地半封建的状态，生产力发展异常缓慢，加上奴隶贸易的猖獗，使大量的青年劳动力流向美洲和欧洲，导致劳动力不足，从而影响了许多国家的经济发展。

14.4　采矿业和其他近代产业

在 16—18 世纪，非洲的一些地区，特别是塞内加尔、冈比亚、黄金海岸、沃尔河以东、贝宁和奥约等地，生产力已达到相当水平，矿物开采冶炼业和手工制造业是当时经济的重要领域。矿物开采冶炼业的主要部门是黄金和铁的生产。黄金生产主要集中在班布克、布雷、洛比等地区。部分黄金是用淘盘法淘洗出来的，部分黄金是从矿井中采掘的。矿石运到地面之后，经打碎、冲洗、筛选和提炼等工序，便可加工成线状或条状的黄金。这一生产过程需要采矿工、搬运工、冲洗工、冶炼工等的有机配合。西非的黄金生产在古代已闻名遐迩，在近代仍保持增长势头。

冶铁业的状况则完全不同，在非洲，铁矿分布广泛，但藏量不多，人们从较浅的矿坑或矿井中采掘矿石进行冶炼。各地的冶炼方法均有特色，一般是对矿石略加处理，然后放入窑内，以木炭等为燃料进行冶炼，经 2～3 天即可得到生铁。随着生产的发展，产生了一些规模较大的冶炼中心。在象牙海岸的乌梅，发现了 100 座炼铁炉和上万吨炉渣。在尼日利亚西南部奥和的周围，形成了一些高度专业化的冶炼村，从事铁的冶炼及制作。在 16 世纪到 18 世纪，西非用铁的大部分是本地生产的，不足部分则依靠输入铁来补充。到 19 世纪中叶，西非用铁的大部分已由海上输入，不足部分才由本地生产的铁来补充，这时西非铁矿的开采和冶炼显然已经衰败。[8]

手工业的主要部门有纺织缝纫业、五金业、制陶业和食品业等，其中纺织缝纫业最为发达。在近代，一些著名的纺织缝纫中心已经相当繁荣。黄金海岸的黄金加工技艺别具一格。工匠们用黄金制作精美的项链、戒指、手镯及其他装饰品，制作宫廷使用的名贵餐具。衡金用的小砝码，呈各种几何图形或各种动物的生动形象，加工细致，雕刻精美，堪称真正的艺术品。但总的来说，手工行业的生产基本上以家庭为基础，世袭经营，规模小，资金匮乏，劳动力资源有限，因此，外来产品的有力竞争使一些部门的生产逐渐衰落，大部分手工行业仅局限于为当地的市场服务，难以发展。[9]

19 世纪 60 年代，非洲陆续发现黄金和钻石等矿产资源，使非洲的采矿业有所发展。

非洲的矿产资源为西方工业提供了源源不断的原料。1867年，在瓦尔河与奥兰治河交汇处的西格里夸兰地区发现了钻石矿。布尔人的奥兰治共和国立即声明该地属于它的领土。但在1871年，英国付出9万英镑的代价，把西格里夸兰划归开普殖民地。1884年在德兰斯瓦又发现大金矿。采金者蜂拥而至，人数甚至超过钻石开采热潮初期。英国人谢西尔·罗德斯（Cecil Rhodes）经过多年投机活动，于1880年组建“德比尔斯矿业公司”，垄断了南非大部分钻石开采。1882年，这家公司同另一家称为“金伯利中央矿业公司”的英资企业合并为“德比尔斯统一矿业公司”，垄断了南非钻石开采业，成为世界上最早出现的垄断联合组织之一。1889年，黄金开采业则成立了垄断联合组织——南非统一金矿公司。[10]1890年年初，西方已经有近50个公司在非洲各地矿区活动。非洲的采矿业重心在南非。由于英国等殖民当局的密集投资，南非成为世界最大的黄金生产国。与此同时，南非的采矿业获得飞速的发展，并奠定了南非近现代工业的基础。采矿业的发展不仅促成矿山周围地区形成一系列的大城市和城镇，还刺激了制造业和交通运输业等行业的发展。在其他地区，如黄金海岸的金矿、刚果的铜矿等，也逐渐进入开采筹备阶段。

20世纪初期，英国在非洲殖民地实行租借法，迫使非洲酋长把蕴藏矿产资源的土地全部转让给欧洲各公司。黄金海岸金矿的主要产地在塔克瓦，1878年，法国的“非洲黄金海岸公司”获得第一个租借地，开始从事采掘金矿的生产。不久，一些欧洲矿业公司陆续来到塔克瓦采金，到1901年，从事采金业的欧洲矿业公司已达到300多家。与此同时，欧洲租让企业挤垮了非洲当地人惨淡经营的采金业。1908年，塞康第到塔克瓦的铁路修成，大批采矿设备的投入使黄金产量迅速提高，输出量从1901年的6万盎司增至1914年的40万盎司。1910年，欧洲人在黄金海岸的恩苏塔开始采掘锰矿，1914年以后大约每年输出锰矿石3万吨。采锡业是尼日利亚采矿业的主要部门，1910年前后，欧洲人在包奇高原开始大规模开采锡矿，到1913年，产量已达4 000吨，占全非洲锡开采量的2/3。埃努古煤矿是当时唯一的产煤地，但采煤的规模不大，1916年采煤量仅为2.46万吨。这一时期，西非的采矿业被欧洲公司所垄断，当地的土著居民往往被迫成为矿场的契约劳工。[11]

出于对自身经济的考虑，西方宗主国对采矿业以外的其他工业部门基本上不予以投资。南非和埃及的制造业虽然领先于其他地区，也仅仅限于食品和烟草类的粗加工工业。在南非，由于炸药制造与水泥生产和采矿业密切相关，才得到一定的发展。而在西非，工业并不发达。英国、法国和德国资本家只在沿海城镇开办为数不多、规模不大的农副产品初级加工厂，如榨油厂、轧棉厂、锯木厂、碾米厂和椰子干、鱼类罐头加工厂等，对各种农副产品在出口前进行初步加工，而将原料运回欧洲，变成最终产品。1880年，法国人在大巴萨姆建立象牙海岸第一家锯木厂，1890年又在塞内加尔建立拥有50名工人的第一家榨油厂。[12]

为了畅通无阻地运出非洲经济作物产品和矿产原料，以及征服内地、维护殖民统治的战略需要，19世纪末到20世纪初期，欧洲列强在非洲修建铁路、公路和港口。英国、法国和德国当局均较重视铁路建设。1913年，法国所属西非铁路线长达1 545英里，英国所属西非铁路线长1 405英里，德国所属多哥殖民地铁路长203英里。[13]当时西非所有的铁路均是从沿海向内地辐射，往往有着特殊的用途。如洛美到阿内乔铁路被称为“椰子线”，此外还有“可可线”“棉花线”和“铁矿线”等。西非各地还修筑了许多通往火车站和水路码头的公路，新建和扩建了一批港口。这些近代交通运输网都控制在殖民当局手中，其建设是建立在大量役使土著居民的无偿劳动的基础上，法国所属西非全境 3.5 万千米的公路铺设和维修，90%是靠抽调劳役完成的。殖民地经济的发展、交通运输网的建设，促使一批近代城市在矿区、贸易中心、铁路与公路沿线以及沿海港口兴起与发展。[14]

注释

[1] [2] [4] [5] [8] [9] 北京大陆桥文化传媒. 世界商贸之路探寻——黄金之路 [M]. 北京：中国青年出版社，2009.

[3] 王珏. 世界经济通史——经济现代化进程 [M]. 北京：高等教育出版社，2005.

[6] 张善余. 世界人口地理 [M]. 上海：华东师范大学出版社，2002.

[7] 赵晓雷. 外国经济史 [M]. 大连：东北财经大学出版社，2013.

[10] [13] 宋则行，樊亢. 世界经济史 [M]. 北京：经济科学出版社，1998.

[11] [12] 王珏. 世界经济通史——经济现代化进程 [M]. 北京：高等教育出版社，2005；宋则行，樊亢. 世界经济史 [M]. 北京：经济科学出版社，1998.

[14] 高德步，王珏. 世界经济史（第三版） [M]. 北京：中国人民大学出版社，2011.

第15章　拉丁美洲的人口经济发展与国际移民

15.1　殖民地时期的人口与经济发展

拉丁美洲[①]是一个“新大陆”，其人口和经济发展进程远比欧洲和亚洲慢。当欧亚大陆开始向封建社会过渡时，拉丁美洲刚进入奴隶社会。当公元15世纪欧洲殖民者入侵时，正是奴隶制在拉丁美洲的鼎盛时期，拉丁美洲的人口大约为1 300万。15世纪末期，在辽阔的美洲大陆上居住着数千万的印第安人[②]，主要从事简单的原始农业。当时，整个美洲就其农业生产和人口分布状况而言，大致可分为三个地区。第一个地区包括墨西哥中央高原、中部安第斯山的克丘亚人和阿依马拉人地区，圣多明各地区，以及哥伦比亚的契布查人地区，总面积200万平方千米左右，仅占美洲的5%，而人口却比较密集，人口规模占当时美洲总人口的90%。中部美洲的农业生产以玉米为主，为大量人口的聚居创造了条件。第二个地区主要是玛雅人生活的高原和平原地区，其总面积大致与第一个地区相当，农业以种植玉米为主，人口密度小，每平方千米为2～5人。第三个地区是前述两个地区以外的美洲大陆的其他地区，总面积达3 500万平方千米，占美洲面积的90%。这些地方的印第安人仍以采集和渔猎为生，人口密度很低，基本上处于游牧状态。

从16世纪起，西班牙[③]、葡萄牙[④]殖民者开始侵入拉丁美洲，大量屠杀和残酷奴役土著民族，造成当地土著印第安人的大量死亡。到17世纪中叶，拉丁美洲的人口减少到

---

① 拉丁美洲包括北美的墨西哥、中美洲、西印度群岛和南美洲，面积共计2 100万平方千米，相当于两个欧洲。殖民者入侵前，美洲3 000万印第安人绝大部分分布在拉美。就社会发展阶段而言，拉美的印第安人一般较北美的印第安人发展程度高，尤其是墨西哥一带的玛雅人、阿兹特克人和秘鲁一带的印加人，已经进入阶级社会。新大陆与旧大陆文明的发展有较大区别。旧大陆文明多起源于河流和海洋，新大陆的文明发生在墨西哥盆地和库斯科盆地。

② 关于15世纪末哥伦布抵达美洲时美洲土著居民的数量，史学家做出的估计是不同的。李春辉在《拉丁美洲史稿》第一卷中指出：当哥伦布第一次到达美洲时，印第安人在南北美洲的总人数大约为1 400万～4 000万人。英国人莱斯利·贝瑟尔主编的《剑桥拉丁美洲史》一书中，将一些专门研究这个问题的学者所做出的不同估计收入其中。对这些不同的估计粗略统计，当时美洲印第安人的总人数少则2 000多万人，多则超过6 000万人。

③ 哥伦布“发现”新大陆不久，1496年，西班牙在海地岛建立西属第一个殖民据点圣多明各城，并逐渐向周围岛屿扩张。征服西印度群岛后，西班牙又先后征服拉丁美洲两个印第安人口最稠密和文明程度最高的地方——墨西哥和秘鲁。西班牙人以墨西哥和秘鲁为基地，继续向北、向南征服，几十年中几乎征服了除巴西以外的整个拉丁美洲。西班牙殖民帝国极盛时期，领土面积达1 000多万平方千米，超过古罗马帝国2倍，成为西方近代史上第一个最大的殖民国家。

④ 葡萄牙于1532—1534年间征服了比其本土大9倍的巴西。

1 000万人左右，其中原有的人口稠密区减少幅度很大。为弥补劳动力的不足，殖民主义者从15世纪末开始从非洲贩运黑人到拉丁美洲，约有900万人，从此，移民对拉丁美洲的人口和种族的构成[①]有越来越大的影响。

随后，美洲大陆相继沦为西班牙、葡萄牙和法国等国家的殖民地。在殖民统治时期，西班牙、葡萄牙等入侵者向拉丁美洲殖民地推行封建的世袭领地制度，建立大庄园制。同时，为了适应宗主国和国际市场的需要，实行重商主义政策。为从殖民地攫取大量财富[②]，强迫殖民地的印第安人生产能在国际市场上牟取巨利的产品，如糖、棉花、金、银等，对其他产品生产则严格限制，造成其发展缓慢。这种单一产品制，往往随时间的推移和地区而有不同。1545年和1546年，波多西银矿和萨卡特卡斯银矿被发现，带来了16世纪至17世纪初期的矿业繁荣。

劳动力是殖民经济运行的一个重要因素。印第安人口数量的锐减突出了劳动力问题的重要性。据统计，中部美洲地区在1519年时有2 500万人，1608年减少到1 000多万人；安第斯山脉中段地区1525年有人口350万～600万，1561年已减至150万人。显然，这一时期印第安人口的锐减是与西班牙、葡萄牙两国入侵后大量屠杀和残酷奴役土著民族，造成印第安人大量死亡有关，此外，来自欧洲的传染病也是引起印第安人口下降的重要原因。

殖民经济运行的另一个重要因素是土地的经营形式。当时西班牙和葡萄牙经营土地的形式主要是庄园制和种植园制。庄园制是欧洲殖民者由本国移来的封建大庄园主土地制度。大多数庄园拥有非常广大的土地，例如墨西哥，最小的庄园拥有的土地也不少于1 000公顷，拥有1万公顷以上土地的庄园约有300个。又如巴西，在重要耕作区南里约格兰德省有539个大庄园，每个庄园所占有的土地在0.73万～3.64万公顷。在一个庄园内，土地划分为农田、牧场、河渠和森林地带。最初主要建立在一些印第安人比较密集、农业比较发达的地区，如秘鲁的安第斯高原，玻利维亚、厄瓜多尔以及墨西哥的北部和中部。庄园的生产一般采取自给自足的方式，耕种方法很落后。在庄园从事劳动的大多数是依附庄园的债务农奴，庄园主在其庄园内分给这些债务农奴一小块土地，交换条件是给庄园提供无偿劳动。

种植园制最初的基础是直接的奴隶劳动，开始主要是建立在一些地广人稀的地区，如巴西、哥伦比亚以及加勒比海等地区的甘蔗种植园。主要种植热带和亚热带的甘蔗、

---

① 西班牙、葡萄牙的数百年统治使拉美人口的种族构成发生了很大变化。以西属拉丁美洲为例，独立战争前约1 600万人分为几个人口集团：半岛人，指直接来自西班牙的白人，占据了行政、军队和教会的高级职位，是殖民地社会的上层统治阶级；土生白人，即西班牙移民的后裔，他们大多是地主和资产阶级，名义上与半岛人平等，实际只能充当下级官吏和教士；混血人，多为手工业者、店员和自由农民，不享有法律上的公民权利；印第安人和黑人处在最底层，多是奴隶。各阶级、阶层虽有矛盾，但都对宗主国的殖民统治不满，逐渐产生脱离宗主国、争取民族独立的一致要求。

② 西班牙殖民者还实行“强迫徭役制”，驱使大量印第安人开采墨西哥和秘鲁的矿藏，从中掠夺大量财富。据估计，16—18世纪，西班牙殖民者共掠夺黄金250万千克、白银1亿千克，葡萄牙殖民者从巴西掠走价值6亿美元的黄金和3亿美元的金刚石。殖民者为维护自身的利益，对殖民地经济实行严格的限制和垄断政策。殖民地被禁止养蚕，种植葡萄、橄榄、亚麻等作物，以保证宗主国的这些产品在殖民地高价出售。殖民者还强迫殖民地种植棉花、甘蔗、烟草、可可等经济作物，从中牟取暴利，从而造成殖民地经济的畸形发展。

香蕉、咖啡等单一经济作物，为宗主国和国际市场提供初级产品。种植园的生产力水平是比较低的，主要依赖于对自然资源和劳动力的粗放型利用。种植园经济虽然有专门分工，但在奴隶之间的这种分工还处在低层次上，只是一种简单的合作。庄园的主要劳动力最初是土著印第安人，后来由于当地劳动力不足，种植园主不得不转向利用非洲黑奴。据统计，在1550—1850年期间，从非洲贩运到拉丁美洲的奴隶达900万人，其中加勒比海地区各国有400万左右，墨西哥约50万，巴西约350万，其他南美洲各国约100万。拉丁美洲和加勒比海地区引进奴隶之多，主要原因在于这个地区奴隶劳动力再生产受到限制。引进的奴隶以成年男子为主，妇女只占少数，影响了奴隶人口的生育率，而劳动的艰苦和所受的虐待，使许多年轻的奴隶死亡，直接影响了其繁衍后代的能力。另外，从19世纪初期起，一部分欧洲国家开始向拉丁美洲移民，移民的到来，不仅增加了当地的人口，更重要的是促进了拉丁美洲生产力的发展。

15.2 农业发展与国际移民

15.2.1 农业发展

拉丁美洲在15世纪以前农业生产力已有相当水平，印第安人在野生植物中培育了近40种粮食作物和经济作物，玉米和马铃薯是印第安人首先培育出来的主要粮食作物，还有番茄、南瓜、豆子、甘薯、可可、辣椒、香兰草、棉花和烟草等。这些农作物15世纪以后传到世界其他地区迅速繁殖起来，充实了世界农业资源，尤其是玉米，由“印第安谷物”变成“世界谷物”。农业生产主要分布在一些山间盆地和河流谷地。那里气候温和、水源充沛、土地肥沃，人口相对稠密，适合于农作物种植，因而直到18世纪，拉丁美洲的山间盆地和河流谷地仍然是农业集约化程度较高的农业区。

在畜牧业方面，拉丁美洲印第安人虽然没有马、牛、羊、猪，但能驯服骆马，饲养火鸡、狗、鹅、鸭和蜜蜂。16世纪时，印第安人的农业已经与手工业分离，阿兹台克人能织出质地优良的棉布，制造出精美的陶瓷。印加人能用青铜铸成斧头、镰刀和棒槌。这一时期，剩余产品和交换开始出现，用可可豆、锡甚至金砂作货币。[1]殖民地时期，由于从欧洲引进牲畜，畜牧业有了较快的发展，包括养牛、养羊、养马和养猪，主要靠天然牧场饲养。畜牧业除了提供役畜外，主要产品是肉、皮和羊毛。

18世纪后期到19世纪前半期，由于气候和其他自然条件的差异，墨西哥、中美洲和加勒比海湾各国发展了热带和亚热带作物，成为蔗糖、咖啡、可可等产品的重要产区和出口国，而地处南美洲温带的阿根廷和乌拉圭则发展了各种温带农作物，成为世界重要的粮食、肉类产区和出口国。这一时期，由于侧重于发展热带、亚热带经济作物，整个拉美除阿根廷、巴拉圭和乌拉圭等几个适宜于发展谷物和牧业的温带国家粮食生产能自给有余外，其他各国粮食都不能自给。在农业生产布局上，拉丁美洲各国由过去主要分布在山间盆地和河谷平原转向更便于对外联系的沿海平原一带。

19世纪后半期到20世纪初，世界第二次科技革命的兴起，世界市场尤其是美国市场对拉丁美洲农产品的需要日益增加，刺激了拉丁美洲农产品生产的发展。巴西的咖啡在19世纪50年代平均产量为260万袋，19世纪90年代增至720万袋，产量占世界总产量的80%以上，成为世界著名的“咖啡王国”。危地马拉、哥斯达黎加、萨尔瓦多和哥伦比亚等国的咖啡生产也较发达。古巴蔗糖在1898年以后发展很快，1913—1914年产量为260万吨，种植甘蔗的耕地占全国耕地的60%，出口额占全国出口总值的80%以上。海地、多米尼加、波多黎各等国主要也是生产蔗糖。到1913年，拉美出口的咖啡、可可和茶叶占世界出口总量的62.1%，蔗糖占37.6%。尽管上述国家的自然条件较优越，适合种植谷物，但每年都要从国外大量进口粮食。阿根廷为满足欧洲市场的需要，大力发展农业。从1878年起，开始向欧洲市场出口玉米和小麦。1880年输出玉米1.5万吨，小麦100万吨。到1912年，玉米输出增加到483.5万吨，小麦输出增加到262.9万吨。[2]19世纪末期，阿根廷成为世界主要的谷物输出国。拉丁美洲农业生产单一化的发展，使拉丁美洲各国对国际市场的依赖性进一步加大，影响了农业增长的速度。

15.2.2 农业发展的国际移民

拉丁美洲农业生产的发展与国际移民有着重要的关系，国际移民是拉丁美洲农业开发、兴建种植园劳动力的主要来源。

16世纪，西班牙和葡萄牙殖民者开始在西印度群岛开辟种植园时就感到劳动力不足，因为广阔的拉丁美洲土地上，本来印第安人的人口密度就很低，据估计，1500年总人口为1 300万人左右，平均每平方千米仅0.6人。这一时期，殖民者在长期的征服战争中屠杀了数百万印第安人，尤其是原来的印第安人稠密区，人口减少最为严重。如在安德烈斯群岛的圣多明各、牙买加以及巴巴多斯等地，印第安人更被屠杀殆尽。同时，在殖民者征服的初期曾驱使印第安人做奴隶，许多印第安人因流行性疾病而死亡，有些人则逃亡到内地的丛林中去。因此，西班牙和葡萄牙殖民者不得不寻求大批国际移民来开发拉丁美洲地区。16世纪，西班牙全国只有1 000万人口，而葡萄牙只有150万人，殖民者不能靠从本国移民而获得足够的劳动力，因而就从非洲掠夺黑人运到新大陆作奴隶劳动力。第一批运到新大陆的黑人奴隶是在1502年，在圣多明各岛登陆，成为拉丁美洲种植园黑人奴隶制度的开端。以后随着拉丁美洲的开发，到这里的黑人奴隶日趋增多。黑人最集中的地区是中美洲和西印度群岛，这里有些地区黑人往往占绝大多数。如圣多明各岛，在1790年海地革命前夜，总人口为53.6万人，而黑人有48万人，所占总人口的比重达到89.6%。牙买加人口在1775年为21万人，而黑人却有19.2万人。另一个黑人集中所在地区是巴西，葡萄牙殖民者从1532年起就从非洲葡属殖民地大量掠夺黑人到巴西开垦甘蔗园。据估计，从1550年到1850年停止奴隶买卖时止，从非洲运往拉丁美洲的黑人约有900万人，其中中美洲和西印度群岛最多，大约有400万人，其次是运往巴西，大约350万人，南美洲北部诸国约75万人，墨西哥50万人，南美洲西部和南部大约为25万人。这些黑人成为开发新大陆初期的主要劳动力。[3]

由于奴隶的反抗情绪日益高涨，使资本主义国家感到有必要提出“以自由的雇佣劳动”代替奴隶劳动。因此，在19世纪初期，欧洲殖民主义者先后宣布奴隶贸易为非法，19世纪中叶以后，从非洲运进拉丁美洲的黑人奴隶大为减少。在这种种植园劳动力不足的情况下，拉丁美洲国家转而吸引欧洲移民来解决劳动力的供给不足。19世纪60年代，独立后的拉丁美洲国家先后采取了鼓励移民政策，尤其是对移民实行“移民垦殖制”和“分成制”，调动了劳动者的积极性，移民的数量大为增加，数以万计的意大利人、西班牙人、葡萄牙人和德国人来到拉丁美洲，其中来到阿根廷、巴西、乌拉圭和智利等国家的外来移民最多。例如阿根廷，在 19 世纪中叶，由于开发潘帕斯草原需要大量的劳动力，但 1869 年阿根廷的人口不到 174 万人，其中有劳动能力的人口只有 86 万人，为此，阿根廷实行了鼓励移民入境、吸引移民定居的一系列政策。欧洲各国的破产农民纷纷来到阿根廷建立垦殖点，租佃或购买土地建立中小庄园或受雇于大庄园。从 1857—1930 年间，由欧洲各国来的移民达 600 万以上，其中半数以上来自意大利，1/3 来自西班牙。巴西在 1820—1930 年间移民也达到 450 万人以上，主要是意大利人、葡萄牙人，其次是德国人。德国人到拉丁美洲的移民虽然不是很多，但他们聚居一处，结成一体，保持着德国的语言和风俗，控制着该地区的经济，影响较大。19 世纪后半期到巴西的日本移民也与德国移民有相似的情况。[4]

大批到拉丁美洲的外来移民使拉丁美洲的人口构成独具特色，既有原住民印第安人，又有从欧洲移入的白种人和从非洲贩运来的黑种人，更有由于三大人种互相通婚而形成的几种混血种人。既有印第安人与欧洲移民混血种的梅斯蒂索人，欧洲移民与黑人混血种的穆拉托人和印第安人与黑人混血种的桑鲍人，还有称为克里奥尔的土生白人。白种人是欧洲人的后裔，主要集中在墨西哥、阿根廷、乌拉圭、巴西等国，其中相当部分系当地出生且不同程度有其他种族血统的克里奥尔人；印第安人与欧洲移民混血后裔梅斯蒂索人主要分布在巴拉圭、委内瑞拉、哥伦比亚、厄瓜多尔等国；黑种人与白种人的混血后裔穆拉托人主要分布在巴西、哥伦比亚、苏里南等国。安第斯山脉中段高原仍然是印第安人聚居的地区，玻利维亚和秘鲁均以印第安人为主，在厄瓜多尔也有相当数量。黑种人是当年殖民者从非洲贩运的黑人奴隶的后裔，大部分分布在加勒比海地区和南美东北部。另外，还有近代以来从亚洲移入的印度人、印度尼西亚人、日本人和中国人等，其中圭亚那和苏里南是印度人居多数的国家。[5]数百年来，在拉丁美洲土地上这种大规模的种族混合，为其他大洲所少见。特别值得关注的是，非洲的移民对拉丁美洲种植园经济的发展提供了丰富的劳动力，而欧洲和亚洲的移民对拉丁美洲经济的发展既提供了劳动力，又带来了技术和资金，对拉丁美洲各国的经济发展起了很大的推动作用。

15.3 早期工业化与人口城市化

拉丁美洲最早的工业活动可以追溯到克里斯托弗·哥伦布（Cristoforo Colombo，1451—1506）“发现”美洲大陆以前。那时，美洲印第安人用传统技术生产瓷器、纺织品和金属器具。这些产品除了用于消费外，还用于交换。在殖民地时期，由于宗主国采取了重视轻工业发展的政策，拉丁美洲的制造业基本上未看到扩大的趋势。独立战争结束后，拉丁美洲存在着不同形式的制造业，但提供的产品大都是在采用传统工艺的小工厂生产的。19 世纪中期后，由于拉丁美洲大陆逐步地介入世界，工业基础结构出现了现代化。如 1845 年时墨西哥已有 46 家棉织厂，拥有织布机 2 609 台，部分工厂的动力已使用蒸汽机。1840年，墨西哥建立了第一家造纸厂，其他工业如榨油、玻璃、酿酒等也相继建立起来。巴西的工业发展始于19世纪40年代。1844年，巴西将关税税率由原来的15%提高到30%～60%。虽然提高关税旨在增加政府的税收，但刺激了工业的发展，从而出现了一个以兴建工厂、建设基础设施为标志的"毛阿时代"[①]。到1852年，巴西已有工厂64家，涉及纺织、服装、啤酒、冶炼、玻璃和制革等行业。这一时期的工业发展表现为工厂数量有限、规模很小，劳动生产率低下。19世纪80年代，在巴西，以毛阿男爵为首的一批实业家在造船业、钢铁业、玻璃和皮革等部门中投入巨资，兴建了许多工厂，巴西非耐用消费品工业逐步兴起，其特点是建立轻工业、食品和其他生产非耐用消费品的企业，产品有纺织品、皮革制品、家具、食品饮料等。特别是棉纺织工业生产，在1885年到1905年间增长了10倍以上。其他轻工业，例如服装、制鞋和食品，在工业化早期阶段也同样迅速地发展起来。据统计，19世纪80年代，巴西新增企业达400多家。到1889年成立联邦共和国时，巴西已拥有636家工厂，资本总额达2 000多万英镑，雇佣工人有54 169人。与此同时，基础设施得到发展。1870—1889年间，铁路通车长度从745千米增加到9 583千米。1883年，巴西建成第一座发电站。截止到1889年，巴西境内架设的电报线也已达18 000千米。19世纪80年代初期以后，阿根廷已能利用进口的铁锭制造工业用的多种金属产品。随着冶金业的发展，其劳动力规模也逐渐扩大，冶金工业雇用的工人从1895年的5 000人增至1914年的1.5万人。但是，就整个拉丁美洲大陆而言，19世纪的制造业以加工初级产品为主，生产技术低下，工业生产的分布也是不平衡的，除了巴西、阿根廷、墨西哥外，其他拉丁美洲国家的工业发展是极其缓慢的。

19世纪末期到20世纪初期，拉丁美洲的工业化进程加快。智利引进的矿产品的采掘方法和生产工艺在很大程度上扩大了铜矿的生产规模。到1914年，埃尔特尼恩特和丘基卡马塔这两座铜矿分别成为世界上最大的露天矿和矿井。巴西的火力发电开始于19世纪，到1900年，水力发电量超过火力发电。从水力资源中获得电力使巴西在工业化初期以极低的成本获得电力资源，为其工业化创造了有利的条件。墨西哥在1887—1910年先后成立了140家电力公司，兴建了63座发电厂。主要的电力公司是英国资本控制的"墨西哥电灯电力公司"和美国资本控制的"瓜那华托电力公司"。当时电力已普遍使用于采矿、冶金和纺织等各个工业部门。1910年，全国已有146家装备现代机器设备的纺纱厂和织布厂。

这一时期拉丁美洲工业化的主要特点之一是外国资本是其主要的资金来源，主要工

① 由于当时巴西政府已明令禁止买卖奴隶，咖啡庄园主们便把用于购买奴隶的资金转而投入工商业，国内资本成了巴西工业初期发展的主要来源。这一时期巴西庄园主的资金投入非常重要，而庄园主的代表人物毛阿的言行则表明了这一投向。巴西工业的早期发展阶段亦被巴西史籍称为"毛阿时代"。毛阿的真名是伊里内乌·埃文热里斯达·德索扎，因被巴西帝国封为毛阿男爵而被称为毛阿。此人曾是葡萄牙商人的代理，后来又与英国商人合资经商，之后自办产业。1878年，毛阿说："我的思想是，应该把不义贸易中取得的资本集中起来，投入创建一批能使国家生产力得到发展的产业。"为此，毛阿发起组建投资公司修建铁路、港口、工厂以及设立银行等。相似的经营活动也在巴西其他中心城市展开。这样，巴西最初的一批纺织、制帽、陶瓷、制鞋、玻璃、肥皂、啤酒等产业的工厂逐步建立起来。

业部门控制在外国资本或外国移民手中。从19世纪90年代起，一些原来由拉丁美洲企业家控制的企业大部分被外国公司购买。如在阿根廷，1913年拥有工业企业4.9万家，其中3.2万家为外资企业，1.5万家为合资企业，本国资本企业只有0.2万家。在墨西哥，1904年外国资本控制的墨西哥采矿业占98%，电力工业占87%，加工制造业占84%，石油工业占100%。1870年后，大量外国资本涌入拉丁美洲，到1914年，外国直接投资总额达75.7亿美元，贷款总额为22.3亿美元。大量资本涌入拉丁美洲，一方面带来了资金和技术，带动了工业发展；另一方面，拉丁美洲的工业发展以适合投资国的需要为条件，由外资控制的出口加工业和采矿业面向国外市场得到优先发展，而面向国内市场的制造业，特别是冶金工业和机器制造业极其薄弱，造成了工业结构的畸形化。

随着工业规模的扩大，拉丁美洲出现明显的人口增长和城市化趋势。1850—1900年，拉丁美洲人口从3 050万人增至6 190万人。人口的迅速增长除了外来移民扩大了人口基数以外，主要是初级工业产品生产和出口的繁荣导致了人口增长的加快。1910—1914年间和1890—1894年间相比，阿根廷的人口增加一倍，由360万人增加到720万人。巴西人口1872年为1 010万人，1900年增加到1 730万人。墨西哥人口从1877年的940万人增加到1910年的1 520万人。上述现象表明，工业部门初级产品生产和出口的发展，出现了人口增长加快和在地域分布上相对集中的趋势，这种情况在阿根廷、巴西、墨西哥、智利等国尤为明显。

基于上述因素，阿根廷、巴西、墨西哥等国家在早期城市发展方面明显领先于其他拉丁美洲国家。1880—1914年，阿根廷的布宜诺斯艾利斯和罗萨里奥两座城市的人口年均增长5%，1914年分别达到150万人和30万人。1872—1920年，巴西圣保罗城由3.1万人增至58万人，年增长率超过6%；阿雷格里港由4.4万人增至18万人，年增长率3%。智利在1854—1930年间引进欧洲移民仅13万人左右，其城市化扩张速度较为缓慢。1885—1920年，北部矿区伊基克市人口年增长率为2.6%，1920年达到3.8万人；首都圣地亚哥同期人口年增长率2.9%，由18.9万人增长到50.7万人。墨西哥城市扩张从1910年开始呈现加快的趋势。1910—1921年，墨西哥城人口由47.1万人增至66.2万人。随着工业化和城市规模的扩大，1870—1930年，拉丁美洲城市人口比重大幅度增长，其中居住在1万人以上的城市中的人口占全国的比重，阿根廷从17.3%增至38.1%，智利从15.2%增至38.0%，委内瑞拉从16.8%增至36.7%。另外，巴西、墨西哥、秘鲁和哥伦比亚的这一比重在1930年接近15%。

15.4 经济畸形化的发展

外国资本的大量投入，一方面造成了拉丁美洲经济的增长，另一方面也使它的经济服从于资本主义国家的需要，经济发展日趋畸形化。这是拉丁美洲经济殖民化加深的一个重要特征。

随着外国资本的投入，大批欧洲移民涌向拉丁美洲各国，使拉丁美洲人口迅速增长，为经济发展提供了大量的劳动力。墨西哥人口1877年只有940万人，1910年时增加到1 516万人。巴西人口1870年为979.7万，1900年增加到1 798.4万人。阿根廷人口则在1880—1910年由245.7万人增至661.5万人，智利人口在1880年以后增长也很迅速（见表15—1）。

表15—1　　部分拉丁美洲国家的人口变动　　单位：千人

年份	巴西	阿根廷	智利	圭亚那	墨西哥	哥斯达黎加	牙买加	特立尼达
1851	7 344	—	1 326	—	—	—	—	—
1860	8 418	—	1 618	—	—	—	—	—
1870	9 797	1 859	1 931	—	—	—	—	—
1880	11 748	2 457	2 269	248	—	—	558	—
1885	12 916	2 839	2 503	267	—	201	592	169
1890	14 199	3 323	2 609	280	—	235	630	197
1895	15 960	3 906	2 698	279	12 632	276	684	234
1900	17 984	4 542	2 959	287	13 607	307	745	273
1905	20 003	5 197	3 139	296	14 363	336	798	308
1910	22 216	6 615	3 336	301	15 160	364	824	353

资料来源：[英] B. R. 米切尔. 帕尔格雷夫世界历史统计·美洲卷（1790—1993）[M]. 北京：经济科学出版社，2002.

19世纪80年代初期以后，拉丁美洲经济发展很快，尤其是铁路建设方面发生了明显的变化。1880—1910年，墨西哥铁路长度从1 000千米增加到2 400千米，巴西从3 400千米增加到21 300千米。1890年，阿根廷全国铁路线总长度已达12 700千米，1914年增加到31 100千米。铁路网以布宜诺斯艾利斯港为中心作扇形展开，不仅为出口产品提供运输便利，而且把内地经济结合到全国性的市场中。与此同时，拉丁美洲各国的近代工业企业也大量涌现。19世纪70年代，墨西哥基本上没有资本主义工业企业，到1910年，近代纺织厂已有146家，面粉、皮革、酿酒等产业纷纷出现。拉丁美洲最大的国家巴西在1889年还只有工业企业636家，1907年猛增到3 258家。阿根廷的工业在19世纪80年代迅速发展。自1884年建立第一座肉类屠宰冷藏企业后，到1895年，全国各类企业已达2.2万家。1895—1913年，工业企业增加了1倍多，工业资本总额增加5倍以上。[6]

由于经济受到外国资本的限制，拉丁美洲经济的发展是以适应投资国的需要为条件的，结果造成经济结构的畸形化。在墨西哥，由于对外资的开放，采掘业的发展特别迅速。在1901—1910年的十年中，按人口平均计算的国民生产总值年平均增长率达到3.1%，而矿产品和石油的产量每年递增7.2%，比制造业增长率高1倍。1876—1911年间，金银矿产量增加了4倍以上。巴西也逐渐成为资本主义国家的主要咖啡供应国。到20世纪初期，它的咖啡产量已占全世界的75%以上。阿根廷成为资本主义工业国谷物和畜产品的生产基地。1880—1905年，阿根廷的耕地面积由200万公顷猛增到1 200万公顷。畜牧业发展也很快，1850年全国羊的存栏数还只有700万头，1899年已增加到8 900万头。1878年全国养牛1 200万头，到第一次世界大战结束不久已增加到3 700万头。[7]

这种畸形经济结构，使拉丁美洲各国越来越成为初级产品出口国，与葡萄牙、西班牙、英国和美国等资本主义国家进行不平等贸易交易。墨西哥的金银矿产品和石油成为它的主要出口产品，对外出口额从 1876 年的 3 200 比索增加到 1908 年的 5 亿比索。1880—1900 年，巴西咖啡出口量从 400 万袋增加到 1 000 万袋，1913 年又增加到 1 600 万袋；1880—1915 年，可可出口量由 0.6 万吨增加到 4.5 万吨，占世界第二位；出口总值从 1890 年的 2.8 亿克鲁塞罗增加到 9.8 亿克鲁塞罗。阿根廷从 1878 年开始出口小麦，到 1912 年，出口量猛增到 263 万吨。由于畜牧业的高速发展，1913 年皮革原料出口占世界第一位。第一次世界大战期间，牛油、肉类和羊毛出口超过美国和澳大利亚占世界第一位。1899 年以后，阿根廷的经济发展水平超过巴西和其他国家，跃居拉丁美洲首位。

单一化的经济和以农业原料为主的出口结构使拉丁美洲各国形成了专业化分工。按照这种分工，拉丁美洲大体上分为三类地区：其一是温带农业国，如阿根廷和乌拉圭，主要生产和出口粮食、肉类、皮毛等产品，工业发展也以农畜产品加工工业为主。其二是热带农业国，如巴西、哥伦比亚、厄瓜多尔、中美洲和加勒比地区国家，总人口占拉丁美洲人口的一半以上，主要生产和出口咖啡、可可、香蕉、蔗糖、烟草等单一产品。种植园的开发、交通运输的建设，都与此相适应。其三是矿产原料出口国，如墨西哥、智利、玻利维亚和秘鲁等，主要生产和出口石油、金、银、铜、硝石和其他有色金属，交通也是为此服务的。[8]

这种分工使得拉丁美洲各国的经济变得极其脆弱，走上了为资本主义发达国家和国际市场而生产的单一经济的道路。在某些地区，不同时期由于适应国际市场的需要而生产的品种虽有所变换，但单一经济的性质没有改变，其经济结构的畸形化在一定程度上制约了拉丁美洲经济的发展。[9]

15.5 独立后对外经济发展与人口增长

18 世纪末叶，在美国独立战争和法国资产阶级革命的影响下，拉丁美洲各殖民地掀起了规模浩大的独立运动①。海地在 1804 年建立了拉丁美洲第一个独立国家。紧接着许多地区纷纷独立，到 1826 年独立运动基本结束。但是，这些国家独立后，政权都落在当地白人大庄园主集团的手里，由于他们仍保留封建土地关系的庄园制度，因此各国经济

① 拉丁美洲独立运动首先于 1791 年 8 月在加勒比海地区的海地爆发。在桑·卢维杜尔杜领导下，海地人民经过 12 年浴血奋战，打败法国、西班牙和英国三大侵略军，赢得民族解放和独立，揭开了拉丁美洲独立运动的序幕。西属拉丁美洲的独立运动分为两个阶段。1810—1815 年为第一阶段，是各地普遍发动起义时期。起义首先在墨西哥矿区爆发，土生白人地主伊达尔哥和莫洛雷斯为领导，矿工、城市失业者和农村印第安人为主体。但各起义政权各自为政，力量分散。1815 年年底，随着拿破仑帝国的覆灭和西班牙专制政权的恢复，殖民地建立的独立政权大部分被摧毁。1816—1824 年是拉丁美洲独立运动的第二阶段。起义者吸取了前一阶段的教训，提出了较为明确的目标和纲领，得到下层群众的支持和拥护，独立运动走向新的高潮并不断取得胜利。独立运动使拉丁美洲绝大部分地区摆脱了西班牙、葡萄牙的殖民统治，建立起十多个独立国家，基本奠定了现代拉丁美洲国家的政治格局。独立后的拉丁美洲各国颁布宪法，以本国地主资产阶级统治取代了宗主国的殖民统治。多数国家废除了奴隶制，为各国资本主义的发展创造了条件。但由于独立运动的领导权掌握在土生白人手里，胜利后建立的土生白人政权保留了原有的大土地所有制和封建剥削，并未使拉丁美洲发生根本性的社会变革。

发展缓慢。

拉丁美洲国家从19世纪40年代起开始进入国际贸易领域。在对外经济发展的过程中，拉美国家按其出口产品的种类，大致可以分为温带农产品出口国、热带农产品出口国和矿产品出口国三种类型。阿根廷、乌拉圭是从事粮食、肉类等温带农产品生产和出口的典型。这类农产品的生产主要是采用大面积利用肥沃土地的粗放耕作方式。其出口当时面对美国、加拿大等发展水平更高的国家竞争，需要不断引进有关耕作、运输等方面的先进技术。热带农产品出口国包括巴西、哥伦比亚、厄瓜多尔、中美洲和加勒比地区各国。这些国家和地区的人口占拉丁美洲人口的50%以上。热带农产品出口贸易的主要国际市场是美国及欧洲大陆国家。矿产品出口国主要有墨西哥、智利、秘鲁、玻利维亚。

19世纪中期到19世纪末，拉丁美洲的对外经济贸易经历了起伏波动。1850—1873年，拉美对外经济贸易每年超过10亿美元，并且从1870—1884年增加了大约43%。5个主要从事对外经济贸易的国家是巴西、阿根廷、古巴、智利和墨西哥，它们的贸易额占拉美对外经济贸易总额的3/4以上。阿根廷主要出口畜产品和粮食，1853—1893年出口额增长8倍。巴西的咖啡出口在独立时仅占出口总额的1/5，到1889年君主政体崩溃时已占出口总额的2/3。墨西哥出口的产品比较多样化，除了矿产品外，还有橡胶、皮革、咖啡和高级木材等。19世纪70年代中期以后，拉美的对外经济贸易增长速度明显减慢，其中对英国的出口在1873—1886年间平均每年下降0.8%。从19世纪末到第一次世界大战前夕，拉美的对外经济贸易又经历了一个扩张期。

拉丁美洲对外经济发展的一个重要因素是引进外部资金。英国资本最先进入拉丁美洲，19世纪50年代以后，英国资本陆续控制了许多国家的重要经济部门，如巴西的棉花与橡胶，阿根廷的羊毛、谷物及肉类，墨西哥的银矿，智利的硝石，委内瑞拉的石油，以及大多数国家的铁路与港口。法国、德国和美国资本也于19世纪50年代中期先后流入。1913年，英国在拉美投资累计达46.3亿美元，主要集中在巴西、阿根廷和墨西哥等国。美国在拉丁美洲投资累计为12.4亿美元，主要投入到巴西、墨西哥、古巴和阿根廷等国。两次世界大战期间，欧洲各国忙于战争无暇顾及拉美，美国乘机凭借其有利的地理位置与雄厚的经济实力，把拉美变成了“美国的后院”。美国垄断资本对拉丁美洲大量投资，使拉丁美洲地区经济“单一化”更加突出，如智利的铜、委内瑞拉的石油、玻利维亚的锡、中美各国的香蕉等主要工农业产品被美国垄断资本所控制。拉美许多国家的经济长期得不到全面发展，美国的经济侵略与控制是其主要原因之一。

从19世纪初期起，南欧各国开始向拉丁美洲大规模移民，加上以前的欧洲移民和来自亚洲的移民，总共将近1 500万人。移民的到来，不仅增加了拉丁美洲的人口，更重要的是促进了生产力的发展和人口增长，使拉丁美洲的人口从17世纪中叶起开始走向恢复和发展，到19世纪初期，拉美各国的人口约1 750万人，占当时世界总人口比重的1.9%。

从独立到19世纪中叶，在经济发展的过程中，拉丁美洲的人口增长较为迅速，以每年约1.0%的速度增长，从1850年到1900年期间，拉丁美洲人口增长了1倍，总人口数从 3 050 万人增至 6 190 万人。人口增长的主要原因除了高生育率的人口效果外，同对外经济贸易的迅速发展和大量移民的流入密切相关。从 19 世纪起，一部分欧洲国家开始向拉丁美洲大规模移民，移民主要涌向巴西、阿根廷、墨西哥和乌拉圭，使许多拉丁美洲国家的人口迅速增长。据统计，巴西的人口从 1820 年的 300 万人增至 1900 年的 1 730 万人；阿根廷的人口从 19 世纪初期的 60 万人增至 1869 年的 190 万人，到 1900 年又增长到大约 500 万人。

20 世纪初期到第一次世界大战期间，移民虽明显减少，但死亡率的下降，使得人口的自然增长率保持在较高的水平上，加上拉丁美洲又处于和平状态，因而这一时期，拉丁美洲的人口增长速度明显高于欧洲、亚洲的水平。在这一过程中，日本、印度和中国等亚洲国家也有一部分移民前往拉丁美洲。由于移民的到达和生产力的发展，刺激了人口增长，使巴西、阿根廷、智利和墨西哥等国的经济发展较快。人口的迅速增长，在一定程度上促进了拉美经济发展，扩大了国内的消费市场，并开始了高速度的城市化。

15.6 巴西的人口经济发展与海外移民

15.6.1 殖民地时期的经济发展与海外移民

16 世纪初期，巴西大约有 300 万印第安人，主要从事简单的原始农业，种植玉米、豆类和棉花等。这时，葡萄牙人进入巴西，直到 1822 年巴西独立前的三个多世纪，巴西基本上处在葡萄牙的统治之下。这一时期的殖民地经济发展以出口农业为基础，黑人和印第安人作为劳动力的主体成为促进经济发展的主要因素。

葡萄牙殖民者进入巴西以后，在开发经济的过程中缺乏劳动力。在 16 世纪，主要通过强制手段，使用大量的印第安人劳动力，强制其从事巴西木的采伐和运输。但是当甘蔗种植业逐渐取代巴西木采伐时，印第安人劳动力已经不能满足经济发展的需要。16 世纪 30 年代，葡萄牙开始有组织地向巴西移民。此后，移民不断增加，垦殖范围逐渐扩大。甘蔗种植在巴西的沿海地区，特别是东北部得到迅速发展。在移民的份地上逐渐产生了以奴隶劳动力为基础的甘蔗种植园。16 世纪下半叶，由于欧洲市场对于糖的需求剧增，巴西东北部的伯南布哥地区因气候和土壤适合甘蔗种植，成为巴西殖民地的蔗糖出口基地。在 1570—1650 年，巴西蔗糖生产达到高潮。与此同时，为了刺激经济发展，政府开始从非洲贩运黑人奴隶替代当地印第安人。到 17 世纪末期，巴西人口中 70%为非欧洲人。非洲黑人奴隶的贩运使劳动力得到补充，甘蔗种植业迅速发展。这一时期巴西经济 90%的收入来自蔗糖的出口。18 世纪初期，由于西印度群岛的甘蔗种植业迅速发展，国际市场竞争激烈，糖价下跌，使巴西甘蔗种植业生产大幅度下降。

蔗糖种植业周期的结束使巴西经济中心逐步由东北部向中南部转移。1695 年，巴西发现了金矿，1729 年又发现了金刚石矿。这些矿藏分布在米纳斯吉拉斯州、戈亚斯州和巴伊亚州等地。1735—1760 年期间，巴西掀起了一股黄金热，大大刺激了移民，而金矿开采成为巴西经济的主要支柱，到 1760 年达到最高峰，年产值接近 250 万英镑。据统计，1700—1801年间，黄金总产量达到983吨，价值1.35亿英镑。另据统计，1700—1770年间，巴西的黄金产量约相当于美洲其他地区在1493—1850年间黄金产量的总和，相当于16世纪到18世纪世界黄金产量的50%。巴西的钻石产量较为稳定，到1832年产量达300万克拉。由于开采技术落后和对黄金的过量开采，使金矿储备迅速枯竭。到18世纪末期，采金业急速衰落，1780年前后，黄金年产值已不足100万英镑。

黄金的发现改变了巴西的经济结构，使巴西的经济发展迅速。由于采金业的发展，移民迅速增加。在印第安人大量死亡的情况下，巴西人口到1800年超过300万人，其中葡萄牙移民超过50万人。这个时期由非洲贩来的黑人奴隶到达了顶峰，每年大约5万人。在巴伊亚、米纳斯吉拉斯和马托格罗索州等地，由于移民的迅速增长，新居民点大量出现。金矿产地至沿海港口的道路修筑也有所进展，作为黄金输出地和国外商品输出港的里约热内卢也逐步繁荣起来。

另外，巴西的采金时期对人口分布和经济地理格局的形成产生了重要作用。由于金矿的开采，大量劳动力从东北部迁移到东南部地区，为东南部地区的经济发展提供了较为丰富的劳动力资源。据统计，东南部地区人口从18世纪初期的20万～30万人上升到1750年的65万人；到18世纪末期，东南部地区人口达到250万人，其中包括大量的葡萄牙移民和从非洲贩来的黑人奴隶。金矿的开采为米纳斯吉拉斯地区和圣保罗地区经济发展提供了雄厚的资金，使这两个地区成为巴西经济发展的中心。

18世纪后半期，棉花曾在巴西经济中占有重要地位。棉花是美洲印第安人培育的作物，但生产较为缓慢。由于当时英国纺织工业的发展，国际市场对棉花的需求扩大，巴西的棉花生产因而获得迅速发展。初期，棉花的主要产地是东北部的马拉尼昂地区，1760年该地区出口651阿罗瓦（1阿罗瓦相当于15千克）棉花，1771年上升为25 743阿罗瓦。随后，巴伊亚和伯南布哥的棉花种植业超过了马拉尼昂地区，成为巴西最大的棉花出口区。当时从最北部的巴拉州一直到南里约格朗德州，棉花种植业得到广泛发展，巴西成为当时最大的棉花产地之一。1818年，当巴西棉花生产达到高潮时，一场罕见的大旱灾使该地区死亡20万人，棉花种植业从此一蹶不振。

殖民地时期，巴西经济的发展主要是由国际市场需求决定的。其间，蔗糖种植业、采金业和棉花种植业的发展促进了巴西经济的发展。而巴西经济的增长又是与黑人和印第安人作为劳动力的主体密切相关的。殖民地早期，巴西的农业生产主要依靠大量的印第安人劳动力。

后来由于印第安人的大批死亡加剧了巴西劳动力的不足，劳动力市场主要依靠输入黑人奴隶来补充。据不完全统计，在1550—1850年间，巴西共接收了800万从非洲贩运的黑人奴隶。到1822年巴西独立时，黑人人口已占巴西的1/3。黑人不但在甘蔗种植时期是主要劳动力，而且也是采金时期的主要劳动力。黑人劳动力对殖民地时期巴西经济的发展起了举足轻重的作用。

15.6.2　人口增长与外国人口迁入

16世纪初期，当葡萄牙殖民者到达巴西时，在巴西的土地上大约居住着300万当地土著印第安人。欧洲殖民者的屠杀和奴役，使印第安人大批死亡，人口骤减。从1530年起，葡萄牙开始向巴西移民，与此同时，大批非洲黑人奴隶被贩运到巴西，顶替印第安人从事种植园的繁重体力劳动。1741—1760年间，在米纳斯吉拉斯州掀起了淘金热，大大刺激了外国移民和黑人奴隶的到达，淘金热时达到200万人。与此同时，大量的巴西劳动力被吸引到米纳斯吉拉斯、戈亚斯的矿区，使米纳斯吉拉斯等地区的人口猛增。19世纪初期巴西的经济发展加速，人口开始由沿海地带向内地和南方推进，如东北部地区，过去内地人口只占总人口的10%，到19世纪初已增至50%。当时巴西人口仍保持在300万人的规模，其中当地印第安人只剩下50万人左右。

1822年巴西独立后，人口数开始回升。1872年，巴西进行了第一次人口普查，总人口达到993万人，比1808年增长3.1倍，年平均递增率为2.2%。1888年，巴西废除奴隶制，大批黑人奴隶成为自由居民，在一定程度上解放了生产力，外国移民的到达也进入了前所未有的高潮期。高移民率和高出生率使人口持续高速增长，1890—1900年间，人口从1 420万人增长到1 798万人，1914年又上升到2 416万人。

巴西人口增长快的原因主要是人口的自然增长，在1840—1900年期间，巴西的人口出生率始终在46.0‰以上，进入20世纪初期以后尽管略有下降，但一直到第一次世界大战结束仍保持在45.0‰的高水平（见表15—2）。死亡率在19世纪一直很高，主要是由于印第安人及未废除奴隶制之前的奴隶死亡率很高引起的，在这之后有所下降。高出生率和死亡率缓慢下降加快了巴西人口的自然增长速度。

表15—2　　巴西的人口动态

期间	增长人口/千人	人口增长率/%	净移民率/%	总增长率/%	出生率/‰	死亡率/‰	自然增长率/‰
1840—1870	—	14.2	1.0	15.2	46.5	32.3	14.2
1871—1890	1 413	17.1	2.0	19.1	46.4	29.5	16.9
1891—1900	3 785	18.2	6.0	24.2	46.0	27.8	18.2
1901—1920	9 420	18.6	2.2	20.8	45.0	26.4	18.6

资料来源：[英] B.R. 米切尔. 帕尔格雷夫世界历史统计·美洲卷（1790—1993）[M]. 北京：经济科学出版社，2002；阎海琴. 世界人口 [M]. 北京：社会科学出版社，2009.

导致巴西人口快速增长的另一个原因是外国人口迁入。巴西移民的特点是历史悠久，不但远早于澳大利亚、新西兰，也早于美国和加拿大。关于早期移民的人数，由于缺乏统计资料，一般估计从1550年到1850年为350万人，从19世纪20年代到1914年，移民总数达到332万人。另外，从外国移民的构成来看，据估计，从1812年到1840年，以德国人、瑞典人、爱尔兰人为主的欧洲移民人数在巴西约有1.2万人。当时意大利移民还很少，但是从1880年起，意大利的移民以压倒性的人数增加，这种现象一直持续到1904年。总的来看，移民的高峰是1887—1897年以及1912—1914年，随后移民数开始减退。导致这种情况的主要原因是巴西相对落后的经济水平不能吸引更多的欧洲人，巴西本国人口增长也是原因之一。

15.6.3　从独立到20世纪初期的经济发展与外国移民

巴西于1822年独立，成立巴西帝国。随后，巴西对外经济贸易进一步开放，自1810

年向英国商品提供 15%的优惠关税后，1828 年又将这一优惠税率扩大到所有进口商品。国王还废除了禁止巴西发展制造业的法令，鼓励发展生产，引进了茶等新的作物，吸引欧洲移民入境。这种变化对帝国时期的经济发展有着重要的影响。

帝国时期，巴西迎来了咖啡繁荣。咖啡原产于非洲的埃塞俄比亚，1727 年传入巴西，先在巴拉州种植，后来扩大到马拉尼翁、巴伊亚、里约热内卢等地。1760 年前后，种植咖啡在里约热内卢等地已比较普遍，当时主要是供本地消费。到了 19 世纪初期，巴西的咖啡种植业有了很大发展，由于欧美市场对咖啡的需求不断扩大，巴西咖啡出口逐年上升。1829—1830 年，巴西年生产咖啡达 8.1 万阿罗瓦，1837—1838 年超过 20 万阿罗瓦。1831 年，咖啡已成为巴西第一大出口产品。19 世纪 20 年代中期以后，巴西咖啡生产迅速发展。据统计，1825—1850 年期间，巴西咖啡产量增长了 5 倍，满足了国际市场对咖啡的需求。咖啡种植业成为巴西经济新的支柱和新的增长点。咖啡种植业之所以在巴西获得广泛的发展，是因为巴西的广大地区处在热带和亚热带，气候湿热、霜冻少，很适宜于咖啡生长。而且巴西土地多，而种咖啡需要大量土地，对资金和技术的要求却不高。19 世纪上半叶，巴西的蔗糖生产和采金活动逐渐衰落，有大批的奴隶劳动力可供利用。据统计，巴西在 19 世纪 80 年代废除奴隶制度以前，在咖啡种植园劳动的黑人奴隶不少于 100 万人。因此，来自非洲的黑人对咖啡种植业的发展起了重要作用。19 世纪中期以后，在咖啡种植园的黑人劳动力逐渐被欧洲移民劳动力所取代。当时，巴西的咖啡园主和一些州政府组织移民公司，提供多种津贴大量招募外国移民。雇用劳动者取代奴隶，促进了劳动生产率的提高，水力和人力的木制加工机械逐步被蒸汽机械所代替。

19 世纪中期是巴西经济发展的重要转折期，资本主义开始在巴西得到发展。1844 年，巴西取消低关税制，关税率提高到 30%，1860 年又提高到 50%。这一措施在客观上保护了本国的工业。1850 年以后，巴西基本上停止进口奴隶，节省了大量资金。与此同时，外国移民大量增加，主要是葡萄牙、西班牙、意大利等欧洲国家移民源源而来，19 世纪 80 年代后期年均超过 10 万人（见图 15—1）。移民带来了先进的生产技术，弥补了劳动力的不足，促进了巴西经济的发展。这一时期，外国资本开始大量流入巴西，1852 年到 1888 年，仅英国向巴西贷款就高达 6 000 万英镑。外国资本的流入，加快了铁路、港口建设，促进了工业的发展。

19 世纪中期以后，巴西的咖啡种植几乎遍及全国，咖啡种植业的资金积累为巴西工业的产生和发展准备了资金条件。当时，巴西的经济由咖啡种植园主所控制。随后又形成持续近一个世纪之久的“咖啡繁荣期”。咖啡的大面积种植，给巴西带来了财富和繁荣，巴西的对外贸易从 1861 年起开始出超。在 1850—1870 年间，国内商业周转额增加一倍多。20 世纪初，巴西的咖啡产量占世界总产量的 75%以上，从而赢得了“咖啡王国”的美称。随着咖啡种植业的发展，作为咖啡种植业中心的圣保罗州，公路和铁路运输、轻工业、金融信贷业等都逐步发展起来，圣保罗州成为巴西的经济中心并带动了周围地区的发展。咖啡业的发展也带动了农业的开拓。畜牧业逐步由东北部向中西部转移。咖啡业和畜牧业成为巴西 19 世纪末期和 20 世纪初期的两大经济支柱。

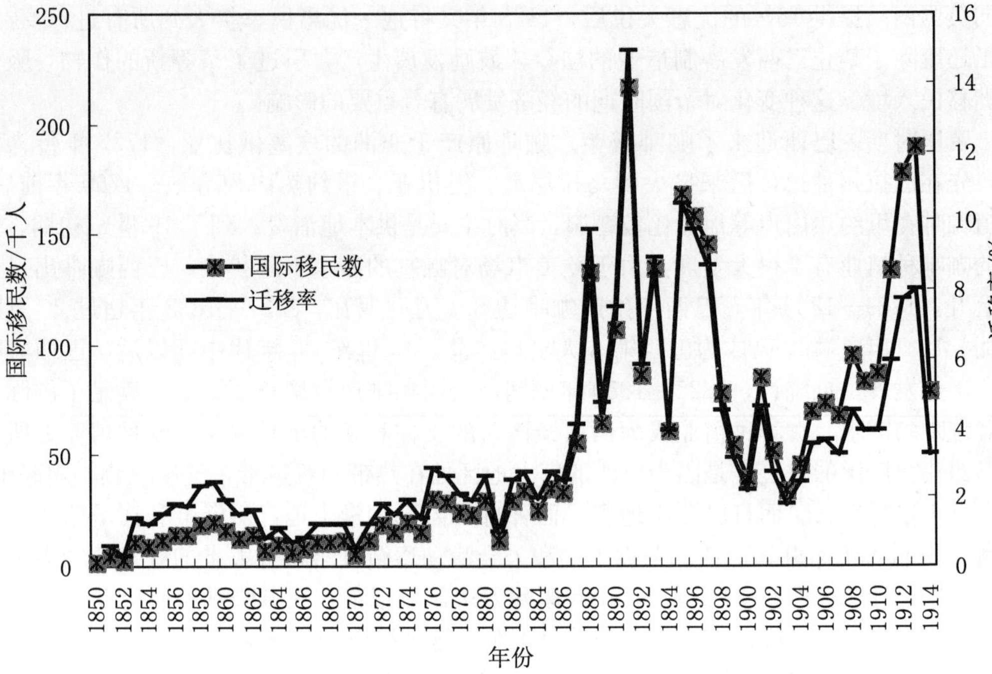

图 15—1　巴西早期国际移民的变化（1850—1914）

资料来源：[英] B.R. 米切尔. 帕尔格雷夫世界历史统计·美洲卷（1790—1993）[M]. 北京：经济科学出版社，2002.

19 世纪末期，巴西兴起了亚马孙的橡胶繁荣，吸引了大批移民。在橡胶周期，随着发达国家汽车工业的兴起，国际市场对天然橡胶的需求增加，采集橡胶成为当时的重要经济活动。大量的移民从经济衰落的东北部转向亚马孙地区的天然橡胶林从事采胶业，使这一地区的人口迅速增长。从 1850 年橡胶业兴旺到 1910 年橡胶市场的衰落，橡胶产地的人口增长了 6 倍，国民收入增长了 12 倍。1890—1910 年间，巴西的橡胶生产占全世界橡胶产量的 40%，同咖啡业生产一样，橡胶生产的迅速发展，使国民经济快速增长。

随着咖啡种植业的发展、国内外市场的扩大，巴西的工业发展也初露头角，以食品、纺织、服装为主的轻工业逐渐发展起来。1902 年，上述产品占工业总产值的 59%。第一次世界大战爆发，使巴西同欧洲的贸易遭到破坏，输入的工业品急速减少，推动了巴西工业的发展。第二次世界大战期间，巴西新建立 5 936 家企业，以食品和纺织为主。

19 世纪末期到 20 世纪初期，在巴西经济发展与人口增长的过程中，外国移民起了重要作用。1884 年至 1914 年期间，大约有 278 万外国移民进入巴西。[10]其中意大利人最多，其次是葡萄牙人和西班牙人。第一批到达巴西的日本移民是在 1908 年。在 20 世纪初期，叙利亚人和犹太人等移民也陆续进入巴西。外国移民一般都定居在中南部、南部和东部地区。1920 年，圣保罗州的外国移民占全国移民的半数以上，达到 52.4%。其主要原因是，圣保罗州给外国移民许多优惠政策，同时该地区的经济发展给移民提供了就业机会。外国移民的增加促进了巴西的经济活力。外国移民作为自由劳动力，释放出比奴隶更高的劳动生产力，促进了巴西的经济发展。

注释

[1] [2] [3] [4] [9] 何百根，梁文宇. 拉丁美洲农业地理 [M]. 北京：商务印书馆，2003.

[5] 杜德斌. 世界经济地理 [M]. 北京：高等教育出版社，2009.

[6] 苏振兴. 拉丁美洲的经济发展 [M]. 北京：经济管理出版社，2000；宋则行，樊亢. 世界经济史 [M]. 北京：经济科学出版社，1998.

[7] [8] 宋则行，樊亢. 世界经济史 [M]. 北京：经济科学出版社，1998.

[10] [英] B.R. 米切尔. 帕尔格雷夫世界历史统计·美洲卷（1790—1993）[M]. 北京：经济科学出版社，2002.

参考文献

中文文献

[1] [英] 阿兰·A. 瓦尔特斯. 发展经济学的革命 [M]. 上海：上海三联书店，上海人民出版社，2000.

[2] [英] 阿·莱·莫尔顿. 人民的英国史 [M]. 北京：三联书店，1962.

[3] [英] 阿萨·勃里格斯. 英国社会史 [M]. 北京：中国人民大学出版社，1991.

[4] [美] 阿瑟·林克，等. 1900 年以来的美国史 [M]. 北京：经济科学出版社，1997.

[5] [苏] 阿·尤·施皮尔特. 非洲原料资源 [M]. 北京：世界知识出版社，1964.

[6] [英] 安格斯·麦迪森. 世界经济二百年回顾 [M]. 北京：改革出版社，1997.

[7] [英] 安格斯·麦迪森. 世界经济千年史 [M]. 北京：北京大学出版社，2003.

[8] [日] 安场保吉，猪木武德. 日本经济史——高速增长 [M]. 连湘，译. 北京：三联书店，1997.

[9] [美] 爱德华·F. 丹尼森. 美国经济增长的来源 [M]. 巴黎：经济发展委员会，1962.

[10] [法] 埃德蒙·波尼翁. 公元 1000 年的欧洲 [M]. 济南：山东画报出版社，2005.

[11] [苏] B.C. 列利丘克. 苏联的工业化：历史、经验、问题 [M]. 北京：商务印书馆，2004.

[12] [英] 彼得·马赛厄斯，M.M. 波斯坦. 剑桥欧洲经济史 [M]. 北京：经济科学出版社，2004.

[13] [英] 彼得·杰伊. 财富的历程 [M]. 北京：国际文化出版公司，2005.

[14] [英] 保尔·芒图. 十八世纪产业革命 [M]. 北京：商务印书馆，1983.

[15] [美] 宾宁. 美国经济生活史 [M]. 上海：上海商务印书馆，1947.

[16] 北京大陆桥文化传媒. 世界商贸之路探寻——黄金之路 [M]. 北京：中国青年出版社，2009.

[17] [英] B.R. 米切尔. 帕尔格雷夫世界历史统计·亚洲、非洲和大洋洲卷（1790—1993）[M]. 北京：经济科学出版社，2002.

[18] [英] B.R. 米切尔. 帕尔格雷夫世界历史统计·欧洲卷（1790—1993）[M]. 北京：经济科学出版社，2002.

[19] [英] B.R. 米切尔. 帕尔格雷夫世界历史统计·美洲卷（1790—1993）[M]. 北京：经济科学出版社，2002.

[20] [苏] B.T. 琼图洛夫. 苏联经济史 [M]. 长春：吉林大学出版社，1988.

[21] [美] 保罗·肯尼迪. 大国的兴衰 [M]. 北京：国际文化出版公司，2006.

[22] [苏] 波梁斯基. 外国经济史 [M]. 北京：生活·读书·新知三联书店，1963.

[23] [日] 滨野洁，井奥成彦，中村宗悦，岸田真，永江雅和，牛岛利明. 日本经济史 1600—2000 [M]. 彭曦等，译. 南京：南京大学出版社，2010.

[24] [美] 查尔斯·P. 金德尔伯格. 世界经济霸权：1500—1990 [M]. 北京：商务印书馆，1990.

[25] [美] 查尔斯·R. 吉斯特. 华尔街史 [M]. 北京：经济科学出版社，2004.

[26] [英] C. 麦克伊夫迪，R. 琼斯. 世界人口历史图集 [M]. 北京：东方出版社，1992.

[27] 崔岩. 日本的经济赶超——历史进程、结构转变与制度演进分析 [M]. 北京：经济管理出版社，2009.

[28] 陈宝森，郑为民，薛敬孝，蔡述理. 美国经济周期研究 [M]. 北京：商务印书馆，1993.

[29] 陈奕平. 人口变迁与当代美国社会 [M]. 北京：世界知识出版社，2006.

[30] 陈曦文. 英国 16 世纪经济变革与政策研究 [M]. 北京：首都师范大学出版社，2002.

[31] 储玉坤，孙宪钧. 美国经济 [M]. 北京：人民出版社，1990.

[32] 池元吉. 世界经济概论 [M]. 北京：高等教育出版社，2003.

[33] [日] 大野健一. 从江户到平成：解密日本经济发展之路 [M]. 臧馨，等，译. 北京：中信出版社，2006.

[34] [美] 道格拉斯·诺斯，罗伯特·托马斯. 西方世界的兴起 [M]. 北京：华夏出版社，1999.

[35] [法] 德尼兹·加亚尔，贝尔纳代特·德尚. 欧洲史 [M]. 海口：海南出版社，2000.

[36] [苏] 德·伊·瓦连捷夫. 马克思列宁主义人口理论 [M]. 北京：商务印书馆，1978.

[37] [英] 道布罗夫. 英国经济地理 [M]. 北京：商务印书馆，1959.

[38] 丁溪. 美国经济 [M]. 北京：中国商务出版社，2006.

[39] [印] 迪帕克·拉尔. 印度均衡——公元前 1500—公元 2000 年的印度 [M]. 北京：北京大学出版社，2008.

[40] 杜德斌. 世界经济地理 [M]. 北京：高等教育出版社，2009.

[41] 樊亢，宋则行. 外国经济史 [M]. 北京：人民出版社，1965.

[42] [美] 房龙. 人类的故事 [M]. 海南：海南国际新闻出版中心，1998.

[43] [美] 福克纳. 美国经济史（上卷）[M]. 北京：商务印书馆，1964.

[44] [美] 福克纳. 美国经济史（下卷）[M]. 北京：商务印书馆，1964.

[45] [法] 费尔南·布罗德尔，欧内斯特·拉布罗斯. 法国经济与社会史 [M]. 上海：复旦大学出版社，1990.

[46] [美] 弗朗辛·R. 弗兰克尔. 印度独立后政治经济发展史 [M]. 北京：中国社会科学出版社，1989.

[47] [法] 费尔南·布罗代尔. 法兰西的特性 [M]. 北京：商务印书馆，1995.

[48] [法] 费尔南·布罗代尔. 15 至 18 世纪的物质文明、经济和资本主义 [M]. 北京：生活·读书·新知三联书店，2002.

[49] [法] 费尔南·布罗代尔. 菲利普二世时代的地中海和地中海世界 [M]. 北京：商务印书馆，2004.

[50] [法] 弗朗索瓦·卡龙. 现代法国经济史 [M]. 北京：商务印书馆，1991.

[51] [美] 福克纳. 美国经济史 [M]. 北京：商务印书馆，1989.

[52] 复旦大学拉丁美洲研究室. 拉丁美洲经济 [M]. 上海：上海人民出版社，1986.

[53] 复旦大学政治经济学系苏联经济研究组. 二十年来的苏联经济 [M]. 上海：上海人民出版社，1975.

[54] 复旦大学世界经济研究所德意志联邦共和国经济研究室. 德意志联邦共和国经济 [M]. 北京：人民出版社，1984.

[55] 复旦大学资本主义国家经济研究所. 战后西德经济 [M]. 北京：人民出版社，1975.

[56] 复旦大学世界经济研究所英国经济研究室. 英国经济 [M]. 北京：人民出版社，1986.

[57] 复旦大学世界经济研究所法国经济研究室. 法国经济 [M]. 北京：人民出版社，1985.

[58] [美] 冈德森. 美国经济史新编 [M]. 北京：商务印书馆，1994.

[59] [美] 格里高利·克拉克. 应该读点经济史——一部世界经济简史 [M]. 北京：中信出版社，2009.

[60] [英] 格温·琼斯. 北欧海盗史 [M]. 北京：商务印书馆，1994.

[61] [日] 宫崎义一. 日本经济的结构和演变 [M]. 北京：中国对外经济贸易出版社，1990.

[62] [德] 贡德·弗兰克. 白银资本：重视经济全球化中的东方 [M]. 北京：中央编译出版社，2001.

[63] 高德步. 英国的工业革命与工业化——制度变迁与劳动力转移 [M]. 北京：中国人民大学出版社，2006.

[64] 高德步，王珏. 世界经济史 [M]. 北京：中国人民大学出版社，2001.

[65] 郭吴新，洪文达，池元吉，等. 世界经济 [M]. 北京：高等教育出版社，1989.

[66] [英] H. J. 哈巴库克，M. M. 波斯坦. 剑桥欧洲经济史（第六卷）[M]. 北京：经济科学出版社，2002.

[67] [英] H. J. 哈巴库克，M. M. 波斯坦. 剑桥欧洲经济史（第八卷）[M]. 北京：经济科学出版社，2004.

[68] [美] H. N. 沙伊贝，H. G. 瓦特，H. U. 福克纳. 近百年美国经济史 [M]. 北京：中国社会科学出版社，1983.

[69] [德] 汉斯·豪斯赫尔. 近代经济史：从 14 世纪末至 19 世纪下半叶 [M]. 北京：商务印书馆，1987.

[70] [德] 汉斯一维尔纳·格茨. 欧洲中世纪生活 [M]. 北京：东方出版社，2002.

[71] [比] 亨利·皮朗. 中世纪欧洲经济社会史 [M]. 上海：上海人民出版社，1964.

[72] [法] 亨利·皮雷纳. 中世纪的城市 [M]. 北京：商务印书馆，1985.

[73] 韩启明. 建设美国——美国工业革命时期经济社会变迁及其启示 [M]. 北京：中国经济出版社，2004.

[74] [美] 赫茨勒. 世界人口危机 [M]. 北京：商务印书馆，1965.

[75] [美] 赫伯特·C. 菲特，吉姆·E. 里斯. 美国经济史 [M]. 沈阳：辽宁人民出版社，1981.

[76] 何百根，梁文宇. 拉丁美洲农业地理 [M]. 北京：商务印书馆，2003.

[77] 何敦煌. 人口、生态、经济和可持续发展 [M]. 厦门：厦门大学出版社，2002.

[78] 侯文若. 全球人口趋势 [M]. 北京：世界知识出版社，1988.

[79] 洪征嗣. 论南北战争后美国农业迅速发展的原因 [J]. 湖南师范大学社会科学学报，1995 (2).

[80] 胡焕庸，严正元. 人口发展与生存环境 [M]. 上海：华东师范大学出版社，1992.

[81] 韩启明. 建设美国：美国工业革命时期经济社会变迁及其启示 [M]. 北京：中国经济出版社，2004.

[82] 韩毅，等. 美国经济史（17—19 世纪）[M]. 北京：社会科学文献出版社，2011.

[83] 韩毅，张兵. 美国赶超经济史 [M]. 北京：经济科学出版社，2006.

[84] 韩毅. 美国工业现代化的历史进程（1607—1988）[M]. 北京：经济科学出版社，2007.

[85] 何顺果. 美国历史十五讲 [M]. 北京：北京大学出版社，2007.

[86] [葡] J. H. 萨拉依瓦. 葡萄牙简史 [M]. 北京：中国展望出版社，1988.

[87] [英] J. H. 克拉潘. 1815—1914 年法国和德国的经济发展 [M]. 北京：商务印书馆，1965.

[88] [美] J. M. 布劳特. 殖民者的世界模式：地理传播主义和欧洲中心主义史观 [M]. 北京：社会科学文献出版社，2002.

[89] [英] J. 萨维尔. 英格兰和威尔士农村人口减少，1851—1914 [M]. 伦敦：伦敦大学出版社，1957.

[90] [美] 杰夫·马德里克. 经济为什么增长 [M]. 北京：中信出版社，2003.

[91] [美] 加里·纳什. 美国人民创建一个国家和一种社会 [M]. 北京：北京大学出版社，2008.

[92] [美] 加里·M. 沃尔顿，休·罗考夫. 美国经济史 [M]. 北京：中国人民大

学出版社，2011.
[93]［美］杰克·格林. 从定居到社会［M］. 纽约，1966.
[94]［美］杰里米·阿塔克，彼得·帕塞尔. 新美国经济史——从殖民地时期到1940年［M］. 北京：中国社会科学出版社，2000.
[95]［美］吉尔伯特·C. 菲特，吉姆·E. 里斯. 美国经济史［M］. 沈阳：辽宁人民出版社，1981.
[96] 金永丽. 印度农业发展道路探索［M］. 北京：中国农业出版社，2006.
[97]［德］卡尔·艾利希·波恩. 德意志史［M］. 北京：商务印书馆，1991.
[98]［英］卡尔·桑德斯. 人口问题——人类进化研究［M］. 北京：商务印书馆，1888.
[99]［德］卡尔·哈达赫. 二十世纪德国经济史［M］. 北京：商务印书馆，1984.
[100]［意］卡洛·M. 奇波拉. 工业革命之前的欧洲社会和经济［M］. 伦敦：1976.
[101]［意］卡洛·M. 奇波拉. 欧洲经济史［M］. 北京：商务印书馆，1988.
[102]［意］卡洛·M. 奇波拉. 世界人口经济史［M］. 北京：商务印书馆，1993.
[103]［英］考特. 简明英国经济史［M］. 北京：商务印书馆，1992.
[104]［苏］柯斯津. 苏联劳动力资源［M］. 北京：劳动人事出版社，1984.
[105]［德］库钦斯基. 资本主义世界经济史研究［M］. 北京：三联书店，1955.
[106]［德］克劳斯·格林. 联邦德国的社会市场经济［M］. 北京：中央编译出版社，1994.
[107] 克莱夫·庞廷. 绿色世界史：环境与伟大文明的衰落［M］. 上海：上海人民出版社，2002.
[108]［英］拉尔夫·戴维斯. 英格兰对外贸易：1700—1774［J］. 经济史评论1962—1963 (15).
[109]［法］莱昂. 世界经济与社会史：二十世纪后半期［M］. 上海：上海译文出版社，1985.
[110]［美］理查德·W. 布利特. 20世纪史［M］. 南京：江苏人民出版社，2001.
[111]［美］L. S. 斯塔夫里阿诺斯. 全球通史：1500年以后的世界［M］. 上海：上海社会科学出版社，1999.
[112]［法］雷吉娜·佩尔努. 法国资产阶级史［M］. 上海：上海译文出版社，1991.
[113] 李仲生. 美国的人口增长、分布与城市化. 人口、就业和社会保障［M］. 北京：中国书籍出版社，2011.
[114] 李仲生. 发达国家的人口变动与经济发展［M］. 北京：清华大学出版社，2011.
[115] 李仲生. 发展中国家的人口增加与经济发展［M］. 北京：世界图书出版公司，2012.
[116] 李世安. 欧美资本主义发展史［M］. 北京：中国人民大学出版社，2004.
[117] 刘志扬. 美国农业经济［M］. 青岛：青岛出版社，2003.
[118] 李剑鸣. 美国通史（第一卷）·美国的奠基时代（1585—1775）［M］. 北京：人民出版社，2002.

[119] 刘宗绪. 世界经济史 [M]. 北京：高等教育出版社，1997.

[120] [苏] 列宁. 列宁全集 [M]. 北京：人民出版社，1990.

[121] [美] 罗伯特・普恩. 美国经济史 [M]. 芝加哥：德莱登出版社，1982.

[122] [美] 罗伯特・M. 索洛. 经济增长因素分析 [M]. 北京：商务印书馆，1999.

[123] [印] 罗梅什・杜特. 英属印度经济史 [M]. 北京：三联书店，1965.

[124] [苏] 梁士琴科. 苏联国民经济史 [M]. 北京：人民出版社，1954.

[125] [美] 龙多・卡梅伦，拉里・尼尔. 世界经济简史——从旧石器时代到 20 世纪末 [M]. 上海：上海译文出版社，2009.

[126] [印] 鲁达尔・达特，等. 印度经济 [M]. 成都：四川大学出版社，1994.

[127] [英] M. M. 波斯坦，D. C. 科尔曼，P. M. 马赛尼斯. 剑桥欧洲经济史（第 4 卷）[M]. 北京：经济科学出版社，2003.

[128] 满颖之. 日本经济地理 [M]. 北京：科学出版社，1984.

[129] [苏] 门德尔逊. 经济危机和周期的理论与历史 [M]. 北京：三联书店，1976.

[130] [美] 曼库尔・奥尔森. 国家兴衰探源：经济增长、滞胀与社会僵化 [M]. 北京：商务印书馆，2001.

[131] [法] 米歇尔・博德. 资本主义史 [M]. 北京：东方出版社，1986.

[132] [美] 米尔顿・弗里德曼，安娜・施瓦茨. 美国货币史：1867—1960 [M]. 北京：北京大学出版社，2009.

[133] [美] 马丁・费尔德斯坦. 转变中的美国经济 [M]. 北京：商务印书馆，1990.

[134] [加拿大] 马丁・基钦. 剑桥插图德国史 [M]. 北京：世界知识出版社，2005.

[135] [英] 马尔萨斯. 人口原理 [M]. 北京：商务印书馆，1959.

[136] [德] 马克思，恩格斯. 马克思恩格斯全集 [M]. 北京：人民出版社，1965.

[137] [德] 马克思・维贝尔. 世界经济通史 [M]. 上海：上海译文出版社，1981.

[138] [德] 马克思・布劳巴赫. 德意志史 [M]. 北京：商务印书馆，1998.

[139] [德] 马克思・韦伯. 经济通史 [M]. 上海：上海三联书店，2006.

[140] [意] 马西姆・利维巴茨. 世界人口简史（第 3 版）[M]. 北京：北京大学出版社，2005.

[141] [美] 美国商务部国情调查局. 美国历史统计（第一卷）[M]. 华盛顿：美国政府出版局，1975.

[142] [日] 南亮进. 经济发展的转折点：日本经验 [M]. 关权，译. 北京：社会科学出版社，2008.

[143] [英] N. J. G. 庞兹. 中世纪欧洲经济史 [M]. 伦敦：朗曼出版集团公司，1994.

[144] [法] P. 布瓦松纳. 中世纪欧洲生活和劳动 [M]. 北京：商务印书馆，1985.

[145] [英] P. 迪恩，W. A. 科尔. 英国的经济发展，1688—1957 [M]. 伦敦：剑桥大学出版社，1964.

[146] 潘纪一，朱国宏. 世界人口通论 [M]. 北京：中国人口出版社，1991.

[147] 彭斯达. 美国经济周期研究：历史趋势及中美经济周期的协动性 [M]. 武汉：

武汉大学出版社，2009.

[148] [美] 普莱斯·费希拜克，等. 美国经济史新论——政府与经济 [M]. 北京：中信出版社，2013.

[149] [美] 乔纳森·休斯，路易斯·P. 凯恩. 美国经济史（第7卷）[M]. 北京：北京大学出版社，2011.

[150] [法] 热纳维埃夫·多古尔. 中世纪的生活 [M]. 北京：商务印书馆，1998.

[151] [日] 日本经济新闻社. 昭和经济的历程 [M]. 大连信息中心，编译. 北京：东方出版社，1992.

[152] [苏] 然明. 外国经济 [M]. 北京：生活·读书·新知三联书店，1965.

[153] 孙常敏. 世纪转变中全球人口与发展 [M]. 上海：上海社会科学出版社，1999.

[154] 孙士海，葛维钧. 印度 [M]. 北京：社会科学文献出版社，2003.

[155] 石小玉，涂勤. 美国经济实力分析 [M]. 北京：民族出版社，1999.

[156] 四川大学南亚研究所. 印度经济 [M]. 北京：人民出版社，1982.

[157] [美] 沙伊贝. 近百年美国经济史 [M]. 北京：中国社会出版社，1983.

[158] 厦门大学南洋研究所. 东南亚五国经济 [M]. 北京：人民出版社，1976.

[159]《世界经济》编写组. 世界经济 [M]. 北京：人民出版社，1980.

[160] [美] 斯塔夫里阿诺斯. 全球通史——1500年以前的世界 [M]. 上海：上海社会科学院出版社，1999.

[161] [巴西] 塞尔索·富尔塔多. 巴西经济的形成 [M]. 北京：社会科学文献出版社，2002.

[162] 宋坚. 德国经济与市场 [M]. 北京：中国商务出版社，2003.

[163] 宋则行，樊亢. 世界经济史（上卷）[M]. 北京：经济科学出版社，1998.

[164] 宋则行，樊亢. 世界经济史（下卷）[M]. 北京：经济科学出版社，1998.

[165] 沈汉. 资本主义史 [M]. 北京：人民出版社，2009.

[166] [日] 松野周治. 日本战前的贸易收支不均衡和国际收支的变动 [J]. 百度文库，2010－7.

[167] [苏] 苏联科学院历史所. 巴西史纲 [M]. 沈阳：辽宁人民出版社，1975.

[168] 苏振兴，陈作杉，张宝宇，朱忠，吕银春. 巴西经济 [M]. 北京：人民出版社，1983.

[169] 苏振兴. 拉丁美洲的经济发展 [M]. 北京：经济管理出版社，2000.

[170] [美] 斯坦利·L. 恩格尔曼，罗伯特·高尔曼. 剑桥美国经济史：殖民地时期（第一卷）[M]. 北京：中国人民大学出版社，2008.

[171] [美] 斯坦利·L. 恩格尔曼，罗伯特·高尔曼. 剑桥美国经济史：漫长的19世纪（第二卷）[M]. 北京：中国人民大学出版社，2008.

[172] [美] 斯坦利·L. 恩格尔曼，罗伯特·高尔曼. 剑桥美国经济史：20世纪（第三卷）[M]. 北京：中国人民大学出版社，2008.

[173] 田方，陈一筠. 国外人口迁移 [M]. 北京：知识出版社，1986.

[174]［美］汤普逊. 中世纪经济社会史［M］. 北京：商务印书馆，1984.

[175] 陶继侃，王继祖，姜春明，张士元. 世界经济概论［M］. 天津：天津人民出版社，1995.

[176] 王金存. 苏联经济结构的调整［M］. 北京：中国财政经济出版社，1981.

[177] 高德步，王珏. 世界经济通史［M］. 北京：高等教育出版社，2005.

[178] 王跃生. 苏联经济［M］. 北京：北京大学出版社，1989.

[179]［英］维克多·布尔默一托马斯. 独立以来拉丁美洲的经济发展［M］. 北京：商务印书馆，1988.

[180]［美］威廉·福格特. 生存之路［M］. 北京：商务印书馆，1981.

[181]［美］威廉·夏伊勒. 第三帝国的兴亡：纯粹德国史［M］. 北京：北京三联书店，1974.

[182] 吴士存，朱华友. 越南 马来西亚 菲律宾 印度尼西亚 文莱 五国经济研究［M］. 北京：世界知识出版社，2006.

[183] 吴志生. 东南亚国家经济发展战略研究［M］. 北京：北京大学出版社，1987.

[184] 文富德. 印度经济——发展、改革与前景［M］. 成都：巴蜀书社，2003.

[185] 魏允哲，蔡国栋. 世界经济概论［M］. 北京：中国计划出版社，1999.

[186] 邬沧萍. 世界人口［M］. 北京：中国人民大学出版社，1983.

[187]［苏］乌尔拉尼斯. 世界各国人口手册［M］. 成都：四川人民出版社，1982.

[188]［德］乌尔里希·罗尔. 德国经济：管理与市场［M］. 北京：中国社会科学出版社，1995.

[189]［美］W. W. 罗斯托. 这一切是怎么开始的——现代经济的起源［M］. 北京：商务印书馆，1997.

[190]［美］西蒙·库兹涅茨. 各国的经济增长［M］. 北京：商务印书馆，1999.

[191] 萧国亮，隋福民. 世界经济史［M］. 北京：北京大学出版社，2007.

[192] 肖炼. 美国经济研究［M］. 北京：中国友谊出版公司，2007.

[193]［英］亚·莫·卡尔·桑德斯. 人口问题［M］. 北京：商务印书馆，1983.

[194]［英］亚当·斯密. 国民财富的性质和原因的研究［M］. 北京：商务印书馆，1974.

[195]［美］雅各布·明瑟尔. 劳动供给研究［M］. 北京：中国经济出版社，2001.

[196] 杨栋梁. 日本近现代经济史［M］. 北京：世界知识出版社，2010.

[197]［英］约翰·哈罗德·克拉潘. 1815—1914 年法国和德国的经济发展［M］. 北京：商务印书馆，1965.

[198]［英］约翰·克拉潘. 简明不列颠经济史［M］. 上海：上海译文出版社，1980.

[199]［英］约瑟夫·库利舍尔. 欧洲近代经济史［M］. 北京：北京大学出版社，1990.

[200]［美］约瑟夫·熊彼特. 经济史分析史［M］. 北京：商务印书馆，2001.

[201] 俞坤一，马翠媛. 新编世界经济贸易地理［M］. 北京：首都经济贸易大学出

版社，2004.
[202] 赵鸣歧. 印度之路——印度工业化道路探析 [M]. 上海：学林出版社，2005.
[203] 赵晓雷. 外国经济史 [M]. 大连：东北财经大学出版社，2013.
[204] 张迪祥. 国际经贸地理概论 [M]. 北京：经济科学出版社，1997.
[205] 张善余. 世界人口地理 [M]. 上海：华东师范大学出版社，2002.
[206] 张曙霄，吴丹. 世界经济概论 [M]. 北京：经济科学出版社，2005.
[207] 张友伦. 美国西进运动探要 [M]. 北京：人民出版社，2005.
[208] 张友伦. 农业革命 [M]. 天津：天津人民出版社，1983.
[209] [美] 詹姆斯・W. 汤普逊. 中世纪晚期经济社会史 [M]. 北京：商务印书馆，1996.
[210] 中国社会科学院西亚非洲研究所. 北非五国经济 [M]. 北京：时事出版社，1987.
[211] 中国社会科学院西亚非洲研究所. 非洲经济（一）[M]. 北京：人民出版社，1987.
[212] 中国社会科学院西亚非洲研究所. 非洲经济（二）[M]. 北京：人民出版社，1987.
[213] 庄宗民. 世界经济学 [M]. 北京：科学出版社，2003.
[214] [意] 朱佩塞・图拉尼. 意大利第二次经济奇迹 [M]. 北京：时事出版社，1989.
[215] [日] 中村隆英. 日本经济史——"计划化"和"民主化"[M]. 胡企林，等，译. 北京：三联书店，1997.

日文文献

[216] [日] 安场保吉. 経済成長論 [M]. 東京：筑摩書房，1980.
[217] [日] 大川一司. 日本経済の構造：歴史視覚的分析 [M]. 東京：勁草書房，1974.
[218] [日] 大内兵衛，有沢広已，相原茂共. 人口と雇用 [M]. 東京：中央経済社，1957.
[219] [日] 大西胜明，二瓶敏. 日本の産業構造 [M]. 東京：青木書店，1999.
[220] [日] 大淵寛，森岡仁. 経済人口学 [M]. 東京：新評論，1981.
[221] [日] 大淵寛，岡田実，加藤寿延，森岡仁. 人口経済論 [M]. 東京：新評論，1977.
[222] [日] 河野稠果. 世界の人口 [M]. 東京：東京大学出版社，1986.
[223] [日] 篠原三代平. 日本経済のダイナミズム [M]. 東京：東洋経済新報社，1991.
[224] [日] 篠原三代平. 长期不況の謎をさぐる [M]. 東京：勁草書房，1999.
[225] [日] 渡辺健一. 日本経済とその長期波動 [M]. 東京：多賀出版株式株式会社，2003.

［226］［日］速水融．日本経済史への視角［M］．東京：東洋経済新報社，1968．

［227］［日］速水融，宮本又郎．経済社会の成立——17—18世紀（日本経済史I）［M］．東京：岩波書店，1988．

［228］［日］鬼頭宏．日本二千年人口史：経済学と歴史人類学から探る生活と行動のダイナミッズム［M］．東京：PHP研究所，1983．

［229］［日］鬼頭宏．［図説］人口で見る日本史：縄文時代から近未来社会まで［M］．東京：PHP研究所，2007．

［230］［日］黒田俊夫．日本人口の転換構造［M］．東京：古今書院，1979．

［231］［日］黒坂佳央，浜田宏一．マクロ経済と日本経済［M］．東京：日本評論社，1984．

［232］［日］館稔．日本の人口遷移［M］．東京：古今書院，1961．

［233］［日］今井賢一．日本の産業社会——進化と変革の道程［M］．東京：筑摩書房，1983．

［234］［日］吉村正晴．自由化と日本経済［M］．東京：岩波書店，1968．

［235］［日］梅村又次，新保博，西川俊作，速水融．日本経済の発展［M］．東京：東洋経済新報社，1976．

［236］［日］日本通商産業省及び鉄鋼統計委員会．統計からみた日本鉄鋼業100年間の歩み［M］．東京：日本評論社，1960．

［237］［日］日本矢野恒太記念会．日本100年［M］．東京：国勢社，2000．

［238］［日］金森久雄等．日本経済事典［M］．東京：日本経済新聞社，1981．

［239］［日］人口問題協議会．日本人口の動向——静止人口をめざして［M］．東京：大蔵省印刷局，1974．

［240］［日］人口問題協議会．人口事典［M］．東京：東洋経済新報社，1986．

［241］［日］人口問題協議会．日本の人口・日本の社会昭和63年版［M］．東京：東洋経済新報社，1988．

［242］［日］矢野勇．経済発展と農業人口［M］．東京：東京大学出版社，1963．

［243］［日］南亮進．日本経済の転換点［M］．東京：創文社，1970．

［244］［日］南亮進．日本の経済発展［M］．東京：東洋経済新報社，1992．

［245］［日］南亮三郎．日本人口と経済［M］．東京：千倉書房，1972．

［246］［日］南亮三郎監修，岡田実，大淵寛，岩田文夫訳．人口通論［M］．東京：中央大学出版部，1985．

［247］［日］南亮三郎，館稔．人口都市化の理論分析［M］．東京：勁草書房，1965．

［248］［日］南亮三郎，館稔．労働力人口の経済分析［M］．東京：勁草書房，1968．

［249］［日］南亮三郎，上田正夫．日本の人口変動と経済発展［M］．東京：千倉書房，1975．

［250］［日］南亮三郎，上田正夫．転換途上の日本人口移動［M］．東京：千倉書房，1977．

［251］［日］内田勝敏. 世界経済の中の日本［M］. 東京：創元新書，1968.

［252］［日］橋本介三，小林伸生，中山幾郎. 日本産業の構造変革［M］. 大阪：大阪大学出版社，2000.

［253］［日］橋本寿朗. 日本経済論［M］. 東京：ミネルヴァ書房，1994.

［254］［日］三和良一. 概説日本経済史（近現代）［M］. 東京：東京大学出版会，2002.

［255］［日］三田義之. 日本経済の構造改革［M］. 東京：中央経済社，2000.

［256］［日］田辺孝則. 鉄鋼業［M］. 東京：東洋経済新報社，1981.

［257］［日］通商産業省産業政策局. 日本経済の構造改革［M］. 東京：東洋経済新報社，1997.

［258］［日］小宮隆太郎，奥野正寛，鈴村興太郎. 日本の産業政策［M］. 東京：東京大学出版会，1984.

［259］［日］中村隆英，尾高煌之助. 日本経済史Ⅵ［M］. 東京：岩波書店，1989.

［260］［日］中谷厳. 日本経済の歴史的転換［M］. 東京：東洋経済新報社，1996.

［261］［日］竹中靖一，作道洋太郎. 日本経済史［M］. 東京：学文社，1979.

［262］A. Smith. *An Inquiry into the Nature and Causes of Wealth of Nations*. London，1776. /［日］大内兵衛，松川七郎合訳. 国富論［M］. 東京：岩波書店，1969.

［263］Marshall Alfred. *Principles of Economics*. London，1890. /［日］馬場啓之助訳. 経済学原理第 1 分册［M］. 東京：東洋経済新報社，1965—1967.

［264］Marshall Alfred. *Principles of Economics*. London，1890/［日］馬場啓之助訳. 经济学原理第 2 分册［M］. 東京：東洋経済新報社，1965—1967.

英文文献

［265］Adam Smith. *An Inquiry into the Nature and Causes of Wealth of Nations*. London，1776.

［266］Abraham J. Jaffe. *Urbanization and Fertility*. *American Journal of Sociology*，Vol. 48，1942.

［267］Adapted form Stanley Lebergott. *Manpower in Economic Growth：The American Record Since* 1800. New York：McGraw－Hill，1964.

［268］A. K. Cairncross. *In Praise of Economic History*. Economic History Review，1989，42（2）.

［269］Allan Kulikoff. *Tobacco and Slaves：The Development of Southern Culture*，1680－1800. Chapel Hill：The University of North Carolina，1986.

［270］Allan Kulikoff. *The Economic Growth of the Eighteenth－Century Chesapeake Colonies*. Journal of Economic History 39，1979.

［271］Alice Hanson Jones. *Wealth of a Nation to Be*. New York：Columbia University Press, 1980.

[272] Alvin Harvey Hansen. *Economic Progress and Declining Population Growth*. American Economic Review 29, 1939.

[273] Ansley J. Coale. *Population Change and Demand, Prices, and the Level of Employment*. In Demographicand Economic Change in Developed countries. Ansley J. Coale, ed. Princeton: Princeton Univesity Press, 1960.

[274] Ansley J. Coale. *The Voluntary Control of Human Fertility*. American Philosophical Society Proceedings 11, 1967.

[275] Ansley J. Coale and Melvin Zelnik. *New Estimates of Fertility and Population in the United States. A Study of Annual White Births from* 1855 *to* 1960 *and of Completeness of Enuneration in the Censuses from* 1880 *to* 1960. Princeton, 1963.

[276] A. M. Simons. *The Power in the American History*. New York, 1926.

[277] Benjamin Horace Hibbard. *A History of the Public Land Policies*. New York: The Macmillan Company, 1924.

[278] Brenner, Y. S. *The Inflation of Price in England* 1551—1650. Economic History Review 15, 1962.

[279] Bourne H. R. Fox. *English Merchants*. London: Chatto and Windus, 1986.

[280] B. R. Mitchell and P. Deane. *Abstract of British Historical Statistics*. Cambridge, 1962.

[281] Bizien Y. *Population and Economic Development*. Prager Publishers, 1979.

[282] Bongaarts J. ed *Family Demography*. NY: Oxford Univ. Press, 1987.

[283] Caldwell J. C. *Theory of Fertility Decline*. London: Academic Press, 1982.

[284] Cannan Edwin. *Elementary Political Economy*. London, 1988.

[285] Cedric B. Cowing, *Populists, Plungers and Progressives: A Social History of Stock and Commodity Speculation*, 1890—1936. Princeton, 1965.

[286] Clack R. L. and Spengler J. J. *The Economics of Individual and Population Aging*. London, 1980.

[287] Clay C. G. A. *Economic Expansion and Social Change: England* 1500—1700. Cambridge U. P., 1984.

[288] Coale A. J. and Hoover E. *Population Growth and Economic Development in Lowincome Courtries*. Princeton University Press, 1958.

[289] Coale A. J. *Population and Economic Development. in The Population Dil—lemum*, Ph. Hauser ed., Englewood Cliffs, Prentice—Hall, 1963.

[290] Coale A. J. and M. Zelnik. *New Estimates of Fertility and Population in the United States*. Princeton, 1963.

[291] Coale A. J. *Economic Factors in Population Growth*. Thompson Litho Ltd., 1976.

[292] Conrad Taeuber and Irene B. Taeuber. *The Changing Population of the United States*. New York, 1958.

[293] Chiang C. L. *The Life Table and Its Applications*. World Health Organization. Geneva, 1978.

[294] Cipolla C. M. *The Economic History of World Population*. Penguin Books, 7th ed. Baltimore, 1978.

[295] Charles P. Kindleberger. *Economic Development*. New York: McGraw—Hill, 1958.

[296] Cipolla C. M. *The Economic History of World Population*. Baltimore Pelican, 1962.

[297] David Galenson. *Immigration and the Colonial Labor System: An Analysis of Length of Indenture*. EEH, 1977.

[298] David, Paul A. *Learning by Doing and Tariff Protection: A Reconsideration of the Case of the Ante—Bellum United States Cotton Textile Industry*. Journal of Economic History 30, 1970.

[299] Deane P and Coal W. A. *British Economic Growth* 1688—1959. Cambridge, 1967.

[300] Donald L. Kemmerer & C. Clyde Jones. *The American Economic History*. New York: McGraw—Hill, 1959.

[301] Don F. Hadwiger. *The Politics of Agricultural Research*. Lincoln: University of Nebraska press, 1982.

[302] Douglas L. Anderton, Richard E. Barrett & Donald J. Bogue. *The Population of the United States*. New York: Free Press, 1997.

[303] Durand, J. D. *Historical Estimates of World Population: An Evaluation*. University of Pennsylvania. Philadelphia, 1974.

[304] Easterlin R. A. *Effects of Population Growth in the Economic Develop—ment of Developing Countries*. The Annals of the American Academy of political and Social Science, 1967.

[305] Edward Fulton Denison. *The Sources of Economic Growth in the United States and the Alternatives Before US*. New York: CED, 1962.

[306] Edwin Tunis. *Colonial Craftsmen and the Beginning of America Industry*. New York: The world Publishing Company, 1965.

[307] Edward Prince Hutchinson. *Immigrants and Their Children*, 1850—1950. New York: John Wiley and Sons, 1956.

[308] Elmus Wicker. *The Banking Panics of the Great Depression*. New York: Cambridge University Press, 1996.

[309] Ernest L. Bogart and Donald L. Kemmerer. *Economic History* of The *American People*. New York: Longman's, Green and Co, 1942.

[310] Erik F. Haites, James Mak and Gary M. Walton. *Western River transportation: The Era of Early Internal Development*, 1810—1860. Baltimore: Johns Hopkins University Press, 1975.

[311] Frank Wallace Notestein. *Some Economic Aspects of Population Change in the Developingcountries*. Population Dilemma in Latin America. Washington DC: Potamac Books, 1966.

[312] Frank Wallace Notestein. *Zero Population Growth*. Mimeo. PAA Meeting, 1970.

[313] Frank Wallace Notestein. *On Population Growth and Economic Development*. Ardhives of PDR 1983 , Vol. 9, No. 2.

[314] Fogel Robert. *Nutrition and Decline in Mortality since* 1700: *Some Preliminary Findings*. In National Bureau of Economic Research, *Long Term Factors in American Economic Growth*, vol. 51, ed. Stanley Engerman and Robert Gallman. Chicago: University of Chicago Press, 1986.

[315] Glenn Porter. *Encyclopedia of American Economic History*. New York, 1980.

[316] Garth L. Mangum. *The Manpower Revolution: Consequences, Excerpts from Senate Hearings Before the Clark Committee*, Garden City. New York: Doubleday and Company Inc, 1966.

[317] George R. Taylor. *American Economic Growth before* 1843: *An exploratory Essay*. Journal of Economic History 24, 1964.

[318] Gloria Main and Jackson T. Main. *Economic Growth and the Standard of Living In Southern New England*, 1640—1774. Journal of Economic History 48, 1988.

[319] Hans W. Singer. *Differential Population Growth as a Factor in International Economic Development*. Economic Journal 69, 1959.

[320] Hans W. Singer. *Population and Economic Development*. In International Development: Growth and Change. New York: McGraw—Hill, 1964.

[321] H. Leibenstein. *Economic Backwardness and Economic Growth*. New York, 1957.

[322] Hugh D. Hindman. *Child Labor: an American History*. New York: M. E. Sharpe, 2002.

[323] Hugh Rockoff. *Drastic Measures: A History of Wage and Price Controls in the United States*, 1984.

[324] Israel, Jonathan I. *Dutch Primacy in World Trade* 1585—1740. Oxford, Clarendon, 1989.

[325] Jacob M. Price. *Economic Function and the Growth of American Port Towns in the Eighteenth Century*. Perspectives in American History 8, 1974.

[326] Jan de Vries and Ad Van der Woude. *The First Modern Economy. Success, failure, and perseverance of the Dutch economy*, 1500—1815. Cambridge U. P. , 1997.

[327] Jeffrey Williamson, Real Growth. *Monetary Disturbances, and the Transfer*

Process, 1879—1914. SEJ, 1963.

[328] J. H. Clapham. *The Economic Development of France and Germany* 1815—1914. Cambridge, 1936.

[329] John Rees Harris and Michael P. Todaro. *Migration, Unemployment & Development: a Two-sector Analysis*. American Economic Review 60, 1970.

[330] Joel Mokyr. *Industrialization in the Low Countries*, 1795—1850. New Haven & London Yale University press, 1976.

[331] John Lynch. *The Hispanic World in Crisis and Change*, 1598—1700. Blackwell, 1992.

[332] John Pinder. *The Building of the European Union, Third edition*. Oxford University Press, 1998.

[333] John J. McCusker and Russell Menard. *The Economy of British America*, 1607—1789. Chapel Hill: The University of North Carolina Press, 1985.

[334] Jonathan Hughes. *American Economic History*, Glenview, Ⅲ: Scott, 1987.

[335] Julian Lincoln Simon. *The Economics of Population Growth*. Princeton University Press, 1977.

[336] Kaldor, N. *A Model of Economic Growth*. Economic Journal. LXVⅡ, December 1957.

[337] Kuznets S. *Toward a Theory of Economic Growth of Nations*. Norton, 1968.

[338] Kuznets Simon. *Economic Growth of Nations*. Cambridge, Mass, 1971.

[339] Kenneth L. Sokoloff and Georgia C. Villaflor. *The Manufacturing Workers during the Early Industrialization: The American Northeast* 1820—1860. in *Strategic Factors in Nineteenth Century American Economic History: A Volume to Honor Robert*, W. Fogel, eds. Claudia Goldin and Hugh Rockoff, Chicago: University of Chicago press, 1992.

[340] Klein Herbert S. *The Atlantic Slace Trade*. Cambridge University Press, 1999.

[341] Leibenstein Harvey. *A theory of Economic-Demographic Development*. Princeton University Press, 1954.

[342] Leibenstein Harvey. *Economic Backwardness and Economic Growth*. New York, 1957.

[343] Lance Davis and Robert Cull. *International Capital Markets and American Economic Growth*, 1820—1914, 1994.

[344] Lawrence J. White. *The Automobile Industry*. in Walter Adams, ed., The Structure of American Industry, 6th ed. New York: Macmillan, 1982.

[345] Lendol Calder. *Financing the American Dream: A Cultural History of Consumer Credit*. Princeton: Princeton University Press, 1999.

[346] Louis Cain and Donald Paterson. *Biased Technical Change, Scale, and Factor Substitution in American Industry*, 1850—1919. Journal of Economic History,

vol. 46, no. 1, 1986.

[347] Louis Schmidt, Earle Ross. *Readings in the Economic History of American Agriculture*. New York: The Macmillan Company, 1925.

[348] L. Purvis, Richard Balkin. *Colonial America to* 1763. New York: Facts on File, 1999.

[349] Lucas R. E. *On the Mechanics of Economic Development*. Journal of Monetary Economics, Vol, 22, 1988.

[350] Maddison A. *Dutch Income in and from Indonesia* 1700—1938. Modern Asian Studies, 1989.

[351] Mai Glorian and Jackson T. Main. *Economic Growth and the Standard of Living In Suthern New England*, 1640—1774. *Journal of Economic*. in Millenial Edition. *Historical Statistics of the United States*. New York: Cambridge University Press, 2006.

[352] Mary Beth Norton. *A People and A Nation: A History of the United States*. Boston: Houghton Mifflin, 1988.

[353] Mc Alister, Lyle. N. *Spain and Portugal in the New World*. Oxford U. P, 1984.

[354] Mccusker J. John and R. Russell. Menard. *The Economy of British America*, 1607—1789. North Carolina: North Carolina University Press, 1985.

[355] Michael Kammen. *Colonial New York: A History*. New York: Oxford University Press, 1975.

[356] Mitchell, B. R. *European Historical Statistics* 1750—1975. Cambridge, 1980.

[357] Mitchell. *European Historical statistics*, 1750—1970. London, 1975.

[358] Nathan Keyfitz J. Fraunthal. *An Improved Life Table Method*. Biometrics 21, 1975.

[359] Paul T. Schultz. *An Economic Perspective on Population Growth*. Mimeo, 1969.

[360] Pitchford J. D. *Population in Economic Growth*. North Holland Publ. Co., 1974.

[361] Preston S. H. *The Changing Relation Between Mortality and Level of Economic Development*. Population Studies 29. 1975.

[362] Preston S. H. *Mortality Patterns in National Population: With Special Reference To Recorded Causes of death*. Academic Press, New York, 1976.

[363] R. C. Miehie. *The London and New York Stock Exchanges*, 1850—1914. London, 1987.

[364] R. Douglas Hurt. *American Agriculture: A Brief History*. Purdue University Press, 2002.

[365] Richard A. Easterlin. *Population Issues in American Economic History: A Survey and Critique*. in Robert Gallman, ed. *Recent Developments in the Study of Business and Economic History: Essays in Honor of Herman E. Krooss*. Greenwich, 1977.

[366] Richard Steckel. *The Economic Foundations of East—West Migration During the*

Nineteenth Century. Exploration in Economic History 20，1983.

［367］ Richard Sylla. *U. S. Banks and Europe：Strategy and Attitudes*. In *The European Banks and the American Challenge：Competition and Cooperation in International Banking under Bretton Woods*，ed. Stefano Battilossi and Youssef Cassis，Oxford：Oxford University Press，2002.

［368］ Robert Higgs and Louis Stettler. *Colonial New England Demography：A Sampling Appoach*. William and May Quarterly，April 1970.

［369］ Robert R. Russel. *A History of the American Economic System*. New York：Appleton—century—Crofts，1964.

［370］ Rothman Robert，A. *Inequality and Stratification in the United States*. Englewood Cliffs，NJ：Prentice—Hall，1978.

［371］ Robert Margo. *Wages & labor Markets in the United States*，1820—1860. Chicago：University of Chicago Press，2000.

［372］ Robert W. Fogel and Stanley Engerman. *The Economic Impact to the Civil War*. Reprinted in Robert Robert W. Fogel and Stanley Engerman，eds. *The Reinterpretation of American Economic History*. New York：Harper & Row，1971.

［373］ Rostow Walter. *The Stages of Economic Growth*. Cambridge：Cambridge University Press，1960.

［374］ Sanjay Subrahmanyan. *Portuguese Empire in Asia*，1500—1700. A Political and Economic History. Longman，1993.

［375］ Schultz Theodre W. *Agriculture in an Unstable Economy*. New York，McGraw—Hill，1945.

［376］ Scrbner Bob，ed. *Germany A New Social and Economic History*. Vol. 2，1630—1800. Arnold，1996.

［377］ Sheilagh Ogilvie，ed. *Germany A New Social and Economic History*. Vol. 1，1450—1630. Arnold，1996.

［378］ Stalker P. *The Work strangers：A Survey of International Labor Migration*. Geneva，1994.

［379］ Stanley Engerman. *The Economic Impact to the Civil War*. Reprinted in Robert Robert W. Fogel and Stanley Engerman，eds. *The Reinterpretation of American Economic History*. New York：Harper & Row，1971.

［380］ Stanly Lebergott. *The American labor Force*. in L. E. Davis et al.，American Economic Growth. New York：Haper & Row，1972.

［381］ Stanly Lebergott. *Manpower in Economic Growth：The American Record Since* 1800. New York：McGraw—Hill，1964.

［382］ Simon Kuznets. *Quantitative Aspects of the Economic Growth of Nations*. Levels And Variability of Rates of Growth 1，1956.

[383] Simon Kuznets. *Long Swings in the Growth of Population and in Related Economic Variables*. Proceedings of the American Philosophical Society 102, 1958.

[384] Simon Kuznets. *Long Demographic Aspects of Modern Economic Growth*. Paper Presented at World Population Conference. Belgrade, September, 1965.

[385] Simon Kuznets. *Modern Economic Growth*. New Haven: Yale University Press, 1966.

[386] Simon Kuznets. *Economic Growth of Nations*. Cambridge: Harvard University Press, 1971.

[387] Simon Kuznets. *Population, Capital and Growth*. New York: Norton, 1973.

[388] Spegler, J. J. *Population and Economic Growth*. In Population: The Vital Revolution. R. Freedman, ed. New York: Doubleday Anchor, 1964.

[389] Spegler J. J. *Zero Population Growth*. Carolina Population Center, 1975.

[390] Spegler J. J. *Facing Zero Population Growth*. Duke Univ. Press, 1978. T. Chandler and G. Fox, 3000 *Years of Urban Growth*, New York, 1974.

[391] Sokoloff Kennerth L. *Productivity Growth in Manufacturing during Early Industrialization: Evidence from the American Northeast*, 1820—1860. In National Bureau of Economic Research, *Long—term Factor in American Economic Growth*, Studies in Income and Wealth, vol. 51, ed. Stanley Engerman and Robert Gallman. Chicago: University of Chicago Press, 1986.

[392] Terry Anderson. *The Economic Growth of Seventeenth—Century New England: A Measurement of Regional Income*. New York: Arno, 1975.

[393] Thomas Allison Kirk, Genoa and the Sea. *Policy and Power in an Early Modern Maritime Republic*, 1559—1684. The Johns Hopkins University Press, 2005.

[394] Thompson B. *Migration and Eeconomic Growth*. Cambridge Univ. Press, 1954.

[395] Thackray A. *University—Industry Connections and Chemical Research: An Historical Perspective*. In *University—Industry Research Relationships*. Washington D. C.: National Science Board, 1982.

[396] Todaro M. P. Harris J. *Migration Unemployment and Development: A Two Sector Analysis*. American Economic Review, Vol. 60, No. 1, 1970.

[397] Todaro M. P. *Internal Migration in Developing Countries: A Survey, Population and Economic Change in Developing Countries*. R. A. Easterlin ed., Chicago Univ. Press, 1980.

[398] Todaro M. P. *Economic Development of the Third World*, 3rd ed. Longman Press, 1985.

[399] Thomas Dublin. *Farm to Factory: Woman's Letters*, 1830—1860. New York: Columbia University Press, 1993.

[400] Thomas R. Navin and Marian V. Sears. *The Rise of a Market for Industrial Securities*, 1887—1902. Business History Review (29), 1955.

[401] Thomas Weiss. *U. S. Labor Force Estimates and Economic Growth*. in R. Gallman and J. Wallis, eds., *American Economic Growth and Standards of Living Before the Givil War*. Chicago: University of Chicago Press, 1992.

[402] Towne, Marvin, and Wayne Rasmussen. *Farm Gross Product and Gross Investment in the 19th Century*. In National Bureau of Economic Research, *Trends in the American Economy in the 19th Century*. Studies in Income and Wealth Series, vol, 24. Princeton: Prineton University Press, 1960.

[403] Timothy J. Hatton and Jeffrey G. Williamson. *The Age of Mass Migration: Causes and Economic Impact*. New York, 1998.

[404] United States Department of Commerce. *Historical Statistics of the United States: Colonial Times to 1957*. Washington: Government Printing Office, 1969.

[405] United States Bureau of the Census. *Historical Statistics of the United States: Colonial Times to 1970*, Washington D. C., 1975.

[406] Wallace E. Huffman and Robert E. Evenson. *Science for Agriculture: A Long—Term Perspective*. Ames: Iowa State University Press, 1993.

[407] Warren S. Thompson and P. K. Whelpton. *Population Trends in the United States*. New York, 1933.

[408] Walter Jennings. *A History of economic Progress in the United States*. New York, 1926.

[409] Walter R. Heinz, ed. *From Education to Work: Cross—National Perspectives*. New York: Cambridge University Press, 1999.

[410] Weeden, William, B. Economy and Social History of New England 1620—1789. Riverside Press, 1890.

[411] William A. Sundstrom and Paul A. *David. Old — Age Security Motives, Labor Markets, and Farm Family Fertility in Antebellum America*. Explorations in Economic History 25, 1988.

[412] William H. Frey. *The Geography of U. S. Population Shifts*. in Reynolds Farley, ed, *Social and Economic Trends in the 1980s*. New York, 1995.

[413] William Mirengoff, et, al. *CETA: Assessment of Public Service Employment Programs, Committee on Evaluation of Employment and Training Programs, Assembly of Behavioral and social Sciences, National Research Council*. Washington D. C.: National Academy of Sciences, 1980.

[414] Williamson. *Globalization, Convergence and History*. EH, 1996.

[415] W. Patrick McCray. *Glassmaking in Renaissance Venice*. The Fragile Graft. Ashgate, 1999.

[416] William Arthur Lewis. *The Theory of Economic Growth*. London: George Allen and Unwin, 1955.

前　言

千百年来，金融帝国总是以巍峨的姿态来彰显实力。然而随着 21 世纪的到来，信息技术演变成无孔不入的互联网应用，其以无形的力量冲击金融实体行业。作为传统金融行业与互联网技术相结合的新型金融业务模式，互联网金融打破了传统金融的垄断地位，弥补了我国金融领域的空白，推动了普惠金融的进一步发展。互联网金融的发展亟须培养与之相适应的新型金融人才，这需要有合适的教材与之匹配。针对应用型本科教学，我们撰写了这本《互联网金融》教材。

本教材将互联网金融这一传统金融行业与互联网技术相结合的新型金融业务模式纳入现代金融学的统一分析框架，以互联网金融的实务运作与风险监管作为基本分析对象，力求准确全面地描述、概括互联网金融的最新动态，系统反映互联网金融的底层技术与场景应用，突出强调互联网金融的风险特征，并提出相应的金融监管方法。

教材定位于应用型本科教材，共分为十章，按照互联网金融的理论基础、实务运作、底层技术及场景应用、风险监管的逻辑顺序排列。理论基础部分阐述互联网金融的基本概念及基本原理。实务运作总体可分为新型互联网金融业务及传统金融机构的互联网化两大部分：新型互联网金融业务主要包括 P2P 网贷、众筹、第三方支付、互联网金融门户、信息化金融机构以及纯互联网金融机构六大业务类型；而传统金融机构的互联网化则从银行以及非银行金融机构两大视角依次探讨银行业、证券业、基金业、信托业、保险业五大行业内金融机构的互联网化。底层技术及场景应用部分包括金融大数据、人工智能、区块链以及数字货币四个概念及其在金融业务中的应用等基础内容。风险监管包括互联网金融的风险与管理、互联网金融的监管两部分内容。

作为互联网金融方面的专业教材，本书最具特色之处在于分析了互联网金融的底层技术及场景应用。互联网金融时代最重要的能力就是获取、处理数据的能力，而这种能力离不开计算机技术的支持，本书详细介绍了大数据在金融中的应用及获取、分析数据的工具，机器学习和深度学习的基本原理及在金融中的应用，以及区块链技术和数字货币。

本书在写作上有以下三个特点：（1）本书在对互联网金融现象进行分析时坚持历史性、逻辑性相一致，在表述上确保基于事实、理论与数据。（2）本书重视对互联网金融实务运作、底层技术的解释，但同时也注意启发读者思考和探索中国国情下互联网金融未来发展的方向。（3）在描述的形式和语言上，本书从教学层面考虑，不引入过多的数学形式及推理，侧重于经济解释，尽量选用可理解的文字和图表来对理论加以阐述，力求做到简单明了。

在表达形式上，各章前有本章导读，后有本章小结，部分章节含有案例以及大量图表分析；为方便教学，章前提出本章学习目标，引导学生区分重点和难点，章后附有关键术语、思考题以及延伸阅读。希望这样的安排能契合学生认知实际，满足教学需要。

本教材由万光彩和曹强担任主编，各章内容编写的分工如下：第一章、第二章由邓留保编写，第三章由洪振木编写，第四章、第五章第一节由万光彩编写，第五章第二节和第三节由徐静编写，第六章由曹强编写，第七章由曹强和虞文美共同编写，第八章由万光彩、张超和曹强共同编写，第九章和第十章由韩扬编写。本教材从 2018 年就开始布局谋划，中间涉及的教师和学生众多，参与第一稿讨论的教师除了上述编者外还有以下教师：李波、朱世友、高志。参与第一稿阅读并且提出建设性修改意见的学生包括杨修琦、何苗、曹南南、陈虎、肖九红、方扶星。参与第二稿讨论的师生主要包括曹强、张超、虞文美、万光彩四位教师以及他们的研究生：2020 级金融专硕研究生肖九红、何苗、袁唯仪、徐嘉玮、魏珊、陈妙然，2020 级投资学学硕研究生高孟庭。参与第三稿资料收集的研究生有李少辉、彭派、陈玉媛、刘春园。在此，特别感谢肖九红和何苗两位研究生对全书稿件的排版、校对，以及她们对机器学习模型富有建设性的资料收集和整理工作。

教材参考了若干报告、专著和文献资料，在此特向相关作者表示诚挚的感谢。由于本教材编写时间短，编写者经验有限，书中出现缺点或错误在所难免，在此衷心期待广大读者提出宝贵意见，以便共同提高教材质量、推动我国互联网金融学科的发展。

本教材为安徽省高等学校质量工程重点建设项目，项目名称：互联网金融；项目编号：2017ghjc124。本教材获得安徽财经大学金融学院特别资助，在此表示感谢。

万光彩于安徽蚌埠

2021 年 3 月

目 录

第一章 互联网金融导论/1

本章导读/1

本章学习目标/1

第一节 互联网金融概述/2

一、互联网金融的定义/2

二、互联网金融的特点/2

三、互联网金融的主要模式/4

第二节 纯互联网金融与传统金融的区别/14

一、市场定位不同/15

二、技术基础不同/15

三、经营模式不同/16

四、治理机制不同/17

五、竞争优势不同/18

第三节 互联网金融发展的驱动因素/18

一、技术因素/18

二、社会需求/19

三、政策因素/21

第四节 互联网金融发展的现实意义/22

一、有助于促进金融产品创新/22

二、有助于弥补传统金融的不足/23

三、有助于降低成本/23

四、有助于缓解中小微企业的融资压力/23

本章小结/24

关键术语/24

思考题/24

延伸阅读/25

第二章 互联网金融的理论基础/26

本章导读/26

本章学习目标/26

第一节 产业经济学理论/26

一、规模经济理论与范围经济理论/26

二、长尾理论/29

第二节 信息经济学理论/31

一、信息不对称理论/32

二、搜寻理论/33

三、声誉机制/34

第三节 普惠金融理论/35

一、普惠金融的内涵与特点/35

二、普惠金融的发展/36

三、互联网金融在普惠金融中的应用/38

本章小结/39

关键术语/39

思考题/39

延伸阅读/40

第三章 新型互联网金融业务/41

本章导读/41

本章学习目标/41

第一节 P2P 网贷/41

一、P2P 网贷的概念/41

二、P2P 网贷国内外发展现状/42

三、P2P网贷的模式/44
第二节 众筹/47
一、众筹的概念与特点/47
二、众筹的类型与一般流程/48
三、股权众筹/50
第三节 第三方支付/53
一、第三方支付概况/53
二、第三方支付的模式/55
三、第三方支付对金融业发展态势的影响/57
第四节 互联网金融门户/60
一、互联网金融门户概况/60
二、互联网金融门户的业务模式/61
第五节 信息化金融机构/63
一、信息化金融机构概况/63
二、信息化金融机构对金融业的影响/64
三、信息化金融机构的发展现状/64
第六节 持牌的纯互联网金融机构/66
一、互联网银行/66
二、互联网证券公司/67
三、互联网保险公司/68
四、互联网+其他金融/68
本章小结/69
关键术语/70
思考题/70
延伸阅读/70

第四章 银行类金融机构互联网化/72
本章导读/72
本章学习目标/72
第一节 商业银行互联网化进程/72
一、商业银行互联网化的背景/72
二、商业银行互联网化的过程/76
第二节 商业银行经营模式创新/84
一、发展直销银行/84
二、构建银行系电商平台/87
三、搭建合作平台/91
四、自建开放生态/92
第三节 商业银行业务转型/97
一、商业银行业务转型方向/97
二、智能网点/100
三、智能投顾/102
四、大数据征信与风险控制/104
五、移动支付/106
本章小结/109
关键术语/109
思考题/109
延伸阅读/109

第五章 非银行类金融机构互联网化/111
本章导读/111
本章学习目标/111
第一节 证券业的互联网化/112
一、证券行业发展概述/112
二、证券行业业务及服务模式创新/116
第二节 理财基金、信托产品销售的互联网化/119
一、理财基金销售的互联网化/119
二、信托产品销售的互联网化/121
第三节 保险业的互联网化/122
一、概念/123
二、主要模式/123
本章小结/126
关键术语/127
思考题/127
延伸阅读/127

第六章 金融大数据/129
本章导读/129
本章学习目标/129

第一节 金融大数据时代/130
一、大数据概述/130
二、大数据与金融的融合/131
第二节 金融大数据分析工具/135
一、数据获取工具——八爪鱼和 Weka/135
二、数据分析工具——R/139
三、数据分析工具——Python/141
第三节 金融大数据的可视化/142
一、金融大数据可视化概述/142
二、金融大数据的获取与预处理/142
三、金融大数据分析与可视化/144
第四节 舆情分析——企业预警/151
一、财经网页数据挖掘/151
二、舆情数据评分系统的搭建/153
三、舆情数据评分表格——Pandas/153
四、舆情数据评分与股价数据相关性——Tushare/154
五、舆情数据的其他应用/155
本章小结/155
关键术语/156
思考题/156
延伸阅读/157

第七章 人工智能基本原理及其应用/158
本章导读/158
本章学习目标/158
第一节 决策树与随机森林/158
一、决策树/158
二、随机森林/160
第二节 支持向量机/163
一、支持向量机的基本介绍/163
二、深入支持向量机/168
三、基于粒化支持向量机的互联网金融产品大数据回测分析/175
第三节 神经网络/175
一、神经网络概述/175
二、BP 神经网络/180
第四节 深度学习/184
一、深度学习概述/184
二、基于深度学习的自然语言处理/187
三、深度学习在金融领域的应用/189
本章小结/191
关键术语/191
思考题/191
延伸阅读/192

第八章 区块链与数字货币/193
本章导读/193
本章学习目标/193
第一节 区块链技术/194
一、区块链技术概述/194
二、区块链技术的特征/202
三、区块链技术的演进/203
四、区块链在金融领域的应用/204
五、区块链金融中的风险/210
第二节 虚拟货币与数字货币/213
一、虚拟货币/213
二、数字货币/216
三、数字货币的影响和挑战/218
第三节 法定数字货币/220
一、央行数字货币/220
二、中国人民银行数字货币/223
三、中国人民银行数字货币的运营体系/230
本章小结/231
关键术语/232
思考题/232
延伸阅读/232

第九章 互联网金融风险/233
本章导读/233

本章学习目标/233
第一节 互联网金融的传统风险/234
一、信用风险/234
二、流动性风险/236
三、操作风险/237
四、法律法规风险/242
第二节 互联网金融的特殊风险/246
一、长尾风险/247
二、混业风险/248
三、信息技术风险/249
第三节 互联网金融风险的特征/251
一、具有隐蔽性、传染性和系统性/251
二、增强操作风险和技术安全风险的破坏性/251
三、凸显数据信息的风险/252
四、加剧监管套利行为与法律风险/252
本章小结/253
关键术语/254
思考题/254
延伸阅读/254

第十章 互联网金融的监管/255
本章导读/255
本章学习目标/255
第一节 互联网金融监管的必要性与原则/256
一、互联网金融监管的必要性/256
二、互联网金融监管的原则/259
第二节 国外互联网金融监管的实践/261
一、国外互联网金融监管实践/262
二、国外互联网金融监管的启示/265
第三节 我国互联网金融监管的现状与监管体系完善/268
一、我国互联网金融监管现状/268
二、我国互联网金融监管体系的完善/272
本章小结/274
关键术语/275
思考题/275
延伸阅读/275

参考文献/277

第一章

互联网金融导论

本章导读

互联网技术的发展极大地改变了人类的信息传播方式，而且正在深刻改变着人类的生产和生活方式，互联网技术已经渗透到社会经济的各个领域，包括金融领域。互联网金融是近年来随着互联网技术的发展和普及，以及金融创新的不断发展而衍生出的一种全新的金融模式，是互联网与金融的结合。互联网金融的概念最初于2012年在我国出现。2013年6月13日，支付宝理财产品余额宝上线，上线一年内用户数量超过1亿人次，产品规模超过5700亿元人民币，成为世界第四大货币基金。2014年春节期间，腾讯微信凭借抢红包活动使微信支付在短短几天内绑定了上亿个银行账户，成功地将大量非资金账户转型为资金账户。2018年“双11”全天，人民银行旗下的网联清算平台（Nets Union Clearing Corporation，NUCC）处理跨机构交易共计11.7亿笔，峰值时每秒钟处理交易数量超过9.2万笔。腾讯2019年第四季度业绩报告显示，腾讯金融科技理财通业务的资金保有量已超过9000亿元，同比增长超过50%，服务用户超过2亿人。互联网金融不仅正在改变着人们的支付习惯，也为小微企业经营提供了新的融资渠道。本章从互联网金融概念、互联网金融与传统金融的区别、互联网金融发展的驱动因素及现实意义等几个方面对互联网金融进行概述。

本章学习目标

本章主要介绍互联网金融的概念、主要模式、与传统金融的区别、发展的驱动因素以及现实意义。通过本章的学习，可以对互联网金融有一个大致的了解，认识到互联网金融发展的必要性以及其重要的现实意义。

第一节　互联网金融概述

一、互联网金融的定义

对于互联网金融，目前尚无一个严格准确的统一定义，国内学术界和业界对互联网金融的理解也存在分歧。在国内，互联网金融的概念最早由中国投资有限责任公司副总经理谢平（2012）提出。他把互联网金融定义为："在这种金融模式下，支付便捷，市场信息不对称程度非常低。资金供需双方直接交易，银行、券商和交易所等金融中介都不起作用。可以达到与现在直接和间接融资一样的资源配置效率，并在促进经济增长的同时，大幅减少交易成本。"显然，该定义过于理想化。因此，部分观点认为只有互联网企业借助互联网技术开展的金融服务才能被称为互联网金融，而传统金融机构运用互联网技术开展的金融业务，应被称为金融互联网，二者之间是有区别的。例如，马云（2012）就按照上述观点对互联网金融和金融互联网进行了区分。另一种对互联网金融的定义则比较笼统，认为凡是利用互联网技术，运用互联网金融平台开展金融业务的都被称为互联网金融。例如，中国人民银行原行长、清华大学五道口金融学院院长吴晓灵（2014）指出，互联网金融是利用互联网技术和移动通信技术为客户提供服务的新型金融业务模式，既包括传统金融机构利用互联网开展的金融业务，也包括互联网企业利用互联网技术开展的跨界金融业务。《中国金融稳定报告（2014）》中也指出，互联网金融是借助于互联网技术和移动通信技术实现资金融通、支付和信息中介功能的新型金融模式。互联网金融作为金融创新的重要载体，拓宽了金融市场的发展空间，提高了金融服务效率，但其产生的风险对金融监管体系提出了新的要求。近年来，P2P 网贷平台"跑路潮"、众筹平台资金链断裂等风险突出，问题层出不穷。中国人民银行等监管机构开始逐渐重视互联网金融发展中出现的不规范问题。《中国金融稳定报告（2020）》中明确指出，要在明确技术指引、提高监管标准、完善监管手段等方面进行积极探索。在借鉴国际监管经验的基础上，我国应以创新监管工具为基础，以监管规则为核心，以数字化监管为手段，加快完善符合我国国情的互联网金融监管框架。

综合分析各种观点，本书提出的互联网金融定义是：互联网金融是互联网企业和传统金融机构利用互联网技术和移动通信技术等现代信息科学技术手段，在各种金融活动中实现资金融通、支付、投资和信息中介服务的一种新型金融模式。

二、互联网金融的特点

与传统金融相比，互联网金融主要有以下特点。

（一）服务高效、便捷

互联网金融以互联网、移动支付、大数据、云计算、社交网络和搜索引擎为基础，具有强大的信息传递、信息搜寻、信用数据积累与挖掘优势。互联网金融可以突破时间和地域的限制，将金融服务延伸到互联网所能覆盖的地区，金融产品的交易可以随时随地进行。通过第三方支付既可以保障资金的安全，又可以使网上购物快速成交，极大地促进了电子商务的发展。互联网金融中的网络借贷，借助于第三方借贷平台，申请贷款流程简化，借贷双方无须见面，无须担保，从申请贷款到贷前调查、审核、发放和还款，全流程网络化、无纸化操作，客户可以足不出户，仅需通过电脑或手机进行简单操作就可轻松获得贷款，方便、省时、省力。互联网基于其资源开放和共享的特性，信息变得更加透明，传递也更加便捷，使得市场交易中的信息不对称问题得到了很大的改善。

（二）成本低

互联网金融是基于互联网虚拟空间开展的金融业务，没有固定的实体网点，一切都在网上进行，与传统实体营业店相比，投资成本、经营费用和管理成本大大降低。传统金融机构开展业务需要建立广泛覆盖的经营网点，为此需要投入大量的人力和经营成本，基于成本的考虑，在农村偏远地区就难以达到全面的营业网点覆盖。互联网金融的大部分业务在线上进行，使金融机构物理网点的价值大幅下降，金融机构不再需要大量网点和柜台服务人员，极大地节约了运营管理和人力成本。互联网替代传统金融中介及市场中的物理网点和人工服务，能够有效地降低交易成本。手机银行只需要开通网银并有网络覆盖即可，无须设立网点，无须另外的设备和人员等。第三方支付集成多个银行账户，提高了支付清算效率，能够有效地降低交易成本。另外，与传统金融相比，互联网金融在项目搜寻和匹配上存在一定的规模经济效应、边际成本递减效应和边际收益递增效应。互联网金融的去中介化趋势缩短了资金融通中的链条，也能降低交易成本。

（三）普惠性

传统金融机构主要服务于“二八定律”中20%的高价值客户，而80%的长尾小微客户成为传统金融服务的盲区。对以小微企业和个体工商户为主的大众客户群体而言，由于缺乏信用记录和有效抵押品、交易金额小且较个性化、难以实现规模经济、运营成本较高等，传统金融机构无法有效满足这部分客户的金融需求，从而导致金融排斥。但是这类低收入人群、弱势群体、小微企业客户基础数量庞大，迫切需要得到公平合理的金融服务。互联网金融依托互联网、大数据、云计算等技术，使交易双方能够方便快速地通过互联网搜集信息，极大地降低了信息的不对称程度和搜寻成本，突破了时间和空间的局限性，支付效率高，信息使用效率高，资源配置效率高，服务便捷化，用户的个性化需求得到了更好的满足，大大降低了金融服务的门槛，使这部分群体享有金融服务成为可能，大大拓展了金融服务的边界。截至2021年3月31日，在主板市场上市的互联网金融概念上市公司已达61家，在中小板上市的互联网金融概念上市公司达到55家。互联网金融满足了最普通老百姓碎片化的理财和贷款需求，市场参与者更为大众化，收益也更加普惠于普通老百姓。尤其对于农村居民而言，他们居住地的金融机构网点稀少，较少得到金融服务。而以手机终端为主要模式的互联网金融完全能够以普惠金融形式服务于广大农民。与传统金融相比，互联网金融在服务小微客户方面有着先天的优势，能够让那些无法享受传统金融体系服务的广泛群体通过互联网金融得到种类众多、更优质的金融服务，从而提高了金融的普惠程度。

三、互联网金融的主要模式

互联网金融目前仍处于一个快速发展的时期，出现了各种分类模式。有的按照互联网金融的发起主体进行分类，有的按照互联网金融的业务模式分类，有的按照互联网金融发挥的功能进行分类。本书将互联网金融划分为新型互联网金融和传统金融机构互联网化。

（一）新型互联网金融的主要模式

1. 第三方支付。第三方支付狭义上是指具有一定实力和信誉保障、独立于商户与银行的第三方非金融机构，借助通信、计算机和信息安全技术，通过与各大银行签约的方式，在用户与银行支付结算系统之间建立连接的电子支付方式。从广义上讲，第三方支付是指非金融机构作为收付款人的支付中介所提供的网络支付、预付卡、银行卡收单以及中国人民银行确定的其他支付服务。第三方支付解决了电子商务活动中买卖双方在缺乏信用保障和法律支持的情况下互相不信任的问题，承担了买卖双方的中介保管及监督的职能，属于一种支付托管的行为，通过支付托管实现支付保证。

第三方支付的优势体现在以下三个方面：第一，第三方支付作为一种综合性的支付方式，提供了更为方便、快捷、安全的服务。为了避免付款方与收款方直接进行资金交易的风险，通过第三方支付可以在交易双方之间进行资金划拨，第三方支付可以将多家银行的金融支付在同一个操作界面进行交易管理，使得付款方和收款方可以方便地在线完成交易，商家与客户无须见面，且操作简单、方便，易于被支付者接受。第二，降低了交易成本。第三方支付平台提供一系列的应用接口程序，将多种银行卡支付方式整合到同一个界面，负责交易结算中与银行的对接，客户和商家不需要去各个银行专门开设账户，所有的交易直接通过第三方支付平台实现，这样降低了消费者的消费支付成本，也提升了网络运营商的利润。另外，支付中介集中了大量电子小额交易，其规模效应也会使支付成本得到降低。第三方支付还可以帮助银行节省为大量中小企业提供网关接口的开发和维护费用，并为银行带来一定的潜在利润。第三，第三方支付可提供信用担保。第三方支付平台本身依附于大型的门户网站，且以合作银行的信用作为信用依托，因此第三方支付平台能够较好地解决网上交易中存在的信用风险问题，从而很大程度上保障了付款人的利益，降低了交易双方的信用风险。

第三方支付也存在一定的风险，主要有道德风险、流动性风险、技术风险等。第三方支付平台是一种虚拟现实的交易模式，具有隐蔽性。利用第三方支付平台通过虚假交易进行资金套现，可能会泄露个人交易信息，导致信用卡被盗刷甚至影响个人征信，并给银行信用卡业务带来风险，甚至会危及银行资金的安全性及整个金融系统的稳定性。疏于监控就很容易被用来进行洗钱、套现等欺诈行为。大部分第三方支付提供商由于竞争激烈、利润空间狭小、缺乏良性的盈利点，很容易出现资金周转问题和流动性不足。第三方支付依托于互联网技术进行信息传递和交易，而硬件系统运行的稳定性不足、互联网技术存在的缺陷等可能会遭到黑客或病毒攻击，从而导致个人用户信息泄露和资金传递风险。

2. P2P 网贷（Peer to Peer Lending）。P2P 网贷即点对点信贷，国内又称网络信贷或人人贷。它是由具有资质的网络信贷公司提供中介平台，借款人在平台发布借款标的，投资者进行竞标向借款人放贷的一种网络借贷行为。交易双方自由竞价，撮合成交。资金出借人通过放贷获取利息收益并承担借款人的违约风险，资金借入者实现快速融资，并在借款到期时支付利息和偿还本金。网络信贷公司主要起信息中介作用，为借贷双方提供信息发布、风险评估、信用咨询、交易管理、客户服务等服务，收取中介服务费。P2P 网贷本质上是一种基于互联网的民间借贷方式。P2P 网贷的借贷过程、资料与资金、合同、手续等全部通过网络实现。P2P 网贷最大的优越性，是使传统金融机构难以覆盖的小微企业、个体工商户及其他个体客户群体能够充分享受网络借款和投资的高效和便捷。

P2P 网络借贷是传统民间个人借贷的网络化和公开化，其最大特点是借助于互联网的信息传递和处理能力消除了借贷过程中的银行中介。网络借贷平台及时公布借贷双方的相关信息，使得借贷双方信息公开透明。借助于互联网的强大信息传播功能，P2P 针对的是广泛的非特定主体，借贷方可以是个体，也可以是中小企业。具有一定闲散资金的用户都可以成为投资者，有小额资金需求的用户都可以成为借款人，每个有投融资需求的人都可以轻松地参与进来，成为信用的传播者和使用者，这使得交易范围扩大了许多。借助于 P2P 平台，投资者可以选择把资金贷给多个人，避免把大量资金借给单个或少数借款人所带来的投资风险，可以在一定程度上分散投资的风险。

P2P 网络借贷最早于 2005 年诞生于英国。英国的佐帕公司（Zopa）、美国的贷款俱乐部（Lending Club）和中国的拍拍贷都是 P2P 网贷的典型代表。

随着中国互联网金融的不断发展，中国 P2P 在本土化的运营过程中也出现了不少的问题。由于借款人、投资者和网贷平台企业的素质参差不齐，缺乏政府的介入和监管，相关法律法规缺位，加上风险管理技术的相对落后，市场中出现了大量风险不可控产品。P2P 网贷面临着信用风险、监管缺位风险、流动性风险、技术风险等一系列风险，借款人违约、非法集资、平台跑路现象频发，致使行业发展混乱，给整个行业的发展带来不良影响，同时也给投资者、借贷者及 P2P 平台本身带来了巨大风险，迫切需要出台相关政策进行整顿。

3. 众筹（Crowdfunding）。众筹即大众筹资，是指创意者或小微企业等项目发起人（筹资者）利用互联网和 SNS 传播的特性，通过中介机构（众筹平台）向公众（出资人）展示他们的创意及项目，以向公众募集小额资金或寻求其他物质支持的一种融资模式。众筹一般由项目发起人、众筹平台和出资人三方构成。发起人是资金需求方，可以是企业，也可以是个人或某个项目的管理者、活动组织者或协会等，一般已有了创意、项目和相关的技术专利但缺乏启动资金，或者已经把创意付诸实践，成立了工作室或公司但缺乏后续运作资金。出资人一般是网络用户，包括个人及企业，一般以个人为主。出资者一般有两类：第一种是有一定闲置资金的个人，希望通过投资获得众筹项目成功后的产品或服务或者分享项目成功带来的利润；另一种是政府部门、银行、大型企业等，通过众筹平台把创业扶持资金或贷款更高效地用于资助创业者。众筹平台是连接筹资人和出资人的桥梁，既是项目发起人展示项目的平台，也是分散的出资人的资金汇集之所，不仅起到信息中介、信息撮合的作用，也担负着监督和指导作用，承担着维护出资人权益的义务。众筹的全过程包括提交项目、出资、拨款和回报四个环节。相比传统的融资方式，众筹的精髓在于小额和大量，众筹的特点在于进入门槛低、参与方式简单、项目具有多样性及创意性等。

众筹项目种类繁多，不仅包括新产品的研发、新公司成立等商业项目，也包括科学研究项目、民生工程项目、赈灾项目、艺术设计、影视、音乐和出版等。按回报模式进行分类，众筹可分为股权众筹、债权众筹、公益众筹和奖励性众筹。股权众筹是指出资人在为项目投入资金后会得到如股权、股息和红利等形式回报的众筹模式。目前国内股权众筹平台有京东东家、京北众筹、36 氪众筹、云投汇和众投邦等，国外股权众筹平台有天使之家（AngelList）、众筹立方体（Crowdcube）和顶级俱乐部（CircleUp）等。债权众筹指投资者对项目或公司进行投资，获得其一定比例的债权，未来获取利息收益并收回本金。债权众筹又分为两种：人人贷（P2P）和企业债权众筹（P2C）。P2P 是指有资金并有理财投资想法的人，通过中介机构牵线搭桥，使用信用贷款的方式将资金贷给其他有借款需求的人。相较于 P2P 的高风险，P2C 则要安全很多。这些平台的创始人都有银行背景，所采取的手段比较规范。一般是中小企业通过平台向大众进行融资，由担保公司进行担保。目前国内债权众筹平台有拍拍贷等，国外债权众筹平台有贷款俱乐部（Lending Club）等。公益众筹是指投资者对项目或公司进行无偿捐赠。投资人的回报并非利润或利息，而是由此产生的社会效益。国内的公益众筹平台有微公益和腾讯公益等，国外的公益众筹平台有微场所（Microplace）、33 创业者联盟（33needs）等。奖励性众筹又称回报式众筹或预约众筹，指投资者对项目或公司进行投资后可能获得非金融性奖励作为回报，比如获得相应的产品或服务奖励等。目前国内奖励性众筹平台主要有京东众筹、淘宝众筹、苏宁众筹和众筹网等。

4. 大数据金融。金融大数据是指依托互联网、云计算等技术手段，对客户的交易信息和消费信息等海量非结构化数据进行专业化的挖掘和分析，掌握客户的消费习惯，准确预测客户行为，为互联网金融机构提供客户全方位信息，并在此基础上开展线上资金融通和大数据金融征信服务。线上资金融通的一项重要工作是对融资主体的信用风险进行评估，因此，利用大数据建模控制信用风险是目前大数据金融的主要创新领域之一。大数据金融广泛应用于电商平台，对平台用户和供应商进行贷款融资，从中获得贷款利息以及流畅的供应链所带来的企业收益。随着大数据金融的发展，将更加注重用户个人的体验，设计出个性化的金融产品。

大数据金融同大数据一样，具有多样化、海量、快速、灵活、复杂等一系列特点。在海量数据资产驱动下，以互联网企业为代表的来自不同行业的企业向传统金融行业渗透。拥有大量用户消费行为数据的公司都在通过挖掘整合所掌握的数据资源向传统金融行业的势力范围发起冲击。大数据金融有着传统金融难以比拟的优势。互联网技术的迅速发展不仅使企业拥有大量的消费者的消费数据，而且能够使企业更贴近用户，更深入地了解客户的现在需求和潜在需求，提供量身定做的精细化服务，增加客户黏性。企业通过大数据分析建立自己的征信系统，实现信用管理的创新，达到有效降低坏账率、扩大服务范围、实现规模经济、降低营运成本和服务成本的目的。

对很多企业而言，大数据并不全部意味着机遇或者商业上的无限潜力，实际中也意味着巨大风险的存在。即使像阿里这样已经在大数据金融的实际运用上取得了成功经验的企业，也必须关注大数据的风险，否则也有可能失去已有的市场份额。实际中，大数据金融同样也面临着技术风险、操作风险和法律风险等一系列风险，需要谨慎加以应对防范。

5. 信息化金融机构。信息化金融机构是指通过采用信息技术，对传统运营流程进行改造或重构，实现经营、管理全面电子化的银行、证券和保险等金融机构。简单地说，信息化金融机构就是通过金融机构的信息化，让客户汇款不用去银行，炒股不用去营业厅，通过电话或网络就可以买保险等。信息化金融机构只是传统金融机构触网，其业务模式并没有发生本质的变化。但在互联网金融时代，相比于传统金融机构而言，信息化金融机构的运营模式发生了很大的变化。当前信息化金融机构的主要运营模式有传统金融业务电子化、基于互联网的创新金融服务和金融电商三类模式。传统金融业务电子化模式主要包括网上银行、手机银行、移动支付和网络证券等形式。基于互联网的金融创新服务模式包括直销银行、智能银行等形式以及银行、券商、保险等机构推出的创新型服务产品。金融电商模式就是以建设银行“善融商务”一站式电商金融服务平台、泰康人寿保险电商平台为代表的各类传统金融机构的电商平台。

相比于传统的金融机构，信息化金融机构对金融业产生了很大影响。首先，对于金融机构本身而言，借助于互联网技术进行基础信息化建设，对传统运营流程、服务产品进行改造或重构，会使工作效率大大提高。其次，信息化使金融机构核心竞争力的评价标准发生了变化。传统金融机构的核心竞争力在于机构本身的规模优势，但在信息化时代，金融机构将更加注重信息化技术层面上的金融产品创新和业务创新，通过信息化手段充分挖掘客户信息，提升金融机构的全面性。再次，信息化使传统金融机构的盈利点和商业模式发生了改变。这种新的变化能够为金融机构带来更多创新性的机遇和更为广阔的市场，同时也优化了其投资环境。另外，信息化带来的金融创新提高了金融市场资金的运用效率，使得混业经营趋势更加明显。最后，信息化为中小金融机构带来了巨大机会。与大型金融机构相比，中小金融机构业务办理灵活、简便的特点使得它们可以推出个性化的创新金融产品，以便有机会占领大型金融机构还尚未涉足的市场。

6. 互联网金融门户。互联网金融门户是指利用互联网金融产品的销售以及为金融产品的销售提供第三方服务的平台。其核心是“搜索 + 比价”，采用金融产品垂直比价的方式，将各家金融机构的产品放在平台上，用户通过对比挑选性价比高的金融产品。按照服务内容和方式划分，互联网金融门户平台可分为第三方资讯平台、垂直搜索平台和在线金融超市三大类。第三方资讯平台是提供全方位、权威的行业数据及行业资讯的门户网站，代表性的第三方资讯平台有网贷之家、和讯网等。垂直搜索平台为聚焦于金融产品的搜索门户，消费者可在门户上快速地搜索到相关的金融产品信息，代表性的垂直搜索平台有融360、安贷客等。线上金融超市的业务形态是在线导购，提供直接的买卖匹配，故该类门户聚集着大量金融类产品，利用互联网进行金融产品销售，并提供与之相关的第三方服务，代表性的线上金融超市有大童网、格上理财、91金融超市和软交所科技金融超市等。根据汇集的金融产品和金融信息的种类进行划分，互联网金融门户平台又可进一步细分为P2P网贷类门户、信贷类门户、保险类门户、理财类门户和综合类门户5个子类。

互联网金融门户具有以下特点：(1) 搜索方便快捷，匹配快速准确。互联网金融门户采用金融产品垂直搜索方式，将相关金融机构的各类产品集中到网站平台，客户可以通过对各类金融产品价格、收益、特点等信息的分析对比，挑选出适合自身需求的金融服务产品。(2) 顾客导向策略，注重用户体验。通过对市场进行细分来确定目标客户群，为客户提供量身定做的特定服务。以提升客户在交易过程中的体验度为宗旨，通过产品种类和营销手段的创新，动态适应客户需求。(3) 占据网络入口，凸显渠道价值。互联网金融门户的上游为金融产品供应商，即传统的金融机构，下游为客户，作为中间桥梁的互联网金融门户，渠道价值是其最大的价值。

（二）传统金融机构互联网化

互联网的发展以及利率市场化的逐步完善，挤压了传统金融业的利润空间，加剧了金融机构之间的竞争。传统金融业处于战略布局调整的关键时点，加速推进行业互联网化势在必行。传统金融机构纷纷主动融入互联网化大潮，结合自身风险管控的专业力量和优势，推动传统金融业务布局从线下向线上转移，并不断地进行优化及延伸，以更好地把握竞争的主动权，从而打开了传统金融互联网化的全新局面。所以，在这里我们介绍银行类金融机构互联网化（主要包括商业银行的互联网化）和非银行类金融机构互联网化（主要包括证券业的互联网化，基金、理财基金销售的互联网化，信托产品销售的互联网化和保险业的互联网化）。

1. 商业银行的互联网化。商业银行的互联网化是指商业银行利用互联网技术和手段，提高业务便捷性、提高管理的有效性、增强客户体验，为客户提供新型、差异化的银行产品及服务。

纵观历史，科技进步一直是推动银行业发展的重要力量，历次科技革命在催生新产业形态和商业模式的同时，也为银行业一次又一次的改革创新提供了动力源泉。在互联网浪潮席卷而来时，银行也是率先进行转型的传统行业之一，金融行业的特殊性，让银行永远在追求快捷、准确和高效的运作及管理方式，由此也促使了商业银行向互联网化的转变。在经济新常态下，金融科技的飞速发展对商业银行造成了巨大冲击，包括对其支付功能、收入来源、服务模式等方面的冲击。同时，互联网金融通过提高市场资源配置效率、改变现有融资格局，对商业银行的传统业务市场进行挤占。在此背景下，基于传统商业银行的运作模式局限及互联网经济下企业运作模式的加速创新，商业银行互联网化是大势所趋、不可避免。

商业银行为适应互联网时代做出了诸多尝试，包括经营模式创新和经营业务转型。商业银行经营模式创新包括开展直销银行、构建银行系电商平台、搭建合作平台和自建开放生态。其中，实践表明，直销银行虽然前期数量增长较快，但用户对其认知度较低、其系统平台不够完善，多数用户倾向于将其与手机银行合并。银行系电商平台虽有传统支付中介和信用中介的优势，但其配套物流服务不足，加之消费者的消费习惯已形成路径依赖，只有为数不多的银行还在勉强维持其电商平台。除了上述尝试，商业银行也意识到流量的重要性，通过与其他平台合作试图引流，提振本行经济，但成效并不明显。前面的尝试鲜有成功，商业银行只有将各类商业生态嫁接在平台上，间接为客户提供金融服务，构建开放生态，才能为银行业在信息科技时代的可持续发展提供坚实的基础和支撑。

除了在经营模式方面进行创新，商业银行也一直孜孜不倦地推动信息科技在银行业的应用，进而实现经营业务转型，如智能网点、智能投顾、大数据风控和移动支付。智能网点将传统的物理网点与虚拟服务相结合，是智慧银行的终端体现，是体验、营销和服务的跨渠道平台。智能客服是在自然语言处理技术、深度学习、虚拟现实技术（Virtual Reality，VR）、增强现实技术（Augmented Reality，AR）和全息投影技术等新兴技术的基础上建立起来的一套面向行业应用，适用于进行大规模知识处理、自然语言理解、知识管理、自动问答和推理等专业技术服务的系统。智能投顾又称机器人理财，指根据现代资产组合理论，结合投资者的个人财务状况、风险偏好和理财目标，利用云计算、智能算法、机器学习等技术，获得最优的理财配置方案，为投资者提供最佳投资组合，并通过持续跟踪市场动态，对资产配置方案进行调整。大数据风控是结合复杂网络、自然语言处理等大数据分析技术，采用内外部数据，将业务实体及行为进行广泛的互联，通过更多的视角分析风险因素，进而实现风险的识别与预警。移动支付则是商业银行通过与银联合作推出云闪付 App，试图夺回被第三方支付所占领的移动支付市场。伴随着业务形态和场景的多样化，信息科技与银行业务不断融合，为商业银行业务创新提供了强大助力。

互联网金融门户模式的快速发展，不仅满足了广大互联网客户对贷款、信托、保险、理财、财富管理等多元化的需求，且正在对传统的金融行业构成越来越大的冲击。互联网金融门户减少了逆向选择和道德风险的出现，弱化了金融市场的信息不对称，同时改变了用户习惯，并借助渠道的重要性及巨大的金融规模形成对上游金融机构的反纵向控制。互联网金融门户将来会向着门户渠道化、产品类别多元化、业务模式多样化及营销方式移动化的方向发展。

2. 非银行类金融机构互联网化。

（1）证券业的互联网化。我国证券市场自 20 世纪 90 年代初沪深交易所开业以来，历经了近 30 年的发展。从信息技术的角度而言，证券业的互联网化大体可以分为四个阶段：电子化阶段、网络证券公司阶段、互联网化阶段、互联网证券阶段。我国的证券公司主要是专门从事有价证券买卖的法人企业，分为证券经营公司和证券登记公司。其业务类型主要分为四类：代理客户买卖证券的经纪业务、帮助股份公司承销有价证券的发行与承销业务、利用自有资金买卖证券的自营业务和接受委托运营客户资产的管理业务。

证券行业的业务及模式一直在不断创新，例如，智能投顾是一种在线金融咨询平台，提供基于算法的投资管理服务，包括自动投资组合规划、自动资产配置、在线风险评估、账户再平衡和众多其他数字工具。智能信贷是一种基于人工智能技术，线上自动放贷，无须人为干预的模式。零售业务是证券公司的基础业务之一，在数字化进入快速发展的时代背景下，运用大数据技术的数字化运营模式，推动了零售业务的发展，并提高了客服效率与质量，将决定未来证券公司服务、团队和经营的规模。“大数据 + 区块链”模式下的去中心化分布式管理也在证券行业得到了应用，分布式管理下大数据的使用可以反映整个生态系统的运行状况，借助于数据的运行可以实时对生态系统进行修正。“大数据 + 人工智能”被用于采集客户的交易数据，刻画客户的投资风格和风险偏好，为客户提供个性化的服务。在这一过程中处理数据时，就要运用大数据的量化模型，从数据中挖掘潜在客户价值，做到精准营销。证券承销业务满足了资金需求者的直接融资需求，在开展此类业务时，证券公司需要对各种数据进行搜集、整理和分析。证券自营业务中，证券公司可以利用大数据寻找投资热点，及时发现被市场低估的证券，从而优化自己的资产选择与配置。同时，自营业务具有收益性和风险性的特征，使得风险控制变得格外重要。证券公司可以通过大数据预知潜在的风险，并运用数据模型解决各种可能面临的困境，有效提高风险管理水平。

金融科技给证券行业的传统业务带来了巨大的冲击，同时也带来了巨大的机遇。在监管越来越严格、传统业务缩水、业内竞争压力增大的环境下，各大证券机构开始投入大量的资金和人力，借力金融科技来增强综合实力。随着金融科技时代的到来，证券行业发生了翻天覆地的变化：第一，金融科技使得证券行业回归其中介本质，服务将成为比牌照更重要的竞争力；第二，金融科技打破了区域限制，让证券公司的服务范围更加广泛，也使得竞争更为激烈；第三，金融科技大大提高了服务效率，也增加了精准服务的可能。证券公司与金融科技公司合作已是行业大势所趋，但对于发展数十年的证券行业而言，目前在金融科技方面的开拓还存在诸多障碍：一是证券市场制度不够完善，监管有效性不足；二是中国的证券市场不够发达，行业集中度不高；三是证券行业业务单一，缺乏个性化的服务。

（2）理财基金销售的互联网化。进入 20 世纪 90 年代以来，互联网的迅猛发展引发了金融业的变革，互联网基金在这种大环境下应运而生。伴随着互联网的普及和民众理财意识的增强，互联网基金的潜在市场日渐扩大，从而成为一个庞大而快速发展的业务。我国互联网基金的不断发展得益于近年来互联网用户数量的不断增加，这为互联网金融的活跃发展提供了良好的基础，并且互联网基金的潜在用户非常可观，互联网基金市场未来仍具有广阔的开拓空间。除此之外，居民生活水平的进步，投资理财意识的增强，也是互联网基金发展强有力的推动力。中国证监会根据《证券投资基金销售管理办法》制定了《证券投资基金销售机构通过第三方电子商务平台开展业务管理暂行规定》，允许基金以电商（亦指第三方支付）为平台进行销售，互联网基金的发展呈现百花齐放的态势，我国互联网基金这块“蛋糕”越做越大，未来还有广阔的提升空间。

传统基金销售机构的互联网化是指基金管理公司开展网上直销，或具有基金销售资格的银行、证券和保险机构等传统基金销售机构开展网上销售。基金销售互联网化的主要模式有四种：第一种是基金公司网上直销模式。基金公司通过自建网站或者移动客户端，进行基金的展示和销售。其收入来源与线下基金公司的收入来源大致相同，分别为散户买卖基金手续费、管理费、基金盈利的分红和专户理财的收入等。基金公司直接通过官网销售产品，减少了中介环节，因此免去了中介费用，而且官网的建立有利于树立基金公司的品牌形象，提高投资者对公司的信任感。基金公司丰富的理财知识也使得直销平台更加专业和可靠。第二种是第三方平台销售模式，包括第三方支付平台模式和基金超市模式。第三方支付平台模式是指基金管理公司与第三方支付平台合作，共同推出基金产品，依靠成熟的第三方支付平台，节省了基金公司在支付安全技术方面的投资，双方的合作实现了共赢。基金超市模式是第三方中介平台将大量基金公司的产品进行集中展示，供消费者对比、选购。互联网基金超市为投资者提供了丰富的产品，给予了投资者较大的选择空间。而且这些第三方中介在销售基金方面比较专业，部分平台还提供投资咨询、基金资讯、基金论坛、投资工具等板块，为投资者提供了更多的基金增值服务。第三种是银行网银在线销售模式。银行将基金公司委托其销售的基金产品在银行网络平台上予以展示，供投资者购买，银行从中收取一定比例的中介费用。第四种是利用社交网络进行销售的模式。金融机构通过社会化平台，连接金融机构和用户，并以此来销售基金。这种模式充分利用了社交网络平台的大数据分析、数据流、云计算和社交关系，能够获得一些“软”信息。在这种模式下，银行为基金公司挖掘潜在客户提供了丰富的数据基础，银行的大品牌效应、专业的投资理财经验、成熟的支付技术也可以轻松获得投资者的信任。

互联网基金销售未来会向营销规范化、营销专业化、营销个性化、互联网公司参与产品设计程度加大的方向发展。中国人民银行根据 2015 年发布的《关于促进互联网金融健康发展的指导意见》对互联网基金销售提出明确要求，强调销售机构及其合作机构不仅需要严格备案，还要对自身的经营状况、产品构成、产品收益、产品风险等关键要素如实披露，以降低市场风险与法律风险，切实保护投资者权益。这意味着互联网基金销售正式告别了无监管的时代。由于专业水平普遍不高，投资者，特别是电商平台的用户对产品详情并不了解。因此，未来互联网基金销售不能只是单一地在基金官网或第三方平台等售卖产品，在线投资顾问服务将是基金线上销售的下一个引爆点。以客户为导向，提供专业的一站式解决方案，将更好地进行投资者教育，满足投资者需求，达到交互式销售的效果。遍地开花的类余额宝产品，在方便个人投资者的同时也带来了同质化问题。因此，为机构客户、小微企业客户等量身定制符合它们需求的产品，是突破互联网基金市场瓶颈的办法之一。对于产品的具体方向，基金和其众多的合作伙伴在进行产品创新的交流后，可结合市场热点，在主题投资、大数据分析、专项理财计划、优先劣后分级等方向对产品进行深度研发与创新，以满足不同用户不同层次的需求。

互联网不只是一种销售渠道，更是一种思维方式。基金公司不仅需要拥有打造产品的能力，更需要具备互联网服务的能力，未来互联网基金销售平台会进一步降低基金公司自运营的入驻门槛和服务引入门槛。

（3）信托产品销售的互联网化。随着互联网技术与信息通信技术的发展，各金融机构纷纷着手嫁接线下信托传统金融投资理财产品和业务网络渠道销售，或者直接基于互联网目标客户重新设计投融资理财产品，通过搭建在线销售平台和第三方销售渠道服务广大线上人群。信托产品销售或信托业务活动互联网化指在网上运作信托业务，如通过网络签订合同、查询信托信息、转让信托产品等。传统的信托业以专家理财、投资范围广泛等特点，吸引了很多投资者，但是它也面临着明显的发展瓶颈，信托产品是非标准化的产品，没有统一的定价标准，这导致其流转比较困难。另外，它投资门槛较高，信托每一笔委托资金都必须达到100万元或以上，对委托者的个人收入也有严格要求，这就使得很多投资者对信托可望而不可即。信托与互联网的结合为信托业带来了新的机遇，但是由于信托业的自身特征，目前信托“触网”仅以产品推介为主。

当下，信托产品销售的互联网化主要有以下三种模式：第一种是网上信托直销模式。这种模式是以信托公司为主导直接开设网上平台，借助网络渠道来进行信托产品的销售，信托公司将其手中已有的融资端客户和项目放到网络平台上进行直接融资，直销平台将信托公司线下销售的产品搬到互联网上，产品种类和线下产品类似，做到线上和线下的同步发行和实时对接。投资起点一般也在100万元以上，门槛较适合高净值客户投资。这种模式的优点在于整个交易都处在信托公司的监控下，风险易于把控，专业性较强。创新之处在于这种模式并非单纯的线下、线上销售的转换，以及交易的并非只有信托产品本身，还包括了信托产品的衍生品。第二种是“互联网公司＋信托公司”模式。目前这种模式更多的是依靠互联网公司来开展互联网信托业务，并且以互联网公司为主导，信托公司仅作为中介渠道。在这样的模式中，信托公司只是产品的参与者，不仅客户、交易过程等都要由互联网平台公司来提供，甚至资产、风控等都可以由互联网公司来负责筛选、推荐，信托公司仅仅是一个通道。第三种是“互联网公司＋第三方机构＋信托产品”的模式。由于互联网信托的主要投资人群与信托合格投资人的法定要求相距甚远，目前第三方机构销售的由互联网渠道提供的信托产品一般是转让其持有的信托受益权份额，或允许其他信托持有人转让其持有份额，并非直接购买信托产品。或者允许持有该公司信托产品的投资者将信托的收益权抵押给平台或第三方机构，以此来进行融资，从而实现信托产品的流转。

互联网信托中存在着夸大收益、违规保证收益、“技巧化”风险提示等问题，加之网络借贷平台监管规范法律效力低，个人信用制度不完善，因此国家采取了规制风险的相关措施。一是明确互联网信托产品的合法流转模式。在实践中，已有信托公司设立转让平台、区域性的金融交易所等进行信托产品流转的尝试。例如，2010年北京金融资产交易所有限公司正式揭牌运营，成为中国首家区域性的金融交易所；新华社旗下新华汇金（北京）科技有限责任公司在2014年创建全国首家信托产品转让平台。二是降低互联网信托产品的投资门槛。平台通过交易结构的设计降低信托产品投资门槛，既能让更多的普通投资者参与信托投资，还可以实现信托产品风险的有效分担。2009年开始施行的修订后的《信托公司集合资金信托计划管理办法》中适当降低了互联网信托计划投资门槛，解决了信托产品流动性差的问题。三是构建信托业协会的自律监管机制。积极与中国银保监会及其派出机构建立有效的信息共享机制，及时向银保监会等监管部门提供互联网信托业务的相关信息。互联网金融监管部门还可与地方诚信建设领导机构互相协调、互通信息，共同参与民营金融机构信用风险的防控。四是加强信托公司互联网信托业务中的自我管理。在从事互联网信托业务过程中，信托公司应强化公司内部风险防范意识，健全内部风险防控机制。完善互联网信托业务中信托公司的内部治理结构，主要是调整公司内部董事会、监事会等各机构及其职能，调整资金结构，有效实现权力的监督和制衡。加强信托公司的责任管理，树立信托从业人员的责任意识。

（4）保险业的互联网化。2020 年中国银保监会出台的《互联网保险业务监管办法》中对互联网保险的定义是：互联网保险是指保险机构依托互联网和移动通信等技术，通过自营网络平台、第三方网络平台等订立保险合同、提供保险服务的保险经营活动。简言之就是将传统的保险业务和网络技术结合起来。互联网保险有狭义和广义两种口径。狭义的互联网保险指保险公司或其他中介机构通过互联网为客户提供有关保险产品和服务的信息，并实现网上投保，直接完成保险产品和服务的销售。广义的互联网保险还包括保险公司内部基于互联网的经营管理活动，以及在此基础上的保险公司之间、保险公司与公司股东、保险监管、税务、工商管理等机构之间的交易和信息交流活动。互联网保险具有随时随地、低成本、高效率、信息对称、普惠等特征。

互联网技术和保险业的结合开创了保险业的一个新纪元。互联网的平等共享精神使得保险向普惠化方向发展，越来越多的人开始享受保险服务。保险行业也出现了去中介化的趋势，大大提高了效率，减少了交易时间、地点的限制，保险公司也因为减少了物理网点和工作人员而节省了管理和销售的成本。而且，互联网大数据为保险公司的客户关系管理提供了基础，使得个性化的服务成为可能，同时也为互联网保险的风险控制提供了强有力的技术支持。

保险业务与互联网技术的结合主要包括：传统保险公司的互联网化（即保险公司提供网上保险业务），由专门公司经营的第三方网上保险业务以及多家保险机构共建的网上保险业务。根据网络平台性质并结合目前网上保险服务的内容，互联网保险主要分为如下五种模式。

第一种是官方网站模式。该模式指传统保险公司通过自己建立的官网来展示自身品牌和保险产品信息、进行保险产品销售以及提供在线咨询和服务等。它是一种典型的 B2C 电子商务模式，旨在宣传公司产品，提供联系方式，拓展公司销售渠道。这种模式体现了网站主办者的意愿，一般带有权威专业的性质。传统保险公司的官网模式出现最早，是传统保险公司互联网化这一模式的具体体现，也是各大保险公司最早采用的模式。

第二种是专业中介网站保险销售模式。该模式指将多家保险公司的产品信息放在同一个网站平台上，客户可以通过该网站平台进行在线了解、对比、咨询，根据自身实际情况自主选择所需要的保险产品。平台将用户与保险公司联系起来，从中收取较低的佣金或手续费。客户通过平台可以快速找到自己需要的各种保险产品信息，可以对比选购多家保险公司的产品。网站实际发挥的是中介代理的作用。专业中介网站保险销售模式包括两类：一类是聚焦保险产品的垂直搜索平台，利用云计算等技术精准、快速地为客户提供产品信息；另一类保险门户定位于在线金融超市，充当网络保险经纪人的角色，为客户提供简易保险产品的在线选购、保费计算以及综合性保障安全等专业性服务。

第三种是电子商务平台模式。该模式指保险公司利用第三方电子商务平台销售保险产品，而第三方电商平台独立于商品或服务交易双方，依照一定的规范为交易双方提供服务。从金融监管角度而言，电子商务平台模式存在着诸多漏洞，电子商务平台保险资质的缺失是其风险的主要来源之一。

第四种是网络兼业代理模式。该模式指航空、银行、旅游等非保险企业，通过自己的官方网站代理销售保险企业的保险产品和提供相关服务等。网络兼业代理机构一般销售与其主业有一定关联的保险产品种类。但目前许多兼业代理机构都以自己的主业为主，代理的保险产品种类较单一，因而对保险产品的销售也不会投入较多的财力和物力，在客户体验度方面效果不佳。

第五种是专业互联网保险公司。该模式经营业务主体之间存在较大差别，根据经营主体的不同大致可分为三种：产寿结合的综合性金融互联网平台、专注财险或寿险的互联网营销平台和纯互联网的众安模式。专业互联网保险公司在数据的收集、归拢、分析上有先天优势，使得个性化的保险服务成为可能。

互联网保险公司是互联网时代一种全新的线上保险公司商业模式。互联网保险公司的产品设计直接体现了互联网特征，比如简单、标准化等。互联网保险公司的销售渠道也主要依靠互联网进行线上销售，在降低销售成本的同时，也能更有效率、更广泛地覆盖目标客户群体。互联网保险产品的售后服务及承保理赔也均通过互联网线上进行，因而更加便捷和高效。

第二节　纯互联网金融与传统金融的区别

传统金融主要具备存款、贷款和结算三大功能。互联网金融是一种金融创新，是互联网企业和传统金融机构利用互联网技术和移动通信技术等现代信息科学技术手段，在各种金融活动中实现资金融通、支付、投资和信息中介服务的一种新型金融模式。互联网金融改变的只是金融业务的技术和经营模式，并没有改变金融的本质和功能。互联网金融与传统金融在本质上是一样的，核心功能不变，契约内涵不变，金融风险、外部性等概念的内涵不变。互联网金融的发展会导致结算脱媒、资产脱媒及负债脱媒，极大地冲击了传统商业银行的业务，但同时也激发了商业银行加快经营模式转变的动力。互联网金融的产生和发展对传统金融的影响更多的是补充而不是颠覆或者替代。互联网金融只是在传统金融体系中发展较慢或空白的不足领域中找到了创新空间，填补了传统金融难以覆盖的业务领域。与传统金融相比，互联网金融具有信息传导快、成本低、资源配置效率高、普惠化和服务便捷、优质等优势，体现了“开放、平等、协作、共享”的互联网精神。交易的可能性边界大大拓展，有利于满足中小微企业、中低收入阶层和农民的金融需求，有效地弥补了传统金融模式的不足。

互联网金融与传统金融的区别主要体现在市场定位、技术基础、经营模式、治理机制和竞争优势方面，如表1-1所示。

表1-1　　传统金融与互联网金融的区别

项目	传统金融	互联网金融
市场定位	中高端客户	长尾小微客户
技术基础	电子终端	移动通信、大数据、云计算等
经营模式	以线下实体网点为主	线上模式
治理机制	抵押担保，监管严格	规则透明，监管相对宽松
竞争优势	资金资本、风险管理、网点	方便快捷、低成本、规模效应

一、市场定位不同

1897年，帕累托在研究19世纪英格兰的财富和收入结构时发现，20%的人口掌握了80%的财富，英格兰的财富分配并不公平。这就是“二八定律”。后来，人们发现很多领域都存在“二八定律”。在市场营销领域，“二八定律”意味着20%的热门产品会为公司带来80%的销量，通常还有100%的利润。因此，公司应尽力为能生产80%销量的20%客户提供优质的服务，而在“二八定律”中被忽视的80%的产品就是长尾产品。

由于交易成本、搜寻匹配成本及信息不对称等因素，中国传统金融领域多受“二八定律”支配。传统金融机构主要为“二八定律”中20%的中高端客户提供服务，导致金融资源不断向发达地区、中心城市、大企业和高收入人群集中。如传统银行的理财产品为客户进入设置了较高的门槛，小额资金很难参与。再比如，长期以来，中国的银行不愿向急需资金的中小企业提供贷款，而宁愿将资金贷给那些并不急需资金的大型企业。对以小微企业和个体工商户为主的大众客户群体而言，他们的金融服务需求很难从传统金融中得到满足。随着互联网时代的到来，互联网金融迅速发展，80%的长尾小微客户享受公平的金融服务成为了可能。互联网金融将目标客户群体定位在被传统金融放弃的80%的长尾小微客户，依托互联网技术、移动通信、大数据、云计算等现代信息技术，有效降低逆向选择和道德风险发生的概率，降低金融市场的交易成本和搜寻匹配成本。凭借新技术所带来的规模效应和成本边际递减效应，互联网金融进一步细分市场，拓展市场交易边界，为以小微企业和个体工商户为主的大众客户群体提供低成本、高效、便捷、优质的金融服务，因此更具有普惠性。互联网金融并不是要取代传统金融，而是与传统金融形成了互补的局面。目前二者的客户交叉还较少，但随着互联网金融的快速发展，将来相互之间业务的交叉渗透会逐渐增加。

二、技术基础不同

传统金融在处理存款、贷款、结算等相关业务的过程中主要使用电子终端设备，虽然互联网技术在其中也扮演了一定的角色，但其深度和广度远不及互联网金融中的深度和广度。互联网金融依托互联网、移动通信、搜索引擎、大数据、云计算等先进技术手段，通过对海量非结构化数据进行挖掘和分析，及时发现目标客户及其相关信息，对产品进行定位，提高用户的黏性，同时对客户的信用数据进行积累。互联网技术覆盖面广，信息获取、处理能力强，信息传播速度快，使资源配置效率更高，服务更为高效、便捷和个性化。

互联网技术是现代信息社会的标志，是信息传递、信息交换、信息管理、信息应用的重要手段，是互联网金融发展的前提条件，是互联网金融最坚实的技术基础，没有互联网技术就没有互联网金融。PC 时代由于受到时间、空间、接入方式等因素的限制，很多群体无法加入互联网，不能随时随地享受互联网的服务，因此互联网金融的发展受到了很大的限制。随着移动互联网、移动通信和智能手机的普及，人们利用智能手机就能随时随地进行金融活动，享受优质的金融服务，也使互联网金融得到了快速的发展。随着互联网技术的迅猛发展、信息的爆炸，用户要在信息海洋里查找自己所需的信息，就如同大海捞针，搜索引擎技术恰好解决了这一难题。搜索引擎的作用就是针对用户的信息需求，用最便利的方式在海量信息中找到匹配内容，这为互联网金融的发展提供了良好的技术支撑。经过多年的发展与积累，目前中国的大型商业银行和保险公司的数据量已经达到 100TB 以上级别，其中还不包括大量证券市场的交易数据，并且非结构化数据的数量在迅速增长。传统金融机构坐拥海量用户数据多年，这些数据却没有得到很好的应用，也没有产生很大的价值。大数据技术能够解决金融领域海量数据的存储、查询优化及声音、影像等非结构化数据的处理，能够充分利用和挖掘数据中的信息，帮助企业进行个性化营销、信用评估、风险定价等多方面的金融活动，以降低成本、提高效率、增加收益、优化资源配置，为互联网金融的发展提供强有力的技术支撑。互联网金融的发展，需要对海量数据和信息进行及时和准确的处理，这离不开对计算能力的应用。云计算是一种基于互联网的计算方式，它把计算负担集中于远端服务平台，显著降低了客户端的计算负担，并节省了用户服务器软硬件部署与维护成本，具有灵活、易用、柔性及便宜等优点。云计算大大提高了人类的计算能力，节约了服务器资源，提高了信息传递、处理和市场交易的效率，为互联网金融提供了强大的运算能力支持。

三、经营模式不同

传统金融机构与互联网金融机构都在积极地运用互联网技术，但在经营模式设计上是有差别的。传统金融机构具有分布全面的实体服务营业网点，主要以线下服务为主，同时也注重线下向线上的扩展，借助工作人员进行金融业务的办理和处理。而互联网金融则主要以线上服务为主，同时也注重由线上向线下拓展，线上、线下相结合。在互联网金融的经营模式下，资金供需双方依赖平台寻找与其资金期限、金额、利率相匹配的对方，即可完成资金的借贷。这种模式不仅手续简便、操作简单，而且适合个性化的需要，能够更好地满足小微客户的需求。

具体而言，传统金融机构的经营模式主要是通过实体营业网点进行储蓄、贷款、理财、基金销售、保险销售、信托等常规线下业务，线上业务也仅限于传统金融的互联网化，如网上银行、互联网保险、互联网基金、互联网证券等。而互联网金融则包括第三方支付、网络借贷、众筹、大数据金融、信息化金融机构、互联网金融门户等新兴的业务模式。第三方支付业务主要包括银行卡收单、网络支付、预付卡发行与受理。其中，网络支付主要包括互联网支付和移动支付。网络借贷包括个体网络借贷（即 P2P 网络借贷）和网络小额贷款。根据众筹不同的回报方式，众筹可分为股权众筹、奖励众筹、混合众筹和公益众筹。根据企业在大数据金融服务中环节及价值的差异，大数据金融可分为以阿里小贷为代表的平台金融模式和以京东、苏宁为代表的供应链金融模式。信息化金融机构的主要运营模式有传统金融业务电子化、基于互联网的金融创新服务和金融电商三类模式。传统金融业务电子化模式主要包括网上银行、手机银行、移动支付和网络证券等形式。基于互联网的金融创新服务模式包括直销银行、智能银行等形式以及银行、券商、保险等创新型服务产品。金融电商模式就是以建设银行“善融商务”一站式电商金融服务平台、泰康人寿保险电商平台为代表的各类传统金融机构的电商平台。根据服务内容和服务方式划分，互联网金融门户包括第三方资讯平台、垂直搜索平台和在线金融超市三个类别。根据汇集的金融产品、金融信息的种类进行划分，互联网金融门户可进一步细分为 P2P 网贷类门户、信贷类门户、保险类门户、理财类门户及综合类门户五个子类。

四、治理机制不同

金融监管当局对传统金融机构的监管较为严格，贷款时通常需要进行担保抵押登记和贷后管理。传统金融所服务的客户对象虽然主要是“二八定律”中 20% 的高端客户，但金融服务的规模一般较大，要尽量将风险降到最低，而且这些客户的相关资信记录较为详细、规范、完整，便于进行严格的监管。而互联网金融市场化程度高，打破了传统金融对行业、地区和时间的限制，金融服务跨行业、跨区域、全天候，呈现出业务交叉跨界、参与主体广泛复杂等突出特点。互联网金融面临着一些特殊的风险，诸如法律合规风险，包括法律不完善造成的风险，互联网金融业务涉及的法律的复杂性导致的风险，监管体制、机制的不完善导致的风险，司法体系可能导致的风险等。同时还存在信用风险、流动性风险、利率风险、操作风险、信息技术风险（包括信息数据的安全风险、网络安全风险、系统性安全风险、技术支持风险）、长尾风险等。这些风险给现行金融监管体系带来了挑战。互联网金融的快速发展在给人们带来融资便利的同时，也暴露出许多问题，如跑路现象、缺乏门槛、非法吸收公众存款、非法集资、投资陷阱等。互联网金融缺乏具体的监管机构，缺乏统一的监管体系和规范的业务标准，因而监管相对较为松散，犯罪成本较低。因此，加强互联网金融监管是我国当前经济发展中面临的重要问题。目前，互联网金融监管主要有三种模式，包括以美国为代表的限制型监管、以中国为代表的被动型监管、以英国和新加坡为代表的主动型监管。2015 年 7 月 18 日，中国人民银行等十部委联合印发《关于促进互联网金融健康发展的指导意见》，根据该指导意见的规定，在监管职责划分上，人民银行负责互联网支付业务的监督管理；银保监会负责包括个体网络借贷和网络小额贷款在内的网络借贷业务、互联网信托和互联网消费金融业务的监督管理，以及互联网保险的监督管理；证监会负责股权众筹融资和互联网基金销售的监督管理。2021

年《中华人民共和国国民经济和社会发展第十四个五年规划纲要》提出要健全互联网金融监管长效机制，这就要求我们从互联网平台的垄断特征出发，完善对互联网金融的监管，在发展中观察，在观察中协调，然后逐渐形成新的监管思路和监管模式。

五、竞争优势不同

传统金融的竞争优势主要体现在资金、产品、风险管理、客户和实体营业网点等方面。传统金融机构体量大、资金实力雄厚，拥有成熟的金融产品，资金来源和运用可直接对接，有一套成熟的风险管理体系，客户关系较为稳定，有完备的营业网点。而互联网金融的竞争优势则主要体现在普惠性、效率、成本、技术和创新等方面。互联网金融的服务对象主要是80%的长尾小微客户，客户群体广泛，能够让那些无法享受传统金融体系服务的广泛群体通过互联网金融得到种类众多、更优质的金融服务，提高了金融的普惠程度。互联网金融基于资源开放和共享的特性，使信息变得更加透明、传递速度更快，供需双方能够直接进行接触迅速完成交易，有效降低了交易双方的信息不对称，大大提高了资金配置效率和服务效率。互联网金融没有固定的实体网点，一切都在网上进行，投资成本、经营费用和管理成本大大降低。同时，在项目搜寻和匹配上存在一定的规模效应，大大降低了边际成本。互联网金融依托互联网、移动支付、大数据、云计算、社交网络和搜索引擎等现代信息技术，能够对海量的非结构化数据进行分析和挖掘，在信息传递、信息搜寻、信用数据积累与挖掘等方面具有强大的技术优势。互联网金融本身就是一种创新型的金融模式，个性化特征突出，新思想不断出现，新技术不断被应用，金融产品不断发展，表现出强烈的创新意识。

第三节　互联网金融发展的驱动因素

互联网金融的发展首先离不开互联网技术的进步，这是前提条件。没有互联网技术、移动通信、大数据、云计算等现代信息技术的支撑，互联网金融的发展就是一句空话。尤其是移动互联网技术和移动通信的普及奠定了互联网金融的用户基础。随着经济的快速发展，一方面，居民财富收入的增长使个人财富管理的需求旺盛；另一方面，中小微企业及个人等80%的长尾小微客户群体的融资需求无法通过传统金融体系得到满足。而且传统金融的服务效率和资源配置效率及服务的便捷程度也不够高。另外，规避监管和监管套利也是互联网金融创新发展的动力之一。处于经济结构调整的新时代，政府大力倡导大众创业、万众创新，出台的相关政策也是互联网金融发展必不可少的支持。因此，技术、社会需求和政策因素成为互联网金融发展的主要驱动因素。

一、技术因素

互联网技术的进步，尤其是社交网络、搜索引擎、大数据、云计算等技术的普及，使信息传播快而便捷，降低了投融资者获取信息的难度，市场信息不对称程度大大降低，信息处理成本和交易成本大幅度降低，为互联网金融的产生和发展提供了必备的条件。

PC时代由于受时间、空间、接入方式等因素的限制，很多群体无法加入互联网并难以随时随地享受互联网服务。随着移动互联网、智能手机的普及，人们的生活方式发生了很大的变化，碎片化时间也越来越多。2021年3月19日，国新办举行第四届数字中国建设峰会新闻发布会，国家互联网信息办公室副主任杨小伟介绍，中国建成了全球规模最大的光纤网络和4G网络，网民规模由2015年底的6.88亿人增加到2020年底的9.89亿人，互联网的普及率由“十二五”末的50.3%提高到“十三五”末的70.4%。随着网络环境的日益完善、移动互联网技术的发展，各种移动互联网应用的需求逐渐被激发。从基础的娱乐沟通、信息查询，到商务交易、网络金融，再到教育、医疗、交通等公共服务，移动互联网塑造了全新的社会生活形态，潜移默化地改变着人们的日常生活。金融业是信息敏感的行业，信息传递、信息交换、信息管理、信息应用贯穿于金融活动的全过程。移动互联网金融突破了PC互联网在时间和空间上的局限，使人们能够随时随地享受优质的金融服务。

搜索引擎是指根据一定的策略，运用特定的计算机程序从互联网上搜集信息，在对信息进行组织和处理后，为用户提供检索服务，将用户检索的相关信息展示给用户的系统。随着互联网的迅猛发展、信息的爆炸，用户要在信息海洋里查找自己需要的信息是一件很不容易的事，犹如大海捞针，而搜索引擎技术则能很好地解决这一难题。搜索引擎的作用就是针对用户的信息需求，用最便捷的方式在海量信息中找到与用户需求相匹配的内容。即搜索引擎技术可以在信息爆炸时代帮助用户快速、低成本地获取所需要的信息。而且随着个性化搜索引擎、情景搜索引擎等技术的进一步发展，这种功能的价值将更加突出。在为用户提供信息便利的同时，搜索引擎技术也有利于网站研究客户的行为趋势和行为模式，进而进行精准的营销推广。

云计算极大地提升了人类的计算能力，为互联网金融的发展提供了强大的运算能力支持。金融的本质特征是计算，支付清算、资金融通、资源配置、风险管理、信息传递等都离不开计算，金融发展也离不开计算。云计算是指在广域网或局域网内将硬件、软件、网络等一系列资源统一起来，实现数据的计算、储存、处理和共享的一种托管技术。它把计算负担集中于远端服务平台，显著降低了客户端的计算负担，并节省了用户的服务器软硬件部署与维护成本，具有灵活、易用、柔性及便宜等优点。云计算的推广与应用，保证了海量信息处理的及时性和准确性，极大地提高了互联网金融的运行效率和服务效率。

二、社会需求

从总体上来看，随着社会经济的不断发展，消费者对金融的诉求不断提高，传统金融体系已经不能满足人们日益增长变化的金融服务需求是互联网金融产生和发展的根本原因。具体而言，互联网金融产生和发展的动力来自支付、融资和投资三个方面。

（一）支付

任何有经济活动的地方就有支付的需求，而货币是最主要的支付手段。在互联网和电子商务还没有足够成熟之时，现实经济生活中传统的支付方式主要有三种：现金、票据（汇票、本票、支票）和银行卡（借记卡和贷记卡）。这种支付方式运作速度慢、处理效率较低，应用不方便，运作成本高，难以提供全天候服务。而且会增加在途资金和企业运作资金的规模，造成资金控制困难。随着互联网技术和智能手机的普及，传统的支付手段必然会大部分被更先进的支付手段所取代，支付手段发生了根本性的变化，网银、支付宝、微信支付等移动在线支付发展迅速。

近年来，网络购物已成为人们的一种消费习惯。中国互联网络信息中心（China Internet Network Information Center，CNNIC）在线发布的第47次《中国互联网发展状况统计报告》显示，截至2020年12月，我国网络购物用户规模已达7.82亿人，较2020年3月增长7 215万人，占网民整体的79.1%。2020年天猫“双11”全球狂欢季实时成交额突破3 723亿元，订单创建峰值达58.3万笔/秒，相比2019年天猫“双11”的峰值54.4万笔/秒，增长7.17%。在传统方式的交易中，买卖双方都是一手交钱一手交货，钱和物的交换几乎是同时进行的，称为同步交换。但在网络购物中，买卖双方可能相隔千山万水，买卖商品的钱和物无法及时同步交换，故称之为异步交换。为了解决这种交易所产生的相互信任问题，第三方支付出现了。第三方支付平台，简单而言，就是处于买方和卖方之间具有公信力的第三方，承担担保人和资金托管人的角色。第三方支付平台较好地解决了网络交易中的信用难题。自此之后，电子商务才真正蓬勃地发展起来。

互联网支付的兴起极大地提高了用户支付的便捷性，增强了支付的安全性，优化了用户体验，实现了多方共赢。现金支付正在逐渐让位于更加便捷的刷卡支付、移动支付。在商场和超市购物、乘坐公共交通、旅游出行、医疗缴费等小型经济活动领域，互联网支付应用广泛。

（二）融资

中小微企业融资难一直是我国经济发展中面临的一个重要问题。中小微企业不仅是国家财政收入的重要来源，而且在促进国民经济增长、创新科技进步、缓解就业压力等方面发挥了举足轻重的作用。但是，中小微企业由于规模小、固定资产比重低、缺乏抵押物、产业层次低、财务信息透明度低、抗风险能力弱等自身的局限性，很难从传统金融系统中获得融资。据统计，目前我国仅有10%的中小微企业获得了银行的信贷支持。长期以来，资金融通困难对中小微企业的发展形成了很大的制约。中小微企业尚且如此，个体工商户、农户及个人融资就更加困难了。中小微企业、个体工商户、农户和个人等大众群体的融资难以应用商业银行的运作模式，这为互联网金融作为传统金融补充这一形式的出现提供了巨大的发展空间和历史机遇。

互联网金融依托互联网、移动支付、搜索引擎、大数据、云计算和社交网络等先进的信息技术手段，能够有效地解决交易双方的信息不对称问题。同时，利用互联网技术的高效性和便捷性，互联网金融能够大幅度地提升资源配置效率和服务的便捷程度，进而降低成本、大幅拓宽金融生态领域的边界。互联网金融为中小微企业、个体工商户、农户及个人等大众客户群体的融资提供了可行、高效、便捷的途径，不断增长的长尾大众客户的融资需求促成了互联网金融的发展。

（三）投资

近年来，随着经济的发展，居民收入增长较快，对投资的需求呈现多样化、个性化和复杂化的特征，而传统金融的边界和市场无法充分满足用户的需求。在互联网金融出现之前，可供居民投资理财的渠道主要是股票和基金、外汇和期货、黄金白银、存款等各种理财产品。随着我国居民生活水平的日益提升和财富的积累，越来越多的人开始关注自身的财务状况并不再满足于简单的储蓄和购买理财产品等投资方式，迫切需要一种灵活、便捷、高效的投资渠道，实现财富的保值增值。互联网金融具有平台优势，通过民间借贷的形式，可以为每一个大众客户提供自助化服务，将无数小额闲散资金汇聚起来，投资理财门槛低，没有时间和地域的限制，且资源配置效率和服务效率高，成本低。有闲散资金且有投资意向的投资者可以通过互联网金融的 P2P 网贷平台或众筹平台快速找到并甄别资质好的借款人，获得比银行存款和购买理财产品更高的收益。因此，大众化客户群体的投资需求进一步催生了互联网金融。

三、政策因素

互联网金融的发展离不开政府的大力支持。自 2013 年以来，国家出台了一系列促进和支持互联网金融发展的政策和规定，为我国互联网金融的快速发展保驾护航。2013 年 4 月，国务院部署了金融领域 19 个重点研究课题，“互联网金融发展与监管”便是其中之一。2014 年 4 月，中国银监会和中国人民银行联合发布《关于加强商业银行与第三方支付机构合作业务管理的通知》，对商业银行和第三方支付机构合作业务进行规范，保障客户资金和银行账户安全。2015 年 1 月，中国银监会进行机构调整，新成立普惠金融局并将 P2P 网贷纳入普惠金融，并于 2015 年 7 月出台了《关于促进互联网金融健康发展的指导意见》。但是，随着互联网金融的发展，各种风险问题也日益突出。2016 年，国务院组织 14 个部委召开电视会议，在全国范围内启动互联网金融领域的专项整治。2016 年 8 月，中国银监会等部门发布《网络借贷信息中介机构业务活动管理暂行办法》，接着发布了《网络借贷信息中介机构备案管理登记指引》《网络借贷资金存管业务指引》和《网络借贷信息中介机构业务活动信息披露指引》，形成了网贷行业“一个办法三个指引”的监管制度框架。2017 年 8 月 23 日，中国银监会发布《网络借贷信息中介机构业务活动信息披露指引》，规定向公众披露的信息和向出借人披露的信息，对在开展业务过程中存在不符合指引要求的网络借贷信息中介机构给予 6 个月整改期。2021 年 2 月 20 日，中国银保监会（中国银保监会于 2018 年正式挂牌成立，由银监会和保监会合并组成）发布《关于进一步规范商业银行互联网贷款业务的通知》，对商业银行互联网贷款业务设置三项限制性定量指标，同时明确地方法人银行不得跨注册地辖区开展互联网贷款业务。

另外，互联网金融属于金融创新的范畴。金融创新与金融监管是一对相互矛盾的金融活动。金融创新的动力之一就是规避监管，互联网金融创新也不例外。例如，P2P 网络借贷在借贷双方之间引入担保平台是一种创新，从某种意义上而言也是出于规避银行业准入监管的动机。借贷平台实际发挥了银行等金融中介的作用，本质属于影子银行。传统金融机构发售金融产品的门槛和风控要求都较高，监管严格，但互联网金融的开放性、交叉性降低了各种非金融企业或机构进入金融业的门槛。在目前的金融监管模式下，对互联网金融服务提供机构属性的认定还比较困难，导致监管缺位；互联网金融产品的销售目前还未纳入监管体系，因而可以避免监管。同时，由于不同的监管机构制定的监管规则和标准不同甚至相互冲突，金融机构可以选择在监管相对宽松的金融领域开展经营活动，通过监管套利的方式来降低监管成本、获取超额收益。这也是互联网金融发展的动力之一。规避监管动机的金融创新可能会导致监管失效，进而促使监管当局进一步加强监管，由此又引发新一轮的金融创新。二者相互推动，促使互联网金融的发展呈螺旋式上升。

第四节　互联网金融发展的现实意义

互联网金融作为科技金融的重要组成部分，是互联网与金融相结合的新型业态，是借助互联网技术、移动通信技术实现资金融通、支付和信息中介等业务的新型金融模式。互联网金融的发展对促进金融产品的创新，弥补传统金融的不足，降低成本、提高资金配置效率和服务质量，尤其是缓解中小微企业的融资压力等具有重要的现实意义。

一、有助于促进金融产品创新

创新既是互联网金融发展的动力，也是互联网金融的本质特征。互联网金融的发展从网上银行、手机银行、移动支付到第三方支付、P2P 网贷、众筹、大数据金融、信息化金融机构及互联网金融门户等，从支付到融资和投资，把目标客户瞄准传统金融系统无法覆盖的中小微企业、个体工商户、农户和个人等 80% 的长尾大众客户群体，一路走来，无不体现出创新的精神。互联网金融创新性地引入第三方支付，有效地解决了电子商务活动中买卖双方在缺乏信用保障和法律支持的情况下互相不信任的问题，使得今天的网络购物盛行，使电子商务得到真正的快速发展。P2P 网贷和众筹中的中介平台为借贷双方提供信息发布、风险评估、信用咨询、交易管理、客户服务等服务，实现借贷双方的快速融资和投资，使传统金融机构难以覆盖的小微企业、个体工商户及其他个体客户群体能够充分享受网络借款和投资的高效和便捷。大数据、云计算、人工智能、区块链等现代信息技术的应用使互联网金融具有强大的核心竞争力和广阔的发展前景。另外，民间借贷也开始规范化，线上各类融资平台不断涌现，智慧金融也由概念开始走向市场。目前很多基金公司、保险公司也开始尝试通过电商平台、社交网络，甚至微信平台等推广自己的品牌或销售产品，基于社交网络的金融产品与服务不断涌现。可以预见，未来创新型的互联网金融产品会越来越多。

二、有助于弥补传统金融的不足

传统金融机构的服务对象主要定位于“二八定律”中20%的高端客户，互联网金融的服务对象主要是中小微企业、个体工商户、农户和个人等80%的长尾大众客户群体。传统金融系统无法满足庞大的长尾客户群体的支付、投资和融资需求。互联网金融的出现则弥补了传统金融服务覆盖面较窄的不足，使那些无法享受传统金融体系服务的广大群体通过互联网金融能够获得种类众多、更优质的金融服务，体现了金融的普惠性。同时，互联网金融服务的高效、便捷，低成本，资源配置效率高，个性化等优势，不仅弥补了传统金融低效、僵化的不足，也对传统金融提出了挑战，倒逼传统金融加快改革，提升服务质量和效率。互联网金融和传统金融互相促进、共同发展，既有竞争又有合作，成为我国多层次金融体系的重要组成部分。

三、有助于降低成本

互联网金融依托互联网、移动支付、大数据、云计算、社交网络和搜索引擎、人工智能、区块链等现代信息科学技术，在信息传递、信息搜寻、数据挖掘等方面具有强大的优势。互联网金融利用电子商务、第三方支付、社交网络等形成的大数据库，通过数据挖掘技术，使资金的供需双方可以通过网络平台自行完成信息的甄别、匹配、定价和交易。对金融机构而言，无须设立众多分支机构、雇用大量人员。与传统的贷前调查、贷时审查和贷后检查的“三查”相比，互联网金融成本低、速度快，大幅降低了营运成本。对消费者而言，通过网络就可以快速找到合适的金融服务产品，运行效率大大提高，服务成本和交易成本都大大降低。如支付宝推出的信用支付，只要是实名认证用户即可在线申请，系统通过调取用户数据，审核征信记录，就会自动判断并给予用户相应的额度。与传统信用卡的开卡流程相比，省去了烦琐的线下申请和认证过程，同时避免了人工介入，降低了服务成本。再如第三方支付带来的结算成本大大降低，众筹模式开拓了低成本的融资渠道，互联网金融门户让客户以更低成本搜索更多优质的金融服务产品。互联网金融区别于传统金融的全天候、全方位、一站式的金融服务，有效提升了资金的配置效率和服务质量。

四、有助于缓解中小微企业的融资压力

在国民经济中占有重要地位的中小微企业融资难一直是我国经济发展中面临的一个重要问题。长期以来，资金融通困难对中小微企业的发展形成了很大的制约。当前，我国中小微企业数量庞大，对国民经济的贡献大，创造了大量的城镇就业机会。《2017—2022年中国企业经营项目行业市场深度调研及投资战略研究分析报告》表明，目前我国有中小微企业4 000万家，占企业总数的99%，贡献了中国60%的GDP、50%的税收和80%的城镇就业。可见中小微企业在国民经济的发展过程中起到了不可替代的作用。这部分群体虽然单个资金需求额小，但累积起来总量很大。由于受到规模小、抵押物少和信用信息缺乏等因素的制约，绝大多数中小微企业被传统金融机构拒之门外。传统的商

业银行出于风险管理的需要，很难向这些中小微企业提供资金支持。而互联网金融借助于互联网、移动支付、第三方支付平台等向资金需求方和供给方提供了有别于传统银行业和证券市场的新渠道，且进入门槛低，无须抵押品，有效提高了资金融通的效率。互联网金融通过大数据分析，解决了交易过程中的信息不对称和信用问题，提供了有针对性的特色服务和多样化的金融产品，有助于缓解中小微企业的融资难题。

本章小结

对于互联网金融，目前尚无一个严格准确的统一定义，国内学术界和业界对互联网金融的理解也存在分歧。综合分析各种观点，本书提出的互联网金融定义为：互联网金融是互联网企业和传统金融机构利用互联网技术和移动通信技术等现代信息科学技术手段，在各种金融活动中实现资金融通、支付、投资和信息中介服务的一种新型金融模式。

与传统金融相比，互联网金融主要有服务高效、便捷、低成本、普惠性等特点。这些特点使互联网金融能够服务于大量的长尾大众群体，提升了资金配置效率和交易双方的体验，为客户提供了便捷高效的金融服务。

互联网金融目前仍处于一个快速发展的时期，出现了各种分类模式。本书主要按照业务模式将互联网金融划分为第三方支付、P2P 网贷、众筹、大数据金融、信息化金融机构及互联网金融门户。

互联网金融改变的只是金融业务的技术和经营模式，并没有改变金融的本质和功能。互联网金融与传统金融在本质上是一样的，核心功能不变，契约内涵不变，金融风险、外部性等概念的内涵不变。互联网金融与传统金融的区别主要体现在市场定位、技术基础、经营模式、治理机制和竞争优势方面。

互联网金融的发展首先离不开互联网技术的进步，这是前提条件。没有互联网、移动通信、大数据、云计算等现代信息技术的支撑，互联网金融的发展就是一句空话。当前，技术、社会需求和政策因素成为互联网金融发展的主要驱动因素。

互联网金融的发展对促进金融产品的创新，弥补传统金融的不足，降低成本、提高资金配置效率和服务质量，尤其是缓解中小微企业的融资压力等具有重要的现实意义。

关键术语

互联网金融　第三方支付　移动支付　众筹　P2P 网贷　大数据金融

信息化金融机构　互联网金融门户　驱动因素

思考题

1. 互联网金融的含义是什么？

2. 互联网金融有哪些特点?
3. 互联网金融与传统金融有哪些异同点?
4. 简述互联网金融的六大基本模式。
5. 简述互联网金融发展的驱动因素。
6. 互联网金融的发展有哪些现实意义?
7. 未来我国互联网金融发展的可能领域有哪些?

延伸阅读

[1] 冯科，宋敏．互联网金融理论与实务［M］．北京：清华大学出版社，2016.
[2] 何平平，车云月．互联网金融［M］．北京：清华大学出版社，2017.
[3] 李建军，罗明雄．互联网金融［M］．北京：高等教育出版社，2018.
[4] 周光友．互联网金融［M］．北京：北京大学出版社，2017.
[5] 郭福春，陶再平，吴金旺．互联网金融概论（第二版）［M］．北京：中国金融出版社，2018.
[6] 罗党论．互联网金融［M］．北京：北京大学出版社，2016.
[7] 赵永新．互联网金融理论与实务［M］．北京：清华大学出版社，2017.
[8] 谢平，邹传伟，刘海二．互联网金融手册［M］．北京：中国人民大学出版社，2017.
[9] 黄益平，王海明，沈艳，等．互联网金融12讲［M］．北京：中国人民大学出版社，2016.

第二章

互联网金融的理论基础

本章导读

我国互联网金融的发展极大地提高了金融效率，推动了金融服务创新。互联网金融不仅正在改变着人们的支付习惯，而且也不断丰富和发展了各种应用场景，更为小微企业经营提供了新的融资渠道。但互联网金融是一个新生事物，关于其发展前景，国内一直争论不休。乐观者认为互联网金融是除直接融资和间接融资之外的第三种金融业态，开启了金融创新的新时代。悲观者认为互联网金融是金融监管套利的产物，一旦金融监管到位，互联网金融的发展就会受限。如何判断互联网金融的生命力，有必要深入探讨互联网金融发展的动力和理论依据。本章从产业经济学、信息经济学及普惠金融三个方面阐述互联网金融发展的理论基础。

本章学习目标

本章阐述了互联网金融理论的发展基础，主要包括产业经济学理论、信息经济学理论和普惠金融理论。通过本章的学习，可以清晰地理解互联网金融这一新生事物的理论基础，为互联网金融的发展提供了强有力的支撑。在同学们学习互联网金融实际应用前，学习理论基础有利于同学们更深入地理解互联网金融的发展动力，以及思考互联网金融的生命力。

第一节　产业经济学理论

一、规模经济理论与范围经济理论

（一）规模经济理论

规模经济理论由新古典经济学派的奠基人马歇尔（1890）在《经济学原理》中第一次明确提出，用来解释规模报酬的现象，但并没有对其进行明确的定义。随后经过国内外新古典经济学派和制度经济学派学者的不断深入研究，规模经济的具体定义才开始出现，并逐渐增多。虽然各种关于规模经济的定义之间存在一些差异，但规模经济的核心内涵都是建立在成本降低的基础上，强调产量和生产成本的关系可以通过长期平均成本曲线来反映。曲线形状为U形，长期平均成本曲线（Long - run Average Cost Curve, LAC）为短期平均成本曲线（Short - run Average Cost Curve, SAC）的包络线。可以用规模经济系数（Economies of Scale, SE）来判断是否存在规模经济，即

$$SE = AC/MC$$

其中，AC为平均成本，MC为边际成本。

第一，当$SE > 1$时，平均成本大于边际成本，存在规模经济。

第二，当$SE = 1$时，平均成本等于边际成本，即规模收益不变，不存在规模经济也不存在规模不经济。

第三，当$SE < 1$时，平均成本小于边际成本，存在规模不经济。

以保罗·萨缪尔森为代表的经济学家对规模经济的定义为：所有投入要素按相同比例增加的同时，产出增加的比例超过投入增加的比例时，单位产品的平均成本随产量的增加而降低，即规模收益递增或规模报酬递增；反之，产出增加的比例小于投入增加的比例时，单位产品的平均成本随产量的增加而上升，即规模收益递减或规模报酬递减。当规模收益递增时，称作规模经济；当规模收益递减时，称作规模不经济。

规模经济按照其来源的不同，可以分为外部规模经济、内部规模经济和规模结构经济。内部规模经济主要是因为企业自身生产规模的逐步扩大造成其平均生产成本逐步下降从而导致收益增加。外部规模经济是指整个行业规模的变化使得个别经济实体收益增加，一般认为行业规模较大的地区比行业规模较小的地区更有效率，企业数量增加使整个产业的产量增加时，导致各个企业的平均成本下降，进而企业收益增加。规模结构经济是指不同规模的经济实体由于某种原因形成相互的联系或者配比关系，从而发展成为规模结构经济。

规模经济的影响因素主要包括市场容量、市场结构、管理因素和技术因素。第一，市场容量。市场容量对规模经济的影响途径是企业通过不断扩大生产规模、提高专业化的水平达到降低成本、提高经济效益的目的，从而实现规模经济。第二，市场结构。西方学者认为，市场结构也是衡量规模经济的一个重要指标。一般认为，市场结构的集中度越高，则市场的垄断性就越强，这个市场也就越容易实现规模经济。第三，管理因素。企业扩大规模不仅仅是生产设备的增加，还包括工作人员的增加、部门种类的增加和部门数量的增加。第四，技术因素。企业利用现代网络技术提高信息的传递效率，提高管理机构的办事能力，降低管理成本。同时也可以通过采用先进的技术设备使企业在扩大规模的同时尽可能节约成本，保持规模经济性。技术进步已成为很多企业实现规模经济的重要手段之一。

（二）范围经济理论

最早提出范围经济理论的是美国经济学家潘扎尔（Panzar）和威利格（Willig）（1977）。他们指出，当企业联合生产两种或两种以上产品的成本低于分别生产各个产品

的成本之和时，就存在范围经济。范围经济的本质在于企业对自身实物资产和无形资产投入的共享，充分利用剩余资源或者闲置资源，其主旨也是降低成本，可以用数学表达式来反映。假设企业生产 X 和 Y 两种产品，产量分别为 Q1 和 Q2，则联合生产两种产品的生产成本为 TC（Q1，Q2），分别生产其中一种产品的总成本为 TC（Q1，0）+TC（0，Q2）：

当 TC（Q1，Q2）<TC（Q1，0）+TC（0，Q2）时，则存在范围经济。

当 TC（Q1，Q2）>TC（Q1，0）+TC（0，Q2）时，则存在范围不经济。

具体可以用范围经济系数 SC 来判断是否存在范围经济，即

$$SC=[TC(Q1,0)+TC(0,Q2)-TC(Q1,Q2)]/TC(Q1,Q2)$$

当 SC>0 时，则 TC（Q1，Q2）<TC（Q1，0）+TC（0，Q2），存在范围经济。

当 SC<0 时，则 TC（Q1，Q2）>TC（Q1，0）+TC（0，Q2），存在范围不经济。

（三）产业经济学理论在互联网金融中的应用

互联网金融表现出明显的规模经济和范围经济效应。作为互联网金融的供给方，借助互联网，互联网金融企业使信息、知识、技术等要素超越传统经济中居于首位的资本和劳动力要素，打破了边际成本递增、边际收益递减的传统经济学规律。这些信息经济时代的新要素几乎可以零成本地被复制和应用。随着投入的增多，产出越多，互联网金融企业的成本和收益会分别呈现出递减与递增态势。互联网金融没有固定的实体营业店，一切都在网上进行，可以突破时间和地域的限制，金融产品的交易可以随时随地进行，覆盖范围广。其成本主要来自平台建设投入和宣传费用，一旦投入运营，业务主要依托计算机系统进行自助办理，打通了标准化产品生产与流通通道，实现了批量化生产、程序化服务，边际成本很低。随着客户数量的增加，刚性成本会被不断摊薄，低成本又会反过来使互联网金融企业进一步拓展业务，形成规模经济，提高盈利能力。

作为互联网金融的需求方，存在于互联网金融市场主体外部的80%的长尾大众客户对支付、投融资等服务的需求也展现出了较强的规模经济性。以 P2P 网贷为例，中国第一家 P2P 网络借贷机构“拍拍贷”于 2007 年 6 月正式上线运营，由于受行业发展环境、法规政策和理财观念等因素的影响，中国的 P2P 网贷期初发展较为缓慢。但在 2013 年，随着余额宝的爆发，普通民众开始关注、了解并参与各种互联网金融理财。P2P 网贷的低门槛、高收益、项目多、流动性强等特点，越来越获得“草根”投资者和大量中小微企业及单个借款人的青睐，业务呈现爆炸式增长。“前瞻经济学人”App 的数据显示，在 2017 年，P2P 网贷全年成交量达到顶峰，为 28 048.49 亿元人民币，而 2018 年全年 P2P 网贷行业成交量为 17 948.01 亿元，相比 2017 年成交量减少了 36.01%。2019 年全年网贷行业成交量仅为 9 645.11 亿元，相比 2018 年成交量减少了 46.26%。成交量下滑如此严重是因为在 2017 年 12 月 8 日，P2P 网络借贷风险专项整治工作领导小组办公室下发了《关于做好 P2P 网络借贷风险专项整治整改验收工作的通知》，对网贷行业下一步的整改验收做出了详细部署，要求各地在 2018 年 4 月底之前完成辖内主要 P2P 机构的备案登记工作，6 月底之前全部完成整治整改。彼时，很多 P2P 网贷机构都倒闭了，还有些 P2P 网贷机构进行了转型，比如“拍拍贷”在 2019 年 11 月进行品牌升级，对外宣

布将改名为信也科技集团，并全面调整营收结构，去P2P网贷业务转而开展助贷业务，目前信也科技的业务包括科技驱动的消费金融业务、国际化业务和财富中介业务。信也科技发布的2020年第四季度及全年未经审计的财务报告显示，尽管年初面临着新冠肺炎疫情的挑战，信也科技2020年全年业绩仍表现稳健，经营数据持续向好，全年促成借款金额641亿元，总营收75.63亿元，净利润19.686亿元。

互联网金融需求方规模经济性的另一种体现是网络外部性。网络外部性，也称网络效应，是指随着用户规模的不断增大，某产品的用户也会受到其他用户的影响而得到越来越大的效用，又被称作需求方规模经济。最早由杰弗里·罗夫斯（Jeffrey Rohlfs）在1974年的有关电信服务的文献中提出。

网络外部性可以进一步细分为直接网络外部性和间接网络外部性。在互联网金融中，直接网络外部性是指某种金融产品的效用经由一部分用户形成消费习惯后直接影响其他将要使用该产品或服务的用户的效应。电信服务、传真、网络通常表现出这种效用。间接网络外部性是指某种产品或者服务对于某种金融消费者的价值，会随着其他金融消费者数量的增加而不断增大，这些金融产品之间存在互补性和依赖性，受边际收益递增的影响。如众筹平台就具有典型的间接网络外部性。众筹平台撮合资金供求双方达成交易，一方是闲散资金的所有者，另一方是需要资金的大量需求者，平台利用自身的聚集功能促进资金供求双方用户规模与交易额的交互增长，使产品或服务的价值增加，进而形成规模经济。

范围经济在互联网金融领域也有着众多的体现。如众筹平台一旦成功建立，则新增单个借款人的边际成本很低，借款人越多，吸引的投资者也越多，平台成本协同节约能力也就越强。再如第三方支付平台嫁接了手机话费充值、信用卡还款、公用事业缴费、保险理财和日常生活服务等多元化业务，能吸引到更多客户，增加客户黏性。同时只要妥善解决技术兼容性和安全问题，就能将业务叠加所带来的额外成本控制在较低水平，使平台收入增加。

二、长尾理论

（一）长尾理论

长尾理论是网络时代兴起的一种新的理论。长尾理论（Long Tail），也被称为长尾效应，这一概念是由《连线》杂志主编克里斯·安德森（Chris Anderson）在2004年10月的《长尾》一文中最早提出，用来描述亚马逊和网飞公司之类网站的商业和经济模式。长尾效应是指那些原来未受到重视的销量小但种类多的产品或服务由于总量巨大，累积起来的总收益超过主流产品的现象。在互联网领域，长尾效应尤为显著。

简单而言，所谓长尾理论是指只要产品的存储和流通的渠道足够大，需求不旺或销量不佳的产品所共同占据的市场份额可以和那些少数热销产品所占据的市场份额相匹敌甚至更大，即众多小市场汇聚后可产生与主流相匹敌的市场能量。即企业的销售量不在于传统需求曲线上那个代表畅销商品的“头部”。而是那条代表冷门商品经常为人遗忘的“长尾”。

过去人们只能关注重要的人或重要的事，如果用正态分布曲线来描绘这些人或事，人们只能关注曲线的头部，而将处于曲线尾部、需要更多的精力和成本才能关注到的大多数人或事忽略。例如，在销售产品时，厂商关注的是少数几个所谓 VIP 客户，无暇顾及在人数上居于大多数的普通消费者。而在网络时代，由于关注的成本大大降低，人们有可能以很低的成本关注正态分布曲线的尾部，关注尾部产生的总体效益甚至会超过头部产生的效益。例如，某著名网站是世界上最大的网络广告商，它没有一个大客户，收入完全来自被其他广告商忽略的中小企业。安德森认为，网络时代是关注长尾、发挥长尾效益的时代。

谷歌关键词搜索（Google adwords）、亚马逊（Amazon）、爱通（Itune）和拼多多都是长尾理论的优秀案例。谷歌（Google）是一个最典型的长尾公司，其成长历程就是把广告商和出版商的长尾商业化的过程。以占据了谷歌半壁江山的数据搜索广告公司（AdSense）为例，它面向的客户就是数以百万计的中小型网站和个人。对于普通的媒体和广告商而言，这个群体的价值微小的简直不值一提，但是谷歌通过为其提供个性化的定制广告服务，将这些数量众多的群体汇集起来，形成了非常可观的经济利润。雪球网站 2021 年 3 月 30 日的数据显示，谷歌的市值已经达到了 1.38 万亿美元，被认为是最有价值的媒体公司，远远超过了那些传统的老牌传媒的市值。作为国内典型的长尾公司，拼多多在用户浏览商品时会利用大数据给用户推送相关商品，而拼多多面向的客户也是长尾群体，通过服务长尾群体，拼多多成功崛起。东方财富网 2021 年 3 月 31 日的数据显示，拼多多市值已经达到 1 660.94 亿美元。

（二）二八定律

“二八定律”是 19 世纪末 20 世纪初意大利经济学家帕累托发现的。他认为在任何一组东西中，最重要的只占其中一小部分，约 20%，其余 80% 尽管是多数，却是次要的，因此称为“二八定律”。帕累托研究了 19 世纪英国人的财富和收益模式，他从大量具体的事实中发现：社会上 20% 的人占有 80% 的社会财富；80% 的收入来源于 20% 的客户，多数人只能造成少许的影响，而少数人造成主要的、重大的影响。这就是生活中普遍存在的“二八定律”。商家 80% 的销售额来自 20% 的商品；80% 的业务收入是由 20% 的客户创造的；在销售公司里，20% 的推销员带回 80% 的新生意；等等。我们通常用 80% 的精力，去做那些只会取得 20% 成效的事，目前国内企业管理工作中的“管”与“理”普遍按照 8:2 的比例分配，而世界经济发达国家企业管理工作中的“管”与“理”却遵照 2:8 的比例分配。

（三）长尾理论在互联网金融中的应用

由于交易成本、搜寻匹配成本及信息不对称等因素的存在，中国传统金融领域受“二八定律”的支配。金融资源不断向发达地区、中心城市、大企业及高收入人群集中，而欠发达地区、农村、中小微企业及低收入人群所得到的金融服务明显不足。传统银行的融资门槛高，需要抵押品，通常不愿意将钱贷给急需资金的广大中小微企业，而是把大量的资金贷给并不急需资金的大企业。由此引发了严重的金融不平衡，造成了各种经济问题和社会问题。

随着互联网时代的到来，“二八定律”的优势地位逐渐被长尾理论所颠覆。互联网金融利用移动支付、大数据、云计算、社交网络和搜索引擎等互联网技术，在获取信息以及处理数据方面能力强大，这使得信息传播速度更快，资源配置效率更高，有效降低了交易双方的信息不对称程度，使逆向选择和道德风险发生的概率大大降低，降低了金融市场的交易成本和搜寻匹配成本，实现了投融资需求的自动匹配。互联网金融使金融服务的对象由传统金融服务的20%的高端客户拓展到了数量庞大的中小微企业和低收入人群等80%的长尾客户，实现了普惠金融的目标。

互联网金融推出的第三方支付业务较好地解决了网络交易中的信用难题，有效提高了支付业务的服务质量，吸引了大量的长尾客户。第三方支付克服了传统金融交易中买卖双方钱和物的交换几乎同时进行的不足，较好地解决了交易双方的信任问题，变同步交换为异步交换。第三方支付平台承担着担保人和资金托管人的角色，大幅度提高了用户支付的便捷性，增强了支付的安全性，优化了用户体验，在社会生活的各个支付领域被广泛应用，使电子商务尤其是网络购物发展迅猛。

互联网金融推出的P2P网贷有效地解决了在国民经济中占有重要地位的大量中小微企业的融资难问题，满足了长尾大众客户的融资需求。这些长尾客户很难从传统金融系统中获得融资，但借助P2P网贷能够达到这一目的。P2P网贷中介平台为借贷双方提供信息发布、风险评估、信用咨询、交易管理、客户服务等服务。借款人在平台发放借款标的，投资者进行竞标后向借款人放贷。交易双方自由竞价，撮合成交。借贷过程、资料与资金、合同、手续等全部通过网络实现。中介平台借助其信息处理优势，能够以较低成本评估广大中小微企业及其他长尾客户的信用水平和偿债能力，降低逆向选择和道德风险发生的概率，较好地解决了交易双方的信息不对称问题，使小微贷款业务规范化成为可能。互联网金融打开了以往被传统金融机构所忽视的融资长尾市场，使传统金融机构难以覆盖的中小微企业及其他长尾客户群体能够充分享受网络借款的高效和便捷。

互联网金融推出的众筹平台满足了长尾大众客户的多样化、个性化和复杂化的投资需求。互联网金融可以将无数小额闲散资金汇聚起来，降低了投资理财门槛，使其没有时间和地域的限制；且资源配置效率和服务效率高，因而成本低，可以使投资者获得比银行存款和购买理财产品更高的收益。

第二节　信息经济学理论

起源于20世纪60年代的信息经济学以信息不对称理论为起点，逐渐形成了包括逆向选择与信号传递、委托—代理理论与激励机制设计、价格离散理论与信息搜寻理论等在内的庞杂的学科体系。目前，信息经济学在互联网金融的实务中得到了新的延伸。

一、信息不对称理论

（一）信息不对称理论

信息不对称理论是指在市场经济活动中，由于社会分工和专业化，各类交易主体对有关信息的掌握存在差异，即存在信息不对称。掌握信息更充分的交易主体，往往处于有利的地位，而信息贫乏的交易主体，则处于不利的地位，即信息不对称使各交易主体处于不平等的地位。该理论认为：市场中卖方比买方更了解有关商品的各种信息；掌握更多信息的一方可以通过向信息贫乏的一方传递可靠信息而在市场中获益；买卖双方中拥有信息较少的一方会努力从另一方获取信息；市场信号显示在一定程度上可以弥补信息不对称的问题。

信息不对称容易产生逆向选择和道德风险问题。当信息不对称时，市场上便出现了次品驱逐优质品的现象。这个时候的市场上假冒伪劣产品盛行，真正好的产品卖不出去，最后倒台和垮掉的是好企业。由此而造成市场上的产品质量持续下降，市场效率低下。

信息不对称理论指出了信息对市场经济的重要影响。随着新经济时代的到来，信息在市场经济中所发挥的作用比过去任何时候都更加突出，并将发挥不可估量的作用。传统的经济学理论通常假设市场交易双方都具有完全的信息，然而，在现实经济活动中，经济行为主体在大多数情况下不仅不具备完全信息，而且发现信息的能力也十分有限，从而使其决策行为面临许多的不确定性，这与传统经济学理论的完全信息假设发生了冲突。信息不对称理论恰恰正是在弥补传统经济学理论漏洞的基础上推动了现代经济学理论的新发展。

为了减少信息不对称，可以采取多种方法，如加强信息网络建设、设计合理的契约、加强政府政策引导、加强诚信建设、建立项目风险预警机制及培育公正、规范的中介机构等。其中，培育公正、规范的中介机构，建立能使信息达到对称的机制，增加信息透明度，使中介行业成为信息流中心和公正、公平、诚信的平台是解决信息不对称的关键。

（二）信息不对称理论在互联网金融中的应用

信息不对称是金融中介存在的最重要原因。互联网金融通过引入第三方平台等中介机构，有效解决了金融交易中双方由于信息不对称而产生的信任问题。在金融市场上，信息不对称表现为借款人对自己的资金来源和自己的信用情况非常了解，而放款人很难了解到借款人的真实信息，由此产生了逆向选择和道德风险问题。贷款人往往会把资金错借给那些资质差但极力争取获得资金的借款人，反而将那些资质良好但争取资金不是很努力的借款人挤出了市场，即出现了所谓的“劣币驱逐良币”的现象。资质差的借款人可借此进一步隐瞒对自己不利的消息，导致放款人发生损失，市场出现混乱。

互联网金融与传统金融的最大区别在于对信息的处理，信息成为金融行业最重要的资源，改变了产业的价值链。在互联网金融模式下，供需双方的信息通过互联网金融平台得到了很好的展示，信息更加透明，供求双方都可以有更多的比较和选择，使信息不对称的程度大大降低。互联网金融既能降低交易前信息搜寻成本，同时通过依托现代信息技术优势，使交易中的支付和结算成本也得到了有效的降低；而交易后的监督成本则可以通过与平台合作的第三方担保公司或保险公司进行转移而得到降低，进而降低交易的总成本。互联网金融通过大数据、云计算等技术对交易信息进行整合，形成了一套交易前、交易中和交易后的完整风险控制体系，为客户提供了便捷、安全，成本低廉，操作简单高效，且提供信用担保的优质金融服务。

例如，在贷款放出前，阿里巴巴小额贷款公司就从数据库提取数据，导入信用评估模型，分析申请贷款的借款人的信用，并引入交叉检验技术，对申请贷款的借款人的还款意愿和还款能力进行准确评估，这有效地降低了逆向选择发生的概率。在贷款放出中，阿里小贷公司会利用平台上形成的动态、连续信息，分析借款人的动态违约概率及风险定价，实现远程监控和实时预警。在贷款放出后，对于违约的借款人，阿里小贷公司会对其采取严格的曝光、关停网络店铺账号等惩罚措施。

再如，P2P 网贷引入第三方中介平台，贷款申请人需要先在借贷平台上上传身份信息和证明材料，然后平台会对其进行初步信用评价。贷款申请人的借款成功次数、逾期率和逾期天数等相关信用信息都会影响初步信用评价结果。在贷款放出前，贷款人可以根据对借款人的信用评价结果、信用记录和借款风险收益特征等信息，并通过网上的其他信息进行交叉检验后再做出投资决策，这样部分解决了逆向选择问题。在贷款放出中，平台对借款人进行动态的监督和观察。在贷款放出后，P2P 网贷平台会联合业内有关第三方将违约借款人列入黑名单或进行曝光，这在一定程度上降低了道德风险发生的概率。

二、搜寻理论

（一）搜寻理论

搜寻理论假定消费者知道市场上价格的分布，但不知道每一个销售者的报价，因此会出现两种情况：一种是固定样本搜寻，即消费者可预先选定几个销售者，寻找其中的最低报价；另一种是连续搜寻，即消费者连续不断地搜寻，直至找到可以接受的价格，或者放弃搜寻。

搜寻理论认为，人们对信息的搜寻是有成本的。搜寻成本是指搜寻活动本身所要花费的费用，这种费用有时指搜寻活动所需要的开销，有时也可以指等待下一次机会所付出的代价。因为存在搜寻成本，因此对搜寻者而言，他所面临的选择就是搜寻或停止搜寻。如果搜寻者决定停止搜寻，就意味着他在已有的机会集合中选择一项行动，搜寻过程结束；如果搜寻者决定搜寻，就意味着他继续搜寻新的选择对象。

随着搜寻次数的增加，搜寻的边际收益总是下降的。当搜寻活动使搜寻的预期边际收益等于边际成本时，搜寻活动才会停止。此处的搜寻额外价格的预期边际收益是指追加一次搜寻所带来预期最低价格的减少量乘以购买量。搜寻额外价格的边际成本由时间、交通费用、信息费用构成。

（二）搜寻理论在互联网金融中的应用

搜寻行为之所以存在，广义原因是信息不对称所导致的搜索前置；狭义原因是价格离散，即信息在交易双方之间的非均衡分布所引发的同地区、同质量产品的价格差异，信息搜寻因此才有利可图，专业化信息服务机构才得以产生。搜寻成本影响着定价和价格离散程度，搜寻成本越高，价格竞争越弱，离散程度越高，搜寻所获收益就越大。目前，互联网信息搜寻效率已达较高水平。我国学者韩民春、陈小珞率先以实证方式证明了互联网使信息在市场中呈现均衡分布，成本与价格的透明度被提高，从而网上商品价格也趋于收敛。与传统金融市场相比，若互联网金融市场搜寻成本的降幅不大，就会失去发展后劲。

以货币基金市场为例。传统市场上搜寻成本较高，信息扭曲严重，寻找高口碑供方的难度较大，只要低口碑供方有可能凭借降价来弥补口碑劣势，高口碑供方由于受到建立、维护、宣传口碑成本的限制，就不可能占据全部市场，因此会出现高口碑供方的产品价格和市场份额较高、低口碑供方的产品价格和市场份额较低的均衡，价格竞争较弱，离散程度较高。而在互联网市场上，搜寻成本大大降低，高口碑供方更易被需方选择，供方群体内部将加强价格竞争，均衡时的价格离散程度发生改变；低口碑供方不得不进一步降价，最终可能因产品价格低于成本而难以生存，市场结构发生质变，形成“良币驱逐劣币”的局面。

在互联网信息搜寻中，搜寻方式代替搜寻成本成为了核心内容。随着互联网信息技术的不断进步，传统金融信息被动获取方式已转变为主动搜索方式。不过，互联网上的信息数量空前丰富，信息噪音也相应增多，单纯的主动搜索可能仍无法满足个体某个独特、切实的需要。大数据技术支持下的信息过滤技术、推荐技术，为互联网金融消费者提供了刻画需求和推荐喜好等新的信息搜寻手段，实现了信息的定制化供给，进一步降低了搜寻成本。刻画需求是指客户对金融产品构成因素进行自由选择与组合，互联网金融产品信息集散平台根据其具体要求反馈信息；推荐喜好是指凭借大数据，分析每一位客户对金融产品的喜好和接受金融服务的习惯，抛弃覆盖面大且成本高昂的渠道，使用狭小且定位准确的互联网渠道向客户推送针对性的内容。与此同时，搜寻成本的下降和搜寻方式的改进，促使拥有特殊需求的需求方在互联网上快捷地匹配具备条件的供给方，供给方也可利用大数据挖掘技术主动寻找少数具有相似需求的需求方，从而解决生产规模过小带来的成本问题，这为未来互联网金融产品的私人定制提供了便利。

三、声誉机制

（一）声誉机制

声誉机制是建立在信息经济学和博弈论基础之上的市场信用机制。声誉是一种能够反映市场主体行为倾向与动态特征，同时能够对其进行类型甄别的一类可以进行传递的信号。连续、稳定的声誉信息能够形成声誉信息流，一般情况下市场可以自发产生短期的声誉信息流，而在第三方的组织下则可以产生长期、稳定、可靠的长期声誉信息流。这些信息流在社会关系的引导下最终能够形成声誉信息网络，在互联网环境中这类声誉信息网络能够以更快的速度生成。

声誉机制是促进博弈双方合作的重要机制，对其的研究被纳入两个框架：第一，在完全信息无限次重复博弈理论的框架内，冷酷战略意味着一旦背叛合作，声誉就会消失。第二，在 KM－RW（Kreps，Milgrom，Roberts and Wilson，1982）标准声誉模型的框架内，依靠声誉机制能够解决囚徒困境。后来坎多里（Kandori）在 1992 年利用拓展标准声誉模型进行论证后发现，若信息传播机制完善，则除了自我实施机制，声誉的形成和维持还可通过社会实施机制来实现，因此交易者有足够的积极性保持良好声誉。在各类互联网交易中，互联网信息技术的发展极大地提高了声誉信息的采集与传播效率，降低了声誉约束成本，并将声誉机制的作用范围拓展到全球。

（二）声誉机制在互联网金融中的应用

不少学者专门分析声誉机制在借贷市场上发挥的作用。在 P2P 网贷市场上，借款人的借款记录和还款记录是其声誉的主要构成因素。现实中存在借款人凭借小额借款建立良好声誉后再行诈骗、一旦留下失信记录后伪造身份信息重新入场的现象，因此针对 P2P 借款人的声誉机制要想真正生效，必须满足两个基本条件：一是信息能够高效率、低成本的传播，确保借款人不良声誉能被及时披露和识别，形成集体惩罚；二是信息真实、完整，通过建立 P2P 信用信息共享系统、接入我国正式的征信系统，使来自各个 P2P 平台的借款人信息能够互相补充和校验，构建网上网下统一联防的机制，从而最大限度地提高信息造假的成本、降低信息甄别的难度，切实保障 P2P 贷款人的合法权益。

互联网金融企业可能与金融消费者形成委托合同关系，扮演代理人的角色。声誉能够替代显性激励，给代理人带来隐性激励。在 P2P 网贷行业中，P2P 网贷平台必须经受借贷双方委托人的审视和检验。经互联网广泛传播的每一位客户的评价，以及第三方组织的正式评价，组成了 P2P 平台的声誉，是客户在众多 P2P 平台中用脚投票的决定性因素。好的声誉将提升盈利、促进经营规模的持续增长，因此即使没有显性激励，P2P 平台也会积极采取高度诚信与尽责的策略，以便改进和维持声誉。

第三节　普惠金融理论

一、普惠金融的内涵与特点

普惠金融（Inclusive Financial）也称包容性金融，是指能有效地、全方位地为社会所有阶层和群体提供金融服务和金融产品，尤其是针对低收入群体和小微企业提供金融供给的金融发展体系。这一概念于 2003 年联合国秘书长在宣布 2005 年为国际小额信贷年的讲话中首次被提出，并在 2005 年联合国世界首脑会议上正式提出了普惠金融的概念。普惠金融的核心目标是让所有阶层都可以享受到最基本的金融服务，降低金融服务中的成本，提高服务的便利性、可获得性，解决传统金融服务中的金融排斥问题，实现资源的有效配置，助力地区经济发展，提升社会整体福利。

普惠金融的需求主体可以分为四大类。第一类主体是农民。乡村一般地处偏远，各类基础设施建设都相对落后，尤其是金融基础设施建设。金融网点较少，金融服务不够充分，甚至无法满足最基本的存贷款需求。第二类是失业人员。失业群体一般没有工作且无不动产，所以无法向金融机构提供自己的信贷担保，无法申请到各类贷款，更容易造成持续性失业的恶性循环。第三类是城市低收入群体，大多是指生活在城市中的外来务工人员。虽然城市环境中的金融基础设施建设更加完善，但金融机构倾向于优质客户，城市低收入群体依旧受到金融机构的金融排斥。第四类是小微企业。它们是未来地区经济发展的一股核心力量，有很高的金融服务和融资需求，是普惠金融改革中需要重点考虑的对象。但由于自身资本实力薄弱且缺乏信用担保，所以无法在正规金融机构获得融资，一般只能依靠高成本的民间力量来融资，但这样会抑制企业的发展壮大。

普惠金融的主要特点包括：(1) 全面覆盖的业务。普惠金融能够提供的不仅仅是存贷款、储蓄融资等基础性的服务，还包括了保险与养老、证券基金等全面性的金融服务，不再是单单一个业务的服务。第一，覆盖的面积广，普惠金融要覆盖所有的社会人群；第二，能够提供全面且专业的技术指导，提供高效快捷、公平公正的信息支持，提供全面安全的支付和清算服务；第三，在金融基础设施建设中，要保证有完整且运行状态良好的金融体系；第四，对社会上的老弱病残等弱势群体要适度地进行照顾，不能以偏概全，同时不能忽视偏远农村地区中农户的金融需求。(2) 公平的服务。普惠金融指社会中的每一个阶层都应享受金融服务，不受性别、年龄、穷富及其他因素不同的影响。人人都享有公平的金融权，且任何人和机构都不得剥夺人类的这项基本权利。同时每个人所享受的金融权利也要与自身可承担的金融资本相匹配，在享受权利的同时为社会的经济发展贡献力量。(3) 广泛的参与。普惠金融提倡所有类型的金融机构都可参与，不单单指单个的小额信贷机构或村镇银行等，而是指所有类型的金融机构以各自不同的方式广泛合理地参与。在农村金融的改革中，需要大中小各类不同的金融机构改变其原有的不恰当的运营方法，根据现实经济生活中的需求和农村的特殊情况，按照当地的需求进行调整。(4) 便捷高效的服务。普惠金融期望的是为社会提供高效便捷的金融服务，尽一切可能比如缩短金融机构与乡镇的物理距离，合理布局金融网点，提升金融从业人员的服务效率，简化金融交易的程序等，缩短一次完整金融交易所需的时间，为人们获得金融服务提供最大的便利。(5) 可持续性的发展。普惠金融的可持续性是指它的服务虽然有其特殊的服务区域和服务对象，但是整体上包括了不同国家、不同地区和不同阶层这个大的范围。普惠金融市场的开拓，多元化服务的建立，不仅仅是为大众提供了便捷的金融服务，同时也可以增加金融机构的利润。

二、普惠金融的发展

自 2005 年联合国首次提出普惠金融以来，各国逐渐把普惠金融制度作为未来的金融发展战略。我国最早引进这个概念是在 2005 年的国际小额信贷年的推广活动中，大会提出用普惠金融体系作为 inclusive financial system 的中文翻译，意为要让所有人平等享受金融服务。2006 年 3 月在北京召开的“亚洲小额信贷论坛”上，时任中国人民银行研究局副局长焦瑾璞正式使用了普惠金融的概念。2012 年 6 月，时任国家主席胡锦涛在墨西哥举办的二十国集团峰会上第一次在国际公开场合正式使用普惠金融概念。在国内，2013 年 11 月，党的十八届三中全会报告中首次明确使用普惠金融的概念，提出发展普惠金融。2015 年，国务院印发《推进普惠金融发展规划（2016—2020 年）》，对未来普惠金融发展提出指导性意见。2016 年 8 月，由中国人民银行、中国银监会指导，中国人民大学、中国银行业协会和中国小额贷款公司协会主办的“2016 年中国普惠金融国际论坛”在北京召开。2016 年 9 月在杭州召开的 G20 峰会上，各国组织将普惠金融作为重要议题之一，就三份重要文件进行了深入讨论。2018 年 8 月，由国家金融与发展实验室与全国党媒信息公共平台、微众银行合作编写的《中国普惠金融创新报告（2018）》在北京公开发布。2018 年 10 月，中国银行保险监督管理委员会发布《中国普惠金融发展情况报告》摘编版。报告显示，截至 2017 年底，我国银行业小微企业贷款余额为 30.74 万亿元，较 2013 年末增长 73.1%；共为 1 521 万户小微企业提供贷款服务，较 2013 年末增长 21.7%。2020 年 11 月 12 日，由人民日报全国党媒信息公共平台牵头主办的第三届“中国普惠金融创新发展峰会”在北京举行，本次峰会由中国银行业协会、中国保险行业协会、国家金融与发展实验室和中国银行保险报联合主办。峰会探讨了以数字普惠推动新阶段的金融供给侧结构性改革经验，发布了《中国普惠金融创新报告（2020）》。

目前，我国普惠金融体系的构成主体主要包括小额贷款公司、第三方支付机构及各类互联网金融平台、传统正规金融机构提供的普惠金融服务三个部分。我国于 2005 年开始试点小额贷款公司，2008 年出台《关于小额贷款公司试点的指导意见》，此后小额贷款公司迅猛发展。2015 年小额信贷公司数量最多时达到 8 965 家，此后有所下降，到 2017 年年中，全国共有小额贷款公司 8 643 家，贷款余额 9 608 亿元，上半年人民币贷款增加了 313 亿元。2011 年 5 月，中国人民银行开始给首批 27 家第三方支付机构发放牌照，前后共发放 7 个批次。2015 年，第三方支付机构数量最多时达到 270 家，随后有所减少，2017 年年中存量为 258 家。随着互联网金融的火热发展，各类互联网金融平台快速发展，2015 年达到一个高峰，此后逐渐在清理和规范中发展。传统正规金融机构提供的普惠金融服务包括农村信用社、邮政储蓄银行以及村镇银行和民营银行提供的普惠金融服务，还有大型银行包括中国工商银行、中国农业银行、中国银行、中国建设银行和交通银行设立的普惠金融事业部，传统正规金融机构的普惠性正在逐步增强。

尽管近年来我国普惠金融的发展取得了积极的进展，但在服务的覆盖面、可得性和便利性方面还存在着诸多问题。第一，服务不均衡。金融资源还是更多地向经济发达地区、城市地区集中，西部地区、农村地区获得的金融服务相对还是较少。第二，体系不健全。支持普惠金融的法律法规体系仍不完善，政策性金融机构功能发挥不够。第三，商业类普惠金融可持续性不够，风险大、成本高、收益低，商业银行参与普惠金融的内在积极性不高。第四，服务模式和技术手段还不能适应普惠金融的需要。由于商业规则和运行平台的约束，传统金融难以树立普惠性理念，中小微企业仍然是传统金融服务的薄弱领域。

三、互联网金融在普惠金融中的应用

互联网金融依托移动互联网、大数据、云计算、区块链、人工智能等为代表的金融科技技术，突破了传统金融在推行普惠金融中的一些难点，开拓了普惠金融的一种创新模式，为解决普惠金融的世界性难题提供了现实可行路径。互联网金融以互联网为平台，以信息整合和云计算为基础，在支付方式、信息处理和资源配置方面都具有传统金融无可比拟的优势，开创了一个开放、自由、平等、共享、灵活、便捷、高效、安全、低成本、不论地位高低、不计财富多少、不论时间和地域、人人可以参与的新的金融运行模式。互联网金融中的第三方支付有效解决了电子商务活动中买卖双方在缺乏信用保障和法律支持的情况下互相不信任的问题，承担了买卖双方的中介保管及监督的职能，使得所有有支付需求的大众客户都能够享受便捷、安全、高效的金融服务。互联网金融的 P2P 网贷，通过借贷中介平台聚集社会闲散资金，为交易双方提供服务，有效地解决了传统金融机构难以覆盖的小微企业、个体工商户及其他个体客户群体的融资需求。互联网金融的众筹平台在大量的有一定闲散资金并有理财投资想法的投资者和有创意及项目、需要向公众募集小额资金或寻求其他物质支持的融资者之间牵线搭桥，使用信用贷款的方式将资金贷给其他有借款需求的人。众筹平台上投融资额度小而数量大、进入门槛低、参与方式简单、项目具有多样性及创意性等，使低收入群体也可以享受财富管理带来的喜悦，需要资金周转的小微企业或其他个体客户可以找到手持盈余资金但却投资无门的大众投资者。

但互联网金融的发展也带来了许多问题：第一，互联网的不断发展带来各种新兴网络安全风险。互联网金融业务完全依托于互联网而存在，一旦互联网或提供互联网金融服务的平台出现问题，则有可能对大众的隐私安全问题、财产安全问题等产生威胁，因此网络安全问题是互联网金融发展过程中的重中之重，需要实时关注。第二，政策法规的滞后和监管缺位。互联网技术发展之快完全超出想象，而与互联网相关的法律法规却不能随着互联网的发展而不断完善，甚至最基本的对于互联网金融机构的明确定义并没有出现在相关法律法规中。互联网金融行业的准入也并没有明确的规定，导致现有互联网金融机构种类多样、质量参差不齐，这为整个互联网金融行业带来了极大的风险。而 2017 年 12 月 8 日 P2P 网络借贷风险专项整治工作领导小组办公室下发的《关于做好 P2P 网络借贷风险专项整治整改验收工作的通知》更是直接让许多 P2P 网贷公司重新整合，甚至很多公司直接倒闭。第三，征信体系整体性不足。人民银行作为征信系统的源头，其只为传统金融机构提供相关信息，而大部分互联网金融机构现在还无法通过人民银行征信系统获得企业及个人的征信情况，只能通过网络或线下对贷款人及机构进行评估，这其实大大增加了贷款风险。第四，互联网金融平台设计可能产生的道德风险。互联网金融虽然实现了投融资双方资金的直接对接，但由于存在金融管理方面的漏洞，投资方无法全面了解融资方的实际情况，通过不良互联网平台的推荐而进行的投资，很可能使投资方陷入恶意欺诈的陷阱。

本章小结

互联网金融没有固定的实体营业店，一切都在网上进行，可以突破时间和地域的限制，金融产品的交易可以随时随地进行，覆盖范围广，容易实现批量化生产、程序化服务，因此边际成本很低，表现出明显的规模经济效应。范围经济效应在互联网金融中也有着明显的表现。如众筹平台一旦成功建立，则新增单个借款人的边际成本很低，借款人越多，吸引的投资者也越多，平台成本协同节约能力也就越高。

长尾理论是网络时代兴起的一种新理论。由于交易成本、搜寻匹配成本及信息不对称等因素的存在，中国传统金融领域受“二八定律”支配。随着互联网时代的到来，“二八定律”的优势地位逐渐被长尾理论所颠覆。长尾理论在互联网金融中得到了很好的应用。互联网金融推出的第三方支付业务较好地解决了网络交易中的信用难题，有效提高了支付业务的服务质量，吸引了大量的长尾客户。互联网金融推出的P2P网贷有效地解决了在国民经济中占有重要地位的大量中小微企业的融资难问题，满足了长尾大众客户的融资需求。互联网金融推出的众筹平台满足了广大居民这些长尾大众客户的多样化、个性化和复杂化的投资需求。

信息经济学理论包括信息不对称理论、搜寻理论和声誉机制。信息不对称是产生逆向选择和道德风险的根源，也是金融中介存在的最重要原因。互联网金融与传统金融的最大区别在于对信息的处理，信息成为金融行业最重要的资源，改变了产业的价值链。

普惠金融也称包容性金融，是指能有效地、全方位地为社会所有阶层和群体提供金融服务和金融产品，尤其是对低收入群体和小微企业提供金融供给的金融发展体系。互联网金融依托移动互联网、大数据、云计算、区块链、人工智能等为代表的金融科技技术，突破传统金融在推行普惠金融中的难点，开拓了普惠金融的一种创新模式，为解决普惠金融的世界性难题提供了现实可行路径。尽管近年来我国普惠金融的发展取得了积极的进展，但在服务的覆盖面、可得性和便利性方面还存在着诸多问题：一是服务不均衡；二是体系不健全；三是商业类普惠金融可持续性不够；四是服务模式和技术手段还不适应普惠金融的需要。

关键术语

产业经济学　规模经济　范围经济　长尾理论　二八定律　信息经济学
信息不对称　搜寻理论　声誉机制　普惠金融

思考题

1. 简述规模经济与范围经济的内涵及其在互联网金融中的应用。
2. 什么是长尾理论？长尾理论在互联网金融中有哪些应用？
3. 简述信息不对称理论的内涵及其在互联网金融中的应用。

4. 互联网金融可以降低金融交易中的逆向选择和道德风险发生的概率吗？为什么？
5. 什么是搜寻理论？互联网金融如何降低金融交易中的搜寻匹配成本？
6. 什么是声誉机制？它是如何在互联网金融中发挥作用的？
7. 简述普惠金融理论及互联网金融在普惠金融中的应用。
8. 互联网金融的发展能够推动普惠金融的发展吗？

延伸阅读

［1］冯科，宋敏．互联网金融理论与实务［M］．北京：清华大学出版社，2016.

［2］何平平，车云月．互联网金融［M］．北京：清华大学出版社，2017.

［3］李建军，罗明雄．互联网金融［M］．北京：高等教育出版社，2018.

［4］周光友．互联网金融［M］．北京：北京大学出版社，2017.

［5］郭福春，陶再平，吴金旺．互联网金融概论（第二版）［M］．北京：中国金融出版社，2018.

［6］罗党论．互联网金融［M］．北京：北京大学出版社，2016.

［7］赵永新．互联网金融理论与实务［M］．北京：清华大学出版社，2017.

［8］谢平，邹传伟，刘海二．互联网金融手册［M］．北京：中国人民大学出版社，2017.

［9］黄益平，王海明，沈艳，等．互联网金融12讲［M］．北京：中国人民大学出版社，2016.

第三章

新型互联网金融业务

本章导读

互联网金融是互联网与金融两个行业相结合的新兴产物。互联网金融充分利用互联网、云计算和大数据等高新技术做支撑，将开放、平等、协作和共享的互联网精神融入金融创新中，让融资、交易、理财变得高效和便捷，实现了存款理财化、融资多元化、支付电子化和需求多元化。互联网金融这种更加关注用户体验的金融创新、促进互联网与金融深度结合的新兴业态，在获得社会各界广泛关注的同时，逐渐得到了监管机构的支持和鼓励，为我国金融业带来了新的发展机遇。

本章将介绍互联网金融的业务模式，共分为六节，依次对P2P网贷、众筹、第三方支付、互联网金融门户、信息化金融机构和持牌的纯互联网金融机构进行详细的阐述分析。

本章学习目标

本章详细阐述了六种新型互联网金融业务：P2P网络借贷、众筹、第三方支付、互联网金融门户、信息化金融机构和持牌的纯互联网金融机构。通过本章的学习可以了解到，互联网与金融这两个行业的结合使融资、交易、理财变得高效和便捷，需要掌握这六种新型互联网金融业务的原理、现状、模式、特点和发展面临的问题，理解互联网金融为我国金融业发展带来的新的发展机遇。

第一节　P2P网贷

一、P2P网贷的概念

P2P网贷（Peer to Peer Lending）起源于英国，随后发展到美国、德国和其他国家，这种模式是网贷双方通过P2P网贷平台进行自由竞价，撮合成交。资金供给者通过放贷获取利息并承担风险；资金借入者实现快速融资，并在借款到期时偿还本金及利息。P2P 网贷平台主要起信息中介作用，为借贷活动提供信息发布、风险评估、信用咨询、交易管理、客户服务等服务，以获得服务费。这种借贷模式利用互联网的平台信息优势，将借款者和投资者直接对接，呈现的是网状的“多对多”模式，是一种去中心化的直接融资模式。在该模式中，借款者和投资者地位对等。这与传统银行借贷以银行为中心的“一对多”的间接融资模式有显著的差异。此外，在 P2P 网贷模式中，借款者在 P2P 网贷平台上寻求资金，出借人根据借款者的合同，直接在 P2P 网贷平台上对其进行投资。相比于传统的银行借贷模式，P2P 网贷模式的效率要高很多。英国的佐帕（Zopa）、美国的贷款俱乐部（Lending Club）和中国的拍拍贷都是 P2P 网贷模式的典型代表①。

P2P 是 Peer to Peer 的缩写，是一种计算机术语。P2P 作为一种计算机技术主要是为了解决互联网发展初期的宽带受限和网络拥堵问题。P2P 技术将互联网上每一台计算机都视为服务器，任何一台连通互联网的计算机在下载了某文件后，就会在互联网上多出一个提供该文件下载的服务器，从而大型服务器的集中下载压力被大大缓解。该模式下所有连入网络的计算机都是一个天然的资源服务器，每台计算机的地位对等，既是资源的需求方也是资源的供给方。这与传统的中心服务器模式完全不同，其实现了去中心化。P2P 网贷平台也包含了去中心化的思想，这与传统的银行借贷完全不同。传统的银行借贷中，银行是一个中心，是所有存款者的借者，是所有借款者的贷者。因此，P2P 网贷能在一定程度上缓解缺乏信用记录和抵押品的个体和小微企业的融资难题，从而最大程度上高效配置闲置资金，提高整个社会资源配置效率。P2P 网贷使投资人和借款人都能受益：借款人可以获得比民间借贷更便利的信用融资渠道，付出更低的借款成本；投资人可以获得比银行存款更高的回报。

二、P2P 网贷国内外发展现状

（一）P2P 网贷国外发展现状

过去 10 年间，P2P 网贷服务行业已经在世界各地蓬勃发展。英国的 Zopa 是世界上第一个 P2P 网贷平台，截至 2016 年 12 月，Zopa 的借贷规模近 70 亿英镑，约占英国 P2P 市场总额的 25%。2016 年，美国著名 P2P 网络借贷平台 Lending Club 成交量达 246 亿美元。

Zopa 于 2005 年 3 月在英国成立，其正式用户均为年满 18 岁且拥有至少 3 年信用记录的英国公民。Zopa 旨在采取各种保护措施来降低出借人的违约风险。繁荣（Prosper）成立于 2006 年，是美国繁荣市场公司的简称，拥有约 130 万注册会员，成功贷款金额已经超过 4 亿美元。Prosper 是典型的借贷中介平台，在此平台上借贷交易的完成完全凭出借人和借款人的自主意愿和自主选择。Lending Club 于 2007 年 5 月在美国创立，是针对

① 2020 年 9 月国内首家 P2P 平台拍拍贷宣布已经完成业务清零和退出。目前，拍拍贷已经成功向助贷平台转型，致力于为有借款需求的借款人匹配适合的持牌金融机构，继续提供服务。

美国用户的私人借贷平台。通过Facebook平台和其他社区网络及在线社区平台将出借人和借款人聚合，其主要特点在于充分利用社交网络平台数据，根据借款人不同的信用评级规定不同的利率。2005年10月在美国成立的Kiva是一个非营利的公益借款平台，并向发展中国家的创业者提供小额贷款。

虽然Zopa、Prosper和Lending Club成立的时间不同，但其创始人有着相似的创业理念。他们都不认同银行以无差别的金融产品和服务供给来满足有不同需求的金融消费者，力求通过自身商业模式和产品服务的创新，为消费者提供价值。例如，Zopa的创始人Richard Duval希望创造一种自由的方式，让已经厌倦大银行僵化体制的消费者在使用资金时有更大的话语权。Prosper的创始人Chris Larsen希望推进借贷过程的民主化。而Lending Club的创始人Renaud Laplanche，则希望利用消费者的同质性来为借款人和放款人提供更好的交易。

Web 2.0的兴起和2008年的国际金融危机为P2P平台的发展提供了重要契机，前者提供了P2P借贷产生的可能性，后者则是P2P借贷成长的助推器。一方面，Web 1.0的模式将用户视为被动的信息接收者，而Web 2.0则允许用户参与其中，并且创造信息与价值。另一方面，以上三家公司成立不久后，国际金融危机就爆发了，大型金融机构在危机冲击下开始收缩信贷，这迫使很多消费者转向P2P平台借贷。例如，危机期间高风险的个人投资者受到严重冲击，很难申请到无抵押贷款，于是把目光投向P2P借贷。而很多贷款申请被拒的大学生，也开始对P2P借贷产生兴趣。近几年，虽然P2P平台的运作模式发生了一些变化，但都在忠实地遵循着成立之初为消费者提供价值的宗旨。

（二）P2P网贷国内发展现状

2006年，宜信在中国成立，成为中国最早开展网贷的公司。随着互联网和电子商务在我国的快速发展，许多P2P网贷信息中介机构乘势而起，2010年平台数量首次过百。在被称为互联网金融元年的2013年，P2P网贷成为行业热点，成百上千个P2P平台如雨后春笋般地涌现出来。2012年，运营平台的数量仅为200家，2013年约为800家，2014年达1 575家，2016年共有4 856家，2017年还有1 854家，2018年只有761家，2019年仅余343家。

网贷行业竞争日益激烈。随着互联网金融安全专项整治活动的开展，以及2016年8月24日《网贷信息中介机构业务活动管理暂行办法》的出台，网贷行业的规模由快速扩张转为稳中有升，呈现出集中趋势。以P2P网贷为例，一方面，正常运营的P2P网贷平台在减少，2016年12月31日P2P网贷平台共有4 856家，仅包括有PC端业务的平台，且不含港澳台地区网贷平台。其中，正常运营的仅有1 625家，仅占33%，正常运营的平台数量环比下降3.9%；新增平台数量自2015年5月开始就一直呈现下降趋势。另一方面，2016年全年P2P网贷行业成交额接近1.95万亿元，成交量曲折上升。平台成交量整体呈上升趋势，而正常运营平台数量一直呈环比下降趋势，可见行业集中趋势正在显现，大平台的市场占有率越来越高，小平台面临着巨大的竞争压力。随着监管的加强和利率市场化改革，P2P网贷的收益率开始趋于合理化，P2P网贷行业的总体综合收益率从2016年1月的12.18%下降至同年12月的9.86%。

2019年是网贷行业在绝望中寻找希望的一年。2019年初尚且存活的从业机构刚刚从2018年的大雷潮中缓过神来，期待着监管政策的进一步明确和落地，迎来的却是175号文——《关于做好网贷机构分类处置和风险防范工作的意见》，文中首提坚持以机构退出为主要工作方向，这奠定了2019年整个行业清退转型的主基调。此后多份重磅文件及多次高规格会议所传达的网贷整治总方针基本保持了一致性，即推动大多数机构良性退出，引导部分机构转型。但整个2019年关于合规落地的各种可能性却也给不断减少的从业机构带来了坚持下去的希望和动力：从年初的自律检查与行政核查，到4月初传出的机构备案试点，再到10月初传出的六省市监管试点，再到12月初央行发文支持在北京率先开展金融科技创新监管试点。不论是从业机构还是出借人都期望能有少数合规的机构能够在2019年率先完成任何形式的合规落地。

但是随着银保监会2019年最后一份指导意见——52号文《关于推动银行业和保险业高质量发展的指导意见》在2020年初的发布，文中再次明确了坚决清理和取缔未经批准从事金融业务的机构和活动，坚决遏制增量风险，稳妥化解存量风险，深入开展互联网金融风险专项整治，推动不合规网贷机构良性退出。这些词句不仅为2019年网贷行业对合规落地的各类期望遐想画上了一个句号，也为2020年网贷行业的监管思路和发展方向给出了更加明确的预期。

截至2019年12月底，网贷行业正常运营平台数量下降至343家，相比2018年底减少了732家。从全年12个月的正常运营平台数量走势看，伴随着监管部门多次发声表示网贷平台整治仍将以出清为主要目标，引导平台退出和转型，正常运营平台数量不断下降。据网贷之家不完全统计，2019年全年退出行业的平台数量为732家，其中停业及转型平台数量为510家，问题平台数量为222家。由于正常运营平台数量基数下降，2019年停业及问题平台数量相比2018年有所减少。不过2019年退出的平台对行业的影响较大，数家待收规模为上百亿元的平台开始转型退出。2020年12月8日，中国银保监会主席郭树清在新加坡金融科技节上演讲时再度表示，到11月中旬，实际运营的P2P网贷机构已经全部归零。

三、P2P网贷的模式

（一）国外P2P网贷模式

1. 英国的佐帕公司（Zopa）。

（1）纯线上运作，人员精简。Zopa的运营模式是纯粹的线上借贷模式，无担保、无抵押，同时信用评审和贷后资金管理都由相应的第三方专业机构进行，因此目前真正就职于伦敦Zopa的员工仅有36人。到目前为止，Zopa已经向英国客户累计贷款7.64亿英镑，活跃在平台上的借款者和贷款者分别超过了5万和10万人。凭借雄厚的实力和信誉，公司在2010年获得“最佳个人贷款提供者”的荣誉，并在2010—2014年获得“英国最受信赖的个人信贷机构”奖。公司取得如此成就依赖于其完善的经营模式。

（2）借款人信用评级。当借款人想通过Zopa借款时，首先需要在网站上进行注册，然后向平台提供详尽的个人资料。Zopa会对借款人进行信用评级，将借款人分为A*、

A、B、C 四级。评级的主要依据是借款人提供的资料以及英国信用管理部门出具的个人信用报告。不同信用级别的借款人对应的借款利率不同，信用评级越低证明借款人风险系数越大，则借款利率越高。Zopa 的这种市场细分方式可以让出借人了解到借款人的信用状况，便于出借人根据自己的风险承受能力选择风险适合的借款人，提高了资金匹配的效率。

（3）分散投资。为了避免借款人违约给单一投资人造成较大的损失，Zopa 平台引入了分散投资的理念，将每笔贷款按照每 10 英镑一份强制分成 N 份，分别匹配给风险适中的 N 个出借人。例如，一个信用评级为 A 的借款人通过平台贷款 1 000 英镑，审核通过后，Zopa 平台会将这 1 000 英镑贷款平均分成 100 份，分别分给 100 个选择在信用评级为 A 的市场上投资的出借人。这样，当借款人违约后，每个出借人也仅仅损失 10 英镑，不会给出借人造成较大的财务冲击。

2. 美国的 Lending Club。

（1）证券化运作，增加流动性。Lending Club 成立于 2007 年 5 月，其成立之初的运营模式是利用 Facebook 实现借款人和出借人的对接，它主要扮演了中介平台的角色。由于美国证监会认为其运营模式不合法，要求其暂停运营并重新注册和整改。2008 年 10 月，Lending Club 重新运营，其运营模式变为通过借款人和出借人买卖票据的方式进行贷款的发放。当借款人的贷款申请被批准后，并不直接由借款人和出借人完成资金的交接和合同的签订，而是通过 WebBank 来完成整个流程，WebBank 会向借款人发放贷款，同时向出借人分配相应的贷款票据。出借人的贷款票据可以在第三方交易平台上进行转让，这大大增强了贷款的流动性。

（2）监管严格，运作模式更合法。不同于中国的无监管和英国的行业监管形式，美国的监管已经上升到法律监管层面。平台在运作时必须遵守 1993 年颁布的《证券法案》，受到美国证券交易委员会的严格监管，并要求其在美国证券交易委员会（SEC）和公司网站上及时披露相关信息。另外，Prosper 必须遵守《诚实借贷法》（*Truth - in Lending Act*）、《公平信贷机会法》（*Equal Credit Opportunity Act*）、《电子资金转账法案》（*Electronic Funds Transfer Act*）、《个人隐私及数据安全法》（*Privacy and Data Security Laws*）等多项法律，此外还需要遵守各州的相关法律。

（3）已经成功上市。2014 年 12 月，作为全球最大的 P2P 网贷平台，Lending Club 率先在美国纳斯达克成功上市。上市首日，其股价暴涨 56.20%，市值达到 85 亿美元，显示了市场对于 P2P 行业的热情。然而，2014 年年报显示，该公司亏损 3 289 万美元，股票价格及交易量直接受到影响。究其原因，主要是市场营销和产品开发成本远高于其从贷款中获得的收益。尽管当前状况对其产生了一定的负面影响，但凭借其雄厚的实力和良好的运营模式，它肯定会有新的发展和前景。

（二）中国 P2P 网贷模式

在 P2P 网贷发展之初，中国只存在最典型的纯线上 P2P 网贷模式。但是，由于国内特殊的信用环境和投资者对担保的特别偏好，中国的 P2P 网贷发展出了多种有中国特色的 P2P 网贷模式。根据 P2P 网贷的运作流程，可以将我国 P2P 网贷平台大致分为以下三种运作模式。需要指出的是，每家平台并非仅采用一种模式，还可以采用混合模式。

1. 纯线上 P2P 网贷模式。纯线上 P2P 网贷模式是最早的 P2P 网贷平台运作模式，平台本身只提供基础的信息中介服务。在此模式下，平台的工作只是对借款者进行资料审核，挑选出合格的借款者，然后将其借款需求发布到网上，供投资者选择。

拍拍贷是最早开展纯线上 P2P 网贷业务的平台。在拍拍贷平台上，借款者公布借款列表，该列表列出了其希望筹集的资金额度。随后由借款者上传相关资料，拍拍贷平台初审通过后才会放入散标列表中供投资者投标。投资者投标后的资金会被锁定。

需要指出的是，在拍拍贷平台上，只有满标，借款者才能获得资金；否则，则为流标，意味着借款失败。所谓满标指的是投资者投标的资金之和达到借款者希望筹集的资金数额。拍拍贷平台规定满标才能融得资金的原因有两个：一是给借款者设置一个借入门槛，即并不是只要有投资者投标就可以融得资金，只有获得足够数量的投资者投标才可能融得资金。这迫使借款者提供足够多的信息让投资者预期其投资是安全、可靠的。二是让借款者在融资额度和融资成功率之间权衡。借款者的融资额度越大，其融资成功之后融得的资金就会越多，但是提高融资额度，需要更多的投资者投标，而这会降低融资成功概率。因此，借款者需要谨慎地提出自己的融资额度。需要特别指出的是，融资失败的记录会保存在拍拍贷平台上，而这种记录有可能对下次融资产生不利影响。在拍拍贷平台上，借款者往往同时从多个投资者手中融得资金，与此同时，投资者往往向多个借款者提供资金。此外，投资者的投资期限等于借款者的借款期限，无期限错配。

这种纯线上的运作模式几乎不会触及法律红线，法律风险较小，是最纯粹的 P2P 网贷模式。然而，这种模式也存在一些问题。在中国的信用环境下，如果不对借款者进行线下调查而只进行线上审核，投资者会由于投资标的风险过大而不敢投资。因此，这种模式需要平台对借款者提供的资料有非常强的识别能力，即需要非常强大的风控能力。然而，这种风控能力十分依赖于前期的数据积累，因此这种要求只适合成立时间非常早的 P2P 平台。这也是为什么只有拍拍贷等极少数早期成立的平台采取此种模式。

2. 债权转让模式。债权转让模式是在纯线上 P2P 网贷模式基础上发展起来的。在该模式下，借贷双方并不直接签订债权债务合同，而是由 P2P 网贷平台或者第三方（主要是专业放贷人）先行放款给借款者形成债权，然后 P2P 平台或者第三方再将债权拆分卖给投资者。这种模式大大简化了交易步骤，降低了投资与融资相互匹配的等待时间。除此之外，通过专业放贷人线下审核借款人信息，能尽可能地缓解借贷双方的信息不对称。债权转让模式中，还有一种比较特殊的类型，即小额贷款公司和担保机构通过建立自己的 P2P 平台或者与其他 P2P 平台合作，将自己的小额信贷资产或担保产品通过 P2P 平台销售给平台的投资人。这一过程类似于信贷资产证券化。

债权转让模式下 P2P 平台的性质与其他模式下的平台性质存在显著差异。由于专业放贷人的存在，平台在一定程度上充当了金融机构的角色。债权转让模式相对于纯线上平台模式，使平台在资金借贷过程中的介入性高很多。在债权转让模式中，债权一定要在资金的转移之前形成，否则可能会成为非法集资或者非法吸收公众存款。

3. 担保模式。P2P 网贷平台并不能完全确保借款者提供信息的真实性，投资者的信息弱势非常明显。在这种情形下，投资者对于网贷会存在信心不足问题，而这会影响P2P网贷平台的发展壮大。对此，为了提升投资者参与平台交易的信心，P2P网贷平台引入担保模式。担保模式有两种：一是P2P网贷平台引入第三方担保公司进行专业担保服务。然而，引入第三方担保机构会涉及较多的关联方，若此时P2P平台不够强势，则会失去交易定价权，进而处于交易附属地位。二是P2P网贷平台承诺以自有资金为投资人提供本金及利息保障。P2P平台或者第三方担保公司通过向借贷双方收取手续费来累积担保资金。

因为国内较多的投资者对风险与收益的联系还没有足够的理性认识，对本金乃至收益的保证较为偏好，因此，担保模式在国内非常流行，但是国外很少采用这种模式。担保模式也存在许多不足的地方。由于许多平台既没有明确说明风险备用基金的来源、风险备用基金的使用情况和动态规模，也没有明确说明承担风险的责任主体以及平台是否仅以风险备用基金为限提供保障资金，这使得担保模式的担保本身就存在风险。如果担保业务出现问题，平台就会遭受损失，这源于担保模式是把借款者的风险保留在P2P平台之内。此外，参与担保业务的P2P平台还存在过度担保问题。一些净资产只有几百万元甚至数十万元的P2P平台，其担保的贷款余额可能达到几千万元，远超过担保机构十倍杠杆的监管要求。这种过度担保对于P2P平台的稳健发展非常不利。

此外，在进行担保业务时，P2P平台需要注意以下两点，以规避法律风险：一是要确认平台是否有融资性担保的收入。若P2P平台有融资性担保收入，则其具有融资性机构的担保行为，需要监管部门授予其资质。二是风险资金池不能变相成为吸收公众存款的资金池。

第二节　众筹

一、众筹的概念与特点

（一）众筹的概念

众筹融资（Crowd funding）也称作大众集资或众融，一般简称为众筹。众筹具体是指创意者或小微企业等项目发起人通过中介机构进行身份审核后，在众筹平台网站上建立属于自己的页面，借助互联网、社交网络或专业平台向公众募集资金或寻求其他物质支持的行为。众筹是一种依赖于互联网的新型金融方式。众筹一般由发起人、平台和支持者三方构成。发起人是资金需求方，可以是个人、企业，也可以是某个项目管理机构、活动组织或协会。众筹的支持者通常是一般网络用户，包括个人和企业，一般以个人为主。平台的功能是信息中介、信息撮合和适当增信，其中信息中介是基础功能。

众筹并不是一种单纯的投资行为，而是一种有资金、认知、时间盈余的精英社群成员彼此分工协作、互相提升价值的项目实操过程，其最终的盈利点也是多元化的，除实实在在的金钱收益之外，社群成员之间彼此的价值互换和人脉、资源、经验等隐性资源的提升也很关键，社群和众筹如果能很好地结合，会产生"1+1>2"的双赢效果。众筹的本质在于筹人、筹智、筹力、筹钱，从梯级上来看，筹人是第一位的，筹钱是最后一位的。

（二）众筹的特点

区别于传统的融资方式，众筹主要表现为门槛低、大众参与、形式多样和良好的传播性四个特点。

1. 门槛低。众筹的发起条件很低，任何个人、企业或组织都可以按照自己的需求发布融资需求，"小而分散"成为众筹融资的主要特点。新型创业公司的融资渠道不再局限于银行、私募股权投资（Private Equity，PE）和风险投资（Venture Capital，VC）。

2. 大众参与。大众参与是众筹项目门槛低的延续，充分诠释了互联网金融普惠的根本特性。一方面，众筹使不具备传统融资渠道、融资能力的个人或企业可以为自己的项目开展融资活动；另一方面，这种方式也使网络大众可以轻松地参与众筹的投资，并获得投资收益的机会。众筹的融资一般而言是"小而分散"的，同时具有广泛、大众化特征。只有足够多的投资者及广泛的市场参与才能保证项目成功募资。

3. 形式多样。众筹项目种类繁多，不仅包括新产品研发、新公司成立等商业项目，还包括科学研究项目、民生工程项目、赈灾项目、艺术设计、政治运动等。这也催生了一大批垂直化众筹网络平台。各类众筹的回报类型也大不相同，典型的有产品奖励、股权分配、无偿捐赠等。

4. 良好的传播性。互联网信息丰富，信息形式多种多样，用户可以自主、定制化生成所需的传播内容。众筹发起人或组织单位不仅可以通过众筹平台充分展示项目信息，还可借助社交网络、专业媒体平台、关键意见领袖等渠道，借助不同工具和信息载体充分展示和传播融资需求。

二、众筹的类型与一般流程

（一）众筹的类型

众筹所覆盖的行业非常广，大致可分为出版、餐饮、房地产、法律、金融、教育、科技、旅游、农业、汽车服务、软件服务、生活服务、体育运动、文化创意、游戏、智能硬件及其他。国外似乎钟情于垂直行业众筹，例如，美国艾里共享（Arit Share）平台的服务对象为音乐行业及各类艺术家、作家、摄影师、制片人等。国内的众筹网、爱合投、淘宝众筹、京东众筹等都属于混合型众筹平台。

而按回报模式分类，众筹一般可以分为股权众筹、债权众筹、物权众筹、公益众筹、奖励式众筹和综合众筹。众筹之家的统计数据显示，截至2018年6月底，我国处于运营状态的众筹平台大约有251家。其中，股权众筹平台约80家，物权众筹平台约48家，公益众筹平台约14家，综合众筹平台约34家。2018年上半年共有48 935个众筹项目，其中已成功项目有40 274个，占比为82.30%。2018年上半年成功项目的实际融资额达137.11亿元，与上年同期相比增长了24.46%。2018年上半年，成功项目中融资额排名前十的股权型项目及权益型项目的融资额均超过2 000万元，最受投资者欢迎的十个项目的支持人次均超过 5 万人次。截至 2019 年 12 月底，我国处于运营状态的众筹平台共有 67 家，而到 2020 年 1 月底，我国处于运营状态的众筹平台仅有 66 家。

1. 股权众筹。股权众筹（Equity Crowd Funding），即互联网非公开股权融资，是指投资者对公司进行投资，购买公司的股权，即可享受该公司的未来权益。股权众筹的回报通常以股份、分红或者利润等为主，很多公司会根据投资者的股份占比情况进行年底分红。目前，国内股权众筹平台有云投汇、众投邦等，而国外股权众筹平台有美国的天使之家（AngelList）、英国的众筹立方体（Crowdcube）、美国的顶级俱乐部（CircleUp）等。

2. 债权众筹。债权众筹（Debt Based Crowd Funding）指投资者对项目或公司进行融资，获得其一定比例的债权，未来获取利息收益并收回本金。债权众筹对投资者的回报是按照约定的比例给予的利息，届时投资者可以收回本金并得到承诺的收益。目前，国内债权众筹平台有拍拍贷等，国外债权平台有 Lending Club 等。

3. 收益权众筹。收益权众筹（Royalty Based Crowd Funding）是指对企业进行投资活动而不持有企业的股权，但享有股份收益，通过企业经营而获得可能性收益的行为。收益权众筹不涉及企业股权，收益回报的标的是未来的盈利分红。从 2016 年开始，收益权众筹衍生了物权众筹的新概念。物权众筹（Real Right Crowd Funding）指融资者筹集资金后通过收购实物资产进行合理经营、升值变现等，与投资人按比例进行利润分红。具体的应用场景非常广阔，例如二手车众筹、房地产众筹、农产品众筹等。2016 年，二手车众筹全面爆发，大量平台上线，使得物权型平台在各类型平台中占比升至最高。

4. 公益众筹。公益众筹（Donate Based Crowd Funding）指投资者对项目或公司进行无偿捐赠。公益众筹平台提供的是一个公开、透明的市场环境，公益项目的发起人需要通过自己对项目的设计能力和与投资人的互通能力来吸引投资人，他们必须让外界相信资金投资于该项目会产生更大的社会效益。投资人的回报并非利润或利息，而是创造社会价值，并通过社会价值的创造获得更大的且无法用金钱衡量的精神满足感。例如，国内的微公益、腾讯公益等平台，国外的微场所（Microplace）、33 创业者联盟（33needs）等平台。

5. 奖励式众筹。奖励式众筹（Reward Based Crowd Funding）指投资者对项目或公司进行投资，获得相应的产品或服务奖励。奖励式众筹一般用于预售类的众筹项目，而团购是已经进入销售阶段的产品或服务，二者销售的产品有所不同。这种回报方式是根据参与金额的多少，给众筹参与者超值的产品或服务，大多数以实物产品为主。目前国内奖励式众筹平台有京东众筹、淘宝众筹、苏宁众筹、众筹网等。国外奖励式众筹平台有最大、最知名的明日之星（Kickstarter）、不限定客户类型的投哪儿（Indiegogo）等。

6. 综合众筹。综合众筹包括上述众筹模式中的两类或以上，一般情况下包括股权众筹项目和奖励式众筹项目。

（二）众筹的一般流程

众筹融资模式的主要目标是实现资金供需的匹配，需要发起人、众筹平台、支持者共同完成。整个运作流程可分为四个阶段：项目提交及筛选、项目推介及融资、项目投后管理以及项目投资收益分配。

1. 项目提交及筛选阶段。项目发起人将拟融资项目信息，包括项目介绍、拟筹资金额、筹资期限、项目的回报方式等，上传至众筹平台。众筹平台通过约谈项目负责人、核对申请材料、尽职调查等手段对拟融资项目进行严格的审核评估之后，最终确定是否允许该项目上线融资。

2. 项目推介及融资阶段。拟融资项目通过审核后，众筹平台将该项目的详细信息与融资需求进行对外发布，供支持者网上阅览。用户在众筹平台上注册个人信息并申请成为投资人。投资人基于对众筹平台上的项目评估，并结合自身的投资经验、风险承受能力与期望收益水平，对合适的项目进行投资。在筹资日期内，如果募集资金达到拟融资金额，则筹资成功。如果募集资金未达到预定融资目标，则筹资失败，投资人已出资的投资资金由众筹平台返还给投资人。

3. 项目投后管理阶段。筹资成功后，发起人将众筹募集的资金用于项目运行，众筹平台负责监督项目企业按相关要求披露其经营状况、财务状况、公司治理结构等具体信息，并及时向项目投资人汇报企业信息。

4. 项目投资收益分配阶段。项目发起人分别支付佣金或服务费和投资收益给平台及投资人。

三、股权众筹

（一）股权众筹的概念

股权众筹，即网络股权众筹，是指通过网络平台方式向特定投资者进行股权融资，众筹的标的包括产品、股权等。通过互联网平台进行众筹融资，不仅使零散的资金容易集聚，而且提供了相较传统风险投资更加灵活的机制。根据是否公开股权众筹行为、是否针对特定对象，中国证券监督管理委员会在非正式文件中将其分为互联网公开股权众筹和互联网非公开股权融资。其中，互联网公开股权众筹指通过互联网公开进行小额股权融资，即公募股权众筹。目前而言，监管机构没有批复任何公募股权众筹牌照，行业内的网络股权众筹平台一般指互联网非公开股权融资服务平台。互联网非公开股权融资是指通过互联网的方式针对特定的合格投资人，在满足相关法律法规的前提下，以特定的项目提供的一种不承诺固定回报、具有一定风险的股权投资方式。公司面向普通投资者出让一定比例的股份，投资者通过投资入股，期望获得未来收益。

（二）股权众筹的发展现状

股权众筹平台最先起源于美国，2005 年上线的 Equity Net 成为美国第一个涉及股权众筹业务的网站。2008 年国际金融危机之后，美国政府努力为中小企业融资创造更加宽松的条件，众筹平台也引起了国会和监管层的关注。成立于 2011 年的 AngelList 作为美国网络股权众筹平台的鼻祖，开创了“领投 + 跟投”的创新模式，成为众多网络股权众筹平台模仿的对象。2012 年美国政府颁布《促进创业企业融资法案》，扫清了企业通过互联网面向公众进行股权融资的障碍。这一措施使得美国网络股权众筹得以合法化，并且为美国乃至全世界网络股权众筹行业注入了新的生机。之后，众多网络股权众筹网站的兴起，使得美国成为世界上网络股权众筹平台融资金额最多的国家。

在我国的经济社会环境下，以产品或服务作为奖励的产品众筹，更多地体现了团购、预购的特点，与融资性的金融功能相比，这些模式只是结合了一部分商业信用因素，更接近于商业运营模式。因此，我们关注这类金融创新的重点是股权众筹。

2014 年 11 月，国务院常务会议提出开展股权众筹融资试点。随后，2014 年 12 月 18 日，中国证券业协会起草了《私募股权众筹融资管理办法（试行）（征求意见稿）》，股权众筹行业在中国也步入快速成长期。股权众筹作为一种新型的融资模式，由于其有融资便捷、投融资门槛低、大众参与性强、传播速度快等优点，自其诞生以来，便深受创业者与投资人的喜爱与追捧，成为当下最热门的投融资方式之一。

自国内第一家股权众筹平台天使汇于 2011 年 11 月成立以来，股权众筹在中国便有了较快的发展。2014—2015 年，随着互联网金融走上风口，股权众筹平台数量更呈现直线式的增长。2016 年，互联网金融业告别初期的野蛮生长，市场进行洗牌，行业更加理性。2016 年末，涉及股权众筹业务的众筹平台达到 156 家。

从平台融资项目来看，2016 年中国互联网股权众筹平台新增项目共计 3 268 个，成功融资额共计 52. 98 亿元。受整体投资市场及政策等多重影响，2016 年互联网股权众筹呈现上半年、下半年冰火两重天的态势，上半年月新增项目最高峰时达到 465 个，下半年最低谷时月新增项目仅为 46 个。

从各平台成功项目披露的信息来看，融资轮次超八成集中于早期项目，其中天使轮项目数量最多，占比为 49. 1%，项目平均起投金额为 6. 7 万元，平均出让股份比例为 18. 2%。从项目数量看，文化娱乐、餐饮、企业级服务三个行业位居前列。从融资额度看，互联网金融、文化娱乐、企业级服务三个行业位居前列。

到 2017 年，全国涉及股权众筹的平台有 71 家。2017 年是众筹行业深度洗牌的一年。行业监管尚未明晰，互联网巨头旗下的非公开股权融资平台均暂停业务。在监管趋严、规范发展的金融监管大背景下，非良性发展的众筹平台逐步退出市场，行业进入规范期。

2018 年，全国涉及股权众筹的平台有 55 家，监管部门对股权众筹平台的监管意见中指出，股权众筹的服务对象将设定为初创企业、小微企业或者募集设立企业。投资者将分为非合格投资者（即大众投资者）和合格投资者两类。大众投资者遵循小额投资的规则，而合格投资者则会进行充分认证。将建立股权众筹交易系统，该系统将充分体现互联网属性和特征、建立投资者保护机制、真实准确披露信息、充分提示风险等。

2019 年，全国涉及股权众筹的平台有 51 家，我国众筹产业形成了以奖励和股权众筹为主、混合众筹和公益众筹为辅的局面。2020 年，全国涉及股权众筹的平台有 23 家。近几年，我国的众筹发展一直处于相对沉寂阶段。自 2019 年 5 月以来，我国持续运营的众筹平台数量在不断下降。

（三）股权众筹的优势

股权众筹不仅仅是“互联网 + 私募股权融资”的简单结合，股权众筹融资自身具有以下四个优势。

1. 具有宣传优势。传统私募股权融资方式中，具体融资信息不对外披露，只有少数参与者知晓企业情况。而股权众筹融资依托网络平台作为融资信息发布的媒介，企业的基本资料清晰地展示给众多潜在投资者，投资者可以了解企业的规模、产品以及未来发展方向，这是一种面向互联网用户的营销行为。在企业成立初期使用股权众筹融资方式，可以使企业提前进入宣传阶段，获得宣传先发优势。

2. 使融资企业更容易得到合理估值。企业在进行传统私募股权融资时，估值难问题一直困扰着创业者。传统投资机构在交易过程中处于强势地位，往往会压低企业的估值，以相对低廉的价格获得创业企业的股权，创业者为了尽快获得融通资金只能被迫妥协。通过股权众筹模式融资，融资信息会清楚地展示在众筹平台上，创业者可以参考对比相似企业股权出让比例、募资规模，从而对自身企业进行合理估值。此外，出让股权的比例、拟融资金额完全由创业者自主决定，大大提高了创业者在融资过程中的主动权。

3. 融资速度快、效率高。企业将筹资信息发布在股权众筹平台上，可以直接收到投资者的反馈，大幅降低了中间环节的时间成本。有些股权众筹平台为项目设置融资期限，如果得到投资人青睐，可以迅速达成交易、完成企业项目资金融通。传统私募股权融资过程复杂，投资决策烦琐，中间环节的时间成本较高。

4. 具备潜在的客户调研功能。在创业初始阶段，通过股权众筹融资可以完成对客户的调研。如果市场反应欠佳，说明融资项目无法获得广大潜在投资者的认可，创业者可以及时调整经营思路，降低失败成本。相较于传统私募股权融资仅仅依靠投资机构的反馈，缺乏市场调研功能，股权众筹融资具有明显优势。

（四）股权众筹的主要问题

1. 投资者门槛相对较高。2014 年 12 月出台的《私募股权众筹融资管理办法（试行）（征求意见稿）》中明确指出，合格投资者的金融资产不低于 300 万元或 3 年内个人年均收入不低于 50 万元。2016 年《股权众筹风险专项整治工作实施方案》中规定，向不特定对象发行股票或向特定对象发行股票后股东累计超过 200 人的，为公开发行，应依法报经证监会核准。不仅如此，还需要发行主体具有公募资格且经批准，没有资格或未经批准而为之，会出现公开性和不特定性的问题，容易触及法律红线。

2. 缺乏成熟的法律法规。随着股权众筹的快速发展，相关的法律纠纷也必然会越来越多。例如 2015 年 5 月，北京市海淀区人民法院受理了中国首例股权众筹法律纠纷，2016 年郑州市中院也判决了一起股权众筹法律纠纷案件。股权众筹作为一种新出现的事物，仍缺乏成熟的法律法规作为监管依据，虽然有《私募股权众筹融资管理办法（试行）（征求意见稿）》作为私募股权市场的指导，但目前中国股权众筹行业还是以行业自律为主，仍缺乏相关的法律法规。

3. 投后管理成为难题，股权众筹成功率低。在目前股权众筹平台快速增长的背景下，各股权众筹平台之间的竞争也越来越激烈，能够对融资成功的项目提供投后管理，成为股权众筹平台的竞争优势。但是由于中国目前股权众筹运作尚不成熟，加上受其运营模式的影响，成功融资项目的投后管理成为各股权众筹平台面临的难题。而且股权众筹项目融资成功率偏低，仅在10%左右。

4. 缺乏顺畅的退出机制。《私募股权众筹融资管理办法（试行）（征求意见稿）》中明确规定，股权众筹平台不得提供股权或其他形式的有价证券的转让服务，加之股权众筹的投资者往往是缺乏专业知识的普通个人投资者，这使得股权众筹的投资者，相对于主板、创业板、新三板以及传统私募而言，缺乏顺畅的退出机制，而这也制约了中国股权众筹的发展。

第三节　第三方支付

一、第三方支付概况

（一）第三方支付的定义

第三方支付是指与国内外各大银行签约、具备一定实力和信誉保障的第三方独立机构提供的交易支持平台，为商户与消费者提供与银行支付结算系统接口的交易支持平台的网络支付模式。在通过第三方支付平台进行的交易中，买方选购商品后，使用第三方平台提供的账户进行支付，由第三方通知卖家货款到达、进行发货。买方检验物品后，就可以通知付款给卖家，第三方再将款项转至卖家账户。在此过程中，第三方机构起到支付中介的作用，通过和银行、运营商、认证机构等合作，并以银行的支付结算功能为基础，向企业和个人用户提供个性化的支付结算服务和营销增值服务，既方便双方交易，同时还有一定的信用中介的功能。

根据央行2010年在《非金融机构支付服务管理办法》中给出的非金融机构支付服务的定义，从广义上讲，第三方支付是指非金融机构为收款人和付款人提供支付中介服务，提供银行卡收单、预付卡、网络支付及央行确定的其他支付服务。第三方支付不仅仅是指互联网支付，现在已发展成为线上线下全面覆盖、应用范围更加广泛的支付工具。

（二）第三方支付的原理

第三方支付的产生，使得客户可以不直接与银行进行支付清算，从而具有如下优势：一是在电子商务中可以起到担保作用；二是第三方支付可以集成众多银行，且不用开通网上银行和手机银行也能进行支付，方便快捷；三是可以节约交易成本；四是支付与购物、旅游、投资等社会活动相连，具有社会性。

第三方支付——移动支付的产生，更是大幅降低了交易成本。移动支付表面上是把支付终端从电脑端向手机端等进行转移，但就是这一转移过程，可能导致支付领域的巨大变革。因为支付是货币在不同账号之间的转移，支付本身就包含着移动的意思，而手机等终端最大的优势也是可移动性，二者不谋而合，移动支付与第三方支付的融合，放大了这一优势。

在第三方支付产生以前，支付清算体系是客户与商业银行建立联系，商业银行与中央银行建立联系，中央银行是所有商业银行支付清算的对手方，能够通过轧差进行清算。在原有的支付清算模式下，由于客户不能与中央银行直接建立联系，而必须分别与每一家商业银行建立联系，因此支付清算的效率较低。第三方支付诞生以后，客户与第三方支付公司建立联系，第三方支付公司代替客户与商业银行建立联系。这时第三方支付公司成为客户与商业银行支付清算的对手方，第三方支付公司通过在不同银行开立的中间账户对大量交易资金完成轧差，少量的跨行支付则通过中央银行的支付清算系统来完成。第三方支付采用二次结算的方式，实现了大量小额交易在第三方支付公司的轧差后清算，在一定程度上承担了类似中央银行的支付清算功能，同时还能起到信用担保的作用。而在移动支付产生以前，客户与第三方支付公司主要通过电脑端建立联系，移动支付诞生以后，客户与第三方支付公司的联系渠道逐渐向手机端转移。

（三）第三方支付流程

第一，客户在电子商务网站上选购商品，买卖双方在网上达成交易意向，客户下订单。

第二，客户选择第三方作为交易中介，直接链接到其安全支付服务器上，在支付页面上选择自己适用的支付方式，并进入银行支付页面进行支付操作。

第三，第三方支付平台将网上客户的支付信息，按照各银行支付网关的技术要求，传递到各相关银行。由相关银行检查客户的支付能力，进行冻结、扣账或划账，并将结果信息传至第三方支付平台。

第四，第三方支付平台将客户的支付信息通知商家。

第五，商家收到通知后向客户提供服务或发货。

第六，客户收到货物并检验后通知第三方。

第七，第三方将客户账号上的货款划入商家账户，交易完成。

（四）第三方支付发展现状

1999 年，易趣网、当当网相继成立，为了适应网上支付需求，中国诞生了第一家第三方支付公司——首信易支付，但它实现的仅仅是指令传递功能，把用户的支付需求告知银行，转接到银行的网上支付页面。

2003 年，当时的网络购物还处于萌芽阶段，支付形式单一，买卖双方互不信任的问题是网络购物停滞不前的主要原因。为了吸引更多的网购人群，将淘宝的规模做大，2003 年 10 月，淘宝设立支付宝业务部，开始推行担保交易。2004 年 12 月，支付宝开始正式独立上线运营，这意味着信息流、资金流和物流在阿里巴巴的电子商务圈中开始明晰起来。2005 年，腾讯旗下的支付公司——财付通成立，随后全球最大的支付公司——贝宝（PayPal）高调进入中国，而马云在当年的瑞士达沃斯世界经济论坛上首次提出了第三方支付平台的概念。2005 年，中国第三方支付实现了飞跃性增长，市场规模达到 152 亿元。政策的不断完善和计算机的普及是中国第三方支付市场迅速发展的主要原因。

2009 年，中国互联网支付市场规模达到 5 766 亿元人民币，大大小小的企业也达到 300 多家。而此时，整个支付行业也处于监管空白期，挪用沉淀资金、信用卡非法套现等乱象丛生。2010 年，中国人民银行颁布《非金融机构支付服务管理办法》，确定了通过申请审核发放支付牌照的方式把第三方支付企业正式纳入国家的监管体系。2011 年 9 月开始，非金融机构如果没有取得第三方支付牌照，将被禁止继续从事支付业务。自 2011 年以来到 2015 年 6 月，中国人民银行已经分 7 批陆续发放 250 张第三方支付牌照。自此，第三方支付行业进入从量变到质变的突破，也日渐成为互联网金融行业发展的一种重要形态。截至 2020 年 9 月，我国分九批发放了非金融机构支付业务许可证，现存仍未到期或仍未被注销的牌照公司共有 242 家。具体而言，中国人民银行将第三方支付牌照分为七种类型：预付卡受理、预付卡发行、移动电话支付、互联网支付、固定电话支付、银行卡收单、数字电视支付。不同的业务类型对应着不同的业务开展地域范围。

2013—2019 年，我国第三方支付综合支付市场交易规模逐年增长，2019 年达到 250 万亿元，与 2018 年相比增长 20. 2%。2020 年末，我国互联网第三方支付交易规模达到 250 万亿元，近三年同比增长约 18%。2013—2020 年，全社会线上理财规模由 3 853 亿元增长至约 17 万亿元，扩张了 6 倍。后疫情时代，金融科技进入深化应用阶段，科技公司通过场景化、个性化和智能化平台，深层次改变了客户的金融消费行为习惯，持续分流银行的客户和资金，对银行的资产定价、存款组织、市场风控和客户营销形成长期影响。从整体来看，近年来，第三方支付的市场规模增速在逐渐放缓，主要是因为监管政策趋严，处于监管下的第三方支付平台无法进行大笔金额交易，影响了第三方支付行业的整体发展。随着移动互联网的快速发展，加之线上流量场景已趋向垄断且达到饱和，线下场景成为第三方支付巨头要挖掘的金矿。目前，我国第三方支付市场竞争格局已基本形成，微信和支付宝等机构凭借着二维码支付抢占线下市场，在第三方支付市场中占据较大的份额。

目前，我国国内的第三方支付产品主要有微付通、PayPal、中汇支付、支付宝、拉卡拉、财付通、微信支付、盛付通、宝易互通、宝付、腾付通、网银在线、通联支付、易宝支付、中汇宝、百付宝、环迅支付 1Ps、物流宝、网易宝、快钱、汇付天下、国付宝、汇聚支付、乐富等。

二、第三方支付的模式

第三方支付平台运用先进的信息技术，分别与银行和用户对接，将原本复杂的资金转移过程简单化、安全化，提高了企业的资金使用效率。如今的第三方支付已不仅仅局限于最初的互联网支付，而成为线上线下全面覆盖、应用场景更为丰富的综合支付工具。并且，从第三方公司的功能特点来看，第三方支付可以分为支付网关模式和支付账户模式。目前，市场上第三方支付公司的运营模式可以归为两大类：一类是以易宝支付和快钱为典型代表的独立的第三方支付；另一类就是以支付宝、财付通为首的依托于自有商对客电子商务模式（Business to Consumer，B2C）、个人与个人之间的电子商务（Customer to Customer，C2C）模式，提供担保功能的第三方支付。

（一）独立的第三方支付模式

独立的第三方支付模式，是指第三方支付平台完全独立于电子商务网站，不负有担保功能，仅仅为用户提供支付服务和支付系统解决方案。平台前端联系着各种支付方法供网上商户和消费者选择，同时，平台后端连着众多的银行，平台负责与各银行之间的账务清算。独立的第三方支付平台实质上充当了支付网关的角色，但不同于早期的纯网关型公司，它们开设了类似于支付宝的虚拟账户，从而可以收集其所服务的商家的信息，用来作为为客户提供支付结算功能之外的增值服务的依据。

独立的第三方支付运营平台主要面向企业对企业（Business to Business，B2B）市场、B2C 市场，为有结算需求的商户和政企单位提供支付解决方案。它们的直接客户是企业，通过企业间接吸引消费者。独立的第三方支付企业与依托电商网站的支付宝相比更为灵活，能够积极地响应不同企业、不同行业的个性要求，面向大客户推出个性化的定制支付方案，从而方便行业上下游的资金周转，也使其客户的消费者能够便捷付款。独立的第三方支付平台的线上业务规模远不如支付宝和财付通，但其线下业务规模不容忽视。独立的第三方支付平台的收益来自银行的手续费分成和为客户提供定制产品的收入。但是，该模式没有完善的信用评价体系，容易被同行复制，迅速提升在行业中的覆盖率以及用户黏性是其制胜的关键。

（二）依托电子交易平台的第三方支付模式

依托电子交易平台的担保支付模式，是指第三方支付平台依托大型电子商务网站，并同各大银行建立合作关系，凭借其公司的实力和信誉充当交易双方的支付和信用中介，在商家与客户间搭建安全、便捷、低成本的资金划拨通道。

在此类支付模式中，买方在电商网站选购商品后，使用第三方支付平台提供的账户进行货款支付，此时货款暂由平台托管并由平台通知卖家货款到达、进行发货，待买方检验物品进行确认后，通知平台付款给卖家，此时第三方支付平台再将款项转至卖方账户。这种模式的实质是第三方支付平台作为买卖双方的信用中介，在买家收到商品前，代替买卖双方暂时保管货款，以防止欺诈和拒付行为出现。

支付宝和财付通由各自母公司的电商业务孕育而出，本是作为自有支付工具出现的。在淘宝、拍拍贷等 C2C 电子商务网站上聚集的个人商户和小微企业商户没有技术实力来解决网络购物的支付问题，双方通过网络直接交易对消费者而言也缺乏信任感，这就需要中立于买卖双方、有技术实力又有担保信用的第三方来搭建这个桥梁，支付宝和财付通即在这种需求下应运而生。担保支付模式极大地促进了它们所依附的电商网站的交易量，电商网站上的消费者也成为支付平台的使用者，担保交易模式所打造的信任环境为其带来了庞大的用户群，这些海量的用户资源为这类第三方支付平台创造了强大的优势，这是如快钱这类的独立第三方支付平台难以企及的。

（三）两种模式的比较分析

独立的第三方支付模式下的支付运营平台具有独立网关，灵活性大，主要面向 B2B、B2C 和 C2C 市场，为中小型商户或者有结算需求的政企单位提供支付解决方案。在这一模式中，消费者并不是第三方运营商的用户，其用户是通过第三方运营商联系在一起的银行和商家。其收益主要来自银行收益的分成和向不同客户提供不同的产品服务所收取的不同组合的年费和交易手续费。该模式没有完善的信用评价体系，抵御信用风险的能力有待加强。同时增值服务处于初步开发阶段，容易被同行复制，受到银联商务的冲击最大。

依托交易平台的担保支付模式下的支付运营商拥有完整的电子交易平台和大容量的网络客户资源，主要面向C2C、B2C市场，向个人或者中小型商户提供支付服务。运营商承担中介担保职能，并能根据平台交易记录建立平台可见的交易双方的信用评价体系，具有相对较高的信任度。该模式基本是以资金沉淀利息和交易服务费等为运营收益。用户主要集中于自身的电子商务平台，平台间竞争激烈。认证程序比其他模式复杂，交易纠纷取证比较困难。中介账户的资金滞留和账户管理服务方式，有悖于企业的经营性质。

三、第三方支付对金融业发展态势的影响

随着第三方支付的发展，第三方支付与商业银行的关系已经由最初的完全合作逐步转向了竞争与合作并存。支付公司将信息技术与支付清算业务结合，弥补了传统商业银行的支付清算服务在资金处理效率、信息流整合方面的不足。随着第三方支付公司从结算、融资业务两条线介入银行业的传统领地，倒逼商业银行不断改革现有的服务模式。虽然短期内第三方支付对银行业产生了一定的冲击，但长期来看第三方支付对金融业的影响是积极、正面的。这种影响主要体现在以下三个方面。

（一）促进金融行业服务变革

第三方支付客观上推动了金融行业的电子化，强化了金融业务重视客户体验的服务理念，促使金融业的服务水平整体上升。

第三方支付的出现主要是为了解决个人和企业跨行、跨地转账流程烦琐和到账时间长的问题。虽然银行已推出了网银，但因为其在支付结算领域的垄断地位及同业竞争问题，使银行没有动力联合起来推出多银行账户即时结算的平台。第三方支付的成功在于敏锐地发现了市场的需求，并将需求和新技术、新模式相结合，以电子支付形式满足用户的支付需求，深刻改变了用户办理金融业务的习惯。当支付可以通过“账号 + 鼠标”的方式安全、便捷地解决时，去实体网点排队等候办理金融业务便成为次优选择。

随着第三方支付规模和影响力的不断发展壮大以及电子支付普及率的上升，传统金融机构猛然觉醒，开始加速自身向电子化变革，意图后发制人。国内商业银行开始依靠先进的计算机网络技术，积极开展金融创新，推出了包括网上银行、电话银行、手机银行、自助终端、自动取款机（Asynchronous Transfer Mode，ATM）、POS机（Point of Sales，POS）等多渠道的电子银行综合服务体系。

由第三方支付引发的金融业变革正在加速，传统银行业正在向互联网银行迈进。这种金融电子化的核心和最终目的是围绕互联网时代客户的金融服务需求，以先进的信息技术优化金融业务流程，创新金融产品，为客户带来高效、满意的服务。

（二）蚕食银行中间业务

第三方支付平台既是支付中介，又是金融产品的新型营销渠道，它们正在蚕食银行的中间业务，使金融业务的格局发生变化。从收付款、转账汇款、机票代购到电费与保险代缴、手机话费缴纳等结算和支付业务，用户都能够通过第三方支付来解决。

具体而言，一方面，第三方支付平台业务的多元化直接弱化了商业银行的支付中介功能。最初，第三方支付企业所针对的客户以及所提供的服务，主要集中在互联网支付中一些性价比较低、银行不愿意经营的业务。随着第三方支付产业的不断壮大，第三方支付企业不断创新突围，不仅扩大了支付应用场景，而且还创新了支付模式。移动支付、POS 机、预付卡等第三方支付已不再局限于网上支付，基金、教育、跨境支付等支付市场也成为新兴的掘金领域。这一切都表明以免费和便捷吸引用户的第三方支付机构，在弥补银行网点不足的同时，也正在使商业银行的支付中介功能逐渐被弱化。

另一方面，第三方支付的兴起促使金融行业间接结算费率降低。支付宝通过推出余额宝这一基金直销推广平台，彻底打破了互联网和理财的分界线，开启了碎片化理财的新模式。虽然第三方支付并没有彻底改变整个基金行业的销售模式，但造就了一种新的基金销售方式，这不仅能降低基金销售的费用，也能提高基金公司与银行的议价能力。由于渠道建设不完善以及人员成本相对较高等问题，过去基金公司不容易针对散户开展直销，而是针对机构客户开展直销。余额宝平台销售天弘基金产品的管理费、托管费和销售服务年费率仅为 0.63%，大部分第三方支付平台的股票型基金申购手续费率也仅为 0.6%，但是反观银行等传统渠道，其手续费能达到 1%。在小基金公司和银行代销渠道之外开通网上直销，再与第三方支付平台合作，争取覆盖更多的用户，已成为更多大型基金公司的不二选择。

（三）开创新的融资方式

第三方支付以开展个人信用支付和企业信用贷款的方式切入融资领域，引领金融系统进入依据用户支付信息提供金融服务的新时代。金融业竞争的本质是信息战争，只有掌握更多有关资金流动和信用变化的信息，才能找到低风险的机会。第三方支付企业积累的大量行业客户和个人用户的资料和交易行为信息，在数据规模和质量上要优于银行的支付流水以及信用卡还款记录等数据。它们通过信息技术对数据加以整合分析，从而评价客户和用户的信用等级，进而提供相应的信用融资。可见，第三方支付公司提供的融资服务是基于精准的客户信息，而不需要中小企业提供大量的资金抵押，这与传统金融机构的授信基础截然不同。例如，支付宝推出的信用支付花呗，其本质是消费信贷，即支付宝向用户发行了虚拟信用卡。不同于传统信用卡业务中的抵押模式，支付宝通过对注册时间、网上消费记录、买家信用等级等长期积累的交易信息进行分析，对客户进行信用评级以提供相应的授信额度。

第三方支付进行的金融创新，让金融机构意识到传统的信贷审核方法已渐渐退出主导地位，借助信息技术实现远程、非现场的审核是大势所趋。在信贷资源配置上，整个金融行业开始向小微企业和个人消费信用倾斜，突破了曾经的信用贷款难题。

第三方支付从促进金融行业服务变革、蚕食银行中间业务和开创新的融资方式三个方面影响着金融业的发展态势。此外，第三方支付降低了整个社会在支付环节的交易成本，降低了商户和银行的营运成本，并从促进专业分工、大数据积累和应用以及居民生活质量的改善等方面提高了社会整体的运行效率。

【案例 3.1】 **支付宝的发展历程**

蚂蚁金服旗下的支付宝，自 2004 年成立以来，已经与超过 200 家金融机构达成合作，为上千万小微商户提供支付服务。随着场景拓展和产品创新，2020 年 1 月，支付宝宣布其全球用户超过 10 亿人，半年内全球用户数保持了 20% 的增长。在 2020 年 3 月 10 日举行的支付宝合作伙伴大会上，支付宝宣布从金融支付平台升级为数字生活开放平台。支付宝的发展历程主要包括五个时期：手机支付业务、银行合作业务、拓展海外市场、多元化拓展业务、严格合规监管。

手机支付业务。2003 年 10 月 18 日，淘宝网首次推出支付宝服务，2008 年 2 月 27 日，支付宝发布移动电子商务战略，推出手机支付业务，并且陆续推出支付宝公共事业缴费。

银行合作业务。2010 年 12 月 23 日，支付宝与中国银行合作，首次推出信用卡快捷支付。随后支付宝宣布获得国内第一张支付业务许可证；推出余额宝；12306 网站支持支付宝购买火车票；支付宝在 2013 年度完成手机支付超过 27.8 亿笔，金额超过 9 000 亿元；支付宝成为全球最大的移动支付公司。2014 年 2 月 28 日，余额宝用户数突破 8 100 万，3 月 20 日，支付宝每天的移动支付笔数超过 2 500 万笔。

拓展海外市场。2016 年 8 月，支付宝获香港首批支付牌照，同年 12 月 6 日，支付宝与欧洲 4 家金融服务机构签署合作协议，致力于为赴海外旅游的中国消费者提供服务。例如，摩纳哥与支付宝签订战略合作协议，商户将接入支付宝，这是支付宝第一次与主权国家政府签订战略合作协议，摩纳哥也成为第 12 个接入支付宝的欧洲国家。

多元化拓展业务。国内市场：2017 年 10 月 10 日，支付宝宣布上线信用租房平台，在上海、北京、深圳、杭州、南京、成都、西安、郑州这 8 个城市率先推广信用租房。2018 年 1 月，河南郑州部分高速收费站上线支付宝信用支付功能，车主将车牌和支付宝绑定，通过 ETC（Electronic Toll Collection）收费站时，可直接从支付宝中扣款。2018 年 4 月，公安部第一研究所可信身份认证平台（Cyber Trusted Identity，CTID）认证的居民身份证网上功能凭证首次亮相支付宝，并正式在衢州、杭州、福州三个城市的多个场景同时试点。2019 年，支付宝积极落实中国人民银行关于支付机构客户备付金集中存管和断直连等相关要求。2020 年 7 月，支付宝正式上线金选专区，金选专区由支付宝理财智库、《中国证券报》联合推出。2020 年 10 月，支付宝上线了晚点付的芝麻信用功能，该功能描述为先交易成功，次日再付款。国际市场：2018 年 1 月，支付宝宣布进入以色列，正式将移动支付服务带到中东地区，为中国游客提供便利。支付宝与瑞士合作伙伴六付款服务（SIX Payment Services）联合宣布，瑞士小镇达沃斯全面接入支付宝。

严格合规监管：2020 年 12 月，中国银保监会主席郭树清明确提出，规范移动第三方支付平台投资功能，部分第三方支付公司对客户网络购物备付金附加投资理财功能，这种投资方式类似于货币市场共同基金（Money Market Mutual Funds，MMMF），但没有受到同等性质的监管，存在违法违规现象，包括洗钱等隐患。目前，第三方支付公司已将备付金统一缴存至央行，附加的投资理财产品回归货币基金本源，预示着支付宝开始走向规制化。

第四节 互联网金融门户

一、互联网金融门户概况

（一）互联网金融门户的定义

互联网金融门户是指利用互联网提供金融产品、金融信息服务和进行金融产品销售，并为金融产品销售提供第三方服务的平台。这种模式不存在太多政策风险，因为其平台既不负责金融产品的实际销售，也不承担任何不良的风险，同时资金也完全不通过中间平台。门户网站的发展经历了从综合门户到垂直门户以及从通用搜索平台到垂直搜索平台两个重要阶段。互联网金融门户主要产生于第二阶段。

互联网金融门户是互联网金融参与者获取相关金融知识、投资咨询、进入互联网金融网站的入口之一。其核心作用就是发挥"整合+搜索+比较"模式下的互联网金融产品的推广与销售功能，即互联网金融门户将大量互联网金融产品或金融服务信息进行整合后，再根据用户的不同需求进行分类，同时采用金融产品垂直比价的方式，将不同的金融产品或相关资讯信息呈现给用户，用户通过搜索比较来选择适合自己的产品或信息。

（二）互联网金融门户的特点

互联网金融门户的特点是"整合+搜索+比价"的核心业务模式、用户导向、渠道价值以及信息更新频繁且来源广泛。互联网金融门户采用金融产品垂直比价的方式，将各家金融机构的产品放在平台上，用户通过对比，挑选合适的金融产品。互联网金融门户最大的价值就在于它的渠道价值。

1. "整合+搜索+对比"。互联网金融门户采用金融产品的垂直搜索方式。所谓垂直搜索是针对通用搜索引擎的信息量大、查询不准确、深度不够等提出来的新的搜索引擎服务模式，针对某一特定领域、某一特定人群或某一特定需求提供有一定价值的信息和相关服务。它将不同金融机构的各个金融产品以及各类金融服务信息全部整合在同一网站中，用户仅通过一个互联网金融门户网站，就可以搜索并获得自己需要的所有信息，并且可以在互联网金融门户网站中对比各类金融产品的价格、收益以及特点等，以满足自己对金融信息的需求，为自己选择合适的金融产品提供较为权威的支持。

"整合+搜索+对比"是互联网金融门户最主要的核心竞争力，互联网金融门户的革新也主要集中于搜索层。互联网金融门户将海量的金融产品信息进行挖掘、甄别、加工和提炼，建立起相关的金融产品数据库，以使用户在该网站中可以对金融产品进行快速、精准的搜索和对比。

2. 用户导向。对于互联网金融门户而言，除了提供有价值的信息和服务，另一项核心竞争力则是用户，所以它的另外一大特点是用户导向。互联网金融门户通过细分市场来确定其目标用户群，并根据目标用户群的特定需求提供相应的服务。用户导向的基本宗旨是提升用户在交易过程中的用户体验，所以互联网金融门户网站会不断进行产品种类的扩充、营销手段的创新，以及搜索便捷度和精准度的提升，来动态地适应用户需求。

此外，以用户为导向的互联网金融门户可以根据用户的行为以及反馈信息，及时地了解用户的实时需求，为其提供差异化的金融服务，甚至可以协同金融机构为用户设计特定的金融产品，从而使得互联网金融门户可以进一步扩大其市场占有率，获取更多利润。

3. 渠道价值。从互联网金融门户产业链的角度来看，其上游为金融机构，即金融产品供应商，下游为用户，即金融产品及信息需求者，而互联网金融门户则是这两类主体之间的中间桥梁，而其最大的价值也在于其渠道价值。

4. 信息更新频繁，来源广泛。在以提供资讯信息为主的互联网金融门户中，信息的这种特点最为明显。互联网金融门户网站涵盖大量的实时信息，并且由于金融市场经常处于快速变化之中，所以需要不断地更新网站内容，以便用户可以通过该网站及时了解到相关资讯。

与此同时，互联网金融门户中的信息来源具有多样性的特点，其中包含了互联网金融甚至整个金融行业的相关金融产品信息、新闻资讯以及其他相关信息等，使得门户网站中的金融资讯信息更加丰富、全面。

二、互联网金融门户的业务模式

（一）按金融产品销售产业链分类

从金融产品销售产业链来看，可以将互联网金融门户分为第三方资讯平台、垂直搜索平台和在线金融超市三大类。第三方资讯平台在产业链中充当的是外围服务提供商的角色，垂直搜索平台在产业链中充当的是媒介角色，而居于二者上游的便是在线金融超市，该类门户在产业链中充当的是代理商角色。三者均为产业链下游客户服务，而处于三者上游的企业便是金融机构。

1. 第三方资讯平台类门户。第三方资讯平台类门户是专门提供全方面、权威的行业数据以及行业资讯信息的互联网金融门户，典型代表有网贷之家、和讯网和网贷天眼等。这类门户不直接在平台上销售互联网金融产品，而是从客观、中立、公开的角度，将相关的资讯信息进行整合和分类，为用户提供更全面、更专业的相关参考信息。

2. 垂直搜索平台类门户。垂直搜索平台类门户是主要关注金融产品的垂直搜索门户，以便用户在网站中快速搜索到金融产品的相关信息，典型代表是2011年10月成立的融360、2013年3月上线的好贷网、安贷客、大家保以及国外的电子健康保险（E Health Insurance）、保险热线（Insurance Hotline）等。这类网站拥有特定领域丰富的金融产品资源信息，并利用搜索引擎将所有的产品信息进行关联，实现垂直搜索的功能。这类门户网站为用户提供范围较小并且十分具有针对性的互联网金融产品信息，以满足用户对金融产品的相关需求。

3. 在线金融产品超市类门户。在线金融产品超市类门户主要提供在线导购功能，并且提供直接的购买通道。这类网站拥有大量的金融产品，就像是一个在线的金融产品超市，利用互联网对其他金融机构的金融产品进行销售，并提供与之相关的第三方服务。此类门户的典型代表有2013年正式上线的87金融汇、大童网、格上理财、91金融超市以及软交所科技金融服务平台等，它们都具有较为明显的金融产品销售行为，是直接参与金融产品销售的服务平台。

（二）按汇集的金融产品种类分类

互联网金融门户又可以根据汇集的金融产品、金融信息的种类，细分为P2P网贷类门户、信贷类门户、保险类门户、理财类门户。

1. P2P网贷类门户。P2P网贷类门户是P2P网贷行业的第三方资讯信息平台，是P2P行业的外围信息和资讯服务提供商，它为用户提供最新的P2P行业信息以及为其提供互动交流平台，促进了P2P网贷行业的健康发展。

目前，我国主要的P2P网贷类门户有网贷之家、网贷天眼等。这类P2P网贷类互联网金融门户的核心模式就是对互联网金融P2P信息资源进行整合，为用户提供一定的风险预警和风险提示，同时还具有监督P2P网贷平台的作用。

2. 信贷类门户。信贷类门户和P2P网贷类门户之间最本质的差别在于，信贷类门户指门户直接与银行及其相关金融机构对接。目前，信贷类门户的核心业务形态主要是“资源整合+垂直搜索+比价”，即信贷类门户实际上是各类信贷产品的垂直搜索平台。除了信贷产品信息，信贷类门户还将传统的线下贷款申请及初审流程转移到线上，将传统的信贷业务逐步互联网化，扩大其信贷业务范围。目前，国内信贷类门户中最具有代表性的是融360。

信贷类门户的核心定位是提供垂直搜索服务，所以这类门户网站并不参与借贷双方的交易，也不会做属于自己的信贷产品，用户可以在这类网站中搜索到不同金融机构的信贷产品并进行横向比较，挑选出符合自己需求的信贷产品。

3. 保险类门户。保险类门户是以第三方服务平台的身份，根据用户需求为其提供详细的保险行业相关资讯信息，并协助用户完成保险产品的选购。根据其核心定位和功能的不同可以分为垂直搜索平台和在线金融超市两类。垂直搜索平台主要关注保险产品的检索和比价功能，通过云计算等技术为用户提供精准快速的产品信息，其典型代表为好险啊和E Health Insurance等。而在线金融超市则是作为网络保险经纪人为用户提供简易保险产品的在线选购、保费计算以及综合性保障方案等专业服务，典型代表为慧择网。

4. 理财类门户。理财类门户是独立的第三方理财平台机构，能够客观分析用户的理财需求，为其提供理财产品推荐和理财规划等服务。

理财类门户也可以分为垂直搜索平台和在线金融超市两大类，其核心业务模式为“资源整合+搜索+比价”，以此为用户提供货币基金、信托等理财产品的相关服务。此外，根据其为用户提供的理财产品金额，也可以将理财类门户分为两类：大额理财类门户和小额理财类门户。这两类门户在运营和盈利模式上并没有本质上的差异。多盈金融网是大额理财类门户的典型代表。

上述四类互联网金融门户主要聚焦于单一类别的金融产品及信息。此外，还有综合类互联网金融门户，这类门户主要关注金融产品、信息的多元化，汇聚不同种类的金融产品或信息。

第五节　信息化金融机构

一、信息化金融机构概况

（一）信息化金融机构的定义

金融信息化是金融业的发展趋势之一，而信息化金融机构则是金融创新的产物。目前，金融行业正处于一个由金融机构信息化向信息化金融机构转变的阶段。

信息化金融机构，是指广泛运用以互联网为代表的信息技术，对传统运营流程、服务、产品进行改造或重构，实现经营、管理全面信息化的银行、证券和保险等金融机构。

（二）信息化金融机构的存在模式

目前，银行信息化主要有两种模式：一种是在现有的传统银行业务的基础上，利用互联网开展传统的银行业务，即传统银行利用互联网作为新的服务手段为客户提供在线服务；另一种是完全依赖于互联网的虚拟网络银行，美国安全第一网上银行（Security First Network Bank，SFNB）的出现是网络银行诞生的标志。

国内证券业信息化主要有两种模式：一是网上商城模式；二是线上综合理财服务模式。国际证券业信息化主要有三种模式：一是以电子贸易（e－Trade）为代表的纯粹的网络证券经纪公司；二是以嘉信理财为代表的综合型证券经纪公司；三是以美林证券为代表的传统证券经纪公司。我国证券业信息化也大致可以分为三种模式：一是以广发证券等证券公司为代表的券商自建网站模式；二是以同花顺等为代表的独立第三方网站模式；三是以银证通为代表的券商与银行合作模式。

保险业信息化主要有四种模式：一是以完好无损（Ecoverage）为代表的保险公司网站模式；二是以英斯韦伯（INSWEB）为代表的网络保险超市模式；三是以淘宝旗舰店为代表的网络保险淘宝模式；四是以中国保险网为代表的网络保险支持平台。

从整个金融行业来看，银行的信息化建设一直处于业内领先水平，例如自助银行、电话银行、手机银行和网上银行构成的电子银行立体服务体系，而且在数据建设方面也是迅速发展。未来，传统的金融机构将聚焦如何在互联网金融时代，更快、更好地利用互联网等信息化技术，依托自身资金实力雄厚、品牌信任度高、人才聚集、风控体系完善等优势应对非传统金融机构带来的冲击。

二、信息化金融机构对金融业的影响

相较于传统金融机构，信息化金融机构对金融业产生了很大影响。

（一）信息化大幅提高了金融机构的工作效率

对于金融机构本身而言，传统金融机构以互联网技术为基础，进行基础性信息化建设，对传统运营流程、服务、产品进行改造或重构，通过完整的IT建设将机构内部各管理系统全部整合到一个系统管理平台，实现各系统的互联互通，使工作效率大大提高。

（二）信息化使金融机构的核心竞争力的评价标准发生改变

对于传统金融机构而言，其核心竞争力在于机构本身的规模优势，包括机构的实体网点数目、资金实力、人才优势等。而在信息化时代，金融机构将更加注重信息化技术层面上的金融产品创新和业务创新，通过信息化手段充分挖掘客户信息，提升金融机构的全面性。

（三）信息化带来了盈利点和商业模式的转变

传统的金融产品和服务已经不能满足金融机构对于盈利的追求，传统金融机构借助信息化推出了一系列新型产品，并将自身从产品销售角色转变为某种媒介的角色。这种新的改变能够为金融机构带来更多创新性的机遇和更为广阔的市场，同时也优化了其投资环境。

（四）信息化带来的金融创新提高了金融市场资金的运用效率，使得混业经营趋势更加明显

金融业混业经营是指银行、证券公司、保险公司、信托公司等金融机构在业务上相互融合、渗透与交叉。通过混业经营，可以更好地实现包括客户资源、硬件资源和人力资源在内的资源共享及整合，同时可以精减人员，削减物理网点，降低经营成本，以提高经营效率来增强竞争力。

（五）信息化为中小金融机构带来了巨大机会

虽然相对于大型金融机构而言，中小型金融机构缺乏资金和人才，但是中小型金融机构没有大型机构烦琐的流程，往往更加灵活、简化。这使得中小金融机构可以推出个性化的创新金融产品，有机会占领大型金融机构还尚未涉足的市场。

三、信息化金融机构的发展现状

改革开放40多年来，在党中央、国务院的关心领导下，我国金融信息化得到了巨大发展，取得了瞩目成就，有力地支撑了金融业的创新发展，为金融服务社会主义市场经济提供了强大动力，为全面建成小康社会、实现第一个百年奋斗目标作出了积极贡献。当前，数字技术快速迭代，金融科技深度融合，数字金融蓬勃兴起，金融信息化进入数字化、智能化的新时代。我们要以习近平新时代中国特色社会主义思想为指导，落实习近平总书记关于网络安全和信息化工作的重要战略部署，努力完成《国家信息化发展战略纲要》的既定目标，推动新时代金融信息化工作行稳致远。

早在20世纪50年代，我国即开始尝试金融信息化建设。经过“六五”做准备、

“七五”打基础、“八五”上规模、“九五”见成效，基本奠定了我国金融信息化的基础。“十五”至“十二五”期间，我国金融业实现了数据大集中，建成了体系完备、技术先进的信息化基础设施。“十三五”时期，科技引领作用凸显，金融与科技融合发展，金融业进入数字化转型新阶段。回顾金融信息化建设历程，可谓波澜壮阔、硕果累累。

（一）金融电子化奠定信息化发展坚实基础

“六五”至“九五”期间，随着计算机及通信技术的快速发展，我国金融业积极探索、勇于实践，努力开拓金融电子化发展之路。一是实现业务电子化。银行电子化营业网点覆盖率达到90%以上，柜员业务实现自动化处理，传统金融作业方式发生根本性变革，彻底摆脱了手工记账、算盘计数的历史。二是系统互联汇通天下。人民银行建设资金清算、同城清算等系统，并利用卫星通信网络构建天地对接的电子联行系统，搭建起金融机构互联互通的信息化桥梁，极大地提升了资金流转效率。三是核心业务系统初具规模。以商业银行为代表的金融机构陆续设计开发了核心业务系统，将用户管理、资金结算、风险控制等功能整合，形成以账户为中心的金融服务体系，为现代金融服务转型升级与流程再造打下坚实基础。

（二）金融网络化实现信息化发展跨越式进步

“十五”至“十二五”期间，金融业抓住地面网络和移动互联等技术迅猛发展带来的前所未有的重要机遇，推动业务创新、实现跨越式发展。一是金融机构建设了功能齐备的数据中心和覆盖全国的网络系统，实现了全行数据大集中，将传统金融业务迁移至互联网和移动智能终端，为社会公众提供全天候、一站式的金融服务，有效提升资金配置效率和服务质量，推动金融服务由以账户为中心向以客户为中心转变。二是金融基础设施网络基本建成。中国现代化支付系统、银行卡联网通用系统、清算结算系统、征信系统、金融资产登记托管系统、集中交易设施等建成投产，与金融统计、国库、反洗钱等信息系统互联互通，保障金融市场稳健高效运行，助力宏观审慎管理和风险防控。三是第三方支付产业孕育兴起。网上购物和电子商务的不断繁荣助推第三方支付产业蓬勃发展，第三方支付不仅成为传统金融服务的有效补充，也改变了社会公众的支付习惯，使非银行支付机构成为我国支付服务市场的重要补充。

（三）金融科技融合发展开启数字化转型新时代

“十三五”时期，以大数据、人工智能、云计算、物联网等为代表的新兴技术在金融领域的应用加速，金融科技成为金融机构数字化转型的新武器，也是践行普惠金融、发展数字经济的新引擎。一是金融业信息基础设施不断完善。建成人民币跨境支付系统，投产首个基于分布式架构的网联清算平台，搭建统一的数字票据交易平台，进一步提高了支付清算和金融市场的规范化、透明化水平和处理效率，有力支持了行业创新，促进了公平竞争。二是金融科技从基础支撑到引领变革。金融机构利用信息技术创新金融产品、改变经营方式、优化业务流程，产品服务更加智能、场景结合更加紧密、数据价值更加凸显。三是网络安全经受住了考验。金融业积极落实网络安全法，将网络安全宣传、教育、对标等纳入安全工作管理体系，强化金融科技风险防控，提升金融网络安全防护水平，保障了金融网络和信息系统安全稳定运行。四是金融科技治理效能提升。

金融管理部门加强顶层设计，制定发布信息化、标准化、金融科技发展规划，加大金融标准供给，强化金融标准实施，坚持金融科技发展与监管两手抓，秉持守正创新和包容审慎原则，创设金融科技创新监管工具，充分发挥金融科技赋能作用，实现金融与科技深度融合、协调发展。

“十四五”开篇，国家明确指出注重培育壮大人工智能、大数据、区块链、云计算、网络安全等新兴数字产业，提升通信设备、核心电子元器件、关键软件等产业水平。构建基于5G（5th generation mobile networks）的应用场景和产业生态，在智能交通、智慧物流、智慧能源、智慧医疗等重点领域开展试点示范。鼓励企业开放搜索、电商、社交等数据，发展第三方大数据服务产业。促进共享经济、平台经济健康发展。实施“上云用数赋智”行动，推动数据赋能全产业链协同转型。在重点行业和区域建设若干国际水准的工业互联网平台和数字化转型促进中心，深化研发设计、生产制造、经营管理、市场服务等环节的数字化应用，培育发展个性定制、柔性制造等新模式，加快产业园区数字化改造。深入推进服务业数字化转型，培育众包设计、智慧物流、新零售等新增长点。加快发展智慧农业，推进农业生产经营和管理服务数字化改造。适应数字技术全面融入社会交往和日常生活新趋势，促进公共服务和社会运行方式创新，构筑全民畅享的数字生活。

第六节　持牌的纯互联网金融机构

一、互联网银行

互联网银行是指通过一种或多种移动互联网技术，借助大数据、云计算等方式，为客户提供存款、取款、转账、支付结算、理财等传统银行业务的纯网络金融机构。它是经监管部门批准的、拥有商业银行牌照的互联网银行。它没有零售型物理网点，金融服务通过互联网平台开展，主要靠后台处理中心集中处理业务，有一个具体的办公场所，但没有分支机构、营业柜台。世界第一家互联网银行是1994年成立的美国第一安全网络银行（Security First Network Bank，SFNB），是一家无任何分支机构的纯网络银行，1998年10月成为加拿大皇家银行金融集团（Royal Bank Financial Group）旗下的全资子公司。中国第一家网络银行——深圳前海微众银行成立于2014年12月。2015年5月开业的浙江网商银行是一家以互联网为平台、面向小微企业和网络消费者开展金融服务的民营银行，按照“小存小贷”模式为小微企业和网络消费者提供贸易与生活方面的金融解决方案。2016年12月成立的四川新网银行定位于通过互联网技术为广大消费者和小微企业提供定制化的金融服务，成为国内第三家互联网银行。百信银行成立于2017年，由中信银行和百度联合发起设立，是国务院特批、银监会主导成立的一家国有控股互联网银行。百信银行借助中信银行的金融风控能力、产品研发能力和线下渠道资源，结合百度公司人工智能、大数据和云计算等先进技术，打造“O＋O”“线上＋线下”模式的智能普惠银行。众邦银行于2017年5月18日正式开业，定位于专注服务个人小微的互联网交易银行，专注产业生态圈助力大众创业，帮扶企业发展，业务涵盖供应链金融、消费金融、互联网金融、支付金融、金融市场业务、投行业务等。江苏苏宁银行股份有限公司2017年6月15日获得由江苏银监局颁发的金融许可证，次日正式开业，是一家O2O（Online To Offline）银行，由苏宁易购等多家企业发起设立。苏宁银行定位为科技驱动的O2O银行，聚焦供应链金融、消费金融、微商金融和财富管理平台四大核心业务，专注于为实体经济尤其是个人客户、中小微企业提供差异化、有特色、优质便捷的金融服务，业务范围包括转账、理财、贷款、权益等专业化金融服务。亿联银行是东北首家民营银行，也是国内四家获得线上信贷业务资格的互联网银行之一，由中发金控投资管理有限公司和美团点评旗下吉林三快科技有限公司等七家民营企业于2017年5月在吉林省发起设立。亿联银行秉承数字银行、智慧生活的发展定位，依托大数据、人工智能、云计算等科技创新手段，多方合作，搭建多个平台，融入多元场景，满足多种需求，构建消费者、商家、股东、社会互联智慧生活金融服务生态系统，用科技赋能金融服务创新，为普通人、小微企业、平台和同业机构提供金融服务和解决方案。北京中关村银行是北京市首家获中国银监会批复筹建的民营银行，也是国内首家专注服务科技创新的银行，2016年12月19日中国银监会正式批复同意筹建，2017年6月6日取得金融许可证并获批开业。北京中关村银行立足创客、创投、创新型企业，专注科技金融，致力打造创新创业者的银行，帮助创业者实现梦想，为北京建设全国科技创新中心和具有全球影响力的科技创新中心贡献力量。福建华通银行是福建首家民营银行，由永辉超市股份有限公司、阳光控股有限公司等8家闽籍企业共同发起设立，获颁中华人民共和国金融许可证，于2017年1月16日正式开业。福建华通银行以自主研发、可控为原则，打造去IOE的分布式基础架构，是继深圳前海微众银行、浙江网商银行之后的全国第三家完整采用分布式互联网技术的银行。华通银行致力打造一家线上服务为主、线下体验为辅的新型互联网银行，通过移动互联网媒介为客户提供金融服务。

互联网银行的优势包括三方面：第一，使用方便，没有时空限制，7×24小时服务，对客户的吸引力大。第二，经营成本较低，成本主要体现在技术投入方面，物理网点、营业人员等成本很低。第三，服务创新快，互联网银行基于大数据技术，能够更好地识别客户，提供多种类、定制化的金融服务。当然，互联网银行也有先天不足，如网络安全问题。由于是网上交易，网络技术风险客观存在，用户的信息和资金被盗的风险较高。对于一些偏远地区，受电力供应短缺、网络不可及等技术条件限制，以及居民文化程度有限，互联网技术被排斥，互联网银行很难有效推广。

二、互联网证券公司

互联网证券公司提供网上开户、网上交易、网上理财等基本业务，还提供投资咨询信息送达、数据分析、投资者教育等服务。投资者可通过网上证券交易或手机证券交易轻松地进行投资和资产管理，如参与新股申购、基金申赎、理财产品购买等。互联网证券平台还可以根据客户的资产配置和浏览习惯进行差异化的信息推送，也可以在大数据的支撑下帮助用户更好地配置资产。互联网证券对物理网点的依赖性更低，客户可以通过登录网站或移动终端的方式直接获取各种金融服务。因此，其发展速度和普及率比互联网银行更高。

代表性的互联网证券公司是东方财富证券。2015 年，东方财富收购了西藏同信证券，进军互联网证券领域。2014 年，财经资讯公司大智慧以 90 亿元收购湘财证券，开始从事互联网证券业务。证券资讯服务公司、软件公司、技术公司等较早从事证券资讯、交易软件、交易安全系统的研发，多属于信息科技公司，它们通过收购证券公司来间接获得券商牌照，进入互联网证券领域。

互联网证券的普及对整个证券行业产生了非常深远的影响。具体表现如下：第一，互联网证券的普及提高了用户获得证券服务的便利程度，因此会有更多的投资者参与证券市场，能够促进证券市场的规模发展；第二，互联网证券使得信息传播过程更有效率，促使整个证券市场更加接近完全有效市场；第三，证券公司的经营模式也发生了转变。互联网证券的普及使得证券公司脱离了初级服务的同质竞争，使得证券公司之间的竞争更加专业化，体现在差异化产品的设计和专业化的投资顾问方面。

三、互联网保险公司

互联网保险公司是经监管部门批准的、拥有保险牌照的纯互联网保险公司。2013 年 9 月，基于保障和促进整个互联网生态发展的初衷，中国保监会批准众安保险公司开业。众安保险是由蚂蚁金服、腾讯、中国平安等发起设立的国内首家互联网保险企业。众安保险业务流程全程在线，全国均不设任何分支机构，完全通过互联网进行承保和理赔服务，可以直接在全国开展业务。截至目前，保监会仅颁发了 4 张互联网保险牌照，分别是众安保险、泰康在线财险、易安保险、安心保险。

与传统的线下保险服务相比，互联网保险具有明显的优势：第一，互联网保险为用户提供了自助选择保险产品的平台，比起传统的保险营销方式，用户对互联网保险的抵触程度较低；第二，互联网保险的服务更加高效、便捷，用户投保、交费、理赔等各项服务均可通过网络或移动终端完成，大大提高了保险行业的服务效率，改进了客户的体验；第三，保险公司可通过互联网保险的普及大大降低运营成本，提高保险公司的盈利能力。当然，互联网保险也存在一定的缺陷，如保障制度尚不健全，电子化赔付证据的辨别问题等。新型互联网保险产品创新监管难度较大，互联网保险公司的偿付能力也应受到重点监管。

四、互联网 + 其他金融

除了银行、保险、证券三大板块之外，传统金融还包括基金、信托等多个组成部分。互联网时代的到来，也无一例外地对它们产生了深刻影响。最明显的例子是引爆互联网金融的余额宝，其本质上是天弘基金运作的一款货币基金产品。

余额宝现象级的成功本质上是互联网与金融合作的成功，也体现出在互联网时代满足民众小额理财需求，发展“草根金融”的重要性。从基金业的互联网化程度看，目前多数机构都已经开通了互联网直销模式，并进行了移动互联网的 App 布局。因此，互联网基金下一步的发展重点在产品创新，核心在于充分利用互联网的大数据优势，构建新的投资理念和模式，深入挖掘基金团队的专业潜力，形成精准投资能力。

由于《中华人民共和国信托法》的规定，在互联网销售信托及分拆收益权等方面存在一定的灰色地带，金融创新存在一定的政策风险。但是，2015 年 7 月，中国人民银行牵头 10 部委联合发布的《关于促进互联网金融健康发展的指导意见》，为互联网信托的快速发展提供了制度性的突破机遇。该意见明确了对互联网信托的支持态度，允许通过互联网渠道进行销售和开拓新业务，为进一步规范行业创新发展提供了监管导向。目前，互联网信托主要有两种类型：一是信托直销模式，即信托公司直接开设互联网金融平台，如中融信托；二是信托公司与互联网金融平台对接，开展第三方销售合作，如陆金所。从具体品种看，互联网信托的基础资产也在逐步呈现多元化布局的特征，不仅仅局限于过去的房地产、股权、证券，还有新三板等拟上市企业的股权投资基金等。

本章小结

P2P 网络借贷是网络借贷双方通过 P2P 网贷平台进行自由竞价，撮合成交。资金供给者通过放贷获取利息并承担风险；资金借入者实现快速融资，并在借款到期时偿还本金及利息。P2P 网络借贷平台主要起信息中介作用。根据 P2P 网络借贷的运作流程，可以将我国 P2P 网络借贷平台大致分为纯线上、债券转让和担保三种运作模式。

众筹具体是指创意者或小微企业等项目发起人通过中介机构的身份审核后，在众筹平台网站上建立属于自己的页面，借助互联网、社交网络或专业平台向公众募集资金或寻求其他物质支持的行为。区别于传统的融资方式，众筹的特点主要表现为门槛低、大众参与、形式多样和良好传播性四个特点。按回报模式分类，众筹一般可以分为股权众筹、债权众筹、物权众筹、公益众筹、奖励式众筹和综合众筹等。

第三方支付是指与国内外各大银行签约、具备一定实力和信誉保障的第三方独立机构提供的交易支持平台，为商户与消费者提供与银行支付结算系统接口的交易支持平台的网络支付模式。第三方支付公司的运营模式可以分为两大类：一类是独立的第三方支付模式；另一类是提供担保功能的第三方支付模式。第三方支付的出现和发展，促进了金融行业的服务变革，蚕食了银行中间业务，开创了新的融资方式。

互联网金融门户是指利用互联网提供金融产品、金融信息服务和进行金融产品销售，并为金融产品销售提供第三方服务的平台。互联网金融门户的特点是“整合 + 搜索 + 比价”的核心业务模式、用户导向、渠道价值以及信息更新频繁且来源广泛。从金融产品销售产业链来看，可以将互联网金融门户分为第三方资讯平台、垂直搜索平台和在线金融超市三大类。根据汇集的金融产品、金融信息的种类不同，可以将互联网金融门户细分为 P2P 网贷类门户、信贷类门户、保险类门户、理财类门户等。

金融信息化是金融业发展的趋势之一，而信息化金融机构则是金融创新的产物。信息化金融机构是指广泛运用以互联网为代表的信息技术，对传统运营流程、服务、产品进行改造或重构，实现经营、管理全面信息化的银行、证券和保险等金融机构。

除了前面介绍的五种互联网金融业务模式之外，还包括互联网银行、互联网证券、互联网保险、互联网基金、互联网信托和互联网消费金融等互联网金融业务模式。

关键术语

P2P 网贷　众筹　股权众筹　第三方支付　互联网金融门户　信息化金融机构　互联网银行　互联网证券　互联网保险

思考题

1. 简述我国 P2P 网络借贷的发展现状。
2. 我国 P2P 网络借贷模式有哪些?
3. 相对于传统的融资方式，众筹的特点主要表现在哪些方面?
4. 按回报模式划分，众筹分为哪些类别?
5. 简述众筹的一般流程。
6. 现阶段，我国股权众筹的主要问题有哪些?
7. 简述第三方支付的基本原理。
8. 第三方支付对金融业发展态势的影响有哪些?
9. 为什么说“整合 + 搜索 + 对比”是互联网金融门户的核心竞争力?
10. 未来你是否会通过互联网金融门户选择金融产品？为什么?
11. 信息化金融机构对金融业的影响有哪些?

延伸阅读

[1] 罗明雄，唐颖，刘勇．互联网金融 [M]．北京：中国财政经济出版社，2013.

[2] 谢平，邹传伟，刘海二．互联网金融手册 [M]．北京：中国人民大学出版社，2014.

[3] 胡世良．互联网金融模式与创新 [M]．北京：人民邮电出版社，2015.

[4] 吴晓求．互联网金融——逻辑与结构 [M]．北京：中国人民大学出版社，2015.

[5] 冯科，宋敏．互联网金融理论与实务 [M]．北京：清华大学出版社，2016.

[6] 许伟，王明明，李倩．互联网金融概论 [M]．北京：中国人民大学出版社，2016.

[7] 杨保华，陈昌．区块链原理、设计与应用 [M]．北京：机械工业出版社，2017.

[8] 周伟，张健，梁国忠．金融科技 [M]．北京：中信出版社，2017.

[9] 谢平，邹传伟 . FinTech：解码金融与科技的融合 [M]. 北京：中国金融出版社，2017.

[10] 赵永新 . 互联网金融理论与实务 [M]. 北京：清华大学出版社，2017.

[11] 于斌，陈晓华 . 金融科技概论 [M]. 北京：人民邮电出版社，2017.

[12] 李建军，罗明雄 . 互联网金融 [M]. 北京：高等教育出版社，2018.

[13] 李保旭，韩继炀，冯智 . 互联网金融创新与风险管理 [M]. 北京：机械工业出版社，2019.

第四章

银行类金融机构互联网化

本章导读

新冠肺炎疫情发生以来，非接触金融服务成为银行服务的主要方式。江苏南大电子信息技术股份有限公司（简称南大电子）推出智慧型服务机器人，这种机器人依托云平台强大的智能服务技术，引入智能语音交互系统、大数据分析系统、智能视觉识别系统，真正实现能听、会说、能思考、会判断、看得见、认得出的智能化服务。那么，为适应互联网时代，现代银行还使用了哪些科技手段来提升金融服务？为实现银行业的互联网化又采取了哪些手段？开放银行的生态圈如何搭建？

本章学习目标

本章梳理了商业银行在互联网时代的经营模式创新与业务创新。通过本章的学习，可以了解在金融科技飞速发展过程中，商业银行所面临的冲击及其互联网化的必然性，掌握商业银行面临这些冲击时所采取的金融科技创新手段及数字化转型方向，理解开放银行和商业银行数字化转型的理念与未来发展趋势。

第一节　商业银行互联网化进程

一、商业银行互联网化的背景

互联网自出现以来，逐渐与原有产业融合，并对许多产业产生了不同程度的影响，"互联网+"成为当今各行各业的创新点。研究表明，不同行业与互联网之间的联系也存在一定的差异。一些学者根据行业受互联网影响的速度和深度等特点，将所有产业划分为四个类型：重塑型行业、互补型行业、适应型行业和迟钝型行业。许多原有的行业也表现出多个产业类型混合的特征，如证券行业的经纪业务、银行的转账和支付业务属重塑型行业，资产管理业属于互补型行业，投资银行业属于适应型行业。

从业务发展的情况看，产业与互联网的融合主要分为两个模式，即企业对企业（Business to Business，B2B）和企业对个人（Business to Customer，B2C）。随着互联网技术的发展以及客户对互联网熟悉度、认可度的提高，未来互联网金融领域的个人对个人（Consumer to Consumer，C2C）业态会逐渐发展起来。随着互联网金融的发展，传统商业银行在内部动力和外部竞争的压力驱动下，纷纷开始互联网化转型。

（一）互联网时代冲击传统银行业

在经济新常态下，商业银行的发展既面临新的机遇，也面临巨大挑战。在经济增速放缓及新冠肺炎疫情导致的全球经济衰退的形势下，银行既往靠做大规模吃利差、垒大户的发展模式将不可持续，传统银行简单、粗放式的经营模式难以为继。同时，同业竞争、金融脱媒以及强监管使商业银行面临来自银行同业、异业的激烈竞争，跨市场、跨业态、跨领域的金融产品及服务不断涌现，银行利差收窄，盈利能力下降。自互联网金融出现以来，传统银行业不断受到冲击。银保监会金融许可证信息平台的统计显示，2020 年共有 2 790 家商业银行的网点被裁撤，而自动取款机（Automated Teller Machine，ATM）的数量比 2019 年减少了 6. 86 万台。由于传统金融产品单一、渠道割裂、服务封闭，难以实现协作，导致创新不足，与新经济、新业态现状难以匹配，在敏捷组织架构、业务流程、考核机制、团队专业能力上需要变革以实现较大提升。但传统银行转型缓慢，发展陷入困境。

1. 支付功能逐步弱化。互联网金融的发展迫使传统银行面对金融加速脱媒的局面，即去中介化。互联网金融模式下的支付方式是以移动支付为基础，通过移动通信设备、无线通信技术来转移货币价值以清偿债权债务关系。互联网金融从渠道脱媒切入，进一步加速了金融脱媒，弱化了商业银行的支付中介功能，并替代其中间业务。

第一，分流了商业银行融资中介服务需求。尤其是以微信为代表的社交网络，改变了信息的传递方式和传播途径，并与个人对个人（Peer to Peer，P2P）网贷平台协作，破解了信息不对称和融资成本高的难题，绕开银行，满足了“草根阶层”的融资需求。第二，改变了商业银行独占资金支付中介的格局。例如，第三方支付公司的快捷支付业务，完全绕开银行，独立完成资金的支付转移。

2. 收入来源受到冲击。商业银行的收入来源主要是利差收入和中间业务收入，互联网时代对其影响主要分为两方面：一方面，商业银行的传统利差盈利模式不再适应当前时代。网络借贷公司提供随借随还的小额短期贷款，非常适合中小微企业的发展现状，这些资金需求者都选择手续简单、便捷高效的互联网企业，商业银行的信贷客户却大量地流失了。另一方面，第三方支付极大地威胁着基于银行支付功能而衍生的中间业务收入的增长。互联网金融全面渐次布局金融领域，涵盖支付、小贷、担保以及保险，并代售基金、保险等传统银行代理业务。

3. 服务模式亟待完善。在互联网金融模式下，客户的消费习惯和消费模式已经发生了变化，目标客户类型也悄然发生改变，使得商业银行传统的价值创造和价值实现方式被彻底颠覆。对商业银行而言，客户群体也会有较大的变化，商业银行为客户提供技术复杂的金融产品，原有物理网点的优势被弱化，未来将更多地以互联网为媒介，尤其是中小企业和个人客户，会更倾向于便捷高效，同时又富有个性的服务。

在这种状况下，商业银行的客户群体由于会被互联网金融抢夺而有所调整，因此商业银行原有的以客户为中心的服务模式不再适合现有互联网金融模式下的客户群体。互联网金融尊重客户体验、强调交互式营销、主张平台开放，运作模式上更注重互联网技术与金融核心技术的深度整合，为客户提供高灵活性产品。支付阵地的旁落在于第三方支付的创新使客户更多地关注效率与成本，同时追求多样化、差异化和个性化服务，方便、快捷、参与感和体验感受成为客户的基本诉求，而银行恰恰缺少这些因素。

4. 资源配置效率低。互联网通过信息透明化，增强了人与人之间的信任，而信用恰恰是金融的本质与核心。通过淘宝、天猫、支付宝等平台，阿里金融拥有了堪比央行征信系统的数据库，将网络行为、网络信用应用到小贷中，针对国内小微企业数量多、融资需求频率高、需求额度小的特点，建立了以网络和数据为核心的小额贷款模式，体现出其小额信用、期限灵活和较高利率的特点，在放款规模、贷款方式、社会影响力等方面，都堪称行业内的翘楚。在无抵押、无担保的情况下向陌生人成功融资，这种状况在传统经济模式下是不可想象的，而在互联网金融时代却成为了现实。因此，互联网金融模式可以超越传统融资方式，使其资源配置更有效率，交易成本大幅减少，有力支持实体经济发展。

5. 冲击已有融资格局。互联网金融通过降低交易成本和减少信息不对称，降低了金融中介门槛，进而加速金融脱媒。双方对彼此信息基本了解，导致资金中介将不再被需要，取而代之的是资金信息中介。网络信贷平台提供的贷款模式已不同于商业银行的操作模式，资金供需双方依赖平台寻找与其资金期限、金额、利率相匹配的对方，即可完成资金的借贷。不仅手续简便、操作简单，且更适合个性化的要求，对客户的需求能够很好地满足，受到大众的认可。尽管目前互联网金融业务中由第三方支付所衍生出的信贷业务占比仍较小，但由于其为资金借贷双方之间提供了直接连通的通道，这将为商业银行战略和业务转型提供参考方向。

（二）商业银行互联网化的必然性

在此背景下，传统金融机构需要深刻思考自身互联网化转型的必然性。

1. 传统金融机构的运作模式及时代局限。在工业时代，包括金融业在内的商业活动围绕少量的核心数据展开，规模化大生产与大协作的工业体系使得生产者在生产关系中居主导地位。这种从生产端单向推送到消费端的B2C式的产—销模式，使得各类企业所面对的外部商业环境相对稳定，其搜集、处理、利用的商业信息所表现出的数据特征多为因果的、静态的和延迟的。因此，企业内部管理和外部协作就是单向的、线性的、链条的，企业的内部运作与管理自然就是机械化、标准化、同步化和集权化，服务于这种经济形式的金融机构就需要更加严密、全面、有效的内部管控措施，以确保获得更多的风险收益。

在目标与约束条件下，经过百年演进与各种风险的考验，银行等金融机构最终从组织架构上体现为“总—分—支”的垂直管理架构，层级越高决策权越集中。这主要表现为三点：一是从人力资源结构上体现为典型的金字塔结构，拥有规模庞大的物理网点与众多的业务操作人员；二是从激励机制上体现为激励机制单一，主要是职务等级、员工工龄与工资收入挂钩；三是从企业文化上体现为合规重于创新、合规创造效益。在互联网快速发展的背景下，中国各个行业都在积极拥抱“互联网＋”，同样的，银行类金融机构也在积极实现互联网化。银行类金融机构积极实现互联网化的具体原因有以下四个方面。

第一，经济增速放缓。20 世纪 90 年代至今，是商业银行业务拓展与市场拓展的最佳时期。我国的经济增速引领全球，中国的 GDP 以年均 8% 以上的速度持续增长，这意味着经济领域需要更多的金融服务与之相适应，居于金融体系核心地位的商业银行发挥了不可替代的作用。随着业务容量的不断增长，我国四大国有银行、股份制商业银行抓住机遇，不断展业，城市商业银行、村镇银行等也及时拾遗补阙，填补了大银行未能覆盖的市场。

目前，我国的经济增速由高速变为中低速，即经济增长的新常态。这意味着市场扩容的可能性大大减少。商业银行跑马圈地的黄金时代已告终结，脚踏实地才能把握新的增长契机，略有迟滞就可能无过错丢失市场。

第二，利率市场化改革正在推进。我国的商业银行在经历了利率管制时期坐享利差的黄金时代之后，迎来了利率市场化改革之后的微利时代。特别是在客户需求多样化的时代，人们对商业银行的服务期望已远超出获得存款利息的范畴，这意味着客户忠诚度大大降低。一方面，由于充分竞争，客户放弃原来提供服务的银行，重新选择其他商业银行服务的机会成本极小；另一方面，商业银行业务的开展也不得不迎合小众化的需要而不断调整，差异化服务成为占据市场的主要战略。商业银行间的竞争加剧会带来经营的两难：业务创新需要支付成本，但利率市场化后商业银行最便捷的获利方式难以为继；业务创新会加剧商业银行经营风险控制的难度，利率市场化改革的目的之一恰恰是使商业银行自担风险。于是商业银行业务创新成为其保持竞争优势而不得不自担风险的背水一战。

第三，互联网金融冲击了传统金融机构。商业银行间的竞争不仅来自同业，还来自类似服务产品的提供者——互联网金融。互联网金融服务商的进入，使商业银行的存款增速迅速下降。分流的存款在余额宝、微信支付平台、京东金融等处大行其道，消费者延迟付款或分期付款，提前消费时只需轻点鼠标即可实现。互联网金融同时使商业银行的小额贷款业务备受挑战，如为交易平台供货商、运营商提供的特色贷款，包括阿里集团提供的阿里信用贷款、淘宝（天猫）信用贷款、淘宝（天猫）订单贷款，京东商城提供的京小贷，苏宁集团提供的省薪借等。互联网金融使客户在公开透明的平台上能够迅速找到适合自己的产品，也使金融机构在建设网络交易平台后，极大地减少了开设营业网点的投入与运营成本。为此，《2017 年中国银行业调查报告》中将“银行物理网点何去何从”列为银行业热点话题的第一位。这是因为互联网金融为商业银行带来了数量众多的同类服务竞争者，使商业银行的市场空间骤然收窄。支付宝、微信支付等第三方支付平台凭借其出色的批量获客能力，迅速挤压商业银行中间业务的盈利空间。

第四，混业经营监管呼之欲出。尽管分业经营、分业监管是我国商业银行目前的监管模式，但从我国金融业发展的总体趋势来看，混业经营是大势所趋。2016 年在 A 股上市的16家商业银行中，现有9家持有券商牌照；平安集团、光大集团、中信集团等已成为拥有银行、证券、保险、信托、基金等全牌照的金融控股集团。混业经营、分业监管的现实会逐渐推动监管制度的进一步变革。商业银行在混业经营的过程中，可加长其原有客户的业务链条，降低客户维护成本，从而获得规模经济效益。

2. 互联网经济下企业的运作模式与创新。随着我国经济发展进入新常态，从消费需求、投资需求到生产能力和产业组织等都将向形态更高级、分工更复杂、结构更合理的阶段演化。社会经济、个人、企业都迎来了全面的信息时代。互联网化所带来的数据量的飞升，催生了云计算、大数据等存储、处理和利用数据的新技术、新理念的发展。企业包括金融机构的商业活动不再围绕着工业时代的那些少量、核心的数据展开，而是要面对海量、高频、实时、非结构化为主的数据。大数据既来自消费者，又来自内部员工，这使得企业要面对的数据具有自下而上、自内而外的特征，企业的主导地位逐渐丧失，外部消费者与内部员工等个体获得主导权。同时，在“云+端”的基本模式下，大数据依附于端的应用场景，并不完全附着于企业的内外运作流程。因此，企业的内部运作流程必须对这类非结构化的、非因果的、实时的甚至先验的数据做出快速、准确、灵活的响应并落实行动。

此时，企业的内部管理与外部协作就不能再沿用工业时代的方法，其单向性因消费需求个性化、多样化而多向化，其线性化因分布式所导致的多元化分工而网状化，其链条化因灵活动态的网状协同而柔性化。因而企业内部的运作管理必须社区化、开放化并充分体现互联网开放、共享、平等的特质。所以，服务于这种新经济形式的金融机构也发生了相应的变化：第一，其现有的“总—分—支”垂直管理架构将变得扁平化，使得网络结构能够映射到组织架构中并予以灵活调整；第二，金字塔状的人力资源结构将变成纺锤状，员工告别“螺丝钉”角色，人人都是价值网络上不可缺少的节点，专家型员工成为主流；第三，单一的激励机制将变得多样与灵活，员工依据其能力与贡献获得业绩股份、股票期权等；第四，保守与合规的企业文化将变得更加人性化，更加突出员工的个性发展，鼓励创新，在内部形成一种共同学习、开发技术信息、创新产品的良好氛围，形成不断创新发展的经济有机体。

企业经营管理的本质是搜集、处理、利用商业信息并获利的能力，这一基本理念不会改变。在这一理念下，工业时代的商业活动都遵循着类似于机械系统的基本法则，而信息时代商业活动的发展则全方位地体现出生态系统的一些基本属性与特征。例如，现有的单向、僵化的供应链将不再是企业间的主要协同模式，而灵活动态的价值网络协同将越来越主流化。这决定了现有的金融组织及其生产的产品与服务，必然越来越跟不上信息时代的发展。互联网企业表现出对人的尊重、发挥人的特性，无论在内部管理、客户体验方面，还是在市场反响的成功方面都不是偶然的，传统金融机构的互联网化是必然趋势。

二、商业银行互联网化的过程

（一）银行业发展历程

几个世纪以来，科技进步一直是推动银行业发展的重要力量。历次科技革命不仅催生了新的产业形态和商业模式，而且有效降低了交易成本、提升了运营效率，银行业在一次次科技革命的冲击下不断改革创新。从复式记账法的发展到现代中央银行和支付系统的建立，再到引入复杂的金融产品，科技在银行业的应用呈现出加速化趋势。可以说，银行业的发展史就是不断伴随科技进步的历史。

根据银行业发展历程中不同时期的代表性技术，科技对银行业发展的推动和变革可以划分为三个阶段：第一阶段是 FinTech 1.0 阶段，主要模式是“信息产业（Information Technology，IT） + 金融”。银行业通过信息系统实现办公业务的电子化与自动化，增强数据交互能力并提高服务效率。第二阶段是 FinTech 2.0 阶段，主要模式是“互联网 + 金融”。在此阶段，商业银行通过互联网平台与移动智能终端汇集海量用户数据，打通各参与方信息交互渠道并变革金融服务方式。第三阶段是 FinTech 3.0 阶段，主要模式是“新科技 + 金融”。人工智能、大数据、云计算等新科技助力银行业转型，削弱信息不对称并有效控制风险，降低交易决策成本，充分发掘客户个性化需求与潜在价值。

1. 金融 IT 阶段。20 世纪四五十年代的信息技术革命以电子计算机的广泛使用为核心，银行在这一阶段主要通过 IT 软硬件来实现内部办公和业务的电子化，用于优化业务流程、提升业务效率及降低运营成本。ATM、销售点终端（Point of Sales Terminal ，POS)、支付系统等是这一阶段的代表产品（见表 4 - 1）。与此同时，信息的采集、处理和传输在计算机时代更加快速、高效，使得银行从单纯经营存款、贷款和汇款业务的金融机构，转向信息的提供、服务和管理者。

表 4 - 1　　银行业科技创新及使用的核心技术

时间	创新内容	功能	核心技术
20 世纪 50 年代	信用卡	支付	磁条技术
20 世纪 60 年代	自动转账	支付	电话
	支票处理机	支付	磁记录技术
	自动柜员机（ATM）	支付	机电一体化技术
20 世纪 70 年代	POS 机	支付	计算机技术、通信技术
	信用打分模型	信用评价	数据库技术
	纽约清算所银行同业支付	转账支付	通信技术
	清算系统（CHIPS）	—	—
	环球银行金融电信协会（SWIFT）	转账支付	通信技术
20 世纪 80 年代	金融衍生产品	交易	高速运算计算机、远程通信技术
	电子数据交换（EDI）	支付	通信技术、安全控制技术
20 世纪 90 年代	客户关系管理（CRM）	信息分析	数据库技术、专家系统
	信用分离模型	信用评级	数据库技术、专家系统

2. 互联网金融阶段。2008 年以来，移动互联网技术及数字设备的出现使得年轻客户群的金融消费行为发生了较大的改变，众多成熟的互联网公司和新成立的初创企业凭

借自身的技术、平台和数据优势开始跨界进军金融业，直接向企业和公众提供金融产品和服务，构建了以互联网为交易渠道的互联网金融模式。商业银行利用互联网和移动终端渠道实现线下业务向线上迁移，直销银行和互联网银行是互联网金融时代我国商业银行转型的两种主要模式。

3. 金融科技阶段。2017 年被称为“金融科技元年”，以大数据、云计算、人工智能、区块链等为代表的新一代信息技术突飞猛进，催生了社会生产生活方式的颠覆性变革，驱动数据资源呈指数级增长和裂变式衍生，金融科技的主要技术及应用都得到了前所未有的关注和高速发展。在数字技术的推动下，金融和科技的边界日益模糊，银行业竞争格局发生巨大改变，传统商业银行面临同业竞争和跨界竞争的双重压力，从而对新型组织形态进行探索。本章将这些组织形态从成立时间长短、主要业务领域两方面进行分类（见图 4 –1）。

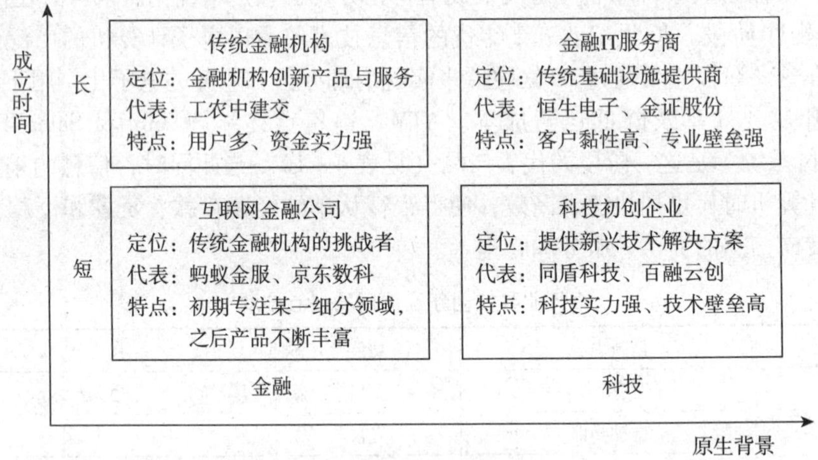

图 4 –1　金融科技市场竞争格局

（二）商业银行数字化转型

1. 产业互联网生态的构建。当前，消费互联网已经渗透到人们生活的各个领域。截至 2020 年 3 月，中国互联网用户数量已达 9. 04 亿人，互联网普及率达 64. 5%。大量终端消费需求的互联网化使供给端企业的互联网化成为必然。2020 年 4 月，国家发展改革委、中央网信办印发《关于推进“上云用数赋智”行动培育新经济发展实施方案》，将“搭平台，构建多层联动的产业互联网平台”定为六大方向之一，这是产业互联网首次上升至国家政策层面。同期，中共中央、国务院发布了《关于构建更加完善的要素市场化配置体制机制的意见》，指出土地、劳动力、资本、技术、数据五个要素领域改革的方向，数据作为一种新的要素与其他生产要素有乘数效应，有利于推动产业数字化。越来越多的产业互联网平台与金融机构合作，我国已经由消费互联网阶段步入产业互联网阶段。

产业互联网是消费互联网的升级，是数字时代基于产业场景的新型基础设施。产业互联网是传统产业借助云计算、区块链、大数据等互联网信息技术，促进企业内的人、物、服务，以及企业间、企业与用户间互联互通，线上线下融合，资源与要素协同的一种全新的产业发展范式。它既是新的生产方式、组织方式、运营方式，也是一种新的基础设施，是新一代信息技术与工业、服务业、农业深度融合的产物。产业互联网最大的特征在于产业运营方式的网络化和智能化，基于信息技术实现企业间的无缝合作和资源的有效整合。

在产业互联网时代，商业竞争由过去的企业与企业间的竞争，逐渐转向产业链、生态圈之间的竞争，越来越多的企业关注产业链整体竞争力，并将构建健康产业生态作为经营的战略目标。

从目前的市场实践来看，商业银行与产业互联网平台主要有三种合作模式。

模式一：以大型企业为核心、产业互联网平台为基础的产融模式。

核心企业在产业互联网构建中有着明显的优势。第一，核心企业天然自带产业场景，能够迅速组织上下游企业或平台用户参与到供应链金融中；第二，核心企业对上下游企业的强势管控和话语权，以及在行业中的多年深耕，能够直接转化成很强的风控能力；第三，企业资源的聚集和把控。因此，有很多核心企业相继开始搭建产业互联网平台，通过引入商业银行或与金融机构进行合作的模式，为产业平台上的企业提供供应链金融服务。这类模式的典型代表有宝钢旗下的欧冶云商平台、河北钢铁集团的河钢供应链管理平台、中国建筑集团的云筑网等。

云筑网是依托中国建筑及其战略合作伙伴的采购需求、供应商资源打造的集电子化招标、在线交易、物流整合、供应链融资等服务于一体的产业互联网平台。针对建筑行业交易金额大、结账周期长、物流服务繁杂等特点，凭借专业知识和市场经验对物资采购进行供应链整合，开创了线上交易的全新模式，有效解决了供求双方资金周转难题。

模式二：第三方金融科技公司主导的产融服务平台。

金融科技公司主导的供应链金融平台在金融资源和产业资源领域有独特优势，其通过合作机制充分优化和集中资源进行多重赋能，推动产融协同，并通过产业服务平台或产业供应链金融平台的搭建主导产业互联网的形成。这类模式的典型代表有中企云链等产融服务平台。

中企云链是由中国中车联合中国铁建等多家央企及金融机构成立的混合所有制平台。其运用金融科技的创新能力，打造了云信、云租等金融服务模式，已经与几十家银行合作，服务于国内近千家核心企业，5 万多家产业链中小企业。

模式三：以垂直行业 B2B 为核心、垂直电商平台为基础的产融模式。

垂直电商平台的关键在于对行业的深耕和积累，在产业、技术等方面形成了独特的资源和禀赋，从而形成基于垂直行业生态的产业互联网平台。这类模式的典型代表有五矿发展的五阿哥电商平台等。

五矿发展以钢铁贸易为主，拥有大量终端企业上游供应商资源，赋能传统供应商（钢贸商、加工配套商为主）完成互联网化改造升级，帮助终端企业解决询价、采购、跟进、融资等全流程问题。五阿哥电商平台聚焦钢贸商、加工配套商、终端企业环节，打造纯撮合的第三方钢铁服务交易平台，依据平台上真实贸易背景和交易数据，引入北京农商行和阳光保险等金融机构，共同打造了面向钢铁产业终端企业的供应链产品——赊销宝，实现了全流程线上放款。此外，该平台还引入浙商银行的涌金司库业务，为平台上的企业提供依托账户的涵盖支付结算、资金融通、金融资产管理的一体化综合金融服务。

2. 数字化营销。数字化营销对银行而言并不是全新的概念，在过去十多年间银行营销经历了三个阶段的变迁：第一阶段，银行将营销纳入信息化管理体系，以客户关系管理（Customer Relationship Management，CRM）系统建设为代表，对营销和销售管理流程进行数字化改造；第二阶段，受益于大数据分析在营销领域的应用，银行开始基于客户洞察的数据库营销，建立起数据驱动的自动化精准营销体系（Marketing Automation）；第三阶段，线上、线下的渠道触点及广告媒体经过数字化改造，衍生出多元融合的营销世界，银行重新构建全域营销能力，建立了一系列的营销技术栈来支撑错综复杂的业务。可以观察到，今天的银行数字化营销体系建设已经远远超出早期 CRM 系统对业务进行信息化改造的范畴，已经无法用一个系统或一类业务来定义。

多数银行在数字化转型道路上已经由基础投入阶段迈向创新实践阶段，这意味着银行不再一味地将资源投入到数字化基础设施建设，而是期待数字化带来的产品服务创新能促进业务收入增长。数字化的金融产品，例如银行的线上消费信贷产品，已经将营销、产品服务融合在一起，产品设计充分考虑了客户体验，并在各个环节广泛应用数据分析手段，打破了传统模式下营销仅负责传播而与产品服务割裂的状态。所以，数字化转型会颠覆银行对营销的定义，数字化营销也将塑造新的组织形式，与产品服务紧密绑定。

国内银行数字化转型的起点各不相同，有的选择从数字化渠道切入，有的选择从标签指标体系切入。但无论如何，都离不开两个关键转型要点。

第一，构建涵盖分析洞察、活动设计、活动执行和跟踪评估的营销闭环体系。

第二，构建基于用户生命周期的营销运营体系。

先进的银行在构建数字化营销闭环体系时，将能力建设聚焦在智能化、敏捷化、整合化和自动化四个方向。

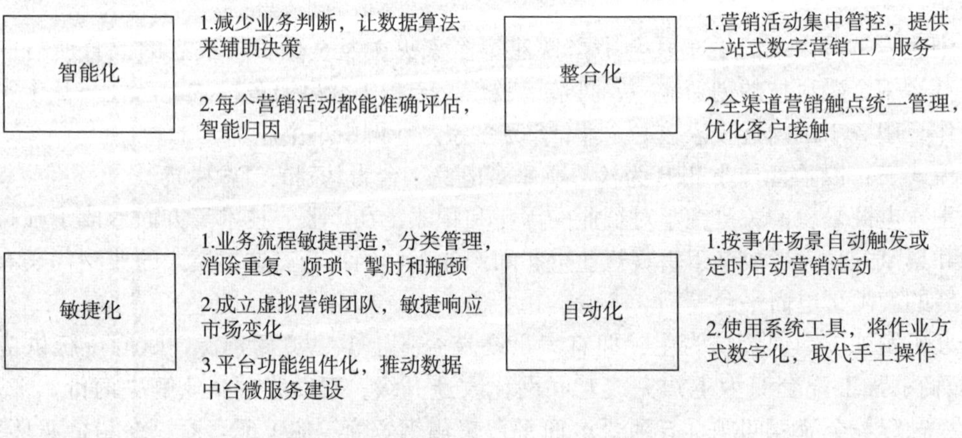

图 4-2　数字化营销四大能力提升方向

过去由于银行数据与业务应用长期脱节，所以在营销运营体系建设方面，各家银行呈现出明显的两极分化。少数头部银行已经构建了端到端的数字化用户旅程，根据用户生命周期所处阶段来设计指标体系，并对用户进行分层、分群，从而制订精细化的运营方案。而多数银行仍然在摸索适合自己的转型路径。

构建营销运营体系的真正难点在于组织架构和业务模式的变革，数字化营销运营体系将公司组织结构分为四部分：第一，基础系统平台，包括基础设施和后台系统；第二，数据平台，包括交易数据、属性数据、行为数据、三方数据；第三，运营平台，包括社交媒体运营、App 运营、商城运营、会员运营和营销自动化；第四，触点平台，包括聊天工具、网页、呼叫中心、移动 App 和短信。新的工作模式对部门间合作提出了较高要求：一方面，基础系统平台建设状况与触点平台是否敏捷高效可谓是息息相关；另一方面，通过分析数据平台的海量数据，可以实现对企业运营平台及触点平台的系统优化，提高客户使用感受。在这种模式下，除了上述的部门合作，条线融合的重要性也不容忽视。例如，业务部门既需要从运营平台下沉到数据平台去做探索，参与数据治理，完成数据分析，还需要对接触点平台进行管理交互设计、前端开发，确保良好的用户体验。

3. 业务转型。如上所述，商业银行迫于竞争压力，在金融市场相关制度日益完善的基础上、在相关技术突飞猛进的情况下，不断推陈出新。在经济增速放缓、市场扩容难度加大的情况下，其业务转型有以下四个特点。

第一，银行在市场差异化竞争趋势下，其业务创新领域也有所侧重。例如，工商银行致力于完善产品创新工作机制与方法，实施产品全生命周期管理，提升对客户的金融服务水平；建设银行则抓住经济增速放缓背景下，政府单纯依赖财政拨款经费不足以提供公共服务所需全部资金的机会，适时推出银政合作业务，开设如政府采购贷、特色小镇贷、海绵城市贷等新业务品种来填补市场空白；以零售银行业务胜出的招商银行计划用内建平台、外接流量的策略驱动互联网金融战略转型，进而把零售业务的体系化优势再上一个台阶；浦发银行全面构建“三宝两通”小微客户批量开发模式等。据《2020年度中国银行服务业改进情况报告》中的统计结果，在新冠肺炎疫情期间，银行业金融机构金融供给侧结构性改革和数字化转型步伐加快，开启了新一轮银行业数字化转型的长期快进，为银行业新一阶段数字化转型和高质量发展带来新的契机。后疫情时代，银行业将把握业务数字化发展机遇，适应新趋势，加快数字化转型和高质量发展。由中国银行业协会与网商银行等上百家银行共同发起的“无接触贷款助微计划”运行良好，仅用不到两个月时间就已实现服务 1 000 万客户的目标，其后续实施也取得巨大成功，截至 2020 年 7 月 30 日，“无接触贷款助微计划”服务小微企业和农户数超 1 767.42 万户，贷款累计发放 7 379.14 亿元，贷款余额 2 010.05 亿元。

第二，经济下行使商业银行从传统信贷支持业务向综合化金融业务转变，有实力的大型商业银行将目光投向国际金融市场。在我国大力推行“一带一路”倡议的背景下，商业银行加快推动其业务经营在全球范围内向纵深发展，不断提升其境外机构本土化经营水平和全球服务能力。考虑到我国的“一带一路”发展战略所联通的许多地区是经济欠发达地区，基础设施薄弱，因此，将会有一大批跨境高速公路、铁路、输电网、油气管道、工业园区等建设项目破土动工，商业银行可以通过集结基金、信托、保险、期货、资产管理、金融租赁等金融服务机构的形式，共同为这些大型基础设施、基础产业部门的投资活动融通资金，提供综合化的金融服务，并同时提高自身的盈利能力。

第三，在传统业务市场受到电商挤压时，商业银行也在尝试与其他金融机构和实体企业进行跨界合作，从而实现业务创新。例如，中信银行与中国人寿、嘉实基金、中诚信托、中信旅游、中诚旅游、中信出版社等企业合作，围绕家庭财富管理所涉及的多个领域，共同为客户提供保险、理财、高端医疗、全球留学等一大批有特色的增值服务。建设银行、交通银行、民生银行等均推出网上商城或信用卡商城，其中建设银行推出的“善融商务”被业界认为是最具有推广价值的业务创新模式。商业银行经营电子商务的目的不同于普通商务平台旨在销售货品，而是通过经营电商平台，挖掘互联网需求。例如，“善融商务”的企业用户可以通过平台结识上下游企业，银行可以根据企业情况酌情提供供应链融资服务；平台中的供应商以网上大买家的订单为依据，向建行申请贷款等；个人用户可以根据个人资信和消费需求申请品类齐全的个人贷款。

第四，国内商业银行的竞争压力迫使其实行全渠道创新策略，这种现象在其他国家也同样存在。安永企业咨询公司（Ernst & Young Global Limited，EYGM Limited）2014 年对全球银行产品与服务使用的客户进行调查，该项调查的对象包括美洲、亚洲、欧洲 24 个国家的企业与消费者。调查结果表明：80% 的客户每周都使用网络银行；70% 的客户每周都使用手机银行。这些客户对数字化服务的需求为：59% 的受访者认为银行业务的使用安全性最重要；44% 的受访者希望能及时跟进款项的变动；40% 的受访者希望可以提交电子签名；39% 的受访者希望能收到即时消息；26% 的受访者希望银行能提供视频服务；53% 的受访者使用非银行金融服务；38% 的受访者正在考虑这样做。由此可见，传统银行服务项目的使用者正在锐减，有 1/3 的受访者在过去两年曾经历银行服务出错；57% 的受访者对银行的处理过程及结果不尽满意。比较而言，美洲的客户有较高的满意度，而亚洲的客户满意度较低。

这表明在互联网金融背景下，商业银行的服务需要更为严谨地改善其纠错机制。在国际市场上引领业务创新的花旗银行近期的研究报告也显示，随着移动互联网的普及，金融科技公司竞争加剧，传统银行将迈入利润增速疲软期，因此，全渠道策略是传统银行赢得未来十年竞争的最佳方案。传统商业银行对客户的业务拓展需要线上线下同时发力，这需要有更多的资源投入。例如，招商银行通过运营平台的升级换代使其有所专长的业务产品得以延展，联合滴滴出行推出一网通支付业务，增加客户黏性；民生银行携手银联，利用基于主机的卡模拟（Host - based Card Emulation，HCE）技术推出民生云闪付业务，使客户体验比支付宝、微信支付更为便利与快捷的支付方式。上述银行均采用了全渠道策略以抵御互联网金融批量获客对其既有市场份额的分割。

（三）商业银行数字化转型的痛点

第一，银行对科技的驾驭能力有待提升。尽管对新技术应用采取了非常积极的态度，但无论在国内还是国外，商业银行都存在技术驾驭能力不足的问题。美国的大银行，如摩根大通、高盛集团、花旗银行、富国银行等，其技术人员总量与亚马逊、苹果、谷歌相比毫不逊色，甚至有些银行的工程师总量比这些科技公司的工程师数量还多。但是，其技术创新、技术深度却无法与科技公司相比。在国内，2019 年四大国有商业银行的科技投入都超过了 100 亿元，投入力度并不比国内互联网头部企业的力度小。那么二者在科技水平上的差距，就不能单纯用银行更偏重应用来解释了，这涉及企业战略、行业特点、企业文化、实际需求等多种因素。越来越多的国内外银行都在以转型成为科技公司为目标，而科技公司显然应该以技术为核心竞争力，如果技术和业务是企业的双轮驱动，那么银行的科技轮子应当不输给具有潜在竞争关系的科技公司才是比较安全的，才能让自己真正获得竞争优势。

第二，银行数字化转型规划的整体性有待提升。银行对新技术的分析、整合不够充分。技术发展具有很明显的融合特征，例如，人工智能是以大数据为基础的，而大数据又依赖云计算提供庞大的算力；物联网最初以数据采集为主，与云计算之间有密切关系，而后来又在边缘计算方面与人工智能融合；移动端应用作为渠道侧技术，其背后则是与各种技术的衔接，开放银行更是如此；区块链技术尤其在联盟链形态下，与云计算有密切联系，而从数据确权的角度讲，未来也可能会与人工智能密切相关。这些技术之间的依赖关系不能仅停留在专业技术人员的认知中，还需要银行管理层对此有充分了解，才有助于形成整体性的规划。银行对数字化转型的重视必然要体现在数字化转型规划上，但是，单纯从技术角度出发规划数字化转型布局不是十分理想的选择，银行整体能力的提升不是采用了某项技术甚至一组技术栈就能实现的，更不能押宝在个别新技术带来的颠覆上。目前，很多已经公开的银行数字化转型战略更类似于众多应用的介绍和堆叠，而对银行核心战略的支持、技术后端的整合实现则缺少清晰的路径。

第三，银行支持技术创新的效率有待提升。国内大型银行有足够多的资金和人力来尝试各种新技术，但是，由于机构规模大，信息传导链条长，一线业务需求传导过程较慢。一个完整的传递链条很有可能需要经过“柜员或客户经理—市级分行业务部门—省级分行业务部门—总行业务部门—总行技术部门—开发中心—开发团队”这样一条信息链。这样一条漫长的传导链条，除非高层领导直接干预，否则按部就班的传递将会是一个缓慢的过程，而且对于银行从业人员来说，严格的关键绩效指标（Key Performance Indicator，KPI）考核已使其无暇他顾，如果业务创新没有列入其中，就一定不会受到关注。伴随着信息衰减和过时的问题，尽管中小型银行决策路径相对较短，但是技术人员的不足制约了业务需求的转化效率。国外领先银行，如摩根大通、高盛集团、富国银行等都通过增加技术人员数量的方式，将技术人员或数据分析人员派驻到业务部门以缩短信息传递过程和问题解决周期，但是，组织结构及人力资源构成本身并没有发生根本性变革，只是效率有所提升。

第二节 商业银行经营模式创新

一、发展直销银行

（一）背景

2013年，余额宝横空出世，对金融行业带来了巨大冲击。于是各家银行集合发力，三年时间内各家银行的互联网平台纷纷创立。其中四大行工农中建，网点布局强悍，基本没有业务地域限制，四大行的布局方向主要以自我优势为基础进行更加宏大的规划，基本都盯上了电商平台。

股份制银行则利用直销银行，最大限度地突破了地域、网点限制，通过网络渠道实现全网用户接触。直销银行是互联网时代的一种新型银行运作模式，其主要依托互联网和移动互联网，不再依赖线下实体网点，并且所提供的产品和服务对无法亲自到柜台办理业务的客户来说比较便利。相对于有多层分支行经营架构的分销式传统银行而言，客户通过简单、便捷的操作即可完成业务办理和产品购买。直销银行的出现使股份制商业银行跨越了一直无法跨越的地域鸿沟，弥补了其在网点布局的不足，成为中小股份制银行和城商行弯道超车的希望与契机。

（二）发展过程中的困难

直销银行一直被我国视作银行转型的先锋军。2013年9月，北京银行首次建立直销银行；2014年2月，中国民生银行推出首家纯线上的直销银行服务平台。而后，较多的银行，特别是中小银行和区域性的城商行、农商行、农信社纷纷将直销银行作为转型抓手进行发展，直销银行数量快速上升。2014年为22家，2017年达到105家，而后新增速度有所放慢。截至2020年末，国内已推出直销银行模式或类似经营形态的银行超过137家。

虽然直销银行数量增长较快，但直销银行的发展却面临较大困境。

1. 民众对直销银行认知度并不高，较多的用户趋向银行将直销银行和手机银行合并。据中国金融认证中心（China Financial Certification Authority，CFCA）对2 000名直销银行用户的调查显示，超六成（62%）的用户认为，直银银行和手机银行功能相似，将两者合并更方便使用。目前，我国大型国有银行和民营银行普遍趋向将两者合并。2020年6月，国内已有18家银行将两者进行合并。

2. 线上线下竞争模式形成内耗。银行业在第一阶段互联网金融发展过程中，主要从监管分离，避免线下客户转线上、虚增线上客户数等因素考虑，大部分银行选择了独立经营直销银行。同时，管理层希望直销银行能独辟蹊径，成为银行业务增长的突破点，解决银行存在多年“红海之争”的困顿。但未曾想这种分离考核导致的结果是线下无法利用线上产品、功能优势扩大网点获客范围，甚至为了避免客户转移线上渠道而诋毁行内线上产品；而线上业务缺少线下的人力、网点支持，导致较多创新项目中途“流产”

或产能低下，双方的恶性竞争严重消耗行内资源。

3. 银行互联网系统的开发有待提升。直销银行 App 的实际功能不尽如人意，应用开发相对不足，用户体验整体水平较低。在不同领域的合作过程中，系统方面的问题一一暴露：第一，银行的系统开发过慢，无法抓住热点产品与市场；第二，银行互联网系统在设计之初，依然沿用了传统银行的思维模式，导致很多操作流程冗长复杂；第三，银行系统的安全性遇到新的挑战，随着银行互联网业务的广泛开展，金融诈骗也层出不穷；第四，“羊毛党”对系统的挑战。各家银行为吸引新客户关注和参与其互联网平台的活动，往往配套一些相应的激励措施，由于经验不足，在系统设计时没有对“羊毛党”进行识别和验证，导致某银行的一个开户返现活动中，同一个 IP 地址居然开户 3.7 万户。针对这个无法在短期内解决的矛盾，直销银行开始通过对外开放合作、系统共建来缓解部分系统压力。

4. 投资项目紧张、理财收益急速下降。2015 年后，大型高息的投资资源日益紧张，银行资本收益空间不断缩紧，各类理财产品收益迅速下滑。银行互联网理财产品在经历最初的收益为 7% ~8% 的新客产品后，理财产品收益直降到 5%，从收益上逐渐丧失市场影响力。这进一步导致直销银行活跃客户少，2017—2019 年，2/3 的银行活客数明显下降。同时直销银行的三种主要优势——成本收入、跨区吸引新客户、服务长尾客户，由于银行全面数字化转型、周期风险特征明显、互联网流量增长、缺乏线上获客等原因也面临较大挑战，迫切需要加快变革，实现重生。

5. 监管制度对直销银行发展提出更高要求。由于网络风险的不断暴露，当监管制度无法匹配互联网金融的发展速度时，监管机构与各家银行同时选择加大对二、三类账户资金流动的限制以降低网络诈骗风险。中国人民银行对直销银行开户需要核对的要素提出更高要求；多家银行下调了向他行二类账户的转账额度，以及二类户单日支付额度等，导致直销银行的创新之路更具挑战。

（三）直销银行的变革路径

1. 找准直销银行的市场定位。虽然金融本身的发展越来越复杂，但由于工作繁忙，人们无暇花太多的时间去深入了解产品的相关知识，需要有一些相对简单的产品满足人们日常简单的投资理财需求，这是现代社会发展的必然，也是人们心理认知的特点，简单即美。在现代社会中，这样的产品始终有自己的市场空间，关键是找准市场定位。从目前来看，直销银行大致可以分为两类：一类是客户的差异化。围绕一个或数个比较明确的客户群体进行深耕，比如，马来西亚丰隆银行旗下子公司 MB 私人银行（Mach by Hong Leong Bank，MB）就是专注于 90 后年轻人的银行，其特点为针对客户需求进行定制化个性服务，产品丰富、有趣味，倡导独特的价值主张。另一类是产品和服务的差异化，以高性价比产品和服务的创新实现远超同业的发展速度。银行能够提供更加专业化的服务、客户体验较好，专业化和高收益是这类直销银行吸引客户的制胜法宝。

2. 在转型大框架下形成合力。从银行的发展来看，打造线上线下一体的综合化、开放式的金融服务生态，为客户提供一站式全面的金融服务解决方案是银行发展的必然趋势。因此，银行发展的主要方向是进行一体化服务场景建设、整体营运场景建设，直销银行的发展关键是找准自己的位置，并和银行转型发展形成整体的合力，重点有三个方面：第一，客户群体价值的形成和承接。直销银行在一定程度上扮演了早期客户群体挖掘和汇聚的角色，是客户群体价值的第一次挖掘，当客户有更多的需求时，要从整体上形成顺畅的价值承接。比如，很多直销银行将年轻人定位为目标对象，这些年轻人随着年龄增长及收入变化，其金融需求也会发生变化，当直销银行本身无法满足其新的需求时，就需要和银行的其他业务板块做好相应的价值承接。第二，要在银行服务整体生态系统内统一协同和服务一致。要避免当前部分银行的做法，即对同一个客户群体，各部门的各类资源投入分散、各自为政，造成重复投入和投入空白。比如场景建设，应该是银行面向个人客户（To Customer，To C）大零售业务建设的重要一环，而不是将这一建设的重任交给应该轻资产营运的直销银行。第三，在互联网共域流量减少的情况下，要充分利用银行各个服务生态的私域流量相互引流，从而增大银行金融服务场景和非金融服务场景体系的整体流量。比如对公业务条线代发工资业务的发展，给包括直销银行在内的零售业务板块的增流，通过生活服务场景营运为投资理财类业务板块引流，等等。

3. 充分运用科技的力量。从国外成熟的直销银行运作看，直销银行单客的收入相对单一，收益水平也并不高，关键是营运成本低、规模效应突出。例如，2011 年荷兰国际集团直销银行（International Netherlands Groups Direct USA，ING Direct USA）的非息费用占比仅为母银行的57%。多数国外直销银行的员工人均管理资产的数额一般是传统银行的3～5倍，因此，人均盈利能力是银行业平均水平的5倍。我国直销银行要达到这样的产出效益，必须充分利用金融科技的力量才能实现：一是通过客户精准画像，为客户提供更为个性的精准服务，给客户创造更多惊喜；二是通过科技的力量，突破人工服务能力的瓶颈限制，以低成本的方式实现大规模的服务部署和触达；三是进一步优化直销银行的界面设计、操作等触点的服务，提升客户的服务体验。同时，要通过科技力量增强对客户隐私、安全等的保护，有效维护客户合法权益。

【案例 4.1】　民生直销银行

2014 年 2 月，民生银行秉持“简单的银行”这一服务理念，突破传统实体网点经营模式，创新推出了如意宝、慧选宝、民生金、基金通等一系列备受市场青睐的纯线上金融产品，成为中国首家成立直销银行的商业银行。

民生直销银行明确定位于服务新兴数字人群客户，即收入较高、生活节奏快、习惯使用互联网、容易被优惠活动吸引的年轻数字化群体。针对以上客户群体忙、潮、精的特点，民生直销银行提出了三点与之匹配的价值主张：第一，针对“忙”的特点，致力于打造“简单的银行”，例如，简化网上注册购买流程，精简产品的设置，每类产品只有一到两个选择，使客户能够对直销银行的流程及产品一目了然；第二，针对“潮”的特点提出紧跟时尚潮流的主张，例如，界面（User Interface，UI）设计比普通网银的网站界面更加时尚，产品命名、语言风格也更符合年轻人的习惯，此外还与“去哪儿”网等年轻人常用网站合作，深入挖掘年轻客户群体的生活消费习惯；第三，针对“精”的特点，民生直销银行推出了持续专属的优惠政策，除具有专属产品和优惠外，收益也高于普通银行产品的收益。通过对市场和客户的细分与精准定位，民生银行脱颖而出，目前客户数已突破180万人，成为全国客户数量最多的直销银行。

在架构层面，民生直销银行大力推进独立运营体系建设，目前通过事业部架构保持相对独立运营，以建立持牌的独立法人为发展目标。民生直销银行具有自己专属的营销团队、产品开发部门、风控部门，以及独立于母行的IT系统等。这样的组织架构能够推动直销银行更加快速地获客，实现关键绩效指标核算清晰，决策链短，响应速度快，以及流程运作高效的目标。

在获客引流上，民生银行高度重视与外部渠道的跨界对接，其中民生银行与中国电信的合作尤其引人注目，电信用户可通过与民生电子账户挂钩的“翼支付”账户购买货币基金，而无须再次注册新账户。中国电信高达1.81亿的庞大客户基础为民生银行提供了极具吸引力的获客渠道。

2018年，民生银行迭代升级直销银行，打造了“云+开放式+链接器”3.0模式，在业内首推开放式综合金融云服务平台，为C端客户、产业链上下游B端客户、互联网科技公司提供开放化、个性化、敏捷化、高效化的金融服务解决方案。同时，民生直销银行聚焦业务模式转型升级，创新获客模式，重视场景应用，与蚂蚁金服，京东、华为、小米三大电信运营商，两大航空公司，城市商业银行等各类企业开展合作；深耕金融科技平台建设，成为首家投产运营分布式核心系统并建立开放式金融生态平台的直销银行，客户服务能力和客户体验水平大幅提升。产品货架不断丰富，陆续推出结构性存款、慧选宝、民生好车、民生好借等互联网金融产品。

作为国内首家直销银行，民生直销银行获得了第三方机构的一致好评和社会大众的广泛认可，2018年荣获新浪财经的直销银行十强、中国金融认证中心的最佳直销银行奖等15个奖项，品牌美誉度和市场知名度持续攀升，连续四年保持行业第一，进一步夯实了本公司在互联网金融领域的领跑地位。2020年末，民生直销银行客户数达1 917.13万户，管理金融资产1 322.91亿元；累计交易笔数1.21亿笔，交易总金额达1.38万亿元。

二、构建银行系电商平台

（一）电商平台的兴起

中国电子商务的发展伴随着中国互联网的发展，虽然距今不过20余年，但其所产生的影响却十分深远。

1994年，中国正式接入互联网，当时的电子商务主要以企业间的商务模式探索为主，并未触及更多居民消费领域。直到1999年，C2C模式在中国诞生，8848、易趣网、阿里巴巴等电子商务平台相继成立，这一年也被称为“中国电子商务元年”。

21世纪初，电商开始快速发展。2003年，阿里巴巴成立淘宝网，同一年，京东也开始主营线上商城。两大电商巨头引领中国电商快速发展，众多电商平台也如雨后春笋般出现。

电子商务也在这20年间改变了居民的消费习惯，线上交易成为个人购物新渠道。数据显示，2007年我国网络零售交易规模为561亿元，同年社会消费品零售总额则为89 210亿元，电子商务实现的交易额仅是零头，而根据国家统计局发布的数据，2020年全国网上零售额为117 601亿元，比上年增长10.9%，占社会消费品零售总额的30%。其中，实物商品网上零售额为97 590亿元，增长14.8%，占社会消费品零售总额的比重为24.9%，比上年提高4.2个百分点。同时移动电商用户规模逐步扩大，2020年用户规模达7.88亿人。电子商务从过去的“零头”正逐渐成为中国主流消费方式。

互联网时代，无处不在的电商正深刻地影响着人们的生产生活方式和思维行为模式。借助电商平台以及因社交媒体兴起而产生的第三方支付机构，我国在短短五年内就建立了全球最大和最先进的移动支付市场，几乎覆盖了B2C零售业务的方方面面，进而又搅动了B2B对公业务。拥有支付牌照的电商平台更是如虎添翼，成为普惠金融的生力军。面对电商支付机构的强势崛起，各大银行也在积极谋新谋变，主动适应互联网的多元化变革。银行系电商平台的出现，正是这一系列变革的产物之一。

（二）银行系电商平台的发展现状

根据中国银行业协会关于银行系电商平台的统计数据，截至2018年底，自建电商平台的银行共有23家，2018年当年，银行系电商平台交易总额为20 098.04亿元。但自2019年以来，各大银行系电商平台在年报和相关报告中均未披露关于交易额的数据，而其他电商平台则发展迅速。2020年“双11”，天猫交易额已经突破3 727亿元，最终达到4 982亿元，同比增长26%；京东下单总额达到2 715亿元。

银行开展电商业务的主要模式与传统互联网电商模式基本一致，即作为电子商务平台经营者，在商户入驻、买家注册到最后产品服务交付的过程中为交易各方提供信息发布、交易撮合等服务。不同之处在于，银行更期望用流量发展金融服务，通过在电商业务各个环节引入金融增值服务来增强平台在吸引商户入驻、提升消费者黏性方面的竞争力，如为平台用户提供信用贷款、消费分期等金融服务。可惜几家持牌的电商平台在此方面的业务布局中已先行一步。主要银行系电商平台的特点对比见表4-2。

表4-2　主要银行系电商平台的特点对比

项目	银行名称			
	工商银行	建设银行	农业银行	交通银行
平台名称	融e购	善融商务	E商管家	交博汇
网购模式	B2B、B2C	B2B、B2C	B2B、B2C	B2B、B2C
上线时间	2014年1月	2012年6月	2013年4月	2012年8月上线， 2014年3月升级

续表

项目	银行名称			
	工商银行	建设银行	农业银行	交通银行
企业商城	工艺品、箱包皮具、服装配饰等	食品农业、原材料、工业品、服饰鞋包、家居百货、数码家电	农林牧渔、工业品、日用百货、文体娱乐	企业馆：服装服饰、家居百货、小商品、专业市场原材料、工业品，航运中心
个人商城	黄金珠宝、汽车用品、3C 产品、大众百货	3C 产品、大众百货	“三农”专区、3C 产品、大众百货	3C 产品、大众百货
生活	充值缴费、票务、旅游	商旅服务、房 E 通	生活缴费	生活馆：生活缴费、商旅服务、交通罚款等
金融	理财产品、贵金属、保险	金融超市：基金、理财产品、贵金属、外汇、保险	无	金融馆：贵金属、理财、基金、保险等
积分兑换	积分抵现	积分兑换电子券	积分商城	积分乐园
支付方式	积分支付、电子券支付、网银支付、逸贷支付、分期支付、闪酷卡支付、工银 e 支付、闪购	支持担保支付、在线个人贷款和分期付款	企业网银、个人网银、手机银行、电话钱包、转账电话、通联 POS 机	支持交通银行信用卡和借记卡支付，可信用卡分期，资金直接进入商家在交通银行开立的自身结算账户
个人用户数	5 653 万户	1 766 万户	—	—
电子商务交易额（2016 年）	1.27 万亿元（B2C 为主）	1 582.92 亿元（B2C 为主）	1 469 亿元（B2B 为主）	2 932.59 亿元（B2B 为主）

目前，银行自建电商平台主要分为两类：一类是综合性商城服务，另一类是信用卡服务。两种电商支付业务形式在本质上没有区别，只是切入的服务场景不同：前者直接面向线上的消费诉求，后者则基于信用卡面向持卡客户的服务诉求。中国电子银行网 2019 年的一项调查研究显示，在我国现有的已经开展电商业务的银行中，46% 为信用卡商城类型，15% 为综合性商城类型，7% 为“综合性 + 信用卡”商城，其余的无明确类型。以信用卡服务为核心的平台，基于高频特性以及持卡人的天然忠诚度，很快找到了服务定位；但线上综合性商城在独立平台化发展中，却遭遇了种种挫折。自 2012 年前后经历了一段时间的蓬勃发展后，银行系电商一路收缩，多数银行将电商服务合并至手机银行，或与信用卡应用合并；剩下为数不多的银行，则通过常年补贴勉强支撑着电商服务。

（三）银行系电商平台的局限性

尽管银行本身具有支付中介和信用中介的身份，在支付结算领域拥有传统的优势，依托电商平台可以在灵活结算基础上进一步提供融资服务，增加服务的维度。但在电商领域，银行毕竟是后起之秀，其局限性也是显而易见的。

1. 电子商务业务领域的法律法规对银行开展电商业务提出了新的要求。比如平台的设立是否需要取得增值电信业务牌照；平台内对经营者的审核是否包含需要取得特殊许可或进行备案；产品的推广是否符合《中华人民共和国广告法》《中华人民共和国商标法》；网络交易判断合同生效、风险转移的规定是否符合《中华人民共和国电子商务法》《网络交易监督管理办法》；平台的隐私政策、网络安全、数据保护、物流配送、售后及纠纷解决等一系列规章制度和文本建设是否完善等。

2. 交易过程中庞杂的进销库存等供应链管理和售后服务，对银行而言也是一种挑战。据了解，银行基本都是没有库存的，只做代销模式，由入驻商家自主负责发货、售后等环节。这对消费者而言，购买商品时缺少有力的售后保障。

3. 银行电商平台更关注对本行银行卡和银联支付的支持，而较少支持第三方支付。即银行服务的对象多为存量客户，很难进一步拓展新的客户。

4. 由于消费者对银行的天然信任感，要求其合作商户必须拥有较高的信誉和商品质量，因而为防止零散劣质的商品损害银行的品牌形象，银行电商平台的入驻门槛和品质要求均较高，致使商品的丰富性不足。而对于个体消费者而言，商品的多样性和低价往往是吸引和留住他们的关键因素。

5. 目前各大银行自建的电商平台都是互相割裂、各自为政的，无法满足消费者在一个平台上一次性完成比价选购的便捷需求，加上消费习惯形成的路径依赖，除了积分兑换，很少有人会想到去银行电商平台购物。这就使得银行电商平台的流量和活跃度都差强人意；而流量的匮乏又会进一步恶化价格，靠补贴来拉升平台的活性显然是不可持续的。

【案例 4.2】　交通银行“买单吧”App 实现电商扶贫

在消费扶贫领域，从早期围绕基础设施建设，到让资金跟着产业走，再到创新“电商+消费扶贫”，交通银行在多年的扶贫工作中，走出了一条造血式的脱贫工作之路。

甘肃省天祝县的“90 后”陈俊璋在 2013 年回乡开始电商创业。然而，由于资金和运营能力不足，运作了两三年的项目依然没见起色，年销售额不过 10 万元。2016 年，交通银行看到了天祝县消费扶贫的巨大潜力，便开始为陈俊璋这样的创业者出谋划策。从 IT 技术升级到订单专业化管理，再到将天祝县特产搬上交通银行“买单吧”App 平台，经过几年的苦心经营，天祝县的白牦牛肉、藜麦等农牧产品成为了当地群众增收致富的法宝。2019 年，陈俊璋的电商公司实现年销售额 2 000 万元，还吸纳就业贫困户 1 135 户。

2019 年 8 月，交通银行携手苏宁集团与交通银行信用卡中心，结合定点扶贫县电商发展实际情况和群众需求，开展“电商新视野”扶贫培训送教上门活动，为贫困地区培育更多优秀的专业电商人才。利用苏宁丰富的线上线下商业营销经验，向交通银行对口扶贫地区政府组织的参训人员提供免费的、全方位、科学化、系统化的电商教育培训课程，包括市场营销、供应链实务、产品推广、客户服务等。截至 2019 年末，“电商新视野”送教上门培训班共培训扶贫干部与电商技术人员 1 095 人次，帮助贫困县实现脱贫。

三、搭建合作平台

（一）背景

如今，互联网正全面渗透到产业的全价值链，并推动其生产、交易、融资、流通等各环节进行改造升级，形成丰富的全新场景。在这一背景下，商业银行所扮演的角色，绝不仅仅是被动地撮合商品、服务买卖双方，而是应把金融服务融合到互联网业务中，搭建合作平台吸引流量，进一步完善金融体系，进而搭建完整的产业生态圈。

（二）主要模式

1. 银行与流量平台合作。银行通过与流量平台合作，获取流量用户行为轨迹数据，让银行的获客成本大为降低。例如，中国光大银行股份有限公司（以下简称光大银行）和中国银联股份有限公司（以下简称中国银联）携手 Keep，推出“刷新自我，不健不散”主题联名信用卡。光大银联 Keep 联名信用卡不仅帮助用户刷出更好的自己，也为用户带来了诸多福利和美好体验。联名信用卡为新用户提供了三大权益，即刷卡送会员、专属满减活动和运动兑换积分，提高了光大银行的流量。

2. 银行与服务平台合作。银行与服务平台合作，以新金融理念助力服务平台转型，优化服务流程，改善用户体验，提高用户黏度。例如，建设银行以新金融理念赋能政府“放管服”改革和服务型政府转型，以新金融力量纾解政府堵点、社会难点和民生痛点，以新金融路径践行共建、共治、共享的社会治理体系建设，推出智慧政务品牌。从 2018 年河南安阳“市民之家”建设起步，到云南“一部手机办事通”的落地，再到两个国家部委办、京津冀区域、六个省级、五个市级平台顺利上线运行，建设银行一步一个脚印逐步勾画出智慧政务的建设蓝图。截至目前，建设银行已与 20 余个省级政府签订了合作协议，与百余个省市县政务服务平台对接，上线 3 500 余个公共服务便民缴费项，实现近 40 万政务事项的可查询、可预约、可办理，开放了线下网点 1. 8 万台 ATM 和 7 万余个“裕农通”村口银行办理政务。

3. 银行自建平台。银行通过自建平台，提升用户体验，吸引而来的客户流量完全为自己所用。浙商银行以打造企业流动性服务银行为重点，深化金融科技应用，依托池化融资、易企银、应收款链三大平台，帮助实体企业降低成本。截至 2020 年 6 月末，浙商银行已为 4. 4 万家企业合计提供融资余额 3 300 多亿元，民营企业贷款余额为 6 200 多亿元，较年初增长10.42%，高于各项贷款增速，占全部企业贷款余额的63.54%。其中普惠型小微企业贷款余额为1 800多亿元，占全部贷款的16.71%，占比连续多年位列全国性银行首位。

（三）发展趋势

云计算、大数据、移动互联网技术的突飞猛进，深刻改变了传统发展模式和管理理念，当下的商业模式正从工业时代向云时代转变，工业化和信息化两化融合趋势显现。工业时代的商业运作具有线性控制、标准化、封闭化的特征，而云时代更强调商业模式的网状协同，着眼于构建更多元、多向的生态系统。例如，互联网巨头积极收购各类跨业跨界企业，构建商业生态系统。搭建合作平台是传统银行机构适应“互联网+”和综合化经营大趋势、发挥各业务板块协同效应的重要途径。但是，虽然商业银行积极搭建合作平台吸引流量，寻求与其他平台的合作机会，但大数据时代中，流量为王，与其他平台合作并非长久之计，而银行自建平台吸引流量的成效并不明显。

在此基础上，商业银行拥抱金融科技，共建开放银行生态圈。这不止是连接，其价值更多体现在赋能，实现金融与场景共生共赢。银行赋能场景进行合规经营，场景赋能银行进行生态共建，用户价值是双方核心的出发点和落脚点，只有双方互惠互利，才能可持续发展。

四、自建开放生态

（一）简介

开放银行（Open Banking）是一种利用应用编程接口（Application Programming Interface，API）技术帮助银行与第三方实现数据共享的战略模式。银行通过API接口开放产品和服务，将其嵌入合作的第三方机构平台，开展基于特定消费场景的服务。对银行而言，开放API是一个出口和进口的过程。从出口的角度看，银行出口的是数据、流程和算法等。虽然这会让银行承担一定的外曝风险，但也带来了很多机会。例如，银行可以借此提供新的产品和服务，还可以改善客户体验、增加新的收入来源和参与到一个更大的互利的生态中。从进口的角度看，银行将产品和服务开放给第三方，其实也是在扩展它的业务范围，提供超越传统银行服务范围的服务内容，增加非银行产品和服务，如家庭服务、汽车和消费品购买服务、旅行服务等。

开放银行的基本特征可以归纳为三个：一是以API为技术依托；二是以数据共享为基础；三是以平台合作为模式。商业银行借助API技术为第三方机构提供可用于互联的应用程序接口，输出自身的金融服务能力和信息技术能力，第三方机构可以通过互联网渠道来调用这些接口开发新的软件，从而为客户提供多元化的增值服务。

数据共享是合作的基础，一般商业银行仅提供用户的原始交易数据或在部分简单建模基础上生成的增值数据，而不是完全的开放。区别于传统银行的金融服务模式，如将产品或服务直接传输给客户，开放银行实行的是银行即平台（Bank - as - a - Platform，BaaP）模式，即将各类商业生态嫁接在平台上，间接给客户提供金融服务。

一般而言，开放银行的建设模式可以分为四类，包括自建模式、收购模式、合作模式、参与模式，不同银行根据自身的实际情况会选择不同的建设模式：一是自建模式。自建模式指银行借助应用程序接口技术构建一个银行即平台以及附着于其上的商业生态系统。这类平台通常包含具备API管理能力的网关，适合于那些风险承受能力强、技术和人才资源充足的大型银行，例如，西班牙对外银行（Banco Bilbao Vizcaya Argentaria，BBVA）、汇丰银行等，这种模式可以让银行更好地掌握主动权。二是收购模式。收购模式指银行收购或投资金融科技公司，被投资的目标公司本身已搭建了开放银行平台，或具备在不久的将来可搭建的能力。对于不想承担因自主建设开放银行而带来未知风险的银行，这是可以考虑的一种策略。三是合作模式。合作模式指银行招募一个合作伙伴来帮助自己达成目的，此时需要合作方场景与银行业务有良好的适配度。这种模式适合风险承受能力小且期望短期内增加营收的中小银行。四是参与模式。参与模式下银行处在被动跟随的位置，银行并不需要建立一个属于自己的“银行即平台”和商业生态系统，而是参与到其他大型银行构建的生态系统中，即采取同业赋能的策略。选择这种模式的银行往往囿于技术条件、人才资源、资产规模等客观因素，难以构建自己的生态系统，且场景合作方往往不会选择与此类实力较弱的银行直接合作，此时参与同业构建的生态系统是较为妥帖的方式。

（二）开放银行在国内外的实践

1. 开放银行的国外实践。

（1）欧洲。开放银行较早在欧洲得到了实践。2004 年，贝宝（PayPal Holdings，Inc.，PayPal）推出了PayPal API，被视为开放银行的先声。在欧洲，开放银行往往由传统银行业巨头主导，BBVA 是欧洲开放银行的典型代表，于 2015 年确定数字化转型战略，2016 年宣布上线 Open API 平台，为互联网金融公司及个人开发者提供可靠的数据支持和 API 接口的调用，包括银行账户的授权访问、支付信息查询等。2017 年，BBVA 推出 BBVA API Market，开放 8 大类接口，任何用户都可在沙盒环境中免费调用 BBVA 提供的服务包。在监管层面，2015 年欧盟颁布了《支付服务法令Ⅱ》（*Payment Services Directive* Ⅱ，PSD Ⅱ），通过立法推动欧洲的数据开放工作。2016 年欧盟颁布《通用数据保护条例》（*General Data Protection Regulation*，GDPR），统一了各成员国个人数据保护规则。上述两部法律为开放银行的发展提供了框架与详尽的标准。

（2）美国。美国金融市场的参与者众多，除了几家知名的大银行外，还有大大小小9 000多家金融机构。在竞争激烈的环境中，各金融机构将金融科技作为发展重点，开放银行以市场力量作为主要驱动力。

美国的开放银行生态圈主要分为中间层企业和账户层企业：中间层企业的作用主要体现在整合数据以及标准化 API 接口等方面，以明特公司（Mint）等企业为代表；账户层企业的作用主要体现在提升客户体验等方面，以花旗银行等金融机构为代表。Mint 公司是美国老牌的个人财务管理公司，目前为大约 5 000 万客户提供服务，客户能通过授权在该公司网站上管理美国金融账户，包括储蓄、房贷、车贷、信用卡、学生贷、退休金和股票等账户。Mint 公司已经和美国 99% 的金融机构签订了数据合作共享协议，借助一站式数据归集功能，Mint 公司还能提供消费分析、财务规划和账单支付等增值服务，为用户提供了极大的便利。除了 Mint 公司，繁荣市场公司（Prosper Marketplace，简称 Prosper）和尤德里公司（Yodlee，简称 YDLE）等多家个人财务综合管理公司也实现了金融数据共享。就账户层企业而言，花旗银行将开放数据融入金融业务与服务中，提升客户体验，设立用于鼓励金融科技初创公司的激励计划，推动更多机构一起发力开放银行。

美国对开放银行不实施强制性管制，仅出台指导性意见，赋予开放银行更多的自主性。2010 年，美国通过《多德—弗兰克法案》，该法案三条核心内容之一就是设立消费者金融保护局，全面保护消费者合法权益，规定客户或客户的授权机构可以获取客户金融交易数据，对开放银行数据共享起到了指导作用。2017 年，美国消费者金融保护局（United States Consumer Financial Protection Bureau，CFPB）在数据访问、数据使用、授权费等方面作出规定，旨在消费者授权下实现金融数据共享和保护消费者利益。

（3）新加坡。新加坡于 2013 年制定数据共享规则，提供 60 多个政府部门，约 8 700 个数据集的开放使用权。2016 年，新加坡金融管理局和新加坡银行协会合作发布《金融即服务：API 手册》，介绍 API 的治理、实现与设计原则，公布 400 多个 API 和超过 5 600 个进程的列表，提出数据和安全标准建议，引导银行和金融科技公司进行数据共享，为开放银行提供了指导意见。2019 年，新加坡发放虚拟银行牌照，进一步推动了开放银行的发展。在业界，星展银行于 2017 年发布 API 平台，该平台目前提供超过 350 个 API，涵盖资金转账、奖励和实时支付等方面，从金融科技到生活方式等都可以找到合适的 API。

2. 国内的开放银行实践。在国内，移动互联、大数据、云计算、人工智能等技术改变了消费者的消费行为及习惯，对传统的金融机构展业模式造成了一定的冲击。以银行业为代表的金融机构开始由以产品为中心的管理模式向以客户为中心的管理模式转变，注重构建开放共享模式，通过开放自有渠道或与外部合作的方式，与金融科技公司等生态合作伙伴实现能力共享、价值共建，促进了金融业务跨界融合，逐步形成良好的金融生态环境，为开放银行发展奠定良好的基础。

近年来，各银行均加快了开放的步伐，陆续出现了多个在开放银行方面的尝试：浦发银行推出了 API Bank 无界开放银行，将场景金融融入了互联网生态；招商银行迭代发布招商银行 App 7.0、掌上生活 App 7.0，由卡片经营全面转向 App 经营，开放用户和支付体系；工商银行启动了智慧银行生态系统（ECOS）建设工程，将开放作为智慧银行的核心特征，实施 IT 架构开放化转型，重塑开放化业务架构；百信银行所有 IT 系统均实现去硬件化以及整体解决方案服务商、数据库、数据储存（去 IBM、Oracle、EMC，去 IOE）分布式云化部署，发布智融 Inside 并建立了开发者中心和技术开放商城；南京银行建设了“鑫云 + 互联网”开放平台，通过该平台累计获客超过 2 000 万户。

（三）发展路径

纵观国内市场，目前已有几家企业初具服务生态规模，如京东、阿里、腾讯、百度。生态的价值可以用数字做简单的类比，例如，以产品为主的传统金融市值可以做到 10 亿元，平台的市值可以做到 100 亿元，而如果搭建智能金融生态，市值可以做到

1 000亿元。生态最重要的价值与作用就是构成了服务的闭环，最大限度地减少了客户的流失。商业银行在产品业务创新、渠道拓展等方面发展金融科技时，往往会面临资金、技术、人才、信息质量等诸多方面的限制。因此，加深与不同合作对象的交流，建设良好的金融科技生态圈成为当前商业银行金融科技创新的重要选择。麦肯锡对全球100家领先银行的调研结果显示，52%的银行与金融科技公司有合作关系，37%的银行采用风投或私募的形式布局金融科技。目前，各个银行综合考虑自身不同的发展特点和愿景规划，或与其他互联网公司合作共建创新实验室，或自建金融科技子公司，或迎着金融科技的新潮流打造开放银行。

1. 合作成立创新实验室。2017年，浦发银行已初步建成数字生态银行1.0。2018年初，浦发银行正式提出未来五年全行发展的战略目标：以客户为中心，科技引领，打造一流数字生态银行，推动实现高质量发展，并成立浦发创新实验室，着力提高科技创新能力，促进金融科技发展。当前，浦发银行积极推行数字生态银行2.0建设。2018年9月，浦发银行与微软、国际商业机器公司（International Business Machines Corporation，IBM）、赛仕软件公司（Statistical Analysis System，SAS）、天睿公司（Teradata）、文思海辉、凯捷咨询公司（Temenos）、银联数据服务有限公司等16家著名科技公司共同签署了科技合作共同体备忘录，宣布共同组建开放共享、共建共赢的金融科技平台。平台成员在多方面实现共享，共同在社会经济中发挥积极作用。这一科技合作共同体的建立，意味着浦发银行在打造金融科技生态的道路上又向前迈进了一步。

光大银行也积极与金融科技公司进行跨界合作，利用合作伙伴的场景、技术与通道优势，结合自身的金融数据、风控技术与创新能力，实现数字化转型与生态圈建设。2018年6月，光大银行分别与腾讯、蚂蚁金服合作建立数据共创实验室与光大—腾讯金融科技创新实验室，发展大数据与云计算平台。此外，光大银行还积极响应普惠金融号召，深化升级云缴费平台，丰富生活金融场景。

2. 自建金融科技子公司。近年来，商业银行为促进自身金融科技转型、满足市场科技服务需求、应对互联网金融科技公司的竞争，开启了成立金融科技子公司的大幕。2015年12月，兴业银行成立兴业数字金融服务（上海）股份有限公司，开创了商业银行成立金融科技子公司的先河。随后，其他银行也先后成立了金融科技子公司（见表4-3）。

表4-3　　银行系金融科技子公司汇总（截至2021年3月）

金融机构	金融科技子公司	注册成立时间	注册资本（万元）
兴业银行	兴业数字金融服务（上海）股份有限公司	2015.11.10	50 000
平安集团	上海金融壹账通金融科技有限公司	2015.12.29	120 000
招商银行	招银云创（深圳）信息技术有限公司	2016.02.23	5 000
光大银行	光大科技有限公司	2016.12.20	10 000
建设银行	建信金融科技有限责任公司	2018.04.12	160 000
民生银行	民生科技有限责任公司	2018.04.26	20 000
华夏银行	龙盈智达（深圳）科技有限公司	2018.05.30	2 100

续表

金融机构	金融科技子公司	注册成立时间	注册资本（万元）
工商银行	工银科技有限公司	2019. 03. 25	60 000
北京银行	北银金融科技有限责任公司	2019. 05. 18	5 000
中国银行	中银金融科技有限公司	2019. 06. 11	60 000
农业银行	农银金融科技有限责任公司	2020. 07. 28	60 000
交通银行	交银金融科技有限公司	2020. 08. 25	60 000
廊坊银行	廊坊易达科技有限公司	2020. 11. 08	200

商业银行成立金融科技子公司主要基于三个方面的考虑：从自身发展方面来看，成立金融科技子公司是商业银行内部孵化金融科技竞争力的重要手段，市场化机制有利于突破商业银行传统体制带来的制约，便于银行科技输出，打开了全新的服务市场；从市场需求方面来看，中小型金融机构缺乏自主转型能力，亟须借助外力获得金融科技转型支持；从外部竞争方面来看，互联网金融科技公司在金融科技服务市场上占据较大的市场份额，给商业银行带来正面竞争压力。

依据商业定位和目的不同，银行直接设立的金融科技子公司可进一步细分为 IT 部门独立型、金融科技输出型和集团融合型三类。IT 部门独立型主要是由银行业机构的 IT 部门、IT 团队转型而来，代表企业为建信金融科技、民生科技。银行 IT 部门独立为金融科技公司，是为了适应金融科技人才激励的需求。尤其是在国有大型商业银行中，受制于内部薪酬体系的相对僵化，科技型人才的绩效考评、薪酬待遇设置等方面特别需要不断贴合市场需求。金融科技输出型是利用自身资本与技术优势，提供金融信息云服务与技术支持，除为母行提供技术解决方案外，同时为金融同业机构、民营银行、小微企业提供技术外包服务，代表企业为兴业数金、金融壹账通、招银云创。而集团融合型主要指为集团内部金融业务提供服务的金融科技公司，定位为打造集团金融科技生态圈，通过金融科技平台的搭建，实现集团协同发展，主要代表是光大科技。

2018 年 5 月，民生银行成立金融科技子公司——民生科技有限公司，定位于立足母行、服务集团、面向市场，着力探索市场化的科技开发模式，提升母行和集团的科技水平，并在此基础上对其他金融机构进行金融科技输出，加快推动科技创新对金融服务的促进作用。民生科技借助民生银行沉淀多年的金融业务及技术经验，搭配成熟的产品组合为民生银行集团及合作伙伴提供全体系化、数字智能化、数字人性化的科技金融综合服务；在渠道端，通过远程银行 PaaS 平台、API 接口等方式提供渠道整合与能力共享；在产品端，通过分布式账户、信贷、支付等核心系统和客户管理、财富管理、大数据平台等产品，提供业务支撑服务。同时，民生科技在零售、对公智能运营、风控等方面，将沉淀多年的金融业务及技术经验搭配成熟的产品组合，为客户提供最专业的解决方案。

与互联网金融科技公司相比，银行系金融科技子公司最大的优势在于对金融行业运营、业务、监管的理解更为深刻，同时集团化优势能给予其更多金融资源，但在技术、场景和体制机制灵活性方面仍与互联网金融科技公司存在差距。未来，银行系金融科技子公司将以四步走的模式，即对内创新平衡、对外合作共赢、对上主动合规、对下技术输出，开启金融科技时代颠覆式创新。同时，预计将有更多的商业银行研究并实践金融科技公司化运作模式，为银行业在信息经济时代的可持续发展提供坚实的科技基础和支撑。银行系金融科技子公司的出现，是商业银行转型的直接体现，根本原因在于克服商业银行内部体制的限制，坚持市场化运营的原则，给予金融科技公司更宽松的发展环境。但商业银行的转型本身是一项长期的、艰巨的工程，新设的金融科技公司依然要受到现有条件的制约，特别是在管理模式上，为适应互联网市场的金融服务需求，需要大刀阔斧地进行变革，采用扁平化的管理模式以提高金融科技公司运营效率，将金融科技公司打造为真正可以实现独立运营的市场主体。可预见的是，未来将有更多的银行业融入金融科技发展的浪潮，运作模式也将不断走向高效、成熟、完善，为银行业在信息科技时代的可持续发展提供坚实的基础和支撑。

第三节　商业银行业务转型

一、商业银行业务转型方向

自 20 世纪 90 年代新技术浪潮兴起以来，国内银行业一直在孜孜不倦地推动信息科技在行业内的应用。伴随着业务形态和场景的多样化，信息科技与银行业务不断融合，为业务发展提供了强大助力。信息科技发展推动银行业务转型可大致划分为三个阶段。

第一阶段是金融信息化。1984 年商业银行业务从中国人民银行剥离并独立运营后不久，领先银行即开始了会计电算化和网点电子化之路。之后与新技术发展伴行，各类柜面应用业务处理系统大面积普及，随着业务的发展，引入网络技术，逐步实现全国网点联结，构建全国大集中的业务处理系统，实现了业务跨行联合和设备资源共享。这一阶段本质上是利用信息科技提高银行业务处理的效率。

第二阶段是金融互联网化。20 世纪 90 年代末期，随着互联网的兴起，银行陆续推出网上银行，通过互联网为客户提供服务。随着智能终端的普及和移动互联网的兴起，金融行业通过互联网和移动终端汇集了海量客户，越来越多的银行业务迁移至网上平台。这一阶段本质上是借助信息科技尤其是互联网技术，促成了传统金融渠道的变革。

第三阶段是金融数字化。2017 年被称为“金融科技元年”，大数据、人工智能、区块链等新技术越来越多地应用在金融领域，不仅大幅提升了传统金融的效率，更为业务创新提供了动力。不同于前两个阶段，这一阶段的变革推动不仅来自银行业内部的发展需求，还来自外部科技公司对金融产品及服务的创新，改变了银行业的竞争格局，也促成了整个金融行业由科技驱动的巨大变革。

【案例4.3】　招商银行向"轻型银行"转型

招商银行早在2010年就提出"轻型银行"转型战略，经过十余年的努力，转型成效明显，与其他四家资本实力相近的股份制银行比较，其在获利能力、资产结构调整及风险控制方面表现出明显的优势。招商银行的轻型转型主要表现在轻资本、轻资产、轻管理和轻渠道四个方面。

1. 轻资本

商业银行轻资本就是以更少的资本消耗获得较高的回报。招商银行在轻资本转型方面，注重结构调整，加强业务改革。通过聚焦业务和客户，大力发展中间业务、零售业务，加强对"三农"、小微企业的金融服务，构建投资银行、资产管理、财富管理专业化体系，降低资本消耗，形成结构更安全、抗风险能力更强的业务布局。

招商银行在高端化客户结构、收入结构等方面尽显优势。其客户以年轻的城市白领居多，实现了财务自由的人士较多，招商银行通过分层管理，为这些客户提供个性化服务。收入结构方面，通过财富管理业务获得的中间业务收入快速增长，这些业务资本消耗都较低。

从表4－4可以看出，招商银行2020年加权平均净资产收益率达到15.73%，排名第一；资本充足率16.54%，排名第一；而风险加权资产与总资产的比值在样本行中最低，说明招商银行风险控制能力强，资本消耗低，资本充足，资本收益率高。

表4－4　　2020年样本银行轻资产效果比较

项目	银行				
	招商银行	民生银行	中信银行	兴业银行	浦发银行
加权平均净资产收益率	15.73%	11.48%	10.11%	12.62%	10.81%
资本充足率	16.54%	12.72%	12.57%	12.73%	12.93%
风险加权资产/总资产	59.37%	78.69%	73.56%	72.89%	69.19%

2. 轻资产

资产业务是商业银行的主要利润来源。打造轻型银行，必须要构建低耗能、低风险的资产与业务体系，实现银行高效的发展。招商银行的轻资产战略主要表现为轻资产业务、轻收入结构和轻运营方式三个方面。

一方面，着重构造轻资产体系。招商银行早在2014年就提出"一体两翼"战略，大力发展零售银行业务，压缩风险较高的企业贷款规模，发展风险权重较低的资产。目前，招商银行将投行资管业务与传统的零售业务相结合，实现新动能与传统优势的完美结合，提升了招商银行的资产发掘组织能力、成品创新能力以及资产配置能力，为"轻型银行"转型提供了新思路。

另一方面，积极创新获取资产的轻方式。首先，依托科技技术搭建的平台形成了批量化、智能化的获客模式和服务模式，并通过个性化服务吸引客户，推出了小企业

E家、招赢通、智慧供应链金融系统等互联网金融产品。其次，丰富服务渠道。线下服务渠道方面，加大网点密度，缩短服务距离；线上渠道方面，招商银行注重发展电子银行渠道，推出招商银行App、信用卡掌上生活App、智能微客服，优化线上服务体验。同时，注重为客户提供综合服务。加强条线联动，如通过公司金融的代理业务拓展零售客户业务，且在办理业务时，不再单纯依靠贷款，而是将贷款与投资、融资+融智、表内+表外等模式综合运用，为客户提供综合服务，逐步从资金提供者转变为资金管理者。

从表4-5可以看出，招商银行零售贷款占比最高，而不良贷款率最低，这说明招商银行的资产质量较好。

表4-5　　2020年样本银行轻资产效果比较

项目	银行				
	招商银行	民生银行	中信银行	兴业银行	浦发银行
不良贷款率	1.07%	1.83%	1.64%	1.25%	1.73%
零售贷款占比	53.31%	39.85%	41.57%	41.10%	41.15%

3. 轻渠道

随着互联网的发展，传统的服务渠道失去优势。招商银行一方面大力推进传统渠道智能化升级，另一方面拓展新的渠道，实现全渠道融合。

首先，整合服务渠道，构建智能化服务。招商银行通过电话、网络和视频等远程方式为客户提供全方位、零距离的各类银行交易服务，基本形成"电子银行+自助渠道+物理网点"的立体客户服务模式。

其次，在服务线上的同时，优化升级线下网点功能，提升网点开展财富管理、金融消费的能力。提高网点智能化、自动化和客户体验等方面的建设水平，为客户提供更多便利。如招商银行App开启"网点+App+场景"模式，打造线上线下一体化的零售服务体验，最终形成线上与线下、实与虚相结合，开放性、智能化的综合渠道服务体系，满足了不同客户群体的偏好。

表4-6　　招商银行2014—2020年电子渠道比较

项目	年份						
	2014	2015	2016	2017	2018	2019	2020
零售客户数	5 625万	6 694万	9 106万	1亿	1.25亿	1.44亿	1.55亿
App累计用户数	1 168万	4 813万	4 152万	1.03亿	1.48亿	2.06亿	2.24亿
MAU（月活跃用户）	—	308.4万	3 021万	4 509万	8 100万	1.02亿	1.07亿

从表4-6可以看出，招商银行自2014年到2020年零售客户数、App累计用户数以及月活跃用户人数（Monthly Active User，MAU）都呈现上升趋势，这说明招商银行在轻渠道转型后获客优势明显。原因在于，招商银行大力提高电子化设备使用率，工作效率提高、运营成本降低、获客能力提升。

4. 轻管理

轻管理是商业银行实现轻型转型的内在条件。第一，建立轻的组织架构。在总行层面，招商银行建立公司金融、零售金融和同业金融三大部门，并从客户、产品、渠道三个方面改革下属部门，强调客户体验，提升服务效率；在分行层面，将支行更多的精力集中在市场和客户，以内外部用户的视角优化产品设计和业务流程，优化考核机制。

第二，要有强有力的支持体系，形成新型组织文化。积极探索IT部门条线派驻制度，使其不仅在平台和数据方面提供支持，更要在轻型银行转型路径上提供IT方案，以加强IT团队与业务团队的有机融合。招商银行率先将机器人流程自动化（Robotic Process Automation，RPA）技术引入国内金融业，以提高操作管理的自动化水平，试点后单一业务处理时间缩短65%～95%，后续RPA技术将延伸到整个后台运营环节。

第三，组建轻盈的人才队伍。推行市场化、去行政化人力资源改革；激活“六能”机制，强化公开竞聘，激活人才队伍。另外，招商银行在建立金融科技人才内生培养体系的同时，招聘向IT、DT（数据处理技术）人才倾斜。通过建设金融科技高端训练营、深度访查目标院校等方式，引入高端、稀缺或跨界复合型人才。

二、智能网点

（一）简介

随着信息技术的飞速发展，我国银行运营模式由传统的人工运营逐渐向智能化运营转型。事实上，当前我国银行的较多业务已由人工智能实现，例如，使用自动柜员机办理业务。这也是我国当前进行银行智能网点建设的主要因素之一。

智能网点是智慧银行的终端体现，是体验、营销和服务的跨渠道平台，实现了将传统的物理网点与虚拟服务相结合。智慧银行最早在2009年由IBM提出，是金融科技的不断深入应用、业务流程的重新优化设计以及服务模式的核心理念转型。这一系列的变革都呈现在智慧银行网点中，需要合理运用技术、管理等手段，实现网点经营各环节上的数字化、互联互通、精确计量，消除固有的不透明性和不确定性，进一步实现智能化的客户感知、营销和服务，同时实现银行核心资源的动态管理和平台优化。

智能网点建设使我国大部分银行的流水线业务实现了信息化。例如传统的存款、取款在智能网点建设之前均由人工完成，现在信息技术的发展完全代替了传统的运营模式。一方面，在管理手段上实现了电子化的运营模式，例如，征信查询系统、信用贷款管理系统、综合业务系统等均已实现管理的电子化。另一方面，业务的经营也实现了电子化。我国全面覆盖智能网点的银行仅中国农业银行就已经涵盖了两万多个分支机构，加上其他银行的分支更是不计其数。除此之外，全国建设的ATM累计超120万台，银行发放的借记卡超7.2亿张，实现了业务经营的电子化。我国的电子化业务现阶段正逐渐被智能化业务所替代，例如，随着手机的普及和更新以及手机功能的多元化发展，银行又相继推出手机银行等一系列的网上业务。

（二）发展现状

中国银行业协会发布的《2020 年中国银行业服务报告》显示，截至 2020 年末，中国银行业金融机构网点总数达到 22.67 万个，银行业金融机构年内改造营业网点 1.28 万个（含装修、迁址等），设立社区网点 5 580 个，小微网点 2 206 个。银行业金融机构积极探索客户需求，进一步提升智能化设备的服务能力及效率，实现复杂业务向自助机具的迁移。在全国布局建设自助银行约 15.62 万家，布放自助设备约 97.37 万台，其中当年投放创新自主设备约 1.52 万台，自助设备交易笔数达 212.54 亿笔，交易总额 43.42 万亿元。银行业金融机构持续加大金融科技投入，以网上银行、手机银行为主阵地，进一步搭建功能齐全、场景完备、移动智能的线上渠道，不断提高业务办理效率，改善客户体验。

（三）智能客服

智能客服是在自然语言处理技术、深度学习、虚拟现实技术（Virtual Reality，VR）、增强现实技术（Augmented Reality，AR）、全息投影技术等新兴技术的基础上建立起来的一套面向行业应用，适用于进行大规模知识处理、自然语言理解、知识管理、自动问答和推理等专业技术服务的系统。它不仅可以为企业提供专业化的知识管理，而且可以为企业提供精细化管理所需的统计分析信息。与传统客服相比，智能客服具有全天候、服务成本低、便捷高效、不受情绪干扰、响应速度快和支持海量服务的特点，其应用驱动人工服务向高价值服务转型。但在具备上述优点的同时，智能客服也具有局限性，它难以像传统客服一样提供人性化服务，程序化服务的应急能力弱，难以提供有针对性的解决方案，且受制于智能知识库的维护升级。

智能客服与银行后台知识库对接，构建人机之间高效自然的交流环境。通过构建百万级的金融问题库，智能客服支持文字、语音、图片等多种模式的机器人交互，极大地提高了服务效率和客户体验，释放了人工资源。例如，平安 AI 客服以 AI 技术为内核，通过人脸、声纹等生物认证技术和大数据匹配，可远程核实客户身份信息，实现在线一次性业务办理。AI 技术目前已广泛应用于银行、证券、保险等金融服务领域。此外，智能客服还可以提供一对多、高效、便捷和稳定的 24 小时全天候服务，大幅降低了人工投入和培训成本。智能客服目前在银行业的应用模式主要有两类：一是智能语音服务，二是智能柜台机器人。

第一，智能语音服务主要集中在电话端，可实现语音查询账单、咨询理财等服务，而人机交互和智能化则是下一步的探索重点。目前，很多手机银行系统自带语音识别输入功能，但这种语音功能可以满足的需求还非常有限，进行业务功能搜索或完整的业务操作还是需要手动输入才能实现。

第二，近两年来智能柜台机器人的应用加速，特别是 2020 年新冠肺炎疫情发生以来，非接触金融服务成为银行服务的主要方式。一方面，这是银行过去金融科技应用、智慧网点建设的效果体现；另一方面，也极大地显示出未来银行业服务方式的变化趋势，以及包括人工智能在内的金融科技在改变银行业态上所起到的关键作用。

银行网点作为银行业务的前沿阵地，是客户接触银行最直接、最频繁的场所，也是传统人工服务向智能化服务转变集中展示的窗口。目前，随着大数据、人工智能的快速发展，银行网点也加快由自助服务和人工引导的智能化服务向新一代智慧服务的转变，在这一过程中，智慧服务机器人成为不可或缺的要素。

三、智能投顾

智能投顾又称机器人理财，指根据现代资产组合理论，结合投资者的个人财务状况、风险偏好和理财目标，利用云计算、智能算法、机器学习等技术，获得最优的理财配置方案，为投资者提供最佳投资组合，并通过持续跟踪市场动态，对资产配置方案进行调整。其运行模式实质上是通过技术分析为两端数据进行快速精准匹配，一端是从海量的原始金融产品的大量组合中筛选可用的组合与择时策略，另一端则是为客户本身的投资偏好和风险偏好进行精准画像。

智能投顾在不同的国家有不同的概念。在美国，智能投顾包括数字化建议工具（Digital advice tools）和机器人顾问（Robot advisor）。前者是一个基于模拟和统计分析，给投资者呈现多种投资策略和投资结果的技术工具，而后者是基于客户输入的个人数据，为客户生成投资组合并管理客户资产的私人理财助手。在澳大利亚，智能投顾被称为“数字化建议”（Digital advice）；而在加拿大，智能投顾被称为“在线投资顾问”（Online advisors）。

对比传统投资顾问业务，智能投顾的核心特征在于去人工化。智能投顾有两个明显的优势：一是智能投顾可以做到服务流程的标准化，复制推广成本极低；二是借助各种投资组合模型，智能投顾可以做到投资决策的纪律性，不受情绪影响，能做出正确的逻辑推理。未来十年，智能投顾管理的资产规模将以几何级数的速度增长。据权威在线统计数据门户 Statista 估算，预计到 2022 年，中国的智能投顾管理资产总额有望超过 6 600 亿美元。

随着居民财富的增加和投资意愿的增强，银行资产管理业务快速增长，智能投顾也成了新的创新热点。从当前发展来看，智能投顾在定制理财服务方面拥有众多优势。第一，低成本。智能投顾平台的模型和算法对于每一位用户都适用，具有低边际成本的特征，同时打破了传统投资顾问根据交易佣金获利的规则。第二，低门槛。各家智能投顾平台的起投金额在千元至万元人民币不等，远低于商业银行理财产品及私募基金的投资门槛，这使得其覆盖的人群较广。第三，理财方案定制化。智能投顾通过问卷形式了解投资者需求，提供以目标为本、具有针对性的投资计划，同时还可提供税收建议及风险承受力评估等增值服务。因此，智能投顾能以低成本的实时智能服务为长尾海量客户带来超越个人操作的投资业绩。商业银行 AI 智能投顾产品列举如下（见表 4 – 7）。

表 4-7　　商业银行 AI 智能投顾产品

商业银行	产品名称	产品介绍
工商银行	AI 投	2017 年 11 月 13 日，工商银行基于人工智能技术的智能投顾品牌——AI 投上线运行
招商银行	摩羯智投	招商银行打响了银行业智能投顾的第一枪，在 2016 年 12 月推出了摩羯智投
兴业银行	兴业智投	2017 年 5 月 3 日，兴业银行的智能投顾平台上线
浦发银行	财智机器人	浦发银行基于手机银行 8.0 版本，首家推出面向客户自助使用的线上资产配置服务平台——财智机器人，开创了机器人在智能投顾领域应用的先河
平安银行	智能投顾	平安银行在“口袋银行”上正式推出了智能投顾功能：依据客户的交易记录与风险偏好，为客户提供个性化的产品投资组合方案

【案例 4.4】　摩羯智投

1. 摩羯智投的诞生及功能

2016 年招商银行在深圳举办了招商银行摩羯智投新闻发布会，摩羯智投正式上线。其既运用了人工智能技术中的机器学习算法，又融入了招商银行十多年的财富管理实践及基金研究经验，在此基础上为客户构建了一套以公募基金为基础的，可在全球进行资产配置的智能基金组合配置服务体系。在客户进行投资期限和风险收益选择后，摩羯智投会根据客户自主选择的目标—收益要求，构建基金组合，由客户进行决策，一键购买并享受后续服务。

摩羯智投的功能包含了目标风险确定、组合构建、一键购买、风险预警、调仓提示、一键优化、售后服务报告等，覆盖基金投资的售前、售中、售后全流程服务的各个环节。例如，摩羯智投会实时进行全球市场扫描，根据最新市场状况，去计算最优组合比例；如果客户所持组合偏离最优状态，摩羯智投将为客户提供动态的基金组合调整建议，在客户认可后，即可自主进行一键优化。此外，其还能够支持客户多样化的专属理财规划，根据客户资金的使用周期安排，设置不同的收益目标和风险要求，帮助客户实现购车、买房、子女教育等规划目标。

2. 摩羯智投的运作模式

打开摩羯智投，有两个输入项：大致的投资期限、风险承受能力。其中，风险承受能力并不是通过问卷调查的形式来衡量用户的风险水平，而是用户根据自我判断来选择一个大概的风险等级，这有可能导致用户对自己风险承受能力的评估与实际产生偏差。大致的投资期限有三个选项：短期（0~1 年）、中期（1~3 年）、长期（3 年以上）；风险承受能力有 10 个选项，分为 1~10 级，但对每个风险级别并未给出具体的判定标准。两个项目可形成 30 个投资组合，当选定一对组合后，页面会显示一个模拟的历史年化业绩和年化波动率，并且会较为直观地显示一组数据，如投资 1 万元，持有 1 年，按照模拟历史数据测算收益，以及在多大的概率下亏损的上限。有了这组数据之后，用户会相对容易地判断自己所能承受的最大风险。从30个组合的测算数据看，组合后的历史业绩在5.01% ~11.23%，历史波动率在2.57% ~15.28%。

确定两个输入项后，点击进入，会显示所提供的具体的资产组合方案。每种方案里面包含的资产大类包括固定收益类、股票类和另类投资产品。其中，固定收益类以债券基金为主，股票类既包含国内的股票基金，也包含国外的股票基金，另类投资则是以量化对冲和黄金为主。同时，系统还会用净值图的方式，非常直观地显示这个组合资产近3个月、近6个月、近1年和近3年的收益率情况，以及与业绩比较基准的关系。不仅如此，点击收益率图中的任何一个地方，都会显示某一天具体的净值情况，获取产品信息非常便利。进入方案详情查看后，还会看到组合内每一只基金的净值和收益率变化情况，但没有对每一只基金进行详细介绍。在单只基金的配置比例上，通常从5% ~15%不等，配置的基金数量为10 ~25只，以实现风险的充分分散。

3. 对摩羯智投的分析

摩羯智投的一个优点就是信息显示的直观性，包括历史净值的展示、与业绩基准的比较等，而且所提供的方案，不管是组合还是每只基金，表现都超越市场整体表现。这就需要及时调整组合内的投资基金，使得组合的表现对购买者有足够的吸引力。但这也带来一个问题，即在基金购买上的追涨杀跌。同时，因为需要有历史业绩的展示，所以购买的产品必须是已经存续的基金。而这些基金通常仓位比例较重，所以在市场发生波动时，涨跌幅度也会相对比较大。这对于大众投资者中的新手而言，如果购买后恰逢市场变化，则会有较差的体验感。

通过对组合内配置资产的观察，目前每一个组合所配置的目标基金基本相似，只是随着风险承受能力的降低或上升，会减少或增加1 ~2只权益类基金，或者调整单只基金比例，而多余的资金会配置货币型基金来增强收益。投资目标池的集中既有优势也有劣势。第一，结合招商银行自身多年的财富管理和资产配置经验，由其相关团队根据市场情况及基金走势选择不超过20只的重点优秀基金；第二，根据用户投资期限及风险承受能力的不同，进行一定程度上的个性化组合；第三，将市场中表现优异的投资标的筛选给投资者，可在一定程度上提升客户获取投资收益的概率。但是，这样的方式所产生的问题是，投资标的小范围的集中，在智能投顾用户发展迅速的情况下，会使投资标的池内基金的规模大大增加；而规模的迅速增加，不仅会摊薄每份基金的持有收益，而且会增加管理人员的操作难度，未来该基金走势的不确定性也会有所增加。

四、大数据征信与风险控制

（一）大数据征信产业的兴起

现如今互联网技术快速发展，大数据技术的运用已越来越普遍。在传统模式下，商业银行主要通过人工方式对风险进行控制。但在新形势下，这种方式已不再适应互联网环境的要求，无法支撑商业银行的发展，不能对风险进行有效识别与控制。

而大数据能够多维度、智能化、批量化处理各种数据信息，能够从大量数据中分析出潜在的风险，满足风险控制的需求。因此，在银行信贷中运用大数据技术可以在一定程度上控制信贷风险，降低商业银行的不良贷款率。商业银行积累了一定的数据资源，而如何利用这些资源并获取更多数据来创造价值，是商业银行未来获取核心竞争力的关键因素之一。商业银行需要构建自身的大数据系统，并与外部大数据运用技术成熟的机构合作，在征信创新和信贷风险把控方面进一步发展和完善。

（二）大数据征信与风险控制结合

1. 以风险管理部门为核心，整合信息数据。我国商业银行风险数据缺乏规范性，缺乏统一标准，而大数据时代商业银行的风险管理，则应体现为以数据为基础、以计量模型为工具、以风险指标为决策依据的体系。以邮储银行为例，中国邮政拥有遍布全国城乡的服务网点，涵盖邮政、金融、速递、物流等业务领域，实现了资金流、实物流、信息流的互通，在经营过程中，收集并存储了大量数据。但是这些数据一直分割停留在各部门，如邮储银行的交易数据，邮乐网、邮掌柜的电子商务数据，中邮保险的农业保险数据都是分割存储，没有利用大数据技术进行深度挖掘。风险管理部门可以牵头，利用风险数据集市的平台优势，强化邮银保合作，整合全邮政信息，构建支撑全业务发展的大数据风险控制平台，推进各项业务发展。

2. 以业务突破为切入点，整合内外部数据。在移动互联时代，商业银行要树立数据共享理念，抓住有利时机，整合内外部数据，先推动部分业务互联网化，同时进行数据收集。当前外部数据主要包括电子商务数据、通信数据和政府部门相关数据三大类，在数据整合上可以采用购买、合作、共同开发等多种灵活形式，使大数据风险控制系统的数据来源多元化，既有银行体系内的交易数据，也有互联网数据，以实现数据互动，并进行交叉验证，使客户刻画更加准确。

3. 以信息价值为中心，提高贷前调查效率。当今时代，信息价值会随着时间的推移而逐渐衰减，只有掌握最及时、最新的信息才能准确把握客户，移动互联、电子商务等大数据与客户同步，便于银行掌握客户最新动态。借此，大数据风险控制平台可以调阅借款企业过去的账户信息、征信信息、网络信息等，从而减少贷前调查的时间，使客户经理有针对性地开展现场调查。用机器和大数法则替代人工经验判断，不仅可以进一步精减贷款授信审批人员，在贷后管理过程中，还能广泛采用模型进行数据分析以有效提升风险监测的效率和前瞻性。

【案例 4.5】 **光大银行的大数据风控**

光大银行的大数据风控主要应用于风险预警、审计、反欺诈等领域，结合复杂的网络、自然语言处理等大数据分析技术，采用了更多的内外部数据，将业务实体及行为进行广泛的互联，通过更多的视角分析风险因素，进而实现风险的发现与预警。

1. 大数据风险预警

滤镜是光大银行用于大数据风险预警的数据产品，充分体现了光大银行在产品上研发、落地的工作机制。利用电商、互联网舆情等外部数据，与行内数据充分结合后建立了在线运行的特殊交易对手、风险共同体、复杂循环担保圈三类大数据风险模型，最终交付两份清单。被滤镜预警提示的企业通过全量、增量两份名单进行风险提示，一份全量清单以名单为入口逐级追索风险成因，并通过数据可视化方法直观展示预警对象在网络中的风险传播路径，为人工排查提供依据；另外一份增量清单特别提示新增风险，警示企业风险恶化动态。将这两份清单嵌入管理人员使用的观察应用中，使管理人员通过手机就可以直接发现企业风险预警情况。

风险共同体是光大银行从2015年开始研发的另外一款数据产品，主要通过复杂的网络建立关联关系，发现集团客户、供应链上下游客户、圈式及联保联贷客户群各企业之间密切资金往来的风险关系，识别风险共同体内风险传播的特征，及时做出风险预判。

2. 反洗钱可疑交易行为预警

当前，金融犯罪呈现专业化、组织化的趋势，基于单客户分析的反洗钱工作模式已不能有效地发现团伙犯罪。为此，光大银行建立了基于资金网络的可疑交易行为预警模型，可用于犯罪团伙的发现、异常行为的分析等多个领域。光大银行每日交易流水有几百万笔，观察期内的总交易流水量更是多达近亿笔。针对如此庞大的基础数据量，光大银行采用了复杂网络关系发现算法，可通过线性的时间消耗，计算出节点数量呈指数级增长的复杂网络关系，能在较短的时间内计算全行所有客户的资金网络关系。基于复杂网络关系发现算法研发的反洗钱数据挖掘模型是系统中筛选数据量最多、数据上报率最高的模型，为业务部门甄别犯罪团伙提供了非常有价值的线索。

3. 审计大数据建模

2017年，光大银行启动了审计大数据模型平台建设，利用大数据构建全行远程监控体系，利用图数据库及图算法模型支持审计应用动态、展示关联图谱、提供可视化分析界面、快照分析和人机交互式技术，便于组织内部分析协作。利用知识图谱探索可疑审计问题，例如，资金回流、非法集资。利用人工智能算法构建隐性关系识别模型，识别潜在关系，发现审计线索。利用自然语言处理实现对文本、图像等半结构化、非结构化数据的建模，判断信贷报告和审查报告的合规性、真实性等。

五、移动支付

（一）简介

1. 移动支付的含义。移动支付是指通过移动通信设备、利用无线通信技术来转移货币价值以清偿债权债务关系。当前市场上主流的移动支付包括苹果支付系统（Apple Pay），支付宝、财付通等第三方支付端，银联云闪付，手机银行，扫码支付等。移动互联网技术的高速发展和智能手机的快速普及，为移动电子商务的兴起提供了必要的基础条件，移动电子商务的兴起又为移动支付提供了广阔的商用平台。

2. 移动支付的模式。我国的移动支付模式分为三类。

第一类，由银行推出的移动支付，需要开通手机银行，同时配合近场支付，可能需要手机具有近场通信（Near Field Communication，NFC）功能。

第二类，由三大运营商推出的移动支付，一般通过用户身份识别模块（Subscriber Identity Module，SIM）卡中的植入芯片来完成支付（如手机贴膜卡、电信翼支付卡），使用时需要事先储值。

第三类，纯粹由第三方支付公司推出的移动支付，无须开通手机银行就可直接进行支付，如支付宝、微信支付等。其最大的特点是无须事先储值，方便快捷，能最大限度地满足客户对速度的要求。

国外的移动支付模式，在发达地区的情况与我国比较相似，而在贫困地区主要表现为手机银行，一般不需要第三方支付来配合。以非洲为代表的手机银行用户在支付使用时一般需要事先储值（国内手机银行有交易额的限制），由于影响到支付的便利性，呈现被淘汰的趋势。

（二）市场现状

近年来，由于科技进步和互联网业务的快速发展，支付领域涌现出了众多参与主体，尤其是以支付宝、微信支付为代表的第三方支付机构迅速占领移动支付市场，银行统领转账结算业务的局面被打破。

2020 年第二季度，随着疫情逐渐稳定及连续三个小长假等因素，居民线上线下消费都出现了明显回暖，直接带动移动支付市场交易复苏。2020 年第二季度，第三方支付市场交易规模近 59.8 万亿元，同比增长 8.8%。支付宝、财付通分别占据了 55.6% 和 38.8% 的市场份额。

第三方支付在攻占个人业务市场的同时，也影响了商业银行的中间业务和信用中介功能。第一，商业银行多项中间业务受到影响，对银行贷款产生分流效应。从银行业中期报告来看，部分上市银行业务甚至出现了个位数的增长。第二，银行信用中介功能受到冲击，快捷支付的发展导致银行中介的角色定位进一步被模糊化。第三，当第三方支付平台准确获得细分市场的信息后，可通过金融衍生产品对银行业务造成进一步的威胁。

（三）银行争夺支付市场份额的措施

中国银联发布的《2020 移动支付安全大调查报告》显示，2020 年我国移动支付用户规模已突破 8.05 亿，消费场景向网络直播、医疗支付等领域延伸，“95 后”群体成为高频支付的主力军。在此背景下，商业银行各级行应瞄准移动支付主流市场，以移动支付为抓手，进一步扩大客户群体，夯实客户基础。

1. 坚持公私联动、以公带私，推进政务平台、供应链产业链、行业应用、高频商业生活等场景建设，为用户提供良好的支付结算体验，联动对相关单位的个人客户群体开展批量营销。开展与汽车、家装、商圈等“总对总”合作，开展消费满减、折扣等优惠活动，吸引对公活跃客户批量办理业务。

2. 开展掌银、信用卡、聚合支付+系列产品的组合营销，推动线上新产品和服务模式下沉，将产品嵌入生活场景，打造支付便捷、优惠分享、服务互联的“金融+生活生态圈”。例如，农行将惠农e贷、纳税e贷等线上融资产品推广相结合，积极拓展农村市场，让移动支付成为家庭农场、专业合作社等新型农业经营主体、职业农民的常用支付方式。引导客户将借记卡、信用卡绑定支付宝、微信、云闪付等，通过大数据分析，重点了解“95后”客户群体的高频支付场景，围绕活跃客户群体，有针对性地开展特价电影券、微信朋友圈助力有奖、代金券等活动，让客户在支付时首选农行卡支付。

3. 做优服务，提升客户黏性。例如，借助智慧医疗、智慧交通、智慧商超等应用场景，开展电子医保支付有奖、随机立减、积分兑换等活动，与合作伙伴互相引流，拓宽获客渠道，助力商户智能经营，提升消费者的支付体验，实现多方共赢。做强交叉营销，利用大数据分析技术，根据客户的资金流和风险偏好，对客户进行理财、保险、基金等产品营销，提升客户对特色金融产品的关注度。

4. 面对支付宝、微信在移动支付市场不断攻城略地，十多家商业银行再次联合银联掀起反击战，于2017年12月11日发布银行业统一App——云闪付，旨在终结商业银行各自为战的局面，为银行移动支付提供统一入口，收复失地。

云闪付App是移动支付统一入口平台，汇聚银联及各大银行的支付工具、支付场景及特色服务，旨在提供一站式特色服务。通过云闪付App可以完成多家银行的支付功能，还可以基于云闪付绑定的一类账户银行卡，为用户便捷开通银行二类、三类账户。

（四）基于云闪付的分析

1. 商业银行携手银联发布云闪付的目的。

第一，打破银行开户壁垒，集各银行优惠于一身。云闪付的推出，旨在打造开放性平台，汇聚银联及各大银行的支付工具、支付场景及特色服务，以便消费者享受各家银行的移动支付服务及优惠权益。

第二，云闪付App可在部分高校、便利店商超、菜市场、铁路、民航等其他公共服务行业商户使用，打造便民服务硬场景，旨在实现老百姓衣食住行支付场景的全面覆盖。下一步有望实现交通罚款缴纳等特色服务，形成自身独特优势，在移动支付市场扳回一局。

第三，对银行而言，云闪付是一个绝佳的营销平台，可获取大量客户资源，实现产业链的互利共赢。以往每家银行的营销获客都是独立完成的，未来可以借此跨行营销，提高营销精准度，实现产业链多方的互利共赢。

2. 云闪付面临的形势及未来预期。《2020年第二季度和第三季度中国第三方支付市场数据发布报告》显示，2020年第二季度末，支付宝、财付通的移动支付交易份额占比分别为55.6%、38.8%，占据移动支付市场的大半江山，而银联难以跻身前八。因此无论是商业银行还是银联，仅靠一己之力都无力在移动支付市场进行竞争，要想形成三足鼎立局面，必须合作聚力。

云闪付现阶段还面临着十分严峻的形势，其劣势毋庸赘述，如进入支付领域的时间晚、场景覆盖成本高、用户的消费习惯难以扭转等。但在强大的互联网浪潮背景下，云闪付也有意识地在营销推广中逐步加入互联网思维，从用户体验角度出发，专注产品的设计。同时，重视对消费场景的覆盖，顺应当前大数据时代的发展，未来前景可期。

本章小结

在互联网时代，商业银行的支付功能、收入来源、服务模式等方面均受到冲击，基于传统金融机构运作模式的局限及企业运作模式创新的趋势，商业银行的经营模式创新与业务创新是其必行之举。

商业银行经营模式创新分为开展直销银行、构建银行系电商平台、搭建合作平台和自建开放生态。基于上述尝试可以看出，开放银行将是未来商业银行发展的方向。

本章就商业银行的业务转型，主要列举了智能网点、智能投顾、大数据风控和移动支付创新业务。伴随着业务形态和场景的多样化，信息科技与银行业务不断融合，为业务创新提供了强大助力。

关键术语

直销银行　开放银行　银行电商　智能投顾　移动支付　产业互联网　数字化营销　智能网点　大数据风控　金融脱媒　金融科技子公司

思考题

1. 银行发展经历了哪几个阶段？各阶段有哪些创新？
2. 商业银行与产业互联网平台的合作有几种模式？各模式的主要特点是什么？
3. 商业银行数字化转型能力有哪些提升方向？
4. 商业银行组建独立的金融科技子公司的原因是什么？与互联网金融科技公司相比有哪些优势？
5. 商业银行业务转型有哪些特点？
6. 简述开放银行的特点与模式，思考开放银行开放的内容是什么？

延伸阅读

［1］戴鸿丽．论新常态背景下的商业银行业务创新［J］．金融教育研究，2017（6）：3－8.

［2］邓辛．金融科技：模式变革与业务创新［M］．上海：上海财经大学出版社，2019.

［3］何大勇，张越，陈本强，等．银行转型2025［M］．北京：中信出版社，2017.

［4］蒋亮，郭晓蓓．直销银行亟待变革［J］．中国银行保险报，2020（5）：2.

[5] 石燕峰. 探析银行系电商发展之路 [J]. 中国外汇，2020 (20)：48 -50.

[6] 王松奇. 银行数字化转型：路径与策略 [M]. 北京：机械工业出版社，2021.

[7] 王曦. 商业银行如何应对第三方支付平台的挑战——以“云闪付”App 的推出及建设银行出台刷脸支付为例 [J]. 现代经济信息，2018 (8)：310 +312.

[8] 中信银行南京分行运营管理部课题组，史逸鸿. 开放银行的国内外实践与展望 [J]. 金融纵横，2020 (11)：84 -88.

第五章

非银行类金融机构互联网化

本章导读

金融互联网化的浪潮滚滚而来，不可阻挡，其蓬勃发展的背后蕴藏着深刻逻辑。利率市场化进程加快，金融对外开放步伐加大，挤压了传统金融业的利润空间，加剧了金融机构之间的竞争。传统金融业面临战略布局的关键时点，加速推进行业互联网化势在必行。传统金融机构纷纷主动融入互联网化大潮，结合自身风险管控的专业力量和优势，推动传统金融业务布局从线下向线上转移，并不断地进行优化及延伸，以更好地把握竞争的主动权，从而打开了传统金融互联网化的全新局面。本章主要从传统金融机构的互联网化延伸的三个方向：传统业务的电子化、基于互联网的新金融模式和金融电商平台模式，阐述了保险业、证券业、信托、基金等主要金融机构业务及产品的互联网化途径及模式。

本章学习目标

本章从传统金融的互联网化延伸的三个方向，阐述了保险业、证券业、基金和信托产品的互联网化。通过本章学习，可以了解主要金融机构业务和产品的互联网化发展过程及主要模式，进而发现互联网与金融相结合所蕴含的挑战与机遇，风险与优势，掌握非银行类金融机构互联网化的发展前景。

传统金融互联网化就是将金融业务通过互联网来完成。金融活动由线下向线上转移的趋势，体现为互联网对金融中介以及相应市场的物理网点、人工服务等进行替代，如网络银行、手机银行、网络证券公司、网络保险公司、网络金融交易平台、金融产品的网络销售等。股票、基金、外汇等传统金融项目的运作，正逐渐转变为投资者通过互联网即可完成开户、入金、交易以及出金等。在互联网金融的冲击下，银行、保险及信托等金融机构作为我国金融体系的主要组成部分，不会被动等待侵蚀，转而会积极进行传统金融业务的互联网延伸。传统金融机构的互联网化延伸模式主要包括传统金融业务的电子化、基于互联网的新金融模式和金融电商平台模式（见表5－1）。

表 5-1 传统金融机构的互联网化延伸模式

行业	运营方式	代表
银行业	借助互联网信息技术，建立电商平台，发展电子化金融机构	建行“善融商务”，交行“交博汇”供应链金融
保险业	官方网站模式、第三方电子商务平台模式、网络营业代理模式、专业中介代理模式、专业互联网保险企业模式	太平洋保险、平安保险、淘宝保险频道、京东商城保险频道、网银代销、携程、慧择保险网、泰康在线等
证券业	非现场开户 + 佣金模式、券商网上商城模式、互联网券商 O2O 模式	国金证券“佣金宝”、海通证券等
基金	传统金融机构互联网基金销售、互联网平台基金销售	汇添富现金宝、淘宝基金、天天基金活期宝等

第一节　证券业的互联网化

一、证券行业发展概述

（一）证券行业的科技发展路径

我国证券市场自 20 世纪 90 年代初沪深交易所开业以来，已经经历了近 30 年的发展。从信息技术的角度来看，大体可以分为四个阶段。

1. 1990—1997 年，电子化阶段。这个阶段的主要特征是软、硬件成本较高，信息技术的应用是为了提升效率，但买卖股票仍然需要投资者亲自前往营业部进行手工交割。我国因为起步较晚，没有复杂的“无纸化”过程，所以沪深交易所从成立之初就采用了电子化自动撮合竞价系统。

2. 1997—2000 年，网络证券公司阶段。这一阶段，证券行业中出现了网络证券的概念，各大证券公司营业部和信息技术服务商开始推进基于互联网的交易。每家证券营业部自建交易系统，但由于相关法律法规的缺乏，使得这一业务形式安全隐患较大。

3. 2000—2012 年，互联网化阶段。进入这一阶段的标志是 2000 年 3 月中国证监会出台了《网上证券委托暂行管理办法》，其中明确指出开展网上委托业务必须要有证券经纪资格。同年 4 月 29 日，证监会出台了相配套的《证券公司网上委托业务核准程序》（证监信息字〔2000〕6 号）。这套法规的出台对于防范并化解网络市场风险、规范市场参与者的行为有重要意义。

4. 2013 年至今，互联网证券阶段。互联网金融，即传统金融机构与互联网企业利用互联网技术和信息通信技术实现资金融通、支付、投资和信息中介服务的新型金融业务模式。在这一阶段，《证券公司开立客户账户规范》《证券账户非现场开户实施暂行办法》《数字证书认证业务指引》等法规的出台，促使证券经纪业务实现了开户、交易整个环节的线上化。2014 年至 2015 年，证监会累计批准了 55 家证券公司的互联网证券业务试点资格，这使得证券公司的互联网化从经纪业务向更广阔的产品体系、优化公司账户开拓。

2015 年 7 月 18 日，人民银行等 10 个部门联合发布《关于促进互联网金融健康发展的指导意见》，旨在加强对互联网金融的监管。2015 年至 2017 年，中国证券登记结算公司取消“一人一户”的限制。2018 年至今，传统券商的互联网化程度提升，聚焦垂直细分领域的新兴互联网券商蓬勃发展。2019 年，互联网券商代表老虎证券、富途证券上市，受到资本市场的关注。2020 年 2 月，证监会发布通知，要求各券商积极改进服务方式，引导投资者通过互联网等非现场方式进行交易及业务办理，并做好相应的系统保障和技术升级；4 月，长江证券凭借在金融科技领域的积累，完成了大部分线下业务向线上转移的工作。

随着金融科技时代的到来，证券行业发生了翻天覆地的变化：第一，金融科技使得证券行业回归其中介本质，“服务”将成为比“牌照”更重要的竞争力；第二，金融科技打破了区域限制，使证券公司的服务范围更加广泛，也使得竞争更为激烈；第三，金融科技大大提高了服务效率，也增加了精准服务的可能性，同质化竞争逐渐消失，证券公司必须注重线上与线下的融合，才能避免被淘汰。

（二）证券行业业务的发展趋势

我国的证券公司主要是专门从事有价证券买卖的法人企业，分为证券经营公司和证券登记公司。其业务主要分为四类：代理客户买卖证券的经纪业务；股份公司有价证券的发行与承销业务；利用自有资金买卖证券的自营业务和受委托运营客户资产的管理业务。

1. 经纪业务。证券公司的经纪业务，又称代理买卖证券业务，指证券公司根据客户的需求，通过证券营业部和证券交易所席位，代理客户买卖证券的业务。在经纪业务中，证券公司有两个作用：一是作为买方和卖方沟通的媒介，确保市场的流动性和效率；二是在与客户的买卖委托关系中，证券公司提供信息服务，但证券经纪商不直接分享客户利益，同时也不为客户承担风险，只收取佣金作为自己的利润。

经纪业务一直是证券公司净收入占比较高的基础业务之一，2020 年，127 家证券公司当期实现营业收入近 4 500 亿元，其中代理买卖证券业务净收入（含席位租赁）为 1 161.10亿元，占营业收入的比重为 25%，而 2017 年、2018 年、2019 年的占比分别为 26.37%、23.41%、21.85%。2010—2020 年，经纪业务收入在营业总收入中的占比不断下降，主要原因有两个：一是网上开户的普及使得交易成本降低，信息互通效率和精确度提升，行业佣金不断下降，盈利能力也随之降低；二是互联网公司借助自身的技术优势与证券公司合作，使得竞争进一步加剧，加速了经纪业务模式的变革。

在内外双夹的严峻挑战下，证券公司为求生存，需积极探索金融科技、财富管理与传统经纪业务深度融合的新模式。

2. 发行与承销业务。证券发行是指证券发行人以筹集资金为目的，在证券发行市场依法向投资者以同一条件出售证券的行为。根据发行价格和票面面额的关系，可以将证券发行分为溢价发行、平价发行和折价发行三种形式。根据公开性可将证券发行分为公开发行和非公开发行。公开发行证券时，发行人必须符合法律、行政法规规定的条件，并依法上报经国务院证券监督管理机构或者国务院授权的部门核准。

证券承销是指证券公司接受发行人委托向社会公开销售证券的行为。证券公司借助自己在证券市场上的信誉和营业网点，在规定的发行有效期限内将证券销售出去。根据证券经营机构在承销过程中承担的责任和风险，承销又可分为包销、投标承购、代销、赞助推销四种方式。包销指证券公司以特定价格从发行人处买下证券，再转卖给投资者的一种行为。这种方式下，证券公司承担了证券发行的风险，未卖出的证券的所有权在证券公司手中。投标承购通常是在投资银行处于被动竞争较强的情况下进行的，采用这种形式发行的证券通常信用等级较高，受到投资者欢迎。代销指证券公司代理发行人买卖证券，在项目结束时，将未卖出的证券返还给发行人的一种行为。代销过程中，证券公司不承担证券发行的风险，只收取一定比例的手续费作为收入。赞助推销是指当发行公司增资扩股时，其主要对象是现有股东，但又不能确保现有股东均认购其证券，为防止难以及时筹集到所需资金，甚至引起本公司股票价格下跌，发行公司一般都要委托投资银行办理对现有股东发行新股的工作，从而将风险转嫁给投资银行。证券公司通常能从一次首次公开募股（Initial Public Offering，IPO）的承销中收取3%～10%的手续费，这是一笔不菲的收入。但近年来，主导全球大型IPO项目的强大科技公司利用它们的规模，压低证券公司的手续费；一些公司还在探索IPO之外的其他选择，比如直接公开发行（Direct Public Offering，DPO）和另类交易所。

2018年以来，IPO发行家数和再融资规模显著减少，证监会审核通过率也不断创下历史新低。随着IPO所产生的收入的下降，证券公司已转向技术开发以降低成本，并实现部分过程的自动化，这有助于证券公司保持较高的利润率。

3. 自营业务。证券自营业务在我国专指证券公司用自有资金或者依法筹集的资金，以自己的名义买卖证券产品的行为。买卖的证券产品包括证券交易所挂牌的基金国债、企业债、A股等，也分为场内交易（交易所）和场外交易（柜台）。买卖证券的价差就是证券公司在这项业务中的收入来源，因此证券公司也承担了其中的价格波动风险。

自营业务的优势体现在交易行为、交易价格、交易方式、交易标的的自主选择上，但同时交易过程中的风险和收益的不确定性也由证券公司承担。由于自营业务的最终目的是盈利，风险控制直接影响到对收益的预估，所以风险控制在这个业务中显得尤为重要。且自营业务自身程序较为复杂，风险敞口较其他业务的风险敞口而言更大，风险控制也更难。因此，证券公司应当设立风险管理委员会，利用先进的数据模型和科技手段加强风控体系、风控流程标准化建设。

自营业务资产规模近年来不断增长，但业绩波动却比较大。主要因为新会计准则实施后，券商资产项目下的可供出售类金融资产被取消，权益资产的浮亏将更加直接体现在利润表上，加剧了自营收入的波动。

4. 资产管理业务。资产管理业务指证券公司作为资产管理人，接受投资者的委托，签订资产管理合同，根据合同规定的方式、条件、要求与限制，对委托人的资产进行经营运作，并为委托人提供证券和其他金融产品的投资管理服务的行为。资产管理业务可分为三类：第一，为单一客户办理定向资产管理业务；第二，为多个客户办理集合资产管理业务；第三，为客户办理特定目的的专项资产管理业务。资产管理业务的产生避免了因专业知识和投资经验不足而可能引起的不必要风险，对整个证券市场的发展也有一定的稳定作用。在资产管理业务中，证券公司为委托人的利益履行勤勉尽责义务并收取相应的管理费用，委托人自担投资风险并获得收益。

自 2018 年 3 月资产管理新规——《关于规范金融机构资产管理业务的指导意见》出台以来，受“去通道化”的影响，资产管理业务的下滑态势明显。去通道化，在资产管理新规中被定义为消除多层嵌套和通道，即金融机构不得为其他金融机构的资产管理产品提供规避投资范围、杠杆约束等监管要求的通道服务。虽然短期内，资产管理新规的出台使得资产管理规模下降，但长期来看，这将倒逼证券公司向主动管理转型，回归资产管理本源。

（三）证券行业金融科技发展现状

金融科技给证券行业的传统业务带来了巨大的冲击，同时也带来了巨大的机遇。在监管越来越严格、传统业务缩水、业内竞争压力增大的环境下，各大证券机构开始投入大量的资金和人力，借力金融科技来增强综合实力。

中国证券业协会从 2017 年开始将信息系统投入金额作为考核证券公司业绩的一项指标，2018 年该指标显示有超过 30 家证券公司投入亿元级资金建设自己的信息系统。同时，证券公司纷纷开启了与金融科技公司的合作：2018 年 12 月 26 日，财通证券与蚂蚁金服开始了全面战略合作，蚂蚁金服将助力财通证券实现金融科技能力的提升，并助推财富管理转型；山西证券也与京东金融共同设立 50 亿元规模的基金，投资于消费升级、供应链、财富管理等领域；2018 年 11 月，东北证券与恒生电子签署战略合作协议，双方将在云计算、人工智能、数据治理等方面进行深度探索和场景应用。2019 年，我国证券行业的信息技术投入达 205.01 亿元，同比增长 10.49%。目前，券商数字化转型已经进入智慧券商阶段，但国内券商对金融科技的应用仍然不够深入，与国外存在较大差距。2020 年 12 月，中证协互联网证券委员会举办了以“金融科技战略下证券公司数据中台建设”为主题的线上交流会。与会专家认为，证券公司应建立统一的数据平台，实现公司内部数据统一、模型统一、服务统一，促进数据作为经营要素在公司内有序流动，从而推动证券公司在业务、运营及管理等方面向数字化、智能化转型。

证券公司与金融科技公司合作已是行业大势所趋，但对于发展数十年的证券行业而言，目前金融科技方面的开拓还存在诸多障碍。

1. 证券市场制度不够完善，监管有效性不够强。《中华人民共和国证券法》（以下简称《证券法》）于 1999 年开始实施，规定了证券行业的基本原则，但是缺乏一些与中国实际相结合的细则，对于一些实际案例缺乏相关的明确规定。由于法律体系的不完善，监管也缺乏有效的依据，《证券法》中虽然规定了上市公司的许多行为，但并未得到很好的执行，证券行业中仍存在信息披露不完全、内幕交易横行等问题，但由于缺少对具体案例的法律解决办法，监管往往事倍功半，违规者没有得到惩罚，中小投资者的利益得不到有效保障。

2. 中国的证券市场不够发达，行业集中度不高。目前，虽然我国投资者数量巨大，已经突破了1亿人，但我国证券市场仍然是典型的散户市场。投资人群的年龄、知识方面的层次较为复杂，很多投资者难以做出权衡利益和风险的理性决策，“羊群效应”的影响巨大，使得证券市场的波动性也大，很多投资者成了内幕交易和市场欺诈的牺牲品。同时，我国证券市场资产仅占金融总资产的12%，与全球主要发达国家或地区相距甚远，虽然随着人均收入的增加，用于投资的财富也会增加，但目前中国的储蓄率超过45%，银行存款仍然是许多居民投资理财的首选。

3. 证券行业业务单一，缺乏个性化的服务。首先是思维障碍。传统的证券公司现在还是以人—人交互模式为主，但证券公司引入金融科技后势必要变革现有的客户经营模式，对原有的人员技能会提出新的要求，客户经理的传统知识和习惯可能都要改变。其次是流程障碍。金融科技不是一个孤立的平台，而是一个跨部门的平台。比如智能投顾，就同时涉及商业职能部门、投资策略部门、风险管理部门，如果三个部门各自为战、互相掣肘，流程各自割裂，智能投顾就很难发挥作用。最后，最关键的障碍还是数据障碍。传统数据的不规范、数据格式不统一、数据平台的落后，都会严重影响券商从数据中发现金矿，并转化为生产力。这需要建设统一的数据规范、统一的数据平台、性能强大的分布式计算机集群。

二、证券行业业务及服务模式创新

（一）智能投顾

智能投顾（Robot advisors）是在线金融咨询平台，提供基于算法的投资管理服务，包括自动投资组合规划、自动资产配置、在线风险评估、账户再平衡和众多其他数字工具。它不再需要财务顾问，而是为客户提供直接的、100%基于软件分析的投资组合。

相较于传统投资，人工智能下的投资有两个明显的优势——复制推广成本极低，且机器不受情绪影响，能在任何情形下都做出正确的逻辑推理。自2013年以来，智能投顾创业公司在18个国家或地区筹集了超过20亿美元的资金。花旗银行的一份研究报告指出，未来十年，智能投顾管理的资产规模将以几何级数的速度增长，预计到2025年总规模将达5万亿美元。不同地区的智能投顾市场数据（2018年）如表5-2所示。

表5-2　　不同地区的智能投顾市场数据（2018年）

项目	北美洲	欧洲	亚太地区
潜在用户（百万）	6.8	0.9	17.9
资产管理规模（亿美元）	2 960	170	860

证券公司应用智能投顾，能够基于客户的风险偏好、交易行为等个性化数据，采用量化模型，为客户提供低门槛、低费率的个性化财富管理方案。智能投顾在客户资料收集分析、投资方案的制订执行以及后续的维护等方面均采用智能系统自动完成，因此能够为更多的零售客户提供定制化服务。智能投顾有望从广度和深度上将证券行业带入财富管理的全新阶段，为未来证券公司的投资顾问从前端佣金收费模式向后端管理费收取

模式转变进行探索准备。

（二）智能投研

当前证券公司所提供的传统卖方研究服务中，存在搜索路径不完善、人工分析稳定性差、数据获取不完整、报告完成效率低下等问题，而人工智能的出现可以提高每个步骤的效率和精准性，降低人工成本。

与此同时，随着深度学习等人工智能技术的日趋成熟，基于大数据以及人工智能算法的量化投资逐渐兴起。这一投资策略通过自然语言处理技术（Natural Language Processing，NLP），从网络文本中获取数据，基于深度学习等机器学习算法对获取的各类数据进行分析预测，在财经新闻、公司公告等文本事件与相关资产在金融市场中的表现之间建立相关关系，迅速判断市场中出现的各类机会。这类基于大数据技术与人工智能算法的投资策略不仅拓宽了信息获取源，提升了信息分析的深度与广度，而且与传统投资策略的表现相关性低，是对传统策略的有力补充。在智能投研领域，证券行业目前主要有以下两类盈利模式：一是证券公司可以通过智能投研为客户提供统一定价的标准化数据模块产品，以此创造营业收入；二是证券公司可以从客户需求出发，直接为客户提供定制化的解决方案，建立稳定、可复制的盈利模式。

（三）智能信贷

智能信贷是一种基于人工智能技术、线上自动放贷、无须人为干预的信贷模式。智能信贷相比于传统信贷有三个优势：一是它可以对用户进行画像，通过用户标签寻找与客户相匹配的融资授信产品；二是它能运用用户画像为客户开发新产品，促进金融创新；三是它能基于人工智能技术，根据某些可能影响借款人还款能力的行为特征，对还款能力进行实时监控，以降低风险。

虽然信贷业务不是证券公司的传统业务，但近年来，不少证券公司和互联网金融公司合作发展智能信贷服务。如2018年1月，银河证券与阿里云签署全面合作框架协议，希望以智能技术合作为契机，全面提升银河证券的综合运营能力，加速其核心业务的互联网化进程和数字化转型。阿里云与银河证券的合作中，会协助银河证券对客户进行精准画像，严格做好客户分类、产品分级，将适当的产品匹配给适当的客户，最大化实现系统前端控制，做好客户适当性落地的全过程管理。

信贷的关键点和根基在于如何准确地进行风控和信用评级。像京东、天猫这样的电商平台，通过分析平台会员的购买行为，对消费额度、个人信息数据进行评级，并据此确定每个人的信用额度。与传统建模分析相比，这种基于互联网的信用评价体系，使用“传统征信报告+互联网大数据征信”的模式，更能降低风险，提高信贷效率。

（四）大数据与经纪零售业务

零售业务是证券公司的基础业务之一，在数字化进入高速发展的时代背景下，大数据技术和数字化运营模式、零售业务的发展、客服效率与质量的提高，将决定证券公司服务、团队和经营的规模。

1. 大数据+区块链。大数据的去中心化的分布式管理在证券行业得到应用，在分布式管理体系下，采用数字化管理模式可以为员工提供有效工具，便于员工发现问题、及时修正。分布式管理下大数据的使用可以反映整个生态系统的运行状况，可以对生态系统进行及时修正。

2. 大数据 + 人工智能。正如前文所说，智能投顾通过采集客户的交易数据，刻画客户的投资风格和风险偏好，能够为客户提供个性化的服务。其中处理数据的过程，就要运用大数据的量化模型，从数据中挖掘潜在客户，做到精准营销。例如，广发证券“金钥匙”的分布式管理体系，基于平台发布基础任务，公司各地区的联网终端收集客户的需求，“金钥匙”平台通过算法对客户需求进行分析后，将结果分派给全国各地 7 000 名理财顾问。根据平台统计服务响应时间、客户满意度以及业务转化率等反馈数据，再对业务进行管理和优化。同时，广发证券自主研发的“经营驾驶舱”，基于公司内部众多平台的数据资源，提取其中与业务经营相关的数据，结合各级管理人员和员工的需求为其提供不同维度的数据支持。高层管理人员通过数据分析结果对公司进行全局的把握，以便及时、合理地调配资源；而中层管理人员依据 KPI 的完成程度与系统内排名的变动对经营策略进行及时调整；基层人员重点关注客户、资产与个人绩效钱包。

（五）证券承销业务

证券承销业务满足了资金需求者的直接融资需求，在开展此类业务时，证券公司需要对各种数据进行搜集、整理和分析，这就需要运用到大数据技术。

首先，在进行证券承销发行时，证券公司可以利用大数据模型分析市场利率波动和行业风险等因子，基于分析结果确定合适的发行价格、发行规模、承销方式等。

其次，证券公司可以利用大数据分析投资者的市场行为，设计出受市场欢迎、迎合投资者风险偏好的证券。

（六）自营业务

在证券自营业务中，证券公司可以利用大数据寻找投资热点，及时发现被市场低估的证券，从而优化自己的资产选择与配置。同时，自营业务具有收益性和风险性的特征，使得风险控制变得格外重要。证券公司可以通过大数据预知潜在的风险，并应用数据模型解决各种可能面临的困境，有效提高风险管理水平。

例如，广发证券的“风险数据集市项目”，利用大数据技术整合公司各条业务线的风险相关数据、第三方市场数据、交易对手数据、关联人数据、监管披露数据，形成相对完善的风险数据集市，在强大的计算力支撑下实现全面、准确、实时的监控，预测各种风险指标，强化各条业务线的风险管理能力。

【案例 5.1】　广发证券“易淘金”电商平台

“易淘金”是广发证券自主开发的电商平台，具有产品销售、证券开户、产品转让、理财咨询以及理财工具等功能，为客户提供一站式证券交易服务。为了增加流量，“易淘金”不断增加自己的产品种类以及产品数量，根据官网的介绍，“易淘金”平台上已经有超过 1 000 个公募基金产品、29 个广发资管产品、45 款服务资讯产品。

随着互联网应用的不断发展，客户通过互联网获取金融服务的需求不断增加，证券行业需要改变传统的服务方式，建立基于网络平台的新型服务模式。广发证券“易淘金”网站并不只是网上商城，其立足点在于打造以客户为中心的线上服务模式，而未来，“易淘金”也将成为广发证券为客户提供综合金融服务的网上平台。更为重要的是，“易淘金”完全是自主设计、自主开发的平台，这为平台后续发展升级提供了保障。

【案例5.2】　**方正证券的“泉友会旗舰店”**

方正证券的“泉友会旗舰店”是进驻第三方电商平台模式的一个代表。2013年3月，方正证券正式进驻天猫商城，成为国内第一家进驻第三方B2C电商网站的证券公司。

“泉友会旗舰店”主要负责业务展示及服务类产品销售，推出的主要是服务类产品，即为客户提供收费增值服务，例如独家资讯、投资顾问服务以及自主研发、独具特色的泉友量化投资决策系列软件等。与传统的业务相比，“泉友会旗舰店”具备不限人群、不限时间地点、线上购买和线下跟踪服务等特点，有效地提升了证券公司的服务品质。在购买方式上，客户可通过阿里旺旺咨询店内产品，若有更深层次的理财需求，还可以通过在线客服人员预约方正证券专家级理财顾问，量身定做理财规划，或要求邻近营业网点的工作人员上门服务。

第二节　理财基金、信托产品销售的互联网化

随着互联网技术与信息通信技术的发展，各金融机构纷纷着手嫁接线下基金和信托等传统金融投资理财产品和业务，进行网络销售或者直接基于互联网目标客户重新设计投融资类理财产品，通过搭建在线销售平台和第三方销售渠道服务广大线上人群。

一、理财基金销售的互联网化

传统基金销售机构的互联网化是指基金管理公司开展网上直销业务，或具有基金销售资格的银行、证券和保险机构等传统基金销售机构开展网上销售业务。其主要模式有如下四类。

（一）基金公司网上直销模式

直销模式指基金公司通过自建网站或者移动客户端，进行基金的展示和销售。其收入来源与线下基金公司的收入来源基本一致，分别为散户买卖基金手续费、管理费、基金盈利的分红和专户理财的收入等。在基金公司官网投资基金产品的基本流程为：申请

注册、实名认证、绑定本人名下的银行卡、申购以及申购的确定和赎回。基金公司直接通过官网销售产品，减少了中介环节，节省了中介费用，而且官网的建立有利于树立基金公司的品牌形象，提高投资者对公司的信任感。基金公司丰富的理财知识也使得直销平台更加专业和可靠，但是基金公司的客户积累不如其他中介机构，需要自己进行客户营销，推介成本较高。除此之外，基金公司自建一个直销平台的成本和技术要求也非常高，基金公司需要建立专门的技术团队，特别是在支付板块，必须花费较多人力物力以保证投资者的资金安全，这对于小型基金公司而言是一个巨大的负担。此外，直销平台上只销售本基金公司的产品，在产品丰富度方面也不具有优势。

（二）第三方平台销售模式

1. 第三方支付平台模式。第三方支付平台模式指基金管理公司与第三方支付平台合作，共同推出基金产品。比如，基金公司和支付宝、财付通、汇付天下、快钱等第三方支付平台联手推出了互联网基金产品。基金公司利用第三方支付平台丰富的数据资源，大大降低了客户挖掘费用，实现了精准化的产品推介。第三方支付平台海量的支付数据还可以帮助基金公司对流动性进行预测，在保证充足流动性的前提下，实现最高收益。而且，依靠成熟的第三方支付平台，也节省了基金公司在支付安全技术方面的投入，双方的合作实现了共赢。但是，基金公司通过第三方支付平台销售基金，需要向平台支付一定的中介费用。而且基金公司一旦过分依赖第三方支付平台，有可能会处于比较被动的地位，在一些第三方支付平台强大的品牌光芒之下，不利于树立基金公司的品牌形象。

2. 基金超市模式。基金超市模式是第三方中介平台将大量基金公司的产品进行集中展示，供消费者对比、选购。如淘宝理财、京东金融、天天基金网、和讯基金等，这些平台通过向基金公司收取一定的中介费用盈利。在基金超市类平台购买理财产品同样需要通过实名认证，除了有淘宝等支付平台作为支撑的基金超市，其他基金超市平台一般都需要关联银行卡后才能购买理财产品。互联网基金超市为投资者提供了丰富的产品，给予了投资者较大的选择空间。而且这些第三方中介在销售基金方面比较专业，部分平台还提供投资咨询、基金资讯、基金论坛、投资工具等板块，为投资者提供了更多的基金增值服务。基金公司委托基金超市平台销售产品，在一定程度上可以提高销售额，但是由于基金超市中销售主体数量众多，产品价格非常透明，基金公司不得不面临巨大的竞争压力。而且在第三方平台进行产品销售时，基金公司也需要额外支付一些中介费用，这提高了基金公司的销售成本，压缩了基金公司的利润。

（三）银行网银在线销售模式

银行网银在线销售模式指银行将基金公司委托其销售的基金产品展示到网络银行平台，供投资者购买，银行从中收取一定比例的中介费用。在网络银行中购买基金产品，需要开通该银行的银行账户，开通之后即可进行产品申购、赎回等操作。在这种模式下，银行为基金公司挖掘潜在客户提供了丰富的数据基础，银行的大品牌效应、专业的投资理财经验、成熟的支付技术也可以轻松获得投资者的信任。网络银行销售模式的另一个优势是平台上的基金产品比较丰富，投资者的选择余地大。同基金公司与第三方支付平台合作时一样，如果基金公司过分依赖银行，同样难以打造自己的品牌形象。另外，银行作为中介机构，必然向基金公司收取一定的费用用于产品推介，这也增加了基金公司的成本。

（四）利用社交网络的销售模式

利用社交网络的销售模式指金融机构通过社交平台寻找用户并销售基金。这种模式充分利用了社交网络平台的大数据分析、数据流、云计算和社交关系，能够获得一些“软”信息。同时通过建立虚拟的线上贵宾室，可以让用户感觉如在金融机构柜台上办理业务。通过社交网络平台销售基金，可以从根本上改变金融机构与顾客的关系，实现与金融机构的实时对话，对话机会越多，信息共享也就越多，金融机构就越能准确判断客户的需求。典型代表如微博银行、微信银行、百度金融等。

二、信托产品销售的互联网化

信托产品销售或信托业务活动进行互联网化，即在网上运作信托业务，如通过网络签订合同、查询信托信息、转让信托产品等。传统的信托业以专家理财、投资范围广泛等特点，吸引了很多投资者，但是它也面临着明显的发展瓶颈，即信托产品是非标准化的产品，没有统一的定价标准，导致其流转比较难。另外，它还有门槛高的问题，每一笔委托资金必须达到100万元或以上，对委托者的个人收入也有严格要求，这就使得很多投资者对信托可望而不可即。信托与互联网的结合为信托业带来了新的机遇，但是由于信托业的自身特征，信托“触网”目前还是以产品推介为主。目前，信托产品销售的互联网化主要有以下三种模式。

（一）网上信托直销模式

这种模式是以信托公司为主导直接开设网上平台，借助网络渠道来进行信托产品的销售。信托公司将其手中已有的融资端客户和项目放到网络平台上进行直接融资，直销平台将信托公司线下销售的产品搬到互联网上，产品种类和线下产品类似，做到线上和线下的同步发行和实时对接。网上信托的投资起点一般也在100万元以上，门槛较适合高净值客户投资。这种模式的好处在于整个交易都处在信托公司的监控下，风险易于把控，专业性较强。创新之处在于这种模式并非单纯的线下线上销售的转换，交易的产品并非只有信托产品本身，还包括了信托产品的衍生品。作为信托直销模式代表之一的中融信托，通过在互联网上建立直销平台，提高了销售量，提升了公司知名度。为了解决在线客户认证问题，2019年7月1日起，中融财富面向自然人客户全面启用电子签约系统。电子签约系统上线后，中融财富的新老客户均可实现视频开户、视频双录和信托合同的在线签署，真正做到足不出户买产品，轻松完成财富管理。

（二）互联网公司+信托公司

目前，信托公司更多的是依靠互联网公司来开展互联网信托业务。在这种模式中，以互联网公司为主导，信托公司起到渠道的作用。例如“百发有戏”，作为消费金融业务与电影文化产业相结合的一种最新产品，由百度金融中心与中信信托、中影股份、德恒律师事务所合作推出。“百发有戏”包含了消费信托和资金信托两部分，除了在消费权益有效期内客户已实现的消费权益外，产品到期后，用户的现金补偿将会进入中信信托的消费信托账户，由中信信托进行信托理财，客户可以通过“百发有戏”的个人页面查看自己的资金收益，并且可以随时提现，做到“消费 + 投资”两不误。这样的模式中，信托公司只是产品的参与者，不仅客户、交易过程等都要由互联网平台公司来提供，甚至资产、风控等都由互联网公司来负责筛选、推荐，信托公司仅仅就是一个通道。常见的“消费信托 + 互联网”的模式基本上代表着信托行业转型的一大热点和最主要的出路。多数消费类信托被认定为单一事务管理类信托，不受集合信托合格投资者的门槛限制。消费信托模式的创新使信托公司更贴近用户，消费信托产品与互联网金融概念深度结合，通过互联网平台在线发售，打造了具有品牌特色的产品。除了以中信信托为代表的电影消费信托的模式外，平安信托在“综合金融服务商平台”搭建中也进行了深入的探索，为不同类型客户提供差异化的投融资服务，借助大数据手段和挖掘技术，对客户和产品进行精细的分级、匹配、撮合，以满足不同客户的个性化金融服务需求；万向信托则利用“互联网 + 金融 + 消费 + 体育”的模式，引领投资者分享体育足球产业发展的红利。当前市场上消费信托已涵盖医疗养生、酒店住宿、旅游、影视娱乐、珠宝钻石、手机家电等领域。信托公司推出消费信托计划是看好未来中国的消费市场，而对于消费者而言，购买消费信托，在完成心仪的消费之余，还能获得不菲的收益，同样颇具吸引力。消费信托的目的是在有保障的前提下获取性价比高且优质的消费，与传统投融资概念中的集合资金信托完全不同。

（三）互联网公司 + 第三方机构 + 信托产品

由于互联网信托的主要投资人群与信托合格投资人的法定要求相距甚远，目前第三方机构销售的由互联网渠道提供的信托产品一般是转让其持有的信托受益权份额，或允许其他信托持有人转让其持有份额，并非直接购买信托产品。或者允许持有该公司信托产品的投资者将信托的收益权抵押给平台或第三方机构，以此来进行融资，从而实现信托产品的流转。

第三节　保险业的互联网化

互联网技术和保险业的结合开创了保险业的一个新纪元。互联网的平等共享理念使得保险向普惠化方向发展，越来越多的人开始享受保险服务。保险行业也出现了“去中介化”的趋势，大大提高了效率，减少了交易时间、地点的限制；保险公司也因为减少了物理网点和工作人员而节省了管理和销售的成本。互联网大数据为保险公司的客户关系管理提供了基础，使得个性化的服务成为可能，同时也为互联网保险的风险控制提供了强有力的技术支持。

互联网、信息通信技术在保险业的应用最初主要是保险产品电子化（即电子保单），同时销售也部分实现电子化，主要是网络营销和电话销售等。在网上保险的初级阶段，大多数保险公司只是建立了自己的门户网站，基本没有从事网上销售和网上交易。虽然

2000年平安公司推出了货运险网上交易系统，但我国保险业的信息化水平还远远不够。2012年6月19日“放心保”成功上线，兼具B2B和B2C交易模式，属于网上保险，同时也是保险产品的第三方在线销售平台。2013年，阿里巴巴、中国平安和腾讯联合设立的众安在线财产保险公司，突破了国内现有的保险营销模式，不设实体分支机构，取而代之的是互联网销售和理赔。2015年全国首批创新型互联网保险公司——安心财产保险有限责任公司，将保险与互联网技术融合，进行从承保、查勘、定损到理赔的流程改造，将保险条款通俗化、投保自助化、理赔简单化，使客户看得明白、买得方便、赔得快捷，为客户提供服务体验。2020年，互联网保险行业迎来快速增长，互联网保险相关企业注册量逾7 000家，创10年来新高。

一、概念

2018年4月，中国银监会和中国保监会合并为中国银行保险监督管理委员会，简称银保监会。银保监会在2020年最新修订的《互联网保险业务监管暂行办法》中对互联网保险的定义是：“互联网保险是指保险机构依托互联网和移动通信等技术，通过自营网络平台、第三方网络平台等订立保险合同、提供保险服务的业务。”简言之，互联网保险就是将传统的保险业务和网络技术相结合，有狭义和广义两种口径。狭义的互联网保险指保险公司或其他中介机构通过互联网为客户提供有关保险产品和服务的信息，并实现网上投保，通过网络直接完成保险产品和服务的销售。广义的互联网保险还包括保险公司内部基于互联网的经营管理活动，以及在此基础上的保险公司之间、保险公司与公司股东、保险监管、税务、工商管理等机构之间的交易和信息交流活动。互联网保险具有随时随地、低成本、高效率、信息对称、普惠等特征。

二、主要模式

保险业务与互联网技术的结合主要包括：传统保险公司的互联网化，即保险公司提供网上保险业务，由专门公司经营的第三方网上保险业务以及多家保险机构共建的网上保险业务。根据网络平台性质并结合目前网上保险服务的内容，保险业的互联网化主要分为以下五种模式。

（一）官方网站模式

官方网站模式是指传统保险公司通过建立自己的官网来展现自身品牌和保险产品信息、进行保险产品销售以及提供在线咨询和服务等。它是一种典型的B2C电子商务模式，旨在宣传公司产品，提供联系方式，拓展公司销售渠道，体现着网站主办者的意志，一般带有权威专业的性质。

最早出现的传统保险公司的官网，是传统保险公司互联网化的具体体现，也是各大保险公司最早采用的互联网化模式。根据功能不同可将官网分为宣传公司产品型和网上销售产品型。前者主要宣传公司及产品，方便客户联系，树立公司及产品形象，提高知名度，只是“保险电子化”的体现。后者则除了宣传公司及产品外，还充分利用网络渠道的优势，致力于开发专门适用于互联网销售的保险产品。我国平安、太保、国寿、人保、泰康等传统保险公司均通过官方网站销售保险产品并提供支付、理赔、保单查询、续保、咨询等一站式服务。

【案例 5.3】 中国平安

中国平安于2011 年启动了互联网保险业务发展计划，其发展主要定位于自建平台的 B2C 业务经营模式：通过重组优势资源，在产品、渠道、平台三个方向发力，通过差异化专属保险产品的设计来适应互联网营销模式，逐步构建自营的互联网保险生态。同时，平安保险非常重视线上与线下的业务融合，力争稳步合规地实现向互联网保险的业务转型。

（1）互联网保险经营状况

以平安人寿险为例，平安人寿保险通过互联网销售的保险产品，具有低廉的价格和便捷的购买方式，投保快、操作简单、保费低，足不出户就可以轻轻松松完成购买。从2020 年平安保险发布的季度报表来看，人寿保险业务的规模总量在各板块中仍是一枝独秀，从前三个季度的保费增长情况分析，人寿保险第一季度保费同比下降6.0%，第二季度上升9.0%，第三季度上升7.5%，平安人寿险的保险业务一直保持在快速稳步增长的轨道。

（2）平安人寿模式对互联网发展的挑战

由于公民的保险意识不强，对保险的理解和认识与发达国家尚有距离，而采用网络购买这种模式，顾客的认可度不高。加上当前我国个人信用体系的建立并不完善，尤其在基于互联网的数字交易中，保险公司很难客观准确地评判个人的具体情况，自然加大了逆向选择风险。由于产品研发的相对滞后，导致了传统产品直接在线上销售的情况，这也使用户在选择产品时存在困难。同时各家产品趋同，很难树立自己的品牌效应和市场口碑。因此，适合互联网销售的保险产品的研发迫在眉睫。

（3）平安互联网保险业务发展规划

平安互联网保险的发展规划，主要是将金融业务通过“互联网+”融入人们日常的“医、食、住、行、玩”等生活场景，初步形成“一扇门、两个聚焦、四个市场”的战略体系，从传统的销售主导的代理人保险机制，向面向长期服务、用产品提高用户黏性的转变；从传统的人海战术的销售模式，向科技营销和知识营销的方向发展；从之前投入大量资源的推动型营销，向精准投放的数据营销转型。把握在互联网时代成长的新投保人群，保障其业务的稳定快速增长。

（二）专业中介网站销售模式

专业中介网站销售模式是指将多家保险公司的产品信息放在同一个网站平台上，客户可以通过该网站平台在线了解、对比、咨询，根据自身实际情况自主选择所需要的保险产品，平台从中收取较低的佣金或手续费。通过这个平台客户可以快速找到自己需要的各种保险产品信息，可以对比选购多家保险公司的产品。这种模式中，平台实际发挥了中介代理的作用。

专业中介网站销售模式包括两类：一类是聚焦保险产品的垂直搜索平台。利用云计算等技术精准、快速地为客户提供产品信息，从而有效解决保险市场中的信息不对称问题；另一类保险门户定位于在线金融超市，充当网络保险经纪人的角色。由保险经纪公司、保险代理公司等专业保险中介机构建立的电商平台，为客户提供简易保险产品的在线选购、保费计算以及综合性保障安全等专业服务。

专业的第三方保险网站对各家保险公司的产品信息进行汇总，并为客户和保险公司提供交易平台，其收入来源主要是广告收入和交易佣金。网站上产品种类丰富，使得消费者可以对多个保险公司的产品进行比较。平台同时为客户提供诸如综合性保障方案评估与设计等专业服务，以确保在服务营销为主的保险市场中，依靠更好的增值服务争取到更多的客户资源。比如在客户申请理赔时将享受优先立案的权利，第三方平台会协助用户向保险公司报案、准备资料、提供法律援助等，这些增值服务对客户具有很大的吸引力。

（三）电子商务平台模式

电子商务平台模式指保险公司利用第三方电子商务平台销售保险产品。第三方电商平台独立于商品或服务交易双方，利用互联网服务平台，依照一定的规范为交易双方提供服务。淘宝、苏宁易购、京东等网站平台都提供了保险销售服务，包括中国平安、中国人保在内的几家公司都在淘宝平台商城开设了自己的网上旗舰店，在线销售意外险、车险、健康险等保险产品。

电子商务平台销售的保险品类非常丰富，消费者的选择范围很大。电商模式的特点是流量大、用户多、产品全、信息透明、便于比较，用户可以像购买普通商品那样随时与店家沟通，购买体验较好，客户黏度较高。保险公司利用电商平台对客户信息进行记录和分析，更好地了解客户需求。但是如淘宝保险一样的保险销售电商平台，与第三方专业保险销售网站一样，只是提供一个展示产品的平台，不负责保险理赔等关键环节，而且淘宝提供的辅助服务不如第三方保险销售网站的服务多，所以对于消费者而言，淘宝保险店铺的可信度不高，消费者需要额外花时间去了解提供产品的保险公司的信誉状况、公司规模等信息。电商平台与保险企业在合作过程中，如何进一步优化服务流程，打消消费者的购买顾虑，是需要着重考虑的问题。从金融监管角度看，电子商务平台模式存在着诸多漏洞，电子商务平台保险资质的缺失是风险的主要来源之一。

（四）网络兼业代理模式

网络兼业代理模式是指航空、银行、旅游等非保险企业，通过自己的官方网站代理保险企业销售保险产品和提供相关服务等。网络兼业代理机构一般销售与其主业有一定关联的保险产品种类，如人们乘坐飞机时会有飞机失事的风险，航空公司便代理销售航空意外险。银行客户如果有投资理财需求，银行可以针对这些客户代理一些投资连结保险产品。网络兼业代理机构可以提供给客户更好的增值服务，另外自己也能获取利润，但目前许多兼业代理机构都以自己的主业为主，代理的保险产品种类较单一，因而对保险产品的销售也不会投入较大的财力和物力，使得客户体验度不佳。

（五）专业互联网保险公司模式

专业互联网保险公司的经营业务主体之间存在较大差别，根据经营主体的不同可以将专业互联网保险公司分为三种：产寿结合的综合性金融互联网平台、专注财险或寿险的互联网营销平台和纯互联网的“众安”模式。专业互联网保险公司的优势包括：在数据的收集、归拢、分析上有先天优势，使得个性化的保险服务成为可能；可利用大数据手段分析消费者行为，挖掘新的需求，开发新的保险产品；引入信用评价机制作为承保标准的参照之一，可有效解决道德风险的问题。互联网保险公司是互联网时代一种全新的线上保险公司。互联网保险公司的产品设计直接体现了互联网特征，比如简单、标准化等；互联网保险公司的销售渠道也主要依靠互联网进行线上销售，在降低销售成本的同时，也能更有效率、更广泛地覆盖目标客户群体；互联网保险产品的售后服务及承保理赔也均通过互联网在线上进行，更加便捷和高效。

众安在线由蚂蚁金服、腾讯、中国平安等发起设立，是国内第一家完全没有物理网点的纯互联网保险公司，完全通过互联网进行销售和理赔。这种模式的优势是互联网企业本身拥有丰富的平台建设经验，而且已经拥有大量的客户资料，在分析客户需求和信用水平时有很大的竞争优势。但是由于起步较晚，加之法律对该模式的限制，众安在线的经营范围有限，产品创新能力受到限制，在产品介绍和客户服务等方面的专业性也不如其他几种模式专业。

纯互联网保险是未来互联网保险发展的一大趋势。纯互联网保险的大数据优势使得产品更有针对性，价格更有优势；纯线上发展模式的成本优势也是实体保险公司难以企及的；投保理赔流程全部在线上完成，也给客户带来了极大的便利。我国政府大力扶持该模式，2021 年 2 月 1 日起正式施行的《互联网保险业务监管办法》直接利好于保险公司、中介、银行类保险兼业代理机构，以及依法获得保险代理业务许可的互联网企业。对不具备资质的机构的影响最大，或将改变保险机构间的合作模式，开发产品力度将会加大，互联网保险发展环境更加多元和健康。

本章小结

传统金融业务的互联网化延伸模式主要包括传统业务的电子化、基于互联网的新金融模式和金融电商平台模式。最初的金融业务互联网化是将传统的金融柜台服务扩展到线上，其中最典型的就是网上银行，扩大了银行的服务范围，手机银行等也属于传统金融服务互联网化延伸的范围。后来随着技术的进步及国内电子商务的迅速发展，传统金融机构开始涉足电子商务领域，建立网上商城，开展电子商务业务。近年来，伴随着互联网技术，特别是大数据、云计算等技术的快速发展，银行凭借已有的各种资源优势开展各种互联网业务，直销银行正是在这样的背景下发展起来的。

银行、保险公司等传统金融机构会适应互联网的发展趋势，会加速互联网金融的布局，利用雄厚的资本实力、强大的银行服务网络与客户资源、扎实的金融 IT 基础以及成熟的风险控制机制占领互联网金融的制高点，在互联网金融的发展上走在世界的前列。在运营端，传统金融业的互联网化进程缩短了资金融通链条，降低了信息不对称性。互联网丰富的数据资源也促进了征信系统的完善，为强化风险控制提供了强有力的支持。此外，互联网减少了传统金融机构对物理网点和人工服务的需求，降低了传统金融机构在客户营销、信息收集及处理、交易促成、风险管理等过程中的成本，提高了传统金融业的运营效率。在客户端，传统金融机构开始树立互联网思维与“以用户为中心”的思维，积极进行互联网化改造，为客户带来更好的体验。金融机构利用互联网化进程中形成的内外部大数据资源，可以更深入地洞悉客户的个性化需求，实现更有针对性的场景化营销和动态产品创新。另外，以前传统金融机构由于成本和内部管理机制的限制，对“长尾客户”的重视不够，在融合了互联网平等、透明、开放、扁平等特点之后，金融以更丰富、更亲民的形式融入我们的日常生活，普惠性作用越发明显。

关键术语

网上银行　手机银行　直销银行　银行电商　狭义互联网保险　广义互联网保险　狭义互联网证券　广义互联网证券　e－trade 模式　嘉信模式　美林模式

思考题

1. 简述网上银行的特点与优势。
2. 直销银行与网上银行、手机银行的区别有哪些？
3. 简述银行电商的特征。
4. 简述狭义互联网保险和广义互联网保险的含义。
5. 保险业互联网化的模式有哪些？
6. 国外互联网证券主要有哪些模式？
7. 简述基金、信托产品销售互联网化的模式。

延伸阅读

[1] 谢平．金融互联网化 [M]．北京：中信出版集团，2017.
[2] 何平平，车云月．互联网金融 [M]．北京：清华大学出版社，2017.
[3] 帅青红，段静涛，李成林，等．宏微观视角下的互联网金融模式：创新与监管 [M]．成都：西南财经大学出版社，2016.
[4] 罗党论．互联网金融 [M]．北京：北京大学出版社，2016.
[5] 周光友．互联网金融 [M]．北京：北京大学出版社，2017.
[6] 罗明雄，唐颖，刘勇．互联网金融 [M]．北京：中国财政经济出版社，2013.
[7] 陈中放，胡军辉．互联网金融 [M]．北京：高等教育出版社，2017.

[8] 李建军，罗明雄．互联网金融 [M]．北京：高等教育出版社，2018.

[9] 郑颖，王瑜，等．互联网金融：助推中国服务业升级的新动力 [M]．成都：四川大学出版社，2018.

[10] 李保旭，韩继炀，冯智．互联网金融创新与风险管理 [M]．北京：机械工业出版社，2019.

第六章

金融大数据

本章导读

随着大数据、人工智能、区块链、云计算等技术的不断发展，金融科技发展经历了金融电子化到普惠金融，再到大数据技术在证券期货、互联网金融等领域的广泛应用的阶段。2019 年 9 月 6 日，中国人民银行发布的《金融科技（FinTech）发展规划（2019—2021 年）》中提出了27 项措施，指出未来要推动金融大数据融合、加快云计算金融应用、构建智能金融服务模式、加强分布式数据库研发应用、健全网络身份认证体系。

大数据时代，未来金融业的核心竞争力更依赖于数据挖掘、分析和应用的速度与能力。随着互联网金融的不断发展，以用户为中心的服务模式将成为未来金融业发展的重要方向，将数据资产更高效地转化为市场竞争力，有助于金融产品的创新、营销和风险管理。金融大数据是人类经济活动中一个最值得重点研究的领域。面对金融大数据，如何使用和管理，如何从中提取有用的信息，是各级政府、企事业单位以及金融机构所共同面临的重要问题。什么是金融大数据？金融大数据的分析包括哪些内容？如何实现数据可视化？本章将回答这些问题。

本章学习目标

通过本章学习，了解大数据的提出和概念，了解金融大数据的概念、应用、面临的挑战和发展趋势。掌握八爪鱼获取数据的过程，了解数据分析软件 Weka、R、Python。掌握金融大数据分析过程，理解 R、Python 如何实现金融大数据可视化。掌握舆情分析在金融领域的应用，并理解舆情分析中舆情数据评分和股价数据的相关性及其应用。

第一节　金融大数据时代

一、大数据概述

（一）大数据概念的提出

随着移动互联网、物联网、云计算的快速兴起及移动智能终端的快速发展，在信息技术进步的基础上，为迎合现代产业结构转型升级的需要，大数据这一概念应运而生。

从大数据提出的历史来看，1998 年，《科学》杂志刊登的一篇名为《大数据的处理程序》的文章中第一次明确使用了大数据一词。2008 年，《科学》杂志推出了大数据专刊，具体阐述了数据驱动背景下解决大数据所需的技术以及面临的一系列变革和挑战。2011 年，《科学》杂志又推出了 Deal with Data 专刊，对科学研究中的大数据问题展开了讨论。同年，美国数据管理领域的著名专家联合发布了白皮书《大数据的挑战与机遇》，详细分析了大数据产生的原因、处理流程以及面临的挑战。同年，麦肯锡全球研究院发布《大数据：下一个创新、竞争和生产力的前沿》研究报告。经加特纳（Gartner）的技术炒作曲线和 2012 年维克托·舍恩伯格《大数据时代：生活、工作与思维的大变革》的宣传推广，大数据概念开始风靡全球。2013 年被称为“大数据元年”，当年 11 月，国家统计局与阿里、百度等 11 家企业签署了战略合作框架协议，推动大数据在政府统计中的应用。伴随着国家部委有关大数据行业应用政策的出台，国内的金融政务、电信、物流等行业中大数据应用的价值不断凸显。同时，随着我国大力发展数字经济，推进数字中国建设，大数据产业发展迎来高速发展期。

大数据产业生态联盟联合赛迪顾问发布的《2019 中国大数据产业发展白皮书》中指出，截至 2018 年 9 月中国大数据产业规模为 4 384. 5 亿元。2019 年，我国科技经费投入总量为 22 143. 6 亿元，比上年增加 2 465. 7 亿元，增长 12. 5%，阿里云首次进入加特纳（Gartner）全球数据库领导者象限。2020 年，受新冠肺炎疫情倒逼，大数据技术、产品和解决方案被广泛应用于联防联控、产业监测、资源调配、行程跟踪等新兴领域。百度利用大数据平台优势打造疫情地图，实现疫情数据实时更新，以及潜在疫情动态监测。电商平台发挥大数据加供应链优势，通过智能调度进行供应链柔性配置，最大限度地满足疫区医疗防护物资需求。随着各行业、各领域大数据应用主体的持续增加，应用需求被大量激发，国外先进、通用的技术越来越无法适应庞大、多元、复杂的融合诉求，与业务特点相匹配的个性化、定制化大数据解决方案日益受到青睐。

（二）大数据的界定

究竟何为大数据，目前尚未形成统一的意见。麦肯锡全球研究院发布的《大数据：下一个创新、竞争和生产力的前沿》研究报告中对大数据进行了定义：大数据是指在一定时间内无法用传统数据库软件工具采集、存储、管理和分析其内容的数据组合。所谓大数据技术是指一系列创新型技术，它能够突破常规软件的限制，对大数据进行采集、存储、处理。

维基百科中称大数据指所涉及的数据量规模巨大到无法通过目前主流软件工具，在合理时间内达到撷取、管理、处理并整理成为帮助企业经营决策更积极目的的资讯。研究机构加特纳（Gartner）称大数据是需要新处理模式才能具有更强的决策力、洞察发现力和流程优化能力的海量、高增长率和多样化的信息资产。从数据的类别上看，大数据指无法使用传统流程或工具处理或分析的信息。这一定义表明用户需采用非传统处理方法来处理的超出正常处理范围及大小的数据集，其价值在于提高数据使用者的最终决策力。

二、大数据与金融的融合

（一）金融大数据的内涵

2010年以来，大数据影响着自然科学、社会科学和人文科学的发展，几乎对所有行业都产生了变革影响，金融自身也在加速与大数据的融合，金融行业和金融实务通过快速引入大数据采集、大数据分析等相关技术来实现相应的功能和目的。

所谓的大数据金融，指运用大数据技术开展金融服务，即集合大规模结构化、半结构化、非结构化数据，通过互联网、云计算和数据挖掘等信息处理技术进行实时分析，向客户提供全方位的信息，并通过分析和挖掘客户交易信息与客户消费习惯等信息，预测客户的行为，以结合传统的金融服务开展资金融通，创新金融服务。大数据助推当代金融机构的发展，主要体现在以下三个方面。

第一，当代金融机构的发展离不开大数据的支撑，大数据金融有利于金融机构进行精准营销，大大提高其金融服务效率。第二，大数据金融迎合了当前金融机构迫切需要转型升级的内在需求，提高了金融机构的盈利水平，逐步形成了自身的核心竞争力。第三，大数据金融对传统金融行业的革新、产业链的价值重构、互联网金融生态圈的建设等起到了重要的推动作用。

大数据和互联网在金融业中的使用无疑给整个金融业带来了巨大的变化。时代的发展日新月异，伴随着数据的急速增长，面对浩如烟海的数据，人工处理往往会感觉到力有不逮，而通过科技的力量则能弥补这一缺陷。如何在这些数据中挖掘有价值的信息，成为新时代每一位拼搏者要思考的问题。

（二）金融大数据的现状与应用

2015年以来，我国的大数据产品越来越多，大数据技术越发成熟，运营成本也越来越低，这一切都为大数据金融的发展打下了良好基础。在大数据时代，第一，金融市场各参与方有了更坚实的合作基础。证券信息自由流动以及非对称程度大大降低，这将使资源配置突破时间、空间和行业的限制，成本大为降低，效率进一步提高，甚至在一些社交网络上就可以形成交易市场。第二，信用评价和征信体系更加有效。大数据所具有的预测能力将使风险管理和决策的模式由静态变为实时动态，个人的网络行为及动机也将被纳入风险定价和金融决策。第三，信息非对称程度的减少及参与个体的信用能够被有效纳入定价模型，使金融市场的定价能力、范围和效率大大增强，价格信号的作用更及时有效。第四，服务的综合化、一体化程度将加深。这将使金融服务的边界扩大，服务的精细化程度将无限延伸，个性化程度将大大增强，大量贴身服务模式将出现。

基于大数据之上的线上金融服务也逐步渗透到传统金融业务之中，具体而言，大数据技术主要应用在我国的银行业、保险业以及证券业等行业，其中利用大数据技术处理商业银行中各项业务的占比最高。

1. 在银行业的应用。2015 年以来，银行业的交易数据、客户数据、管理数据等均呈爆炸式增长。大数据对传统银行业的影响尤为突出，其中股份制商业银行是使用大数据最为活跃的群体，目前银行业大数据应用主要集中在客户营销、产品创新、风险控制和运营优化等领域。银行业在大数据应用方面具有两个先天优势：一是海量数据存量。银行拥有大量结构化和非结构化数据。二是大数据技术日新月异，银行拥有雄厚的财力支撑大数据技术的研发和在银行业中的应用与创新。大数据在银行业中的应用主要体现在四个方面：（1）对客户画像的准确刻画。银行能够深刻了解客户的需求特征、消费习惯、信用水平等信息，为金融业务开展奠定了数据信息基础。（2）精准营销。在准确刻画客户特征的基础上，挖掘客户的需求方向，预测客户的消费行为，提高产品创新能力，完善信息反馈与改进机制，提升客户体验，增强客户黏性和活跃度。（3）风险管控。在贷款风控、反欺诈、反洗钱等领域进行大数据分析，利用数据信息分析整合客户的信用水平、实时掌控客户的交易行为，从而提高银行对风险的预判与控制能力。（4）运营优化。大数据将致力于优化银行的组织结构、提高银行的管理效率，打通银行与市场的沟通渠道，提高银行在资本市场中的活跃度。

2. 在证券业的应用。大数据时代，证券信息的形式、数量和质量等都对证券市场参与者的大数据分析处理能力提出了前所未有的要求。在大数据趋势的影响下，国内外主要交易所都加强了信息产品研发，有针对性地推出了市场信息分析、市场情绪分析和机器可读新闻等产品，部分交易所还推出了供市场参与者使用的大数据云平台。此外，部分证券交易所还加强了大数据证券产品的研发，众多投资机构已经将大数据因素纳入自身投资分析框架。在对股市行情进行预测时，股价预测和智能投资顾问也是大数据技术的主要应用之地。

3. 在保险业的应用。大数据与保险业有着天然的关联性。众所周知，保险业通过上门、柜面、电话、信函等多种渠道，积累了大量的客户交互数据。保险业基于大数据的创新实践层出不穷，2014 年由中国保险保障基金有限责任公司出资 20 亿元成立的大数据保险信息公司——中国保险信息技术管理有限责任公司，催生出中国保险行业首家数据共享平台。该平台成为保险行业在大数据发展方面的有力支撑，因为数据的整合与共享是发展大数据保险的基础，这一点是任何保险公司都难以独自实现的。多家保险公司已经进行了大数据布局，主要领域包括产品创新、风险控制和运营优化等，互联网保险也成为保险业收集数据的新平台。大数据技术还被应用到保险行业的风险定价、骗保识别以及在清算支付领域中的交易欺诈识别之中。

大数据技术在我国金融行业中的应用非常广，数据分析作为基础的、底层的新兴技术，给金融机构带来的是一场从微观业务到行业格局的深刻变革。大数据金融的快速发展将激活更多的金融机构与产品创新，为金融体系良性运行注入源源不断的生机和活力。

（三）金融大数据面临的挑战

1. 数据整合难度大。任何一家金融机构都保存有大量的数据库存，包括视频监控业务数据和社交网络数据，其中绝大部分视频监控业务所产生的数据都以非结构化数据为主，这给传统的数据管理和使用机制带来很大的冲击。非结构化数据处理起来难度较大，且不可用的非结构化数据太多，导致有效、可利用数据少之又少。如何将两类数据相融合以获得更精确的结果，是金融大数据面临的主要挑战。传统金融机构需要将海量的非结构化数据进行深度挖掘与提取，并将其整合成结构化数据。

2. 行业安全有待解决。金融大数据缺乏统一的存储管理标准和互通共享平台，金融行业大数据的安全规范还存在较多空白。相对于其他行业，金融大数据涉及更多的用户个人隐私，在用户数据安全和信息保护方面要求更加严格。随着大数据在多个金融行业细分领域的推广应用，在缺乏行业统一安全标准和规范的情况下，单纯依靠金融机构的自身管控，会带来较大的安全风险。

3. 风险控制难度高。风险控制是金融行业的核心，无论是基于个体还是大环境的数据分析，始终都避不开风险这一话题。对于金融企业而言，引进大数据技术，最重要的是能够帮助企业在信贷投资和线上融资等方面最大化地控制风险，进而更顺利地开展金融服务。不论是银行还是消费金融公司、互联网小贷公司等其他金融机构，普遍有风控需求，这些机构底层业务逻辑几乎完全相同，只是面对的客户群体、金融产品、风险偏好存在差异。银行等传统机构本质上是风险经营，监管层对金融机构的风控能力提出很高要求，且风控直接会影响金融机构的利润水平。因此，利用金融大数据进行风控直接解决了金融机构的核心需求，价值度最大。大数据风控能够在用户画像、反欺诈、信用评级等方面大大提高金融机构的效率和风控能力，是金融企业发展过程中必须使用的一项科技手段。但金融机构的风险管理体系尚不完善，且与金融大数据技术的结合程度偏低，导致金融大数据在应用于信贷业务风控时缺乏必要的激励、退出机制和风险预警，高风险成为了不可避免的问题。在金融大数据应用于风控时，还面临着数据有效性的问题，数据的有效性决定了风控效果的有效性。金融企业，尤其是一些网贷平台进行的是纯线上操作，这成为了它们在风控时的致命问题。当前，互联网金融越发普及，网络上海量数据堆积，数据是否真实、是否有效，既是进行大数据分析时的一大障碍，也是金融大数据应用于风控时的一大风险。

4. 征信难度大。大数据金融应用到传统征信中带来的是对征信体系的变革性甚至是颠覆性改变。所谓征信，其实就是将分散在不同信贷机构、碎片化的局部信息，加工融合成为具有完整分析价值的全局信息，从中挖掘出风险信息，破解交易过程中信息不对称的难题。而金融大数据技术的优势就在于能够更好地利用先进分析技术，将支离破碎的数据进行整合，形成真正有用的信息。我国目前的征信体系覆盖面有限，征信业务起步较晚，其发展尚处于初期阶段，因此金融大数据在应用于征信业务时还存在一定难度。

第一，在法律政策方面，国务院于2013年发布《征信业管理条例》和《征信机构管理办法》，2014年6月发布《社会信用体系建设规划纲要（2014—2020年）》，初步形成了征信市场的法律框架，但这些法律法规针对的对象主要是传统金融机构，与大数据金融征信缺乏一定的匹配度。第二，在实际应用和技术方面，金融大数据的获取难度较大。伴随着互联网的普及，金融行业进入了数据化时代，虽然整个社会在基础信息搜索和信息共享上有所改善，但这种改善不足以支撑其全面推进金融大数据征信，体现在底层数据缺乏，数据的关联性以及基础信息的获取不足，同时存在着不同类别信息之间的相互割裂、彼此封闭，信息不共享等问题，导致金融大数据的获取成本过高。金融大数据模型必须建立在获取有效的金融大数据并能够对其进行充分抓取及处理的基础上，通过不断地修正和实践检验之后才能判断。而金融大数据在征信方面的应用时间较短，历史数据薄弱，缺乏参考价值，很难构建出成熟的金融大数据模型。

5. 带来新的监管风险。金融大数据模式在促进金融服务进步的同时也给金融市场带来了一定的风险，主要是大数据对个人信息的提取导致的隐私问题和数据信息安全问题。由于大数据系统的建设，金融市场乃至整个社会的信息基础设施越来越趋于一体化，其对外性也日益提升，这给个人隐私和数据安全、知识产权带来了巨大潜在风险。因此在运用大数据技术时必须遵守一定的法律法规以及道德标准，同时政府部门需要进一步完善法律法规，保障数据不被窃取、破坏和滥用，确保大数据系统安全可靠运行，并发挥大数据的最大作用和价值。由国家和各行业在政策、法律等层面的一系列举措可见，对网络空间安全的重视正在不断升级。自2017年《中华人民共和国网络安全法》颁布以来，信息安全的立法进程越来越快，国家在积极推动大数据产业发展的过程中，非常关注大数据安全问题，相继出台和发布了一系列与大数据产业发展和安全保护相关的法律法规和政策。

（四）金融大数据的发展趋势

未来金融大数据应用的重点在客户洞察、市场洞察及运营洞察三个方面。一是在客户洞察方面，金融机构一方面可以捕捉和分析与金融客户相关的海量服务信息数据，以提高金融服务质量；另一方面可以利用各种服务交付渠道的海量客户数据，开发新的预测分析模型，深刻解析客户的消费行为模式，进而有针对性地提高潜在客户的转化率。二是在市场洞察方面，大数据可以帮助金融企业分析历史数据，寻找其中的金融创新机会。三是在运营洞察方面，大数据可协助金融企业提高风险透明度，加大风险的控制和管理力度。同时也能帮助金融服务企业充分掌握业务数据的价值，降低业务成本并发掘新的套利机会。具体而言，大数据应用能够在市场营销、客户体验、风险、欺诈和运营五个方面体现其价值。

金融大数据时代一切皆可数据化，企业或个人的各种融资行为都可以数据化，几乎所有的问题都能通过数据化的方法进行解决。随着大数据与金融的深入融合，金融的进一步发展需要创新逻辑和创新思维，更需要创新想象力。开放和融合是金融大数据时代的核心词汇，大数据是重塑金融竞争格局的一个重要支点。在大数据技术日新月异的时代背景下，金融企业有效利用大数据的能力有待进一步提升，这也是大数据金融发展的必然要求，它将带动整个金融行业的革新，给整个金融体系带来创新动能。未来，大数据与金融的融合主要体现在以下三个层次：一是大数据技术的提升使得数据价值被进一步挖掘，大数据的价值呈现出新特征。二是金融行业架构得以重塑。三是大数据技术的跨界应用，使其突破金融行业边界。

第二节　金融大数据分析工具

在金融行业，适用于大数据分析的工具多、应用广、范围大。因为金融行业的数据量以及信息量大，所以需要强大的大数据分析工具辅助进行数据分析。数据分析软件能够帮助我们在短时间内完成复杂的数据分析计算过程，输出准确的数据分析结果，提高工作效率。常用的统计分析软件，如统计产品与服务解决方案软件（Statistical Product and Service Solutions，SPSS）、计量经济学软件包（Econometrics Views，Eviews）、Stata统计软件、R 软件、Python 软件等，这些统计分析软件都各有特点，但是核心的统计分析过程都是类似的。

数据分析过程可以分为数据获取、数据预处理、数据存储、数据分析、结果可视化五个步骤。随着数据分析在各个领域发挥越来越重要的作用，针对不同数据分析步骤的软硬件工具也很快发展起来。数据搜索和获取的主要工具有 Scraping、Document requests、CSV、API 和 Cron 等；数据清洗与分析的主要工具有 OpenRefine、Trifacta、Excel、R、Python、Statistics 和 SQL 等；数据呈现可视化的主要工具有 Tableau、D3、ECharts 和 Adobe Illustrator 等；检查和网络发布的应用工具有 Django、Ruby onRails、Flask 和 SQL 等。

为了我们能更好地使用数据分析软件，本节在数据获取部分引入爬虫工具八爪鱼和 Weka，主要介绍八爪鱼爬虫过程，这个软件更适合无编程基础的非专业人员。数据分析部分引入 Python 和 R 语言。这几个工具皆是易获取的主流软件，有助于同学们进一步学习和理解数据分析软件。

一、数据获取工具——八爪鱼和 Weka

（一）八爪鱼简介

对于专业人士而言，不管是 Java、C + +，还是 Python，都可以使用相关网络爬虫软件的库来获取海量互联网数据。而对于非专业人士而言，则可以使用许多不需编程的数据获取工具，例如，八爪鱼（https：//www. bazhuayu. com/）、集搜客（http：//www. gooseeker. com/）等。下面介绍使用八爪鱼获取数据的基本方法。

以八爪鱼为代表的网页采集器核心原理是：基于 IE、火狐或谷歌内核浏览器，通过模拟人对网页的操作（如打开某个网页链接地址，单击网页中的某个按钮等），将收集到的页面数据信息进行程序处理以后，提取出其中有价值或感兴趣的信息。这些软件的简易采集模式采用可视化流程操作，无须专业知识，可以让非专业用户轻松实现数据采集。而专业模式可以通过对网页源码中各个网页元素和数据路径的准确定位，实现批量化精确采集数据的功能。各种网络数据资源，包括新闻、电商、政府记录、医疗信息、金融报告、社交媒体、房地产、搜索引擎返回的结果等信息，都可以被八爪鱼采集器访问、下载和提取数据，并将数据导入到 Excel 数据库或其他平台，供进一步处理。

使用八爪鱼本地采集（单机采集），除了可以实现绝大多数网页数据的爬取，还可以在采集过程中对数据进行初步清洗。例如，使用程序自带的文本处理工具，在数据源头即可实现基本的去除空格、筛选日期等多种操作。八爪鱼还提供了分支判断功能，可以对网页中的信息进行逻辑判断，实现用户筛选需求。除了本地单机采集，还可以将采集任务提交给八爪鱼网站，由网站进行云采集。这种方式除具有本地单机采集的全部功能之外，还可以实现定时采集、实时监控、数据自动去重并入库、增量采集、自动识别验证码、API 接口多元化导出数据以及修改参数等功能。同时利用云端多节点并发运行，采集速度将远超本地单机采集。多 IP 在任务启动时自动切换，还可以避免网站的 IP 被封锁，实现采集数据数量的最大化。

使用前，访问八爪鱼网站下载八爪鱼采集器软件。同时可以下载网站提供的教程、帮助文件和特定资源的规则。按照 Windows 软件的安装方式进行安装操作即可。使用八爪鱼采集器时，先创建八爪鱼账号，账号可在官网直接免费注册，也可以打开八爪鱼采集器单击“免费注册”来注册。

1. 模板采集任务。八爪鱼的模板采集任务下存放了国内一些主流网站采集规则，需要采集相关网站时可以直接调用，对初学者非常友好。在软件主界面的左侧上方，单击“新建”按钮，在下拉菜单中选择“模板任务”。

本部分以采集东方财富网的股吧评论为例来说明模板采集的操作过程。在热门采集模板中选择“东方财富网”，在新列表页选择“股吧—输入股票代码—评论采集”，在任务模板标签页下方，可以看到模板介绍、采集字段预览、采集参数预览和示例数。单击“立即使用”按钮，用该模板进行采集。

配置参数中，“输入股票代码（名称）（1～1000）”的内容来自以下操作。打开浏览器，访问东方财富网网站，在股吧频道页面的搜索框中输入股票代码关键词，例如输入 600519，作为搜索目标，单击“股吧搜索”按钮，浏览器返回结果页面如图 6－1 所示。

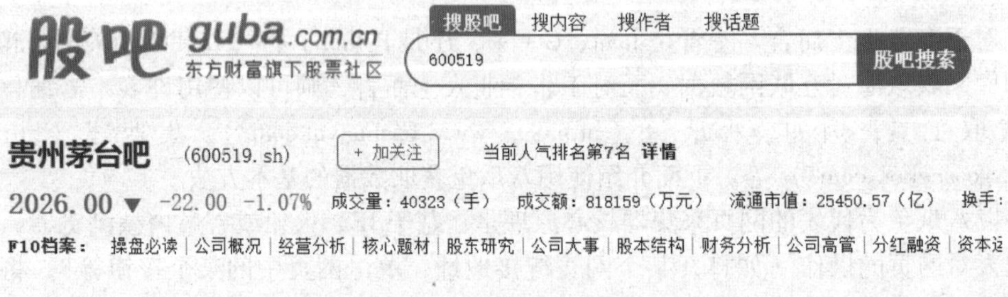

图 6－1　东方财富网股票代码搜索

将浏览器地址栏的网页地址填入“输入股票代码（名称）（1～1000）”，翻页次数（帖子列表）和翻页次数（评论列表）根据任务需要确定，本例中均设置为翻页4次。单击“保存并启动”按钮，开始执行采集任务。在运行任务时，选择任务类型为启动本地采集。

采集的数据如图6－2所示，数据可以导出为用户所需的文件格式，包括Excel、CSV、HTML三种格式。

图6－2　东方财富网数据采集结果

简易采集模式使用简单，效果稳定。八爪鱼软件本身也会不定期对内置的模板进行维护升级，因此比较适合初学者使用。

2. 自定义采集模式。模板任务使用固定的内建规则，有时候无法满足用户的需要，这时候就需要使用八爪鱼的自定义任务模式。本部分以在百度新闻上采集阿里巴巴的信息为例，介绍自定义任务的使用。

单击程序主界面左上角的“新建”按钮，选择“自定义任务”模式，在新建任务的“网址”对话框中输入网站首页地址，点击“保存”设置。单击操作提示窗口中的“生成采集”设置，然后在面板右侧的网页搜索框中输入搜索目标，本例使用阿里巴巴作为采集目标。再单击浮动窗口中的元素，让八爪鱼软件模拟搜索操作，注意流程窗口中示意图的同步变化情况。下侧显示搜索结果返回页面，返回结果页面呈现表格结构。选中一个搜索结果的表格单元框，八爪鱼软件会自动分析选中对象中的数据。然后，八爪鱼软件自动提取所有字段信息，并且会进一步按照这个结构提取其他表格中的信息。再单击“保存”并开始采集，或单击左上角“采集”按钮，开始执行采集任务。在运行任务中，选择任务类型为“启动本地采集”，等待数据采集完成，结果页面如图 6-3 所示。单击“导出数据”，选择数据导出格式，完成数据采集。

图 6-3　八爪鱼数据采集结果

自定义模式是八爪鱼进阶用户频繁使用的一种模式，需要自行配置规则，可以实现 98% 以上网页数据的采集。但是其操作相对比较复杂，有一定难度，在八爪鱼软件的主界面上有相关的视频教学内容，在网站上，也有较多教程，读者可以进一步进行学习。除了使用内建的简易采集和自定义采集，也可以使用他人做好的规则来开始自己的采集。在八爪鱼软件中，在左上角的“新建”下拉菜单中，选择“导入任务”，会弹出一个导入任务向导窗口，可以导入由他人制作完成的任务规则。自己已经运行成功的任务，也可以导出规则，分享给其他用户使用。在八爪鱼程序界面和网站上，有帮助和论坛的链接，单击相关按钮进入后，注册用户可以在这个网站上进行交易，或请求定制任务规则。这样可以借助专业人士的技能来完成自己的数据搜集工作。网页获取是一项灵活性非常高的工作，会受到网络速度、页面结构的变化等诸多因素的影响。本部分介绍的八爪鱼使用方法只是一些入门的内容，要真正熟练地进行网页获取，还需要具备计算机网络、网页前后台制作技术等相关知识。

（二）Weka 简介

怀卡托智能分析环境（Waikato Environment for Knowledge Analysis，Weka）是一款免

费的、基于 Java 环境的开源的机器学习以及数据挖掘软件。Weka 软件的官方网址是 https：//www. cs. waikato. ac. nz/ml/weka/。Weka 是集数据预处理、学习算法和评估方法等为一体的综合性数据挖掘工具，学习算法包括分类、回归、聚类、关联分析等。Weka 经历了 20 多年的发展，功能已经十分强大和成熟，它和它的源代码可在其官方网站下载。有趣的是，该软件的缩写 Weka 也是新西兰独有的一种鸟名（新西兰秧鸡），而 Weka 的主要开发者同时恰好来自新西兰的怀卡托大学（The University of Waikato）。

Weka 作为一个公开的数据挖掘工作平台，集合了大量能承担数据挖掘任务的机器学习算法，包括分类、回归、聚类、关联分析以及在新的交互式界面上的可视化。开发者可使用 Java 语言，利用 Weka 的架构开发出更多的数据挖掘算法。使用者如果想自己实现数据挖掘算法，可以浏览 Weka 的接口文档。

Weka 现在有适用于 Windows、Linux 以及苹果（Macintosh Operating System，Mac OS）操作系统的版本，可视化界面基本上是一样的。单击网站首页上的“下载”按钮进入页面，选择稳定版本的 Windows 安装文件下载。如果用户使用的是其他操作系统，例如，苹果的 Mac OS 系统或开源的 Linux 系统，则应选择对应的 Weka 版本。

二、数据分析工具——R

绝大多数统计软件、数值计算软件都支持较复杂的数据分析，也随着版本更新开始支持大数据分析。传统数据分析软件包括矩阵实验室软件（Matrix Laboratory，Matlab）、统计产品与服务解决方案软件（Statistical Product and Service Solutions，SPSS）、统计分析系统软件（Statistical Analysis System，SAS）等。随着越来越多大数据分析方法被内置到软件中，包括金融大数据在内的多种大数据分析任务都可以通过这些软件完成。需要注意的是，并不是所有的传统数据分析工具都支持人工智能和机器学习，如果金融大数据分析需要使用机器学习或人工智能，那么使用者需要提前做好选择。这一类的分析工具大多是商业分析工具，它们的内置功能完善并且强大。例如，Matlab 在每一年更新的两个版本中都及时融合了人工智能方面的最新进展，使用者可以简单地构建模型、训练模型并形成商业应用。

R 是面向对象的编程语言，源于 20 世纪 70 年代贝尔实验室（Bell Laboratories）的约翰·钱伯斯（John Chambers）、瑞克·贝克尔（Rick Becker）与艾伦·威尔克斯（Allan Wilks）所开发的 S 语言。1995 年新西兰奥克兰大学（Auckland University）统计系的罗伯特（Robert Gentleman）和罗斯（Ross Ihaka），基于 S 语言的源代码，开发出了 R（两人名字的首字母）。R 是一种解释性语言，在运行前并不需要编译，因此我们可以轻松地运用它而无须知道代码如何运行于计算机底层。

首先，R 语言是包含数据处理、计算和制图的软件系统，包括数据存储和处理、数组运算和优秀的统计制图功能，通过编程语言进行控制和操作，该语言在语法上类似于 C 语言。因为 R 统计分析软件是通过编程语言进行操作的，所以想要利用 R 进行统计分析，需要经过一段时间对编程语言的熟悉过程。其次，R 是一个完全免费的开源软件，它有适用于不同操作系统的版本，可以从 R 的官方网站上免费下载和使用。在 R 的基础安装程序中包含 8 个基础模块，其他模块是以程序包的形式存在的，不同的包适用于不同的统计分析过程，用户可以根据需要下载。这些包是由全球的数据分析爱好者自愿编制和上传的，所以包的数量还在快速增长。最后，R 语言的基础语法简单、学习速度快、上手容易，它有很多数据分析工具包，数据可视化能力强，能够在我们进行金融大数据处理时提供丰富的绘图函数。R 的扩展软件包发展速度快、更新快，目前现有的扩展包已覆盖几乎所有的科学计算领域，虽然运行速度比 C/C + + 等慢，但是可以快速测试各种算法，节约项目实验、研究时间。很多时候一行代码就可以实现一项复杂的功能。

R 的安装非常简单，只需下载 R 的安装程序。在官网页面左侧菜单栏进入下载页面，主页左侧菜单栏下方是对 R 项目的一些介绍及帮助文档，主页中间最显眼的地方也是 R 的简要介绍及下载链接，而主页下方则是一些关于 R 的新闻消息。

但是 R 自带的环境操作起来可能不方便，我们可以把要输入的这些内容先输入到一个文本编辑器或记事本中，或可以选择一个 R 的集成开发环境（IDE）进行输入，这些集成开发环境多数具有函数自动完成、函数变量颜色高亮不同等功能，使得 R 的编程变得更加方便。RStudio 是一款使用较为广泛的集成开发环境，该软件可在网站 www. rstudio. com 进行下载，它很好地解决了数据输入的问题，而且它还具有调试、可视化等功能，支持纯 R 脚本、脚本文档混排（Rmarkdown）、脚本文档混排成书（Bookdown）、交互式网络应用（Shiny）等。在 RStudio 中进行数据输入时，左上角相当于一个文本编辑器，输入代码后，可以选择需要运行的代码，点击“Run”按钮即可运行相应的代码块；左下角的窗口相当于 R 的命令控制台；右上角的环境变量窗口，则显示了在当前环境下 R 中所储存的变量及值；右下角是一个多功能窗口，可以作为一个浏览器，也可以作为一个程序包管理器，或是页面的浏览窗口，或是图形的展示窗口。如果你觉得输入的代码不需要保存在文本文件中，也可以在左下方的 R 命令控制台中直接输入命令，如图 6 – 4 所示。

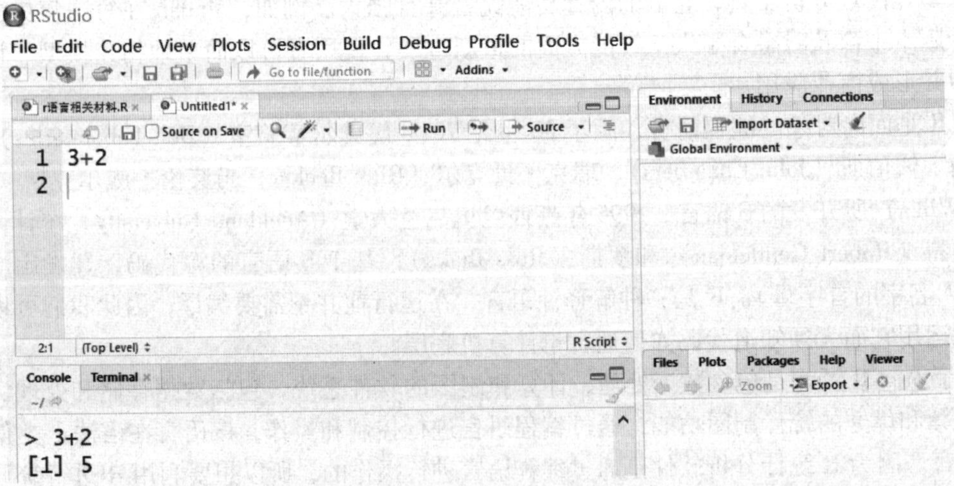

图 6 – 4　RStudio 界面

程序包（Package）也称为库，是一些已编写的函数集合，具有某些特定的功能。在R中包含两种程序包：一种是在安装R的时候一起安装的程序包，这是一些基础的程序包；另一种则需手动下载并安装。我们可以通过 installed. packages 来查看已经安装的程序包。例如，第三节中用R进行可视化会用到的 ggplot2。

三、数据分析工具——Python

相较于R语言在统计方面的模块较多，Python 更擅长人工智能的任务。Python 是一门动态的、面向对象的脚本语言，同时也是一门简约的、通俗易懂的编程语言。Python 功能强大，入门简单，容易上手，代码可读性强，阅读一段好的 Python 代码，像是在读一篇外语文章。Python 的这种特性被称为“伪代码”，它可以使你只关心完成什么样的工作任务，而不是纠结于 Python 的语法。Python 更是一款数据开源分析工具，它拥有非常多优秀的库，可以用于数据分析及其他领域。更重要的是，Python 与最受欢迎的开源大数据平台 Hadoop 具有很好的兼容性。Python 的众多优点让它成为最受欢迎的程序设计语言之一，国内外许多公司也已经在使用 Python，如谷歌，阿里云等。Python 是数据分析利器，掌握了 Python 的编程基础后，就可以逐渐进入数据分析的奇妙世界。

当我们想要通过 Python 获取外部数据时，可以通过 SQL 查询语句来获取。Python 已经具有连接 sql server、mysql、orcale 等主流数据库的接口包。而获取外部数据主要有两种方式：一种是获取国内一些网站上公开的数据资料，如国家统计局发布的资料；另一种是通过编写爬虫代码自动爬取数据。

大多数情况下，我们得到的数据存在格式不一致、异常值、缺失值等问题，而不同问题数据的预处理方法也是不一样的，我们可以使用 Numpy 和 Pandas 两个库来清洗数据。

在数据建模和分析阶段，常见的数据挖掘模型有分类模型、预测模型、聚类模型和回归模型等，Python 中 Scikit－learn 和 Tensorflow 两个工具库能够很好地支持我们的建模工作。

数据分析的最后一步是撰写数据分析报告，这也是数据可视化的一个过程。在数据可视化方面，Python 目前主流的可视化工具有大名鼎鼎的 Matplotlib 和 Seaborn。

表 6－1　　Python 可视化工具功能表

工具	功能
Requests	主要用于爬取数据时发出请求操作
BeautifulSoup	主要用于爬取数据时读取 XML 和 HTML 类型的数据，解析为对象并进行处理
Scapy	主要用于处理交互式数据，可以解码大部分网络协议的数据包
Numpy	主要用于 Python 中的科学计算。它非常适用于与线性代数、傅里叶变换和随机数相关的运算。它可以很好地处理多维数据，并兼容各种数据库
Pandas	主要用于完成数据快速分析及数据清洗和准备工作。它是基于 Numpy 扩展而来的，可以提供一系列函数来处理数据结构和运算，如时间序列等

续表

工具	功能
Scikit - learn	主要用于 Python 实现机器学习算法。可以实现数据预处理、分类、回归、降维、模型选择等常用的机器学习算法
Tensorflow	主要用于深度学习且对数据处理需求不高。这类数据往往数据量较大，且最终需要的精度更高
Matplotlib	主要用于二维绘图，它能让使用者很轻松地将数据图形化，并且提供多样化的输出格式
Seaborn	主要用于统计可视化，它是基于 Matplotlib 产生的一个模块，可以和 Pandas 进行无缝链接

第三节　金融大数据的可视化

一、金融大数据可视化概述

大数据由于数据量大、形式多样，其本身特征通常不能像少量数据的特征那样容易展示出来。可视化就是利用相关统计学、计算机图形学、数学等工具，将数据自身包含的信息有选择地通过直观的图表、视频等方式进行展示。可视化数据与数据图形、数据可视化、科学可视化以及统计图形密切相关，因此需要多种技能才能做好可视化。有效的数据可视化可以帮助分析数据、推理数据、发现规律以及进行预测。可视化还可以让专业的大数据更容易为人所理解，使得金融领域的效率能够在大数据技术的支撑下得以提升。

大数据可视化最直接的问题是如何展示高维度数据，金融大数据分析更面临这个问题。金融领域中待处理的数据往往是高维度的，如简单的关联商品包含型号、厂家、价格、品质、材质等多维度信息，对于某个具体债券而言，则包含它的发行方、面值、票面利率、期限等多维度的信息。这里的维度是指数据分析中的特征或计量方法中的变量。对高维度数据进行可视化时需要进行降维。除了对数据降维外，还有一些其他方法可以小范围地展示高维度数据，如星型图、散点图、平行坐标或脸谱图。然而在实际应用中，这些图示往往不够直观，只能展示数据的部分特征。

二、金融大数据的获取与预处理

可视化过程一般包含如下 5 个步骤（如图 6 - 5 所示）：一是数据获取，搜索和获得最新的权威数据。二是数据清洗，进行数据预处理。三是数据分析。四是数据绘制，进行数据可视化。五是检查和网络发布。

（一）数据获取

获取数据是进行金融数据分析的前提。一般而言，获取金融数据有三种方式，分别是公开数据方式、数据接口和数据模块方式、爬虫方式。

1. 公开数据方式。公开数据方式是金融数据分析的传统途径。所谓公开数据是指政

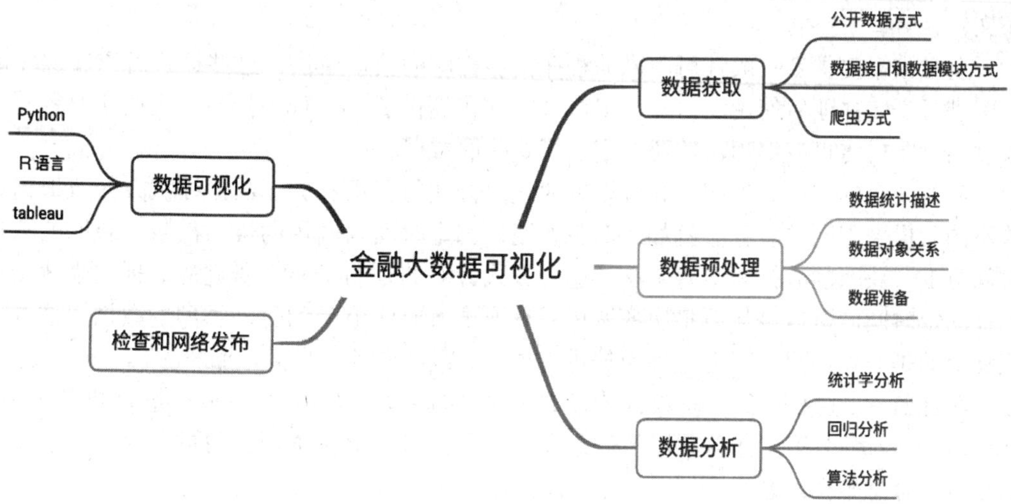

图6-5　数据可视化步骤

府机构、统计机构、相关行业协会、行业组织、大学、相关企业等公开的数据集。

第一，政府类公开数据集是进行金融研究最直接的数据来源，传统金融分析常常基于这些公开数据集进行，使用人工智能进行金融分析也应该先了解这些数据集。它们的来源一般有如下三类：(1) 国家统计局网站。这是大多数传统分析所需数据的官方获取渠道。现在国家统计局的数据已经集合到国家数据网站（http：//data. stats. gov. cn/）。(2) 地方政府和地方统计局网站。当前很多地方政府都构建了数据开放平台，例如，贵州省政府数据开放平台。(3) 国家相关公权单位、监管机构。例如，金融领域的中国人民银行、中国互联网络信息中心等。

第二，其他公开数据平台分为国内数据交易平台、商业数据平台和专业领域数据平台等。国内有许多数据交易平台，如贵阳大数据交易所、数据堂、优易数据和通联数据商城等。商业数据平台数量相对较少，主要有数据城堡、云上贵州系统平台、阿里云天池、数据嗨客等。专业数据服务商一般集中在特定领域，如金融领域的万得（Wind）数据库。

第三，国际公开数据平台的数据量非常大并且应用非常广泛，例如，谷歌数据包括搜索引擎、卡格勒（Kaggle）数据集、亚马逊数据集、UCI 机器学习数据库、微软数据集、GitHub 的公共数据集和计算机视觉数据集等。

2. 数据接口和数据模块方式。大数据分析所需要的数据量一般较大，同时实时性要求较高，公开数据获取等传统方式已经不能满足数据分析的要求。针对这种情况，数据接口和数据模块方式应运而生，这两种方式可以统称为应用界面（Application Interface，API）接口模式。API 指数据需求方通过程序接口直接传输数据，数据获取和数据处理都可以在程序中进行，而且在程序运行过程中可以实时通过接口调用所需要的数据。API 接口还赋予数据获取者数据存储的灵活度：大量获取的数据通过程序转化成不同的文件存储，或针对不同的文件系统进行数据切割存储，或在应用程序中压缩并存储为压缩文件，节省了空间。

金融数据提供者一般针对不同的程序提供相应的数据模块，这些模块可以在程序语言中进行安装并随后使用。另外，提供者往往还提供了 Get/Post 接口，数据获取者可以通过网页解析语言或编程，按照指定的模式获取数据。

需要注意的是，数据接口和数据模块获取方式与费用有关。数据提供方一般根据收费不同而提供不同的服务。例如，对免费用户固定时间内调用的接口次数、获取的数据时间范围、获取的数据类型有限制，这种方式针对的是用于科学研究的数据。收费用户则在固定时间内可以进行更多次的调用，获取更大时间范围和更多类型的数据，这种方式针对的是商业用户，即对这些数据进行加工后继续向外提供商业服务。

其他著名的数据接口和数据模块的提供方还包括万得（Wind）量化投资平台、Tushare、Baostock 等。许多数据平台最开始都是针对量化投资而开发的，目前已经发展为宏微观金融数据综合平台。

3. 爬虫方式。爬虫是数据获取的一种形式，一般和舆情、自然语言处理、公众情绪等有关的信息主要通过爬虫技术获取。它是指按照一定规则，自动抓取互联网信息的程序或脚本，是一种信息技术，通过模拟用户在浏览器或某个应用上的操作，把操作的过程自动化。简单而言，就是实现浏览器的功能。由于互联网数据的多样性和资源的有限性，根据用户需求定向抓取相关网页并分析已成为如今主流的爬取策略。爬虫可以模拟浏览器打开网页，通过访问指定网址和进行一些程序化操作，获得浏览器上所载有的相关信息，并将信息进行处理返回给用户，形成所需要的数据。这个过程中，一般不需要人工操作浏览器来获取信息。

（二）数据预处理

由于所获取数据本身的质量问题，如数据缺失、数据错误，需要对数据进行预处理。大部分传统数据预处理方法都可以用于金融大数据的预处理，如数据统计描述、数据对象关系描述。但这些传统方法在应用于金融大数据分析时需要考虑其在大规模数据上的效率。

金融大数据的预处理包括数据统计描述、数据对象关系描述和数据准备。数据统计描述有很多种，在大数据的预处理中，最重要的是数据中心趋势判断和数据离散趋势判断。其中，数据中心趋势判断的指标包括均值、中位数等，数据离散趋势判断指标包括方差、极差和分位数等。数据对象关系描述主要指数据属性之间的关系，包括各种相关系数以及更复杂的信息论方法。数据准备是使用于分析的数据更适合分析的模型和方法。

三、金融大数据分析与可视化

当用户获取数据并对数据进行预处理后，为了更清晰、有效地传达数据所包含的信息，需要可视化数据。许多数据处理软件都有可视化功能，它们都可用于金融大数据可视化。

（一）用 Python 和 R 实现可视化

1. Python 中有许多可视化工具包。NumPy 库的主要特点是引入了数组的概念，提供了保存同构与异构数据集合的多维数组对象，并支持代码向量化。金融应用通常需要在特殊数据结构上进行高性能操作。Pandas 库是基于 NumPy 库的一个开源 Python 库，被广泛用于完成数据快速分析、数据清洗准备和数据可视化。Pandas 中数据可视化的实现依赖于 Matplotlib，具有不错的可视化能力。

Matplotlib 是 Python 中最著名的数据可视化工具库，通过 Anaconda 安装的 Python 自带该库，无须单独安装。有了它，一些统计上常用的图形，如折线图、柱形图、散点图、直方图等都可以用简单的几行 Python 代码实现。尽管有许多其他的可视化库，但是 Matplotlib 已经确立了一个标杆，对于标准的绘图工作，它很容易理解，进行更复杂的绘图和自定义时，它又很灵活。此外，它还可以与 NumPy、Pandas 及其提供的数据结构紧密集成。

接下来介绍的是 Matplotlib 库的基本可视化功能。

在创建样板数据并绘制图表之前首先要进行一些导入和定制的工作。第一，引用 Matplotlib（mpl）库，导入绘图库 plt，调用 plt 的相应函数即可绘制图表。例如，plt. plot 函数用于绘制折线图，plt. bar 函数用于绘制柱形图，plt. scatter 函数用于绘制散点图，plt. pie 函数用于绘制饼图等。下面讲解几种基础图表的绘制方法及数据可视化时的注意事项。

第一种图是折线图，plt 子库中的 plot 函数是最基础的绘图函数，它需要两组数值，x 值包含 x 坐标的列表或数组，y 值包含 y 坐标的列表或数组，x 和 y 值的数量必须相等。以 x 和 y 为对象调用 plt. plot 函数。最后以 plt. show 展示绘制效果。如果想让 x 和 y 之间在数学上存在关联，而列表又不太容易进行数学运算，可以通过 NumPy 库引入一维数组进行数学运算。例如，生成一个一维数组 x1 = [1, 2, 3]，并利用数组的可运算性生成 y1 = x1^2 和 y2 = x1 × 2 + 1，将两条线绘制在一张图上，绘制结果如图 6 - 6 中折线图所示。

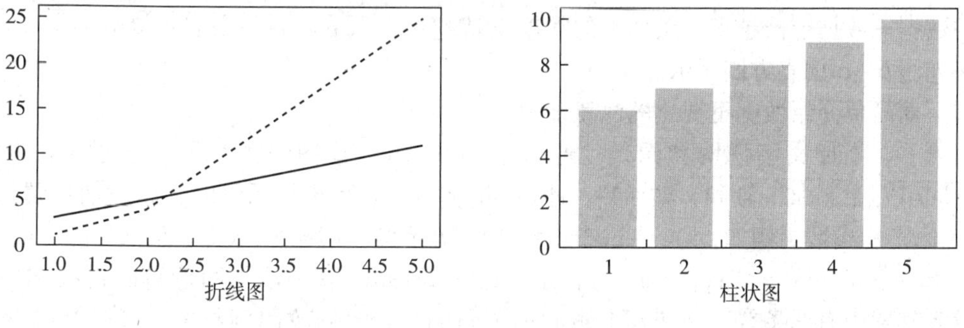

图 6 - 6　Python 图表效果图

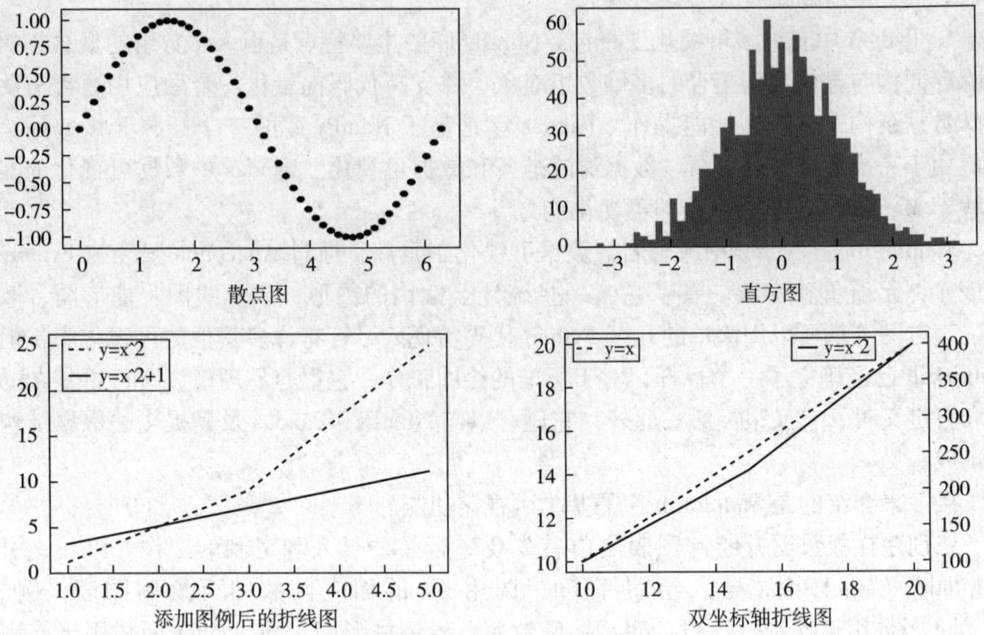

图 6-6 Python 图表效果图（续）

第二种图是柱状图，以 x 和 y 为对象调用 plt. bar 函数绘制柱状图，以 plt. show 展示绘制效果。例如，X = [1，2，3，4，5]，Y = [6，7，8，9，10]，绘制结果如图 6-6 中柱状图所示。

第三种图是散点图，以 x 和 y 为对象调用 plt. scatter 函数绘制散点图，以 plt. show 来展示绘制效果。例如，X 为代码生成的一个包含 50 个元素的数组，这 50 个元素均匀分布，Y 为正弦函数，绘制结果如图 6-6 中散点图所示。

第四种图是直方图，直方图是 Matplotlib 中最简单的图形之一。只需以 x 和 y 为对象调用 plt. hist 函数就可以绘制直方图。例如，x = np. random. randn（1000），plt. hist（x，50），第二个参数代表数据容器的个数。数据容器代表不同的值的间隔，并用来包含我们的数据。数据容器越多，图形上的数据条就越多，以 plt. show 来展示绘制效果，绘制结果如图 6-6 中直方图所示。

下面简单介绍数据可视化的注意事项。

第一，添加文字说明和图例。通过 plt. title 函数给图添加标题，通过 plt. xlabel、plt. ylabel 函数添加 x 轴和 y 轴标签。通过 plt. legend 给图添加图例时，添加前设置好 label（标签）参数。例如，x = [1，3，5]，添加标签 label = 'y = x^2'，label = 'y = x × 2 + 1'，plt. legend（loc = "upper left"），绘制结果如图 6-6 中添加图例后的折线图所示。可以看到图中有两条线，并在左上角添加了图例。若要修改图例位置，可以修改 loc 参数的值，例如，"upper left" 代表"左上角"，"upper right" 代表右上角，"lower right" 代表右下角。

第二，设置双坐标轴。上述方法已经可以在一张图里绘制出两条线，但如果两条线的取值范围相差比较大，那么绘制出的图效果不是太好，此时需要采用双坐标轴来呈现图，即为两条线各自绘制 y 轴。在绘制完第一条线之后，添加 plt. twinx 函数，即可设置双坐标轴。需要注意的是，如果设置了双坐标轴，那么每绘制一次图就要添加一次图例，而不能在最后统一添加图例。

例如，以 y = x 和 y = x^2 演示如何设置双坐标轴。其一，设置 y = x 图例，plt. legend（loc = ′upper left′）设置该图图例在左上角。其二，通过 plt. twinx 函数设置双坐标轴。其三，设置第二条线 y = x^2 的图例，通过 plt. legend（loc = ′upper right′）设置该图图例在右上角。运行结果如图 6 – 6 中双坐标轴折线图所示，可以看到左右两条 y 轴的数值相差很大。如果不设置双坐标轴，会导致 y = x 这条线被压缩得很平，影响显示效果。

第三，设置图大小。如果对默认图大小不满意，可以通过 plt. rcParams［′figure. figsize′］=（6，9）设置图大小。第一个元素代表长，第二个元素代表宽，这里的数字代表像素，6 和 9 分别代表 600 像素和 900 像素。

第四，中文显示问题。使用 Matplotlib 库画图时，默认是不支持显示中文的，通过 plt. rcParams［font. sans – serif′］=［′SimHei′］可以正常显示中文标签。由于更改字体会导致不能显示负号“ – ”，需将配置文件中的 axes. unicode_ minus 参数设为 False。SimHei 是黑体的英文名称，也可换成其他字体的英文名称。

以上数据可视化的基础知识有助于同学们进一步学习本章第四节舆情分析——企业预警的内容。

2. R 语言中也有很多可视化工具包。例如，Gephi 功能强大，具有不错的可视化效果；Citespace 可以进行简单的数据预处理，支持多种数据格式转换，但可视化效果一般；VOSviewer 中图形美观，适合后期可视化图形的生成与展示。

图形工具是 R 软件的一个重要组成部分。R 提供了非常丰富的绘图功能，可以通过命令 library（help ="graphics"）来查看 R 的全部绘图函数。也可以使用 help（graphics）命令打开 R 绘图的在线帮助文档，这个文档中列出了使用 R 绘图时用到的所有函数，可以点击某个函数的链接，查看该函数的详细介绍。图形展示是最高效且形象的数据描述手段，因此图像展示是高质量数据分析报告的必备内容，强大的图形展示功能也是统计分析软件的必备功能。

R 语言绘图功能强大，单变量图形有面积图、密度图、直方图、频率图等；两个同类型变量的图形有散点图、抖动点图、连续二维分布图、线图；分类变量和连续变量的图形有箱线图、小提琴图、棒棒糖图、条形图、圆形条形图、饼图、甜甜圈图等；高维图形有气泡图、三维散点图、流型图、矩阵图、树状图、圆形包装图、树形图等。其他的图形种类还有和弦图、桑基图、网络图、旭日图、雷达图、热图、词云图、平行图、时间序列图等。下面简单介绍 R 中几种常见的图形绘制工具。

第一，ggplot2 是 R 中一套高级图形系统，具有一套用于绘图的图形语法，这一套图形语法极大地简化了复杂图形的绘制，做图方式易于理解，且生成的图形精美，定制化程度也很高。下面介绍如何用 R 语言中的 ggplot2 画出基本的图形。

第一种图形是散点图。散点图是所有统计图形中最常用的图形之一。在所有的主要图类型中，散点图是迄今为止最强大的图类型，使我们能够快速理解数据中的关系。

使用 ggplot2 绘制散点图会涉及很多函数，其中最基本的函数是 geom_ point，geom_ point 函数常用的参数包括设置散点图的点的大小（size）、轮廓的颜色（color）和宽度（stroke）、点内部的颜色（fill）和形状（shape）。shape 参数中不同的数字对应不同的形状：0 对应方形，1 对应圆形，2 对应三角形等。还有一个参数是 alpha，用于调整图形的透明度。当数据量比较多的时候，图形中某些点会被覆盖，这个时候使用该参数，通过调整图形的透明度就可以使数据密集的地方颜色比较深，数据比较分散的地方颜色比较浅。如果不设置阿尔法（alpha）参数，则无法知道散点图中哪些区域的数据比较多，因为被覆盖的点不会显示出来。需要注意的是，如果将这些参数放在 geom_ point 函数中，所有的点都会受到相同的影响。如果将参数放在代码的 aes 部分，还可以将参数映射到一个变量，使不同的点根据参数对应的变量进行调整。

在绘制好的散点图中添加拟合曲线能够更好地理解数据之间的关系，尤其是在数据关系并不是很明显的时候。当我们构建好回归模型后，如果想知道回归模型是否有很好的拟合数据点，需要将散点图和拟合曲线绘制到同一张图中。在使用 ggplot2 绘制的散点图中添加拟合曲线的关键函数是 geom_ smooth 和 geom_ abline。其中，geom_ smooth 用于添加拟合曲线，geom_ abline 用于添加水平线或垂直曲线。

第二种图形是抖动点图。如果数据集比较大，则绘制的散点图中会有很多点重叠在一起，此时图形的可读性会变得非常不好。解决数据覆盖的一个方法是设置图形的透明度，即调整 alpha 参数，这种方法会部分地解决数据覆盖的问题。另外一种解决方法就是绘制抖动点图。抖动点图能够避免散点图的覆盖。我们可以使用 geom_ jitter 函数创建抖动点图。抖动点图中的重叠点会围绕其原始位置随机抖动，从而显示更多的数据点。

第三种图形是线图。线图的绘制方法和散点图的绘制方法很相似，将 geom_ point 函数改为 geom_ line 函数即可绘制线图。也可以对线图的一些参数进行设置，例如，修改 color、size、shape 等参数，使用 ggtitle 函数添加标题。如果希望对数据进行变换，可以调用 scale_ y_ log10 函数或 scale_ x_ log10 函数实现对数变换，调用 scale_ x_ sqrt 对数据集进行开方运算，调用 scale_ x_ reverse 将坐标轴进行翻转等。

第四种图形是箱线图。在 ggplot2 包中可以使用 geom_ boxplot 函数绘制箱线图。在绘制箱线图的时候需要注意调整箱线图的分组顺序，因为排序后的箱线图能更加清晰明确地展示信息。此外，显示抖动点是避免隐藏底层分布的好方法。箱线图可以调整的参数很多，例如，outlier. colour、outlier. shape、outlier. size 三个参数分别用于修改极端值点的颜色、极端值点的形状、极端值的点的大小。使用 geom_ boxplot 函数绘制箱线图时，必须为 x 轴指定分类变量，为 y 轴指定连续变量。

第五种图形是气泡图。气泡图是一个添加了第三维数据的散点图，附加的连续变量的值通过点的尺寸来表示。使用 geom_ point 函数构建气泡图时必须提供三个变量的值：x、y 和 size。scale_ size 函数可以使用 range 参数设置最小点和最大点的大小，还可以自定义图例名称，调整气泡的大小实现对图形的优化。另外，绘制气泡图时常常用到的函数还包括 scale_ radius、scale_ size 和 scale_ size_ area 等。如果数据集中还有第四个变量，则可以将这个变量映射到颜色参数，这样可以使用气泡图来表达第四维度的数据。

第六种图形是小提琴图，小提琴图可以显示数据的分布情况。小提琴图允许可视化一组或多组连续变量的分布，每个小提琴图代表一个组或一个变量，小提琴图的形状代表变量的密度估计，因此小提琴图非常适用于大型数据集的可视化。使用 geom_ violin 函数绘制小提琴图时需要注意：默认情况下参数 trim 会被设置为 TRUE，此时小提琴的尾部会被修剪；如果将 trim 设置为 FALSE，则小提琴的尾部不会被修剪。

第七种图形是桑基图，它是一种显示流动数据的可视化图形。在桑基图中，实体（nodes）由矩形或文本表示，实体的连接用箭头或弧线表示，箭头或弧线的宽度与流动的重要性或某种数值成正比。桑基图将视觉重点放在数据的流动性上，有助于确定对整体流量有主要贡献的部分。

第二，在 R 语言中只需要准备好满足格式的数据集，然后调用 wordcloud2 包中的 wordcloud2 函数就可以非常快速地绘制出词云图形。词云图是近两年兴起的一种数据可视化的图表，“词云”的概念由美国西北大学新闻学副教授、新媒体专业主任里奇·戈登（Rich Gordon）于 2006 年提出。词云就是通过形成关键词云层或关键词渲染，对网络文本中出现频率较高的关键词进行视觉上的突出。词云图一般是多个词根据其值的大小，通过不同字体大小、不同颜色进行不同程度的突出，让使用者能够立即注意到最关键的信息，作用类似于学术论文开头的关键词，让人在未全览所有内容之前就知悉重点。

绘制词云图形的数据集有两列：第一列是单词；第二列是单词的频率。设置参数可以对图形进行修改，例如，使用 color 参数更改单词的显示颜色，使用 shape 参数自定义词云形状，minRotation、maxRotation 和 rotateRatio 三个参数可以旋转单词以调整图形中词云的方向（见图 6－7）。

图 6－7　R 语言词云图形效果图

第三，quantmod 是 R 中常用于处理股票数据的包，它的优势体现在三个方面：(1) 它支持从各个来源加载数据，获取数据非常方便。它提供的一系列包装器函数可以从若干数据源获得金融数据，包括股票和指数数据、汇率数据和期权数据等。(2) 它是一个可用于绘图的包，可以很方便地绘制蜡烛图、条形图、折线图及一些与金融相关的技术图形，有非常高的实用价值。(3) 它还是一个金融数据分析的框架。它可以在 R 中为量化交易者开发、测试和评估交易策略提供一个统一的计算框架，可以非常高效地完成从数据采集、数据处理，到最后的数据分析、建模的过程。

(二) 商业可视化工具——Tableau

商业可视化工具 Tableau 是实现可视化必不可少的一款软件。对于没有编程基础的用户十分友好，因易于操作得以广泛应用。目前可视化的分析与制作主要在 Tableau Desktop 中完成，这里主要介绍 Tableau Desktop 的应用。

1. Tableau Desktop 基础入门。在 Tableau Desktop 开始界面，左侧的连接选项可以连接 Microsoft Excel、文本文件、Json 文件等文件和 Microsoft SQL Server、MySQL、Oracle 等数据库，还可以连接已保存的数据源。Tableau Desktop 自带 Superstore、世界指标和超市三个数据集。Tableau Desktop 的工作区包括工作表工作区、仪表板工作区和故事工作区。工作表又称为视图，是可视化分析的最基本单元。仪表板是多个工作表和一些图像、文本、网页等对象的组合，可以按照一定方式对其进行组合和布局来揭示数据之间的关系和内涵。故事是按顺序排列的工作表或仪表板的集合，向用户叙述某些事实，或以故事的方式揭示各种事实之间的联系或事件发展的关系。

工作表工作区的左侧是数据和分析两个选项，该界面的中部从上往下依次为页面、筛选器和标记三个选项，标记中包含了颜色、大小、文本等按钮。页面的右侧是列功能区、行功能区和视图区。将数据选项卡中的字段拖曳到行或列功能区时就会在视图区显示相应的轴或标题。

2. Tableau 可视化实战——词云图。Tableau 可以生成一些简单的图形，如条形图、直方图、饼图、折线图、压力图、气泡图等，这里简单介绍词云图的绘制。词云图一般适用于一个维度和一个度量，但是由于颜色和大小分别可以用于一个度量，所以两个度量也是可以的。

第一，使用自带的世界发展指标数据源。例如，将维度 1 区域放到标记卡的文本选项中，然后在图形类型中选择“文本”，将度量 1“贷款利率”放到标记卡的大小选项中，再将其放到标记卡的颜色选项中，这样就完成了词云图的绘制，绘制结果如图 6－8 左图所示。

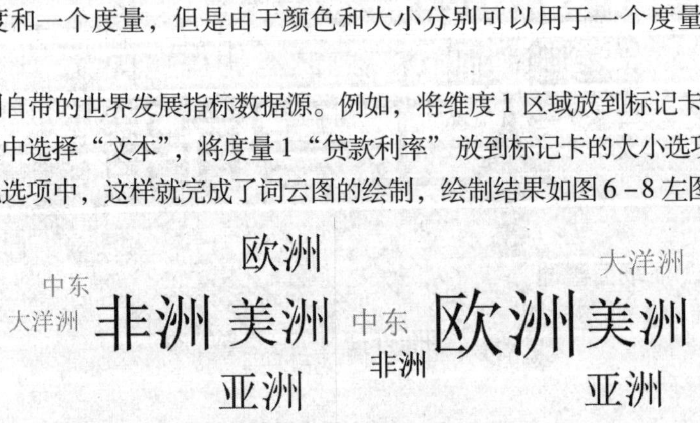

图 6－8 Tableau 词云图效果图

第二，如果想使用第二个度量 2，将大小和颜色选项卡中的任何一个换成度量 2 即可展示两个度量的情况，绘制结果如图 6 - 8 右图所示。

3. 其他可视化工具。除了 Tableau 外，还有一些其他商业可视化工具，例如，Power 商业智能（Business Intelligence，BI）来自微软，主推的是个人分析，适合短、频、快的分析需求，比较适合数据分析师用于锦上添花。BDP 的数据可视化功能很强大，内置几十种可视化图表供选择，除了常规图表，还有数据地图、词云、旭日图、桑基图、漏斗图等一些酷炫的图表。DataFocus 是全球首个中文自然语言数据分析工具，操作简单，功能强大，采用独有的自然语言处理引擎技术，数据分析就跟搜索一样，直接输入自然语言，系统智能地以最合适的图表来回答。Data Analytics 是轻量级业务数据可视化工具，让普通人不必学习 Python 编程，只需简单拖拽就能迅速生成所需要的可视化结果，并且支持异构数据源整合。

还有一些可视化云平台。谷歌、亚马逊、微软、百度、阿里、腾讯等互联网巨头的云平台上都有相应的可视化工具，用户可以通过直观的操作获得可视化的结果。

第四节　舆情分析——企业预警

金融从业者每天都要与海量的数据打交道，如新闻舆情数据、股价数据、宏观经济数据、个人信用数据等。如何从这些数据中挖掘出需要的信息，并进行相应的分析，是很多金融从业者非常关心的问题。舆情数据是进行分析的基础，例如，我们利用网络新闻数据可以搭建舆情监控系统，实现企业风险预警；利用股价数据进行相关量化金融分析，可以寻找合适的交易机会；利用个人信用数据，可以进行大数据风控和金融反欺诈等。

数据分析的工具层出不穷，从 Excel、八爪鱼、R 语言、Python 语言到 Tableau，可以说科技的发展给我们配备了很多数据分析的利器。Python 语言功能强大且能较易上手，本节以 Python 为例介绍如何进行金融数据的挖掘、舆情数据评分系统的搭建与股价数据相关性的分析。

一、财经网页数据挖掘

我们可以从百度新闻、新浪财经爬取新闻舆情数据，对于大部分上市公司而言，这样足以实现新闻舆情监控与预警。下面简单介绍网络数据挖掘的五个步骤。

获取网页源代码

第一种方法是利用 Requests 库来获取网页源代码。许多优秀的 IT 工程师会研发出很好的代码并共享给大家使用，存储这些共享代码的地方就称为“库”或“模块”。有的库是 Python 自带的，有的库需要自己安装。在进行网络数据挖掘时，经常会用到 Requests库，它是通过 Python 程序访问网站的基础。

安装 Requests 库用两种方式：（1）pip 安装法，即通过命令格式 pip install 来安装。

(2) PyCharm 安装法，执行 File > Settings 菜单命令打开 Settings 对话框，展开 Project 选项组，选择“Project Interpreter”选项，单击右侧的加号按钮。搜索到要安装的 Requests 库的名字后选中要安装的库，单击左下角的“Install Package”按钮进行安装。相比较而言，PyCharm 安装法更加直观，但如果有些库在 PyCharm 里找不到，用 pip 安装法也很方便。

Requests 安装完成后，如果要在东方财富网上搜索蚂蚁金服，步骤如下：第一，选择资讯板块（网址为 http：//so. eastmoney. com/news/s？keyword = 蚂蚁金服）；第二，通过 Requests 库进行访问：引用 Requests 库，将该网址赋值给变量；第三，通过 Requests 库的 get 函数访问该网址，通过 . text 获取网页源代码的文本内容；第四，打印输出网页源代码。

除通过 . text 获取网页源代码外，还可以利用 Selenium 来获取网页源代码。如果通过 Requests 库来访问网站，使用 headers 参数也无法获取该网页的真正源代码时，则可以考虑采用 Selenium 来获取网页源代码。Selenium 库是一个自动测试工具，能够驱动浏览器模拟人的操作，如鼠标单击、键盘输入等。通过 Selenium 库能够比较容易地获取到网页的源代码，还可以进行网络内容的批量自动下载。

一些网页上展示的信息是动态渲染出来的，例如，新浪财经的股票数据。通过常规爬虫手段获取的则是未经渲染的信息，因此面对此类动态渲染的网页，在数据挖掘时就需要使用 Selenium 库。在使用 Selenium 库时：第一，下载并安装 ChromeDriver 软件，它的作用是给 Python 提供一个模拟浏览器，让 Python 通过这个模拟浏览器访问网页，并通过 Selenium 库进行鼠标和键盘等操作获取网页真正的源代码；第二，用前文所述安装 Requests 库的方式来安装 Selenium 库；第三，利用 Selenium 库来获取网页源代码。

与 Requests 库相比，Selenium 库的优势明显：第一，不需要设置 headers 等参数就能非常方便地获取一些 Requests 库难以获取的网页源代码，而且能模拟键盘和鼠标操作，写法也很简洁。通过 Selenium 库访问网站与人打开一个浏览器访问网站相类似，但其访问速度要比 Requests 库的访问速度慢很多，所以对于普通的网站使用 Requests 库来爬取源代码，对于 Requests 库无法获取网页源代码的复杂的网站再使用 Selenium 库来爬取源代码。

第二，编写正则表达式提取数据信息。在浏览器中通过 F12 键定位，并在爬取到的网页源代码中利用快捷键 Ctrl + F 进行搜索，可以找到新闻标题和网址的提取规律，并编写出相应的正则表达式。

第三，数据清洗及打印输出。获取了数据之后还需要对数据进行清洗优化，如去重、统一日期格式。因为数据库并不能自动识别重复信息，所以同样的内容很有可能被重复存入数据库。过多的重复数据不仅浪费空间，而且会给数据提取造成很多麻烦。数据去重的步骤是：当爬取到一条新闻的数据后，先查询数据库，如果发现该新闻的标题已经存在，则不把该新闻存入数据库。

常用的数据清洗方式包括：其一，新闻标题里包含类似 <em> 的符号，可以用 sub 函数进行替换；其二，新闻里有一些不需要的新闻摘要等内容，中间用空格进行分隔，可以用 split 函数进行分割；其三，来自网络的数据经常会包含一些噪声数据。例如，搜索红豆集团会搜索出经典歌曲“红豆”，可以根据新闻标题进行简单过滤，也可以根据新闻正文内容进行深度过滤，即通过 Requests 库来访问每一条新闻的网址，并获取相应的网页源代码。

第四，定义并通过循环调用函数批量爬取数据。在商业实战中，如果需要 24 小时不间断来获取信息，则只需添加一行 while True，便可以让程序一直运行。如果仅需要每隔一定时间运行一次，则可以引用 time 库使用 time. sleep 函数，例如，time. sleep (10 800)意为休息 10 800 秒（3 小时），即 for 循环执行一遍之后，会自动休息 3 小时再执行。不间断地爬取会爬到重复的新闻，需要进行数据的去重。使用 24 小时爬取后，虽然只爬第一页，但是 24 小时都在爬，所以并不会遗漏信息。此外，Python 也可以进一步实现批量爬取一家公司的多页信息和通过两个 for 循环批量爬取多家公司的多页信息。

第五，生成舆情数据报告文本文件。爬取新闻生成舆情结果后，如果想把这些内容保存到一个文件中，最简单的方法是复制粘贴到文本文件或 Word 文档中，但这个方法较为低效。利用 Python 可以高效地生成文本文件：利用 open 函数打开一个文件后使用 write 函数把字符串写入文本文件中，最后用 close 函数关闭文件以进行释放缓存。

二、舆情数据评分系统的搭建

除了获取新闻标题、网址、来源等，还可以继续通过挖掘来获取每条新闻的评分，用于更深度的分析。本部分将介绍舆情数据评分系统最简单的搭建方式。

搭建舆情数据评分系统首先要设定一个评分方式，最简单的评分方式是根据标题中是否出现设定的负面词来为新闻打分，具体操作步骤如下：

第一，定义一个空列表 score，用来储存之后获得的每一条新闻的评分。

第二，定义一个列表 keywords，其中存储的是自己设定的负面词。

第三，设定每一条新闻的初始评分为 0 分。

第四，利用 for 循环语句和 if 判断语句计算新闻的评分，keywords 列表中的每个负面词，只要出现在标题中评分就减去 5 分，即 num - =5。

第五，利用 append 函数把新闻的评分添加到已定义的 score 列表中。

对标题进行评分后，还可以增加相应的代码对爬取到的正文进行评分。大多数情况下，爬取正文之后就不太需要关注标题，但是有时出现在标题里的负面词在正文里并没有出现，同时关注两者会更加全面。

三、舆情数据评分表格——Pandas

（一）汇总舆情数据评分

从数据库中调取一段时间内的舆情数据评分后，可以利用 Pandas 库将日期和评分转为二维数据表格，并写入 Excel 工作簿。例如，整理 A 股上市公司某集团 2020 年 3 月 1 日到 2020 年 6 月 1 日之间每天的评分数据，步骤如下。

第一，获取一段时间的时间序列。通过 Pandas 库的 date_ range 函数生成一个 2020

年3月1日到2020年6月1日的时间序列，为之后批量从数据库中调取评分数据做准备；再通过 list 函数将返回的结果，即日期格式的时间索引序列，转换为常规的列表。此时返回的虽然是一个列表，但是表中日期的数据类型却是时间戳（Timestamp），为了用于之后数据库的 SQL 查询，必须将其转换为%Y-%m-%d 格式的日期字符串。这里通过 Datetime 库对时间戳类型的日期进行转换，strftime 函数可以将时间戳格式的日期转换成字符串格式。

第二，根据时间序列遍历数据库。获取到日期的列表后，通过 for 循环遍历每天的舆情数据，对每条新闻的评分进行汇总。将每天的评分存储到 score_ list 字典中，使得日期和评分一一对应。

（二）导出舆情数据评分表格

获得每日舆情数据评分后，将其转换成 DataFrame 结构，DataFrame 是一种二维表格数据结构，可以将其看成一个 Excel 表格。得到的二维数据表格的行索引为日期，如果想把行索引变成数字序号，并将日期作为单独的一列进行存储，有两种常规的处理方式：第一种方式是通过重置索引将行索引转换为列。先通过 data. index. name 命名索引列，再通过 reset_ index 重置索引。若不重置索引，也可以在写入 Excel 工作簿时保留索引信息。第二种方式是将字典转换成列表后创建 DataFrame。即利用 items 函数遍历字典元素，再利用 list 函数将其转换成列表。运行效果和第一种方式的效果一样，但相对而言更为简洁。最后将 data 的内容保存到本地 Excel 工作簿中。

四、舆情数据评分与股价数据相关性——Tushare

利用 Pandas 库将每日舆情数据评分与日期转换成了二维数据表，若将上市公司的股价数据合并到二维数据表里，再通过数据可视化和相关性分析，可以判断上市公司的舆情数据评分与股价的相关性，以及舆情数据评分能否在某种程度上预测股价走势。这是舆情分析在股票市场上的应用之一。

（一）利用 Tushare 库调取其股价数据

获得上市公司的舆情数据评分后，需要通过 Python 调取其股价数据并与评分进行匹配，以便进行相关性分析。市面上有很多财经数据接口可以调取股票行情数据，不过大多是收费的，这里介绍一个免费的财经数据接口——Tushare 库，通过它能够调取历史行情数据。Tushare 库的官网地址为 http：//tushare. org/，安装后引用 Tushare 库，可以通过 get_ hist_ data 函数获取股票的日线级别数据，得到一个 DataFrame 类型的二维数据表格，还可以通过设置 ktype 参数调取分钟级别的数据。除此之外，还可以通过运用不同的代码来调取实时行情数据、分笔数据以及指数信息等。

（二）舆情数据评分与股价数据的可视化

（1）利用 Tushare 库调取其股价数据后，将数据保存至本地。（2）利用 merge 函数将获得的舆情数据评分表格和股票行情数据表格进行合并。（3）获得舆情数据评分与股价数据的表格后，可以利用可视化的方式直观地分析两者是否存在某种程度的相关性。一般利用 Python 中的可视化库 Matplotlib 进行可视化，这已在本章的第三节做了详细的介绍。为了更直观地展示舆情数据评分和股价数据的变化趋势以及两者之间的关系，可以选择绘制折线图。

（三）舆情数据评分与股价数据相关性分析

数据可视化可以定性地分析舆情数据评分与股价数据的相关性，这里将介绍一种用于定量衡量相关性的系数——皮尔逊相关系数（Pearson correlation coefficient）。皮尔逊相关系数也称“皮尔逊积矩相关系数”，用来反映两个变量之间的线性相关程度。皮尔逊相关系数通常用 r 表示，r 的绝对值越大，表明相关性越强。在实际应用中，不需要深究皮尔逊相关系数的数学推导，只需要了解如何使用皮尔逊相关系数。它的使用很简单，在 Python 中，计算皮尔逊相关系数所依赖的库是 SciPy 库，通过 Anaconda 安装的 Python 自带该库。只需给 pearson 函数两个数组，就能返回相关系数 r 值和显著性水平 P 值。相关系数 r 值在［-1，1］之间，正数则表示正相关，负数则表示负相关，绝对值越大，相关性越强。显著性水平 P 值与皮尔逊相关显著性检验有关，$P<0.05$ 时表示相关显著。

相关显著是指变量 X 和 Y 之间真的存在相关性，而不是由偶然因素引起的。只有在相关显著的前提下，才能认为两者之间确实有明显关系，此时的相关系数 r 的数值才有意义。概括而言，先观察 P 值是否小于 0.05，从而判断是否真的具有相关性，再根据 r 值判断相关性的强弱。

利用前面步骤生成的舆情数据评分和股价数据 data. xlsx 文件，对其中的舆情数据评分和股价数据的相关性进行计算，运行后若显著性水平 P 值满足小于 0.05 的条件，则说明两者显著相关。然后观察相关系数 r 的数值，若数值较小，则说明两者相关性程度不是很高，但可以认为一家公司的舆情数据评分和股价在一定程度上存在正相关性。在实际应用中，可以把舆情数据评分作为一个分析因子，和其他的财务因子相结合，对上市公司的股价进行评估与分析。

五、舆情数据的其他应用

本部分主要介绍了在数据挖掘之后，如何通过舆情数据评分表来分析舆情数据评分与股价数据的相关性，以此来判断上市公司的舆情数据评分与股价的相关性，以及舆情数据评分能否在某种程度上预测股价走势，这是金融大数据中舆情数据分析的有效运用之一。企业可以利用舆情分析来实现新闻舆情的监控与预警，我们也可以利用舆情数据来进行宏观金融分析，还可以通过网页的挖掘来获取关键字趋势，利用第三节介绍的可视化方法，通过关键字的频次来获得对宏观金融状况的感知。舆情分析可用在方方面面，如何将大数据和人工智能技术运用于金融领域，需要我们进行进一步的探索。

本章小结

金融大数据是运用大数据技术开展金融服务，即集合大规模结构化、半结构化、非结构化数据，通过互联网、云计算和数据挖掘等信息处理的方式进行实时分析，向客户提供全方位的信息，并通过分析和挖掘客户交易与客户消费习惯的信息，预测客户的行为，以结合传统的金融服务开展资金融通，创新金融服务。

大数据使金融市场的不对称性降低，信用评价和征信体系更加有效，提高了金融市场的定价能力和效率，扩大了金融服务的边界。在我国的银行业、保险业以及证券业等行业中得到很好的渗透。

金融大数据在带来诸多革新的同时，也面临着数据整合难度大、行业安全性有待提高、风险控制难度高、征信难度大及带来的监管风险等挑战。金融大数据未来将重点应用于客户洞察、市场洞察及运营洞察三个方面，将进一步使大数据价值呈现新特征，重塑金融业架构，跨界应用将突破金融行业的边界。

用于金融大数据分析的工具众多，八爪鱼软件一般以模板采集任务和自定义采集任务两种模式获取数据。R 语言和 Python 软件则需要一定的编程基础，通过编程语言实现数据的获取、处理、分析与可视化。商业数据可视化工具 Tableau 适合没有统计和编程基础的人群，图表创建种类繁多。

金融大数据可视化能够将高维度数据降维，将包含大量信息的数据通过更加直观的图表等形式表现出来。金融大数据可视化过程一般包括数据获取、数据预处理、数据分析、数据可视化以及检查和网络发布五个步骤。金融大数据可以通过公开数据方式、数据接口和数据模块方式以及爬虫方式三种方式来获取。金融大数据的预处理包括数据统计描述、数据对象关系描述和数据准备。

用 Python 软件能够绘制折线图、散点图、直方图等多种形式的图形并进行参数调整。R 软件的做图功能十分强大，ggplot2 包是 R 软件中最受欢迎的绘图包之一，能够绘制散点图、抖动点图、线图、箱线图、小提琴图、气泡图、桑基图等多种图形。word-cloud2 包常用于绘制词云图。Quantmod 包是 R 软件中能够满足金融数据绘图特殊性的绘图包，常常用于处理股票数据，绘制蜡烛图等。还可用于对与金融相关的技术图形进行金融分析。

舆情分析是金融大数据的有效运用形式之一，企业可以利用舆情分析来实现新闻舆情监控与预警，我们也可以利用舆情数据来进行宏观金融分析。通过 Python 软件可以实现舆情数据评分和股价数据相关性分析，以及判断舆情数据评分能否在某种程度上预测股价走势。舆情数据在金融领域的运用还需要进一步探索。

关键术语

大数据　金融大数据　数据获取　数据预处理　数据可视化　八爪鱼　Python　R 语言　词云图　Tableau　数据挖掘　舆情分析

思考题

1. 什么是大数据？金融大数据的含义是什么？

2. 可以使用哪些工具进行金融大数据分析？它们分别有什么特征？
3. 如何使用数据分析软件？
4. 简述金融大数据的可视化过程。
5. 如何进行数据获取与数据预处理？
6. 简述 Python 软件和 R 语言如何实现金融大数据可视化。
7. 简述使用 Tableau 绘制词云图的过程。
8. 简述使用 Python 软件进行舆情分析的过程。

延伸阅读

[1] 段宇峰，李伟伟，熊泽泉．R 语言与数据可视化［M］．上海：华东师范大学出版社，2017.

[2] 王宇韬，房宇亮，肖金鑫．Python 金融大数据挖掘与分析全流程详解［M］．北京：机械工业出版社，2019.

[3] 伊夫·希尔皮斯科．Python 金融大数据分析（第二版）［M］．北京：人民邮电出版社，2019.

[4] 刘英华．数据可视化：从小白到数据工程师的成长之路［M］．北京：电子工业出版社，2019.

[5] 喜乐君．数据可视化分析：Tableau 原理与实践［M］．北京：电子工业出版社，2020.

[6] 陈萌．大数据金融发展面临的困境与应对思路［J］．财政科学，2020（12）：65－76.

第七章

人工智能基本原理及其应用

本章导读

人工智能（Artificial Intelligence，AI）是一门研究、开发用于模拟、延伸和扩展人的智能的理论、方法、技术及应用系统的新的技术科学。随着互联网金融技术的日渐成熟，人工智能开始在金融行业中发挥越来越重要的作用，而人工智能主要分为机器学习和深度学习。本章从决策树、随机森林、支持向量机和神经网络四个部分阐述机器学习；而对于深度学习，我们从自然语言处理这个方面进行详细阐述。本章还将试图解答人工智能的具体应用以及人工智能在金融领域的应用场景等问题。

本章学习目标

本章将对机器学习和深度学习的定义、分类、发展历程等方面进行介绍，同时介绍一些机器学习和深度学习的相关模型。希望通过本章的学习，可以让我们了解人工智能的发展概况，掌握深度学习和机器学习的主要分类和应用场景，以及理解它们的相关模型。

第一节　决策树与随机森林

一、决策树

（一）决策树概述

1. 决策树的概念。决策树（Decision Tree）又称判断树，是一种以树形数据结构来展示决策规则和分类结果的模型。作为一种归纳学习算法，决策树分类器的逻辑图解就像是判断模块和终止模块组成的流程图，终止模块代表分类结果，而判断模块则代表对一个特征（Feature）取值的判断。决策树常用来解决分类和回归问题，据此可分为分类树和回归树两种。决策树是一种树形结构，每个节点表示在某个属性上的测试，每个分支表示一个测试输出，而叶子节点表示某种类别。决策树的构建是一种自顶向下的递归过程，其基本思想是采用信息熵的度量方式，通过贪心策略构建一个熵值下降最快的树，尽量使每个分支节点所包含的样本属于同一类别。分类树对离散变量做决策树，回归树对连续变量做决策树。常见的算法包括：分类及回归树（Classification and Regression Tree）、迭代二分法（Iterative Dichotomiser）、卡方自动互动检测（Chi – squared Automatic Interaction Detection）、随机森林（Random Forest）、多元自适应回归样条（Multiple Adaptive Regression Spline）以及梯度推进机（Gradient Boosting Machine）等。

2. 决策树的逻辑原理。决策树算法的目标是根据给定的训练数据集构建一个决策树模型，使它能够对实例进行正确的分类，本质上是从训练数据集中归纳出一组分类规则。决策树构造的输入是一组带有类别标记的例子，构造的输出是一棵二叉树或多叉树。二叉树的内部节点（非叶子节点）一般表示一个逻辑判断，如形式为 $a = a_j$ 的逻辑判断，其中 a 是属性，a_j 是该属性的所有取值；树的边是逻辑判断的分支结果。多叉树的内部节点是属性，树的边是该属性的所有取值，属性值的数量与树边的数量相同。树的叶子节点都是类别标记。决策树的核心思想是以损失函数（通常是正则化的极大似然函数）为目标函数的最小化，决策树学习的算法通常是一个递归地选择最优特征，并根据该特征对训练数据进行分割，使得各子数据集有一个最好的分类的过程。

3. 决策树的优缺点。决策树的优点如下：第一，决策树易于理解和实现，可处理具有不相关特征的数据，也可以很容易地构造出易于解释和理解的规则，擅长对人、地点和事物的一系列不同特征、品质和特性进行评估。第二，给定一个观察的模型，根据所产生的决策树很容易推出相应的逻辑表达式。第三，决策树的数据准备往往很简单，而且决策树能够同时处理数据型和常规型属性，并能够读取数据集合，提取一系列数据中蕴含的规则，在相对短的时间内对大型数据源做出可行且效果良好的结果。

决策树的缺点如下：第一，决策树比较难以应用于预测连续性的字段，需要提前对连续数据做分段处理。对有时间顺序的数据，需要做很多预处理的工作，且处理缺失数据时比较困难。第二，当数据类别太多时，错误可能会增加得比较快。第三，对一般的算法进行分类时，只是根据一个字段来分类，容易忽略数据集中属性之间的相关性等。

（二）决策树的基本算法

决策树的学习算法包含特征选择、决策树生成和剪枝三步。下面分别介绍这三个步骤。第一个步骤是特征选择。它是指从训练数据众多的特征中选择一个分裂标准，只留下对训练数据有足够分类能力的特征，但如何选择特征有着不同的量化评估标准，从而也会衍生出不同的决策树算法。第二个步骤是决策树生成。它是指样本所有特征中，有一些特征会在分类时起到决定性的作用，决策树的构造过程就是找到这些具有决定性作用的特征，然后根据其决定性程度来构造一个倒立的树，并将决定性作用最大的那个特征作为根节点，再递归找到各分支下子数据集中次大的决定性特征，直至子数据集中的所有数据都属于同一类。根据选择的特征评估标准，从上至下递归地生成子节点，直到数据集不可分，即停止决策树的生长。所以，构造决策树的过程本质上就是根据数据特征，将数据集分类的递归过程。第三个步骤是剪枝。它是指决策树的生成对应模型的局部选择，只考虑局部最优，决策树的剪枝对应模型的全局选择，考虑全局最优。一般而言需要剪枝，以缩小树的结构和规模，缓解过拟合，从而使其具有更好的泛化能力。剪枝技术有预剪枝和后剪枝两种，步骤是去掉过于细分的叶节点，使其退回到父节点，甚至更高的节点，然后将父节点或更高的节点改为新的叶节点。

（三）决策树技术在物流和金融企业信用风险分析中的应用

随着信息化水平的提高，银行和物流企业都积累了各种各样的数据，如何从大量的数据中挖掘出潜在的应用价值，有效地降低物流和金融企业的信用风险是个值得探讨的问题。图 7 -1 利用决策树贪心算法（Iterative Dichotomiser 3，ID3）对某物流企业客户的高还款风险特征属性进行了挖掘，为银行进行信用风险分类预测提供了参考，克服了人为经验因素带来的不确定性，降低了信用风险。决策树技术应用于物流和金融企业信用风险分析的基本思路是：根据已知样本和原始信用评价状态，发现贷款企业信用状态与其某些特征属性之间的关系，进而通过这些企业属性的具体观察值，对其信用状况进行预测。但是进行相关分析的数据不是只存储在一个数据库中，还可能存在于其他数据集中，要根据实际需要进行相关的收集整理。收集后的数据往往不能直接挖掘，需要进行一定的选择、清理、转换和归纳等预处理工作，数据预处理的准备工作及结果，对挖掘算法的效率乃至正确性都有关键性的影响。

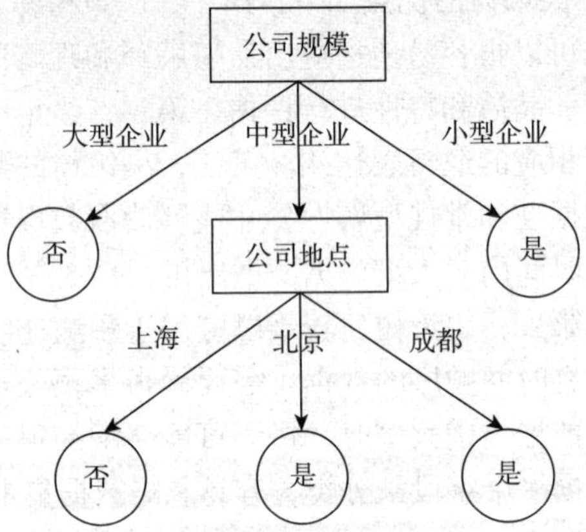

图 7 -1　决策树 ID3 算法

二、随机森林

（一）随机森林的概念

随机森林（Random Fores）是一种应用非常广泛的集成学习方法，通过集成多个独立的决策树来提升模型性能。由于其计算开销小、易于实现，在很多任务中显现出强大的性能，因而被誉为集成学习技术的代表。集成学习通过合并多个独立的学习算法来提高整体决策能力，有时也被称为“多分类器系统”或“基于委员会的学习算法”。本部分首先介绍随机森林的概念，然后讲解随机森林算法的原理，最后介绍如何在 Weka 软件中进行随机森林学习。随机森林是一个包含多个独立决策树的集成学习算法。它的基本构成单元是决策树，其本质是一种集成学习策略。随机森林的主要特点是随机和森林。其中，随机是指每个决策树的构建都具有一定的随机性；森林是指该算法中包含了多个决策树，每个决策树均为独立的分类器。

（二）随机森林的基本算法

由于随机森林是一种集成学习策略，因而先简要介绍集成学习算法。其中，个体学习器可以是同一种类型的分类器，也可以是不同类型的分类器。如果所有的个体学习器为同一类型，比如只包含决策树或只包含神经网络，则个体学习器称为基学习器。如果个体学习器为不同类型的分类器，如同时包含决策树和神经网络，此时个体学习器被称为组件学习器。

集成学习通过将多个学习器进行组合，可以获得比单一分类更为显著的性能，特别是单一分类的性能比较弱的时候（弱分类器），其优势更加明显。因此集成学习的很多理论研究主要针对弱学习器，集成学习的特点如图 7－2 所示。

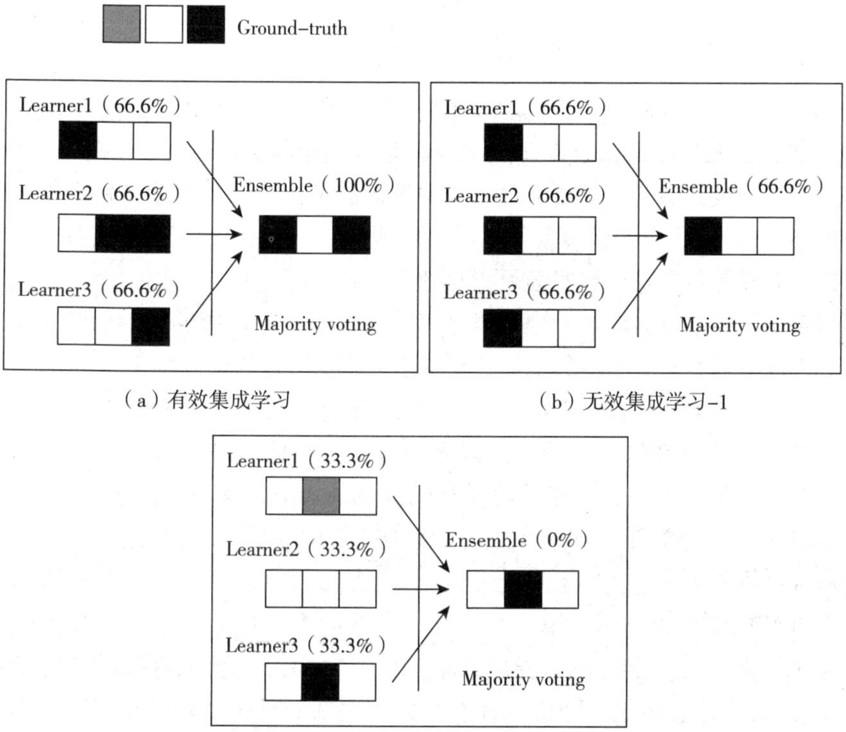

（a）有效集成学习　　（b）无效集成学习-1

（c）无效集成学习-2

图 7－2　集成学习器

图（a）上方的黑灰黑方块表示 3 个样本的真实标签，其下方表示 3 个独立的分类学习器（Learner）。从图（a）中可以看出，每个分类学习器的精度均为 66.6%。由 3 个分类器进行集成学习，采用投票方式可以得到 100% 的正确率。例如，第 1 个样本虽然在第 3 个分类器中被误判为灰，但是在第 1 个和第 2 个分类器中进行了正确分类。相应的投票结果认为该样本为黑色，分类正确。图（b）和图（c）是两个无效的集成学习示意图。图（b）表示每个分类器完全相同的情况下的集成学习效果。图中每个分类器的分类精度均为66.6%，但是由于所有的分类器完全一致，其集成学习的精度仍然为66.6%，没有得到任何的提升。图（c）表示每个分类器性能低于随机猜测情况下的集成学习效果。虽然每个分类器的输出并不完全相同，但是其分类精度均为33.3%。通过集成学习后，其分类精度反而变为0。从图（b）和图（c）中可以看出，集成学习的有效性依赖于每个分类器的性能和分类器之间的差异。分类器单个性能越好，且分类器之间的差异越大，集成学习效果越好。这一性能可以通过简单的理论分析来进一步说明。考虑一个二分类任务，假设每个基分类器 H 的错误率为 ε，即

$$P(H(x) \neq y) = \varepsilon$$

如果通过集成多个独立的分类器进行决策，并采用投票方法（即有超过半数的分类器正确则集成分类就正确），集成分类正确的概率为

$$P(H(x) \neq y) = \sum_{k=0}^{\frac{l}{2}} \binom{l}{k} (1-\varepsilon)^k \varepsilon^{l-k}$$

其中，$H(x)$ 为多个独立分类器集成而得到的分类器。从上式可以看出，随着基分类器数量的增加，集成学习的错误率急速减少，最终趋于零。

但是这个结论成立的前提是要满足两个关键的假设：第一个假设是每个基分类器的分类误差必须小于0.5（即分类精度要优于随机猜测），否则集成学习会使其分类精度进一步降低；第二个假设是每个基分类器必须相互独立。在实际应用中，第一个假设相对容易满足，但随着基分类器数量的增加，分类器之间的独立性不一定能够得到保障，第二个假设很难满足。因此，随着基分类器的增加，集成学习算法的最终误差率不一定会趋于零。

根据集成学习中各个基分类器的生成方式，集成学习可分为两类：第一类是各个基学习器之间的训练不存在依赖关系，可以采用并行方法同时训练多个基分类器，如装袋（Bagging）方法；第二类是各个基学习器之间的训练存在依赖关系，后一个基分类器的训练必须等前一个基分类器的训练完成，即以串行的方式依次训练各个基分类器，如迭代（Adaboost）算法。

本部分介绍的随机森林属于第一类。其分类器的多样性不仅来自样本的抽样，还来自属性的抽取，各个分类器之间差异度的增加进一步提升了随机森林的泛化性能。和袋装（Bagging）集成算法相比，随机森林能收敛到更低的泛化误差，其性能和训练效率通常更优。在效率方面，袋装算法每次均需要对所有的属性进行考察以形成单个决策树，而随机森林每次只需根据部分属性来构建决策树。在泛化误差方面，袋装算法只有对样本的抽样（通过有放回的采样方法形成训练集），没有对属性的扰动。因此，随机森林决策树的差异性更大，从而能获得更低的泛化误差。

随机森林中的随机是为了满足各个决策树之间的差异性要求，主要体现在如下两个方面：第一是特征的随机，每次均从所有特征属性中随机选取 K 个属性，然后根据这些属性，单独构建每棵决策树，且任其生长，不进行剪枝处理。第二是样本的随机，用袋

装算法形成每棵决策树的训练集，即采用有放回的采样方式从样本集中随机抽取样本为每棵决策树产生共训练集。两个随机性的引入，使得随机森林不容易出现过拟合现象，且具有良好的抗噪声能力。重复以上步骤 m 次，得到 m 个独立的分类器，最后根据 m 个分类器的投票结果，决定样本数据的所属类别。投票机制有一票否决、少数服从多数、加权多数等多种方式。

在随机森林的训练过程中，需要调节的关键参数有如下三个：第一个是随机选择的属性个数 K。假设每个样本有 N 个属性，一般情况下，可取 $K=\log(N)+1$。第二个是每棵决策树的最大深度。一般情况下，深度越深，集成学习性能越好，当到达一定深度后，其分类性能逐渐趋于平稳，不再增加。第三个是决策树的个数。在集成学习中，决策树的个数越多越好。但决策树的数量增加到一定程度后，决策树之间的独立性很难保障，其性能提升越来越小。

（三）随机森林在企业财务风险预警中的应用

近年来，随着网络的蓬勃发展，现代社会已经成为一个信息社会。相对于传统的企业，中国的互联网金融企业以其迅速、灵活以及个性化的特点迅速得到发展。但一方面，互联网金融企业在面对风险时，处理风险的时间大大缩短；另一方面，互联网金融公司发展时间较短，相关部门的监管机制也不完善，公司出现财务风险时会对整个互联网金融行业造成严重的不良影响，有时甚至可能对整个社会造成不利影响。因此，相关监管部门应该对企业风险进行评级，对有财务风险的企业加强监管，以减少上述问题的出现。现在有些公司运用算法对原始数据进行平衡处理，然后通过随机森林进行综合采样，利用人工合成数据算法（Synthetic Minority Over - sampling Technique，SMOTE）构建互联网金融公司财务风险预警模型，从而使互联网金融公司存在的财务风险能够被及时预警。具体的财务风险预警过程详见图 7 - 3。

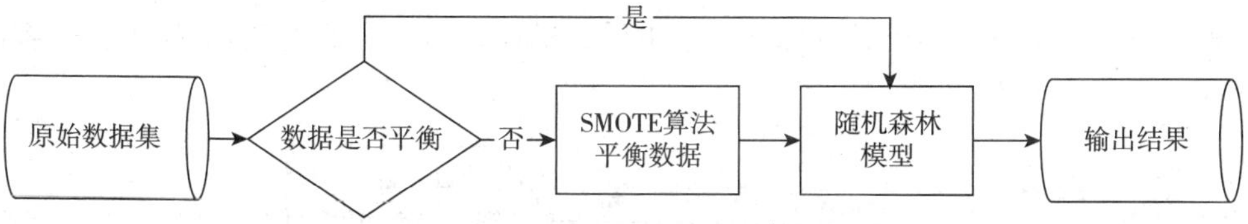

图 7 - 3 基于 SMOTE 随机森林的预警模型

第二节 支持向量机

一、支持向量机的基本介绍

（一）算法思想

首先通过一个故事来介绍支持向量机。

一个勇者为了救公主遇到了魔王，魔王给他设置了一个考验。如果勇者能通过考验就把公主还给他。桌面上摆放了一些红球和蓝球，魔王要求勇者用一根木棍将它们分开，要求：尽量在放更多球之后，这个解决方法仍然适用。经过不断调整位置使木棍与两侧的球尽可能保持最大的距离就可以解决这个问题，如图 7－4 所示。

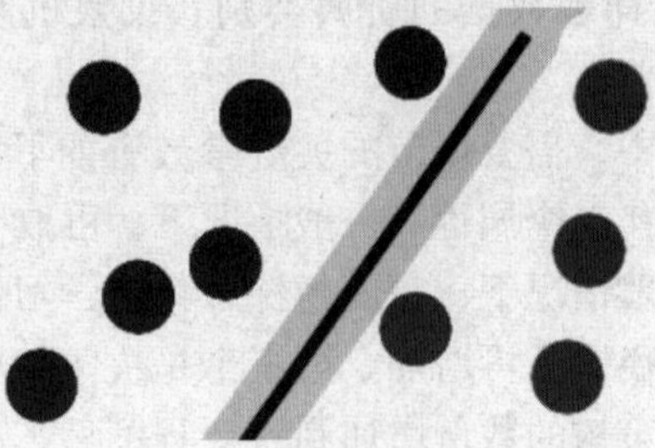

图 7－4　线性可分数据集①

然后大魔王又升级了这个挑战，他将两种球混乱摆放使得无法使用一根直木棍将两种球分开，如图 7－5 所示。

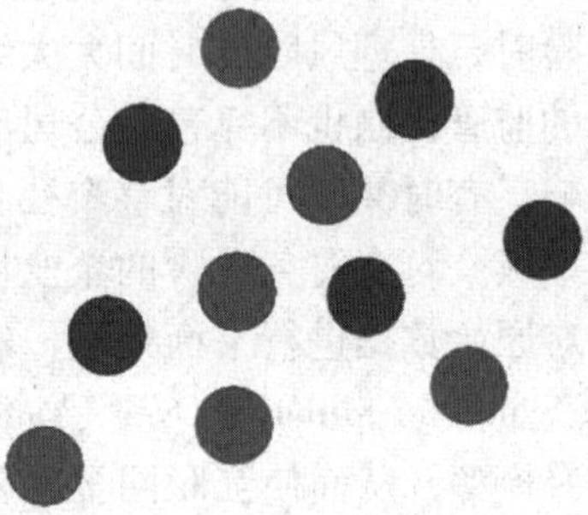

图 7－5　非线性可分数据集②

勇者用力拍了一下桌子，待球升到空中后，迅速地将一张纸塞进两种颜色的球中间将它们分开，如图 7－6 所示。

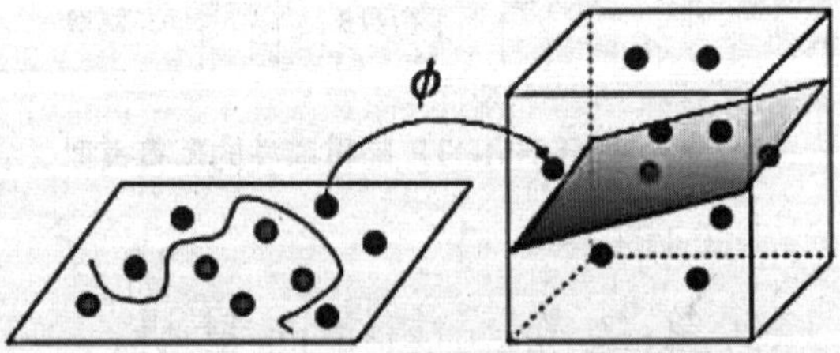

图 7－6　核变换③

① 黑线左边为蓝球，右边为黑球。

② 图 7－5 为混在一起、无序排放、线性不可分的红蓝球。

③ 左图中，曲线上方为蓝球，下方为红球；右图中，平面上方为蓝球，平面下方为红球。

魔王从天空向下看，看到的画面如图 7－7 所示。

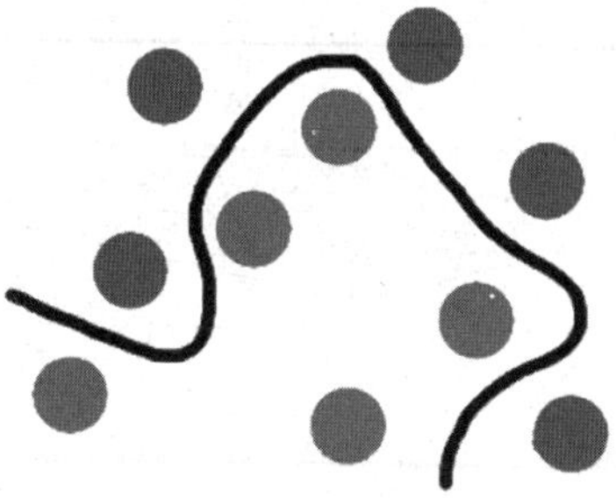

图 7－7 非线性可分数据集①

人们把这些球叫做数据（data），把棍子叫做分类器（classifier），找到最大间隙的方法叫做优化（optimization），拍桌子叫做核变换（kernelling），那张纸叫做超平面（hyperplane）。

上面的例子十分清楚地展示了支持向量机（Support Vector Machine，SVM）的作用。如果数据是线性可分的，用一条直线就可以将它们分开，将边上的球到直线的间隔最大化，这就是优化过程。但当遇到线性不可分数据时，采用核变换（kernelling）的方式，在高维空间使用超平面才能将数据进行分类。

（二）公式推导

首先通过图 7－8 说明几个概念。图 7－8 中间的线被称为决策边界，用来判断分类；左右两边最接近决策边界的数据被称为支持向量；选择离决策边界最远的支持向量被称为决策间隔，即最优解。

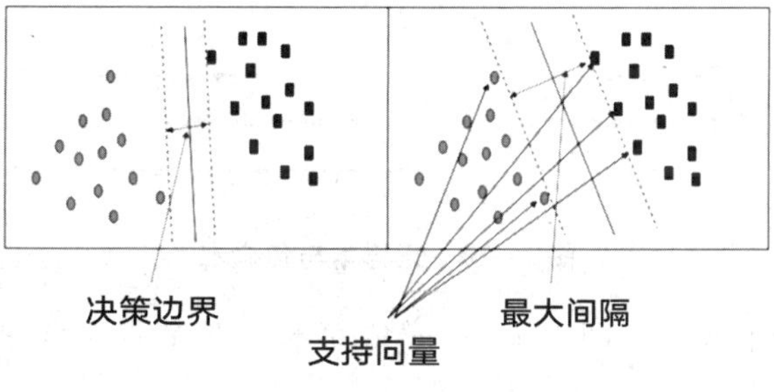

图 7－8 支持向量机基本概念图

1. 推导。首先考虑二维空间下的情形。定义决策方程为 $y = wx + b$ ，对应 R^n 中的一个超平面 S，其中 w 是超平面的法向量，b 是截距。

$$distance(x,b,w) = \left| \frac{w^t}{\|w\|}(x - x^t) \right| = \frac{1}{\|w\|} |w^t x + b|$$

① 曲线上方为蓝球，下方为红球。

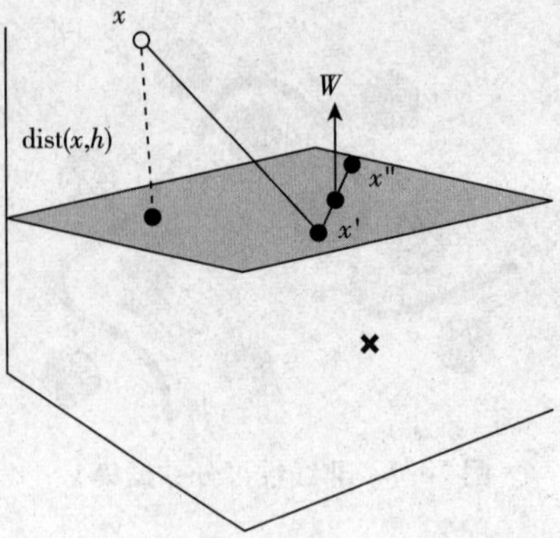

图 7－9　超平面

根据点到面距离的计算公式，我们能得到：$distance = \frac{1}{\|w\|}|wx_i + b|$。

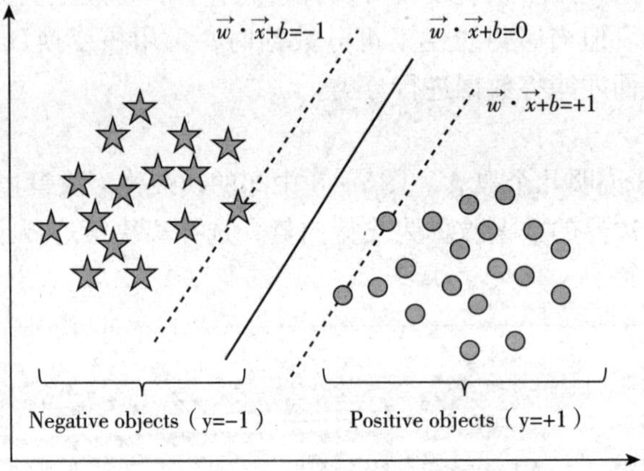

图 7－10　正样本与负样本

在样本的类别为正样本（即 Y = 1）或负样本（即 Y = －1）时，可以将绝对值展开，然后乘以 y_i，则空间 R^n 上任意一个样本点到 S 面的距离可定义为：$r_i = \frac{1}{\|w\|}(wx_i + b)y_i$。

因为要找到最大间隔，所以优化目标为：$argmax_{w,b}\left[\frac{1}{\|w\|}min_i(y_i(wx_i + b))\right]$。argmax 是最大距离，min 是最近的支持变量，因为 $y_i(wx_i + b) = 1$，所以只有 $max_{w,b}\frac{1}{\|w\|}$。为了方便求导，将公式乘以 $\frac{1}{2}$ 并对 $|w|$ 进行平方，则公式转化为 $min_{w,b}\frac{1}{2}|w|^2$。

2. 求解。问题已经转换为凸二次规划的问题，所以可以用拉格朗日对偶法求解，前提是目标函数必须是凸函数，因为只有凸函数才能保证存在全局最优解，此时凸函数与凸优化联系起来。求最优解通常存在以下几个类型：第一个类型是无约束。无约束情况下，目标函数 $\min f(x)$ 直接使用费马引理对目标函数求导解极值即可。第二个类型是等式约束。存在等式 $h_j(x), j = 1,2,\cdots m$ 的情况下，需要使用拉格朗日乘子法，在等式中引入乘子向量与 $\min f(x)$ 构成新的目标函数求解。第三个类型是不等约束。存在不等约束 $g_i(x) \leqslant 0, i = 1,2\cdots n$，或者等式约束 $h_j(x), j = 1,2,\cdots m$ 的情况下，同样需要将这些约束与乘子向量构造成新的目标函数，通过 KKT 条件解出最优值的必要条件。

此时要求解的函数为：$min_{w,b} \frac{1}{2} \| w \|^2$。

约束条件为：s. t. $y_i(wx_i + b) \geqslant 1, i = 1,2,\cdots n$（正负样本为 -1、1，为了寻找最大间隔所以要服从该条件）。

根据不等约束求解方法，首先构造目标函数。使用拉格朗日乘子法将问题的约束条件转换为无约束的目标函数：$L(w,b,\alpha) = \frac{1}{2} \| w \|^2 - \sum_{i=1}^{N} \alpha_i (y_i(wx_i + b) - 1)$，原问题就转化为求解 $min_{w,b} max_{\alpha} L(w,b,\alpha)$。为了方便求解，将问题再次转化为求解 $max_{a} min_{w,b} L(w,b,\alpha)$。

对 w 求偏导：$\frac{\partial L}{\partial w} = 0 \rightarrow w = \sum_{i=1}^{n} \alpha_i y_i x_i$

对 b 求偏导：$\frac{\partial L}{\partial b} = 0 \rightarrow 0 = \sum_{i=1}^{n} \alpha_i y_i$

代入原式 $L(w,b,\alpha) = \frac{1}{2} \| w \|^2 - \sum_{i=1}^{N} \alpha_i (y_i(wx_i + b) - 1)$，得

$$min_{w,b} L(w,b,\alpha) = \frac{1}{2} w^T w - w^T \sum_{i=1}^{n} \alpha_i y_i x_i - \sum_{i=1}^{n} \alpha_i y_i + \sum_{i=1}^{N} \alpha_i$$

$$min_{w,b} L(w,b,\alpha) = \sum_{i=1}^{n} \alpha_i - \frac{1}{2} (\sum_{i=1}^{n} \alpha_i y_i x_i)^T \sum_{i=1}^{N} \alpha_i y_i x_i$$

$$min_{w,b} L(w,b,\alpha) = \sum_{i=1}^{n} \alpha_i - \frac{1}{2}(\sum_{i=1}^{n} \sum_{j=1}^{n} \alpha_i \alpha_j y_i y_j (x_i^T x_j))$$

以上就完成了对 $min_{w,b} L(w,b,\alpha)$ 的求解，然后得到 $max_{\alpha} L(w,b,\alpha) = \sum_{i=1}^{n} \alpha_i - \frac{1}{2}(\sum_{i=1}^{n} \sum_{j=1}^{n} \alpha_i \alpha_j y_i y_j (x_i^T x_j))$。由于人们习惯求解最小值，所以将问题转化，转化之后的目标函数如下：

$$min_{\alpha} L(w,b,\alpha) = \frac{1}{2} \sum_{i=1}^{n} \sum_{j=1}^{n} \alpha_i \alpha_j y_i y_j (x_i^T x_j) - \sum_{i=1}^{n} \alpha_i \quad i = 1,2,3\cdots,n \quad \text{s. t.} \sum_{i=1}^{n} \alpha_i y_i = 0$$

$$\text{s. t. } \alpha_i \geqslant 0$$

3. 软间隔。上述推导过程假设数据是完全线性可分的，但当数据是不完全线性可分、存在噪声的时候，就需要引入松弛因子，详见图 7 - 11。

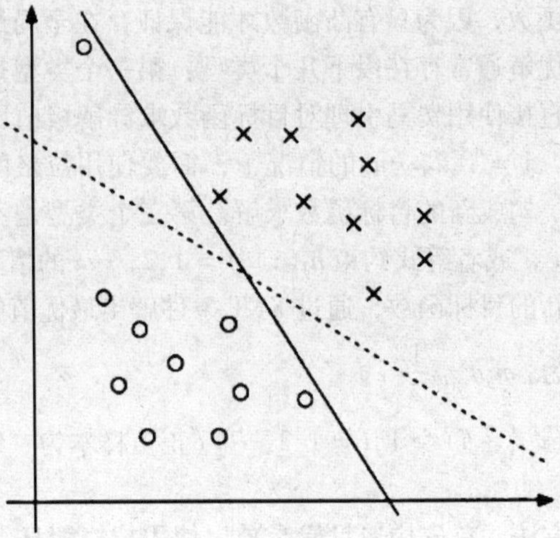

图 7-11 松弛因子

引入松弛因子后，目标函数发生了改变，变为：$min_{w,b}\frac{1}{2}\|w\|^2+C\sum_{i=1}^{n}\xi_i$，其中 C 是需要进行制定的参数。当 C 很大的时候，为了使目标函数最小化，只能让上述公式接近于0，此时软间隔支持向量机变成硬间隔支持向量机。当 C 很大时意味着绝对不允许有错误，当 C 很小时则意味着允许出现更大的错误。

此时目标函数如下：

$$L(w,b,\xi,\alpha,\mu)=\frac{1}{2}\|w\|^2+C\sum_{i=1}^{n}\xi_i-\sum_{i=1}^{n}\alpha_i(y_i(w\cdot x_i+b)-1+\xi_i)-\sum_{i=1}^{n}\mu_i\xi_i$$

约束条件为

$$w=\sum_{i=1}^{n}a_i y_i\phi(x_n)$$

$$0=\sum_{i=1}^{n}a_i y_i$$

$$c-a_i-\mu_i=0$$

$$a_i\geqslant 0\ \mu_i\geqslant 0$$

二、深入支持向量机

（一）核函数

1. 核函数（特征空间的隐式映射）。学者明斯基（Minsky）和派珀特（Papert）早在20世纪60年代就已经明确指出线性学习器计算能力有限。因为总体而言，现实世界复杂的应用需要有比线性函数更富有表达能力的假设空间，目标概念通常不能由给定属性的简单线性函数组合来定义，而应该寻找待研究数据更为一般化的抽象特征。

而核函数则提供了此种问题的解决途径。核函数通过把数据映射到高维空间来增加线性学习器的计算能力，线性学习器对偶空间的表达方式让分类操作更具灵活性和可操作性。因为训练样例一般是不会独立出现的，它们总是以成对样例的内积形式出现，而用对偶形式表示学习器的优势在于该表示中可调参数的个数可以不依赖输入属性的个数，而是通过使用恰当的核函数来替代内积，可以隐式地将非线性的训练数据映射到高维空间，而不增加可调参数的个数（前提是核函数能够计算相对应的两个输入特征向量的内积）。

简而言之，在线性不可分的情况下，支持向量机通过某种事先选择的非线性映射（核函数）将输入变量映射到一个高维空间，在这个空间中构造最优分类超平面。我们使用支持向量机进行数据集分类时，首先通过预先选定的一些非线性映射将输入空间映射到高维特征空间，详见图 7－12。

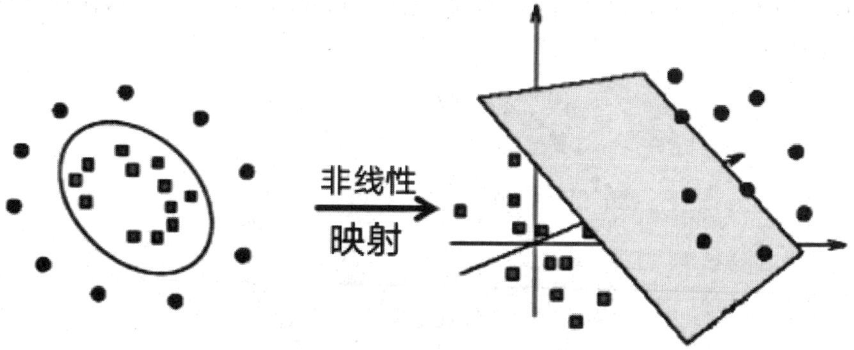

图 7－12　核函数

图 7－12 清晰地展示了核函数通过映射到高维特征空间，而把在平面空间上不容易分开的非线性数据进行区分。这种做法使得在高维属性空间中有可能将训练数据实现超平面的分割，避免了在原输入空间中进行非线性曲面分割计算。支持向量机数据集形成的分类函数是一组以支持向量为参数的非线性函数的线性组合，因此分类函数的表达式仅和支持向量的数量有关，而独立于空间的维度，在处理高维输入空间的分类时，这种方法尤其有效。遇到核函数之前，如果用原始的方法，即在用线性学习器学习一个非线性关系前，需要选择一个非线性特征集，并且将数据写成新的表达式，即类似于使用一个固定的非线性映射，将数据映射到特征空间，在特征空间中使用线性学习器。因此，考虑的假设集的函数为

$$f(x) = \sum_{i=1}^{N} w_i \phi_i(x) + b$$

这意味着建立非线性学习器分为两步：第一步，使用一个非线性映射将数据变换到一个特征空间 F；第二步，在特征空间中使用线性学习器进行分类。对偶形式是线性学习器的一个重要特征，意味着假设可以表达为训练点的线性组合，因此决策规则可以用测试点和训练点的内积来表示：

$$f(x) = \sum_{i=1}^{l} \alpha_i y_i \phi(X_i) \cdot \phi(X) + b$$

如果有一种方式可以在特征空间中直接计算内积 $\phi(X_i \cdot \phi(X))$，就像在原始输入点

的函数中一样，有可能将两个步骤融合到一起建立一个非线性的学习器，这种进行直接计算的方法称为核函数方法。据此给出核函数定义：核是一个函数 K，对所有 x，z 满足：$K(x,z)=\phi(x)\cdot\phi(z)$，其中 ϕ 是从 X 到内积特征空间 F 的映射。如果不使用核技术，首先要计算线性映射 phy（x_1）和 phy（x_2），然后计算这两个特征的内积。使用了核技术之后，首先计算 phy（x_1）和 phy（x_2）的通用表达式：< phy（x_1），phy（x_2）≥ k（<x_1，x_2>），其中的<，>表示内积，k（,）就是对应的核函数，这个表达往往非常简单，所以计算也非常方便。

2. 使用核函数处理非线性数据。线性情况下的支持向量机通过寻找一个线性的超平面来达到对数据进行分类的目的。不过，由于是线性方法，所以不能处理非线性的数据。例如，图 7 – 13 所示的两类数据，分别呈两个圆圈的形状分布，这样的数据本身就是线性不可分的。

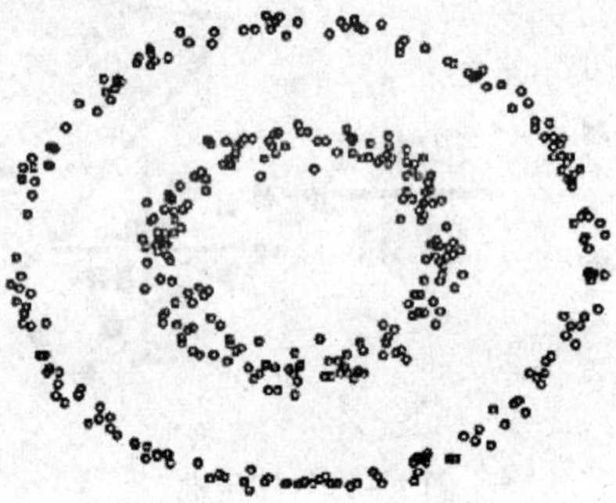

图 7 – 13　非线性数据

图 7 – 13 所示的这个数据集，是用两个半径不同的圆圈加上少量的噪音得到的，所以一个理想的分界应该是一个圆圈（超平面）而不是一条线。一条二次曲线（圆圈是二次曲线的一种特殊情况）的方程可以用下面的形式表达：

$$a_1X_1+a_2X_1^2+a_3X_2+a_4X_2^2+a_5X_1X_2+a_6=0$$

如果构造另外一个五维的空间，上面的方程式在新的坐标系下可以表达为

$$\sum_{i=1}^{5}a_iZ_i+a_6=0$$

这正是一个超平面的方程。如果按照上面的规则做一个映射，那么在新的空间中原来的数据将变成线性可分的，从而可以使用线性分类算法进行处理。这是核方法（kernel）处理非线性问题的基本思路。在进一步描述核方法的细节之前，不妨再来看看这个例子中的数据经过映射后的直观表现。由于很难画出五维空间，但是生成数据的时候用了特殊的情形（圆心在轴上的一个正圆），所以超平面实际的方程表达为

$$\sum_{i=1}^{5}a_iZ_i+a_6=0$$

将其映射到一个三维空间，结果详见图 7 – 14。将坐标轴经过适当的旋转后可以看出，数据是可以通过一个平面来分开的。

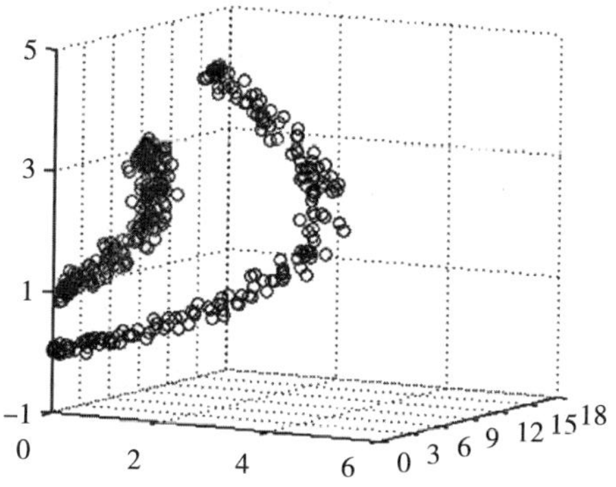

图 7－14 三维空间

假设原始的数据是非线性的，通过一个映射将其映射到一个高维空间中，数据将变得线性可分，可以使用原来的推导过程进行计算，只是所有的推导过程都是在新的空间中进行，而不是在原始空间中进行。但是推导过程并不可以简单地直接进行类比。例如，原本要求超平面的法向量，如果映射之后得到的新空间的维度是无穷维的，那么要描述一个无穷维的向量就比较麻烦。如果忽略这些细节，直接从最终的结论来分析，二维空间的最终分类函数表示如下：

$$f(x) = \sum_{i=1}^{n} \alpha_i y_i x_i , x + b$$

由于是在映射后的空间进行计算，则最终分类函数变为

$$f(x) = \sum_{i=1}^{n} \alpha_i y_i \phi(x_i) , \phi(x) + b$$

这样似乎就解决了非线性数据分类问题。当遇到非线性数据时，找到一个映射，然后把原来的数据全部映射到新空间中，再做线性支持向量机。不过实际操作并没有这么简单。对一个二维空间做映射，选择的新空间是原始空间的所有一阶和二阶的组合，可以得到五个维度；如果原始空间是三维，那么会得到 19 维的新空间，维度数目是呈爆炸性增长的，这给计算带来了非常大的困难，而且如果遇到无穷维的情况，根本无从计算。核函数的出现为无穷维问题提供了解决办法。

3. 核函数的本质。现实生活中总是存在线性不可分的样例，通常做法是把样例特征映射到高维空间中，然后将相关特征分开，即可达到分类的目的。但若将线性不可分的样例全部映射到高维空间，则高维空间的维度会非常高。此时，可以使用核函数。核函数的特点在于虽然同样是将特征从低维到高维进行转换，但它事先在低维上进行计算，而将实质的分类效果在高维上体现，避免了直接在高维空间中进行复杂计算。最后举例说明用核函数解决非线性问题的直观效果，详见图 7－15。图 7－15 简单展示了支持向量机使用非线性分类器的优势，而逻辑模式以及决策树模式都是使用了直线方法。

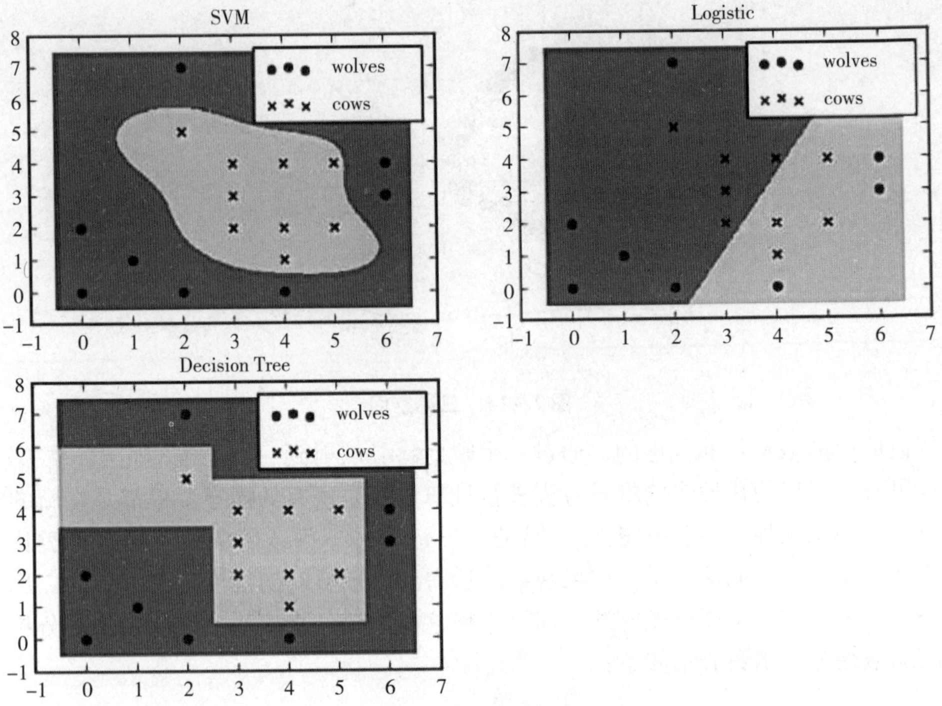

图 7－15　核函数

4. 典型的核函数。根据问题和数据的不同而选择不同的参数，实际上得到了不同的核函数，下面介绍三种典型的核函数。

第一，多项式核。将图 7－13 中非线性数据进行分类的核是多项式核的一个特例（$R=1,d=2$）。这个核所对应的映射实际上是可以写出来的，该空间的维度是 $\binom{m+d}{d}$，其中 m 是原始空间的维度。

第二，高斯核。即 $k(x_1,x_2)=exp\left(-\frac{\|x_1-x_2\|^2}{2\sigma^2}\right)$，将原始空间映射为无穷维空间。但是如果 σ 选值最大，则高次特征上的权重衰减非常快，所以实际上相当于一个低维的子空间；反之，如果 σ 选值很小，则可以将任意的数据映射为线性可分，然而随之而来的可能是非常严重的过度拟合问题。不过高斯核可以调控参数 σ，实际上具有相当高的灵活性，也是使用最广泛的核函数之一。图 7－16 便是把低维线性不可分的数据通过高斯核函数映射到高维空间的例子。

第三，线性核。即 $k(x_1,x_2)=x_1,x_2$，这实际上就是原始空间中的内积。这个核存在的主要目的是使映射后空间中的问题和映射前空间中的问题在形式上保持统一。在写代码或公式的时候，只需写好模板或通用表达式，不用再分别写线性表达式和非线性表达式。

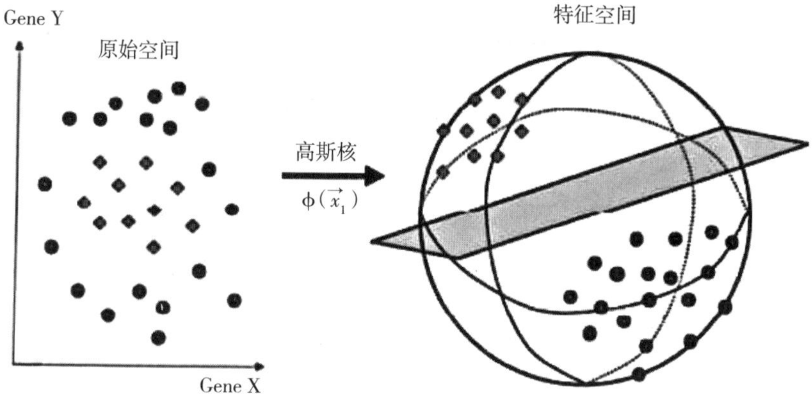

图 7－16　高斯核

（二）使用松弛变量处理极端点的方法

在本部分最开始讨论支持向量机的时候，假定数据是线性可分的，则可以找到一个可行的超平面将数据完全分开。而为了处理非线性数据，核函数对原来的线性支持向量机进行了扩展，使其也能够处理非线性的数据。虽然通过映射将原始数据映射到高维空间之后能够大大增加线性分隔的概率，但是对于某些情况还是很难处理。

例如，数据本身可能并不是非线性结构的，而是因为有噪音，偏离正常位置很远的数据点，即极端点。在基础支持向量机模型里，极端点的存在可能造成很大的影响，因为超平面本身就由少数几个支持向量所组成，如果支持向量里又存在极端点，则影响就会非常大。详见图 7－17。

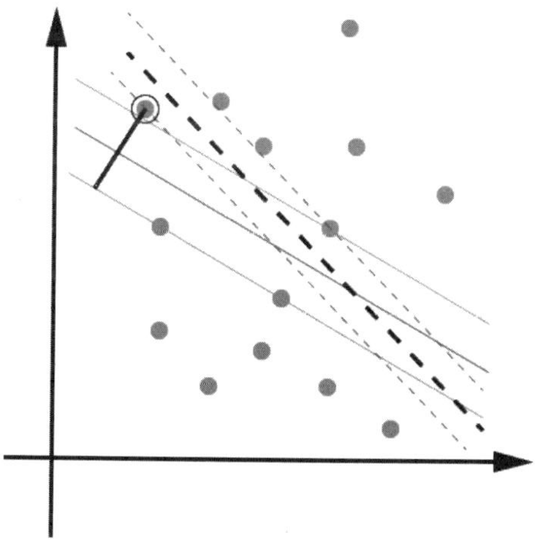

图 7－17　极端点

圆圈中的点是一个极端点，它偏离了自己原本所应该在的那个半空间，如果直接将它忽略掉，原来的分隔超平面将比较合理，但是由于这个极端点的出现，分隔超平面不再合理（如图 7－17 中黑色虚线所示），同时边界也相应变小了。如果这个极端点再往右上移动，将无法构造出能将数据分开的超平面。为了处理这种情况，支持向量机允许数据点在一定程度上偏离超平面。例如，在图7-17中，黑色实线所对应的距离，就是该极端点偏离的距离，如果把它移动回来，就刚好落在原来的超平面上，而不会使超平面发生变形。同时，对于不同的支持向量，拉格朗日参数的值也不同，详见图7-18。

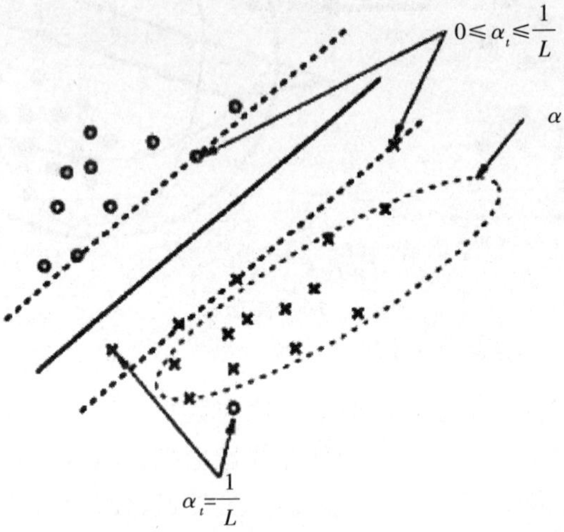

图7-18　拉格朗日参数值

原来的约束条件为：

$y_i(w^Tx_i+b)\geqslant 1\quad i=1,\cdots,n$，现在考虑到极端点问题，约束条件变为

$$y_i(w^Tx_i+b)\geqslant 1-\xi_i\quad i=1,\cdots,n$$

其中 $\xi_i\geqslant 0$，被称为松弛变量，即对应数据点 x_i 允许偏离的functional margin的量。如果运行 ξ_i 任意大，那任意的超平面都符合条件。所以在原来的目标函数后面加上一项，使得这些 ξ_i 的总和也要最小，完整公式如下：

$$min\frac{1}{2}\|w\|^2+C\sum_{i=1}^{n}\xi_i$$

$$\text{s. t.}\ ,y_i(w^Tx_i+b)\geqslant 1-\xi_i\quad i=1,\cdots,n$$

$$\xi_i\geqslant 0,i=1,\cdots,n$$

将限制或约束条件加入目标函数中，得到的新拉格朗日函数如下：

$$\mathcal{L}(w,b,\xi,\alpha,r)=\frac{1}{2}\|w\|^2+C\sum_{i=1}^{n}\xi_i-\sum_{i=1}^{n}\alpha_i(y_i(w^Tx_i+b)-1+\xi_i)-\sum_{i=1}^{n}r_i\xi_i$$

一个完整的、可以处理线性数据和非线性数据并能容忍噪音和极端点的支持向量机到此介绍完毕。

支持向量机本质上是一个分类方法，用 w^T+b 定义分类函数，求解 w、b。为寻求最大间隔，引入$\frac{1}{2}\|w\|^2$，继而引入拉格朗日因子，化为对拉格朗日乘子 a 的求解，求解过程中会涉及一系列最优化或凸二次规划等问题。求解 w、b 与求解 a 等价，求解 a 可以

用一种快速学习算法——序列最小优化（Sequential Minimal Optimization，SMO）。而核函数则仅用于处理非线性数据，在低维空间内计算等效，在高维空间内表现。

三、基于粒化支持向量机的互联网金融产品大数据回测分析

随着大数据时代的到来，数据挖掘技术正日益渗透到各行各业。以掌柜钱包为例，为了获取投资的标量信息，使用数据挖掘技术挖掘掌柜钱包的基本面数据，选取当天的开盘指数、最高指数、最低指数、收盘指数、当日交易量和当日交易额六个指标。随后采用基于模糊信息化的支持向量机指数预测模型，以每周信息为一个信息点，通过模型对每日的开盘指数进行回归拟合、判断指数未来价量信息的走向。对掌柜钱包的有效预测可以从整体上观测股市的变化并提供强有力的信息。支持向量机的算法流程详见图 7－19。

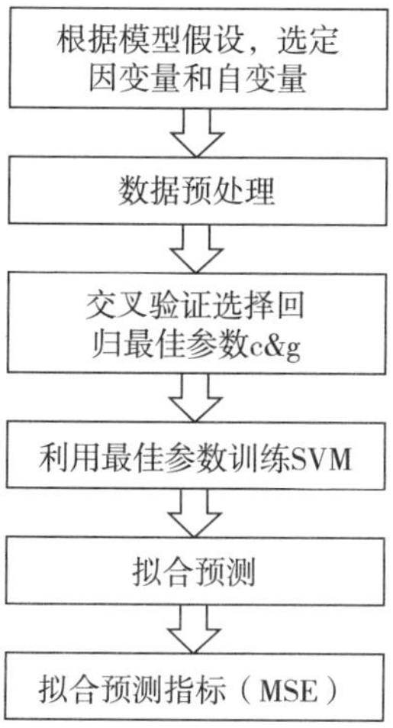

图 7－19　支持向量机算法流程图

第三节　神经网络

一、神经网络概述

（一）概念

神经网络是机器学习中的一种模型，是一种模仿动物神经网络行为特征，进行分布式并行信息处理的算法数学模型。神经网络依靠系统的复杂程度，通过调整内部大量节点之间的相互连接，从而达到处理信息的目的。一般而言，神经网络的架构可以分为三类。

1. 前馈神经网络。这是实际应用中最常见的神经网络类型。第一层是输入，最后一

层是输出。如果有多个隐藏层，我们称之为“深度神经网络”。利用这种网络计算出一系列改变样本相似性的变换，各层神经元的活动是前一层活动的非线性函数。

2. 循环网络。循环网络在它们的连接图中定向循环，这意味着可以按照箭头回到开始的地方。它们可以有复杂的动态，使其很难训练。它们更具有生物真实性。循环网络的目的是处理序列数据。传统的神经网络模型是从输入层到隐含层再到输出层，层与层之间是全连接的，每层之间的节点是无连接的。但是这种普通的神经网络对于很多问题却无能为力。例如，要预测一个句子中的下一个单词，一般需要调用前面的单词，因为一个句子中的前后单词并不是独立的。循环神经网络指一个序列当前的输出与前面的输出有关联。具体表现为网络会对前面的信息进行记忆并应用于当前输出的计算中，即隐藏层之间的节点不再是无连接的，而变为有连接的，并且隐藏层的输入不仅包括输入层的输出，还包括上一时刻隐藏层的输出。

3. 对称连接网络。对称连接网络类似于循环网络，但是与循环网络相比，对称连接网络单元之间的连接是对称的，所以更容易分析。对称连接网络中有更多的限制，因为它们遵守能量函数定律。没有隐藏单元的对称连接网络被称为霍普菲尔德神经网络（Hopfield Neural Network），有隐藏单元的对称连接网络被称为玻尔兹曼机。

（二）感知机

一个神经元有 n 个输入，每一个输入对应一个权值 w，在神经元内会将输入与权重相乘后求和，求和的结果与偏置做差，最终将结果放入激活函数中，由激活函数给出最后的输出，输出往往是二进制的，“0”代表抑制，“1”代表激活。感知机可以分为单层感知机和多层感知机。这部分主要讨论的是单层感知机。感知机由两层神经网络组成，输入层接收外界输入信号后传递给输出层，输出层是 M－P 神经元（见图 7－20）。

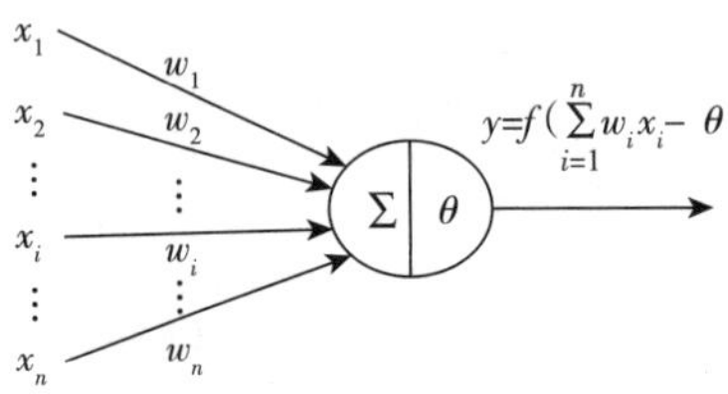

图 7－20　M－P 神经元

$$output = \begin{cases} 0 & if \sum w_j x_j \leq threshold \\ 1 & if \sum w_j x_j > threshold \end{cases}$$

可以把感知机看作 n 维实例空间中的超平面决策面，对于超平面一侧的样本，感知器输出 1；对于另一侧的样本则输出 0，这个决策超平面的方程是 $w \cdot x = 0$。那些可以被某一个超平面分割的正反样例集合称为线性可分样例集合，它们可以使用图 7－20 的感知机表示。“与”或者“非”问题都是线性可分的问题，使用一个有两输入的感知机能容易地表示，而“异”或者“并”不是一个线性可分的问题，使用单层感知机是不行的，需要使用多层感知机解决问题。训练一个感知机应从修改随机的权值开始，在每个训练样例中反复地应用这个感知机，样例分类错误就修改感知机的权值。重复这个过程，直到感知机正确分类所有的样例。在每一步中根据感知机训练法则来修改权值，即修改与输入 x_i 对应的权值 w_i，法则如下：

$$w_i \leftarrow w_i + \Delta w_i$$

$$\Delta w_i = \mu(t - o)x_i$$

式中，t 是当前训练样例的目标输出；o 是感知机的输出；μ 是一个正的常数（被称为学习速率）。学习速率的作用是缓和每一步调整权的程度，它通常被设为一个很小的数值（例如0.1），有时甚至会随着权值调整次数的增加而衰减。多层感知机（即多层神经网络）仅是在输入层与输出层之间加了多个隐藏层，感知机是神经网络的基础，后续更为复杂的神经网络都离不开最简单的感知机模型。

（三）四种神经网络

1. 卷积神经网络。卷积神经网络（Convolutional Neural Networks，CNN）与普通神经网络的区别在于卷积神经网络包含了一个由卷积层和子采样层构成的特征抽取器。在卷积神经网络的卷积层中，一个神经元只与部分邻层神经元连接。在卷积神经网络的一个卷积层中，通常包含若干个特征平面，每个特征平面由一些矩形排列的神经元组成，同一特征平面的神经元共享权值，共享权值就是卷积核。卷积核一般以随机小数矩阵的形式初始化，在网络的训练过程中卷积核将学习得到合理的权值。共享权值（卷积核）带来的直接好处是减少网络各层之间的连接，同时又降低了过度拟合的风险。子采样也称为池化（pooling），通常有均值子采样（mean pooling）和最大值子采样（max pooling）两种形式。子采样可以看作一种特殊的卷积过程，卷积和子采样大大简化了模型复杂度，减少了模型的参数。

卷积神经网络由三部分构成：第一部分是输入层；第二部分由 n 个卷积层和池化层的组合构成；第三部分由一个全连接的多层感知机分类器构成（见图7－21）。

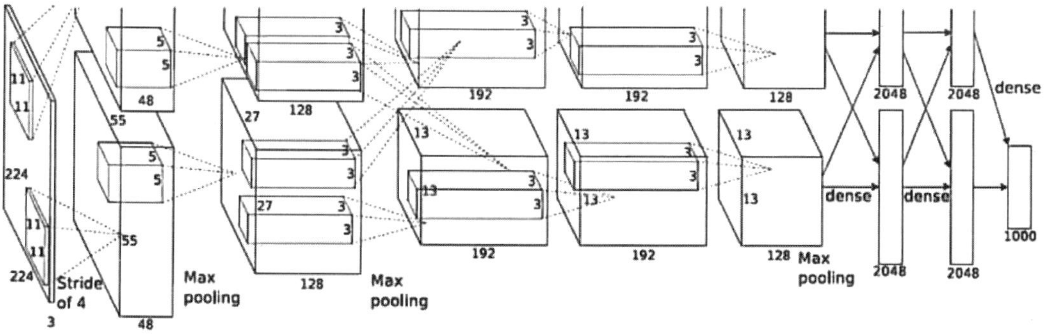

图7－21　多层感知分类器

输入：大小为224×224的图片，3通道。

第一层卷积：大小为11×11的卷积核96个，每个GPU上各有48个。

第一层max－pooling：2×2的核。

第二层卷积：大小为5×5卷积核256个，每个GPU上各有128个。

第二层 max－pooling：2×2 的核。

第三层卷积：与上一层是全连接，大小为 3×3 的卷积核 384 个，每个 GPU 上各有 192 个。

第四层卷积：大小为 3×3 的卷积核 384 个，每个 GPU 上各有 192 个。该层与上一层连接没有经过 pooling 层。

第五层卷积：大小为 3×3 的卷积核 256 个，每个 GPU 上各有 128 个。

第五层 max－pooling：2×2 的核。

第一层全连接：4096 维，将第五层 max－pooling 的输出连接成为一个一维向量，作为该层的输入。

第二层全连接：4096 维。

Softmax 层的输出为 1000，输出的每一维都是图片属于该类别的概率。

2. 循环神经网络。循环神经网络（Recurrent Neural Network，RNN）中，一个序列当前的输出与前面的输出有关。具体表现为网络会对前面的信息进行记忆并应用于当前输出的计算中，即隐藏层之间的节点不再是无连接的，而是有连接的，隐藏层的输入不仅包括输入层的输出，还包括上一时刻隐藏层的输出。理论上，RNN 能够对任何长度的序列数据进行处理。图 7－22 是一个简单的 RNN 结构图。

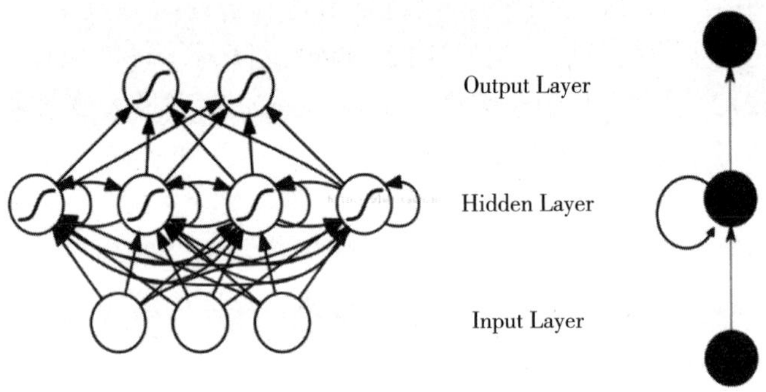

图 7－22　RNN 结构图

为了解答 RNN 隐藏层能够看到上一隐藏层的输出这个问题，我们深入剖析了 RNN 的内部结构，得到 RNN 结构展开图（见图 7－23）。

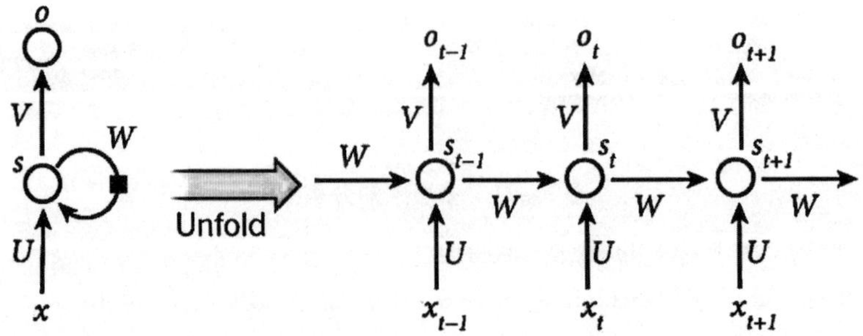

图 7－23　RNN 结构展开图

RNN 在 t 时刻接收到输入 X_t 之后，隐藏层的值是 S_t，输出值是 O_t。其中，O_t 的值不仅仅取决于 X_t，还取决于 S_{t-1}。

$$o_t = g(v_{s_t}) \qquad （式 1）$$

$$s_t = f(u_{x_t} + w_{s_{t-1}}) \qquad （式 2）$$

式 1 是输出层的计算公式，输出层是一个全连接层，每个节点都和隐藏层的每个节点相连；v 是输出层的权重矩阵，g 是激活函数。式 2 是隐藏层（循环层）的计算公式，u 是输入 x 的权重矩阵，w 是上一层的值 s_{t-1} 作为这一层输入的权重矩阵，f 是激活函数。从式 1 和式 2 可以看出，循环层和全连接层的区别在于循环层多了一个权重矩阵 w。如果反复把式 2 代入式 1，将得到

$$\begin{aligned} o_t &= g(v_{s_t}) \\ &= Vf(U_{X_t} + W_{S_{t-1}}) \\ &= Vf(U_{X_t} + Wf(U_{X_{t-1}} + W_{S_{t-2}})) \\ &= Vf(U_{X_t} + Wf(U_{X_{t-1}} + Wf(U_{X_{t-2}} + W_{S_{t-3}}))) \\ &= Vf(U_{X_t} + Wf(U_{X_{t-1}} + Wf(U_{X_{t-2}} + Wf(U_{X_{t-3}} + \cdots)))) \end{aligned}$$

可以看出，循环神经网络的输出值是受前面历次输入值 X_t、X_{t-1}、X_{t-2}…… 影响的，这就是循环神经网络可以往前看任意多个输入值的原因。

3. 深度信念网络。首先简单介绍深度信念网络（Deep Belief Net，DBN）的基本组成单位——受限玻尔兹曼机（Restricted Boltzmann Machines，RBM），详见图 7－24。

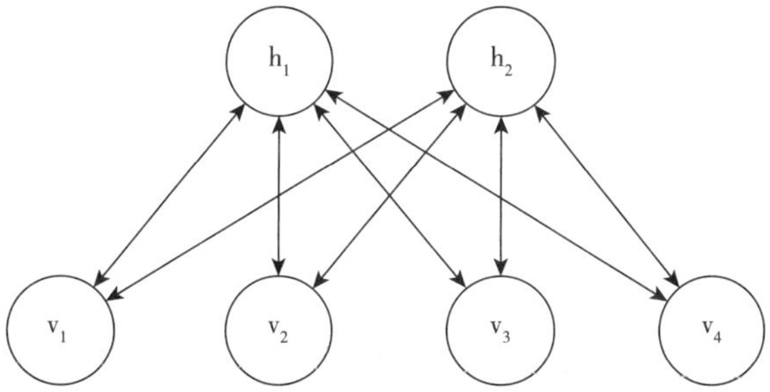

图 7－24　受限玻尔兹曼机

受限玻尔兹曼机中加入了限制，这个限制将完全图变成了二分图。二分图由一个显层和一个隐层构成，显层与隐层的神经元双向全连接。h 表示隐藏层，v 表示显层，在受限波尔兹曼机中任意两个相连的神经元之间用权值 w 表示其连接强度，每个神经元自身有一个偏置系数 b（对显层神经元）和 c（对隐层神经元）来表示其自身权重。

DBN 是一个概率生成模型，与传统的判别模型的神经网络相对，生成模型是在观察数据和标签之间建立一个联合分布，对 P（Observation Label）和 P（Label Observation）都进行了评估，而传统判别模型仅仅评估了后者的 P（Label Observation）而已。DBN 由

多个受限玻尔兹曼机层组成，一个典型的神经网络类型如图 7－25 所示。这些网络被限制为一个可视层和一个隐层，层间存在连接，但层内的单元间不存在连接。隐层单元被训练去捕捉在可视层表现出的高阶数据的相关性。

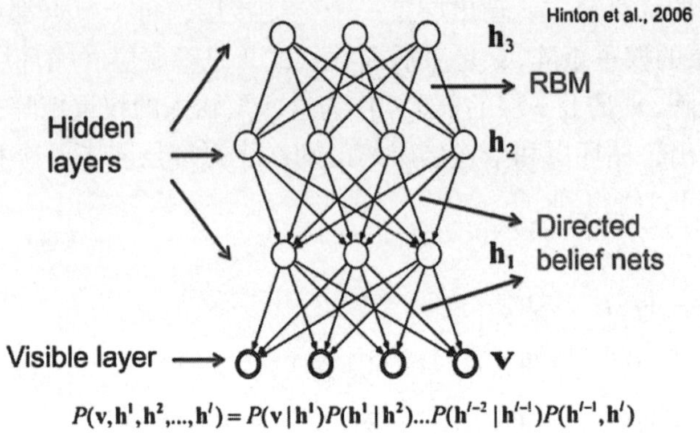

图 7－25 深度信念网络

4. 生成式对抗网络。生成式对抗网络（Generative Adversarial Networks，GAN）的目标在于生成。传统的网络结构往往都是判别模型，即判断一个样本的真实性。而生成模型能够根据所提供的样本生成类似的新样本，这些样本皆由计算机学习而来。GAN 一般由两个网络组成：生成模型网络与判别模型网络。生成模型 G 捕捉样本数据的分布，用服从某一分布（均匀分布、高斯分布等）的噪声 z 生成一个类似真实训练数据的样本，越接近于真实样本越好；判别模型 D 是一个二分类器，用于估算样本来自训练数据（而非生成数据）的概率，如果样本来自真实的训练数据，D 输出大概率，否则，D 输出小概率。而生成对抗网络是指训练的过程中固定一方，更新另一方的网络权重，交替迭代，在这个过程中，双方极力优化自己的网络，从而形成竞争对抗，直到双方达到一个动态的平衡（纳什均衡），此时生成模型 G 恢复了训练数据的分布（生成了和真实数据一模一样的样本），判别模型再也无法判别结果，准确率为 50%。

二、BP 神经网络

（一）BP 算法的基本思想

BP（Back Propagation）神经网络的基本思想是：学习过程由信号的正向传播与误差的反向传播两个过程组成。正向传播时，输入样本从输入层传入，经各隐层逐层处理后，传向输出层。若输出层的实际输出与期望输出（教师信号）不符，则转入误差的反向传播阶段。反向传播时，网络将输出以某种形式通过隐层向输入层逐层反传，并将误差分摊至各层的所有单元，从而获得各层各单元的误差信号，此误差信号即为修正各单元权值的依据。BP 算法的信号流向如图 7－26 所示。

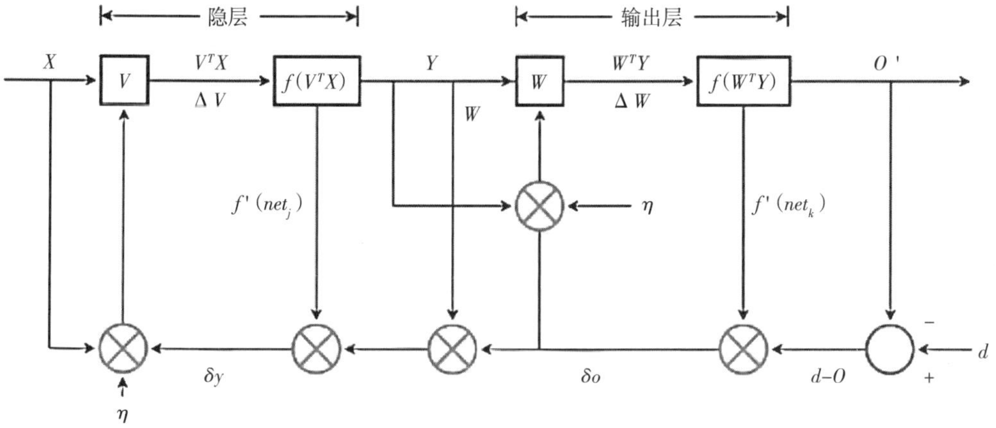

图 7－26　BP 算法的信号流向图

（二）BP 神经网络特性分析——BP 三要素

我们分析人工神经网络（Artificial Neural Network，ANN）时，通常都是从它的三要素入手：第一要素为网络拓扑结构；第二要素为传递函数；第三要素为学习算法。每一个要素的特性结合在一起就决定了 ANN 的功能特性。下面从三要素入手介绍 BP 神经网络。

1. BP 神经网络的拓扑结构。BP 神经网络实际上是多层感知器，因此它的拓扑结构和多层感知器的拓扑结构相同。由于单隐层感知器（即三层感知器）已经能够解决简单的非线性数据问题，因此应用最为普遍。

2. BP 神经网络的传递函数。BP 神经网络采用的传递函数是非线性变换函数——S 型函数（Sigmoid function）。其特点是函数本身及其导数都是连续的，因而在处理上十分方便，详见图 7－27 和图 7－28。

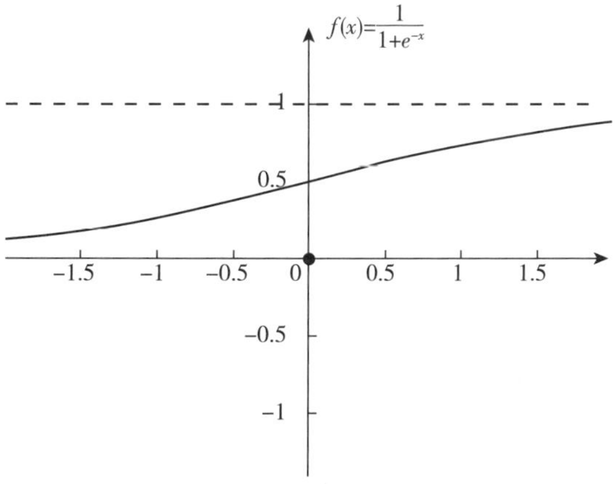

图 7－27　单极性 S 型函数曲线

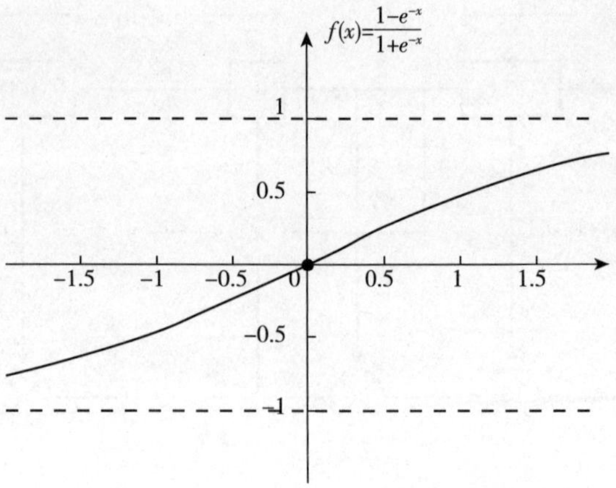

图 7－28　双极性 S 型函数曲线

3. BP 神经网络的学习算法。BP 神经网络的学习算法就是 BP 算法，又称 δ 算法。以三层感知器为例，当网络输出与期望输出不等时，存在输出误差 $\in$ ，定义如下：

$$\in = \frac{1}{2}(d-o)^2$$
$$= \frac{1}{2}\sum_{k=1}^{l}(d_k-o_k)^2$$

将以上误差定义式展开至隐层，可得

$$\in = \frac{1}{2}\sum_{k=1}^{\ell}[d_k-f(net_k)]^2 = \frac{1}{2}\sum_{k=1}^{\ell}\left[d_k-f\left(\sum_{j=o}^{m}w_{jk}y_j\right)\right]^2$$

进一步展开至输入层可得

$$\in = \frac{1}{2}\sum_{k=1}^{\ell}d_k-f\left[\sum_{j=0}^{m}w_{jk}f(net_j)\right]^2 = \frac{1}{2}\sum_{k=1}^{\ell}d_k-f\left(\sum_{j=0}^{n}w_{jk}f\left(\sum_{j=0}^{n}v_{ij}x_i\right)\right)^2$$

由上式可以看出，网络输入误差是各层权值 W_{jk} 、V_{ij} 的函数，因此调整权值可改变误差 $\in$ 。调整权值的原则是使误差不断缩小，因此应使权值与误差的梯度下降成正比，即

$$\Delta w_{jk} = -\eta\frac{\partial E}{\partial w_{jk}} \quad j=0,1,2,\cdots,m;k=1,2,\cdots,\ell$$

$$\Delta v_{ij} = -\eta\frac{\partial E\partial}{V_{ij}} \quad i=0,1,2,\cdots,n;j=1,2,\cdots,m$$

在计算误差 $\delta_i^{(1)}=\frac{\partial E}{\partial v_i^{(l)}}$ 时，先算最后 1 个隐藏层的误差，再算倒数第 2 个隐藏层的误差，依此类推。因此，这种算法被称为误差反向传播（Error Back Propagation），简称 BP 算法（Back－propagation Algorithm）。

容易看出，BP 学习算法中，各层权值调整公式形式上都是一样的，均由三个元素决定：第一个元素是学习率 η ；第二个元素是本层输出的误差信号；第三个元素是本层输出信号 Y（或者 X）。其中输入层误差信号与网络的期望输出与实际输出之差有关，直

接反映了输出误差；而各隐层的误差信号与前面各层的误差信号有关，是从输出层开始逐层反传过来的。

可以看出 BP 算法属于 δ 学习规则类，这类算法常被称为误差的梯度下降算法。δ 学习规则可以看成是 Widrow - Hoff（LMS）学习规则的一般化情况。LMS 学习规则与神经元采用的变换函数无关，因而不需要对变换函数求导；δ 学习规则没有这个性质，要求变换函数可导。这就是前面采用 Sigmoid 函数的原因。

综上所述，BP 三要素如图 7 - 29 所示。

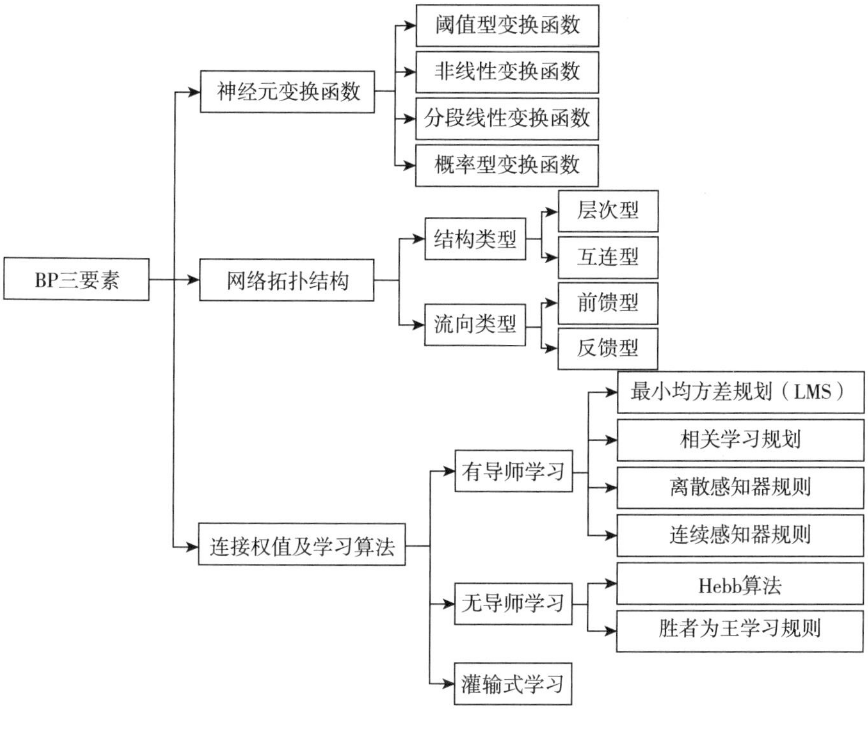

图 7 - 29　BP 三要素

（三）基于深度学习长短期记忆神经网络的全球股票指数预测研究

深层神经网络模型（Deep Neural Network Model，DNN）能够根据数据特征进行一般化学习，在学习异质性信息过程中淡化无关因素、强化有效因素的作用，由此获得更好的金融预测效果。DNN 主要包括循环神经网络及其衍生模型、卷积神经网络和深度信念网络等模型。近年来，深度神经网络开始被应用于金融预测中，有人开始利用深度学习长短期记忆（Long Short Term Memory，LSTM）神经网络对 S&P500 波动率进行建模，结果表明 LSTM 神经网络可以对包含噪声的金融时间序列数据进行预测。除此之外使用连续受限玻尔兹曼机构造 DBN 对三种汇率进行预测，预测效果优于自回归滑动平均模型（Autoregressive Moving Average Model，ARMA）的预测效果；使用多层感知器（Multilayer Perceptron，MLP）、CNN 和 LSTM 神经网络对 S&P500 第二天收盘价涨跌趋势进行预测，发现基于 CNN 的预测误差最小；将 RNN、LSTM 神经网络和门控循环单元网络（Gated Recurrent Unit networks，GRU）用于谷歌股价趋势预测，结果显示 LSTM 神经网络在金融序列预测方面具有优势。构建三层经典 MLP 神经网络作为另一种非线性对照模型，两种非线性对照模型的预测思路为：将股指收盘价、开盘价、最高价、最低价、成交量、成交额（仅国内指数）指标作为模型输入，未来一天指数收盘价的预测值作为模型输出，LSTM 股指预测过程如图 7－30 所示。

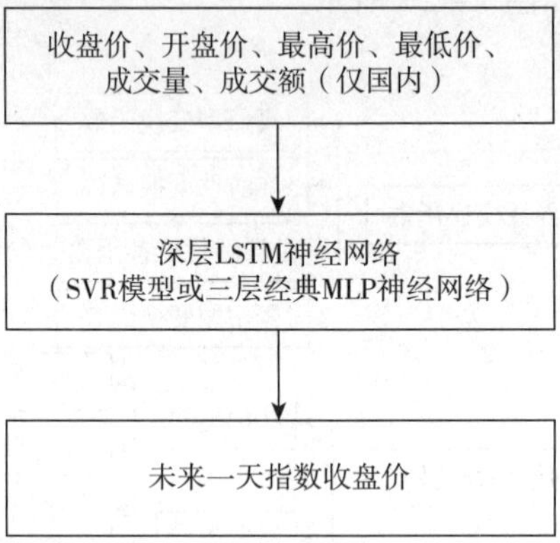

图 7－30　LSTM 股指预测计算图（思维导图）

第四节　深度学习

一、深度学习概述

（一）深度学习的概念

深度学习（Deep Learning，DL）由杰弗里·辛顿（Geoffrey Hinton）等人于 2006 年提出，是机器学习（Machine Learning，ML）的一个新领域，用来学习样本数据的内在规律和表示层次，学习过程中获得的信息对诸如文字、图像和声音等数据的解释有很大的帮助。深度学习的最终目标是让机器能够像人一样具有分析学习能力，能够识别文字、图像和声音等数据。深度学习是一个复杂的机器学习算法，在语言和图像识别方面取得的效果，远远超过先前相关技术。它在搜索技术、数据挖掘、机器学习、机器翻译、自然语言处理、多媒体学习、语音、推荐和个性化技术，以及其他相关领域都取得了很多成果。深度学习使机器能够模仿人类视听和思考等活动，解决了很多复杂的模式识别难题，使得人工智能相关技术取得了很大进步。

深度学习本质上是构建含有多隐层的机器学习架构模型，通过大规模数据进行训练，得到大量更具代表性的特征信息，从而对样本进行分类和预测，提高分类和预测的精度。这个过程是通过深度学习模型的手段达到特征学习的目的。深度学习模型和传统浅层学习模型的区别在于以下两点：第一，深度学习模型结构含有更多的层次，包含隐藏节点的层数通常在5层以上，有时甚至包含多达10层以上的隐藏节点。第二，深度学习明确强调了特征学习对于深度模型的重要性，即通过逐层特征提取，将数据样本在原空间的特征变换到一个新的特征空间来表示初始数据，这使得分类或预测问题更加容易实现。和人工设计的特征提取方法相比，利用深度模型学习得到的数据特征更能体现大数据的丰富内在信息。

（二）深度学习的发展历程

1982年，著名物理学家约翰·霍普菲尔德提出了霍普菲尔德神经网络。霍普菲尔德神经网络是一种结合存储系统和二元系统的循环神经网络。霍普菲尔德网络也可以模拟人类的记忆，根据激活函数的选取不同，有连续型和离散型两种类型，分别用于优化计算和联想记忆。但由于容易陷入局部最小值的缺陷，该算法在当时并未引起很大的轰动。

直到1986年，深度学习之父杰弗里·辛顿提出了一种适用于多层感知器的反向传播算法——BP算法。BP算法在传统神经网络正向传播的基础上，增加了误差的反向传播过程。反向传播过程不断地调整神经元之间的权值和阈值，直到输出的误差减小到允许的范围之内，或达到预先设定的训练次数为止。BP算法完美地解决了非线性分类问题，让人工神经网络再次引起了人们广泛的关注。

2006年，机器学习大师、多伦多大学教授杰弗里·辛顿及其学生鲁斯拉（Ruslan）发表在世界顶级学术期刊《科学》上的一篇论文引发了深度学习在研究领域和应用领域的发展热潮。这篇文献提出了两个主要观点：第一，人工神经网络模型有很强的特征学习能力，深度学习模型学习得到的特征数据对原数据有更本质的代表性，这大大便于数据分类和可视化。第二，对于深度神经网络很难训练达到最优的问题，可以采用逐层训练的方法解决，将上层训练好的结果作为下层训练过程中的初始化参数。在这一文献中，深度模型训练过程中的逐层初始化采用无监督学习方式。2010年，深度学习项目首次获得来自美国国防部门DARPA计划的资助，同年，该深度学习方法的提出立即在学术圈引起了巨大的反响，以斯坦福大学、多伦多大学为代表的众多世界知名高校纷纷投入巨大的人力、财力进行深度学习领域的相关研究。

自2011年起，谷歌和微软研究院的语音识别方向研究专家先后采用深度神经网络技术将语音识别的错误率降低了20%～30%，这是长期以来语音识别研究领域取得的重大突破。

2012年，在著名的ImageNet图像识别大赛中，杰弗里·辛顿领导的小组采用深度学习模型AlexNet一举夺冠。AlexNet采用线性整流函数（Rectified Linear Unit，ReLU），从根本上解决了梯度消失问题，并采用GPU极大地提高了模型的运算速度。同年，由斯坦福大学著名的吴恩达教授和世界顶尖计算机专家杰夫·丹（Jeff Dean）共同主导的深度神经网络——DNN技术在图像识别领域取得了惊人的成绩，在ImageNet评测中成功地把错误率从26%降低到了15%。深度学习算法在世界大赛的脱颖而出，再一次引起了学术界和工业界对于深度学习领域的关注。

2014年，Facebook研发的基于深度学习技术的DeepFace项目，在人脸识别方面的准确率已经能达到97%以上，跟人类识别的准确率几乎没有差别。这样的结果也再一次证明了深度学习算法在图像识别方面的强大实力。

2016 年，随着谷歌公司基于深度学习开发的阿尔法围棋（AlphaGo）以 4:1 的比分战胜了国际顶尖围棋高手李世石，深度学习的热度一时无两。后来，阿尔法围棋又接连和众多世界级围棋高手过招，均取得了胜利。这也证明了在围棋界，基于深度学习技术的机器人已经超越了人类。

2017 年至今，深度学习在语音识别、计算机视觉等多类应用中取得突破性进展，其动机在于建立模型模拟人类大脑的神经连接结构，在处理图像、声音和文本此类信号时，通过多个变换阶段分层对数据特征进行描述，进而给出数据的解释。以图像数据为例，灵长类的视觉系统在处理这类信号时，首先检测边缘、初始形状，然后再逐步形成更复杂的视觉形状。同样的，深度学习也是通过组合低层特征形成更加抽象的高层表示、属性类别或特征，给出数据的分层特征表示。

（三）深度学习的基本思想

深度学习之所以被称为“深度”，是相对支持向量机、提升方法、最大熵方法等浅层学习方法而言的，深度学习所获得的模型中，非线性操作的层级数更多。浅层学习依靠人工经验抽取样本特征，网络模型学习后获得的是没有层次结构的单层特征；而深度学习通过对原始信号进行逐层特征变换，将样本在原空间的特征表示变换到新的特征空间，自动地学习得到层次化的特征表示，从而更有利于分类或特征的可视化。深度学习理论的另外一个理论动机是：如果一个函数可用 k 层结构以简洁的形式表达，那么用 $k-1$ 层的结构表达则可能需要指数级数量的参数（相对于输入信号），且泛化能力不足。

深度学习算法打破了传统神经网络对层数的限制，可根据设计者需要选择网络层数。它的训练方法与传统的神经网络的训练方法相比有很大区别，传统神经网络随机设定参数初始值，采用 BP 算法利用梯度下降算法训练网络，直至收敛。但深度结构训练很困难，传统对浅层有效的方法对于深度结构并无太大作用，随机初始化权值极易使目标函数收敛到局部极小值，且由于层数较多，残差向前传播会丢失严重，导致梯度扩散，因此深度学习过程中采用贪婪无监督逐层训练方法。即在一个深度学习设计中，每层被分开对待并以一种贪婪方式进行训练，当前一层训练完后，新的一层将前一层的输出作为输入并编码以用于训练；最后每层参数训练完后，在整个网络中利用有监督学习进行参数微调。

深度学习所得到的深度网络结构包含大量的单一元素（神经元），每个神经元与大量其他神经元相连接，神经元间的连接强度（权值）在学习过程中被修改并决定网络的功能。通过深度学习得到的深度网络结构符合神经网络的特征，因此深度网络就是深层次的神经网络，即深度神经网络。

深度学习的概念起源于人工神经网络的研究，有多个隐层的多层感知器是深度学习模型的一个很好的范例。对神经网络而言，“深度”指的是网络学习得到的函数中非线性运算组合水平的数量。当前神经网络的学习算法多是针对较低水平的网络结构，这种网络被称为浅结构神经网络，如一个输入层、一个隐层和一个输出层的神经网络。与此相反，非线性运算组合水平较高的网络被称为深度结构神经网络，例如，一个输入层、三个隐层和一个输出层的神经网络。

深度学习的基本思想为：假设系统 S 有 n 层（$S_1,S_2,\cdots,S_n$），输入为 I，输出为 O，可形象地表示为：$I > S_1 \geqslant S_2 \geqslant \cdots \geqslant S_n \geqslant O$。为了使输出 O 尽可能地接近输入 I，可以调整系统中的参数以得到输入 I 的一系列层次特征 $S_1,S_2,\cdots,S_n$。对于堆叠的多个层，其中一层的输出作为其下一层的输入，以实现对输入数据的分级表达，这就是深度学习的基本思想。

二、基于深度学习的自然语言处理

2013 年以来，基于深度学习的自然语言处理得到迅速发展，从最基础的词语表示，到进一步的文本分类、主题聚类，再到语言理解、自动问答、文本翻译，深度学习彻底完成了自然语言处理的革命。故而自然语言处理的技术发展可以将 2013 年视作分界点，前后差别巨大。

（一）词向量模型

词向量模型是考虑词语位置关系的一种模型。通过大量语料的训练，将每一个词语映射到高维度（几千、几万维以上）的向量中，通过求余弦的方式来判断两个词语之间的关系。我们将以 Word2Vec 模型和 BERT 模型为例详细介绍 2013 年之后的自然语言处理技术。

1. Word2Vec 模型。随着计算机应用领域的不断扩大，自然语言处理受到了人们的高度重视。机器翻译、语音识别以及信息检索等对计算机的自然语言处理能力提出了越来越高的要求。为了使计算机能够处理自然语言，首先需要对自然语言进行建模。适用于自然语言的建模方法经历了从基于规则的方法到基于统计方法的转变。基于统计的建模方法得到的自然语言模型称为统计语言模型。在对自然语言进行建模的过程中，会出现维数灾难、词语相似性、模型泛化能力以及模型性能等问题。寻找上述问题的解决方案是推动统计语言模型不断发展的内在动力。在对统计语言模型进行研究的背景下，Google 公司在 2013 年开发了一款用于训练词向量的软件工具 Word2Vec。Word2Vec 可以根据给定的语料库，通过优化后的训练模型快速有效地将一个词语表达成向量形式，为自然语言处理领域的应用研究提供了新的工具。Word2Vec 依赖 Skip－grams 或连续词袋（Continuous Bag of Words，CBOW）来建立神经词嵌入。Word2Vec 由托马斯·米科洛夫（Tomas Mikolov）带领的 Google 研究团队所提出，该算法渐渐被其他人所分析和解释。

Word2Vec 的训练过程可以看成是单隐层的网络结构，详见图 7－31。

其中输入层是一个 one－hot 向量，隐层是一个 N 维稠密向量，输出层是一个 V 维稠密向量，W 表示词典的向量化矩阵，也是输入到隐层以及隐层到输出的权重参数。因此输入层到隐层表示对上下文词进行向量化，而隐层到输出层，表示对上下文词与词典的每个目标词进行点积计算（softmax 过程）。Word2Vec 中常见的模型有 CBOW、Skip－grams。

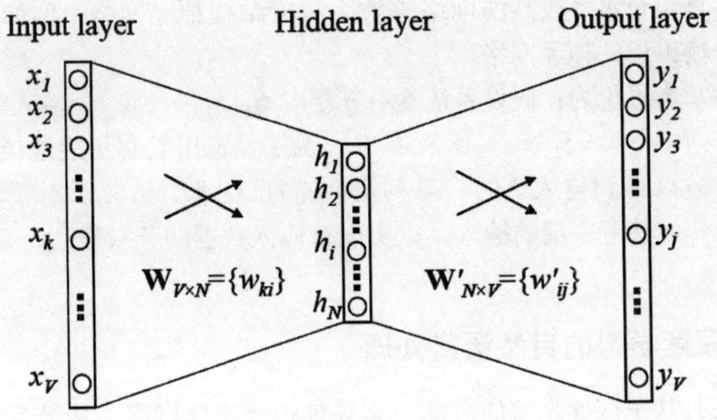

图 7－31　单隐层的网络结构

2. BERT 模型。BERT 模型是 Google 在 2018 年提出的一种自然语言处理（Natural Language Processing，NLP）模型，已成为最近几年 NLP 领域最具突破性的一项技术，在 11 个 NLP 领域的任务上都刷新了以往的纪录。BERT 可以被视为截至 2019 年底，基于深度学习的自然语言处理中最让人激动的研究成果之一。一般而言，自然语言处理有四大类任务：序列标注（如分词、词性标注、命名实体识别）、分类任务（如文本分类、情感分析）、句子关系判断（如自然语言推理、深度文本匹配、问答系统）、生成式任务（如机器翻译、文本摘要生成）。BERT 为这四类任务中的前三个都设计了简单的下游接口，取消了原有的各类复杂的中间层，但是在同类任务中的实验效果是其他方法无法比拟的。

BERT 训练主要分为两个阶段：预训练阶段和后期微调（Fine－tuning）阶段。预训练阶段与 Word2Vec、ELMo 等类似，是在大型数据集上根据一些预训练任务训练得到。Fine－tuning 阶段是后续用于一些下游任务的时候进行微调，例如，文本分类、词性标注、问答系统等，BERT 模型无须调整结构就可以在不同的任务上进行微调。

BERT 的第一个预训练任务是 MaskedLM，在句子中随机遮盖一部分单词，然后同时利用上下文的信息预测遮盖的单词，这样可以更好地根据全文理解单词的意思。Masked LM 是 BERT 的重点，和 BiLSTM 预测方法是有区别的。BERT 的第二个预训练任务是下一句预测任务（Next Sentence Prediction，NSP），这个任务主要是让模型能够更好地理解句子间的关系。

BERT 的优点在于它通过预训练加后期微调的方式，在多达 11 项 NLP 领域的任务中获得冠军。这种两步走的模型的优势是可以使用大量的数据、花费大量的时间完成预训练，这些数据、计算力、时间成本完全可以和最终的目标剥离（如有人公开了一个预训练得很好的模型，之后便可以在此基础上进行微调），这降低了不同任务所需要的数据门槛与计算门槛。

（二）常用工具

1. Anaconda。Anaconda 是一个用于科学计算的 Python 开发平台，支持 Linux、Mac 和 Windows 系统，提供了包管理与环境管理的功能，可以很方便地解决多版本 Python 并存、切换以及各种第三方包安装问题。Anaconda 利用 conda 命令对 package 和 environment 进行管理，并且已经包含了 Python 和相关的配套工具。Anaconda 集成了大量的机器学习库以及处理数据时必不可少的第三方库，如 NumPy、SciPy、Scikit - learn 以及 TensorFlow 等。

2. Scikit - learn。Scikit - learn 是广受欢迎的入门级机器学习库，包含大量的机器学习算法和特征提取实现，使用非常简便。Scikit - learn 实现的是浅层学习算法，神经网络仅实现了多层感知机。

3. TensorFlow。TensorFlow 是谷歌基于 DistBelief 研发的第二代人工智能学习系统，可应用于语音识别或图像识别等多项机器学习和深度学习领域。

4. Keras。Keras 是一个高级别的 Python 神经网络框架，能在 TensorFlow 或者 Theano 上运行。Keras 的作者、谷歌 AI 研究员弗朗索瓦·乔利特（Francois Chollet）宣布 Keras 将会成为第一个被添加到 TensorFlow 核心中的高级别框架，这将会让 Keras 变成 Tensorflow 的默认 API。

5. Gensim。Gensim 是一款开源的第三方 Python 工具包，用于从原始的非结构化的文本中，无监督地学习到文本隐层的主题向量表达。它支持包括 TF - IDF、LSA、LDA 和 Word2Vec 在内的多种主题模型算法，支持流式训练，并提供了诸如相似度计算、信息检索等一些常用任务的 API 接口。

6. NLTK。在 NLP 领域中，NLTK 是最常使用的一个 Python 库。

7. 结巴分词（Jieba）。结巴分词是最受欢迎的中文分词工具。

三、深度学习在金融领域的应用

（一）深度学习的向量自回归方法在国债收益率预测中的应用

国债收益率为金融市场基准利率，对其进行预测和研判非常重要。基于深度学习中的长短记忆神经网络模型，结合向量自回归方法（Vector Autoregression model，VAR），创新地构建出 VAR - LSTM 框架，同时使用宏观经济变量预测值和序列滞后项作为输入因子，解决了传统 LSTM 模型拟合结果平行错位的问题，显著提高了预测精度。对国债收益率序列而言，差分整合移动平均自回归模型（Autoregressive Integrated Moving Average model，ARIMA）的预测精度高于一般的 LSTM 方法的预测精度，而 VAR - LSTM 模型的预测精度则优于 ARIMA 模型的预测精度，其在训练集和测试中的预测误差分别降低了约 55% 和 50%，变化方向预测准确度分别提高了约 5% 和 8%，具有更高的应用价值，VAR - LSTM 预测效果详见图 7 - 32。

深度学习技术自提出以来发展迅速，其对于复杂数据的非线性建模能力得到了广泛印证。其中，神经网络算法只需根据输入的数据特征来拟合预测值，是一种输入与输出的简单映射关系，这种机制能很好地适应金融市场变化迅速且数据结构复杂的特征。近

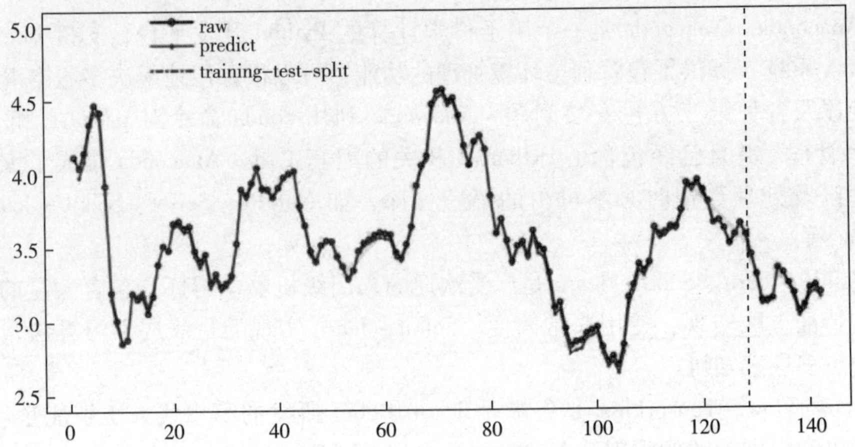

图 7-32　VAR-LSTM 预测效果

些年，深度学习中的长短记忆神经网络获得了巨大的成功，其对长短期信息具备记忆性，尤其适合用于处理金融时间序列数据，因此关于 LSTM 模型在资产收益率预测方面应用的研究越来越广泛。

（二）基于深度学习的"一带一路"沿线省域普惠金融发展水平评价

深度学习方法能够自动提取研究对象的复杂特征，解决其他机器学习难以处理的模式识别问题。当前深度学习已在风险识别、情感分类、地价评估等多个领域展现出卓越性能，成为解决经济社会问题的前沿方法。鉴于此，可以尝试将深度学习引入普惠金融评价领域，为评价我国"一带一路"沿线省域普惠金融发展水平提供新方法。之所以将深度学习引入普惠金融发展评价领域，是因为深度学习在处理高维数据的复杂结构问题上具有其他方法难以比拟的独特优势：普惠金融发展水平评价体系是一个包含多重因素的综合系统，不同因素间存在复杂的非线性关系。深度学习方法善于处理数据间未知的、复杂的非线性关系，有效解决权重确定过程中的随意性、主观性，且能够根据神经元梯度消失特性筛选出与最终输出结果无关的部分属性，极大提升了普惠金融发展水平测算的科学性与准确性。自动编码器是一种能够实现无监督学习的深度神经网络，可认为是非线性、鲁棒性更强的主成分分析方法。与只能进行线性处理的主成分分析法相比，自动编码器既能处理线性关系，也能处理非线性关系。将深度学习与自动编码器结合，能够识别出表征数据与评价结果间的非线性关系，显著提升算法的识别准确度，实现对传统线性评价方法的充分优化。自动编码器包括编码器与解码器两个部分，二者呈对称分布，以输入与输出一致的方式提取隐藏层特征。编码器首先将数据逐次升维，在较高维度寻找其相关关系，之后将数据压缩为低维度的隐藏层特征；与之相反，解码器对学习到的隐藏层特征进行反向解码，进而重构出原始数据。基于自动编码器的深度神经网络模型结构详见图 7-33。

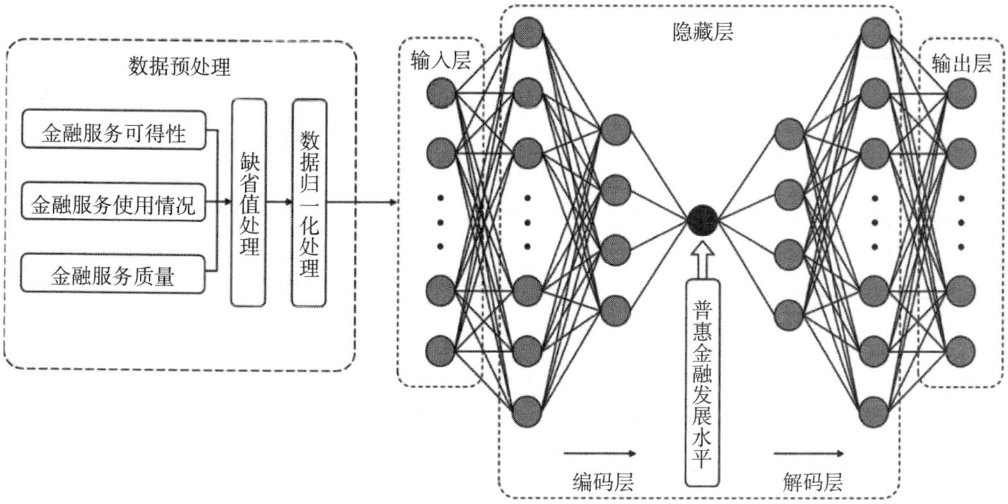

图 7－33　基于自动编码器的深度神经网络模型结构图

本章小结

本章介绍了人工智能技术的两个领域——机器学习和深度学习。还简要介绍了人工智能的未来发展方向，并列举了现在金融领域中人工智能的应用场景，以帮助同学们更好地理解人工智能。

关键术语

决策树　随机森林　支持向量机　软间隔　核函数　神经网络感知机
卷积神经网络　循环神经网络　深度信念网络　生成对抗网络　BP 神经网络
Word2Vec 模型　BERT 模型

思考题

1. 决策树和随机森林的主要区别是什么？
2. 请列举人工智能在金融领域的应用。
3. 核函数是怎么处理非线性数据的？
4. 请列举核函数的种类。
5. 请列举常见的神经网络类型。
6. BP 神经网络学习算法三要素包括哪些内容？
7. 简要阐述深度学习的基本思想。

延伸阅读

［1］操玮，任思儒．基于 LSTM 与 GARCH 族混合模型的人民币汇率波动预测研究［J］．计算机应用研究，2020（37）：79－82．

［2］郜燕群．基于粒化 SVM 的互联网金融产品大数据回测分析——以“掌柜钱包”为例［J］．财经管理，2019（16）：104－106．

［3］李建军，彭俞超．金融科技学［M］．北京：高等教育出版社，2021．

［4］石京民，王万君，李健．基于深度学习的“一带一路”沿线省域普惠金融发展水平评价［J］．经济问题探索，2020（12）：139－149．

［5］杨青，王晨蔚．基于深度学习 LSTM 神经网络的全球股票指数预测研究［J］．统计研究，2019（3）：65－77．

［6］钟雪灵，郭艺辉．大数据工具应用（第二版）［M］．北京：清华大学出版社，2020．

第八章

区块链与数字货币

本章导读

习近平总书记在2019年10月24日主持中共中央政治局第十八次集体学习时强调，区块链技术的集成应用在新的技术革新和产业变革中起着重要作用，要把区块链作为核心技术自主创新的重要突破口，加快推动区块链技术和产业创新发展。什么是区块链？区块链的具体应用及其风险又有哪些？

随着科学技术的不断进步和互联网支付的不断发展，人们对货币的认知发生了很大的改变，货币形态逐渐从实物形态转变为虚拟形态，并且不断衍生出一些具有货币属性的虚拟货币。2009年，比特币诞生，以比特币为代表的数字货币逐渐走向大众视野。很多国家的央行也开始研究发行本国的数字货币CBDC。中国人民银行在2020年发行了法定数字货币DC/EP，之后相继在深圳、苏州、北京、成都等地展开试点工作。什么是数字货币？各国央行的数字货币又是什么？数字货币的出现会给现代经济金融带来哪些影响和挑战？本章首先从区块链技术的相关概念、演进、特征和应用几个方面来介绍区块链技术，然后介绍虚拟货币的发展情况和数字货币的相关概念及带来的影响和挑战，最后介绍各国央行的法定数字货币以及我国央行法定数字货币DC/EP的发行、流通、运营等。

本章学习目标

通过本章的学习，要求了解区块链技术和数字货币的概念与背景，各国央行数字货币的发行情况；掌握区块链和数字货币的分类与特征，区块链技术演进及其在金融领域的应用与风险；掌握数字货币的影响和挑战，央行数字货币的优势以及中国人民银行数字货币的设计理念；理解区块链的基础技术和基础架构，中国人民银行数字货币的运行框架、核心技术与运营体系。

第一节 区块链技术

一、区块链技术概述

(一) 区块链的概念

区块链是什么？中国信通院2020年发布的《区块链白皮书（2020年）》中的解释是：区块链（Blockchain）技术是分布式的网络数据管理技术，利用密码学技术和分布式共识协议保证网络传输与访问安全，实现数据多方维护、交叉验证、全网一致、不易篡改。作为新一代信息通信技术的重要演进，数据不可篡改、透明可追溯等特征使得区块链技术正在成为解决产业链参与方互相信任的基础设施。典型的区块链以块—链结构存储数据。

简单而言，区块链是一种以区块（Block）为单位产生和存储的数据，并按照时间顺序首尾相连形成链式（Chain）结构，同时通过密码学保证数据不可篡改、不可伪造及传输访问安全的去中心化分布式账本。去中心化分布式账本的作用和现实生活中账本的作用基本一致，即按照一定的格式记录流水等交易信息。特别是在各种数字货币中，交易内容就是各种转账信息。需要说明的是，分布式账本是分布在多个节点或计算设备上的数据库，每个节点都可以复制并保存一个账本，且都可以独立更新，其账目不受任何中央机构维护，并通过算法形成共识，合并为总账，分别保存在每个节点上。因此，随着区块链技术的发展，记录的交易内容由各种转账记录扩展至各个领域的数据。例如，在跨境支付应用中，区块中记录了跨国金融机构间汇出行和汇入行的交易等信息，并可以直接匹配，大大缩短了结算周期。

(二) 区块链基础技术

为了进一步探寻区块链的本质，理解什么是区块、什么是链，我们首先来了解区块链的数据结构，即这些交易以怎样的结构形式保存在账本中。

区块是链式结构的基本数据单元，包含了所有与交易相关的信息，主要包括区块头（Header）和区块主体（Body）两部分。区块头主要由父区块哈希值（Previous Hash）、时间微戳（Timestamp）、默克尔树根（Merkle Tree Root）等信息构成；区块主体一般包含一串交易的列表。每个区块中的区块头所保存的父区块的哈希值，便是该区块中父区块的唯一标识，在区块间构成了连接关系，从而组成了区块链的基本数据结构。

总体而言，区块链的数据结构如图8-1所示。

区块链虽然迄今为止发展仅有短短十几年，但是它所应用的基础技术却是当前发展相当成熟的技术，例如，哈希算法、数字签名、智能合约、共识算法、P2P网络等，这些技术在区块链兴起之前，已经在互联网中被广泛运用。但区块链使这些技术通过新的组合创造出了新的世界。同时，区块链去中心化或多中心的颠覆性设计思想也使它并不是简单地重复使用现有的技术，例如，共识算法在区块链中已经有了很多新的突破。这

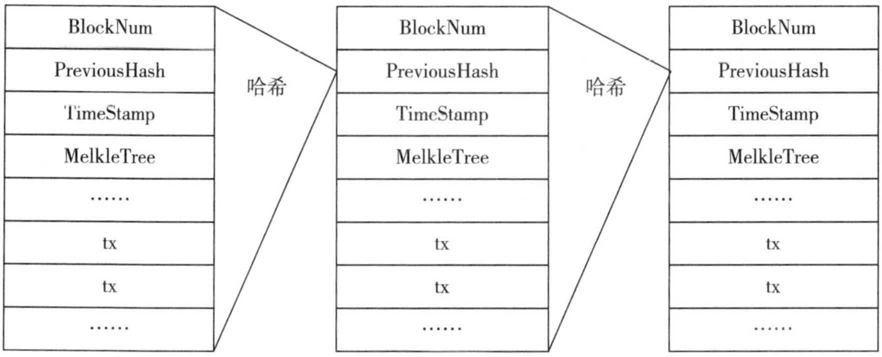

图 8－1　区块链数据结构示意图

些技术的基础原理及其在区块链技术中的作用如下。

1. 哈希算法。哈希算法（Hash Algorithm）即散列算法的直接音译。它的基本功能，概括而言就是把任意长度的输入，如文本等信息，通过一定的计算，生成一个固定长度的字符串，输出的字符串即为该输入的哈希值，如 MD4、MD5、SHS。在区块链中，其账本数据主要通过父区块哈希值（Previous Hash）组成的链式结构来保证其不可篡改的特性。

在区块链技术中，哈希算法需具备以下特征。

（1）正向快速。正向指从输入到计算输出的过程，即对给定的输入数据可以在极短的时间内快速生成哈希值。

（2）输入敏感。敏感指输入的信息发生任何细微变化时，重新生成的哈希值和原哈希值都有截然不同的变化。同时，无法根据新旧哈希值的改变推测输入内容的具体变化。因此，通过哈希值可以很方便地识别两个文件的内容是否相同。该特征被广泛应用于错误校验。数据的发送方对将要发送的数据应用哈希算法，并将计算所得的哈希值同原始数据一同发送。数据的接收方将接收到的数据用同样的哈希算法进行运算，如果运算所得的哈希值与接收的哈希值不一致，则说明数据在传输的过程中产生了错误。

（3）逆向困难。逆向指根据哈希值计算出原始信息，逆向困难指哈希算法要求无法在短时间之内根据哈希值计算出原始的输入信息。该特征是哈希算法安全性的基础。我们以哈希算法在密码学中的应用来更好地解释它的隐藏性和安全性。日常生活中，很多人为了方便记忆，把其每个账户都设置了同一套密码。如果这些密码保存在数据库中，一旦数据泄露，则该用户所有的账户都将暴露于极大的风险之中。为了解决这一安全问题，在后台数据库仅会保存密码的哈希值。每次登录时，计算用户输入密码的哈希值，并将其与数据库中保存的哈希值进行比对，只要用户输入密码的哈希值能通过校验，用户密码即得到了校验。在这种方案下，即使数据泄露，黑客也无法根据密码的哈希值得到密码原文，从而保证了密码的安全性。

（4）强抗碰撞性，即不同的输入很难产生相同的哈希输出。但由于哈希算法的输出位数是有限的，即哈希输出的数量是有限的，而输入却是无限的，所以不存在永远不发生碰撞的哈希算法。但是哈希算法仍然被广泛使用，是由于只要算法保证发生碰撞的概率足够小，那么通过暴力枚举获取哈希值原值的概率也越小。因此，只要保证破解哈希值的代价足够大，其破解就没有意义，哈希算法依旧拥有足够的安全性。

正是哈希算法的以上特征，保证了区块链的不可篡改性。因此，区块链的哈希值可以唯一、准确地标识一个区块，即通过简单快速地对该区块内容进行哈希计算，任何节点都可以独立获取该区块的哈希值。同样，如果想确认该区块的内容是否被篡改，可利用哈希算法重新进行计算哈希值，与原哈希值进行对比即可确认。

2. 数字签名。在日常生活中，签名是确定身份、责任认定的重要手段，同一个字由不同的人书写，虽然含义相同，但是不同字迹的附加值是完全不同的。基于签名的唯一性，我们可以通过签名来确定身份及定责。在区块链中也是如此。区块链中包含大量节点，不同节点的权限不同。区块链中的转账操作，必须要由转出方发起，区块链通过数字签名来实现权限控制，识别交易发起者的合法身份，防止恶意节点冒充身份。目前，已经有包括中国、美国和欧盟等在内的 20 多个国家和地区认可数字签名的法律效力。

（1）数字签名的原理。首先，数字签名是通过密码学领域的相关算法对签名内容进行处理，获得一段用于表示签名的字符。在密码学领域，一套数字签名算法一般包括签名和验签两种运算。数据经过签名后，非常容易验证完整性，并且不可抵赖，我们只需要使用配套的验签方法进行验证，而不必像传统物理签名一样需要使用专业手段进行鉴别。数字签名通常采用非对称加密算法，即每个节点需要一对私钥、公钥密钥对。所谓私钥指只有本人秘密保存的密钥，签名时需要使用私钥。不同的私钥对同一段数据的签名是完全不同的，类似物理签名的字迹。数字签名一般作为额外信息附加在原消息中，以此证明消息发送者的身份。公钥可以自由发布，是所有人都可以获取的密钥，验签时需要使用公钥。因为人人可以获取公钥，所以所有节点均可以校验发送方身份的合法性。

数字签名的加解密大致流程如下。

第一，发送方对原始数据通过哈希算法计算数字摘要，使用非对称密钥对中的私钥对数字摘要进行加密，生成数字签名；

第二，发送方将数字签名与原始数据一起发送给验证签名的任何一方；

第三，签名的验证方在持有发送方的非对称密钥对的公钥的前提下，在接收到发送方的数字签名和原始数据后，使用公钥对数字签名进行解密，得到原始数字摘要；

第四，对原始数据使用同样的哈希算法以获得数字摘要，将其与发送方解密的摘要值进行比对，如果相同，则签名验证通过。

从以上数字签名的加解密过程中可以看出，数字签名技术不但证明了信息未被篡改，即解密后的摘要值与原始计算所得的摘要值相同，还证明了发送方的身份，即发送方的公钥可以解密数字签名。数字签名的加解密流程如图 8－2 所示。

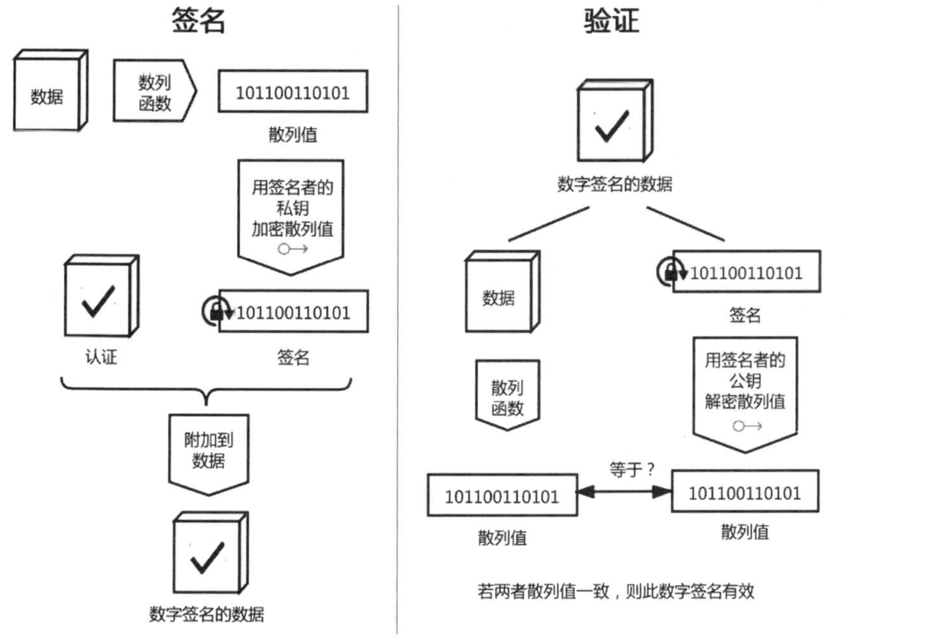

图 8-2　签名及签名验证的流程示意图

（2）数字签名在区块链中的用法。在区块链中，每个节点都拥有一份非对称公私密钥对。节点发送交易信息时，先使用自己的私钥对交易信息进行加密，生成签名，并将签名附加在交易中。其他节点收到信息后，首先对交易中附加的数字签名进行验证，完成信息完整性校验和信息发送者身份合法性校验后，该交易才会触发后续流程。

3. 共识算法。区块链通过全民记账来解决信任问题，但是在所有节点都参与记录数据的情况下，怎么保证所有节点达成共识、最终都记录一份相同的正确数据？在传统的中心化系统中，因为有权威的中心节点背书，因此可以以中心节点记录的数据为准。然而在区块链这样的去中心化系统中，并不存在中心权威节点，所有节点对等地参与到共识过程之中。由于区块链中参与节点的身份合法性难以控制，可能会出现恶意节点故意阻碍消息传递或者发送不一致的信息给不同节点，以干扰整个区块链系统的记账一致性，从而从中获利的情况。因此，区块链系统的共识问题是一个十分关键的问题，它关系着整个区块链系统的正确性和安全性。

当前区块链的共识算法有许多种，下面简单地介绍其中三种算法。

（1）工作量证明（Proof of Work，PoW）类的共识算法。这类共识算法是比特币在区块的生成过程中使用的一种共识算法，即大家最为熟知的挖矿类算法，也可以说是最原始的区块链共识算法，其核心思想实际是所有节点竞争记账权，对于每一批次的记账，或者说，挖出一个区块，都赋予一个难题，只有解出这个难题的节点，挖出的区块才是有效的。简单而言，得到有效的区块需要经过大量尝试计算。当某个节点提供了一个合理的哈希值时，说明该节点确实经过了大量的尝试计算，得到了工作量的证明。

在所有节点都不断地通过解决难题来产生自己的区块并将自己的区块追加在现有的

区块链之后，全网络中最长的链才被认为是合法且正确的，并将继续努力扩展这条链。

为了保证节点愿意进行如此多的计算来解决难题，从而延续区块链的生长，PoW 类共识算法系统都会给每个有效区块的生成者（矿工）一定的激励。比特币的激励机制即奖励比特币给矿工，奖励他们每一笔交易的担保和验证。但是，PoW 类算法给参与节点带来庞大的计算开销，除了延续区块链生长外无任何其他意义，却需要耗费巨大的能源，并且该开销会随着参与节点数目的上升而上升，是对能源的巨大浪费。

（2）Po * 的凭证类共识算法。鉴于 PoW 的消耗算力巨大、交易确认时间较长、挖矿活动集中容易形成中心化等问题，人们提出了一些 PoW 的替代算法——Po * 类算法。这类算法引入了“凭证”的概念，Po * 中的 * 即代表各种算法所引入的凭证类型：根据每个节点的某些属性，如拥有的币数、持币时间、可贡献的计算资源等，定义每个节点进行出块的难度或优先级，并且取优先级最优的节点，优先进行下一段时间的记账出块。这种类型的共识算法在一定程度上降低了整体的出块开销，同时能够有选择性地分配出块资源。然而，凭证的引入显然提高了算法的中心化程度，一定程度上有悖于区块链去中心化的思想。

（3）拜占庭容错类算法。无论是 PoW 类算法还是 Po * 类算法，其中心思想都是将所有节点视作竞争对手，每个节点都需要进行一些计算或提供一些凭证来竞争出块的权利（以获取相应的出块利益）。拜占庭容错类算法（Byzantine Fault Tolerance，BFT）则采取了不同的思路，它希望所有节点协同工作，通过协商的方式来产生能被所有（诚实）节点认可的区块。

拜占庭容错问题最早由学者莱斯利·兰伯特（Leslie Lamport）于 1982 年在论文 The Byzantine Generals Problem 中正式提出，该问题是一个协议问题。该问题起源于古罗马时期，拜占庭是古代东罗马帝国的首都，出于防御的需要，每块封地都驻扎着一支由单个将军带领的军队，将军之间只能靠信差传递消息。在战争时，所有将军必须达成共识，决定是否共同开战。但是，在军队内可能有叛徒，这些人将影响将军们达成共识。拜占庭将军问题在古代是指在已知有将军是叛徒的情况下，剩余的将军如何达成一致决策的问题，而现在主要用来描述分布式网络节点通信的容错问题。从 20 世纪 80 年代起，学者们提出了很多解决该问题的算法，这类算法被统称为 BFT 算法。实用拜占庭容错算法（Practical BFT，PBFT）是最经典的 BFT 算法，由米盖尔·卡斯通（Miguel Castro）和芭芭拉·利斯科夫（Barbara Liskov）于 1999 年提出。PBFT 算法解决了之前 BFT 算法容错率较低的问题，且降低了算法复杂度，使 BFT 算法可以实际应用于分布式系统。PBFT 在实际分布式网络中应用非常广泛，随着当前区块链技术的迅速发展，很多针对具体场景的优化 BFT 算法不断涌现。

具体而言，BFT 类共识算法一般都会定期选出一个领导者，由领导者来接收并排序区块链系统中的交易，领导者产生区块并将其递交给其他节点以对区块进行验证，进而其他节点表决接受或拒绝该领导者的提议。如果大部分节点认为当前领导者存在问题，这些节点也可以通过多轮的投票协商将现有领导者推翻，再以某种预先定好的协议协商产生新的领导者节点。

BFT 类算法一般都有完备的安全性证明，能在算法流程上保证在群体中恶意节点数量不超过三分之一时，诚实节点的账本保持一致。然而，这类算法的协商轮次也很多，协商的通信开销较大，导致这类算法普遍不适用于节点数目较大的系统。业界普遍认为，BFT 算法所能承受的最大节点数目不超过 100。

（4）智能合约。区块链从最初应用于单一数字货币，到如今应用于各个领域，智能合约的作用功不可没。智能合约并不是在区块链之后才产生的概念，这个术语的提出时间至少可以追溯到 1995 年。学者尼克·萨博（Nick Szabo）对智能合约的定义为："一个智能合约是一套以数字形式定义的承诺，包括合约参与方可以在上面执行这些承诺的协议。"

智能合约与传统合约的区别在于：传统合约依靠法律进行背书，当产生违约及纠纷时，往往需要借助法院等司法机关的力量进行裁决；而智能合约不仅仅是将传统的合约电子化，它的真正意义在于革命性地将传统合约的背书执行者由法律替换为代码，即在满足一定条件时，就自动执行的计算机程序。

尽管智能合约的概念早在 1995 年就被提出，但是一直没有引起广泛的关注，因为缺少一个良好的运行智能合约的平台来确保智能合约的执行，且需保证执行的逻辑没有被中途修改。而区块链具有的去中心化、防篡改的特点，完美地解决了这些问题。智能合约被引入区块链上后，所有节点都会严格按照既定步骤执行。同时，区块链上大部分节点都是在诚实节点的基础上，如果某个节点修改了智能合约，那么执行结果就无法通过其他节点的校验而不会被通过，因此也就不会有毁约的问题。

具体而言，一个基于区块链的智能合约需要包括事务处理机制、数据存储机制以及完备的状态机，用于接收和处理各种条件，并且事务的触发、处理及数据保存都必须在链上进行。当满足触发条件后，智能合约即根据预设逻辑代码，读取相应数据并进行计算，最后将计算结果永久保存在区块链中。智能合约在区块链中的运行逻辑如图 8－3 所示。

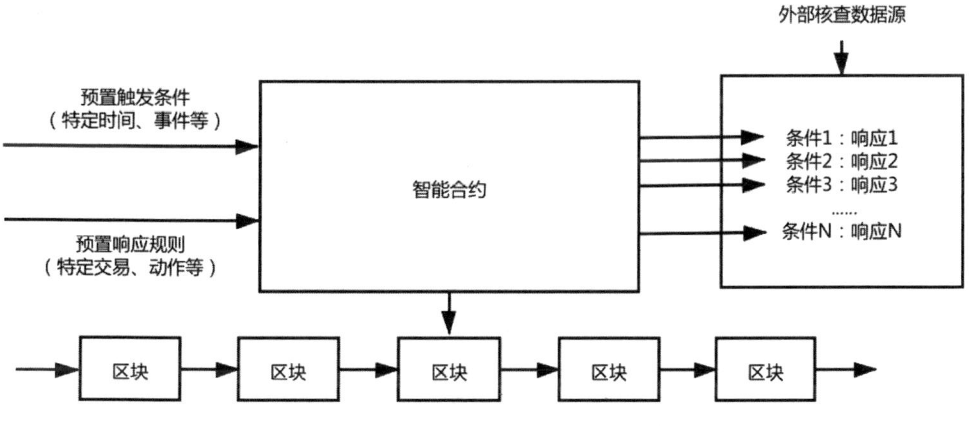

图 8－3 智能合约在区块链中的运行逻辑

4. P2P 网络。传统的网络服务架构大部分是客户端/服务端（Client/Server，C/S）架构，即通过一个中心化的服务端节点，对多个申请服务的客户端进行应答和服务。C/

S 架构的优势非常明显：一个中心化的服务端能够保持一致的服务形式，方便对服务进行维护、升级和管理。然而，C/S 架构也存在很多缺点：第一，由于 C/S 架构只有单个服务端，因此当服务节点发生故障时，易牵一发而动全身，整个服务都会陷入瘫痪。第二，单个服务端节点的处理能力是有限的，因此中心服务节点的性能往往束缚了整体网络的发展。

对等计算机网络（Peer to Peer Network，P2P 网络）是一种消除了中心化的服务节点，将所有的网络参与者视为对等者（Peer），并在他们之间进行任务和工作负载分配。P2P 结构打破了传统的 C/S 模式，去除了中心服务端，是一种依靠用户群共同维护的网络结构。由于节点间的数据传输不再依赖中心服务节点，因此 P2P 网络具有极强的可靠性，任何单一或者少量节点故障都不会影响整体网络正常运转。同时，P2P 网络的容量没有上限，因为随着节点数量的增加，整个网络的资源也在同步增加。因此，实际上 P2P 网络中节点数目越多，P2P 网络提供的服务质量就越高。

在区块链系统中，要求所有节点共同维护账本数据，即每笔交易都需要发送给网络中的所有节点，因此，相较于发展成熟的 C/S 架构而言，P2P 网络显然更适合区块链技术。P2P 网络的设计思想同区块链的理念完美契合。在区块链中，所有交易及区块的传播无须发送者将消息发送给所有节点，节点只需要将消息发送给一定数量的相邻节点即可，其他节点收到消息后，也会转发给自已的相邻节点，最终将消息发送给所有节点。

（三）区块链基础架构

一般而言，区块链基础架构由六个层次组成——数据层、网络层、共识层、激励层、合约层、应用层（见图 8－4）。我们结合之前所讲的知识来更好地理解区块链的基础架构。

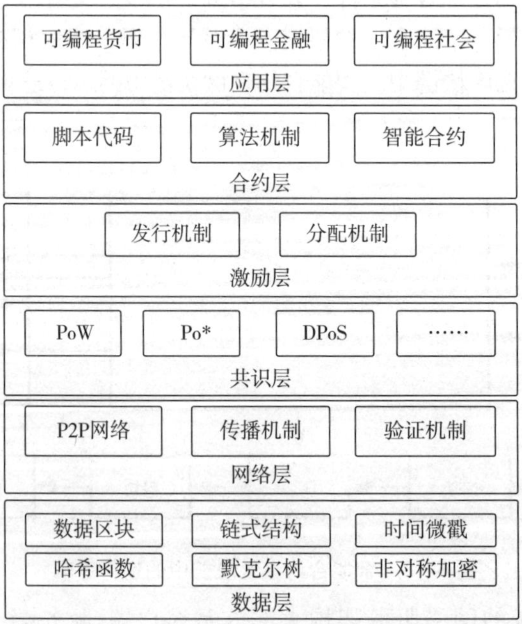

图 8－4　区块链基础架构模型

数据层包含数据区块、链式结构、哈希函数、默克尔树、非对称加密和时间微戳技术，是整个区块链技术中最底层的数据结构。数据区块一般包含区块头和区块主体部分。链式结构则是把当前区块链接到前一区块，形成最新的区块主链。由于各个区块依次链接，所以该区块链继续了从创世区块到当前区块的完整历史，能够提供区块链数据的溯源和定位功能。时间微戳即区块数据的写入时间，可以作为区块数据的存在性证明，有助于形成不可篡改和不可伪造的区块链数据库，从而为区块链应用于公证、知识产权注册等时间敏感领域奠定了基础。哈希函数可以把原始数据编码为特定长度的、由数字和字母组成的字符串后记入区块链。默克尔树的作用在于快速归纳和校验区块数据的存在性和完整性。非对称加密在加密和解密的过程中使用两个非对称密码，分别称为公钥和私钥。上述技术的共同作用达到数据的去中心分布式储存、校验区块数据的存在性和完整性、保证数据的可追溯性以及不可篡改性。

网络层封装了区块链系统的组网方式、消息传播协议和数据验证机制等要素。组网方式一般采用 P2P 网络。数据传播协议一般根据实际应用需求设计。数据验证机制即验证一个节点从邻近节点接收的数据，并将有效数据整合到当前区块中。网络层的主要作用在于构建了网络环境、搭建了交易通道、制定了节点奖励规则。

共识层的目的是针对区块数据的有效性达成共识，决定了谁可以将新的区块添加到主链中，目前的机制有工作量证明机制（PoW 共识机制）、凭证类证明机制（Po * 共识机制）、授权股份证明机制（Delegated Proof of Stake，DPoS 共识机制）等。这些机制以及在这些机制基础上的创新机制确保了在决策权高度分散的去中心化系统中各个节点高效达成共识，这是区块链的核心技术之一，也是区块链社群的治理机制。

激励层主要包括经济激励的发行制度和分配制度，其功能是提供一些激励措施，鼓励节点参与记账，保证整个网络的安全运行。去中心化系统的共识点本身是自利的，最大化自身收益是参与数据验证和记账的根本目标，激励机制是否合理决定了区块链的共识稳定性。例如，比特币中的区块链采用了挖矿机制，激励参与者不断提供算力来获得奖励。

合约层具有可编程的特性，主要包括各种脚本代码、算法机制及智能合约。合约层可以看作是构建在上述三层虚拟机基础上的商业逻辑和算法，是区块链可编程的基础，也是区块链能够在金融以及其他领域应用的支撑。

应用层则是区块链的各种应用场景和案例，主要包括可编程货币、可编程金融和可编程社会。在该架构中，基于时间微戳的链式区块结构、分布式节点的共识机制、基于共识算力的经济激励和灵活可编程的智能合约是区块链技术最具代表性的创新点。未来的可编程金融和可编程社会也将搭建在应用层上。

（四）区块链分类

区块链本质上的去中心化并不意味着它不能用在私有社群内。实际上，区块链的一些特性，如时间微戳、不可更改等特点，将企业内部或者某些组织内部的一些需要该特点的资料用区块链技术进行保存和通信，可以大大降低现有的成本、提升效率。

我们可以把区块链按照使用对象分为三类，即公有链、联盟链和私有链（见

表8－1)。在公有链上，所有人都可以读取、发送交易并且能够确认共识区块链，这是去中心化的应用场景，但是它需要一些基本的共识机制和激励机制完成链的维护。联盟链则是若干个机构共同参与管理的区块链，并且只对参与的机构开放读写和发送交易请求。这实际上是多中心的，主要利用区块链来降低运行成本，提高工作效率。例如，瑞波（Ripple）的交易平台可以让跨境转账非常便捷，清算和交易可以真正意义上同时进行。而私有链则是某个个人和组织才有权利进行写入的链，仍然是中心化的。私有链可以很好地保护个人的隐私，同时由于历史可追溯、不可更改，在企业管理等方面的应用具有非常大的优势。

表8－1　　区块链的分类

	公有链	联盟链	私有链
定义	链上所有人都可读取、发送交易且能获得有效确认的共识区块链。通过密码学技术和PoW、PoS等共识机制来维护整个链的安全	若干个机构共同参与管理的区块链，每个机构都运行着一个或多个节点，其中的数据只允许系统内不同的机构进行读写和发送交易，并且共同来记录交易数据	写入权仅在一个组织手里的区块链。读取权限或者对外开放，或者被任意程度地进行了限制
参与	任何人	预先设定或满足条件后进入成员	中心控制者决定参与成员
中心化程度	去中心化	多中心化	中心化
是否需要激励	需要	可选	不需要
特点	1. 保护用户免受开发者的影响 2. 所有数据默认公开 3. 低交易速度	1. 低成本运行和维护 2. 高交易速度及良好的扩展性 3. 可更好地保护隐私	1. 交易速度非常快 2. 给隐私更好的保障 3. 交易成本大幅降低甚至为零
代表	比特币、以太坊、NEO、量子链	Ripple、R3	企业中心化系统上链

二、区块链技术的特征

由于区块链本身就是分布式账本，其自身性质决定了它的特点与优势。一般认为区块链具有四个特征。

（一）去中心化

区块链各节点地位平等，相互独立，每个区块都记录并存储了系统中由始至今所有的交易信息，各节点均可自由获取区块所记录的任何交易信息，无须第三方，例如，银行、交易所、经纪公司或价格报告机构等参与，使得交易成本更低，交易时间更短，运行更安全。

（二）安全可靠，信息不可篡改

一旦信息经过验证并添加至区块链，就会永久地被存储，即使遭受严重的黑客攻击，只要黑客控制的节点数不超过全球节点总数的一半，系统就能正常运行，数据也不会被篡改。

（三）匿名性与去信任化

利用区块链技术可实现交易数据的开放性、可靠性和透明性，确保各节点拥有相同访问链上所有信息的权限和义务。区块链使用非对称加密技术对数据进行加密，可确保交易数据的安全，降低丢失或伪造交易数据的风险，保护参与者的隐私和安全。同时，在组织和个体中，信任是困扰交易的重要因素，区块链技术基于P2P网络技术和哈希算法，利用局部中心结构和共识机制，在系统中构建信任网络，避免搭便车和机会主义行为，使区块链中各个系统实现一定程度的自治，从而实现互信。

（四）可追溯性

区块链使用时间微戳技术识别并记录每笔交易，从而增强了数据的时间维度，可实现数据追溯，减少交易追溯成本。同时，“区块＋链”的形式保存了从第一个区块开始的所有历史数据，后一个区块拥有前一个区块的哈希值，区块链上任意一条记录都可通过链式结构追溯本源。

由于区块链技术具有去中心化、信息不可篡改性、相对匿名性以及可追溯性特征，所以当区块链技术运用到不同场景时，将给交易各方在不同程度上带来以下三方面影响：第一，实现去中介化，有利于降低交易成本；第二，提高交易效率，实现交易结算的实时化以及交易流程的自动化；第三，提高安全性，做到去中心化存储。

三、区块链技术的演进

（一）区块链1.0

第一阶段为可编程货币。在区块链技术1.0时代，区块链技术的应用主要聚集在加密数字货币领域，即以比特币、莱特币为代表的，具有支付、流通等货币职能的可编程数字货币。加密数字货币的疯狂发展引起了人们对区块链技术的关注，对区块链技术的传播起到了很大的促进作用，人们开始尝试在比特币系统上开发加密数字货币之外的应用，例如，存证、股权众筹等。

但是比特币系统作为一个为加密数字货币设计的专用系统，存在一些问题，例如，比特币系统主要针对加密数字货币交易而设计，其表达能力有限，因此在应用于存证、股权众筹等方面时，逻辑表达能力有限，而且比特币系统内部计算开销大，能量消耗高，开发难度较大，因此无法进行大规模的非加密数字货币类应用的开发和实时性要求较高的应用的开发。

（二）区块链2.0

第二阶段为可编程金融。区块链技术2.0时代是以瑞波币、以太坊为代表的智能合约（Smart Contract，SC）。针对区块链1.0存在的专用系统问题，在该阶段中将智能合约引入区块链，凭借智能合约的高效、便捷与自动化等方面的优点，对金融领域的使用场景和流程进行梳理、优化，使区块链的应用范围成功从单一的货币领域扩大到涉及合约共识的其他金融领域。区块链技术首先在存证、股票、清算、私募股权等众多金融领域崭露头角，极大地降低了社会生产消费过程中的信任和协作成本，提高了行业内和行业间协同效率。例如，企业股权众筹一直是众多中小企业的梦想，区块链技术使之成为现实。区块链分布式账本可以取代传统的通过交易所的股票发行，这样企业就可以通过分布式自治组织协作运营，借助用户的集体行为和集体智慧获得更好的发展，在投入运营的第一天就能实现募资，而不用经历复杂的首次公开募股（Initial Public Offering，IPO）流程。

（三）区块链 3.0

第三阶段为可编程社会。区块链技术 3.0 时代是区块链技术在社会领域的应用场景实现，将区块链技术开拓至金融领域之外，为医疗、物流、政务服务以及教育等各行各业提供去中心化解决方案，进入可编程社会。从技术的角度来看，应用电子认证服务（Certificate Authority，CA 认证）、电子签名、数字存证、生物特征识别、分布式计算、分布式存储等技术，可以通过区块链实现一个去中心、防篡改、公开透明的可信计算平台，从技术上为构建可信社会提供了可能。区块链与云计算、大数据和人工智能等新兴技术交叉演进，将重构数字经济发展生态，促进价值互联网与实体经济的深度融合。

在此阶段，区块链技术成为价值互联网的内核，可通过区块链技术对每一个互联网中代表价值的信息及其字节予以产权确认、计量和存储，实现资产在区块链上可被追踪、控制和交易。价值互联网是一个可信赖的实现各个行业协同互联，实现人和万物互联，实现劳动价值高效、智能流通的网络，主要用于解决人与人、人与物、物与物之间的共识协作、效率提升问题，将传统的依赖于人或依赖于中心的公正、调节、仲裁功能自动化，按照大家都认可的协议交给可信赖的机器来自动执行。通过对现有互联网体系进行变革，区块链技术将与 5G 网络、机器智能、物联网等技术创新一起承载着我们的智能化、可信赖梦想飞向价值互联网时代。

在这个即将到来的智能价值互联时代，区块链将渗透到生产生活的方方面面，充分发挥审计、监控、仲裁和价值交换的作用，确保技术创新向着让人们的生活更加美好、让世界更加美好的方向发展。

四、区块链在金融领域的应用

金融是在不确定环境中进行资源的时间和空间配置，在这个过程中，信息不对称是不可避免的，这其中既有资金提供者和资金使用者之间信息沟通的不顺畅，也有市场参与主体资产定价和风险定价能力的差别。这些不对称正是所有的金融中介和金融基础设施存在的理由。自工业革命至今，从银行、保险、证券、基金一直到繁复多样的金融衍生品，创新的金融实践不断丰富着我们的金融体系，为经济和社会的发展提供更多的帮助。但是从另一个角度来看，现代金融体系的缺点也越来越明显：融资成本居高不下，业务结构烦琐复杂，监管压力越来越大。

比特币诞生于金融危机时期，区块链是一种基于互联网的去中心化记账技术，这些事实无不昭示着区块链技术与金融业天然的密切联系。区块链的一系列特性，例如，去中心化的共识机制、安全、保护用户隐私等特征，可以极好地应用于金融服务的场景。

因此，在区块链技术的发展中，金融服务一直是政府、金融机构、研究咨询机构重点关注的领域。

（一）票据

票据是商业贸易中一种重要的金融工具，包括汇票、银行本票和支票等，具体是指由出票人签发、约定自己或者委托付款人在到期日之后向收款人或持票人无条件支付一定金额的有价证券，具有交易、信用等多重属性。

国内市场票据的具体形态先后经历过三个阶段，即纸质票据形态、央行推进的电子票据形态和目前正在试验的数字票据形态。其中传统的纸质票据和电子票据仍是目前市场中的主要票据形态，但在实际运行过程中也暴露出一系列问题。

纸质票据大部分由企业及银行进行人工操作，是最传统的票据形态，是由出票人签发并由承兑人在到期日向持票人保证兑付的纸质证明。2009 年，中国电子商业汇票系统（Electronic Commercial Draft System，ECDS）正式推出，标志着我国票据市场迈入电子化时代。电子商业汇票系统可以进行电子商业汇票的出票、背书转让、贴现、转贴现、再贴现、质押等一系列操作，同时可与商业银行、中介机构和人民银行的支付系统连接，实现银行体系下的票款直接兑付交易。

然而，传统票据业务仍然存在一定的弊病，主要有以下几点。

第一，票据造假。造假行为在线下和纸质票据形态中仍广泛存在，票据交易流程中仍包含多种造假可能：中介机构可能通过交易造假或伪造金额等方式使用假票据去银行贴现套取资金；市场中代保管和代持等模式可能致使票据真实性和安全性存疑；企业在签发商业票据时可能存在欺诈发行行为等。这些都加剧了票据市场的潜在风险。

第二，信用风险。在近年去产能、去库存、去杠杆的政策导向下，部分中小微企业资金链可能出现断裂风险，部分僵尸国企的履约能力和政府保证意愿在逐渐下降，部分高杠杆且经营不善的产能过剩行业也可能会出现破产风险，这些都有可能导致票据市场出现信用和违约事件。

第三，市场风险。虽然央行建立了电子商业汇票系统，但票据交易电子化仍需要进一步推进，实物券形式和人工处理方式仍大量存在，这在一定程度上提高了票据交易的隐性成本，降低了整个市场的运行效率。而且整体票据市场仍未统一，部分互联网票据平台和中介机构快速发展，这些都为票据市场的发展带来隐患。

第四，电子票据的中心化风险。电子票据系统的中心化模式也具有潜在的风险，一旦中心服务器出现安全风险或者被恶意攻击，整个票据交易市场就可能瘫痪，将造成难以估量的损失。

数字票据模型可以参考区块链通用模型对系统进行分层设计，主要包括数据层、网络层和应用层。

其中数据层主要包含票据信息和交易信息等。在所有信息上链之前，系统需要设立一定规则以审核上链信息的真实性，并由网络层中该业务相关节点的共识和验证机制来确认。所有数据应按照时间顺序先后记录至区块中，由所有节点的分布式共识机制保障数据无法被篡改。数据在节点间的共享也避免了不同参与方之间的重复信息验证和对账流程，极大地提高了交易流程的效率并降低了信用风险。

网络层中可以将开票企业、银行、持票企业及各类中介财务公司等部署为节点，每个节点保管自身公私钥参与票据加密交易，节点之间通过共识机制对链上信息进行审核和记录。这里可以采用联盟链的方案，以便对所有新上链节点的信息真实性和资金实力进行严格审核，避免出现节点的欺诈和信用风险。

应用层中各交易方可以通过应用程序接口（Application Programming Interface，API）的方式接入系统中。包括票据开立、流转、贴现、转贴现、再贴现、回购等在内的各项交易均可以通过智能合约来执行，这也便于之后业务需求发生变化时可以灵活修改。

区块链技术应用于票据业务有以下四个优势。

第一，保障票据真实性。不可伪造是区块链的核心特性，使用区块链技术可以彻底解决造假这一票据领域的核心痛点，假票、克隆票等现象将被消灭。

第二，不依赖第三方。在纸质票据中，交易双方的信任建立在票据的真实性基础上，即使在现有电子票据交易中，也需要通过央行 ECDS 的信息进行交互认证。但利用区块链技术，不需要特定的实物票据或中心系统进行控制和验证，第三方中介和人为介入都会减少。

第三，提高效率。区块链系统实时、不受时空约束的特点可以改变现行的组织结构和管理体系。开票、企业间流转、贴现、转贴现、再贴现、回购等一系列业务以及交易中的要求和限制，都可以通过智能合约编程的方式来实现，过程自动化可以提高整个票据市场的运作效率。

第四，降低监管成本。当前票据市场上的操作方式各异，监管只能通过现场审核的方式来进行。借助区块链上智能化的合约系统，可以方便地达成多种监管目的，例如，限定贴现中必须有真实贸易背景，设定资管票据不能绕开信贷规模等。

目前，区块链技术在票据市场上已有应用案例。重庆区块链财政电子票据试点正稳步推进，截至 2020 年 10 月 28 日已覆盖市级 300 多家单位，累计开具财政电子票据 600 多万份。下一步，重庆市财政系统将分层深化财政电子票据改革。在市级层面上将不断扩大财政电子票据应用范围，为用票单位和社会公众提供更加智能、便捷、安全的票据服务。在区县层面上将不搞“一刀切”，在总结试点经验的基础上，成熟一个推广一个，优先解决排队多、缴费难等问题。

（二）支付清算、结算与审计

区块链技术在清算、结算和审计方面的应用，是当前各大金融机构探索的重点。由于金融业是一个建立在信任基础上的行业，为维护信任，出现了大量的中介机构，包括托管机构、第三方支付平台、公证人、银行、交易所等。这些机构存在着成本较高、效率较低、容易出现单点故障的缺点。例如，在传统证券交易中，证券所有人发出交易指令后，指令需要依次经过证券经纪人、资产托管人、中央银行和中央登记机构四者间的协调，才能完成交易。整个流程效率低、成本高，且这样的模式造就了强势中介，金融消费者的权利往往得不到保障。

在清算、结算和审计方面，区块链技术有着以下五个优势。

第一，增加透明度，降低信任成本。如果将相关的过程放在区块链上，将大大增加机构和参与各方行为的透明度。由于区块链技术开源透明的特性，系统的参与者都能够知晓系统的运行规则、验证账本内容和账本历史的真实性和完整性，确保交易历史是可靠的、没有被篡改的。这种特性相当于提高了系统的可追责性，降低了系统的信任成本。

第二，过程自动化，减少中间环节。区块链能够提升自动化水平。由于所有文件或资产都能够以代码或分布式记账的形式体现，通过对区块链上的数据处理程序进行设置，自动交易就可能在区块链上实现。例如，智能合约技术的发展将使股票可编程，这样股票交易能够在特定条件下执行，这种可编程的股票将不仅能转移价值，而且买卖双方能写入特定的触发条件，使得交易只有在满足特定条件下才会被执行。在区块链上，交易被确认的过程，可以认为是同时实现了清算、结算和审计的过程。录入区块链的数据难以被撤销且能在短时间内被同步到每个节点中。即录入区块链上的信息实际上产生了公示的效果，并且交易的发生和所有权的确认都通过加密学算法进行，保证不会产生争议，并且由于任何交易都需要全网达成共识，实际上形成了比审计更强的监督。

第三，区块链能够降低经营成本。金融机构各个业务系统与后台工作，往往面临很长的流程和很多的环节。现今无论 Visa 信用卡（Visa International Service Association，VISA），还是支付宝都是中心化机构运营，货币转移要通过第三方机构，这使得跨境交易、货币汇率、内部核算的时间成本过高，并给资本带来了风险。区块链能够简化、自动化冗长的金融服务流程，减少前台和后台交互，节省大量的人力和物力，这对优化金融机构业务流程、提高金融机构的竞争力具有重要意义。

第四，使用分布式账本，防御单点故障。区块链能够有效预防故障与攻击。当前，券商为保证客户账户资金安全引入第三方存管，券商交易系统较易受到黑客攻击，一旦系统出现故障或被攻击，就可能导致整体网络瘫痪、交易暂停。区块链在点对点网络上有许多分布式节点来支撑，任何一部分出现问题都不会影响整体运作，而且每个节点都保存了区块链数据副本。所以区块链内置业务具有连续性、极高的可靠性和容错性。

第五，能够满足监管和审计的要求。区块链上储存的记录具有透明性、可追踪性等特征。任何记录、任何交易双方之间的交易都是可以被追踪和查询的。

2020 年 9 月 29 日，在国家外汇管理局海南省分局的指导和帮助下，中国银行海南省分行运用跨境金融区块链服务平台成功办理一笔 11.07 万港元的外汇资本金结汇便利化真实性审核业务。在该场景应用前，银行需对企业办理资本项目收入支付便利化业务按季度进行事后抽查，企业需按抽查的业务逐笔向银行提交相应的发票供银行进行核查。而该场景应用后，通过建立起银行、企业和监管部门间的业务信息交互核验机制，同时利用区块链上相关信息不会被篡改、核验留痕的特点，将传统的线下人工逐笔核验转化为线上系统批量核验，有效提升了银行的工作效率，提高了监管部门获得的数据质效，为企业接受银行抽查提供了便利。

（三）跨境支付

跨境支付业务是各国间资金融通过程中的基础环节，也是国际间商业贸易交易的重要保证。基于环球同业银行金融电信协会（SWIFT）的银行跨境电汇方式，是目前最普遍使用的形式，目前 SWIFT 在全世界的会员银行超过 4 000 家，遍布世界各地，会员之间通过电报的方式进行跨境支付业务。汇款银行向境外汇入行发送报文，汇款行再将对应金额付给收款人从而完成跨境支付，在这一流程中，涉及开户行、央行、境外银行、代理行、清算行等机构，每个机构都有自己的账务系统，彼此之间需要建立代理关系，需要有授信额度，每笔交易还需在各机构之间分别记录，以进行清算和对账等。因此，多个交易主体和中介使得平均每天超过 2 600 万条交易信息的 SWIFT 跨国交易存在结算时间长、手续费较高、汇率不稳定、通用性不强、无法排除洗钱可能、中间环节多等问题。埃森哲报告显示，每年通过银行进行的跨境支付交易有 100 亿～150 亿笔，规模在 25 万亿～30 万亿美元，而每笔交易产生的费用在 30～40 美元。我国是贸易大国，企业级的跨境支付与结算具有巨大的市场潜力，交易成本的下降将给我国企业和银行带来可观收益。

区块链在跨境支付方面已有应用案例，我们接下来以瑞波（Ripple）跨境支付模式为例进行介绍。

Ripple 是一个基于分布式共识数据库技术的全球支付网络，通过允许网络中的网关之间迅速达成共识并进行点对点的直接交易，实现了各种形态的货币（包括法定货币和虚拟货币等）在全球范围内的自由转换和流通，从而完成跨境支付交易和支付服务。与传统的跨境支付方式相比，基于 Ripple 的模式具有支付成本近乎为零、交易时间缩短至秒级且支持传统货币和数字货币等优点。目前，Ripple 平台已经吸引了全球几十个国家的众多银行加入，其中全球排名前 50 的银行已有 10 家与 Ripple 展开了合作，包括菲多尔银行（Fidor）和埃森哲等。同时 Ripple 已宣布将与区块链技术组织 R3 区块链联盟（R3CEV）建立合作伙伴关系，共同探索区块链技术在跨境支付领域的应用。

具体实践中，Ripple 目前为用户提供了两种业务模式来完成跨境支付业务。

第一，Ripple 可以直接为金融机构提供汇款技术和底层协议，由银行机构充当 Ripple 网关，客户可以通过这些银行网关实现跨境资金支付。

第二，Ripple 允许个人直接进行跨境支付操作。流程如下：首先，客户需要注册 Ripple 钱包，钱包的注册仅需要使用者输入自主设定账号和密码，注册后 Ripple 会生成钱包私钥；其次，设置信任网关，交易会在网关之间进行，例如 Ripple 目前在我国有三家网关，分别为瑞波中国（RippleChina）、XRP 中国（XRPChina）和 RippleCN；再次，向 Ripple 钱包内充值，用户可以在 Ripple 的官方充值店进行充值；最后，进行转账操作，仅需输入对方 Ripple 账号和金额便可进行快速转账，不受币种的限制。

"区块链＋跨境支付"的优势如下。

第一，降本增效。如前所述，传统模式下跨境支付需要通过多个机构，每个机构都有自己独立中心化的账务系统，每个系统之间无法共享，因此多方之间进行对账和清算等业务需要付出高昂的时间成本和资金成本。而基于区块链技术的 Ripple 模式可以实现点对点的直接交易，省去复杂低效高成本的中介流程，实现降本增效。根据麦肯锡的测算，应用区块链技术可以帮助跨境支付的交易参与方节省 40% 以上的成本，节省的费用主要是中转银行费用和外汇兑换、合规及其他运营成本。

第二，减少资金占用。对银行等金融机构而言，传统跨境支付模式下，流程中的每个银行间开展业务时都需要相互之间开设保证金账户，这意味着一个银行需要多个保证金账户，这大大降低了资金使用效率，提升了占用成本。而在 Ripple 模式中，银行仅需要一个保证金账户，不同银行的多笔业务都可以通过一个保证金账户来进行，有效提高了资金使用效率。

第三，安全性高。区块链技术具有信息不可篡改、共识机制维护账本、隐私加密等特点，从而加强了跨境支付信息和资金的安全性、可追溯性。在交易过程中所有网关共同维护和验证支付交易信息的正确性，如果有节点否认该交易信息，那么交易将无法进行，这大大降低了跨境支付中的信息错误或者资金流失风险。

第四，支持多种货币。与传统模式只支持法定货币以及部分区块链技术平台只支持自身货币不同，Ripple 便利跨境支付的设计初衷使其不仅支持多种法定货币，还支持比特币等自由兑换，同时如果交易难以达成还可以使用自身 XRP 币作为中介兑换。与传统模式相比，这极大地便利了跨境支付的选择空间。

第五，小额支付。对于大额的跨境支付清算而言，通过传统中心化模式保障资金的安全更为重要。但对于小额零散交易需求而言，通过传统模式不仅成本较高且缺乏及时性，而在基于 Ripple 的模式下则更加灵活方便，这为潜在的跨境电商支付业务提供了想象空间。

第六，透明监管。Ripple 是基于区块链技术的分布式账本，所有交易信息都是按照时间顺序完全记录，传统反洗钱“充分了解你的客户”（Anti Money Laundering/Knowing-Your Customer，AML/KYC）过程中的信息被共同存储、传播和验证，需要时可以被清晰查找，这为满足监管合规的要求提供了极大的便利，提升了金融机构合规效率。

（四）大数据确权与政务治理

数据确权一直是大数据交易中面临的挑战之一，基于区块链的数据共享有助于推进跨地域、跨系统、跨主体之间的数据共享，让数据提供方放心、数据监管方省心、数据使用方小心，真正促进数据价值流动，实现数字政府。区块链技术的分布式、透明性、可追溯性和公开性与政务“互联网＋”的理念相吻合，其在政务中的应用也将进一步推动政务“互联网＋”的建设，并对政府部门及公众带来不可估量的影响。一方面，区块链技术能够推动政府角色转换和职能转变，促进政府组织结构扁平化、治理及服务过程透明化，提高政府创新绩效，提高政府数据安全，建设智能化和可信任的政府；另一方面，区块链技术也会给政府传统职能、管理机制、法律制度等带来一系列挑战，促使政府组织结构、管理机制、法律法规与区块链技术发展保持适配性，同时加强对这一新兴技术应用的监管。

1. 时间微戳应用：公证与认证。传统的公证依赖政府，而有限的数据维度、未建立的历史数据信息链常常导致政府无法获得完整有效的信息。利用区块链可以建立不可篡改的数字化证明。在数字版权和知识产权领域都可以建立全新的认证机制，改善公共服务领域的管理水平。在文化部门知识产权保护方面，传统的版权登记流程至少需要一个半月时间，与数字内容创作和流通“短频快”的特性不匹配。利用区块链技术，将文化产业链条中的各环节加以整合，加速流通，能够有效缩短价值创造周期。通过区块链技术，对作品进行鉴权，证明文字、视频、音频等作品的存在，保证权属的真实、唯一性。作品在区块链上被确权，后续交易都会进行实时记录，实现文化产业全生命周期管理，也可作为司法取证中的技术性保障。

2. 不可篡改性应用：信用资产化与监管便利。区块链上的信息不可篡改的特性可以应用在税务和审计等部门。在税务部门的纳税证明支持贷款方面，一段时间内的税务信用等级、销售收入、利润、增值税、企业所得税等关键指标能够反映企业的信用状况和盈利能力，可以作为银行评估中小微企业贷款能力的指标与凭证。为了确保企业纳税凭证的真实有效，税银贷款业务通常以纸质材料形式办理。将区块链技术应用于在线税银贷业务，由贷款企业授权银行查询纳税数据后，银行根据内部风控模型给予企业授信额度，以此快速实现税、银、企三方数据对接。采用区块链技术，不仅能够实现电子纳税凭证的鉴真，而且智能合约可保证数据使用的授权执行、控制操作权限，并存证全流程以应对争议。

在审计部门的降低成本、提高效率方面，区块链显著增加了造假的成本，为审计、审查工作提供了便利。传统审计工作会消耗大量资源在收集信息、分析数据、判断问题严重性以及形成客观公正的结论上，而时间滞后性和覆盖范围的局限性容易影响审计结果的准确性。区块链以时间戳的形式在特定时间点固化凭证，在确保信息真实、完整方面能节省大量的工作资源，并且智能合约能自动化执行部分审计流程，提高审计工作效率。

3. 分布式账本应用：跨领域协作和精准管理。在金融监管部门的风险防控事前监管方面，各类互联网金融创新的繁荣之下，也隐藏着各类由于风险防控手段不足所构成的信用风险以及事后监管所面临的证据缺失等问题。一方面，政府金融监管部门通过引入基于区块链的点对点数据授权共享机制，能够为广大互联网金融企业提供更为完整的、可信的数据分析产品，从更为完整的数据维度对线上信贷客户进行风险评测与风险定价，从而有效防控系统性风险的产生并维持社会稳定。另一方面，针对穿透式监管在互联网金融领域的创新实施，通过将区块链存证系统接口前置接入各互联网金融业务平台，将业务操作流程记录经过哈希计算后实时向政务区块链进行锚定同步，能够有效地实现在保护业务隐私的前提下对互联网金融业务进行事前监管。一旦出现违规经营，链上完整、不可篡改的数据记录将作为监管审计调查的有效证据链条。

五、区块链金融中的风险

随着比特币的兴起，作为比特币底层技术的“区块链”也成为各行各业研究的重点。区块链技术突破了传统在线价值交换的信任、承诺和唯一性，这给金融行业带来了新的发展思路，也深刻改变着国际和国内金融行业的交易规则和行业整体面貌。区块链去中心化、去信任化和数据可靠的特点使其在数字货币、金融结算和清算、证券交易等领域大有可为，但随之而来的信息安全风险和监管空白也应引起政府和行业的足够重视。例如，对既有利益结构的破坏、潜在的技术安全风险、新技术的大规模使用以及法律法规缺位等问题。

（一）区块链技术层面存在的风险

从目前比特币的底层技术来看，区块链面临的技术风险远远高于业务风险，这也是区块链风险区别于传统金融风险的主要特征。区块链中架构的合理设计、智能合约、应用场景、安全系统、技术规范等都是当前区块链在金融领域内应用时亟待解决的主要技术问题。

1. 生态圈不成熟。区块链的应用领域已从数字货币的虚拟世界走向了与现实世界相对接的实际应用场景中，其应用生态圈涉及数字货币交易平台、区块链移动数字钱包App、网站等。与云计算不同，区块链技术不能独立于其他关联技术而单独发展，虽然目前有许多大型开源组织和公司联盟的积极支持，但是区块链尚未形成完整的生态圈。

从技术层面看，区块链需要一系列与之配套的基础服务设施，例如，适用于区块链的数据库和数据储存技术、安全性高的硬件密钥、网络加速服务等。同时，区块链的发展也离不开市场主体对区块链产品的接受和认可程度以及金融产品消费理念和习惯的改变。因此，构建完善的区块链金融生态系统仍将任重道远。

2. 高能低效风险。由于区块链技术采用的分布式记账和分布式存储方式要求每个节点都参与记账活动，因此数据库需要记录庞大的交易信息量。创建的每一笔交易记录都要详细地进行记录，这也要求区块链的数据库具备实时下载、更新以及存储等功能，以使区块链能够最大限度地保障账单的真实性和安全性。然而，实时追踪记账可能带来两个风险问题：第一，数据库存储量的急速膨胀。传统记账模式下仅有中心节点对交易进行详细记录，其他节点承担的存储量较小，而在区块链下每个节点的地位和职责都是一致的，每个节点的数据库存储容量急速膨胀将对整个数据库的存储能力提出更高的要求。第二，影响交易的效率。由于区块链每个节点的地位和职责相同，其采用的验证方式多为多点验证，这就大大增加了交易的时间。

3. 安全隐患风险。区块链技术在安全性能上的保证主要来自两个方面：一是多节点记录提高系统的容错率。二是通过非对称加密和授权技术提高密码的灵活性。从短时间内看，区块链的安全性是相对可靠的，非对称加密技术和授权技术强化了用户身份的验证和识别，保护了用户的个人信息。但从长远来看，信息安全事件本身具有突发性和潜伏性。区块链技术中的安全隐患风险主要表现为以下两个层面。

第一，基础协议攻击。目前，除了比特币之外，区块链的应用均面临算力基础不足的问题，难以保障系统运行的稳定性。区块链的基础算力不足将容易遭受基础协议层面的攻击，例如，51%算力攻击，并且这种攻击不是偶发的而是连续性的。若基础协议攻击得以扩散和蔓延，任何基于区块链的金融应用均将崩溃，不可篡改的优势也将不复存在。另外，区块链的分布式记账特征使基础算力的整体升级异常困难，因此基础协议攻击的负面影响难以在短时间内消除。

第二，密钥丢失风险。区块链账户的每个密钥均由用户自己生成并且自己负责保管，没有第三方参与，这也是区块链技术不可伪造的前提条件之一。然而，一旦密钥丢失，用户将无法对其账户的资产进行任何操作。密钥的补发和管理与区块链的分布式理念相冲突，并且密钥的补发认证也需要可靠的计算机环境，即使多重签名能够解决一部分密钥丢失问题，但是需要区块链设计与之配套的异常繁杂的密钥管理系统，这在当前的区块链运用中并没有得到广泛实施。因此，密钥丢失带来的账户资产损失的可能性仍然是用户面临的主要技术风险之一。

4. 智能合约风险。智能合约本质上是一段运行在区块链网络中的代码，它界定了各方使用合约的条件，在满足合约条件的情况下某些机器指令被执行。由于智能合约为新生事物，熟悉智能合约的开发人员较少，受限于程序员的安全意识和代码编写能力，在设计和开发代码的过程中，不可避免会出现漏洞，进而可能给智能合约带来安全风险。一旦这些漏洞被黑客利用，就会造成虚拟货币财产被不法分子盗取。虽然智能合约中采用的全同态加密技术可保证区块链中数据的隐私和数据在不可信环境下运算的正确性，但全同态加密技术距离实际应用还存在一定的距离。此外，智能合约还是多方业务的交互规则，不仅要在编写代码时防止整数溢出等漏洞，而且需要先进行智能合约协议安全性分析，以防止出现业务逻辑漏洞。因此，如何保证智能合约的安全是区块链安全面临的一大挑战。

（二）区块链的其他风险

1. 监管风险。分布式记账技术依靠节点的共同参与来维护交易信息，不再依靠中心化机构的权威性来取得信任。因此，区块链金融一旦实现，势必会对当前金融管理和监管部门的地位以及现行法规构成挑战。例如，按照《中华人民共和国公司法（2018 修正）》的规定，有限责任公司应将股东的姓名或者名称向公司登记机关登记，并且基于登记机关的公信力，未经登记的不得对抗第三人。但在区块链系统中办理股权转让时，公司股权的登记及其变动的公信力不再依靠第三方来提供，而是依靠全体参与者来共同维护，区块链账本更是具有不可篡改性和极高的公信力。在技术的推动下，区块链使得私权自治变得更加彻底。在监管方式上，由于传统的中心化模式有了技术优势作为替补，区块链的去中心化在某些方面引发了纯粹技术性措施无法实现的监管难题。另外，从监管标准来说，因智能合约的兼容性等方面受到较大限制，区块链技术在金融市场中的应用仍缺乏统一的技术开发监管标准，甚至标准制定尚未真正起步。

2. 法律风险。目前，区块链方面的法律体制尚不健全。第一，我国监管部门对区块链技术的认识和预期仍不够充分，导致相关的经济活动缺乏必要的制度规范和法律保护，无形中放大了交易的隐性风险。第二，中介担保的缺失使数字货币的安全性无法得到保证，也给数字货币资产的储存和交易带来了更大的不确定性。第三，传统的金融交易合同均使用自然语言，相关金融创新产品都有相应的业务所有权人。然而，由于智能合约采用的是代码语言，再加上智能合约的法律责任界定十分模糊，因此一旦现实交易中的智能合约和传统合同间产生了经济纠纷，则界定法律责任将极为困难。

3. 犯罪风险。区块链技术的隐秘性特征是一把“双刃剑”。一方面，极大地增加了用户信息的安全度；另一方面，也给犯罪分子带来了可乘之机。他们通过区块链的智能合约和数字票据技术，从事非法传销、匿名犯罪等，不仅极大地损害了公众的经济利益及人身安全，同时，也给社会安定埋下了巨大隐患。特别是随着近年来比特币概念被热炒、数字货币交易价格迅速上涨，不法分子借助社交媒体等互联网手段进行非法集资和网络诈骗更是屡见不鲜，风险不容忽视。

4. 隐私安全风险。区块链是一种分布式账本，意味着数据在网络上的所有参与方之间共享。这会对许多参与节点、链节点的可用性产生积极影响，使其更加健壮和有弹性，但也可能会对机密性产生负面影响。区块链中的隐私安全问题主要包括保护匿名性和区块链中内容的机密性。区块链最初的设计具备一定的匿名性，但随着技术的发展出现了一些追踪技术。交易追踪技术通过追踪交易在网络中的传播路径，最终发现交易的始发节点，一旦将交易与始发节点的IP地址关联，就可以将交易中的匿名账号和用户身份关联，从而破坏了区块链的匿名性。该技术有助于识别恶意交易者的身份信息，分析数字货币的流向以增强监管，但如果被攻击者使用则会破坏使用区块链的公司和组织的业务隐秘性，对公司和组织的利益造成损害。

区块链的隐私安全保护，一方面需要加密交易的内容，另一方面则需要验证交易的正确性，不能全部加密。这两者本身就存在矛盾，是隐私保护技术上的挑战。区块链一般采用同态加密、零知识证明等前沿技术进行隐私保护，这些技术需要进行一系列的运算，势必会影响系统性能，因此隐私保护技术在保证用户隐私的情况下同时兼顾系统性能，是隐私保护技术面临的又一项挑战。

第二节 虚拟货币与数字货币

一、虚拟货币

（一）虚拟货币的产生和发展

1. 虚拟货币的产生。

（1）虚拟货币产生的技术背景。1946年，世界上第一台通用计算机ENIAC在美国宾夕法尼亚大学诞生。伴随着计算机的诞生，1969年互联网开始产生。互联网最初是用于军用领域，后来随着网络协议和相关硬件软件产品的发展，逐渐向商用和民用领域扩展。20世纪90年代起，互联网逐渐进入人们的日常生活之中。互联网为人们提供了大量交流和沟通场所，给人们的生产生活带来了便利。正是由于互联网信息传播速度快、效率高、不受时间的限制等优势，使得它的发展速度超过了其他行业的发展速度，成为世界上发展最快的行业。

（2）虚拟市场的形成。互联网的发展衍生出一个新的市场，这个市场就是与实体市场相对立的虚拟市场。虚拟市场的出现丰富了人们的经济生活，为人类进行物质交换带来了极大的便利。通过虚拟市场，消费者可以及时得到物质交换信息，生产者或商家应势及时转变生产理念，更好地为消费者服务。虚拟市场凭借自身的优势不断侵蚀着实体市场，更多的生产者看到这一优势，不断扩大自己在虚拟市场的市场份额，以适应信息时代的高速发展。

（3）虚拟货币的产生。随着计算机和网络通信技术的迅猛发展和互联网技术的应用，虚拟市场不断扩大，逐渐开始向人类的各种活动领域渗透。同时，随着人们生活水平的不断提高，消费者的需求也逐渐扩大，虚拟市场中的虚拟商品或服务成了人们乐意消费的对象。在这种双重背景下，虚拟市场的营建者为了自身的利益以及虚拟市场的发展等，开始发行虚拟货币；虚拟市场的消费者，为了满足自己的需求开始购买虚拟货币，并在虚拟市场中利用虚拟货币进行一系列虚拟的经济活动。自此，以虚拟货币为交易媒介的虚拟市场就运转了起来。

2. 虚拟货币的发展。

（1）虚拟货币的发展现状。虚拟货币是指在互联网上流通和交易的货币。目前，虚拟货币的市场范围在进一步扩大，例如，比特币等部分虚拟货币逐渐被许多国家所认可，可以在国际市场上进行流通和交易，腾讯与其他游戏公司合作开发的 Q 币也成为购买产品和服务的便捷工具。

从国内外的发展现状来看，国内最早的网络虚拟货币出现于 21 世纪初。近年来，国内虚拟货币市场以 20% 的年增长率快速增长，其中最具代表性的网络虚拟货币为腾讯公司的 Q 币。该币主要是为了购买腾讯公司自己提供的虚拟商品及服务，但随着业务的扩展，该虚拟货币也可以购买其他厂商的产品，其与人民币的兑换比率固定为 1∶1。其他中国网络巨头也纷纷设计发行自己的网络虚拟货币。据此可以看出，国内虚拟货币特点为：第一，原始获取只能通过人民币购得；第二，可以随时随地自由买卖；第三，可以通过第三方平台实现虚拟货币与人民币的自由兑换，但一般为固定比例。

国际上讨论比较多的虚拟货币是比特币。比特币是由日裔美国人中本聪（Satoshi Nakamoto）提出的，其核心思想在于弱化现有货币体系，实现去中心化。它与大部分网络虚拟货币不同，其完全依赖于网络协议，通过特定算法产生。获取比特币的方式有挖矿、平台购买以及接受比特币支付三种，当前最主要的渠道是直接购买。交易活动没有第三方参与，直接通过类似收发邮件的方式进行转账，几乎没有交易成本。

从金融发展角度看，国外的虚拟货币发展进程更快。但总体来看，虚拟货币发展迅速，参与人数、交易规模已达到一定层次。同时随着法律、经济环境的改善，网络虚拟货币已经逐步向实体经济和金融领域渗透。

（2）虚拟货币的发展趋势。

第一，实现跨网站流通。在网络虚拟货币发展初期，各大网站都开始创造属于自己的专属货币，并形成了一套兑换、支付的完整流程。在此过程中，网站的主要职责便是维护虚拟货币的实际价值，将其与虚拟劳务、虚拟商品挂钩，实现用户和用户之间的沟通和交流，并为各玩家之间的物品交换搭建桥梁。另外，网站需对虚拟网络货币的数量进行限制，一般会采取收费的方式避免出现炒作和货币膨胀问题。在未来发展中，会逐渐消除各网站之间的限制和隔阂，实现跨领域交流，为广大用户提供便利，减少成本。例如，百度货币就先后与 20 余家公司签订了合作协议，并规定消费者可通过网易点卡支付费用，也可通过百度货币兑换各公司的虚拟卡，从而解决网络虚拟货币流通问题。

第二，进一步促进网络服务行业发展。虚拟货币的出现，开辟了网络支付的新时代，现已成为一种便捷、高效的支付方式，其对网络服务及商品流通的快速发展，具有至关重要的作用。通过虚拟货币交易，各类网络信息商品的流通、生产、制造将变得更加便利，并具有保障性。例如，付费区内容、付费下载等便是通过网络虚拟货币来实现的在线销售，其可持续发展为网络信息服务或商品开辟了一条更加广阔的市场道路，从而使各类开发商、供应商不断涌现，为信息产业的多样化提供保障。

第三，促进了新型支付手段的发展。网络虚拟货币是商品也是货币，它的出现开创了我国电子支付的新时代，是在现金和信用卡之后迅速发展起来的一种新型支付方式，具有便捷、高效、可靠等优势。随着科学技术的不断发展以及人们生活水平的提高，网络虚拟货币的应用范围越来越广阔，在此过程中，国家应加强对网络虚拟货币的规范和监管，保证其长久稳定发展。与信用卡、现金相比，网络虚拟货币优势突出，不仅体现在其自身的交易属性，更体现在其产生于网络技术、信息技术快速发展的新时代，融合了各类先进技术，具有较强的竞争优势。

（二）虚拟货币的分类

从以上内容可知，虚拟货币是在网络经济飞速发展的背景下产生的一种新的货币形态，这种货币形态在促进网络经济发展的同时，自身也经历着发展和完善。虽然虚拟货币的概念目前被广泛使用，但对其内涵与外延的界定，事实上并不完全一致与明确。互联网、数字技术和电子商务的跨代发展，使得虚拟货币的概念与特性在不同阶段、不同时期和不同的国家地区也不断变化，各存差异。

从全球范围看，英格兰银行认为虚拟货币是一种无形资产或电子化产品。反洗钱金融行动特别工作组（Financial Action Task Force on Money Laundering，FATF）将虚拟货币定义为一种价值的数字表示，具备部分货币职能但不是法定货币。国际货币基金组织（International Monetary Fund，IMF）认为虚拟货币是价值的数字化表现，由私人机构发行并且使用自有的记账单位。由于国际上对虚拟货币的定义并没有一个共同的标准，所以，虚拟货币的分类也没有一个准确的界定。本文将虚拟货币分为以下四类。

1. 游戏公司发行的虚拟货币。人们可以通过现金购买游戏币，但是游戏币的使用范围受到严格限制，仅限于在游戏内部使用，不能在其他地方使用。在单机游戏时代，主角靠打倒敌人等方式积累货币，用这些货币购买草药和装备，但只能在自己的游戏机里使用。那时，玩家之间没有市场。自从互联网建立起门户和社区、实现游戏联网以来，虚拟货币便有了“金融市场”，玩家之间可以交易游戏币。

2. 门户网站或者即时通信工具服务商发行的专用货币，用于购买本网站内的服务。例如，腾讯公司的 Q 币，可用来购买会员资格等增值服务，消费者可以通过银行卡、财付通、支付宝、微信、手机充值等方式购买 Q 币，然后再用 Q 币购买腾讯公司提供的各种增值服务。随着互联网的快速发展，Q 币从经济学的角度被认为不具备货币属性，最终目的是为了给消费者提供一个便利的支付渠道来购买互联网企业旗下的产品，并不是真正意义上的电子货币。一个 Q 币的价值大概为 0.9 到 1 元人民币，并且账户与账户间不可交易。

3. 网络消费币。比较著名的，如美国贝宝公司（PayPal）发行的贝宝币，主要用于网上购物，消费者向公司提出申请，就可以将银行账户里的钱转成贝宝货币——相当于用银行卡付款，但服务费要低很多，而且在国际交易中不必考虑汇率。严格来说，这种网络消费币具有第三方支付的性质，它同国内的第三方支付平台，例如，支付宝、财付通等性质是一样的，要以真实的货币作为基础，但它的跨国性质以及其在网络中的使用，导致其虚拟性更强，同纯粹的第三方支付，如银行中介又不一样。国内目前尚无这类虚拟货币。

4. 采用分布式记账系统的加密数字货币。目前，根据发行主体的法律属性不同，可以把加密数字货币分为非主权加密数字货币、主权加密数字货币和超主权加密数字货币。其中，非主权加密数字货币又称为私人加密数字货币，主要是由非主权政府的私人部门或公司发行的加密数字货币，代表有比特币、以太坊等；主权加密数字货币是指由主权国家的政府或中央银行发行的官方加密数字货币，也可称为加密法定数字货币，一般可以与国家纸币相互兑换，法律属性相同，只是载体不同，主要有加拿大政府发行的CAD coin，日本三菱银行发行的UFJcoin及我国央行发行的法定加密数字货币DC/EP（Digital Currency Electronic Payment）；超主权加密数字货币是指由权威的国际组织或多国的政府、机构共同发行，并在多个国家可以合法流通的加密数字货币，类似于超主权货币结合区块链技术而形成的加密数字货币。

二、数字货币

（一）数字货币概述

1. 数字货币的概念。随着比特币等虚拟货币价格的不断攀升，以比特币为代表的数字货币受到了各界的关注，但目前数字货币的概念还在自发认识阶段，尚未形成理性和统一的认识。不同的认识源于两方面：第一，数字货币是新兴事物，且主要是依托信息网络技术的发展而逐步形成的，专业性和独特性使得其被蒙上了一道神秘的“面纱”；第二，数字货币早期的理念创立者提供的仅仅是一种全新的思考方式，而技术的长期价值让数字货币展现于世人面前，显现出其蕴藏的巨大能量。

在数字货币概念界定上，世界银行采用加密货币概念，认为加密货币是依靠加密技术达成共识的数字货币的子集，如比特币和以太币。国际清算银行（Bank for International Settlements，BIS）使用加密资产的称谓，认为数字货币是价值的数字呈现，通过密码学和分布式账本技术的进步来实现。它们以自己的账户单位计价，可以在没有中介的情况下对等传输。目前，流行于世界各国的数字货币有上百种，如比特币、莱特币、无限币、泽塔币等。

2. 数字货币的分类。从上述数字货币的概念来看，数字货币至今没有完全统一的定义。数字货币是一个复杂的新生事物，对其进行分类显得极其困难而必要，目前在国际上也缺乏统一的分类标准。本文按照不同的标准将数字货币划分为不同的类别。

第一，按照数字货币是否由有权机关发行为标准，将数字货币划分为法定数字货币和非法定数字货币。法定数字货币是由有权机关或其授权的发钞机构发行，以区块链技术为支撑并以电子记录形式存在的、具有法偿性的货币；非法定数字货币是由非有权机关发行并以自己认定的记账单位计价，以区块链技术为支撑并以电子记录形式存在的、不具有法偿性的货币替代物。

第二，按照数字货币的接受方范围，可以将数字货币分为通用币和承用币。所谓通用币是指在市场上流通并不受发行人使用限制的数字货币，如比特币、以太币，以及大多数的空气币等。所谓承用币是指虽然在市场上可以流通，但仅为发行人承诺使用的数字货币，这种代币的最大特点是只被代币发行机构所接受。

第三，按照数字货币的价格是否受市场因素影响，可以将数字货币分为升值币和稳定币。升值币，又称波动币或增值币，是指在短期内受市场因素影响价格浮动较大的数字货币。比特币、以太币以及大多数的空气币是典型的升值币。所谓稳定币是指在短期内价格不易受到市场因素影响而相对稳定的数字货币。以稳定币锚定的价值来源为标准，可以将稳定币分为资产代币和现金代币。资产代币指旨在通过锚定多种法定货币，以一种或多种商品以及加密资产及其组合来维护其价值的数字货币。所谓现金代币是指以用作支付方式为目的和主要用途，通过锚定一种法定货币的价值而发行的数字货币。最知名的稳定币就是泰达币（USDT），它是泰达公司（Tether）推出并锚定美元的代币。此外，对于备受关注的 Libra 币（现在已经更名为 DIEM），脸书（Facebook）在该项目的白皮书中也明确表示，“除了锚定多种资产的稳定币外，我们还会提供锚定单一货币的稳定币”，因此，倘若顺利发行，DIEM 币也属于稳定币。

第四，以数字货币的使用方式为标准，可以将数字货币分为证券代币、支付代币和实用代币。所谓证券代币（Security Token），是指发行人发行的数字货币符合证券法规中关于证券或者证券衍生品的实质要件的代币。所谓支付代币（Payment Token），又称数字支付代币，是指不以任何货币计价，发行者发布的代币也不与任何货币挂钩，能够以电子记录方式转移、储存或交易，并以成为公众或部分公众接受的支付工具或者媒介为目的发行的数字货币。最典型的支付代币是比特币、以太币、泰达币等。支付代币不属于证券及其衍生品，但是其在属性上构成金融工具。实用代币是指旨在向基于分布式账本技术的商品或服务提供数字化访问的数字货币。如前所述，实用代币又称承用币，也可称为消费者效用代币，不同于证券代币和支付代币，其只用于访问代币发行者提供的商品或服务。

（二）数字货币的特征

1. 去中心化。与传统货币不同，数字货币的去中心化特征十分突出。第一，数字货币的运行和发行不依赖中央银行、政府、企业等机构组织的支持或信用担保，而是依赖信息技术、密码算法、网络协议等来实现，理论上确保了任何个人、机构、政府等都不可能操控数字货币总量或制造人为通货膨胀。以比特币为例，它的货币总量按照预定设计的速率逐年增加，并最终在 2140 年达到 2 100 万个的上限。第二，数字货币没有一个集中的发行方，而是通过网络节点的计算产生，理论上任何人在任何时间、任何地点都可以参与制造数字货币。

2. 不可伪造。数字货币在制造和发行过程中，通过多种安全技术手段保证货币不能被非法复制和伪造。例如，比特币是一种数字加密货币，由计算机生成的一串串复杂代码组成，通过预设的程序制造，使用整个网络中众多节点构成的分布式数据库来确认并记录所有的交易行为，并使用密码学的设计来确保货币流通中各个环节的安全性。

3. 匿名交易。不同于法定货币在电子交易时身份的验证，数字货币具有较强的匿名性特征。第一，数字货币交易可以在购买初期就实现匿名，用户仅需提供资金或通过信用卡就可以购买数字货币，交易过程中较少涉及用户的身份信息。第二，数字货币的匿名性还在于它有不同于传统电子交易的替代支付方式，使得整个交易过程中外人无法辨认用户身份信息。例如，在 Ukash 支付平台，用户申请时不需要拥有银行卡或账户，也不需要注册和提供任何个人信息，即可将现金兑换成 19 位编码的代金券，在所有支持 Ukash 支付系统的国际网站上均可以使用，较好地实现了数字货币交易过程的匿名性。

4. 支付便捷。数字货币不受时间和空间的限制，能够快捷方便且低成本地实现境内外资金的快速转移，整个支付过程更加便捷有效。以货币跨境转汇为例，传统货币境外转汇需要通过银行机构进行较为复杂的手续，例如，环球同业银行电信协会金融电信协会的业务识别码、特定收款地的国际银行账户号码等。同时，完成整个资金转移的过程耗时较长，一般为 1～8 个工作日，并且需要支付较高的手续费；而数字货币则能实现境外转汇的低成本便捷化服务，例如，通过 PayPal 办理境外转汇业务时，可以在接受支付命令后即时将转汇金额记入到收款人的 PayPal 账户，实现业务交易的即时性。

三、数字货币的影响和挑战

（一）数字货币对金融体系和货币政策的影响

1. 数字货币对金融机构的影响。数字货币诞生以前，银行是货币发行以及存储的唯一机构，人们只能通过现金或者存款的形式来持有货币，在交易的时候也必须到银行办理相关事宜，耗时耗力。而数字货币诞生并广泛流通后，人们多了一种持有货币的方式，并且不通过银行即可实现产品和服务交易，货币支付更加快捷、方便。另外，在数字货币市场持有率不断上升的背景下，数字货币交易数量以及业务量也会随之上涨，并且可以不通过银行机构进行，完全依靠数字货币自身的智能化和数字化特点实现交易，这在一定程度上削弱了银行等金融机构的服务职能，冲击了商业银行物理网点的业务营销功能。数字货币的运送和保存也对银行等金融机构的运行模式提出了更高的要求，传统的货币运送和保存方式并不适用于数字货币，因此需要金融机构根据数字货币的特点和流通形式转变当前的管理模式，确保与数字货币有关的金融服务有序进行，提高数字货币交易及管理效果。

2. 数字货币对金融和经济体系稳定的影响。货币的发行与使用内嵌于一国金融和经济体系，涉及经济领域各个方面。现有金融和经济体系下，货币的发行与使用已经形成了一套成熟体系。数字货币作为一种新的货币形态，以比特币为代表的私人数字货币已被证明会对金融和经济稳定造成一定冲击，而全球法定数字货币的发展总体还处于起步阶段，其发行和使用仍存在较大不确定性，主要表现在：第一，数字货币存在技术性风险，在流通过程中可能会导致金融稳定性差，且数字货币发行机构并非授信于国家，相较于传统金融机构，遭到网络攻击的风险更大。第二，数字货币由于其虚拟化、匿名化，在为资金流转带来便利的同时，也存在监控难度大、追踪难度高的风险。第三，数字货币将影响货币创造过程，存款货币兑换为现金货币的速度更快，金融危机发生时，金融恐慌蔓延速度也将加快，从而影响经济社会稳定。

3. 数字货币对货币政策的影响。数字货币对货币政策造成的影响是很大的，并且是具有两面性的：一方面，可能影响货币政策的制定与落实，另一方面可以促进货币政策精准化。货币政策是一种用来调节经济的手段，主要是国家央行通过调节货币供给量来影响货币流通。所以，在数字货币广泛使用与大范围流通的背景下，数字货币在一定程度上代替了传统货币的职能，这会降低国家货币政策的有效性，进而影响货币政策的制定和实施。反之，数字货币对货币政策的精准化也能起到积极的作用。因为在数字货币流通过程中，数字货币去中心化特征被体现得淋漓尽致，国家央行以及数字货币监管部门可以通过区块链技术对每一笔数字货币的去向和交易信息进行实时掌握，时刻追踪和查询数字货币的交易量和资金流通速度，以此提高国家央行对货币需求量以及流通情况的了解程度，进而准确分析货币结构，有助于货币政策的精准化，同时提高对货币监控的效率。

（二）数字货币带来新挑战

1. 数字货币对金融科技带来新挑战。数字货币的发行与流通主要使用的金融技术是区块链技术，这是一种先进程度很高的技术，但是在具体应用的过程中依然面临着很大的技术挑战。第一，数字货币的交易是点对点交易行为，可以在第三方支付平台上完成瞬时交易，需要对交易速度问题进行重点关注和思考，并且利用现有技术进一步提高交易速度，使得数字货币交易活动变得更为高效。第二，区块链技术在数字货币中的应用主要表现为分布式记账，所有的交易记录都会被保存下来，对于交易信息的存储空间而言具有很大挑战，需要通过技术手段解决存储空间不足问题。第三，数字货币在发行和流通的过程中需要做好安全防护，需要在技术上进行改进和优化，防止交易信息泄露。

2. 数字货币对现有法律体系带来新挑战。数字货币的出现打破了传统货币的现有格局，对货币政策、金融机构、金融市场、金融监管、货币法律体系等都具有非常大的影响，其中必然会涉及法律方面的问题，需要引起广泛关注。法律问题也成为数字货币发行和流通过程中所面临的一个挑战。现阶段，数字货币还处于初期发展阶段，很多国家的法律法规对于数字货币的管理都没有明确规定，也没有确立数字货币的实际法律地位。以我国为例，现行的货币法律主要是基于传统实体货币监管的，并不完全适用于数字货币，同时缺少货币流通监管，给违法行为监管和查处造成很大困难，缺少法律依据，容易造成矛盾。

3. 数字货币对国家安全带来新挑战。第一，从数字货币影响国家安全的金融监管逻辑来看，数字货币作为近年来金融体系中备受关注的创新项目，在创造便利的同时，也存在巨大隐患，现有的监管体系并未很好地覆盖相关领域，而借助数字货币进一步发展出来的互联网金融新业态不断增多，客观上对金融监管形成了压力。第二，从数字货币影响国家安全的非法交易逻辑来看，基于区块链的数字货币在强化安全性、可靠性的同时，也为非法交易创造了机会。数字货币具有中性特征，该技术本身很难区分哪些是正常交易，哪些是非法交易。数字货币在提供交易便利的同时，也成了非法交易的新手段。例如，犯罪分子可以利用数字货币进行非法交易，并借助数字货币不易监管的特性，绕开警方的调查，通过非法渠道进行交易，进而影响国家安全。

4. 数字货币对传统跨境资本流动管理带来新挑战。与传统跨境结算相比，数字货币跨境交易具有以下两个优势：第一，减少结算时间和成本。传统跨境结算耗时长、费用高，而数字货币汇款速度可以分钟计算，管理成本和中介费用显著降低，且其底层技术可确保交易信息不被篡改，从而可以更好地维护资金安全。第二，数字货币跨境交易脱离了国际资金清算系统，一旦美国对我国发起金融制裁，其负面影响将大大降低。

基于上述优势，数字货币得以迅速发展，但同时也对传统跨境资金流动管理提出了挑战。第一，数字货币的脱媒及匿名特征对跨境资金流动微观审慎监管构成挑战。主要表现在四个方面：（1）交易信息难以获取；（2）按项目进行外汇管理模式可能无法实施；（3）真实性审核难以实现；（4）定量处罚难以实现。第二，数字货币的应用放大了资金跨境及汇率顺周期波动，对跨境资金流动宏观审慎管理构成挑战。主要体现在：（1）放大了资金跨境及汇兑形势的顺周期性；（2）提升了汇率风险的复杂性；（3）增加了一国的外债风险敞口。

5. 数字货币对全球治理体系带来新挑战。从全球层面来看，数字货币的引入将使全球金融系统在支付清算、资本流动等诸多方面发生变化。与此相适应，全球货币治理体系也需要进行调整以反映数字货币发展带来的新变化，主要包括进一步调整和完善现有跨境流动资本风险防范机制，以应对数字货币发展带来的新的跨境资本流动风险；改善国际宏观经济政策协调机制，充分反映数字货币对各国货币政策的影响，减少跨国政策套利现象；将数字货币纳入全球金融监管体系等。全球货币治理体系的调整难以一蹴而就，需要有关国家进行多次甚至是较长时期的博弈才能实现既定目标。

第三节　法定数字货币

一、央行数字货币

央行数字货币（Central Bank Digital Currency，CBDC）也称法定数字货币，是指中央银行发行的数字货币。法定数字货币是法定货币的数字化形式，本质上与现金相同，属于央行负债，具有国家信用，与法定货币等值或有固定的比值。

（一）央行数字货币较传统货币的优势

1. 央行数字货币政策调控优势。货币政策是央行依据国民经济发展情况进行宏观调控的主要手段，其本质是通过货币供给的增加或者减少来应对经济衰退或者过热，现实中往往因不能完全有效地把控增加的货币供给的流向而导致货币政策效果偏离预期目的。央行数字货币具备区块链的分布式记账特点，能够完整、真实、及时记录每一笔资金的交易信息，有利于央行实时监测流通货币总量以及货币流通速度。此外，央行数字货币可编程性的特点有利于央行开发各种辅助程序来限制其流通范围，例如，服务实体经济的央行数字货币被限制进入股市、房市等领域；专项扶贫的央行数字货币将被限制截留私分、虚报冒领以及挥霍浪费。

2. 央行数字货币的成本优势。相对于纸钞以及硬币制造、运输、保存、真伪辨别以及损毁等多个环节产生的高成本，央行数字货币需要搭建的数字货币运营平台属于一次性的高投入，之后的发行成本会因为人力、物力消耗的减少而逐步递减直至趋近于零。同时，央行数字货币的流通是通过数字货币运营平台对收付双方进行点对点支付的非对称数字加密传输来实现的，其流通过程中的运输、保存、真伪辨别以及损毁等多个环节产生的成本几乎可以忽略不计。

3. 央行数字货币的监管优势。当今社会的主流货币体系依旧是以纸币、硬币等现钞为主，现钞一旦脱离金融机构就会存在监控盲区及死角，演变为行贿、贩毒、走私、洗钱以及涉恐涉暴等非法交易的必然选择。央行数字货币在满足人们支付安全、效率、隐私、便利等需求的基础上替代现钞会更加便于监管，虽然区块链具备不可追踪性、匿名性等特点，但这些特点仅仅指用户真实地址与网络地址的不相关性，实际上它的每一笔交易都是不可伪造并且可以追溯的。实践中，央行数字货币依托区块链技术构建法定数字货币运营平台时，可以采用仅有央行监管机构能够识别用户真实信息的可控匿名性以及分布式透明记账法，一方面有利于政府保护交易双方的信息，同时有效打击行贿、贩毒、走私、洗钱、偷逃税等违法行为；另一方面有利于政府完整、真实、及时监测每一笔资金的交易信息并且减少现钞的伪造、盗窃等行为。此外，央行数字货币运营平台除了监管数字货币交易，还可以将商品生产与销售信息融入监管体系，形成监管所有企业生产经营的超级账本。

4. 央行数字货币的安全及效率优势。纸币、硬币等传统法定货币受限于其物理形态无法满足远程、大额的支付需求，尽管现在支付宝、微信等第三方支付平台使互联网交易脱离了金额、距离的限制，但是央行授权第三方支付平台发行货币并以 1:1 的比例与法定货币兑换，这加深了金融体系的风险以及货币体系的不稳定性。央行数字货币的本质是国家信用背书、央行发行的数字化形态的法定货币，不仅能够满足人们对支付安全、效率、隐私以及便捷的需求，还能减少人们对支付宝、微信等第三方平台移动支付的依赖。目前，互联网交易的移动支付涉及央行、商业银行以及第三方支付平台等多个部门，每个部门都会建立独立数据库以及清算系统，一笔互联网交易的发生往往会涉及诸多部门的数据库及清算系统的重复结算，从而造成大量社会资源的低效消耗。央行数字货币基于区块链的分布式账本技术能够实现点对点支付，可以省略中间方相关的一系列清算流程，金融行业清算系统的错误率、交易成本以及支付效率将得到显著改善，最终货币的流通网络将呈现扁平化趋势。

5. 央行数字货币的锚定优势。在纸钞以及硬币等传统法定货币流通的时代大环境下，政府为了稳定经济增长、减轻政府债务，往往会选择超发货币来增加 M_0 供给，通过货币乘数的放大效应来刺激经济发展，这种宽松的货币政策会导致通货膨胀的发生。

数字货币则是以区块链技术作为底层技术，其锚定优势在于信息技术容量是有限的，数字货币的价值源自挖矿消耗的计算处理能量，本质上与信息技术容量以及信息技术水平挂钩。

（二）各国央行数字货币

放眼全球，各国央行数字货币领域风起云涌。国际清算银行2021年1月发布的数据显示，2020年被调研央行中有86%的央行都主动参与各种形式的CBDC工作，这些央行所在的国家和地区都有较高的移动手机使用率、互联网普及率以及创新能力。而没有主动参与的央行较多属于较小的司法管辖区域，即人口密度较小的国家或地区。同时，被调研央行中60%的央行已经进入了CBDC项目的针对客户具体应用的验证性测试阶段（Proof of Concept，POC测试），还有14%的央行已经进入了试点阶段。由此可见，CBDC已经在全世界范围内引起了各地央行的高度关注。具体情况如下。

1. 已发行CBDC的国家。已发行CBDC的国家有厄瓜多尔、突尼斯、塞内加尔、马绍尔群岛、乌拉圭、委内瑞拉等。

其中，厄瓜多尔于2014年12月推出了电子货币系统，这是全球第一个拥有电子货币系统的国家。厄瓜多尔币是由厄瓜多尔政府中央银行发行的数字货币，它是一种P2P形式的数字代码，不需要依靠特定的货币机构发行，它依据特定算法，通过大量计算产生。厄瓜多尔币使用整个P2P网络中众多节点构成的分布式数据库来确认并记录所有的交易行为，具有交付功能。

2019年11月11日，由突尼斯央行与俄罗斯尤尼佛萨（Universa）公司合作，通过Universa的区块链平台发行E－Dinar，以数字化其法定货币突尼斯第纳尔。突尼斯央行可以通过E－Dinar将传统的突尼斯货币Dinar转换成数字货币用于支付转账。突尼斯央行还计划将其用于跨境支付，希望将自己与SWIFT平台独立分开以绕过对美元的需求。有了E－Dinar，突尼斯的中央银行就能处于自己的控制之下，以推动国内金融制度的改革。

马绍尔群岛于2018年3月发行了数字货币Sovereign（简称S）作为法定数字货币。这个岛国由于没有中央银行，在此之前一直使用美元作为其官方货币。该数字货币将直接向市民发放，并与美元同时在国内流通，这也是首个在流通中投放本国加密货币的国家，而该数字货币S将与美元平行使用，在未来希望取代美元建立新的货币流通体系，实现国家经济独立。

委内瑞拉于2018年2月20日推出石油币，作为法定数字货币领域中第一个“吃螃蟹”的国家，石油币可以说是世界上第一个由主权国家发行并有自然资源作为支撑的加密数字货币，并且具有跨境支付和国际融资功能。委内瑞拉发行石油币是由于美国不断加大对委内瑞拉的经济制裁，委内瑞拉政府决定发行石油币来打破美国的金融封锁，缓解恶性通货膨胀，恢复崩溃的法定货币体系。

2. 计划推出CBDC的国家。计划推出CBDC的国家有巴哈马、中国、瑞典、立陶宛、泰国、俄罗斯、印度等。

其中，瑞典作为世界上最不依赖现金的国家，于2021年2月19日，宣布测试央行数字货币 E－Krona。由于瑞典传统法定货币是克朗，因此，瑞典央行将这一数字货币命名为 E－克朗。瑞典央行希望将 E－克朗作为现金的补充，以减少国民对于私人支付系统的依赖，防止危机时期私人支付系统发生故障。

印度央行对推出数字货币非常重视，数字卢比项目是印度央行的主要关注点。虽然拟议的 CBDC 还没有确定正式的发布日期，但印度央行目前正在对主权数字货币系统的技术和程序协议进行微调。

这些国家推出 CBDC 的原因都大同小异。巴哈马期望使用 CBDC 来促进金融普惠，以减少现金交易并降低服务成本。泰国的目标是期望银行间的交易能因为中介过程更少而加速交易速度并降低成本。俄罗斯希望 CBDC 的推出能取代金砖国家成员国之间使用的美元和其他货币。

3. 仍在研究 CBDC 的国家。仍在研究 CBDC 的国家有加拿大、巴西、挪威、英国、丹麦、新加坡、日本等。

日本央行计划于 2021 年春季开始央行数字货币第二阶段的实验。该阶段主要检查 CBDC 的预期执行功能、如何监管资金流动，以及是否可以在离线状态或可能的通信中断期间使用。同时，日本央行透露第二阶段实验结束后将立即跟进第三阶段。第三阶段是由私营企业和消费者共同参与的实验项目，他们将积极参与实际使用测试。

新加坡自 2016 年底以来，一直致力于其基于区块链的银行间支付项目，在 2018 年正式公开了所谓的 Project Ubin，一个探索利用区块链进行支付和证券清算和结算的合作项目，同时于 2020 年 7 月完成了 CBDC 项目 Ubin 的第五阶段测试。

2020 年 2 月，加拿大央行完成了 Jasper 数字货币实验的第四阶段工作。在这一阶段，加拿大央行与加拿大支付公司一起，与新加坡金融管理局和英格兰银行合作，共同开发一个跨境、跨货币结算系统。这项合作结合了 Jasper 项目和新加坡的 Ubin 项目，利用分布式账本技术（Distributed Ledger Technology，DLT）使跨境支付更快、成本更低。英格兰银行采取了启动 CBDC 的应急策略，以在政策和操作准备方面创造足够的条件。

二、中国人民银行数字货币

中国人民银行数字货币 DC/EP（Digital Currency Electronic Payment，DC/EP），由中国人民银行背书发行，是央行对公众的负债。DC/EP 属于法定加密数字货币，具有无限的法偿性，是人民币的数字形式，其本质是货币。区别于支付宝等第三方支付平台，DC/EP 旨在替代流通中的纸币（即 M_0），而电子支付是基于现有的商业银行账户体系，将 M_1 与 M_2 电子化，其本质是支付工具。DC/EP 的核心要素包括“一币、两库、三中心”，发行全流程顶层设计环节包括发行、流通、回笼、投融资、清结算。

（一）我国央行数字货币的设计理念

数字货币是货币演进的又一次重大革命，央行数字货币是人民币的又一次革新。1948 年 12 月 1 日中国人民银行成立后，人民币进入了 1.0 时代；随着计算机和互联网技术的快速发展，人民币逐步实现电子化，支付宝、微信支付等第三方移动支付工具已经改变了人们的生活方式，使得流通中的现金和存款比重逐渐降低，人民币迈入了 2.0

时代；而央行即将推出的数字货币是纸钞的数字化替代品，将替代 M_0，而非 M_1 和 M_2，且具有无限法偿性，是对现有货币体系的有效补充，这标志着人民币 3.0 正式拉开帷幕。为满足 DC/EP 的大规模发行和流通的需求，减少对现有货币体系的冲击，并与现有货币体系有效融合，中国人民银行对 DC/EP 的顶层设计尤为谨慎，主要体现在以下三个设计理念。

1. 替代 M_0。中国人民银行发行的法定数字货币是以加密算法为基础的数字货币，满足了便携和匿名的需求，将是替代 M_0 的最好工具，它不进入 M_1 和 M_2 之后的货币乘数和派生存款。央行数字货币最终应用于小额零售高频场景，而不是批发场景，因此替代 M_0，而不是 M_1 和 M_2，并且遵循所有现钞、反洗钱等方面的管理规定和条例。

2. 基于账户松耦合。传统的电子支付与银行账户是一个紧耦合的模式，例如微信和支付宝钱包都必须绑定银行账户，在银行账户里进行的交易属于交易双方 + 银行支付流程。然而，DC/EP 没有改变目前的二元账户体系，即商业银行在中国人民银行开户，公众在商业银行开户。DC/EP 是具有价值特征的数字支付工具，不需要账户就能实现价值转移。只要有一个独立的身份，就可以开立数字货币钱包，使数字货币像现金一样流通，实现可控匿名，这就是账户松耦合的形式。

3. 采用双离线支付模式。DC/EP 的支付随时随地都可以操作，可像纸钞一样满足飞机、邮轮、地下停车场等网络信号不佳场所的电子支付需求。在断网情况下，央行数字货币将不受任何影响，只要手机有电，即可实现离线支付。

（二）中国人民银行数字货币的运行框架和核心技术

1. DC/EP 运行框架：一种币、两个库、三个中心。

一种币是指由央行背书并发行的法定数字货币。

两个库为数字货币银行库和数字货币发行库，分别由中央银行和商业银行运营。央行数字货币的发行与流通是基于央行—商业银行—公众的双层运营体系。发行货币时，央行将数字货币发行给商业银行的数字货币银行库，商业银行向央行缴纳 100% 准备金作为数字货币发行基金，进入央行的数字货币发行库中。

三个中心分别为认证中心、登记中心和大数据分析中心。在三个中心中，认证中心负责集中管理法定数字货币机构及用户身份信息，是系统安全的基本组件，在可控匿名中起到重要作用。认证可采用公开密钥基础设施（Public Key Infrastructure，PKI）或基于标识的密码技术（Identity Based Cryptograph，IBC）等。登记中心负责权属登记和流水记录，包括央行数字货币和对应用户身份，法定数字货币产生流通、清点核对及消亡全过程。大数据分析中心依托大数据、云计算等技术，对海量的交易数据进行处理。通过进行支付行为分析、监管调控指标分析，掌握货币的流通过程，保障数字货币交易的安全性，并对洗钱等违法行为进行防范，为宏观政策的实施提供数据支持。

2. DC/EP 核心技术。我国法定数字货币的核心技术分为安全技术、交易技术和可信保障技术三类。

数字货币安全技术通过基础安全、数据安全、交易安全等技术，保证数字货币交易中的安全性与真实性。基础安全技术包括加解密技术与安全芯片技术。加解密技术由国

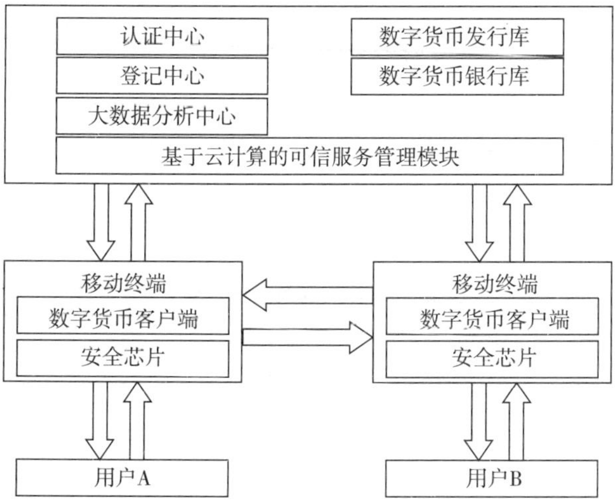

图8-5 DC/EP的运行框架

家密码管理机构定制与设计，其核心是建立完善的加解密算法体系，主要应用于数字货币的币值生成、保密传输、身份验证等方面。安全芯片技术分为终端安全模块技术和智能卡芯片技术，终端安全模块主要用于安全存储和加解密运算，为数字货币交易提供基础性的安全保护。数字货币通过移动终端中搭载的终端安全模块实现交易。数据安全技术包括数据安全传输技术与安全存储技术。数字货币信息通过密文+MAC/密文+HASH方式传输，以确保数据信息的保密性、安全性和不可篡改性。数据安全存储技术通过加密存储、访问控制和安全监测等方式储存数字货币信息，确保数据信息的完整性、保密性和可控性。交易安全技术包括防重复交易技术、匿名技术、身份认证技术与防伪技术。防重复交易技术通过为数字货币数据串中增加数字签名、流水号等方式，来确保数字货币不被重复使用。匿名技术通过盲签名（包括盲参数签名、弱盲签名、强盲签名等）、零知识证明等方式实现交易的可控匿名。身份认证技术通过认证中心验证客户身份，确保交易者身份有效。防伪技术通过加解密、数字签名、身份认证等方式确保数字货币的真实性与交易的真实性。

数字货币交易技术为数字货币业务各个环节提供了在线和离线两种不同的技术解决方案，使交易不受网络条件的限制。在线交易技术与离线交易技术为设备交互、数据传输、交易处理等交易过程中各个环节提供了在线和离线两种不同的技术解决方案，确保了数字货币的交易不受网络条件的限制。在线交易技术包括在线设备交互技术、在线数据传输技术与在线交易处理等。离线交易技术包括脱机设备交互技术、脱机数据传输技术与脱机交易处理等。

可信保障技术作为平台接口，为数字货币参与方提供相关的各项服务。可信服务管理技术基于可信服务管理平台（Trusted Service Manager，TSM），为数字货币参与方提供安全芯片与应用生命周期管理功能。可信服务管理技术为数字货币提供各项服务，包括应用注册、应用下载、安全认证、鉴别管理、安全评估、可信加载等，以保障数字货币安全模块与应用数据的安全可信。

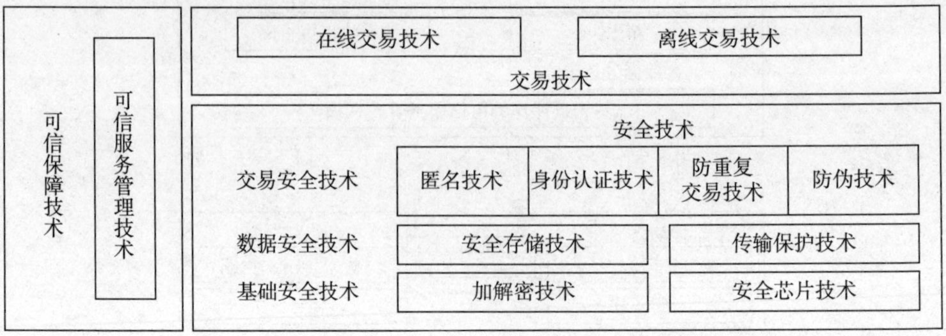

图 8－6　DC/EP 的核心技术结构

3. DC/EP 顶层设计。数字货币系统由中央银行数字货币系统、商业银行数字货币系统以及认证系统构成，服务于法定数字货币的发行、流通、管理、回笼，投融资和银行间结算六个环节。其中，中央银行数字货币系统用于数字货币的产生、发行和权属登记。商业银行数字货币系统用于对数字货币执行银行功能。认证系统用于向中央银行数字货币系统与终端设备之间、与商业银行数字货币系统之间的交互提供认证。

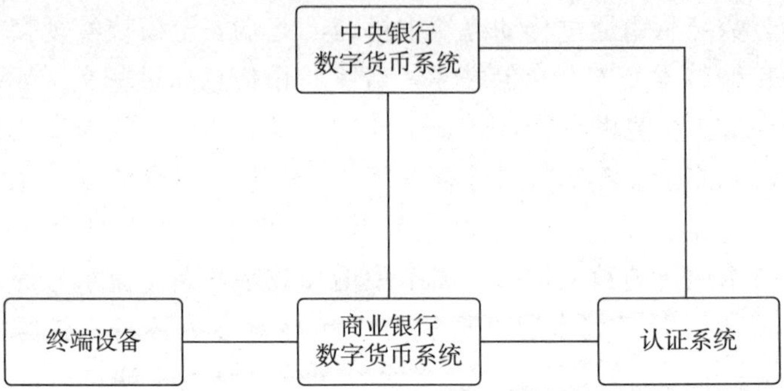

图 8－7　数字货币系统的构成

（1）法定数字货币的发行。中国人民银行法定数字货币的发行过程涉及中央银行数字货币系统和商业银行数字货币系统，发行过程主要有三个关键步骤。

第一，中央银行数字货币系统接收申请方（即商业银行数字货币系统）发送的数字货币发行请求；第二，中央银行数字货币系统对数字货币发行请求进行业务核查，在核查通过的情况下，向中央银行会计核算数据集中系统（Accounting Data Centralized System，AC 系统）发送扣减存款准备金的请求，该系统扣减该商业银行存款准备金并等额增加数字货币发行基金；第三，在接收到会计核算数据集中系统发送的扣款成功应答的情况下，中央银行数字货币系统生产数字货币并发送至申请方。

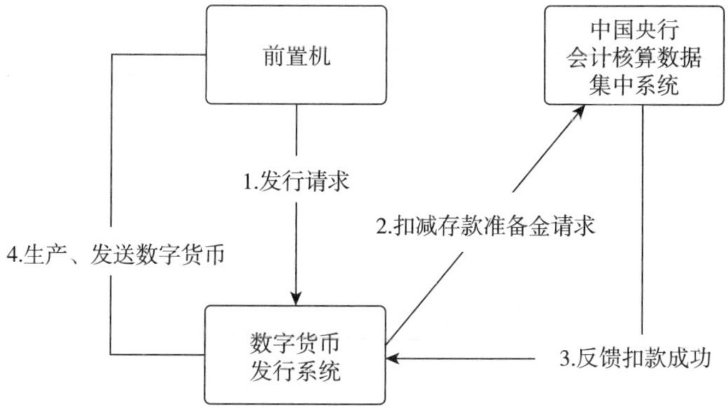

图 8－8 法定数字货币发行流程

（2）法定数字货币的流通。用法定数字货币进行交易时，付款端根据付款金额和预定义的匹配策略，从数字货币保管箱中选择数字字段组成支付来源数字货币字串集，并将该字串集发送给管理端。管理端将该字串集中的数字货币字串登记作废后，生成支付去向数字货币字串发送给收款端。支付去向数字货币字串的金额为付款金额，所有者标识为收款端。

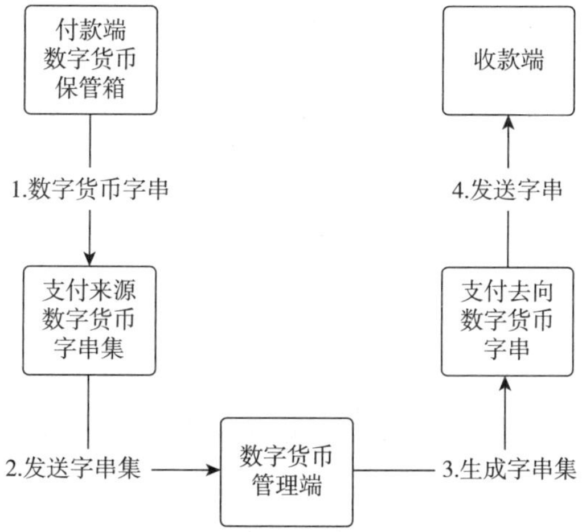

图 8－9 法定数字货币的流通流程

（3）法定数字货币的管理。数字货币管理体系包括数字货币追踪方法体系和基于一定的条件所触发的数字货币管理体系，触发条件有经济状态条件、贷款利率条件、流向主体条件和时点信息条件等。

第一，基于一定的条件所触发的数字货币管理体系。基于经济状态条件触发的数字货币管理方法和系统能够对资金归还利率进行相应的调整，从而规避流动性陷阱，实现对经济的逆周期调控。实施流程为：数字货币系统在回收货币时获取相应时点的经济信息，当经济信息满足预设条件时，调整数字货币的归还利率并依据调整后的利率进行回收。

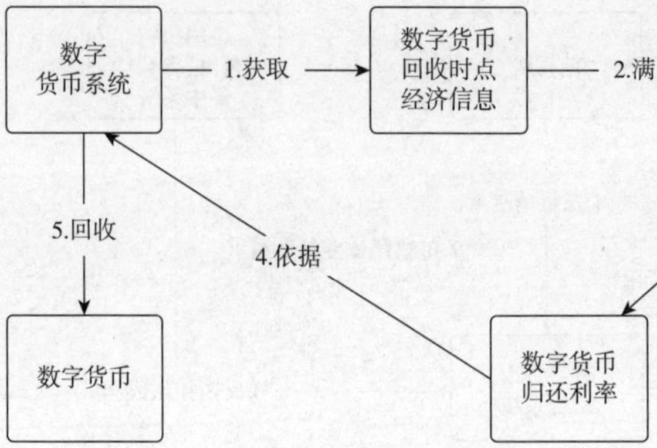

图 8－10　基于经济状态条件触发的数字货币管理方法和系统

基于贷款利率条件触发的数字货币管理方法和系统，能够使基准利率实时有效地传导至贷款利率。其具体实施方式为：向金融机构发行数字货币，并将数字货币的状态信息设置为未生效状态；接收金融机构发送的数字货币生效请求，获取生效请求对应的贷款利率；当贷款利率符合预设的贷款利率条件时，将数字货币的状态信息设置为生效状态。

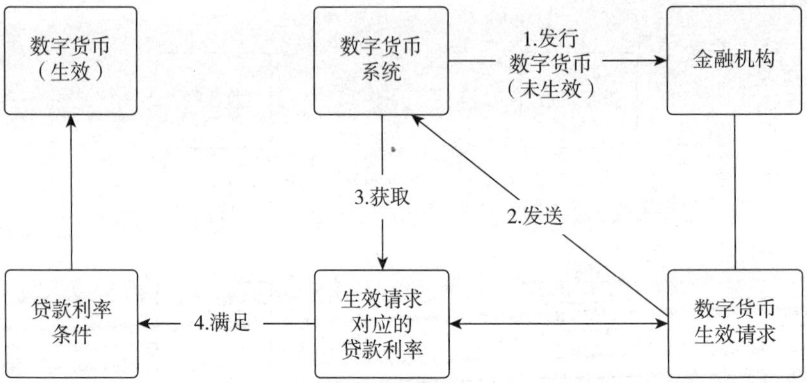

图 8－11　基于贷款利率条件触发的数字货币管理方法和系统

基于流向主体条件触发的数字货币管理方法和系统能够精准定性数字货币的投放，实施结构性货币政策，减少货币空转，提高金融服务实体经济的能力。其具体实施方式为：向金融机构发行数字货币，并将数字货币的状态信息设置为未生效状态；接收金融机构发送的数字货币生效请求，获取生效请求对应的流向主体；当流向主体符合预设的流向主体条件时，将数字货币的状态信息设置为生效状态。

基于时点条件触发的数字货币管理方法和系统能够有效解决现有货币政策操作的当下性问题，使货币生效的时点不再局限于货币发行的当下，而能延展到未来符合政策目标的某一时点，以避免货币空转，减少货币政策传导时滞。其具体实施方式为：向金融机构发行数字货币，并将数字货币的状态信息设置为未生效状态；接收金融机构发送的数字货币生效请求，获取生效请求对应的时点信息；当时点信息满足预设的时点条件

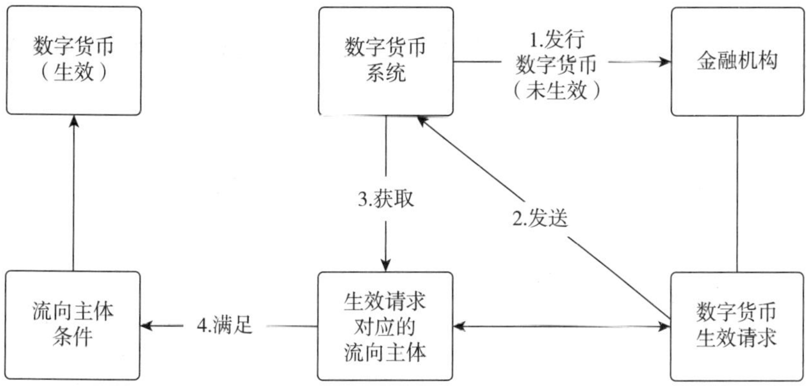

图 8－12　基于流向主体条件触发的数字货币管理方法和系统

时，将数字货币的状态信息设置为生效状态。

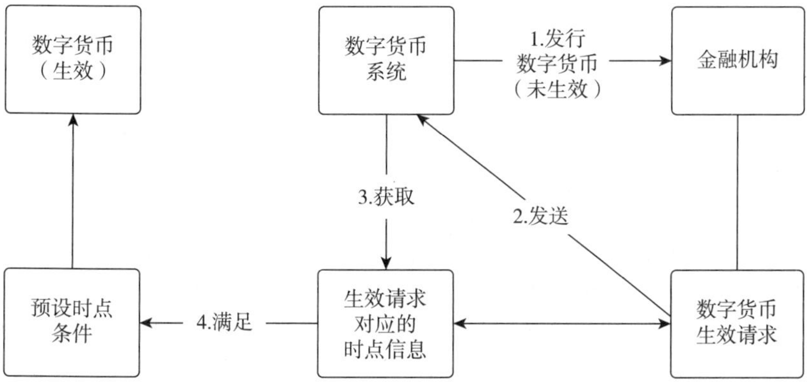

图 8－13　基于时点条件触发的数字货币管理方法和系统

第二，数字货币追踪方法和系统。该系统在保护用户隐私的同时，能够在发行方管理范围内跨主体追踪资金付款方的资金流向，并且支持货币流向的定制追踪。实施流程为：数字货币系统接收来源币所有者的追踪请求，在交易产生的去向币中设置追踪并保存去向币；接收到来源币所有者的查询请求后，向其返回来源币后续交易过程的追踪链条。

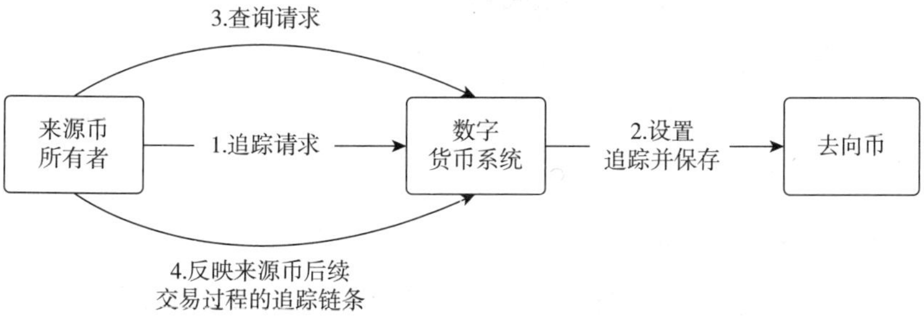

图 8－14　数字货币的追踪系统

（4）法定数字货币的回笼。数字货币在进行回笼时，数字货币回笼系统接收申请方发送的数字货币回笼请求并进行业务核查。若核查通过，回笼系统将向中央银行会计核算数据集中系统发送增加备付金的请求；接收到会计核算数据集中系统增加存款准备金的成功应答后，将数字货币回笼应答发送至申请方。

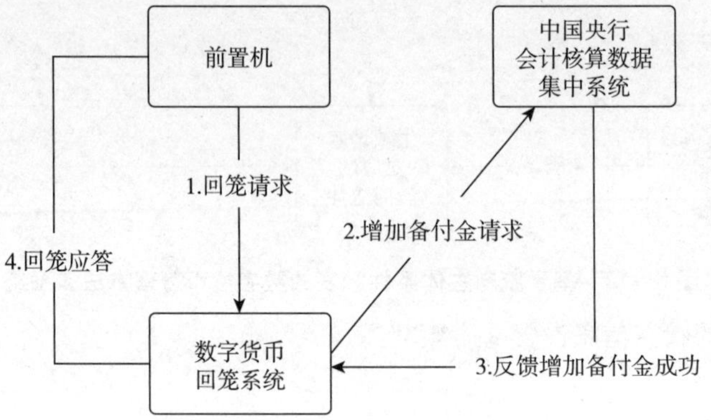

图8－15　法定数字货币的回笼流程

（5）法定数字货币用于投融资。数字货币系统与智能合约技术相结合，可以在投资平台上实现由投资人到筹资人的资金转移。实施流程为：首先，投资人钱包接收到投资平台发布的智能合约，经投资人确认后，向合约中添加投资金额、投资人数字签名和投资人个人信息。投资确认信息经投资平台验证通过后，智能合约生效，投资人钱包通过数字货币系统向筹资人支付数字货币。

（6）数字货币用于银行间结算。银行间数字货币的结算系统将数字货币结算与银行间传统结算进行了有机结合。具体实施流程为：发起银行系统向数字货币系统发送将数字货币付款给接收银行的报文；数字货币系统收到报文后执行预操作，并向发起银行和清算银行反馈操作成功结果；清算银行系统接收到数字货币系统发送的清算报文后，在该清算银行的同业账户存款余额中增加与接收到的数字货币金额相等的额度，并将表征清算成功的结果发送给接收银行数字货币系统；接收银行数字货币系统将接收到的表征清算成功的结果返回给发起银行系统。

三、中国人民银行数字货币的运营体系

中国法定数字货币的投放采用与纸币相同的央行—商业银行的二元模式，即双层运营体系。其中，第一层是中央银行对商业银行，第二层是商业银行对公众。在具体操作中，央行按照100%准备金制将法定数字货币兑换给商业银行，再由商业银行将法定数字货币兑换给公众。

采取这样的运营模式，主要有两方面的优势：第一，充分利用了现有资源，调动和发挥了社会力量，实现了社会成本最低化。目前中国人民银行的系统，如大额支付系统、小额支付系统、银联网联系统等都是针对金融机构和一些特许参与者，本身没有直接针对社会公众的系统，而商业银行等机构在针对大众用户方面，已经积累了相当的人

才、技术和运营经验，在双层运营体系下可以充分利用现有的资源，避免重复建设。第二，避免了金融脱媒，如果采用单层运营体系，公众会将一部分银行存款直接兑换成数字货币，整个银行体系资金会减少，导致社会融资成本提高，相当于中国人民银行直接参与了与商业银行的竞争。

在中央银行—商业银行的二元模式之下，法定数字货币的运行包括了三个层次：第一层次的主体包括央行和商业银行，涉及法定数字货币的发行、回笼以及在商业银行之间的转移；第二层次是法定数字货币在商业银行和个人或机构的数字货币钱包之间的流通转移；第三层次是法定数字货币在个人或机构数字货币钱包之间的流通转移。

本章小结

区块链（Blockchain）是一种以区块（Block）为单位产生和存储的数据，并按照时间顺序首尾相连形成链式（Chain）结构，同时通过密码学保证不可篡改、不可伪造及数据传输访问安全的去中心化分布式账本。区块链的基础技术主要有哈希算法、数字签名、智能合约、共识算法、P2P网络，其基础架构由六个层次组成——数据层、网络层、共识层、激励层、合约层、应用层。区块链按照使用对象可分为三类，即公有链、联盟链和私有链。

随着技术的发展和应用场景的增多，区块链的演进也经历了三个阶段。区块链的基础技术决定了它具有去中心化、不可篡改性、匿名性和可追溯性四个特征。区块链技术基于其技术特征，在票据，支付清算、结算与审计，跨境支付，大数据确权与政务治理等多个场景进行应用。区块链在技术层面存在生态圈不成熟、高能低效风险、安全隐患风险和智能风险，同时也存在着监管风险、法律风险、犯罪风险、隐私安全风险。

虚拟货币是指在互联网上流通和交易的货币，是现代社会最流行的交易方式之一。虚拟货币按照货币的资产负债属性，可以分为四类：游戏公司发行的虚拟货币、门户网站或者即时通信工具服务商发行的专用货币、网络消费币与加密数字货币。对于加密数字货币而言，国际上讨论得比较多的是比特币，比特币是由中本聪提出的，其核心思想在于弱化现有货币体系，实现去中心化。

数字货币的特征主要有去中心化、不可伪造、匿名交易和支付便捷。随着数字货币的发展，其对金融体系和货币政策产生了影响，对金融科技、法律体系、国家安全和传统跨境资本流动的管理带来了新挑战。

央行数字货币（Central Bank Digital Currency，CBDC）也称法定数字货币，是指央行发行的数字货币。法定数字货币是法定货币的数字化形式，本质上与现金相同，属于央行负债，具有国家信用，与法定货币等值或有固定的比值。由于央行数字货币较传统货币存在种种优势，各国相继发行法定数字货币。中国人民银行也依据国际国内现实情况，发行了法定数字货币，而它的发行也需要一系列运行框架、核心技术、运营体系的支撑。

关键术语

区块链　哈希算法　智能合约　共识算法　P2P 网络　数字签名　大数据确权
虚拟货币　数字货币　主权加密数字货币　超主权加密数字货币　法定数字货币
非法定数字货币　中央银行数字货币 DC/EP　双层运营体系

思考题

1. 区块链的基础技术是什么？有哪些特征？
2. 怎么理解哈希算法？哈希算法有哪些特征？
3. 虚拟货币有哪些分类？
4. 数字货币的分类和特征包括哪些内容？
5. 数字货币给现代经济和金融带来了哪些影响和挑战？
6. 简述各国央行的数字货币。
7. 简述央行的数字货币与传统货币的区别。
8. 简述中国央行数字货币的设计理念。
9. 简述中国央行数字货币的运行框架顶层设计。
10. 怎么理解中国央行数字货币的运营体系？

延伸阅读

[1] 华为区块链技术开发团队．区块链技术及应用 [M]．北京：清华大学出版社，2019.

[2] 黄毅，王一鸣．金融科技研究与评估 2018：全球系统重要性银行金融科技指数 [M]．北京：中国发展出版社，2018.

[3] 李建军．互联网金融 [M]．北京：高等教育出版社，2018.

[4] 李建军，彭俞超．金融科技学 [M]．北京：高等教育出版社，2021.

[5] 穆杰．央行推行法定数字货币 DC/EP 的机遇、挑战及展望 [J]．经济学家，2020 (3)：95－105.

[6] 齐爱民．论数字货币的概念与法律性质 [J]．法律科学，2021 (2)：1－13.

[7] 朱嘉明，李晓．数字货币蓝皮书 [M]．北京：中国工人出版社，2021.

[8] 中国信息通信研究院．区块链白皮书 (2020 年) [R]．北京，2020.

第九章

互联网金融风险

本章导读

当前，我国“互联网+金融”格局主要是由传统金融机构和新型互联网金融平台组成。传统金融机构一般指银行、证券公司、保险公司、基金公司以及信托类机构。随着互联网金融的发展，这些机构也不断加强对传统业务的互联网化创新；新型互联网平台则主要是指利用互联网技术进行金融运作的P2P模式的网络借贷平台、众筹模式的网络投资平台、第三方支付平台、互联网金融门户、信息化金融机构以及持牌的纯互联网金融机构等。在互联网金融飞速发展的同时，各类互联网金融风险事件也层出不穷，对网络金融中的主体造成了不同程度的损失。互联网金融不仅具有传统金融中的主要风险，而且还具有若干特殊风险，加之适用法律法规的缺位，导致互联网金融的风险积累性和复杂程度更加严重。为此，本章首先阐述了互联网金融具有的传统与特殊风险，然后梳理了股权众筹、第三方支付平台、P2P网贷、虚拟货币等主要互联网金融业态中的风险特征和表现形式，最后对互联网金融风险的特征进行了论述。

本章学习目标

本章介绍了互联网金融发展中存在的传统风险、特殊风险以及互联网金融风险的特点。通过本章的学习，要求了解目前互联网金融在发展过程中存在的传统风险以及本章所列举的风险案例，重点掌握互联网金融发展过程中存在的特殊风险类型以及互联网金融风险的特征，理解互联网金融长尾风险的有关内容。

金融风险是指在一定时期内，由于金融市场或外部环境中各种因素的变化所造成的金融资产或资产组合价值变化的不确定性。这种不确定性既是客观存在的，又是无法准确观测的。基于历史数据的可得性，理论和实务中一般采用先验或后验概率来表明金融资产或资产组合价值变化的分布。由于互联网金融兼具金融与互联网属性，使得互联网金融风险既存在传统金融业态的固有风险又产生了一些特殊风险，并且这两种风险不是简单的叠加，而是在某种程度上的融合，因此，导致互联网金融的风险更加多元化和复杂化。

第一节　互联网金融的传统风险

一、信用风险

（一）信用风险的定义及产生原因

信用风险有广义和狭义之分。狭义的信用风险又称“违约风险”，是指交易对手未能履行契约中规定的义务而给对方造成损失的可能性。广义的信用风险在狭义信用风险的基础上考虑了交易对手信用等级下降的风险。信用风险是金融风险中最主要、最传统的风险之一。虽然互联网金融交易中的信用风险与传统金融交易中的信用风险在性质上并无本质的不同，但在主要触发原因上却存在差异。第一，互联网金融交易中多是无担保、无抵押以及无质押形式的借贷行为，对借贷双方的资质审查不严格，从而增加了交易对手违约的可能性。第二，由于互联网金融通过虚拟介质提供金融产品或服务，因此，信息不对称造成的道德风险和逆向选择是导致信用风险爆发的主要原因。

由于互联网金融本身具有虚拟性、开放性以及零售性等特征，与传统金融的信用风险相比，互联网金融的信用风险更加难以控制和防范。根据互联网金融的营运模式，信用风险主要来源于以下三个方面。

1. 互联网金融企业的风险。任何金融产品都是对信用的风险定价，即使无风险债券也是对国家信用的风险定价。由于互联网金融产品没有担保或保证，因此，其信用风险将向整个社会进行转嫁。另外，由于投资者的资金从互联网金融平台转移到债权项目的过程中缺乏独立的第三方对资金进行托管和监督，所以互联网金融平台可能通过虚假债权、虚假增信、虚假项目等手段骗取投资者的资金，并隐瞒资金用途，进行高风险投资，拆东墙补西墙，最终演化为庞氏骗局，给投资者造成巨大损失。

2. 债务人的风险。第一，由于互联网金融的发展时间较短、增长速度较快、准入门槛较低，导致相关从业人员的能力和素质良莠不齐，金融风险管理方面的专业人才严重缺乏，从而导致在债务资信审查以及债务人风险评估过程中出现信息不对称问题。第二，互联网金融交易的虚拟性特征决定了债权债务双方只能通过网络进行联系，增大了交易双方在身份确认、资信评价以及资金使用等方面的信息不对称。

上述信息不对称的溢出效应不仅可以诱使债务人利用互联网金融企业与自身信息不对称的优势进行信息造假，骗取资金，在多个互联网金融平台重复贷款，而且激励那些信用存在缺陷、资金来源不稳定、具有较强投资倾向等信用风险较大的债务人在互联网金融平台申请资金贷款。

3. 信用信息风险。严格来说，信用信息风险属于信用风险与法律风险的结合。在当前主要以虚拟网络作为信息传输渠道的背景下，主体在网络上的一切行为或痕迹都能够被各种网络服务所监测。主体的这些网络行为或痕迹将以大数据的形式呈现在网络服务企业面前，后者基于大数据挖掘和数据分析能够透视主体深层次的特征和无法被表象化的需求，并对信用水平和行为进行判断。例如，2021 年“3·15”晚会曝光的“万店掌”人脸识别摄像头，在客户完全不知情的情况下，其人脸数据就被抓取，企业通过人脸数据对客户的信用信息进行分析，从而导致客户信息有泄露的危险。针对这一情况，2021 年 3 月 22 日，国家互联网信息办公室联合多部门发布了《常见类型移动互联网应用程序必要个人信息范围规定》，并于 5 月 1 日正式施行。

（二）信用风险的业态表现

1. P2P 网贷的信用风险。与传统金融机构的借贷主体相比，P2P 网贷中借款人的信用状况一般较差，因此，P2P 网贷平台普遍存在着信用风险。在网络借贷行为发生之前，由于 P2P 网贷平台对借款人的资信状况，包括身份信息、银行流水、财产物权等材料审查不严，导致 P2P 网贷平台中贷款人对借款人的信用状况事前把控不足。借贷双方的信息不对称很可能使借款人出现欺诈、谎报以及虚构信用状况等行为，从而导致信用风险上升。在借贷行为发生之后，由于借款人的道德风险问题，并且依托于虚拟网络的 P2P 网贷平台缺乏贷后跟踪、回访等传统借贷中的风险控制手段，因此无法有效掌握贷款资金的流向，导致借款人的信用风险上升。

2. 众筹的信用风险。众筹的信用风险主要表现为众筹平台、股权众筹和债券众筹三个层面的信用风险。第一，众筹平台层面的信用风险问题。从众筹平台的角度来看，在整个资金的周转中，缺少专门的资金托管部门，如果众筹平台没有自律机制，必然会出现信用危机。众筹平台的盈利方法是赚取手续费，如果为了赚得更多手续费而降低了准入标准，必然会有一些不合格的项目进入众筹平台，众筹平台的信用风险就会表现得比较突出。第二，股权众筹模式中的信用风险问题。在股权众筹模式中，投资人分散，对融资者进行监管有很大难度，存在过度授权，这会使投资人面临项目发起人的机会主义行为，对投资人的权益会造成很大影响。领投人作为跟投人的代理人也会有机会主义行为的动机，对领投人的行为进行规范是一个大问题。第三，债券众筹模式中的信用风险问题。在互联网平台的低成本以及庞大用户基础的优势下，互联网平台通过降低融资成本以及提高投资回报来吸引用户，当前我国还没有建立完善的信用体系，互联网众筹平台的运作还不成熟，这一平台的规模有限，在面对大量借款者时，核实所有借款者提供信息的真实性存在着很大难度，从而在违约的风险上表现得比较突出。

3. 互联网理财的信用风险。虽然中国人民银行、银保监会、证监会、外汇管理局于 2018 年 4 月 27 日联合发布了《关于规范金融机构资产管理业务的指导意见》，然而资管新规打破刚性兑付的效果仍然未能充分显现，众多网络理财平台依旧采用隐性的刚性兑付方式。在存在刚性兑付且收益率较高的条件下，若遭遇经济下滑、产能过剩以及其他风险事件，互联网理财平台可能出现无法兑付的情况，从而出现平台自融、挪用资金甚至卷钱跑路的现象，给投资者带来巨大损失。2020 年 7 月 31 日，经国务院同意，人民银行会同发改委、财政部、证监会、银保监会、外汇局等部门审慎研究后决定，延长《关于规范金融机构资产管理业务的指导意见》（银发〔2018〕106 号）过渡期至 2021 年底，同时建立健全激励约束机制，完善配套政策安排，平稳有序推进资管行业的规范发展。

二、流动性风险

（一）流动性风险的定义及产生原因

流动性风险可以分为市场流动性风险和筹资流动性风险。其中，市场流动性风险是指由于主体无法在金融市场上按照市场公平价格及时出售特定数量的金融资产而造成损失的可能性；筹资流动性风险是指主体无法按照市场平均价格筹措特定数量的资金而造成损失的可能性。与信用风险和操作风险相比，流动性风险的衡量维度较多，一般包含价格、交易量、交易时间、市场深度和弹性四个方面。流动性风险在互联网金融中主要表现为互联网金融企业虽然具有清偿能力，但是无法及时获得充足的资金或者无法以合理的成本及时获得充足资金以应对资产增长或支付到期债务。互联网金融中流动性风险产生的原因主要有以下三个方面。

第一，期限错配。与传统金融机构相似，部分互联网金融平台借短贷长，将客户的短期资金投入转换为长期投资，从而产生资金流的期限错配问题，一旦出现客户集中赎回或者提款，互联网金融平台将面临巨大的流动性风险。

第二，缺乏防范机制。在资金运用存在期限错配的情形中，由于互联网金融企业没有建立传统商业银行的存款准备金、风险资产拨备覆盖以及存款保险等风险保障制度，因此对其短期负债和预期外现金流出等情况缺乏相应的防范手段和应对措施。

第三，缺乏风险意识。由于互联网金融产品和服务主要以零售型为主，并且投资门槛相对较低，对投资者的要求也相对偏低，因此，互联网金融中的交易主体主要以普通散户为主，机构投资者较少。与机构投资者相比，普通散户缺乏基础投资知识，对线上信息无法进行有效的筛选和甄别，容易导致“羊群效应”。例如，盲目跟风、扎堆投资以及挤兑等，从而加剧互联网金融企业的流动性风险。

（二）流动性风险的业态表现

1. 第三方支付中的流动性风险。当第三方支付平台无力为负债的减少和资产的增加提供流动性时，即爆发了流动性风险。当前，我国的第三方支付平台产生流动性风险的原因主要有两个方面：第一，盈利能力下降。我国第三方支付行业的竞争比较激烈，同时，第三方支付平台本身的同质化情形严重，缺乏产品和服务的创新，无法形成产品和服务的差异化。因此，导致第三方平台的利润空间被极大的挤压。另外，2016 年 10 月 14 日，由人民银行等 13 个部委颁布的《非银行支付机构风险专项整治工作实施方案》对第三方支付平台的备付金进行了规范，进一步压缩了第三方支付平台的盈利空间。2021 年 1 月 20 日，人民银行会同有关部门共同起草了《非银行支付机构条例（征求意见稿）》对支付平台合规经营进一步进行规范。第二，沉淀资金规模较大。第三方支付中的沉淀资金主要是支付服务商代为保管的在途资金。例如，在进行网络购物时，第三方支付服务商先获得商品买方的货款并代为保管，在买方收到卖方的商品并发出确认指令或者收到商品后一定的时间再将货款支付给商品卖方。在上述的支付流程中，沉淀资金即为从买方支付到卖方收款期间的货款资金。与传统金融机构在营运过程中形成的沉淀资金相比，第三方支付平台的沉淀资金具有资金规模大、沉淀时间长等特点。因此，如何处置巨额的沉淀资金是第三方支付平台的核心任务。若采用激进或投机的方式，一旦投资失败或资金被套牢，将导致第三方支付平台面临严重的流动性风险。

2. 网络借贷中的流动性风险。网络借贷中的流动性风险主要是投资标的拆标和借短贷长形成的期限错配造成的。拆标包括拆金额和拆期限两种。其中，拆金额指将一个大金额标的拆分为若干小金额标的；拆期限是指将期限较长的标的拆分为若干短期限标的。虽然拆标的满足了部分网络借贷客户的小金额和短期限偏好，但是放大了这部分客户的投机性，容易造成“羊群效应”，从而增加流动性风险。期限错配是指网络借贷平台发布若干个期限较短并具有不同起止时间的标的，通过高收益吸引投资者的资金，并将这些资金投入长期项目。当单个短期标的到期后，网络借贷平台将依靠该短期标的后一个到期的短期标的投资资金作为偿还来源，并依此类推，直到长期项目到期。无论是拆标的还是期限错配均容易导致网络借贷平台的资金链断裂，从而爆发流动性风险事件。

3. 互联网理财中的流动性风险。由于互联网理财平台多用“T+0”或“T+1”式的赎回方式，因此，为了减少理财投资主体的赎回动机，增加理财投资主体的黏性，互联网理财平台倾向于牺牲资产组合的流动性，通过期限错配的方式投资于期限较长的债券或其他金融工具，从而提高理财产品的收益率。在上述情况下，互联网理财平台短时间变现已投资资产的成本将上升，导致难以兑付投资主体的赎回指令，从而爆发流动性风险。

三、操作风险

（一）操作风险的定义及产生原因

操作风险是指因不完善或有问题的内部程序、员工、信息科技系统以及外部事件而造成损失的风险，包括法律风险，但不包括策略风险和声誉风险。根据《巴塞尔协议Ⅱ》的规定，操作风险被分为七类：第一，内部欺诈，主要包括机构内部人员参与的诈骗、盗用资产、违反法律以及公司规章制度的行为。第二，外部欺诈，主要包括第三方的诈骗、盗用资产、违反法律等行为。第三，雇用合同以及工作状况带来的风险事件，主要包括由于不履行合同，或者不符合劳动健康、安全法规所引起的赔偿。第四，客户、产品以及商业行为引起的风险事件。第五，有形资产的损失，主要指由于灾难性事件或其他事件引起的有形资产的损坏或损失。第六，经营中断和系统出错。例如，软件或者硬件错误、通信问题以及设备老化。第七，涉及执行、交割以及交易过程管理的风险事件。

目前，我国互联网金融企业操作风险产生的原因主要有三个方面：第一，互联网金融企业员工的误操作。由于当前我国的互联网金融还处于发展初期，且发展速度较快，产品和服务的更新时间间隔较短，同时缺乏严格、系统的内部管理制度和员工培训体系，因此容易因员工业务不熟练、不理解和不遵守操作规则等而产生操作风险。第二，互联网金融平台系统缺陷和实时性。互联网金融产品和服务种类的丰富、资金规模的快速上升，导致互联网金融的软硬件设备及技术的更新出现滞后，很多设备和系统处于研发和试用阶段，因此可能导致部分系统没有妥善考虑操作者的使用习惯，从而造成误操作，增加了操作风险爆发的可能性。第三，内部员工和外部人员欺诈。与传统金融相比，互联网金融主要以虚拟网络作为投资者、互联网平台以及其他关系人信息交互的方式，并且相关法律法规和监管措施不完善，这必然导致互联网金融交易中存在着严重的逆向选择和道德风险问题。加之失信行为隐蔽且成本较低，造成互联网金融交易中的欺诈行为频发。

（二）操作风险的业态表现

1. 第三方支付中的操作风险。由于第三方支付平台的用户较多，操作频繁，部分支付平台的系统设计存在缺陷，因此存在较大的操作风险。第一，外部人员利用第三方支付平台的系统漏洞，通过植入木马或钓鱼网站盗取用户支付过程中输入的私人信息，并从用户的支付账户中盗取资金，不仅导致客户私人信息泄露，也造成了客户的资金损失。第二，第三方支付平台的风险管理经验不足，缺乏支付安全方面的有效保障和手段措施，往往偏重于支付业务或功能的创新，忽视风险管理配套制度的建设，例如，支付结算制度不健全、支付流程环节存在安全隐患、流程设计不合理，从而引发资金结算风险和内控的缺失。

2. P2P 网贷平台操作风险。目前，我国 P2P 网贷平台的主要操作风险体现为金融诈骗和卷款跑路。从理论层面看，P2P 网贷平台的资金交易应委托独立的第三方进行管理，然而我国的现实情况是资金交易账户归 P2P 网贷平台所有，资金被 P2P 网贷平台独立支配，因此，对资金账户的监管就处于真空状态，容易引起资金挪用和卷款跑路的道德风险。从技术层面看，为保证资金交易的安全性，P2P 网贷平台应在商业银行和第三方支付平台之间设立一个中间账户，并进行资金交易的结算，若这个中间账户缺失，则会降低 P2P 网贷平台道德风险的成本，从而增加操作风险。另外，由于 P2P 网贷平台在对贷款信息进行审核时无法有效确认贷款人的部分信息，容易造成人为的判断和操作失误；同时，P2P 网贷平台的判断和操作失误又将进一步误导投资者，从而使得投资者无法获得预期的收益。

【案例 9.1】　　P2P 网贷操作风险——e 租宝事件

e 租宝是“钰诚系”下属的金易融（北京）网络科技有限公司运营的网络平台。在一年半的时间里，e 租宝平台利用广告炒作、广撒网推销等方式铺开业务，吸引了 90 多万实际投资人，诈骗资金超过 500 亿元人民币。2015 年 12 月 3 日，有消息称 e 租宝深圳宝安分公司被经侦突查，40 余人被带走。2015 年 12 月 8 日晚间开始，e 租宝的官方网站与 App 已无法打开。2016 年 1 月 11 日晚间，深圳市公安局经济犯罪侦查局官方微博发布消息称，深圳公安机关已经对 e 租宝网络金融平台及其关联公司涉嫌非法吸收公众存款案件立案侦查，e 租宝疯狂的骗局开始浮出水面。难道所有的投资人都没有看出丝毫破绽吗？退一步讲，如果所有投资者都没有任何判断 P2P 网贷平台优劣的经验，那么从实践操作层面如何评价一个 P2P 网贷平台？

（1）企业背景

2013 年 3 月 15 日，丁氏家族正式成立安徽钰诚控股集团股份有限公司（以下简称钰诚集团），公司认缴注册资本为 50 亿元，实缴注册资本 1 000 万元，法人代表为高俊俊。丁宁、丁甸、丁延柏、宋淑侠、高俊俊均为自然人股东。安徽钰诚控股集团股份有限公司宣称是以融资租赁主导的金融服务为核心，集高新技术制造业、现代服务业等为一体的综合性集团。e 租宝是钰诚控股集团股份有限公司于 2014 年 7 月成立的子公司，注册资本为 1 亿元，总部位于北京。平台主要提供以融资租赁债权交易为基础的互联网金融服务。根据统计，钰诚集团发起设立的公司就多达 15 家，其中 12 家公司的成立时间是在 e 租宝上线之后。

除了钰诚集团下丁氏家族主要成员掌控的数家公司外，丁氏家族还控制着多家关联公司。对于 e 租宝而言，如果缺少融资租赁的项目，就无法发布新标的募集资金。钰诚集团大肆收购小企业后进行增资或者新设立皮包公司，这些皮包公司作为融资租赁项目资产端的借款人，在 e 租宝平台上发布虚假借款标的，筹集资金。

（2）运作模式及产品

e 租宝宣称自己采取全新的资产对个人（Asset to Peer，A2P）的经营模式，具体流程如下。

第一，承租人向融资租赁公司提出服务申请；

第二，融资租赁公司审核企业资质，审核通过后与承租人签订融资租赁合同；

第三，融资租赁公司向供货商购买设备直租给承租人或者以售后回租的形式购买承租人设备再租给承租人；

第四，在融资租赁公司获得融资租赁债权后将已有的融资租赁债权，向 e 租宝提出转让申请；

第五，e 租宝对转让债权的风险进行审核，并设计出不同收益率的产品，在其网贷平台上发布项目信息进行销售；

第六，投资人通过 e 租宝对债权转让项目进行投资，融资租赁公司将债权转让给投资者，该项目的融资租赁债权转让过程即告完成；

第七，债权转让完成后，承租人通过 e 租宝平台向投资者定期还款，即承租人定期支付的租金，在租金支付完成后，承租人取得租赁设备的所有权；

第八，投资期满后，投资人收回本金和利息。

根据 e 租宝的宣传，在还款期间若发生违约，会有融资性担保公司对债权转让项目中的债权承担连带保证担保，全额保证投资人的本息安全；融资租赁公司对债权转让项目中的债权承担连带担保责任；保理公司承诺对债权转让项目中的债权无条件赎回，提高资产流动性，使投资者可以自由赎回资金。截至 2016 年 12 月 18 日，北京警方介入对 e 租宝事件的调查，e 租宝共计发布 3 240 个投资标的，有 89.54 万个投资者，共计 313 万次投资记录。

（3）风险疑点

第一，借款金额过度集中。2015 年 6 月以前，e 租宝发布的借款标的平均金额差别明显，平均利率上下波动，但是步入 2015 年 6 月之后，e 租宝借款标的金额多分布在 2 500 万元上下，平均利率稳定在 12% 左右，如此平均又集中的利率和金额分布不符合一般经济规律。

第二，利率期限结构反转。一般情况下，借款的期限与利率应成正比，即期限越长利率越高。对 e 租宝的借款项目数据进行加权平均后得到按期限分类的平均借款利率，e 租宝借款项目的利率与期限分布却并不符合此规律，期限最长的借款标的的平均利率最低。

第三，流动性异常。将 e 租宝上线后到出事时间段内的借款标的按照流动性进行划分，并整合月度数据后发现，2015 年 3 月之前，借款标的的流动性主要是以 1 型为主。2015 年 7 月后，e 租宝开始进入快速发展阶段，期限短、赎回方式灵活的产品纷纷上线。2015 年 10 月，流动性为 0 型和 1 型的借款标的在近一个月的时间内翻了一倍，而 0 型和 1 型的投资标的期限较短，赎回方式灵活。相较于大部分不可以随时支取的理财产品而言，e 租宝产品的高流动性确实很吸引投资者。尽管 e 租宝在产品推广时承诺可以随时支取，但是实际操作中，部分产品提前支取时需要缴纳 2% 的手续费，而且提现操作并不便捷，加上 e 租宝的广告宣传不时为投资者注射“强心剂”，这也有效降低了投资者的提现率。

（4）欺诈事实

第一，虚构融资项目。2015 年以后，P2P 网贷对接融资租赁的业务模式兴起，2015 年 10 月 P2P 网贷平台融资租赁贷款单月增加额达到历史最高位，其中 e 租宝的增加额约占 80% 以上，超过金融机构融资租赁贷款单月增加额。在宏观经济基本面不利的背景下，e 租宝贷款高速持续的增长能力引发多方质疑。

根据新华社的报道，丁宁也证实了 e 租宝虚构项目的事实。为了让 e 租宝有源源不断的新项目上线，丁宁曾经指使下属收购企业或者注册空壳公司，用融资金额的 1.5% 到 2% 购买企业信息填入准备好的合同，制作虚假项目在平台上发售。为了取得投资人的信任，e 租宝还采取了更改企业注册资本等方式为融资企业包装，这也是许多在 e 租宝平台上融资的企业都有融资前注册资本变更的原因。零壹财经的数据显示，2015 年 10 月，共有 309 个借款公司曾经在 e 租宝上发布了借款标的，而上述借款公司中 94.5% 的公司在借款之前发生过注册资本变更。变更前这些公司的注册资本平均为 154 万元，变更后达到 2 714 万元。

第二，虚假担保。e 租宝为了让投资人消除投资资金安全的顾虑，设计多重担保机制，貌似是为投资者提供周密的资金安全保护，然而实际上承诺为 e 租宝提供融资租赁担保的三家担保公司可能因涉嫌超额担保和关联担保而无法履行担保义务。《融资性担保公司管理暂行办法》第二十八条规定：“融资性担保公司的融资性担保责任余额不得超过其净资产的 10 倍”。三家担保公司的最高担保额度加总后不足五十亿元，这与 e 租宝七百多亿元的累计交易额相差甚远，三家担保公司已经出现超额担保现象。

e租宝宣称有保理公司承诺对债权转让项目中的债权无条件赎回，但实际中保理公司也受到钰诚集团的控制，增益国际保理（天津）有限公司的法人代表即为丁宁。为e租宝提供融资担保的三家担保公司和保理公司并没有起到分散或转移风险的作用，没有降低投资人的投资风险，投资人的资金安全难以得到保证。

第三，虚假宣传。e租宝不惜一掷千金，在各大知名媒体上进行广告宣传。特别是2015年4月后，更是斥巨资投入电视媒体，拉开了e租宝品牌推广的大戏。根据中金网资料显示，e租宝在央视投放广告的费用为3 102万元，北京卫视的广告费用为2 454万元，江苏卫视的广告费用为1 440万元，东方卫视的广告费用为1 479万元，天津卫视的广告费用为1 440万元，总计9 915万元。如果再加上湖南卫视、浙江卫视、安徽卫视的广告费用，预计至少每家电视台广告费用为1 500万元。e租宝在电视媒体、财经媒体、户外媒体、网络媒体等，进行铺天盖地的广告宣传，借助知名媒体的公信力为其平台信用背书，误导不明真相的投资者陷入e租宝精心编织的“财富谎言”中。并且e租宝在线下还广泛设立分公司和代销公司，向老百姓提供推销服务，甚至直接帮助投资人开通网上银行、注册平台账户。在此强势宣传下，e租宝仅用半年的时间就吸引了近90万的投资人。

3. 网络银行中的操作风险。网络银行中的操作风险主要表现为技术问题、内部操作风险和用户操作风险三个方面。

第一，技术问题方面。技术问题引发操作风险主要有三方面原因：其一，由于硬件损坏或者软件缺陷，例如服务器卡死、磁盘损坏、程序缺陷等，导致网络银行的信息系统出现故障，并可能引发操作风险。其二，内部员工利用网络银行的系统漏洞进行非法操作，例如，网络银行员工利用职业优势和系统漏洞窃取资金，或内部员工利用系统后门获利。其三，虽然网络银行系统的设计均采用多层安全系统，并不断更新安全技术，但是仍然无法有效杜绝外部黑客的入侵，这是网络银行面临的一个重要的操作风险。

第二，内部操作风险。网络银行业务的飞速发展要求其员工在知识结构和专业技能方面不断完善和提高，但是，目前来看，网络银行从业人员，特别是基层业务人员，并没有完全符合网络银行业务发展对人才的基本要求，知识结构和专业技能存在明显的滞后。有些网络银行员工和管理层无法完全理解和掌握网络银行新技术，有些则片面地过度重视网络银行产品或服务的宣传，却忽视了专业技术的培训和新技术的研发和学习。上述情况可能导致网络银行员工的误操作或者管理层的错误决策，从而造成严重的操作风险。

第三，用户操作风险。与内部操作风险相似，网络银行的科技含量较高，缺乏相关知识的客户具有较高的网上银行操作学习转换成本，因此，客户的操作失误和操作不当也可能产生操作风险。另外，客户在进行网络银行交易操作时，若不注意私人信息的保护，例如身份信息、账户信息、密码信息等，也可能引发操作风险。

4. 股权众筹中的操作风险。由于存在着较为严重的信息不对称，欺诈是我国股权众筹平台出现操作风险的主要原因。根据欺诈人的身份特征，股权众筹平台的欺诈风险主要表现为由众筹平台方与项目方共谋以及领头人与项目方共谋两种方式。从业态形式看，股权众筹平台是投资者与项目方之间的桥梁，主要提供审核项目资质、发布项目信息、资金交易结算等中介服务。然而，在信息不透明、缺乏相应监管的情况下，股权众筹平台中的信息不对称较其他互联网金融业态中的信息不对称更为严重，这种信息不对称将使得平台与项目方设立资金池的行为变得更加隐蔽，极大地增加了操作风险。目前，我国的股权众筹平台多采用去中心化投资（Angel List）模式，通过增加项目领投人的出资份额实现与跟投人的利益捆绑，并由领投人承担对项目的尽职调查、审核筛选以及投资后的管理等责任。由于我国尚未形成健全的行业准则，又缺乏相应的法律法规约束，导致领投人与项目方易形成共谋行为，造成领投人与跟投人的利益捆绑机制失效并给跟投人带来损失。

除了欺诈之外，IT 系统安全漏洞和产品缺陷也是股权众筹平台操作风险产生的原因。2014 年下半年以来，我国股权众筹业务发展迅速，并于 2016 年达到高峰，但行业标准、公司治理、产品设计以及法律法规等建设相对滞后，平台和项目方过于关注融资过程，往往忽略项目本身的质量，导致众筹项目在设计之初就存在严重的缺陷。股权众筹平台存有海量的客户信息，一旦在信息传输和储存中发生盗取、泄露以及篡改等情况，将导致客户出现损失。

5. 互联网保险中的操作风险。互联网保险中的操作风险主要为保险关系人的欺诈风险。第一，承保人欺诈。即互联网保险平台通过篡改投保人数、投保人身份以及投保时间等获利，或者违规经营未经银保监会批准的业务。第二，投保人欺诈。即投保人为了获得更多的收益而购买多份保险并隐瞒重复购买的事实。第三，保险代理人欺诈。即保险代理人在保险销售过程中夸大或歪曲保险产品相关信息，诱使投保人购买不符合自身需求的保险产品，从而给投保人或被保险人带来损失。

6. 虚拟货币中的操作风险。虚拟货币是集密码学、计算机技术、金融学、统计学等于一身的，并基于互联网完成储存、流动及结算的虚拟化结算工具。因此，虚拟货币设计上的漏洞或算法缺陷将会对自身体系的安全性和稳定性形成严重威胁，同时在流通环节还容易遭受交易平台、电子钱包账户等非货币系统的攻击，从而对虚拟货币持有者的资金安全形成较大风险。

四、法律法规风险

（一）法律法规风险的定义及原因

与操作风险相似，法律法规风险也是互联网金融中普遍存在的主要风险之一。一般而言，法律法规风险是指主体因其经营活动或其他行为不符合法律法规的规定或者由于外部法律法规事件所导致风险损失的可能性。在互联网金融中，上述法律法规风险可进一步表述为：由于缺乏适用的法律法规和监管政策，或者互联网金融企业擅自突破经营范围、从事法律法规禁止的业务以及无法适应和满足新法律法规的要求等而引起的损失的可能性。法律法规和监管的缺位是目前我国互联网金融的主要凸显问题之一。虽然

2015 年和2016 年相继颁布了《关于促进互联网金融健康发展的指导意见》《互联网金融风险专项整治工作实施方案》《网络借贷信息中介机构业务活动管理暂行办法》等相关文件，对股权众筹、第三方支付、P2P 网贷、互联网保险等互联网金融业态的经营行为进行了一定程度上的规范，但是由于互联网金融尚属于新生事物并处于发展的高峰期，法律法规和监管的建设难以避免地产生滞后，个别法律法规文件的颁布也难以从整体上规范互联网金融企业的经营行为，因此可能造成某些互联网金融企业处于法律法规和监管的漏洞中。

根据风险来源，互联网金融的法律法规风险可以进一步分为法律风险和政策风险。法律风险是指互联网金融企业的公司主体、经营模式、公司治理结构、劳资制度以及内控机制等存在缺陷，与我国现行法律法规相冲突而造成互联网金融企业遭受刑事、民事或行政处罚的可能性。互联网金融的政策风险是指我国政府或监管机构出台新的关于互联网金融的法律法规，或者对原有的法律法规作出重大修订，导致互联网金融企业的运营受到影响，从而造成相关主体产生损失的可能性。

（二）法律法规风险的业态表现

互联网金融监管体系以及相关法律法规的建设仍然处于积极探索阶段，而互联网金融的强创新、高技术、快更新等特征导致了法律法规和政策风险普遍存在于各业态中。

1. 第三方支付平台的法律法规风险。第三方支付平台的法律法规风险主要表现为网络洗钱和法律责任。第一，网络洗钱风险。2016 年 7 月 1 日起，我国第三方支付平台全面实行实名制，但是由于有些平台未全面而严格地落实实名制，导致某些不法分子通过第三方支付平台伪装成为网络交易中的买家从卖家获取商品，或者通过第三方支付平台提供的不记名充值卡等工具将资产转化为虚拟资产，并用于支付和转账。因此，第三方支付平台在为资金提供金融系统新通道的同时，也在无形中为洗钱行为创造了可能性。第二，法律责任风险。第三方支付平台主要依靠网络作为交易环境，一旦发生用户资金支付失败、欺诈交易、道德风险等问题时，将涉及一系列法律责任的认定问题，包括电子凭证的认定、网络合约效力、交易责任划分、网络纠纷诉讼等，并且因第三方支付平台为非公共个体，难以保障处于纠纷中的消费者权益。

2. P2P 网贷的法律法规风险。P2P 网贷平台的法律法规风险主要表现为非法集资风险、公开发行证券风险以及非法经营风险。第一，非法集资风险是指 P2P 网贷平台通过将借款需求设计成理财产品出售给贷款人，使贷款人资金进入平台的中间账户并产生资金池，从而非法吸收公众存款；或者通过发布虚假的收益率异常高的资金募集信息，并采用借新还旧的庞氏骗局模式在短期内募集大量资金，从而涉嫌集资诈骗。第二，公开发行证券风险是指 P2P 网贷平台以公开广告、公开诱导以及变相公开等方式转让债权的本金和利息，或以电子形式转让债权的行为均涉及向不特定社会公众发放证券的风险。第三，非法经营风险是指 P2P 网贷平台从事营业执照核准的经营范围以外的业务或者其经营违反了相关法律法规的规定。

3. 股权众筹的法律法规风险。与 P2P 网贷平台的法律法规风险类似，股权众筹平台的法律法规风险也表现为非法集资风险和非法发行证券风险。我国目前缺乏专门适用于股权众筹的法律法规，监管部门也没有明文禁止这一融资模式，这意味着股权众筹仍然在法律法规的夹缝中生存。根据我国对非法集资的定义，募集资金时进行公开宣传，包括通过各种媒体、项目推介会以及散发传单等方式，即可认定为非法集资。由于股权众筹将互联网平台作为交易媒介，任何主体均可以浏览和查看项目信息，因此不可避免地涉嫌非法集资。类似地，由于我国法律规定向社会特定对象发行证券时，累计人数超过200人视为公开发行，因此，依托互联网平台发布融资信息的股权众筹若不对投资人数进行限制，就很容易超过200人的数量限制，从而涉嫌公开发行证券业务。

【案例9.2】　股权众筹法律风险——中国股权众筹第一案

2015年9月15日下午，北京海淀法院对“中国股权众筹第一案”做出公开宣判，原告飞度网络科技有限公司（“人人投”众筹平台）胜诉。至此，在全国范围内沸沸扬扬的中国股权众筹第一案告一段落。所谓“中国股权众筹第一案”之所以引起广泛关注，一则因其是“全国首例涉筹案件”；二则因为当前国家法律对众筹服务的性质、定位、规范尚不完全明晰，在我国特有的体制之下，此案的判决将具有一定指向性。

（1）案情概况

原告（反诉被告）：飞度网络科技有限公司

被告（反诉原告）：诺米多餐饮管理有限公司

原告系经营“人人投”股权众筹平台的公司主体，被告委托原告融资88万元以经营一家餐馆。融资成功后，原告认为被告提供的主要交易信息，即房屋权属存在权利瑕疵，信息披露不实，故依约解除了合同，并诉请法院判令：

第一，被告支付原告委托融资费44 000元；

第二，被告支付原告违约金44 000元；

第三，被告支付原告经济损失197 120元。

三项合计107 712.5元。被告就此提出反诉，认为原告恶意违约，融资主体超过法律规定的50人上限，融资成功后也未将融资款即时支付给被告，故反诉诉请：

第一，要求被反诉人返还17.6万元并支付相应利息（以17.6万元为基数，按照同期银行贷款基准利率自2015年1月22日起计算至被反诉人全部返还之日止）；

第二，判令赔偿反诉人损失5万元；

第三，要求被反诉人承担本案诉讼费。

（2）法院审理

海淀法院在查明事实的基础上，认为案件的核心争议主要为两方面：一是涉案《委托融资服务协议》的法律效力和合同主体之间法律关系的具体界定；二是双方当事人是否存在违约以及应承担何种违约责任。

就第一项争议而言：第一，法院确认了《委托融资服务协议》的法律效力，依据应为现行法律、行政法规中关于效力性的强制规定，主要涉及我国《证券法》第十条中的规定。因本案中的投资人均为经过“人人投”众筹平台实名认证的会员，且人数未超过200人上限；结合中国人民银行等十部委出台的《关于促进互联网金融健康发展的指导意见》（以下简称《指导意见》）等规范性文件的精神，从鼓励创新的角度，法院认为案件所涉众筹融资交易不属于“公开发行证券”，其交易未违反上述《证券法》第十条的规定。

第二，我国目前还未出台专门针对众筹融资的行政法规和部门规章，涉及众筹融资行为的文件主要是《指导意见》、中国证券业协会发布的《场外证券业务备案管理办法》等，文件中也均未对本案所涉及的众筹交易行为予以禁止或给予否定性评价。

第三，飞度公司的主体资质方面，在其取得营业执照、电信与信息服务业务经营许可证等手续的情况下开展业务，目前也无法律法规上的障碍。故法院最终认定案中《委托融资服务协议》有效。

第四，对于本案合同主体之间法律关系的具体界定问题。法院认为委托融资只是双方当事人整体交易的一部分，除项目展示、筹集资金等服务外，飞度公司还提供信息审核、风险防控以至交易结构设计、交易过程监督等服务，其核心在于促成交易。从该角度分析，双方当事人之间的法律关系主要系居间合同关系。但法院同时说明，将当事人之间的关系界定为居间合同关系是基于对该案争议的相对概括，但众筹融资作为一种新型金融业态，众筹平台提供的服务以及功能仍在不断创新、变化和调整中，其具体法律关系也会随个案的具体案情而发生变化。

就第二项争议而言：法院认为，案中合同不能继续履行的源起为交易各方对融资项目经营用房的样态等问题产生的分歧。根据在案证据显示，飞度公司与投资人发现经营用房确系楼房而非平房后，飞度公司认为诺米多公司存在信息披露不实，具有相应依据。因上述问题涉及的房屋可能存在违建等隐患，此事项又直接关系到众多投资人的核心利益，在诺米多公司已明确承诺其提供的重要信息真实、准确、完整的情况下，投资人与飞度公司有权要求诺米多公司进一步提供信息。“人人投”平台对项目方融资信息的真实性实际负有相应审查义务，其严格掌握审查标准也是对投资人利益的保护。此时，诺米多公司提供的相关证件仍难以完全排除可能的交易风险，直接导致交易各方信任关系丧失。故飞度公司依据《委托融资服务协议》第7.1条解除合同，具有相应依据。综观合同履行的全部过程，诺米多公司应就合同的不能履行承担更大的责任。

（3）法院判决结果

第一，被告北京诺米多餐饮管理有限责任公司于本判决生效之日起十日内付给原告北京飞度网络科技有限公司委托融资费用二万五千二百元、违约金一万五千元；

第二，反诉被告北京飞度网络科技有限公司于本判决生效之日起十日内返还反诉原告北京诺米多餐饮管理有限责任公司出资款十六万七千二百元；

第三，驳回原告北京飞度网络科技有限公司其他诉讼请求；

第四，驳回反诉原告北京诺米多餐饮管理有限责任公司其他反诉请求。

（4）司法从业者意见

法院据此认定《委托融资服务协议》有效的理由值得商榷，《委托融资服务协议》效力的认定不适用《证券法》。人民法院认为，在法律层面，确认《委托融资服务协议》法律效力主要涉及我国《证券法》第十条的规定。然而，我国《证券法》第二条规定："在中华人民共和国境内，股票、公司债券和国务院依法认定的其他证券的发行和交易，适用本法"。就本案而言，被告诺米多公司委托原告飞度公司在其运营的"人人投"平台上融资，无论是原告飞度公司，还是被告诺米多公司，均不是发行或交易股票、公司债券以及国务院依法认定的其他证券，故双方订立《委托融资服务协议》的行为不被《证券法》所调整。虽然，近期《证券法》修改时，学术界和实务界都希望将众筹这种创新模式纳入其中，但法律尚未修改前，不宜违反《证券法》总则。

4. 互联网保险的法律法规风险。互联网保险容易在营销方式、经营范围以及产品设计三个方面产生法律法规风险。互联网保险产品过度创新、产品异化导致产品的费率厘定不符合公平性原则，偏离保险本质，抑或产品标的的损失难以准确计量，违反了偿付原则，从而导致产品设计与相关法律法规发生冲突。部分互联网保险公司存在不规范经营现象，主要表现是为了扩大市场份额和提高客户留存度，采用虚假信息夸大或隐瞒产品的某些信息，误导投保人投保不符合自身需求的保险产品。另外，随着互联网金融创新的涌现，还存在一些不法机构或人员利用互联网平台伪装成保险公司或者互助保险平台进行非法集资活动，形成非法资金池。

5. 虚拟货币的法律法规风险。虚拟货币虽然能够满足持有者进行交易、流通以及储藏的需求，但是其能否被国家所认可仍然存在较大的不确定性。若不能被一国或多国认可其合法性，虚拟货币则从根本上无法履行货币或代货币的职能，而只能作为商品。特别是在虚拟货币出现的初期，法定地位的否定很可能将其扼杀在摇篮之中。

第二节　互联网金融的特殊风险

与传统金融相比，部分互联网金融企业或业态不仅具有混业经营特征，而且依托互联网络、大数据挖掘和分析等信息技术的特点，决定了互联网金融除了包括信用风险、操作风险、流动性风险、法律风险这些传统金融风险外，还具有自身特有的特殊金融风险。根据我国互联网金融业态的实际情况，本节将从长尾风险、混业风险和信息技术风险三方面来介绍互联网金融的特殊风险。

一、长尾风险

（一）长尾效应

长尾风险的定义来源于经济学中的长尾效应（Long Tail Effect）。从形态上看，正态曲线均值处的突起部分叫“头”，两侧相对平缓的部分叫“尾”，且两侧尾部相对较长；从经济学上看，大多数的需求会集中在头部，这部分可以称为“流行”，而分布在尾部的需求是个性化的、零散的小量需求。这部分差异化的、少量的需求会在需求曲线上形成一条长长的尾巴，因此所谓“长尾效应”就在于它的数量，将所有非流行的市场累加起来就会形成一个比流行市场还大的市场。长尾效应的核心在于积少成多，这要求互联网金融企业通过平台战略整合处于尾部的小客户或冷门市场，使其增厚变长，形成足以与主体市场相抗衡的市场份额。

一般而言，传统金融机构往往忽视尾部市场份额。由于传统金融机构存在“二八原则”，即20%的重要客户带来80%的利润，其他80%的普通客户只带来20%的利润。因此，在盈利目标的驱使下，传统金融机构更重视对重要客户的服务，却忽视了处于长尾位置的众多普通客户的金融需求。互联网金融的优势主要在于突破了交易在时间、空间、人际等方面的自然限制，从而极大地扩大了金融交易的可能性集合，这显著提高了资金流动速度，减少了低效甚或无效资金的在途时间，降低了差异化服务的成本，从而形成了对尾部市场份额的竞争优势。然而，提高金融的普惠性，改善对弱势和普通客户群体金融服务的质量不单纯是技术问题，更主要的是制度问题。从目前互联网金融的现实看，互联网金融对效率问题的解决是大有裨益的，并在一定程度上促进了部分客户金融长尾问题的缓解，但要真正广泛、系统地解决长尾问题还任重道远。

（二）长尾风险的主要表现形式

互联网金融企业在竞争长尾市场份额时具有比较优势，但是金融问题往往都是一把“双刃剑”，长尾效应在给互联网金融带来利润的同时也将产生风险。从风险的表现形式来看，长尾风险可以分为恶性竞争风险、企业垄断风险和长尾客户风险。

1. 恶性竞争风险。为了抢占市场份额，超过平台经营利润的盈亏平衡点，互联网金融企业在长尾市场份额的竞争中可能采取恶性竞争手段，例如，提供部分免费服务、不合理定价、过分压价排挤竞争对手、产业链交易保护等。一旦部分互联网金融平台因恶性竞争退出市场，将导致平台和客户发生损失，甚至造成系统性金融风险。

2. 企业垄断风险。与恶性竞争风险相对应，互联网金融平台对长尾市场份额的竞争可能最终导致少数或者极少数平台垄断长尾市场。区别于普通的互联网金融平台，垄断型平台具有系统重要性特征，属于系统重要性机构，如支付宝。互联网金融中的垄断型平台一般会依托庞大的客户群体对业务边界进行拓展，实现混业经营，一旦垄断型平台发生风险，必然造成跨业务或跨市场传染，并可能导致金融系统性风险的爆发。

3. 长尾客户风险。处于尾部市场客户群体的金融专业知识和风险防范意识相对缺乏，损失承受能力相对较弱，容易出现个体非理性或者个体理性而群体不理性行为。另外，在资金使用端，由于互联网金融企业所服务的尾部市场主要以小微企业、个体工商户以及个人为主，而这部分群体本身具有较高的风险，一旦发生经济下行或者风险事件可能导致互联网金融企业使用的大数据模型失效，将导致低估违约率。

二、混业风险

（一）混业的主要表现形式

由于监管和相关法律法规的缺位以及逐利的经营目标，互联网金融企业平台在发展到一定阶段后常常通过交叉金融产品、互联网金融控股公司和互联网综合金融服务平台三种方式实现混业经营。

1. 交叉金融产品。交叉金融指跨行业的金融业务，这些业务主要包括银证通、银行代销、组合理财投资、金融资产信托、证券投资基金、证券投资信托计划、集合性受托理财计划、投资连结产品、多方委托贷款、中国存托凭证等。互联网交叉金融产品是最基本也是最常见的互联网金融混业模式。许多互联网金融平台推出的涉及第三方支付、协议存款、信托、互联网保险等多项互联网金融业态的理财产品就是典型的交叉金融产品，这些产品对应的监管机构涵盖了“一行两会”。

2. 互联网金融控股公司。互联网金融控股公司是指由大型互联网企业通过设立、兼并、收购等方式成立的，涉足多种互联网金融业态的企业。当前，我国的互联网金融控股公司可以划分为三类：第一，国务院批准成立的综合金融控股公司，如中信集团；第二，中央和地方管理的国有多元化控股公司，前者如招商局公司，后者如上海国际公司；第三，由民营企业发展起来的金融控股公司，包括互联网金融控股公司。

3. 互联网综合金融服务平台。互联网综合金融服务平台主要由某一互联网金融平台及其平台业务的衍生金融产品构成。例如，第三方支付平台可以利用基础支付功能聚集大量的客户群体，并凭借该资源优势和平台与客户之间的支付链接进一步拓展出小额贷款、保理、担保等新的金融衍生业务。这种以某一互联网金融业务平台为核心、多种互联网金融业态并存的综合金融平台模糊了传统金融机构的业务边界，对当前的监管方式提出了巨大挑战。

（二）混业风险的主要表现形式

互联网金融企业既具有新型互联网公司的网络属性，又具有传统金融控股公司的金融属性。在互联网金融企业不断增多、业务不断交叉、场景不断丰富、信息不够透明等背景下，互联网金融企业的混业风险表现出以下五种形式。

1. 关联交易风险。关联交易风险是互联网金融企业混业经营中面临的最大风险。混业经营的互联网金融企业在组织结构方面具有较强的复杂性，导致不同业态之间的关联交易隐蔽性增强，投资者、债权人，甚至企业最高管理层都难以清楚了解公司内部各个成员之间的授权关系和管理责任，从而无法准确判断和衡量公司的整体风险。此外，部分非金融企业投资控股互联网金融企业后，存在滥用大股东权力的倾向，通过关联交易为其融资授信开设特权，变相挪用资金，损害互联网金融企业和客户的利益。

2. 监管缺位风险。混业经营的互联网金融企业涉及多个互联网金融业态或市场，监管标准、监管方法的口径可能存在差异。出于资本回报最大化的目的，互联网金融企业很可能利用这种差异进行监管套利，将资产和风险向监管尺度最宽松的平台转移。这种现象一方面拉长了互联网与金融的链条，形成行业交叉性金融风险；另一方面也削弱了微观审慎监管的效力，使互联网金融企业实际承担的风险远远超过其资本的承受范围。

3. 利益冲突的风险。混业经营的互联网金融企业一般是具有跨业态、跨地区、跨平台、跨市场特征的互联网与金融业务的综合体，具有多种角色，如融资方、投资方、平台方、数据提供方、技术输出方等。因此，当互联网金融企业从事某一互联网金融业务时，有可能难以协调各平台方的利益，甚至损害其他金融平台的利益。这些利益冲突的风险，既包括内部利益冲突风险，又包括外部利益冲突风险，前者为互联网金融企业内部成员之间的利益冲突风险，后者指互联网金融企业内部成员与外部金融业务参与方的利益冲突风险。

4. 法律风险。混业经营的互联网金融企业面临着两方面的法律风险：第一，由于互联网金融企业在业务边界、身份认证、隐私保护等方面缺乏明晰的标准，因此，部分互联网金融产品和服务处于法律法规和监管的灰色地带，容易引发争议或碰触监管红线。第二，互联网金融的业务流程相对简化、直接，缺乏对交易主体承担的义务、法律责任等的清晰界定，从而极易产生利益纠纷。

5. 技术风险。第一，我国商业银行、证券与保险三个行业的信息化技术水平与技术标准存在差异，当互联网金融企业通过信息技术将银行、证券、保险三个行业中的业务串联起来实现混业经营时，若金融业务链条中的某一点爆发风险，或者软硬件出现故障，都将可能引发整个金融业务链条上的系统性风险。第二，在混业经营的互联网金融企业中，由于客户种类和数据场景相对复杂，因此，从海量非结构化数据中过滤和捕捉非法数据的难度将呈几何式增加，从而更加难以区分优质与劣质、合法与非法用户，导致分析结果不可靠。

三、信息技术风险

（一）信息技术的特征

信息技术风险是互联网金融所有业态都面临的风险。由于互联网金融高度依赖网络以及网络技术，一旦发生信息技术风险，将可能通过互联网或者互联网金融平台之间的链接引发系统性金融风险。当前，我国互联网信息安全形势严峻，特别是大数据和云计算等新技术的发展，使互联网金融业态面临更加严峻的挑战，支付宝漏洞、P2P 网贷平台黑客攻击、网银木马病毒等风险事件频发，而互联网金融支撑保障体系的发展速度远远落后于互联网金融业务运营的发展速度，信息安全成为保障互联网金融创新发展的重中之重。互联网金融信息技术风险主要是在信息技术对传统金融改造的过程中出现的，主要有以下三个方面。

1. 主体和技术虚拟化。在互联网环境中，传统金融系统内的主体和金融产品被虚拟化，不仅是信息，货币、凭证等实物也将在互联网中进行虚拟化传递，并且这种虚拟化是跨越市场和区域的。另外，随着分布式计算和储存的发展，传统金融机构不需要自己购买设备，通过租用云服务即可作为自身的 IT 基础设施。服务器、储存器以及交换器等的虚拟化标志着技术层面的虚拟化。

2. 金融形态改变。信息技术的发展导致金融消费者的信息能力发生根本性变化，消费者从孤陋寡闻到见多识广，从被动接受到积极参与。在这个过程中，消费者潜在金融需求的差异化和多样化被激发，并推动金融市场环境发生重大变革，即互联网金融的兴起。同时，信息技术加速了数据信息在金融与其他行业之间的交互和渗透，并为数据的挖掘和分析提供了工具，从而影响了金融形态。

3. 金融技术更新速度加快。互联网金融技术的更新速度远远超过传统金融技术的更新速度，特别是云计算、物联网等并行计算方式使得金融业态突破了摩尔定律的限制，拓展了新的发展空间。当前，源于互联网技术的云计算、大数据等技术已经被广泛运用于互联网金融，但仍处于快速更新和突破技术边界的扩张阶段。

（二）信息技术风险的主要表现形式

互联网金融是建立在互联网大数据和云计算框架上的。互联网金融的云计算（或称金融云）是利用云计算的模型构成原理，将各金融机构的信息系统架构转移到云；或者利用互联网实现数据中心互联互通，形成高效的数据共享机制；或者利用云计算服务提供商的云网络，将金融产品、新闻、服务发布到云网络中，提升企业整体工作效率，优化业务流程，降低运营成本，为客户提供更便捷的金融服务。但支撑互联网金融的大数据、云计算等新技术发展还不成熟，云计算又是一个开放的网络环境，安全机制尚不完善，因此，互联网在带来金融创新的同时，也带来了新的风险。

1. 数据安全风险。数据安全风险主要体现在三个方面：第一，互联网金融企业后台数据库的安全问题。由于大数据拥有庞大的数据库，一旦数据遭到窃取、泄露以及非法篡改等，将对个人隐私、客户权益、人身安全构成威胁，并且犯罪分子可以通过对大数据的收集分析获得更精准有用的信息，因此，后台数据库将面临越权使用、权限滥用、权限盗用等安全威胁。第二，数据传输安全，即互联网金融平台的数据在传输过程中的数据传输安全。第三，数据容灾备份。由于大数据对数据的容灾机制要求比较高，可能部分互联网金融企业的数据库容灾功能达不到要求。

2. 网络安全风险。与传统商业银行拥有独立性很强的通信网络不同，互联网金融企业处于开放式的网络通信系统中，且传输控制协议/网络协议（Transmission Control Protocol/Internet Protocol，TCP/IP）自身的安全性也面临较大质疑。一般而言，互联网金融交易平台需要在三个层面设置安全保障，即安全环境检测、安全控件的加载以及用户账户口令认证。然而，当前我国互联网金融平台的密钥管理与加密技术并不完善，互联网金融体系容易遭受计算机病毒以及网络黑客的攻击。一旦黑客攻击成功，互联网金融平台的正常运作将受到影响，甚至危及消费者的资金安全和个人信息安全。

3. 安全应急技术薄弱。与信息技术的迅猛发展相比，我国互联网金融企业自身的安全故障恢复机制以及所需的安全保障技术储备仍具有一定的局限性和薄弱性。面对网络应用漏洞以及已经造成的危害，企业自身的技术力量及资源不足以提供所需的安全响应支撑。在出现突发安全事故的情况下，企业不能及时做出安全应急响应，迅速恢复运营，深入解决安全问题，从而最大限度地降低整体安全风险及提高信息系统的安全等级。

4. 新型的信息不对称风险。以网络贷款为主要代表的互联网金融平台利用大数据挖掘等技术部分解决了传统金融机构在服务小微企业时面临的信息不对称问题，提高了金融普惠的效率。然而，难以明确和保证客户或项目信息的线上和线下一致性以及线上伦理与线下社会伦理的一致性，这将产生互联网金融中特有的新型信息不对称问题。

第三节　互联网金融风险的特征

一、具有隐蔽性、传染性和系统性

在互联网金融的运营过程中，随着互联网技术与传统金融的高度融合，互联网金融的业态形式不断创新和丰富，并打破了传统金融的空间地域限制。然而，上述趋势下的各类金融机构所提供的金融服务却不断渗透趋同。随之而来的各业务参与主体的多元化，以及经营主体与客户之间信息维度的几何级数扩张，导致了金融虚拟化的进一步加深。虽然金融虚拟化在提升金融交易或服务效率，降低准入门槛，润滑资金流动以及满足多样化金融需求等方面发挥了重要的作用，但是由于互联网金融业务之间的交叉性强，不同业务平台之间存在信息分割，这种虚拟化使得交易对象、目的和过程更加不透明，信息不对称问题更甚传统金融中的信息不对称问题。因此，基于互联网金融所产生的风险比传统金融风险具有更强的隐蔽性。

相较传统金融，互联网金融平台是一个高传导、强关联、紧耦合的体系，移动端、PC 端的交易使得金融业务没有了地理和时间的限制。互联网金融的业务交叉和趋同导致的物理隔离有效性减弱，传统金融业务防火墙的效果下降，业务流程中被忽视的细微风险或漏洞将在互联网平台的传导下迅速扩散，并不断放大。因此，互联网金融的传染性主要表现为信息技术的高流动性、无边界性、跨时空性、强融合性等。

隐蔽性和传染性导致了互联网金融风险的系统性。互联网金融的隐蔽性导致金融风险的突然爆发，例如近年来我国网络贷款平台爆发多起倒闭或跑路事件，并且在风险爆发之前毫无异象。由于互联网金融具有较强的传染性，一旦爆发风险事件，风险在短时间内便可通过互联网金融平台的高融合性迅速渗透和扩散至多主体、多部门、多领域甚至形成跨地域、跨国别的扩散，造成全局性金融风险的系统性爆发。

二、增强操作风险和技术安全风险的破坏性

根据目前互联网金融的业态形式和营运流程特征，操作风险主要表现在两个方面：第一，平台系统和程序漏洞以及突发事件；第二，互联网金融企业员工操作失误、内部人员欺诈以及交互信息失真或沟通障碍等引起网络金融账户错误或混乱。由于互联网平台及其相关技术是互联网金融存在的基本条件，因此，存在缺陷的互联网平台系统和程序、员工操作失误、内部人员欺诈以及信息交互失真等都会给互联网金融企业和客户带

来巨大的潜在风险。

安全风险主要表现在三个方面：第一，由于缺乏完善的风险管控机制或专业的风险管理人员，互联网金融企业存在严重的安全漏洞和隐患；第二，互联网金融企业的客户进行金融交易时，自身的金融风险防范意识薄弱，特别是对计算机或移动端软件环境的维护不足，例如，不及时杀毒、更新病毒库等，容易导致个人信息被盗取；第三，客户在第三方平台进行交易时，输入的密钥或口令通过网络进行传输时可能被黑客截取，导致客户无法正常登录。

与传统金融企业相比，互联网金融企业的发展更加依赖先进的交易平台系统和专业人员的操作技术，平台系统程序的滞后和专业人员的缺乏更可能导致互联网金融企业错失良好的交易机会，并且耗费大量资源，降低了互联网金融企业的运营效率。另外，互联网金融平台与客户计算机或移动终端的非兼容性也可能导致信息传输失败或滞后。同时，互联网金融风险具有突发性和隐蔽性，当风险事件发生时，若互联网金融企业没有事前制订有效的解决方案，则难以及时化解和削弱这些风险，并且互联网本身具有放大金融企业操作风险和安全风险的倾向。近年来，国内外已经发生众多由于微小操作失误、系统缺陷、信息不对称等造成的互联网金融企业倒闭事件。这些现象表明互联网金融的发展会加剧传统操作风险和安全风险的破坏性。

三、凸显数据信息的风险

由于互联网金融创新的主要推动力是金融大数据，因此，数据信息安全就成为互联网金融健康发展的重要基础。然而，随着互联网金融的快速发展和互联网安全技术的不完善，数据信息泄露的风险逐渐凸显，主要体现在以下三个方面。

第一，虚假关系风险。即使在数据真实且质量合格的条件下，由于不需要进行随机抽样，所以传统统计方法对因果逻辑关系的推断无法适用于大数据。因此，大数据所揭示的逻辑关系可能并不真实存在，从而导致互联网金融企业做出错误的判断或决策并造成损失。

第二，错误信息风险。金融大数据的挖掘和分析决策均建立在海量数据真实的基础之上。然而，大数据使用者无法甄别数据提供者或收集者的个人偏好，并且大数据分析与决策对数据自身的质量具有较强的敏感性，因此，一旦数据中混杂了虚假信息或者带有误导倾向的信息，就可能导致分析或决策错误。随着大数据类型的丰富和数据规模与维度的升级，上述风险也必然不断扩大。

第三，信息特权风险。随着互联网金融的发展，数据服务商将拥有海量的各式各样的信息，并且可以通过信息的集中化管理和量化技术获取用户大量的私密信息。一旦数据服务商不能够安全地使用或处理这些信息，将导致互联网金融用户信息的泄露，从而造成巨大损失。

四、加剧监管套利行为与法律风险

互联网金融是基于互联网技术，并运用云计算、大数据、人工智能等高科技手段从而更有效率地提供更加丰富的金融服务的一种商业模式。从我国当前的金融体系来看，互联网金融是对传统金融的有效补充。由于互联网金融产品主要以数字化形式存在，而监管措施滞后于互联网金融发展和创新速度的现状导致互联网金融的监管存在灰色地带，因此，某些互联网金融企业从事类银行的业务活动，却不会受到相应的监管，从而导致金融风险隐蔽性增强并且快速累积。另外，由于我国对科技公司与互联网金融企业的监管口径不一致，因此有部分互联网金融企业转型成为金融科技公司，从而存在监管套利之嫌。与监管层面的情况相类似，互联网金融的飞速发展和产品的大量创新导致适用法律的颁布和修订普遍存在滞后现象。相关法律的不完善不仅导致现有法律法规不适应互联网金融的发展，而且造成相关法律在适用上的不确定性。

本章小结

由于互联网金融本身具有虚拟性、开放性以及零售性特征，与传统金融的信用风险相比，互联网金融中信用风险的产生更加难以控制和防范。根据互联网金融的营运模式，信用风险主要来源于以下三个方面：第一，互联网金融企业风险；第二，债务人风险；第三，信用信息风险。

互联网金融中流动性风险产生的原因主要有以下三个方面：第一，期限错配，即部分互联网金融平台利用借短贷长的期限转换功能，将客户的短期资金投入转换成长期投资，从而产生资金流的期限错配问题；第二，防范机制缺乏，即在资金运用存在期限错配的情形中，由于互联网金融企业没有传统商业银行的存款准备金、风险资产拨备覆盖以及存款保险等风险保障制度，因此对其短期负债和预期外现金流出等情况缺乏相应的防范手段和应对措施；第三，缺乏风险意识。

根据我国当前互联网金融企业的实际情况，虽然操作风险普遍存在于各类互联网金融业态中，但是产生的原因主要有三个方面：第一，互联网金融企业员工的误操作；第二，互联网金融平台系统的缺陷和实时性；第三，内部员工和外部人员欺诈。

在互联网金融中，法律法规风险可进一步表述为：由于缺乏适用的法律法规和监管政策，或者互联网金融企业擅自突破经营范围、从事法律法规禁止的业务以及无法适应和满足新法律法规的要求等而引起损失的可能性。法律法规和监管的缺位是目前我国互联网金融的主要凸显问题之一。

互联网金融企业在竞争长尾市场份额时具有比较优势，但是金融问题往往都是一把“双刃剑”，长尾效应在给互联网金融带来利润的同时也将产生风险，主要表现为三个方面：第一，恶性竞争风险；第二，企业垄断风险；第三，长尾客户风险。

互联网金融风险的特征主要表现为：第一，具有隐蔽性、传染性和系统性；第二，增强操作风险和技术安全风险的破坏性；第三，凸显数据信息的风险；第四，加剧监管套利行为与法律风险。

关键术语

信用风险　违约风险　流动性风险　市场流动性风险　筹资流动性风险　操作风险　法律法规风险　政策风险　长尾风险　关联交易风险　信息技术风险　混业经营风险

思考题

1. 互联网金融的特殊风险有哪些？
2. 简述互联网金融风险与传统金融风险的区别。
3. P2P 网贷、股权众筹、第三方支付平台类互联网金融业态中的金融风险有哪些异同？
4. 试述互联网金融风险的特征。
5. 什么是长尾风险，它有哪些具体表现？

延伸阅读

[1] 郭福春．互联网金融基础 [M]．北京：高等教育出版社，2019.

[2] 何平平，车云月．互联网金融 [M]．北京：清华大学出版社，2017.

[3] 陈小辉，陈富节，陈文．从喧嚣到理性：互联网金融全面风险管理手册 [M]．北京：电子工业出版社，2017.

[4] 华为区块链技术开发团队．区块链技术及应用 [M]．北京：清华大学出版社，2019.

[5] 周光友．互联网金融 [M]．北京：北京大学出版社，2017.

[6] 李保旭，韩继炀，冯智．互联网金融创新与风险管理 [M]．北京：机械工业出版社，2019.

[7] 罗煜，宋科，邱志刚，等．互联网金融中的非法集资典型案例解析 [M]．北京：中国金融出版社，2019.

[8] 唐勇，赵涤非，陈江城．互联网金融概论 [M]．北京：清华大学出版社，2017.

[9] 刘刚，邹新月．互联网金融乱象及其风险监管 [M]．北京：北京大学出版社，2019.

[10] 曹国岭，陈晓华．互联网金融风险控制 [M]．北京：人民邮电出版社，2016.

[11] 黄益平，王海明，沈艳，等．互联网金融 12 讲 [M]．北京：中国人民大学出版社，2016.

第十章

互联网金融的监管

本章导读

与传统金融模式相比，互联网金融拥有自身独特的优势，如资源分布广、透明度更强、参与度更高、协作性更好、交易成本相对更低等。从2013年的“互联网金融元年”开始，我国互联网金融如雨后春笋般蓬勃发展。然而，在互联网金融异军突起的同时，隐藏在繁荣发展态势背后的风险更是不容忽视。从e租宝事件到部分P2P网贷平台倒闭等问题的出现，越发凸显互联网金融监管的重要性。在经济新常态和供给侧结构性改革的大背景之下，互联网金融创新作为金融行业中的新兴组成部分，如果监管政策处理和管控得当，互联网金融将推动中国经济产业升级，成为企业转型升级的有效助力；如果监管失控或处理不到位，互联网金融也可能会引发系统性的金融风险。

本章首先强调了互联网金融监管的必要性和原则，简要介绍西方主要发达国家的互联网金融监管实践以及对我国的启示和借鉴，然后详细介绍我国对各互联网金融业态的监管实践和存在的不足，最后对构建和完善我国互联网金融监管体系提出了设想。

本章学习目标

本章梳理了国外互联网金融监管的实践、经验以及我国互联网金融监管的现状。通过本章的学习，可以了解互联网金融监管的必要性和原则，以及国外互联网金融监管的实践和对我国的启示，掌握我国互联网金融监管的现状和存在的问题，理解我国互联网金融监管体系的完善路径。

互联网金融是传统金融机构与互联网企业利用互联网技术和信息通信技术实现资金融通、支付、投资和信息中介服务的新型金融业务模式。互联网与金融深度融合是大势所趋，将对金融产品、业务、组织和服务等方面产生更加深刻的影响，正成为金融领域研究的热点。但不可否认的是，伴随着互联网金融的迅猛发展，对其风险和监管的认知与实践却相对滞后。2014年开始，以P2P网贷为代表的我国互联网金融产业爆发许多危机事件，如借款人失踪、资金不知去向、平台无力支付等。随着对P2P网贷的整治，

2019 年迎来了 P2P 网贷的清退潮，行业运营平台仅剩 300 多家，2020 年 11 月 6 日，银保监会披露 P2P 网贷行业最新近况，全国实际运营的 P2P 网贷机构已经降至 3 家。银保监会主席郭树清在 2020 年新加坡金融科技节上演讲时表示，到 11 月中旬，实际运营的 P2P 网贷机构已经全部归零。这些事件使得互联网金融风险的被关注度加大，对互联网金融监管提出了更加紧迫的要求。

第一节　互联网金融监管的必要性与原则

目前，我国已经建立了以银保监会和证监会为主，以中国人民银行、行业自律协会等为辅的金融分业监管体系。在现有分业监管框架下，各金融监管机构可以有效地针对特定的金融业态、产品及服务进行专业化分类监管，进而提高金融监管的效率，并且对于防范特殊金融风险、系统性金融风险以及保障国家经济健康运行发挥了至关重要的作用。随着互联网金融企业的快速发展，基于互联网、大数据、云计算、区块链以及物联网等新信息技术的金融业态和产品快速更新，资金规模不断增加，对金融体系和金融业态形成了巨大冲击，并从三个方面对金融监管形成挑战：一是互联网金融的混业经营；二是技术密集和快速更迭；三是金融业态的极大拓展。因此，在此背景下必须要明确互联网金融的监管必要性、原则及目标。

一、互联网金融监管的必要性

根据上一章互联网金融风险的内容，互联网金融监管的必要性可以从技术层面、微观主体层面以及宏观层面进行分析。

（一）技术层面

1. 基于互联网支付的安全保障程度较低。目前，随着互联网金融的发展，许多企业和个人采用第三方支付平台进行资金结算。但是，由于第三方支付平台的发展和普及时间较短，技术尚未完全成熟，因此，第三方支付平台本身可能存在技术层面的问题或漏洞。譬如，主体将资金转入第三方账户时出现资金消失问题；极少数不法企业或个人为了经济利益，在网上构设钓鱼网站。同时，少数企业为了减少公司的财务支出，不愿意聘请充足或合格的系统维护人员，导致系统维护出现漏洞，从而造成客户的资金损失。上述事例表明，通过挪用投资者资金、经营资金或者支付平台的沉淀资金，进行洗钱、赌博以及逃税漏税等违法行为是当前第三方支付平台安全中面临的最主要问题。互联网支付平台技术的不成熟，相关法律法规缺位，使平台资金的安全性得不到有效保障。另外，第三方支付方式的普及又表明这种支付方式的社会认可程度较高，并符合货币虚拟化的金融发展趋势。结合这两个方面可知，对互联网金融进行有效监管是十分必要的。

【案例 10.1】 非法洗钱——网上购物中的洗钱行为

（1）主要网络支付手段

第一，利用第三方平台支付。艾瑞咨询发布的《中国第三方支付行业研究报告2020 年》中的数据显示，中国第三方支付产业规模呈爆发式增长，由 2013 年的 9.3 万亿元增长到 2018 年的 105.8 万亿元，预计 2021 年将达到 158.5 万亿元。目前，第三方支付市场已形成被支付宝、财付通两大巨头垄断的形势，2019 年中国第三方移动支付市场两者的份额共计为 93.8%。

第二，利用信用卡支付。国信证券 2020 年发布的《银行业：银行卡产业及卡组织专题》中提到，信用卡市场逐渐趋于成熟，2019 年末，我国信用卡（含借贷合一卡）的用发卡量达到 7.5 亿张，同比增长 9%，占银行卡发卡总数的 9%。但当前，信用卡犯罪多属于恶意透支，网络购物洗钱犯罪由于其特殊的隐蔽性，在日常消费中难以监测。

（2）通过网上购物进行洗钱的主要形式

第一，通过虚假交易洗钱。由于网络具有虚拟性、开放性等特征，对于网上购物的买家和卖家而言，网络公司仅仅根据用户提供的有限信息确认相关情况，对于同一用户或相互串通的用户申请成为买家和卖家并没有太多限制，卖家可以利用违法所得向串通好的买家购买货物，通过伪造虚假的销货记录，这笔违法所得即成为网络卖家合法的销售收入，从而达到洗钱的目的。

第二，利用信用卡信息套取支付平台资金。由于信用卡消费的低成本，免息期还款不需要支付利息，使得用信用卡网购越来越受到消费者的青睐，同时自 2009 年开始，支付宝等第三方支付平台的大额支付业务获得解禁，信用卡网上支付的额度就是信用卡本身的额度。信用卡网上支付在提供便捷服务的同时，由于许多购物网站只需要信用卡持有人提供信用卡号、信用卡有效期和卡背后的三位数字（CVV 验证码），核对个人信息后就可以消费，不需要实物卡也不需要密码，为通过网络购物进行洗钱提供了便利。有不法分子利用虚假信用卡信息，或利用所盗取个人信息申请的信用卡，进行虚假购物，在伪造虚假销售记录后，通过支付平台将信用卡中的钱转入自身银行卡中，由于其所用信用卡本身存在问题，实际所获资金均来自支付平台。例如，2015 年 11 月，浙江在线报道称，杭州建德男子余某在淘宝开设网店卖衣服，可生意一直没有起色，于是他从网上购买大量境外银行信用卡信息，并通过淘宝网购物平台进行虚拟交易，非法套现 17 次。

第三，通过木马程序，盗用买家的账号、密码，盗取资金。由于网络的开放性、超越时空性等特点，使得网络购物安全难以得到保障。通过木马程序盗取用户信息主要有两种方式：一是网络黑客使用网络木马进入个人计算机，盗取客户的支付平台账号密码和网银账号密码，再将账号卖给不法分子，供其通过虚假网络购物盗取客户银行卡中的资金；二是直接编写木马程序，再卖给木马卖家，在取得这样的木马后台之后，不法分子直接利用木马盗取用户相关资料，再通过虚假网上购物等盗取资金。搜狐网2011年10月报道，木马盗取网银已经形成了一条灰色利益链，利益链涉及的人员庞大，从生产木马到销售再到传播，每个环节都有不同的人负责，利用一个成本只需数千元的木马程序，可以实现数万元甚至数百万元的盈利。

第四，通过网上购物套取信用卡资金。由于网络特有的虚拟性、跨时空性，使得通过虚假网上购物套取信用卡资金比传统购物通过POS机终端套取信用卡资金更难以监管，隐蔽性更强，同时不再受到地域限制。由于网络购物支付平台主要是通过信息确认交易是否成立，网络用户只需和串通好的卖家进行虚假购物，伪造发货证明、收货通知，即可成功套取信用卡中的资金。《金证券》的一篇报道称，一家来自北京的淘宝代充店铺对外宣称，可以通过信用卡支付话费进行套现，小额大额快捷支付仅需1%手续费。客户登录淘宝账户后，搜索“信用卡套现”，页面上就会出现多家商铺。挑选好商铺后，拍下所选择的商品，当然，拍下的商品并不是真正的商品。如果要使用信用卡套现1万元，那么使用信用卡支付后，支付宝会先冻结客户支付的1万元，商家收款后，会立刻发货。发货时商家将扣除手续费200元，因此最终拿到的现金只有9 800元。客户确认到账后，这笔交易就完成了。

2. 某些互联网金融业态存在严重缺陷。P2P网贷和虚拟货币在该方面问题最为典型。我国P2P网贷最初呈现鱼龙混杂的局面，管理十分混乱，部分P2P网贷平台的资金和客户资金没有进行有效隔离，很容易出现平台负责人卷款逃跑的事件。并且，部分P2P网贷平台的营销手段过于激进，很多客户在平台购买高风险产品时缺乏必要的风险识别能力，没有及时采取预防风险的措施。同样，以比特币为代表的虚拟货币具有良好的匿名性，常被犯罪分子用来进行洗钱、贩毒等非法活动。互联网金融业态的严重缺陷必须要有对应的监管模式和手段，否则难以实现更新和发展。

（二）微观层面

1. 互联网金融交易中存在大量的个体或群体非理性。第一，互联网金融中的主体行为可能存在非理性。最常见的例子如P2P网贷。P2P网贷中的大部分投资者通过为个体贷款人提供信用贷款而获取贷款利息，即使P2P网贷平台能够为投资者成功而准确地披露借款人的信誉度，标注信用风险，并且能够成功分散投资，但是由于投资者不一定能全面认识一旦投资失败所造成的严重损失与不利影响，因此为个体贷款人提供信用贷款依然属于高风险投资，其投资行为未必理性。第二，即使个体行为理性也可能导致群体行为的非理性。例如，在以余额宝为代表的“第三方支付+货币市场基金”合作的产品中，投资者的目的是为了购买货币市场中的基金份额，并可以随时赎回自己所投入的资金。但是由于货币市场基金从投资到赎回的期限较长，有时必须付出一定的折扣方能将基金在二级市场出售，这就存在期限变换问题和基金流动调配问题。若在此期间货币市场出现较大波动，投资者为了降低个人风险而纷纷赎回自己所投入的资金，这从个体投资的角度来看是理性的，但是从投资者群体的角度来看，大规模赎回资金必然会重创货币市场，使基金遭到挤兑，从而导致个体理性行为的群体非理性。

2. 欺诈现象严重，投资者权益得不到充分的保障。与传统金融相比，互联网金融中存在较为严重的欺诈现象。部分互联网金融企业为了内部利益，向缺乏风险辨别能力的投资者或消费者推销他们并不了解的产品，而投资者或消费者为了获得所谓的高额利润而盲目投资或消费，最终给自己带来严重的资金损失。因此，打击互联网金融市场中的欺诈消费现象，净化互联网金融环境，并以此促进金融市场的健康发展是创新互联网金融管理的应有之义。

由于互联网金融的监督管理缺乏适用的法律法规，市场准入方面也没有明确的注册登记制度，因此投资者难以辨认互联网金融机构身份的合法性，也无法了解和掌握金融机构信息的真实性。同时，金融交易的虚拟化也使得交易平台和交易对手的诚信度更加难以保障。和传统金融交易不同的是，互联网金融交易属于线上交易。所谓线上交易是基于互联网，通过网上银行及第三方支付进行交易，交易信息的真实性只能依据双方的诚信来确定，而传统金融中的线下交易则是通过银行员工操作完成，这样比较容易准确掌握交易双方的资信状况。另外，目前我国的许多互联网金融公司只在大城市和省会城市设立分支机构，中小城市及城市周边区域基本没有实体网点，若该区域内投资者的资金遇到问题将难以得到及时解决。

（三）宏观层面

1. 长尾客户的数量众多，易造成互联网金融风险。由于互联网金融机构的客户数量较多，资金规模较大，一旦出现问题，通过市场出清机制很难解决。如果某互联网金融平台涉及支付清算这种基础业务，若该平台破产，必然会损坏整个互联网金融系统的基础设备，为互联网金融系统带来严重风险。例如，当余额宝和支付宝的用户数量过多，资金规模过大时，一旦平台出现问题必然会影响整体业务的运营，并可能损害众多使用该平台的客户的权益。

2. 互联网金融市场的规定和纪律未必能有效控制与承担各种投资风险。目前，有许多基于互联网的金融投资活动存在隐性风险，如互联网保险、互联网理财投资、互联网基金以及互联网信托等。这些投资虽然较为稳定，类似于刚性兑付，但是并不意味着没有任何风险，一旦经济危机加剧或爆发严重的金融风险，很有可能导致部分互联网金融企业破产，从而使得投资者的财产遭受损失。

3. 易发生流动性风险。部分互联网金融流动性强，如互联网资金和理财，可以随时无费用和无息税地进行申购与赎回，且随着利率上升其收益也是上升的，基本上没有利率风险。因此，互联网金融的部分产品比较适合活期存款的客户、为了规避股市风险的股票投资者、注重本金安全和高流动性并希望得到稳定收益的投资者。然而，互联网金融产品的申购和赎回波动较大，有时会出现60%以上的波动，尤其是遇到大额赎回现象时，互联网金融企业往往在短时间内难以提供充足流动性，从而引发流动性风险。

二、互联网金融监管的原则

从监管核心内容上看，针对互联网金融体系及其业态的监管一方面要符合金融监管的一般性原则，即确保金融安全、金融效率与金融公平三大核心目标的实现；另一方面要符合互联网金融的发展趋势和特征，特别是要注重对互联网金融风险以及特殊风险的监管。

（一）体现互联网金融风险的特点和特殊性

互联网金融监管要体现互联网金融风险的特点和特殊性。第一，互联网金融市场的管理和技术人员要做好信息科技风险的防范工作，及时清除计算机病毒，抵御黑客攻击，营造安全的网络支付环境。严厉打击互联网金融诈骗和钓鱼网站，杜绝泄露和贩卖客户信息，防止客户身份信息被篡改和非法盗用。另外，在制定信息科技风险防范机制时，应细化具体防范措施，从源头开始降低风险所造成的损失。

第二，重点要做好长尾风险的预防工作。由于众多享受互联网金融服务的主体本身并不具备足够的金融知识，风险承担能力、预测能力和识别能力都比较欠缺，很容易被误导或者被欺诈。另外，部分金融投资者的投入成本远高于收益，投资也过于松散，这给建立统一的互联网金融市场监管体系造成了一定的难度。而且，一旦互联网金融危机出现，无论是对大多数投资者而言，还是对外部金融市场而言，负面影响均难以估量，所造成的损失往往无法挽回。因此，为降低长尾风险的损失，必须强行、广泛地普及金融知识，特别是对金融基础知识的正确宣传，并且要进行持续的金融监管，保护金融消费者的合法权益。

（二）优化互联网金融市场的监管功能，强化行为监管

优化互联网金融市场的监管功能，必须做到严格、慎重监管，贯彻落实行为监管，以保护互联网金融消费者的合法权益。第一，全面监管互联网金融机构所设计的信息中介服务，验证该机构所提供的信息是否真实、准确、可靠。例如，在 P2P 网贷和股权众筹中，要准确提供交易双方和项目的信息，从而尽力维护贷款人以及投资者双方的合法权益。第二，要注意对流动性风险的监管。因多数互联网金融平台都会进行流动性交易或者实施期限转换，导致风险的转移和流动现象较为严重，所以，必须严格而全面地监管流动性风险。

在优化监管功能的基础上，应对互联网金融进行行为监管，即对互联网金融服务设施、系统设备、互联网金融机构、工作人员和用户等实施的一切监管工作。该项工作的主要目标是确保互联网金融市场的公平、合法与高效交易，促进互联网金融市场的正常运营。另外，保护互联网金融消费者的合法权益是实行互联网金融监管工作的主要目标之一，需要加强消费者与行为监管工作的密切联系，制定消费者保护清单，通过必要的金融信息宣传来增强消费者的金融知识储备和风险辨别能力，加强消费者对当前金融状况的了解，引导全体互联网金融消费者理性投资，合理评估投资风险。

（三）基于审慎监管防范互联网金融风险的外部性

审慎监管的目标是控制互联网金融风险的溢出，即外部性问题，保护公众利益。审慎监管的基本方法是：在风险识别的基础上，通过引入一系列风险管理手段，一般体现为监管限额，控制互联网金融机构的风险承担行为以及负外部性，从而使外部性行为达到社会最优水平。目前，我国互联网金融风险的外部性主要为信用风险和流动性风险的

外部性。

1. 对信用风险外部性的监管。部分互联网金融业态涉及信用中介活动，主要以P2P网贷平台为代表。由于存在严重的信息不对称，这类互联网金融平台的信用风险较大，并且存在显著的外部性。若这些平台破产，不仅会使相关债权人、交易对手的利益受损，也会使具有类似业务或风险的互联网金融机构的债权人、交易对手怀疑自己机构的清偿能力，进而产生信息上的传染效应。对互联网金融平台信用风险的外部性监管可以参考《巴塞尔协议Ⅱ》和《巴塞尔协议Ⅲ》中规定的对银行的监管措施，例如，计提资产损失准备金和资本，其中资产损失准备金用来覆盖预期损失，资本用来覆盖非预期损失；还可采用不良资产拨备覆盖率、资本充足率等监管指标等。

2. 对流动性风险外部性的监管。涉及流动性创造或资金期限错配的互联网金融企业或业态可能产生流动性风险的外部性。流动性风险的外部性主要表现为：因债权人大量提取协议存款会直接对互联网金融企业造成流动性冲击，导致具有类似业务或风险的互联网金融机构的债权人、交易对手怀疑自己机构的流动性状况，并产生信息上的传染效应。此外，互联网金融企业在遭受流动性危机时，通常会通过出售资产来回收现金以满足流动性需求。而短时间内大规模出售资产会使资产价格下跌。在公允价值会计制度下，持有类似资产的其他金融机构也会受损，在极端情况下，甚至会出现资产价格下跌—引发抛售—资产价格进一步下跌的恶性循环。与信用风险相似，对流动性风险外部性的监管也可以参考传统银行业的做法，即采用《巴塞尔协议Ⅲ》中的流动性覆盖比率和净稳定融资比率两个流动性监管指标对互联网金融企业的流动性风险及外部性进行监管。

（四）统一原则性监督和规则性监管

监督和监管的有机结合可以很好地对互联网金融业态中存在的风险做出一定的预防和控制。通过原则性监督，可以对互联网金融企业进行有力的监督，杜绝欺骗客户的行为，同时正确引导企业公平公正的运营。而对于规则性的监管，则需要详细规定互联网金融企业在交易过程中的具体程序和内容，并按照相应的内容和流程严格要求互联网金融企业的操作方法。监督机制和监管机制并不是毫不相干的，要想真正地减少互联网金融行业的风险，需要统一原则性监督和规则性监管，并将两者有机结合，从而使监督的记录结果和监管的对象紧密联系在一起。这样做不仅可以减少监督和监管机构的矛盾，而且能够更好地掌控市场行为中存在的各种风险，保障互联网金融体系的稳定发展。

第二节 国外互联网金融监管的实践

美、英等发达国家具有互联网金融业态的先发优势，并且当前我国国内出现的互联网金融业态均能从这些国家找到原型，因此，对部分发达国家以及我国的互联网监管实践进行简要的梳理、介绍以及比较具有重要的现实意义。

一、国外互联网金融监管实践

（一）美国互联网金融监管实践

虽然美国没有对互联网金融进行明确界定，但是相关创新和业态在20世纪90年代业已出现。针对互联网金融的监管，美国沿用了传统金融的分业监管模式，即设置联邦和州两级监管机构，实行双线多头监管。针对不同的互联网金融业态，美国的具体监管方式有以下几个方面。

1. 对P2P网贷的监管。与我国略有区别，美国的P2P网贷主要采用平台模式，借款人通过与P2P网贷平台合作的商业银行或储蓄存款机构获得贷款资金，其债权则通过P2P网贷平台以固定或非固定收益凭证的形式出售给投资者。从本质上看，美国P2P网贷中的借款人和投资者之间没有直接的债权债务关系，并且P2P网贷平台也不对债权债务提供任何形式的担保。由于在美国《证券法》中，P2P网贷业务被定性为证券交易行为，并受证券交易监管机构的监管，因此，美国并未设置专门的监管机构或制定专门法律法规。美国对P2P网贷的监管内容主要有三个方面：第一，联邦一级证券监管机构，即联邦证券交易委员会，主要对P2P网贷平台的行业准入以及信息披露进行监管，包括P2P网贷平台贷款合同的具体条款、借款人信息等。第二，州一级的证券交易监管机构主要对P2P网贷平台的地域准入进行监管，并确定其本地运营资格。第三，除了联邦和州一级的证券交易监管机构之外，联邦存款保险公司（Federal Deposit Insurance Corporation，FDIC）和美国消费者金融保护局（Consumer Financial Protection Bureau，CFPB）还将对P2P网贷中的投资者权益进行保护。

2. 对第三方支付的监管。与对P2P网贷平台的监管类似，第三方支付在美国被视为货币转移业务，即传统支付在互联网上支付服务的延伸，因此并没有专门针对第三方支付平台的监管或立法，只是将其纳入货币服务业的监管框架之中。依据《金融服务现代化法案》和《统一货币服务法案》，由于第三方支付平台属于非银行金融机构，因此只需取得货币转移业务经营许可证而无须银行业务许可证。美国对第三方支付平台实行功能性监管，主要对支付过程而非第三方支付平台本身进行监管，并且也分为联邦和州两级。联邦一级主要由FDIC、CFPB以及联邦通信委员会（Federal Communications Commission，FCC）共同负责监管。第一，第三方支付平台的沉淀资金被确认为负债，而在我国被定义为存款，必须存放于联邦存款保险公司的无息账户中，其产生的利息用于支付保险费。第二，第三方支付平台的主体信息安全由消费者金融保护局依据《格莱姆—利奇—比利法案》实施监管。第三，若第三方支付平台是非涉及外包的非金融机构，则由联邦通信委员会负责监管。另外，各州根据联邦法律法规对本州内的第三方支付平台进行日常监管。

3. 对股权众筹的监管。自2012年颁布《乔布斯法案》和在《证券法》中增加了股权众筹豁免条款之后，股权众筹才在美国拥有了合法地位，并被纳入证券监管框架。证券交易委员会负责对股权众筹的监管，并于2012年10月发布了股权众筹的监管指导规则，包括股权众筹平台行为规范、年度融资规模上限、融资企业信息披露以及投资者年度投资规模上限等。股权众筹平台必须在美国证券交易委员会进行登记，并履行消费者保护、预防欺诈、风险提示以及行业自律等责任。美国对股权众筹的监管还包括对融资企业和投资者的约束。融资企业必须在证券交易委员会备案，同时须向投资者和股权众筹平台披露财务信息、股东及管理层信息、资金用途信息以及资金发行额度信息等。证券交易委员会还对投资者的投资上限进行限制，以保护投资者的权益。

4. 对网络银行的监管。与 P2P 网贷平台和第三方支付平台不同，美国对网络银行的监管主要采用审慎、宽松监管的方式。一方面重视网络银行的稳健经营、网络银行客户的权益保护以及网络资金交易安全，另一方面又保障网络银行降低成本、促进创新服务和产品创新等方面的优势得到充分发挥。因此，美国主要以现有法律法规为基础，并根据网络银行的业态特征，通过补充新的条款实现对网络银行的监管。

（二）欧盟互联网金融监管实践

由于欧盟不存在统一和独立的金融监管机构，因此，金融监管主要由欧盟内各成员国的金融监管机构承担，欧盟委员会和各成员国金融监管机构之间相互协调，共同行使监管职能。因此，欧盟对互联网金融的监管一般建立在各成员国的金融法律法规之上，制定的监管法规制度是各成员国进行监管的最低标准。此外，欧盟成员国的监管当局或中央银行之间还通过签署双边或者多边协议对互联网金融进行监管。

1. 对 P2P 网贷的监管。与美国类似，欧盟没有针对 P2P 网贷平台制定专门的法律法规，仅仅是依据消费者信贷、不公平商业操作和条件等文件进行监管。上述文件主要从信息披露和消费者保护两个方面实现对 P2P 网贷平台的监管：第一，对 P2P 网贷平台规定了比其他信贷模式更加严格的信息披露要求，特别是对基于网络发布的信贷广告。第二，建议投资者在签订网贷合同前应充分考虑合同信息和条款说明，并给予投资者 14 天无理由的资金撤销权。

2. 对第三方支付的监管。与美国侧重支付过程监管的模式不同，由于欧盟对第三方支付的定位为商业银行货币或电子货币，从事第三方支付业务必须取得银行业执照或电子货币机构执照，因此，欧盟对第三方支付的监管与对传统银行业金融机构的监管类似，侧重于平台监管，并采取审慎监管策略。从监管内容来看，主要包括沉淀资金必须存入在中央银行开设的专门账户，平台的自有资金不得低于 100 万欧元，完备的信息记录、披露和报告制度以及风险内控等。

3. 对网络银行的监管。欧盟对网络银行的监管采用适度审慎和消费者保护原则，并主要基于欧盟各成员国的现有金融法律法规和成员国之间的监督协调实现监管。具体而言，对网络银行的监管主要由欧盟成员国国内的金融监管机构承担，欧洲中央银行则主要负责成员国之间的监督协调工作，并确保各成员国的监管具有一致性。从监管内容看，欧盟对网络银行的监管主要包括四个方面：第一，防范金融风险，包括流动性风险、操作风险、网络安全风险等。第二，网络银行间的合并与联合以及跨境交易活动区域协调等。第三，监管网络银行的信誉和法律合规风险。第四，提升网络银行的技术服务功能。

（三）英国互联网金融监管实践

与其他发达国家相比，英国对互联网金融的监管相对宽松，设置具体的互联网金融业态的监管机构，由政府作为政策支撑，通过行业自律组织对各种互联网金融业态和企业进行监督。英国的互联网金融监管采用行业先行、监管后行的方式，即在行业自律组织对各种具体的互联网金融业态或模式制定了详细的行业规范之后，英国政府再实行统一的监管，对监管的具体框架进行设定，使得互联网金融作为一个整体统一进行监管。虽然英国对互联网金融的监管相对宽松，但是特别重视对消费者的保护。

1. 对 P2P 网贷的监管。英国在 2005 年出现第一家 P2P 网贷平台，但是由于政府未授权或设立相关机构对其进行监管，因此，P2P 网贷平台长期处于监管的真空地带，平台的参与主体也不受法律法规保护。为了推动 P2P 网贷平台的健康发展和保护消费者权益，2011 年 8 月英国成立了全球第一个 P2P 网贷行业协会。行业协会针对会员 P2P 网贷平台出台了十项行业规范，包括可贷资金隔离、最低营运资本、操作风险和信用风险管理等内容，这些行业规范奠定了英国监管部门制定 P2P 网贷法律法规的基础。为了进一步规范 P2P 网贷平台的运营，英国在 2013 年的金融监管体制改革后，将金融行为监管局（Financial Conduct Authority，FCA）作为 P2P 网贷平台的主要监管机构，并颁布了全球第一部 P2P 网贷行业法案——《关于网络众筹和通过其他方式发行不易变现证券的监管规则》。该法案主要包含七项 P2P 网贷行业规则：最低资本标准、客户资金规则、平台倒闭后的借贷管理安排、远程指令撤销权、信息披露制度、争端解决机制和信息报告制度。

2. 对众筹的监管。英国主要依据《金融服务与市场法》对股权众筹平台进行监管。与欧盟和美国不同，英国的股权众筹平台只能从事部分金融中介业务，如投资咨询服务、投资经纪业务等，不能从事常规的股权投资业务。为了保障众筹平台参与主体的权益，经英国金融服务管理局（Financial Service Authority，FSA）批准设立和运营的平台自动加入金融服务补偿计划，一旦股权众筹平台出现问题，平台的参与主体可以获得金融服务补偿计划提供的相应补偿。同时，英国金融服务管理局还对众筹平台个人投资者的准入条件以及众筹平台发布的投资项目等进行严格的限制。

3. 对网络银行的监管。英国依据《银行、支付与电子货币制度》将网络银行纳入传统商业银行的监管框架，而没有针对网络银行设置专门的监管机构和制定专门的法律法规，这一点与美国对网络银行的监管相似。从内容看，英国金融服务管理局对网络银行的监管涉及企业信誉、操作风险、技术安全风险、流动性风险等方面。

（四）日本互联网金融监管实践

日本对互联网金融进行监管的机构为金融厅。实践中，金融厅依据《银行法》、《证券法》、《保险法》、《信托法》、《地下金融对策》、《金融商品交易法》以及《贷金法》等法律法规对各互联网金融业态和机构实行混业监管，以保证互联网金融市场的健康发展和对投资主体权益的保护。

1. 对 P2P 网贷的监管。日本金融厅规定 P2P 网贷平台须进行第二种金融商品（指流动性较低的证券或金融衍生品）交易者资格的注册，将 P2P 网贷认定为非银行金融公司资金借贷，并纳入贷金业务监管框架。对 P2P 网贷进行监管的法律依据主要包括《贷金法》、《金融商品交易法》、《出资法》以及《利息限制法》等。

2. 对第三方支付的监管。与欧盟类似，日本金融厅对第三方支付平台的监管也侧重于机构监管，但是监管相对严格。金融厅一方面通过颁布《高度信息通信网络社会形成基本法》明确了第三方支付平台的基本性质和业务范畴，另一方面制定了《关于电子签名及认证业务的法律》和《关于电子消费者合同以及电子承诺通知的民法特例的法律》两个法案，分别对第三方支付平台的规范认证服务、行业准入门槛、电子签名及其认证、网上交易合法化问题、网上支付问题以及处罚细则等进行了详细规范。

3. 对网络银行的监管。日本金融厅对网络银行的监管比欧美国家相对严格一些，主要涉及申请设立网络银行的准入门槛、股权结构、资本金充足以及网络银行人员配置等方面。为了防范欺诈行为和保护消费者权益，日本金融厅对客户身份信息的确认、反洗钱、金融犯罪、客户信息管理以及网络银行的系统安全等进行了重点监管。

（五）监管沙盒已被广泛运用

英国率先将沙盒（Sandbox）概念运用到金融监管中，提出的监管沙盒的理念和机制，目前已被各国广泛应用。监管沙盒是指金融监管部门创建一个安全区域，在确保消费者与投资者权益不受损害、避免风险溢出的前提下，从事金融创新的机构可以在一个模拟真实市场的环境中测试其创新的技术产品、服务与商业模式等。在监管沙盒内，对测试对象合理放宽监管标准，同时金融监管部门会对测试过程及结果进行监控与评估，以判定是否授权其进入市场。

1. 英国模式。英国监管沙盒的面向对象为颠覆性创新，包括金融科技领域的创新但不限于此。想要进入监管沙盒的初创公司需要向 FCA 提交申请并经 FCA 审核，资格审查周期为 3 个月。FCA 对申请公司的审核重点为：创新方案是否属于金融行业；是否具有创新性或与现有产品或服务明显不同；是否能为消费者和金融行业带来效益；是否有进入监管沙盒进行测试的必要；是否对沙盒规则有明确的了解等。

2. 新加坡模式。新加坡的监管沙盒模式主要效仿英国，沙盒主要面向金融科技产业，针对性较强。新加坡监管部门规定在沙盒中注册的企业应具备实施和推广金融科技的能力，所提出的创新方案需要具有切实的技术创新性，有益于消费者和金融领域。区块链企业的未来效益、边界条件、风险控制、退出机制和过渡措施等都需要经过新加坡金融管理局（Monetary Authority of Singapore，MAS）的评定，并且尚未经过评定、无创新性、无推广价值、无测试意义的四类技术，无法被批准进入监管沙盒。新加坡监管沙盒的评估期限为 21 个工作日。

二、国外互联网金融监管的启示

虽然不同国家的互联网金融业态存在一定程度的差异，但是互联网金融的本质属性以及与传统金融业态的本质差异基本一致。由于美国、英国、欧盟以及日本等发达国家和地区已经开始不断加强和完善对互联网金融的监管，监管体系已经初具雏形，而我国的互联网金融正处于初步探索和磨合阶段，并存在许多问题，因此，发达国家在互联网金融监管方面的实践无疑对我国具有重要的借鉴意义。

（一）重视金融消费者权益的保护

互联网金融产品利用其技术优势，一方面为传统金融难以覆盖的长尾客户群体创造了更多投资机会，另一方面为大量风险承受能力较差的人群和缺乏融资经验的筹资者通过互联网平台进入金融市场提供了投融资便利。由于缺乏经验以及专业知识等方面的限制，互联网金融消费者的权利更易受到侵害，因此，发达国家在对互联网金融的监管中均强调对金融消费者权益的保护。例如，英国《众筹监管规则》中明确提出互联网金融监管的重点之一为保护金融消费者权益。该规则规定，如果 P2P 网贷平台没有二级市场，投资者可以有 14 天的冷静期，即 14 天内可以撤销投资而不受到任何限制或承担任何违约责任。在美国的互联网金融监管机构中，消费者金融保护局扮演着重要角色，其通过参与互联网金融的具体监管过程实现对消费者权益的保护。此外，证券交易委员会（Securities and Exchange Commission，SEC）要求 P2P 网贷平台必须详细地披露与贷款相关的具体条款，向投资者毫无保留地揭露所有可能出现的风险，而消费者可以在证券交易委员会的数据系统或者 P2P 网贷平台的网站上无偿获得这些数据。

（二）充分的信息披露

信息充分披露制度一直是各国金融监管机构的监管核心。以美国为代表，监管机构对金融创新的第一要求就是充分的信息披露。例如，美国的 P2P 网贷平台需要将每天的贷款列表提交给证券交易委员会，若有消费者对 P2P 网贷平台提起法律诉讼，则可以依据存档记录来证明是否存在误导消费者的错误信息。上述措施旨在保证消费者在申请贷款时，免受不实信息的误导。虽然美国的《乔布斯法案》对筹资的信息披露程序进行了简化，但是为了避免因此而出现的信息披露不全、不规则等问题，证券交易委员会详细规定了互联网金融机构的各种信息披露与解释责任。英国《众筹监管规则》中也规定，P2P 网贷平台必须用通俗易懂的语言，百分之百地告知消费者其从事的业务，并且在将收益率与存款利率进行对比说明时，必须要公平、清晰、无误导。在 P2P 网贷平台上的任何投资建议都被视为金融销售行为，需要遵守金融销售的相关法律法规。

（三）审慎监管和行为监管协同

审慎监管和行为监管是金融监管的两大支柱模式。其中，审慎监管又包括微观审慎监管和宏观审慎监管。目前，行为监管和审慎监管在国外互联网金融监管实践中均有所体现，两者并不相互排斥。从审慎监管的实践来看，其目标是通过引入监管限额管理等风险管理手段，规范互联网金融机构的风险承担行为，控制互联网金融的负外部性。如英国 FCA 出台的《关于网络众筹和通过其他方式发行不易变现证券的监管规则》法案中提出了最低审慎资本要求，目的是避免平台借贷规模过度膨胀，保障平台正常运营和发展，并确保其出现倒闭时能够以自有资本吸收风险。

从行为监管来看，包括对互联网金融基础设施、互联网金融机构以及相关参与主体行为的监管，其目的是使互联网金融交易更为安全、公平和有效。以 P2P 网贷监管为例，英国 FCA 规定 P2P 网贷平台必须将客户的资金存放于银行，并严格区别不同客户之间、平台与客户之间的资金归属。P2P 网贷平台即使破产，也应当对已存续的借贷合同继续管理，对贷款管理做出合理安排。再以股权众筹为例，美国、英国、日本等发达国家均建立了投资者适当性制度，对投资额度进行限制，确保线上线下规则一致，并要求进行信息披露和风险警示。美国 SEC 要求股权众筹平台登记为经纪商或集资门户，并且禁止平台与发行人有利益关联，同时规定了单一企业融资限额和单一投资人投资限额，并要求进行必要的信息披露和风险揭示。

（四）外部监管和行业自律并重

金融监管可以分为市场自律、注册、监督、审慎监管四个层次。后三种属于外部监管，与行业自律构成金融市场治理的两种制度安排，并且互为补充。从外部监管来看，各国根据本国互联网金融发展的实际情况，采取了强度不等的外部监管措施。美国、英国等大多数发达国家采取轻监管方式，对互联网金融的硬性监管要求少，占用的监管资源也相对有限。以 P2P 网贷为例，美国和英国的监管相对较松，监管重点为规范信息披露、业务风险提示和消费者权益保护等。而日本的监管较为严格，要求 P2P 网贷平台申领银行牌照，使用银行业的监管规则进行严格监管。再以股权众筹为例，美国等国通过立法明确股权众筹融资适用较为宽松的证券发行监管要求，重点规范投资限额和信息披露制度，为市场预留了较大的空间。从行业自律来看，许多国家都在积极发展各类互联网金融的行业自律监管组织，其中以英国的互联网金融业自律最为规范和完善。

（五）引入监管沙盒

从国外的情况来看，英国和新加坡都已广泛运用监管沙盒。近年来，我国提出引用监管沙盒的建议日渐增多，在部分地区也已开始试验。例如 2017 年 7 月，北京市政府将房山区的北京互联网金融安全示范产业园作为互联网金融监管沙盒模式的试验地。同月，贵阳、赣州等地也设立区块链监管沙盒试点。2017 年 9 月，中国创新产业区块链监管沙盒在深圳成立。截至 2020 年 8 月，9 个金融科技创新监管试点，即监管沙盒已全部落地，覆盖北京、上海、成都、广州、深圳、重庆、雄安、杭州、苏州 9 个城市，90 多家金融机构和科技公司以单独申报或联合申报的方式，产生 60 个项目进入沙盒测试。

鉴于我国金融市场的复杂性与转轨性，对监管沙盒测试对象的选择，可借鉴新加坡的做法，即仅限于区块链相关的金融科技产业，金融领域以外的区块链相关应用暂时不列入测试范围。可申请测试的主体包括从事区块链金融项目的金融机构和大中小金融科技公司，并需要对其经营能力、风险控制、资金状况、消费者保护机制及对监管机构的协助能力等方面进行严格的综合考察。不仅需要对申请机构或公司进行合规性审查，还需评估相应区块链金融产品或项目的内容是否具有创新性，是否可推动我国金融业的发展，以及是否能为消费者带来价值等。另外，分业监管模式已不能适应区块链金融的多样性、融合性与混业性的特征，因此需要针对区块链监管沙盒设立一个金融科技人才、知识储备完善，特别是需要精通区块链技术的金融监管机构，该机构有权对涉及区块链技术的银行、证券、保险及其他金融业态进行综合监管。

第三节　我国互联网金融监管的现状与监管体系完善

当前，虽然我国的互联网金融发展迅猛，然而对互联网金融的监管仍处于不断摸索阶段。鉴于互联网金融具有开放性、长尾性、实时性以及虚拟性等特征，单纯依靠传统的“一行两会”无法完全实现对互联网金融的监管。因此，我国采取了政府监管和行业自律相结合的混业监管模式。这两种监管模式相互协调和补充，一方面鼓励并包容互联网金融创新，另一方面对互联网金融行业中出现的风险进行动态、灵活地处理，避免风险的进一步扩散和系统性风险的爆发。然而，2014 年以来，我国互联网金融行业暴露出的风险问题较多，如信息不对称引发的道德风险和逆向选择问题、法律法规缺位问题、庞氏骗局等，对我国当前的监管措施和相关制度及法律建设提出了严峻挑战。

一、我国互联网金融监管现状

目前，我国对互联网金融的监管采用混业监管模式，并且以外部监管，即政府机构监管为主，以行业自律监管为辅。其中，负责外部监管的机构包括中国人民银行、银保监会、证监会以及地方政府，行业自律监管组织为中国互联网金融协会以及各省区和直辖市的分协会。

从国家层面看，早在2014 年的政府工作报告中就提出了促进互联网金融健康发展的要求。同年 3 月，中国人民银行进一步明确了我国互联网金融监管的五项原则：第一，互联网金融创新必须坚持金融服务实体经济的本质要求，合理把握创新的界限和力度。第二，互联网金融创新要服从宏观调控和金融稳定的总体要求。第三，切实维护消费者的合法权益。第四，维护公平竞争的市场秩序。第五，协调好政府监管与行业自律的关系。2015 年 7 月 18 日，中国人民银行等十部委联合发布了《关于促进互联网金融健康发展的指导意见》，首次明确了中国人民银行、银保监会、证监会为我国互联网金融的监管部门。2016 年 10 月 13 日，国务院办公厅正式发布《互联网金融风险专项整治工作实施方案》，随后，中国人民银行、银保监会、证监会、国家工商总局等相继发布各自主管领域内的专项整治工作实施方案，在全国范围内掀起了一场互联网金融领域的整治风暴。“一行两会”作为我国传统金融业监管部门，将互联网金融纳入原有的监管框架，并延续了我国金融业分业监管的格局。

长期以来，我国地方金融监管部门处于金融办和金融管理局一套班子、两块牌子的状态，除了行使一般性的监管职能外，地方监管部门还兼具规划、指导、管理以及服务等职能，承担着发展和监管辖区内互联网金融的双重角色。为了更加明确互联网金融监管的职能与法律法规边界，北京市政府率先出台了互联网金融监管的相关政策，上海、广州、深圳、杭州、南京等地区也紧随其后，从发展和规范两个层面制定了相应的监管措施，以促进当前互联网金融的发展。

（一）行业自律

行业自律是对政府监管的有益补充和有力支撑，也是互联网金融监管创新的重要内容。在我国，行业自律组织主要由国家层面的中国互联网金融协会和各省份层面的互联网金融行业协会构成。

中国互联网金融协会（National Internet Finance Association of China，NIFA）是2015年7月18日经党中央、国务院同意，按照中国人民银行、银保监会、证监会等十部委联合发布的《关于促进互联网金融健康发展的指导意见》要求，由中国人民银行同银保监会、证监会等国家有关部委组织设立的国家级互联网金融行业自律组织。互联网金融协会的单位会员包括银行、证券、保险、基金、信托、资产管理、消费金融以及基于互联网的支付、投资、理财、借贷等机构，还包括部分承担金融基础设施和金融研究教育职能的机构。协会宗旨是通过自律管理和会员服务，规范互联网金融机构的市场行为，保护行业合法权益，推动从业机构更好地服务社会经济发展，引导行业规范、健康运行。协会的主要职能包括三方面：第一，按互联网金融业态类型制定经营管理规则和行业标准，推动平台、机构之间的信息交流和共享。第二，明确自律惩戒机制，增强行业规则和标准的约束力。第三，树立互联网金融机构服务经济社会发展的正面形象，营造诚信规范发展的良好氛围。

在中国互联网金融协会成立之前，我国的许多省市就已经尝试在行政辖区内建立地方性的互联网金融行业协会，为互联网金融行业自律做了有益的探索，如2014年5月成立的广东互联网金融协会以及上海、江苏、浙江等东部沿海地区的互联网金融协会。在中国互联网金融协会成立之后，各地方的互联网金融行业协会急需发挥行业自律职能，推动互联网金融监管生态的构建。

（二）互联网金融业态监管

1. P2P网贷平台监管。P2P网贷平台属于非持牌机构，主要由银保监会负责对其进行监管协调。2011年8月发布的《中国银监会关于人人贷有关风险提示的通知》中，第一次表明了银监会对基于互联网的民间借贷行为的监管态度。2016年8月和2017年11月，银监会又先后发布了《网络借贷信息中介机构业务管理暂行办法》和《网络借贷资金存管业务指引》。其中，《网络借贷信息中介机构业务管理暂行办法》中界定了P2P网贷业务的展业范围，明确了业务规范，确立了网贷监管体制，为P2P网贷行业的进一步规范发展奠定了基础和依据。《网络借贷资金存管业务指引》则进一步细化了对资金存管的相关要求，加强了对P2P网贷资金交易流转环节的监督管理，以防范网贷资金挪用风险和保护投资主体的资金安全。2018年12月，鉴于P2P网贷问题日益严重，国家互联网金融整治办联合P2P网贷风险专项整治办联合发布了《关于做好网贷机构分类处置和风险防范工作的意见》，随后于2019年9月下发了《关于加强P2P网贷领域征信体系建设的通知》。对P2P网贷监管的指导思想经历了由合规检查为主到清理退出为主的演变。

2. 股权众筹的监管。2014年12月，中国证券业协会发布了《私募股权众筹融资管理办法（试行）（征求意见稿）》，明确了中国证券业协会对股权众筹融资行业进行自律管理。2015年8月，中国证监会发布《关于对通过互联网开展股权融资活动的机构进行专项检查的通知》，对股权众筹业务的准入门槛、展业范围等做了进一步的规范。2016

年10月，证监会联合15个部门联合发布了《股权众筹风险专项整治工作实施方案》，稳步开展股权众筹风险专项整治。我国并未有正式的法律文件完善对股权众筹的监管，使得作为新型互联网金融业态的股权众筹只得继续挣扎在传统法律框架中。

3. 第三方支付平台监管。我国对第三方支付平台的监管主要由中国人民银行承担。2009年4月，中国人民银行要求我国境内的所有第三方支付平台进行登记和备案。2010年6月，中国人民银行发布《非金融机构支付服务管理办法》，首次对第三方支付的营业范围、行业准入门槛、具体监管细则等作出了明确规定，并要求第三方支付平台在获得支付业务许可证后才能开展相关支付业务。为了适应第三方支付业务的发展创新和有效监管，2015年12月，中国人民银行发布了《非银行支付机构网络支付业务管理办法》，该办法界定了第三方支付平台的定位，进一步明确了坚持支付账户实名制、平衡支付业务安全与效率、保护消费者权益以及推动支付服务业务创新的监管核心思路。2021年1月，中国人民银行发布了《非银行支付机构条例（征求意见稿）》，增强了中国人民银行对第三方支付行业监管的权威性。

4. 互联网银行的监管。我国对网络银行的监管始自2005年11月发布的《电子银行业务管理办法》。该制度中明确了中国银监会负责对电子银行业务实施监督管理，并填补了我国在网络银行监管方面的法律法规空白。接着，银监会进一步依据《电子银行业务管理办法》制定了《电子银行安全评估指引》，对网络银行安全评估的实施和管理作了详细的规定，形成了目前网络银行监管的基础体系。2020年7月，银保监会颁布《商业银行互联网贷款管理暂行办法》（以下简称《办法》），初步建立了商业银行网络贷款业务框架。2021年2月，为了推动《办法》的有效实施，银保监会颁布《关于进一步规范商业银行互联网贷款业务的通知》，进一步规范了商业银行的网络贷款业务。

5. 互联网保险的监管。2011年4月，保监会颁布的《互联网保险业务监管规定（征求意见稿）》完善了互联网保险监管体系；同年9月，保监会进一步出台了《保险代理、经纪公司互联网保险业务监管办法（试行）》，这是关于保险代理、经纪公司、互联网保险业务的重要监管法规。2012年5月，保监会颁布《关于提示互联网保险业务风险的公告》，明确了互联网保险业务的内涵和外延。2014年4月，保监会颁布《关于规范人身保险公司经营互联网保险有关问题的通知（征求意见稿）》，对保险产品网销的信息披露制度作出了明确的规定。2015年7月，《互联网保险业务监管暂行办法》的发布明确了中国保监会在互联网保险监管中的主体地位，标志着我国互联网保险业务监管制度的正式出台，并明确了互联网保险业务的内涵和外延。同时，为了规范互联网保险经营行为、保护消费者合法权益和促进互联网保险业务的健康发展，该暂行办法还进一步对参与互联网保险业务的经营主体、经营条件、信息披露、经营区域以及监督管理方式等方面提出了基本规范和监管要求。2016年4月，《互联网保险风险专项整治工作实施方案》对互联网保险的监管作出了进一步的要求。2020年12月，银保监会正式下发《互联网保险业务监管办法》，此文件对整个互联网保险行业中业务的经营以及监管将产生非常深远的影响。

自2010年起，我国金融监管部门颁布了若干互联网金融监管方面的法律法规，对规范互联网金融业态发展起到了积极的作用（见表10－1）。

表 10－1　　各互联网金融业态法律法规（部分）

金融业态	颁布时间	法律法规名称	主要内容	监管主体
P2P 网贷	2011 年 8 月	《关于人人贷有关风险提示的通知》	对 P2P 网贷行业中人人贷的风险进行监管	银监会
	2016 年 8 月	《网络借贷信息中介机构业务管理暂行办法》	界定 P2P 网贷业务的展业范围	
	2017 年 11 月	《网络借贷资金存管业务指引》	细化对资金存管的相关要求，加强对 P2P 网贷资金交易流转环节的监管	
	2018 年 12 月	《关于做好网贷机构分类处置和风险防范工作的意见》	坚持以机构退出为主要工作方向	互联网金融风险专项整治工作领导小组、网贷风险专项整治工作领导小组
	2019 年 9 月	《关于加强 P2P 网贷领域征信体系建设的通知》	支持在营 P2P 网贷机构接入征信系统	
众筹	2014 年 12 月	《私募股权众筹融资管理办法（试行）（征求意见稿）》	明确由中国证券业协会对股权众筹融资行业进行自律管理	中国证券业协会
	2015 年 8 月	《关于对通过互联网开展股权融资活动的机构进行专项检查的通知》	对股权众筹业务的准入门槛、展业范围等作了进一步的规范	证监会
	2016 年 10 月	《股权众筹风险专项整治工作实施方案》	开展股权众筹风险专项整治	
第三方支付	2010 年 6 月	《非金融机构支付管理办法》	对第三方支付服务的行为、风险以及权益等进行规范	中国人民银行
	2010 年 7 月	《支付机构预付卡业务管理办法》	对第三方支付和手机支付的规则与主体行为、权益进行规范	
		《银行卡收单业务管理办法》		
		《支付机构互联网支付管理办法》		
		《关于手机支付业务发展的指导意见》		
	2015 年 12 月	《非银行支付机构网络支付业务管理办法》	界定了第三方支付平台的定位	
	2021 年 1 月	《非银行支付机构条例（征求意见稿）》	将第三方支付机构归为非银行支付机构，但属于金融机构	
互联网银行	2005 年 11 月	《电子银行业务管理办法》	对电子银行的风险管理、法律责任、手续等作了规定，是网络银行监管方面的重要法规	银（保）监会
	2020 年 7 月	《商业银行互联网贷款管理暂行办法》	初步建立商业银行网络贷款业务框架	
	2021 年 2 月	《关于进一步规范商业银行互联网贷款业务的通知》	进一步规范商业银行网络贷款业务	

续表

金融业态	颁布时间	法律法规名称	主要内容	监管主体
互联网保险	2011 年 4 月	《互联网保险业务监管规定（征求意见稿）》	对互联网保险监管的完善	银（保）监会
	2011 年 9 月	《保险代理、经纪公司互联网保险业务监管办法（试行）》	保险代理、经纪公司互联网保险业务的重要监管法规	
	2012 年 5 月	《关于提示互联网保险业务风险的公告》	对互联网保险业务风险做出了预警	
	2014 年 4 月	《关于规范人身保险公司经营互联网保险有关问题的通知（征求意见稿）》	对保险产品网销的信息披露制度作出了明确规定	
	2015 年 7 月	《互联网保险业务监管暂行办法》	明确了互联网保险业务的内涵和外延	
	2016 年 4 月	《互联网保险风险专项整治工作实施方案》	开展互联网金融风险专项整治	
	2020 年 12 月	《互联网保险业务监管办法》	明确经营互联网保险业务的主体	

二、我国互联网金融监管体系的完善

（一）我国互联网金融监管存在的问题

虽然我国在互联网金融监管上进行了积极的探索和实践，初步形成了以“一行两会”为监管主体，以行业自律为辅助的监管体系，但是自 2014 年以来，我国互联网金融产业暴露出的风险问题较多，而从学界到政府对互联网金融监管的思路、范围、措施的研究尚处于初始阶段。目前，我国互联网金融监管存在的问题主要包括以下几个方面。

1. 监管立法滞后，尚未形成统一的监管体系。虽然我国已经出台了若干互联网金融监管方面的法律法规和指导意见，但是互联网金融的较强创新能力和较短的创新周期使得其产品、经营模式和从业机构不断更新，导致监管机构的立法无法迅速囊括所有的互联网金融产品，因此要想建立统一的监管体系相对较为困难。目前，从我国的互联网金融监管实践看，监管机构难以在互联网金融机构爆发风险事件之前预测可能存在的风险，因此对其监管主要采取的是密切关注、约谈以及指导等方式而非实际监管的态度。目前，我国互联网金融监管政策还处于探索阶段，政策目标从早期在维护金融稳定与推动金融创新之间左右摇摆，逐渐倾向维护金融稳定。互联网金融监管政策的稳定性、体系化和法治化还未达到理想的状态。

2. 互联网金融监管边界的界定存在困难。在监管过程中判断一个业务、产品或交易行为是否非法是比较困难的。因为要判断其合法性就要对交易数据进行收集、审查以及公示，而交易数据是可能被篡改、编造的，这加大了监管机构判断的难度。同时，互联网金融业务的数据均是基于互联网进行线上传输、交换和保存的，其业务范围不断发生着动态、实时变化。监管部门的监管职能范围被确定后，新出现的业务和产品会迫使监管部门不断继续更新法律法规。若法律法规的更新周期滞后于互联网金融发展创新的速度，则可能为互联网金融的发展埋下隐患，甚至威胁互联网金融体系的稳定。

3. 互联网金融监管的力度难以把握。市场机制在互联网金融运行中具有无可比拟的作用，因此尽管行政监管也能起到一定作用，但通过法律法规来监管约束各类互联网金融主体的市场行为会使交易机制更为高效。但如何把握法律监管的力度，或者说让互联网金融有多大的自由发展空间是一个很难测度的问题。法律监管的力度过小则无法起到监管的作用，导致互联网金融野蛮生长，威胁金融体系乃至社会的稳定。法律监管力度过大，又会使互联网金融被过度压制、发展受限，对经济的发展起到负面作用。如何把握互联网金融监管的适度性是一大难题。

（二）我国互联网金融监管体系的完善

根据美国、英国以及欧盟等发达国家和区域的监管实践，互联网金融监管的主要思路是将互联网金融作为新兴金融业态补充到传统监管框架中，实行分头监管与行业自律相结合的监管模式，并且采用审慎监管、行为监管或者两者相互协调的方式。目前，我国金融体系兼具新兴和转轨两大特征，金融监管体系尚不健全，在互联网金融业态迅猛发展、产品和服务不断推陈出新的情况下，互联网金融监管面对的核心问题是亟须填补监管空白，特别是相关监管立法体系。因此，在借鉴美、英等发达国家互联网金融监管经验的基础上，根据互联网金融监管原则以及我国互联网金融的现实情况构建适合我国的互联网金融监管框架是当务之急。

1. 明确当前及未来我国互联网金融的监管模式和原则。由于我国经济发展不平衡，地区差异较大，集中统一的监管模式可能导致互联网金融监管的部分缺失。同时，互联网金融的复杂性和交叉性又决定了不可能由单一部门来监管，而应采取“中央 + 地方”以及“外部监管 + 行业自律”的共同监管模式，在全国统一的监管框架和法律法规制度体系下，制定有地区特色的监管方法，监管的目标是保证互联网金融有一个公正、合法、透明、安全的发展环境。互联网金融是极具创新性的产业，需要明确的是，监管是为了规范其发展，而不是消除其创新能力。我国互联网金融的监管模式可以借鉴美国和英国的做法，即采取类似双线多头的监管模式和适当宽松的审慎监管原则，施行先规范后开放的监管策略，给互联网金融各业态留出充足的创新和发展空间，同时根据区域经济的发展特点，制定适当的互联网金融准入、退出、登记以及经营许可制度。

2. 明确互联网金融的监管主体及监管立场。2015 年 7 月颁布的《关于促进互联网金融健康发展的指导意见》中对互联网金融涉及的业务和对应的监管主体进行了明确的区分。与传统金融相比，互联网金融产品和服务具有分散化、小规模的长尾特点，单纯的集中统一监管模式不一定适用于所有的互联网金融业态。因此，在国家层面以中国人民银行、银保监会、证监会为主，地方层面以地方政府部门、财政、司法等机构和中央监管机构在地方的分支为主，行业层面以行业自律组织为主的混业监管模式下，各监管主体须进一步关注和研究互联网金融产品的创新和发展动向，做到事前防范和事后监管的完美结合。同时，必须在现有监管分工的基础上梳理互联网金融的业务模式，对于有争议的互联网金融业务和机构，分配给专门的核心监管机构，避免问题爆发时的责任推卸和监管缺失。

3. 建立互联网金融内外控制度和监管主体的协调机制。第一，互联网金融准入和退出制度的完善。我国现有金融监管制度中对传统金融机构的准入、退出、业务范围、内控机制等都有相关的规定，但互联网金融与传统金融之间存在较大差别，传统金融的准入、退出等制度不适用于互联网金融，因此监管机构应根据互联网金融不同的经营模式与特点，制定相应的准入和退出制度。第二，建立健全互联网金融的内控制度。内控主要是对互联网金融的交易行为、过程以及从业人员进行监管。可从现有监管法律法规出发，借鉴美国对第三方支付和 P2P 网贷平台的监管经验，将对违反法律法规规定的不公平、欺诈等非法互联网金融行为的处罚加入《中华人民共和国刑法》中，并按照《中华人民共和国保守国家秘密法》和《网络信息安全法》等的相关规定对互联网金融从业人员的行为进行监督，保证互联网金融的信息安全。第三，加强各监管机构之间的协调合作。互联网金融跨区域、行业和市场的特点决定了各监管机构要协调合作，加强信息的交流和分享，以弥补监管的不足和提高监管的效率。

4. 完善信息披露、征信与风险提示制度，加强金融消费者权益保护。由于互联网金融交易具有实时性特征，因此监管机构须对互联网金融机构和平台业务开展和交易过程进行实时监督，不定期审查，强制要求互联网金融机构和平台进行信息披露。在风险提示方面，可以对互联网金融机构的风险提示划分等级，监督核实其风险提示的真实程度，对未按规定做出提示的互联网金融机构则给予警示、惩罚并公告。同时，可以借助权威信用评估机构，定期公布信用评级报告，实时监督互联网金融机构的信用状况。

从发达国家的互联网金融监管实践来看，由于投资者对互联网金融知识的缺乏，辨别风险能力和风险承担能力都较低，因此消费者权益的保护是互联网金融监管中的重要内容。结合我国的实际情况，可采取以下措施保护消费者权益：第一，通过各种渠道普及互联网金融知识的同时，设置专门的互联网金融纠纷调解部门，维护消费者的合法权益。第二，在《中华人民共和国消费者权益保护法》中增加互联网金融方面的规定，对损害消费者权益的行为制定处罚措施，对消费者制定补偿办法。第三，制定互联网金融中消费者个人信息保护的相关法律法规，对泄露、窃取信息的行为给予惩罚。利用保险机构，对互联网金融中投资者的资金进行托管和保护，保证投资者的资金安全，不受非法挪用等违规行为的损害。

本章小结

互联网金融监管的必要性体现在三个方面：(1) 技术层面的原因主要基于互联网支付的安全保障程度较低和部分互联网金融业态存在严重缺陷；(2) 微观层面的原因主要有互联网金融交易中存在大量的个体或群体非理性和欺诈现象，投资者权益得不到充分的保障；(3) 宏观层面的原因有长尾客户的数量众多，易造成互联网金融风险，互联网金融市场的规定和纪律未必能够有效控制与承担各种投资风险，易发生流动性风险。

互联网金融监管的原则包括：(1) 体现互联网金融风险的特点和特殊性；(2) 优化互联网金融市场的监管功能，强化行为监管；(3) 基于审慎监管防范互联网金融风险的外部性；(4) 统一原则性监督和规则性监管。

西方主要国家互联网金融监管的经验有：(1) 重视金融消费者权益的保护；(2) 充分的信息披露； (3) 审慎监管和行为监管协同； (4) 外部监管和行业自律并重；(5) 引入监管沙盒。

我国对互联网金融的监管采用混业监管模式，并且以外部监管，即政府机构监管为主，以行业自律监管为辅。其中，负责外部监管的机构包括中国人民银行、银保监会、证监会以及地方政府，行业自律监管组织为中国互联网金融协会以及各省区和直辖市的分协会。

监管沙盒是指金融监管部门创建一个安全区域，在确保消费者与投资者权益不受损害、避免风险溢出的前提下，从事金融创新的机构可以在一个模拟真实市场的环境中测试其创新的技术产品、服务与商业模式等。在监管沙盒内，对测试对象合理放宽监管标准，同时金融监管部门会对测试过程及结果进行监控与评估，以判定是否授权其进入市场。

关键术语

审慎监管　统一性监管　规则性监管　行为监管　行业自律　信息披露　征信　监管沙盒

思考题

1. 简述互联网金融监管的主要模式。
2. 我国现行的金融分业监管模式与互联网金融的混业经营模式有冲突吗？
3. 如何构建我国的互联网金融监管体系？
4. 试述欧美国家的互联网金融监管实践对我国的借鉴意义。
5. 互联网金融监管的特殊性表现在哪些方面？
6. 简述区块链金融监管的难点。
7. 什么是监管沙盒，它具有哪些优点？
8. 简述互联网金融监管的原则。

延伸阅读

［1］郭福春. 互联网金融基础［M］. 北京：高等教育出版社，2019.

［2］何平平，车云月．互联网金融［M］．北京：清华大学出版社，2017.

［3］陈小辉，陈富节，陈文．从喧嚣到理性：互联网金融全面风险管理手册［M］．北京：电子工业出版社，2017.

［4］周光友．互联网金融［M］．北京：北京大学出版社，2017.

［5］李保旭，韩继炀，冯智．互联网金融创新与风险管理［M］．北京：机械工业出版社，2019.

［6］罗煜，宋科，邱志刚，等．互联网金融中的非法集资典型案例解析［M］．北京：中国金融出版社，2019.

［7］刘志洋，宋玉颖．互联网金融风险及监管研究［M］．北京：中国金融出版社，2017.

［8］刘刚，邹新月．互联网金融乱象及其风险监管［M］．北京：北京大学出版社，2019.

［9］曹国岭，陈晓华．互联网金融风险控制［M］．北京：人民邮电出版社，2016.

［10］黄益平，王海明，沈艳，等．互联网金融12讲［M］．北京：中国人民大学出版社，2016.

［11］谢平，刘海二．金融科技与监管科技［M］．北京：中国金融出版社，2019.

［12］上海艾瑞市场咨询有限公司．迈向产业支付时代　中国第三方支付行业研究报告［C］．上海：上海艾瑞市场咨询有限公司，2020：54.

［13］王剑，陈俊良，田维韦．银行业：银行卡产业及卡组织专题［R］．国信证券，2020.

［14］唐士亚，郭琦．互联网金融监管政策变迁与解释框架构建——基于政策网络的视角［J］．江汉学术，2021（3）：53－62.

参考文献

［1］操玮，任思儒．基于 Lstm 与 Garch 族混合模型的人民币汇率波动预测研究［J］．计算机应用研究，2020（37）：79－82.

［2］曹国岭，陈晓华．互联网金融风险控制［M］．北京：人民邮电出版社，2016.

［3］陈萌．大数据金融发展面临的困境与应对思路［J］．财政科学，2020（12）：65－76.

［4］陈小辉，陈富节，陈文．从喧嚣到理性：互联网金融全面风险管理手册［M］．北京：电子工业出版社，2017.

［5］陈中放，胡军辉．互联网金融［M］．北京：高等教育出版社，2017.

［6］戴鸿丽．论新常态背景下的商业银行业务创新［J］．金融教育研究，2017，30（6）：3－8.

［7］邓辛．金融科技：模式变革与业务创新［M］．上海：上海财经大学出版社，2019.

［8］段宇峰，李伟伟，熊泽泉．R 语言与数据可视化［M］．上海：华东师范大学出版社，2017.

［9］冯科，宋敏．互联网金融理论与实务［M］．北京：清华大学出版社，2016.

［10］郜燕群．基于粒化 SVM 的互联网金融产品大数据回测分析——以“掌柜钱包”为例［J］．财经管理，2019（16）：104－106.

［11］郭福春．互联网金融基础［M］．北京：高等教育出版社，2019.

［12］郭福春，陶再平，吴金旺．互联网金融概论［M］．北京：中国金融出版社，2018.

［13］何大勇，张越，陈本强，等．银行转型 2025［M］．北京：中信出版社，2017.

［14］何平平，车云月．互联网金融［M］．北京：清华大学出版社，2017.

［15］胡世良．互联网金融模式与创新［M］．北京：人民邮电出版社，2015.

［16］华为区块链技术开发团队．区块链技术及应用［M］．北京：清华大学出版社，2019.

［17］黄益平，王海明，沈艳．互联网金融 12 讲［M］．北京：中国人民大学出版社，2016.

［18］黄毅，王一鸣．金融科技研究与评估 2018：全球系统重要性银行金融科技指数［M］．北京：中国发展出版社，2018.

［19］蒋亮，郭晓蓓．直销银行亟待变革［N］．中国银行保险报，2020－07－15.

［20］李保旭，韩继炀，冯智．互联网金融创新与风险管理［M］．北京：机械工业出版社，2019.

［21］李建军．互联网金融［M］．北京：高等教育出版社，2018.

［22］李建军，彭俞超．金融科技学［M］．北京：高等教育出版社，2021.

［23］刘刚，邹新月．互联网金融乱象及其风险监管［M］．北京：北京大学出版社，2019.

［24］刘英华．数据可视化：从小白到数据工程师的成长之路［M］．北京：电子工业出版社，2019.

［25］刘志洋，宋玉颖．互联网金融风险及监管研究［M］．北京：中国金融出版社，2017.

［26］罗党论．互联网金融［M］．北京：北京大学出版社，2016.

［27］罗明雄，唐颖，刘勇．互联网金融［M］．北京：中国财政经济出版社，2013.

［28］罗煜，宋科，邱志刚．互联网金融中的非法集资典型案例解析［M］．北京：中国金融出版

社，2019.

［29］穆杰．央行推行法定数字货币 DCEP 的机遇、挑战及展望［J］．经济学家，2020（3）：95－105.

［30］齐爱民．论数字货币的概念与法律性质［J］．法律科学，2021（2）：1－13.

［31］上海艾瑞市场咨询有限公司．迈向产业支付时代　中国第三方支付行业研究报告［C］．上海：上海艾瑞市场咨询有限公司，2020.

［32］石京民，王力君，李健．基于深度学习的“一带一路”沿线省域普惠金融发展水平评价［J］．经济问题探索，2020（12）：139－149.

［33］石燕峰．探析银行系电商发展之路［J］．中国外汇，2020（20）：48－50.

［34］帅青云，段静涛，李成林，等．宏微观视角下的互联网金融模式：创新与监管［M］．成都：西南财经大学出版社，2016.

［35］唐士亚，郭琦．互联网金融监管政策变迁与解释框架构建——基于政策网络的视角［J］．江汉学术，2021（3）．

［36］唐勇，赵涤非，陈江城．互联网金融概论［M］．北京：清华大学出版社，2017.

［37］王剑，陈俊良，田维韦．银行业：银行卡产业及卡组织专题［R］．国信证券，2020.

［38］王松奇．银行数字化转型：路径与策略［M］．北京：机械工业出版社，2020.

［39］王曦．商业银行如何应对第三方支付平台的挑战——以“云闪付”App 的推出及建设银行出台刷脸支付为例［J］．现代经济信息，2018（8）：310－312.

［40］王宇韬，房宇亮，肖金鑫．Python 金融大数据挖掘与分析全流程详解［M］．北京：机械工业出版社，2019.

［41］吴晓求．互联网金融：逻辑与结构［M］．北京：中国人民大学出版社，2015.

［42］喜乐君．数据可视化分析：Tableau 原理与实践［M］．北京：电子工业出版社，2010.

［43］谢平．金融互联网化［M］．北京：中信出版集团，2017.

［44］谢平，刘海二．金融科技与监管科技［M］．北京：中国金融出版社，2019.

［45］谢平，邹传伟，FinTech：解码金融与科技的融合［M］．北京：中国金融出版社，2017.

［46］谢平，邹传伟，刘海二．互联网金融手册［M］．北京：中国人民大学出版社，2017.

［47］许伟，王明明，李倩．互联网金融概论［M］．北京：中国人民大学出版社，2016.

［48］杨保华，陈昌．区块链原理、设计与应用［M］．北京：机械工业出版社，2017.

［49］杨青，王晨蔚．基于深度学习 LSTM 神经网络的全球股票指数预测研究［J］．统计研究，2019（3）：65－77.

［50］伊夫·希尔皮斯科．Python 金融大数据分析（第二版）［M］．北京：人民邮电出版社，2019.

［51］于斌，陈晓华．金融科技概论［M］．北京：人民邮电出版社，2017.

［52］赵永新．互联网金融理论与实务［M］．北京：清华大学出版社，2017.

［53］郑颖，王瑜．互联网金融：助推中国服务业升级的新动力［M］．成都：四川大学出版社，2018.

［54］中国信息通信研究院．区块链白皮书［M］．北京：中国信息通信研究院，2020.

［55］中信银行南京分行运营管理部课题组，史逸鸿．开放银行的国内外实践与展望［J］．金融纵横，2020（11）：84－89.

［56］钟雪灵，郭艺辉．大数据工具应用（第二版）［M］．北京：清华大学出版社，2020.

［57］周光友．互联网金融［M］．北京：北京大学出版社，2017.

［58］周伟，张健，梁国忠．金融科技［M］．北京：中信出版社，2017.

［59］朱嘉明，李晓．数字货币蓝皮书［M］．北京：中国工人出版社，2021.

21 世纪高等学校金融学系列教材

一、货币银行学子系列

★货币金融学（第五版）	朱新蓉	主编	69.00 元	2021.05 出版
（普通高等教育“十一五”国家级规划教材/国家精品课程教材·2008）				
货币金融学	张　强　乔海曙	主编	32.00 元	2007.05 出版
（国家精品课程教材·2006）				
货币金融学（附课件）	吴少新	主编	43.00 元	2011.08 出版
货币金融学（第二版）	殷孟波	主编	48.00 元	2014.07 出版
（普通高等教育“十五”国家级规划教材）				
现代金融学 ——货币银行、金融市场与金融定价	张成思	编著	58.00 元	2019.10 出版
货币银行学（第二版）	夏德仁　李念斋	主编	27.50 元	2005.05 出版
货币银行学（第三版）	周　骏　王学青	主编	42.00 元	2011.02 出版
（普通高等教育“十一五”国家级规划教材）				
货币银行学原理（第六版）	郑道平　张贵乐	主编	39.00 元	2009.07 出版
金融理论教程	孔祥毅	主编	39.00 元	2003.02 出版
西方货币金融理论	伍海华	编著	38.80 元	2002.06 出版
现代货币金融学	汪祖杰	主编	30.00 元	2003.08 出版
行为金融学教程	苏同华	主编	25.50 元	2006.06 出版
中央银行通论（第三版）	孔祥毅	主编	40.00 元	2009.02 出版
中央银行通论学习指导（修订版）	孔祥毅	主编	38.00 元	2009.02 出版
商业银行经营管理（第二版修订版）	宋清华	主编	50.00 元	2021.08 出版
商业银行管理学（第五版）	彭建刚	主编	53.00 元	2019.04 出版
（普通高等教育“十一五”国家级规划教材/国家精品课程教材·2007/国家精品资源共享课配套教材）				
商业银行管理学（第三版）	李志辉	主编	48.00 元	2015.10 出版
（普通高等教育“十一五”国家级规划教材/国家精品课程教材·2009）				
商业银行管理学习题集	李志辉	主编	20.00 元	2006.12 出版
（普通高等教育“十一五”国家级规划教材辅助教材）				
商业银行管理	刘惠好	主编	27.00 元	2009.10 出版
现代商业银行管理学基础	王先玉	主编	41.00 元	2006.07 出版
金融市场学（第三版）	杜金富	主编	55.00 元	2018.07 出版
现代金融市场学（第四版）	张亦春	主编	50.00 元	2019.02 出版
中国金融简史（第二版）	袁远福	主编	25.00 元	2005.09 出版
（普通高等教育“十一五”国家级规划教材）				

货币与金融统计学（第四版）	杜金富	主编	48.00 元	2018.07 出版
（普通高等教育“十一五”国家级规划教材/国家统计局优秀教材）				
金融信托与租赁（第五版）	王淑敏　齐佩金	主编	45.00 元	2020.06 出版
（普通高等教育“十一五”国家级规划教材）				
金融信托与租赁案例与习题	王淑敏　齐佩金	主编	25.00 元	2006.09 出版
（普通高等教育“十一五”国家级规划教材辅助教材）				
金融营销学	万后芬	主编	31.00 元	2003.03 出版
金融风险管理	马昕田	主编	40.00 元	2021.06 出版
金融风险管理	宋清华　李志辉	主编	33.50 元	2003.01 出版
网络银行（第二版）	孙　森	主编	36.00 元	2010.02 出版
（普通高等教育“十一五”国家级规划教材）				
银行会计学	于希文　王允平	主编	30.00 元	2003.04 出版
互联网金融	万光彩　曹　强	主编	50.00 元	2022.01 出版

二、国际金融子系列

国际金融学	潘英丽　马君潞	主编	31.50 元	2002.05 出版
★国际金融概论（第五版）	孟　昊　王爱俭	主编	45.00 元	2020.01 出版
（普通高等教育“十二五”国家级规划教材/国家精品课程教材·2009）				
国际金融（第三版）	刘惠好	主编	48.00 元	2017.10 出版
国际金融概论（第三版）（附课件）	徐荣贞	主编	40.00 元	2016.08 出版
★国际结算（第七版）（附课件）	苏宗祥　徐　捷	著	70.00 元	2020.08 出版
（普通高等教育“十二五”国家级规划教材/2012—2013 年度全行业优秀畅销书）				
各国金融体制比较（第五版）	白钦先	等编著	78.00 元	2021.09 出版
国际金融（第二版）	周　文　漆腊应	主编	43.00 元	2021.04 出版
国际金融管理	鞠国华	主编	43.00 元	2020.01 出版

三、投资学子系列

投资学（第三版）	张元萍	主编	56.00 元	2018.02 出版
证券投资学	吴晓求　季冬生	主编	24.00 元	2004.03 出版
证券投资学（第二版）	金　丹	主编	49.50 元	2016.09 出版
证券投资学	王玉宝	主编	38.00 元	2018.06 出版
现代证券投资学	李国义	主编	39.00 元	2009.03 出版
证券投资分析（第二版）	赵锡军　李向科	主编	35.00 元	2015.08 出版
组合投资与投资基金管理	陈伟忠	主编	15.50 元	2004.07 出版
投资项目评估（第三版）	李桂君　宋砚秋 王瑶琪	主编	60.00 元	2021.06 出版
项目融资（第三版）	蒋先玲	编著	36.00 元	2008.10 出版

四、金融工程子系列

金融经济学教程（第三版）	陈伟忠　陆珩瑱	主编	56.00 元	2021.10 出版
衍生金融工具（第三版）	叶永刚　张　培	主编	59.00 元	2021.08 出版

衍生金融工具	王德河　杨　阳	编著	38.00 元	2016.12 出版
现代公司金融学（第三版）	马亚明	主编	59.00 元	2021.08 出版
金融计量学	张宗新	主编	42.50 元	2008.09 出版
数理金融	张元萍	编著	29.80 元	2004.08 出版
金融工程学	沈沛龙	主编	46.00 元	2017.08 出版
金融工程	陆珩瑱	主编	39.50 元	2018.01 出版

五、金融英语子系列

金融英语阅读教程（第四版） （北京高等教育精品教材）	沈素萍	主编	48.00 元	2015.12 出版
金融英语阅读教程导读（第四版） （北京高等学校市级精品课程辅助教材）	沈素萍	主编	23.00 元	2016.01 出版
保险专业英语	张栓林	编著	22.00 元	2004.02 出版
保险应用口语	张栓林	编著	25.00 元	2008.04 出版

注：加★的书为“十二五”普通高等教育本科国家级规划教材。

21 世纪高等学校保险学系列教材

保险学概论	许飞琼	主编	49.80 元	2019.01 出版
保险学概论学习手册	许飞琼	主编	39.00 元	2019.04 出版
经典保险案例分析 100 例	许飞琼	主编	36.00 元	2020.01 出版
保险学（第二版）	胡炳志　何小伟	主编	29.00 元	2013.05 出版
风险管理与保险	孔月红　高　俊	主编	39.50 元	2019.10 出版
保险精算（第三版）	李秀芳　曾庆五	主编	36.00 元	2011.06 出版
（普通高等教育"十一五"国家级规划教材）				
人身保险（第二版）	陈朝先　陶存文	主编	20.00 元	2002.09 出版
财产保险（第六版）	许飞琼　郑功成	主编	56.00 元	2020.12 出版
（普通高等教育"十一五"国家级规划教材/普通高等教育精品教材奖）				
财产保险案例分析	许飞琼	编著	32.50 元	2004.08 出版
海上保险学	郭颂平　袁建华	编著	34.00 元	2009.10 出版
责任保险	许飞琼	编著	40.00 元	2007.11 出版
再保险（第二版）	胡炳志　陈之楚	主编	30.50 元	2006.02 出版
（普通高等教育"十一五"国家级规划教材）				
保险经营管理学（第二版）	江生忠　祝向军	主编	49.00 元	2017.12 出版
保险经营管理学（第二版）	邓大松　向运华	主编	42.00 元	2011.08 出版
（普通高等教育"十一五"国家级规划教材）				
保险营销学（第四版）	郭颂平　赵春梅	主编	42.00 元	2018.08 出版
（教育部经济类专业主干课程推荐教材）				
保险营销学（第二版）	刘子操　郭颂平	主编	25.00 元	2003.01 出版
★风险管理（第五版修订本）	许谨良	主编	50.00 元	2022.01 出版
（普通高等教育"十一五"国家级规划教材）				
保险产品设计原理与实务	石　兴	著	24.50 元	2006.09 出版
社会保险（第四版）	林　义	主编	39.00 元	2016.07 出版
（普通高等教育"十一五"国家级规划教材）				
保险学教程（第二版）	张　虹　陈迪红	主编	36.00 元	2012.07 出版
利息理论与应用（第二版）	刘明亮	主编	32.00 元	2014.04 出版
保险法学	李玉泉	主编	53.50 元	2020.08 出版

注：加★的书为"十二五"普通高等教育本科国家级规划教材。